责任编辑：吴有铭　刘　涛
李　农　丁　遥
封面设计：书蠹文化

Qinghai Sheng Gonglu Shuilu
Jiaotong Yunshu Fazhan Guihua Huibian

青海省公路水路交通运输发展规划汇编

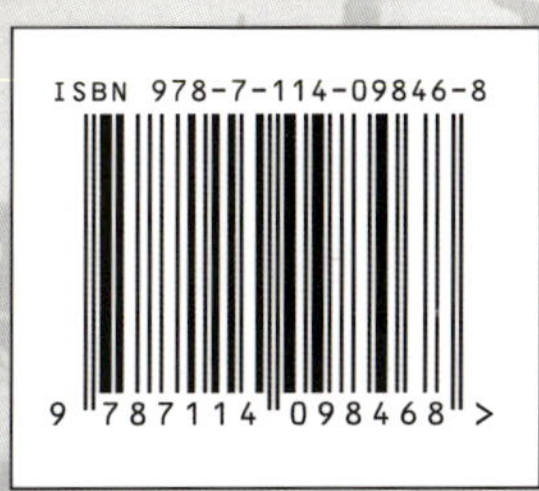

网上购书/www.jtbook.com.cn
定价：300.00元

廊坊交通运输志

《廊坊交通运输志》编委会 编

人民交通出版社
China Communications Press

图书在版编目(CIP)数据

廊坊交通运输志／《廊坊交通运输志》编委会编
. -- 北京：人民交通出版社，2013.3
ISBN 978-7-114-10374-2

Ⅰ. ①廊… Ⅱ. ①廊… Ⅲ. ①交通运输史－廊坊市
Ⅳ. ①F512.9

中国版本图书馆CIP数据核字(2013)第030918号

Langfang Jiaotong Yunshuzhi
书　　名：廊坊交通运输志
著 作 者：《廊坊交通运输志》编委会
责任编辑：张征宇　韩亚楠　崔　建
出版发行：人民交通出版社
地　　址：(100011) 北京市朝阳区安定门外外馆斜街 3 号
网　　址：http://www.ccpress.com.cn
销售电话：(010) 59757973
总 经 销：人民交通出版社发行部
印　　刷：北京市密东印刷有限公司
开　　本：880×1230 1/16
印　　张：43
字　　数：1192 千
版　　次：2013 年 3 月　第 1 版
印　　次：2013 年 3 月　第 1 次印刷
书　　号：ISBN 978-7-114-10374-2
定　　价：200.00 元

廊坊市区位示意图

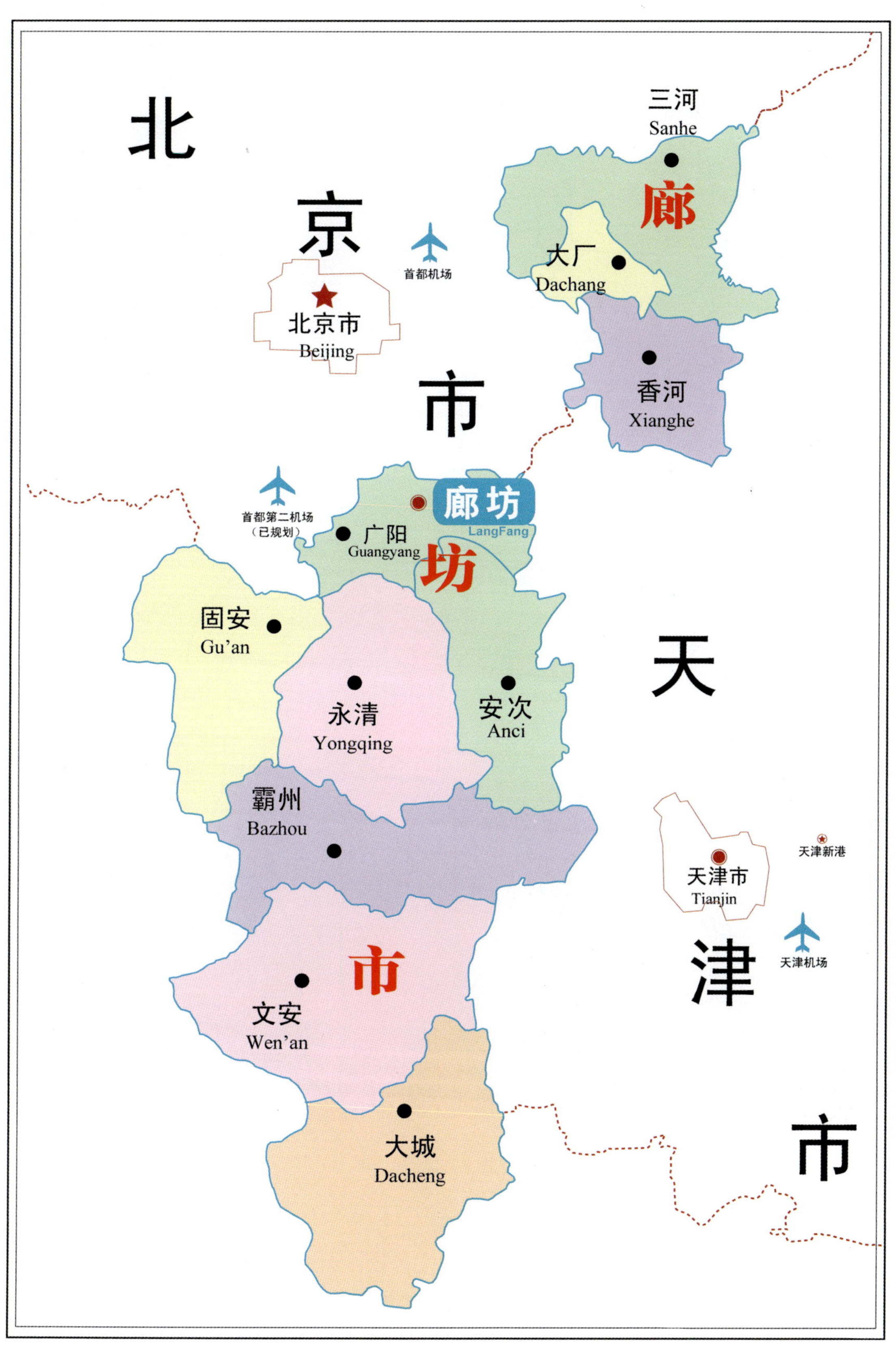

北京市
北京市
Beijing
首都机场
首都第二机场
（已规划）
三河
Sanhe
廊坊市
大厂
Dachang
香河
Xianghe
廊坊
LangFang
广阳
Guangyang
固安
Gu'an
永清
Yongqing
安次
Anci
霸州
Bazhou
文安
Wen'an
大城
Dacheng
天津市
天津市
Tianjin
天津新港
天津机场

廊坊市公路路网图

内部用图

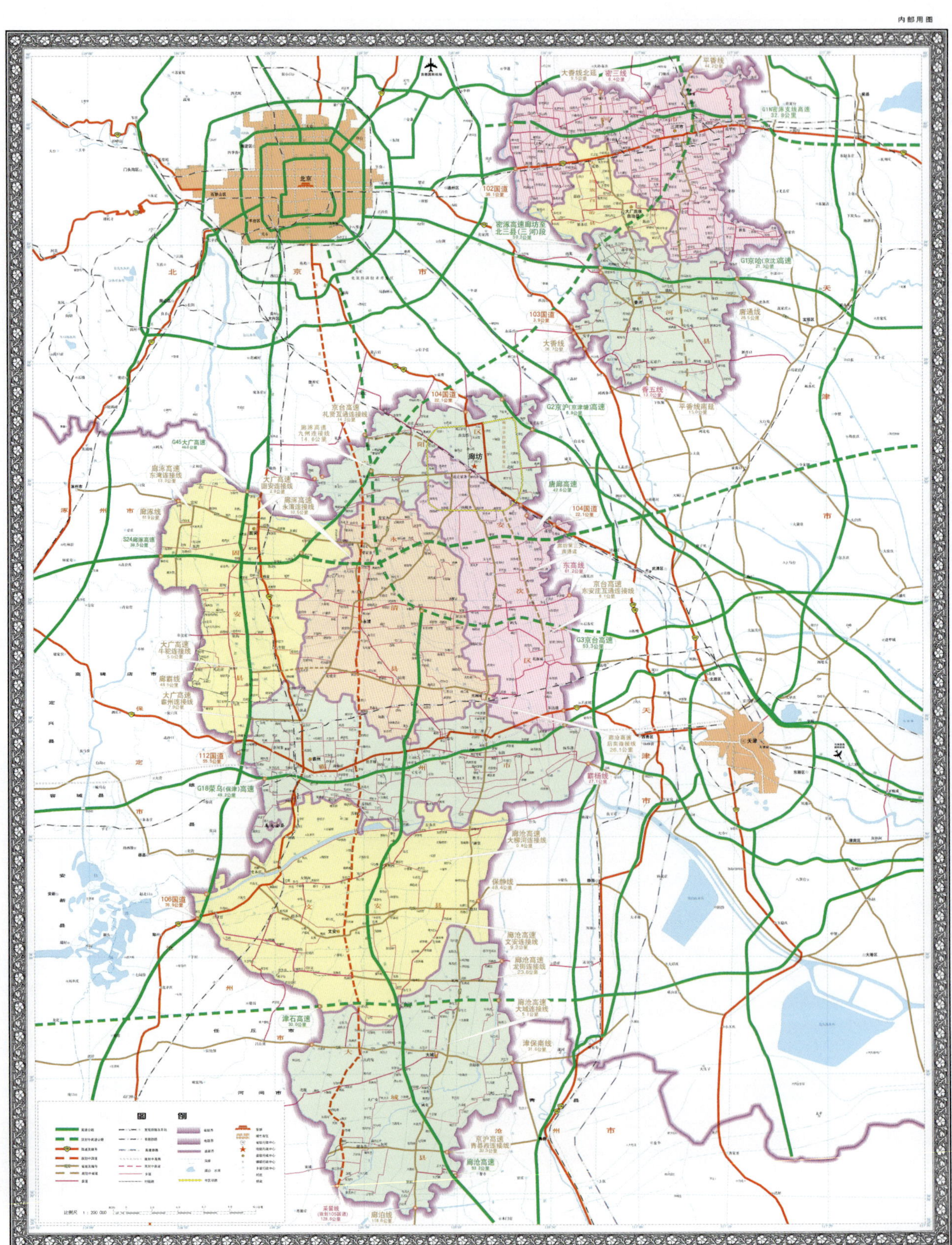

廊坊市交通运输局　二〇一二年二月编制

关心支持

▲1997年11月19日，交通部副部长胡希捷（前排左二）视察106国道，省交通厅厅长路富裕（前排左一）、廊坊市交通局局长冯永平（前排左三）陪同

▲1999年1月17日，交通部部长黄镇东（左三）视察106国道，廊坊市交通局局长商振林（左四）陪同

▲2002年6月5日，省军区副司令员宋长森少将（前排右二）检查交通战备工作，副市长张素珍（右一）陪同

▲2004年5月15日，北京军区政委付廷贵（中）到廊坊市交通局检查，市委副书记王会平（左二）、副市长石锡贵（右三）、市交通局局长商振林（左三）陪同

▲2005年1月31日，全国交通系统廉政工作会议在廊坊召开，交通部党组书记、部长张春贤，河北省委常委、省委秘书长张力出席了会议

▲2007年3月28日，省军区政委张彦欣少将（右二）到廊坊市交通局检查交通战备工作，市委书记王增力（左一）陪同

◀2007年7月28日，北京军区副司令员黄汉标（左二）检查交通战备工作，市交通局局长饶贵华（右一）陪同

▶2008年4月10日，副省长宋恩华(左二)在市委书记赵世洪（左一），市长王爱民（右二），副市长、市交通局局长饶贵华（右一）等陪同下视察廊坊农村公路建设情况

▲2008年12月15日，交通运输部部长李盛霖（左三）、河北省省长胡春华（左二）、副省长宋恩华（右二）、省政府副秘书长曹汝涛（左一）到廊坊就成品油价格和税费改革进行调研，市委书记赵世洪（右一）陪同

▲2009年12月21日，省军区副政委李忠铮（右二）到廊坊市交通运输局检查“十一五”国防交通动员建设规划落实情况，廊坊军分区政委宋革新（左一）、参谋长史仲平（右一）、市交通运输局局长王相仁（左三）陪同

▲2010年6月22日，交通运输部道路运输司司长李刚（左一）一行到廊坊就道路运输工作进行调研，廊坊市交通运输局局长王相仁（右一）陪同

▲2011年9月14日，省军区副政委李志强（右二）到廊坊市交通运输局检查交通战备工作

▲2011年9月15日，省委副书记付志方（前排左三）在市委书记赵世洪（前排左二）、市长王爱民（前排左一）、市政协主席寇德松（左七）的陪同下视察廊坊市交通运输局广宇物流公司

▶1998年8月21日，副市长张树藩（中）视察廊霸线改造工程

▲1999年9月29日，省交通厅厅长幺金绎（前排中）视察通秦公路材料有限公司、京哈高速潮白河大桥

◀2004年3月5日，副市长周国江在全市交通工作会上讲话

▶2006年，市委常委、副市长吴立方（左三）到廊涿高速公路施工现场指导工作，市交通局局长饶贵华（右一）陪同

▲2009年5月21日，副市长、廊沧高速公路廊坊段建设指挥部总指挥饶贵华（左五）在永清、文安组织召开廊沧高速工程建设现场调度会，市交通局局长王相仁（左四）陪同

▲2009年7月14日，市长王爱民（左一）视察廊沧高速施工现场

▲2010年9月2日，市政协主席寇德松（左二），率政协相关部门到廊沧高速施工一线调研，市交通运输局局长王相仁（左一）陪同

▲2010年9月3日，省交通运输厅党组书记、厅长焦彦龙（左二）到廊沧高速施工一线实地检查工程建设情况，廊坊市交通运输局局长王相仁（左一）陪同

▶2010年10月16日，市人大主任张素珍（右）参加京台高速奠基仪式，市交通运输局局长王相仁（左）陪同

▲2011年9月15日，市委书记赵世洪（左三）在廊沧高速东淀大桥视察，市交通运输局局长王相仁（左一）陪同

▲2011年11月26日，省交通运输厅厅长高金浩在廊沧高速公路（廊坊段）通车典礼上讲话

▲市长聂瑞平（前排右二）到京台高速公路施工现场调研，副市长饶贵华（前排右三）陪同

▶1984年，廊坊地区行政公署交通局局长邢德生（左二）与三河个体车主会谈

◀1986年，廊坊地区行政公署交通局局长邢德生（左一）在交通工作会上讲话

▲1986年，廊坊地区行政公署交通局局长张殿祥（后排中）出席交通系统八五年度军转干部培训班结业典礼

◀1987年，廊坊地区行政公署交通局局长张殿祥（中）在河北省交通会计学会廊坊成立大会上讲话

▶1989年，市交通局局长张武保（中）召开关心下一代工作座谈会

▲市交通局局长张武保（前排右三）与市局关心下一代协会第一届理事合影（1990年5月）

▲1997年1月17日，市交通局局长冯永平慰问离退休老干部

▶1998年2月12日，市交通局局长冯永平在市交通工作暨总结表彰大会上作工作报告

◀1998年9月17日，市交通局局长商振林在局机关召开的解放思想大讨论汇报交流现场会上发言

▲2002年3月20日，市交通局局长商振林（前排左一）与中行廊坊分行签订106国道廊坊段建设高速路贷款意向

◀2006年8月29日，市交通局局长饶贵华（左一）到京津高速公路施工现场视察施工情况

▶2006年9月8日，市交通局局长饶贵华（左三）到西外环检查施工情况

▲2010年7月13日，市交通运输局局长王相仁（前排左二）检查治超情况

▲2011年11月29日，市交通运输局局长王相仁（前排右一）到材料处慰问一线员工

▲2010年11月25日，以市交通运输局党组书记、局长王相仁为团长，市政府副秘书长吕建成为副团长的市局现代交通物流体系培训团圆满完成为期21天的赴美培训考察任务。图为美国弗吉尼亚州交通部部长格雷戈里·惠利（前排左六）、副部长查利·基尔帕特里克（前排左五）、总工程师麦尔肯·克利（后排右二）、廊坊市交通运输局局长王相仁（前排右五）及有关人员与培训团交流座谈后合影

▲2011年，市局领导班子合影，前排左起：王文生、汪旭、王相仁、郝合瑞、郝栓柱，后排左起：张贵江、王文玉、郝艳军、佟爱民、朱广水、高维信

▲2010年，市交通运输局局领导和机关干部职工全员参与拔河比赛

交通建设

▲2007年9月28日，廊沧高速（廊坊段）开工奠基仪式

▶廊沧高速公路东淀特大桥为华北第二、河北第一长桥

▼廊沧高速施工现场

▲2009年6月26日，密涿支线高速公路举行开工奠基仪式

◀密涿支线高速公路浇筑混凝土

▼2010年6月11日，密涿支线高速施工现场

▲2010年10月16日，京台高速公路廊坊段开工奠基仪式

▲2011年4月18日，京台高速首片箱梁浇筑完成

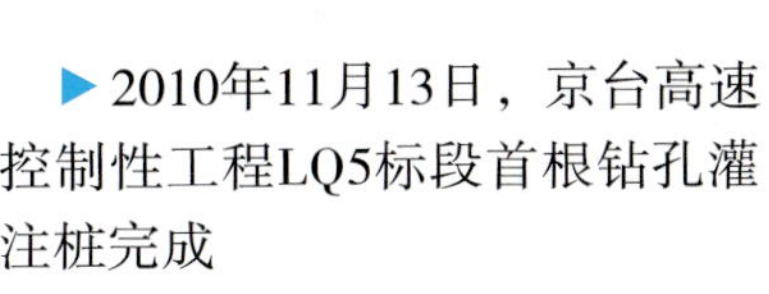

▶2010年11月13日，京台高速控制性工程LQ5标段首根钻孔灌注桩完成

▲2010年4月16日，密涿高速项目预可评估论证会

▶荣乌高速公路

◀廊涿高速公路

▲ 廊涿高速公路收费口

◀ 京沪高速廊坊出口

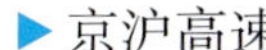

▶ 京沪高速

省道廊泊线

省道廊涿线

1997年4月18日，106国道霸州至文安段中外合作项目签字仪式

▲大广高速霸州连接线施工现场

▶102国道改造工程稀浆封层施工

◀2004年9月23日，广阳区村村通油路工程全线竣工通车仪式现场，广阳区村村通油路工程两年建设任务一年完成。图为万庄镇农民群众自发组织秧歌队载歌载舞庆祝通车

▲2006年6月，竣工后的三河市东八里沟水泥混凝土路。三河市段甲岭镇东八里沟村位于蒋福山深处，当时仅有3户人家共8口人，路面坑洼不平，村民出行十分不便。自2004年实施村村通油路工程以来，三河市政府将该村的通村油路工程列入“民心工程”，采用水泥混凝土施工工艺，路面宽3.5米，长7.8公里，于2006年6月修建完成

◀2003年4月9日，霸州市王庄子村二灰碎石施工现场，图为村民自愿投工投劳参加农村公路工程建设

▶新建成的霸州四间房村油路成了该村招商引资的门面路

行业管理

▲2009年12月7日，根据《中共河北省委办公厅、河北省政府办公厅关于印发〈廊坊市人民政府机构改革方案〉的通知》精神，廊坊市人民政府对部分机构设置进行了调整，廊坊市交通局更名为廊坊市交通运输局。16日，廊坊市交通运输局正式挂牌。副市长饶贵华（右一）、市交通运输局局长王相仁（左一）出席仪式

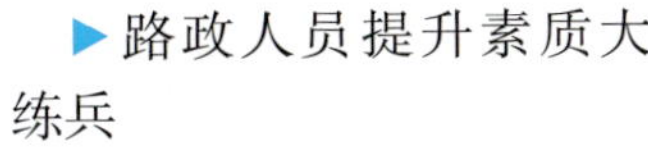

▶路政人员提升素质大练兵

▲深入车站向旅客宣传安全知识，并发放意见卡

◀运政人员检查长途客车运营

▶收费人员规范执勤礼貌服务

▲超限货车卸载

▶2010年7月4日，市区开通夜间观光公交线

◀2010年7月28日，926路公交车开通

文明创建

▲1992年建成并投入使用的廊坊市交通运输局机关办公楼

▲2010年10月投入使用的路政大厦

▲2004年6月投入使用的交通大厦

▲为从严培养收费员严明的纪律和过硬的作风，树立良好队伍形象，市路桥通行费管理处每年定期组织职工在部队进行封闭式军训活动

▶研修班学员在进行ERP模拟沙盘试验

◀大力开展业务素质提高年活动，进行“传、帮、带”，促进队伍素质提升

▲赴美培训团在美国旧金山湾区交通委员会与有关专家进行交流

▲市交通运输局召开创先争优活动动员大会

▲ 基层党支部入党宣誓仪式

▶ 青年志愿者利用节假日参加社会义务劳动

◀ 出租车管理处发挥党员先锋模范带头作用，全体党员公开承诺，挂牌上岗

▲强化培训、加强教育，全面提高出租车从业人员整体素质，努力提高行业服务水平

◀党员挂牌上岗，亮牌服务，主动接受社会监督

▶工程公司在机关走廊悬挂了创先争优活动展板，使创先争优活动深入每位职工心中

▲优秀民兵组织表彰大会

▲2008年，货运车辆抗震救灾物资抢运誓师

▲运输车队踏上征程

▶职工自编自演节目

▲职工自编自演节目

▲诗歌朗诵比赛

◀职工篮球赛

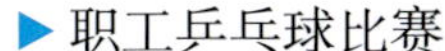
▶职工乒乓球比赛

▲职工羽毛球比赛

▶离退休老干部娱乐活动

◀“六一”儿童节庆祝活动

◀职工国画作品

李继武，河北美术家协会会员，2009年就读于中央美院高研班。作品《山乡晨韵》、《幽谷云峰》入选中国美协展览；作品《家在白云山水间》入选河北省首届青年美展。多件作品先后入编《河北艺术联展精品集》、《河北画院建院二十周年美术作品集》、《现当代河北美术家作品集》、《中国画名家技法研究丛书——中国山水画临摹与创作（上）》、《2011中国画收藏年鉴》。出版有《中国当代国画家作品精选——李继武画集》、《李继武山水画精品集》

▶职工张龄澜刀画作品秋山飞瀑图

刀画，是采用油彩原料，以钢刀代笔作画。先在油布或纸上涂抹，通过刀具在木板、布、纸上有规律地刮减，进行创作

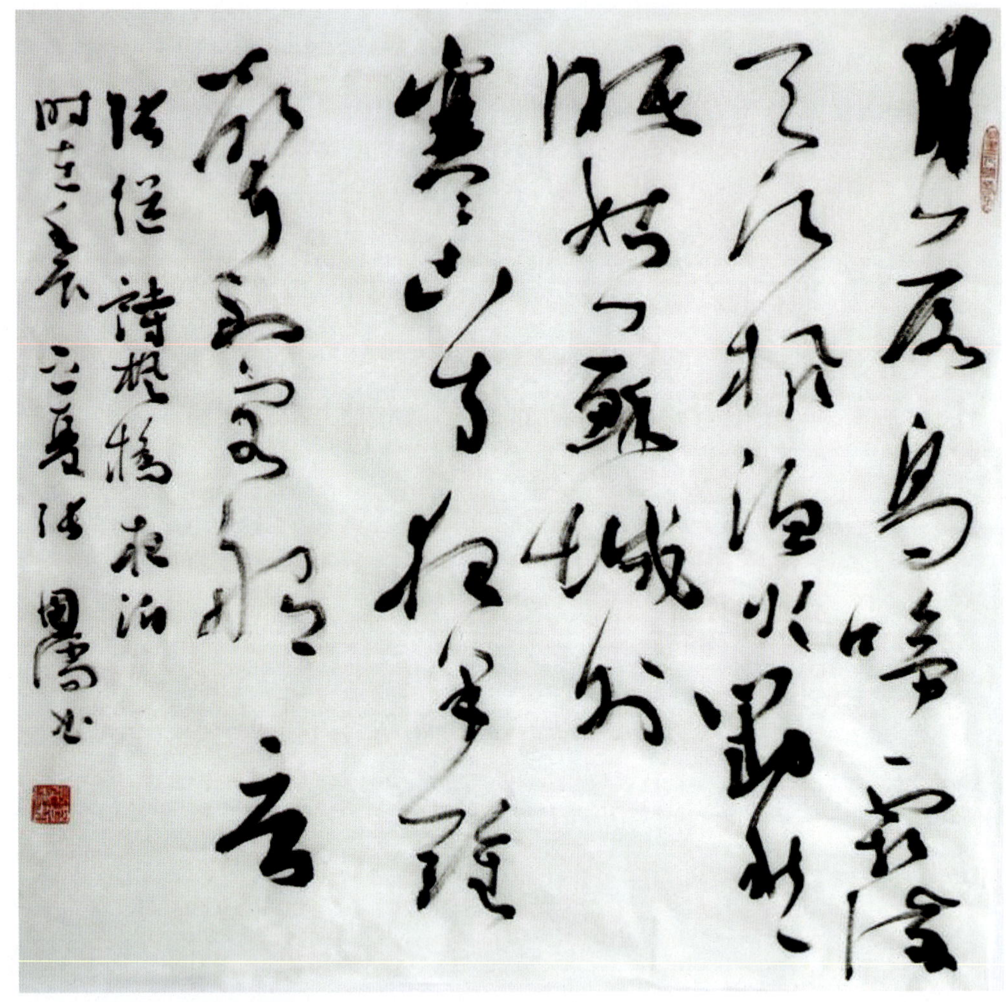

▲职工书法作品

张国儒，河北省书法家协会会员、廊坊市书法家协会理事，书法作品入选全国政协机关工会、市直机关工委举办的庆祝中国共产党建党84周年书、画、摄影作品展，第七届全国交通职工书画大展组委会中国交通书画协会举办的第七届全国交通职工书画大展

《廊坊交通运输志》编纂委员会

序

2012年3月，廊坊市交通运输局启动《廊坊交通运输志》修编工程。历八月成初稿，经暑寒而付梓，约略120万余字，既追溯历史，展现廊坊交通运输发展脉络；亦数据铺陈，彰显交通运输干部职工拼搏精神。记廊坊交通运输史略，述干部职工奋斗艰辛，资治存史，盈室墨香。

廊坊历史悠久，人杰地灵，自商周而肇始，因交通而兴盛。历千年默默无闻，清光绪年间京山铁路设站，始渐繁荣。虽京畿门户，但国弱民贫，兵祸频仍，水旱无常，廊坊交通运输仍是阡陌土路、畜载肩担，晴通雨阻，民生不堪。新中国成立后，廊坊交通白手起家，披荆斩棘，铺路架桥，廊坊交通运输蓬勃发展，方兴未艾。特别是近几年，廊坊交通运输扬帆竞进，辉煌跨越，建设大交通，构建大网络，发展大运输，基础设施建设连创新高，平均年投资超40亿元，廊沧高速、密涿高速、大广高速贯通南北，京哈高速、廊涿高速、荣乌高速东出西连，京台高速、京沪高速、京沪高铁进京下卫，更有国省干道畅安绿美，农村公路通衢纵横，城乡公交风雨无阻。村村通油路、村村通客车、帮扶村主街道硬化、北京公交深度通达等惠及万千百姓，真正实现“交京津走廊之地利，通和谐廊坊之人和，运天下往来之货殖，输百川四海之物流”，成为廊坊经济社会发展的开路先锋。

一部《廊坊交通运输志》，就是一部廊坊交通人战天斗地的创业历史，一首昂扬奋进的奉献之歌。代代交通人薪火相传，生生不息，传承着奋发图强、苦干实干的拼搏精神，传承着攻坚克难、勇于担当的责任意识，传承着心系桑梓、造福百姓的为民情怀，传承着爱岗敬业、无私奉献的优良作风，为廊坊交通运输挥洒青春和才智，奉献心血和力量。在此，向曾经及现在奋战在交通运输各条战线上的全体干部职工，致以崇高敬意！

廊坊市交通运输局党组对修志工作高度重视，从总体安排到明确任务，从统筹力量到阶段把关，从人员组织到经费保障，都为修志工作顺利开展提供了坚强的保障。

全体修编人员不舍昼夜，案牍劳形，遍查档案，尽访事人，力求实事求是、文约事丰，大事不丢、要事不漏，突出重点、兼顾一般，详近略远、质量为先，付出了大量的心血。修志过程中，得到各级领导、社会各界、系统内各单位的鼎力支持，廊坊市保密局、市档案局、市地方志办公室给予了无私帮助。志稿初成，多方借鉴《廊坊市志》、《廊坊地区公路史》等资料，不敢贪先贤之功，在此一并感谢。

由于水平有限、时间仓促以及掌握的资料不全，志稿中对交通运输的历史和取得的成就，可能反映得不够丰富和全面，有些重大事件表述可能不够准确，挂一漏万甚至谬误之处在所难免，恳请读者提出宝贵意见，以便及时修正、补充和完善。

《廊坊交通运输志》编委会

二〇一二年十一月二十八日

凡　例

一、本志以交通运输发展为主线，实事求是地反映廊坊市交通运输历史发展过程和现状，力求突出时代特点和地方特色。

二、本志上限尽力追溯到事务的发端，下限至2011年年底。坚持贯通古今、详今略古的原则，简略叙述中华民国以前的交通运输史实，重点记载中华人民共和国成立以后，特别是改革开放以来廊坊交通运输发生的历史性巨变。

三、本志纪年。1949年以前使用历史纪年，并括注公元纪年；1949年以后使用公元纪年。用年代所表示的时间特指20世纪的某个10年。机构成立、人员任免等以相关部门批复时间为准。

四、本志使用之专业名词、术语，一律以有关方面审定为准，未经审定的，以习惯为准。

五、机构名称、历史地名、计量单位等，均按当时的称谓。对于频繁使用的名称，首次用全称，其后用简称。

六、数据以交通运输系统统计部门数据为准，不从属正式统计资料的，以相关单位提供的数据为准。

七、资料主要由廊坊市交通运输局机关处室、局直各单位、各县（市、区）交通运输局提供。其次从档案馆、图书馆、《廊坊地区公路史》、《廊坊市志》、各县志、报纸等处搜集、摘录。入志资料均经过考证，未注明出处。

目　录

第一篇　管理机构

第二篇　公　　路

第三篇　公路运输

第四篇　交通运输企业

第五篇　交通战备与武装

第六篇　综 合 管 理

第七篇　党的建设

第八篇　群团组织

第九篇　精神文明建设

第十篇　县、市、区交通运输局

第十一篇　铁　　路

第十二篇　水　　路

第十三篇　大　事　记

第十四篇　荣　　誉

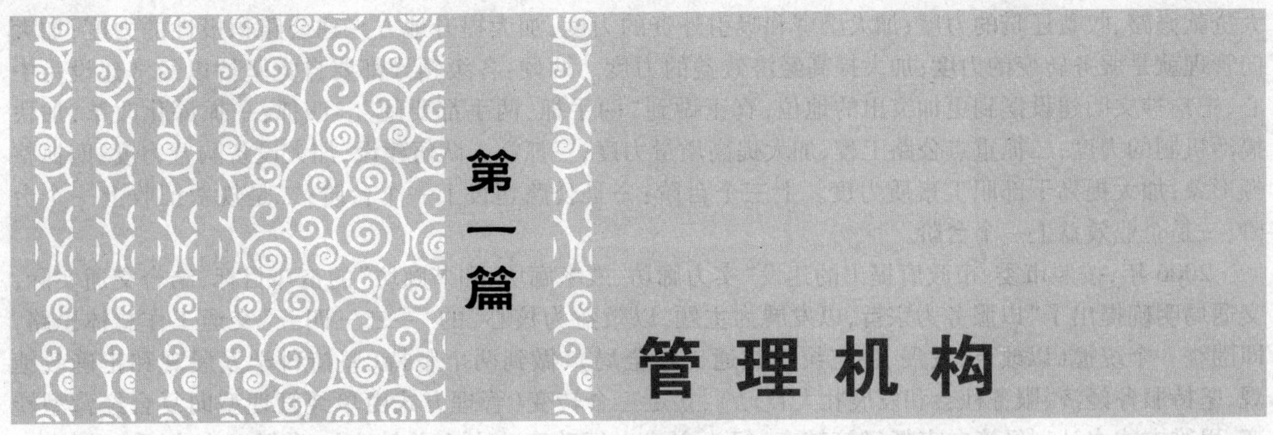

第一篇

管理机构

廊坊市交通运输局位于廊坊市广阳区广阳道53号，主要承担公路建设、公路养护、公路运输管理、路政管理等工作。市局机关内设15个科室：办公室、政策法规科（精神文明建设办公室）、综合规划科、财务科、人事科、科技科、基建安全科、审计科，按照有关规定设置机关党委、离退休干部科、纪检（监察）、工会、共青团、妇联、交通战备办公室。局直单位23个（包括4个副处级事业单位、18个科级事业单位、1个企业），临时机构5个，行业管理（指导）10个县（市、区）交通运输局。

截至2011年年底，廊坊市交通运输局共有职工7312人（包括10个县、市、区交通局），其中机关448人，事业单位6216人，企业单位648人。市局机关和直属单位共有职工2810人，其中在职人员2408人（包括机关公务员54人，全额财政拨款事业单位人员50人，自收自支事业单位在编人员1810人，人事代理人员192人，劳务派遣人员145人，聘用人员157人）；离休人员10人；退休人员392人。市局及直属单位共设7个党总支、16个独立党支部，有党员930名。

一

交通作为经济社会发展的先行，最重要的职责就是服务经济社会发展。

1988年初，市交通局提出了全市交通工作的指导思想：认真落实党的十三大精神，以社会主义初级阶段理论为指导，以提高经济效益和社会效益为中心，以建设“四有”职工队伍为重点，深化改革，加强管理，艰苦创业，增收节支，开拓进取，创优争先，为振兴廊坊经济当好先行。

1995年，市交通局提出了全市交通工作的指导思想：以邓小平建设有中国特色的社会主义理论为指导，全面贯彻落实中央二十字方针，把握好改革、发展、稳定的关系，围绕建设解决强市和实现小康规划的总体目标，加快交通基础设施建设，努力培育和完善运输市场，深化交通企业改革，用廉洁、高效、创新、务实的工作作风，争使全市交通工作再上一个新台阶。

1997年，市交通局提出了全市交通工作的指导思想：以党的十四届六中全会精神为指针，围绕经济建设这个中心，把精神文明建设摆到更加突出的地位，把握大局，稳中求进，抓住重点工程不放，抓住加大执法力度不放，抓住形象建设不放，抓住企业效益不放，推动全市交通工作实现新跨越，为落实“大廊坊战略”，建设经济强市作出新贡献。在各项具体工作的运作上，从上到下要努力做到“一换两硬四抓上三个台阶”。一换：要使全市交通整体工作实现新跨越，就必须紧紧抓住转换脑筋这一中心环节，在转变观念上下工夫。具体说就是：在投资体制上，由一元化向多元化转变；在行业管理上，向管理就是服务转变；在职能发挥上，向充分发挥先行官的作用上转变；在企业发展上，向效益型上转变；在转变观念的基础上，加大贷款修路、收费还贷的力度；加大融资和吸引外资的力度；加大提升地方兴建公路积极性的力度；加大向管理就是服务转变的力度；加大提高经济效益的力度。两硬：各级领导都要自觉坚持以经济建设为中心，把精神文明建设摆到更加突出的地位，真正做到“两手抓，两手都要硬”。四抓：一抓深化改革，加快搞活机制的力度；二抓重点公路工程，加大提高质量力度；三抓施工队伍建设，加大设备购置力度；四抓整顿形象，加大提高干部职工素质力度。上三个台阶：一是公路建设上一个台阶；二是规费征收上一个台阶；三是企业效益上一个台阶。

2006 年，按照市委、市政府提出的建设“实力廊坊、效率廊坊、和谐廊坊”的奋斗目标，结合交通实际，交通局明确提出了“以服务为宗旨，以发展为主题，以效益为核心”的“一二三四五”交通工作总体思路，即围绕一个统揽（以改革、发展、稳定统揽交通工作全局）、做到两个坚持（坚持科学发展观和正确政绩观，坚持服务经济、服务社会和发展壮大自己）、立足三个转变（管理方式由单纯管理型向复合经营型转变、思维方式由计划经济向市场经济转变、行为方式由行政事业向企业转变）、确保四个实现（到“十一五”末实现公路建设投资超过 100 亿元，比“十五”翻两番；实现高速公路通车里程突破 300 公里，比“十五”翻两番；实现“县县通高速、县城通一级路、乡镇通二级路、村村通油路”；实现规费和路桥通行费收入突破 60 亿元，比“十五”翻一番）、打造五个品牌（“实干、效益、服务、创新、和谐”的交通品牌），不断推进交通事业更好更快发展，为“壮县、强市、富民”在交通方面作出积极的贡献。围绕这一总体工作思路，在工作中又加以具体化，使之更具可操作性。例如，在路网规划上，提出了“完善交通路网，提高公路等级，全面对接京津，打通出海通道”；在项目建设上，提出了“实施大项目拉动战略，用项目支撑交通，用项目拉动经济，用项目推进全市交通环境的优化”；在经营管理上，提出了“经营交通”的理念，把交通局作为企业来经营和管理，在服务经济、服务社会的同时，壮大自身实力；在开拓市场上，提出了“域内域外一起抓，以域外为主、大小项目一起抓，抓大不放小、主业副业一起抓，依托行业求发展”；在机关建设上，提出了“三提高一降低”，即提高服务质量，提高工作效率，提高综合素质，降低办公成本等。实践证明，这些思路是符合廊坊交通实际的，对交通事业发展起到了很好的指引作用。

2010 年，面临国家成品油价格和税费改革，廊坊首条业主高速——廊沧高速又将全面开工，责任重大、任务艰巨。对此，廊坊市交通运输局深刻认识到，现在面临的最大问题是发展，发展中的问题必须用发展来解决。按照市委、市政府加快实现“两个率先”的要求，结合廊坊特殊区位和交通实际，市交通运输局提出了明确的交通发展思路：推进“三化一体”（京津廊交通运输一体化、市境交通运输一体化、城乡交通运输一体化），强化“三大支撑”（科技、人才、党建），坚守三条底线（质量、安全、廉政），打造“六大品牌”（实干、效益、服务、创新、和谐、廉政），建设大交通，构建大网络，发展大运输的总体工作思路。围绕这个思路，市交通运输局连续实施了“业务素质提高年”、“强力攻坚年”等主题实践活动，对交通运输发展起到了很好的指导促进作用。

二

经过不断发展演变，交通运输机构设置日臻完善。

1965 年 7 月，成立河北省天津地区运输公司。1973 年 2 月，更名为廊坊地区运输公司。1980 年 1 月 1 日，廊坊地区运输公司人、财、物三权归省交通局直接领导，改名为河北省廊坊运输公司。1985 年 1 月 1 日，河北省将人、财、物三权下放到地方，运输公司隶属廊坊地区行政公署交通局。2006 年 8 月 31 日，按照廊政[2006]81 号《廊坊市人民政府关于理顺和完善市属经营性管理体制的实施意见》文件要求，河北省廊坊运输公司纳入市国资委监管。

1974 年，廊坊地区公路管理处成立。1979 年，成立廊坊地区交通局第一工程队、第二工程队。1998 年 2 月，分别更名为廊坊市第一公路工程处、第二公路工程处，升格为科级单位。

1985 年，成立养路费征收总站。1986 年 9 月 7 日，成立河北省廊坊地区行政公署交通局养路费征收所。1987 年，改称养路费稽征处。1999 年 12 月，更名为廊坊市养路费征稽处。2009 年 10 月，撤销廊坊市养路费征稽处，成立廊坊市路政管理处。

1986年，建立廊坊地区运输管理总站。1987年，改称廊坊地区运输管理处。1989年4月，改为廊坊市公路运输管理处。

1993年12月，成立廊坊市车辆购置附加费征收管理办公室。2001年1月1日起，开始向有关车辆征收车辆购置税，原有的车辆购置附加费取消，机构撤销。

1994年7月，成立廊坊市公路工程质量监督站。1997年12月23日，更名为廊坊市公路工程质量监督处。

1995年，成立廊坊市公路工程定额管理站。2002年12月，更名为廊坊市公路工程定额管理处。

1995年10月，成立廊坊市公路工程处。1999年8月，更名为廊坊市公路工程管理处。

1995年10月，成立廊坊市公路勘测设计所。1998年6月23日，更名为廊坊市交通勘察设计院。

1995年12月，成立廊坊市交通局职工教育培训中心。2010年12月，更名为廊坊市交通运输局职工教育培训中心。

1996年1月29日，成立廊坊市交通公路工程有限公司。

1997年5月19日，廊坊通达公路有限公司正式注册登记，该公司是由廊坊市交通公路工程有限公司(甲方)与香港悦达实业集团有限公司(乙方)共同出资组建的合作有限责任公司。

1997年8月26日，成立廊坊市交通局通信管理处。

1997年11月5日，成立廊坊市交通局机关后勤服务中心。2010年10月12日，更名为廊坊市交通运输局机关后勤服务中心。

1997年11月5日，成立廊坊市交通局路桥通行费管理处。2010年9月21日，更名为廊坊市交通运输局路桥通行费管理处。

1997年11月10日，组建廊坊市公路工程材料供应站。2002年12月，更名为廊坊市公路工程材料供应处。

2005年11月28日，成立廊坊市采留公路筹建处。

2006年3月30日，成立廊沧高速公路筹建处。2007年2月1日，廊沧高速公路廊坊建设管理处成立，为副处级事业单位。2011年9月30日，廊沧高速公路廊坊建设管理处更名为廊沧高速公路(廊坊段)管理处。

2006年9月，成立廊坊市交通局地方道路管理处。2011年2月，更名为廊坊市交通运输局地方道路管理处。

2007年2月1日，成立密涿支线102高速公路廊坊建设管理处，为副处级事业单位。

2008年5月5日，成立京津南通道河北段高速公路廊坊建设管理处，为副处事业单位。2009年1月15日，更名为京台高速公路廊坊建设管理处，原有机构规格、人员编制、工作职能不变。

2009年12月25日，成立廊坊市出租车管理处，为全额财政拨款事业单位。

2010年2月，成立廊坊市城市公共交通管理处(临时机构)。2012年3月8日，正式批准成立，为全额财政拨款事业单位。

2010年6月10日，成立密涿高速公路廊坊建设管理处，为副处级事业单位。

廊坊市交通系统全部职工人数，见表1-0-1。

交通系统全部职工人数(人) 表1-0-1

项目	总计	机关			事业			企业		
		合计	在岗	临时或下岗	合计	在岗	临时或下岗	合计	在岗	临时或下岗
甲	1	2	3	4	5	6	7	8	9	10
总计	7312	448	431	17	6216	6015	201	648	643	5
公路系统	5108	396	379	17	4064	3863	201	648	643	5
三河市	739	30	30	—	550	550	—	159	159	—

续上表

项目	总计	机关			事业			企业		
		合计	在岗	临时或下岗	合计	在岗	临时或下岗	合计	在岗	临时或下岗
大厂县	303	38	36	2	265	243	22	—	—	—
香河县	288	24	24	—	264	264	—	—	—	—
大城县	508	41	41	—	467	467	—	—	—	—
文安县	802	63	50	13	561	409	152	178	175	3
霸州市	599	62	62	—	508	508	—	29	29	—
永清县	576	60	60	—	452	452	—	64	64	—
固安县	397	28	28	—	369	357	12	—	—	—
安次区	431	13	13	—	292	292	—	126	126	—
广阳区	465	37	35	2	336	321	15	92	90	2
市局及直属	2204	52	52	—	2152	2152	—	—	—	—

第一章 廊坊市交通运输局

1949年1月,华北运输总局天津公路管理段成立。同年2月,天津汽车运输公司成立。同年12月1日,华北公路运输总局天津公路管理段移交河北省政府,改称河北省交通局天津公路管理段。1950年6月,天津公路管理段从天津市和平区迁至杨柳青。

1952年,河北省交通局将天津公路管理段移交天津专区,改称河北省人民政府天津区专员公署公路管理局,由天津专署直接领导。局内设路政科、工程科、财务科、秘书科。1958年1月,河北省天津运输公司同天津区专员公署公路管理局合并,成立河北省天津专员公署交通运输局,办公地点在杨柳青。当年5月,天津专员公署交通运输局和沧州专署交通局合并,仍称河北省天津专员公署交通运输局,局机关由杨柳青迁至沧州。同年10月,原省直属的京塘国道管理局移交天津专员公署交通运输局领导。同年12月1日,区划变动,天津专员公署交通运输局并入天津市交通部门,局机关又迁回杨柳青。1959年,成立天津市公路交通局,主管原天津地区公路交通及天津市长途客运,办公地点由杨柳青迁至天津市和平区重庆道。局设运输处、计财处、路政处、沧县办事处。天津市长途汽车公司划归公路交通局领导。

1960年,天津市人民委员会为了"加强公用,照顾交通",原天津市公路交通局改为天津市交通运输管理局,下设县社办公室统管地方交通工作。天津市运输公司划归天津市交通运输管理局领导,驻杨柳青。1961年,恢复天津专员公署建制,未单设交通机构,其业务仍由天津市交通运输管理局统一领导。天津市交通运输管理局设立的县社办公室,负责管理各县的公路运输业务。1965年2月13日,河北省天津专员公署交通局开始办公,办公地点在重庆道190号。市、专分开后,局在市区和郊区的直属单位有9个,职工达1500人(包括在津的马车和装卸集体企业)。同年2月,经请示天津地委公交政治部,成立中共天津专员公署交通委员会。同年7月1日,县社办公室脱离天津市交通运输管理局,正式建立天津专员公署交通局,下设路政科、财务科、人事科、办公室、运输科、材料科,并迁至台湾路办公。1966年,天津专区车辆监理所成立。同年,天津专员公署交通局机关由天津市和平区重庆道迁至河西区台湾路。1968年1月,天津地区革命委员会建立,天津专员公署交通局改称天津地区革命委员会交通局。同年8月,天津地区革命委员会交通局与河北省天津地区运输公司合并,成立天津地区交通运输公司革命委员会。1969年4月,天津地区革命委员会由天津迁至廊坊镇,天津地区交通运输公司革命委员会撤销,在天津地区革命委员会生产部内设工交组,后又单建交通组,负责交通工作。下属单位有运输公司、公路工程队。办公地点由地区革命委员会院内迁到廊坊市金光道36号。

1970年,汽车配件公司成立。1972年,撤销革委会交通组,成立天津地区革命委员会交通局。1974年1月,天津地区改称廊坊地区,天津地区革命委员会交通局改称廊坊地区革命委员会交通局。同年,廊坊地区公路管理处成立。1975年,廊坊地区筑路机械修造厂成立。1976年,三河灰石厂成立。1978年,廊坊地区革命委员会改称廊坊地区行政公署。当时,交通局下属单位有运输公司、公路管理处、监理所、筑路机械修造厂、三河灰石厂。1979年,廊坊地区革命委员会交通局改称廊坊地区行政公署交通局。局机关内增设了工业科、战备办公室,合并了民运科和运输科,建立运输科,成立了第一公路工程队、第二公路工程队。

1980年,地区运输公司、汽车配件公司、交通监理所3个单位改由河北省交通局直接领导。1983年,廊坊地区行政公署交通局机关设办公室、人事科、财计科、运输科,合并了工业科、路政科,将战备办职能划归路政科。1984年,交通局建立纪检组、机关党委、机关工会。三河灰石厂下放给三河县交通局经营管理。河北省廊坊运输公司所辖各县运输站和分站于同年10月1日下放各县交通局领导。1985年,相关工作进入正常轨道，职能科室设置比较健全，设有办公室、人事科、财计科、路政科、运输科、编史组。河北省廊坊运输公司和廊坊地区交通监理所下放给廊坊地区交通局领导。同年，成立养路费征收总站。1986年，撤销运输科，建立运输管理总站。撤销养路费征收总站，建立养路费征收所。增设老干部科、保卫科。1987年，撤销路政科，建立计统科，增设系统工会。运输管理总站改称运输管理处，养路费征收所改称养路费稽征处。同年7月，廊坊地区交通监理所移交给廊坊地区公安处。1989年4月，廊坊地区改为廊坊市（地级），廊坊地区行政公署交通局改称廊坊市交通局。局机关设办公室、人事科、财务科、计统科、老干部科、纪检组、交通战备办公室、系统工会、企业改革办公室。同年8月，成立审计科。

1990年，设立监察室，纪检、监察合署办公，称纪检组。1992年11月，廊坊市交通局服务公司成立。1993年，廊坊市车辆购置附加费征管办公室成立。1994年7月1日，廊坊市公路工程质量监督站批准成立（未进行实质操作，1995年10月机构改革定编后独立办公）。1995年3月，廊坊市交通局服务公司分设通华贸易有限公司、交通经贸发展有限公司。同年10月9日，廊坊市公路管理处一分为四，分别为廊坊市公路管理处、廊坊市交通局公路工程处、廊坊市交通局公路勘测设计所和廊坊市交通局公路工程质量监督站，均为科级事业单位。同时，廊坊市交通局公路工程定额管理站成立，原公路处下属公路工程一队、公路工程二队升格为科级事业单位。同年12月22日，经市政府批准机构改革方案，廊坊市交通局机关行政编制36人，下设办公室、计划统计科、财务（审计）科、人事科、法规科、保卫科、科技科7个职能科室和机关党委（精神文明办公室）；另成立企业管理科，定事业编制7人；老干部科和交通战备领导小组办公室编制另列；市纪委派驻廊坊市交通局纪检组、市监察局驻交通局监察室。同年12月25日，廊坊市交通局职工教育培训中心成立，为科级事业单位。1996年1月，廊坊市交通公路工程有限公司成立。1997年8月26日，廊坊市交通局审计业务独立，设立审计科。同时，廊坊市交通通信管理处成立，为科级事业单位。同年11月5日，分别成立廊坊市交通局机关后勤服务中心和廊坊市交通局路桥通行费管理处两个科级事业单位。同日，各县（市、区）养路费稽征站和路桥收费站体制上划，业务和人员分别隶属廊坊市养路费稽征处和廊坊市交通局路桥通行费管理处。同年11月10日，在沥青库基础上组建廊坊市交通局公路工程材料供应站，为企业化管理的科级事业单位。同年12月23日，廊坊市公路工程质量监督站更名为廊坊市公路工程质量监督处，原机构性质、规格、编制不变。

1998年2月16日，交通局第一公路工程队、第二公路工程队更名为廊坊市第一公路工程处、廊坊市第二公路工程处。同年3月9日，廊坊市筑路机械修造厂改为股份制企业，更名为廊坊通州筑路机械有限公司。同年6月23日，廊坊市交通局公路勘测设计所更名为廊坊市交通勘察设计院，技术资质为乙级。1999年2月1日，各县（市、区）养路费稽征站、路桥收费站上划后均为副科级事业单位。同年8月2日，廊坊市交通局公路工程处更名为廊坊市交通局公路工程管理处。

2002年7月24日，经廊坊市人民政府批准，廊坊市交通局职能进行调整，一是加强的职能：①加大行业法制建设和市场经济建设力度，全面提高行业市场化和法制化程度。②加大公路运政、路政管理力度，全面提高依法行政的综合能力。二是转变的职能：随着企业改革、改制的进展，对交通企业的管理应进一步向政策指导、信息服务、法律监督和市场调控方面转变，最终实现与企业脱钩。三是划出的职能：将城市公共客运管理职能划归建设局。批准廊坊市交通局机关编制44名，含行政编制33人、事业编制8人、老干部服务人员3人；内设7个职能科（室）：办公室、人事科、财务科、审计科、计划统计科、体改法制科（精神文明办公室）、科技科；按照有关规定设置工、青、妇机构及机关党委办公室，纪检（监察）工作机构按有关规定设置，人员在机关总编制中核定。同年9月26日，经廊坊市机构编制委员会、中共廊坊市纪律检查委员会、廊坊市监察局批准，设立市纪律检查委员会派驻纪检组、监察局派驻监察室。

2005年4月20日，经廊坊市机关编制委员会办公室批准，计划统计科更名为综合规划科、体改法制科更名为体改法规科。两科室更名后，原工作职能、领导职数、人员编制保持不变。

2007年2月1日，经河北省人事厅批准，廊坊市交通战备办公室列入参照公务员法管理范围。同年12月24日，经廊坊市机关编制委员会办公室批准，为廊坊市交通局增加行政编制11名，用于核销三定方案中核定的机关事业编制8人和老干部服务人员3人。调整后，单位行政编制共计44名，工勤编制数量不变。

2009年12月7日，根据《中共河北省委办公厅、河北省政府办公厅关于印发〈廊坊市人民政府机构改革方案〉的通知》精神，廊坊市人民政府对部分机构设置进行了调整，廊坊市交通局更名为廊坊市交通运输局。同年12月16日，廊坊市交通运输局正式挂牌。

2010年1月22日，经廊坊市机构编制委员会办公室批准，市建设局将指导城市客运的职责划转给市交通运输局，市建设局承担相应工作职责的4名行政编制及两名工作人员，随职责划转一并划归市交通运输局。同年6月1日，廊坊市人民政府批准《廊坊市交通运输局主要职责内设机构和人员编制规定》，对职责进行调整：一是将原市交通局的职责、市建设局指导城市客运的职责，整合划入市交通运输局；二是取消已由国家、省、市政府公布取消的行政审批事项；三是取消公路养路费、公路运输管理费、公路客运附加费、公路货运附加费4项交通规费的管理职责；四是加强综合交通运输体系的规划协调职责，优化交通运输布局，促进各种运输方式的相互衔接，加快形成便捷、通畅、高效、安全的综合交通运输体系；五是加强统筹区域和城乡交通运输协调发展职责，优先发展公共交通，大力发展农村交通，加快推进区域和城乡交通运输一体化；六是健全和完善职能有机统一的交通运输大部门体制，进一步优化组织机构，完善综合交通运输行政运行机制。批准设立8个内设机构：办公室、政策法规科（精神文明办公室）、综合规划科、财务科、人事科、科技科、基建安全科、审计科。按照有关规定设置机关党委、离退休干部科、纪检（监察）、工会、共青团、妇联。核定行政编制48名。廊坊市国防动员委员会交通战备办公室事业编制5名。

班子更替情况（备注：1952年8月以前，交通机构称天津公路管理段，段长为张晓），见表1-1-1。

班子更替情况 表1-1-1

机关名称	职务	姓名	任职时间
河北省天津专员公署公路管理局	党委书记、局长	于忠	1952年10月—1954年12月
		王自林（代书记）	1955年1月—1957年9月
		冉树芳	1957年10月—1958年1月
	党委副书记	杨万钧	1952年10月—1954年12月
		房祁嵩	1955年1月—1958年1月
		武文波	1957年10月—1958年1月
	副局长	王自林	1952年10月—1954年12月
		刘振声	1954年—1958年1月
		关德森	1955年1月—1957年9月
		刘云廷	1955年1月—1957年9月
		房祁嵩	1955年1月—1958年1月
		武文波	1957年10月—1958年1月
河北省天津专员公署交通运输局	党委书记	黄梦雄	1958年7月—1958年11月
		冉树芳	1958年1月—1958年6月
	局长	冉树芳	1958年1月—1958年6月
	党委副书记	武文波	1958年1月—1958年6月
		房祁嵩	1958年1月—1958年6月
		冉树芳	1958年7月—1958年11月
	副局长	刘振声	1958年1月—1958年6月
		武文波	1958年1月—1958年6月
		房祁嵩	1958年1月—1958年6月
		冉树芳	1958年7月—1958年11月
		鲍海廷	1958年7月—1958年11月

续上表

机关名称	职务	姓名	任职时间
天津市公路交通局	党委书记	轰国奇	1958年12月—1959年12月
	局长	李　益	1958年12月—1959年12月
	党委副书记	张海光	1958年12月—1959年12月
	副局长	鲍海亭	1958年12月—1959年12月
		冉树芳	1958年12月—1959年12月
天津专员公署交通局	党委书记	李廷珍	1965年1月—1967年12月
	局长	冉树芳	1966年5月—1967年12月
	党委副书记	冉树芳	1965年1月—1967年12月
	副局长	武文波	1966年5月—1967年12月
天津地区交通运输公司革命委员会	主任	李廷珍	1968年1月—1968年12月
	副主任	于宝和	1968年—
天津地区革命委员会生产部交通组	副组长	李廷珍	1969年1月—1970年12月
天津地区革命委员会交通局	党委书记	李廷珍	1972年2月—1974年7月
	局长	李廷珍	1971年1月—1973年6月
	党委副书记	房翠林	1972年2月—1973年6月
		郑泗河	1973年7月—1974年1月
	副局长	王治安	1971年1月—1974年1月
		赵　波	1971年1月—1974年1月
		房翠林	1971年1月—1973年6月
		李万国	1973年7月—1974年1月
		郑泗河	1973年7月—1974年1月
廊坊地区革命委员会交通局	党委(组)书记	郝福宗	1974年8月—1979年10月
	局长	郝福宗	1973年7月—1979年10月
	党委(组)副书记	郑泗河	1974年1月—1975年4月
		李万国	1975年5月—1979年
		冉树芳	1976年10月—1979年10月
	副局长	李万国	1974年1月—1979年
		王治安	1974年1月—1979年
		赵　波	1974年1月—1979年
		郑泗河	1974年1月—1979年
		于　忠	1976年—1979年
		冉树芳	1977年—1979年10月
廊坊地区行政公署交通局	党组书记	冉树芳	1979年11月—1983年5月
		邢德生	1983年8月—1985年7月
		张殿祥	1985年8月—1988年12月
		张武保	1988年1月—1989年4月
	局长	冉树芳	1979年11月—1983年5月
		邢德生	1983年8月—1985年7月
		张殿祥	1985年8月—1988年1月
		张武保	1988年1月—1989年4月

续上表

机关名称	职务	姓名	任职时间
廊坊地区行政公署交通局	党组副书记	李万国	1979年11月—1983年8月
		庞伸志	1983年6月—1983年9月
		杨永耕	1984年6月—1989年
		李维成	1987年4月—1989年
	副局长	李万国	1979年—1983年8月
		武文波	1978年—1983年8月
		王治安	1979年—1983年8月
		赵　波	1979年—1983年8月
		于　忠	1979年—1983年8月
		郑大鹏	1979年11月—1983年8月
		张向前	1979年—1983年8月
		庞伸志	1983年6月—1983年8月
		高振宽	1983年6月—1983年8月
		杨永耕	1983年8月—1989年
		张殿祥	1983年8月—1985年7月
		高宝琦	1984年9月—1989年
		宋凤岐	1985年7月—1987年7月
		李维成	1987年4月—1989年
		薛炳钧	1989年10月—1995年1月
	纪检组长	郑大鹏	1984年8月—1985年12月
		薛炳钧	1986年1月—1989年10月
	工会主席	杨永耕(兼任)	1987年—1989年4月
		张万明	1984年1月—
	调研员	郑大鹏	1983年—1984年
		张殿祥	1988年1月—1997年12月
		李万国	1988年10月—1995年6月
		赵国明	1988年10月—1989年
		薛炳钧	1995年1月—
廊坊市交通局	党组书记	张武保	1989年4月—1994年12月
		冯永平	1994年12月—1998年12月
		商振林	1998年12月—2004年12月
		饶贵华	2005年1月—2008年12月
		王相仁	2008年12月—2009年12月
	局长	张武保	1989年4月—1994年12月
		冯永平	1994年12月—1998年12月
		商振林	1998年5月—2004年12月
		饶贵华	2005年2月—2008年12月
		王相仁	2008年12月—2009年12月
	党组副书记	杨永耕	1989年—1994年12月
		高宝琦	1989年—1999年7月

续上表

机关名称	职　　务	姓　　名	任职时间
廊坊市交通局	党组副书记	李维成	1989年—1999年3月
		商振林	1998年4月—1998年12月
		刘圣贵	1998年9月—2001年4月
		潘树春	2001年4月—2006年3月
		李树奎	2009年11月—2009年12月
	副局长	杨永耕	1989年—1994年12月
		高宝琦	1989年—1999年7月
		李维成	1989年—1999年3月
		薛炳钧	1989年12月—1995年1月
		孙景儒	1991年1月—2004年9月
		储延平	1992年10月—1994年12月
		袁广起	1994年6月—2006年3月
		刘圣贵	1998年10月—2001年5月
		李树奎	1999年6月—2009年12月
		闵宝亮	1999年7月—2009年11月
		王文玉	1999年11月— 2009年12月
		潘树春	2001年5月—2006年3月
		郝栓柱(正处级)	2005年9月—2009年12月
		高维信	2006年4月—2009年12月
	纪检组长	潘树春	1993年10月—1995年11月
		王胜利	1996年3月—2008年8月
		张贵江	2009年2月—2009年12月
	系统工会主任	曹恒明	1996年7月—2008年8月
		汪　旭	2009年2月— 2009年12月
	调研员	赵国明	1989年—1991年8月
		李万国	1989年—1995年1月
		刘圣贵	2001年5月—2002年6月
		孙景儒	2004年10月—2008年12月
		王胜利	2008年8月—2009年11月
		李树奎	2009年11月—2011年1月
	副调研员（助理调研员）	高宝琦	1999年7月—2001年7月
		张国林	2000年11月—2006年10月
		高维信	2003年2月—2006年4月
		佟爱民	2006年4月—2009年12月
		郝合瑞	2006年4月— 2009年12月
	机关党委专职副书记	朱广水	2006年6月—2009年12月
廊坊市交通运输局	党组书记	王相仁	2009年12月—
	局长	王相仁	2009年12月—
	党组副书记	李树奎	2009年11月—2010年11月

续上表

机关名称	职务	姓名	任职时间
廊坊市交通运输局	副局长	李树奎	2009年12月—2010年4月
		郝栓柱（正处级）	2009年12月—
		王文玉	2009年11月—
		高维信	2009年4月—
		佟爱民	2010年4月—
	纪检组长	张贵江	2009年12月—
	系统工会主任	汪　旭	2009年2月—
	调研员	李树奎	2009年12月—2011年1月
		王文生	2011年9月—
	副调研员（助理调研员）	佟爱民	2009年12月—2010年4月
		郝合瑞	2009年12月—2011年9月
		郝艳军	2010年4月—
	机关党委专职副书记	朱广水	2009年12月—

第二章 机关科室

第一节 办 公 室

1952 年 6 月,河北省人民政府天津区专员公署公路管理局设秘书科。1965 年 7 月 1 日,建立天津专员公署交通局,下设办公室。1983 年,廊坊地区行政公署交通局下设办公室。1989 年 4 月 1 日,廊坊地区交通局改称廊坊市交通局,下设办公室。1995 年 12 月 22 日,经市政府批准机构改革方案,廊坊市交通局机关设办公室等 7 个职能科室。2002 年,根据《廊坊市人民政府办公室关于印发廊坊市交通局职能配置内设机构和人员编制规定的通知》,确定办公室职责为:组织协调全局行政工作;组织交通行业政策研究,起草重要报告、综合性文件;负责文秘、政务、机要、信访、提案、督察、档案工作;负责有关重要会议组织;承办市人大和政协建议、提案工作;综合管理交通系统政务信息、交通扶贫工作;负责组织、指导全市交通系统宣传工作。负责贯彻执行上级有关治安保卫工作的精神、政策、任务,抓好安全生产、内部保卫和暑期安全工作。2010 年 6 月 1 日,根据《廊坊市人民政府办公室关于印发廊坊市交通运输局主要职责内设机构和人员编制规定的通知》,办公室的职责调整为:负责机关文电、机要、会务文书档案等机关日常运转事务;负责政府信息公开、政务信息、保密、信访、应急、督查、对外接待;负责起草主要报告、领导讲话和综合性文件;负责重要会议的组织;承办人大建议、政协提案;组织重要事项调研;归口管理交通运输行业新闻、宣传;指导有关应急体系建设。

第二节 政策法规科

法规科成立之前,法制工作和精神文明建设工作由办公室负责。1991 年,成立文明办,由时任办公室主任兼任文明办主任。1994 年,成立法制工作领导小组,法制工作仍由办公室负责。其主要负责交通行业法制宣传、法制教育、交通立法、执法监督、运政、路政、养路费征稽行业监管、执法人员培训等工作;负责全市交通行业精神文明建设指导工作。1995 年 12 月 22 日,法规科成立,编制 2 人。其主要负责交通行业法制建设,管理交通行政复议工作,指导交通行业体制改革。依法进行运政、路政管理,保障国有路产路权不受侵害;依法进行交通规费的征收与管理,促进交通事业的发展。1996 年 11 月 12 日,成立廊坊市交通系统精神文明建设指导小组,在局办公室下设精神文明建设指导小组办公室,具体负责全市交通行业作风建设和精神文明建设工作,指导交通系统思想政治工作。

2002 年 7 月 24 日,廊坊市交通局职能进行调整,法规科更名为体改法制科。其主要职能:指导交通行业体制改革,管理交通行政复议和行政应诉工作;负责交通行政执法监督、检查、指导工作,负责行业规范性文件的组织协调工作,负责行业法制宣传教育工作;组织全市交通行业精神文明建设、指导交通系统思想政治工作、政风行风建设工作;结合交通实际情况,指导下属企业的体制改革,负责交通局所属三产企业的日常管理工作。2005 年 5 月 10 日,体改法制科更名为体改法规科。科室更名后,原工作职能、领导职数、人员编制保持不变。2010 年 6 月 1 日,体改法规科更名为政策法规科。科室更名后,领导职数、人员编制不变。其主要负责贯彻交通运输行政规范文件;承办交通运输行政复议、行政诉讼、应诉和听证工作;交通运输行政执法监督检查和考核及执法证件管理工作;参与交通运输行政执法和法制宣传教育培训管理工作;治理公路“三乱”工作;政风行风建设工作;精神文明建设工作;节能减排立项、申报工作。

第三节 综合规划科

在1983年机构改革时，按照精简、统一、效能的原则，廊坊地区行政公署交通局对机关职能科室做了相应调整，设立财计科，兼有制订年度计划和公路统计等部分综合规划职能（在此之前，办公室兼负统计等职能）。1987年，建立计统科，主要负责公路建设计划和公路、运输统计。1989年4月，廊坊地区行政公署交通局改称廊坊市交通局，机关设计统科，主要负责公路建设计划、基础设施建设计划和综合统计（公路、运输、固定资产、工业、能源等统计）。1995年12月22日，经市政府批准机构改革方案，廊坊市交通局机关下设计划统计科，主要职能是：组织制订全市交通运输行业发展规划，下达公路建设、公路养护、运输管理、基本建设和规费征收年度计划，负责协调新建项目的考察，投资总量的综合平衡，并按期编报交通月报、季度和年度统计报表。同年成立的公路工程定额管理站的部分职责划归计划统计科管理。1996年，成立公路工程定额管理站，与计统科合署办公。2002年7月24日，计划统计科职能调整为：组织拟订全市公路交通行业发展规划；下达公路建设养护、运输管理、基本建设和规费征收年度计划，负责交通投资总量综合平衡，按时编报交通月份、季度和年度统计报表；负责全市交通系统基本建设综合工作及重点公路建设项目的审查、工程管理和验收及后评估工作。2005年4月20日，计划统计科更名为综合规划科。2010年6月1日，综合规划科职责调整为：编制全市综合运输发展规划和计划；拟订专项规划及分年度实施的资金使用计划；参与拟订全市物流规划和相关政策；拟订地方交通运输行业政策、规章和技术标准；负责交通运输基础设施新改建项目的前期工作和后期评价工作；负责交通行业统计、预测和信息指导工作。

第四节 财务科

1952年1月，河北省天津区专员公署公路管理局成立，设立财务股。1958年，天津专员公署交通运输局并入天津市交通部门后，于1959年成立了天津市公路交通局，设立计财处。1965年，天津专员公署交通局建立，财务股更名为财务科。1983年8月，廊坊地区行政公署交通局机构改革后，财务科更名为财计科。1989年4月，廊坊地区交通局改称廊坊市交通局，财计科又更名为财务科。1995年，廊坊市交通局机构改革，审计职能并入财务科，改名为财务（审计）科。审计职能于1997年分离出去，同时，财务审计科更名为财务科。其主要职能：会同有关部门筹集全市交通重点建设资金；根据年度计划负责全市交通运输资金的调度管理；编报系统月、季、年度报表和年度预算、决算；政府采购及信贷工作；负责交通运输行业国有资产的监督与管理；指导行业财务管理。2002年7月24日，廊坊市交通局下设财务科等7个职能科室。财务科职责为：会同有关部门筹集全市重点交通建设资金，根据年度计划负责交通资金的调度管理，编报系统月、季度、年度报表和年度预算、决算；负责对全市交通部门财务情况及重点项目支付情况进行审计、监督及财务管理的指导工作。

2010年1月22日，财务科职能调整为：拟订全市交通运输行业投融资政策；负责会同有关部门筹集全市重点交通运输建设资金；负责交通运输资金管理、财务监督检查、预算、决算、政府采购和信贷工作；负责交通运输行业国有资产的监督与管理；指导行业财务管理。

第五节 人事科

1965年2月，正式建立天津专员公署交通局，局内设人事科。1967年，设政治处，兼人事管理职能。1981年，政治处改人事科。1983年机构改革后，局机关保留了人事科。1985年，经过两年改革调整，职能科室设置健全，设有人事科。

1995年12月22日，经市政府批准机构改革方案，廊坊市交通局下设人事科，职责为：负责机关和所属单位的人事、劳动工资和教育工作。人事工作,包括干部的考核、录用、任免、调配、奖惩、安置、统计、档案管理、编制管理,专业技术职务评聘,干部离退休;劳动工资工作,包括工人调配、劳动就业与安置、劳动保险、劳动保护、工人技术等级培训考核、工人退休退职;教育工作,包括编制交通教育中长期发展规划及年度计划,负责成人教育、职业技术教育和继续教育。

2002 年 7 月,人事科职责调整为:负责机关和所属单位的人事、劳动工资、社会保障、机构编制管理、干部档案管理工作;负责局机关科级以下公务员和所属单位干部的考核、录用、任免、调配、奖惩、安置和管理工作;负责直属单位专业技术人员继续教育、职称评定及人力资源开发工作;组织机关、企事业单位汽车专业和与交通相关的专业工种工人技术等级培训、考核工作;指导交通行业成人教育、职业技术教育和岗位培训工作。

2010 年 6 月 1 日,廊坊市人民政府批准《廊坊市交通运输局主要职责内设机构和人员编制规定》,人事科职责再次调整:负责机关和直属单位机构编制、干部人事、劳动管理;负责直属单位领导班子的组织建设及其成员的管理工作;负责行业职业资格制度的建设管理;负责行业特有技术工种的职业技能鉴定与管理工作;指导行业的人才队伍建设工作;指导行业成人教育和中等职业技术教育工作。

第六节 科 技 科

1986 年以前,交通科技工作由廊坊地区行政公署交通局工程科负责。1986 年 5 月 25 日,廊坊地区行政公署交通局成立科学技术领导小组,负责系统内高、中级职称和技师资格的评审工作。1986—1995 年,科技管理职能转入企业改革办公室,主要负责课题研究、技术推广等工作。1995 年 12 月 22 日,廊坊市交通局设立科技科,负责编制交通系统科技发展中、长期规划和年度计划,加强对交通科研机构、学术组织的管理和对科研项目的考察、论证及成果的推广普及工作。2002 年 7 月 24 日,科技科职能调整为:负责交通行业科技项目、新技术应用、科普宣传,交通行业标准计量、产品认证和全面质量管理工作;指导交通行业计算机和信息化建设工作;负责公路学会工作。2010 年 6 月 1 日,科技科职能调整为:拟订并监督实施全市交通运输行业科技、信息化政策和规划;协调有关重大科技项目研究;负责机关信息化建设,指导行业计算机和信息化;承担有关标准、质量和计量工作;承担涉及综合交通运输体系的标准协调工作;负责公路学会工作。

第七节 基建安全科

1989 年 4 月 1 日,廊坊地区交通局改称廊坊市交通局,成立人保科,主要负责贯彻执行上级有关交通战备和治安保卫工作的方针、政策;搞好交通战备和法制教育,完成领导小组和公安机关下达的各项任务;搞好综合治理和安全生产,及时总结上级交通战备、治安保卫工作的情况。1995 年 12 月 22 日,经市政府批准,廊坊市交通局成立保卫科,负责贯彻执行上级有关保卫工作的方针、政策,抓好安全教育,完成上级和公安机关下达的各项任务,抓好综合治理、内部保卫、安全生产及劳动安全。2003 年,保卫科更名为安全生产办公室,负责全系统的安全生产检查、监督和管理;指导全系统运输、施工、生产和消防安全工作;负责组织行业的安全宣传、培训和教育工作;负责交通运输行业社会治安综合治理工作。

1974 年,交通建设管理等职能由廊坊地区公路管理处实施。1989 年 4 月,廊坊地区行政公署交通局改称廊坊市交通局,局机关设立计划统计科。其主要负责公路建设计划、基础设施建设计划和综合统计(公路、运输、固定资产、工业、能源等统计),交通建设管理职能由计划统计科实施。

2002 年 7 月 24 日,经廊坊市人民政府批准,廊坊市交通局职能进行调整,计划统计科负责全市交通系统基本建设综合工作及重点公路建设项目的审查、工程管理和验收及后评估工作。2005 年 4 月 20 日,计划统计科更名为综合规划科。

2010 年 6 月 1 日,按照《廊坊市交通运输局主要职责内设机构和人员编制规定》,为健全和完善职能有机统一的交通运输大部门体制，进一步优化组织机构，完善综合交通运输行政运行机制。交通局的交通建设管理职能并入安全生产办公室，更名为基建安全科，负责全市公路、轨道交通、地方铁路建设市场的监督管理；拟订交通运输基本建设市场管理的有关政策、规章、规范和技术标准；负责交通运输建设从业单位及人员的资质管理；指导交通运输基本建设项目招投标活动的监督管理；负责全局工程质量管理工作；参与有关工程技术方面的鉴定工作；负责权限内重点工程建设项目的设计审批、施工许可、实施监督和竣工验收工作；负责做廊坊市业主高速公路的管理工作；负责全系统的安全生产检查、监督和管理；指导全系统运输、施工、生产和消防安全工作；负责组织行业的安全宣传、培训和教育工作；负责交通运输行业社会治安综合治理工作。

第八节 审 计 科

1989 年 8 月，廊坊市交通局设审计科，科长 1 人、科员 2 人。1995 年，根据交通局的职能调整，审计科的职能为：负责对各县（市、区）和交通局直属单位的收支情况及重点项目支付情况进行审计监督，配合上级审计部门对系统进行审计；负责上级机关、审计部门、单位领导交办的审计工作。同年，机构改革，财务科和审计科合并为财务（审计）科。审计人员缩减为 1 名。财务（审计）科负责对全市交通部门财务情况及重点项目支付情况进行审计、监督及财务管理的指导工作。

1997 年，廊坊市交通局审计业务独立，设立审计科，编制 3 人，其中领导 1 人。2000 年 1 月 1 日，交通局下属单位的财务科更名为财务审计科，具有审计职责。

2002 年 7 月 24 日，廊坊市交通局职能进行调整，审计科职能相应调整为：负责全市交通系统各项内部审计工作及审计业务指导和监督检查工作；负责复审重点审计项目和各专项、专案审计。

2005 年，根据《审计署关于内部审计工作的规定》，交通局成立内审委员会。其主要负责：对市局较大的对外投资意向进行研究，安排审计调查；根据交通工作计划、交通经济管理工作重点、局直属单位法定代表人任职期限等安排部署审计工作计划；对审计、财政、财务检查、纪检、监察及内审委员会成员发现的经济管理问题，从源头制度上提出解决方案、方法，并负责督导落实；根据经济责任审计提供的单位法定代表人经营业绩及管理能力，向党组及人事部门提供人员使用的相关资料依据；组织相关部门完成局党组或局长交办的重要审计事项。

2010 年，审计科职能调整为：负责全市交通运输行业的内部审计工作；对局机关及其所属单位的财政收支、财务收支等重要经济活动进行审计监督；负责局属单位领导班子主要负责人离任经济责任审计；负责固定资产投资项目审计监督；对市本级重点建设项目跟踪审计；指导交通运输行业的内部审计工作。

第九节 中共廊坊市交通运输局机关委员会

1984 年，建立中共廊坊地区行政公署交通局机关委员会。1989 年 4 月，廊坊地区改建廊坊市，中共廊坊地区行政公署交通局机关委员会改称中共廊坊市交通局机关委员会。

1995 年 12 月 22 日，经市政府批准机构改革方案，廊坊市交通局机关党委职能为：负责传达贯彻党的方针、政策和上级党委的指示精神；抓好局机关和直属单位的组织建设和思想建设；组织和领导工会、共青团开展各种活动，指导妇联抓好妇女工作，并认真搞好计划生育工作；对全系统精神文明建设进行指导、检查和监督。

2002 年，根据廊坊市人民政府办公室《关于印发廊坊市交通局职能配置内设机构和人员编制规定的通知》，机关党委的职责调整为：组织协调全局党群部门工作；负责有关重要会议的组织和交通系统职工思想政治工作研究；负责全系统党员干部的教育管理以及新党员的培养发展。

2009 年 12 月 7 日，机关党委更名为中共廊坊市交通运输局机关委员会。

2010 年 6 月 1 日，廊坊市人民政府办公室《关于印发廊坊市交通运输局主要职责内设机构和人员编制规定的通知》中规定:其主要工作为,负责局机关和局属单位的党群工作;负责全市交通运输系统职工思想政治工作研究,负责全系统党员干部的教育管理以及新党员的培养发展。

第十节 离退休干部科

1955 年,国务院颁布《关于国家机关工作人员退休处理暂行办法》,老干部工作列为组织人事部门的工作任务之一。党员干部退休由党委组织部门办理,非党干部退休由人事部门办理,退休后的管理服务由原工作单位负责。

1986 年以前,廊坊地区行政公署交通局的离退休干部工作,由于离退休人数不多,统归人事科管理。1986 年,根据地委[1986]19 号文件规定:本单位有离退休干部 20 人以上设老干部科。同年 7 月 10 日,廊坊地区行政公署交通局增设老干部科。同时成立中国关心下一代工作委员会,其是一个以组织老同志来进行关心、教育下一代为目的的群众性工作组织。1995 年 12 月 22 日,经市政府批准机构改革方案,老干部科编制另列。2009 年定编 3 人。2010 年,老干部科更名为离退休干部科,负责交通运输局机关和所属单位的离退休干部工作。

第十一节 中共廊坊市纪委派驻交通运输局纪律检查组、廊坊市监察局驻交通运输局监察室

1984 年之前,廊坊地区行政公署交通局没有专门的纪检监察机构,纪检监察工作由党委领导,政治处当时分管纪检工作。同年 5 月,根据《廊坊地区行政公署交通局关于局下属机构设置的通知》要求,成立纪检组。1986—1989 年,局临时科室端风办行使部分纪检监察职责。1990 年,设立监察室,纪检、监察合署办公,称纪检组。1995 年 12 月 22 日,经市政府批准机构改革方案,市纪委派驻廊坊市交通局纪检组、监察局驻交通局监察室。纪检组、监察室合署办公。其主要职责为:维护党的章程和国家行政法规,对党员干部进行党风党纪和遵规守法宣传教育;检查党组织、党员干部贯彻执行党的路线、方针、政策及决议情况;协助党组织和局直各单位加强党风廉政建设;查处党员违反党纪的案件和干部职工违反政纪的案件;受理党员干部的控告、申诉,保护其正当权利和合法权益;研究调查本部门在党风党纪和廉政勤政方面的问题,向上级纪检、监察部门和局党组提出意见与建议。

第十二节 廊坊市交通运输局工会

1952 年,河北省人民政府天津区专员公署公路管理局组建机关工会。1958 年 1 月,公路管理局与河北省天津运输公司合并,改称河北省天津专员公署交通运输局。原来两个单位的工会组织相应合并。

1960 年 8 月 15 日,经天津市工会联合会批准,将天津市市政公路工会划分为"天津市公用局工会"和"天津市交通运输工会"。交通运输工会设临时常委会,有委员 5 人。天津市交通运输管理局及交通运输工会组建后,在天津市交通运输管理局内设立"县社办公室",负责原天津地区交通局的管理职能。县社办公室设工会小组两个,一个是路政科工会小组,另一个是行政科工会小组,工会活动由市局工会统一安排。1965 年,县社办公室由天津市交通运输管理局分离出来,并以此为基础,组建了天津专员公署交通局。当时,未恢复工会组织。

1984 年初,交通局机关工会开始恢复,并筹建。1987 年 4 月 20 日,交通局经选举成立机关工会组织。1987 年 10 月 19 日,经地直工会批准,中国公路运输工会廊坊地区工作委员会(即交通系统工会)正式成立。1989 年 4 月,廊坊地区改廊坊市,局系统工会名称改为中国公路运输工会廊坊市工作委员会。1990 年 4 月,市局成立交通系统工会女职工委员会,负责全系统的女职工工作,此后由历届系统工会副主任担任女工委主任职务。

第十三节 中国共产主义青年团廊坊市交通运输局委员会

1965年8月,天津专署交通局成立共青团组织,具体工作由政治处(党委)代管。1995年,廊坊市交通局共青团工作由机关党委组织领导。2002年,廊坊市交通局成立中国共产主义青年团廊坊市交通局委员会,正科级,编制1人,负责全系统团员、青年工作。共青团组织的主要职责:了解和反映团员与青年的思想、要求,维护他们的权益,关心他们的学习、工作、生活和休息,开展文化、娱乐、体育活动;对要求入团的青年进行培养教育,做好经常性发展团员工作,收缴团费,办理超龄团员的离团手续;对团员进行教育、管理和服务,健全团的组织生活,开展批评和自我批评,监督团员切实履行义务,保障团员的权利不受侵犯,表彰先进,执行团的纪律;对团员进行党的基本知识教育,推荐优秀团员作为党的发展对象;发现和培养青年中的优秀人才,推荐进入更重要的生产和工作岗位。2009年12月7日,更名为中国共产主义青年团廊坊市交通运输局委员会。

第十四节 廊坊市交通运输局妇委会

1996年,交通局设妇委会,主要职责是:贯彻执行上级妇联组织及本单位妇女大会或妇女代表大会决议,完成妇女联合会部署的工作,推动单位业务工作的开展;增进各妇委会之间及与其他妇女组织之间的交流与合作,密切同工会、共青团等群团组织的联系,共同做好交通系统的群众工作;加强妇委会自身建设,建立和完善学习培训、工作会议、人才培养和推荐、评比表彰等工作制度;做好交通系统的计划生育工作。

第十五节 廊坊市国防动员委员会交通战备办公室

1979年3月,廊坊地区行政公署交通局设战备办公室。同年8月18日,根据地区行署廊行[1979]13号、军分区廊军(79)9号通知,廊坊地区交通战备领导小组和领导小组办公室成立。军分区作训科科长兼地区交通战备领导小组办公室副主任。地区交通战备办公室(与局战备办合署办公)是地区交通战备领导小组和交通局有关交通战备工作的综合办事机构,负责具体组织、安排交通战备工作。

1983年,战备办职能划归路政科。同年8月,机构改革后,按照精简、统一、效能的原则,对局机关职能科室做了相应调整,增设交通战备办公室。

1995年12月,市政府批准机构改革方案,廊坊市交通局设廊坊市交通战备领导小组办公室,编制另列。其主要负责贯彻执行上级有关交通战备工作的方针、政策和市交通战备领导小组交办的任务,规划、拟定各类交通通信保障方案,管理、鉴定、验收交通战备施工项目,督促、协调、指导有关职能部门的战备工作。人员编制5名(另列),设正、副主任各1名。

2010年6月1日,根据廊坊市人民政府办公室《关于印发廊坊市交通运输局主要职责内设机构和人员编制规定的通知》精神,廊坊市国防动员委员会交通战备办公室设事业编制5名,其中主任1名,副主任1名。

第三章　局直单位

第一节　廊沧高速公路(廊坊段)管理处

廊沧高速公路于2006年3月开始筹建。2006年3月30日,河北省交通厅批准廊坊市为廊沧高速廊坊段的项目业主,市交通局成立了廊沧高速公路筹建处,负责廊沧高速公路廊坊段规划筹建及前期立项审批工作。

2007年2月1日,成立廊沧高速公路廊坊建设管理处,为副处级事业单位,经费自理,领导职数1正、3副,隶属于廊坊市交通局。设办公室、计划科、财务科、工程科、路政科、收费稽查科、经营科、合同科、质量监督科9个科室。管理处成立之初,仅设立了办公室、计划科、财务科、工程科、路政科5个科室,编制50人,负责廊沧高速公路廊坊段建设项目的前期规划、建设资金筹措与债务偿还、建设管理、路线养护与路政管理、生产经营以及资产管理。

2008年1月,成立工会委员会。同年8月,成立中共廊沧高速公路(廊坊段)管理处党支部委员会。2009年4月,成立安全生产办公室。2010年10月,成立共青团支部委员会。同年12月,成立党办室。2011年6月,质量监督科更名为人事科。同年9月,工程科更名为养护科。同年9月30日,廊沧高速公路廊坊建设管理处更名为廊沧高速公路(廊坊段)管理处。内设科级领导职数18名,正、副职各9名。管辖路段职责:收取车辆通行费;保护路产、路权;管理、验收日常养护、绿化、大中修工程项目;管理、维护网络信息系统和信息调度;服务区经营管理;党群工作和精神文明建设;还贷事宜。

截至2011年年底,廊坊市廊沧高速公路(廊坊段)管理处下设永清南、信安、大柳河、文安、龙街、大城、臧屯7个收费站;大柳河、臧屯两个养护工区;永清、文安两个服务区;路政管理大队和信息调度中心。

第二节　密涿支线102高速公路廊坊建设管理处

2007年2月1日,经市编委批准,廊坊市交通局成立了密涿支线102高速公路廊坊建设管理处,主要负责密涿支线102高速公路廊坊段前期规划、建设资金筹措与债务偿还、建设管理、路线养护、路政管理、生产经营与资产管理,为副处级经费自理事业单位,领导职数1正、3副,设办公室、计划科、财务科、工程科、路政科、收费稽查科、经营科、合同科和质量监督科共9个科室。2010年12月,增设党办室,负责单位党务和纪检工作。2011年6月,质量监督科更名为人事科。

第三节　京台高速公路廊坊建设管理处

2008年5月5日,廊坊市交通局成立了京津南通道河北段高速公路廊坊建设管理处,主要负责京津南通道河北段高速公路廊坊段建设项目的前期规划、建设资金筹措与债务偿还、建设管理、线路养护与路政管理、生产经营及资产管理,为副处级经费自理事业单位,领导人职数1正、3副,设办公室、人事科、计划科、财务科、工程科、路政科、收费稽查科、经营科、合同科9个科室。2009年1月15日,更名为京台高速公路廊坊建设管理处,机构规格、人员编制、工作职能不变。2010 年,增设地方科、安全生产办公室,分别负责征地拆迁和安全生产。

第四节 密涿高速公路廊坊建设管理处

2010 年 6 月 10 日,廊坊市交通运输局成立了密涿高速公路廊坊建设管理处,为副处级经费自理事业单位,领导人职数 1 正、3 副,设办公室、财务科、计划科、工程科、路政科、经营科、收费稽查科、质量监督科、安全科 9 个科室。其主要负责密涿高速公路廊坊市广阳区至三河市建设项目的前期规划、建设资金筹措与债务偿还、建设管理、路线养护与路政管理、生产经营及资产管理。同年 12 月,增设党办室,负责单位党务和党内纪律检查检。2011 年 6 月,建设管理处质量监督科更名为人事科。

第五节 廊坊市公路管理处

1974 年,为适应公路事业发展需要,经廊坊地区革命委员会批准,成立廊坊地区公路管理处,隶属于廊坊地区交通局领导,正科级事业单位,具有独立法人资格,设办公室、工程科、养路科、财务科和材料科 5 个科室。下设直属公路工程队和唐官屯沥青库,在职 38 人。财务实行报表制,由公路管理处单独核算,隶属于廊坊地区交通局。负责全市的公路、桥梁建设,公路养护管理,公路绿化,公路路政管理,公路工程勘察设计,公路工程质量监督检查,以及原有的养路费征收等。

1975 年,下设机械队,同时成立廊坊地区筑路机械修造厂;1976 年,成立三河灰石厂;1978 年,成立水泥厂;1979 年,筑路机械修造厂、三河灰石厂、水泥厂划归廊坊地区交通局领导。在原公路工程队的基础上成立廊坊地区交通局第一工程队,负责全区的桥梁建设;在原机械队的基础上,成立廊坊地区交通局第二工程队,负责全区的重点公路建设。

1980 年,设立收费科。1981 年,设立设备科。1984 年,机关工会组织成立;成立廊坊地区公路养路费征收总站,隶属于交通局领导,取消公路处养路费征收等职能。1987 年,沥青材料库建立,通过地级鉴定和验收,并投入使用。同年,设立房地产管理科。1988 年,设立设计室、实验室。1989 年 4 月,廊坊地区公路管理处改称为廊坊市公路管理处。

1993 年 3 月,设立路政科、开发办公室。1994 年 7 月,成立廊坊市公路工程质量监督管理站,隶属于市交通局管理,同时取消公路处的公路工程质量监督检查职能。1995 年 10 月,成立廊坊市公路工程处,隶属于市交通局管理,同时取消公路处的新改建项目及重点工程的施工组织和施工管理职能;同时,在廊坊市公路工程设计室的基础上,成立廊坊市公路勘测设计所,隶属于市交通局管理,同时取消公路处的公路工程勘察设计职能;同年 12 月,设立地方道路管理科。1997 年 11 月,在沥青库基础上组建廊坊市公路工程材料供应站,由股级单位升格为科级,实行企业化管理,编制 100 人,其中党支部书记 1 人、站长 1 人、副站长 3 人,下设办公室、财务科、材料科、设备科。供应站下设沥青库、拌和场、预制厂。1998 年 8 月,成立廊坊市公路路政执法支队;同时成立综合开发科。1999 年 3 月 29 日,廊坊市公路处成立直属养护站,正股级自收自支事业单位,定编 20 人,人员由公路处内部调剂。

2002 年 4 月 9 日,成立养护材料站。2006 年 9 月,公路处撤销地方道路管理科,成立廊坊市交通局地方道路管理处,同时科室职责归并到廊坊市交通局地方道路管理处。2009 年 8 月,撤销廊坊市养路费征稽处,成立廊坊市路政管理处,取消廊坊市公路管理处路政支队机构,相关路政管理的职能和公路处 36 名路政管理人员及编制整体划入廊坊市路政管理处。2009 年 10 月 22 日,由廊坊市公路管理处出资注册的廊坊市方中公路工程有限公司正式成立。

截至 2011 年,公路处建制 37 年,经过了一系列改革和变化,职能科室由建制时的 4 科 1 室发展到 10 科、两室、1 个中心、1 个公司,即办公室、党办室、养路科、工程科、绿化科、桥涵科、计统科、财务科、审计科、人事科、安全科、行政科、管理中心、方中公司。

第六节　廊坊市路政管理处

1952年6月,河北省交通局天津公路管理段移交天津专区,改称河北省人民政府天津区专员公署公路管理局,下设路政科。1965年7月1日,天津市交通运输管理局下设的县社办公室脱离天津市交通运输管理局,正式建立天津专员公署交通局,下设路政科。1983年,廊坊地区行政公署交通局合并工业科、路政科,将战备办公室职能划归路政科。1987年,撤销路政科。

1993年3月9日,廊坊市公路管理处下设路政科,正股级,主要负责组织实施有关公路路政管理的法律、法规和规章;维护路产路权,依法审批公路两侧用地和公路附属设施;治理公路交通环境;依法查处违反路政管理规定的行为;确保公路完好、安全畅通。

1998年8月,公路管理处取消路政科,成立廊坊市公路路政执法支队。2002年,各县(市、区)相应成立地方道路路政管理中队,主要负责宣传贯彻《中华人民共和国公路法》《河北省公路条例》《路政管理规定》《超限运输车辆行驶公路管理规定》及有关的法律、法规、规章和规范性文件;负责全市国省干线和县乡级地方公路的路政管理;负责路政行政许可事项和非行政许可事项的审批、监督管理;实施路政巡查,依法查处各种违反路政管理的案件,保障公路畅通;依法对公路两侧建筑控制区、公路用地进行管理;维护公路施工作业现场秩序,参与公路工程的设计及交工、竣工验收;负责公路附属设施齐全有效和标志、标线的管理;负责超限运输的治理。

2000年,公路管理处路政执法支队下设路政办公室、规划科、直属大队,各县(市、区)成立路政大队。2003年,路政执法支队成立装备科。2005年,路政支队规划科改名为执法科。2007年,撤销装备科。2009年,成立审批科;同年10月,撤销廊坊市养路费征稽处,成立廊坊市路政管理处;撤销廊坊市公路管理处路政支队,其路政管理职能和36名路政管理人员及编制整体划入廊坊市路政管理处。

第七节　廊坊市公路工程管理处

1974年,廊坊地区公路管理处设立工程科,主要负责全区公路桥梁建设。1995年10月,工程科单独分离出来,成立廊坊市公路工程处,为正科级自收自支事业单位,隶属市交通局管理,负责新改建项目及重点工程的施工组织和施工管理。1996年7月,成立廊坊市公路工程处第一届工会组织。1999年1月,设立科技科。1999年8月,更名为廊坊市公路工程管理处,主要负责省交通厅下达的新改建项目及重点工程的施工组织和施工管理,内设办公室、财务科、工程科、材料设备科,职工34人。2004年,增设计划科、微机室。2010年,增设党办室。2010年5月,增设安全生产管理科。

第八节　廊坊市交通运输局地方道路管理处

1993年,廊坊市公路管理处成立临时地方道路管理科;1995年,地方道路管理科正式成立,负责全市县、乡、村三级公路的建设和养护管理。

2004年3月,从系统内抽调15人,组建廊坊市交通局农村公路建设领导小组办公室,办公地点在广阳道天圆公寓1单元101室、201室,设宣传行政部、工程部、计财部。其职责是负责市农村公路建设领导小组的日常工作,编制农村公路建设规划和年度建设计划,组织、督导工程进度,监督工程质量和资金使用。

2006年9月,成立廊坊市交通局地方道路管理处,为正科级事业单位,经费自理,从公路处、工程一处、工程二处、质监处、定额处、材料供应处编制中调配编制20人,科级干部职数1正2副。设办公室、计财科、工程科、养管科。负责县、乡、村三级公路路网规划、工程建设、道路养护、路政管理、资金补助和拨付,以及全市村村通油路和县乡道路升级改造;推进农村公路养护体制改革,确保农村公路的大中修和危桥改造的顺利实施,做到有路必养,即建即养,以巩固农村公路建设和改造成果。

2007年2月，成立处工会委员会，设工会主席1人，委员4人。同月，经中共廊坊市交通局机关委员批准，成立处党支部委员会，设书记1名，组织委员、纪检委员、宣传委员各1名。同年12月，成立处直属养护站，为正股级，工作人员由地道处在编人员内部调剂。

2009年3月，设安全生产科，为正股级，科长1人，科员2人，由地道处在编人员中调配。

2010年，由于国家实施税费改革，资金筹措渠道减少、拨付渠道发生了根本变化，行业管理难度加大。工作职能调整为：负责全市农村公路的行业管理、技术指导和监督检查。同年，10月、11月，分别成立处共青团支部和女工委员会，负责青年团员的管理和女职工的思想建设、组织建设、作风建设等。

2011年2月，经廊坊市编制委员会批准，“廊坊市交通局地方道路管理处”更名为“廊坊市交通运输局地方道路管理处”，机构规格、人员编制不变。

第九节　廊坊市运输管理处

1965年7月1日，天津专员公署交通局成立，下设运输科。1983年，廊坊地区行政公署交通局机关设运输科。1986年，根据廊坊地区编制委员会文件，撤销运输科，建立廊坊地区运输管理总站，隶属于廊坊地区行政公署交通局，正科级单位，编制15人，依法行使道路客货运输及站场、机动车维修行业管理和监督。1987年，根据地区编委文件，廊坊地区运输管理总站改称廊坊地区运输管理处，编制不变，负责廊坊地区道路旅客运输、货物运输、搬运装卸、车辆维修和运输服务的管理和监督检查。其具有行政许可、监督检查两项职能。各县站改称运输管理站。地区运输管理处和9个县运输管理站共有运输管理人员361人。1988年，运输管理处编制增至18人。根据廊坊地区行政公署交通局文件，设运政科、计财科、汽车维修管理科（股级）。

1989年，廊坊地区运输管理处改称廊坊市运输管理处，在编21人。1993年，廊坊市运输管理处下设办公室、财务科、统计科、客运管理科、货运管理科、维修管理科、直属站，9个县（市、区）站，46个分站，全市共有运输管理人员458人。1995年，成立驾校管理科。1996年1月，成立稽查科。1996年7月，成立出租车管理大队，对全市出租汽车行业进行管理，审查出租车开业条件、开业资格和客运出租从业人员的培训，监督检查处理客运出租违章行为。截至1999年年底，全市共有运管人员700人，运管站9个，运管分站42个。

2007年，在编人数为147人，增设安全科。处领导职数为8名：处长1名、书记1名、副处长5名、工会主席1名。内设16个科室：办公室、客运科、货运科、维修科、驾管科、直属站、票据科、稽查支队、出租车大队、开发区站、法规科、财务科、统计科、安全科、科技科、行政科。2009年，在编人数144人，增设党办室。同年，出租车管理大队从运输管理处分离出去，成立廊坊市出租车管理处，从运输管理处内部调配32人到出租车管理处。2010年，廊坊市运输管理处在编人数122人，增设机务科、考试科、物流科、站务中心，建立中共廊坊市运输管理处党总支委员会。截至2011年底，在编人数133人。

第十节　廊坊市出租车管理处

1996年7月以前，廊坊市出租车行业由廊坊市交通局、廊坊市建设委员会、廊坊市公安局3家共同管理。出租车处于无证、无照经营状态，营运价格由车主与乘客当面商议，没有运价标准。

1996年7月，廊坊市运输管理处下设出租车管理大队，股级，工作人员10人。2007年增至15人，内设管理科、稽查科。主要负责执行客运出租管理法规、规章；管理全市出租汽车；审查出租汽车开业条件、开业资格，办理相关手续；组织培训客运出租从业人员，办理上岗服务证、营运证照及停歇业手续，建立健全业户台账和档案；管理出租汽车客运市场秩序，监督检查和处理违规违章行为；负责客运出租汽车年审和换证。原址位于金桥小区1号楼，2006年9月迁至广阳道89号。

2009年12月25日，在原出租车管理大队的基础上，成立廊坊市出租车管理处，编制35人，隶属于廊坊市交通运输局，正科级，全额财政拨款事业单位。下设办公室、业务科、稽查科、培训科、投诉受理科、财务统计科、法规安全科7个科室。主要职责调整为：贯彻执行国家和省、市有关出租汽车管理的方针政策和法律法规，编制全市出租汽车客运市场的行业发展规划，制定市场调控措施并组织实施；负责市区出租汽车的行政许可审批，办理发放证照、年审、年检等手续，审核出租汽车公司和运营车辆市场准入许可；负责出租汽车从业人员的资格培训和职业道德教育；监督检查市区出租汽车市场，规范经营行为，维护运营秩序，打击非法营运，保护合法经营，指导各县（市、区）出租汽车管理业务。

第十一节　廊坊市城市公共交通管理处

1980年10月1日，廊坊市开始有4辆客车、3条公交路线营运，由廊坊地区运输公司负责经营管理，属河北省交通局领导。

1996年9月3日，廊坊运输公司公共汽车分公司成立，位于廊坊市光明东道56号，隶属于廊坊市运输公司。2005年以前，廊坊市交通局下属的运输管理处行使行业管理职能，主要负责监管公交车辆的运营秩序和公交车辆年审。2002年7月24日，廊坊市人民政府办公室印发的《关于印发廊坊市交通局职能配置内设机构和人员编制规定的通知》，将城市公共客运管理职能从廊坊市运输管理处划归建设局。至2005年1月27日，廊坊市运输管理处才真正将城市公共客运管理权移交给廊坊市建设局城市公交客运管理科，负责公交线路、车辆增减的审批及公交车辆的年审。

2008年7月，廊坊运输公司经过重组，更名为廊坊市华昊运输集团有限公司，企业性质为国有控股运输单位，隶属于廊坊市人民政府国有资产监督管理委员会。2009年，廊坊运输公司公共汽车分公司改名为廊坊市华昊运输集团公共汽车分公司，位于廊坊市新开路37号，直接负责廊坊市区公交客运的经营管理。

2010年2月，廊坊市城市公交管理职能由廊坊市建设局划转到廊坊市交通运输局。廊坊市交通运输局成立城市公共交通管理处（临时机构），管理市区公交行业。廊坊市公共汽车客运由廊坊市国资委下属的运输公司直接管理、经营。同年7月，廊坊市政府组建国有全资的廊坊市公共交通运输有限公司，隶属于廊坊市人民政府国有资产监督管理委员会，负责廊坊市区公交车辆的组织运营、安全生产等业务。

2012年3月8日，廊坊市机构编制委员会批准成立廊坊市城市公共交通管理处，编制15人，隶属于廊坊市交通运输局，正科级，全额财政拨款事业单位。其主要负责贯彻执行国家有关城市公交行业的方针政策和法律法规；拟定全市公交行业发展规划和年度计划；指导、调整市区公交运力投放；指导各县（市、区）城市公交行业业务；制定城市公交行业运营标准、服务规范及其他规范性文件；建设和管理自身所承担的市区城市公交客运基础设施；负责市区城市公交客运市场的监督检查，规范经营行为，维护运营秩序，受理乘客投诉并给予答复；考核城市公交经营行为、服务质量和信誉；负责城市公交企业的准入、退出及公交从业人员的岗位培训、考核和管理；指导城市公交行业协会活动；负责城市公交行业科技应用及推广。

第十二节　廊坊市交通运输局路桥通行费管理处

廊坊市交通局路桥通行费管理处成立于1997年11月，是市交通局下属科级事业单位，编制20人，其中处长1人、党支部书记1人、副处长3人，下设财务科、办公室、业务科。其负责全市9个收费站（点）的行业管理和监督指导，其中省管站1个：102线三河收费站；市直属站5个：夏安线香河收费站、廊泊线里澜城收费站、静王线文安收费站、112线霸州收费站、廊泊线大城收费站；合资合作站（点）3个：106线固安收费站、106线文安收费站、津保南线大城站（一站两点）。

2000年9月6日，建立中共廊坊市交通局路桥通行费管理处党支部委员会；同月，设立工会组织。2002年9月，成立稽查科，人员编制从业务科中调剂；同年12月13日，成立人事科。

2004年5月24日，增设设备科，负责管理、检查、维护维修收费设施。撤销稽查科，成立稽查大队，下设两个中队，负责检查、审验收费站收费情况及监控录像。增设票据室，负责管理核算票据，与财务科合署办公。同年8月，成立妇女联合会。2005年9月，由于政策调整，夏安线香河收费站撤销。年内全市路桥收费系统职工779人，为历史最高。2006年2月，设行政科；6月，设安全生产办公室。2008年，全系统职工541人，其中机关人员80人，专业技术人员44人，收费站上划人员208人。金城公司140人，通达公司110人。

2009年1月，国家实施成品油价格和税费改革，遵循"实事求是、尊重现实、科学规范、稳妥推进"的原则，按照"妥善安置人员，依法处置资产，保障交通持续发展"的思路，取消政府还贷二级公路收费站。廊坊市政府还贷二级收费公路（包括G112线霸州收费站、静王线文安收费站、廊泊线大城收费站）自4月30日零时起全部终止收费。撤站共涉及通行费征收及管理人员330人（不包括收费处机关管理人员84人），其中在编人员73人，合同用工231人，临时用工22人，离退休人员4人。按照上级政策，利用3年时间妥善安置此次改革涉及的相关人员；利用3到5年时间，逐步解决政府还贷二级收费路贷款偿还问题。人员待安置期间级别不变，合规合理的待遇不变。人员经费统一按2007年基数返还拨付。同年12月10日，成立中共廊坊市交通运输局路桥通行费管理处总支部委员会（以下简称党总支），路桥收费系统党组织由属地管理改为行业垂直管理，下设处机关、里澜城收费站2个党支部，固安收费站、三河收费站、政府还贷二级公路收费站廊泊收费站、静王收费站、霸州收费站5个党支部仍实行属地管理。

2010年1月12日，设党办室，正股级，编制2人，负责党建、纪检、宣传、统一战线、思想政治、精神文明建设、群众团体等党务工作。同年6月，设监控中心，负责监视、录像、存储、报告收费站运行情况。同年9月21日，廊坊市交通局路桥通行费管理处更名为廊坊市交通运输局路桥通行费管理处，启用新章，工作职能、领导职数、人员编制保持不变。

截至2011年年底，机关干部职工81人，其中干部42人，工人39人，人事代理2人。

第十三节　廊坊市公路工程质量监督处

1975年3月，廊坊市公路管理处下设的工程科、实验室共同负责全市公路工程质量监督管理。1994年7月，廊坊市公路工程质量监督站批准成立（当时未进行实质操作），代表市交通局行使公路工程质量监督权力，同时取消公路管理处的公路工程质量监督检查职能。1995年10月，正式挂牌独立办公，属市交通局直属科级事业单位，编制15人，设办公室、财务科、实验室、监督科和监理科5个科室，负责全市公路工程监督和施工监理。1996年12月，经民主选举产生了第一届工会委员会。1997年12月23日，更名为廊坊市公路工程质量监督处（简称质监处）。更名后，单位性质、机构规格、领导职数和人员编制、职能范围等不变。2002年，职能调整为：廊坊市辖区内新、改建，大、中修及重点地方道路的公路工程基本建设项目（含外资、合资的工程项目）及其附属工程和配套服务设施的质量监督。2009年3月23日，增设安全科。2010年1月12日，增设党办室。2010年9月14日，增设资教科。

第十四节　廊坊市交通勘察设计院

1984年，廊坊地区公路管理处成立道桥勘察设计队，负责本地区道路桥梁勘测设计，是廊坊市第一个公路、桥梁勘测设计机构。1989年，更名为廊坊市公路管理处道桥勘察设计队。1992年6月，按照河北省建设委员会关于规范勘测设计单位名称的要求，更名为廊坊市公路工程设计所，仍隶属廊坊市公路管理处。

1995年10月，成立廊坊市公路勘测设计所，脱离廊坊市公路管理处，成为廊坊市交通局直属自收自支科级事业单位，编制30人。下设办公室、财务科、标准室、道路科、桥涵科、全面质量管理办公室。公路工程设计丙级资质,负责三级(含三级)以下公路桥梁勘测设计。1997年,增设科技科。

1998年6月23日,晋升为公路工程勘察设计乙级资质,更名为廊坊市交通勘察设计院。下设办公室、财务科、标准室、道路科、桥涵科、全面质量管理办公室、科技科7个科室。负责二级(含二级)公路桥梁勘查设计。

2000年,撤销标准室,成立测绘科;3月,经国家测绘局批准,取得工程测绘乙级资格证书;4月,经水利部批准,获得编制开发建设项目水土保持方案乙级资格证书。2002年2月,通过ISO9001:2000质量体系认证;9月,经国家计划发展委员会批准,获得公路工程咨询乙级资格证书。2004年,撤销测绘科,成立技术装备科。2005年,为适应勘察设计市场发展需要,增强竞争能力,对院内科室逐步进行调整,将道路科、桥涵科更名为测设一队、测设二队,撤销全面质量管理办公室,增设总工程师办公室。2006年,增设综合经营科。2007年,增设地质勘察队;5月,通过建设部批准,取得公路行业(公路)工程设计甲级资质。2010年8月,通过国家发改委批准,取得公路工程咨询甲级资质。同时,新增公路工程咨询(规划咨询、评估咨询)丙级资质证书。

2011年年底,廊坊市交通勘察设计院持有国家颁发的公路行业(公路)工程设计甲级、公路工程咨询甲级、工程勘察(岩土工程勘察、工程测量)乙级、公路工程测绘(工程测量专业)乙级、编制开发建设项目水土保持方案乙级和公路工程咨询(规划咨询、评估咨询)丙级资质证书,已发展成为专门从事公路与桥梁勘察设计、路网规划、工程可行性研究、地质勘察、工程测绘、水土保持方案编制及项目评估的综合性技术单位。院内设办公室、财务科、总工程师办公室、测设一队、测设二队、综合经营科、技术装备科、科技科、地质勘察队。

第十五节　廊坊市交通公路工程有限公司

廊坊市交通公路工程有限公司成立于1996年1月29日。2002年8月26日重组,下设办公室、工程信息部、财务部、廊坊市交通公路工程有限公司一公司(即廊坊市第一公路工程处)、廊坊市交通公路工程有限公司二公司(即廊坊市第二公路工程处)。2002年9月26日,成立材料设备部。2003年4月20日,成立中心试验室。2005年1月26日,成立安全生产部。2006年3月6日,成立廊坊市交通公路工程有限公司三分公司(即廊坊市公路工程管理处),2007年3月28日,取消工程信息部,分别成立工程部、经营部。2007年3月31日,成立廊坊市交通公路工程有限公司材料设备分公司(廊坊市公路工程材料供应处)。2011年3月31日,成立审计部。

第十六节　廊坊市第一公路工程处

工程一处的前身是天津市交通运输管理局工程队,组建于1959年,驻地天津市杨柳青镇,负责公路桥梁维护和新建。下设办公室、财务材料组、工程组、机械组。1966年,随着行政区划的变更,更名为河北省天津专员公署交通局工程队,负责道路的养护、道路桥梁建设。1969年,河北省天津地区革命委员会由天津市迁至河北省安次县廊坊镇,地区革命委员会生产部设工交组,工程队也随之迁至廊坊,隶属工交组领导,负责全区道路、桥梁建设。1972年1月,天津地区革命委员会撤销工交组,成立天津地区革命委员会交通局,工程队更名为天津地区公路工程队。1974年,天津地区改称廊坊地区,同年成立廊坊地区交通局公路管理处,工程队改名为廊坊地区公路管理处工程队。1979年3月,为落实中共十一届三中全会"调整、改革、整顿、提高"的方针,提高路桥建管水平,地区交通局党组调整建管队伍,工程队改名为廊坊地区公路管理处第一公路工程队,实行以队为基础的经济核算,担负全区的桥梁施工任务。取消财务材料组,成立办公室、财务股、材料股、机械股、技术股、工程股、技术股、总务股、材料设备库。1989年4月1日,廊坊地区交通局改称廊坊市交通局,工程队更名为廊坊市交通局公路管理处第一工程队,负责廊坊市桥梁建设。1991年,增设工会组织。1995年10月9日,廊坊市交通局改革公路设施"建管合一"的模式,第一公路工程队从公路管理处分离出来,更名为廊坊市第一公路工程队,升格为科级事业单位。从此,第一公路工程队成为独立核算、自负盈亏的专业化施工单位。1998 年 2 月 16 日,经廊坊市机构编制委员会同意,更名为廊坊市第一公路工程处,级别、职能不变,隶属廊坊市交通局领导。下设办公室、人事科、审计科、财务科、工程经营科、工程生产科、技术质检科、材料供应科、机械设备科、安全生产科、材料设备库,共 11 个科室。另设立租赁中心,设置党办室、纪检(监察)组、工会、共青团总支部、妇委会、行政科。2002 年 5 月,投资 1450 万元,参股廊坊市交通公路工程有限公司,成立廊坊市交通公路工程有限公司一公司,即一套人马,两块牌子,业务归廊坊市交通公路工程有限公司管理。截至 2011 年年底,廊坊市第一公路工程处有干部职工 297 人,其中高级职称 5 人,中级职称 15 人,初级职称 46 人。

第十七节　廊坊市第二公路工程处

1974 年,廊坊地区公路管理处下设机械队。1979 年,在机械队的基础上,成立廊坊地区交通局第二工程队,副科级单位,归属廊坊地区交通局公路管理处,职工 97 人,设办公室、机械股、财务股、材料股、工程股、总务股。办公地址在永华道 119 号。主要负责全区的重点公路建设。设备有国产 25 吨/小时沥青混凝土拌和机 1 台,国产小型摊铺机及压路机 2 台,75 马力履带式拖拉机、洒水车、运输车等。固定资产净值 162 万元。能承揽二级以下公路施工任务。1989 年 4 月,更名为廊坊市交通局第二公路工程队。1993 年 11 月,在原办公地址新建四层办公楼,使用面积 2500 平方米。1998 年 2 月,更名为廊坊市第二公路工程处,正科级单位,自收自支,隶属廊坊市交通局。原股室一律更名为科室,即办公室、机械科、财务科、材料科、工程科。撤销总务股更名为保卫科。其主要负责公路工程建设及市政道路施工;建筑材料的批发、零售。2001 年,设人事科。2002 年,设资产科和安全生产科。2007 年,撤销保卫科,设行政科。2009 年,设党办室。2011 年,设计统科。

2002 年 8 月 26 日,廊坊市第二公路工程处为廊坊市交通公路工程有限公司注资 3940.058407 万元,成立廊坊市交通公路工程有限公司二公司,占有交通公路工程有限公司 46.3% 的股份,成为第一大股东。之后,虽各股东注资不断增多,但廊坊市第二公路工程处仍以微小的差额优势,居股东之首。

第十八节　廊坊市公路工程材料供应处

廊坊市公路工程材料供应处是廊坊市交通运输局所属的正科级事业单位,实行企业化管理,主要负责道路沥青接卸、储存、运送和乳化沥青、改性沥青生产;各种交通工程设施施工及制作、安装;机动车驾驶员培训和驾驶证件的办理。

1974 年 12 月,廊坊地区公路处在霸县工区征地 8 亩,修建容积 2000 吨的沥青储油池。1985 年 10 月,在许各庄以南、彭庄北侧新建沥青库及铁路专用线(长 906 米)。1987 年,廊坊市公路管理处材料科下设沥青材料库(以下简称“沥青库”),副股级。1997 年,正值公路建设高峰时期,沥青库成立了路沿砖厂、拌和场。拌和场拟建于霸县北落店,经实地考察,地况、地貌不符合建场要求,后选址固安县牛坨镇林城铺村建场。同年,路沿砖厂改称预制厂,投资建设后更名为西户屯标牌厂。1996 年,沥青库隶属廊坊市公路工程处,下设生产组、管道班、锅炉班、汽车班、乳化班、财务班、材料班、办公室。负责全市沥青材料、乳化沥青及部分柴汽油的接卸、储存、运送及生产管理。1997 年 11 月 10 日,在沥青库基础上组建廊坊市公路工程材料供应站,由股级单位升格为科级,实行企业化管理,编制 100 人,其中党支部书记 1 人、站长 1 人、副站长 3 人。下设办公室、财务科、材料科、设备科;下设沥青库、拌和场、预制厂。

2000 年 8 月,工程材料供应站由沥青库院内迁至廊坊市安次区廊泊路收费处南 2 公里路东。2001 年 5 月,因施工需要,拌和场由固安县林城铺村迁至安次区王常甫村。2002 年 12 月,公路工程材料供应站更名为廊坊市公路工程材料供应处,机构规格、人员编制、领导职数、职能科室不变,所属拌和场、沥青库、标牌厂等单位名称前均冠以“廊坊市公路工程材料供应处”。2004年4月,公路工程材料供应处迁至新华路交通大厦。2007年3月,增设安全科,股级,工作人员由内部调剂。同年4月,按照廊坊市交通局工程建设资源整合方案,公路工程材料供应处将净资产评估后入股到廊坊市交通公路工程有限公司,成立廊坊市交通公路工程有限公司材料设备分公司(以下简称“材料设备分公司”)。经营建筑材料销售、工程设备租赁,享有相应的股东权利和义务,受交通公路工程有限公司领导,实行独立核算。工程材料供应处与材料设备分公司一套人马两个牌子。同年8月,增设综合业务科,股级,工作人员由内部调剂。2009年3月,工程材料供应处拌和场移交给廊坊市第二公路工程处(包括机械设备、建筑材料、实验设备)。同年7月,沥青库由库容1.20万吨扩建到3.20万吨。

2010年3月,增设党办室、人事科,均为正股级。同月,为了精简机构,优化组合,撤销沥青库和标牌厂。将沥青库改为生产科,标牌厂改为交通工程科。同年4月,公路工程材料供应处从交通大厦迁至廊坊市广阳区益民道许青路1号(原许各庄以南,彭庄北侧沥青库院内)。调整后,职能科室有:办公室、综合业务科、人事教育科、技术设备科、财务科、材料科、安全科、生产科、交通工程科9个科室。截至2011年年底,公路工程材料供应处科室设置未变,在职人员115人。

第十九节　廊坊市公路工程定额管理处

廊坊市公路工程定额管理处成立之前,定额造价由公路处工程科、养护科,以及廊坊市交通局计统科根据业务分工进行管理。

1995年,成立廊坊市公路工程定额管理站,自收自支科级事业单位,编制10人。其主要负责配合交通部定额站完成国家公路工程估算、概算、预算定额;编制全市公路工程施工定额和概、预算补充定额;负责全市大修以上工程项目(含市直单位基建项目)全过程的工程造价的管理、监督和审查,即从项目规划、可行研究、设计概算、预算、施工预算到工程结算、决算;参加公路建设项目(含市直单位基建项目)招标(议标)工程的标底审查,监督检查标底及中标价是否合理,参加招标、评标及有关的合同管理;按省定额站要求及时收集整理有关市场价格信息,参加全省调价指数的测算。测算市管项目的调价指数,动态调整工程造价;协调、仲裁合同管理中因定额及取费标准、材料价格等方面发生的经济纠纷;配合省交通厅组织工程造价人员的培训、考核和发证;组织开展定额及公路工程造价方面的学术研究,开展相关业务的咨询、中介服务。

2002年12月,更名为廊坊市公路工程定额管理处,原机构性质、规格、职能、领导职数、人员编制不变;2006年12月,增设综合办公室和业务科两个职能科室。

2007年,成立廊坊市路桥建设招投标办公室,设在定额管理处,负责路桥建设招投标管理和监督。2008年10月,国家取消定额编制管理费,廊坊市公路工程定额管理处经费由市交通局拨付。

第二十节　廊坊市交通运输局职工教育培训中心

1995年之前,交通系统的职工教育培训由交通局办公室和人事科共同负责。1995年12月,廊坊市交通局职工教育培训中心(以下简称“职教中心”)成立,自收自支科级事业单位,编制10人,科级职数1正2副。负责全市交通系统干部职工的适应性与资格性岗位培训、全市交通系统干部职工的学历教育。1997年,增加廊坊市汽车驾驶、汽车维修职业技能鉴定职能和廊坊交通系统直属事业单位初、中、高级工、技师和高级技师等级考核职能。2004年2月,职教中心设立办公室、财务科、招生办公室、教育科4个科室。2010年10月,设立培训科;同年,撤销招生办公室,将其职能纳入教育科;12月,廊坊市交通局职工教育培训中心更名为廊坊市交通运输局职工教育培训中心,启用新章。机构性质、职能、规格、人员编制、经费不变。截至2011年年底,职教中心共有职工23人。

第二十一节 廊坊市交通运输局机关后勤服务中心

1997年11月5日，经廊坊市机构编制委员会批准，廊坊市交通局取消行政科，成立机关后勤服务中心，属自收自支正科级事业单位，编制22人，其中领导职数为1正3副。下设办公室、车辆管理科、医务科、食堂管理科、安全科，主要职责是为机关领导和职工提供后勤保障工作。2004年10月18日，成立中共廊坊市交通局机关后勤服务中心党支部委员会，由5名委员组成，其中书记1名。2010年10月12日，廊坊市交通局机关后勤服务中心更名为廊坊市交通运输局机关后勤服务中心。编制34人，现有33人。更名后，科室、职能均不变。

廊坊市交通运输局房地产管理所和机关幼儿园归后勤服务中心管理。

廊坊市交通运输局房地产管理所。1991年4月，廊坊市交通局房地产管理所（简称房管所）正式成立，股级单位。其前身是20世纪80年代初交通局工程一队的基建组、公路管理处的房建科，隶属廊坊市公路管理处，负责廊坊地区行政公署交通局房屋基建、维修、房屋分配。管理所下设办公室、财务科、基建维修科，在编11人，直属交通局领导。1996年7月，人员编制增至38人，增设了物业科、工会，隶属交通局行政科。

2006年6月，人员编制减至34人。2010年12月，人员编制34人，在编人数33人；人事代理1人，劳务派遣5人，退休4人。房管所下设办公室、财务科、工会、工程科、收费科、安全科、物业一科、物业二科、物业三科、物业四科。房管所直属市交通运输局机关后勤服务中心管理。负责廊坊市交通运输系统的房产、地产管理工作；负责局机关办公楼、局属宿舍楼和交通大厦、路政大厦、道路运政楼的物业管理。

廊坊市交通运输局机关幼儿园。1984年1月，廊坊地区行政公署交通局机关幼儿园成立，在新华路84号久安里1号楼院内平房和1单元1楼内建园，股级事业单位，隶属于廊坊地区公路处，实有职工14人（正式职工7人，临时工7人）。负责廊坊地区交通系统内部学龄前幼儿的保育、教育，主要招收0～6岁幼儿。

1988年10月，职工人事关系从地区公路管理处转移至地区交通局，成为地区交通局直属事业单位。1989年更名为“廊坊市交通局机关幼儿园”。1990年8月，园址搬迁至新华路80号院内（现交通大厦所在地）。由于廊坊市工程二处大部分职工下工地，孩子无人照看，1990年6月，在廊坊市安次区永华道昌明街昌明里交通局宿舍平房院内成立了南园。2000年7月，由于建交通大厦，机关幼儿园搬迁至建设路北段华春里南四巷。2002年，在职32人。2003年，在廊坊市事业单位登记管理局登记为非财补助事业单位，隶属于廊坊市交通局后勤服务中心。2008年6月，撤销南园。2010年9月，更名为廊坊市交通运输局机关幼儿园，职能调整为负责交通运输局系统内部学龄前儿童的保育、教育工作（招收3～6岁幼儿）。2011年3月，人员编制32人，在编22人，机关幼儿园设有园长室、办公室、财务室、警卫室、伙房，以及大、中、小3个幼儿班。

第二十二节 廊坊市交通运输局通信管理处

1997年8月26日，经廊坊市机构编制委员会批准，成立廊坊市交通局通信管理处，科级事业单位，编制9人，领导职数1正1副。负责有线通信、无线通信和计算机网络的开发设计、建设安装及安全维护工作，保障各类交通通信信息的快速、准确、安全传递。具体工作任务：贯彻执行国家、省、市有关信息通信和电子行业的方针、政策和法律法规；结合交通部门实际，制订交通通信信息发展规划并组织实施；按照上级交通主管部门的部署，制定全系统各类交通通信信息管理规章制度，并负责监督检查；负责全局有线通信、无线通信和计算机网络的开发设计、建设安装及安全维护工作，保障各类交通通信信息的快速、准确、安全传递；负责全局办公自动化设备及耗材的新增、更新、使用和维护工作；负责交通信息网站的日常更新、维护和安全管理；指导各县（市、区）交通主管部门的通信信息工作；办理和协调市交通局与其他部门涉及有关信息通信方面的事宜。

第二十三节　廊坊市采留公路筹建处

为确保北京采育至廊坊大城留各庄一级收费公路工程项目的顺利开工建设和相关工作的有序开展，2005年11月28日，经廊坊市机构编制委员会批准，成立廊坊市采留公路筹建处。属廊坊市交通局领导，科级事业单位，经费自理，人员编制25名，设领导职数1正3副，所需编制和人员在交通系统内部调剂。主要负责采留公路的前期筹划、资金筹措、工程建设及项目建成后项目的运营管理、债务偿还和资产管理等工作。

第四章 临时机构

第一节 产业化办公室

1989年4月,廊坊市交通局成立企业改革办公室,属临时机构,负责交通系统企业管理和体制改革指导工作。1995年12月,企业改革办公室撤销,企业管理科成立,事业编制,科室共7人,除负责原企业改革办公室业务外,进一步强化企业监管职能。1999年6月,交通局产业化办公室成立,企业管理科原有职能并入产业化办公室,为临时机构。主要职责:依据《中华人民共和国合伙企业法》《中华人民共和国公司法》《中华人民共和国中外合资经营企业法》等法律法规,按照"宏观管理、微观搞活、监督指导、协调服务"的指导方针,对市交通局(含直属单位)投资开办的独资、合资及改制企业实行分类管理,发展壮大交通产业。

由于当时国家没有完整的体制改革政策支持,事业单位转变为企业的改革难度较大,市局拟组建廊坊市交通产业化集团有限公司,实施交通产业化改革的方案至今没有实施。

第二节 信息化办公室

2010年5月13日,成立廊坊市交通运输局信息化建设领导小组,组长由王相仁局长兼任,下设办公室。同年6月13日,成立信息化办公室,属交通运输局直属临时机构,从系统调配3人组成。信息办是领导小组的日常办事机构,主要负责拟订廊坊市交通运输行业信息化中、长期发展规划,审核全市交通运输信息化项目建议计划,会同交通运输局有关部门组织交通运输信息化建设项目审查(包括前期工作),组织交通运输信息化建设的协调、检查和监督,制订市交通运输局相关信息化管理制度及网络与信息系统安全保障和技术防范等工作。

第三节 廊坊市轨道交通领导小组办公室综合组

廊坊市轨道交通领导小组成立于2008年7月16日,由市委书记赵世洪和市长王爱民任组长。领导小组下设办公室,办公室设在廊坊市交通局。2009年2月1日,市交通局成立廊坊市轨道交通领导小组办公室综合组(简称轨道办),属临时机构。主要负责廊坊市轻轨、地铁、市郊铁路、高铁等轨道交通的规划研究、项目前期、资金筹措、工程建设、运营管理,以及与北京市、天津市、河北省的对外协调联络工作;同时,负责组织召开廊坊市轨道交通领导小组会议,编发廊坊市轨道交通专报等。

第四节 廊坊市交通运输局信息管理中心筹建处

2006—2009年,廊坊市交通局共谋划了4条业主高速公路,分别为廊沧高速廊坊段、京台高速河北段、密涿支线(102)高速、密涿高速廊坊至北三县(河北)段。为使项目建成后便于管理,节约占地和建设投资,廊坊市交通局决定建设高速公路信息管理中心,收集和处理所辖高速公路信息,并提供给高速公路指挥机构,以便科学、高效、及时地处理相关突发情况,从而提高高速公路综合管理能力。2009年3月27

日，信息管理中心筹建处成立，属临时机构，工作人员6人，办公地点初期设在市交通局平房改造办公室；2009年5月，移至盛园小区5号楼1单元102室。主要负责信息管理中心、养护及应急保障中心项目的立项审批、修建性详细规划总体方案的制订、征地补偿、初步设计等前期筹建手续的跑办工作；负责与招标代理机构对该项目建设有关的设计、施工及监理单位、材料采购等环节组织公开招投标工作；负责该项目建设期的各项管理工作，确保工程质量和人员安全；负责制订各阶段的工作计划，并对完成的工作及各项资料进行整理、归档。

第五节 廊坊市高速公路建设地方工作指挥部办公室

根据河北省2005—2007年高速公路建设计划，阿深、密涿两条高速公路分别穿越廊坊市境内的固安县、广阳区、霸州市、文安县并连接到永清县。2005年4月26日，廊坊市政府决定成立廊坊市高速公路建设地方工作指挥部，主要负责廊坊市境内高速公路征地拆迁及地方协调工作。总指挥王爱民，副总指挥周国江。成员由各涉县（市、区）县（市、区）长，交通局、发改委、建设局等19个相关单位主要领导组成。指挥部下设办公室，办公室设在交通局，属临时机构。办公室主任由交通局局长饶贵华兼任。办公室工作人员由交通局内部临时抽调12人组成。办公室为指挥部日常办事机构，具体负责核实占地数量、组织清点地上附着物，管理、拨付征地拆迁资金，协调解决施工中出现的各种地方问题。指挥部同时下设5个分指挥部，即固安县、广阳区、霸州市、文安县、永清县分指挥部，各分指挥部参照市里成立相应机构，负责本县（市、区）内征地拆迁及地方协调工作。2007年10月31日，根据工作需要，市政府对廊坊市高速公路建设地方工作指挥部组成人员进行调整，副总指挥吴立方，办公室副主任由副局长高维信兼任，成员单位增至21个。2009年开始，办公室主任由交通局局长王相仁兼任。

廊坊市辖广阳、安次两个区，三河、霸州两个县级市，大厂、香河、永清、固安、文安、大城六个县及廊坊开发区。境内面积6429平方公里，总人口425万，市区建成区面积64平方公里。廊坊素有“京津走廊、黄金地带”之称，市区距北京天安门广场40公里，距天津中心区60公里，距首都和天津两大机场70公里，距天津港100公里，且紧邻规划中的北京新机场。境内有7条高速公路，5条铁路干线穿越，10条国家和21条省级公路纵横交错，是中国铁路、公路密度最大的地区之一。廊坊市依托中心城市和空港、海港的独特优势，依托京津高度密集的人才和科研体系，依托发达便捷的交通网带和庞大的消费市场，是一个充满生机和活力的新兴城市，享有“京津走廊上的明珠”等美誉，是连接华北、东北两大平原的咽喉地带，自古以来就是中原与北方经济、文化交流的必经之途。

廊坊市历年主要经济指标见表2-0-1，2011年全市公路密度见表2-0-2。

廊坊市历年主要经济指标　　表2-0-1

项　目	2006年	2007年	2008年	2009年	2010年	2011年
地区生产总值（万元）	6388598	8833586	10514939	11603946	13532782	16119638
人均地区生产总值（元）	18327	21903	25757	28218	31914	36790
年末总人口（人）	3957011	4018554	4082800	4133282	419235	4249226
公路通车里程（公里）	7724.06	8397.76	8787.69	8940.32	9005.36	9294.386
汽车保有量（辆）	326681	813757	608021	949953	700035	845487
通行费收入（万元）	26121	27111.4	25314.9	18958.9	20034.1	15049.4

2011年全市公路密度表　　表2-0-2

县　区	公路里程（公里）	总面积（平方公里）	人口（万人）	密　度	
				按土地面积（公里/平方公里）	按人口（公里/万人）
合计	9294.386	6429	424.92	1.45	21.87
三河市	1139.099	643	56.14	1.77	20.29
大厂县	368.622	176	12.17	2.09	30.29
香河县	894.991	458	32.61	1.95	27.45
大城县	1042.385	910	48.77	1.15	21.37
文安县	1431.245	980	49.60	1.46	28.86

续上表

县　　区	公路里程(公里)	总面积(平方公里)	人口(万人)	密　　度	
				按土地面积（公里/平方公里）	按人口（公里/万人）
霸州市	1204.482	785	61.96	1.53	19.44
永清县	983.171	774	38.80	1.27	25.34
固安县	1016.38	697	43.92	1.46	23.14
安次区	675.327	595	34.90	1.14	19.35
广阳区	538.684	411	39.92	1.31	13.49

早在原始社会,我们的祖先就世世代代在廊坊这片土地上劳动、生息,已发现的文化遗址就是有力的历史见证。在三河县孟各庄有距今四千余年的新石器时代晚期的遗址,其他各县也发现商、周、战国和秦代的多种遗存。据史书记载,“黄帝制天下,以立万国,始经安墟”, 这个古安墟就在安次县的常道村附近。

进入奴隶社会,商代盘庚迁殷后,这里位于殷都正北、燕京戎(今太原附近)之东陲。西周时为北戎燕地,春秋时为北燕都蓟的畿内地,战国时期,这里属七雄之一燕国封疆。

秦统一中国后,全国分36郡。今三河市、大厂回族自治县、香河县属渔阳郡,广阳区、安次区、永清县、固安县、霸州市属广阳郡,文安县、大城县属巨鹿郡。西汉高祖年间,始置安次县、文安县、东平舒县(今大城县),属幽州刺史部渤海郡,置方成县(今固安县境内),属燕国。高祖六年(公元前201年),置益昌县(治所在今霸县策城村),属幽州刺史部涿郡,置路县(辖今三河县)、雍奴县(辖今香河县),属幽州刺史部潞阳郡。东汉时期,文安、大城两县属冀州刺史部河间国;固安、永清、霸县属幽州刺史部涿郡;安次县属幽州广阳郡;三河、大厂、香河属幽州渔阳郡。三国时在曹魏政权管辖之下,文安县、东平舒县属冀州章武郡,方城县属幽州范阳郡。西晋泰始元年(265年),置章武国(东平舒为国治),文安县、东平舒县属冀州章武国。原阳乡侯国地置长乡县,方城县、长乡县属幽州范阳国。安次县、潞 县、雍奴县属幽州燕国。

东晋十六国(317—420年)为后赵、前燕、前秦、后燕辖地。

南北朝(420—589年),北魏改安次县为安城县,属幽州燕郡,改长乡县为苌乡县,方城县、苌乡县属幽州范阳郡,改东平舒县为平舒县,文安县、平舒县属章武郡。潞县、雍奴县属渔阳郡。

隋大业三年(607年),安城县复名安次县,安次县、雍奴县、潞县、固安县属涿郡。大业七年(611年)置通泽县(治于今永清县通泽村),属涿郡。同年,割文安县、平舒县二邑之民置丰利县(治于今文安县城镇),属河间郡。

唐武德元年(618年),安次县、固安县、雍奴县、潞县属幽州。武德二年(619年),撤潞县置临洵县(治于今三河县城关),属元州。武德四年(621年),固安县改属北义州,平舒县属景州。太宗贞观元年(627年)省丰利县,移文安县治于丰利城,属瀛州。同年,废元州、北义州,临洵县、固安县复属瀛州,平舒县改属瀛州。

五代十国时,廊坊地区为燕国、后唐地。后晋天福三年(938年)后为契丹地;后周显德六年(959年),周世宗柴荣亲征契丹,收复宁、莫、瀛、易四州入永清县,置三关——淤口关(今霸县城关东)、益津关(今霸县城关)、瓦桥关(今雄县境内),以白沟河与契丹为界。同年,平舒县改称大城县。此时,廊坊地区为南北战争的主要战场之一,战略地位非常显要,宋、辽、金、元,一直为兵家必争之地。北宋雍熙三年(986年)宋太宗伐辽,宋将曹彬与辽将耶律休哥经过著名的涿州大战后,曹彬败退拒马河以南。从此,宋、辽仍以拒马河为界,并不断在拒马河冲突。宋朝名将杨延昭曾抗辽于益津关一带。北宋宣和七年(1125年)辖区入金,为中都路大兴府、涿州、霸州、通州分辖。南宋嘉定八年(1215年)辖地入元,属燕京路。元代志顺元年(1330年)属中书省大都路。明洪武元年(1368年),固安县、永清县、东安县、霸州(辖文安县、大城县、保定县)、三河县(隶通州)、香河县(隶漷州)属山东行省北平府,洪武二年(1369 年)改隶北平行省北平府。永乐元年(1403 年),固安县、永清县、东安县、霸州(辖文安县、大城县、保定县)、香河县(隶通州)、三河县(隶通州)属北京行省顺天府,永乐十九年(1421 年)改属京师顺天府。清顺治元年(1644 年),属京师顺天府所辖。康熙二十七年(1688 年),设四路一同知,霸州(辖文安县、大城县、保定县)、固安县、永清县、东安县属南路厅。三河县、香河县属西路厅。雍正六年(1728 年),文安县、大城县、保定县直属顺天府。

民国二年(1913 年),霸州改为霸县。民国三年(1914 年),东安县改为安次县。廊坊为京北(三河县、香河县、安次县、永清县、固安县、霸县)、直隶津海道(文安县、新镇县、大城县)之地。民国十七年(1928 年),直隶省改为河北省,廊坊地区归属河北省。

1937 年抗日战争爆发,廊坊人民在中国共产党的领导下,开辟抗日根据地,建立人民民主政权。1938 年,霸县、固安县、永清县、安次县属冀中十分区领导,文安县、大城县属冀中八分区管辖。1939 年,文安县、新镇县合并,组成文新县,属冀中五分区,1940 年改属冀中十分区领导,同年,晋察冀边区在廊坊地区北部建立了蓟(县)、宝(坻)、三(河)联合县。1943 年,改建平(谷)、三(河)、蓟(县)联合县。1945 年,成立三(河)、通(县)、香(河)联合县。1946 年,原属文安北部边沿的胜芳、苏桥等 36 村,与霸县合并,组成胜霸县。1948 年,废新镇县,划入文安县三区。1949 年初,胜芳及周围 12 村从胜霸县划出,建立胜芳镇。1949 年 8 月,天津专区在永清县成立,辖原冀中八分区的静海县、文安县、大城县、天津县(原津南)、杨柳青镇和十分区的霸县、永清县、安次县、武清县(原津武)、胜芳镇及十五分区的宝坻县、宁河县、汉沽镇。廊坊地区机关由永清县搬迁到杨柳青镇。同年 8 月 15 日,专区北部的香河县、三河县属通县专区管辖,固安县属保定专区。1952 年,根据形势发展的需要,将天津县划归天津市,原沧县专区的青县、任丘县划入天津专区。至此,天津专区共辖 12 个县(市)、3 个镇、223 个乡。1952 年冬,为了贯彻民族自治政策,建立了大厂回族自治区,隶属三河县,香河县、三河县属通县专区。1954 年,汉沽镇改设汉沽市,由河北省直辖,杨柳青镇改为县辖镇并入静海县,胜芳镇改为县辖镇并入霸县,固安县改属通县专区。1955 年 12 月,大厂回族自治县成立,由原香河县 6 个村、通县 8 个村、三河县 90 个村组成,属通县专区。同年 6 月 15 日,天津专区和沧县专区合并为天津专区,机关迁至沧州。同时,原通县专区所属固安县划归天津专区。此时,全区辖沧县、青县、任丘县、河间县、肃宁县、献县、交河县、阜城县、故城县、武强县、景县、吴桥县、宁津县、南皮县、盐山县、孟村回族自治县、庆云县、东光县、黄骅县、饶阳县、霸县、大城县、静海县、永清县、文安县、固安县、武清县、安次县、泊头市、沧镇等 30 个县、市、镇,下设 543 个乡(后改设 181 个大公社)。合并后不久,撤销安次县,并入武清县,撤销文安县、大城县,并入任丘县(子牙河东划属静海县,后归青县),撤销永清县、固安县,并入霸县。同年 12 月,天津专区撤销,将武清县、静海县、黄骅县、沧县、盐山县、宁津县、吴桥县、交河县、献县、河间县、任丘县、霸县交由天津市领导。同年,三河县、大厂回族自治县撤销,并入蓟县;香河县撤销,并入宝坻县,归属唐山专区领导。1961 年 6 月,经国务院批准,恢复天津专区,专署驻天津市,将静海县、霸县、武清县、宝坻县、蓟县划归天津专区;同年,恢复文安县(辖大城县),永清县、安次县。1962 年 8 月,恢复大城县(划归青县部分收回)、固安县、香河县、大厂回族自治县。此时,天津专区辖固安县、蓟县、宝坻县、永清县、文安县、大城县、静海县、安次县、三河县、香河县、大厂回族自治县、宁河县、胜芳镇、霸县 14 个县、镇,296 个人民公社,6269 个生产大队。1969 年 3 月,天津专区机关迁入廊坊镇。1970 年,天津专区改称天津地区。1973 年 8 月,宁河县、静海县、武清县、蓟县、宝坻县 5 个县划归天津市领导。5 县划出后,天津地区辖有三河县、大厂回族自治县、香河县、安次县、永清县,文安县、固安县、霸县、大城县 9 个县,156 个人民公社。1974 年 1 月,经国务院批准,将天津地区改称廊坊地区。1978 年 8 月,撤销天津地区革命委员会,建立廊坊地区行政公署。1982 年 12 月,廊坊市宣布成立,改县辖镇为地辖市。1983 年 3 月,安次县并入廊坊市(县级),1989 年 4 月,廊坊地区改称廊坊市(地级),原廊坊市(县级)改称安次区,1990 年 2 月,霸县撤县设市(县级),1993 年 3 月,三河撤县设市(县级),2000 年 10 月 8 日,广阳区正式设立。

第一章 古代道路

第一节 先秦道路

最初的公路是通过人类的活动而形成的。北京人是在今廊坊地区最早活动的人类，所以他们是这一地区道路交通的奠基人。距今50万年前，北京人在从事采集和狩猎的生产活动中，足迹所到之处，便逐渐形成了道路（人行小道），随着活动范围的不断扩大，小路随之日益延伸。25～60万年前，北京周口店山顶洞人的遗址中发现的部分赤铁矿粉及装饰品蚶壳，由于这些东西都不产于附近，证明当时周口店至沿海可能已有一条交通线。据推断，山顶洞人是自周口店沿永定河经过广阳区（原安次县）到天津海岸的，这可能是境内最早的一条道路。

早在五六千年以前，"仰韶文化"和"龙山文化"的新石器时代末期，位于燕山南麓的现廊坊地区辖地河流纵横、地势平缓、宜于农耕。加之优美的自然环境、温和适宜的气候、丰富的食物，使这片大地成为我们祖先部落最早活动的地方。"黄帝制天下，以立万国，始经安墟，合符釜山，隶遂涿鹿之"（《乾隆东安志》）。这个古安墟，就位于廊坊市旧州乡的常道村。传说在此居住的人，属于黄帝部落的一支祁姓陶唐氏。这一带地势较高，不受渤海海潮的侵袭。河流多而窄，河底多泥沙，夏季河水上涨，春秋河水清澈，涉水容易，冬季河水结冰，是狩猎的大好季节。此地区也是通往东北和西南的必由之路。

商周时期，新的生产关系推动了生产力的发展。周成王时，已有五种定型车辆，即五辂[lù]："金、革、象、玉、木"（黄云眉：《明史考证》第二册461～462页），作为征战耕籍之用。可见"周道如砥，其直如矢"之言，并不夸张。新中国成立后，大厂回族自治县小坨头村遗址的发现，三河县灵山乡西小旺村"夏家店文化"和固安县古方城遗址以及文安县左各庄商周时代遗址的发掘（《廊坊地区文物普查资料汇编》），充分说明地区中部、北部在当时已形成大面积人类生活区域，相继出现人行小道，这就是地区的原始道路。

公元前11世纪，周武王灭商以后，"封尧帝的后裔于蓟，封周宗室召公姬奭[shí]于北燕"（《史记·周本纪》）。燕国地在燕山之野，故国取名焉"（《宗国都城记》）。"蓟"即今北京市大兴县一带，为北燕国都。随着蓟都的发展，道路交通以蓟为中心向四方伸延。春秋战国时代，廊坊地区"俱为燕国之疆"（《乾隆东安志》）。公元前618年，"燕襄王以古桑干河为境，以蓟为国，袭涿方城，残齐中山"（《固安县志》），廊坊地区恰好处于燕军活动的中心。在这块土地上，至今仍保存着四十余处战国时期的古遗址。由于人们已经学会了驾驭牛马和使用车辆，因此对陆路交通又是一大促进。当时，由燕都通往赵、齐两国的道路，首先通过廊坊地区的方城（固安），经沧州地区的鄚州，往南可至赵国都城邯郸；往东南可经武遂（河间）、燕留（沧州）入齐。这条道路长350公里，是由燕至齐的交通要道。

第二节 秦汉道路

秦始皇统一中国之后，在全国实施了一系列新政策、新措施，以维护其封建统治，"书同文、车同轨、堕壁垒、修驰道、设邮驿、掌交通"之法，对当时的陆路交通起了极大的推动作用。由于这些革新措施的实行，使秦朝在政治上空前统一，经济文化繁荣昌盛，道路交通高度发展。秦"为驰道于天下，东穷燕、齐，南极吴、楚，江湖之上，濒海之观毕至"（《汉书·贾邹枚路传》）。"直道"从咸阳贯穿九原（今包头市西），"五尺道"在西南边疆开辟，"新道"遍布江西、湖北，"栈道千里，通于蜀汉"（《史记·范雎、蔡雎列传》），构成了以咸阳为中心四通八达的道路网，把全国各地联系在一起。当时所修驰道并非新开之举，而大部分是在原驿道的基础上整修形成的。驰道在廊坊地区境内的走向是：西起渔阳郡、右北平郡，达辽西郡碣石及辽东郡（今北京通县经三河至蓟县、昌黎方向）。

汉王朝建立后，由于实行"与民休息"的政策，"全国总人口增至六千万"（《后汉书·光武帝本纪》）。经西汉盛世与东汉的恢复，使汉代这一封建王朝的经济空前繁荣起来。

公元前202年，汉高祖刘邦置安次县（今廊坊市古县），并置方城（固安）、益昌（永清）、文安、平舒（大城）等县。东汉"建武元年（公元25年）……贼入渔阳，乃遣吴汉率耿弇［yǎn］、陈俊、马武等十二将军追战于潞［lù］东及平谷"（《后汉书·光武帝本纪》）（潞东，今通县东，包括三河、大厂、香河）。这一记载说明：从通县至三河、三河至平谷、平谷至密云间，定有较通畅的大道可供行军作战之用。同年，"追尤来、大枪、五蟠［pán］于元氏，……乘胜战慎（顺）水上，虏危机，殊急战，……遂大败奔还，壁范阳……从容至容城，小广阳（今长辛店附近）、安次（今安次县东北），连战破之，光武还蓟"（《后汉书·耿弇［yǎn］传》）。从以上所载可见，刘秀在镇压王侯叛乱、农民起义的战争中，转战南北，其部曾在廊坊地区境内行军、作战和屯兵。兵车辎重的行军路线，应有较宽阔的大道。

汉代的驿运事业也比前代有所发展。私驿的兴旺发达则为前代所未有，私驿方便了广大劳动人民和商旅行人，同时也促进了交通事业的发展。

第三节　隋唐道路

两汉后，又进入了群雄割据的时代。经三国、两晋、南北朝三百多年的长期混战，使道路交通受到很大破坏。隋代的陆路交通主要是通过战争发展起来的。598年，隋文帝"发兵三十万，分水陆进攻高丽。陆路出临榆关（今山海关）"（《中国通史》）。征高丽的主要路线是：由涿郡治所蓟（今北京市）至潞县（今通县、三河）、无终（今蓟县）、卢龙等地到临榆关。《隋书·炀帝纪下》载："大业七年（公元612）年伐高丽，敕河南、淮南造戎车五万乘送高阳"、"八年春正月辛巳，大军集于涿郡"。由此可知，涿郡治所蓟，是隋炀帝集中全国一百一十万人马、征用百万民夫转运辎重军粮，三次进攻高丽的大本营。高阳至河间，经鄚州（今任丘），固安之蓟有路。此道是当时山东、河南及河北南部诸郡北上的主要道路之一。

隋代四次出征高丽，损失甚多，耗资巨大，所动用的人力物力也是前所未有的。如果没有良好的道路，是无法在短期内集结和运输如此之多的物资的。廊坊地区在隋代时有六个县域隶属涿郡，所征集的兵丁民夫数量很大，加之四面八方的民夫集汇于涿郡，可见道路也是四通八达的。由山东征来的民夫所走的道路是：经沧州、河间、任丘、雄县、固安至涿郡，也有一部分经青县、大城、文安、固安而达涿郡的。

公元618年，隋朝被推翻。取而代之的大唐封建帝国兴旺起来，中央集权得到加强，农业迅速发展，经济空前繁荣，"百姓殷富"（《通典》卷七，《食货七、历代盛衰户口》）国力强盛，出现了中国历史上继汉以后又一个封建经济、文化的鼎盛时期，水陆交通均有新的发展。"官驿在全国普遍设立"（《中国通史》），有数条驿道干线经过廊坊地区西部和东北部。从大名至幽州的驿道是，经馆陶、临清、清河、南宫、衡水、瀛洲（今河间）、鄚州（今任丘）、固安至幽州（今北京）。"安史之乱"起渔阳，继而藩镇割据。廊坊地区东北部处于渔阳郡腹地，战乱达一百五十余年。公元936年，后晋高祖石敬瑭出卖燕云十六州，廊坊地区亦随之沦为契丹地。契丹耶律阿保机，待唐制、治城郭、重农耕，使农牧业、手工业迅速发展。在契丹日益强大的过程中，道路交通日渐繁荣，州县之间均有道路可通，各州治所成为一州的交通中心。

第四节　宋辽金道路

960年，宋太祖赵匡胤经"陈桥兵变"，推翻了后周政权，建立了宋朝，史称北宋。北方契丹贵族政权于947年改国号为辽。1125年后，金相继灭辽国和北宋，廊坊地区境内全部属金。在此期间，由于兵祸和辽、金统治阶级的重牧轻农，使农业、工商业备受摧残。但由于宋、辽、金统治阶级"北征南下"的军事需要，当时廊坊地区正处南北对峙的前沿，从而促进了道路的开发，形成了道路交通兴旺发达的特殊历史阶段。

自后晋石敬瑭割让燕云十六州以后，河北境内中部地区即为契丹所有。周世宗柴荣于959年（后周显德六年），收复鄚、瀛、易三州。直到北宋、辽对峙时期，河北中部既是边防重地，又是双方战场，白河以南为北宋疆域、以北为辽国界。

后辽军不断冲过界河，到鄚、瀛、保州一带进行掠夺。宋将杨延昭驻守雄、霸一带抗敌，在淤口关建信安城，城北建石桥一桥，直通辽国长庆宫。此路为宋、辽往来互市之路，其走向是：由信安经三川（当时广阳境内永定河支流有三，分别称东川、南川、西川），过大石桥（今廊坊市调河头乡石桥村），到达长庆宫（今安次区杨税务公社北茨平村）。在霸县城北拒马河之上建草桥一座，为霸、固互市之路；在大清河上建莫金桥（今文安县新镇乡口头村）一座，为霸州至汴京通衢津梁；在雄县、新城界齐家埝东至霸州老堤村建六郎堤，以御西北诸水，堤长十二里，不但能防水，而且能行人，为廊坊地区第一条高堤路（《中国通史》）。

霸、固之路是宋、辽互市交易的一条重要道路，行人经此路可直达南京（今北京）。989年（宋端拱二年），宋朝又在雄州、霸州、安肃军（今徐水）三处置榷场，开发南北贸易，史称“三榷场”。这一时期，为宋、辽贸易运输的极盛时期（《霸县县志》），当时地区境内经济出现了一片兴旺景象。随着经济的繁荣，道路交通有了很大发展。辽、金统治时期，道路交通以南京（今北京）为中心，向四方辐射，向南自南京（今北京）过广阳、安远（天津）、长卢（沧州）、南皮、东光、景县、德州、临清至馆陶，长约一千里；向东自南京（今北京）经通州、三河、蓟州（今蓟县），是南京至中京（今内蒙古宁城县西）的主要道路；从南京（今北京）东行，经通州（今通县）、三河、蓟州（今蓟县）、滦州（今滦县）、平洲（今卢龙县）等达沈州（今沈阳市）。

北宋时期廊坊地区境内主要道路有：从南京（今北京）至汴京（今开封）的道路，经固安、霸州（今霸县）、保定郡（今文安新镇）、任丘、瀛洲（今河间）、献州（今献县）、大名府至汴京（今开封）；以霸州（今霸县）为中心，形成东西南北辐射型的交通网络，北至宋、辽边界，东至沿海一带，西至雄州、保州等地，南至瀛洲（今河间）、沧州等地。

1158年，金海陵王派左丞相张浩和李通修建南京（开封）宫室。1161年4月，文武百官先赴南京治事。这一系列的迁都准备与行动，车水马龙、辎重万千，往来于南京与中都之间，此时由中都往固安、鄚州至开封这条御路极为重要，其道路质量与建设规格很可观（《中国通史》）。畜牧农业和手工业的恢复与发展，使金朝经济日益繁盛，燕京三市已经“陆海百货、萃于其中”（许元字《宣和乙巳奉行使全国行程录》），贸易相当发达。廊坊地区处于金王朝政治中心周围，属畿辅冲要之范围，所以政治经济日益重要。又由于人口的骤增（《金史》卷四十六《食货志》），耕地面积的扩大（《金史》卷四十六《食货志·田制》），生产工具的改进，使商业活跃，城镇兴起（张博泉《金代经济史略》），道路交通相应得到了发展。在辽、宋道路的基础上，修建了许多驿道。

金刺史伊喇益修筑千里堤。此堤在赵王河东岸，当赵王河与大清河汇流后，即成为大清河南岸。千里堤经雄州、保定郡（今文安新镇）、文安、益津（今霸县）、静海至杨柳青接白河（今海河）河岸，全长三百余里。千里堤高路，是贯穿地区东西的一条大道，历代统治者都很重视，岁加修补，至今仍存。

探访永清地下“古战道”

2003年8月11日　北京日报　记者　王鸿良

一说起“地道战”，人们想起的就是抗日战争时期的冉庄、焦庄户。但是很少有人知道，远在一千多年前的宋辽对峙时期，人们也许就采用了“地道战”的战法。而且那个时期修建的许多结构复杂、设施完善的“古战道”，至今仍然埋藏在当时的宋辽边境——现河北省永清县及周围几个县境内的地下。有人给它起了一个诗意的名称，叫千年“地下长城”。

20世纪，永清县地下的宋辽“古战道”陆陆续续被发现，并经过几起几落小规模的发掘，但因遇到资金困难，现又归于沉寂。以前开掘出的许多洞口和战道，多数又被重新淤死。如今永清县内能窥见宋辽

“古战道”风貌的地方，只剩下了一处。不久前，本报记者驱车前往当地。

出了北京城，往南60多公里，就到了河北永清县城。永清是北京的近邻，但北京人知道永清的不多。

永清地下藏着宝贝，那就是几乎遍布县境，覆盖面积约300平方公里，结构复杂、设施完善，专家考证为宋辽时期的“古战道”，另有一个诗化了的说法，叫千年“地下长城”。永清人差不多都知道这个，但北京人几乎没什么人知道。

7月31日，本报记者驱车来到永清县，实地探访地下“古战道”。

1. 洞口开在东厢房里

来到永清，最迫不及待想知道的当然是“古战道”到底什么样。在县委宣传部和县文物所的同志陪同下，我们来到距县城不远的永清镇右奕营村村民任国志家。

任国志家一排四间正房，还有东西厢房各两间。房子很新，都是这几年新盖的。任家已经接待了无数像记者这样的来访者，因此不消多说，很自然就把我们一行人引到东厢房。“古战道”开挖的洞口就在这间房子里。

从仅能容身一人的洞口顺着钢筋脚梯下去，一直下到两人多高的洞底，就进入“古战道”了。向西的通道，两旁和上部都由青砖砌成，宽度能容两人通过。有的地方还有很厚的淤土没有清理，就只能一个人通过了。向前走几步，四周就黑得伸手不见五指，必须点着蜡烛前行。通道旁的墙壁上有一些灯台。有淤土的地方，在上面和两壁，挂下来一条条白色的须线，当地人说这是地面上植物的根须。

走过十来步，就到了转弯处，转弯是一个小碹门，人必须蹲下身子才能钻过。前面拿着蜡烛的人钻过碹门拐弯后，后面的人就什么都看不见了，急得叫起来。转弯后顺着通道再走十几步，前面又有两个青砖碹门，直行的碹门仍然被淤土封死着，另一个碹门是转弯的，仍须蹲下身才能钻过。转过这个门，沿着通道再走十几步，前方就封死了。整个通道，高的地方，记者近一米八的个子刚刚可以伸直腰，矮的地方就只能弯着腰前行。记者本来方位感就差，在地下漆黑的地方转了几个弯，早已分不清东南西北。

回到地面，这家的主人任志国告诉我们，大约1960年的时候，家中盖房子，在自家的宅基地挖土，就挖开了这个地洞。那会儿也不知道这个地洞是干什么用的，更不知道年代有多久远，就是看见有挺多大青砖，正好盖房子需要。那阵子也没有人管，挖出好多大砖，就垒墙头、铺地用了。房子盖好后，大坑又被填死成了任家的院落。但是任国志家盖房子挖出了地洞，这个消息却在村中传开了。

1988—1989年的时候，县上带人来找，让把那个洞再挖开。任国志就拿着把锹在院子里乱挖乱找，但过了三十来年，已经记不清洞口在哪里了，挖了几天也没找着。县上人跟他说，找着洞口给他五百块钱。任国志有了动力，又继续找。他想，地洞就在当院里，还能跑的了？后来在东厢房的地下挖，挖着挖着看见有半截缸，任志国就知道找着洞口了。因为1960年的时候，就是因为挖到了这口缸，搬开缸在侧面发现了地洞的碹门，当时还把缸弄碎了。后来填坑的时候就把剩下的半截缸又堵在地洞的碹门上。

任志国说：“发现洞口后，县里找十来个人挖了十来天。地道已经都被淤土封死了，要沿着砖道一点一点淘土，用土篮子往上运，不好挖着呢。你们在底下看见还有个往北的碹门让淤土淤着没挖是吧，因为再挖就到正房的底下了，把正房挖坏了，县上给多少钱呢，怎么补偿呢，当时没有一个说法，我们就不让挖了。那条道要是挖过去还能挖多远，谁也不知道。那个东厢房，后来下雨雨水就往洞里灌，房基也不行了，后来还是县里面给重新盖的。”

当时有专家来鉴定，说这个“古战道”的整体结构可能是个“卍”字形。

2.“迷魂洞”与“藏兵洞”

如果仅凭任志国家地下的这段地道，就说什么“地下长城”，显然是夸大其词了。但事实上，在永清县及周围的几县，20世纪曾陆续发现了很多类似的“古战道”，有许多规模更大，建构更复杂，但由于资金缺乏，开发不力，保护不当，先后又都淤死，使得目前可进入的只有任志国家一处。

距县城西南约12公里处的瓦屋辛庄的“古战道”，规模大，结构复杂，人称“地下迷宫”，但这里几度开掘，几度淤死，曾遭受严重破坏，是一个典型的例子。

本报记者和永清县的同志一起来到瓦屋辛庄。现场位于村西北角，现已成了一片荒地，杂草横生，垃圾遍地。但就在这片方圆二百多平方米的地下，确实藏着一片神奇的去处。

村里的老会计和围拢上来的村民向我们介绍说，最早发现这一片下面有洞，是在1948年发大水，村民们在房顶上、高地处躲水的时候，突然听到一声巨响，接着村里的洪水全朝西北方向流去，一时间积水皆无。胆大的村民来到村西北角一看，只见这里陷下一个大坑，还能看见偌大的洞口。“地洞，水流进了地洞！”这是地洞第一次被人们发现，可见那时地洞还没有被淤死，里面应该有很大的空间。

接下来是1950年代，还是单干户的时候，村里面一户刘姓人家在这一片挖菜窖，挖出了一个青砖碹门，当时那里面还有很多水，也没有完全淤死。

1970年代，生产队里不知什么人提议，觉得下面可能有宝物，就组织几个队员在这里挖了好些天，又把地道掘开了。可是挖了半天没挖着什么宝物。当时觉着费了半天事儿，什么也没捞着，干脆弄点砖吧，就把砖道给撤了，弄了好些青砖垒了饲养场的棚子。地道也给弄坍了。

1980年代末，这回是县里来人让开采。那次规模大，弄了几个月，把洞都淘出来了，整个方圆大约有两百米。当时发掘出两个“迷魂洞”和一个“藏兵洞”。一号“迷魂洞”距地面有四五米深，通道有半米来宽，进到里面走不了几步就是一个拐弯，拐来拐去不知道有多少弯，任谁下去走一会儿也分不清东南西北，因此人们给它起名叫“迷魂洞”。有些地方还有小方坑，坑上盖有砖制的插板，人称“翻板”。和一号“迷魂洞”紧靠，是二号“迷魂洞”，这个洞的有些地段，和一号洞仅一墙之隔，其回环曲折，也与一号洞相仿，只是二号洞还有向下的台阶，地道两壁的墙上发现有闸槽，似乎原来曾有过闸门。但二号洞被破坏严重，发掘不全。这里还有一个“藏兵洞”，虽然不像“迷魂洞”那样扑朔迷离，但也经常变换方向。地道中有五间并排的小屋，每间2平方米左右，可以藏人，这大约是“藏兵洞”得名的来历。五间小屋分为两组，中间有一通道相隔，两组小屋与通道相接的开口，方向相反，即使举烛相照，也不能一览无余，隐蔽性很强。更使人惊异的是，“藏兵洞”的一个出口竟然在一口水井之内。

那个时候挖出来的战道基本已被土淤死了。挖完以后，就放在那里，时间长了，后来也就没有人管。挖出来的土都放在四周，一下雨又冲回去，年复一年，慢慢又都淤死了。

3. 在20世纪被陆续发现

永清地下的“古战道”，当然不止前面提到的两处。县委宣传部副部长薛兴东和县文物所所长刘米兰给记者讲了好些发现“古战道”的故事。

据说在清朝末年，在县城西南五里多地的蔡户营，一户人家为躲避战乱寻找藏身之地，在野外发现了一个洞孔，顺着洞口发掘，发现了一条地道，在地道中还捡到了一个明代的瓷盘。

抗战时期，永清县的老百姓为了躲避日寇扫荡，纷纷挖起了藏人的地窖，也时有发现“古战道”的情况。在位于县城东南6公里的西镇，有村民在挖地窖时挖出了古战道，据说洞宽约1米，高约1.6米，地道旁有小屋和放灯的台。同一时期，位于县城西南12公里处龙虎庄的村民，也发现了地道，地道有突出的掩体，在里面还捡到过锅盖大小的锡片，后经专家鉴定，疑为盾牌的残片。

最有趣的一次是在1951年，当时县城南关有个李姓人家，开了一爿三间开的饭铺。一日，其中一间的地面突然塌陷，露出一洞。店主大惊，以为内有神灵，不敢下去探视究竟，就用木板盖住洞口，终日烧香祈求神灵保佑。世上没有不透风的墙，这件事传出去，正值县里开展肃反运动，时任县公安委员的李景泰下乡听说此事，便挎了枪带着手电下洞察看，发现一个砖砌的大洞，面积有100平方米左右，洞的四壁有十几道拱券小门，每个门连着一个地道，洞体宽1米多，高1.6米左右。沿地道曲折前进，发现旁有小屋，屋中有炕，炕上有台。然而，十分遗憾的是，这户居民乃至当时的地方政府，对古地道都没有采取保护措施，也没有留下什么图片资料。不久，这户居民便把地道拆毁，挖砖填洞，并用挖来的砖盖了五间房子，砖头用不完，还以6元钱一车的价钱卖给了别人6车砖。

4. 专家认为是宋辽战争遗迹

20世纪80年代末，出于发展旅游经济的考虑，永清县曾下决心成立了古战道开发小组，先后三次为期120天，在全县范围内对“古战道”进行了有计划的调查与发掘。当时还从北京、石家庄请去了许多专家、学者，一起对古战道进行考察。

经过那次调查发掘，发现"古战道"在永清县分布大多在县城以南，永定河故道以西，涉及6个乡镇，面积300多平方公里，查明确有地道的有11个村，重点试掘了5个村，共挖出洞体长173米。

那么，"古战道"到底是什么年代修建的呢？专家们指出，断定"古战道"所属年代的最直接证据，就是"古战道"的建筑材料——青砖。经考察，永清县境内出土的素面青砖，与雄县祁岗宋代地道砖属同一规格，由此断定，"古战道"当为宋代所建。鉴于"古战道"工程量大，分布面广，用砖数量相当可观，且建筑用砖统一，均为(30×16×8)立方厘米的巨型青砖，因此，有专家断定，这在当时一定是由有权威的主管部门直接策划的国家级工程。

宋辽时期永清所处的地理位置，为这一说法提供了有力的佐证。《中国历代战争史》第11册记载："宋取代后周并灭北汉之后，与辽接境之要地，在河北方面，以今之大清、拒马两河为防，而以益津、瓦桥、岐沟(今河北霸县、雄县、涿县西南)三关为镇钥。"而在三关以北的永清县，正是宋、辽两国边界的前沿阵地。

据历史记载，宋太祖赵匡胤陈桥兵变建宋后，制订的作战方针是先南后北，统一南方之前，在北方对辽采取守势。宋太宗继位后，曾先后两次出兵击辽，都大败而归。此后，辽无力南进，宋无力北伐，宋、辽在河北一带即处于长期对峙状态。而宋、辽河北边境，地处华北大平原，无险可守，除筑城防御外，挖地道以备战也是一种十分合理的选择。这种历史背景，为永清宋辽"古战道"的存在提供了合理性。

然而，永清"古战道"究竟是宋朝所建还是辽国所筑，专家们的看法并不相同。本来有一个证据对解开这个谜团很有帮助——南关李姓居民家在盖房子的时候用了很多地道砖，其中东墙房檐处第七块砖上，烧制有一个手持战旗的军人像。研究这个军人是宋军抑或辽军，对确定地道的建造者是大有裨益的。可惜的是，房子的女主人认为这个画像不吉利，竟把这个军人像切去了，从而失去了一个重要的研究依据。

令人奇怪的是，如此大规模的地下工程并不见于史书的记载。对此专家们估计有两种可能：一是该工程纯属国家机密；二是官修的史书有意回避，与史臣们为宋廷屈辱投降的对外政策回护有关。

专家指出，地道用作军事用途早在战国时期就已出现，但那时多作为攻城术使用。永清及周围县境发现的宋辽"古战道"应属防御所用，且规模浩大，堪称奇观。中国历史博物馆研究员、国家文物鉴定委员会副主任史树青就曾写诗赞道：万里长城与战道，地平上下两奇观。

5. 古战场遗迹众多待开发

永清县地处宋辽边境古战场，"杨六郎把守三关口"的故事就发生在这一带，这里也流传着许多与杨家将抗辽有关的传说。永清县境内，至今还有36个村名与宋辽战争有关。

在县城西北，老君堂和杨家疙瘩两村之间，有一大片灌木林，夹杂着无数道斜坡和沙岗，灌木障眼，沙岗阻路，当地人给它起了个名字叫"磨齿地"(意为磨盘的齿道纵横交错)。外乡人经过这里经常要迷路转向。据传说，当年宋将穆桂英利用这里的复杂地形，巧摆迷魂阵，辽国大将韩昌不识地形，带着大兵误入其间，人马相踏，死伤无算，只好连夜逃回。这个传说中还有一段离奇的插曲，说这片"磨齿地"里有一片茅草与众不同，年年为红色，是当年穆桂英在此生产染红的。

东镇、西镇：传因宋帅杨延昭在此与辽交战，曾设东、西两座大阵而得名。

杨官营：因杨延昭在此驻军得名。

人目村：传为宋军阵亡将士合葬于此，原名"千人墓"，因墓字不祥，改称千人目。

寇家垡：传说宋景德年间，宋辽交兵，寇准从征劳军曾在这里住过，故而得名。

东解口、西解口：宋辽交战时，双方伤亡惨重，故建村取名"血口"，后因不吉利，改为"解口"。

韩台：相传辽军大元帅韩昌在此地建一点将台，故得名。

老君堂：传说佘太君曾在此驻扎，故取名老君堂。

永清县作为宋辽时期的古战场，有丰富的历史文化资源，特别是分布范围达300多公里的地下"古战道"，堪称战争史上的奇观，无论从历史研究、文物保护还是旅游开发角度讲，都有重大的价值。但是，自十多年前组织了一些调查发掘后，一些开发商因资金不足，难以为继，又纷纷撤出，已经开掘的一些战道又被重新淤死,不能不说是一件憾事。

坐落在永清县境内的宋辽时期“地下长城”到底有多长?还有哪些秘密不为人所知?沉睡在地下达千年之久的“古战道”虽然已被发现,但仍有许多疑团等着人们去发掘、去破解。

第五节 元明道路

在元统治初期,由于战争和统治阶级的重牧轻农,导致土地荒芜,大片良田被蒙古贵族圈占为牧场,农业生产遭到了严重破坏。元世祖忽必烈即位后,采取了一系列“兴元”措施,其中很重要的两条就是发展农业和发展交通。这些措施的实行,使当时的农牧生产、经济文化得到恢复和发展。随着社会经济的繁荣和南北各民族人民交往的日益加强,当时廊坊地区的道路交通也得到了相应的发展。

自大都东行至通州(今通县)、夏垫(今大厂回族自治县夏垫)、蓟州(今蓟县)、遵化,出喜峰口到东北。这条路线是通往蒙古族发祥地黑龙江及东北的重要干线(郭毅生《元代辽阳行省驿道考略》(上))。

大都南行至固安、益津(今霸县)、归信(今雄县)、新城、清苑(今保定市)、安喜县(今定州)、真定(今正定)有较通畅的大车道(《元史》卷一百五十与卷一百五十二)。

宋朝的民族英雄文天祥被元兵俘获,在往大都押解的路上,曾宿霸州信安镇信安馆(《霸县县志》)。

元代邮驿是中国历史上邮驿制度发展的全盛时代。《经世大典》载:“站赤(驿站)本为转达国家政令、通报边境军情而设”(《元史》卷一〇一《兵制站赤》),驿站和急递铺的设置,不仅用于“通达边情,布宣号令”,使“朝令夕至,声闻毕达”,而且驿道的开辟促进了道路交通的发展。当时“梯航毕达,海宇全国,元之天下,视前代所以为极盛”(《永乐大典》卷一万九千四百二十一)。霸州州治设急递铺,夏垫(今大厂回族自治县夏垫)设有驿站。

明初朱元璋执“农为国本”,天下初定,要政在于“安养生息”等治国之道。于是一方面加强中央集权;一方面恢复与发展农业、手工业,城市工商业日益繁荣。道路交通在前代的基础上有了新的开拓,御道、驿道的质量和数量也胜于前代。明成祖朱棣经常往返于南北二京,出巡各地,沿途建立行宫。当时,民间曾对南京至北京的御路概述为:“南京到北京,御路十八弓。”为确保南粮北调,开辟水陆交通运输,廊坊地区各县几乎都设有驿站。明代的道路交通仍以北京为中心,向四方伸延。京师设会同管,为全国驿务中枢机构。边地重镇设递运所,专输军需。为递送紧急军政公文,大致十里设一铺,称“急递铺”,广阳区境内的万庄镇就是一处。从北京经东安(今广阳)、杨村、天津、静海、文安、大城、清县、沧州,向西至河间的干线,成为当时北京至河间的重要经济路线,也是连接直隶南北两京的交通干线,在政治、军事、经济上都具有重要的战略地位。但驿递仍和历代一样,仅限于官方文牒来往,并非便民之设,驿站愈多,劳动人民的负担愈重,致使“粮户多逃亡,不能依期办完(驿使任务)”(《天启东安志》)。在封建制度的统治之下,劳动人民又不得不充夫纳粮,保证驿站的建置,完成驿转任务,从而使一些主要道路的战略位置和经济地位日益提高,逐渐形成了官马大道。同时乡村间的道路也有发展。据史料记载,明代廊坊地区主要道路有:自京师经山海关至辽阳的道路,形成了通往东北的主要交通线。这段驿路在境内长37.5公里。因此路为辽海各地进京之孔道,所以交通运输十分繁忙,为“往来通衢利津之要津也”(《三河县志》)。

由京师至固安到霸州,达河间,入山东至应天(今南京)的道路,是连接直隶南北两京的交通干线,是江南到北京的粮道。河间府的长芦产食盐,行销北直隶、蓟州、河南等地,所以此路经济地位显赫(《明史·食货志》)。正德五年(1510年)十月,刘六、刘七在霸州起义。并在安肃(现在的河北徐水)劫狱,救出齐彦名。赵鐩、杨虎等当地贫苦农民纷起响应,迅速发展为万余人。正德六年(1511年)刘六、刘七攻占束鹿县城(今旧城镇)。明武宗以谷大用总督军务,与伏羌伯毛锐、右佥都御史陆完率京营镇压。这时义军被迫兵分两路,刘六、刘七、齐彦名为一路,杨虎、赵鐩、刘三、邢老虎为一路。东路军转战山东、河南,西路军转战河南、山西。义军多马户出身,“一昼夜驰数百里”,官军怯不能战,两军会师霸州,有十余万人之众,直逼京师,北京宣布戒严,兵部紧急关闭九门,号召通州、良乡、涿州等各地勤王,刘六、刘七放弃攻城计划,遂转战京畿诸县。朝廷加派京营精锐部队,这时陆完采取南北合击战术,调边将总兵许泰,不久又起用辽东、宣府、大同、延绥四镇边军入卫北京,号称"外四家",开启调操边军之先河。刘六至霸州,被陆完军再击。刘六、刘七转向南攻沧州,陷长山(今武强),辗转南撤,一路受到陆完军攻击,又北上回文安,进击武清,退向河南……由此可见,文安人刘六、刘七在霸州起义后,领导这支农民起义军转战南北、山东等八省区,先后四次进逼北京,多次攻打固安,来往于河间至京师的路线。

总之,在明代,由于廊坊地区地处京畿,经济繁荣,商贸兴盛,人口众多,这样就促进了道路交通的发展。境内官马大道和乡村道路纵横交错,已形成陆路交通网络,官走兵行,商旅往来,驿马奔驰,车轮滚滚,呈现出一派兴旺景象。道路之多、交通之便、运输量之大,是历史上无法比拟的。

第六节 清代道路

明末清初,由于连年的战争,使农民生产和经济贸易遭到了严重破坏,出现了荒原千里、路无行人的景象。因永定河故道的沙丘,梗塞中断了昔日繁华畅通的大道,使廊坊地区南部道路交通处于时阻时通的境地。经康熙、雍正、乾隆三世的开源节流,励精图治,此期的经济、国力达到鼎盛时期,出现了国库充盈、兵强马壮、百姓殷富、安居乐业的"康乾盛世",道路交通也随之有了新的发展。在廊坊地区境内,清代的道路基本上是在明代的基础上巩固和发展起来的。并开拓了一些新的道路,形成了比较完善的交通网络。

1840 年鸦片战争以后,清王朝闭关自守的政策被资本主义冲击,大片土地被列强瓜分,沦为半封建半殖民地社会。农民革命运动的蓬勃兴起,更加沉重地打击了清王朝的统治。清王朝不得不改变政策,开始引用外国技术修建铁路,开发公路、驿传事业。1895 年,在京津间建成一条铁路,途经境内二十余里,并在万庄、廊坊、落垡设有车站。万庄、廊坊、落垡成为安次县重要的物资、人员集散地,并逐渐成为扼京、津间的战略要地。陆路交通日渐为铁路取代,当时廊坊地区道路出现了失修失养、经营无利的局面。但其主要道路的数量和分布与明代相比仍有增加,其规模也有一定发展。

祭陵御道。从北京至遵化是去往清东陵的必经之路,清王朝对此御道的建设非常重视。几乎每年都要进行勘修建设,并常设办事机构和官吏,一直延续到清朝末叶。御道的路面是由当地材料填充而成,大部分为土质结构,晴通雨阻。初春解冻,路面翻浆,泥泞难行。所以每当清皇室祭祀东陵时,都要整修一次道路,并用黄土铺在路面上,用以象征皇族的高贵。祭陵御道在廊坊地区境内有两条,皆西达京都,东通皇陵。

(1)南御道。由北京始,经通州(今通县)、燕郊、马起乏、夏垫、辛店、白浮图、南店、错桥、石碑铺、段甲岭入蓟县。为了帝王、皇后、嫔妃祭陵来往享用,在三河境内建有燕郊行宫和蟠龙山行宫。

(2)北御道。由北京经通州进三河县界,又经双井村、二里半村、李旗庄、定福庄、城关、沿口桥至段甲岭出三河境内入蓟县。

北猎御道。由北京出发,经今三河县、蓟县、遵化县,再北折由喜峰口出长城,经宽城、平泉诸县达承德市(热河避暑山庄)。

巡幸御道。第一条,由涿州稻田村入固安境内,经大岗头、杨先务、苏家桥(今苏桥)、郑家庄、小集诸村至新城县。第二条,自固安北十里铺往东,经苑平县南化各庄,西化各庄(现大兴县南化各庄附近)入东安县,经北寺垡、旧州、大垡于常甫、大王务至东安县城,全长七十华里。第三条,由北京出发,经固安、柳泉、牛驼,进入霸州、文安、静海、清苑(今保定)及安新诸县赴河南。

巡河御道。清初,浑河(今永定河)为患,廊坊地区南部几县深受其害。从顺治到康熙年间,皇帝巡视永定河达十五次之多(《东安县志》)。所经路线是:由卢沟桥至固安、永清、霸州达杨柳青。公元 1698 年康熙巡视无定河(浑河)时,把无定河赐名永定河,并命抚臣于成龙大筑堤堰,疏浚河道。共有三条堤路:一是南岸官堤高道,自永清县会家场入东安县境,经九家堡、下官村、辛庄子、郎二堑、西堑、马道口、桃园村北入武清县,堤长二十一华里。清雍正四年(公元 1726 年)筑。二是北岸官堤高道,自哈喇港始,经陶河村东入武清县，堤长二十四华里，雍正四年筑。三是北大堤高道，由永清县辛立庄南始入东安县，经北邵庄南、济南屯、范庄北至武清县八里桥北，堤长二十七华里。此外，还有皇帝巡视大清河御道。由史各庄入保定县(今文安新镇)，经左各庄、台头至杨柳青，即大清河南岸千里堤高路。沿途有太保、苏桥、左各庄、台头行宫，供皇帝巡幸时使用。

清代驿路。清代路政由工部都水清吏司掌管，邮驿由工部车驾清吏司掌管。省设"驿传道"，府、州、县皆设铺司，主要驿站设驿丞。大多数驿路与御道重合连接，两者共同构成了清代御道驿路交通网络。据《固安县志》："固邑为东路冲道，接境涿州、新城、良乡、霸州、永清、通州、昌平诸路。又霸、保、文、大、东(安次)、永六处，一应申递霸、昌本道公文俱由固邑直送昌平，日必数次，差独繁，而路尤逾，奉委查河官役络绎不绝，沿河而驰。"由此可知：清代廊坊地区南部乡县道路四通八达，为钦差往返、信使往来、军情军需传运、工农商业交易提供了便利条件。北部乡县有东陵御道、京津御道干线，"官道"、"大路"、"小路"相呼应。加之御道养护及时，路况良好，东巡祭陵，官僚来往，车轿云集，运输繁忙，交通量相当大。它虽然是为统治阶级服务的，但在客观上对物资交流和沿线的经济发展也起到了促进作用。

清代在廊坊地区境内，共有驿路、堤路1205公里。其中驿路982公里，堤路223公里。

三香驿路：从三河县城南行，经大枣林、范港、夏庄、马家庙、百家湾、北港子至香河县。

三宝驿路：从三河县城南行，经南店、皇庄、薄各庄、大堡、南庄、西罗村入宝坻县。

三平驿路：从三河县城北行，经李村、孟各庄、灵山、小梣椛庄入平谷县。

三马驿路：由三河县城西行，经小阎各庄、沟北至马坊镇。

香石驿路：从香河县城东北行，经马家窝至石虎辛庄。

香宝驿路：从香河县城东行，经宣教寺、渠口进宝坻。

香通驿路：从香河县城西北行，经后小屯、赶水坝、枳荆城、高庄铺至通州。

香新驿路：从香河县城东南行，经顾家屯、安头屯、大田至宝坻新开口镇。

香河驿路：从香河县城南行，经雀林院、钳屯、骡子王至武清县河西务镇。

香大驿路：从香河县城南行，经九百户、香城屯、达武清县大良镇。

香安驿路：由香河县城西行，经前小屯、王家摆、谢家屯至安平镇。

赴京驿路：自东安县城(今安次)北行，经大王务、于常甫、祖各庄、古县、左家场、青云店至北京。

东武驿路：自东安县城往东北经西马圈至武清县城，全长三十五华里，东安境内长二十华里。

东永驿路：自东安县城往西南，行经朱村入永清县境，过赵刘庄、老幼屯、大范屯、赵百户营，渡永定河，经双营、大麻子庄至永清县城，全长五十华里。

东褚驿路：由东安县城南行，经仇庄、码头、葛渔城、东沽港至褚河港。

固永驿路：从固安县城东南行，经祖家场、知子营、北岔口、老君堂至永清县城。

固涿驿路：由固安县城西行，经马公庄、宫村至涿州。

固新驿路：由固安县城西行，经西于窝、南石匣、郑庄、姚庄入新城县。

固雄驿路：自固安县城西南行，经公主府、四里堡、石家务、渠沟、礼让店、河套村至雄县。

固礼驿路：自固安县城东北行，经小孙郭、南张华、南各庄达宛平县礼贤镇。

渠大驿路：由固安渠沟西行，经四辛庄、大王马村至新城县大韩村。

霸固驿路：从霸州城北行，经孟家坟、何家庄、郑各庄、叶家庄至固安县城。

霸永驿路：由霸州东北行，经木厂、北高各庄、辛店镇、前营至永清。

霸津驿路：由霸州东行，经康仙庄、煎茶铺、信安镇、堂二里至天津。

霸保驿路：由霸州城南行，经王五房、老堤、营上、卢各庄、田各庄至保定县城(今文安县新镇)。

霸雄驿路：由霸州城西行，经贾庄、王良庄、冯家庄、丰乐村、亚各城至雄县县城。

霸新驿路：由霸州西行，经下岔河、乐善庄、黄家庄、宁家庄至新城县。

永信驿路：由永清县城东南行，经塔儿营、东西黄村、后奕至信安镇。

永王驿路：自永清县城北行，经北八里庄、曹官营、北戈奕渡口至王居。

保文驿路：自保定县城（今文安新镇）东南行，经东羊町、大小围河、相公庄至文安县城。

文霸驿路：自文安县城北行，经广陵城、河西店、三官村至霸州。

文苏驿路：自文安城北行，经园里、张各庄至苏桥。

文雄驿路：自文安城西南行，经孙张村、安祖店、东李庄至雄县。

文任驿路：自文安城南行，经贾各庄、朱家务、孙氏至任丘县。

文大驿路：自文安县城东南行，经曲店、大平州、三王村、邓家务至大城县。

文静驿路：自文安县城东行，经德归、齐庄、王口至静海县。

大任驿路：自大城县城西行，经季村、宫村、齐疙瘩、长丰镇、吕公堡至任丘县城。

大东驿路：自大城县城北行，经大小祥连、南北楼堤、王口、辛章、策城、诸河港至东安县城（今安次）。

大静驿路：自大城县东北行，经小王都、姚马渡、杨家口至静海县。

大青驿路：自大城县东南行，经西庄、八里庄、西白洋、盖益庄入青县。

大河驿路：自大城西南行，经东西王祥、东西桑生、大小广安、张零巨至河间县。

大静官道：自大城县东行，经南赵扶、马厂、唐官屯、陈官屯、八里庄至静海。

高堤路有中亭河堤路、官堤高路、北大堤高路、方官堤高路、千里堤高路。这几条高路杨柳成荫，人来车往，方便了沿河两岸人民的交往。

第二章　近代公路

第一节　北洋军阀时期(1912—1927 年)

1911 年(清宣统三年),孙中山领导的辛亥革命推翻了清王朝的统治,结束了中国几千年封建君主专制制度。1912 年 1 月 1 日,中华民国临时政府在南京成立。但时隔不久,袁世凯窃取了临时政府大权,政府由南京迁往北京,从此,中华民国开始了北洋军阀统治时期。1928 年(民国十七年)6 月 3 日,北洋军阀政府覆灭。

在此期间,以直、皖、奉系为代表的各派军阀,相互之间不断征战,致使国弊民穷,日甚一日。当时的北洋政府,虽把公路建设列为政务议程,但因缺乏规划和建设资金,无所作为。后因军事需要,也曾在官马大道的基础上,整修了一些重点公路,但标准很低,成就不大。廊坊地区在民国初期,分别隶属于京兆地方和津海道。境内已修通的公路有京津、津保、津白、京榆四条路线,总长 118.5 公里,当时为河北省公路总里程 2880 公里的 4.1%。由于公路开通,汽车运输业兴起,客商咸称其便,有利于货物交流,促进了商业经济的发展,调动了商办公路运输的积极性。

京津公路。此路自北京起,经通县、马头、河西务、杨村、汉沟至天津,全长 120 公里。1920 年(民国九年)开始修筑路基。1922 年(民国十一年)正式竣工通车。这条路的建成通车,引起军、政、商各界人士的重视。同年 6 月 14 日,在顺、直(指顺天府和直隶省)交界处举行了极为隆重的京津汽车路落成典礼,会上有中外人士演说,阐述该线道路建设的主要意义。当天下午四点,全线正式通车。北京至通县段长 20 公里,铺有 6 米宽的碎石路,其余路段路基宽 6 ~ 8 米,均系土路。全线有木桥 3 座、石桥 4 座、混凝土桥 2 座,路况较好,能维持正常通车。通县至蔡村段,路旁栽有行道树,曾一度绿柳成荫。养护方面,北京—汉沟—天津段,由天津工务局管理,设有路工 30 名。全路有 25 家汽车公司注册行驶,拥有客运汽车 56 辆。此路经廊坊地区香河县安平镇,境内公路总长 3.9 公里。

修筑此路所需投资来源,除由美国红十字会赈款墨银 10 万元、北京政府出资 15 万银元外,1920 年(民国九年)6 月 15 日,又签订了契约,由民间商户出资向政府借款 25 万元。天津市警察厅也参与赞助,负责汉沟—天津段。有关工程的组织领导,明确由赈灾督办熊希龄主持,委任金巩伯为京津大道督办,马君为总工程师,聘请外国人为顾问。

津保公路。即今津保南线公路。东起天津,经静海、青县、大城、任丘、高阳、清苑、西至保定,全长 194 公里。该路的前身为天津—保定的官马大道,也是连接河北与东北,经过天津的一条商业经济干线和主要军事通道。1920 年(民国九年)后,直系军阀曹锟为沟通天津、保定及东北的联系,颇为重视津保公路。1921 年(民国十年)3 月,张毓濡等为经营长途汽车运输,呈请直鲁豫巡阅使署批准,借用原津保官道土路略加修整,开办保定、高阳、大城、静海、天津的长途客运。对原有土路加以整修,动土 8.1 万立方米,用款 2.43 万元。加固维修桥梁 8 座,投资 0.32 万元。从此,津保南线公路建成,它是廊坊地区大城县境内的第一条公路。县境内长达 42 公里,后因移线改道缩短为 32.5 公里。

1922 年(民国十一年),第一次直奉战争。据同年七月出版的《道路月刊》记载:“曹锟以运送军务之急,传见清苑县知事陈树楷,令其马上雇夫数百名,从速修筑保定至安新(即津保南线公路西段)公路,长 30 公里……战争结束后,仍令该县知事将雇夫留下 50 人,沿线分段看守,随时泼垫。”

改线及整修后的津保南线公路,路基宽窄不尽一致。自保定至杨家桥段,路宽 8 米,两旁水沟均

1米,并有一条3米宽的辅道。高阳县境内,路宽4米,两旁水沟均1米,无辅道。自北曹口至齐圪垯段,路宽7米,路北有水沟一条,宽不足1米,无辅道。自官村至大城段,路宽5米,两侧水沟各1米,无辅道。自马厂至天津段,路宽8米(包括辅道及水沟)。

大城县境内地势低洼,大清河、子牙河时常决口,淹没公路,阻断交通。据1928年(民国十七年)河北省建设厅调查报告中载:"惟大城县附近系一南北长洼,东西宽数里,北边文安洼,子牙河及大清河决口,大水均流注此洼,南决口向北流,北决口向南倒灌。自民国以来,子牙河于民国二年、民国六年、民国十三年(即1913、1917、1924年)共决口三次;大清河于国民十三年、民国十四年(即1924、1925年)共决口两次,均灌向此洼,历时一、二年或二、三年始干,车辆阻断"等。

对公路的维护管理,均由各县雇人进行。每2.5公里为一小段,雇工一人;每七小段为一大段,雇一工头。工人每月工资8元,工头每月工资12元。工头由公路管理局委用,由沿路村庄的正副村长保举担任。

津保南线公路的开通,成为连接津浦、京汉两条铁路干线的重要纽带,是天津通往保定的要道。它对沿路各县农业的发展、经济的繁荣、文化的交流,起到了积极的促进作用。据史料记载:高阳的布疋,年贸易额达数百万。任丘的鱼虾、蟹和苇席,大城的小麦和杂粮,唐官屯的草帽辫、静海的烧酒、良王庄的蒲包、独流的白醋、酱油等土特产,均通过津保公路运销各地。特别是青县马厂系军事要地,自清末以来每屯重兵,使津保南线公路更显得异常重要。

津白公路。天津至白沟公路,途经韩柳墅、青光、王庆坨、得胜口、澜城、堂二里、信安、后奕、李家口、霸县,双堂至白沟,全长140公里。其中在霸县境内40公里。另有一条津白公路的走向是,由王庆坨径直向西,经堂二里、信安、煎茶铺、康仙庄、霸县至白沟,总长120公里。

新城县白沟镇,位于保定东北,濒临白沟河,有水陆码头。早在宋朝时就形成了贸易集镇,历久不衰。民国时仍为商市会聚之地。当地泥塑品远近闻名,具有悠久的历史,是民间美术、家庭手工艺品之乡。

津白线的汽车营运里程,全长139公里,有金泉、为国等数家汽车营运,共有汽车15部。当月需纳省路捐54元,天津市车捐6元。

京榆公路。北京至临榆(今山海关)公路,全长285公里。自京津公路的通县起,经燕郊、夏垫、三河、段甲岭、邦均、玉田、丰润、卢龙、抚宁而至临榆,为北京通往东北的要道。

京榆公路是在清代御路的基础上逐渐形成的。由于清帝的频繁出巡与狩猎,所经之地,必须兴修道路,整顿路容,甚至要泼水净路防尘。这对当时加强交通建设确曾起到促进作用。

中华民国初期,京榆公路仍沿袭旧御路通行,没有任何新的建树。1920年(民国九年),华北五省大旱成灾,民不聊生,结合赈济救灾,组织工赈修路,以"慈善"面目出现,利用赈灾款招募灾民进行修路,付给一定报酬,既赈灾又修路。京榆公路就是采取"以工代赈"方式,把原来的御路改建为公路的。

1924年(民国十三年),原京兆尹刘梦庚征募各县民夫,并与冯玉祥所部工兵,共同将北京经三河至喜峰口的道路,改建成军用汽车路,这是河北省兵民筑路之始。

第二节　国民政府时期(1927—1949年)

1921年(民国十年)5月,上海成立了"中华全国道路建设协会"。此后,有关国内外道路、桥梁修建情况和建筑技术的专门著作和译本,如《道路全书》《道路交通史》和期刊,如《道路月刊》《交通杂志》《中国建设》《河北建设公报》等相继问世。纷纷介绍道路修建技术,鼓吹兴治道路。中华全国道路建设协会于1931年(民国廿年)9月12日,在上海当时的"贝当路"举办了全国"路市展览大会",21日举行了路市会议,天津市代表张锐,河北省代表阎鸿勋、杨焕采,北京代表李雄飞参加了会议,大会发表了宣言。此后,南京政府经济委员会主持制订了"全国道路计划",河北省也制订了"省道计划"。以华东、华中为中心掀起了如火如荼的筑路热潮。

由于军阀割据,对道路的管理很不统一,北京地区由京兆尹公署在北京设京兆国道局管理,天津地区仍沿袭清末旧制，由直隶警察厅公路科管理，公路科指令各警察所派差修理。1914 年(民国三年)，京兆国道管理局公布了"京师公修道路简章"，这是京津地区制订公路章程的开始。这一章程的公布，虽然为国办道路制订了办法，但所修公路寥寥无几，只大体维持清末的道路状况。1926 年(民国十五年)，天津设立直隶汽车路管理局，既负责营运道路的管理，还负责汽车长途运输的管理。国道局、直隶汽车路管理局及天津警察厅虽然肆意征收养路费，但"修养不利，路务仍然废驰(弛)"，其道路的修建和养护状况没有什么进展。

鉴于天津地位的重要，又是当时北洋军阀政府重要的政治活动据点之一，从当时需要出发，便有议论修路之举。于是才有了正式汽车路，也即公路的诞生。

一、国民政府成立时的公路

1927 年，国民政府在南京成立，北京改称北平。1928 年(民国十七年)6 月 26 日，直隶省改称河北省。当时公路建设由省建设厅主管，曾颁布过一些公路方面的管理办法与规章制度，所以省级公路也略有恢复或接通一些新路。

在这一时期，全区的公路建设略有增加。如夏垫—宝坻路、夏垫—平谷路、通县—宝坻路、涿县—河西务路、天津—保定(北线)、北平—景县、北平—保定等公路，都是新辟或改建接通的。

北平—景县公路。自北平起，经固安、雄县、任丘、献县、交河、阜城—景县，以达山东德县。

早在 1930 年(民国十九年)，河北省建设厅就拟订了修筑北平—景县公路的规划。计划全长 235 公里，其中由北平—南苑一段长约 5 公里，系已建成的土路，并与其他公路衔接。自沧石路向东可通淮镇、沧州、盐山、庆云而达山东惠民。向西可通武强、深县、辛集、晋县、藁城、石家庄、获鹿、井陉等地。但由于政治、经济等各种原因，计划一直难以实现。1943 年(民国二十三年)，才因陋就简地整修了黄村、庞各庄一带沙土路，使北平—固安汽车往来不再绕行永定河堤，而经南苑、庞各庄、榆垡、北十里铺、北五里铺、北横街—固安县城。

1936 年(民国二十五年)，冀察政务委员会为谋军事交通之便，指令修补了黄村—十里铺段。同年 10 月 20 日，冀察政务委员会委员长兼河北省主席、二十九军军长宋哲元，在地区管线高庄头村举行了阅兵典礼(见《固安县志》)，前来参观的北平市长、公安局长、参议员、驻北平各使馆武官、学生等数百人，即是沿此路乘车到达固安的。

天津—保定(北线)公路。天津—保定北线公路，由天津经霸县、容城、徐水—保定，全长 160 公里。1936 年(民国二十五年)冬，国民党出于军事的需要，由冀察政务委员会主持抢修了五条军用公路，此路即是其中之一。

天津—保定北线公路，也是在驿路的基础上逐渐演变而成的。清代就建有天津—霸县的驿道。北洋政府执政期间修筑的天津—白沟公路，就是此路的前身，其走向大体是一致的。1935 年(民国二十四年)以后，津白公路向西延伸，经容城、徐水而达保定，始将路线名称改为天津—保定北线公路。

通县—宝坻路。由通县经三河县燕郊、夏垫、芮庄子、大井庄、翟各庄、小庄子、韩各庄、皇庄、埝头、新集—宝坻，全长 64 公里，1929 年 3 月通车。

夏垫—平谷路。自夏垫经大棋盘、齐心庄、小五福、马坊镇、打铁庄、南张堡、青杨屯、西路角—平谷，全长 31 公里，1929 年 3 月通车。

夏垫—宝坻路。自夏垫经皇庄、新集—宝坻，全长 40 公里。

涿县—河西务路。由涿县经固安、廊坊—河西务，全长 88 公里。向西可达通县，因此又称通县—涿县路。为了适应军事上的需要，经省建设厅派员前往督促沿路各县修治，连同桥梁数座，均于 1933(民国二十二年)竣工通车。

北平—保定公路。平保公路分东西两线：东线由北平经大兴县境、固安、新城、徐水达保定。1933 年，由河北省建设厅分别派员前往沿路各县整饬修治，所有修路建桥各项工程，均由各县先后完成报竣。

二、日伪时期的公路

在抗日战争期间，国民党统治区为了适应军事行动的需要，积极抢修和整治公路。而在沦陷区，日伪统治者为了镇压中华民族的反抗，巩固占领区，也大肆修治警备公路，以达到占领统治的目的。因此，抗战期间的公路建设有所发展，但在战争特殊的形势下，为了阻止敌人的猖狂活动，常常是敌人白天修路，抗日军民夜间破坏交通，使敌占区的多数公路不能维持正常通行。这种局面一直持续到1945年8月15日，日本宣布无条件投降为止。

廊坊地区沦陷较早，日军于1937年7月25日炮击廊坊驻军。28—30日，北平、天津相继沦陷。日军以平津为据点，向河北展开了全面进攻。敌伪势力为了适应侵略战争的需要，不但充分利用原有的省、县公路，同时还将已有的省路通过改建升格为国道，新辟了一些省、县公路，而且有目的地广修警备公路，把各县的主要村镇连接起来，以达到控制敌占区、扑灭抗日力量的目的。

（一）国道

平塘国道。即北平至塘沽线。塘沽为华北主要港口，日军进攻平津地区时，从海上来的兵力就是在塘沽登陆的。因此，把原平津公路延伸至塘沽，使海陆交通连接起来，具有重要的军事、政治、经济意义。平塘公路经通县、安平、河西务、杨村、汉沟、天津直达塘沽，全长170公里，是日军侵略华北的交通要冲，也是与其本土沟通的海运交通命脉。日本掠夺中国人民的物资、财富，依靠平塘公路，经由海上源源不断地向其国内输送。所以日军非常重视该线的建设。1938年（民国二十七年）开始，对路基进行培修，加宽到8～12米不等。除北平—通县段与北平—临榆线重复、原已铺有碎石路面外，通县—天津段，也加铺了4米宽的卵石路面。天津—塘沽段40公里，路基宽达30米，未修筑路面，每逢降雨，泥泞难行。1939年（民国二十八年）初，日军又计划把北平—天津段修筑水泥混凝土路面，预计工期五年，投资1600万元，于1940年开工，至1941年完工。但只修了3米宽的单幅水泥混凝土路面，因财力不足，又受抗日军民的严重打击，计划未能实现。

平山国道。即北平—临榆线。自北平经通县、三河、玉田、丰润、卢龙、抚宁—山海关，全长289公里，是北平通往东北各省的主要干线。路基宽8～9米。北平至通县铺有沥青和水泥混凝土路面，宽7.5～8米。燕郊镇至三河为土路，其他路段铺有砂砾石或山皮土路面，宽7.5～8米。由北平至蓟县别山村103公里，可通行汽车，每日约有20辆客货汽车在该线上行驶。三河县境内仍沿用原平蓟公路线，路段长约37公里。

津同国道。由天津经霸县、新城、高碑店、涞水、易县、涞源、灵丘至山西大同，全长350公里。路基平原段宽11米，山区宽7～8米。由天津经霸县至紫荆关段239公里，铺有3～5.5米宽碎石路面，大致良好，能通行汽车。天津至霸县之间，每天约有13辆客货汽车在该路上行驶。廊坊地区境内（含霸县、安次县）长约55公里，重复津白路或津保北线公路。

平济国道。由北平经大兴（黄村）、固安、霸县、新镇、鄚州、任丘、河间至山东省济南市，全长410公里。路基宽11米，有部分石子路，大部分为土路，每天约有30辆汽车在该路上行驶。在廊坊地区固安县境内路长32公里，霸县境内21公里。1938年，伪建设总署整修了黄村至固安段32公里，耗资29万元，并在永定河北十里铺处新建了一座大桥，当时称固安桥，全长320米，耗资9万元。

（二）省道

夏谷路。自夏垫经三河、赵家务、南埝头至平谷，全长32公里，均为土路。路基宽9米，三河境内长11.5公里，三河至平谷段全长19公里。

通夏宝路。自通县经夏垫、皇庄、新集至宝坻，路基宽5～6米，均为土路，三河境内长25公里。

通宝路。自通县经西集、香河、渠口至宝坻，全长64公里。路基宽7～8米，均为土路。香河境内长25公里。

通香路。自通县经燕郊至大厂，再经彭家务（今彭府）去香河，全长31.7公里（未计平山国道通县至燕郊段重复里程）。其中三河境内长27.7公里，香河境内长14公里。

马芦路。自通县马头镇，经陈家桁、吕家湾、肖家村、桥上村、牛牧屯进入通宝公路，至宝坻而达宁河县芦台，全长121.5公里。路基宽7～8米，均为土路。每日有8辆客货汽车在该路行驶。

安香路。自安次经落垡、武清、河西务、安平至香河，全长56公里。路基宽8.5米，均为土路。该路无营业汽车行驶。香河、安次境内路段长各为11公里。

香密路。自香河经大厂、三河、马坊、张各庄、峪口、胡家营、怀柔至密云，全长130公里。路基宽6.5米，均为土路。每日有3辆客货汽车在该路上行驶。三河境内长49公里。

通涿路。自通县经河西务、武清、廊坊、旧州、北十里铺、固安至涿县，全长88公里（未计平塘国道重复里程）。其中安次境内长38公里，固安境内长15公里。

通固路。自通县经马驹桥、青云店、安定、礼贤、南各庄、北十里铺至固安。路基宽10米，均为土路，无营业汽车行驶。

宛庆路。自宛平经长辛店、黄村、礼贤、旧州、杨税务、安次、渭河头、堂二里至武清县王庆坨镇，全长131公里。路基宽8米，均为土路。其中安次县境内路长60公里。

平保东线。由北平至大兴、固安、新城、徐水至保定。河北境内长120公里，其中固安境内路长60公里。

永霸路。自永清出南关，经八里庄、李家口、辛店至霸县，全长28公里。路基宽6.5米，均为土路。每日有4辆客货汽车在该路上行驶。永清县境内路长15公里，霸县境内路长13公里。

涿落路。自涿县经固安、刘东内、永清、埝上、安次至落垡，全长95公里。路基宽9米，均为土路。无营业汽车行驶。其中固安县境内18公里，永清县境内27公里，安次县境内17公里。

津固路。自天津沿津同国道至信安，向北行经后奕、南关、永清、刘东内至固安，全长95公里。其中霸县2.5公里（未计津同国道重复里程），永清27公里，固安15公里。

保马路。即津保南线公路保定至马厂段。自保定经高阳、任丘、吕公堡、大城至青县马厂镇，全长138公里。路基宽13米，均为土路。每日有6～7辆营业汽车在该路上行驶。大城县境内路长32.5公里。

大河路。自大城县经刘各庄桥（今留各庄桥）、魏各庄至河间县，全长62公里。路基宽10米，均为土路。无营业汽车行驶。大城县境内路长22公里。

（三）县道

三河县有三宝、三香东、三香西、三怀、三顺、张峪、夏谷、夏高谷、夏香、顺谷、龙谷、三通12条公路，总长318公里。

香河县有宝务、香务、香安、香崔、香三、香良、渠刘、安头屯至打鹧户、二百户至仉村等10条公路，总长140公里。

安次县有平武、安廊平、安沽、马得汉、张哈、张里、旺务7条公路，总长99公里。

固安县有固永安、固雄、固新、固辛、新永、牛板、柳大、码辛、柳彭宫、独南10条公路，总长145公里。

霸县有津胜、胜煎、堂胜、信胜、霸雄5条公路，总长75公里。

永清县有永廊、澜曹、信韩、韩调、南古、李刘、辛孟7条公路，总长136公里。

新镇县有史各庄至任丘、史各庄至吕公堡2条公路，总长约15公里。

文安县有文大、文静、文雄、文史、胜石、中口、大清河高堤7条公路，总长120公里。

大城县有大台、大静、大青、南杜、辛野、青河6条公路，总长135公里。

（四）警备公路

警备公路，是日本侵华战争期间的产物。其规格标准和质量要求，与县级公路大体相同。凡人口比较集中的村镇，几乎都与警备公路相连接。警备公路与县路、省路、国道等各级公路相互交叉衔接，构成交通网络，日伪军依靠这些公路网侵扰百姓，抢粮抓夫，掠夺财物，袭击抗日武装力量，镇压人民群众。例举永清、固安两县的警备公路概况如表2-2-1、表2-2-2所示。

永清县警备公路一览表　　表2-2-1

序　号	名　称	起　点	止　点	长度（公里）	宽度（米）
1	县大路	县城	大王务	7.5	—
2	大务乡路	大王务	孙家务	4.4	—
3	曹管乡路	曹家务	管家务	6.5	—
4	县牛路	县城	固安牛驼	15	—

续上表

序　号	名　称	起　点	止　点	长度(公里)	宽度(米)
5	辛瓦乡路	南辛驷	瓦屋辛庄	10.4	—
6	南杨乡路	南台子	杨迁务	5	—
7	东朱乡路	东羊儿庄	朱家营	5.2	—
8	第刘乡路	第四村	刘靳各庄	6	—
合计		—	—	60	—

固安县警备公路一览表

表 2-2-2

序　号	名　称	起　点	止　点	长度(公里)	宽度(米)
1	县东路	县城	东湖庄	4.61	10
2	大北乡路	大辛庄	北赵	8	10
3	柳韩乡路	柳泉	大韩寨	4.61	10
4	沙红乡路	大沙垡	东红寺	8	10
5	彭固乡路	彭村	固城	8	10
6	大曹乡路	大辛庄	东曹庄	7.5	10
7	礼宫乡路	礼让店	新城宫井营	4	10
8	红兴乡路	东红寺	兴旺庄	4	10
9	北马乡路	北赵	涿县马头	1.5	10
10	红古乡路	东红寺	古庄	4.3	10
11	固李乡路	固城	李湖庄	2.8	10
12	马南乡路	马庄	南小营	2	10
13	县押乡路	县城	东押堤营	1.8	10
14	礼阎乡路	礼让店	阎庄子	1.8	10
合计		—		64.12	

三、解放战争时期的公路

1945 年 9 月抗战胜利后，当时廊坊地区境内的主要公路有：北平—塘沽线、北平—临榆线、北平—开封线、天津—大同线，其中有的路段不能全线贯通，平榆线由北平只通别山，长 103 公里。平封线由北平只通唐官屯，长 187 公里。津同线由天津只通紫荆关，长 239 公里。

（一）国民党统治区的公路管理

1945 年日本投降后，国民党河北省公路局在西安成立，10 月迁移北平。1946 年 6 月 14 日，又由北平迁至保定。相继成立了 9 个养路道班，每班 15 人。在北平—门头沟线上的三家店、北平—霸县线上的黄村、天津—文安线上的三园村、天津—小站线上的灰堆、北平—顺义线上的通县，建立了 5 个养路费征收站。河北省公路局计划管辖除国道以外的省道路线 57 条，共 5880 公里。1947 年，该局为配合军事行动，组成了抢修工程队，抓夫派料，随军抢修公路。1947 年，抢修了涿县—固安线路 33 公里、安平—廊坊线路 15 公里、北平—固安线路 63 公里。

1945 年 10 月，平塘公路改善工程处在天津成立后，即对平塘公路进行修复。天津—通县间的混凝土路面损坏 353 处，共填补混凝土 568 平方米，连同培垫路基土方共用 3862 个工日。统一了路政管理，添设了各项行车标志。

（二）解放区的公路恢复

1948 年秋，平津战役前夕，廊坊全境解放。为了尽快治愈战争创伤，加紧恢复新区的经济建设，解放区的党政领导十分重视交通运输事业。早在 1944 年（民国三十三年）9 月 2 日，冀中行署就曾发出专

文指示,照录如下:

晋察冀边区行政委员会冀中行署

关于保存境内就有公路的指示

八年来的民族抗战将要获得最后胜利,和平建设阶段亦将随之到来。因此,我们在精神上行动上要具有迎接这一新任务的充分准备,城市与交通要道恢复后,立即恢复交通建设,转变抗战期间乡村与城市的敌对关系而变为相互协作与支援。为了迅速恢复城市的繁荣,修筑道路开展交通实为一首要工作。因此决定凡境内"七·七"前所有省县公路,如"平大"、"津保""沧石"等路都一律保存不再破坏。已分配或发动群众垦荒者,要向群众说明这一建设的意义,秋收之后勿再继续种麦。并要保证其原有宽度,勿再加以侵蚀!庶免一旦修复各该公路时受到损害!统一恢复交通的准备工作,希参照执行。

此致

敬礼!

主任　罗玉川

民国三十三年九月二日

日本投降后,为了恢复公路交通,为解放战争服务,冀中行署成立了冀中交通管理局,丁适存任局长,主管公路、邮政、电信、铁路等项工作。后方解放区各县、区成立交通运输指挥部,由县长、区长担任主任职务,并发动组织民工修筑公路及乡村大道,以保证交通运输线畅通无阻和支前工作顺利进行。

据《冀中导报》1946年8月5日载:1945年末—1946年6月,津保南线公路高阳—大城段,全长80公里,沿途各县组织民工进行了修复。因解放大城时,日军撤退,将南赵扶搭桥炸毁,加之唐官屯—天津一带为敌占区,故未能全线通车,只能维持短途运输。1948年秋,为了支援平津战役,上级命令大城县组织民工,迅速抢修津保南线公路南赵扶搭桥,限10天完成,以保证部队及时通过,解放天津市。由于时间紧,任务重,困难大,为完成这项工程,县长王伦当夜召开了全县区级干部紧急会议,研究了上级关于抢修南赵扶搭桥的指示,并迅速落实了人员组织、木料采集和施工方案。第二天,全县组织了1000余民工,木工约400余人。由马子岚带队上了工地。冀中区其他各兄弟县及时运来木料,广大民工日夜奋战,废寝忘食,按时完成架桥任务,为解放天津做好了准备。

文安县在整修任丘—新镇公路时,县委书记王金山、县长范铁菊等,亲自带领民工挥汗施工,加快了工程进度,受到了冀中第九专署的表扬。

在完成支前运输任务中,采取水陆兼程、齐头并进的办法,水运船队自白洋淀出发,沿大清河运一前线。为了保证船队顺利行进,文安县发动沿河群众砸破冰层,疏通河道,使船队畅行无阻。同时,还有冀中马车队从河间出发,沿平大公路和津保北线公路向前方开进。该县一方面发动群众,修复了文安—新镇和文安—左各庄两条40公里公路;一方面组织冰床队,协助运送军需物资,支援解放天津。

1948年冬,冀中区党委、行署、军分区后勤司令部联合下发了关于抢修永定河大桥的指示,固安县人民在冀中行署交通处窦森瑜、郭今生等主持下,积极投入了抢修大桥的战斗。经过七个昼夜的奋战,于1949年1月10日全部完成建桥工程,保证了军用物资的及时运输。

1949年2月15日,华北人民政府作出《关于抢修平汉、平大、津浦三大公路干线的决定》,除要求重点抢修北平—汉口、北平—大名和天津—浦口三条干线公路外,同时还要抢修天津—保定南线。廊坊地区主要是平大公路和津保南线公路。遵照华北人民政府制定的抢修标准组织施工,以保证能够安全通过炮车和汽车为度。路基高出两侧耕地,宽度不少于6米,公路两侧挖出排水沟,清除障碍,降低陡坡,弯道半径不得小于50米,插明路标,保护树木。桥梁、渡口荷载达到10吨,保证军车安全通过。同时,还规定禁止铁轮车通行,要组织专人看守,随时抢修。

平大公路经过廊坊地区固安、霸县、新镇(今文安)三县。自2月15日开始抢修,冀中平南地区共动员民工3万余人,三天内抢修公路150余公里,老幼妇孺一起上阵,昼夜不停,冒风雪、战严寒,打冻取土,泼水压路,随坏随修,确保畅通。固安县还发动群众拆城墙上的砖铺公路,使原来坎坷不平、尘土飞扬的道路得到改善,受到好评。至3月29日,华北大部分重要公路均已抢修完毕,并按标准要求进行了检查验收。据《冀鲁豫日报》报道:"此次筑路工程浩大,为我区之创举。此次公路之修建,是在人力物力特殊困难条件下抢修完成的,一锹土,一滴汗,这些公路完全是群众血汗的建筑物。"

桥梁建设也开始转向标准化。位于大清河上的新镇桥,就是在华北公路总局派来的技术人员李道中和梅焕之等人的帮助下,修建的一座正规化超洪木桥。

此外,对路政管理也做了具体安排,要求地方各级政府与宣传部门,要对当地群众进行爱路、护路教育,禁止铁轮车上公路,并组织群众性的护路,这是群众养路意识的萌芽。

第三章　现代公路

新中国成立以后，公路事业在党和政府的领导下，贯彻“全面规划，加强养护，积极改善，重点发展，科学管理，保证畅通”的养路方针，取得了较好的成绩。1958年，开始修建高级和次高级路面，廊坊地区公路交织成网，运输四通八达，有力地促进了工农业生产，提高了运输能力，活跃了城乡物资交流。回顾新中国成立以来公路建设的发展历程，和其他事业一样，是在曲折中呈波浪形向前发展的。

一

1949—1953年的国民经济恢复时期，公路交通得到较大改善。京津公路在解放初期即由交通部直接管理，通过组织力量分段抢修，很快恢复了全线通车，并设立了京塘国道管理段负责养护维修，交通秩序显著好转。京榆公路也在省交通局和通县地区公路段领导下，组成京榆公路工程处，进行了路基、桥涵全面整修。天津至霸县的公路虽只有70多公里，但因道路坎坷不平，沙土段尘土飞扬，黏土段遇雨泥泞，行车艰难。经公路管理部门精心维护，发动群众普修公路，有计划地修桥建涵，逐渐改变了桥路不配套的状况。

二

经过恢复整治，加强养护，廊坊地区公路质量不断提高。“一五”期间，京榆公路铺上了泥结碎石路面，改善了通车条件。在大力提高干线公路标准的同时，地方道路也相应地得到改善。香河至安平公路，是当时香河通往京津二市唯一的出口要道。1956年，发动群众在短短的两个月的时间里，铺成了13公里的碎砖路面，达到晴雨通车，给全区作出了示范，得到了上级和群众的好评。在改善路面的同时，对桥涵建筑物也相应地进行改建或新建。原来的草桥和木便桥，一般均改建为半永久性超洪木桥，减少了每年夏拆秋架的繁重劳动，既节省了人力、时间，又节约了开支。交通量较大的无桥渡口，也陆续改渡为桥，方便了交通运输。

三

在1958年“大跃进”中，公路建设在保“钢铁元帅”升帐的行列中，被推上了“先行官”的地位。公路交通部门的广大职工积极响应“全党全民大办交通”的号召，掀起了大搞地方道路建设的高潮。京沈南线（京哈线）就是在这期间按直、平、宽、实的要求，把燕郊至三河间的路基拓宽到23米。香宝路（通唐线）路基也加宽到10米。由交通部与省交通厅设计、由省交通厅工程队施工的津保北线（津涞线）开始修筑沥青路面，开创了廊坊地区兴建黑色路面的新纪元。地方政府和沿路广大群众全力支持，要人出人、要物出物。施工单位精心设计、精心施工，修出了廊坊地区第一条油路。这条路建成后，使天津至霸县的汽车行程时间缩短到两个小时左右。尤其是霸县进出的物资，当时均由杨柳青中转，公路畅通，给霸县人民的生产、生活带来极大方便。

在提高干线公路技术标准的同时，本着“统一规划、合理布局、裁弯取直、减少占地”的原则，大搞地方公路建设，社队公路大发展，基本实现了社社队队通公路。

四

在三年经济困难时期,公路养护事业按照"调整、巩固、充实、提高"的方针,有计划、有步骤、有目的地调整充实养路队伍,加强各项基础管理工作。本着缺什么补什么的原则,对已有的工程设施进行维修改善、巩固和提高。首先,对修路中发生的"一平二调(也称共产风)"进行了清理。以京沈南线为重点,实事求是地做了合理退赔。对民工、民车建勤,符合政策规定的,经过向群众做工作说明道理,不予退赔,维护了政策的严肃性;其次,加强养路队伍的建设。养路队伍除少数固定工人外,大多数是分散或集中食宿的民工建勤养路代表工,由于各地重视程度不同,记工报酬不尽合理,劳力负担不平衡等原因,致使人员素质差、工效低,加上管理不善,因而路况急剧恶化。为扭转这种局面,经省交通厅批准,从原有养路代表工中,择优选用年轻、体壮、有文化、热爱本职工作的250人转为固定工。经过教育培训成为养路队伍中的骨干,有的锻炼成为基层养路单位的负责人;再次,按照中共中央、国务院《关于加强公路养护和管理工作的指示》和交通部颁发的《关于公路养护和管理工作的若干规定》(试行草案)的精神,结合地区的具体情况,加强了各项基础管理工作,认真推行了"养路四大(计划、技术、财务、生活)管理",建立了"两长(正、副班长)五员(计划统计员、质量检查员、材料保管员、生活福利员、学习辅导员)制",建立了考勤、会议、学习、计划、技术、工具材料、生活管理、检查评比等规章制度,加强了公路养护管理,克服了组织涣散、领导软弱无力、重修轻养的不良倾向。

五

"文革"期间,在批判"反动技术权威"的口号下,施工工艺、技术规范、操作规程、质量标准等置诸脑后,不顾质量,不计成本,不合理的残次品工程不断发生,造成了极大的浪费。大里线(大城至里坦)改建工程就是一个教训,路基低矮,线形弯曲,桥位不顺,油石比偏高,平整度不良,病害到处可见,根本无法使用。同样,在京沈南线(京哈线)、廊良(廊坊至大良)、通唐(通县至唐山)等线渣油表处路面上,都出现程度不同的用油量偏大、灰土形成不好、路面壅包等病害。

但是,公路战线上的广大职工还是清醒的,有的领导干部一边挨批斗,一边团结技术人员和工人为人民修路、架桥,加快工程进度,提高工程质量,使廊坊地区成为省内最早实现县县通油路的地区之一,并且出现了第一个社社通油路的县——大厂回族自治县。全区154个乡镇,除大城县的位敢,文安县的高头、龙街,永清县的三圣口等少数乡不通油路外,基本上达到了县县、乡乡通油路,村村有公路。

六

1978年十一届三中全会以后,公路交通成为发展国民经济的战略重点,公路运输日趋繁忙,交通流量剧增,客观上要求必须迅速改善公路状况,提高车辆通过能力。各级政府日益重视公路事业,干线公路和主要的县公路基本上实现了路面黑色化。通过对旧路的技术改造,路面宽9米以上的二级路已有236公里;全地区共有钢筋混凝土大中型桥梁102座,9383延米,基本上实现了桥梁永久化;公路林荫化,按照"有路就有树,有树必成荫"的要求,全区绿化里程达1789公里,公路有树162万棵,并且向花化、美化、净化方向发展;线形标准化也有很大的提高,通过新、改建油路和对旧油路的技术改造,提高了公路的技术等级,减少了等外路;养路机械化也有了发展,从根本上改变了以手工为主的局面。压路机、拌和机、洒布机、摊铺机、推土机、铲运机、钻机、发电机、拖拉机、汽车等设备,装备逐渐齐全。

七

从2004年起,廊坊在全市农村启动了"村村通油路"工程,至2006年,全市3222个行政村全部实现通油路,在全省率先实现"村村通油路",全市农村公路路网结构进一步完善,农村公路通行能力进一步提高。2009 年,廊沧高速公路(廊坊段)的开工建设,填补了廊坊业主高速公路的历史空白。随着京台、密涿主线,密涿高速(102)支线等高速公路的相继开工建设,廊坊的公路发展进入一个前所未有的鼎盛时期。

2011 年年底,境内通车里程达到 9294.386 公里,公路密度 144.6 公里/百平方公里,分别是全国、全省平均水平的 3.4 倍和 1.7 倍,居全省第一。其中,国道 9 条,317.85 公里;省道 21 条,715.074 公里;县道 25 条,770.228 公里;乡道 278 条,1593.204 公里;专用公路 33 条,126.001 公里;村道 3437 条,5772.029 公里。国省干线公路全部达二级以上标准,优良路率保持在 75% 以上,为全省领先。农村公路在全省率先实现了村村通油路,建立健全了农村公路养管长效机制,实现了机构、资金、制度、人员"四落实"。

2011 年,廊坊境内公路建设投资达到 45.06 亿元,其中,干线公路建设 40.46 亿元(包括高速公路建设 31.78 亿元)、县乡村公路建设 4.6 亿元。

2011 年廊坊市公路基本情况统计表(一),见表 2-3-1。

2011 年廊坊市公路基本情况统计表(一)(公里) 表 2-3-1

项　目	条　数	公路里程(总计)	等级公路					
			合计	高速	一级	二级	三级	四级
总计	3803	9294.386	9294.386	287.835	428.575	941.395	936.871	6699.71
国道	9	317.85	317.85	123.351	163.295	31.204	—	—
其中:国高网	4	123.351	123.351	123.351	—	—	—	—
省道	21	715.074	715.074	164.484	181.607	336.104	32.879	—
县道	25	770.228	770.228	—	8.598	309.509	368.453	83.668
乡道	278	1593.204	1593.204	—	30.753	128.122	360.026	1074.303
专用公路	33	126.001	126.001	—	—	6.988	27.779	91.234
村道	3437	5772.029	5772.029	—	44.322	129.468	147.734	5450.505

2011 年廊坊市公路基本情况统计表(二),见表 2-3-2。

2011 年廊坊市公路基本情况统计表(二)(公里) 表 2-3-2

项　目	条　数	有铺装路面(高级)			简易铺装路面	未铺装路面	晴雨通车里程
		合计	沥青混凝土	水泥混凝土			
总计	3803	7359.524	5750.606	1608.92	34.552	1900.31	9294.386
国道	9	317.85	296.692	21.158	—	—	317.85
其中:国高网	4	123.351	123.351	—	—	—	123.351
省道	21	715.074	700.654	14.42	—	—	715.074
县道	25	738.277	734.677	3.6	8.873	23.078	770.228
乡道	278	1374.856	1246.59	128.266	12.571	205.777	1593.204
专用公路	33	119.186	106.106	13.08	—	6.815	126.001
村道	3437	4094.281	2665.887	1428.394	13.108	1664.64	5772.029

第一节　公路线路

国道是具有全国性政治、经济意义的主要干线公路,包括重要的国际公路、国防公路,连接首都与各省、自治区、直辖市首府的公路,连接各大经济中心、港站枢纽、商品生产基地和战略要地的公路。省道是由全省(自治区、直辖市)公路主管部门负责修建、养护和管理的省级干线公路。随着国民经济的快速发展，公路交通作用越来越大。尤其是国、省道干线公路对促进国民经济的发展，社会进步以及充分发挥综合运输网的功能起到举足轻重的作用。

一、国道

1. 京哈公路（102 国道）

102 国道廊坊段，起点为三河燕郊西立交桥冀京界，西接京哈高速，终点为三河段甲岭镇高庄子村冀津界，东接天津蓟县，全长 36.106 公里，一级公路。位于三河和大厂境内，主要经过燕郊经济技术开发区、大厂夏垫开发区、省道大香线、三河市区、规划建设的密涿高速、省道平香线，是廊坊北三县中部重要的交通通道。京哈国道全长 1337 公里。

2. 京塘公路（103 国道）

103 国道廊坊段主要位于香河安平镇境内，全长 3.87 公里，二级公路，是廊坊北三县西南部进京出海的重要交通要道。北京至塘沽全长 152 公里。自北京起，经通州区、马头、香河安平、河西务、杨村、汉沟、天津市区至塘沽。

3. 京福公路（104 国道）

104 国道廊坊段，起点为广阳区南尖塔镇麻营村冀京界，北接北京大兴，终点为安次区落垡镇落垡村冀津界，南接天津武清，一级公路，全长 22.119 公里，位于广阳和安次境内，主要经过廊坊市区、廊坊经济技术开发区、落垡镇，是市区、开发区进入北京和天津的主要交通通道。北京—福州全长 2420 公里（北京—珠海，全长 2717 公里），如图 2-3-1 所示。

图 2-3-1　2011 年 3 月 25 日，国道 104 改造工程桥梁搭板施工

4. 京广公路（106 国道）

106 国道廊坊段起点为固安县固安镇辛立村冀京界，北接北京大兴，终点为文安县兴隆宫镇小龙华村廊（坊）沧（州）界，全长 76.874 公里，一级公路，位于固安、霸州、文安境内，主要经过固安县城、省道廊涿线、廊涿高速、东高线、牛驼、省道廊霸线、霸州市区、112 国道、荣乌高速、省道保静线，是廊坊西部地区纵穿南北的主要交通通道。北京—广州全长 2466 公里。

5. 北京环线（112 国道）

112 国道廊坊段，起点为安次区东沽港镇东沽港三村冀津界，东接天津武清，终点为霸州市岔河集乡前狄村廊（坊）保（定）界，西接保定雄县，全长 55.53 公里，一级路长 32.477 公里、二级路长 23.053 公里。位于安次、霸州境内，主要经过省道廊泊线、胜芳镇、廊沧高速、采留线、霸州市区、106 国道、大广高速，是廊坊中部地区横贯东西的主要交通通道。北京环线全长 1228 公里，如图 2-3-2、图 2-3-3 所示。

图 2-3-2　2010 年，全省普通干线公路新改建项目建设管理现场会在 112 国道养护改造工程召开

图 2-3-3　2010 年，112 国道养护改造工程路基施工现场

6. 京哈高速(原京沈高速)

京哈高速在国家高速公路网中编号为G1。廊坊段起于香河县安头屯镇凌家吴村冀京界,西接北京通州,终于香河县渠口镇谭家务村冀津界,东接天津宝坻,全长21.303公里,双向六车道。全部位于香河县境内,是北三县中南部地区一条横贯东西的交通通道。

京哈高速全长1280公里,起点为北京,终点为哈尔滨,主要经过唐山、秦皇岛、锦州、沈阳、四平、长春等地,是首都放射线中沟通华北与东北三省的唯一国家高速公路。

7. 荣乌高速(原保津高速)

荣乌高速在国家高速公路网中编号为G18。廊坊段起于安次区东沽港镇东沽港二村冀津界,东接天津武清,终点为霸州市岔河集乡西下村廊(坊)保(定)界,西接保定雄县,全长49.167公里,双向四车道。位于安次和霸州境内,是廊坊中部地区横贯东西的一条交通通道。1999年建成通车,建成时命名为保津高速,后按国家高速统一命名为G18(荣乌高速)。技术标准为双向六车道、全封闭、全立交高速公路。路基宽度28米,汽车荷载等级为公路—Ⅰ级,设计行车速度120公里/小时。

荣乌高速全长1820公里,起点为山东荣成,终点为内蒙古乌海,主要经过文登、威海、烟台、东营、黄骅、天津、霸州、涞源、朔州、鄂尔多斯等地,是18条横线中沟通环渤海和西北的主要国家高速公路。

8. 京沪高速(原京津塘高速)

京沪高速在国家高速公路网中编号为G2。廊坊段起于廊坊经济技术开发区上庄头村冀京界,北接北京大兴,终于廊坊经济技术开发区南营村冀津界,南接天津武清,全长6.84公里,双向四车道。位于广阳区境内,西北接北京,东南接天津。1991年建成通车,是北京去天津、上海方向的高速公路。建成时命名为京津塘高速。

京沪高速全长1245公里,起点为北京,终点为上海,主要经过天津、沧州、德州、济南、泰安、临沂、淮安、江都、江阴、无锡、苏州等地,是首都放射线中沟通华北(京津冀)和长三角两大发展区的唯一国家高速公路。它的全线贯通是中国公路建设史上的重要里程碑,使中国高速公路总里程达到了1.6万公里,跃居世界第三位。京沪高速公路是“两纵两横三个重要路段”中的一条路,全线四车道,部分路段六车道,全封闭,全立交。

9. 京台高速

京台高速在国家高速公路网中编号为G3。廊坊段起于广阳区火头营村西京冀界,接拟建的京台高速公路北京段,止于安次区穆家口村北冀津界,接在建的京台高速公路天津段,全长53.254公里,其中,京冀界至别古庄枢纽段28.424公里,采用双向八车道,路基宽度42米;别古庄枢纽至冀津界24.83公里,双向六车道,路基宽度34.50米。公路设计速度120公里/小时。依次经过廊坊市的广阳、永清、安次3个县(区)、10个乡镇、2个工业园区、46个村街。2010年开工建设,建设工期3年。全线设特大桥1座,长7108米;大桥4座,全长2017米;中桥8座,全长561米;通道、涵洞53道,以及5座互通、2条连接线。桥涵设计汽车荷载为公路—Ⅰ级。建成通车后,设九州、曹家务、永清、码头、东安庄互通立交匝道收费站5处、主线收费站2处,信息调度中心1处,万庄服务区1处,别古庄停车区1处,永清养护工区1处。全线管理、养护及服务用房总建筑面积22978.43平方米。

京台高速是中国国家高速规划“7918”网中的一条纵向主干线。在原有规划中称京福高速公路(G020、020国道)。京台高速公路河北段是京台高速公路重要组成部分,是河北省“5纵6横7条线”高速公路网规划中“纵2”路段。

10. 大广高速

大广高速在国家高速公路网中编号为G45。大广高速廊坊段途经固安县、霸州市、文安县三个县(市)10个乡镇55个村(街),境内全长46.041公里。设计时速120公里/小时,双向六车道,2007年开工建设,2010年底建成通车。

大广高速公路(京衡段)起自廊坊市固安县西玉村京冀省界,向南经过固安县、霸州市、雄县、文安县、任丘市、高阳县、蠡县、肃宁县、饶阳县、深州市,止于石黄高速公路榆科互通,路线长187.096公里。

大广高速公路京衡段是国家“7918”高速路网规划中“纵5”的重要路段，也是河北省规划的“5纵6横7条线”高速公路网主骨架的重要组成部分。该条高速地处河北省东南部，北临首都北京，呈南北走向，总体位于106国道西侧。

大广高速全长3550公里，起点为黑龙江大庆，终点为广东广州，主要经过松原、双辽、通辽、赤峰、承德、北京、固安、霸州、任丘、深州、衡水、南宫、威县、大名、濮阳、开封、周口、麻城、黄石、吉安、泰和、赣州、龙南、全南、连平、新丰、广州，是9条总线中沟通东北、华北、华中和华南的主要国家高速公路。

2011年廊坊市国道现状见表2-3-3。

2011年廊坊市国道现状表(公里)　　表2-3-3

路线编码	路线名称	所在县	起点桩号	讫点桩号	里程总计	不纳入总里程的重复里程	按技术等级分				按路面类型分		
								等级公路			有铺装路面		
							合计	高速	一级	二级	合计	沥青混凝土	水泥混凝土
G102131028	北京—哈尔滨	大厂县	41.000	47	6	—	6	—	6	—	6	4.058	1.942
G102131082	北京—哈尔滨	三河市	31.850	67.956	30.106	—	30.106	—	30.106	—	30.106	19.69	10.416
G103131024	北京—塘沽	香河县	50.400	53.46	3.87	—	3.87	—	—	3.87	3.87	3.87	—
G104131002	北京—福州	安次区	73.507	75.92	2.413	—	2.413	—	2.413	—	2.413	2.413	—
G104131003	北京—福州	广阳区	47.140	66.846	19.706	—	19.706	—	15.425	4.281	19.706	10.906	8.8
G105131002	北京—珠海	安次区	73.507	75.92	—	2.413	—	—	—	—	—	—	—
G105131003	北京—珠海	广阳区	47.140	66.846	—	19.706	—	—	—	—	—	—	—
G106131022	北京—广州	固安县	44.600	74.2	29.6	—	29.6	—	29.6	—	29.6	29.6	—
G106131026	北京—广州	文安县	94.900	121.474	26.574	—	26.574	—	26.574	—	26.574	26.574	—
G106131081	北京—广州	霸州市	74.200	94.9	20.7	—	20.7	—	20.7	—	20.7	20.7	—
G112131002	北京环线	安次区	30.800	38.8	8		8	—		8	8	8	
G112131081	北京环线	霸州市	38.800	86.33	47.53	—	47.53	—	32.477	15.053	47.53	47.53	—
G1131024	京哈高速	香河县	41.904	63.207	21.303	—	21.303	21.303	—	—	21.303	21.303	—
G18131002	荣乌高速	安次区	776.945	778.148	1.203	—	1.203	1.203	—	—	1.203	1.203	—
G18131081	荣乌高速	霸州市	778.148	826.112	47.964	—	47.964	47.964	—	—	47.964	47.964	—
G2131003	京沪高速	广阳区	35.000	41.84	6.84	—	6.84	6.84	—	—	6.84	6.84	—
G45131022	大广高速	固安县	1354.000	1394.05	40.05	—	40.05	40.05	—	—	40.05	40.05	—
G45131026	大广高速	文安县	1419.363	1422.838	3.475	—	3.475	3.475	—	—	3.475	3.475	—
G45131081	大广高速	霸州市	1394.050	1396.566	2.516	—	2.516	2.516	—	—	2.516	2.516	—

二、省道

1. 廊涿高速

廊涿高速在全省高速公路网编号为S24。廊坊段全长38.503公里，途经固安、广阳两个县(区)7个乡镇56村街，双向四车道，时速120公里/小时，路基宽28米。2005年8月开工建设，2008年7月竣工通车。

廊涿高速公路全长84.4公里，起点为廊坊市广阳区九州镇，终点为涿州市涞水县，是河北省2020年高速公路网规划中“线3”的主要组成部分，也是北京市过境交通的主要通道。全线设松林店、京珠枢纽、京白、东湾、吉城枢纽、固安南、知子营、九州八座互通立交。

2. 密涿支线(G102 三河过境)高速公路诸葛店至段甲岭段

密涿支线(G102 三河过境)高速公路诸葛店至段甲岭段在全省高速公路网编号为 S25。全线位于河北省三河市境内,西起燕郊镇诸葛店村北,东至段甲岭镇大九百户村,主线全长 32.779 公里,连接线 13.585 公里(其中新建一级公路 1.541 公里,二级公路 6.992 公里,改建二级公路 5.052 公里)。

2009 年 6 月 26 日开工奠基。全线设置互通式立交 5 处;沿线设置服务区 1 处(三河服务区),养护工区 1 处,监控通信中心 1 处,主线收费站 2 处(分别为诸葛店、段甲岭主线收费站),5 座一般服务型互通设匝道收费站(分别为燕郊、高楼、齐心庄、三河西、三河东收费站)。

密涿支线(G102 三河过境)高速公路诸葛店至段甲岭段是河北省"十一五"规划的重点建设项目。按双向四车道高速公路标准建设,设计时速 120 公里/小时,整体式路基宽度 28.0 米,汽车荷载等级采用公路—Ⅰ级,连接线采用一级或二级公路标准。全线设置大桥 3525.5 米/16 座,中桥 894 米/14 座,小桥 14 座,箱通、涵洞 59 道;全线与铁路交叉 3 处,设主线上跨分离立交 2 处,主线下穿分离立交 1 处;与等级公路交叉设置分离式立交 8 座,与乡村道路交叉设置通道 35 处、天桥 1 处。

3. 大香线(大厂—香河)

大香线(大厂—香河)编号为 S271。北起京哈国道夏垫道口,经大厂县城,香河县蒋辛屯、香河县城、王家摆,至安平村与京塘国道相接,境内长 36.72 公里,二级公路。主要经过 102 国道、大厂县城、规划中的密涿高速、京哈高速、省道唐通线、香河县城,是廊坊北部地区重要的交通通道。

4. 廊泊线(廊坊—泊头)

廊泊线(廊坊—泊头)编号为 S272。廊坊段起点为广阳区北史家务乡前进村与银河南路相接处,终点为大城县里坦镇旧镇村廊(坊)沧(州)界,贯穿安次区、永清县、霸州市、文安县、大城县,与沧州市连接,与津涞、津保南线两条干线公路交会,全长 118.605 公里,是境内最长的省级干线公路。主要经过廊坊市区、南外环、东高线、京台高速、112 国道、荣乌高速、胜芳镇区、津霸公路、省道保静线、大城县城、省道津保南线、廊沧高速、京沪高速青县连接线(大城段),是廊坊东部地区纵穿南北的主要交通通道。

5. 廊霸线(廊坊—霸州)

廊霸线(廊坊—霸州)编号为 S273。起点为廊坊西外环杨税务乡祖各庄村与西外环相接处,终点为霸州市南孟镇萝卜英村与 106 国道相接处,贯穿安次区、永清县、霸州市,全长 48.513 公里,一级公路,主要经过京台高速、东高线、采留线、永清县城、106 国道,是廊坊中部地区的主要交通通道。

6. 平香线(平谷—香河)

平香线(平谷—香河)编号为 S274。北起冀京交界,向南经三河市掘山头村、灵山、黄土庄、102 国道、三河市东环路、南环路、杨庄、皇庄、呇辛庄、成自务村、大六王庄,至唐通线向西与唐通线重叠 0.19 公里,然后向西至大香线路口。经香河县、三河市,境内长 45.498 公里,二级公路,主要经过规划中的密涿高速、建设中的密涿支线高速、三河市区、102 国道、侯谭线、京哈高速、省道唐通线、香河县城,是廊坊北三县中东部地区的主要交通通道。

7. 廊沧高速

廊沧高速在全省高速公路网编号为 S3。廊坊段起于永清县别古庄镇赵百户营村北侧,与京台高速连接,向南经永清县、霸州市、文安县、大城县,止于沧州青县界,与京沪高速相接,纵贯廊坊中南部 4 个县(市)、16 个乡镇,6 个重点工业园区,沿线人口 184 万人。廊沧高速(廊坊段)主线全长 93.202 公里,路基宽度 34.50 米,连接线总里程 56.66 公里(一级公路 8.09 公里,二级公路 48.57 公里),全线双向六车道,设计时速 120 公里/小时,路基宽 34.50 米,桥涵设计汽车荷载为公路—Ⅰ级。全线设互通 9 座,连接线 5 条,特大桥 5 座。2009 年 2 月 10 日开工,2011 年 11 月 26 日竣工通车。全线设永清南、信安、大柳河、文安、龙街、大城、臧屯 7 处互通立交匝道收费站,信息调度中心 1 处,永清、文安服务区 2 处,大柳河、臧屯养护工区 2 处。全线管理、养护、服务用房建筑面积 31824 平方米。

廊沧高速全长 140 公里,起点为廊坊市永清县别古庄镇,与京台高速连接,终点为沧县南顾屯东南,与石黄高速公路实现连接，是我省2020年高速公路网规划中“纵3”的并行线的主要组成部分。

8. 保静线（保定—静海）

保静线（保定—静海）编号为S334。东起天津市静海县，西经文安县德归村、马武营村、刘么村、文安县城、赵各庄、滲耳湾村，西至保定市雄县界，境内长53.762公里，二级公路，主要经过106国道、文安县城、采留线、建设中的廊沧高速、省道廊泊线，是廊坊南部地区横贯东西的主要交通通道。

9. 唐通线（唐山—通县）

唐通线（唐山—通县）编号为S361。东起冀津（宝坻）交界，向西经鲁口、渠口、康庄、钱旺，与平香线相交，继续向西经五一渠桥，在香河县城与大香线相交，继续向西过赵庄，在小罗屯村向北，经姚止务村西、郭辛庄村西、跨越北运河滩地后跨越潮白河右堤，跨越潮白河滩地后跨越北运河，西拐至冀京界凌家吴村桥下游200米，在北京通州入京，境内全长26.731公里。

10. 廊涿线（廊坊—涿州）

廊涿线（廊坊—涿州）编号为S371。自廊坊市区104国道与万桐线交叉口向西，经前王庄、左场村北、艾各庄村西，向南经芦庄村西，炊庄村西，与廊涿高速九州连接线重叠1.978公里，经广阳区九州村、永清曹家务村、固安县城及宫村至保定交界，廊坊段长62.282公里，二级公路（部分为一级公路），主要经过104国道、廊坊市区、西外环、廊涿引线、九州镇、京台高速、廊涿高速永清连接线、采留线、廊涿高速、106国道、固安县城、大广高速，是廊坊中部的主要交通通道。

11. 津保南线（天津—保定）

津保南线（天津—保定）编号为S381。廊坊段起点为大城县南赵扶镇叶庄子村沧（州）廊（坊）界，终点为大城县大尚屯镇邵庄村廊（坊）沧（州）界，全长31.59公里，二级公路，主要经过省道廊泊线、大城县城、建设中的廊沧高速、采留线，是廊坊南部地区横贯东西的主要交通通道。

12. 密涿高速廊坊至北三县（三河）段

密涿高速廊坊至北三县（三河）段起自三河市掘山头村西的京冀界处，经三河东、大厂东、大厂南、香河西进入北京，于大兴区采育北大同营西进入廊坊，经广阳区西，自北向南与现有廊涿高速公路相接，主线长50.20公里（其中三河段24.40公里、大厂县5.98公里、香河段4.55公里、广阳区段15.29公里），采用双向六车道标准建设。

密涿高速公路廊坊至北三县（三河）段工程是河北省高速公路网布局规划中“线3”的重要组成部分，同时也是北京市大外环的重要组成，自北向南连接京平、京沈二线、京沈、京津、京沪、京台、大广等9条高速公路。

13. 京沪高速青县西连接线（大城段）

京沪高速青县西连接线（大城段）编号为SL25，连接京沪高速青县互通。廊坊段起点为大城县里坦镇杨纪庄村沧（州）廊（坊）界，终点为大城县留各庄镇留邻居村廊（坊）沧（州）界，全长20.321公里，路基宽14~18米，路面宽12~16米，二级公路，主要经过廊沧高速、省道廊泊线、采留线，是廊坊南部地区主要的交通通道。

14. 廊涿高速九州连接线

廊涿高速九州连接线编号为SL77，连接廊涿高速廊坊西主线收费站。起点为市区西外环炊庄西，终点为廊涿高速廊坊西入口，全长16.555公里，路基宽27.90米，路面宽22.90米，一级公路，主要连接廊坊市区与廊涿高速，是廊坊市区进入廊涿高速的主要通道。

15. 廊涿高速永清连接线

廊涿高速永清连接线编号为SL84。南起永清县城北出口，经廊霸线交叉口、永清县仙人桥、辛立村、邵家营，跨过永清县引清干渠，过永清县北大王庄，向北至廊涿线，长10.465公里，路基宽12米，路面宽11.40米，二级公路，主要连接廊涿高速和永清县城，是永清进入北京的主要交通通道。

16. 廊涿高速东湾连接线

廊涿高速东湾连接线编号为SL85。连接廊涿高速东湾互通。起于廊涿线北固安县芦庄村，经大杨先务村、兴隆庄村、马申庄村、东湾镇东、东大营村、唐皮营村、北固城村、南固城村，止于南固城村南与保定市交界处。廊坊境内长 13.856 公里，路基宽 12 米，路面宽 11.40 米，二级公路，主要连接固安西部地区，是固安县西部重要的交通通道。

17. 大广高速固安连接线

大广高速固安连接线编号为 SL99。连接大广高速固安互通。全长 2.939 公里，一级公路。

18. 大广高速牛驼连接线

大广高速牛驼连接线编号为 SLA1。连接大广高速牛驼互通。全长 5.049 公里，一级公路。

19. 大广高速霸州连接线

大广高速霸州连接线编号为 SLA2。连接大广高速霸州互通。全长 7.921 公里，一级公路。

20. 廊沧高速后奕连接线

廊沧高速后奕连接线编号为 SLA3。连接廊沧高速后奕互通，并通过后奕连接线连接大广高速牛驼互通和廊泊线。全长 26.064 公里，二级公路。

21. 廊沧高速文安连接线

廊沧高速文安连接线编号为 SLA4。连接廊沧高速文安互通。全长 9.218 公里，其中：一级公路 3.667 公里，二级公路 5.551 公里。

22. 廊沧高速龙街连接线

廊沧高速龙街连接线编号为 SLA5。途经大城县、文安县。连接廊沧高速龙街互通。全长 23.636 公里，其中：一级公路 12.243 公里，二级公路 11.393 公里。

2011 年廊坊市省道现状，见表 2-3-4。

2011 年廊坊市省道现状表（公里）　　表 2-3-4

路线编码	路线名称	所在县	起点桩号	讫点桩号	里程总计	不纳入总里程的重复里程	按技术等级分					按路面类型分		
							等级公路					有铺装路面		
							合计	高速	一级	二级	三级	合计	沥青混凝土	水泥混凝土
S24131003	廊涿高速	广阳区	52.140	58.4	6.26	—	6.26	6.26	—	—	—	6.26	6.26	—
S24131022	廊涿高速	固安县	19.897	52.14	32.243	—	32.243	32.243	—	—	—	32.243	32.243	—
S25131082	密涿支线	三河市	0.000	32.779	32.779	—	32.779	32.779	—	—	—	32.779	32.779	—
S271131024	大厂—香河	香河县	13.270	36.72	23.45	—	23.45	—	8.711	14.739	—	23.45	23.45	—
S271131028	大厂—香河	大厂县	0.000	13.27	13.27	—	13.27	—	—	13.27	—	13.27	13.27	—
S272131002	廊坊—泊头	安次区	0.000	32.909	32.909	—	32.909	—	32.909	—	—	32.909	27.751	5.158
S272131023	廊坊—泊头	永清县	32.909	37.193	4.284	—	4.284	—	4.284	—	—	4.284	4.284	—
S272131025	廊坊—泊头	大城县	73.389	120.898	45.216	—	45.216	—	—	45.216	—	45.216	45.216	—
S272131026	廊坊—泊头	文安县	54.837	73.389	18.552	—	18.552	—	—	18.552	—	18.552	17.825	0.727
S272131081	廊坊—泊头	霸州市	37.193	54.837	17.644	—	17.644	—	14.807	2.837	—	17.644	15.541	2.103
S273131002	廊坊—霸州	安次区	0.000	8.521	8.521	—	8.521	—	8.521	—	—	8.521	8.521	—
S273131023	廊坊—霸州	永清县	8.521	42.987	34.466	—	34.466	—	34.466	—	—	34.466	34.466	—
S273131081	廊坊—霸州	霸州市	42.987	48.94	5.526	—	5.526	—	5.526	—	—	5.526	5.526	—
S274131024	平谷—香河	香河县	42.342	54.848	12.506	—	12.506	—	—	12.506	—	12.506	12.506	—
S274131082	平谷—香河	三河市	9.350	42.342	31.702	1.29	31.702	—	2.245	29.457	—	31.702	25.27	6.432
S3131023	廊沧高速	永清县	0.000	21.536	20.782	—	20.782	20.782	—	—	—	20.782	20.782	—
S3131025	廊沧高速	大城县	64.627	93.956	29.329	—	29.329	29.329	—	—	—	29.329	29.329	—

续上表

路线编码	路线名称	所在县	起点桩号	讫点桩号	里程总计	不纳入总里程的重复里程	按技术等级分					按路面类型分		
							等级公路					有铺装路面		
							合计	高速	一级	二级	三级	合计	沥青混凝土	水泥混凝土
S3131026	廊沧高速	文安县	35.466	64.627	29.161	—	29.161	29.161	—	—	—	29.161	29.161	—
S3131081	廊沧高速	霸州市	21.363	35.466	13.93	—	13.93	13.93	—	—	—	13.93	13.93	—
S334131026	保定—静海	文安县	92.287	146.049	48.425	5.337	48.425	—	—	41.61	6.815	48.425	48.425	—
S361131024	唐山—通县	香河县	84.690	109.538	26.54	0.191	26.54	—	11.126	15.414	—	26.54	26.54	—
S371131003	廊坊—涿州	广阳区	0.000	21.441	21.441	—	21.441	—	12.616	8.825	—	21.441	21.441	—
S371131022	廊坊—涿州	固安县	35.594	56.388	26.349	0.339	26.349	—	—	26.349	—	26.349	26.349	—
S371131023	廊坊—涿州	永清县	21.441	35.594	14.153	—	14.153	—	—	14.153	—	14.153	14.153	—
S381131025	天津—保定	大城县	79.800	111.39	31.59	—	31.59	—	—	31.59	—	31.59	31.59	—
SL25131025	京沪高速青县西连接线	大城县	17.399	37.72	20.321	—	20.321	—	—	20.321	—	20.321	20.321	—
SL77131003	廊涿高速九州连接线	广阳区	0.000	16.555	14.577	1.978	14.577	—	14.577	—	—	14.577	14.577	—
SL84131023	廊涿高速永清连接线	永清县	0.000	10.465	10.465	—	10.465	—	—	10.465	—	10.465	10.465	—
SL85131022	廊涿高速东湾连接线	固安县	0.000	13.856	13.856	—	13.856	—	—	13.856	—	13.856	13.856	—
SL99131022	大广高速固安连接线	固安县	0.000	2.939	2.939	—	2.939	—	2.939	—	—	2.939	2.939	—
SLA1131022	大广高速牛驼连接线	固安县	0.000	5.049	5.049	—	5.049	—	5.049	—	—	5.049	5.049	—
SLA2131081	大广高速霸州连接线	霸州市	0.000	7.921	7.921	—	7.921	—	7.921	—	—	7.921	7.921	—
SLA3131023	廊沧高速后奕连接线	永清县	0.000	26.064	26.064	—	26.064	—	—	—	26.064	26.064	26.064	—
SLA4131026	廊沧高速文安连接线	文安县	0.000	9.218	9.218	—	9.218	—	3.667	5.551	—	9.218	9.218	—
SLA5131025	廊沧高速龙街连接线	大城县	11.896	23.636	11.74	—	11.74	—	5.843	5.897	—	11.74	11.74	—
SLA5131026	廊沧高速龙街连接线	文安县	0.000	11.896	11.896	—	11.896	—	6.4	5.496	—	11.896	11.896	—

三、县乡村道路

截至2011年年底，全市有地方公路8261.462公里，地方公路网密度1.27公里/平方公里，居河北省第一。其中，县道25条，770.228公里；乡道278条，1593.204公里；专用公路33条，126.001公里；村道3437条，5772.029公里。

1991—2011年廊坊市县乡村公路通车里程统计，见表2-3-5。

1991—2011年廊坊市县乡村公路通车里程统计表(公里) 表2-3-5

年份(年)	合　计	县　道	乡　道	村　道	专用路
1991	1706.40	578.90	939.50	—	188
1992	1656.50	578.90	889.60	—	188
1993	1655.70	578.90	878.80	—	198
1994	1894.60	578.90	1115.60	—	200.10
1995	1975.30	586.40	1188.80	—	200.10
1996	2040	586.40	1246.30	—	207.30
1997	2140.20	564.40	1368.50	—	207.30
1998	2230.60	564.40	1458.90	—	207.30
1999	2235	570	1458	—	207
2000	2268	570	1457	—	241
2001	2128	728.1	1184.7	—	214.7
2002	2236	728	1294	—	214
2003	2254	728	1311	—	215
2004	2376.484	751.684	1397.053	—	227.747
2005	7915.446	751.684	1523.666	5412.349	227.747
2006	7344.719	754.075	1565.379	4568.297	456.968
2007	7718.42	755.57	1575.06	5224.88	162.91
2008	8124.95	751.27	1577.61	5635.23	160.84
2009	8154.24	778.98	1547.82	5667.66	159.78
2010	8173.35	778.65	1548.02	5686.90	159.78
2011	8261.46	770.23	1593.20	5772.03	126

2011年廊坊市县道公路明细见表2-3-6。

2011年廊坊市县道公路明细(公里) 表2-3-6

县道编码	坐落区域	路线简称	域内起止点	县市区里程	全线里程
X701	三河市	蒋渠线	蒋福山—渠口	6.718	28.695
	香河县			21.977	
X702	香河县	香北线	香河—河北屯	22.110	22.110
X703	香河县	香务线	香河—河西务	12.512	12.512
X704	三河市	马皇线	马坊—皇庄	20.557	20.557
X705	广阳区	廊万线	廊坊—万庄	13.362	13.362
X706	广阳区	采留线	采育—留各庄	14.369	115.023
	永清县			27.241	
	霸州市			24.302	
	文安县			33.453	
	大城县			15.658	
X707	永清县	永信线	永清—信安	18.744	22.101
	霸州市			3.357	
X708	固安县	固雄线	固安—雄县	35.259	35.259
X709	安次区	码杨线	码头—杨芬港	27.637	31.532
	霸州市			3.895	

续上表

县道编码	坐落区域	路线简称	域内起止点	县市区里程	全线里程
X710	文安县	大吕线	大围河—河间	17.297	17.297
X711	文安县	司宫线	司吉城—宫村	8.120	23.868
	大城县			15.748	
X712	三河市	李大线	李遂镇—大厂	10.214	23.028
	大厂县			12.814	
X751	三河市	蒋谭线	蒋福山—谭台	2.287	50.164
	大厂县			47.877	
X752	三河市	蒋谭线	侯家营—谭台	21.919	40.063
	大厂县			18.144	
X753	香河县	倪李线	倪庄—李庄	17.632	17.632
X754	广阳区	武榆线	武清—榆垡	25.201	25.201
X755	安次区	东高线	东辛庄—高碑店	17.653	61.774
	永清县			19.442	
	固安县			24.679	
X756	安次区	葛马线	葛渔城—马庄	17.712	42.030
	永清县			5.984	
	固安县			18.334	
X757	霸州市	霸杨线	霸州—杨芬港	26.828	26.828
X758	文安县	台王线	台头镇—王村	38.881	38.881
X759	大城县	陈大线	陈官屯—大城	18.095	18.095
X760	大城县	大石线	大城—石门桥	25.184	25.184
X855	大城县	青河线	青县—河间	19.750	19.750
XT21	固安县	东高旧线	柳泉—高碑店	11.411	11.411
XW68	文安县	兴祖线	兴隆宫—祖寺	27.871	27.871

25 条县道分布，如图 2-3-4 所示。

四、桥梁

廊坊地区处于海河流域下游，境内河流纵横，港湾极多。在根治海河之前，由于河水泛滥，公路经常阻断，公路建设受到一定影响。在这样一个特定水利条件下发展公路事业，桥梁建设成了一个重要课题。随着公路的不断兴建，桥梁也就自然得到发展，截至 1985 年共建桥梁 350 座，14034 米（其中大中桥梁 108 座，小型桥梁 242 座）。最后遗留的一座木桥——大城至里坦公路上的十里湾桥，也于 1984 年拆除改建。至此，全区实现了公路桥梁永久化。

1963 年 8 月初，河北省中南部遭受历史上罕见的洪水灾害后，毛泽东主席发出“一定要根治海河”的伟大号召，从此，河北人民开始了浩大的根治海河工程。在根治海河配套工程中，因河道拓宽，旧桥拆除，地区组织交通局工程队和水利部门联合施工，新改建公路大小桥梁 40 座，总长 4147 米，其中百米以上的大桥 11 座，总长 2513.30 米。海河工程的实施，改善了廊坊地区大型公路桥梁面貌。

根治海河工程中建筑百米以上大桥一览，见表 2-3-7。

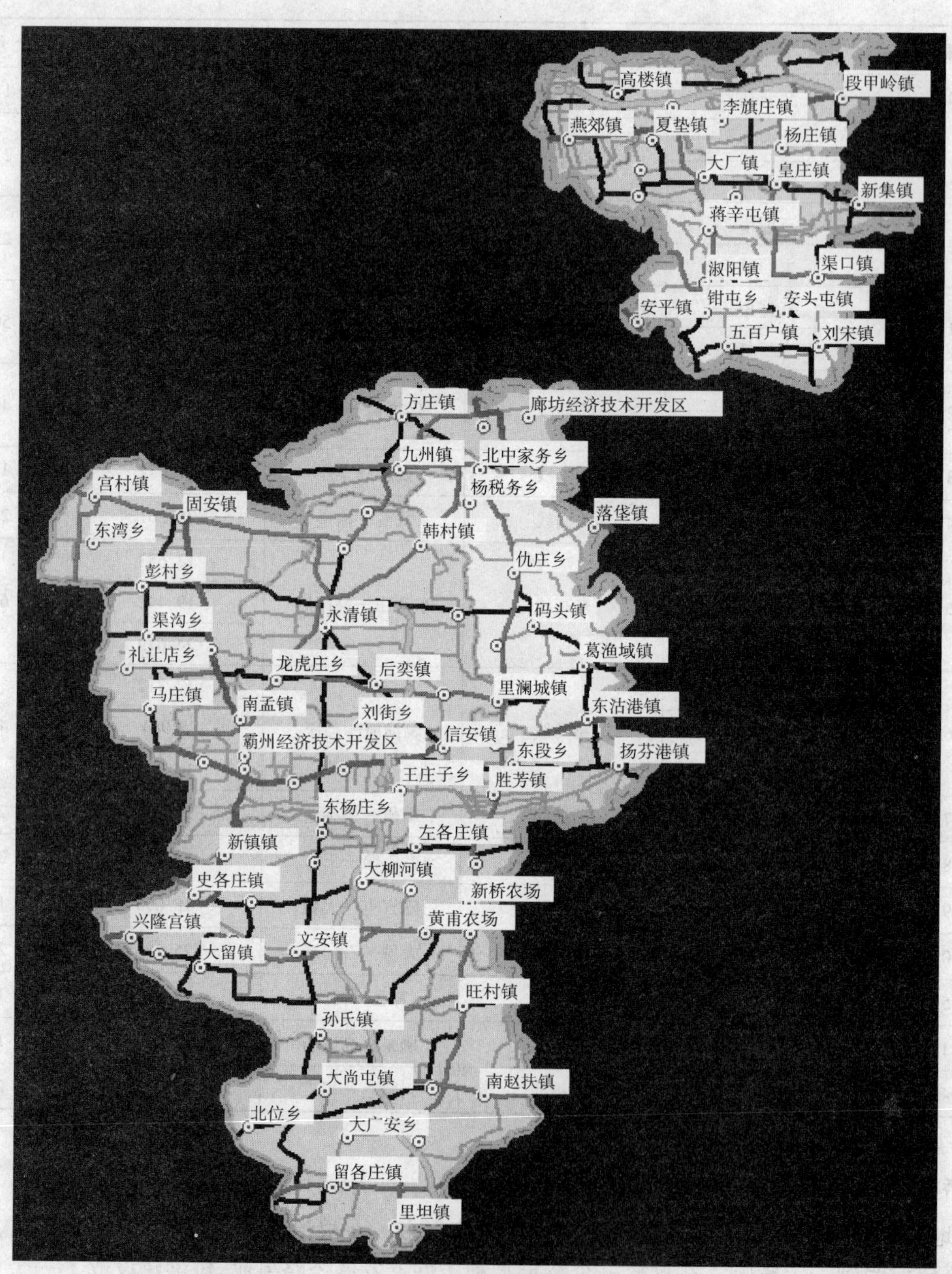

图 2-3-4　25 条县道分布图

根治海河工程中建筑百米以上大桥一览表

表 2-3-7

桥　　名	线路名称	跨越河流	桥长(米)	净宽(米)	载　　重
义井桥	唐通线	潮白河	466.30	7	汽—15
东魏各庄桥	通唐线	引泃入潮	226.61	7	汽—13
王家摆桥	夏安线	北运河	165	7	汽—15
史各庄桥	京大线	赵王新河	522.30	7	汽—15
埝头桥	三新线	引泃入潮	178	6	汽—10
中营桥	香中线	青龙湾河	268.50	7	汽—10

续上表

桥　名	线路名称	跨越河流	桥长(米)	净宽(米)	载　重
八里庄桥	文大线	任文干渠	106.60	7	汽—15
小高庄桥	渠安线	潮白河	114.40	6	汽—10
东庄务桥	付落线	龙河	124.60	6	汽—08
胜芳桥	廊大线	中亭河	189	7	汽—13
红庙闸桥	香李线	青龙湾河	154	6.30	汽—10

截至 2011 年,全市共有桥梁 1992 座,152818.3 米。其中,特大桥 5 座,57816.82 米;大桥 175 座,41000.28 米;中桥 548 座,30604.41 米;小桥 1243 座,23396.78 米。

南赵扶大桥:位于津保南线大城境内子牙河上,古称"通济桥"。民国二年(1913 年),架起木桥。1954 年 10 月 15 日,重建木桥,对所用木材和主要部件进行了防腐处理,以延长使用寿命。1970 年,建成钢筋混凝土桥,桥址北移 10 米,总长 141.5 米,设计荷载—13、拖—60 级。

固安永定河大桥。位于京广公路北京市与固安县交界处永定河上。民国三十七年(1948 年)冬,人民解放军南下,修建简易便桥。1965 年,建成装配式钢筋混凝土桥,桥长 420.5 米,桥面净宽 7 米,两边各设 0.75 米的人行道,荷载汽车—18、拖—80 级。1990 年,紧贴桥西侧建桥梁 1 座,桥面净宽 7 米,荷载标准汽—20、挂—100 级。1997 年,将两侧加宽,建成 2 米×12 米断面形式。

苑家务永定河大桥。位于廊霸公路苑家务东永定河上。1979 年 10 月 3 日建成通车,长 722 米,桥面净宽 7 米,两侧各设 0.75 米人行道。为提高防震能力,将 700 多米的长桥分为 5 座 140 多米的短桥。1998 年,在北侧加宽至桥面净宽 24 米。

五里铺试验桥。位于京广中线固安县南五里铺。1981 年 10 月竣工,桥长 55.74 米,桥面宽 9 米,两侧各设 0.75 米的人行道,设计荷载汽车—20、挂—100 级,是全国第一座高精轧螺纹粗钢筋预应力试验桥。1996 年,在原桥基础上双侧加宽至桥面净宽 31.28 米。

沿口桥。坐落在三河市城东沿口村附近,横跨泃河。清道光十八年(1838 年),由三河县刘国相、全文才、李银等募捐,建成一座木桥,经多次维修,延续使用 100 多年。民国三十七年(1948 年)底,在木桥南侧新建一座木桥,长 70 米,宽 8 米,载重 12.5 吨。1951 年,重建了一座长 115.5 米、宽 4 米的木桥,荷载汽车—8 级。1963 年 8—12 月,改建成装配式钢筋混凝土 T 形简支梁桥,总长 134.96 米,桥面净宽 7 米,两侧各设 0.75 米的人行道,设计荷载汽—13、拖—60 级。1976 年,唐山地震波及此桥,造成东桥台下沉,桩柱断裂,护坡滑塌,一时变成险桥。1977 年,在原桥南侧新建一座铃式新桥,新桥与旧桥同孔、同跨、同高、同宽,两桥相邻人行道组成分隔带。地震烈度按八度设防,载重汽车汽—20、挂—100 级。1995 年加固改造,去掉中央分隔带,改双体桥为单体桥。

十里湾大桥。位于大城县城南子牙河上。1969 年建成木桥,后成险桥。1984 年,建成一座钢筋混凝土公路桥。桥长 107 米,桥面宽 8.5 米,设计荷载汽车汽—20、挂—100 级。1997 年,加宽至桥面净宽 12 米。

史各庄大桥。位于赵王新渠下游 4 公里处,1987 年建成。桥长 525 米,桥面净宽 12 米,汽—20、挂—100 级,属集资修建桥,桥北头建收费站 1 处,是境内第一座收费桥。1997 年,在原桥下游建一座新桥,与原桥连成一体。

超洪桥。分为北桥和南桥两部分,北桥位于霸州溢流洼,南桥位于文安牛角洼,全桥总长 3.78 公里,1997 年 3 月破土动工,1998 年 10 月建成通车。桥面净宽 13 米,设计荷载汽—超 20、挂—120 级。

潮白河特大桥。位于香河县潮白河上,1999 年 3 月破土动工,同年 9 月建成通车。桥长 805.06 米,桥面净宽 24 米,设计荷载汽—超 20、挂—120 级。

电厂桥。坐落于 102 国道三河市燕郊镇,跨电厂专用铁路。1996 年 3 月开始修建,同年 12 月建成通车。桥长 564.28 米,桥面净宽 24.5 米。设计荷载汽—超 20、挂—120 级。

琥珀营大桥。位于永清县境内,跨永定河。1997 年 3 月修建,同年 11 月建成通车,全长 654.96 米,桥面净宽13米。设计荷载汽—超20、挂—120级。

东淀特大桥。廊沧高速公路东淀特大桥，位于河北省霸州市境内，它是华北第二、河北第一大桥，也是廊沧高速公路控制性和标志性工程。承担施工任务的是廊坊市交通公路工程有限公司一公司。桥梁全长8322米，途经3个乡镇、7个村街，跨越中亭河、大清河、大清新河三条河及整个东淀蓄滞洪区。桥宽34.50米，双向六车道，设计速度120公里/小时。2009年2月开工，2011年5月主体工程全部完工。

截至2011年，全市有县乡村公路桥梁922座，33450.84米（县道桥梁123座，5349.91米，乡道桥梁238座，9488.99米，专用公路桥梁5座，106.30米，村道桥梁556座，18505.64米）。

1991—1998年廊坊市县乡村公路桥梁统计，见表2-3-8。

1991—1998年廊坊市县乡村公路桥梁统计表（公里） 表2-3-8

年份(年)	桥梁总数		桥梁分类					
			大中桥		危桥		年内新建	
	(座)	(米)	(座)	(米)	(座)	(米)	(座)	(米)
1991	376	15500.10	114	10981.50	6	842.70	2	48
1992	376	15500.10	114	10981.50	6	842.70	—	—
1993	376	15500.10	114	10981.50	6	842.70	—	—
1994	376	15500.10	114	10981.50	6	842.70	—	—
1995	376	15500.10	114	10981.50	6	842.70	—	—
1996	378	16091.10	115	11542.50	6	842.70	1	561
1997	370	16294.10	118	11883.90	6	842.70	1	561
1998	374	18006	119	13538.80	2	332.80	4	1712

2003—2011年廊坊市县乡村公路桥梁统计，见表2-3-9。

2003—2011年廊坊市县乡村公路桥梁统计表（公里） 表2-3-9

年份(年)	合计		公路桥梁分类							
			县道		乡道		专用道		村道	
	(座)	(米)	(座)	(米)	(座)	(米)	(座)	(米)	(座)	(米)
2003	253	8142	104	3404	135	4131	14	607	—	—
2004	257	8309.4	106	3498.7	137	4203.6	14	607.1	—	—
2005	264	8804.01	112	3664.97	138	4531.94	14	607.1	—	—
2006	756	24573.72	127	5315.17	210	7664.44	10	277.1	409	11317.01
2007	1742.50	28524	116.50	4327.20	218	8196.60	10	277.10	498	15723.14
2008	1015	33996	126	5296.10	244	8657.60	13	439.10	632	19206.79
2009	1011	34004	128	5372.10	241	8668.20	12	400.10	630	19563.94
2010	1009	33989	125	5283.50	242	8713.20	12	400.10	630	19591.94
2011	922	33451	123	5349.90	238	9489	5	106.30	556	18505.64

2011年廊坊市县乡村公路桥梁分类统计，见表2-3-10。

2011 年廊坊市县乡村公路桥梁分类统计表(公里) 表 2-3-10

技术等级			合计	县道	乡道	专用路	村道
合计		(座)	922	123	238	5	556
		(米)	33451	5349.90	9489	106.30	18505.64
桥梁分类	一类	(座)	192	60	61	—	71
		(米)	7209.70	2367.90	2389.30	—	2452.50
	二类	(座)	135	30	37	1	67
		(米)	4885.80	1101.80	1960.50	34.30	1789.20
	三类	(座)	253	18	64	3	168
		(米)	8623.80	1307.60	2320	61.80	4934.50
	四类	(座)	236	8	44	1	183
		(米)	8965.70	278.50	1450.70	10.20	7226.30
	五类	(座)	106	7	32	—	67
		(米)	3765.90	294.15	1368.50	—	2103.20

第二节 公路建设

廊坊市是发展中的新兴城市,地处北京、天津之间,得天独厚的地理位置为其发展提供了有利的条件。新中国成立前,除京塘公路外,廊坊没有一条等内公路。新中国成立初期,廊坊地区仅有自京、津两市向外辐射穿越廊坊地区的干线公路 5 条(在廊坊境内辖段共长 203.4 公里):京津(北京至天津)、京榆(北京至山海关)、京大(北京至大名)、津同(天津至大同)和津保南线(天津至保定)。除京津公路有长 3.9 公里、宽 3 米的混凝土板块路面以外,其余均为土路,乡镇道路多属大车道和人行小道。这些公路由于战争的破坏,加之长期失修,又缺涵少桥,行车十分艰难,到处是"沙土满天飞,坑槽连成片,百里不见树,行车靠人推"的落后状态。加之水患治理不力,每到汛期,洪沥交加,河水暴涨,一旦决堤,则公路毁、交通断,洪水过处,道路无痕,留下来的只是遍地泥沙、满目黄土,经过修复又成黄土路。由于交通工具落后,铁轮车在公路上任意行驶,路面上到处是杂乱的车迹沟痕。境内除几条国、省道干线有少数汽车行驶外,县乡道路几乎都是"老牛破车疙瘩套"。

新中国成立后,随着党和政府大力兴办交通事业,在发展干线公路的同时,修建了不少地方道路,使城乡面貌发生了巨大变化。1950 年,河北省公路交通部门提出了"依靠当地政府,依靠个人,面向群众,少花钱多办事"的公路建设方针,开始大规模的公路建设。1969 年以后,廊坊地区地直机关和一些中央部属省属的机关、院校、科研单位相继搬迁到廊坊。随着人口的增多和生产、生活的需要,公路建设也有了较快的发展。从 1958 年修建津保(北线)第一条油路起,到 20 世纪 70 年代修建沥青路面形成高潮,公路技术等级标准逐步提高、增加了通过能力,公路交通发展迅速。

1974 年,共修建沥青路面 73 公里;大、小桥涵 14 座,长 108.6 米;整修路面 69000 平方米,罩面 26.8 公里。到 1974 年年底,全区已有沥青路面 630 公里。在县县通油路的基础上,全区 157 个公社已有 50% 以上有公路相通。

1975 年,全区新建和改建油路 200 公里。到 1975 年年底,完成津保北线安次至霸县段油路改建加宽工程;廊涿线永清曹家务至固安宫村段沥青路面;香河县城至刘宋沥青路面;大兴县采育至霸县信安沥青路面。由于狠抓了科学试验,严守操作规程,工程质量一般好于往年。全区油路面至此已达 750 公里,占公路总里程的 50%;有 83 个公社通了油路,出现了一个社社通油路的大厂回族自治县。

截至 1976 年年底,除北京至福州的国家干线公路穿过市区外,还新建了 5 条以廊坊为中心向外辐射的公路,形成了京广(州)、京塘(沽)、京广中、津涞、津保南等 5 条干线和地辖各县相连的公路交通网。

全区通车里程已达1635公里，相当于新中国成立初期的4倍。晴雨通车里程951公里，其中高级、次高级路面866公里。全区形成了以廊坊为中心、以县道为骨干的公路交通网。

1977—1985年9年间，廊坊地区公路建设得到了较快发展，对公路建设强调确保重点工段，加快建设乡镇道路，加强公路养护，提高公路通过能力。期间，新、改建国道4条，长158.4公里；省道6条，长30.77公里；新、改建县乡道路90条，长753.3公里，同十年前相比增加了近两倍。1985年底，廊坊地区公路通车里程达到2080公里，比1949年增加4.5倍。有油路1533公里，94%的乡镇通了油路，好路率达到74%。以廊坊为中心、干线公路为骨架，地县相同、县乡相连的公路网基本形成。

1987年，廊坊地区在河北省率先实现了乡乡通油路。到1993年年底，廊坊市拥有高速公路7公里；一级公路36公里；二级公路356公里；三级公路779公里；四级公路1154公里，公路密度0.383公里/平方公里，通车里程2332公里。到1999年年底，廊坊市拥有高速公路79公里；一级公路179公里；二级公路480公里；三级公路520公里；四级公路1636公里。公路密度0.45公里/平方公里，通车里程2894公里。

“十一五”期间，全市交通运输建设完成投资113亿元，是“十五”间的7.1倍。截至2010年年底，全市公路通车里程达9006公里，路网密度140公里/百平方公里，居全省第一。全市高速公路开工里程315公里，是“十五”间的2.7倍；通车里程达163公里，是“十五”末的2.1倍。业主高速实现了零的突破，重点谋划和实施了4条业主高速公路，总里程230公里，总投资约204亿元。全市干线公路建设完成投资13.1亿元，是“十五”间的2.1倍；新改建干线公路14条段，建设里程171.568公里，是“十五”间的1.4倍；完成大中修及桥梁维修加固工程82项，总投资6.6亿元，干线公路通行保障能力进一步提高。全市农村公路建设完成投资16亿元，新改建3145.5公里，是“十五”间的1.6倍，新增通油路村93个，在全省率先实现了村村通油路。建立健全了农村公路养管长效机制，在全省率先实现机构、资金、制度、人员“四落实”，农村公路养管走上规范化、制度化轨道。

2011年，全市交通运输基础设施建设完成投资45.06亿元，一批事关大局、具有战略意义的项目相继竣工或全面实施。全市公路新增通车里程198公里，总里程达9294公里，路网密度达144公里/百平方公里，分别是全国、全省平均水平的3.4倍和1.7倍，稳居全省第一。

2011年各地市经济指标及公路情况，见表2-3-11。

2011年各地市经济指标及公路情况

表2-3-11

地区	面积（平方公里）	所辖区市县个数	人口（万人）	通车里程（公里）	二级以上（公里）	国道（公里）	省道（公里）	县道（公里）	公路密度
甲	1	2	3	7	8	9	10	11	12
石家庄	15848	23	1027.98	15768.668	3364.543	817.633	1483.734	1578.898	99.50
唐山	13472	16	762.74	14124.337	2850.627	538.428	1282.351	1289.979	104.84
秦皇岛	7812	7	300.62	8620.446	952.039	266.96	760.493	607.358	110.35
邯郸	12071	19	923.92	14138.572	2358.113	658.281	1060.677	917.747	117.13
邢台	12434	19	715.55	14460.961	2446.612	547.455	1426.434	782.035	116.30
保定	22109	24	1127.23	18105.972	3128.903	1101.274	1990.692	970.772	81.89
张家口	36809	20	437.37	20038.412	2620.054	1108.515	1716.084	1766.087	54.44
承德	39513	11	348.91	19276.274	2013.181	1064.348	1394.642	2945.17	48.78
沧州	14369	18	719.77	13602.957	2812.651	942.121	1272.272	1112.403	94.67
廊坊	6429	10	440.03	9294.386	1657.805	317.85	715.074	770.228	144.57
衡水	8815	11	436.39	10889.805	1616.305	337.101	865.753	506.114	123.54
全省	187693	178	7240.51	158320.79	25820.833	7699.966	13968.206	13246.791	84.35

一、干线公路建设

万桐公路开工典礼如图 2-3-5 所示。

(一)国道

京哈公路(国道 102 线):曾称京榆公路(北京至山海关),1981 年改叫 102 国道,是廊坊地区由土路全部改建泥结碎石路面的第一条干线公路。廊坊地区辖段共长 36 公里,东西走向,横跨三河、大厂回族自治县境。

民国七年(1918 年),将御道改为公路,路基宽 8 ~ 9 米。民国二十年(1931 年),河北省第一公路局进行了一次改修。民国二十二年(1933 年),日军入侵山海关,强迫民工大修,两边修了边沟,宽 12 米。后因战争遭到破坏。

京榆公路历史上虽经多次整修,仍是晴通雨阻。为适应国家工业化和国防现代化的需要,根据“分期改善,就地取材,逐步提高公路使用价值”的筑路原则,三河县交通局从北部山区采备石料,将沿口桥至黄土庄 2.5 公里的土路,改建成泥结碎石实验路面。1956 年,社会主义改造在全国取得了决定性胜利。第一个五年计划期间规定的各项经济建设指标,全部接近或超额完成,国民经济得到恢复,人民生活逐步改善,机动车辆迅速增加,运输任务日趋繁忙,原来晴通雨阻的土路年年修复,显然已经不适应运输的需要。为适应新的形势,满足社会运输的需要,公路管理部门想尽各种办法改善路面。于是泥结碎石路面便应运而生。

图 2-3-5　2003 年 10 月 16 日,万桐公路开工典礼

泥结碎石是一种以碎石为骨料、以黏土为结合料所修成的路面。它的强力构成,主要取决于碎石颗粒间的相互嵌挤作用和黏土的黏聚力。泥结碎石路面的施工方法,主要是灌浆法和拌和法两种。灌浆法施工工序为:备料铺撒碎石、初步碾压、制备泥浆、浇灌泥浆、铺撒嵌缝料、最后碾压;拌和法施工工序是:先将碎石和黏土拌和后铺筑路面,经反复碾压达到稳定。

泥结碎石路面成功后,三河县委决定,从 1956 年开始,逐步将本县辖段全部改建成泥结碎石路面。改建工程分两期进行:第一期于 1956 年冬季,备石料 9000 立方米。1957 年春季完成三河至京冀交界的白庙桥 26 公里(三河县 20 公里,大厂回族自治县 6 公里)的铺筑任务,路基宽 23 米,路面宽 7 米,厚 25 厘米。第二期于 1957 年秋季,备石料 9700 立方米,1958 年春季完成三河至蓟县界 10 公里的改建工程,路基宽 18 米,路面宽 5.5 米,厚 20 厘米。然后又做了路基加宽工程,使两期路基工程达到统一标准。至此,京榆公路廊坊地区辖段全部改建成晴雨通车的泥结碎石路面。

京榆公路铺筑泥结碎石路面之后,各县也相继在国、省干线和县与县之间的主要公路上,有计划、有重点地铺筑了泥结碎石路面。

这次泥结碎石路面施工,规模不大,方法简单,质量不高,但毕竟是廊坊地区公路建设史上的第一次尝试与升华,它对推动公路建设由低级向高级阶段发展起到了促进作用。

20 世纪 50 年代初,为方便志愿军赴朝参战,三河县政府决定以义务建勤的形式整修公路,动员全县 7600 名民工完成 1900 平方米的铺土工程,路基拓宽到 25 米,分为一条主道和两条辅道,整修并新建了夏垫、定福庄、大定福、黄土庄、沿口五座桥梁。

1962 年,将 23 米的路基两侧各做边沟 7.5 米,路宽 38 米。1971 年,按二级公路标准改建京哈公路,完成渣油路面铺筑工程。1986—1987 年,按一级公路技术标准改建快、慢车道,快车道路面宽 9 ~ 12 米,慢车道宽 4.5 ~ 6 米,其中过燕郊、夏垫、三河市区三段快车道 9 公里改建成水泥路面。1992 年,实施 GBM 工程。1995 年,去掉分隔带,改建慢车道,补强快车道,形成路面宽 21 ~ 23 米一块板一级路断面形式。改建后，在段甲岭建收费站。

京塘公路（国道103线）。民国九年（1920年）改建成公路。民国二十七年（1938年），日本侵略军铺筑碎石路，路面宽4米。民国二十八年（1939年），被大水淹没。民国二十九年（1940年），重建完工。民国三十年（1941年），京津段铺成3米宽的水泥混凝土路面。民国三十五—三十七年（1946—1948年），国民政府交通部第八区公路工程管理局整修公路。1956年改建，路面加宽到6～7米。1979年，路基拓宽至14.50米，路面宽10米，达到二级公路标准。1992年翻修，路基加宽至15米，路面加宽至12米。2003—2004年，按一级路标准两侧加宽4米，路面加宽至20米，路基宽20.60米。

京福公路（国道104线）。北京市南苑至廊坊段原系土路，路宽4.50米。1969年，麻营至廊坊段按三级公路标准改建，并铺筑沥青路面，之后又对落垡至廊坊段按三级公路标准进行改建，并铺筑沥青路面，修通了京津间又一条通道。1979年5月，交通部将路段划为北京至福州公路的一段。1981年11月，划为国道104线的一段。1981—1982年，北出口由三级公路改建成二级公路，路面宽9米。1983年，加宽改建东出口，路基宽12米，路面宽9米，并在龙河上建成一座宽9米、长117米的落垡桥。1992年，实施文明样板路工程，硬化路肩，路面加宽至12米。1998年，按二级路标准加宽改建东出口市政段1.982公里，路基宽14.50米，路面宽12.60米。

国道104线，如图2-3-6所示。

图2-3-6　104线

1999年，廊坊市公路工程处对104线廊坊东出口进行改造，安次区境内，长1.982公里。挖除旧路后修建水泥混凝土路面，路面结构25厘米水泥混凝土面层+32厘米石灰土基层，每50米预埋一道直径30厘米水泥混凝土管。软土路基填沙砾1300立方米，路槽加灰处理10009平方米。

2000年，因城市发展，建筑物增多，原104国道市区广阳道已不适应干线公路通行，在北王庄改走万桐线，接廊坊东外环，在廊坊冶炼厂东侧再接原104国道。2000年9月15日工程开工，长8.80公里。其中京冀界至北王庄段2.378公里，按平原微丘区二级公路大修，其余路段按平原微丘区一级公路标准设计。路基宽：二级路段12米；一级路一般段2×11米，村镇段24.90米。路面宽：二级路段11.40米；一级路一般段2×10.70米，村镇段23.40米。路面结构：一级路采用4厘米中粒式沥青混凝土+5厘米粗粒式沥青混凝土+15厘米石灰粉煤灰碎石+32厘米石灰稳定土。全线设小桥2座。2001年7月15日竣工。

2003年，按一级路标准改建冀京交界至广阳道与银河北路交叉口段。起于市区广阳道与银河北路交叉口，经广阳区麻营村和北王庄村西到达原104国道冀京交界处，长6.788公里。原为二级公路，村镇段较长，弯道多，线性标准差。改造后，全线采用部颁平原微丘区一级公路标准建设，设计速度80公里/小时。路基宽25.50米，路面宽2×11.45米，中央隔离带宽2米，0.30米路肩石。全线路面结构采用4厘米中粒式沥青混凝土+6厘米粗粒式沥青混凝土+18厘米石灰粉煤灰碎石+30厘米石灰稳定土。全线计小桥13米/1座，涵洞5道。桥涵设计荷载汽车—超20级，挂车—120，村镇段路侧设置50厘米砖砌排水方沟，野外段路基两侧坡脚下各设置宽1.50米的绿化台。投资5169.59万元，2003年10月30日竣工。

2004年，落垡桥左侧加宽3米，设计荷载汽车—超20级，挂车—120。

2009年3月20日，对国道104廊坊市八干渠至郊区快速路段进行养护改造，西起廊坊市八干渠桥（K0+000），沿途经过李庄、北旺乡、西村北，东至郊区快速路（K4+270.387），设计里程4.27公里，采用一级公路标准建设，设计速度80公里/小时，采用双幅式断面形式，路基宽24.50米，路面宽度2×10.95米，中间设2米宽中央分隔带。采用沥青混凝土路面，路面结构4厘米细粒式沥青混凝土+6厘米中粒式沥青混凝土+18厘米石灰粉煤灰碎石+32厘米水泥石灰稳定土。桥涵设计荷载为公路—Ⅱ级。全线设小桥 14.85 米/1 座，防护涵 1 道，圆管涵 3 道。2009 年 12 月 30 日竣工。

2010 年 8 月 16 日，国道 104 郊区快速路至天津界段进行养护改造，项目分两段组成。广阳区路段起点为廊坊市郊区快速路与 104 国道交叉处，沿旧路向东北至冀津界处接天津 104 国道改线段，长 0.354 公里。安次区段路线起点为东马圈东侧冀津界接天津 104 国道改线段，沿旧路向东，跨龙河止于冀津界接现有 104 国道天津界，路线长 2.413 公里。路线长 2.767 公里。全线采用一级公路标准建设，设计速度 80 公里/小时。路基宽 24.50 米，路面宽 2×10.95 米，全线采用沥青混凝土路面，路面结构 4 厘米细粒式沥青混凝土 +6 厘米中粒式沥青混凝土 +34 厘米水泥稳定碎石 +17 厘米石灰稳定土。全线设大桥 125.92 米/1 座，圆管涵 5 道。2011 年 9 月 30 日竣工。

京广公路（国道 106 线）。旧名京大公路（北京至大名）。自北京市经大兴县跨永定河进入廊坊地区，由北向南纵贯固安、霸县、文安 3 个县。

东高公路（106 国道至保定界段）建设工程开工典礼，如图 2-3-7 所示。

图 2-3-7　2009 年 9 月，东高公路（106 国道至保定界段）建设工程开工典礼

京大公路历史悠久，早在秦汉时期就已具雏形，至隋唐盛世逐渐形成大道。公元 1004 年（宋真宗景德元年、辽圣宗统和二十二年），辽兵大举攻宋，即经此线南下。元、明、清时期，已成为官马大道和皇帝巡幸的御路。民国二十五年（1936 年），冀察政务委员会修通此路，并于同年 7 月 25 日在北京彰信门外小井村举行通车典礼。抗日战争时期，未能全线贯通。民国三十七年（1948 年）12 月，发动群众抢修，支援平津战役，并建成固安县永定河木桥，全线开始通车。民国三十八年（1949 年）2 月，再次组织群众抢修此路。

溢流洼漫水工程，位于京大线（北京至大名）霸县段，北起中亭河桥南端，南至大清河桥北侧。溢流洼是大清河分洪区，每逢汛期，洪水顺分洪道急流而下，水漫公路，冲毁路基，交通阻断，来往行人全靠渡船往返。一旦风起，风狂浪大，船停渡断，来往行人，望水兴叹。春融季节，公路翻浆，泥泞难行，汽车、马车常陷入泥潭。为了维持来往交通，霸县和文安县交通部门组织民工和马车拉土抛砖垫路，而翻浆之路越轧越软，只好填软料加抛砖，轧凹再垫，反反复复，劳民伤财。1957 年春季翻浆，文安县组织 200 多民工、40 多辆马车，从新镇购买碎砖 600 多立方米，铺在翻浆的公路上。翻浆严重地段，垫碎砖 1 米多厚，才勉强维持交通。1966 年，省交通厅决定在溢流洼兴建漫水路面。同年 11 月，省公路局第三工程队开始施工，因冬季气温低，1967 年 1 月停工。遗留工程于 2 月由天津专署交通局工程队继续施工。霸县组织 7 个公社 500 多名民工先后进场，与专业施工队伍紧密配合，通力协作，连续施工，昼夜奋战。经过紧张施工，1 条北起中亭河老堤桥，南至大清河芦阜庄桥，全长 1615 米（其中过水涵洞 209.6 米、简易路面 138.55 米、过水路面 1266.85 米），宽 8 米的混凝土漫水路面工程，于 1967 年 7 月竣工。漫水路面结构为：底层是双层灰土，分别为 15 厘米和 16 厘米，白灰剂量 12%，上铺 5~7 厘米密集粗砂垫层，在砂垫上就地浇筑 20 厘米厚 300 号素混凝土作路面。漫水路面设泄水孔 80 个，共 3 组，分别 40 孔、30 孔、10 孔，全长 2096 米；路面下有 1 道 0.5 米的倒虹吸。大清河芦阜庄桥北引道西侧，中亭河老堤桥南引道两侧，均砌成了片石护坡。芦阜庄桥以北新铺 137.5 米路面。漫水路面高程 7 米，东侧设水簸箕 6 道。漫水工程设计荷载汽—13、拖—60。工程投资 58.89 万元。竣工后，经省交通厅、专署交通局、建设银行、霸县交通局等单位组成的验收小组验收合格后，交付使用。溢流洼漫水工程竣工后，经受了洪水考验。1977 年汛期，大清河洪水顺分洪道，通过泄水孔漫过路面，奔腾下泄。路面水深近 40 厘米，汽车涉水而行，畅通无阻，昔日京大线行路难的局面一去不复返。

1958—1959 年，改建京大公路较窄和低洼地段，由原来的大车道改成 3.5 米宽的碎砖路。1965—1966 年，固安至霸县路段按三级公路标准建成油路，路基宽 8.50 米，路面宽 6 米，另设 4~5 米宽辅道。1975 年，华北油田开发后，交通量猛增，路面严重破损。1979 年，据固安永定河设计标准量观测点统计，平均每昼夜通过6732辆车次,超过原设计标准交通量的12倍多,严重影响了运输效率。因此,加宽改建这段路面已势在必行。

1980年,省交通局决定改建京大公路廊坊地区辖段。京大公路改建,由地区交通局第二工程队施工。4月动工,当年先做路基土方。1981年开始做路面,到1984年11月完成任务。新改建的路面,设计标准为二级路面,桥涵载重为了汽—20、挂—100。路基宽15米,路面宽12米,有部分路段交通量大小不一,而分别采用14米、9米、7米宽的路面。固安县辖段路基加宽到15~24米,路面宽12~14米。霸县和文安两县辖段路基加宽到15~22米,路面宽12米。路面结构除固安县城北4100米的路底层为10厘米厚油稳定性矿渣、面层为5厘米矿渣灌入加2厘米细粒式沥青混凝土外,其他路段一般为双层23厘米石灰土基层,加宽部分石灰土厚度为38厘米,面层为5或7厘米矿渣灌入加2厘米细粒式沥青混凝土。五年中,共做土方279790立方米,建筑面积812840平方米,建筑总长度68.7公里。改建接长18米/3孔的桥梁一座,涵洞238米/16道,完成土方279.79千立方米。

为保证工程质量,开工前做了一次长杆测定验证。施工中严格按照有关规定执行,特别是面层施工完全按照《大交通量沥青路面施工须知》操作。施工队还在所属工区设质量检查组,有专职和兼职质量检查员。工区所属施工段也设兼职质量检查员。检查项目主查宽度、厚度、平整度、拱度、压实度等。发现问题,及时解决。全部工程除文安县段压实度与标准要求稍有出入外,从工程总体看,均达到了施工规范要求。经省交通局验收,各项指标都达到良好水平。

京大公路辖段的改建,使行车平均时速由原来的30公里/小时提高到45公里/小时,相当于增加50%的运力。对连通我国的南北交通,活跃商品经济起到较大作用。

1988年,在文安县牛角洼地段建水泥过水路面1.80公里,路面宽14米。1989年,在溢流洼段修建过水路面1.40公里,路面宽14米。

1994年霸州市区段(廊霸线路口到112线)6.90公里,改建为三块板断面,快车道路面宽16米,两侧各5米绿化分隔带,两侧慢车道宽7米。1996—1998年,除县城和主要过村路段外,在原有公路一侧新建一幅路面宽12米公路,两幅之间由宽2.5~3米混凝土排水沟分隔,形成了2×12米的一级路断面形式。固安县城段7.20公里采用两侧加宽,路面宽30米,一块板断面形式;过牛角洼、溢流洼段在原有过水路面上游修建一座特大超洪桥,全长3.87公里,下部采用钻孔灌注桩,上部采用25米预应力混凝土空心板,设计荷载汽—超20、挂—120级。桥面净宽12米,与原过水路面形成分离式一级路断面形式。改建完工后,分别在文安和固安建立两个收费站。

1997—1998年,投资42280.63万元,对106线文安段28.882公里,固安、霸州段50.68公里进行了改建。在原二级路一侧新建路基宽13米,路面宽12米,形成双向四车道一级路断面形式。项目采用沥青混凝土路面,其中文安段路面结构3厘米细粒式沥青混凝土+5厘米中粒式沥青混凝土+15厘米石灰粉煤灰碎石基层+35厘米石灰土底基层,路面总厚度58厘米。全线共设大桥4100米/2座,中桥60米/2座,小桥16米/1座;固安、霸州段路面结构3厘米细粒式沥青混凝土+4厘米中粒式沥青混凝土+15厘米石灰粉煤灰碎石基层+35厘米石灰土底基层,路面总厚度为57厘米。全线设大桥420米/1座,中桥370米/6座,小桥69米/4座。

国道106线,如图2-3-8、图2-3-9所示。

北京环线(国道112线)。旧称津白公路(天津至白沟)、津同公路(天津至大同)、津涞公路(天津至涞源)、津保北线(天津至保定)。从安次区东沽港村东31公里处入廊坊境,至固马(固安至马庄)公路交会处西口,进入保定界,境内长55.53公里,这是廊坊地区修建的第一条油面公路。

民国九年(1920年),建成天津至白沟公路。民国十八年(1929年)6月,津白公路开始有营运汽车通行。民国二十四年(1935年),津白公路延伸至保定。从此,津白公路改称津保北线。民国二十八年—三十年(1939—1941年),日本侵略军出于侵华的需要,强迫民工多次整修,大部分铺筑了碎石路面,但屡被抗日军民挖沟截断,几乎不能通车。民国三十七年(1948年)11月—1949年1月,为支援平津战役,出动民工154万人,冒着炮火抢修。1954年和1956年,两次遭洪水淹漫。

图 2-3-8 106 线(1)

图 2-3-9 106 线(2)

1958 年春,河北省省会迁往天津后,为加强与保、石、邢、邯等地区的联系,对津保北线提出了确保晴雨通车的高要求。同年,交通部选用此线作为华北地区修建黑色路面的试点。交通部和河北省各投资 100 万元,将杨柳青至霸县段 62.64 公里铺成沥青表面处治试验路,路基宽 12 米,路面宽 3.50 米。当时确定按五级路标准设计,路基段 8.5 米,路面宽 3.5 米,桥涵载重按汽—8、拖—30 设计,交通量为 H—8(计算型汽车)500 辆次/昼夜,责成天津筑路设计部和交通部公路总局第三工程局组织施工,并由公路勘察设计院、公路科学研究院筹备处会同第三工程局组成联合调查组,在沿线进行气候、土壤、水温、地质、路基结构、路面材料等项调查。由于路线经过地带属于沿海低平原,海拔高度多介于 5 ~ 9 米之间,除去粉沙土地段外,一般皆排水不良,而且沿线多稻田和积水洼地,路基边沟及土坑又多利用作水渠,地下水普遍偏高。鉴于沿线水文地质条件比较不利,采取了较高路基的最小高度标准,土基形变模量。根据土质、水文条件、路基高度分别采用 $Ej = 90 \sim 200$。

路面设计,杨柳青以东宽 7 米,长 4050 米,ENP = 400 公斤/平方厘米;杨柳青以西至霸县宽 3.5 米,长 56653 米,ENP = 350 公斤/平方厘米;根据土基强度、土质、路面宽度与基层材料的不同,全线分 17 段,8 个标准断面。施工中,变更设计改为 13 个断面,23 段。采用的路面材料形变模量分别为碎石 1300、碎砖 450、石灰稳定土壤 600(石灰含量 8%)。

路面基层结构形式较多,地区辖段有 6 类 11 种,即 30 厘米石灰土基层;15(12)厘米石灰土基层;15(8 ~ 16)厘米泥结碎砖底基层;9(7 ~ 8)厘米泥结碎石基层;18(12 ~ 20)厘米石灰土基层;6(4)厘米泥结碎石基层;15(14)厘米泥结碎砖底基层;15 厘米泥结碎石基层;13 厘米水结碎石基层。前两种结构形式占 54.4%。

太平桥以西,铺筑了三种试验路面:以陶粒为骨料的沥青表面处治路面;沥青混凝土路面;以高强度等级红砖为材料,采取不同铺砌方法的整砖路面。

此路于 1958 年 7 月 6 日开工,至 10 月 18 日停工,共完成路面 38.3 公里,144474.05 平方米,占计划工程量 63.79%。此外,还完成碎石的碎砖底层 19.6 公里。开工后不久即逢大雨,五天连续降水量多达 320 毫米。直至 8 月 8 日,阴雨连绵不断,路面工程严重受阻。7 月完成 200 米,8 月也只完成 5505 米。雨季过后,增加劳力,加速进度,工程量直线上升,9 月一个月就完成 26437 米。本期工程共用直接工 138938 工日,纯义务建勤工 16898 工日。

施工期间,劳力和材料都十分紧张,路面结构方案也确定较晚,只能边设计、边施工、边备料,进场民工由 1450 人增到 2750 人。全部工程需用各种材料近 6 万吨,外进材料均由杨柳青火车站到货,由于杨柳青站小货位少,经常发生堵塞或重叠货位,材料运输紧张。根据当时的形势,把马车运输由过去统归运输站调度的方法,改为固定 258 辆车交筑路指挥部直接调配,仍统由运输站办理运费结算。这样既保证了按时供应,又解决了合理运输问题。减少了工地搬倒,使料场发料与工地收料紧密衔接。经领导批准,降低运费 10%,仅此一项即节约材料费 1.9 万元。还开展了不倒站的直线运输竞赛,共完成支线运输量 52974 吨,占总运量的 87%。节约倒站费 5.8 万元。车运改船运节约运费 92078 元。

在整个施工过程中，狠抓施工管理，强调保障质量，认真执行操作规程，道道工序有人把关，专职检查与群众自检相结合，发现问题，立即解决，从而取得了较好效果。经验收鉴定，工程质量良好。路面平整度除杨柳青以东有局部稍差外，其余都很好，汽车时速70公里/小时公路无颠簸。

1959年，天津市与天津专区合并后，建立了天津市筑路指挥部，下设津保北线公路施工处，负责完成津保北线路面工程的续建任务。1960年，又在津保北线施工处的基础上，成立了天津市交通运输局工程队，继续进行未完工程的施工。但因当时处于经济困难时期，资金匮乏，沥青短缺，所余沥青表面处治工程，直到1962年才全部告竣。全线贯通之后，公路运输渐趋繁忙，交通流量逐渐增大，原3.5米宽单车道路面，由于机动车和各种非机动车争道抢行，十分拥挤，交通事故不断发生。因此，从1962—1965年，由省、专两个工程队陆续施工，把路面加宽到5.5米或6米（K23+850~K42+825长18.9公里为5.5米，其余6米）。加宽部分的路面设计形变模量综合值每平方厘米为350千克，土基为150~180千克/平方厘米，8%灰土为550~750kg，泥结碎石为1000~1100kg，泥结碎砖为600kg。其路面结构自K23+350~K42+800段分三种类型：第一类为15厘米厚灰土底层，6厘米厚泥结碎石面层；第二类为12厘米厚灰土底层，6厘米厚泥结碎石面层；第三类为16厘米厚泥结碎石底层，6厘米厚泥结碎石面层。自K42+800~58+000段路面结构有两种：一种是18厘米厚8%灰土底层，5厘米厚泥结碎石面层；另一种是21厘米厚8%的灰土。自K58+000~K74+240段，底层均为8%剂量灰土厚8~21厘米不等。自K74+240~K86+364段，原为泥结碎砖路面厚10~15厘米，上做8%灰土补强层厚8~9厘米，加宽部分做16厘米厚8%的灰土。以上各种不同结构的基层或底基层，上座1.5厘米单层表处。霸县以西为渣油表处，以东为煤沥青。加宽工程全部竣工以后，津保北线路面宽度由3.5米加宽到5.5米或6米，即由五级路提高到三级路标准，基本上满足了交通运输的需要。为了保持路况良好，竣工后由天津市交通运输局第三养护工区接管养护。建立了专业养路队伍，加强了路面保养和绿化维修等管理工作。养路工人在公路沿线栽种大麦熟花，逐渐形成了花廊，为公路增姿添彩，美化了路容。

此路自1958年修建沥青表面处治路面以来，对沟通内陆与沿海城市港口之间的交往、活跃经济、促进发展，起到了纽带作用。但日益增长的交通量很快超过了原设计通过能力与使用周期，路面狭窄，行车拥挤，事故频繁，严重阻碍着运输效率的提高。

1972年9月11—17日，省基建局、交通局共同召开了全省沥青路修建养护会议，强调提高施工质量，及时科学养护，彻底处理松散、坑槽、壅包等病害，保证路况良好，号召依靠群众，自力更生，发展油路。为了总结油路的经验，在省交通局主持下，地区和霸县交通局参加，组成管理干部、养路工人和修筑油路技术人员、工人三结合调查组，在春融和结冻期间，两次到津保北线进行现场调查，有效地指导了油路的修建。

1973年，经省交通局批准改建，提高技术等级，按略高于1972年交通部颁发的《公路工程技术标准》（试行）二级路标准设计。根据混合交通量的大小，采用不同的路基、路面宽度。采信公路道口（K25+000）以东，路基宽16米，路宽12米。道口以西至廊坊、保定地区交界处，路宽12米，路面宽9米。以1972年春融期间路面弯沉值测定资料为依据，以旧路实测代表弯沉值作为新加宽部分底基层灰土厚度，底基层和基层灰土厚度各为15厘米。路面结构组合，采用石灰土基层直接做5厘米厚沥青黑色碎石的方法。路面底层由2~4厘米、1~2厘米、0.5~1.5厘米三种石料组合。按实验室筛分结果，确定两种掺配比例（因材料来源不同）：大料偏多的采用5∶3∶2，一般采用3∶1∶1。层面由0.5~1厘米和0.3~0.8厘米两种石料组成，其掺配比例为7∶3。沥青黏滞度控制在C_{60}^{5}150~180秒之间。底层油石比例为5%~5.5%，层面为5.5%~6%。

1973年，完成了霸县以东路基土方工程。1974年，开始铺筑路面，到1978年才全部完成路面改建任务（期间1977年未安排施工项目）。施工中，经廊坊地区革命委员会批准，成立了津保北线施工领导小组，下设两个指挥部：一是幸福桥以东24公里，以地区交通局工程队为主，吸收霸县、安次两县，组成联合指挥部；二是幸福桥以西31公里，由霸州单独组建指挥部。

当时由于缺乏铺筑黑色路面的专用机械设备，施工仍以人工操作为主。石灰土基层施工，霸县采用堆方过筛后，再摊铺机拌的方法；联合指挥部实行人工翻拌与机拌相结合的方法。为解决路拱适度和保证路面整体强度，在加宽部分与旧路面之间铺筑了灰土三角垫层。在铺筑面层灰土前，对旧路面坑槽进行了修补。沥青黑色碎石采用人工拌和（路拌与厂拌两种方式）方格摊铺的方法。施工时注意了单位面积混合料用量和路面铺装平整度。为加强工程质量管理，建立了工序责任制，对石料级配、油石比采取了严格的控制手段（石料过磅、在沥青桶用量标准线上打孔等）。

为探索适应大量交通的合理路面结构组合形式，1978 年，在太平桥以西至霸县交叉路口，做了四种类型的试验路面：即 2.5 厘米渣油表面处治上再铺一层 1 厘米石屑封层；下封式 5 厘米沥青黑色碎石；沥青碎石下面加铺 5～8 厘米的干压碎石层。路面基层均为石灰稳定土。至此，地区境内辖段东起天津市武清县界，西至保定地区雄县界，按二级标准全部改建完毕，满足了新形势下大量交通运输的要求。

在津保北线施工的同时，筑路指挥部接受一项紧急任务。为保证中央领导和外宾去参观水稻丰产田，要求把霸县从堂二里至胜芳的土公路铺上坚实路面，晴雨无阻，限时完成。全体施工人员全力以赴，昼夜兼程，突击运料，突击铺装，动用四台压路机碾压，仅用 7 天时间就完成 10 公里的泥结碎石和碎砖路面（大桃园村以北 4 公里为碎砖路面，以南为碎石路面），提前完成了任务，保证参观车队安全顺利通过。但由于任务紧迫，时间紧迫，片面强调进度，无暇顾及质量。参观过后不久，路面石料发生严重露骨与松散浮动现象，不得不再次返工重铺，造成人力、财力和物力的浪费，是应当汲取的教训。

1996 年，由廊坊市公路工程管理处对 112 线廊坊段进行改建，项目位于霸州市境内，长 55.53 公里，全段挖除旧路面后，改建为路面宽 11～12 米的二级公路，其中，过霸州城区段 3.57 公里路面宽 30 米，过堂二里、信安等其他乡镇段路面宽 16.50 米。该项目采用沥青混凝土路面，路面结构 3 厘米细粒式沥青混凝土 +4 厘米中粒式沥青混凝土 +15 厘米灰土碎石基层 +36 厘米石灰土底基层，路面总厚度 58 厘米。全线共计中桥 224.24 米/5 座，小桥 127.60 米/7 座，涵洞 20 道。投资 13907.12 万元。1997 年竣工。

2010 年 3 月 15 日，对国道 112 杨各庄至廊保界段进行养护改造，项目起自国道 112 杨各庄村与县道霸杨线交叉处，向西基本沿现有旧路，止于廊坊保定界，长 32.30 公里。全线采用一级公路标准建设，设计速度 80 公里/小时。路基宽 23.60 米，路面宽 22 米。全线路面结构左右两幅，左幅 4 厘米细粒式沥青混凝土 +6 厘米中粒式沥青混凝土 +40 厘米水泥稳定碎石 +20 厘米石灰稳定土；右幅为 4 厘米细粒式沥青混凝土 +6 中粒式沥青混凝土 +34 厘米水泥稳定碎石 +17 厘米石灰稳定土。全线计中桥 118.19 米/2 座，小桥 6 座，涵洞 6 道。2011 年 8 月 30 日交工。

京台高速。京台高速公路项目初称“京津南通道”，是河北省高速公路网项目，后来列入国家高速公路网络，改称京台高速。2006 年 3 月，廊坊市开始研究京津南通道廊坊段路线方案；5 月，完成路线方案。同年 5 月 24 日，河北省高速公路建设指挥部召开京津南通道廊坊段路线方案论证会，原则通过了推荐路线方案，上报河北省人民政府。同年 7 月 4—5 日，河北省交通厅组织专家评审《京津南通道廊坊段预可行性研究报告》以下简称《报告》，根据专家意见，项目组修改完善了《报告》；同年 11 月，与天津市政公路管理局签署了京津南通道廊坊段津冀省界接线协议。同年 12 月 16 日，安全生产评估通过专家评审。

图 2-3-10　2011 年，京台高速公路东安庄连接线施工现场

京台高速公路东安庄连接线施工现场，如图 2-3-10 所示。

2007 年 1 月，河北省交通厅与北京市交通委员会签署了京津南通道廊坊段京冀省界接线协议，确定了路线走向；4 月，完成工可研究报告送审稿，报送河北省交通厅。同年6月13日,河北省交通厅邀请专家及相关单位评审项目,专家组认为选用的技术标准基本合适,路线方案论证比较充分,结论基本合理;12月,河北省发展改革委员会委托咨询单位并组织专家评估论证项目,结论如下:预测通道及路段远景年交通量预测结果可以作为确定技术标准的依据;选用的技术标准基本合适;路线方案论证比较充分,原则同意推荐的路线方案。

2008年5月5日,成立京津南通道河北段高速公路廊坊建设管理处;6月,修改完成京津南通道河北段工可报告。同年6月21日,国家发改委同意京津南通道作为国家高速公路网组成部分,并按照国家高速公路网的有关规定开展前期工作。同年11月20日,河北省交通厅与北京市交通委员会就京冀两省市接线位置签订协议,明确京津南通道北京段线位方案,调整了原工可报告中推荐方案的起点位置、路线走向、建设规模、估算投资及评价;12月3日,根据项目起点位置的变化,编制完成了工可补充报告并上报。

2008年11月17日,按照河北省交通厅通知要求,将京津南通道河北段高速公路更名为京台高速公路廊坊段。京津南通道前期工作转为京台高速廊坊段的前期跑办工作。2009年1月15日,京津南通道河北段高速公路廊坊建设管理处更名为京台高速公路廊坊建设管理处。

2009年5月7日,国家环境保护部批复了项目环境影响报告书。2010年3月23日,国家发展和改革委员会批复了项目可行性研究报告,项目正式立项;9月8日,交通运输部批复了项目初步设计;12月22日,河北省交通运输厅批复了项目两阶段施工图设计。2011年10月29日,国土资源部批复了项目建设用地。3个月后,交通运输部正式批复项目施工许可。

征地拆迁:2010年8月6日,开始清点主线地上附着物,9月10日完成。征地拆迁涉及广阳区、永清县、安次区3个县(区)9个乡镇,1个永清工业园区,1个台湾工业新城,47个村街。项目占地6754亩,拆迁涉及树木435万棵,大棚173555平方米,房屋8670平方米,企业26个,石油管线26条,通信管线117条。其中,廊坊市区5乡镇(办事处)拆迁面积总量3152.27亩,涉及企业2家、房屋9户、机井213眼、坟墓752座。详见表2-3-12。

京台高速公路(廊坊段)征地拆迁统计表 表2-3-12

县区	乡镇	项目	单位	工程总量
广阳区	白家务	拆迁总量	亩	667.17
		企业	家	2
		房屋	户	1
		机井	眼	70
		坟墓	座	33
	九州	拆迁总量	亩	686.16
		房屋	户	3
		机井	眼	41
		坟墓	座	78
安次区	调河头	拆迁总量	亩	448.458
		房屋	户	4
		机井	眼	34
		坟墓	座	236
	码头	拆迁总量	亩	1018.74
		房屋	户	1
		机井	眼	58
		坟墓	座	225

续上表

县 区	乡 镇	项 目	单 位	工程总量
安次区	葛渔城	拆迁总量	亩	331.736
		机井	眼	10
		坟墓	座	180
永清县	管家务	拆迁总量	亩	210.15
		机井	眼	21
		坟墓	座	18
	曹家务	拆迁总量	亩	491.76
		企业	家	5
		机井	眼	26
		坟墓	座	52
	工业园区	拆迁总量	亩	369.04
		民房	家	12
		机井	眼	10
		坟墓	座	171
	别古庄	拆迁总量	亩	667.35
		企业	家	2
		机井	眼	45
		坟墓	座	40

公开招投标：遵循《中华人民共和国招投标法》流程，依据公开、公正、透明的原则，所有施工单位全部公开招标产生。其中包括招标代理、设计、设计审查、监理、审计、路基桥涵、路面、交通安全、机电、房建等项目，有廊坊市交通公路工程有限公司、中天路桥有限公司、河北路桥技术开发有限公司等23家中标单位。其中路基桥涵工程设1个总监办、3个驻地办、8个路基施工标段；路面工程设3个施工标段；交通安全工程设1个施工标段；机电工程设1个驻地办、1个施工标段。随着工程的推进，继续对机电、交通安全、房建、绿化等公开招标。

公路建设：京台高速公路廊坊段由中交第一公路勘察设计研究院有限公司和廊坊市燕赵交通勘察设计有限公司联合设计，路线全长53.254公里。全线主线采用高速公路标准建设，设计速度120公里/小时。其中，京冀界至别古庄枢纽段28.424公里，采用双向八车道，路基宽度42米；别古庄枢纽至终点段24.83公里，双向六车道，路基宽度34.50米，桥涵设计汽车荷载为公路—I级，其余技术标准和指标按交通部颁《公路工程技术标准》(JTG B 01—2003)执行。全线设特大桥1座，长7108米；大桥4座，全长2017米；中桥8座，全长561米；通道、涵洞53道，以及5座互通、2条连接线。建成通车后，设九州、曹家务、永清、码头、东安庄互通立交匝道收费站5处、主线收费站2处，信息调度中心1处，万庄服务区1处，别古庄停车区1处，永清养护工区1处。全线管理、养护及服务用房总建筑面积22978.43平方米。

京台高速公路永定河特大桥是京台高速公路控制性工程，跨广阳、永清两区县，采用在全国处于领先水平的高阻尼隔振橡胶支座，具备抗8度地震能力，在河北省尚属首例。建桥分两个施工标段，分别由廊坊市交通公路工程有限公司、河北燕峰路桥建设有限公司承担施工任务。永定河特大桥，桥梁全长7108米，途经3个乡镇、5个村街。桥宽42米，双向八车道，设计速度120公里/小时。建桥工期24个月。

京台高速公路廊坊段建设管理体制，是建设管理处、监理单位和施工单位按照合同约定，各司其职。建设管理处以项目法人身份全面负责工程建设，保证资金到位快，严格管理工程款支付。各监理驻地办接受总监办的指导，依据合同管理施工单位质量、进度、资金。沿线各县（区）政府成立建设指挥部，负责辖域内征地拆迁事宜，并对廊坊市京台高速公路建设指挥部负责。参照河北省交通运输厅《河北省高速公路施工标准化管理指南》,制定了《京台高速公路廊坊段施工标准化活动方案》,建立科学系统的施工标准化体系,推行施工标准化。从场站建设标准化、施工工艺标准化、现场管理标准化入手,将标准化要求贯穿到工程施工各个环节,促进规章制度更加完善,现场管理更加规范,人员技能更加精湛,材料加工、施工工艺更加精细,试验检测更加可靠,实现工程管理、工程质量和安全水平全面提升。

开发互联网动态管理平台,建立信息采集分析处理、公文处理系统,建立工程进度、计量、安全生产、"十公开"、精神文明等管理系统,实现网上多功能服务。动态管理平台把信息化技术运用在高速公路建设管理中,坚持信息化技术、项目管理技术和专业技术服务三结合,全体参建单位在同一平台上实施动态管理。动态管理平台促使高速公路建设管理的变革,调整了管理者的角色与定位,提高了精细化管理效率。如图 2-3-11 ~ 图 2-3-16 所示。

图 2-3-11　2011 年 5 月 3 日,全市干线公路小修挖补工程全面展开小修挖补

图 2-3-12　2011 年 6 月 7 日,公路处喷药防治美国白蛾

图 2-3-13　2011 年 4 月 24 日,公路处实施预防性、标准化养护工作

图 2-3-14　廊霸线绿化

图 2-3-15　2009 年,光明西道景观改建工程管道铺设填埋工作全面完成绿化

图 2-3-16　2011 年 4 月 21 日,公路处备战干线公路全国大检查

(二)省道

1969 年以前,只有廊坊至王玛宽 3.5 米、长 15 公里的渣油路面和廊坊至北小营 6 公里的碎石路面,

其余都是坎坷不平、勉强行车的大车道。翻浆季节，车陷近尺；雨季到来，沟壑纵横；每遇干旱，尘土飞扬，交通十分不便。

1966—1969 年，全区只完成津保南线大城辖段 31.6 公里油路改建任务。此外，还修了 6 公里的两条县道。但因重修轻养，养路工力量薄弱，只靠集体食宿的养路代表工 82 人、分散食宿的养路代表工 362 人的微薄力量去养护 1 条干线、23 条地方线，共计 411.8 公里的公路显然是不够的。因而路况急剧下降，通过能力日趋减弱。

为解决廊坊地区交通落后状况，从 1969 年开始，集中投资修建从廊坊向外辐射的公路。当年就建成了廊坊至凤河营、廊坊至大孟庄、廊坊至永清 3 条总长 53.8 公里的沥青路面。根据经济发展需要和投资能力，又陆续建成了 5 条公路：廊坊至霸县公路、廊坊至大城公路、廊坊至涿县公路、廊坊至大良公路、廊坊至天津公路。以廊坊为中心公路网的初步形成，为廊坊地区的经济建设，加强廊坊与各县（市）之间的联系，依托京、津，服务京、津，起着极其重要的战略作用。

津保南线。横贯冀中平原，是连接津浦、京广两条铁路的主要干线公路之一，也是河北境内保定通往天津的交通要道。该线全长 209 公里。这条公路，是在清朝末年驿道和官马大道的基础上逐渐形成发展起来的，经历了由土路到泥结碎石路面的演变过程。廊坊段起点为大城县南赵扶镇叶庄子村沧（州）廊（坊）界，终点为大城县大尚屯镇邵庄村廊（坊）沧（州）界，全长 31.6 公里，二级公路，主要经过省道廊泊线、大城县城、廊沧高速、采留线，是廊坊南部地区横贯东西的主要交通通道。

民国七年（1918 年），皖系军阀在青县马厂屯兵，把部分路段建成汽车路。民国二十二年（1933 年），河北省国民政府拨款整修大城县境内 23 公里的路段及桥涵。抗日战争和解放战争时期，路段屡受战争破坏，时通时断。1951 年秋，组织民工 10160 人，抢修大城部分路段，路面宽 8 米，辅道宽 4 米。1956 年水灾后，路基普遍加高 0.75 米，路基宽 6 米。1962 年，采取“民工建勤”的办法，三次整修大城路段。1963—1964 年两次水灾，公路受到严重破坏，国家拨款 128892 元，用于大城公路阻水改善工程。

1967 年，根据上级指示，决定把津保南线公路大城县段泥结碎石路面改建成沥青路面。公路的改建工程，由大城县负责施工。该段全长 31.6 公里，油面宽 6 米。分两期施工。第一期工程是由大城县城至叶庄子桥一段路面翻修。

由于大城县没有改建沥青路面的经验，又缺乏技术和设备，加之正值“十年动乱”时期，不能实施正常的领导和指挥，对施工中可能出现的问题估计不足，致使工程进度非常缓慢。从 1967 年 7 月动工到 9 月底，3 个月的时间只修了 4.5 公里。1968 年 5 月继续施工时，吸取了上次的经验教训，加强了领导、严密了组织形式，严格管理、科学施工，不到 1 个月就完成了上半年施工剩余的 8.3 公里的改建任务，工效提高 4 倍，质量也有了明显提高。第二期工程，是由大城县城至三眼桥一段，全长 18.8 公里。从 1971 年 4 月动工，到 9 月就完成了施工任务。

津保南线公路沥青路面完成后，公路交通量急剧上升，特别是任丘开采石油以来，重型汽车大量增加，原 6 米宽的油路面已经不能适应新形势发展的需要，必须改建、加宽津保南线公路。1976 年 10 月，经省、地交通局与华北油田指挥部协商，决定对津保南线公路大城段进行扩建。由油田投资 461.4 万元，地区交通局负责技术指导，大城县交通局负责工程设计与施工。这次扩建工程，按照二级公路标准设计，路基宽 12 米，砌单层路沿砖，公路两侧设 4 米宽辅道。除叶庄子桥至南赵扶段 4.6 公里进行改线外，其余段沿原路一侧加宽。灰土结构：二姑院至西环城北口路段，长 3.7 公里，宽 12.4 米，其余部分一律宽 9.4 米、厚 30 厘米，灰土分两层。路面结构为 4 厘米沥青碎石路面，分两层铺装，除城关段宽 12 米外，其余一律宽 9 米。津保南线公路大城县段扩建工程，从 1976 年 11 月准备，1977 年 3 月动工，至 1978 年 5 月竣工，历时 288 天，共投入民工 1590 人，大车 1000 辆，使用劳动工日达 595993 个。整个扩建工程达到了设计标准，经华北油田验收合格，按期交付使用。津保高速胜芳出口，如图 2-3-17 所示。

廊霸公路。自于常甫经杨税务、韩村、永清，在霸州市与 106 线和 112 线相交。渣油表面处治路面是 1974 年和 1977 年两次建成。先建永清至霸县段，后建廊坊至永清段，路面宽 7 米，全长 47.1 公里。建有大中型桥 2 座，共长 817 米，其中苑家务永定河大桥长 772 米、金各庄桥长 95 米。1992—1993 年，按二级公路标准分段改建霸州至永清县城24.40公里路段，路面宽9～12米，沥青路面。

图2-3-17　津保高速胜芳出口

1998—1999年，改建廊霸线廊坊至永清段，长31.245公里。由廊坊市公路管理处施工。全线按一级公路标准建设，路基宽24米，路面宽2×10.70米～2×23.40米；路面结构4厘米中粒式沥青混凝土+5厘米粗粒式沥青混凝土+15厘米石灰粉煤灰碎石基层+32厘米石灰稳定土底基层（加4%水泥），路槽加灰（10%剂量）处理。全线共计特大桥727.04米/1座，中桥198.77米/6座，排水方沟8472.40米。

1999年3月1日，对廊坊市开发区华祥路南口进行改建，项目长15.589公里。其中大桥1座（跨龙河），中桥4座，跨京山铁路立交1座。全路段按部颁平原微丘区二级公路标准设计。路基工程由所在区县政府负责筹资修建，路面工程由市交通局对全市交通系统内部施工队伍议标，大中桥及立交桥选择信誉好、施工能力强的队伍议标。同年6月，因万桐路改建工程市政府要求马上开工，经研究作出调整，路基工程由开发区、建委和安次区政府三家筹资，全段表面层由市交通局工程二处修建，其他由各合同单位修建。

同年，还完成了廊霸线南段工程，长15.696公里，全线有2座大桥，一座互通立交，互通立交匝道长1.711公里。1999年3月1日，路基工程由所在区县政府负责筹资修建，路面及大中桥由市交通局对全市交通系统内部施工队伍议标。

廊霸公路霸州市区段东环路改建工程于2000年开工。自霸州市金各庄村北，沿原东环路向南，终于太平桥东与国道112线相交处，长9.833公里。全线按平原微丘区二级路标准设计，路基宽16米，路面宽15.40米。路面结构为4厘米中粒式沥青混凝土+5厘米粗粒式沥青混凝土+15厘米石灰粉煤灰碎石+30厘米石灰稳定土。新建桥涵与路基同宽，设计荷载汽车—20，挂—100。

2006年9月7日—11月30日，对廊霸公路芒店至南固城段进行改建。项目位于安次区境内，起于廊坊市西环芒店村东转弯路口处（K0+000），沿途经过芒店东、前南昌西、永定河泛区北防洪大堤、大麻村东南、杨税务村西、东固城村东到达终点廊霸公路与郊区快速路交叉点，长5.895公里。全线按平原微丘区一级公路设计，设计时速100公里/小时，设计荷载为公路—Ⅰ级，采用沥青混凝土路面。路面结构为4厘米AC—13C细粒式沥青混凝土+6厘米AC－20C中粒式沥青混凝土+18厘米水泥稳定碎石+16厘米石灰粉煤灰碎石+16厘米石灰粉煤灰稳定土。路基宽26米，路面宽2×11.70米。全线设大桥130米/1座，中桥85.06米/1座，涵洞12道。2010年，这一路段改建为向南延伸的市区西环路。

廊涿公路。自廊坊南门，经旧州、曹家务、固安、宫村至涿州。该路为沥青表面处治路面，1969—1975年，分三次建成，沥青表面处治，路面宽6～7米，三级公路标准。

早先，曹家务到固安没有公路可通。1970年以后，沿途陆续建了一轻部、外文局、北京市汽车公司三所干校和铁道兵部队两个农场。几个中直单位和当地群众深感出入不便，运输困难，迫切要求修建一条公路，遂决定新建曹固公路。曹固公路东起永清县曹家务，西至固安县城，全长19.2公里（其中永清6公里、固安13.2公里），是京大（北京至大名）与廊永（廊坊至永清）两条公路的横向连接线。曹固公路采取民办公助的办法，集资兴建。固安、永清两县负责组织义务建勤工。工程所需要的汽车、拉水车、拖拉机、压路机等筑路机械，均由沿途几个单位协助解决。地区负责拨付材料，并抽调4名干部参与两县及中直单位领导联合组成的施工指挥部。设计标准为：路基宽度8.5米，路面宽度6米，路面厚度2厘米。白灰稳定土壤，分层施工：第一层12厘米，第二层10厘米。白灰剂量为10%～12%，面层采用2厘米沥青表面处治，两侧路沿砖采用平卧放置。1972年冬季做路基土方，备足用料。1973年夏季做沥青工程。同时，新建1座桥梁，改建9座桥涵。公路竣工后，恰逢雨季，受大雨冲刷，路肩80%被冲坏，有的路段也受到一些损失。尤其是永清县碱铺西一段，损坏较为严重，主要是因新建路基沙土多，碾压不坚实所致。经两县发动沿途民工，利用3天时间，抢修公路，保证了路面畅通。公路通车后，方便了沿线几个单位的生产建设，而且促进了永清、固安两县的经济发展和贸易往来。过去固安县产的大量鸭广梨不能外运，以致霉烂。公路修通后，疏通了产供销渠道，推动了城乡物资交流，为繁荣经济创造了良好条件。

1971年，在琥珀营村北建成一座长466米的防爆双曲拱大桥。1978年，按二级公路标准完成廊坊至旧州15.80公里的改建工程，路面宽9米。1993年，按二级公路标准改建完成固安县以东4.30公里，路面宽9米。1995年，按二级路标准改建固安县城段2.30公里，路面宽12米。1996年，按二级路标准改建固安县城至涿州界段11.07公里，路面宽12~15米。

廊涿线廊坊至固安段改建工程于1997—1998年完成，长39.879公里，按二级路标准改建，路基宽12米，路面宽11米。过村镇段路基宽13米，路面宽12米。廊坊市区段1.604公里采用水泥混凝土路面结构，路面宽16米；一般段采用沥青混凝土路面，路面结构3厘米细粒式沥青混凝土+4厘米中粒式沥青混凝土+15厘米石灰粉煤灰碎石基层+31厘米石灰土底基层，路面总厚度为53厘米。全线共设大桥654.96米/1座，中桥178.87米/4座。

2006年9月—2007年12月，廊涿公路北王庄至九州段改建一期工程完成。项目起于104国道北王庄路口，沿万桐旧路向西，经过前王各庄、采油四厂基地，下穿廊万路、京山铁路后，向南经艾各庄、芦庄，在炊庄西与廊涿线相交，后沿路向西到达廊涿线九州东路口终止，长15.893公里。桩号K0+000~K12+548.886，新建段采用一级公路标准，设计车速100公里/小时。路基宽26米，路面宽2×11.7米，中央分隔带宽度2米，路面结构4厘米细粒式沥青混凝土+6厘米中粒式沥青混凝土+32厘米石灰粉煤灰碎石+16厘米石灰稳定土。K12+548.886~K15+893.045改建段采用二级公路标准，设计车速80公里/小时。路基宽12米，路面宽11.4米，外侧设0.3米宽路肩石，路面结构4厘米细粒式沥青混凝土+5厘米中粒式沥青混凝土+18厘米石灰粉煤灰碎石+30厘米石灰稳定土。全线设大桥125米/1座，小桥2座，涵洞25道。

2009年，东湖庄西口至京九铁路段大修，路基由12米加宽至24.50米，路面由11米加宽至23.90米。原廊涿线起点为廊坊市区银河大桥，2010年银河大桥至九州段改为廊涿高速九州连接线的一段，廊涿线起点改为104国道与万桐线交叉口。

廊涿高速固安东出口，如图2-3-18所示。

图2-3-18　廊涿高速固安东出口

唐通公路。唐山至通州。抗日战争时期修通通州至宝坻段，路基宽7~8米。1950年春，开挖潮白新河时，切断过香宝路。1958年，经改建调直，路基在原有基础上抬高50厘米，宽15米。1969年，赶水坝至吴村段3.60公里铺筑了泥结碎石路面。1970年，香河县大六王庄至东魏各庄段首次铺筑了沥青表面处治路面，宽3.50米。1971年，建成潮白河义井村钢筋混凝土永久性大桥。1976年，按三级路标准翻修渣油路面，路面宽7米。1980—1984年，分段喷洒沥青，石屑封层。1988年，按二级公路标准改建完成香河县城以东至三香公路交叉口6.70公里。1990年，按二级公路标准，改建完成三香公路交叉口至宝坻县界段10.40公里，路面宽9~12米，路基宽12~15米。

2002年，对香河段进行改建，路线起于大香线K23+693，终点于宝坻界内与旧路相交处，桩号为K41+983.55，长18.291公里。全段除香河县城规划段（起始段4.60公里）按平原微丘区一级公路标准，其余路段13.691公里按平原微丘区二级路标准设计。一级路面结构采用：4厘米中粒式沥青混凝土+6厘米粗粒式沥青混凝土+18厘米石灰粉煤灰碎石+30厘米石灰稳定土，二级路面结构采用：3厘米细粒式沥青混凝土+4厘米中粒式沥青混凝土+18厘米石灰粉煤灰碎石+30厘米石灰稳定土。全线计包括大桥695米/2座，中桥31米/1座，小桥16米/1座（旧桥改造利用），涵洞25道，通道2道，石油管道防护涵3道。

2007年10月8日—2009年8月20日，完成北京界至香河县城段工程，起于香河县城与大香线交叉处，路线向西经小罗屯村东北及大罗屯村西右拐，经姚止务村西、郭辛庄村西，跨越北运河滩地后跨越潮白河右堤，跨越潮白河滩地后跨越北运河，左拐冀京界凌家吴村闸桥下游200米与北京交界处到达终点，长8.834公里。全线按一级路标准设计，设计行车速度80公里/小时，路面结构4厘米细粒式沥青混凝土+6厘米中粒式沥青混凝土+32厘米石灰粉煤灰碎石+16厘米石灰稳定土。有大桥130米/1座，小桥36.09米/2座，圆管涵15道。

2009年建成后的唐通线北京至香河县城段，如图2-3-19所示。

图2-3-19　2009年建成后的唐通线北京至香河县城段

保静公路。保定至静海。民国二十五年（1936年），日本侵略军修筑了路基宽10米，长17.40公里的文王公路。1956年，文王公路被水冲毁，文安县人民政府交通科采用以工代赈方法抢修，仍是晴通雨阻。1964年，建成路面宽3.50米的泥结碎石路。1967年，改建成宽5.50米的渣油路，长17.40公里。1968年，建成文安至静海县土路。1969年，天津地区投资30万元建成渣油表面处治路，路基宽8.50米，路面宽3.50米，长23.40公里。1979—1980年，按三级公路设计标准，完成文安至静海县级公路改建工程，路基宽10米，路面宽7米。1981年，与文王公路连成一线，定为省级干线公路——静王线。1987年，按三级公路标准改建完成王村以东12.90公里路段，路面宽7米。1994—1995年，按二级路标准改建文安县城至王村段，路面宽9~12米。1997年，按二级路标准改建文安至静海县界段，路面宽11.40米。2001年，向保定方向延伸15公里至雄县界，更名为保静线。2003年，大修文安南环段4.25公里，两侧各加宽6米，增设1.50米中央分隔带+4.50米非机动车道。

平香公路。平谷至香河。2002年，唐通线三香路口至大香线路口大修，香河县城段3.726公里路段拆除原分隔带，路面由12米加宽至24米；9月，根据全省路况普查路线调整，唐通线三香路口至大香线路口段划为平香线。

2003年4月29日，对冀京界至唐通公路段进行改建，位于香河县、三河市境内，北起北京平谷界，南经掘山头、灵山、黄土庄、三河市区、经杨庄、皇庄、成自务，至大六王庄交于香河县境内唐通线终止，长38.105公里。其中，三河段32.988公里，香河段5.107公里，市东环和南环2.10公里段按大修处理。全线采用平原微丘区二级公路标准建设，设计速度80公里/小时，全路段均采用整体式路基断面，全路段除三河东南环段仍采用原路基宽21米外，其余路基宽12米，路面宽11.40米，全线路面结构采用3厘米细粒式沥青混凝土+4厘米中粒式沥青混凝土+18厘米粉煤灰碎石+30厘米石灰稳定土。全线计中桥3座，小桥4座，涵洞61道。

廊泊公路。廊坊至泊头。旧称廊大公路、廊崔公路。1971年开始修建。1976年分段建成后连通，路面结构为石灰土基层，沥青表面处治路面，路基宽10~14米，路面宽6~10米，跨越永定河、中亭河、大清河和干支排渠，穿过东淀大洼。1984年，建成宽8米、长2580米的混凝土混凝土路面一处，建有桥梁21座，总长1078.70米。1985年，安次于常甫至码头段改建，路基加宽至12米，路面宽9米。

大城县城至县内里坦镇公路，旧称大里公路，1998年升级为省道廊泊线大城段。原北起县城南关村，南至里坦镇，连接城关、固献、臧屯、权村、里坦5个乡镇，中途穿越15个村庄，跨越子牙河与烟村、烟港两条干渠，全长21.70公里，油面宽6米。

大里公路由连村道改建而成，是大城县修建较早的县级公路之一。1963年，中共大城县委、县人委，为改变县域南部的运输条件，采用“民工建勤”的方式，组织城关、固献、臧屯、里坦等公社的1000名民工，修建大里公路。其走向为：由大城出东关村，向东经南赵扶，转向南，沿子牙河东堤至白洋桥，穿过贾村、臧屯、关家务、马策等村至里坦，除大城至南赵扶重复路段，全长28公里。

1969年9月，子牙河十里湾大木桥修建竣工。冬季，县革委组织民工建勤，整修大里公路，并沿公路两侧加宽加高，原大城通南赵扶至臧屯路段改为由县城南关起，向南经凤凰庄、王庄、务农屯，过子牙河、十里湾、高李庄至臧屯，改道后大里公路全长22公里。

1971年，经天津地区革命委员会批准，改建大里公路为沥青路面。全长21.70里，其中，改线段8公里，路基宽8米，油面宽3.50米，设4米宽辅道。底层为8%灰土，厚18厘米，油面为2.50厘米厚沥青表面处治。新建油路工程，全县动员14个公社800名民工，分两期施工。第一期灰土工程，1971年4月5日—7月6日，完成全段灰土，并铺设油面960米；第二期油面工程，1972年4月29日开工，6月2日竣工。

大里公路竣工当年冬季出现大面积龟裂，裂缝中向外冒水，翌年春季大面积翻浆。以后几年，油路面又出现了坑槽、鼓包和松散病害。1979年，报请河北省交通局批准，改建大里公路。按3级公路标准设计施工，路基宽9米，高1～1.5米；灰土底层宽6.40米，厚16厘米，石灰剂量为10%；油面宽6米，为2.50厘米厚沥青表面处治。1979年3月18日开工，7月20日竣工。经廊坊地区交通局验收，各项技术指标均达到设计标准。1979年，全区新建公路工程质量联查评比，大里公路被评为优等路。

1991—1992年，按二级公路标准分段改建安次码头至霸州胜芳31.20公里，路面宽9～14米，路基宽12～17米，沥青路面。1997年，与沧州合作打通大城至沧州断头路，由大城县公路站完成津保南线至沧州段25公里的二级路建设任务，路面宽11.40米。1999年改建堂二里至大城段（含廊坊市南出口），全长52.85公里。其中，堂二里至胜芳段（保津高速公路连线），修建标准为路面宽24米，一级公路；文安、大城交界至津保南线段，修建标准为11.40～24米，二级公路（大城县城规划段4公里路面宽24米，过村街路段路面宽15.40米，其余路段路面宽11.40米）。改建完工后，称廊泊路。在大城县和沧州泊头镇分别建两个收费站。

2000—2001年，对堂二里至大城段进行改建，路线起点为廊泊公路与津保南线交叉处，终点为津保北与112线交叉处，长51.45公里，跨霸州、文安、大城三个县市。按平原微丘区一级、二级路标准设计。一级路段路基宽24米，路面宽23.40米，胜芳镇至霸杨线段路基宽30.60米，路面宽2×14米；二级路段路基宽12米，路面宽11.40米，过村镇段路基宽16米，路面宽15.40米。路面结构：一级路段4厘米中粒式沥青混凝土+5厘米粗粒式沥青混凝土+16厘米石灰粉煤灰碎石+30厘米石灰稳定土；二级路段为4厘米中粒式沥青混凝土+5厘米粗粒式沥青混凝土+15厘米石灰粉煤灰碎石+30厘米石灰稳定土；文安霸州交界2.60公里过水路面段为25厘米水泥混凝土+15厘米水泥稳定碎石。全线设特大桥1座，大桥3座，中桥5座，小桥4座，盖板涵9座，管涵67道。

2004年，对廊坊市南出口至保津高速段进行改建，位于安次区、永清县、霸州市境内，起于廊坊市南出口龙河桥南头，沿途经于常甫、大王务、仇庄、调和头、里澜城和堂二里等村镇后，到达终点保津高速胜芳出口处，长41.768公里。全线按平原微丘区一级公路标准建设，设计速度100公里/小时，一般路段采用双幅式断面，路基宽25.50米，路面宽2×11.45米。廊坊市区南出口段及里澜城镇段采用单幅式断面形式，路基宽25.50米，路面宽24.9米。一般段采用沥青混凝土路面，路面结构4厘米中粒式沥青混凝土+6厘米粗中粒式沥青混凝土+30厘米石灰粉煤灰稳定碎石基层+16厘米石灰稳定土（掺4%水泥）。K13+000～K17+000段采用水泥混凝土路面，结构厚度为26厘米水泥混凝土面层+18厘米水泥稳定碎石基层+30厘米碎石垫层。全线有大桥454.90米/1座、中桥108.62米/2座、小桥6座、涵洞35道。全线有分离式立交2处，均为原有立交改建，其中铁路立交1处，与公路立交1处。2005年，在廊泊线永清县里澜城村设收费站一座，12月6日开始收取通行费。

廊泊线，如图2-3-20所示。

大香公路。大厂至香河。1956年，建成泥结碎石路。1971—1973年，按三级公路标准建成沥青路，路面由3.50米加宽至6米。1982年重建，路面扩宽至7米，路基宽10米。1992年，香河县交通局改建完成通过“天下第一城”段2.40公里，路面宽24米，沥青路面。1997年，按二级路标准改建（不包括京秦高速公路连接线),起点改为102国道夏垫东铁路立交桥处,自香河县城向南经钳屯西至安平村,路面宽11.40米,香河县城段、运河桥至京塘公路段路面宽24米。

图2-3-20　廊泊线

2010年8月10日动工,对大厂至香河段进行养护改造。本项目位于大厂、香河县境内,分三段组成:102国道至大厂县城北段长7.60公里;大厂县城南至小马房路口段全长4.50公里;双安路口至安运桥段全长2.855公里。路线全长14.955公里。其中大厂回族自治县段全长10.70公里,香河县段全长4.255公里。全线采用一级公路标准建设,设计速度80公里/小时。路基宽23.60米,路面宽21米。全线路面结构左右两幅,左幅4厘米细粒式沥青混凝土+6厘米中粒式沥青混凝土+36厘米水泥稳定碎石+18厘米石灰稳定土;右幅4厘米细粒式沥青混凝土+6厘米中粒式沥青混凝土+40厘米水泥稳定碎石+20厘米石灰稳定土。全线计大桥161.04米/1座,中桥80.08米/1座,小桥88.12米/2座,涵洞5道。

廊沧高速。廊坊高速公路廊坊段2006年3月开始谋划,历时18个月,办理了全部审批手续。其间,市交通局编制了路线方案研究报告、工程预可行性研究报告、工程可行性研究报告、工程初步设计报告等30多份文件,逐一到交通部、省发改委、交通厅、国土厅、水利厅、环保局等20多个厅级单位,50多个处级单位,以及海河委员会、北京市交委、北京市规委、北京铁路局、天津市政局、天津市公路局等相关部门办理审批手续。组织专家400人次,召开行业评审会38次,完成了环境保护、水资源保护、行洪分析、地质灾害、安全生产、水土保护、压覆矿产、文物保护、土地预批等26个行业批文。

2006年5月24日,省高速公路建设指挥部组织专家研究论证了廊沧高速公路路线方案。同年7月4—5日,省交通厅组织专家评审了《廊坊至沧州公路廊坊市段预可行性研究报告》。同年7月19日,省政府批复同意廊沧高速路线方案。同年9月27日,省地震安全评定委员会批复了廊沧高速公路地震安全性评价。同年10月7日,廊沧高速公路地质灾害评价通过了省国土厅专家评审,10月18日通过省国土资源厅批复,同日,《关于廊沧高速公路廊坊段预可行性研究报告审查意见》报送省发改委,11月28日批准,正式立项。同年11月16日,文物评价通过省文物局审批。

2007年1月4日,签署京津南通道与北京道路对接接线协议,确定了廊沧高速公路起点位置。同年1月19日,穿越文安自然保护区方案通过专家评审。同年1月24日,防洪评价通过省水利厅组织的专家评审。同年1月26日,水资源论证通过专家评审。同年3月7日,水土保持评价通过专家评审。同年3月12日,土地预批申请报送市国土局,4月6日批复。同年3月13日,廊坊市水务局批复了廊沧高速公路水资源论证报告。同年3月21日,廊沧高速公路跨东淀、文安洼、贾口洼防洪评价报告通过水利部海河水利委员会组织的专家评审,同年4月27日批复。同年3月26日,环境评价通过了省环保局专家评审。同年4月6日,省交通厅出具了廊沧高速工程可行性研究报告行业审查意见。同年4月12日,省国土资源厅通过了项目用地预审意见。同年4月16日,省水利厅的批复了廊沧高速公路防洪评价。同年4月18日,水土保持评价通过省交通厅批复。工程可行性研究报告通过专家审查。同年6月5日,环境影响报告书通过省环保局批复。同年6月20日,工程可行性研究报告通过省发改委批复。同年7月24日,省交通厅通过了《廊沧高速公路廊坊段初步设计文件的审查》,同年8月4日,通过了省发改委组织的专家评审,同年8月27日,省发改委批复。

征地拆迁:廊沧高速工程征地拆迁任务艰巨。2008年12月9日,召开廊沧高速征地拆迁动员会,全线征地拆迁正式启动,2009年1月完成全部拆迁任务。拆迁房屋47686平方米,树木1010876株。

廊沧高速公路(廊坊段)征地拆迁统计,见表2-3-13。

廊沧高速公路(廊坊段)征地拆迁统计表　　表 2-3-13

单　位	征地(亩)	拆迁(平方米)	机井(眼)	坟墓(座)	企业(家)
永清县	2718.241	10145.03	166	1073	5
霸州市	1820.558	22445.85	93	1261	7
文安县	3032.314	12241.64	55	1453	12
大城县	2749.530	2854.40	23	723	1
合计	10320.643	47686.92	337	4510	25

工程建设：廊沧高速公路建设工程，包括路基、桥涵、路面、交通、机电、房建、绿化等工程，均通过公开招投标进行。廊坊市公路工程有限公司、朝阳建设集团有限公司、中铁十五局集团有限公司等 53 家施工单位，廊坊市交通技术咨询监理公司、河北冀民工程咨询有限公司、秦皇岛保神交通建设监理有限公司等 9 家监理单位中标。其中路基、桥涵工程设 1 个总监办、5 个驻地办和 14 个路基施工标段；路面工程设 6 个施工标段；房建工程设 2 个驻地办、10 个施工标段、房建设备 8 个施工标段；交通工程设 4 个施工标段；机电工程设 1 个驻地办、1 个施工标段；绿化工程设 7 个施工标段；沥青工程 3 个施工标段。

廊沧高速公路(廊坊段)通车仪式，如图 2-3-21 所示。

廊沧高速公路廊坊段的通车，中南部县(市)进京的时间缩短了一半，向南到沧州仅需 1 个小时，到黄骅港仅需 100 分钟。廊沧高速作为贯通全市南北的交通大动脉，是全省高速公路网的重要组成部分，这条高速以及在建的京台、密涿等高速的全面建成，将使全市路网格局更加合理，“进京下卫、上天入海”更加快捷，从根本上改变了廊坊中南部县市区的交通条件，拉近了廊坊与京津的时空距离，加快了对接京津，拉动全市经济社会发展的步伐。

廊沧高速建设期的管理体制是建设管理处、监理单位和施工单位按照合同约定，各司其职。廊沧高速建管处以项目法人身份全面负责工程建设，按照条款规定，做到工程款及时到位，管理好工程款支付，保证工程顺利进展。沿线各县(市)政府成立建设指挥部，对廊坊市廊沧高速公路建设指挥部负责，协助建管处管理及做好工程建设的地方协调工作。各监理驻地办接受总监办指导，依据合同管理施工单位质量、进度、资金。建成通车后，廊坊市交通运输局与河北省高速公路管理局于 2011 年 12 月 2 日达成合作协议，对廊沧高速公路廊坊段共同出资建设、共同管理。合作期限至省级部门批准的收费截止日止。

河北省交通运输厅在全省推行“十公开”高速公路廉政建设新模式。在廊沧高速建设过程中，廊沧建管处与廊坊市检察机关联合预防职务犯罪，大力推进“十公开”建设和“阳光工程”，编制出台《廊沧高速公路廊坊段工程建设“十公开”实施细则》，实现以监督促进廉政，以廉政构建和谐，以和谐推进建设。

廊沧高速桥梁施工现场照片，如图 2-3-22 所示。

图 2-3-21　2011 年 11 月 16 日，廊沧高速公路(廊坊段)通车仪式

图 2-3-22　2009 年 9 月，廊沧高速桥梁施工现场照片

密涿支线(G102 三河过境)高速公路诸葛店至段甲岭段。2006 年 9 月开始，廊坊市交通局多次协调北京市规划委员会、北京市交通委员会、河北省交通厅、通州区政府、三河市政府等相关部门，召开会议，研究路线方案。2007 年 6 月，北京市交通委员会与河北省交通厅签订《高速公路接线方案协议》。同年 6

月28日,《密涿支线路线方案研究报告》及评审意见得到河北省政府的批复。同年8月3-4日,河北省交通厅组织专家在燕郊召开了《预可行性研究报告》审查会。专家组听取了设计单位的汇报,踏勘了现场,通过了预可评审。同年10月8日,河北省交通厅签发了预可研报告"行业审查意见"。同年10月25日,河北省发改委工程咨询院在石家庄组织召开了《密涿支线(G102三河过境)公路预可行性研究报告》评估论证会,评审通过;同年11月30日,省工程咨询院形成正式审查意见,项目在国家和省内审批立项展开;同年12月21日,河北省发展和改革委员会《关于密涿支线高速公路诸葛店至段甲岭段项目建议书的批复》批准立项,开始设计招标。

2008年2月,按程序组织了招标代理机构比选。同年3月5日,建管处与中选单位签订了招标代理协议。同年4月22日,完成了设计招标资格预审;同年6月,完成设计招标全过程,启动初步设计。依据省交通厅要求,完成"双院制审核"招标工作,奠定了设计的质量基础。同年8月底完成初步设计任务。同年9月8日,河北省发展和改革委员会《关于密涿支线高速公路诸葛店至段甲岭段工程可行性研究报告的批复》可行性研究报告批复。同年9月19—20日,省交通厅组织召开了两阶段初步设计审查会,专家分组对设计文件进行了详细审查,最终通过了评审。同年11月19日,省工程咨询院对项目初步设计进行审核论证,并形成了审核意见;同年12月18日,省发改委依据审核意见,正式批复了初步设计。

2009年3月4日,施工图设计顺利通过省厅专家审查。同年4月23日,河北省交通运输厅《关于密涿支线高速公路诸葛店至段甲岭段主体工程两阶段施工图设计文件的批复》,施工图设计批复。从3—5月,完成了保险招标,确定了以中国人保公司为主体,中国平安保险公司、中银保险公司共保的项目保险招标工作;完成了主体工程监理、路基工程施工的招标,与8家中标单位签订了中标合同、廉政合同和安全生产合同。同年5月27日,中华人民共和国国土资源部《关于密涿支线高速公路诸葛店至段甲岭段工程建设用地的批复》批复了项目建设用地。同年6月2日,密涿支线高速公路项目全过程跟踪审计开标,23日,与中兴公司正式签订审计业务约定书。同年7月17日,取得河北省交通厅项目施工行政许可。

征地拆迁:密涿支线(G102三河过境)高速公路诸葛店至段甲岭段建设项目,全线位于河北省三河市境内,途经燕郊、高楼、齐心庄、李旗庄、泃阳、黄土庄、段甲岭7个乡镇、3个园区、46个村街,征地范围为密涿支线高速公路起点引线0.675公里、主线32.82公里及段甲岭引线新建段1.541公里(包含燕郊及段甲岭两个主线收费站;燕郊、高楼、齐心庄、三河西、三河东共五个互通区;一个养护中心;一个监控中心)等全部建设范围和建设内容。共计征用永久性占地3208.4亩。廊坊市交通局与三河市人民政府签订了《密涿支线高速公路诸葛店至段甲岭段征地拆迁及地方工作协议书》,项目工程拆迁占及地方工作交由三河市高速公路建设指挥部组织实施。2009年7月15日开始征地拆迁,至2009年10月15日,燕郊至三河段全部完成(高楼互通除外)。

工程建设:自2009年7月18日正式开工建设,交工验收段于2011年11月25日完工,长20.80公里。其中,大桥2090.5米/11座,中桥789米/12座,小桥4座,涵洞35道。其中路基工程于2009年7月18日开工,2011年6月30日完工;路面工程于2011年3月9日开工,2011年11月25日完工;交安工程于2011年7月12日开工,2011年11月25日完工。分项工程、分部工程、单位工程、合同段工程合格率达到100%,合同段工程质量评分值达到95分以上;竣工验收单位工程的优良率85%,合同段和建设项目的工程质量鉴定得分90分以上,工程竣工验收质量优良。在工程建设过程中严格执行合同文件和国家有关技术规范,优化施工工艺,委托河北省公路工程质量安全监督站和廊坊市公路工程质量安全监督处全过程监控关键工序。路基:严格控制填筑材料质量、摊铺厚度和边线的位置,加强整平、碾压管理。经检测,合格率100%。桥梁:全线混凝土集中拌和,罐车运输,跨径4米以上构造物的外露面采用面积在1平方米以上的大块钢模板;上部结构混凝土用的石料全部进行水洗处理;同时加强原材料的保管,把好原材料质量关,不合格材料不许进场。大梁几何尺寸超标、变形、有裂纹均作废弃处理;外观不合格的构造物坚决返工;经检测,桥涵构造物钢筋间距合格率100%;混凝土强度合格率100%;边位护栏平面偏位、尺寸合格率100%;中间护栏平面偏位、尺寸合格率100%;桥面宽度、高程合格率100%;护栏垂直度、高差合格率100%;特大桥、大桥梁板尺寸及墩柱垂直度合格率100%,构造物几何尺寸准确,外形美观。路面工程:第三方检测单位分别对路面垫层、基层、面层所用石料、压实度、宽度及平整度进行检测,合格率100%,行车舒适、无桥头跳车现象。

多次组织专家会审,召开专家咨询会,征求专家对设计的优化意见。同时组织工程技术人员进行现场调查研究,审核设计图纸。在有效节约社会资源的前提下,合理优化了项目设计。根据项目现场地情地貌对路线纵断设计进一步优化,降低部分段落路基填筑高度,节约土方约30万方;充分利用三河市政府东部矿区综合治理尾矿石料的丰富料源,及时对路基填筑材料进行了优化调整,变更路基填土为路基填石,提高了环境质量,节约取土占地约2500亩;对沿线箱涵、通道进行了优化,取消或变更箱涵为钢波纹管涵多处,节约了建设资金;对路基边沟、边坡进一步优化设计,变更部分砌石边沟为浅碟式边沟,变更混凝土预制块网格护砌边坡防护为植被防护,有效节约了社会资源和项目建设资金。

按照项目建设总体计划,以关键工程为重点,科学分解各项工程计划目标,根据总体工期目标倒排工期、统筹安排,优化制订阶段性目标。认真执行总体、年度、月度进度计划编制、审批程序,采取进度日报、周报的形式强化对工程实际进展情况的动态检查、控制,及时调整阶段进度计划,采取各种进度保证措施保证年度、总体计划的如期实现。在项目工程施工黄金季节组织各参建单位进行了"百日劳动竞赛"、"百日决战劳动竞赛"和"大干100天"等活动。制订竞赛目标,明确奖惩措施,有效推进了项目建设进度。

与北京中咨华瑞工程科技有限公司、河北工业大学合作,进行了两项研究课题研究:"橡胶沥青应力吸收层在高速公路中的应用技术研究"。2012年1月6日,河北省交通运输厅组织召开了本课题鉴定会,鉴定委员会听取了课题组的汇报,查阅有关资料,经质疑、答辩和讨论,最终认为该研究成果在实际工程中得到了成功应用,有效减少了路面反射裂缝,提高了路面耐久性,社会经济效益显著,推广应用前景广阔,总体达到国际先进水平。"抗车辙沥青路面的研究"正进行实地研究、数据分析,确定抗车辙的疲劳、强度等特性,构建数学模型、撰写科技论文。

密涿支线(G102三河过境)高速公路诸葛店至段甲岭段主要工程一览,见表2-3-14。

密涿支线(G102三河过境)高速公路诸葛店至段甲岭段主要工程一览表 表2-3-14

工程项目	单位	通车段工程数量	全线工程数量
路基	公里	20.8	全线32.826公里
路面	公里	20.8	全线32.826公里
大桥	座	11	全线16座(含匝道桥)
中桥	座	12	全线14座(含匝道桥)
小桥	座	4	全线14座(包括一级通道)
涵洞	道	35	全线59道(包括箱通、箱涵和管涵)
防撞护栏	公里	20.8	全线32.826公里,包括结构物水泥混凝土防撞护栏、路基新泽西护栏和波形钢护栏
标志牌	块	105	全线158块,包括单柱、双柱、单悬臂、双悬臂、附着、门架、公里碑、百米桩及公路界碑
标线	平方米	36000	全线66728平方米,包括热熔型、震荡标线

津霸公路。天津至霸州。2009年4月3日—11月30日完成冀津界至左各庄段工程,位于大城县境内,起于张管营村东左各庄渤海大道的东端,向东经杨管营村南、廊泊线、滩里干渠,在与天津交界处到达终点,长8.605公里。全线采用平原微丘区二级公路标准建设,设计速度60公里/小时,双向二车道,路基宽度12米,路面宽度11.40米,采用沥青混凝土路面,路面结构3厘米细粒式沥青混凝土+5厘米中粒式沥青混凝土+18厘米水泥稳定碎石+32厘米水泥石灰稳定土。桥涵设计荷载为公路—Ⅱ级。全线设大桥155米/1座,盖板涵1座,圆管涵12道。

京沪高速公路青县连接线大城段。位于大城县境内,路线从大城县与青县交界处南宫村北侧沧州青县线位,经过石疙瘩村北,跨过百家洼排干渠,经过娘娘庄村北,左拐跨过廊泊公路后跨过毕道口排干渠,沿旧路经过王各庄村北、到达蒲塔村左转弯,至大城县与河间交界处留林居北接沧州河间县,即本项目终点,长20.435公里。路基宽12米,路面宽11.40米,全幅双向2车道,二级公路。路面结构3厘米细粒式沥青混凝土+5厘米中粒式沥青混凝土+18厘米石灰粉煤灰碎石+32厘米石灰粉煤灰稳定土。全线设大中桥343.92米/3座,小桥60.83米/2座。于2007年8月25日开工,2008年6月30日交工。

廊涿高速公路九州互通连接线。东起廊坊市城区西出口城建界,向西跨过龙河后沿西出口旧路直行经炊庄后绕过九州镇,跨过碱河,到达廊坊至涿州高速公路廊坊西出口,长14.634公里,其中K3+830~K16+265.175段是平原微丘区一级公路,设计车速100公里/小时,路基宽26米,路面宽2×11.7米;K16+265.175~K18+300段为平原微丘区二级公路,设计车速80公里/小时,路基宽12米,路面宽11.40米。项目采用沥青混凝土路面结构,一级路结构形式4厘米中粒式沥青混凝土+6厘米粗粒式沥青混凝土+18厘米水稳碎石+17厘米石灰粉煤灰碎石+16厘米石灰粉煤灰稳定土,路面总厚度为62厘米。二级路结构形式为:3厘米细粒式沥青混凝土+5厘米中粒式沥青混凝土+18厘米二灰碎石+30厘米石灰稳定土,路面总厚度57厘米。全线共设中桥134.65米/2座。于2006年4月26日开工,2006年10月31日交工。

廊涿高速东湾互通连接线固安段。北起廊涿公路北芦庄村,经大杨先务、兴隆庄村、兴隆店村、马申庄村、东湾镇东、东大营村、唐皮营村、北固城村、南固城村,至南固城村南廊坊与保定交界处止,长13.857公里。全线均按部颁平原微丘区二级公路标准设计,设计行车速度80公里/小时,路基宽12米,路面宽11.40米。路面结构3厘米细粒式沥青混凝土+5厘米中粒式沥青混凝土+18厘米石灰粉煤灰碎石+30厘米石灰粉煤灰稳定土。全线设中桥56.241米/1座,小桥6米/1座,圆管涵22道。2008年5月10日开工,2008年10月31日交工。

廊涿高速知子营互通永清连接线。起于永清县城北出口,经迁民屯、仙人桥、邵家营、引清干渠、北大王庄,终点位于廊涿公路碱铺村南,路线全长10.497公里,采留支线0.50公里,共计10.997公里。为二级公路设计,设计时速80公里/小时,桥涵设计采用公路—Ⅱ级标准。采用沥青混凝土路面,路面结构3厘米细粒式沥青混凝土+5厘米中粒式沥青混凝土+18厘米石灰粉煤灰碎石+30厘米水泥石灰稳定土。采留支线路面结构5厘米中粒式沥青混凝土+15厘米石灰粉煤灰碎石+30厘米水泥石灰稳定土。全线设中桥43.98米/1座,盖板防护涵9道,圆管涵22道,盖板涵3道。2008年5月10日开工,2008年10月31日交工。

密涿支线高速公路大厂连接线。位于香河县境内,起于密涿支线高速公路齐心庄互通,向南沿线有煤矿路,经永太辛庄在小定府与国道102相交,向南完全利用现有大香线5.74公里后,在霍各庄西与李大线相交后至东马各庄村东,建设里程8.443公里,其中改建段3.706公里,新建段4.737公里。全线按二级公路标准建设,设计速度80公里/小时。改建段路基宽12米,路面宽11.40米;新建段路基宽17.50米,路面宽17米。全线采用沥青混凝土路面,路面结构4厘米细粒式沥青混凝土+5厘米中粒式沥青混凝土+20厘米水泥稳定碎石+32厘米石灰稳定土。全线中桥53.06米/1座,小桥78.08米/3座,圆管涵11道。于2010年3月1日开工,至2011年底工程正在建设中。

大广高速公路霸州连接线。起于大广高速公路霸州互通,沿龙江渠南岸东行,经叶庄子、辛庄、任水庄后下穿京九铁路,与106国道交叉,止于廊霸公路,长8.199公里。全线按一级公路标准建设,设计速度80公里/小时。路基宽24.50米。全线填方路段路面结构4厘米细粒式沥青混凝土+5厘米中粒式沥青混凝土+16厘米水泥稳定碎石+16厘米石灰粉煤灰级配碎石+16厘米石灰稳定土。下穿京九铁路段,路面结构26厘米水泥混凝土+18厘米水泥稳定碎石+30厘米级配碎石。全线计包括小桥3座,涵洞7道。下穿京九铁路立交1处,互通式立交1处。2010年3月1日开工,至2011年底工程正在建设中。

大广高速公路牛驼连接线。位于固安县境内,起于大广高速公路牛驼互通终点,向南经南陈村、京九铁路立交桥到达路线终点国道106,路线全4.35公里。全线按二级公路标准建设,设计速度80公里/小时。路基宽12米,路面宽11.40米。全线采用沥青混凝土路面,路面结构3厘米细粒式沥青混凝土+5厘米中粒式沥青混凝土+18水泥稳定碎石+30厘米石灰粉煤灰土。全线计小桥28.04米/2座,涵洞10

道。2010 年 11 月 29 日开工,至 2011 年年底项目仍在建设中。

大广高速公路固安连接线。位于固安县境内,起于柏村西与大广高速公路固安互通相接,向东经柏村、固安工业园区至 106 国道到达路线终点,路线全长 1.993 公里。全线按二级公路标准建设,设计速度 80 公里/小时。路基宽 12 米,路面宽 11.40 米。全线采用沥青混凝土路面,路面结构 3 厘米细粒式沥青混凝土 +5 厘米中粒式沥青混凝土 +18 厘米水泥稳定碎石 +30 厘米石灰粉煤灰土。全线设圆管涵 1 道。2010 年 11 月 29 日开工,项目在建中。

廊沧高速公路龙街连接线。起于文安县龙街镇廊沧高速公路龙街互通,向东经龙街后右转,跨叩里支渠,经岳辛庄村南后左转,跨文安县与大城县交界,跨大广安干渠、安庆屯排干渠,在子牙排干渠与南北向渠交叉穿过后,沿子牙排干渠北堤前行,穿廊泊公路,在旺村东北左转,至子牙河西堤冀津界处到达终点,长 17.664 公里。全线按二级公路标准建设,设计速度 80 公里/小时。路基宽 12 米,路面宽 11.40 米。全线采用沥青混凝土路面,路面结构 4 厘米细粒式沥青混凝土 +5 厘米中粒式沥青混凝土 +20 厘米水泥稳定碎石 +32 厘米石灰稳定土。全线计大桥 117.12 米/1 座、中桥 90.10 米/2 座、小桥 40.92 米/3 座、涵洞 25 道。2010 年 3 月 1 日开工,2010 年 11 月 30 日交工。

廊沧高速公路大城连接线。起于大城县季村西大城互通终点,沿津保公路向东跨大广安排水支渠,过季村北后至大城二中北与津保公路大城城区段相接到达路线终点,长 5.115 公里。全线采用一级公路标准建设,设计速度 100 公里/小时。路基宽 26 米。全线路面结构 4 厘米细粒式沥青混凝土 +6 厘米中粒式沥青混凝土 +36 厘米水泥稳定碎石 +18 厘米石灰稳定土。全线计中桥 44.04 米/1 座,箱涵 1 座,圆管涵 5 道。2010 年 11 月 5 日开工,至 2011 年年底项目仍在建设中。

廊沧高速公路文安连接线。起于文安县北光州北与采留线交叉处,经泗各庄村南、小叩皂村北,在丰各庄村西北下穿高速主线,跨赵麽支渠,在大赵村北右转与保静线相接到达终点,长 8.38 公里。全线采用一、二级公路标准建设,设计速度 80 公里/小时。一级路段路基宽 26 米,二级路段路基宽 12 米。全线采用沥青混凝土路面,一级路段路面结构 4 厘米细粒式沥青混凝土 +6 厘米中粒式沥青混凝土 +18 厘米水泥稳定碎石 +18 厘米水泥稳定碎石 +18 厘米石灰稳定土;二级路段采用 4 厘米细粒式沥青混凝土 +5 厘米中粒式沥青混凝土 +20 厘米水泥稳定碎石 +32 厘米石灰稳定土。全线计中桥 53.06 米/1 座,小桥 18.04 米/1 座,涵洞 16 道。2010 年 11 月 29 日开工,2011 年 10 月 15 日交工。

廊沧高速公路大柳河连接线。位于文安县境内,起于大柳河互通,向东与文左线交叉后在姚甸村西南与左各庄南环相接到达终点,长 0.848 公里。全线按二级公路标准建设,设计速度 80 公里/小时。路基宽 12 米,路面宽 11.40 米。全线采用沥青混凝土路面,路面结构 4 厘米细粒式沥青混凝土 +5 厘米中粒式沥青混凝土 +20 厘米水泥稳定碎石 +32 厘米石灰稳定土。2010 年 11 月 5 日开工,至 2011 年底项目仍在建设中。

廊沧高速公路后奕连接线。位于永清县境内,起于龙虎庄镇蔬菜批发市场南与廊霸公路交叉处,向东经石九垡村北、西义河村南、东义河村南、董相庄村南,在后奕镇西与葛马线旧路相接,后沿旧路经后奕镇、李奉先村、尚武庄村、三圣口村、老村、南二堡村、付家场村至里澜城镇与廊泊公路交叉到达终点,长 25.055 公里。全线按二级公路标准建设,设计速度 80 公里/小时。路基宽 12 米,路面宽 11.4 米。全线采用沥青混凝土路面,路面结构 4 厘米细粒式沥青混凝土 +5 厘米中粒式沥青混凝土 +20 厘米水泥稳定碎石 +32 厘米石灰稳定土。全线计小桥 108.04 米/6 座,涵洞 49 道。2010 年 11 月 29 日开工,至 2011 年底项目仍在建设中。如图 2-3-23 所示。

京台高速东安庄连接线。位于安次区境内,起自东高线,向南经小郑庄、惠家堡等村镇,下穿京台高速公路主线后接码杨线,至葛渔城镇到达路线终点,全长 8.101 公里。全线按二级公路标准建设,设计速度 80 公里/小时。路基宽 12 米,路面宽 11.40 米。全线采用沥青混凝土路面,路面结构 4 厘米细粒式沥青混凝土 +5 厘米中粒式沥青混凝土 +18 厘米水泥稳定碎石 +30 厘米石灰稳定土。全线计小桥 31 米/1 座,涵洞 14 道。2011 年 5 月 10 日开工,项目在建中。

二、地方道路建设

地方道路的发展直接关系到生产建设和人民生活。因此，各级党委和政府都很重视。根据国家有关民工建勤修建、养护地方道路的规定，编制规划、勘察设计，制订施工方案，积极发动群众，有计划、有步骤地修建和改善地方道路。人民公社化以后，激发了群众修路建桥的积极性。一个以公社所在地为中心，县、社、队三级相通的道路网很快形成，并且结合农田水利建设修、裁、并、减，达到布局合理，标准相宜，节约土地，方便交通的目的。交通部门还密切配合兴办农林、水利事业，做到渠成路就，河通桥成，以路划方，林网成格。随着国、省道干线公路的发展，在原天津地区所属的几个郊县，即天津、宝坻、武清、宁河、静海、蓟县六个县境对县级公路也有了初步规划，逐步形成了一些初级公路，并不断整修和改善。

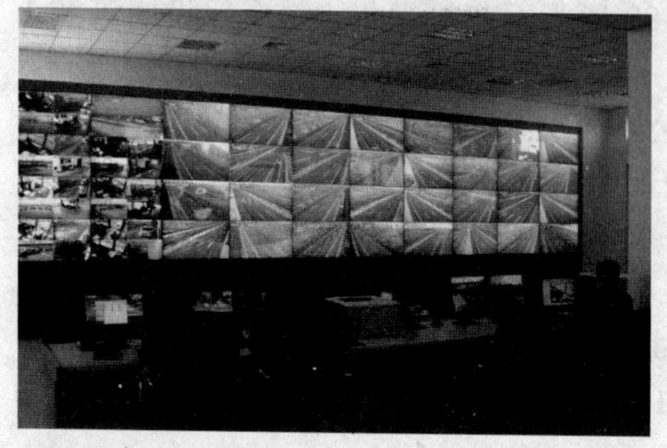

图 2-3-23　2011 年 12 月 8 日，廊沧高速调度中心

民国二十一年(1932 年)，天津县建设局拟订了全县道路规划，计划以土城为中心，新建干线 8 条，支线 15 条。另外，还准备成立县路局，区造路委员会，乡修路队等，当时的天津县辖 9 个区、306 个乡，财力、人力甚微，很难实现这个计划。新任县建设局局长杨琼云提出以平津、津白、津保、津沽、津盐、津遵为经，以现有 19 条自然道为纬，进行改善和整修的方案；初步确定路基宽 6 米，纵坡为百分之五，曲线半径 30 米，路拱为四十分之一。19 条县道总长 337.50 公里，均以原乡间大车道和田间大道调整规划而成。县政府建设局雇用民工，用篮子挑土垫路，仅修成了部分土路。

1963 年，河北省有油面公路 244 公里，当时的天津专区 14 县仅有津保北线油面公路 62.73 公里。1964—1978 年期间，大力发展油面公路。大庆油田的开发，提供了渣油资源，经反复探索和试验，推广石灰土基层渣油表面的路面建设。1964—1970 年的 7 年间，年均递增油面公路 412 公里；1971—1978 年的 8 年间，年均修建油面公路 1314 公里，其中 1975 年净增 1720 公里，是河北省油面公路年修建里程最多的一年。不仅县县通油路，而且半数以上的乡镇也有油路相连。同时，通过总结 1963 年特大洪水使公路遭受严重毁坏的经验教训，从 1965 年开始在各条路线上进行公路阻水改善工程，除积极增建必要的桥涵外，还加速了木桥和半永久桥梁的技术改造。十几年新建改建钢筋混凝土永久性桥梁相当 1963 年原有桥梁总数的 7 倍，90% 以上的公路实现了桥涵永久化。

为了实现“四五”计划提出的县县通油路的奋斗目标，采取了“定路线、定投资、定材料、定标准，把任务包干到县”的办法，要求把油路面向县、社道路普及。1971 年，京沈南线(北京至沈阳)三河、大厂回族自治县段；夏安线(夏垫至安平)段，相继完成沥青次高级路面，长达 141 公里。至此，全区实现了县县通油路。

1977—1985 年，县乡道路发展迅速，主要是坚持了“自修自养，民办公助”的原则，采取了“国家补贴，地方自筹，工矿支援，群众投劳，国家、集体和个人一齐上”的灵活多样的措施。1985 年，国家补贴 165 万元，县乡财政集资 154.8 万元，农村工副业集资 65.38 万元，群众集资 75.4 万元，石油和工业集资 719.3 万元，一年内共集资金 1179.88 万元。用这些资金修建的公路有：廊大线于常甫至码头段，长 20.9 公里；文安段补修 7 公里；大城、永清、霸县、三河等县，铺筑乡镇公路 20 条(段)，铺筑路面 87.05 公里；新建桥梁 8 座，共长 603 米。全区 154 个乡镇，已经有 98% 通了油路。

自 2004 年廊坊市实施“村村通油”工程以来，全市共完成通村油路建设 1977.13 公里，解决通油路行政村 1394 个，全市 3222 个行政村全部实现村村通油(水泥、砖)路。

要使乡镇公路迅速发展，除了依靠正确的政策和科学技术，关键在于积极妥善地解决建设资金问题。从地区乡镇公路的发展情况看，就是按照“自修自养，民办公助”的原则，采取国家补贴、地方自筹、工矿支援、群众投劳，国家、集体、个人一齐上的多种集资形式，使得乡镇公路迅速发展起来。

1. 国家支持，是发展乡镇公路的关键

1973年以前，全区集中使用养路费，把原有的晴通雨阻的干线土公路，逐步改造成晴雨通车的油路面。到1973年底，油路发展到566公里，实现了县县通油路，社社通公路。1973年后，养路费大量用于修建地方油路。集资形式比较单一，由于地方财力紧张，群众生活困难，修路的资金主要靠国家养路费补贴，群众出建勤工、建勤车，由交通部门组织施工。1973—1978年，全区共集中养路费1800多万元用于地方油路补贴，平均每年修建油路100多公里。1977年、1978年就修油路360公里，使39个公社通了油路。国家养路费的大力支持，确实使乡镇公路得到了较快发展。1977年，地区拨给三河县近百万元养路费，该县发动建勤民工1800人、建勤车1450辆，拉运沙石材料33500立方米，当年建成52公里的地方油路。使这个半山区的县，实现了社社通油路、村村通汽车的夙愿。

2. 地方自筹、群众投劳，是发展乡镇公路的基础

十一届三中全会后，调整了养路费使用方向，主要用于养护、改善、提高原有干线公路，压缩了地方道路的投资。交通部门主动宣传"自修自养，民办公助，集资修建地方公路"的方针政策。各级政府也千方百计地从地方机动财力中，拿出部分资金用于乡镇公路建设。1983—1985年，全区地方财政自筹305万元，群众集资106万元，切实保证了乡镇公路的发展。

3. 工矿企业大力援助，是乡镇公路发展的重要条件

1983—1985年，油田集资1344万元，其他厂矿企业集资65.8万元。结合场区公路，修建了部分县、乡、村和环城公路。

4. 多种形式集资，是发展乡镇公路的方向

各市、县政府采取多形式、多渠道集资，发展地方道路。1983—1985年，全区集资用于地方公路建设2227万元，其中养路费补贴406万元，县市、乡镇财政集资305万元，群众集资106万元，工副业集资66万元，油田投资1344万元。共修建乡镇公路32条、197公里，建桥8座，涵洞300多道，新打通了16个不通油路的乡镇。

夏安公路施工现场，如图2-3-24所示。霸扬线西段，如图2-3-25所示。

图2-3-24　1999年6月2日，夏安公路施工现场

图2-3-25　2010年11月12日，霸扬线西段

(一)县道

永信公路(永清—信安)。是永清县通往霸州信安的一条县道，也是永清通往杨柳青和天津市的重要公路。现名采信线(北京市大兴县采育镇，经廊坊市、永清县城至信安与112线相接)，长25.05公里。

1961年修筑路基，沿线土质分为黏土质垆坶和粉砂土，路基一般高出地面1.5~2米，经三年行车碾压与自然沉落已基本稳定。在修建路面以前，曾用长杆贯入仪对路基强度进行测定，土基形变模量值分别为462.6千克和234.9千克/平方厘米。路基坚实层30~50厘米。除信安附近与津涞公路相接处330米新路基的强度与稳定性不够，需要处理外，一般均符合设计要求。

路面设计按交通量每昼夜100辆车次，整体形变模量值220千克/平方厘米。路基宽7.5米，路面宽3.5米。路面结构为12厘米厚，6%~8%含量的灰土(后奕南11.4公里为6%，后奕北13公里为8%)，

1.5～2 厘米厚沥青表处面层(街道路面掺和 10%～15% 的石油沥青),路面总面积 88.89 千平方米,其中泥结碎砖底层 6.4 千平方米,灰砖土底层 6.47 千平方米,灰土 76.01 千平方米,掺石油沥青面层 9.77 千平方米,渣油面层 79.12 千平方米。

工程从 1964 年 3 月 24 日开始,至 11 月 25 日全部竣工。总计用劳力 1033 万工日,补助粮 77685 斤,共投资 34.95 万元。施工以县为主,建立施工所。民工组织按军事化要求,由基干民兵组成工兵营、连、排、班,由县兵役局负责训练管理,实行劳武结合,以完成筑路任务为主,利用工余或者风雨停工时间,讲军事课及实战训练,为农村社队培养民兵骨干。民工义务建勤,国家不发工资,只给少量粮食补助(每工日补 0.5～1 市斤)。还有民间车马建勤 12504 工日。民工、马车建勤折价补助、车工旅途补助等共折款 28.83 万元,补助粮 7 万多斤。

永信公路是廊坊地区第一条沥青(渣油)路面,承重层很薄,只有 12 厘米。石灰剂量低,只有 6%～8%。路面 3.5 米,太窄。由于汽车少、马车多,表面处治层不易形成。施工队伍又是以民工建勤为主,素质低、技术差、管理跟不上,只好"摸着石头过河",边施工、边探索,因而出现了一些质量问题。如第一期工程铺筑 11.4 公里时,正当 4 月 1 日—8 月 15 日期间,处于高温季节,普遍出现渗油和表面干燥现象,严重地段有脱落松散情况。由信安至后奕之间有 8 公里进行了修补。主要原因是渣油黏滞度偏低,初期用油量小,汽车行车自然碾压少,路面未成型,因马蹄践踏严重破坏所致。后来认识到,在沥青路面未成型前必须严格限制马车行驶,并要加强初期养护。第二期工程从 9 月 28 日—11 月 25 日完成。当时正是秋冬季节,气温偏低,最低施工温度为 -9～-2℃。由于施工后期赶进度,灰土含水量高达 15% 以上,个别段高达 20%,因而出现面层浮石掉渣现象。有的地段出现车辙,个别局部还有小面积(2～3 平方米)翻浆。但底层为灰砖土结构与掺 10% 以上石油沥青的面层,其效果较好,外观坚实平稳,符合技术要求。

此外,1965 年夏季曾出现严重泛油现象,由于事先考虑不周,准备不足,未能备下足够的养护材料,以致措手不及,养路工人被迫就地利用粉砂土撒布维护。

段蒋公路(段甲岭—蒋福山)。燕山余脉横卧在三河县东北部,山区面积有 78 平方公里,占全县总面积的 9.5%,包括蒋福山、灵山、黄土庄、段甲岭 4 个乡镇 33 个村庄。而蒋福山乡所辖的 4 个自然村,全部处在崇峰峻岭之中。

新中国成立后,蒋福山人民自己动手,把历史上的小道整修成可以走马行车的简易山路。1958 年春,由段甲岭和蒋福山两个公社组织 500 人的筑路队伍,开山凿石,填沟垫壑,对简易山路进行了全面整修。经过两个多月的紧张施工,一条南起段甲岭,连接京沈南线,经蒋福山至平谷县界、长 10 公里的公路建成了。但通车不久,由于连降暴雨、山洪急流而下,刚刚整修好的公路被冲毁了。当年 8 月,修复公路的会战开始了,共完成土石 4 万多立方米,用石工 3600 个,一条路基宽 3～8 米的砂石路又建成了。

1976 年开始,在砂石路面的基础上,铺筑沥青路面,由段甲岭起,至蒋福山止,全长 7.8 公里。施工要求根据交通量大小因段而定。在段甲岭水库以南 2 公里,路基宽 10 米,水库以北路基宽 8.5 米。路基高度大于 60 厘米的不做边沟,小于 60 厘米和挖方路段做好边沟。边沟内坡 1:1.5,边坡外 1:1。为保证行车安全,在急弯险坡处和纵坡较大的地方,路基加宽到 10 米。同时,在外侧路肩做了护栏安全墙。

在修建段蒋油路期间,三河县委和政府还决定,在环山渠——创业渠外侧,修筑 1 条东起蒋福山、西至灵山大唐回村南,长 7.04 公里的砂石路。1976 年春季动工,1977 年秋季竣工。

1978 年 10 月 1 日,蒋福山首次通了公共汽车。

香务公路(香河—河西务)。香河县城至天津市武清区河西务镇,途经钳屯、红庙、李庄,止于双街桥。境内全长 17.22 公里。路基宽 9 米、路面宽 6 米。路线上溯到清康熙年间,出香河县西门后,向西南方向分出一股驿路,沿雀林院东侧、钳屯西侧至北运河东堤西波进入武清县界。清雍正八年(1730 年),北运河决口,形成青龙湾河。清乾隆三十七年(1772 年),建成红庙金门闸。民国十四年(1925 年),天津顺直委员会派员重修金门闸,上做桥式,人可通行。

民国二十五年(1936 年),改由县城出南门,至南台村北面向西南至刘庄、转向正南经赵屯、钳屯、窝头村、坨子、二百户、三百户 7 个村庄西侧,过青龙湾河经邢家营到西双街北运河北堤,过北运河进入武清县界。

民国三十一年(1942 年),香河日伪县政权沿雀林院西、二百户东向南,至三百户折向东南至蔡庄,过小林桥西抵双街北堤,渡北运河,进入武清县界,整修了一条日伪“警备路”。

1955 年,香河县开始重视红庙区道路建设,在全年工作总结中说,“我县红庙区因不靠公路又系地势低洼地区,每年雨季连大车都不能行驶,严重影响到一个地区的物资供应。”1974 年,根治海河工程修建土门楼闸(红庙闸),整修此路,交通状况才有所改善,但到了雨季,交通仍旧断阻。

1978 年,廊坊地区批准投资修建通往红庙的沥青路,但由于选线和走向上意见不一致,把修路投资上交廊坊地区。后经上下反复协商,取得了一致意见,于 1982 年 11 月再次上报廊坊地区,1983 年批复,按照乡村道路民办公助的原则修建。道路的建成,从香河县南部打开了两道出口,缩短了由香河去往天津、廊坊两地的行程,由砖窝闸去往天津比绕行夏安路近 5 公里;由双街去天津和廊坊,比绕行夏安路近 10 公里。

葛马公路(葛渔城—马庄)。1973 年建成,起点为安次区葛渔城镇六道口,止点为固安县牛驼镇固雄线,全线按部颁平原微丘二级公路标准设计,路基宽 12 米,路面宽 9 米,路面结构为 2.50 厘米 AC－10C 细粒式沥青混凝土 +4 厘米 AC－16C 中粒式沥青混凝土 +16 厘米厚石灰、粉煤灰稳定碎石 +30 厘米 12% 厚石灰稳定土,两侧现浇 30 厘米宽混凝土包角石,是廊坊市与天津路网对接的县道之一。

东高公路(东辛庄—高碑店)。安次区东辛庄至保定市涿州高碑店公路。

2005 年东高线永清东段改造,起点为府东大街东头,终点为永清与安次交界处,全长 15.733 公里。路面结构为 30 厘米灰土 +15 厘米二灰碎石 +7 厘米油面,路面宽 9 米。

安次段改建工程 2006 年 4 月 14 日动工,11 月 28 日竣工通车。长 9.90 公里,按二级路标准改建。

东高公路(106 国道至保定界段)养护改造工程,为廊坊市交通运输局 2010 年第一批农村公路建设计划(廊交[2010]193 号),路线全长 11.346 公里。

陈大公路(陈官屯—大城)。由天津市静海县陈官屯镇至大城县城,简称陈大公路,东起津保(南线)公路的陈官屯,西经静海县子牙镇进入大城县境,向西经东扎庄、西扎庄、旺村、张荆河,连接廊大公路,大城境内路长 8 公里。

1975 年秋季,中共大城县委、县革委组织民工 500 人,施工 3 个月,完成大城段路基土方工程,路基宽 9～13 米,高 0.50～1 米,动土 5.37 万立方米,其中灰土工程完成 3.60 公里。1976 年,廊坊地区革命委员会批准,修建陈大公路大城段油面工程,按 3 级公路标准设计施工,底层灰土厚 18 厘米,灰剂量 10%,宽 6.40 米;面层 2.50 厘米厚沥青表面处治,宽 6 米;路面两侧设单层路缘砖。工程采用民工建勤方式施工,动员了旺村、王文、大童子等 8 个公社的民工 305 人。1976 年 3 月 15 日开工,5 月底竣工通车,成为大城县北部直达天津市的通道。

大北公路(大城—石门桥)。大城县城至县内北位村公路,简称大北公路,是 1977 年修建的一条县级公路。起点在津保(南线)公路 91 公里 625 米处,向南穿过县城,与大里公路相交后,向西南延伸,途径县城南关、夏屯、郝屯、关屯、王香电,南蔡、北位 7 个村庄,全长 23.50 公里。

1977 年春,为改变大城县西南部地区交通运输条件,在扩建津保(南线)公路的同时,组织 1000 名民工,采取民工建勤方式,完成了大北公路全部路基土方工程。

1978 年春,修建大北公路油面工程,按 3 级公路标准设计施工。底层为 10% 灰土,厚 18 厘米;面层为 2.50 厘米厚沥青表面处治,宽 6 米。分两层铺装。

修建大北公路,坚持高标准、严要求,科学施工;实行定额管理,优质优奖;开展社会主义劳动竞赛,提高了工程质量,加快了施工进度。自 1978 年 3 月 10 日开工,至 7 月 18 日竣工,历时 128 天。经地区交通局验收,完全符合设计要求。大北公路的修建,加快了大城西南部工农业建设的步伐,繁荣了城乡商品经济。

津廊公路(廊坊—天津)。旧称廊坊东沽港公路。自廊坊码头村北廊大线岔道口,经葛渔城至东沽港入津涞公路。1973年建成沥青表面处治路面,宽6米,长17.8公里。

廊大公路(廊坊—大良)。自廊坊光明道,经北旺、武清城关,在大孟庄穿过京塘公路,至武清县大良与津承(德)公路相接,是廊坊地区通往三河、香河、大厂和唐山的重要公路之一。境内辖段10.3公里,宽6米,沥青表面处治路面,1969年建成,为三级路标准。后改建为武榆路的其中一段。

(二)乡道

刘石公路(刘宋—庆功台)。香河县刘宋村至天津市宝坻区石辛庄的乡级公路,起于香河县城至马店子公路的刘宋路口,向南经刘宋镇庆功台村至宝坻县南仁俘乡石辛庄村,长4.49公里,县内长3.40公里。途中小桥两座。

庆功台是刘宋镇的一个大村,是致富先进单位。以前由于没有公路,阻碍了工副业发展。经村委会请示县政府批准:县乡财政各投资2万元;庆功台村投资3.70万元,并负责土方及拆迁、占地资金。交通部门负责勘测设计施工等项技术工作,并在筑路机械上给予无偿援助。后来宝坻县又投资8万元,将公路延长到宝坻县南仁俘乡石辛庄村。

该路段路基宽8米,路面宽4米,基础层为12%的石灰土,厚18厘米,沥青表处层厚2.50厘米,验收为良好公路。此路修通后,不仅促进了沿路村庄的农副业生产,保证了汛期庆功台扬水站的防洪排涝,而且增强了区域间经济往来。刘宋镇集市贸易成交额比修路前增长了30%。庆功台由全镇交税售粮的末尾村一跃进入前三名,还与北京两个厂家签约,建立了果汁厂和塑料厂,年获利润48万元。

渠安公路(唐通线—安头屯)。香河县渠口村—安头屯的乡级公路,起自通唐路的王刘222道口,向南至小高坨村,过潮白河漫水桥,经后独立庄及大、小青庄务至安头屯,长8.47公里,路宽6~9米。沿线有桥5座。

开挖潮白河之前,由渠口至安头屯,沿村道路通行便利,两集镇间商贸频繁。1948年,为迎接东北大解放军进关,由渠口至刘宋修建土公路,走向和位置相当于后来的后独立庄向南至刘宋村的连村土公路。

文大公路(魏各庄—刘各庄)。自文安县进入大城县,由西魏各庄至留各庄的乡级公路,经赵各庄、康各庄,沿大保干渠西侧向南延伸,连接津保(南线)公路102公里650米处,简称文大公路,长4.10公里。

文大公路大城段,1983年经廊坊地区交通局批准,按3级公路标准设计施工,路基宽10米,高0.50~1米;灰土剂量12%,基层厚25厘米;沥青表面处治厚3厘米,宽7米。工程由县政府组织大阜村、大尚屯两乡镇民工300人,采取雇工形式、按劳取酬办法修建,县交通局负责设计施工。1983年8月6日开工,10月28日竣工。油面铺设时已进入低温季节,油石黏合不好,加之采用灌注式方法施工,缺乏实践经验,致使工程竣工一个月后,个别路段路面开始松散,并逐渐扩大,因质量未达到设计要求,廊坊地区不予验收。同年12月,经县交通局测算,路面损坏4700平方米,占路面面积的16%。

1984年,地区交通局和县交通局采取补救措施,拨款8.43万元,对文大公路大城段油沙封层。同年6月5日动工,7月18日竣工,封层面积2.59万平方米。同年10月24—25日,地区交通局组织验收,认为文大公路经油沙封层,路面均匀密实,各部几何尺寸均符合设计要求,记录亦较完整,工程质量较好,但平整度仍然较差,路面边缘不齐。质量分数83.5分,定为良好路,予以验收。

大厂陈府乡北小庄村油路,如图2-3-26所示。广阳区村村通油路工程全线竣工通车仪式现场,如图2-3-27所示。

三、专用公路建设

1976年开始,华北油田先后在沧州地区任丘县和廊坊地区霸县、永清、固安、安次等县,打出了一组又一组井样,为石油资源的开发找到了新的基地。为做好"支油"工作,凡是由于油田自身建设的需要所进行的公路桥梁新、改建工程,在勘测设计、工程投资、施工管理等方面,经油田与地方协商都以合同或协议形式作出了明确规定,一般是勘测设计和施工管理由地方负责,工程投资、三大材(钢材、木材、水泥)、沥青由华北油田负担。

图 2-3-26　2004 年 6 月 8 日，大厂陈府乡北小庄村油路

图 2-3-27　2004 年 9 月 23 日，广阳区村村通油路工程全线竣工通车仪式现场

地区以支援国家石油资源的开发为己任，对铺筑的每一条公路、架起的每一座桥梁，从设计到施工，层层把关，确保了工程高质量。1976—1985 年，为油田投资建成的渣油黑色碎石路和沥青表处路面共 270.5 公里；为连通地区与干线公路，开辟新路 46 公里；新改建各种结构形式的钢筋混凝土桥 12 座、长 1327.9 米。

截至 2011 年，廊坊境内共有专用公路 33 条，长 126.001 公里。

四、桥梁建设

（一）廊坊地区桥梁建设的发展

廊坊地区处于海河下游，境内河流纵横、港湾极多。在根治海河之前，由于河水泛滥，公路经常阻断，公路建设受到一定影响。在这样的特定水利条件下发展公路事业，桥梁建设则成了一个重要课题。随着公路的不断兴建，桥梁也就自然得到发展。廊坊地区的桥梁建设，是由低级向高级逐渐发展起来的。

廊坊地区最早一座大型木桥，是京哈线上跨越泃河的三河县沿口桥。道光十八年（1838 年）就曾建过 1 座木便桥。1948 年，为迎接中国人民解放军解放北平、天津，在原木便桥旁建成 1 座长 70 米、宽 8 米，载重 12.5 吨的木桥。1951 年，拆除旧桥重建 1 座 29 孔、长 115.5 米的木桥，是廊坊地区解放后第一座新建木桥。其他木桥是在 1954 年和 1956 年两次洪涝以后相继修建的。为防止木桥遭受漂浮物和流水冲击，在木桩前设置了三角形桩体，以拦挡漂浮物或击碎冰块，保护木桥。木桥易腐朽。为延长木桥使用年限，对建桥的木材进行了防腐处理。木桥防腐法有两种：构造防腐法与化学药品防腐法。这两种防腐方法是同时采用的。据统计，截至 1985 年，全区共建木桥 39 座、1624 米。其中 100 米以上的大桥 6 座、长 958 米。

20 世纪 50 年代修建的桥梁，全部是砖木结构的拱桥或简支梁木桥。60 年代以后，开始建设各种结构形式的钢筋混凝土桥。其结构形式有：拱桥（石拱桥、混凝土桥、双曲拱桥、防爆双曲拱桥、桁架拱桥、薄壳拱桥等）、梁式桥（少筋微弯板组合梁桥、板梁桥、T 形梁桥、空心板梁桥等）、钢构桥（立交桥）、预应力混凝土桥等。

1963 年，国务院批转国家计委、交通部关于《公路水毁的修复和防治问题的报告》中指出："目前受洪水威胁最大的是木桥，必须采取积极措施进行加固，并有计划有步骤地改建永久性的水泥预制桥梁。"地区于 1964 年兴建了津保北线杨各庄幸福桥。这是廊坊地区第一座自己设计、自己施工的钢筋混凝土 T 形梁桥，长 23.6 米。虽然施工时间长些、造价高些，但锻炼了技术力量，提高了建造水平，为兴建永久性桥梁积累了经验。仅 1965 年，在津保南、北线和京大等路线上，就建有大小桥梁 55 座、1270 米，其中木桥 3 座、198 米，砖台（石台）木面桥 13 座、131 米。造价由过去每延米 9000 元降至 2000 元左右。

1963 年 8 月初，河北省中、南部遭受历史上罕见的洪水灾害后，河北人民开始了根治海河的浩大工程。在根治海河与海河配套工程中，因河道拓宽，旧桥拆除，新改建公路大中桥 40 座，总长 4147 米。其中百米以上的大桥11座，总长2513.3米。海河工程的实施，对改变廊坊地区大型公路桥梁面貌起了很大的促进作用。

由于海河工程是在“十年动乱”中兴建的，设计与工程质量均欠佳。到20世纪80年代，已发现京大线史各庄大桥多排井柱桩断裂，成为险桥；廊大线于常甫桥由于设计载重标准偏低，使用不足10年，发现T梁有裂纹，为保证通行大型车辆，不得不在该桥旁边又建1座新桥。

随着国民经济的发展，不仅交通量与日俱增，而且还出现了特种车和超重车，给公路桥梁增加了荷载量。有的桥梁因设计、施工上的某些原因，在重车作用下已发生了不同程度的损坏。干线公路由三级路改造成二级路，路基、路面加宽，桥梁宽度已经不能适应。桥梁桥面窄，载重标准低的问题，逐渐暴露出来。随着旧路的技术改造，对原有桥梁的充分利用成了重要的研究课题。

廊坊地区干线公路的改造加宽，一般采用单侧加宽的方法，在线型符合二级路标准要求的条件下，桥梁也采用单侧加宽。如津保南、北线两条公路上的桥梁，就是采取单侧加宽的办法，用加长墩台帽的措施，架设原结构钢筋混凝土梁加宽桥面。在京大线改建时，对粉营桥、新河桥等桥梁，采用桥边架桥的方法，以护轮带或人行道作为分割带。两桥载重标准不一，原桥为汽—13，新桥为汽—20，同桥不同线，车辆过桥时按载重标准分道行驶，这样就解决了原桥面偏窄和载重标准偏低问题，对桥位不适应线型要求的牛驼桥、营上桥等，采取改线重建的方法加以解决。有的公路虽未改建，但其桥位由于设计、施工质量欠佳和地震影响，也采取了桥边架桥的方法，即所谓“一桥两标”（一座桥两个载重标准），京哈线三河沿口桥、廊大线于常甫桥均属此类。

1966—1969年，全区新建、改建大中型桥梁9座，共长1013米，分别占“文革”十年期间建桥总数的6.2%和5.1%。这些桥梁标准低、质量差。其中京大线上的牛驼桥、西粉营桥，史雄线上的史各庄桥，大里线上的十里湾桥，后来都进行了重建。

鉴于投资和三大材料（钢材、木材、水泥）有限，20世纪70年代初，从无锡学习了双曲拱桥的修建技术。该桥型具有自重较轻，便于预制装配，节省钢材、木材和施工安装比较简易等优点，因而得到较好的推广。到1984年年底，共建成双曲拱桥20座、1210米。由于采用土模型预制桥梁构件，节省了大量木材，钢材用量较同跨T形梁桥可节省三分之二，每延米造价降到1300~1500元。

为探索建桥新技术，在交通部规划设计院的指导下，于京大线固安县南五里铺修建1座高强、精轧粗钢筋预应力混凝土试验桥，桥面采用固接板结构，对提高桥梁抗震性能和改善桥面行车条件有较好的效果。

在桥梁建设实践中，建桥机械化水平和建桥能力不断提高。1976年，桥基钻孔开始使用冲击式钻机，甩掉了使用人力大锅锥落后钻孔方法。1979年，又发展到使用适合地区土壤情况的潜水钻机，不仅提高了钻孔进度，而且提高了钻孔质量。为实现大梁预制起吊、安装机械化，自己设计组装4台10吨龙门吊车，把安装工人从危险而笨重的体力劳动中解放出来。廊坊地区的桥梁专业施工队伍实现了混凝土拌和、运输、振捣、钻孔、起吊等主要工序机械化，建桥能力有了很大提高。

1976年7月28日唐山地震后，全区有17条公路、26座桥梁遭到不同程度的破坏。尤以三河、大厂、香河三县所辖公路、桥梁破坏严重，有的路面断裂、横移，有的桥梁墩台沉陷、倾斜。为了抢险救灾运输的紧急需要，地、县交通部门立即组织力量抢修，重点抢修香河至夏垫的公路，以保证公路畅通。由于地、县交通部门的共同努力，到8月3日共动员1995人，仅用6天的时间就把地震破坏的公路、桥梁全部抢修好，保证了救灾物资的运输。给灾区共运送各种物资7192吨，运往三河、大厂、香河本地灾区物资3034吨，用于医疗队和抢救用车82个车日。总计出动3099个车日，平均每天出动汽车238部，最高日出车528部。至1963年8月11日，由廊坊中转唐山的救灾物资全部运完。党中央于1963年9月1日在北京召开了唐山、丰南抗震救灾先进单位和模范人物代表大会，地区交通局和支唐车队被评为先进单位，并派代表出席了大会。

1963年12月22日，省交通局召开了交通防震会议。根据会议精神，为确保北京与天津及外省市的公路畅通，对公路桥梁进行了防震加固工程。在施工中，采取了边规划、边落实、边施工的方法，克服了材料和其他困难，经过几个月的紧张施工，全区共完成加固大中型桥梁39座，长2643米；打眼4585个，累计深度2026米。用工9250个、钢材28吨、木材9立方米、水泥48吨。上级确定的廊坊地区必保畅通的京大线和京塘国道上的13座桥梁、长达1414米的加固工程也如期完成。

桥梁加固工程,对地区来说是陌生的,只有边干边总结。针对桥梁的特点,地区找到了防震加固的两种最佳方案:①桥梁按帽梁宽窄、端隔板高矮不同,采取不同的加固措施。对于帽梁较宽、T梁端隔板处有20厘米以上空间的,设20厘米×20厘米×30厘米挡块,两端两侧各一块。对于活动支座一端有空隙的,另一端的挡块尽量与横隔板贴紧;对于帽梁较窄或横隔板较高的T梁,因无法设置挡块,就在横隔板上打孔,用螺栓与邻孔相连接的办法处理,但须留有余地。②板梁桥加固,是在每块预制板两端用钢钎打孔,孔深20~30厘米,插入钢钎,孔隙一端灌水泥砂浆固定;另一端帽梁孔内钢筋周围填充沥青砂,似活动支座。为防止地震时横向落梁,各种梁式桥在帽梁两端均设了横向挡板。

廊坊地区处于地震高烈度区,对原有桥梁完成防震加固之后,凡新建桥梁都采取防震技术措施。在施工中,板梁两端有预留孔,帽梁预埋了钢筋,做横向挡板;下部井桩,加大了桩径和桩长,增加了配筋的数量和长度。修建苑家务大桥时,为提高抗震能力,每隔9孔设1个A字形薄壁墩,以抵消部分地震力的影响;桥台采取四柱式框架结构,筑起4个防震制动墩,把722米的长桥分为5段,犹如5个短桥相连。一旦发生地震,防震制动墩能抵消地震水平推力,可避免或减轻地震对桥梁的破坏。

在桥梁防震加固工程中,地区很重视充分调动群众的积极性和搞好县与县之间的互助协作,这是克服困难,保证工程顺利进行的有力措施。香河县在加固桥梁工程中,组织了100人的专业队;安次县把任务分给沿路段群众,包干负责施工;固安、文安县把道班工人组织起来,做到养护公路与桥梁加固两不误。施工中,工具、材料不足,就发动群众就地取材,采用挖、找、代的办法解决。香河县施工时没有脚手架,群众采用吊架代替,不仅施工方便,还节省了不少木材。固安县在加固永定河大桥时,急需22、28毫米的钢筋和钢板垫圈,文安、永清和大城县及时支援,保证了工程需要。文安公路桥梁加固任务较大,有6座桥梁是重点加固必保工程,靠本县力量很难如期完成任务。霸县、固安立即组织18名熟练工人赶赴文安芦阜庄桥梁工地,帮助工人在桥墩上打眼188个,4天全部完成。百米长的大桥加固工程,只用了6天时间,提前完成了任务,保证了京大线地区辖段安全畅通。

1977—1985年期间,公路桥梁建设有了很大发展。除了唐山地震后对桥梁进行抢修和加固外,还下大力气改建和新建了一批新的桥梁。9年间,新、改建大中桥梁37座,共长3177米,其中62%是新建桥梁。新、改建各种小桥77座,共长1653米,其中新建的小桥占90%。著名的廊坊市立交桥、苑家务永定河大桥、固安五里铺预应力试验桥、文安县安里屯大桥、大城县十里湾大桥,都是在这段时间建筑起来的。截至1985年,共建成桥梁350座、14034米(其中大中桥梁108座,小型桥242座)。最后遗留的一座木桥——大城至里坦公路上的十里湾桥,也于1984年拆除改建。至此,全区实现了公路桥梁永久化。

桥梁因设计、施工、地震等原因,显现出必须克服的3个发展中的障碍:①干线公路由三级路改造成二级路、一级路,因路基、路面加宽,桥梁宽度不适应、载重标准低的问题逐渐暴露出来。②随着国民经济的发展,交通量日益增加,由于轴载增加、超载严重,桥梁在重车作用下不堪重负,结构出现了不同程度病害。③1976年唐山地震后,部分桥梁遭到了不同程度的破坏。

在发挥原有桥梁的价值,旧桥改造和加固施工中,通过专家论证后,采用4种方法:①旧桥单侧加宽。廊坊地区干线公路改造加宽,采用单侧加宽的办法,在符合公路标准要求的条件下,桥梁也采用单侧加宽。津保线南、北线两条公路线上的桥梁就是采用加长墩台、盖梁的措施,架设原结构钢筋混凝土梁加宽桥面的。②保留旧桥,增架新桥。为减少投资,在保留旧桥继续使用的同时,靠近旧桥再架设一座新桥,与改建后的线路相匹配。为顺应新旧两桥载重量的不同,采取车辆过桥时按载重标准分道行驶的措施,使原桥面狭窄和载重标准偏低的缺欠得以合理弥补。京大线改建时的粉营桥、新河桥、1990年的106国道永定河大桥的右幅桥等桥梁,就采用了这种"边架桥"的办法。③维修加固旧桥病害部分,使危桥恢复运营。唐山地震后,为了增强桥梁抗震能力,在省统一安排下,主要公路干线上的大中型桥梁一律防震加固,仅1977年全区就完成防震加固桥梁65座、378米。2010年9月初,超洪北桥出现面积1.25米、深0.70米的崩裂,混凝土脱落、露筋,预应力主筋波纹管弯曲外露。工程队采取更换病害部分的梁板,并更新修复了相对应的伸缩缝、湿接头、护栏、桥面,使险桥化险为夷。106国道永定河大桥左幅桥,建于1965

年，历经40多年的运营，桥梁出现梁端拉裂，部分横隔板连接钢板破坏等病害，第一公路工程处负责进行维修加固，采取保留大桥基础和部分下部结构，重建大桥上部结构的办法，使危桥获得新生，重新投入运营。④破损严重不能修复的拆除重建。1979年修建的廊霸线苑家务大桥，因原设计荷载偏低，交通发展后车辆荷载增大，桥梁因承载能力不足出现严重病害。2011年3月，按照省交通运输厅批复，在大桥原址上重新建设了苑家务大桥。1980—2011年，廊坊市交通局直属专业桥梁建设单位——第一公路工程处先后维修加固大中桥梁30座，保证了廊坊路网的畅通。

（二）廊坊地区的桥梁建设

廊涿线安次区境内盛天桥闸，如图2-3-28所示。密涿支线下穿大秦铁路立交桥成功顶进，如图2-3-29所示。大广高速霸州金各庄106国道跨线桥首片箱梁安装完成，如图2-3-30所示。廊霸线金各庄互通桥，如图2-3-31所示。

图2-3-28 1997年4月12日，廊涿线安次区境内盛天桥闸

图2-3-29 2010年12月22日，密涿支线下穿大秦铁路立交桥成功顶进

2-3-30 2011年7月15日，大广高速霸州金各庄106国道跨线桥首片箱梁安装完成

图2-3-31 廊霸线金各庄互通桥

南赵扶木桥。民国二年（1913年）架起木桥。1954年10月15日重建，1970年，建成钢筋混凝土桥，桥址北移10米，总长141.5米，共10孔，边孔11.4米，通航孔16.8米，其余14.1米，设计荷载—13、拖—60级。

国民经济恢复时期，限于当时国家财力困难，全区干线公路的主要桥梁60%以上都是木桥。因此，解决木桥防腐问题，则是当时建桥中的迫切任务。为使全省公路木桥防腐有计划、有重点、有步骤地推行，省交通厅于1954年1月12日发出通知，强调指出：新建木桥自1954年起，须全部防腐处理。旧有木桥如条件许可,应重点补做防腐处理。同年4月,省交通厅在保定至高阳线唐河支流12孔木桥上,进行了防腐试验,切实掌握防腐技术后在全省推广。

廊坊地区第一次木桥防腐处理,是在南线南赵扶木桥重建工程中进行的。南赵扶木桥的重建工程于1954年10月15日动工。当时,由于运输困难,材料规格不全,加之水位过高,建桥进度一直很慢。同年11月14日,木桥纵梁安装结束,因水位上涨,迫使桥梁水下夹板安装停止。同年12月12日,上部结构安装告竣,经地区公路局同意即日通车。为延长木桥使用寿命,对所有木材和主要部件,都进行了防腐处理。

南赵扶木桥防腐处理,主要采用构造防腐和使用防腐剂两种方法。构造防腐法,即先将无疵病的木材,用空气风干;再于桥面两侧设置泄水槽,使桥面雨水迅速排除,防止木结构受潮。采用防腐剂防腐,是南赵扶桥使用的主要方法。防腐剂配置成分为:氟化钠50%、克鲁苏油24%、煤沥青14%、炭粉2%。使用时,先将木结构表面刮净,然后把稀释防腐剂加热到90℃,在木构件上喷洒两次,重点部位和易腐部位喷洒四次。最后,用克鲁苏油与煤油等量混合涂刷,增强防腐性能。对最易腐朽的立桩,除使用防腐剂处理外,还用防腐带缠裹,即用涂有防腐剂的麻袋片紧紧缠住木桩,用铅丝或元钉箍紧,在麻袋片表层再涂沥青保护层,进一步增强防腐能力。

在对木桥进行防腐处理时,工程人员还改进与革新了一些施工方法。如氟化钠,过去用手萝筛,工效低、易飞扬,容易出现中毒现象。经过反复研究,在实践中试制成功了一种脚踏木箱萝,取代了手萝的方法。改革前,一人一天筛50千克,改革后可筛250千克,提高了功效,保证了安全生产。同时,还创制了带火炉的提油盒,减少了涂刷的消耗量,使涂刷效率提高一倍。用克鲁苏油代替煤油,也为国家节省了开支。

三河县沿口桥。坐落在三河县城东沿口村附近,横跨泃河,是北京至哈尔滨公路干线上的一座重要桥梁。

沿口桥有悠久的历史。据《三河县志》记载,它是清道光十八年(1838年),由三河县刘国相、全文才、李银等募捐建成的一座木桥。经多次维修,延续使用了一百多年。

1948年底,为支援人民解放军第四野战军参加平津战役,在木桥南侧又新建一座木桥,长70米,宽8米,载重12.5吨。

1951年抗美援朝时,经省交通厅批准拆除旧桥,重建了一座长115.5米,宽4米,25孔的木桥,荷载为汽—8级,是新中国成立后地区新建的第一座大型木桥。

木桥落成后,由于交通量逐渐增长,虽经过多次加固,仍不能适应繁重的运输需要。1963年经省计委批准,由省交通厅工程局编制预算投资75万元(原计划64万元,后又增补引道及冬季施工费11万元)建设新桥。

新桥是一座装配式钢筋混凝土T形梁桥。技术标准:桥面宽7米,两侧各设人行道0.75米,载重汽—13、拖—60,人群荷载300千克/平方米。引道路基宽12米,路面宽5.5米,两端各修100米。全桥长135米。

此桥以天津市交通运输局为建设单位,三河县交通局和省交通厅第一工程队联合组成施工机构。1963年4月3日成立了建桥施工所,配备干部36名,其中包括工长、技术人员14名。当年5月2日开工,8月5日预制构件,9月9日开始打桩,至1964年1月18日全部竣工。

施工期间遇到许多困难:一是材料供应不能保证,使桥桩木不能及时供应,准备工作耗时较多,直到三季度才完成构件预制,打好试桩。二是调入的钢筋质量不符合要求,使预制工作拖延了20天。三是桥位水位上涨,供电不足,影响了工程进度。1963年10月18日,三天内水位高程由10.2米涨到11.7米,经采取围水办法,在围堰内加打一层企口板,制止流沙后才继续施工。做到有电时就抓紧突击加工,以加快工程进度。

为了方便施工,加快进度,采取了充分利用旧有模板,改用其他规格钢筋、变更设计等方法。如原设计桥梁引道内设有四个大涵洞,根据当地水文资料,经与水利部门和有关社、队协商,征得上级同意,只修了一道水管就解决了问题。又如,原设计基桩均系斜桩,经上级批准改为直桩。再如,墩柱由就地浇筑改为预制,简化了操作,缩短了工期。

全桥总计浇筑钢筋混凝土和素混凝土666立方米,引道土方62887立方米,路面铺筑12519平方米,涵管3道,边坡砌片石1061立方米。守桥房一栋,37平方米。共使用劳动力47680个工日,其中技工7624工日,普工40056工日。由于劳动组织比较合理,按件计酬,功效提高较快。竣工后验收,一直认为施工质量尚好。但因原设计桩径较小,帽梁偏窄,支座简易,受温度和应力影响,造成T梁两端断裂,致使帽梁混凝土脱落。1976年7月28日唐山地震波及该桥时,造成桥台下沉,桩柱断裂,护坡滑塌,成为险桥。

为了确保车辆安全畅通,经省抗震救灾指挥部批准,与旧桥平行再建一新桥。新桥与旧桥同孔、同跨、同高、同宽。新、旧桥人行道间距5厘米,两桥相邻人行道组成分割线。设计标准为汽—20、挂—100。按地震烈度八度设防,下部构造为双柱式钻孔灌注桩,桩径、桩长、帽梁等,均加大了结构尺寸。桥台桩柱增加了配筋数量,并加大了钢筋直径,设置了纵横挡块。

霸县幸福桥。津保北线霸县杨各庄幸福桥,建于1964年,是天津市交通局工程队第一次修建的钢筋混凝土桥梁。在技术缺乏、设备简陋、没有经验的条件下,依靠自己的力量,发扬敢想、敢干、敢创的精神,以科学求实的态度,积极地投入了工程施工。6月中旬进场办公,而后修木便桥引道工程。7月中旬,基础工程开工。8月,因雨量过大,桥位处水位猛涨,木便桥与引道阻水,严重影响上下游泄洪。为了支援农业生产和救灾,经上级批准,停止基础施工,全力以赴,抢险护路,确保公路安全畅通。因而木便桥和引道路面工程,延至11月底才竣工。

此桥全长22.6米,净宽7米,未设人行道。载重汽—13、拖—60。桥面铺设7.5~12.5厘米的防水层,纵坡0.5%~1%,横坡1.5%,未设泄水孔,大梁下面均无支座,两岸铺砌1:1片石护坡。

为了在施工中有利工程管理,在幸福渠两岸,自己动手搭工棚310平方米,解决了工地伙房、料库、住宿、办公等生活与工作的需要。但因场地窄小,也曾发生互相干扰的现象。在开挖两个岸墩基坑时,因深度大、坡度小,又适逢雨季,用草袋围水,曾出现流沙、塌方现象,给开挖带来很大困难。浇筑承台混凝土时,需要同时抽水,所以浇筑必须争分夺秒加速进行。为此,同时开动两台搅拌机,集中人力搞突击,只用6小时就完成了承台浇筑任务。没有插入式振捣器,就用平板振动和人工捣实,也收到了较好的效果。

钢筋焊接成型,全部采用电弧焊接,焊接前先取样做冷拉冷弯试验,三个接头为一组试件,按规范要求合格后方能焊接。施工中,曾出现焊接后钢筋抗拉强度降低的现象,无论是屈服应力或极限压力都达不到规范要求,尤其是32毫米和36毫米钢筋最明显。经多方试验并请有关部门鉴定,证明钢材本身出厂标号不符合标准。为了保证质量,将40根32毫米钢筋接头全部锯掉,并委托杨柳青动力机厂重新焊接。

大梁设计为250号混凝土,为了加快预制速度和缩短拆模起吊时间,改用300号混凝土。配合比为1:1.7:3.18;水灰比0.46;坍落度1厘米。桥面防水层混凝土,也用300号,每立方米混凝土用500号水泥386千克,砂为660千克,石料1230千克,水179千克。重量比和水灰比均与大梁预制混凝土相同,外加2%的氯化钠和2%的加气剂(松脂皂),即成防水混凝土。

起吊和安装预制大梁,全部采用扒杆操作。一套8米长的做起吊用,一套10米长的做安装用。起吊和安装时使用地扒牛和绞车,配合进行。

总之,这次建桥实践,提高了工程队业务能力,积累了建桥经验,当然也付出了一定学费。在整个工期发生了8起质量事故。其中属于承台轴线偏斜的2起;属于蜂窝麻面和空洞的4起;属于大梁起吊滑落碰坏的1起;东墩上挡土墙偏位1起。1965年,由天津市交通运输局、霸县交通局、霸县养路工区和工程队联合组织验收,准予交付使用。

固安永定河大桥。位于北京至大名公路北京市和廊坊地区固安县交界处。它是出北京经大兴县黄村通向河北省东南部广大平原的主要通道,又是北京南大门在京广和津浦两条铁路中间通向河南开封市的一条公路干线，在政治、经济、文化、军事上都占有重要地位。

平津解放后，人民解放军南下，在这里修了一座临时简易便桥，从此，便桥就成了这一带人们往来必经之路。为此，人民政府派人设站，加强管理和养护，雨季临时拆除便桥，组织民船代替，雨季过后又搭便桥，以维持交通。

据1949年10月固安县政府向河北省交通厅关于永定河渡口情况的报告中记载："便桥拆除后，组织了渡船两艘，每天行人过千。人推小车和马车400多辆，汽车10余辆，货物10多吨，由于渡船少而小，效率低，过渡行人有时得多等一两天，群众来往极为困难。"由此可见，临时便桥和渡船在当时已很不适应实际生活的需要。20世纪50年代，国家在这里多次增添渡船，逐年提高便桥质量，加强养护和管理，以尽量增强通过能力，但仍不能满足交通量大幅增长的需要。因此，河北省交通厅于1963年决定修建此桥。

1963年初，河北省交通厅下达了该桥勘测设计任务书，省厅公路工程局第一工程队进场，进行勘测与设计。该桥设计原为每延米造价4000元。后来，设计人员到山东参观了沂河大桥低造价的实例，参加了保定地区水利部门修建宣惠河桥高质量、低造价的现场会。随即，设计人员深入现场召开设计、施工人员会议，通过看现场、倾听技术人员和工人的意见，做到了施工和设计相结合，解决了许多单方面解决不了的问题，从而把每延米的造价降低到3000元，同时提高了载重标准，由汽—13、拖—60提高到汽—18、拖—80。通过这次的实践，开创了河北省公路桥梁的质量高、造价低、工期短的新局面，使一般的T形梁桥每延米造价降到2000米左右。

固安永定河大桥位于首都的南大门。根据省领导要质量高、造价低、工期短、桥梁结构要适应平战结合的要求，确定设计计算标准是如下。

(1)设计载重。汽—18、拖—80，设计洪水频率为百年一遇；桥面净宽为7米，两边各边0.75米的人行道，建筑宽度共9米，总长25×16.8米+2×0.15米=420.3米。

(2)桥位。永定河是由大洋河(发源于内蒙古自治区境内)和桑干河(发源于山西境内)于怀来县朱官屯汇合后称永定河。经官厅、雁翅，过三家店流入平原。永定河以三家店为分野，三家店以上为上游，属山区；三家店以下为下游，属平原区，雨水不能流入河。三家店以上的流域面积为48540平方公里，流入卢沟桥北蔡至建桥地点辛立村约50公里。此段河道属山前区，为变迁性河道，洪水来时夹带大量泥沙，水位降落时泥沙沉积，河床淤高。三家店地段河床砾多沙少，到建桥的辛立村地段则多为细粉砂和淤泥。由于河床逐年淤高，两岸居民为了预防洪水泛滥，每年洪水来临前都要加固加高河堤，久而久之，形成地上悬河，等于筑垣蓄水。两岸高出地面2米以上，有的高达6米。新中国成立后，北京市和固安县有关部门，共同制定了治理永定河河道的方案，把桥位基本选定在原来临时木桥的位置上。

工程的施工任务由省公路工程大队第二工程队承担。工程队于1965年春进入施工现场，经过准备于3月8日正式开工。全桥施打基础方桩。单动汽锤日进度较快，平均4~8根，最高打下7根；双动汽锤体进度一般3根，配合射水沉桩可增加两根。双动汽锤由于振动频率大且难以掌握，初期施打发生裂纹，后来配合射水沉桩避免了裂纹。7号和12号墩各有1根裂纹较多，都加了1根辅桩。

基坑施工绝大部分时间在枯水时期，基坑流沙用草袋装土护壁即解决问题，只有18号、19号两座承台在水中施工，采用了草袋围堰。墩柱系预制，用木格式门架安装。盖梁就地浇筑，为提前安装大梁，使用蒸汽养生，保持50~60℃48小时，可达到强度的70%以上，停止蒸汽养生后即可进行安装大梁。

T形大梁的预制工作从4月开始，达到强度后，在河滩上设点安放。为了节约场地采用横向移动，但动作迟缓、效率不高，给运输大梁工作增添了困难。大梁的安装采用木格式跨门墩两座，配5吨电动卷扬机两台起吊。由于安装顺利，大梁预制赶不上，所以大部分大梁采用蒸汽养生，强度达到70%即可安装，从而为该桥提前竣工创造了条件。人行道块件安装在河下运输，八字扒杆提升就位，日进度安装3孔。

为使进度快、工期短，该桥工地除配备先进的打桩机2台外，还进场推土机、拌和机、电焊机、抽水机等31台。各工种的技术工人143名,壮工645名。技术工人的来源较困难,除在农村招雇外,还采取了师傅带徒弟的方法进行培养。该桥工地培养出能初步掌握技术的壮工43名,做到了"寓技于民"。管理干部配备:技术干部13名,行政及医务人员13名,共计26名,占总人数的3%。某些工序日夜三班倒。

该桥从1965年3月8日正式开工,至6月30日全部竣工,7月1日开放通车,全部工作日115天,施工速度之快是空前的。据统计,使用主要建筑材料:钢材509吨,木材603立方米,水泥805吨,砂石料5644立方米。经验收委员会鉴定,达到了省领导提出的"高质量、低造价、工期短"的要求。

多年的实践证明,该桥在基础部分若采用钻孔灌注桩,则每延米造价还将大大降低。当时因为有人认为该处为细砂质河床,不易成孔,故未采用。以致两台先进的万能打桩机仅在此桥用过一次,其后未在河北其他公路方面使用过。

永定河大桥的设计与施工,从技术上冲破了旧框框,在管理上发扬了"一厘钱"的精神,使得全省建桥技术和专业人员的技术水平有了新的提高,可以说它是河北省公路桥梁建设发展的一个新的里程碑。

琥珀营大桥。琥珀营大桥位于廊涿线(廊坊至涿州)安次与永清两县交界处的琥珀营村北,横跨永定河,是一座具有防爆性能的钢筋混凝土双曲拱桥。桥长457米,桥面净宽6.5米,两侧各有0.75米人行道。设计荷载汽—13、拖—60。

1971年11月,工程仓促上马,盲目施工,致使该桥刚刚建成就发生桥面下沉,其主河槽4、5号桥墩处下沉10厘米。1976年唐山地震后,桥梁发生破坏性伤损。震后观测:所有甲式帽垫块全部压碎,端横板开裂,第3孔拱肋接头的钢筋混凝土破损,大部桥面出现了3~16厘米的不均匀下沉。13号和14号两桥墩下沉较为明显,而11号与15号桥墩却分别上升3.1厘米和2.4厘米,使整个桥梁发生M形变化。至1983年,大桥整体下沉26厘米。

为了进一步弄清该桥的损坏原因,确定今后的实际承载能力,经地区交通局协同河北工学院土建系,利用1年多的时间,对该桥进行了现场实际损坏情况的调查,根据损坏现状,用现代化仪器进行室内复核计算,并对该桥进行了静载非破坏性试验。根据计算、实验结果,确定该桥全面维修加固后,降低使用标准,按汽—10级荷载限制通行。

出现上述问题的原因主要有以下几点。

(1)照抄照搬,盲目套用。1970年,交通部在无锡设计一种"702工程"图纸,该工程设计省钢材、造价低,在当时当地收到了较好效果。地区交通局和永清县交通局联合组成学习小组,到无锡全盘照抄照搬设计图纸,盲目套用"702工程"。在琥珀营大桥设计前,未做地基勘测分析,也未进行复核计算。由于无锡、廊坊两地自然条件差异很大,地基的构成及承载力不尽相同,加之"702工程"设计限于当时的历史条件,在某些方面也未能保证现行《桥规》要求的结构安全度,图纸本身就给琥珀营大桥留下了隐患。施工时,工程技术管理与施工质量又受到干扰,致使下部结构桩长、桩径未能达到设计要求。上部结构部分拱肋强度也未能达到原设计标准,多处部位出现裂缝和剥落。因此,该桥建成后就出现桥面下沉,主河槽4号、5号桥墩处下沉10厘米。1975年开始,又受大型车辆通过的影响,致使4号、5号桥墩处下沉达26厘米。

(2)"一窝蜂"式的施工形式,工程管理混乱。琥珀营大桥的施工任务下达给永清县,县成立了建桥指挥部。地区交通局抽调20名干部和技术人员组成技术指导小组,负责技术指导。永清县动员了曹家务、管家务、北大王庄、韩村等10个公社的民工1000人,组成10个施工队,于1971年5月动工,到11月底全部竣工。桥墩钻孔是建桥的基础工作。面对"风梳头、沙洗脸"的恶劣天气,10个大锅锥同时开工,钻孔人员"一天三班倒,昼夜不停钻",工地上到处都是"抢风天、战雨天,洪水来了不停产,三天任务一天完"的大幅标语和口号,促使人们不按操作规程施工,弄虚作假,盲目抢进度,致使井眼上粗下细,桥墩呈现"角杆"型,导致桥墩下沉。

(3)忽视质量,把关不严,使大桥险象环生。建桥指挥部下设行政、后勤、工程三个小组,缺少质量检查组织和专职质量检查人员。工地上只有几名技术人员，指挥不灵，工人蛮干。大桥的上板、腹板全部采用土模板预制，没用振捣器振捣，人工夯实度不够，板梁混凝土多处剥落、露筋、裂缝。由于桩基桩数偏小，桩长偏短，造成桩基承载力不够，按设计荷载通过时发生塑性变形，导致桥梁破坏而不能使用。建桥时把关不严，使主河槽的第3孔拱肋水平距离有较大的施工误差，施工时拱脚模板曾走移近10厘米。总之，由于忽视质量把关，使投资近60万元的琥珀营大桥成为险桥，只能进行全面修补加固后降低标准使用。这在廊坊建桥史上是一个极其沉痛的教训。

琥珀营大桥，如图2-3-32所示。

廊坊立交桥。1969年，原天津地区革命委员会迁到廊坊后，即成为全区的政治、经济、文化中心。由于地理位置优越，中、省直单位陆续迁驻廊坊。使原属村镇的廊坊迅速发展为新兴的中等城市，人口猛增，商店林立，经济繁荣，道路拥挤。特别是京山铁路从廊坊市中心穿过，使辐射的公路干线南北不能相接，公路与铁路平面交叉道口不适应大交通量通过，断阻时间长，造成交通堵塞，严重影响正常的交通运输。为适应新兴城市和大交通量的需要，方便人民生产生活，促进廊坊经济的崛起，经北京铁路局批准，在廊坊至大良公路与铁路平交道口处，兴建一座快慢车分行的大型交通枢纽工程——廊坊立交桥。

图2-3-32 1997年12月19日，琥珀营大桥

工程规模：立交桥全长32.50米，宽24米，自重3520吨。快车道净宽9米，两边为慢车道，净宽6.50米。

排水系统。地下水由干支盲沟滤水管集中到干管，再自流入泵站集水池；地表水通过雨水井输入主干管，与地下水汇集一起经泵站排除。泵站由封闭式集水池加电动排水泵及泵房组成。为防止因停电影响排水，配备了75千瓦时柴油发电机组一套。泵站排出的水，通过排水管道与市政排水系统连通。

引道工程。南北引道长420米。引道路面结构25厘米灰土基层，铺筑一厘米渣油砂垫层，19厘米厚水泥混凝土面层，纵缝设了传力杆，两段接长923米的结构为石灰土基层，下灌上拌沥青碎石面层。快、慢车道挡墙为浆砌片石，设置了栏板式栏杆。两侧挡墙为两层式，中间设绿化台。

施工概况。廊坊立交桥是1974年12月交通部批准的建设项目，由于“文化大革命”期间，资金无法落实，材料不能拨付，久拖不能动工，直至“文化大革命”结束，才得以落实。1977年上半年，完成主体箱涵设计，同年8月，组建施工班子，随即开始施工前准备。

经地委批准，组成了由地委副书记曹洗为指挥、地区计委张清海、经委郭兴旺为副指挥，支铁办公室王嘉之、物资局纪旭、交通局李万国组成的施工指挥部。地区交通局工程队（廊坊市第一公路工程处前身）承担建设任务，安次、永清等县组织400名技工参加建设。驻廊坊的解放军和地、县、镇工人、干部分批分期参加了立交桥的义务劳动。

1977年9月1日，地委副书记曹洗主持召开了中央、省、地、县、镇驻廊坊各有关单位80余人参加的动员大会，各个部门各负其责，全面展开了施工准备工作。电业部门积极完成动力线和变压器的安装；邮电部门采取措施，提前完成电话电缆的迁移任务；商业、物资、排灌等部门安排车辆赶运工程物资；地区交通局工程队搭建工棚、伙房，抢修施工机具，安装发电设备、测量放样。由于各方面积极支援，密切配合，如期完成了打井、动力线架设、迁移电缆、清理场地等开工前的准备工作。

主体箱涵基坑土方工程，1977年9月10日破土动工，9月30日完成滑板浇筑任务。同年9月17日开始箱涵支模，至11月20日完成箱涵预制。箱体于1978年2月23日开始顶进，历时25天，至3月19日定位，总顶程38.96米。箱体就位后，引道和泵房基坑土方相继开挖，雨季前完成了排水系统管道埋设，挡墙砌筑，泵站钢筋混凝土的浇筑和箱涵接长等工程。1978年12月15日交付使用。

苑家务大桥。苑家务大桥是用琥珀营大桥的改建投资建成的。采育至信安公路上的琥珀营大桥,设计施工质量较差,1976 年唐山地震时又受到一定程度的破坏,加上超重车辆增加,致使该桥下沉日益严重。为适应发展的需要,省计委批准改建。但坐落在采信线上的其他桥梁载重标准偏低,仅琥珀营大桥改建仍不适应大型车辆通过。而廊坊至霸县公路是新建成的油路、线形也好,经省交通局批准,将琥珀营大桥改建投资用在廊霸公路上新建的苑家务大桥。该桥建成后,沟通了地区南北交通,对华北油田的开发、城乡经济的发展和战备都有重要意义。

桥位的选定和水文资料分析:苑家务桥位于永定河泛区内,淤积严重,主河槽较浅,滩地开阔,桥头岸坡坦缓。根据河流水文、工程地质、震害影响、路线走向和经济效益等因素,选定桥位在苑家务村东永定河下游 10 米处。其优点是:①桥位与路线走向相同,只需略加调整。②两堤间距最近,宽 790 米,实际河道宽仅 725 米。③按地震部门提供的资料分析,桥位虽靠近韩村断裂带西侧 500 米处,但与断裂带平行,且处于断裂带下盘,地震危害不甚明显。

结构选型。①设计标准:设计荷载为汽—20、挂—100。桥面行车道宽 7 米,两侧各设 0.75 米人行道。桥位处堤间距 790 米,根据水文计算并考虑南岸(永清方向)河滩有淤积现象,按河流实际过水断面宽度确定此桥长 722 米。桥梁起点由北岸护麦堤计起。②桥梁结构和抗震设计:该桥按地震烈度 9 度设防。为使设计趋于合理,施工前聘请了交通部科学研究院、河北工学院和省交通局等单位工程技术人员审查了该桥的防震设计方案及桥梁结构。将 700 多米的长桥分为各 140 多米的 5 座短桥(河北确定地震波长为 130 ~ 140 米)。设想当地震发生时,可以消减部分地震水平推力,减少和避免桥梁纵向位移造成落梁的危害。为缓冲地震能的传速,采取了平板式橡胶支座。为防止地震时落梁,空心板设置了防震锚栓,墩帽上设置了挡块。

桥梁施工:苑家务大桥建设任务确定后,经过勘测设计和施工准备,从 1978 年 10 月 17 日试钻第一棵井柱桩,至 1979 年 10 月 3 日剪彩通车,历时 1 年。

施工组织。为加强建桥工作的领导,成立了以副专员为组长、地区计委、经委和交通局主要领导为副组长的建桥领导小组。现场指挥部下设办公室、工程组、材料财务组、后勤组等职能部门,永清、安次两县也派人参加了现场指挥部的工作。技术力量由地区交通局工程队承担,所需劳动力由永清、安次两县按工程进度分期分批进场。

施工过程。大桥全面开工时已近寒冬,根据工地实际情况,指挥部决定把完成 120 棵钻孔灌注桩作为冬季施工的主攻方向。开始进度很慢,半月才完成 2 棵,第 1 棵还发生了卡管断桩事故。为加快进度,决定采取增加钻机组,引进潜水钻机和实行定额管理等措施。经过 135 天的艰苦努力,提前 20 天完成了钻孔灌注桩的浇筑任务。

为充分利用 4—6 月的施工黄金季节,开展了以高产、优质、低消耗为中心,以加强施工管理为重点的劳动竞赛。建桥职工发扬了连续作战的作风,在大梁边预制边安装的同时,完成了小件预制任务,还抽出力量完成引道涵洞、土方和路面工程。由于各方协力作战,实现国庆节前建成大桥的愿望。

施工中,改变过去施工以县、社为单位组建民工连队,造成指挥与生产相脱节的做法,改按施工工艺建立劳动班组,将直接生产和辅助生产各工班的劳动调配、工程定额、施工操作,统由工程技术组负责。各职能组室直接领导工班,使各组室有职、有权、有责,一切为工程服务。解决了过去施工组织机构和劳动组织形式与工程安排经常扯皮的现象。先后制订了岗位责任制、生产考勤、质量管理、定额生产等 8 项制度,把高速、优质建大桥与职工切身利益挂钩,把奖励制度与思想教育结合起来,调动了职工积极性。班组建立了节约账,指挥部定期检查。木工班对木模板精心拆卸、精心保管,加强维修,使模板周转次数达 30 次以上,少做了 40 套空心板梁模板,仅此一项节约木材 90 多立方米,1700 多工日。全工程共回收废旧物资 1640 余件,回收利用废铅丝 500 多千克,从河滩沙土中筛洗出石料 270 多立方米,改做扒锔、道钉、钉子等 53000 多颗,回收水泥袋 15000 个,节约资金 2 万余元。

为了确保工程质量,还设立了三级安全质量检查组织,指挥部设立安全质量检查小组,各工序设专职安全质量检查员，班组设兼职的安全质量检查员；建立了三检（自检、互检、专检）制度和验收签字制度；各项试验资料和施工原始资料齐备。由于责任明确，各工序之间相互保障，建桥质量比以往有所提高。该桥各部尺寸及高程95%在允许误差之内，混凝土试件强度合格率达96.1%，有2.4%接近设计强度，钢筋焊接合格率达100%。经省交通局鉴定为工程质量良好。

苑家务大桥，如图2-3-33所示。

图2-3-33　2012年9月18日，苑家务大桥

五里铺试验桥。106线固安县南五里铺桥始建于1959年，桥面宽7米，长13.06米，这与12米宽的路面形成"卡脖"现象。为使公路畅通和试验粗钢筋预应力在建桥工艺上的应用，经省同意，在交通部和冶金部的协助下，决定在固安县五里铺建设我国第一座高强精轧螺旋粗钢筋预应力试验桥。

新桥长54.4米，桥面宽9米+2×0.75米。设计荷载汽—20、挂—100。地区交通局第一工程队施工。1980年8月下旬开工，1981年10日竣工。用工10800工日。

试验桥重点研究"高强精轧螺旋粗钢筋桥用性能及后张法锚固工艺"。所用钢筋是上海新沪钢厂1978年试制的新产品，连接器和锚固件在国内公路桥梁中首次采用。试验从设计理论到施工工艺及固接板的设计与施工等，都做了新的探索与尝试，获得了大量宝贵数据。经验收该桥被评为优良工程。1985年，获国家科学进步三等奖。

唐通线潮白河大桥（达古庄大桥）。位于香河县城东一公里的唐通线上，横跨潮白河。河道两防洪堤的距离为459米，桥梁全长465.06米，宽12米。按地震烈度8度设防。荷载汽车20吨，挂车100吨。

工程概况。桥面铺装由等厚度10厘米40号防水混凝土层和9厘米沥青混凝土层组成。为防止墩顶负弯矩区空心板顶面开裂进水，在水泥混凝土与沥青混凝土之间设置SBS改性沥青桥面防水层。

桥头防护。桥头防护采用顺河堤护砌，护砌坡度采用河堤现状坡度，1∶3.5，护砌长度为桥台上游20米，下游30米。护坡身采用30厘米厚7.5号浆砌片石。下设10厘米厚砂砾垫层，护砌基础采用7.5号浆砌石片。

施工组织。该工程由第一公路工程处负责承建，建设队伍由10名技术人员、11名技术工人、200多名民工组成。

施工过程。2002年6月初进场，安摊建点，测量放线，筑岛围堰，至6月26日基本完成了开工前的一切准备。同年6月28日开始钻孔灌注桩，至7月15日不到一个月的时间，灌注桩全部完成；预应力空心板于6月27日开始预制，至8月27号全部告竣；从7月8日开始进入系梁、墩柱、盖梁施工，至8月25日，完成下部工程。紧接着，预应力空心板安装及桥面系工程相继开工。

为了保证施工的安全和工程的质量，项目部以"建精品工程，创全省优质"为目标，在质量安全管理上提出了"管多宽都不算宽，管多严都不算严，管多细都不算细"的理念。强化项目管理，细化工艺方法，严格现场监督，落实规范标准，堵塞安全漏洞，保证了大桥建设的高效率、高质量。

制定质量保证措施。培训措施。先后6次以课代训的形式有针对性地对技术人员和施工人员进行技术培训，使之明确施工方法，操作规程及技术标准，掌握劳动技能。制度保障措施。建立了严格的质量检查制度，实行日检制，周检制，工序交接制度，严格控制各道工序的质量。实行了岗位责任制，责任到人，优奖劣罚，与经济利益挂钩，有效增强了大家的责任感。建立健全质量保证体系和工艺方法指导小组。每道工序都制订详细的施工工艺流程，从原材料的规格、机械设备的选用、具体的施工步骤，都做了具体的规定，明确了严格的标准。比如，钻孔灌注桩，钻孔垂直偏差不能大于2厘米，灌注水下混凝土前，孔底沉淀厚度不能大于30厘米。墩柱施工中为保证外观光滑美观、尺寸准确，采用定做的钢模板，保证垂直度偏差不大于0.3%，轴线偏位不大于10毫米。在预应力空心板预制中，为确保底模基础有足够的强度，底膜场地用8%灰土压实，并采用混凝土底模，在底模顶面粘铺地板革，提高了空心板的外观质量；混凝土浇筑则探索出了分层浇筑振捣的新工艺，虽增加了许多烦琐工作，但实现了内实外光的效果。

严格环保措施。在强化环保知识教育、增强参建人员环保意识的基础上，制定有效措施，妥善处理建筑垃圾，避免环境污染，同时注意搞好现场周围卫生，搞好绿化工作，防止水土流失，保持生态平衡。

细化安全保证措施。贯彻预防为主的方针，严抓细管，除建立健全制度，明确专人负责，加强巡视整改外，还制订了多项具体的防范措施，如进场必须戴安全帽，高空作业必须系安全带，关键工种必须持证上岗，一旦出现重大安全隐患，逐级追究当事人及主管领导责任等，从而大大提高了各级管理人员抓安全生产的自觉性、主动性，形成了“人人讲安全、人人重安全、人人抓安全”的工作局面。因此，从施工开始到整个工程全部完成，创下了无安全事故、无质量隐患的记录。

图2-3-34　潮白河大桥

经过参建者122个日夜的艰苦奋战，唐通县潮白河大桥于2002年10月25号胜利竣工。经河北省交通厅严格检查，各分项工程均达到了优良标准，2003年被河北建筑企业协会评为河北省建筑工程安济杯奖。

潮白河大桥，如图2-3-34所示。

十里湾桥。位于大城县城南子牙河上，是大城县主要桥梁之一，原桥是木结构，也是地区仅存的一座木桥。因修建时间较长已成险桥，严重影响交通。为加强区域南部的发展，提高公路桥梁的技术水平，决定将原有木桥拆除，重建一座钢筋混凝土公路桥。此桥由地区交通局公路处工程一队施工。1984年5月2日正式开工，10月底全部竣工。桥长107米，桥面宽7米。设计荷载：汽—20、挂—100。两边引道工程307.5米。由于在大桥建设中施工精细，严格质量，桥体造型美观，结构严谨，被评为优良工程，此桥的重建，宣告了全区木桥历史的结束。

大桥施工，既沿用了一般的工艺流程，又不拘泥于老的模式，大胆革新和探索了下部结构的施工。建桥场地属轻黏土层，在这种土层上进行钻孔灌注桩施工，要求钻孔进展快，泥浆供应足，不然会出现塌孔现象。淘汰过去使用G21250型钻机的做法，采用新河钻机厂的新产品——重型潜水电钻。优点是：钻机重量大，进展快；可防振动塌孔；配有离心式泥浆泵，比压力式泥浆泵供浆量高一倍。桥址河槽很深，河槽与河滩高差7米，这种高差值给重型钻机的移动带来困难，为了克服这一困难，采取了两项措施：①分段施工，先做河槽里的桩，再做边滩的桩。②用钻机车身的卷扬设备移动钻机，不使用吊车，就加快了施工进度。下部工程一个关键工序是主河槽的接柱桩和浇筑盖梁混凝土，施工为高空作业，搭高大的脚手架，需耗用大量的木材。技术员和工人一起研究设计了小型混凝土提升设备，即“人字拨杆”与卷扬机相配合，在混凝土料斗上升时“拨杆”直立，上升到顶部时，用“拨杆”的倾斜把料送进模板内。这种施工方法，既节约了木材，又保证了下部工程的如期竣工。

上部结构的施工，空心板梁、T梁和小型构件是在现场制作的，地区交通局公路处工程一队大胆革新，在构件养护中，用塑料薄膜制作棚罩，利用太阳能养护空心板梁、T梁和小型构件。棚内温度高达55℃，3天后预制构件的混凝土强度可达到设计强度的70%以上。而自然养护，需要7天才能达到这样的效果。此项改革，使工期加快一个月。桥面混凝土施工，采用了真空吸水的新工艺，提高了混凝土强度。

过去小型构件，如桥面栏杆、扶手等，做得非常粗糙，装修不好，也不美观。十里湾大桥工程对这些构件预制和安装严格要求，预制小件模板加工要求严格，构建出膜后马上修整加工。安装时，用仪器控制桥面栏杆，扶手使用涂料，使十里湾大桥坚固壮观。

廊沧高速东淀特大桥。廊沧高速公路东淀特大桥，位于廊坊霸州市和文安县境内，北靠中亭河堤，南界大清河，跨越中亭河、大清河、大清新河3条河流和整个东淀蓄洪区，是华北第二、河北第一长桥，也是廊沧高速公路的控制性工程。长8600米，其中桥梁长8322米，桥头两侧引道长278米。桥宽34.50米，分左右两幅。

2009年2月开工建设，由交通局直属单位第一公路工程处承建。东淀特大桥建设项目从三个方面抓质量管理：总监办常驻工地现场，实施建设全过程、全方位的质量政府监督职能；社会监理——云南交通基建工程监理有限公司负责工程建设过程的质量监督；项目部建立以项目经理为第一责任人的质量管理领导小组，从组织指挥、劳务管理、物资保障、推广应用四新成果，以及资金保障五方面入手，按照不同岗位、不同责任层层签订质量、安全管理目标责任状。建立健全一系列工程管理规定，主要包括：现场施工管理、建设技术与管理创新、文明施工与施工安全、廉政建设、资料档案管理五大类三十项制度，通过分门别类的细化，实现施工过程管理的科学化、标准化、程序化。实行一线骨干人员登记制度。钢筋工、起重工、电焊工、混凝土工等没有相应职业资格证的人员，禁止顶岗作业；严格执行三检制度，上道工序报检验收不合格，绝不能进行下一道工序的施工等，形成了多元化的质量保障体系。

大桥建设中，参建者最多时2000人，除了100名单位的骨干，都是来自各地的农民工。人员集中上来一大片，分散下去看不见。为把这样一支队伍带成一支具有高度凝聚力的施工团队，在廊坊首家建立了项目临时党支部主抓、项目经理书记共同负责、广大党员积极参与、农民工党员共同发挥作用的工地项目党建新机制，并根据各阶段的建设目标，适时组织开展了"以党建促工程"、"大干100天"和以"六比六看"为主要内容的劳动竞赛活动，营造了一个"争先进、讲责任、重效能、建精品、做奉献、促发展"的施工氛围，使共产党员的先进性在工地得到了充分展现。激发了广大参建职工拼搏在现场、建功在一线、奉献在项目的豪情壮志，涌现出了一批省"五一劳动奖"、全国"百名优秀工程师"、市"五四奖章获得者"、全国"敬业奉献好人"、市"优秀青年科技工作者"、"优秀共产党员"等优秀典型。2010年，中共廊坊市直工委召开"市直机关创先争优观摩会"，大桥项目部作为唯一的基层单位代表，介绍了创先争优活动的经验，得到了市委领导和与会同志的高度赞扬。2011年，大桥"项目党建"经验写进了廊坊市第五次党代会大会报告。

项目部瞄准全国建设行业的最高荣誉奖——鲁班奖，并在整个工程中"争全省第一，创全国优质"。在质量管理上，除了坚持"政府监督、法人管理、社会监理、企业自检"四级质保体系外，还采取了4条硬性措施：①从源头上把关控制材料质量，建立设备齐全、功能完善的工地实验室，并建立了严格、完善的材料采购制度和材料验收制度，严格执行原材料进场检测、验收制度，杜绝不合格的材料入场。②投资600多万元购进国内先进水平的H2S120型搅拌站、混凝土输送泵车等设备，保证了大桥建设的高标准，高质量，高效率。③建立了综合性层层辐射的质量管理网络，每一具体工序定人定岗，明确责任，专门设立了施工工艺、施工方法指导小组，在每一项工程开始之前即做好详细施工方案、制定质量控制要点，消除质量事故隐患。④严格施工过程中的质量控制，负责质量监控的工程技术人员负责提供技术指导，并严格质量检查，保证结构的内在、外观质量。钻孔桩是特大桥建设的隐蔽性工程，也是关键的分项工程。由于东淀特大桥的地质条件复杂，采用反循环钻机，施工工艺要求严格，为防止塌孔断桩，仅用7个多月时间完成灌注桩，经检测，桩基合格率100%，Ⅰ类桩比例达98.3%。

东淀特大桥工程涉及的技术面非常广泛，建设过程中也遇到了各种各样的技术难题，项目部组织科技攻关，开展技术借鉴和科技创新。具体做法是：①与科研院校联手合作，先后设立了两个科研课题，与河北工业大学联合攻关，在经过河北交通厅批准立项后，研究成果及时应用于工程实践，保证了工程的质量和安全，促进了工程建设的进度。②探索和实践路桥梁建设中的前沿技术。组织7个科技质量小组攻关，经过努力，7个科技质量小组成果全部获省部级优秀奖。③自行研制机械设备，创新工艺工法。自主设计安装的两台送料机，一台分料机，实现了两台机器洗三种石料的工艺；在T梁钢筋骨架绑扎过程中，创制了8个成型台座和模架，变现场分散绑扎为集中加工、集约化工厂生产，不仅工效提高10%，而且质量也得到了保障；针对T梁在混凝土浇筑过程中马蹄部位气泡不易排出的通病，根据"共振原理"研制出一种型钢底模，克服了这一外观缺陷；为提高T梁的架设速度和质量，更新改造了架桥机，变后位架设为侧位直接提升架设，既避免了桥上运梁对钢筋的破坏和对梁片稳定的影响，又减少了3道工序，速度提高30%。在特大桥两年多的建设时间里，项目部先后研制、革新改造机械设备23台件，创新多项工艺，节省资金300万元。

安全员每天一次安全巡查、每周一次安全例会、每旬一次安全专项检查、每月一次安全形势分析，完善相关预案，及时发现并排除各类安全隐患。从开工到2010年12月14日最后一片T梁稳稳到位，特大桥合龙乃至全部完工，没有发生一起重大责任事故，没有发生一起重伤及以上事故，在历次业主和监理部门组织的检查评比中，大桥建设进度、质量、安全始终名列前茅，创“四连冠”佳绩，位居廊沧高速15个路基标段之首。2010年8月，廊坊市交通运输局组织廊沧高速公路业主、监理和15个路基标段的项目经理在东淀特大桥工地召开“质量、安全现场观摩会”，推广大桥的施工管理经验。2011年11月4日，以竣工验收99.6分、监理抽检99.29分的高分数，一次性通过省交通运输厅验收。

图2-3-35　2010年10月26日，廊沧高速东淀特大桥合龙

廊沧高速东淀特大桥合龙，如图2-3-35所示。

（三）公路阻水改建

廊坊地区位处海河流域，境内河流沟渠交错，大清、子牙、北运、潮白、永定等水系遍布全区，历史上属于多灾地区。新中国成立后，大搞农田水利建设，疏浚河道，兴修闸涵。公路交通建设也取得了较大发展。无论是数量还是质量都比新中国成立前有了很大提高。但公路的技术标准一般偏低，尤其是桥涵建筑物构造多不配套。有的该建桥涵的地方没有建；有的虽有桥涵但孔径过小，不适应大流量过水；还有的只有临时设施，未建正规的建筑物。还因为水利规划不断改动，河渠开宽加深，使公路上的一些建筑物不能发挥效益，甚至成为危险桥涵。

1963年，一场罕见的特大洪水洗劫了河北大地，公路交通陷于瘫痪。按照中央和省防汛指挥部电令指示，为了保卫天津市和津浦铁路的安全，决定在文安县扒开千里堤向文安洼分洪，于8月8日扒堤泄洪。当时文安县城被洪水包围，完全中断了与外县的陆路联系，一直到10月底公路才逐渐脱出水面。同时，津保南线大城县段公路也遭到洪水威胁。西北部各县虽未被洪水围困，但因永定、潮白、北运等河系水位猛涨，一些木桥面临被水冲垮的危险。入三河县的泃河沿口桥、香河县的北运河王家摆桥等，虽经采取多种加固措施，昼夜严防死守，但仍无法排除险情。香河王家摆桥未及拆除即被洪水冲散数孔。

总结1963年防汛抗洪的经验教训，地区提出了公路阻水改善工程的任务。经过深入公路沿线调查，会同地、县交通与水利部门共同研究，查清水的来龙去脉，地面径流及汇水面积等基本情况与数据，然后提出桥涵建设计划，既要符合“上蓄、中排、下泄”的水利方针，又要进行阻水改善，解决公路阻水问题，以满足交通运输的需要。

桥梁技术设计是按照省交通厅公路局规定精神编制的。载重标准采用汽—13、拖—60，桥面净宽7米，不设人行道。结构形式上部采用混凝土板梁，下部采用灌注混凝土双柱式桩墩，不设桥台，改用枕梁，混凝土标号除灌注桩为170号外，其余均为200号。构件钢筋骨架，均按电焊设计，桥面板现场整体浇筑时，钢筋骨架按绑扎方式进行。混凝土灌注桩采用火箭锥施工钻孔。借鉴水利部门桥梁施工的先进经验，曾在桥台、桥面及钻孔三方面实行技术改革，尤其是火箭锥的采用为桥梁基础施工开辟了一条新的捷径。后来使用新型钻机，工效越来越高。

施工中，合理确定桥涵位置，桥涵孔径，结构形式等。行署交通局全力以赴投入到公路阻水改善工程中去。在霸县、大城等地设立了施工管理机构，抽调中层以上干部，常驻工地，分工负责，限期完成，因而工程进展颇为顺利。施工的基本力量除专区工程队外，省建工厅第一建筑公司也来助战，完成了津保南线17个桥涵项目。

在津保北、津保南、京大等重点线路上，新建和改建了信安、堂二里、东沽港、磨汉港、杨各庄、顾庄、牛驼、粉营、齐圪塔、王五房、前卜庄、牛角洼、甸子、二姑院、安庆屯、龙王庙、大保等桥梁，还有小柏林护坡，冯庄过水路面和半截河、北村、信安西等涵管工程。

全区公路阻水改善工程,分别于1965和1966两年竣工。其中1965年共完成27个项目;计钢筋混凝土桥18座,332延米;接长木桥2座,长65米;加固木桥1座,长65米;过水路面1处,长150米;涵洞5处。1966年完成32个项目。其中钢筋混凝土桥16座,467.2延米;钢筋混凝土盖板涵洞4处,长56米;钢筋混凝土管涵12处,长129米。这些工程竣工交付使用后,确实达到了"排水当先,当年见效"的要求。由于保质保量,精心施工,厉行节约,实际成本均比计划投资有较大节约,降低造价18%。

经过行车和自然考验,证明公路阻水改善工程克服了因公路阻水而形成的自然灾害,有力地支援了农业生产,收到了较好的社会效益。

其他桥梁建设,如图2-3-36、图2-3-37所示。

图2-3-36 1976年,小哲垡双曲拱桥

图2-3-37 1990年10月20日,跨龙河于常甫交通桥

五、工程管理

阿深高速合资建设签约仪式,如图2-3-38所示。2011年防汛抢险,如图2-3-39所示。

图2-3-38 2004年6月23日,阿深高速合资建设签约仪式

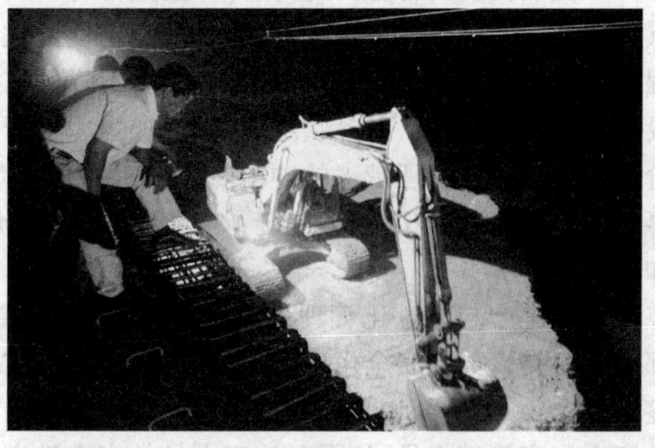

图2-3-39 2011年防汛抢险

廊坊市交通运输局是一般干线新改建工程建设的主体,1995年以前,由廊坊市公路管理处负责廊坊境内的工程建设与管理。之后由廊坊市公路工程管理处(简称工管处)代表市交通运输局履行项目法人职责,负责全市一般干线公路新、改建工程项目的建设与管理。至2011年,廊坊市公路网络布局从单一逐步走向完善,新改建工程建设也经历了从少到多,从计划经济到市场经济的发展过程。仅工管处在十几年的公路工程施工管理工作中,便先后承建了37条国省干线公路新改建工程和高速公路连接线工程,管理理念和管理模式也日臻完善。

项目实施前的管理:2000年以前,全市的新改建工程主要按省交通厅批复的施工图预算,由工管处分项目、分标段组织施工单位完成,主要是由交通局所属建设单位第一公路工程处、第二公路工程处和各县公路站实施工程建设。随着《中华人民共和国招标投标法》(简称招标投标法)的施行,所有工程都严格按照招标投标法规定的项目前期工作程序执行,工管处在建设项目的可研报告和项目法人资质批复后，通过勘察设计招标及资格审查选择设计单位。严格审查外业测量成果、初步设计、施工图设计，并采取图纸优化专家会的形式进行设计方案的优选。使工程项目在项目前期阶段就有了明确的投资目标、质量目标、进度目标。由工管处通过公开招投标方式来确定施工、监理单位。工管处首先成立资格审查专家委员会，对投标单位的施工资质、业绩、信誉等进行全面审查。在招投标过程成立评标委员会，严格按照招标程序进行招标活动。通过严格的招标程序及资格审查选取施工单位及监理单位。

项目实施中的管理：招投标法实施前，新、改建工程的建设程序为：交通局成立重点工程领导小组，负责协调指挥。下设指挥部，由工管处负责施工管理和协调，重点从质量、进度、投资三方面进行控制，实行"政府监督、施工监理、企业自控"三级管理。工程费用管理主要是预算包干制度，即按上级主管部门审批预算，统一筹资拨付使用，严格控制工程质量、变更，竣工后统一核算，按实际完成工程量拨付各单位管理费、施工单位工程费，结余资金由市交通运输局统一调配。招标投标法实施后，新、改建工程建设管理更加规范，实行"政府监督、业主负责、社会监理、企业自检"四级质量保证体系。由工管处按基本建设程序和招标合同对工程质量、进度、投资、安全等控制目标进行全程管理。

工程项目质量管理：工程质量控制的目标是采取有效措施，确保合同商定的质量要求和质量标准，避免常见质量问题。路面厚度、路面弯沉、平整度等关键指标达到100%监测，每一道工序、每一个环节都实施精细化管理。对质量通病有针对性地提前预防，比如在路基施工中严格控制路基填料的粒径，严格控制路基回弹弯沉值在规定范围以内；把水稳碎石基层、预制大梁重点工序以及施工接头非连续地段等关键点作为管理重点，每项工序完成后必须经监理确认；对于桥头、涵洞、过路管道等的回填、高填方的碾压、半填半挖路基的控制，严格按施工要求和报验程序进行控制，避免出现桥头跳车、涵洞处沉降等通病发生。此外，还通过抓技术改造促进质量，与河北工业大学建立长期合作关系，邀请专家对施工工艺及重点、难点问题现场攻关。

工程项目投资管理：严格执行计量支付有关规定，对工程量未核对的计量支付清单绝不允许支付；重点审查工程变更内容是否可行，工程量和工程价款的计算是否合理；变更严格遵循原则：技术上可行，工程费用合理，施工工艺简单，不影响工期，不降低工程使用标准；通过招标，择优选择优秀施工单位，严格投标单位资质、人员、财务状况等审查；加强风险管理，对国内原材料价格的周期变化进行认真分析，规避价格上涨给项目管理带来的冲击。2007年9月，以市局名义书面行文要求施工单位提前做好材料储备。事实证明，正确的风险预测规避了当年10月石油价格上升后，沥青、柴油价格上涨所引发的施工成本增加的风险。

安全生产与信息化管理：制定《防汛预案》《重大事故应急预案》等预防措施，建立健全各级、各职能部门及各类人员的安全生产责任制。在与施工、监理单位签订施工合同的同时，签订安全生产合同，层层签订安全生产责任状，督导监理单位加强对现场的安全监管，施工单位成立安全生产组织机构，按规定配备安全生产管理人员，加强对施工人员的安全教育。

统筹管理工程建设项目，形成了一个中心统筹、覆盖全面的管理网络，改变了原有的分散式管理模式，有效化解了多个项目同步实施给项目管理带来的诸多矛盾。做到信息资源共享，使项目管理更加便捷、高效，最终实现各项控制目标。

六、定额管理

（一）招投标监管

依据《冀交基字[2004]321号》文件，国省干线公路建设项目的招标文件资格预审等具体监督检查，由各设区市交通局负责。廊坊市路桥建设招投标办公室（即廊坊市公路工程定额管理处）负责项目监管核备。

招投标办公室成立前，招投标监管尚不完善，业主单位通过组织邀请招标，完成招投标工作。招投标办公室成立后，市交通局各单位作为业主的招投标过程，招投标办公室全程监管备案，确保招投标公开、公平、公正。2007～2011年招投标项目一览，见表2-3-15。

2007—2011 年廊坊市公路工程定额管理处招投标项目一览表

表 2-3-15

招标项目	编号	业主单位	代理机构	开标时间（年、月、日）	中标单位	中标金额(元)
京沪高速青县连接线大城段工程施工	DHZB—L07034	廊坊市公路工程管理处	达华工程管理(集团)有限公司	2007.8.16	廊坊市交通公路工程有限公司	69218094
京沪高速青县连接线大城段工程监理	DHZB—L07033	廊坊市公路工程管理处	达华工程管理(集团)有限公司	2007.8.16	廊坊市交通技术咨询监理公司	1759230
京津唐高速公路廊坊出口工程施工	LFHX(2007—93 号)	廊坊市公路工程管理处	廊坊市华玺建设工程有限公司	2007.9.7	廊坊市交通公路工程有限公司	6992037
廊坊市 2008 年公路大中修工程项目施工招标 106 国道永定河桥维修加固工程	—	廊坊市公路管理处	—	2007.9.23	固安县公路站	9742742
廊坊市 2008 年公路大中修工程项目施工招标 102 先电厂桥维修加固工程	—	廊坊市公路管理处	—	2007.9.23	三河市公路站	8054273
廊泊线大修工程	—	廊坊市公路管理处	—	2008.4.1	大城县公路站	14614674
106 线超洪南桥维修工程(2 合同)	—	廊坊市公路管理处	—	2008.4.1	文安县公路站	11052128
106 线超洪北桥维修工程(3 合同)	—	廊坊市公路管理处	—	2008.4.1	霸州市公路站	12673334
106 线粉营桥维修工程(4 合同)	—	廊坊市公路管理处	—	2008.4.1	霸州市公路管理处	1186422
大香线安运桥至香安路口段大修工程	—	廊坊市公路管理处	—	2008.4.1	香河县公路站	8167697
大香线香河一城段中修工程(7 合同)	—	廊坊市公路管理处	—	2008.4.1	香河县公路站	3239858
102 国道鲍邱河至三河市区段中修工程(8 合同)	—	廊坊市公路管理处	—	2008.4.1	大厂县公路站	3559901
大香线大厂县城段中修(10 合同)	—	廊坊市公路管理处	—	2008.4.1	大厂县公路站	1823020
102 国道鲍邱河至三河市区段中修工程(11 合同)	—	廊坊市公路管理处	—	2008.4.1	三河市公路站	8441275
102 国道三河东环路至天津界段(13 合同)	—	廊坊市公路管理处	—	2008.4.1	三河市公路站	14615259
112 国道廊坊段奥运绕行路线(28 合同)	—	廊坊市公路管理处	—	2008.4.1	安次区公路站	7915931
112 国道廊坊段奥运绕行路线中修工程(29 合同)	—	廊坊市公路管理处	—	2008.4.1	广阳区公路站	7899191

续上表

招标项目	编号	业主单位	代理机构	开标时间（年、月、日）	中标单位	中标金额(元)
112国道廊坊段奥运绕行路线(30合同)	—	廊坊市公路管理处	—	2008.4.1	霸州市公路站	14823489
廊泊公路大城收费广场大修工程(33合同)	—	廊坊市公路管理处	—	2008.4.1	大城县公路站	1158786
武榆线西庄子桥	—	廊坊市地方道路管理处	—	2008.5.16	广阳区公路站	1610430
津霸公路冀津界至左各庄段工程施工	LJZB—[2009]01	廊坊市公路工程管理处	—	2009.3.27	廊坊市交通公路工程有限公司	40094728
津霸公路冀津界至左各庄段工程监理	—	廊坊市公路工程管理处	—	2009.3.27	廊坊市交通技术咨询监理公司	1006090
廊涿公路(北王庄至九州二级公路)大修工程施工	LGZB—[2009]03	廊坊市公路工程管理处	—	2009.8.11	广阳区交通局公路管理站	6990201
112国道(杨各庄至廊保界段)养护改造工程勘察设计	LJZB—[2009]04	廊坊市公路工程管理处	—	2009.10.13	廊坊市燕赵交通勘察设计有限公司	7500000
国道112线太平桥维修加固工程施工	LJZB—[2009]03	廊坊市公路工程管理处	—	2009.10.20	霸州市交通局公路管理站	1667080
国道104线落垡桥维修加固工程施工	LJZB—[2009]04	廊坊市公路工程管理处	—	2009.10.20	廊坊市安次区交通局公路管理站	2948722
密涿支线高速公路诸葛店至段甲岭大厂连接线施工监理	HBCT—0320927	廊坊市公路工程管理处	河北省成套招标有限公司	2010.1.11	廊坊市交通技术咨询监理公司	946308
密涿支线高速路诸葛店至段甲岭大厂连接线施工招标	HBCT—09320928	廊坊市公路工程管理处	河北省成套招标有限公司	2010.1.19	廊坊市交通公路工程有限公司	35697252
县道东高公路国道106至保定界段养护改造工程勘察设计	—	廊坊市地方道路管理处	—	2010.2.23	廊坊市燕赵交通勘察设计有限公司	350000
112国道(杨各庄至廊保界段)养护改造工程施工	LFGGC—1001	廊坊市公路工程管理处	—	2010.3.3	廊坊市交通公路工程有限公司	201183480
112国道(杨各庄至廊保界段)养护改造工程施工监理	LFGGC—1002	廊坊市公路工程管理处	—	2010.3.3	廊坊市交通技术咨询监理公司	4999915
104国道郊区快速路至天津界段养护改造工程勘察设计	LFGGC—[2010]1004	廊坊市公路工程管理处	—	2010.6.15	廊坊市燕赵交通勘察设计有限公司	1300000

续上表

招标项目	编号	业主单位	代理机构	开标时间（年、月、日）	中标单位	中标金额(元)
104国道郊区快速路至天津界段养护改造工程监理	LFGGC—[2010]1008	廊坊市公路工程管理处	—	2010.7.21	廊坊市交通技术咨询监理公司	655881
104国道郊区快速路至天津界段养护改造工程施工	LFGGC—[2010]1007	廊坊市公路工程管理处	—	2010.7.21	廊坊市交通公路工程有限公司	32401265
廊沧高速公路廊坊段后羿互通连接线施工	HBCT—10320974	廊坊市公路工程管理处	河北省成套招标有限公司	2010.11.11	廊坊市交通公路工程有限公司	86139245
大广高速公路固安(京冀界)至深州段固安互通连接线、牛驼互通连接线施工	HBCT—10320903	廊坊市公路工程管理处	河北省成套招标有限公司	2010.11.11	廊坊市交通公路工程有限公司	23435943
大广高速公路固安(京冀界)至深州段固安互通连接线、牛驼互通连接线施工监理	HBCT—10320904	廊坊市公路工程管理处	河北省成套招标有限公司	2010.11.12	廊坊市交通技术咨询监理公司	588692
大广高速公路固安(京冀界)至深州段霸州互通连接线京九铁路立交施工	HBCT—10321095	廊坊市公路工程管理处	河北省成套招标有限公司	2010.12.24	中铁六局集团有限公司	17292833
大广高速公路固安(京冀界)至深州段霸州互通连接线京九铁路立交施工监理招标	HBCT—10321094	廊坊市公路工程管理处	河北省成套招标有限公司	2010.12.31	河北省华铁建设监理有限责任公司	318800
省道廊霸线苑家务桥改造工程	LJZB—2011—01	廊坊路公路管理处	—	2011.4.6	廊坊市交通公路工程有限公司	57597597
省道廊霸线苑家务桥改造工程施工监理	LZJB—2011—02	廊坊市公路管理处	—	2011.4.6	廊坊市交通技术咨询监理公司	1199809
京台高速公路廊坊段东安庄互通连接线施工	HBCT—10320948	廊坊市公路工程管理处	河北省成套招标有限公司	2011.4.26	廊坊市交通公路工程有限公司	36697885
京台高速公路廊坊段东安庄互通连接线施工监理招标	HBCT—10320949	廊坊市公路工程管理处	河北省成套招标有限公司	2011.5.4	廊坊市交通技术咨询监理公司	987425
省道津保南线大城段大修工程施工	HBCT—11320961	大城县交通局	河北省成套招标有限公司	2011.9.26	廊坊市公路工程有限公司	102735694.40
省道津保南线大城段大修工程施工监理	HBCT—11320960	大城县交通局	河北省成套招标有限公司	2011.9.26	廊坊市交通技术咨询监理公司	1201538
廊坊市第三大南通道(柴刘杨—东安庄互通)道路工程(第一期)施工招标	HBCT—11321197	廊坊市公路管理处	河北省成套招标有限公司	2011.12.28	廊坊市交通公路工程有限公司	28933452

(二)造价管理

1. 造价咨询

工程造价咨询:为业主单位提供建设项目工程造价确定与控制的专业服务,出具工程造价成果文件;编制和审核建设项目可行性研究经济评价、投资估算、项目后评价报告;编制和审核建设工程工程造价咨询概算、预算、结算及竣工结(决)算报告;编制和审核建设工程实施阶段工程招标标底、投标报价;编制和审核工程量清单;施工合同价款的变更及索赔费用的计算;提供工程造价经济纠纷的鉴定服务;提供建设工程项目全过程的造价监控与服务;提供工程造价信息服务。

2. 造价人员管理

由定额管理处负责组织造价人员参加交通部甲、乙级造价考试与培训,并协助造价人员完成资质认证与复检等工作。

1998—2010 年定额管理处取得造价师资格认证人数统计,见表 2-3-16。

1998—2010 年定额管理处取得造价师资格认证人数统计表 表 2-3-16

年份(年)	级别(人数)		合计(人次)	
	甲级	乙级	甲级	乙级
1998	2	1	2	1
1999	—	3	2	4
2000	—	1	2	5
2001	1	9	3	14
2002	2	3	5	17
2003	—	1	5	18
2004	—	1	5	19
2005	—	5	5	24
2006	2	5	7	29
2010	2	5	9	34

3. 新定额测定与编制

定额处主要负责参与配合交通部定额站完成国家公路工程估算、概算、预算定额;编制全市公路工程施工定额和概算、预算补充定额。

2001—2009 年廊坊市公路工程定额管理处定额测定项目一览,见表 2-3-17。

2001—2009 年廊坊市公路工程定额管理处定额测定项目一览表 表 2-3-17

年份(年)	测定项目
2001	义井桥加固工程碳纤维 T 梁加固工艺
2002	完成高速公路养护定额秦皇岛养护工区定额测定的技术指导,共审核唐山定额成果 142 项,秦皇岛定额成果 10 项
2003	完成高速公路养护定额绿化部分 8 个项目的编制;完成"冷再生处理路面"的定额测定;完成"铝合金标志牌制作安装"、"滑模机摊铺缘石"两项预算定额的计算编制
2004	水泥路面刻纹定额测定
2005	重新测定混凝土配合比定额,定额测定"破除水泥混凝土路面"
2006	修编《公路工程概算、预算定额》,整理和归类填报了《概算定额基础资料调查表》
2009	"袋装砂井处理软土路基"和"CFG 桩处理路基"的定额测定

4. 材料单价调查与发布

工程材料费作为建筑安装工程费主要构成部分,其价格因素对造价控制起着至关重要的作用。1995 年之前,由公路处工程科调查材料单价,调查数据留作内部使用,不对外发布。定额处成立后,把工作重点放在材料价格的调查上，通过定期深入料场，与场矿一线人员座谈，系统地调查公路建筑材料，并按季度向工程单位以及省厅发布材料单价信息。

2005 年第三季度廊坊市交通系统工程材料价格信息，见表 2-3-18。

2005 年第三季度廊坊市交通系统工程材料价格信息表 表 2-3-18

项 目	材料名称	单 位	单价(元)	备 注
主要材料	原木(落叶原木)	立方米	950	廊坊市场价，不含运费
	红松原木(4~5.8 米直径 20 以上)	立方米	1300~1400	廊坊市场价，不含运费
	红松原木(6 米直径 20 以上)	立方米	1500~1600	廊坊市场价，不含运费
	白松原木(直径 20 以上)	立方米	1200~1250	廊坊市场价，不含运费
	锯材(红松板 4~6 厘米)	立方米	1650~1800	廊坊市场价，不含运费
	圆钢	吨	3200~3400	廊坊市场价，不含运费
	螺纹钢(直径 12~14 毫米)	吨	3400~3600	廊坊市场价，不含运费
	(直径 16 毫米以上)	吨	3200~3500	廊坊市场价，不含运费
	镀锌钢板(厚度 1~1.5 毫米)	吨	5200~5600	廊坊市场价，不含运费
	钢板(厚度 8~20 毫米)	吨	4400~4600	廊坊市场价，不含运费
	钢模板	吨	4200	工地综合价
	钢护筒	吨	4200	工地综合价
	型钢	吨	3300~3500	廊坊市场价，不含运费
	焊管	吨	3300~3500	廊坊市场价，不含运费
	高强钢丝	吨	4800~5000	天津厂价
	钢绞线	吨	6000~6300	天津厂价
	散装普通硅酸盐水泥(P.o)32.5	吨	290~310	工地综合价
	普通硅酸盐水泥(P.o)32.5	吨	300~320	工地综合价
	普通硅酸盐水泥(P.o)42.5	吨	340	工地综合价
	沥青 70 号	吨	2300~4100	盘锦、秦皇岛厂家价格
	沥青 90 号	吨	2250~4100	盘锦、秦皇岛厂家价格
	乳化沥青	吨	1650~2650	工地综合价
	板式橡胶支座	立方分米	42~45	衡水厂家价
	四氟板组合支座	立方分米	100~105	衡水厂家价
	80 毛勒伸缩缝	米	1200	衡水厂家价(含厂家配件)
	160 毛勒伸缩缝	米	4200	衡水厂家价(含厂家配件)
	240 毛勒伸缩缝	米	7000	衡水厂家价(含厂家配件)
	钢绞线群锚(3 孔)	套	86	工地综合价
	90 号汽油	千克	4.8~5.3	工地综合价
	0 号柴油	千克	3.8~4.6	工地综合价
	重油	千克	2.3~2.8	工地综合价
	钢丝绳	吨	7500	工地综合价
	无缝钢管 DN71-245	吨	5400~6000	工地综合价
	铁丝	千克	5	工地综合价
	铸铁管	千克	3.4~3.6	工地综合价
	电焊条	千克	5.5	工地综合价
	铁钉	千克	5	工地综合价

续上表

项　目	材料名称	单　位	单价(元)	备　注
主要材料	铁件	千克	5.5	工地综合价
	油毛毡	平方米	2.5	工地综合价
地产材料	碎石	立方米	15	三河厂价
	石屑	立方米	12	三河厂价
	中、粗砂	立方米	12	易县厂价
	机制砂	立方米	25	三河产地价
	片石	立方米	14～16	三河、易县厂价
	粉煤灰	立方米	5～6	保定电厂
	生石灰(块灰)	吨	130～140	房山厂价
	生石灰(块灰)	吨	100～110	三河厂价
	沫煤	吨	280～300	工地综合价
	砖	千块	200～220	工地综合价
	矿粉	吨	100～110	三河厂价
	水	立方米	2	工地综合价
	电	千瓦·时	1	工地综合价
	综合运价	吨·公里	0.35～0.4	—

2009年第一季度廊坊市交通系统工程材料价格信息，见表2-3-19。

2009年第一季度廊坊市交通系统工程材料价格信息表　　表2-3-19

项　目	材料名称	单　位	单价(元)	备　注
主要材料	原木(落叶原木)	立方米	950～1050	廊坊市场供货价，不含其他费
	红松原木(4～5.8米直径20以上)	立方米	1300～1350	廊坊市场供货价，不含其他费
	白松原木(直径20以上)	立方米	1200～1250	廊坊市场供货价，不含其他费
	锯材(红松板4～6厘米)	立方米	1800～1850	廊坊市场供货价，不含其他费
	锯材(樟松板4～6厘米)	立方米	1600～1700	廊坊市场供货价，不含其他费
	圆钢(线材)	吨	3400～3600	廊坊市场供货价，不含其他费
	圆钢(直径12毫米以上)	吨	3500～3700	廊坊市场供货价，不含其他费
	螺纹钢(直径12～14毫米)	吨	3700～3900	廊坊市场供货价，不含其他费
	螺纹钢(直径16毫米以上)	吨	3500～3700	廊坊市场供货价，不含其他费
	镀锌钢板(厚度1～1.5毫米)	吨	5200～5400	廊坊市场供货价，不含其他费
	普通钢板	吨	4200～4500	廊坊市场供货价，不含其他费
	波形钢板	吨	5000～4600	廊坊市场供货价，不含其他费
	钢模板	吨	4500～4700	工地综合价
	钢护筒	吨	4500～4800	工地综合价
	钢板桩	吨	4400～4600	工地综合价
	型钢	吨	3600～4000	廊坊市场供货价，不含其他费
	焊管	吨	3600～3800	廊坊市场供货价，不含其他费
	钢绞线	吨	5000～5200	天津厂价
	袋装普通硅酸盐水泥(P.o)32.5	吨	停产	玉田马牌水泥厂价
	袋装普通硅酸盐水泥(P.o)42.5	吨	360～365	玉田马牌水泥厂价

续上表

项 目	材料名称	单 位	单价(元)	备 注
主要材料	袋装普通硅酸盐水泥(P. o)42.5	吨	380 ~ 385	冀东盾石牌水泥厂价
	袋装矿渣水泥 C32.5	吨	270	玉田马牌水泥厂价
	袋装矿渣水泥 C32.5	吨	300	冀东盾石牌水泥厂价
	沥青 70 号、90 号(1 月)	吨	2600	秦皇岛、盘锦、滨州厂家价格
	沥青 70 号、90 号(2 月)	吨	2800	秦皇岛、盘锦、滨州厂家价格
	沥青 70 号、90 号(3 月)	吨	2800 ~ 3200	秦皇岛、盘锦、滨州厂家价格
	板式橡胶支座	立方分米	45 ~ 50	衡水厂家价
	四氟板组合支座(四氟板厚 2 毫米)	立方分米	110	衡水厂家价
	四氟板组合支座(四氟板厚 3 毫米)	立方分米	120	衡水厂家价
	C40 伸缩缝	米	900 ~ 950	衡水厂价(含厂家配件及安装)
	D60 伸缩缝	米	1150 ~ 1200	衡水厂价(含厂家配件及安装)
	D80 伸缩缝	米	1700 ~ 1800	衡水厂价(含厂家配件及安装)
	D160 伸缩缝	米	2500 ~ 2700	衡水厂价(含厂家配件及安装)
	TST 伸缩体	千克	18	衡水厂价(含厂家配件及安装)
	板式伸缩缝(混合规格)	米	450 ~ 460	衡水厂价(含厂家配件及安装)
	钢绞线群锚(3 孔)	套	100 ~ 120	工地综合价
	钢绞线群锚(5 孔)	套	170 ~ 200	工地综合价
	钢绞线群锚(7 孔)	套	220 ~ 240	工地综合价
	反光膜工程级	平方米	80 ~ 90	工地综合价
	反光膜高强级	平方米	180 ~ 200	工地综合价
	反光膜钻石级	平方米	400 ~ 420	工地综合价
	90 号汽油	千克	6.0 ~ 6.2	工地综合价
	0 号柴油	千克	5.0 ~ 5.7	工地综合价
	天然气	立方米	2.1 ~ 2.2	工地综合价
	重油	千克	2.5 ~ 3	工地综合价
	钢丝绳	吨	6500 ~ 7000	工地综合价
	无缝钢管 DN71 - 245	吨	5200 ~ 5400	工地综合价
	刺铁丝	千克	5.2 ~ 5.5	工地综合价
	铸铁管	千克	3.6 ~ 3.8	工地综合价
	电焊条	千克	5.5	工地综合价
	铁钉	千克	5	工地综合价
	铁件	千克	6	工地综合价
	土工布	平方米	5.5 ~ 6	工地综合价
	油毛毡	平方米	2.5 ~ 3	工地综合价
	防锈漆	千克	9 ~ 10	工地综合价
	热熔标线漆	千克	6	工地综合价
	碎石	立方米	35 ~ 45	保定产地价

续上表

项　　目	材料名称	单　位	单价(元)	备　　注
地产材料	玄武岩	立方米	120~130	易县产地价
	片石	立方米	30~35	保定产地价
	中、粗砂	立方米	15~20	易县天然砂
	机制砂	吨	40~45	三河产地价
	机制砂	吨	45~50	易县产地价
	粉煤灰	立方米	20	保定电厂厂价
	生石灰(块灰)	吨	260~280	房山厂价
	沫煤	吨	600~800	工地综合价
	砖	千块	200	工地综合价
	矿粉	吨	140~150	保定厂价
	水	立方米	3.5	工地综合价
	电	千瓦·时	1	工地综合价

2011年第四季度廊坊市交通运输系统工程材料价格信息,见表2-3-20。

2011年第四季度廊坊市交通运输系统工程材料价格信息表　　表2-3-20

项　　目	材料名称	单　位	单价(元)	备　　注
主要材料	原木(落叶原木)	立方米	1450~1550	廊坊市场供货价,不含其他费
	红松原木(4~5.8米直径20以上)	立方米	1900~2000	廊坊市场供货价,不含其他费
	白松原木(直径20以上)	立方米	1700~1800	廊坊市场供货价,不含其他费
	锯材(红松板4~6厘米)	立方米	2400~2500	廊坊市场供货价,不含其他费
	锯材(樟松板4~6厘米)	立方米	2300~2400	廊坊市场供货价,不含其他费
	圆钢(普通线材)	吨	4200~4400	廊坊市场供货价,不含其他费
	圆钢(直径12毫米以上)	吨	4200~4400	廊坊市场供货价,不含其他费
	二级螺纹钢(直径12~14毫米)	吨	4350~4550	廊坊市场供货价,不含其他费
	二级螺纹钢(直径16毫米以上)	吨	4200~4400	廊坊市场供货价,不含其他费
	镀锌钢板(厚度1~1.5毫米)	吨	5600~5800	廊坊市场供货价,不含其他费
	普通钢板0.5~1毫米	吨	4400~4600	廊坊市场供货价,不含其他费
	普通钢板2毫米以上	吨	4200~4400	廊坊市场供货价,不含其他费
	波形钢板	吨	4200~4400	廊坊市场供货价,不含其他费
	钢模板	吨	5100~5200	工地综合价
	钢护筒	吨	5100~5200	工地综合价
	钢板桩	吨	5100~5200	工地综合价
	型钢	吨	4300~4600	廊坊市场供货价,不含其他费
	焊管	吨	4200~4400	廊坊市场供货价,不含其他费
	钢绞线	吨	5800~6000	天津厂价
	袋装普通硅酸盐水泥(P.o)32.5	吨	340~350	太行牌水泥厂价
	袋装普通硅酸盐水泥(P.o)42.5	吨	410~430	太行牌水泥厂价
	袋装普通硅酸盐水泥(P.o)42.5	吨	450~460	冀东盾石牌水泥厂价
	袋装矿渣水泥C32.5	吨	350~360	三河冀东盾石牌水泥厂价
	沥青70号、90号	吨	4700~4800	秦皇岛厂家价格
	沥青70号、90号	吨	4750~4850	山东价格

续上表

项 目	材料名称	单 位	单价(元)	备 注
主要材料	板式橡胶支座	立方分米	55	衡水厂家价
	四氟板组合支座(四氟板厚2毫米)	立方分米	110	衡水厂家价
	四氟板组合支座(四氟板厚3毫米)	立方分米	120	衡水厂家价
	C40伸缩缝	米	960	衡水厂价(含厂家配件及安装)
	D60伸缩缝	米	1150	衡水厂价(含厂家配件及安装)
	D80伸缩缝	米	1800	衡水厂价(含厂家配件及安装)
	D120伸缩缝	米	2100	衡水厂价(含厂家配件及安装)
	D160伸缩缝	米	3500	衡水厂价(含厂家配件及安装)
	TST伸缩体	千克	18	衡水厂价(含厂家配件及安装)
	板式伸缩缝(混合规格)	米	450~460	衡水厂价(含厂家配件及安装)
	钢绞线群锚(3孔)	套	60~70	工地综合价
	钢绞线群锚(5孔)	套	100~110	工地综合价
	钢绞线群锚(7孔)	套	140~150	工地综合价
	反光膜工程级	平方米	80~90	工地综合价
	反光膜高强级	平方米	180~200	工地综合价
	反光膜钻石级	平方米	400~420	工地综合价
	90号汽油	千克	9.34(10.1~10.8) 9.035(10.9~12.31)	工地综合价
	0号柴油	千克	8.49(10.1~10.8) 8.185(10.9~12.31)	工地综合价
	天然气	立方米	3.1	工地综合价
	重油	千克	3.2	工地综合价
	钢丝绳	吨	6800~7000	工地综合价
	无缝钢管DN71-245	吨	5300~5400	工地综合价
	刺铁丝	千克	6	工地综合价
	铸铁管	千克	4.4~4.6	工地综合价
	电焊条	千克	5.5	工地综合价
	铁钉	千克	5	工地综合价
	铁件	千克	6.5	工地综合价
	土工布	平方米	5.5~6.5	工地综合价
	油毛毡	平方米	3	工地综合价
	防锈漆	千克	10~12	工地综合价
	热熔标线漆	千克	6~7.5	工地综合价
地产材料	碎石	立方米	40~45	保定产地价(满城\易县)
	碎石	立方米	40~45	三河产地价
	玄武岩	立方米	140~150	保定产地价
	片石	立方米	40~45	保定产地价
	中、粗砂	立方米	30~40	易县天然砂
	机制砂	立方米	75~80	保定产地价
	粉煤灰	立方米	35~40	保定电厂厂价
	生石灰(块灰)	吨	230~240	房山厂价

续上表

项　目	材料名称	单　位	单价(元)	备　注
地产材料	生石灰(块灰)	吨	210～230	保定厂价
	沫煤	吨	950～1000	工地综合价
	砖	千块	450～500	工地综合价
	矿粉	吨	125～135	保定厂价
	水	平方米	4	工地综合价
	电	千瓦·时	1	工地综合价

设计人员在雪中勘测,如图2-3-40所示。

图2-3-40　2011年冬,设计人员在雪中勘测

七、公路勘测设计

勘测设计是修筑公路、桥梁的起始和前提,政策性强、技术含量高。所测设的公路、桥梁工程,要求达到经济上合理,技术上先进,并便于组织施工,可操作性强;项目建成后方便耐用,使用寿命长,且便于养护。廊坊公路勘察设计事业,经历了从无到有、从低到高的发展过程,并逐步建立自己的测设组织,然后发展壮大的过程。1984年,成立廊坊市交通勘察设计院。经过20多年的发展,已成为专门从事公路与桥梁勘察设计、路网规划、工程可行性研究、地质勘察、工程测绘、水土保持方案编制及项目评估的综合性技术单位,是全市公路勘察设计的主要力量,负责全市公路和桥涵的新建、改建、养护及大中修的勘察设计业务。

(一)工程测设

1. 测设资质

1969年3月,地区交通机构随地区革命委员会由天津市迁至安次县廊坊镇,当时没有交通勘测设计单位,小型公路工程一般由施工单位自行勘测设计,缺乏规范。大中型公路项目由河北省交通规划设计院或外埠测设单位勘测设计。

1984年,廊坊地区公路管理处道桥勘察设计队成立,承担较低等级的公路和中小型桥梁的测设。主要干线公路和大型桥梁的工程测设由外埠测设单位承担。虽然当时测设力量薄弱、仪器设备简陋,但是为廊坊地区公路、桥梁测设的发展壮大、资质升级奠定了基础。

1995年12月,经廊坊市机构编制委员会批准,正式成立廊坊市公路勘测设计所,为廊坊市交通局直属科级事业单位,廊坊公路、桥梁测设有了独立机构。

1998年3月,廊坊市公路勘测设计所更名为廊坊市交通勘察设计院,并经建设部批准获得公路行业(公路)工程勘察设计乙级资格证书,扩大了业务范围和规模。此后,机构不断健全,队伍日益壮大,技术水平逐步提高,仪器设备也日趋完善,成为中级专业水平的交通勘测设计机构。

2000年3月,经国家测绘局批准取得工程测绘乙级资格证书;4月,经水利部批准取得编制开发建设项目水土保持方案乙级资格证书;9月,经国家计划发展委员会批准取得公路工程咨询(编制可行性研究报告、项目建议书等)乙级资格证书,扩大了经营范围,能承担公路工程相关专业的业务,承担二级及二级以下公路工程测绘、水土保持方案编制、可行性研究报告的编制。2002年2月,在廊坊交通系统第一个通过ISO9001国际质量管理体系认证。

2007年,通过建设部批准取得公路行业(公路)工程设计甲级资质,标志着业务水平已步入高等级别。2010年,通过国家发改委批准取得工程咨询(编制可行性研究报告、项目建议书等)甲级资质。同时,新增丙级工程咨询(规划咨询、评估咨询)资质证书,扩大了业务范围,可承担各级公路工程和大桥以下桥梁的勘察设计;承担各等级公路工程和大中桥梁工程的可行性研究报告编制。

2011 年年底,廊坊市交通勘察设计院持有国家颁发的公路行业工程设计甲级、工程咨询甲级(编制可行性研究报告、项目建议书等)、工程勘察(岩土工程、工程测量)乙级、工程测绘(工程测量)乙级、编制开发建设项目水土保持方案乙级以及工程咨询(规划咨询、评估咨询)丙级资质证书,已成为专门从事公路与桥梁勘察设计、路网规划、工程可行性研究、地质勘察、工程测绘、水土保持方案编制及项目评估的综合性业务单位。可承担各级公路工程和大桥以下桥梁的勘察设计;承担各等级公路工程和大中桥梁工程的预可行性研究和工程可行性研究报告的编制、公路工程地质勘察、控制测量和地形测绘、水土保持方案的编制等业务。

2. 测设装备

测设装备包括各种测量仪器、图纸制作设备(计算机、绘图机、打印机等及各种软件)、图纸装订设备(复印机、装订机、覆膜机等)、地质勘探机具等。

廊坊地区公路管理处道桥勘察设计队成立之初,测设仪器简单,仅配有低精度的经纬仪、水准仪等简单测量仪器,用作路线地形、纵横断面的实地测量;数据计算靠算盘和计算器;绘图、写字为手工,工具是三角板、直尺、铅笔、鸭嘴笔等;出图用翻板、晒图机加氨气熏蒸。随着公路建设的发展,测设队伍不断扩大,勘测任务增多,经纬仪等常规测量仪器的数量亦随之增加,但设备简陋的状态并未根本改变。

由于常规仪器功能差,不通视情况下就无法测量,特别是夏秋季(7~11 月)廊坊地区野外到处生长着玉米等高秆作物,近半年时间无法野外作业,给测设业务带来很大影响。鉴于此,设计院(时称设计队)自行研制了双升降四节仪器脚架和与之配套的折叠梯,将测量视线提高到 3~4 米,应用于夏秋季测量。这项自制装备使用到 2002 年设计院有了 GPS 接收机后。

1988 年,购置了第一台长城 0520 型计算机,用于工程结构设计中的复杂性计算,为公路设计电算化打下了基础。1996 年,购置了半站仪,一年后改装成分离式全站仪,使公路测量仪器向电子化迈进。同时,配置了无线电对讲机,改变了长期用打旗语或打手势的联络方法。添置并普及使用计算机、打印机、复印机,引入 CAD 等计算机辅助设计软件,基本实现设计手段现代化。随着先进测设仪器的逐步增加,操作水平有所提高,测设进度和准确程度也相应提高。

1999 年,购置了光学精密水准仪和电子精密水准仪等高精度工程测量仪器设备。2000 年,建成内部计算机局域网络,实现了资源共享。2002 年,购置了 GPS 全球卫星定位系统接收机,标志着测设手段的科学化和现代化。2005 年,添置了胶装机、切纸机,实现设计出图半自动化。2007 年,购置了 DPP100-5F 型专用地质勘察钻机车,钻机进尺能力 70 米,提高了地质勘察和路、桥基础设计的科学性。

到 2011 年年底,设计院装备有 GPS 接收机、全站仪、电子精密水准仪、绘图仪、服务器、地质勘察钻探机等一批高精端专业仪器设备,建立、健全了先进的内部网络和域外连接,实现了域内资源完全共享和域外快捷沟通;大力推广应用集成交互式道路设计系统、桥梁大师、桥梁博士等国内先进设计系统与 CAD 技术相结合,实现了公路勘察设计全过程集成化、一体化、智能化和信息化。

3. 测设管理

国家规定,所有大中型项目的审批,必须要做好可行性研究报告,是基本建设程序中的重要组成部分。可行性研究报告是根据国家和地方的经济发展需要及路网规划,确定线型、线位、公路等级、建设方案、规模和技术指标。可行性研究报告经主管部门批准后,成为初步设计和施工图设计的依据。首先查勘、测量,取得必要的勘测设计资料,以便按照规定编制设计文件。设计要体现国家方针、政策,切合实际、符合规范,技术先进,经济合理,安全、适用、美观,符合交通工程要求。综合考虑山、水、田、林、路等统筹安排、布置协调,符合国家环保、节能、高效的要求。设计标准根据工程的不同性质、不同要求,区别对待。

公路勘测设计根据其项目的规模、等级、复杂程度等,分为一阶段设计、两阶段设计和三阶段设计。一般建设项目,按初步设计、施工图设计两个阶段进行;技术比较简单、方案比较明确的二级及以下道路工程建设项目,可做一阶段施工图设计;技术复杂的道路工程项目,按初步设计、技术设计和施工图设计三个阶段进行。

廊坊市交通勘察设计院认真执行交通部颁发的《公路工程技术标准》,按照现行部颁标准规范进行勘测设计,坚持对测设质量负责。对测设之道路、桥涵,无论工程规模大小,均按照基本建设程序实施。先踏勘调查编制可行性研究报告,再实地初步测量,编制出初步设计和概算。然后再详细测量,编制施工图设计和预算。对所有工程项目设计实行项目负责制。项目负责人、设计人对负责编制的勘察设计文件承担直接责任;项目负责人和测设队长对设计项目的方案实施、协调指导、测设质量和设计周期负责;总工程师对编制的勘察设计文件承担技术责任;院长对单位编制的勘察设计文件全面负责;单位对项目在合理使用年限内负终身设计责任。

外业勘测管理。项目负责人与测设队长根据项目"勘察设计合同"和批准的"可行性研究报告",共同制定外业勘测方案,并形成勘测设计技术指导书,经总工程师批准后,分发到项目组人员并组织实施。外业结束后,全部外业资料移交项目负责人。测设队长、项目负责人按国家、行业工程勘察成果检查验收和质量评定的规定及技术指导书,组织准备验收资料,负责向验收部门汇报情况。

内业设计管理。依据工程项目特点和外业勘测情况、外业成果验收(或评审)意见、内业工作定额和建设单位要求,项目负责人和测设队长根据定额,确定设计周期,对不同的设计内容、工作内容分别明确期限要求,指定设计人员按技术要求如期完成。设计文件执行校审制度。设计人本人必须在图纸文件上签字;复核、审核人员按各自岗位职责对设计文件质量负责。复核工作由项目负责人组织完成,审核工作由项目总工一审、主管副院长二审、总工程师终审。最后由院长签字加盖出图章后向业主或建设单位交图。实行派驻设计代表、设计回访制度,做好设计后期服务,测设过的公路、桥梁,均达到公路工程技术标准。

(二)测设项目

1986—2011年年底,廊坊市交通勘察设计院完成公路工程设计600余项。

1998—2011年年底,廊坊市交通勘察设计院获得河北省优秀勘察设计二等奖2项、三等奖7项,河北省优秀咨询成果三等奖1项,河北省优秀测绘成果三等奖1项。

廊坊市交通勘察设计院省级以上优秀设计项目一览,见表2-3-21。

廊坊市交通勘察设计院省级以上优秀设计项目一览表　　表2-3-21

获奖项目名称	授奖称号、等级	授奖单位	授予时间
廊涿线琥珀营大桥	河北省优秀工程勘察设计三等奖	河北省建设委员会	1999年1月
廊霸公路廊坊至永清段一级公路改建工程	河北省优秀工程勘察设计三等奖	河北省建设委员会	2000年2月
夏垫—安平公路(京沈高速连接线)潮白河特大桥	河北省优秀工程勘察设计三等奖	河北省建设厅	2001年2月
唐通公路东魏庄大桥	河北省优秀工程勘察设计三等奖	河北省建设工程勘察设计奖评审委员会	2006年1月
京沪高速青县连接线大城段工程可行性研究报告	河北省优秀工程咨询成果三等奖	河北省优秀工程咨询成果评奖委员会	2007年8月
廊泊公路永定河大桥	河北省优秀工程勘察设计二等奖	河北省优秀工程勘察设计奖评审委员会	2008年5月
京沪高速公路青县连接线大城段测绘项目	河北省优秀测绘成果三等奖	河北省测绘局	2009年8月
京沪高速公路青县连接线大城段建设工程	河北省优秀工程勘察设计二等奖	河北省优秀工程勘察设计奖评审委员会	2010年5月
香河县香五线改建工程	河北省优秀工程勘察设计三等奖	河北省优秀工程勘察设计奖评审委员会	2010年5月
唐通线北京界至香河县城段公路工程	河北省优秀工程勘察设计三等奖	河北省优秀工程勘察设计奖评审委员会	2011年2月
韩古线韩村至陈各庄桥段改建工程	河北省优秀工程勘察设计三等奖	河北省优秀工程勘察设计奖评审委员会	2011年2月

八、材料供应

沥青运输车,如图 2-3-41 所示。

图 2-3-41 沥青运输车

自 1997 年 11 月成立廊坊市公路工程材料供应站以来,独立供应沥青,1998—2011 年供应沥青 240961.82 吨。

2008 年以前,在交通工程领域单一地生产安装标牌;2008 年后,逐步向护栏、标志、标线、防眩网等交通工程领域全面发展。1998—2011 年交通工程项目产值达到 11694 万元。

1998—2011 年廊坊市公路工程材料供应处经营统计,见表 2-3-22。

1998—2011 年廊坊市公路工程材料供应处经营统计表 表 2-3-22

年份(年)	供应沥青(吨)	交通工程项目	
		名称	产值(万元)
1998	10047.18	标牌	39
1999	14575.79	标牌	66
2000	10361.80	标牌	499
2001	8850.43	标牌	109
2002	6896.83	标牌	96
2003	13620.26	标牌	240
2004	13080.36	标牌	80
2005	10234.32	标牌	66
2006	2884.95	标牌	499
2007	13148.83	标牌	141
2008	30558.71	高速连接线、公路标志	246
2009	15168.43	高速连接线、公路标志	2498
2010	24026.66	高速连接线	517
2011	67507.27	廊沧高速交安设施	6900
合计	240961.82	—	11694

九、质量监督

(一)质量、安全监督体系建设

1974 年之前,没有专门机构负责公路质量监督检查,公路工程质量依靠施工单位的自律行为。当时均是国家单位施工,工程施工费用国家全额拨付。公路工程质量靠施工单位的施工技术水平和自检保证。在施工过程中,技术管理人员除正常施工外,还负责检查与控制工程质量。1974 年,廊坊市公路管理处所属工程科和实验室开始履行工程管理职能,监督检查全市公路工程质量。在施工准备阶段,实验室负责工程的标准试验与外检委托试验;施工过程中,工程科按照技术要求和工程进度,控制原材料、半成品和成品质量,重点检查关键部位、重要工序,消除工程中的质量隐患。

1995—1996 年,《廊坊市公路工程质量监督实施办法》《廊坊市公路工程施工监督实施办法》《廊坊市公路工程施工监理实施办法》《廊坊市公路工程质量监督站职责范围》《廊坊市重点公路工程质量奖惩办法》等 10 个具有法规性的文件相继出台,明确了公路质量监督站的职责范围和质量监督、施工监理范围、方式和方法,规范了监督市场。"政府监督,企业自检,社会监理"的三级质量保证体系逐步形成。

1998 年,《监理、监督人员工作实施细则与办法》和《监理、监督人员廉政工作手册》等 18 项规章制度的制定,规范了质监人员的监督、监理行为。

2000 年,"施工监理"转化为"社会监理",质监部门负责行使政府监督职能,廊坊市的监理市场实行市场化招投标运作模式,廊坊市交通技术咨询监理公司(1993 年成立),以社会监理的身份参与招投标,开辟市场。同年,河北省交通厅规定市级质监站(处)负责监督本辖区一、二、三级公路建设项目新建、改建、大中修及列入计划地方道路工程的日常监督检查,一、二级公路的大中修项目及列入省市投资计划的地方道路的监督管理职责,正式归属市级质监机构。2001 年,河北省交通厅加强公路工程建设项目工地试验检测室临时资质管理,规定了各市交通局是辖区内公路工程建设项目工地试验检测机构的主管部门,其办事机构为公路工程监督站(处)。从试验检测人员、工作和管理制度、主要仪器设备、主要试验检测项目等方面作出了具体要求。

《廊坊市公路工程试验检测管理暂行办法》对工程用原材料抽检、检测频率作出了具体规定。2004 年后,为突出业主方在建设中的主导地位,根据交通部要求,廊坊市建立了"在政府的监督下的业主负责,社会监理、企业自检"四级质量保证体系。

2005—2008 年,陆续制定了《廊坊市公路工程质量鉴定办法》《廊坊市农村公路工程质量监督管理办法》《廊坊市公路工程质量监督检查重点》《廊坊市村村通工程质量监督管理办法》《廊坊市公路工程质量问题处罚办法》《廊坊市公路工程试验检测管理办法》《廊坊市农村公路工程质量监督实施细则》等规范性管理文件。

2009 年 3 月,市管高速、新建、改建工程的安全监管纳入监督管理范围。每半月检查一次所有在建项目的安全生产,形成《廊坊市重点在建工程安全分析报告》。制定《廊坊市公路工程建设安全生产监督管理暂行规定》《廊坊市公路工程建设安全生产监督管理暂行规定》《廊坊市公路工程施工企业和从业人员信用动态管理暂行办法》等 12 项质量、安全管理文件。投资 80 多万元购置了万能拉伸试验机,钢绞线松弛试验机和钢绞线锚固性能试验机等设备;增加了钢绞线、锚具等甲级试验检测项目,新增 76 个试验参数。完成试验检测中心资质增项认定,新增甲级试验检测项目获得交通运输部颁发的资质证书。

(二)质量、安全监督队伍建设

公路工程质量监督人员是公路工程质量监督机构中直接从事质量监督的工程技术人员,岗位资格分为监督工程师和监督员。

按照规定,工程技术人员不少于职工总数的 70%。1995 年 10 月,建立质监站时有职工 19 人;1996 年增至 26 人,其中工程技术人员 17 人。2003 年,河北省质监站依据《河北省公路工程质量监督机构和人员考核实施细则》考核全省质监人员,廊坊市有 15 名监督人员考核合格。2005 年,质监员增至 50 人。2011 年有 40 人(高级职称 6 人、中级职称 19 人、初级职称 15 人)。

质监处严格执行质监人员年度考核制度,包括政治素质、工作能力、工作态度和工作业绩。举办各类培训班提高质监人员素质,至 2011 年,共组织专业技术培训 36 期,取得试验工程师(员)、安全环保工程师、会计师等各类执业、执法资格证书 95 个。

1996—2011 年廊坊市公路工程质量监督人员培训一览,见表 2-3-23。

1996—2011 年廊坊市公路工程质量监督人员培训一览表 表 2-3-23

年份(年)	培训班名称	合作单位	培训人数(人)
1996	全市试验检测培训班	省质量监督站	53
1997	全市监督人员技术培训班	省质量监督站	51
1998	全市公路工程技术人员培训班	省质量监督站	65
1999	全市公路工程技术人员培训班	省质量监督站	86
2000	监理人员培训班	省质监站西安公路学院农经学院	120
2001	全市试验检测培训班	省质量监督站	101

续上表

年份(年)	培训班名称	合作单位	培训人数(人)
2002	试验工程师培训班	省质量监督站重庆交通大学	120
2003	全市公路工程技术人员培训班	省质量监督站	98
2004	高速公路质量监理培训班	省质量监督站	82
2005	路基路面试验检测技术培训班	省质量监督站	85
2006	路桥技术知识和监理规范培训班	省质量监督站	103
2007	全市公路工程技术人员培训班	省质量监督站	105
2008	桥梁基础及监理业务培训班	省质量监督站	107
2009	全市公路工程质量、安全培训班	省质量监督站	102
2010	全市公路工程质量、安全培训班	省质量监督站	101
2011	全市公路工程质量、安全培训班	省质量监督站	100

(三)质量、安全监督

质监人员检测112线改建工程涵洞质量,如图2-3-42所示。质监人员在106线永定河特大桥现场取混凝土试件并盖章,如图2-3-43所示。

图2-3-42 1996年5月5日,质监人员检测112线改建工程涵洞质量

图2-3-43 1996年5月24日,质监人员在106线永定河特大桥现场取混凝土试件并盖章

1. 监督程序

质监人员定期或不定期检查各工程建设情况,主要有综合检查、专项检查、巡视检查、鉴定检查四种检查手段。综合检查时,由监督人员全面检查项目整体质量状况、质量管理行为、施工工艺和工程实体质量,采取现场查看、查阅资料、抽样检测工程实体及原材料质量等方式;专项检查是由监督人员有针对性地对项目的特定环节、关键工序、重要部位质量状况,以及调查质量举报采取的检查;专项检查主要采取查验资料或抽样检测等方式;巡视检查时,是由监督人员随机检查工程质量动态、施工现场管理、施工工艺、工程实体外观质量等,巡视检查针对薄弱环节,查看工程现场;鉴定检查由监督人员在其他检查的同时,侧重收集规定的隐秘鉴定指标数据,为项目的鉴定结果积累第一手资料,鉴定实行全过程动态管理,不单靠最后鉴定的数据,以确保项目评价的科学性、公平性、合理性。施工准备阶段、施工阶段、交(竣)工验收鉴定三个环节是质量、安全监督的重点。

施工准备阶段:主要从两个方面行使监督:①进场情况。主要是对照施工合同、监理合同检查参建单位人员到位情况及仪器、设备的进场情况(确因特殊情况不能按原计划进场的只能以更高一级的代替)。②现场情况。检查施工单位各种图表及规章制度上墙情况;工作人员持证、挂牌上岗情况;料场堆放是否整齐、有无交叉;拌和场配合比的配料指示牌。检查施工单位是否有临时实验室资质和人员资质情况,工地实验室、监理单位实验室仪器的完好性及与本工程的配套情况。

施工阶段:按有关规程和量化标准,全方位、全过程地监督检查工程质量。在各项目结构层竣工后组织质量联查,主要检查工程内外业标准化建设、施工进度及安全生产情况,并依据检查结果,在全市发布质量联查通报;全部参加业主、监理召开的重大会议,掌握第一手质量动态信息;不定期召开正、反两方面的现场会,提升工程质量整体水平;随机抽查各种原材料,监督人员把有怀疑的原材料取样带回中心实验室检测;不定期抽取各种拌和料样品,检查水泥混凝土的坍落度、强度,沥青混凝土的级配,马歇尔稳定度等主要指标;检查施工现场、工艺流程是否规范,人员、设备、仪器是否充足,有无中途退场情况;检查各分项工程试验段情况,重点检测试验段机械配置是否合理,各项技术指标是否满足规范要求;路段竣工后,施工单位自检合格并经监理工程师认可后,由施工单位向质监处递交鉴定申请,频率为:弯沉和所有结构物的检查指标100%报验,其他报验30%以上。检测采用随机抽查的方法。工程质量现场监督检查中,重点检查质量薄弱环节和涉及结构强度及稳定性的重要指标。在路基工程的填筑过程中,主要检查土质均匀性、碾压含水率和分层填筑厚度三个指标,重点检查路基加宽和台背回填是否按照规范要求分层填筑,到路基顶面后,检测施工段落100%弯沉、压实度指标。对于路面结构层,重点检查结构层压实度、厚度,水泥石灰剂量及混合料级配组成、养护条件,在面层施工前,按每天施工段落钻芯各结构层取样,检测强度、完整性指标。重点控制摊铺和碾压温度、速度,抽查沥青含量及混合料级配。督促施工单位严格进行交通管制,避免层间污染。桥梁工程施工过程中,重点检查钢筋存放、加工及焊接、混凝土自身及振捣均匀性,钢筋骨架的刚度、预应力管道坐标、负弯矩锚垫板位置及角度、支座安装、混凝土二次浇筑面凿毛处理及板顶收浆刷毛工艺、混凝土养护状况。无破损检测钻孔灌注桩100%。检测地面以上桥梁混凝土构件回弹强度、保护层厚度、几何尺寸100%。钢筋、水泥、石灰、沥青、砂石料、钢绞线、锚具、橡胶支座使用前必须送中心实验室检测,限制钢筋、水泥等重要原材料品牌,施工过程中,不定期抽检主要原材料。检查中发现的问题,及时以书面方式通报有关单位。一般质量管理问题和一般质量缺陷,责令限期整改;不合格工程,责令限期返修;纠正质量违法行为。依据交通部颁发的《公路工程质量与验收检验评定标准》等规定,综合评定并实施奖惩已完成各项工程。

公路工程交(竣)工验收鉴定:1974年以前,工程结束后,施工单位向主管部门申请工程验收,上级主管部门组成验收组(或验收委员会),按照国家和省交通厅相关公路工程交(竣)工验收标准,检查施工过程中的自检报告和自检记录,作出工程质量合格与否的评定。1974—1995年,由施工单位向主管部门提交申请工程验收报告,上级主管部门组成验收组(或验收委员会)审查验收报告并到施工现场做质量鉴定。1996年以后,公路工程交(竣)工验收鉴定由质监处负责。1999年以后,依据《河北省公路工程质量检验评定标准》评定。2004年以后,主要依据交通部2004年第3号令颁发的《公路工程竣(交)工验收办法》评定。

公路工程鉴定分为交工验收和竣工验收两个阶段。交工验收是检查施工合同的执行情况,评价工程质量是否符合技术标准及设计要求,是否可以移交下一阶段施工或者是否满足通车要求,初步评价各参建单位工程。竣工验收是综合评价工程建设成果,综合评价工程质量、参建单位和建设项目。交工验收由项目法人负责。竣工验收由交通主管部门按项目管理权限负责。交工验收前,先由建设项目监理单位组织交工前检验,检验合格后,再由建设单位向质监处提出申请,然后由建设单位组织设计、监理、施工等单位做合同段交工验收,并检验评定工程质量,然后根据质量评定结果,确定工程质量等级,工程质量评分值大于等于75分为合格,小于75分为不合格。公路工程各合同段验收合格后,业主单位按交通部规定的要求及时完成项目交工验收报告,并向交通主管部门备案。

公路工程交工后,通车试运营2年(2000年前试运营时间1年),试运营期满,公路工程符合竣工验收条件后,高速、新建、改建项目由省交通厅主管部门组织竣工验收,其他项目由市建设单位组织竣工验收,并成立竣工验收委员会。工程验收委员会由交通主管部门、公路管理机构、质量监督机构、造价管理机构等单位代表及有关专家组成。项目法人、设计单位、监理单位、施工单位、接管养护等单位参加竣工验收。竣工验收委员会负责全面检查工程实体质量及建设情况。按交通部规定对工程质量评分,综合评价各参建单位和建设项目,确定工程质量和建设项目等级,最终形成《公路工程竣工验收鉴定书》。

2. 监督项目

1996年以后,廊坊市辖域内监督的高速公路(省市联合监督方式)、新建、改建、大中修和农村公路项目共399项,全部达到优质工程。至2011年,全市公路工程无一例重大安全生产事故。1996年,106线固安县至文安县路段、112线廊坊市区路段及廊涿线固安县至涿州市段3条国省干线同时改建,总里程110.60公里,加上国省、县道大修工程113公里,总计施工里程223.60公里。8名质量监督人员每天在施工一线巡回检查,53次巡回检查3项重点工程,64次重点抽查、23次全面检查,下达"质量监督抽查意见通知单"104份,其中返工通知单42份,鉴定检查16个工程项目并出具了公路工程鉴定书,监督覆盖面达到100%。中心实验室为112线、106线和廊涿线以及固安大桥等做土工、白灰、沥青混凝土、钢筋混凝土等各种试验2500项(个)。

1997年,监督监理项目有:106线、廊涿线、静王东线、夏安线和廊沧线(距年度工程),分布在9个区、市、县内,全长200公里。鉴定检查廊大线大修,廊涿线新、改建等16个工程项目并出具公路工程鉴定书。1998年,路桥监理项目有:廊霸线31.286公里;廊沧线大城南段2.40公里;106线、超洪桥工程。监督任务为路面新、改建大修工程:文大线、三香线、廊大线、固马线、104线、采信线。年内34次巡回检查廊霸线、廊沧线、106线、超洪桥、三香、文大、固马线等多项工程,重点抽查28次,全面检查15次,鉴定检查廊崔线、香河香宋线大修工程等16个工程项目并出具了公路工程鉴定书。质监中心实验室做各类试验1万多组(个),保证了工程质量。1999年,鉴定检查廊霸线(一级路)、京秦高速等18个工程项目并出具了公路工程鉴定书。其中廊霸线新、改建工程在全省工程质量评比中,荣获工程质量第一名。

2000年,重点监督工程项目3项,其中廊泊线胜芳至文安大城界段长21.094公里,廊霸线开发区至杨税务段长15.119公里,104国道廊坊北出口长4.50公里。鉴定检查滩里特大桥、106线大修工程等18个工程项目并出具了公路工程鉴定书。2002年,鉴定检查唐通线改建工程、燕山线大修工程等24个工程项目并出具了公路工程鉴定书。2005年,监督工程项目49项,其中公路管理处工程项目33项,道路里程109.832公里,桥梁长339.132米;县局项目11项,道路里程113.435公里;补贴项目3项;国债资金项目2项,道路里程20.77公里;"村村通"公路里程300.04公里。全年对在建工程进行了巡视检查98次,专项检查16次、综合检查7次,鉴定检查54次,发布质量通报2份,下发《质量抽查意见通知书》25份。大中修工程分项检测16214点,合格16118点,合格率99.4%;经过年底交、竣工质量鉴定,所有分项工程均达到了优良标准。监督覆盖率100%。

2006年,监督市重点工程3项;国省干线大中修及县乡工程25项,桥梁15座;省市联合监督廊涿高速廊坊段质量。年内完成工程分项检测9261点,合格9184点,合格率99.2%。市内所有工程均达到了优良标准。巡视检查94次、专项检查28次、综合检查5次、鉴定检查46次,省市联查3次。完成各种试验2063组。2007年,监督市重点工程7条,国省干线大中修项目18条;县道工程6条,乡道工程13条,危桥改造5座,监督了廊涿高速公路工程。监督人员巡视检查公路工程168次、专项检查43次、综合检查7次、鉴定检查95次,完成工程分项检测14868点,合格14625点,合格率98.4%。完成了廊涿高速公路路基监督。完成土工试验105组;水泥及混凝土试验920组;无机结合料试验441项;粗集料试验282项;细集料试验216项;沥青及混凝土试验207组;钢筋试验338组;外检1353点(组)。

2008年,监督项目有新改建工程项目5项(唐通线、京沪大城连接线、光明东道西延工程、永清县知子营、固安县东湾高速连接线。廊坊市区光明东道东延工程1项暂未动工);国省干线大中、修项目27项,重点农村公路13项;高速公路项目有廊涿高速公路日常监督,筹备廊沧高速公路监督。公路工程综合检查4次、巡视检查72次、专项检查86次、鉴定检查112次,完成工程分项检测6982点,合格6840点,合格率97.9%。监督覆盖率100%。大中修交工检测9项,合格率100%。2007—2008年,竣工验收26项,合格率100%。地方县道桥梁11座,合格率100%。道路8项,合格率100%。

2009年,综合性质量安全检查在建高速公路,国省干线新、改建、大中修项目2次,专项检查廊沧高速公路原材料2次,路基压实度专项检查3次,综合检查全市5条新、改建公路2次,配合省质监站综合检查全省农村公路1次,综合质量检查大广高速公路等项目3次,同时综合检查市内新建、改建、大中修及农村公路工程2次。配合省质监站综合检查省管项目大广高速公路,张家口京化高速公路各施工标段和监理单位安全生产各2次。综合检查全市各在建高速公路,国省干线新、改建项目安全生产8次,下发《安全生产抽查意见通知书》5份。试验检测中心完成试验检测项目15项。土工试验14项、集料试验329组,水泥试验163组、水泥混凝土382组、水泥混凝土配合比129组、无机结合料196组、沥青三项指标试验12组、沥青混凝土66组、沥青混凝土配合比10组、钢绞线拉伸试验74组,锚具试验2731组,石灰试验18组、钢筋235组、超声波桩基检测2111棵、低应变桩基检测92棵。

2010年,监督项目包括市管高速公路3项。新、改建项目10项,国省干线大中修项目15项。全年工程质量巡视检查120次、专项检查14次、综合性检查8次、鉴定检查55次,完成工程分项检测点数84400点,合格点数82228点,合格率97.4%。下发抽查意见通知书11份。责令大中修及新、改建工程返工4段。完成对市管重点项目安全生产巡视、专项检查12次,出具质量安全综合检查通报2份。试验检测中心完成土工试验39组,集料试验1381项,岩石试验5组,水泥品质试验163组,水泥混凝土1485组,水泥混凝土配合比105组,无机结合料264组,钢筋试验433组,桩基检测1061棵,锚具钢绞线9205组(点),完成市属高速公路建管处委托的第三方检测工作,其中廊沧高速原材1800点(组),外检试验3014点(构件),完成密涿支线102高速原材1355点(组),外检807点(构件)。

2011年,监督市管高速公路3项,国省干线新、改建2项,续建工程2项,大中修工程18项,县乡公路和危桥改造工程18项。年内质量安全检查5次,原材料质量、混凝土质量通病、路面施工质量、内业资料等专项检查9次,日常巡视检查和鉴定检查100次,完成各项数据检测2万点,发布全市在建项目质量安全检查通报4份,针对监督检查发现的质量问题下发质量抽查意见通知书23份,并跟踪检查整改情况;完成全市重点在建项目安全生产专项检查12次,发布全市在建项目质量安全综合检查通报3份,下发安全抽查意见通知书4份,上报省质监站全市安全生产分析报告8份;配合省站对廊坊市在建高速公路的监督检查以及廊沧高速公路、密涿支线高速公路的路基、路面、大中桥、交安工程的交工检测。

1996—2011年公路工程项目质量鉴定情况统计,见表2-3-24。

1996—2011年公路工程项目质量鉴定情况统计表 表2-3-24

年份(年)	项目数量(项)	鉴定结果(项)			年份(年)	项目数量(项)	鉴定结果(项)		
		优良	合格	不合格			优良	合格	不合格
1996	16	16	0	0	2004	40	40	0	0
1997	16	16	0	0	2005	29	29	0	0
1998	17	17	0	0	2006	36	36	0	0
1999	18	18	0	0	2007	31	31	0	0
2000	18	18	0	0	2008	50	50	0	0
2001	17	17	0	0	2009	18	18	0	0
2002	24	24	0	0	2010	22	22	0	0
2003	24	24	0	0	2011	23	23	0	0

1996—2011年公路工程质量监督重点项目统计,见表2-3-25。

1996—2011年公路工程质量监督重点项目统计表 表2-3-25

工程名称	工程类别	技术指标	工期	质量评定结果
106线北段固安、霸州段改建工程	公路工程	一级公路	1996年3月15日	优良
		沥青混凝土路面	1997年9月30日	
106段南段(文安段)改建工程	公路工程	一级公路	1997年3月15日	优良 获廊坊市1997年度精品工程奖
		沥青混凝土路面		
史各庄大桥	公路工程(桥梁)	桥长	1997年9月30日	
溢流洼、牛角洼超洪桥	公路工程(桥梁)	北桥长	1997年4月8日	
		南桥长	1998年10月1日	

续上表

工程名称	工程类别	技术指标	工期	质量评定结果
廊霸线廊坊至永清段改建工程	公路工程	一级公路 沥青混凝土路面	1998年4月13日 1998年10月20日	优良 河北省1998年度公路工程质量评比总分第三名，被评为1998年度施工质量优胜项目
廊霸线苑家务特大桥工程	公路工程(桥梁)	桥长		优良
廊霸线永清至霸州段改建工程	公路工程	一级公路 沥青混凝土路面	1999年4月20日 1999年11月15日	优良
廊崔线唐二里至胜芳段改建工程	公路工程	一级公路 沥青混凝土路面	1999年5月7日 1999年11月20日	优良
京秦高速公路连接线工程	公路工程	一级公路 沥青混凝土路面	1999年4月10日 1999年10月10日	优良
潮白河特大桥工程京秦连接线	公路工程(桥梁)	桥长	1999年4月10日 1999年10月10日	优良 河北省1999年省桥梁工程施工评比总分第一名，被评为1999年度施工质量优胜工程
102线大修	公路工程	一级	2001年6月10日 2001年10月15日	优良
104北出口段	公路工程	一级	2001年3月15日 2001年5月15日	优良
104国道和平路至桐柏村东段改建工程	公路工程	一级	2002年5月20日 2002年10月30日	优良
唐铜线香河	公路工程	一级/二级	2002年6月30日 2002年10月30日	优良 获2004年度河北省建筑工程安济杯奖
106线大中修工程	公路工程	一级	2003年7月15日 2003年11月15日	优良
廊泊公路	公路工程	一级	2003年10月10日 2005年1月1日	优良
102线廊坊段改建工程	公路工程	二级公路 水泥混凝土路面 沥青混凝土路面	1995年4月1日 1995年10月30日	优良
112线廊坊段改建工程	公路工程	二级公路 沥青混凝土路面	1996年3月15日 1996年10月13日	优良 1996年全省公路工程质量评比荣获第三名
廊涿改建工程	公路工程	二级公路 沥青混凝土路面	1997年3月1日 1997年9月20日	优良
琥珀营特大桥工程	公路工程(桥梁)	桥长	1997年3月15日 1997年11月20日	优良 1997年度全省桥梁工程施工质量评比荣获第三名，廊坊市1997年度精品工程奖
夏安线改建工程	公路工程	二级公路 沥青混凝土路面	1997年3月1日 1997年9月20日	优良

续上表

工程名称	工程类别	技术指标	工期	质量评定结果
景王东线改建工程	公路工程	二级公路 沥青混凝土路面	1997年3月1日 1997年9月30日	优良
廊崔线大城南段改建工程	公路工程	二级公路 沥青混凝土路面	1997年3月28日 1998年10月1日	优良
廊崔线大城段改建工程	公路工程	二级公路 沥青混凝土路面	1999年4月10日 1999年11月15日	优良
廊崔线文安段改建工程	公路工程	二级公路 沥青混凝土路面		优良
滩里河特大桥工程	公路工程（桥梁）	公路工程	2000年3月15日 2000年9月30日	优良
霸州东环	公路工程	二级公路	2000年	优良
平香线公路	公路工程	二级公路	2003年4月15日 2003年10月30日	优良
潮白河特大桥	桥梁		2003年4月15日 2003年10月31日	优良
102沿口桥	桥梁		2003年5月1日 2003年8月15日	优良
104北出口大修	公路工程		2003年3月15日 2003年8月15日	优良
廊坊市104至北京界国道改建工程	公路工程	一级	2004年 2004年7月9日	优良
大吕线改建工程	公路工程	三级	2004年 2004年8月6日	优良
侯谭线改建工程	公路工程	二级	2003年 2004年5月23日	优良
码杨线霸州段改建工程	公路工程	二级	2004年 2004年9月10日	优良
霸杨线改建工程	公路工程	二级	2005年3月15日 2005年8月31日	优良
陈大线大城县城城区段改建工程	公路工程	三级	2005年5月6日 2005年6月20日	优良
东高线永清东段改建工程	公路工程	三级	2005年7月5日 2005年10月31日	优良
留东线改建工程		三级	2005年3月25日 2005年6月20日	优良
香务线改建工程	公路工程	三级	2005年8月1日 2005年11月10日	优良
兴祖线改建工程	公路工程	二级	2005年9月 2006年11月5日	优良
姚淀庄—廊泊线改建工程	公路工程	一级	2006年10月	优良

续上表

工程名称	工程类别	技术指标	工期	质量评定结果
香北线改建工程	公路工程	三级	2006年 2006年10月5日	优良
北旺路改建工程	公路工程	四级	2006年 2006年11月25日	优良
廊霸公路芒店至南固城段改建工程		一级	2007年 2007年12月12日	优良
东高线(固安段)建设工程	公路工程	二级	2008年 2008年11月	优良
青留东线改建工程	公路工程	三级	2008年 2008年10月	优良
陈大线改建工程		三级	2008年 2008年10月	优良
廊涿高速公路旧州互通连接线	公路工程	一级	2006年 2007年11月30日	优良
东高线改建工程	公路工程	二级	2008年 2008年11月	优良
双赵路建设工程	公路工程	二级	2009年 2009年11月	优良
采留线改建工程	公路工程	三级	2009年 2009年11月	优良
津霸公路冀津界至左各庄段工程	公路工程	二级	2009年3月30日 2010年10月	优良
光明东道东延工程	公路工程	二级	2008年11月30日 2010年12月1日	优良
京沪高速公路青线连接线大城段改建工程	公路工程	一级	2008年 2010年11月19日	优良
唐通线北京界至香河县城段改建工程	公路工程	一级	2008年 2011年10月	优良
廊坊至涿州高速公路东湾互通连接线固安段工程	公路工程	二级	2009年 2011年11月	优良
廊坊至涿州高速公路知子营互通永清连接线工程	公路工程	二级	2009年 2011年11月	优良

廊沧高速总监办试验人员在现场做压实度试验,如图2-3-44所示。

(四)工程监理

1. 监理制度

1974年以前,廊坊境内修建的道路、桥涵工程全部由各个施工单位自行施工、自己监理,由技术人员负责工程建设质量。1974—1995年,由廊坊市公路管理处的工程科负责工程监理。1996—1999年,廊坊市境内的公路建设项目,包括新建、改造、大修工程,均实行质监站(处)指派施工监理,施工监理组(或监理工程师)由廊坊市公路工程质量监督站(处)指派,由专业技术骨干担任驻地监理工程师和总监理工程师。监理组人

图2-3-44 2009年9月16日,廊沧高速总监办试验人员在现场做压实度试验

员确定后，任何单位和个人不得任意更换，如确需要，须经总监理工程师同意报市交通局重点工程指挥部批准后方可调换。

1989 年，京津塘高速公路开始修建，这条高速是全国第一条实行监理制度的试点项目，培养了大批交通建设监理人才，被称为监理的“黄埔军校”。廊坊市交通局派出几名工程技术人员参与建设监理。1990 年，交通部要求推行工程监理制度，这是公路工程管理体制的一项重要改革，新的工程监理制度，把工程建设单位与施工单位规定为发包与承包的关系，工程建设单位与监理单位是委托与被委托的关系，工程监理单位与施工单位是监督与被监督的关系。工程监理单位既要使建设单位发挥投资效益，获得优质工程，也要维护承包单位的合法权益；既要按照工程设计文件监督承包单位进行施工，又要合理合法地随时解决施工方面发生的问题。

2000 年，交通部开始从严管理公路水运工程监理单位资质，要求公路工程施工监理采用招标、投标方式。公路工程质量监督从直接实施施工监理的职能，转化为监督管理监理单位和监理人员，检查监理单位按《河北省公路工程施工监理现场工作质量考核评价细则》落实情况。检查监理机构内部管理，包括监理质量、各种规章制度是否健全、图标上墙等情况；检查重点工程监理单位配备工地实验室，试验人员、场地、试验仪器是否满足施工需要，要求试验数据真实、齐全，抽检频率不少于 20%；检查监理人员的盯岗到位情况，监理日志，会议记录，质量偏差处理记录是否齐全，检查监理单位的进度控制，计量与支付的管理情况。

2. 监理人员管理

资格管理。从 2004 年开始，每年组织全市监理人员进行监理资格考试。至 2011 年，全市有 61 人具有部颁监理工程师、专业工程师资格。

监理培训。每年组织具有部颁监理工程师、专业监理工程师资格的人员参加交通部的安全、环保教育培训，至 2011 年，共 26 人次参加培训。每年组织监理人员进行专业技术知识培训。2000 年，质监处邀请省质监站、西安公路学院和农经学院专家学者举办了两期监理人员培训班，共培训 120 人。2002 年，省公路工程质量监督站对公路水运工程监理单位资质进行核查。为提升全市试验检测人员的专业技术水平，邀请省质监站和重庆交通大学举办了两期试验工程师培训班，共培训 120 人次。至 2011 年共计 12 期。

信用评价。2009 年开始，依据交通部《公路水运工程监理信用评价办法（试行）》和河北省质监站的相关要求，对廊坊市境内高速公路建设项目监理企业和监理工程师进行每年一次的信用评价。2004 年，廊涿高速在廊坊境内开工建设，大量外埠监理人员进入廊坊监理市场，在施工过程中监督人员对监理人员履约行为进行检查，对不称职、失信的监理人员报省站并清除出廊坊市监理市场，至 2011 年，共清除 7 名外埠监理人员。

第三节 公路管理

养路费征收先进单位省厅奖励 11 辆桑塔纳，如图 2-3-45 所示。

公路管理是一项重要的专业工作。通过加强管理，提高公路使用效能，使之发挥最好的经济效益与社会效益，满足社会运输的需要。公路管理的内容丰富，涉及范围较广，本文仅就全市公路养护、规费征收、路政管理、公路信息化四个方面记述。

一、公路养护

摊铺油路，如图 2-3-46 所示。摊铺机施工现场，如图 2-3-47 所示。

廊坊地区由于位处京、津两大城市之间，因此公路交通占有十分重要的地位，以京塘、京榆、京大、津保南、津保北等主要路线为骨干，构成纵横交错的交通网络，既沟通了城乡联系，又密切了内陆与沿海的关系。但在新中国成立前，这些公路由于各种条件的限制和战争的破坏，长期严重失养失修，路况破烂不堪，交通十分不便。为了迅速扭转这种落后状况，以适应经济恢复和建设的需要，1949 年 1 月成立了由华北公路运输总局领导的天津公路管理段。1950 年 3 月，又在交通部公路总局直接领导下建立了京塘国道管理段，这是地区最早的公路管理机构。成立伊始，就在抢修三大干线和京津公路的基础上，积极开展公路养护管理工作。地区成立了养护队后，在京塘国道上设立了固定道班，这是全省实行专业养护的第一条路线。

图 2-3-45　1997 年 2 月 18 日，养路费征收先进单位省厅奖励 11 辆桑塔纳

新中国成立初期的公路养护，除京塘国道外，一般都是采取以发动群众实行普修的形式来完成。继而分片定线设置公路巡视员，经常上路巡视检查，发现公路损坏，及时与沿路区、村政府联系，就地派工修复。1951 年，政务院颁布了《动员民工建勤整修公路的决定》，逐步建立起群众义务养路员，按远修近养的原则，从沿路五华里以内的村庄，分段负责定工包养，初步完善了养护的组织形式。此后，随着农业合作化与人民公社化的发展，公路养护的组织形式也在不断演变提高，由分散食宿过渡到集体食宿，最后成立了以固定养路协议工为主的专业养路道班，是一支真正体现‘以路为业，以班为家”的正规养路队伍。

图 2-3-46　2009 年 2 月 16 日，摊铺油路

图 2-3-47　摊铺机施工现场

规章制度的建立健全，使养路工作走向正常化、规范化。1962 年，中共中央和国务院颁发了《关于加强公路养护和管理工作的指示》，交通部也相继制定了《关于公路养护和管理工作的若干规定》（试行草案），指明了养路工作的方向与任务，使公路养护工作有规可循。后河北省交通厅又制订了养路四大管理（计划、技术、财务、生活）制度，使公路养护管理进一步具体化和规范化。加之养路技术规范、公路小修保养定额等规范的实施，切实改变了公路养护的落后面貌。养路道班还建立了两长五员制（即正副班长、计划统计员、质量检查员、材料保管员，生活福利员、学习辅导员），制订了考勤、会议、学习、计划、技术、工具材料、生活管理、检查评比等各项规章制度，明确了生产岗位责任制，从而调动了养路职工的积极性，出勤率、直接生产率、好路率均有上升，养路成本不断下降。

道班养路工人，无论是固定工或代表工，都实行集体食宿。通过学习“大庆”经验，进一步树立了“三老、四严、四个一样”的思想作风。对待工作认真负责，一丝不苟，生产有计划，质量有检查，工效有定额，完成有验收。做到班前点名，班后讲评，赏罚分明。

相关养护、改建、通车、维修，如图 2-3-48 ~ 图 2-3-61 所示。

（一）国省干线的养护

河北省公路交通部门，根据“依靠当地政府，依靠群众，做好交通运输”的方针，于 1950 年提出了“依靠当地政府，依靠工人，面向群众，少花钱多办事”的公路建设方针，广泛发动群众，大规模地普修公路。采取“义务建勤”的形式和“远修近养”的方法，组织公路沿线 2. 5 公里以外村庄的群众负责修路，2. 5 公里以内的村庄的群众负责养护。

图 2-3-48　1996 年，公路处全体职工参加廊大线义务劳动

图 2-3-49　1998 年 3 月 17 日，104 国道廊坊东出口改建工程（当年市政府 10 件实事之一）

图 2-3-50　2010 年，改造后的国道 104 线八干渠至郊区快速路段

图 2-3-51　1998 年 11 月 16 日，廊霸线廊坊至永清段改建工程竣工剪彩

图 2-3-52　1998 年，与国外专家探讨研究沥青再生试验

图 2-3-53　2002 年 11 月 22 日，唐通线改扩建一期竣工通车剪彩仪式

图 2-3-54　2003 年 6 月 19 日，平香线改建工地

图 2-3-55　2006 年 3 月 11 日，市区“十大重点工程”光明西道西延工程开工仪式

图 2-3-56 2006 年，建成后的廊霸公路芒店至南固城段改建工程

图 2-3-57 2009 年 2 月 10 日，光明东道东延工程（津廊大道）

图 2-3-58 2009 年 3 月 20 日，我市重点建设工程——光明东道东延工程全面开工

图 2-3-59 2010 年 10 月 14 日，云鹏道中修

图 2-3-60 2011 年 4 月 1 日，干线公路路面裂缝施工

图 2-3-61 2011 年 4 月 13 日，廊泊路中修进展顺利

1950 年秋季，天津公路段在地方政府的大力支持下，对主要公路进行了整修。但是，被洪水毁坏的公路未能及时修复，仍处于季节性维持通车的状态。针对这种情况，公路段在河北省交通厅和天津专署的领导下，于 1951 年春秋两季，发动沿线群众对县以上的主要公路进行了普修。为适应普修公路的要求，省交通厅规定了统一普修的标准：

(1)各地、县路段的接头要衔接好，勿使填土高低不平影响通车。

(2)各主要干线已留有辅道的，在普修中要一律修复，宽度不得窄于 4 米。辅道与耕地同高者，宽度不得窄于 3 米。

(3)公路边沟要进行疏通，使其畅通，以利排水。新开挖排水沟，其沟底宽度不少于 1 米。两边坡度 1∶1，并在适当地点开挖泄水口，以免淤塞。

(4)路面(土路)要修出路拱，中间坡度依排水要求，其坡度为 6%。

(5)不准在公路边坡挖掘取土,须离开坡脚1米以外取土。

(6)对于碎石路面的坎坷、狼窝或战时破坏之横沟下陷处,须将路面下陷处挖开,然后再填新土或碎石碾压夯实,使之吻合。

(7)对于翻浆地带,先将泥浆挖去再填干土或硬料,夯打坚实。对于路基低洼路段,有被水侵蚀者,须加高路基碾压坚实。

(8)在桥梁的桥面上,铺土压实,以利铁轮车通行。

(9)土路普修后,要洒水碾压,使之有坚实的硬面。

这一年的公路普修,省交通厅投资建设粮小米48128斤,地方政府投资建设粮小米445937斤,两项投资共折款47843元(折新币)。全年共普修公路574公里。其中修路面487.25万平方米,整修路基动土方119.8万立方米。雇用民工14400名,马车260辆,民船248只。动员义务建勤民工34.3万名,义务建勤马车60辆。为改变公路缺桥少涵和路桥不配套的状况,在普修公路的同时,还修建桥梁5座,长297延米;加固桥梁2座,61.6延米;修建涵洞3个,长4延米;加固涵洞8个,长37延米;修复水毁工程及改善路面27公里,动用土方20700立方米,炉渣11200立方米,碎石12000立方米。在施工过程中,每项工程从头到尾,有专人负责。每建成一座桥,在桥上(或立一石柱),刻有设计、监工、承造单位以及载重标准和保固年限,表示对人民负责,接受长期考验。这一年,在主要公路两侧栽树4445棵。全年土方工程平均日工3.5立方米,最高达7立方米,比1950年的平均日工提高50%,是新中国成立以来功效最高的一年。

1951年公路普修后,各县初步建立起养护组织,试办示范养路段,研究改进养路方法,提高养路效能,规定了养路费专款专用制度,要求年初有计划,年终有总结,使养路工作逐步向计划化、正规化方向迈进。公路管理部门,派巡视员分工包线,沿路流动检查,发现哪里路坏了,就找到当地区乡政府,由就近村出工整饬,基本上做到随坏随修,保证了公路畅通,维持了正常通车。

1953年,党中央提出了过渡时期的总路线和总任务,制定了发展国民经济的第一个五年计划,公路建设得到了较快的恢复和发展,各项工作步入正轨,管理制度日臻完善。

我国发展国民经济的第一个五年计划中明确指出:第一个五年计划期间,主要公路的建设工程是十分艰巨的,必须从政治上、组织上、技术上加强领导,依靠全体工人职员和地方力量,按照既定标准,保证如期完成修建任务,并提高工程质量、降低造价。重视养护现有的公路、桥梁和渡口,发挥我国人民修桥补路的优良传统。根据地方需要和民力、财力的可能,重点地整修运输繁忙的公路,新建和整修适应当地运输工具需要的道路。

1953年8月,交通部与华北局先后召开了全国、地方交通会议。同年11月27日,政务院又发出《关于加强地方交通工作的指示》,强调依靠地方民力、财力,就地取材,加强现有公路、驿道的养护,修建当地人民迫切需要的简易道路、桥梁、渡口,以适日益增长的经济建设和广大人民生活的需要。

1955年,农业合作化运动蓬勃兴起并很快形成高潮。如何为农业合作化提供量大、质好、价廉、快速的公路运输条件,成为公路交通部门最迫切的政治任务和经济任务。总之,养路工作的重要意义,越来越为人们所认识,并且得到领导和社会各界的关注,长期形成的"重修轻养"思想从根本上得到扭转。特别自党的十一届三中全会以来,在养路体质管理的改革、养路经济责任制、养路经营承包等方面都作出显著成绩。养路队伍经过组织整顿,在年龄、文化和技术业务素质方面也有了很大提高。截至1985年年末,全区养护里程已达1263公里,占公路通车里程的60.7%,好路率逐年上升,1985年达到74.9%。

1989年时,列养公路好路率达到84.3%,其中干线达到89.2%,分别较去年同期上升4.2%和3.9%;1990年,全市县道以上列养公路好路率达到83,7%,其中干线达到89.9%,年平均达到79.5%,干线年平均达到85.9%。分别比省厅下达的好路率指标上升1.5%、1.6%、0.9%、1.1%。全市公路养护工作连续六年保持全省先进。

1991年,县道以上列养公路1130公里,好路率达到85.2%。其中干线为90.9%,县道为80%,比省厅下达的指标提高1.2%,其中干线提高1%;1992年,县道以上列养公路好路率87.4%,较去年同期提高 2.2%,其中干线公路好路率达到 92%,较去年提高 1.2%;1993 年,县道以上列养路年平均好路率 88.9%,较去年同期提高 1.5%,其中干线公路好路率较去年同期提高 2%;1994 年,县以上公路列养好路率达 88.5%,其中国省干线公路年平均好路率为 94%,在全省公路养护联查评比中获“全省公路养护先进单位”称号,实现了“十连冠”;1995 年,县以上公路好路率达到 86.5%,其中国省干线达到 93.4%。养护质量综合值达到 86.5%,比省厅下达指标提高 1.7%。至 1998 年年底,全市县级以上公路年末好路率 84.6%,其中干线 91.9%。

随着公路的逐渐发展,交通部门更加注重养护工作。至 2007 年,交通局投资 6900 万元进行干线公路养护、绿化美化、综合治理、大中修、桥梁大修及加固,干线公路好路率达到 92.5%;2008 年,改造县、乡道路危桥 13 座 855.9 延米;完成小修挖补公路 9 万平方米,洒油封面 15 万平方米,干线公路好路率达到 92.6%;2009—2011 年,干线公路养护优良路率达到 75% 以上,保持全省领先。

廊坊市干路公路养管示意图,见图 2-3-62 所示。

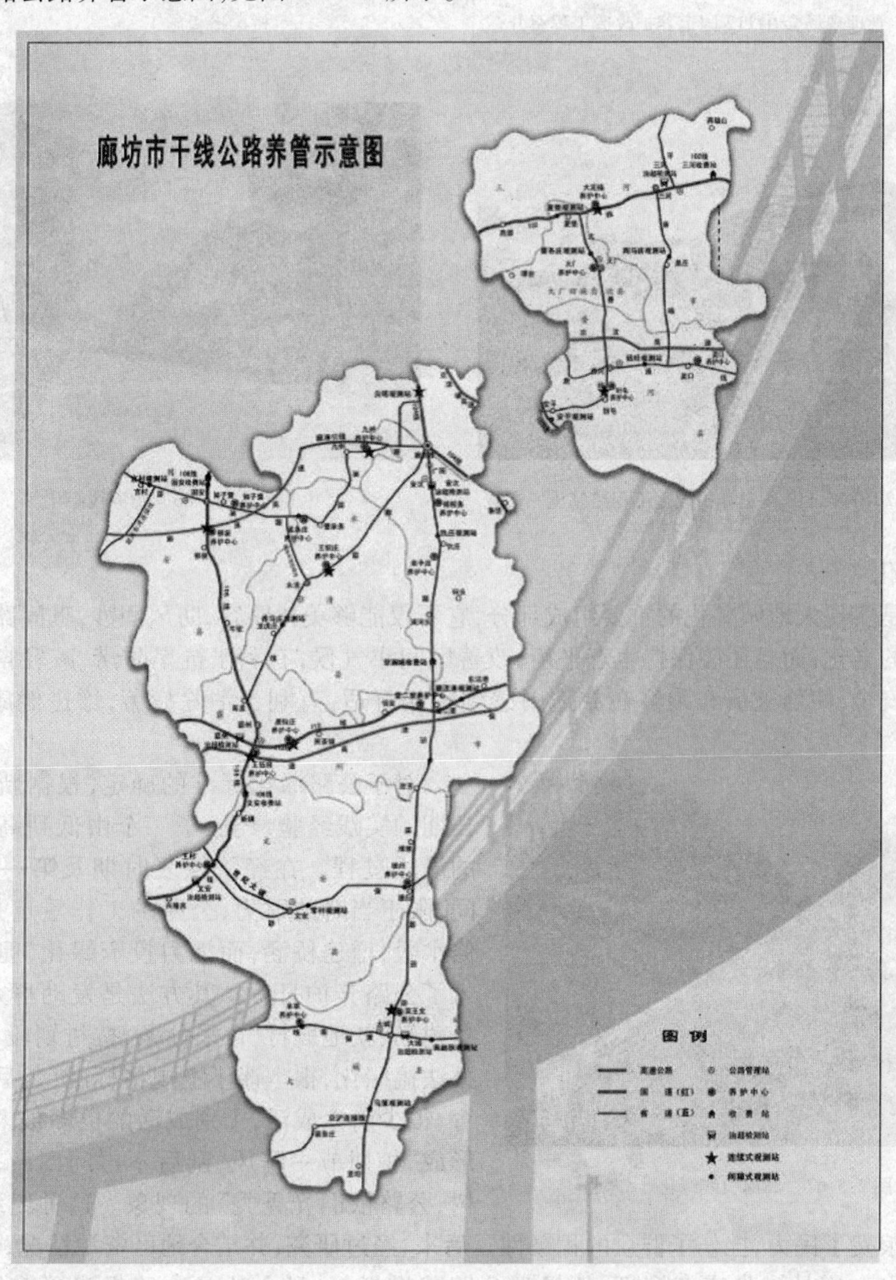

图 2-3-62　廊坊市干路公路养管示意图

国道、干线的养护、维修、施工，如图2-3-63～图2-3-66所示。

图2-3-63　2010年，全省普通干线公路新改建项目建设管理现场会在112国道养护改造工程召开

图2-3-64　2011年3月25日，国道104改造工程桥梁搭板施工

图2-3-65　2010年，112国道养护改造工程路基施工现场

图2-3-66　廊涿线绿化

1. 公路绿化

公路绿化是实现大地园林化的重要组成部分，它不仅能够美化路容，防风固沙，巩固路基，隐蔽路面，延缓沥青路面的老化；而且还能保持生态平衡，改善区间小气候，有利于抗旱防涝，减轻自然灾害。平时还有利于行车安全，使驾驶员和乘客在旅途中感到轻松舒适，有利于消除疲劳，增进健康，如图2-3-67所示。

图2-3-67　廊涿引线绿化

对于公路绿化标准的确定，根据新中国成立以来长期的实践经验，经历了一个由低到高逐渐加深认识的漫长过程。在经济恢复时期及第一个五年计划期间，限于当时的财力，公路的工作重点是恢复交通，抢修水毁，增建桥涵，而无力投资绿化，但是已把植树列入了公路养护日程。其方法是发动群众，实行民工义务建勤，就地取材，自采种条，按村划段，用插蕨埋条的办法搞绿化，根本谈不上规格标准，栽后又无人管理抚育，很少萌生成活，个别成活的也多被人、畜损害，所以形成“植树节一阵风，刮后不再问回声，年年栽树不见树，公路依旧光秃秃”的现象。这种组织植树的方法，在一定程度上浪费了民力，挫伤了群众的积极性。后来，经过研究，并结合地区资源情况，安次（后改称廊坊市）、永清、固安、霸县一带盛产柳杆，故提倡公路栽柳杆，一种办法是公路投资买柳杆，发动民工建

勤栽,另一种办法是发动群众自采,上路义务植树,少数有困难的村队,从经济上给予适当补助,一般每株补助一角钱,国家投资不多,群众满意,效果比插蕨、埋条好得多。从此,公路上的树木开始增多,柳树又有发芽早、落叶晚、树冠大、生长快的特点,属乡土树种,很受群众欢迎。与此同时,种植加拿大杨,因好成活、长势快、易成材的优势而得到迅速推广。由于树种单一,杨柳天社蛾为害严重,虫灾蔓延甚快,不久即自行淘汰,至20世纪60年代,公路柳树被北京杨、合作杨、毛白杨所替代。

行道树株行距的标准问题,也在实践中逐渐确定下来,基本上克服了片面强调密植高产的办法,除原有已定型的路树林带外,已不再搞2~3米株距的行道树了。现在根据不同树种,一般都把株距间隔放大到4~6米。对一侧两行以上的多行树的行距,也由从前的1米扩大到1.5~2米,栽树的位置原规定内侧第一行树要求在路肩以下50厘米处,正好落在公路边坡上,既影响树木稳定,又不易保持水土;而外侧第二行树,常常落在坡脚或沟底,两行之间高差较大,同样规格的苗木,幼树阶段高矮不齐比较明显,影响美观。最好的方法应在修建路基的同时作出两米宽的绿化平台,有利于树木成长和管理。

公路绿化管理是一项难度较大,涉及面广的复杂工作,尤其是树权所有制与抚育管理责任制两个要害问题,长期以来未能得到妥善解决。有的主张全部由国家承包起来,一律由公路部门栽管,收益归公路部门,有的主张一律下放给地方管理,收益归当地;有的主张公路与地方合作,公路投资,地方管理,收益分成。但不管哪种方式,普遍存在着幼树无收益没人管理,浇水、除虫、防病都要公路部门负责。针对以上不同主张,人们结合地方实际情况,本着有利于发展公路绿化,能够调动各方面积极性的原则,经请示行署与省交通厅领导同意,制订了干线公路绿化由公路部门栽管,自己收益,县级公路实行合作造林,收益分成;乡镇公路实行地方自筹,谁栽谁管谁收益。这个方案基本符合统一领导,分级负责,国家、集体、群众一起上的精神。实践证明,这是一条多快好省之路,促进了公路绿化建设。截至1985年,公路绿化里程已达1832.5公里,占宜林公路总里程的930%,现公路存树172.34万株。

苗圃建设是发展公路绿化的物质基础。实践证明,不抓苗木,只讲任务,等于空谈。从前单纯依赖花钱去外地购苗,吃了不少苦头,不仅完成任务无保证,而且时间、质量、规格都达不到要求,甚至影响成活率,降低绿化水平。因此,大家认识到要想搞好公路绿化,必须抓育苗。1966年,地区交通局首先在霸县以西津保北线公路以南的夹河村北建起了一座324亩的大型苗圃,虽然土地贫瘠,沙碱严重,但因连年采取深耕改土,大水压碱,养猪积肥等有效措施,育苗效果之好出乎意料。以合作杨为主,兼育刺槐、臭椿、垂柳等其他品种,存圃苗木一般保持三十万株左右。自1970年开始,每年出圃三年生以上大苗约5万余株,基本上满足了公路绿化的需要。在经营管理上从吃"大锅饭"改为"以圃养圃,多种经营,自负盈亏",调动了苗圃工人的积极性,加强了经济核算,达到了自给有余。在霸县大苗圃的示范带动下,固安、大厂等县都先后办起了中小型育苗基地。尤其是固安县交通局为了给京大线改建为二级路后的绿化做准备,把坐落在知子营、牛驼、宫村等处的机关生产基地50亩,全部改为苗圃,并聘请农林部门的技术员作指导,训练道班工人搞砧木嫁接毛白杨10万余株,效果很好,成活率高达90%以上。大厂县自办小苗圃育速生树种沙兰杨,生长旺盛,当夏(垫)—安(平)线大厂至夏垫段10公里老树更新时,一次出圃上路,创最高成活率记录,但可惜的是后期管理没跟上,人畜损坏严重,保存率只有百分之七八十,经过两年才补齐了缺株。文安县交通局在马武英、王村、大赵等地虽然也搞过苗圃育苗,但皆因圃地低洼易涝,管理不善等原因,形成三起三落,收效不佳,后转向道班小型育苗。大城县交通局利用县商业局所属马场基地,筹办了一座大苗圃,原拟培育抗盐碱的乡土树种,以满足文安、大城一带公路绿化的需要,但因经营不得法,土地改造工作量太大,周围环境复杂,客观干扰较多,感到困难重重,被迫缩小面积,以减轻压力。这种不顾主客观条件盲目上马、贪多求大、缺乏可行性研究论证的做法,是难以收到预期效果的。

1988年,廊坊地区绿化植树27187株,新植37.5公里路树,春季绿化植树的发芽率为97%;1989年,新植、补植各种路树19704株,成活率为94.99%;1990年,公路植树17883棵,种矫林9600墩,成活率94.3%;1991年,公路绿化植树22454株,成活率达95.3%。公路绿化里程达1850公里,占可绿化里程的97.3%;1992年,完成新补植各种路树包括常绿树27539株,经验收幼树成活率达到94.2%,公路苗圃新育各种苗木80亩;1993年,县级以上公路列植补植树林20943株,其中更植树木43.5公里,16195株,成活率达96.2%。公路苗圃新育各种苗木85亩;1994年,新植补植各种路树44.4公里,1.02万株;至1995年,新植补植各种路树达到3.5万株,成活率达96.1%,县以上公路绿化51.7公里。

随着公路建设的发展,公路绿化标准越来越高,逐渐向美化、净化、花化发展,尤其地处首都外围的固安、廊坊、三河等地,为了配合北京外环的美化和花化,公路绿化的任务则更加紧迫而艰巨。仅2008年,公路绿化完成廊霸线、廊泊线、104线、106线30公里的中央隔离带及交界景点改造,完成新植工程124.77公里,补植300多公里,成活率和保存率达到96%以上。

2009年,完成密涿引线、京沪高速连接线和大香线馒头柳改造3项植树工程,共栽植乔灌木20多万株、景天1万多平方米,完成计划内补植300多公里,补植各种植物9.5万株,绿化工程质量全部达到优良,成活率和保存率都在95%以上。2003—2011年,国省干线的绿化里程累计达到534.33公里,绿化投资1991.46万元。

2003—2011年廊坊市普通干线公路重点绿化工程量统计,见表2-3-26。

2003—2011年廊坊市普通干线公路重点绿化工程量统计表 表2-3-26

年份(年)	绿化里程(公里)	乔木(株)	灌木(株)	花草(平方米)	投资(万元)
2003	110.13	33423	139375	10176	281.07
2004	95.70	146892	12496	3119	119.92
2005	97.90	64414	323419	62821	342.56
2006	46.40	13293	60910	19299	106.18
2007	13.10	3000	93881	11968	70.66
2009	12.60	7718	169807	9750	529.93
2010	97.70	3463	249612	33513	332.62
2011	60.80	16400	371355	34335	208.51
合计	534.33	288603	1420855	184981	1991.46

2. 养护工程

大修中修:大修工程是周期性地综合修理公路及工程设施的较大损坏,以全面恢复到原设计标准,或在原技术等级范围内局部改善和增建,以逐步提高公路的通行能力的工程项目;中修工程是定期维修加固公路及沿线设施的一般性磨损和局部损坏,以恢复原有技术状况的工程项目。

新中国成立初期没有专门的计划管理部门,对公路的使用要求相对较低,能通行即可。根据当时公路的实际情况,哪里坏哪里修,无计划性和目的性,也称事后养护。我国的公路养护很长时间沿袭了这种传统的养护方式。

廊坊市的公路养护大中修工程项目主要贯彻"预防为主、防治结合"的方针,充分考虑整体路网规划和投资效益,采用合理的技术措施,延长公路和桥梁的使用年限,提高公路的综合通行能力。市交通运输局是公路养护大中修工程的建设主体,市公路管理处受市交通局的委托,实施公路养护大中修工程管理。公路养护大中修工程下一年度工程计划的制订,以公路使用现状和路网规划为依据,首先由各县(市、区)公路管养机构排查所辖公路、桥梁及沿线设施,根据路面的病害、破损程度,并结合日常巡查和定期检查情况,提出初步意见,连同调查结果及其他相关资料一并报市公路管理处。市公路管理处及市交通运输局设计部门根据规定,结合实际情况,统筹规划,科学安排,提出全市公路养护大中修工程可行性研究报告，市交通运输局审核后上报省交通运输厅，经省交通厅审核批准后，市交通运输局委托设计院设计。根据不同的路面情况制定不同的维修方案，加强预防性养护投入，减少大修次数，节约资金投入。

公路大中修养护资金来源于国家依法征集的公路养护资金、财政拨款、车辆通行费和国务院规定的其他筹资。

新中国成立之初，廊坊地区仅有自京、津两市向外辐射穿越廊坊地区的干线公路五条：京津（北京至天津）、京榆（北京至山海关）、京大（北京至大名）、津同（天津至大同）、津保南线（天津至保定）。这几条公路在廊坊地区辖域长203.40公里，除京津公路长3.90公里，宽3米是水泥混凝土路面以外，其余均为土路。

1950年，河北省公路交通部门，根据“依靠当地政府，依靠群众，做好交通运输”的方针，广泛发动群众，大规模的普修公路。1958—1965年期间，津保北线修建了62.64公里沥青表面处治路面。1961年，津唐线芦台段首次采用沥青（渣油）路面。1964年，津保北线加宽，同年修建永清至信安25公里沥青（渣油）路面。1965年，京大线固安至霸县段采用沥青（渣油）路面。1977—1985年9年间，廊坊地区公路建设得到了较快的发展，新、改建国道4条158.40公里，省道6条30.77公里，同前十年相比增加近两倍。

1979—1998年，养护大中修工程从恢复提高进入全面加快时期。1985年起，维修改造全市国省干线及县乡道路22条；1988年，完成大修以上工程量274.2万元，改建、大修油路路面77.8公里。经验收，各项技术指标均好于往年。全区41项中修工程经验收，24项优良，17项良好，优良率100%，完成洒油封层和拌和罩面工程量1352.7平方公里；小修完成181.7平方公里。推广利用旧油石新技术，在中小修工程项目中共回收旧油石1916立方米，利用旧油石1598立方米（节约石料350立方米，节约沥青51吨），节约资金6.3万元。

1989年，完成大中修工程28项，21项优良，7项良好；完成小修挖补126.08平方公里，中小修养护工程优良率为100%；硬化路肩、安装路缘石8.7公里。

1990年，全年大中修项目36项，33项优良，3项良好。其中，中修工程量759.2千平方米/104公里。完成小修挖补125.8平方公里，中小修养护工程优良率均为100%。建成标准化、规范化路段963公里，占总里程的90.2%。

1991年，完成市政改建大修工程3项10.9公里，中修工程20项，完成工程量788千平方米/105.4公里，19项优良，1项良好；完成小修挖补154平方公里，中小修优良率100%。

1992年，大修完成包括102线国道GBM工程罩34.38公里。中修工程27项，121公里、384.74平方米，小修挖补完成159.06千平方米；完成油路油化路肩7.3公里、19.98千平方米，路肩铺筑混凝土方砖4.7公里；安装和维修路缘石37.8公里；油化处理平交道口200道、14千平方米；浆砌砖石排水沟1260米；浆砌砖永久性水簸箕979道；水泥混凝土预制板铺砌小边坡2.55公里；砖砌护墙3326米；安装铁制护栏1354米；新埋反光轮廓标900根；更新埋设里程碑、百米桩、界桩及示警桩等公路标志4738根（块）；维修桥梁47座，共1978.2米；改建道班房8处，整修规范化、标准化路段850.3公里。

1993年，中修工程18项，公路里程105公里，工程量774.95平方公里；小修挖补160.6平方公里，验收均达到良好以上。2.5～3厘米沥青混凝土罩21.9公里，洒油封面9.9公里，安装路肩石28.5公里，浆砌排水沟3015延米，安装三桩一碑1195根（块）。油化路肩4.3公里，整修规范化、标准化路肩边坡沟875.9公里。修筑绿化台96.97公里，维修桥梁54座，6710.8延米，维修涵洞285道，增设三桩一碑4210根（块）；浆砌过村路段排水沟51.4公里，开挖土边沟22.3公里。

至1997年，完成大修工程8项96.5公里，全部达到优良。中修完成国省干线97.6公里、817.38平方公里，其中洒油封面56.78公里，429.06平方公里；稀浆封层40.8公里，388.32平方公里。

2001以后，干线公路养护工程进入科学发展时期。2001—2005年，累计完成干线公路大中修和桥梁维修加固工程75项。其中公路大中修项目共49项，合计393.92公里，其中：大修25项，142.687公里；

中修24项,251.233公里;桥梁26座,1054.716米。

2006—2010年,完成干线公路大中修工程39项,428.665公里。其中省管大修13项合计115.117公里;省管中修13项,合计207.821公里;业主大修6项,合计25.609公里;业主中修7项,80.118公里。

公路水毁修复。第一个五年计划期间,由于廊坊地区汛期多雨,大部分土地沥涝成灾,路基冲毁,交通阻断。为及时抢修公路,在秋末冬初季节,采用"以工代赈"的形式,发动灾区人民修建公路。

1953年雨季过后,全区国、省道路均因水毁不能通车。其中京大(北京至大名)线满溢达3000多米,决口12处;县道水毁更为严重,影响了城乡物资交流。尤其是调往灾区的物资,不能及时转运。国家拨给地区救灾款15亿(旧币)。同年10月27日,专署召开各县建设科科长、公路管理站站长和参加普修公路工作的有关干部会议,对抢修水毁公路做了紧急部署,动员组织了"以工代赈"民工7580人,经过秋冬紧张抢修,很快就恢复了通车。

1956年秋季,全区又遭受特大水灾,仅五天时间,大清、子牙、潮白等河流,均超过历年最高水位。洪水持续上涨,大清河任庄子、子牙河姚马渡等处决口,洪沥相汇,广阔田园,顿成泽国。全区受灾村庄3304个,农作物受灾面积681万亩,粮食减产11亿斤,倒塌房屋11万余间。津保南线的南赵扶桥,京大线上的新镇桥,均因河水暴涨而被迫拆除。另外,冲毁小桥涵9座,公路路基平漫、决口有73769米,占国、省道养护里程的12.8%。除津保南、津保北两条公路部分通车外,京大线和县乡道路大部分被水淹没。

为尽快恢复交通,方便灾区人民生产生活,地区公路局及时组织民工积极抢修公路。历时1个月,使用民工53000个工日,大车1158辆,木桩524根,木料67立方米,炉渣碎石730立方米,填筑土方6000立方米,平整路面856000平方米,共抢修省、县道480公里。

在抢修水毁公路工程中,首先抢修了主要干线路段。津保南线有100多米路基被水平漫30厘米,使唐官屯至大城的交通阻断。而防汛物资、赈灾粮食及驻军转移,都需要迅速通过这段公路。地区公路局一名副局长和三名干部赶赴现场,发动群众奋战一夜,将公路抢修好,保证了通车。在抢修干线公路的同时,优先抢修了津保北线的杨柳青至永清、太平桥至霸县、京大线上董各庄至任丘等公路,有力地支援了防汛和救灾物资的运输。

为解决灾区汛期交通问题,在天寒结冰前对水毁路基进行了突击修复。特别是文安、大城两县均在水困之中,封冻后交通断绝。津保南线流河至三眼桥段路基决口13处,长115米,公路子埝9312米。地区公路局发动当地民工,用7400工日,填平决口11处,搭架草桥两座。经过突击抢修,恢复了交通。

1956年洪水过后,党和政府为组织生产自救,拨给廊坊地区"以工代赈"款490万元,明确了生产救灾与长期建设相结合的方针,通过"以工代赈"兴修公路,发动灾民23000多人,对津保南、津保北以及京大等线公路进行整修。同年10月上旬开工,历时一个半月,完成土方159万立方米。施工中开展了社会主义劳动竞赛,民工干劲足、功效高,85%的民工日工作量达到或超过标准工,支持了救灾。

津保北线公路被洪水冲毁,其中杨各庄到康仙庄15公里的路段,处于两水夹堤之中。为及时抢修水毁公路,霸县组织2000多人,调动了500多只船由副县长韩茂、交通科科长郝汉喜指挥战斗。民工用苇席围好"土囤",压在公路两侧路肩下,人们赤身浸泡在齐胸深的洪水中,用双脚在水中踩泥窝窝,然后将身体沉入水底,把泥窝窝抱出水面,扔上木船,把泥土运到公路附近,投入囤中。经过半个多月艰苦的"水战",硬是用从水中捞出的泥土,把公路修复好。

1960年,地区遭受了先旱后涝的特大灾害,由此大力挖河修渠兴修水利,决心抗旱除涝保丰收。在挖河修渠中,一些公路被切断了,大部分未做桥涵,少数架上了临时便桥,但不能适应行车需要。雨季来后,多数县又积涝成灾。为了泄水分洪排涝救灾,扒了路、挖了沟。汛期过后,为了迅速恢复交通,必须抓紧抢修水毁工程。在天津市领导统一指挥下,市、县、公社、大队和生产队"五级干部"开赴工地,组织群众填路平沟、架桥修涵。经过短期奋战,共修复主要公路940公里,县、社公路和田间道路670公里。修复临时便桥9座,涵洞3处,缩短了阻断时间,及时恢复了通车。

1961年春季,公路翻浆异常严重。全区有13条公路96处(段)翻浆,总面积达27万多平方米。原因主要是上年雨量过大,公路水毁严重,有的路基被水湮灭,有的边沟积水未退,长期侵蚀,致使路基土壤含水率增大。加之去冬寒流来得早,路基含水未容大量蒸发即行冻结,入冬后又普降大雪,多数路线未及时清除,积雪融化,给公路翻浆留下隐患。翻浆严重路段曾造成公路阻断。如安平至宝坻线,新线路基低,翻浆很厉害,而旧线又因浇地放水被淹没,无法通行,致使香河渠口公社外调粮食任务拖延了日期。京大线霸县至固安永定河段,有3处翻浆影响车辆运行。霸县交通局立即组织50名工人抢修,仅用两周时间全部处理完毕,维护了客运班车正常运行。全区投入抢修翻浆公路的劳动力共4700个工日,使用碎砖、炉渣、碎石等粒料731立方米,荆条、芦苇等软料4540斤,运料马车188车日。

1988年,全年完成修水毁路基土方117811立方米/704.1公里,补修油路面5.94千平方米/24.63公里;2009年,抢修水毁路基36709方,修复油面60平方米,涵洞1道,护坡2031立方米,挡墙354立方米。

2006—2011廊坊市养护大修工程统计,见表2-3-27。

3. 养护管理

新中国成立后,受重修轻养思想的影响,养路队伍素质低,人员不稳定,管理工作薄弱,劳动效率低,养护质量差,好路率下降,路况急剧恶化,车辆行人怨声载道。因此,迅速加强公路养护工作,已刻不容缓。针对当时养护力量薄弱,人员素质差的情况,1958年,经河北省交通厅批准,从原有养路代表中,择优选用年轻、体壮、有文化、热爱本职工作的250人转为固定工。经过教育培训与实践锻炼,这批人很快成为养路队伍中的骨干分子,有的还成为基层养路单位的领导者。1960年,全区养路职工响应河北省交通厅的号召,掀起了"六化"红旗竞赛运动,提出公路养护要做到:路面平时整洁化、公路晴雨通车化、路线运输列车化、桥渡安全畅通化、操作机械化半机械化、道路绿化园林化。全区年内应达到的路面平实整洁化的公路里程指标为659公里,仅上半年就完成526公里,其他12项指标有的已接近完成。

1977—1985年期间,纠正了"重修轻养"的偏向,调整了投资比例,充实了公路养护力量。1978年,全区养路代表工2800人,其中有1400名未作公路养护工用。还有一些人体弱多病,不能承受繁重的体力劳动。按照基干民兵的条件,重新挑选了1700名代表工。在投资比例上,确定了"修养并重,以养为主"的方针。1980年与1978年相比,修路投资减少了2.35万元,而公路养护投资却增加了26%,解决了"头重脚轻"的状况,因而好路率逐年上升。

1974年,廊坊地区公路管理处成立,设置养路科、工程科等科室,负责县道以上道路的日常养护、大中小修及路政管理。各县有公路管理站,站下设养护中心、道班、作业组,负责辖区内国省干线和县道日常养护管理。2006年,廊坊市地方道路管理处成立,负责县道的日常养护。2009年,廊坊市路政管理处成立,负责国省干线的路政管理。至2011年底,廊坊市国省干线共有公路管理站10个,养护中心18个,作业组22个,道班3个。负责辖区内国省干线的日常养护管理,承担所辖路段的路基养护,桥涵维修,雨季水毁防治和抢修,公路树木的抚育管理,路面大中小修工程等。

自2003年开始,廊坊市公路管理处充分发挥公路系统的优势,扩大便民利民范围,利用国省干线公路沿路的18个养护中心,设立专门房间建立"爱心驿站",为过往群众无偿提供休息、饮用水、药品、维修工具等便民服务,使小小的"爱心驿站"成为方便群众的服务站、展示形象的文明岗。

2005年,借着全市创建全国文明城市的东风,廊坊市公路管理处又提出"心系南来北往客,公路文明伴君行"的口号,在系统内大力开展"爱心驿站"星级评选活动,其中三星级爱心驿站8个,二星级6个,一星级4个。采取动态管理,在硬件建设、服务项目、服务标准几个方面提出了更高的要求,进一步提高"爱心驿站"的服务水平,使之真正成为人民群众与公路人的连心站。

现在的"爱心驿站",对外公开挂牌,实行爱心驿站专人负责制,由养护中心职工轮流值班,负责爱心驿站的一切事务,并制定了《爱心驿站工作制度》。屋内沙发、茶几、桌椅摆放整齐,墙上挂着本地交通图、列车时刻表及喷绘宣传图板等,电水壶、打气筒、茶叶、纸杯、针线以及红药水、创可贴、氟哌酸等应急药品一应俱全。主要提供四项服务:免费提供周边较近的医院、商店、加油站、修理厂交通导示等信息服务;免费提供汽车停放场所、加水等项服务;免费提供一些常用药品;免费提供饮用水及临时休息场所。上路作业养路工和路政执法人员为爱心驿站的爱心使者,在路上为过往驾驶员提供引导服务。截至2011年年底已救助1780余人次;收到锦旗、感谢信90余面(封)。

2006—2011 廊坊市养护大修工程统计表

表 2-3-27

项目	序号	项目编号	路线名称	路线起讫点	起止桩号	里程(公里)	路线等级	建设性质	完成投资(万元)	验收质量	备注
省管工程	1	S371	廊涿线	固安城区	K52 +400 ~ K54 +200	1.8	二级	大修	298.0000	优良	2006 年
	2	S334	保静线	史各庄至保定界	K569 +439 ~ K575 +500	6	二级	大修	649.0000	优良	
	3	S271	大香线	铁路立交南至大厂县城北段	K2 +000 ~ K7 +700	5.7	二级	大修	2572.0973	优良	2007 年
				大厂县城南至六百户村段	K9 +850 ~ K13 +200	3.35				优良	
				钳屯至安运桥段	K29 +200 ~ K31 +450	2.25				优良	
	4	S271	大香线	安运桥至香安路口	K31 +586.02 ~ K34 +120	2.534	二级	大修	834.7296	优良	2008 年
	5	S274	平香线	三河南环至唐通线	K22 +719 ~ K47 +468.6	24.75	二级	大修	5248.9429	优良	2009 年
	6	S3761	唐通线	平香路口至大香线路口	K95 +100 ~ K97 +787	2.687	二级	大修	498.8803	优良	
					K97 +787 ~ K102 +587	4.8	一级	大修	1321.7614	优良	
	7	S371	廊涿线	东湖庄至京九铁路	K38 +300 ~ K41 +260	2.96	一级	大修	987.6363	优良	
	8	S272	廊泊线	十里湾桥至大城收费站	K96 +170 ~ K107 +215	11.045	二级	大修	2272.9460	优良	2010 年
	9	S334	保静线	小堡桥至文安南环	K116 +490 ~ K123 +190	6.7	二级	大修	1454.1771	优良	
	10	S272	廊泊线	胜芳南过水路面	K51 +300 ~ K52 +163	0.863	二级	大修	673.8852	优良	
					K49 +536 ~ K51 +300	1.764				优良	
	11	G112	北京环线	天津界至杨各庄	K38 +800 ~ K54 +000	15.2	二级	大修	5025.6696	优良	
				天津界至杨各庄	K30 +800 ~ K38 +800	8				优良	
	12	S371	廊涿线	固安县城至涿州界	K45 +548 ~ K56 +388	10.84	二级	大修	2339.8634	优良	
	13	G103	京津线	冀京界至冀津界	K32 +793 ~ K36 +667	3.874	二级	大修	1303.0211	优良	
业主工程	1	S272	廊泊线	大城收费站北段	K106 +200 ~ K107 +000	0.8	二级	大修	203.9700	优良	2006 年
	2	S272	廊泊线	大城收费站至沧州界	K107 +215 ~ K114 +854	7.639	二级	大修	1507.4382	优良	2008 年
	3	S272	廊泊线	大城收费广场大修工程	K106 +915 ~ K107 +215	0.3	二级	大修	119.7825	优良	2008 年
	4	G106	京广线	106 国道永定河桥至南五里铺桥	K45 +000 ~ K53 +200	8.2	一级	大修	3216.7057	优良	2009 年
	5	G106	京广线	霸州市区段	K81 +300 ~ K84 +270	7.67	一级	大修	2246.8101	优良	
					K84 +270 ~ K88 +330		一级	大修			
					K88 +330 ~ K88 +970		一级	大修			
	6	G106	京广线南段大修		K120 +483 ~ K121 +483	1	二级	大修	262.9858	优良	2010 年

续上表

项目	序号	项目编号	路线名称	路线起讫点	起止桩号	里程(公里)	路线等级	建设性质	完成投资(万元)	验收质量	备注
业主工程	1	S271	大香线	六百户至双安线	K14+600~K25+300	10.7	一级	大修	5247	优良	2011年
					K25+300~K29+250	3.95	二级				2011年
	2	S334	保静线	文安县城东至天津界	K125+146~K146+049	20.903	二级	大修	4392	优良	—2011年
	3	S274	平香线	冀京界至102国道	K9+350~K19+170	9.82	二级	大修	1906	优良	2011年
	4	G112	112国道	冀京界至103国道	K43+807~K54+000	10.193	二级	大修	1850	优良	2010年结转
	5	S334	保静线	冀京界至104国道	K116+490~K120+290	3.8	二级	大修	700	优良	2010年结转
	6	S272	廊泊线	津保南至十里湾桥	K89+954~K96+064	6.11	二级	大修	1323	—	跨年度工程
	7	S281	津保南线	青县至任丘	K79+800~K92+000、K97+115~K111+400	26.485	二级	大修	9918		跨年度工程

2006—2011廊坊市养护中修工程统计，见表2-3-28。

2006—2011廊坊市养护中修工程统计表

表2-3-28

项目	序号	项目编号	路线名称	路线起讫点	起止桩号	里程(公里)	路线等级	建设性质	批复文号	完成投资(万元)	验收质量	备注
省管项目	1	S272	廊泊线	大城收费站北段	K65+000~K95+800	35	二级	中修	廊交[2006]199号	2034	优良	2006年
					K95+800~K100+000							
	2	S361	唐通线	香河县城南段	K95+000~K97+500	3.5	二级	中修	冀交规[2006]253号文件	280	优良	
					K101+622~K102+622		一级					
	3	G102	京哈线	燕郊至夏垫段以西	K31+850~K32+700 K36+300~K42+450	7	一级	中修	冀交规[2006]253号文件	630	优良	
				夏垫段	K32+700~K36+300 K42+450~K44+400	5.6	一级	中修	冀交规[2006]253号文件	471		
				三河市区段	K55+200~K58+602	3.4	一级	中修	冀交规[2006]253号文件	268		
	4	G104	京福线	廊坊段	K47+140~K49+430	5.69	二级	中修	冀交规[2007]219号	516	优良	2007年
					K63+490~K66+890							
	5	S271	大香线	大厂界至香河刘庄段	K13+200~K25+300	12.1	一级/二级	中修	冀交规[2007]219号	1349	优良	

续上表

项　目	序　号	项目编号	路线名称	路线起讫点	起 止 桩 号	里程（公里）	路线等级	建设性质	批复文号	完成投资（万元）	验收质量	备　注
省管项目	6	S271	大香线	大厂县城段	K7 +700 ~ K9 +850	2.15	二级	中修	冀交公路[2008]226 号	187.097	优良	2008 年
				香河一城段	K34 +120 ~ K36 +720	2.6				331.8569	优良	
				大香线起点至毛场	K0 +000 ~ K2 +000	2				109.047	优良	
	7	G102	京哈线	鲍邱河至三河市区	K44 +400 ~ K55 +200	10.8	一级	中修	冀交公路[2008]226 号	1230.6307	优良	
				三河东环路至天津界	K58 +655.25 ~ K67 +956	9.301			冀交公路[2008]69 号	1496.8509	优良	
	8	S371	廊涿线	九州路口至东湖庄	K8 +700 ~ K38 +300	29.6	二级	中修	冀交公路[2008]365 号	1952.4401	优良	2009 年
	9	G104	京福线	东马圈至冀津界	K73 +507 ~ K75 +920	2.413	二级	中修	冀交公路[2008]365 号	151.9235	优良	
	10	S272	廊泊线	安里屯大堤段	K53 +800 ~ K55 +500	1.7	二级	中修	冀交公路[2008]365 号	153.9314	优良	
				张营桥至新桥农场	K57 +500 ~ K62 +000	4.5			冀交公路[2008]365 号	316.9320	优良	
	11	S273	廊霸线	廊坊至 106 国道段	K55 +100 ~ K61 +504	6.404	一级	中修	冀交公路[2009]264 号	5860.7802	优良	2010 年
					K21 +026 ~ K55 +100	34.074		中修			优良	
					K13 +628 ~ K21 +026	7.398		中修			优良	
	12	G104	京福线	市区南至天津界段	K63 +490 ~ K66 +890	3.4	二级	中修		232.7568	优良	
	13	S272	廊泊线	富管营镇段	K52 +163 ~ K53 +800	11.595	二级	中修		846.7639	优良	
				滩里镇段	K55 +456 ~ K57 +514							
				德归段	K62 +000 ~ K69 +900							
				堂二里至胜芳	K41 +940 ~ K49 +536	7.596	二级	中修		1091.6979	优良	

续上表

项 目	序 号	项目编号	路线名称	路线起讫点	起 止 桩 号	里程（公里）	路线等级	建设性质	批复文号	完成投资（万元）	验收质量	备 注
业主项目	1	S334	保静线	106 国道至雄县界段	K21 +100 – K23 +250	2.15	二级	中修	廊交[2006]199 号	144.9	优良	2006 年
	2	S272	廊泊线	汴庄子至十里湾桥段	K91 +000 ~ K94 +000	3	二级	中修	廊交计[2007]114 号	186.2	优良	2007 年
	3	S334	保静线	106 国道至文安县城段	K42 +000 ~ K44 +000	2	二级	中修	廊交计[2007]115 号	182.6	优良	
	4	G106	京广线	固安段	K64 +170 ~ K64 +400	0.93	一级	中修	廊交计[2007]112 号	109.1	优良	2007 年
					K66 +940 ~ K67 +510							
					K67 +140 ~ K67 +270							
				史各庄桥北段	K104 +810 ~ K105 +570	0.76			廊交计[2007]116 号	86.6	优良	2007 年
				史各庄桥南段	K106 +084 ~ K106 +219	1.026			廊交计[2007]117 号	322.9	优良	
					K106 +219 ~ K107 +110							
	5	G112	北京环线	廊坊段	K30 +800 ~ K86 +330	55.53	二级	中修	冀交公路[2008]119 号	3145.7628	合格	2008 年
	6	G106	京广线	新村至王村	K107 +060 ~ K110 +560	3.5	一级	中修	廊交计[2009]139 号	558.5652	优良	2009 年
	7	G106	京广线	金各庄段	K74 +200 ~ K81 +300	11	二级	中修	廊交计[2010]108 号	589.3321	优良	2010 年
				老堤段	K89 +300 ~ K93 +200			中修				
				固安收费广场路面维修	K50 +104 ~ K50 +326.2	0.222		中修		41.3833	优良	
	1	S272	廊泊线	大城文安界至津保南线	K69 +900 ~ K89 +954	20.054	二级	中修	冀交公路[2010]331 号	1803	优良	2011 年
	2	G104	104 国道	北京界至万桐路	K47 +140 ~ K49 +400	2.26	一级	中修	冀交公路[2011]395 号	344	优良	
	3	SL77	廊涿高速九州连接线	龙河桥至密涿高速收费站	K3 +900 ~ K16 +265	12.365	一级	中修		1846	优良	
	4	S272	廊泊线	富管营—滩里	K55 +700 ~ K62 +300	6.6	二级	预防性养护		374	优良	
	5	S371	廊涿线	固安城东段	K47 +042 ~ K48 +842	4.45	二级	预防性养护		232	优良	
				固安城西段	K49 +181 ~ K51 +831							

养护技术。在养路技术方面，随着公路等级标准的提高，养护要求也越来越严格，必须按标准养护，不同的路面采用相应的技术措施，才能收到良好的效果。由低级土路到砂石路，由渣油路到沥青混凝土、乃至水泥混凝土路等高级、次高级路面，都必须按养路技术规范认真操作，并在实践中不断积累经验。在养路技术上，对土路的养护以修补坑槽、车辙为主，保持平整坚实，路拱适度，路表面无积水，辅之以雨后停车管理。对砂石路面的养护，以加铺磨耗层和松散保护层为主，辅之以回砂、扫砂、匀砂等养护措施，保持路面平坦，严防产生"搓板"，有条件的还实行洒水保养以免扬尘。沥青路面的养护，技术性较强，操作工艺要求严格，要求必须有专用工具设备，要求养路工人认真执行岗位责任制，切实防治油路病害的产生与发展。如永清至信安公路，长25公里，是廊坊地区施工的第一条渣油路面，由于对渣油的路用性能认识不足，加上施工过程中出现的底层含水率大，渣油黏滞度低，用油量偏高等缺点，竣工后的次年春季出现翻浆，夏季路面严重泛油。在沿路未能事先备足养护用砂或石屑的情况下，突然出现泛油，以致措手不及，而被迫采用路旁粉砂土撒铺，结果产生松厚的软层，经行车冲击，有的推移、有的隆起，加重了养护负担，扩大了返修量。但霸县交通局养路工区在津保北线沥青路面养护方面，通过长期实践摸索，注意积累经验，总结了反对一个"等"字，突出一个"补"字，提倡一个"早"字的油路养护办法。提早动手，坚持坏一块，补一块，既预防了大面积损坏，又节省了养护费用。这个经验曾在全省和全国沥青路面养护经验交流会上做了介绍，并在会议交流经验资料汇编上刊载。

伴随着沥青路面的普及与发展，路面结构也由低到高逐步提高等级标准，从开始的沥青表面处治，发展到沥青碎石路面、沥青贯入式路面、沥青混凝土等不同类型的路面，这使养路技术越来越复杂化。在实践中出现和研究的课题也越来越多。

在沥青路面的养护时间中，对及时处治油路病害的问题，认识是比较一致的，在执行上也比较重视，但在中修罩面措施上，看法曾经有过分歧，尤其对沥青表面处治，怕引起泛油而不敢按养护周期进行罩面，以致造成因路面透水、油层老化，使路面病害增多，导致早期损坏，缩短了使用寿命。实践证明，油路封层是一项行之有效的养护技术措施，它能加强面层的密水性，并在一定程度上能够改善路面平整度，在外观上起到了"旧貌变新颜"的良好作用。

在沥青路面的养护作业中，对旧油石的充分利用是一项物尽其用、有利节约的良好措施，特别是不产砂石材料的平原地区，其使用价值更为显著。在初始阶段只是在修补油路壅包时，把刨出的旧油石打碎后重新铺回去，经过行车碾压之后就成型了。这种方法最初是由京哈线三河县段试验的，其原因是该路施工做路面时，有的领导同志认为修油路就得多下油，俗话说"油多菜就香"，在路面做成后，用笤帚蘸油在路表又涂一层油，结果反而造成了严重泛油壅包。而霸县公路管理站在处理堂二里段路面时却收到了较好的养路效果，他们鉴于含油量偏大，骨料粒径小的实际情况，在充分利用旧油石的基础上，适当添加了部分大料，并对旧油面做过抽提试验，根据需要再掺配少量新油，通过观察与行车考验，认定效果还是可以的。因此，霸县公路管理站在几年连续实践摸索的基础上，对旧油石的利用，采取了集中堆放，加工粉碎过筛，区分中、小料，科学掺配矿料和油料，有计划地合理使用，既节约了原材料、降低了养护费用，又收到了较好效果。

养路机械。廊坊地区的养路机械，是从无到有、由少到多，从土到洋、由简到繁，逐渐地发展起来的。过去养路道班工人一直是以手工作业为主，一把铁锨、一条扁担、一副土篮，长年挑土垫路，野外露天作业，劳动十分艰苦，为了尽快改变这种落后的生产方式，逐步实现养路机械化。从20世纪50年代中期开始，首先搞起了"车子化"，在养路中采用单轮手推车、双轮小拉车、人力三轮车等工具车，它既能拉土运料，又能代步当车，深受工人欢迎，并在一定程度上激发了工人革新养路工具的积极性。不久，一批以养护砂石路面为主的简易半机械化工具相继产生，如洒水车、撒料车、扫砂车、清扫机等。其特点是以木结构、轴承化为主，动力以畜力为主，极少部分使用小马力汽油机为动力源，当时被视为典型的养路机械化工具。

较为正规的机械化，还是自20世纪70年代沥青路面大发展以后出现的。首先是运输机械化，以汽车、拖拉机代替了驴车和马车；其次是碾压机械化，自制3吨小压路机、改装6～8吨和10～12吨大中型压路机，加上正规生产的12～15吨压路机，基本上满足了施工和养护的需要；最后是施工和养护生产工具机械化，如沥青洒布机、沥青摊铺机、沥青拌和机、翻斗运料车、灰土拌和机、汽车洒水车、路沿砖开沟机等,无论是专业工程队伍,还是市、县养护单位,都装备了各种所需的机械,机械化程度相应提高,促进了养路事业的发展。

养护资金。针对油路养护的特点,在计划管理上实行按路好坏(包括国、省、县道等)、使用年限长短、交通量大小3个因素测算投资额的办法,并在基础上做好"两定、一包",即定任务、定好路率、资金包干。首先根据路况调查资料、摸清每条线路三个方面的底数,确定其比例关系,计算出各因素的投资额。其次按照各因素的底数与各因素的投资额来确定各因素、各等级的比例,计算各因素、各等级的年公里投资。最后是按各因素、各等级的年公里投资标准乘以相应的养护公里数,其乘积之和即为某养护单位的总投资额。

1983年,在路况、使用年限、交通量3个因素之间确定的比例是7:2:1。如当年全区参与分配的小修保养费投资额为164万元,按上述比例分配,则路况投资额占114.8万元,使用年限投资占32.8万元,交通量投资占114.8万元,使用年限投资占32.8万元,交通量投资占16.4万元。在路况投资额中,首先满足坑槽挖补、罩面、封层等基本工程的需要,剩余部分作为国、省、县道的其他养护补贴费。国、省、县道的投资分配比例为2:1.5:1。使用年限划分为1~3年、4~6年、7~10年、11~15年四个等级,其调整比确定为1:1.5:3.5:5。按调整比与等级公里数计算出总投资公里数,再用使用年限总投资数除总投资公里数,得出每公里平均年投资额,再把年公里平均投资额分别乘以调整比,即得出使用年限各等级的每公里总投资额。交通量大小划分为1000辆次以下、1001~2000辆次、2001~3000辆次、3001~4000辆次等四个档次,其比例关系确定为2:3:5:8。按比例与各档次的公里数计算标准投资总公里数,再以交通量的总投资额除以总公里,得出标准公里投资额,再分别乘以各档次的比例数,即得出各档次的平均公里投资额。最后均以实际养护里程,按不同等级公路分别乘以各档次的车公里标准投资额,此即各养护单位小修保养的总投资额。

这样分配小修保养投资是比较科学合理的,它有利于养护计划的执行,也便于考核检查,对提高好路率起到了促进和保障作用。

2009年,成品油和税费改革后,养护资金来源主要是燃油税和车购税,由财政厅按当年的资金数下发,以后三年不变,三年后按一定比例增加。

(二)县乡村道路的养护

1. 养护模式

新中国成立后,由于财力限制,地方公路养护体制不健全,平时失修失养,路面坎坷不平。当时,主要方法是组织群众养护,按照1950年2月省政府批准的群众义务修路办法,凡年满18~55岁的男劳动力,为每年10个义务修路标准工。按照"远修近养"的养路原则,将公路沿线两侧2.50公里以内村庄划为养路村,每村固定养路员1~2人,负责整修路面、修整路肩、清除杂草、清理塌方、管理养护桥梁等事项。

1951年,政务院公布《关于1951年民工整修公路的暂行规定》,凡铺有路面的路线及交通量大的土路,由道班与群众共养。土路一般由群众养护,其中交通量不大或很少有汽车行驶的路线,采取季节整修,民工义务修养公路逐步形成制度。1955年11月29日,国务院颁发了《关于改进民工建勤养护公路和修建地方道路的指示》,规定在道路两侧5华里以内,凡有劳动能力的年满18~45岁的男性公民和18~40岁的女性公民,都有建勤义务。规定每年每个男性公民出勤5天,女性公民出勤3天。

随着公路的发展,一大批道班相继建成。道班负责辖区内国、省道干线和县道的日常养护。1995~2006年,公路处地道科负责县、乡道的日常养护,养护模式县道县管、乡道乡管、村道村管。县道由汽车养路费和小拖返还费中包干使用,乡村道日常养护由乡政府和村街负责管理,公路处地道科负责行业管理、业务指导。但由于养护资金有限,只能针对路况基础不错的几条路进行季节性养护,或是在检查前进行集中养护。由于重建轻养,大部分乡村道路无人管养,致使路况日异变坏。

2006年,成立地方道路管理处以后,建立了市、县、乡三级养护管理机构。受资金制约,只是县道按每1.5公里配备1名养护人员,由县道养护中心按月核定养护工的养护里程和养护质量,计量支付工资。2007年,乡村道路每2公里左右配备1名专职养护工,定期上路养护。乡村道路管理所与养护工签订劳动合同,工资通过核定养护标准、检查打分,按月计量支付。截至2007年底,全市共有农村公路养护工

5000 人，并配备了标志服、标志帽，要求养护工着装作业，农村公路养护质量有所提升。

2008 年，河北省交通厅在辛集市召开现场会，要求各设区市学习和推广辛集市农村公路养护市场化模式。会后，廊坊市以霸州为试点，探索乡村公路日常养护市场化新模式。通过市场调研、可行性研究，组织招投标，选择具有养护资质的企业或个人，签订县级公路养管合同协议书，将镇区道路与乡村公路搭配承包给两个保洁公司，并通过检查考核兑现承包费，使乡村公路养护质量明显改善。2010 年，市交通局制定下发了《关于做好乡村公路日常养护作业市场化的指导意见》，同时将乡村公路日常养护市场化运作情况列入联查考核内容。各县分类指导乡村公路日常养护市场化，到 2011 年底，共确立试点乡(镇) 28 个，占乡镇总数的 31%，乡村公路养护质量明显提升。

2. 养护质量

1995—2006 年，农村公路的养护情况不容乐观，仅季节性养护路况良好的几条公路，或在检查前集中进行养护。大部分县、乡、村道路状况不达标。

2006 年，地方道路管理处接管县道，同时将 2004 年大规模建设的村村通油路列入养护范畴。当时，安次区码杨线、大厂县侯谭线、固安县固雄线好路率均在 85% 以上。香河县香北线、永清县永信线、文安县司宫线等多条县道路面有沉陷、坑槽，甚至没有路面，好路率仅 20%。2004 年以后修建的部分村村通油路，修建年限比较近，路况尚可，能够畅通。但之前修建的乡村路大部分出现坑槽、龟裂、沉陷等病害，已需要大中修或改造。2006—2008 年，随着地方道路养护机制的不断健全，县、乡、村公路养护工作逐步步入正轨。各县(市、区)地方道路管理站都设有县道养护中心(道班)、专职养护工，确保每天上路清扫路面、经常上路巡查，清理垃圾，发现路面病害及时修补，桥梁病害及时维修，路树缺株及时补植，县道路状况明显提升。乡、村道由乡道所组织养护工或沿线村民定期上路作业，清扫路面、修整路肩，雨雪等特殊天气及时上路疏通排水沟、填补"狼窝"，铲除积雪等，村民的爱路护路意识增强，乡、村公路路况质量提高。

2009 年，针对农村公路交通设施缺损和路树缺株现象，注重养护质量，查补公路沿线设施、补植路树，全年更新农村公路交通设施牌 7001 块，补植路树 105880 株。打造了"畅通、安全、绿化"的农村公路通行环境。2010 年 9 月，在全市范围内开展农村公路"千里环形示范路"创建活动，以县(市、区)为主，乡、村配合，坚持"建养并重、协调发展、因地制宜、确保长效"原则，做到畅通、安全、整洁、绿色、文明。截至 2011 年年底，"环形示范路"创建里程达到 518.5 公里，"三桩一碑两牌"(百米桩、示警桩、公路界桩，里程碑，标志标牌、安全警示牌)配备齐全；各养护中心都设置并挂上了"爱心驿站"标牌，服务项目有自行车打气、工具箱、供应热水、救援电话等，为过往行人及驾驶员提供方便，让一路奔波的人们感受到家的温暖，受到过往驾乘人员和沿线群众好评，起到了"以点带面，典型引路"的良好作用。

3. 养护工程

修补工程。包括大修工程、中修工程和小修工程。具体分为洒油封面、稀浆封层、小修挖补、路树补植、道班维修、水毁恢复等。1993 年以前，地方道路没有实施过中修、小修。1996 年，公路处成立地方道路管理科，在保证国、省道干线养护工程资金的前提下，适当对县道中修、小修。1996—1997 年，固安县最早改建县道固东线。由三级路改建成二级路，路面由 6 米宽改建成 9 ~ 12 米宽，改建里程 20 公里，工期两年，河北省交通厅按预算的 80% 补贴 1200 万元，创县道补贴金额最高，其余部分廊坊市交通局与固安县筹资。2006—2009 年，全市(除三河市、霸州市两个扩权县级市外)共完成小修挖补 564240 平方米，绿化植树 32.35 万株，标线 1210 公里，维修桥梁 143 座，维修养护中心 32 处，更新交通设施 12732 块。2010—2011 年，全市(除三河、霸州、香河、文安、大城 5 直管市、县外)共完成小修挖补 220050 平方米，绿化植树 103610 株、标线 163.53 公里，维修桥梁 136 座，维修养护中心 14 处，更新交通设施 7172 块。

绿化工程。20 世纪 50 年代，无绿化投资，发动群众义务建勤，就地取材，自采自种，按村划段，用插橛、埋条法绿化，成活率低。之后发动民工建勤栽树和群众自采、义务植树，给予适当补贴的办法，公路两旁树木开始增多。进入 80 年代后，公路养护体制改革，提高了公路绿化标准，改革绿化管理，开展达标活动，普遍签订公路绿化责任制。1996 年，市公路主管部门将县道绿化下放到各县公路主管部门，市公路主管部门给予少量补贴。2006—2011 年，遵循"谁种植、谁管理、谁受益"的原则，种植经济、成材或者观赏林木,绿化、美化公路两侧的环境。省、市交通部门给予适当补贴,效果明显,形成路旁树成荫的景象。

养护中心。随着公路的发展和养护工作的实际需要,农村公路开始实行道班制。永清大辛阁、安次区葛渔城、广阳北旺、大城孝彩、旺村、三河韩各庄、大厂祁各庄等一大批道班相继建成,负责辖区内国省干线和县道的日常养护。由公路站统一管理,养路道班为专业性质,承担所辖路段的路基养护,桥涵维修,雨季水毁防治和抢修,公路树木的抚育管理,路面中小修工程等。其间,涌现出一批养护成绩突出的养护工,特别是安次区葛渔城道班班长慈成禄被评为1995年全国劳动模范和先进工作者。2006年,随着地方道路管理处的成立,各县(市、区)相继成立了地道站,一部分道班及养护人员划归地道站,道班也改称养护中心,负责县道日常养护。截至2011年底,廊坊市共有养护中心21个,都设立了爱心驿站,服务水平进一步提高。

为不断丰富"通衢阡陌,京畿坦途"的文化内涵,地道处提出了在县道养护中心开展"星级道班"创建活动,要求全市21个养护中心在达到"平时能做饭、夏天能洗澡、冬天能取暖"的前提下,每个县(市、区)至少有1个养护中心要达到路况星、管理星、环境星、生活星、服务星的"五星级"要求。2011年8月底,经考核验收,香河县钳屯养护中心率先在全市达到了"五星级"道班创建标准。

县乡村道养护,如图2-3-68~图2-3-71所示。

图2-3-68　2003年4月9日,霸州市王庄子村二灰碎石施工现场,图为村民自愿投工投劳参加农村公路工程建设

图2-3-69　2010年11年13日,苑家务大桥辅道升级改造完成廊霸线恢复通车

图2-3-70　廊泊线绿化

图2-3-71　廊涿线绿化

4. 养护资金

资金来源。费改税前,县道养护补助资金由河北省交通厅从汽车养路费中拨付;乡、村公路养护补助资金由河北省交通厅从汽车养路费中列支2/3;设区市、扩权县(市)交通主管部门从汽车养路费超收返还中列支1/3。费改税后,农村公路养护补贴资金由省财政从经常性转移支付中列支,标准不变。县级政府按每年1000元/公里安排乡、村道日常养护奖金。

资金使用。1960—1979年,交通部、财政部规定,养路费的分配使用应贯彻"全面养护,加强管理,统一规划,积极改善",在保证干线公路需要的前提下,适当安排县乡公路养护资金。2006年以后,省市交通部门在汽车养路费中安排农村公路养护补助资金的使用办法是:①县道省补资金每公里 8400 元,全部用于县道的日常养护及小修工程(包括小修挖补、桥梁维修、养护中心维修、路树补植、交通设施、标线、立交排水、水毁工程等)。②乡道省补助资金每公里 3500 元、村道省市补助资金每公里 1000 元全部用于乡村公路中小修工程补贴。

自 2007 年起,廊坊市政府每年在财政预算中列支 200 万元补贴资金,并且随着农村公路养护任务的进一步增加,2011 年增加到 300 万元。使用办法是:一部分用于补贴,另一部分用于奖励。补贴和奖金的分配,主要依据市交通局地方道路管理处每年上半年和下半年组织的养护联查结果和各县(市、区)的日常养护管理状况。联查结果好、日常养护到位的县(市、区),除补贴资金外,还要重点奖励;联查结果较好、日常养护比较到位的县(市、区),除补贴资金外,还要适当奖励;联查结果不好、日常养护不到位的县(市、区),除不给付补贴和奖金外,还要责令其整改。

资金管理。按照"多元筹措,统一管理,专户储存、专款专用"的原则,设立了"农村公路养护资金专用账户",把县、乡政府自筹的资金和省、市补贴资金集中起来,实行专户管理,专款专用。拨付资金严格按照"先计划、后施工、再验收"的程序,合格后再拨付资金。对于农村公路养护资金,由财政、审计和交通三部门联合监督管理,定期审计,确保资金安全使用。

二、规费征收

(一)路桥通行费

境内廊坊市做业主的高速公路通行费,由高速公路筹建处负责管理。

廊沧高速通行费。2011 年 8 月 25 日,经河北省物价局、河北省财政厅批复,同意廊沧高速公路廊坊段建成后,设永清南、信安、大柳河、文安、龙街、大城、臧屯 7 处互通立交匝道收费站,收取机动车辆通行费,以偿还建设债务,收费方式统一实行计重和车型两种收费模式,收费年限 15 年。

车辆划分及收费标准,见表 2-3-29。

车辆划分及收费标准 表 2-3-29

类别 / 车型	客车(座)	货车(吨)	收费标准(元/车公里)
一类	≤7	2	0.40
二类	8~19	2~5(含 5)	0.70
三类	20~39	5~10(含 10)	1.10
四类	≥40	10~15(含 15)20、40 英尺集装箱	1.36
五类	—	>15	0.075 元/吨公里
计重收费基本费率			0.075 元/吨公里

境内其他路桥通行费。由廊坊市路桥通行费管理处管理。主要包括九个站点:102 线三河收费站、夏安线香河收费站、廊泊线里澜城收费站、静王线文安收费站、112 线霸州收费站、廊泊线大城收费站、106 线固安收费站、106 线文安收费站、津保南线大城站(一站两点)。

2009 年 4 月,因国家成品油价格和税费改革政策,廊坊市政府还贷二级收费公路(包括 G112 线霸州收费站、静王线文安收费站、廊泊线大城收费站),自 4 月 30 日零时起全部终止收费。

1994 年 10 月,按照河北省物价局、财政厅《关于津保南线大城段公路收取车辆通行费的通知》,利用外资和银行贷款改建津保南线大城段,改建后达到国家有关公路设站收费标准,经省政府批准,收取车辆通行费。1995 年 11 月,按照河北省财政厅、物价局《关于国道 102 线廊坊段收取车辆通行费标准的通知》,在国道 102 线廊坊段沿口桥设站收费。1996 年,按照河北省人民政府办公厅《关于同意邯郸至武安等 18 条公路(桥)收取车辆通行费的复函》,在 106 国道威县至河南界段,在 106 国道北京市界至霸州市文安县界段,固安县北设一级收费站 1 个。同年 8 月,按照河北省人民政府办公厅《关于同意补发邯长复线清漳河大桥等 28 个公路收费项目正式批准文件有关问题的复函》,在 106 线文安县史各庄桥设收费站，在津保南线大城县段设二级收费站——大城收费站。同年10月，按照河北省物价局、省财政厅《关于国道112线廊坊段收取车辆通行费的通知》，在霸州康仙庄设立收费站。

1997年6月，按照省物价局、财政厅《关于106国道固安收费站收取车辆通行费的通知》的要求，经省政府批准在固安城北设立收费站收取通行费。同年9月，按照省物价局、财政厅《关于省道静王线收取车辆通行费的通知》要求，经河北省人民政府批准分别在文安西王村和德归设立收费站，采用一站两点单向收取通行费。按照省物价局、财政厅《关于省道夏安线收取车辆通行费的通知》的要求，经河北省人民政府批准在香河县安平镇设立收费站收取车辆通行费。同年11月，按照廊坊市人民政府《关于区市县养路费征稽站、路桥收费站体制上划的通知》的要求，102国道三河收费站、106国道固安收费站、112国道霸州收费站、静王线文安收费站（一站两点）、夏安线香河收费站和廊沧线大城收费站等6个收费站成建制上划市交通局。当年同月，按照河北省物价局、财政厅《关于国道106线文安段收取车辆通行费的通知》，在文安县史各庄镇设立收费站收取车辆通行费。

1999年2月，按照《关于养路费征稽站、路桥收费上划有关机构编制问题的批复》，各路桥收费站上划后均为副科级事业单位，隶属于廊坊市路桥通行费管理处。同年10月，按照河北省红十字会、河北省交通厅《关于红十字会参与自然灾害和突发事件救护时免费优先通行的通知》，红十字会在执行救助任务时，人员必须佩戴红十字标志，携带由省红十字会颁发的“救灾救助通行证”；乘坐的车辆，经交通管理部门核准并喷涂河北省红十字会标志，公路收费站予以免费优先通行。同年12月，按照河北省物价局、财政厅《关于廊泊线收取车辆通行费的通知》，经省政府批准为一站两点，同方向单站收费，沧州市在保沧公路北设站，廊坊市在大城南设站。2000年3月，按照河北省人民政府办公厅《关于同意夏安线收费站改为“一站两点”单向收费形式的复函》，将夏安线收费站改为“一站两点”单向收费形式，分别在香河县安平镇和大厂回族自治县境内设置单向收费站。2000年6月，按照廊坊市委、廊坊市人民政府《关于开辟农副产品“绿色通道”的决定》，凡运输瓜、果、菜、花、肉、蛋、奶、渔等鲜活农副产品车辆，任何单位和个人不得以任何理由上路设卡或拦车检查。

1999年，根据《河北省收费公路（桥梁、隧道）管理办法》冀交字[1999]655号文件要求，全市各收费站（点）按此标准收取通行费。

1999—2004年路桥通行费收取标准，见表2-3-30。

1999—2004年路桥通行费收取标准　　表2-3-30

车　型	客车（座）	货车（吨）	收费标准（元/车次）
小型	≤10	≤1	10
中型	10～28（含28）	1～7（含7）	15
大型	>28	7～14（含14）	25
重型	—	14～20（含20）	30
特型	—	>20	60

2001年12月，按照河北省物价局、交通厅《关于调整营运机动三轮车和小型拖拉机通行费标准的通知》，本着减轻农民负担，维护社会稳定的原则，调整廊坊市境内营运机动三轮车和小型拖拉机通行费收费标准，由原来的10元/辆次，降为3元/辆次，自2002年2月1日起执行。2002年1月，按照《廊坊市交通局车辆通行费实行“收支两条线”管理办法》规定：①收入解交方式，各收费站于每月11日，21日，次月1日（找齐）上解市路桥通行费管理处；市路桥通行费管理处于15日，25日，次月5日（找齐）上解市交通局；市交通局收到后即转廊坊市收费管理局。市交通局和市路桥通行费管理处开户银行均为中国银行广阳支行营业部。②每年底，市路桥通行费管理处向市交通局编报下年的收入计划，管路经费支出计划。③本次纳入收支两条线管理的站为112线霸州收费站、静王线文安收费站、廊泊线大城收费站、夏安线香河收费站。④本办法自2002年1月1日起执行，以前市交通局通行费的管理办法同时废止。同年4月，根据《关于〈印发河北省一般收费公路车辆通行费月票管理试行办法〉的通知》、河北省《关于更换通行费

月票的通知》有关规定，决定在行政事业性收费站范围内，将手撕式月票更换为微机打印式月票。2004年3月，按照河北省交通规费征收稽查局《关于牵引车、半挂车收费标准的文函》，规定当牵引车拖拽半挂车时，组合车辆的车型按照牵引车整备质量和半挂规定的装载质量合拼计量后确定。同年11月，按照河北省交通厅《关于省管一般收费公路管理体制改革工作的通知》，将省管一般收费公路中省交通厅享有的资产、权益和应当承担的债务分别划转给省高速公路管理局、省道路开发中心、省交通厅国际金融组织贷款项目办公室（上述三单位以下统称项目法人单位），由这三个项目法人单位分别对相应的路段实施管理并偿还相应债务。其中，省高速公路管理局负责管理保定、廊坊、张家口、石家庄辖区范围的省管一般收费公路。

2005年1月，按照河北省物价局、交通厅《关于调整全省收费公路车型划分及降低部分类型车辆通行费收费标准的通知》，全省收费公路车型分类统一执行以下标准（表2-3-31）。

2005—2007年廊坊市分类型车辆路桥通行费收费标准

表2-3-31

类　别	货车（吨）	客车（座）	收费标准（元/车次）
第1类	≤2	≤7	10
第2类	2~5（含5）	8~19	15
第3类	5~10（含10）	20~39	25
第4类	10~15（含10）20、40英尺集装箱车	≥40	30
第5类	>15		40

交通部、国家发改委要求，第5类货车收费标准的调整，以第3类货车现行标准的1.40倍为基数，高于基数的在现行收费标准的基础上降低30%；第4类货车收费标准的调整以第3类货车现行标准的1.23倍为基数，高于基数的在现行收费标准的基础上降低20%；如调整后低于或等于基准数的则按基准数收取。

2005年11月，按照河北省物价局、财政厅《关于下达廊泊线里澜城收费站收费标准的通知》，廊泊线廊坊市至霸州胜芳段一级公路项目建成后，在里澜城设置收费站，收取机动车车辆通行费以偿还建设债务。2005年12月，按照河北省物价局、财政厅《关于明确静王线德归收费站收费标准的通知》，静王线撤销王村收费站，合并到德归站，在德归站实行双向收费。

2007年7月，按照河北省物价局、交通厅、财政厅《关于我省收费公路载货车辆计重收费费率标准及有关问题的通知》，收费公路决定逐步试行载货车辆计重收费。廊坊市交通局路桥通行费管理处不断完善监控收费系统，构建一体化监控收费网络，在现有远程监控网络和各站独立收费网络的基础上，构建一体化监控收费网络，压缩视频编码，实现监控图像数据实时上传，建立了收费系统五大数据库：日常缴费数据库、本地免费车数据库、抗缴车数据库、月票数据库、行业信息资源数据库。引入车辆牌照识别系统，实现对车辆的数字化收费，遏制了逃漏通行费现象。

2008年1月，根据国家政策收费方式改变为计重收费，车辆通行费收费标准改为：客车≤7座，10元；8~19座，15元；20~39座，25元；≥40座，30元；货车计重收费1.70元/吨车次。

2009年4月，按照《廊坊市交通局关于取消政府还贷二级公路收费实施方案》的通知要求，取消G112线霸州收费站、静王线文安收费站、廊泊线大城收费站。

2010年4月，按照河北省交通运输厅《关于宽体轮胎载货车辆计重收费有关问题的通知》，在计重收费设施改造和收费软件修订未完成前，通过收费班长、收费员、监控员共同审核的方式收取通行费。同年6月30日，按照河北省交通运输厅《关于启用新版通行费票据的通知》，正式启用新版通行费票据。同年10月，河北省物价局、交通运输厅、财政厅印发《关于我省收费公路货运车辆计重收费有关问题的通知》，修订和完善了现行计重收费政策。同年11月，按照河北省交通运输厅《关于贯彻落实省政府鲜活农产品运输"绿色通道"政策做好有关工作的通知》，所有收费公路在继续执行现行鲜活农产品运输"绿色通道"政策的基础上，自26日起，对合法装载运输幅度在30%以内的，比照整车合法装载鲜活农产品的车辆执行,免收通行费。马铃薯、甘薯、鲜玉米、鲜花生列入绿色通道产品目录。为保障电煤运输,各收费站开辟电煤运输车辆专用通道,加强疏导,确保车辆快速通行。

106 线固安收费站。根据河北省政府《关于同意邯郸至武安等 18 条公路(桥)收取车辆通行费的复函》批准设立,隶属宏太公司。根据河北省财政厅、物价局《关于 106 国道固安收费站收取车辆通行费的通知》规定的收费标准,于 1997 年 7 月 10 日开始收取通行费。收费路段为 106 国道固安、霸州段,北起固安与北京交界,南至霸州和文安交界,路段长 50.70 公里,国家一级标准公路,属经营性收费公路。

廊泊线里澜城收费站。根据河北省政府《关于同意廊泊线收费公路项目单独设站收费的复函》批准设立,隶属廊坊市交通局。依据河北省财政厅、物价局《关于下达廊泊线里澜城收费站收费标准的通知》的收费标准,于 2005 年 12 月 6 日开始收取通行费。收费路段北起廊坊市南出口龙河桥南头,沿途经于常甫、大王务、仇庄、调河头、里澜城和堂二里等村镇,终点保津高速胜芳出口处,路段长 41.768 公里,国家一级公路,属政府还贷收费公路。

106 线文安收费站。根据河北省政府《关于同意补发邯长复线清漳河大桥等 28 个公路收费项目正式批准文件等有关问题的复函》批准设立,隶属通达公司。根据河北省财政厅、物价局《关于国道 106 线文安段收取车辆通行费的通知》的收费标准,于 1997 年 12 月 15 日开始收取通行费。收费路段由超洪桥北至与任丘市交界,路段长 28.882 公里(含 3.75 公里超洪桥),国家一级公路,属经营性收费公路。

102 线三河收费站。根据河北省政府《关于同意磁峰公路等 24 条公路收取车辆通行费的复函》批准设立,隶属河北省高速公路管理局。依据河北省财政厅、物价局《关于国道 102 线廊坊段收取车辆通行费标准的通知》规定的收费标准,于 1995 年 11 月 28 日开始收取通行费。路段西起北京市与三河市交界燕郊镇东,至三河市与天津市蓟县交界处(段甲岭镇),长 36.70 公里(含沿口桥 135.40 米),国家一级公路,属行政事业性收费。职工 119 人,其中在编 93 人、聘用 26 人。按照《关于全省收费公路专项清理整改工作的实施意见》,于 2012 年 5 月 30 日停止收费。

112 线霸州收费站。根据河北省政府《关于同意磁峰公路等 24 条公路收取车辆通行费的复函》批准设立,隶属廊坊市交通局。根据河北省财政厅、物价局《关于国道 112 线廊坊段收取车辆通行费的通知》收费标准,于 1996 年 11 月 5 日开始收取通行费。收费路段由霸州市西至冀津交界,长 55.50 公里,国家二级公路,属政府还贷收费公路。根据国家成品油价格和税费改革政策,于 2009 年 4 月 30 日停止收费,同年 5 月 5 日,收费设施拆除,路面恢复。

静王线文安收费站。根据河北省政府《关于同意利用贷款或招商引资修建营涝线营子至涝洼滩等 10 个公路项目并设站收取车辆通行费的复函》批准设立,隶属廊坊市交通运输局。根据河北省财政厅、物价局《关于省道静王线收取车辆通行费的通知》规定的收费标准,于 1997 年 10 月 1 日开始收取通行费。收费路段由王村至德归,一站两点单向收费。2005 年 10 月合并到德归收费站改为双向收费,路段长 42.77 公里,国家二级公路,属政府还贷收费公路。根据国家成品油价格和税费改革政策,于 2009 年 4 月 30 日停止收费;同年 5 月 5 日,收费设施拆除,路面恢复。

津保南线大城收费站。根据河北省政府《关于同意补发邯长复线清漳河大桥等 28 个公路收费项目正式批准文件等有关问题的复函》批准设立,隶属金城公司。根据河北省财政厅、物价局《关于津保南线大城段公路收取车辆通行费的通知》规定的收费标准,于 1994 年 10 月 26 日开始收取通行费。收费路段由与任丘市交界的阜草,至与青县交界处,长 31.60 公里,国家二级公路,属经营性收费公路。根据国家成品油价格和税费改革政策,于 2009 年 9 月停止收费并完成收费设施拆除和路面恢复。

廊泊线大城收费站:根据河北省政府《关于同意利用贷款或招商引资修建营涝线营子至涝洼滩等 10 个公路项目,并设站收取车辆通行费的复函》批准设立,隶属廊坊市交通局。根据河北省财政厅、物价局《关于廊泊线收取车辆通行费的通知》规定的收费标准,于 2000 年 3 月 6 日开始收取通行费。收费路段大城县至沧州市崔尔庄,长 49.80 公里,国家二级公路,属政府还贷收费公路。大城站与沧州官厅站一站两点,单向收费。根据国家成品油价格和税费改革政策,于 2009 年 4 月 30 日停止收费,同年 5 月 5 日,收费设施拆除,路面恢复。

夏安线香河、大厂收费站。夏安线香河收费站根据河北省政府《关于同意利用贷款或招商引资修建营涝线营子至涝洼滩等10个公路项目并设站收取车辆通行费的复函》批准设立,隶属廊坊市交通局。根据河北省财政厅、物价局《关于省道夏安线收取车辆通行费的通知》规定的收费标准,于1997年12月15日开始收取通行费。收费路段由番河县安平镇至大厂回族自治县夏垫镇,长42.30公里,国家二级公路,属政府还贷收费公路。夏安线大厂收费站撤站后,香河收费站恢复双向收费。根据国家有关政策,于2005年9月撤站。

夏安线大厂收费站根据《河北省人民政府办公厅关于同意夏安线收费站改为"一站两点"单向收费形式的复函》批准设立,隶属廊坊市交通运输局。根据河北省财政厅、物价局《关于省道夏安线收取车辆通行费的通知》规定的收费标准,于2000年3月16日开始收取通行费。建站后与香河收费站一站两点,单向收费。依据冀交发明电〔2001〕014号文《关于规范公路"一站两点"收费站的通知》,2001年6月3日19时停止收费。各站历年通行费收入统计见表2-3-32。

各站历年通行费收入统计表(元) 表2-3-32

年份(年)	三河站	霸州站	廊泊站	静王站	香河站	里澜城站	固定站	津保南站	106文安站	大厂站	合计
1997	38027460	41053000	—	1839000	285250	—	16378600	11158110	15323270	—	124064690
1998	43387780	30003000	—	17426445	9171100	—	40101640	18907300	44505840	—	203503105
1999	42265395	46533120	—	10144995	13746890	—	41733535	5947885	50118900	—	210490720
2000	33393930	26181985	6479720	11008255	15847725	—	36444710	5513780	48696410	4683675	188250190
2001	30700225	21196485	6948010	6770300	14418775	—	36559335	10442950	40165800	2581920	169783800
2002	37590374	16809876	5490708	6693215	16953071	—	41539186	11761365	36117812	—	172955607
2003	26701654	18905233	6495152	7549631	20446953	—	44507094	13900084	37088286	—	175594087
2004	45387479	27733763	7953787	8052684	21549559	—	58773455	22694160	48895750	—	241040637
2005	43802862	23326702	9231069	10057354	13722837	1901664	57235786	19394926	51882009	—	230555209
2006	41382511	28340834	12708087	13275759	—	26894952	62731345	19146805	56732353	—	261212646
2007	42391139	26417003	14207672	9708471	—	28692987	66904913	22203070	60589339	—	271114594
2008	40616439	29826393	6729179	9498146	—	26621794	59006885	23511050	57339896	—	253149782
2009	33467763	12754927	4773862	2272130	—	41064744	61317470	11491620	60043043	—	227185559
2010	33236963	—	—	—	—	41691504	65991818	—	66399390	—	207319675
2011	26261821	—	—	—	—	69249304	26308684	—	31915802	—	153735611

(二)养路费

征收体制。公路养路费是国家按照"以路养路、专款专用"的原则,向有车单位和个人征收的用于公路养护、修理、技术改造、改善和管理的专项事业费。1991年10月15日,交通部、国家计划委员会、财政部、国家物价局下发了《关于发布〈公路养路费征收管理规定〉的联合通知》,养路费征收工作实行统一领导,集中管理。各地养路费征收工作,由各省、自治区、直辖市公路主管部门统一领导。根据《公路管理条例》的规定,按"收管用一体,统收统支,收支两条线,严格核查"的原则,组建养路费征收稽查机构具体负责实施;其他任何单位和个人都无权征收和决定减征或免征养路费;各级征稽机构将所征养路费全部计息存入在银行开立的公路养路费收入上解专户,及时足额上解省公路主管部门养路费专户,养路费利息收入并入养路费一并核算;地县所需经费及工程费等项支出均须编列养路费支出计划,报省公路主管部门批准后按计划及工程进度分期下拨,年终决算,结余允许跨年度使用;养路费票证样式由交通部负责制定,并统一定点印制核发,地县领用,逐月由地区向省报送养路费收入及票证领用表。到2009年1月,取消境内养路费征收,养路费征收体制未发生改变。

征收机构。1952—1974年,廊坊地区的养路费由各公路管理站征收,选择交通要道设点建站,所辖各县共设有14个检查站,征费人员50名。1973年8月1日,地区划出5县(蓟县、宝坻、武清、宁河、静海)并入天津后,双方协议,每年由天津拨给廊坊地区300万养路费,以补助地区公路养路费用的不足,协议终止于1981年。1975年7月,地区交通局公路处财务科负责征费。1977年2月,公路处成立了收费科。同年7月,收费科与监理所合并。1980年1月,又划归公路处收费科征收。1980年,省交通厅制定了养路费超收留成办法,调动了地、县的积极性,减少了漏费,养路费收入年年递增。1984年,公路处收费科改称收费总站,全区各县设置收费站,在天津市设一直属站,全区收费人员增至74人。1986年9月7日,地区编委批准成立河北省廊坊地区行政公署交通局养路费征收所,隶属于地区交通局,定编15人(实有11人)。分设办公室、业务、财务。所辖全区各县相继成立稽征站,由原公路管理站改为各县局直属领导。县以下设有15个征费点和天津市直属站。全区稽征人员定编125人(实有118人)。1987年,养路费征收所改称养路费稽征处。1990年1月,建立直属站,负责中、省、市直单位和个人车辆的养路费征收。1997年11月5日,各县(市、区)养路费稽征站体制上划,业务和人员隶属廊坊市养路费稽征处。1999年2月,根据廊编(1999)9号文件,各县(市、区)养路费稽征站全部上划后均为副科级事业单位。1999年12月,根据廊编办(1999)25号,廊坊市养路费稽征处更名为廊坊市养路费征稽处,负责征收公路养路费及违章处罚。2008年12月,根据廊交(2008)223号文件,从2009年1月1日零时起,停止征收境内公路养路费。2009年10月,根据廊交(2009)226号文件,撤销廊坊市养路费征稽处,成立廊坊市路政管理处。

征收标准。养路费征收最早起于清光绪三十二年(1906年),清政府设邮传部,次年又设路政司、船政司,开始收"渡船捐"、"人力车执照捐"、"独轮车捐"与"骡马车捐"。民国七年(1918年)十月,张库(河北省第一条公路)公路建成并投入营运之后,商人自筹资金修筑公路者渐多,内务部于民国九年(1920年)颁布了《修治道路条例施行细则》规定,修治国道的经费由国库支出,省道经费由各省、区分别负担,县道经费由地方自治团体筹备,就是向行驶公路的车辆课征路捐、车款,或从既定的税目下增征附加捐税。民国二十二年(1933年),河北省建设厅为了增加养路费的收入,于当年12月颁布了《修正河北省路局征收养路费暂行章程》,征费范围有所扩大,临时行驶公路车辆,也按日征交养路费。征收费率如下。

汽车、马车养路费率。三河至蓟县长100华里,大汽车月捐60元,日捐3元;小汽车月捐40元,日捐2元,载重汽车月捐80元,日捐4元,电气自行车及马车月捐20元,日捐1元。

骡马车、人力车养路费率。密云至古北口长100华里,骡马车月捐400枚,指铜圆,约合银元1元左右,日捐20枚;人力车月捐200枚,日捐10枚。

当时河北省还采取过两种特殊形式来征收养路费,一种是平津公路直达往返汽车征收养路费一次交清,沿途分段验票放行,不再收费;再一种是部分公路包征车捐,由汽车商承包专驶公路,承包以后,别的汽车不得行驶。福兴汽车公司,承包了天津至塘沽的公路,长80华里,每月向省路局缴路捐408元。天津至香河公路的天津至河西务段,由各汽车商行与省路局订立专驶合同,4年为期,按20辆汽车(当时实有12辆)计算,养路费1840元/月。民国二十四年(1935年),伪"冀东防共自治政府"建立了公路局,负责公路建设、管理、征收养路费。先后颁发了几种章程,其中于民国二十五年(1936年)颁布的《冀东公路局征收养路费及注册暂行章程》规定费率:三河至蓟县,长100华里,大汽车月捐48元。小汽车月捐32元;载重汽车月捐64元,较河北省路局的费率略有降低。民国二十八年(1939年),河北省沦陷后,成立了日伪合资经营的"华北交通株式会社",垄断了华北的交通运输线,而"华北政务委员会"却给其免除一切课捐税赋的特权。

1945—1948年,抗日战争胜利后的三年间,国民政府先后制定颁发了一系列的征收养路费规章制度,实行分级管理,设站收费。河北省负责管理境内省道、县道,在各路线设立养路费征收站,办理养护公路和路政管理事宜。征收养路费的办法也较过去有所改变,客车按车公里计算,货车按吨公里计算;人力、畜力车限定载重量,以车公里计算养路费额;空车照装载车计征。车辆在起站交费,须领交费证,以备沿途各站查验通行。在国民政府时期,物价一日数涨,养路费随之一涨再涨,漫无边际,货车由每吨公里300元,猛涨至1.44万元;小客车由60元,猛增至4800元;大客车由90元,猛增至8600元(国民政府法币)。

1949年4月23日,华北人民政府制定了《华北区公路征收汽车、胶轮大车养路费暂行办法》,具体费率由华北公路总局制定并公布施行。规定汽车按运费收入的5%~8%,胶轮大车按月按套计征,单套车每月征收养路费小米12.50千克,折合边区币500元;双套每月征收小米20千克,折合边区币800元;三套每月征收小米27.50千克,折合边区币1100元。新中国成立后,交通部于1950年颁发了《公路养路费征收暂行办法》,同年8月,河北省人民政府下令,根据华北区公路监理养护会议决定,大型汽车每月征收旧人民币20万元,小型汽车每月征收旧人民币7万元,机关公用汽车减半征收。兽力车单套旧人民币1.70万元,双套旧人民币2.50万元,多套旧人民币3.30万元,驴车按套减半计征。

1950年8月3日,交通部颁发了全国统一的《公路养路费征收暂行办法》。河北省于同年10月恢复全省征费,按专区设置的公路管理段,设专人征收养路费。此后,全省养路费征收法规不断修订、补充、调整,费率也随之变更。

1951年6月,颁发了《华北区养路费征收暂行办法》,消防车、洒水车及农用拖拉机免费,汽车除原定按月计征外,新增加了按吨次征收的办法。1952年9月,河北省交通厅制定了《华北区养路费征收暂行办法河北省施行细则》,规定了兽力车增套及汽车跨越地区时的征费标准:汽车费率月征每吨旧人民币18万元,一次征费每吨公里旧人民币200元,兽力车骡、马车单套旧人民币3.70万元、双套旧人民币5.40万元、三套旧人民币7.10万元;牛驴车单套旧人民币2.40万元、双套3.40万元、三套4.40万元。

1953年10月,交通部颁布《公路养路费征收暂行办法》,重新明确以按月征收为原则,一般不超过运价的6%。1956年12月,河北省交通厅《关于调整1957年度养路费率及改进征收方式的通知》规定:凡营运车辆,汽车按运费收入总额的3.5%计征,兽力车按运费收入总额的3%计征;凡企事业单位及其他依率纳费的零散车辆,按月或按次征收。按月者汽车每月每吨21元,按次者每吨公里0.018元。兽力车一律按月缴费,骡马车单套6元、1套半(骡驴混套)7.50元、双套9元、三套12元、增套3元;牛驴车单套4.50元、双套6元、三套7.50元、增套1.50元。规定凡营运车辆一律按月结算,按季发证。1958年,河北省交通厅下达《关于小型胶轮兽力车征收养路费的通知》,规定载重超过500千克者,一律按增套计征养路费。

1964年5月,河北省财政厅、交通厅联合发出《关于调整我省汽车养路费征收标准的通知》,规定国营、公私合营、合作社运输车辆,原按收入总额6%费率的调为8%,原按月纳费的企事业及其他应纳费的零散汽车,由原每月每吨45元,调为65元;原按次(每4天为一次)每次每吨固定费额12元调为15元;原机关、学校、人民团体减半征费的载重汽车,每月每吨固定费额23元调为30元,按次者每月每吨由6元调为7.50元。1965年,河北省交通厅根据交通部、财政部1960年2月颁发的《公路养路费征收和使用暂行规定》、1963年6月联合通知《关于公路养路费征收和使用的补充规定》,制定了《河北省公路养路费征收细则》,将原按运费收入总额8%计征的费率调为10%,按月按吨计征的调为75元,按次按吨计征的调为每次5元,原4天为1次调为1次限期1天。

1976年12月,河北省革命委员会以冀交公字第323号和冀革农机字第166号《关于修订征收拖拉机养路费办法》的联合通知,对参加营业性运输的拖拉机费率由原来的6%降为4%,按月纳费的,每吨费额由37.50元降为30元。1979年3月,河北省交通局通知,从当年4月1日起又降低了社会汽车养路费征收标准,原每吨月75元降为70元,营运拖拉机每匹马力3.50元,胶轮大型畜力车(32×6以上的)月征10元,小型5元。同年12月,在《河北省公路养路费征收施行细则》中又补充了对军事部门所属企业及其支持地方运输有运费收入车辆的征费规定,以及农村生产大队从事副业非营运车辆和市区公共汽车的免费规定。

1984年12月,河北省人民政府颁发了《关于调整公路养路费征收标准的通知》,规定交通运输企业营运车辆及出租汽车,由原来按收入总额的10%计征提高为12%,企业合作社、个体、联体及公路运输部门的非营运车辆,月吨费额由原70元提高到90元;其他类型车辆也分别相应提高。农民个人、联户拖拉机,由原来每匹马力3.50元降为1.80元。

1985年1月,河北省在改革、开发、搞活的形势下,运输车辆大幅度增加,公路技术状况急需改造,因此第10次调整养路费,汽车征费率由原来的10%提高到12%,月车吨位征费额由原来70元提高到90元;畜力车未做调整。为扶持农民个人或联户运输业的发展,从事营业性运输的拖拉机,费率由月马力3.50元降到1.80元,非营业运输拖拉机免征养路费。

1988年10月1日，河北省人民政府办公厅下达了《关于调整养路费征收标准的通知》，规定企业（包括军事部门所属企业）、事业、合作社等单位和个人、联户的车辆，以及交通运输企业的非营运车辆，按核定载重吨位，月吨费额由90元提高到110元稽征；除畜力车和原规定按费率稽征的机动车仍按原标准稽征养路费外，其他类型按费额稽征的机动车稽征标准，均应按上述标准相应提高；提高费额增收的养路费（占养路费总收入的17.7%），由省交通厅统一掌握，作为重点干线公路建设的专项基金，由财政厅设专户管理。

1992年10月，河北省政府第12次调整全省养路费征收标准，规定费率14%；客车160元/月吨、货车150元/月吨。

1993年7月19日，河北省交通厅下发《河北省公路养路费征收管理办法》，第13次调整全省养路费征收标准，规定：①交通部门专业运输企业的营运车辆，按营运总收入的14%缴纳养路费；承包或出租给其他单位和个人，不能如实反映实际营运总收入的专业运输企业，应按费额缴纳养路费。②车辆征费吨位的核定：以交通部、国家物价局《公路汽车征费标准计量手册》为依据，计量手册中没有列入的，以车管部门核发的行车执照为参考。③客货两用汽车：载客座位部分均按0.50吨计位稽征，均采用货车费额标准计算。④20马力以下的小型拖拉机按马力折合吨位稽征，20马力以上的大型拖拉机按拖带挂车的载重吨位稽征。⑤各种车辆的稽征吨位包括折合后的稽征吨位不足0.50吨按0.50吨，超过0.50吨不足1吨的按1吨稽征。

根据冀交公字〔1996〕101号文《关于调整养路费征收标准有关事宜的通知》，自1996年4月1日起客车月吨160元提高到210元，货车和其他车辆月吨150元提高到190元。

1950—2008年廊坊市公路养路费征收，见表2-3-33。

1950—2008年廊坊市公路养路费征收表 表2-3-33

年份（年）	征收数（万元）	年份（年）	征收数（万元）
1950	—	1980	1035.41
1951	9.40	1981	940.45
1952	16.22	1982	996.75
1953	21.99	1983	1085.42
1954	29.27	1984	1543.54
1955	22.32	1985	2355.00
1956	—	1986	2846.16
1957	72.42	1987	3337.80
1958	—	1988	4015.30
1959	—	1989	5207.16
1960	430.63	1990	5089.69
1961	217.82	1991	5457.30
1962	383.22	1992	7475.20
1963	457.31	1993	8893.30
1964	612.35	1994	10556.90
1965	916.60	1995	13359.90
1966	995.71	1996	16965.10
1967	925.55	1997	18944.50
1968	935.46	1998	19826.10
1969	1084.92	1999	19643.90
1970	506.71	2000	20489.90
1971	239.20	2001	19922.00
1972	335.72	2002	25954.80
1973	385.44	2003	29793.63

续上表

年份(年)	征收数(万元)	年份(年)	征收数(万元)
1974	393.17	2004	39431.60
1975	611.47	2005	47656.60
1976	762.76	2006	52217.40
1977	984.79	2007	56905.00
1978	1132.16	2008	53675.10
1979	1153.00		

注:1.1960 年包括沧州专区。

2.1961 年后天津地区数字。

3.1970 年 4 月起天津市各站移交天津市征收。

(三)车辆购置附加费

车辆购置附加费是国家向购车单位和个人在购车时征收用于公路建设的专用资金。为了加快公路建设,扭转交通运输紧张状况,使公路建设有长期稳定的资金来源,国家规定对所有购置车辆的单位和个人包括国家机关和军队一律征收车辆购置附加费。

征收体制。1985 年 5 月 1 日开始,由地区交通局和各县交通局征收车辆购置附加费。1988—1993 年,车辆购置附加费由市交通局财务科代征代管,所辖各县交通局设 1 名征管人员。1993 年 12 月,成立廊坊市车辆购置附加费征收管理办公室,负责全市 9 个县(市、区)新购车辆购置附加费的征收。1994 年 9 月,廊坊市车辆购置附加费征收管理办公室与廊坊市养路费稽征处合署办公,一套人马,两块牌子,业务上独立。各县(市、区)交通局车购费征收人员与稽征站合署办公,业务独立。2000 年 10 月 22 日,国务院颁布《中华人民共和国车辆购置税暂行条例》规定,从 2001 年 1 月 1 日起开始向有关车辆征收车辆购置税,原有的车辆购置附加费取消。至此,由交通管理部门征收 15 年的车辆购置附加费被国税部门的车辆购置税取代,随之又经历了四年由交通部门代征的历程,于 2005 年 1 月 1 日起移交国税部门征收管理。车辆购置税正式成为国税机关全面管理的又一主要税种。

征收标准。根据国发〔1985〕50 号国务院关于发布《车辆购置附加费征收办法》的通知,车辆购置附加费征收办法规定国内生产或组装的车辆,其车辆购置附加费由生产厂或组装厂代征,以车辆的实际销售价格为计费依据。组装自用车辆向所在地交通部门缴纳车辆购置附加费,参照同类车辆的当地价格计费。国内生产和组装的车辆购置附加费费率 10%。国外进口的车辆,其车辆购置附加费由海关代征,以计算增值税后的计费组合价格(即到岸价格+关税+增值税)为计费依据,费率 15%。

根据国办通〔1993〕35 号文件,将车辆购置附加费由原车辆生产(组装)厂和海关代征改为由车辆落籍地交通征管部门直接向义务缴纳人征收。车辆购置附加费的费率由原国产车 10%、进口车 15%统一改为 10%。

1988—1999 年廊坊市车辆购置附加费征收,见表 2-3-34。

1988—1999 年廊坊市车辆购置附加费征收表(万元) 表 2-3-34

年份(年)	费　额	年份(年)	费　额
1988	250	1994	3100
1989	294	1995	3400
1990	310	1996	345
1991	380	1997	3400
1992	330	1998	3310
1993	648	1999	2800

各收费站,如图2-3-72～2-3-84所示。

图2-3-72　2011年12月26日,廊沧信安收费站国道收费

图2-3-73　2000年3月6日,廊泊线大城站通车收费典礼

图2-3-74　1995年12月12日,102线廊坊段改造工程竣工典礼

图2-3-75　1996年11月5日,112线霸州收费站于当时10时开始收费

图2-3-76　1997年7月10日1日,静王线举行文安收费站通车仪式

图2-3-77　1997年7月10日上午10时30分,106国道固安收费站开始通车收费

图2-3-78　106国道文安收费站

图2-3-79　2009年5月3日,廊泊线大城收费站拆除

图 2-3-80　2011 年 6 月 10 日，收费处里澜城收费站服务“三夏”

图 2-3-81　津保南线大城收费站

图 2-3-82　廊泊线大城收费站于 2009 年 4 月 30 日零时起停止收费

图 2-3-83　廊泊线大城收费站

图 2-3-84　廊泊线里澜城收费站

三、路政管理

新中国成立后，随着养护管理的日趋完善，路政管理也纳入公路养护工作的议事日程。过去由于公路养护组织不健全、管理措施不力，又无章可循，致使路政管理软弱无力，损坏公路的事件不断发生。如随意侵占公路堆积杂物，占用公路边沟、边坡或路肩抢种农作物；盗伐公路道树或抢割紫穗槐；破坏或偷窃公路标号桥栏铁管；扒路挖沟过水浇地，挤占公路用地，有的不听劝阻，甚至辱骂、殴打管理人员。为了有效地加强路政管理，1964 年，中共中央、国务院颁布了《关于加强公路养护管理工作的指示》，1982 年国务院又颁布了 105 号文件《关于加强路政管理保障公路安全畅通》。这两个文件，对加强公路路政管理做出了明确规定，也对公路员工提出了严格要求，成为公路立法的准绳。河北省人民代表大会常务委员会 1985 年制定了《河北省公路安全管理条例》，有力地推动了路政管理工作的开展。各地区、市、县交通局在公安、工商等部门密切配合，积极整顿侵占公路的摊点商贩，清除妨碍交通的违章棚铺建筑，迁移集中公路两侧严重影响交通通行的农贸集市，有效地解决了公路上的

“盲肠路段”，使路况得到很大改善。

为进一步提高路政管理工作，1984 年深入学习和推广了保定地区定州市首创的文明路建设经验，极大地丰富了公路建设与路政管理的实际内容。以路容路况好、路政管理好、交通秩序好为目标的文明路建设标准，把公路管理提高到一个新水平，从根本上扭转了片面强调管理用户，而忽视自身建设，改善服务质量的错误思想，把服务与管理融为一体。公路养护战线上的全体职工千方百计地提高服务质量，努力做到养护作业不误通车、不碍交通，并把道班办成驾驶员之家，为过往车辆及其人员提供加水、饮水、交通事故救助等方便。有的道班还备有修车工具盒充气筒，随时为群众义务修理自行车。

(一)维护路产路权

新中国建国初期，各家各户掌握着土地资源，公路养护、整修，动一锹土、挖一镐地都要与群众协商。1950 年，中财委和交通部联合颁布的《公路留地办法》中，对保护公路路产路权作出了明确规定：“原有国道、省道应留土地，除路基宽度及两旁侧沟外，并得每侧保留一米，作为养路取土之用。”这个规定解决了每年春秋两季公路普修和平时养护用土与农民争地的纠纷。河北省人民政府于 1951 年 3 月 1 日下达《河北省禁止铁轮车行驶公路暂行办法》(草案)，禁止铁、木硬轮车在交通量大，汽车、胶轮车行驶较多之公路的主路上行驶；交通量小，汽车、胶轮车行驶较少且无辅道、附近亦无大车道之路段，暂准铁、木硬轮车在路幅边沿，指定一侧靠右行驶(往返同样)。根据交通部颁发的《雨季养护公路暂行实施办法》第四章第二十七条“大雨时及雨后行车而致破坏路面者，应严格禁止行车，以保持路面之平整”的规定，河北省交通厅要求在运输量较大的各主要路口，设置雨后(时)停车的横栏，由护路员执行规定。由于护路员执行规定不严，致使路面遭受破坏，轨迹纵横、坑槽丛生，有的路段汽车时速降低到 20 公里/小时以下，平时养护又无力处理，只好等待春秋季普修。随着路面质量的改善，雨后停车规定逐步废除。

1953 年，国民经济第一个五年计划开始实行，各部门在基本建设中不断侵占公路用地，时常发生矛盾和纠纷。1956 年 4 月 13 日，交通部、邮电部、电力工业部联合发出《关于处理电线与行道树互相妨碍的规定的通知》，要求全国各个部门对公路行道树要一体维护。1957 年 5 月，铁道部、农垦部、水利部、交通部联合颁布了《关于各部门基本建设工程占用公路暂行规定的通知》；1958 年 11 月 27 日，水利部、交通部又发出《有关水利工程与公路关系的问题联合通知》。通知明确指出：凡占用、利用或干扰公路，兴修铁路、厂矿、管道、水利等建设工程时，事先须经公路主管部门审查同意或协商处理，一切费用由占用单位和使用单位负担。这些通知使公路建设和其他建设的关系有章可循。

20 世纪 50 年代后期，大兴农田水利建设，把公路边沟作为引水渠道，渠道穿过公路不建桥涵，致使公路断阻，或所建桥涵质量低劣，不符合过水和载重标准。1958 年 1 月，省交通厅、水利厅联合转发了交通部、水利部《关于沿公路线路兴建农田水利工程需要注意事项的联合通知》，禁止挖路开明沟，规定了桥涵质量和安全及边沟纵横断面标准。1960 年 8 月，交通部发布《公路交通规则》规定：不得在公路上晒粮、堆肥、挖沟、引水、摆摊、搭棚、放牧等，公路沿线的村镇举行集市贸易，不得妨碍交通和影响行车安全。

1958 年前后的“大跃进”时期，公路建设速度较快，但质量普遍较差。1962 年 6 月，中共中央、国务院发出《关于加强公路养护和管理工作的指示》，提出“在今后三五年内，对现有公路应贯彻切实整顿，加强养护，积极恢复，逐步改善的方针”，明确规定：“公路及其附属设备，包括两旁已划定的用地，都是国家财产，任何人不得任意侵占或破坏”；“在公路上种植农作物，既妨碍行车，也破坏了公路，应从速纠正”。据此，交通部于 1962 年 8 月制定了《关于公路养护和管理工作的若干规定(试行草案)》，对公路用地，公路界内的违章建筑，桥涵构造物的保护，重型车辆的通行，禁止履带车和铁木轮车在公路上行驶，低级路面雨天停车，公路绿化和禁伐行道树，有关部门占用公路，大中城市郊区公路的管理等方面，都做了系统而详尽的规定。这个规定为路政管理工作日臻完善奠定了基础。直到 1966 年“文化大革命”开始前，公路路权有保障，路基、边坡、边沟和公路设施、树木等基本上保持完好。沿线群众能够遵守国家有关公路法规，维护公路完好，有时还帮助道班突击养护、冬季扫雪、雨季防洪抢修等，公路行车秩序较好。偶尔发生砍伐树木、侵占路基和阻碍公路交通的事件，人民公社、生产大队能协助公路管理部门及时处理。“文化大革命”开始后，侵占路基、砍伐树术、损坏公路设施、在路面上打场晒粮等屡有发生，影响了行车秩序和运输。

1970年以后,中共中央《关于加强安全生产的通知》,公安部、交通部《关于加强城市和公路交通安全工作的几项措施》,都强调公路沿线群众要自觉维护交通秩序,不准在街道和公路上摆摊、堆放物资、挖沟引水、打场晒粮。1973年6月,省交通厅重申:公路及附属物包括两旁界内的土地,都是国家财产,不得任意侵占,严禁在公路上挖沟代渠;严禁在边沟、辅道种植农作物,已平毁的要恢复原貌;禁止在公路上打场晒粮;履带车辆和超过桥梁载重标准的车辆通过公路时,必须征得公路部门同意,并采取必要措施;公路上设置的标志不得随意挖移、破坏,以保证交通安全。1975年9月,交通部修订《公路养护管理暂行规定》:对公路桥涵、行道树和公路设施要加强管理,如有破坏,要根据情节予以处理,情节严重的,要报请公法部门严肃查办。这些规定的实施,制止了侵占和破坏公路、桥梁、盗伐行道树的行为。到20世纪70年代后期,路政管理基本恢复正常。

1983年7月,国务院《关于加强路政管理,保证公路安全畅通的通知》指出,公路和两侧留地范围内属公路路产权限,各部门因建设需要,临时需借用公路路产,或农田灌溉,临时引水跨过公路,事前要报请公路部门批准,事后由使用者立即修复,在大中型桥梁和渡口上下游各200米范围内,亦属公路部门维护河床范围,任何部门或单位以及个人不得侵犯权限。1986年5月,省第六届人民代表大会常务委员会颁布《河北省公路管理条例》。1987年10月13日,国务院颁布《中华人民共和国公路管理条例》,第四章"路政管理"第三十一条规定:在公路两侧修建永久性工程设施,其建筑物边缘与公路边沟的间距:国道不少于20米,省道不少于15米,县道不少于10米,乡道不少于5米。第二十三条规定:公路主管部门负责管理和维护公路、公路用地及公路设施,有权依法检查、制止、处理各种侵占、破坏公路、公路用地及公路设施的行为。这些文件的颁布实施使路政管理有了法律依据。

1988年6月28日,交通部发布《中华人民共和国公路管理条例实施细则》,规定公路主管部门和其授权的公路管理机构负责管理和保护公路、公路用地和公路设施,依法查处各种违章利用、侵占、污染、毁坏路产的行为,控制公路两侧建筑红线,审理跨越公路的其他设施建筑事宜,核批公路的特殊利用、占用和超限运输,维持公路渡口和公路养护施工作业的正常秩序,保护公路管理机构及其工作人员的合法权益等。1990年3月,河北省交通厅颁布《河北省公路路产损坏赔偿标准》。同年9月24日,交通部颁布《公路路政管理规定(试行)》:"公路路政管理,是指公路管理机构根据公路主管部门的授权和国家法律、法规、规章的规定,为保护公路、公路用地、公路设施,维护公路合法权益和为发展公路事业所进行的行政管理。"上述行政法规或部门规章对保护公路路产做了明确规定,但在法律责任方面没有做细致明确的规定,导致在实际应用当中效果不太明显。1998年1月1日开始实施的《中华人民共和国公路法》,结合1996年10月1日起施行的《中华人民共和国行政处罚法》,两部法律分别对行政执法程序和处罚数额做了明确的规定,依法保护路产路权逐步走入正轨。

行政执法程序。依据《中华人民共和国行政处罚法》。

第一节　简易程序

第三十三条　违法事实确凿并有法定依据,对公民处以50元以下、对法人或者其他组织处以1000元以下罚款或者警告的行政处罚的,可以当场作出行政处罚决定。当事人应当依照本法第四十六条、第四十七条、第四十八条的规定履行行政处罚决定。

第三十四条　执法人员当场作出行政处罚决定的,应当向当事人出示执法身份证件,填写预定格式、编有号码的行政处罚决定书。行政处罚决定书应当当场交付当事人。

前款规定的行政处罚决定书应当载明当事人的违法行为、行政处罚依据、罚款数额、时间、地点以及行政机关名称,并由执法人员签名或者盖章。

执法人员当场作出的行政处罚决定,必须报所属行政机关备案。

第三十五条　当事人对当场作出的行政处罚决定不服的,可以依法申请行政复议或者提起行政诉讼。

第二节　一般程序

第三十六条　除本法第三十三条规定的可以当场作出的行政处罚外,行政机关发现公民、法人或者其他组织有依法应当给予行政处罚的行为的,必须全面、客观、公正地调查,收集有关证据;必要时,依照法律、法规的规定,可以进行检查。

第三十七条 行政机关在调查或者进行检查时,执法人员不得少于两人,并应当向当事人或者有关人员出示证件。当事人或者有关人员应当如实回答询问,并协助调查或者检查,不得阻挠。询问或者检查应当制作笔录。

行政机关在收集证据时,可以采取抽样取证的方法;在证据可能灭失或者以后难以取得的情况下,经行政机关负责人批准,可以先行登记保存,并应当在7日内及时作出处理决定,在此期间,当事人或者有关人员不得销毁或者转移证据。

执法人员与当事人有直接利害关系的,应当回避。

第三十八条 调查终结,行政机关负责人应当对调查结果进行审查,根据不同情况,分别作出如下决定:

(一)确有应受行政处罚的违法行为的,根据情节轻重及具体情况,作出行政处罚决定;

(二)违法行为轻微,依法可以不予行政处罚的,不予行政处罚;

(三)违法事实不能成立的,不得给予行政处罚;

(四)违法行为已构成犯罪的,移送司法机关。

对情节复杂或者重大违法行为给予较重的行政处罚,行政机关的负责人应当集体讨论决定。

第三十九条 行政机关依照本法第三十八条的规定给予行政处罚,应当制作行政处罚决定书。行政处罚决定书应当载明下列事项:

(一)当事人的姓名或者名称、地址;

(二)违反法律、法规或者规章的事实和证据;

(三)行政处罚的种类和依据;

(四)行政处罚的履行方式和期限;

(五)不服行政处罚决定,申请行政复议或者提起行政诉讼的途径和期限;

(六)作出行政处罚决定的行政机关名称和作出决定的日期。

行政处罚决定书必须盖有作出行政处罚决定的行政机关的印章。

第四十条 行政处罚决定书应当在宣告后当场交付当事人;当事人不在场的,行政机关应当在7日内依照民事诉讼法的有关规定,将行政处罚决定书送达当事人。

第四十一条 行政机关及其执法人员在作出行政处罚决定之前,不依照本法第三十一条、第三十二条的规定向当事人告知给予行政处罚的事实、理由和依据,或者拒绝听取当事人的陈述、申辩,行政处罚决定不能成立;当事人放弃陈述或者申辩权利的除外。

处罚数额。依据《公路法》。

第七十四条 违反法律或者国务院有关规定,擅自在公路上设卡、收费的,由交通主管部门责令停止违法行为,没收违法所得,可以处违法所得三倍以下的罚款,没有违法所得的,可以处二万元以下的罚款;对负有直接责任的主管人员和其他直接责任人员,依法给予行政处分。

第七十五条 违反本法第二十五条规定,未经有关交通主管部门批准擅自施工的,交通主管部门可以责令停止施工,并可以处五万元以下的罚款。

第七十六条 有下列违法行为之一的,由交通主管部门责令停止违法行为,可以处三万元以下的罚款:

(一)违反本法第四十四条第一款规定,擅自占用、挖掘公路的;

(二)违反本法第四十五条规定,未经同意或者未按照公路工程技术标准的要求修建桥梁、渡槽或者架设、埋设管线、电缆等设施的;

(三)违反本法第四十七条规定,从事危及公路安全的作业的;

(四)违反本法第四十八条规定,铁轮车、履带车和其他可能损害路面的机具擅自在公路上行驶的;

（五）违反本法第五十条规定，车辆超限使用汽车渡船或者在公路上擅自超限行驶的；

（六）违反本法第五十二条、第五十六条规定，损坏、移动、涂改公路附属设施或者损坏、挪动建筑控制区的标桩、界桩，可能危及公路安全的。

第七十七条 违反本法第四十六条的规定，造成公路路面损坏、污染或者影响公路畅通的，或者违反本法第五十一条规定，将公路作为试车场地的，由交通主管部门责令停止违法行为，可以处五千元以下的罚款。

第七十八条 违反本法第五十三条规定，造成公路损坏，未报告的，由交通主管部门处一千元以下的罚款。

第七十九条 违反本法第五十四条规定的，在公路用地范围内设置公路标志以外的其他标志的，由交通主管部门责令限期拆除，可以处二万元以下的罚款；逾期不拆除的，由交通主管部门拆除，有关费用由设置者负担。

第八十条 违反本法第五十五条规定，未经批准在公路上增设平面交叉道口的，由交通主管部门责令恢复原状，处五万元以下的罚款。

第八十一条 违反本法第五十六条规定，在公路建筑控制区内修建建筑物、地面构筑物或者擅自埋设管线、电缆等设施的，由交通主管部门责令限期拆除，并可以处五万元以下的罚款。逾期不拆除的，由交通主管部门拆除，有关费用由建筑者、构筑者承担。

第八十二条 除本法第七十四条、第七十五条的规定外，本章规定由交通行政主管部门行使的行政处罚权和行政措施，可以依照本法第八条第四款的规定由公路管理机构行使。

第八十三条 阻碍公路建设或者公路抢修，致使公路建设或者抢修不能正常进行，尚未造成严重损失的，依照治安管理处罚条例第十九条的规定处罚。

损毁公路或者擅自移动公路标志，可能影响交通安全，尚不够刑事处罚的，依照治安管理处罚条例第二十条的规定处罚。拒绝、阻碍公路监督检查人员依法执行职务未使用暴力、威胁方法的，依照治安管理处罚条例第十九条的规定处罚。

2003年，廊坊路政开展“创建千里公路文明线活动”，维护路产路权。成立“文明教育联合宣传组”，声像宣传526分钟、26次，发放通告、宣传材料16638份，出动宣传车164台次，喷刷墙体标语50条。加强宣传的同时，采取“公路部门拨一点、乡镇筹一点、路损费中补一点”的方式筹集资金，实施路线硬化、绿化、美化和亮化工程，修建排水设施，规范平交道口，迁移公路集市，规范过村街路段管理。2004年，市政府提出建设小康村街，优化环境卫生治理。借此契机，路政部门与沿线乡镇政府联合整治过村街路段、集贸市场，消除过村街段脏乱差和集贸市场违章占路阻碍交通现象。按照“互动、可行、持续”的原则，2005年，路政部门与沿线乡镇、村街采用共建、联办形式，建设挡墙、排水设施、设置垃圾倾倒点、车辆停放点等方式实施102线等11个过村街路政改善工程。通过开展“护路权百日整治会战活动”，重点治理违建、私开道口、乱堆乱放行为，增强公路通行能力。分别在三河、广阳、固安、霸州、文安、大城组织6次联合执法，协助当地路政部门清理过村街路段、拔除大型非公路标志。严格平面交叉道口和非公路标志的报审程序和设置要求，集中规范治理道口、非标相对集中的路段，统一编号、统一管理。

2006—2011年，采取多种形式维护路产路权。以廊霸线、廊泊线为重点，综合治理公路环境。制定综合治理实施方案，联合城建、综合执法、公安等部门开展5次大规模集中治理行动，规范道口、清除非标、制止侵权占路行为。推进平面交叉道口的规范改造，按路段一致或县域一致的方式对道口设置规定了统一的模式和建设标准；把公路建筑控制区作为重点区域，把对乱堆乱放、私搭乱建的清理，沿线废品收购点和木材砂石料存放点的迁移、规范以及解决运载散装货物车辆的洒落作为重点，分别在廊泊线、106线、廊霸线、廊涿线、唐通线综合治理公路环境。2008年北京奥运会期间，每日巡查次数不少于3次，及时清理路阻路障，确保道路安全畅通；以104线、廊霸线、廊泊线、廊涿线4条5·18迎宾路为重点，在全市开展公路环境集中治理月活动。严查私搭乱建、擅自回填边沟、设置平交道口和非公路标志的行为。

清理占路市场、摊点和车辆，处理乱倒生产生活垃圾行为。控制和规范临路商铺物品摆放距离，全面提升公路形象。2010年签订环境整治门前《三包协议书》350份，拆除大型非标13块，清理小型非标970块，公路环境大为改观。5—10月，投入路政巡查人员6000人次，维护施工现场、看守公路桥梁。出动巡查车辆1500余辆次，对龙河桥、苑家务大桥实行24小时死看死守，分别长达4个月和4个半月之久，保障了道路桥梁安全畅通。划定过街路段需要拆除的范围，并调查、核实划定范围内的各类私搭乱建、大型广告牌、平交道口以及有碍观瞻的构筑物，符合拆迁条件的列入拆迁名单。以沿线乡镇、村委会、路政部门为主，将动员被拆迁户工作落实到人，深入村、街、巷、家、工厂、企业，讲解相关法律知识和政府文件，争取当事人的理解和支持，自行拆除违章建筑。与公安、综合执法等部门联合执法，强制拆除了违章占路的地面构筑物。安排专人24小时看护银河大桥和京沪高速跨线桥，出动执法人员450人次，车辆180台次，确保桥梁安全畅通。

2003—2011年廊坊市维护路产路权清除路障统计，见表2-3-35。

2003—2011年廊坊市维护路产路权清除路障统计表　　表2-3-35

年份（年）	拆除违章建筑（平方米/处）	清除违章堆放物料（立方米/处）	清理非交通标志（块）
2003	2440.3/38	20609.6/3339	6355
2004	239.2 / 6	10382.6 / 1937	4161
2005	182.2/5	8702/1793	3550
2006	16856/86	7790/1472	3989
2007	809.1/19	18760.3/1155	2722
2008	35/1	3309.8/963	1263
2009	3837.93/35	23057.3/802	3011
2010	9450/40	4478/871	3167
2011	988/52	4085.9/937	3868

（二）路政许可审批

路政许可事项包括：因修建铁路、机场、供电、水利、通信等建设工程需要占用、挖掘公路、公路用地或者使公路改线；跨越、穿越公路修建桥梁、渡槽或者架设、埋设管道、电缆等设施；在公路用地范围内架设、埋设管道、电缆等设施；利用公路桥梁、公路隧道、涵洞铺设电缆等设施；利用跨越公路的设施悬挂非公路标志；在公路上增设或者改造平面交叉道口；在公路建筑控制区内埋设管道、电缆等设施；在公路用地内设置非公路标志；超限运输车辆和铁轮车、履带车以及其他可能损害公路路面的特殊机具行驶公路；公路树木更新砍伐。

2003年起，建立了领导定期到窗口检查指导制度，分管领导每月至少到审批服务窗口检查2次，路政执法人员对前来办事的企业和群众"来有问声、走有送声、咨询有答声"，办理事项实现零差错。

路政审批实行"一站式"办公。各县（市、区）路政大队设立业务审批厅，受理许可申请。对外公示审批依据、审批程序，设立"引导员"全程服务，帮助申请人快速办理相关审批手续，并解答群众提出的疑问。明确规定了路政许可的流转程序；强化内部监督审查，实行环节岗层层把关，明确责任人和办事时效，规定下一个环节对上一个环节具有否定权，重要决定须由集体讨论形成的机制；向社会公开路政许可事项、依据、实施主体、条件、办事程序、期限、提交材料目录、申请书文本式样、收费的法定项目、收费标准、监督和投诉渠道；路政许可事项全部进入审批大厅受理，实行窗口服务一次告知制度，解除申请人"一事多跑"的困扰。

行政审批中心公示审批项目、申请材料副本样式、审批程序和监督投诉电话，设置咨询台解答申请人和群众提出的疑问。制订了"特事特办制、急事急办制、预约服务制",提升了窗口服务水平。审批事项管理采取审批前现场勘查、施工中现场监管、竣工后复核验收的工作模式。2011 年,工作人员统一挂牌上岗,身份、职责公开,推行领导、基层和社会三方不满意追究制和"一起立、二让座、三倒水、四办事、五送客"的待客办事规范。

2003—2011 年廊坊市公路行政审批统计,见表 2-3-36。

2003—2011 年廊坊市公路行政审批统计表 表 2-3-36

年份(年)	穿跨越(个)	平交道口(个)	非交通标志(块)	非行政审批(个)
2003	8	75	51	6
2004	10	70	41	5
2005	20	58	41	2
2006	18	98	66	3
2007	20	78	78	5
2008	14	37	15	6
2009	12	41	50	20
2010	7	9	9	10
2011	5	6	8	25

廊坊市交通局征稽系统执法业务和体能培训班开学典礼,如图 2-3-85 所示。

图 2-3-85 2009 年 3 月 24 日,廊坊市交通局征稽系统执法业务和体能培训班开学典礼

(三)路政执法

1. 路政案件处理

路政案件处理主要依据第八届全国人民代表大队常务委员会第二十六次会议通过、1998 年 1 月 1 日实施的《中华人民共和国公路法》;1996 年 3 月 17 日中华人民共和国第 63 号主席令公布、1996 年 10 月 1 日实施的《中华人民共和国行政处罚法》;2003 年 8 月 27 日中华人民共和国第 7 号主席令公布、2004 年 7 月 1 日实施的《中华人民共和国行政许可法》;2011 年 2 月 16 日国务院第 144 次常务会议通过、2011 年 7 月 1 日实施的《公路安全保护条例》;2003 年 1 月 27 日公布的交通部令 2003 年第 2 号,2003 年 4 月 1 日实施的《路政管理规定》;1995 年 4 月 22 日,河北省第八届人民代表大会常务委员会第十三次会议通过并公布实施的《河北省公路条例》;1997 年 12 月 30 日实施的河北省人民政府令第 208 号《河北省公路路政管理规定》。

路政案件的处罚标准经历了三个阶段:在《公路法》实施以前(1998 年 1 月 1 日),路政案件处罚标准和处罚额度没有明确,在实际工作中不好把握,处罚案件较少;《公路法》实施以来,对路政案件的处罚标准有了明确的规定,路政案件的处罚步入正轨;随着国民经济的发展和法律、法规的逐步完善,2011 年,河北省交通运输厅对《公路法》当中的处罚自由裁量权进行细化,使实际执法处罚标准更加合理,便于操作。

在全市范围内,对于类型相同、影响相近、损害相当的路政案件保持处罚标准一致,避免了因裁量不同造成管理相对人的误解,减少行政复议和行政诉讼。对涉路案件严格按照法律法规处理,加强执法刚性,不姑息迁就,按法规处置擅自设置广告牌、私开道口、回填边沟等案件。

2003—2011 年廊坊市路政案件查处统计,见表 2-3-37。

2003—2011 年廊坊市路政案件查处统计表 表 2-3-37

年份(年)	发生案件(起)	破案(起)	结案(起)	结案率(%)
2003	493	493	493	100
2004	316	316	316	100
2005	307	307	307	100
2006	498	498	498	100
2007	514	514	514	100
2008	284	284	284	100
2009	172	172	172	100
2010	186	186	186	100
2011	162	162	162	100

王相仁局长对中四县治超工作进行督导,如图 2-3-86 所示。

2. 治理超限运输

严重的超限超载使部分公路的实际使用寿命降到了原设计寿命的 60% ~40%,个别路段甚至降到了 20%。一些公路不得不提前大、中、小修,维修工程成倍增加,维护费用成倍增长。调查表明:超限超载 100% 以上的运输车辆每赢利 1 元钱,就会造成公路损失 100 元。超限超载运输造成路况下降、交通堵塞,由此带来的交通运输和经济运行效率降低、效益损失更加难以估量。不仅如此,超限超载还极易引发道路交通事故,50% 的群死群伤性重特大道路交通事故与超限超载有关。

图 2-3-86 2010 年 7 月 13 日,王相仁局长对中四县治超工作进行督导

2003 年,开始治理车辆超限超载运输。按照省交通厅部署,廊坊市开展了路政执法华北五省、市联合治超"零点行动"。按照"科学检测、卸载放行"的原则,把住源头,突出重点,24 小时严防死守,严查违法超限运输车辆。并与公安部门配合,打击黑恶势力,净化治超环境。年内查处超限车辆 18173 辆,卸载货物 98786.60 吨。

2004 年,调整治超方式,综合治理重点区域(包括北三县市和大城县)、重点路线(指超限现象严重的国省道干线)、重点车辆(指车货总重 40 吨以上车辆)、重点阶段(指公路桥梁病害易发季节),规范运行 10 个卸载点,严格依法治超,杜绝公路"三乱"(乱设卡、乱收费、乱罚款)。集中整治 102 线、104 线、津保南线等重点路线,组成治超突击队,协助属地治超,遏制超限车辆反弹势头。2006 年,聘请社会监督员组成专门检查组,明察暗访,层层签订执法责任状,严格约束治超执法行为。路政支队配备了全省首部多功能执法车辆,成立流动治超小组,流动治理超限车辆易绕行固定检测站逃避处罚的路段。采取多部门联合行动的方式,在香河县、文安县、固安县、三河市、广阳区、安次区开展了 6 次大规模集中治理行动。通过专版宣传、追踪报道、散发宣传资料等措施争取社会的理解和支持,2007 年,向驾驶员车主发放宣传单 8000 份、宣传画册 7000 份,接受法律咨询 130 次,治超工作得到社会的关注和认可。2008 年 4 月,依托安次区固定治超站,在 112 线开展重型超限车辆"集中治理周"行动。在奥运会开幕前,一些建筑工地大量备料导致 102 线、112 线、大香线、平香线超限车辆激增。路政支队于 5 月 30 日开始,在三河市、大厂回族自治县、香河县、霸州市同时集中治超。由地方政府牵头,交警治安等部门大力配合,出动路政执法人员 139 人、交警 51 人、治安警 39 人,10 天时间里,查处超限车辆 475 辆,卸载货物 3100 吨。2009 年 3 月

3 日—4 月 30 日,在 112 国道集中治理,依托 112 线安次治超站,主要治理从天津入境的超限运输车辆。根据车辆绕行情况,在 112 线固安县段同时治理由保定入境的超限车辆。出动路政执法人员 71 人,执法车辆 8 台,有效打击了入境超限车辆。从 9 月 3 日开始,全市抽调路政执法人员 77 人,执法车辆 11 台,开展了为期 20 天的 102 国道集中治理,严格坚持科学检测、卸载放行,有针对性的治理 55 吨以上超限车辆。至年底,全市超限超载率下降至 4.5% 以下。

2010 年,开展治超"百日会战"。建立联合执法、异地执法机制,重新整合、统一调配相邻省市之间、辖区内不同县域之间、不同部门之间的执法人员、执法车辆,增强治超队伍机动能力,扩大治超覆盖面。成立了 13 支流动治超队伍,在 102 国道、平香线、津保南线、106 国道、104 国道进行异地大规模联合治超,有力消减了超限车辆反弹势头。

2011 年,严查、坚守、防控公路和桥涵等重要节点,保证了公路安全畅通。多次召开治超工作会议,明确目标、责任、任务和措施,坚持每周一部署,每月一调度,每季一总结。按照《全省开展治超工作落实年活动实施方案》部署,先后开展了五项行动:治超"春雷行动"、"异地执法集中治理行动"、"路政、运管联合执法行动"、"京津冀联动治超行动"、"京保廊区域联合治超行动",打破部门和地域,采取重点路线集中治理、关键节点联合治理、重点区域联动治理的方式。在三河市固定治超检测站召开全市治超工作现场会,统一部署固定检测站和流动治超点的规范化建设和运行管理。全市建成固定治超检测站 3 个、流动治超点 18 个,形成了覆盖全市国省道干线公路的治超网络。建立 GPS 信息指挥系统和无线寻呼系统,实现了对执法人员的实时监测和统一调度,初步形成了与各县(市、区)治超通信的无缝隙对接。

2003—2011 年廊坊市公路治超查处统计,见表 2-3-38。

2003—2011 年廊坊市公路治超查处统计表

表 2-3-38

年份(年)	查处车辆(辆)	卸载(吨)	年份(年)	查处车辆(辆)	卸载(吨)
2003	18173	98786.60	2008	32428	341673
2004	51241	93744	2009	46011	509126
2005	51359	116458	2010	49236	345438
2006	170362	211246	2011	23903	81867
2007	23120	229861			

(四)标志标线管理

交通标志作为公路的重要组成部分,是向公路使用者提供重要通行管理信息和服务资讯的依据,历来受到驾乘人员高度重视。市级公路管理机构主要负责全市列养普通干线公路交通标志的业务指导和监督;对业主公路交通标志资金使用可调剂、控制的由市公路管理处具体安排标志的设置、更新,县站负责日常标志的巡查及养护管理,基本上延续了税费改革前的运行模式。

税费改革后,依据职能转化公路标志由养护管理部门负责,养护管理部门相关业务科室安排专人负责业务管理,具体实施按照切块资金去向由所在县站负责,市公路管理处负责监管和督导。日常管理要求各公路站将公路标志纳入日常养护管理范畴,并建立了标志标线台账、标志卡片登记等相应的管理制度。交通标志的设置按照维修、更换、更新、补设、增设等不同性质,要求各站依据职责权限等按程序报批设置。

(五)街道化综合治理

随着公路建设的发展,带动了沿路经济的发展与繁荣,公路两侧的建筑物不断延伸,原来的过街路段迅速街道化,并形成了"马路市场",加强路政管理迫在眉睫。

为有效加强路政管理,1962 年中共中央、国务院下发了关于加强公路养护管理的指示,1982 年国务院又颁布了 105 号文件,对加强公路路政管理做出了明确规定。河北省人民代表大会常务委员会 1985

年制定了《河北省公路安全管理条例》，推动了路政管理工作的开展。

遵循“互动、可行、持续”的原则，与沿线群众提高环境质量的美好愿望紧密结合，同政府、村街结成利益共同体，通力协作，建立、完善了互惠互利、共同管理的长效机制，改善了街道化路段的交通环境。注重与城镇乡村的整体规划相结合，充分调动沿线村街的积极性，拓宽了投入渠道，采用共建、联办等方式与村镇、村街联合设置固定的垃圾倾倒点、车辆停放点等方便群众生产生活的基础设施，用实实在在的环境改善和深入持久的公益意识教育引导人们改变侵街占道的不良风气。

路政处成立大会，如图2-3-87所示。路政处女路政员在廊泊线巾帼志愿服务队进行上路宣传，如图2-3-88所示。路政员在廊沧高速拆除非法广告牌，如图2-3-89所示。卸载货物，如图2-3-90所示。全省治理车辆超限超载电视电话会，如图2-3-91所示。

图2-3-87　2010年10月26日，路政处成立大会

图2-3-88　路政处女路政员在廊泊线巾帼志愿服务队进行上路宣传

图2-3-89　2012年，路政员在廊沧高速拆除非法广告牌

图2-3-90　卸载货物

图2-3-91　2011年，全省治理车辆超限超载电视电话会

四、公路信息化

廊坊市干线公路信息化建设以“充分满足需求，稳步推进创新”为原则，经过了规划、构建、丰富、拓展的有序建设，不断发展和进步。从2001年开始各项业务系统建设、局域网搭建，至2003年组建信息化管理中心，全面建设面向交通系统和公众的信息平台；从2004年“廊坊公路综合管理系统软件”的开发，到2006年廊坊公路网站的建设，建立了干线公路共享数据库；从2007年“WEBGIS地理信息系统”的开发至信息化全面普及应用，干线公路信息化建设实现了廊坊市公路养管模式的进化和创新。

公路管理处基本实现无纸化、网络化办公，全市公路养管系统实现了三级联网，通过廊坊公路综合管理系统软件完成内业资料的上报、统计、汇总以及日常文件收发。

2001年，自行开发办公自动化软件；搭建起公路管理处局域网；与河北省公路局、交通公路科研所共同研发完成了“路政管理系统(HAMS)”。实施“智能化公路管理系统”，分为五个子系统：交通流量监测及流量分析子系统、视频图像监控子系统、无线对讲子系统、办公自动化子系统、养护路政管理子系统。其中，无线对讲子系统、办公自动化子系统、养护路政管理子系统已初步完成，交通流量监测及流量分析子系统、视频图像监控子系统已准备就绪。2002年，“高等级公路综合管理系统”作为国家重大专项课题在科技部立项。“路政管理系统(HAMS)”通过专家鉴定，达到国际先进水平，填补国内空白。完成与公路站、养护中心的三级联网。2003年，完成“廊坊公路智能交通系统”一期工程建设。建设交通智能化管理中心，开发四个子系统，即交通视频监控系统、交通流量检测系统、GPS卫星车辆定位系统、公众信息服务系统。实现了会计电算化，开始使用网上银行。

2004年，“廊坊公路智能交通系统”基础建设全部完成，并通过验收。“廊坊公路综合管理系统软件”开发基本完成；局域网全面升级，提升网络传输速度；引进科怡档案管理软件，档案管理软件上档升级；会计电算化在市公路管理处及各县(市、区)公路管理站全面启用。2006年，“廊坊公路”网站建设完成；“廊坊公路综合管理系统软件”升级，增加“信息提示模块”、“部分数据录入功能”，调整“人员信息模块”数据项；建设104文明样板路宣传网站。2008年，“WEBGIS地理信息系统”开发完成，为公路可视化管理提供基础；“廊坊公路综合管理系统软件”升级，增加“养护内业报表”等模块，实现县、市两级同时汇总，减少重复劳动；“廊坊公路”网站改版，更加侧重于公众服务，更好地起到宣传交通、服务公众的作用。

2009—2010年，WEBGIS地理信息系统中，“病桥、危桥监管系统”、“大中修工程管理系统”推广应用；在百度上成立“廊坊公路贴吧”，提高廊坊公路知名度；在网站上增设“通知公告”栏目，发布施工通告、断交通告、绕行路线等，并在廊坊政府网的“便民公告”栏目中发布公路相关公众服务信息。2011年，建设“廊坊市公路管理处”网站。此网站是向社会提供服务的重要平台，是展示行业形象的重要窗口；对“病桥、危桥监管系统”基础数据进行更新，完善基础数据项目，简化操作流程。

第三篇 公路运输

五六千年前的新石器时代末期，位于燕山南麓的现廊坊地区辖地，河流纵横，地势平缓，气候温和，宜于农耕，物产丰富，成为我们祖先聚落活动最早的地方。豢养牲畜，运输采集的产品和狩猎物，畜力驮运的开发，将长期处于人力背、抬、撬等自然形态的原始运输方式，向前大大推进一步。

殷商时期，伴随着生产的发展和产业分工，廊坊地区产品交换逐渐增多，范围日渐扩大，此时青铜冶炼技术已具备一定水平，牛马驯服更趋普及，这些因素，都为运载工具的制造和陆路车运的兴起创造了必要的条件。周成王时已有5种定型车辆，即五辂［lù］："金、革、象、玉、木"，作为征战耕籍之用。春秋战国时代，人们已经学会了驾驭牛马和使用车辆，对陆路运输又是一大促进。各诸侯国之间的人员交往、货物运输长盛不衰。加之铸铁技术用于车辆制造，也促进了陆运发展。

秦始皇实施了"书同文、车同轨、修驰道、设邮驿"之法，对陆路运输起到了极大的推动作用。汉代双辕车、独轮车的发明，隋朝运河的通航及水陆联运都对廊坊陆运起过积极的影响。唐统一中国后，廊坊社会安定，农工商贸相应发展，出现了一些集市、庙会，商品流通遍及城乡，陆路运输兴盛一时。宋、辽、金在北方长期对峙，战乱频仍，物资交流受到影响。

元朝以后，随中央政权的转移，廊坊陆运又开始进入一个兴旺时期。农牧区之间产品交换增多，运货车辆络绎不绝。明中叶后，随着经济的发展、商品运量的增长，带来了陆运的振兴。由于廊坊地区地处京畿，京畿繁荣、商贸兴盛、人口众多，这样就促进了道路交通的发展。境内官马大道和乡村道路纵横交错，已形成陆路交通网络，官走兵行、商旅往来、驿马奔驰、车轮滚滚，呈现出一派兴旺景象。道路之多、交通之便、运输量之大，是历史上无法比拟的。康乾之时，廊坊已经形成了比较完善的交通网络，运输也有了新的发展。19世纪末到20世纪初，随着近代工业的兴起和技术进步，以中心城镇为起点的运输线不断扩展延伸。由于廊坊特殊的地理位置，运输业也得到发展。后因战乱频繁，境内民间运输停滞不前，运力零散。以廊坊安次县为例，仅有几部私营铁轮大车，农民把自产或自购的物品运往异地销售，没有统一的集中管理。

新中国成立之前，运输方式始终是人背、畜驮。运输工具主要有以下几种：①扁担：多为枣木和竹制，这种工具沿用时间最长。②驮架：用木材制成的架子，放在牲畜脊背上运送货物。③畜力运输车：俗称马车。一类是铁轮木质结构，始见于20世纪初，根据车型大小，南八乡一带将此车称为"大四网"、"小四网"、"花轱辘"。另一类是胶轮木质马车，始见于20世纪40年代，新中国成立后仍长时期使用。④人力手推车：此车小巧轻便，载质量大，始见于20世纪20～30年代。⑤人力三轮车：俗称"东洋车"。始见于民国二十三年（1934年），当时的人力车已从铁皮车（木轮铁瓦）和死胶皮条轮改进为充气胶皮轮胎，车厢宽敞，设有棉垫和防护棚罩，靠缓冲减少车辆颠簸振动，比乘驴车舒服，很快盛行并且得以迅速发展。

新中国建立初期，廊坊地区道路运输主要以马车、驴车、独轮车等人力、畜力运输工具为主，国营和民营汽车行业处于待发展阶段。当时，各县境内还出现了自行车驮客运输，俗称“二等车”，短途可达县内各村庄，远途可达天津、北京、胜芳、通县。各县“二等车”多则几十辆，少则十几辆，到1966年，仍零星存在，直至20世纪70年代，“二等车”驮运被迅速发展的汽车客运取代。

党的十一届三中全会以后，随着运输市场的开放，形成了国家、集体、个人一齐上，多渠道、多层次、多形式、多种车型的运输新格局。至改革开放时期，内燃机汽车开始普及，国有汽车和民营汽车行业逐渐发展壮大。在经济和社会快速发展的今天，道路运输工具已包含燃油汽车、电动车及燃气汽车等。

中华人民共和国成立60多年来，在国家、省交通主管部门和廊坊地方政府的领导下，交通运输人同心协力，艰苦创业，公路运输发展突飞猛进，发生了历史性的变化。1953年，河北省天津专区马车运输完成粮食运输3.5495万吨，煤炭运输4.4487万吨。1973年，河北省天津地区完成营业性客运量133.8万人，营业性旅客周转量7412.9万人公里；营业性货运量200.4万吨，货物周转量8473.3万吨公里。1981年，廊坊地区完成营业性客运量444.5万人，营业性旅客周转量24030.1万人公里；营业性货运量299.7万吨，货物周转量12149.1万吨公里。2011年，廊坊市全市民用车辆拥有量达到845487辆；共完成营业性客运量4539万人，营业性旅客周转量313190万人公里；营业性货运量9156万吨，货物周转量1672588万吨公里。

2011年全市道路客货运输量，见表3-0-1。

2011年全市道路客货运输量 表3-0-1

项　目	计量单位	营业性	
		完成	其中：个体
甲	乙	1	2
一、客运量合计	万人	4539	754
二、旅客周转量合计	万人公里	313190	52211
三、货运量合计	万吨	9156	6165
1.汽车	万吨	8742	5832
2.其他机动车	万吨	392	311
3.轮胎式拖拉机	万吨	22	22
四、货物周转量合计	万吨公里	1672588	1128828
1.汽车	万吨公里	1597528	1068888
2.其他机动车	万吨公里	71717	56597
3.轮胎式拖拉机	万吨公里	3343	3343

第一章 汽车客运

2011年8月16日,廊坊市在全省率先推行营运车辆安全运营监督卡,如图3-1-1所示。

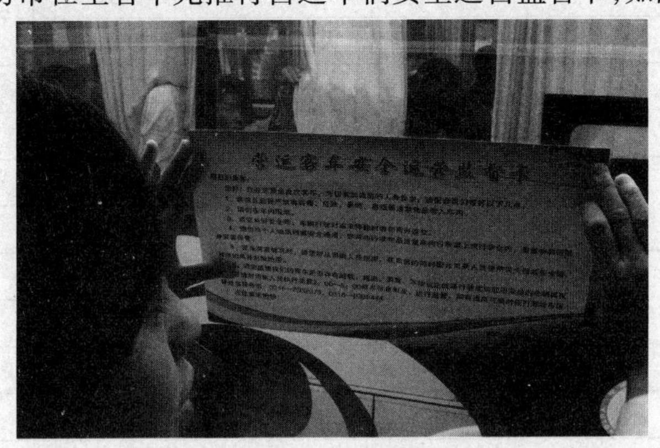

图3-1-1 营运客车安全运营监督卡

第一节 班线客运

一、客运班线的发展

1969年前,辖域内没有经营的客运线路、客车,人们外出或旅行只能乘坐京、津、保、沧、唐等外地的过往长途汽车。1969年6月,廊坊筹办客运业务,抽调9部客车,开辟3条线路:大城—天津—杨村—廊坊、天津—香河—大厂—三河—蓟县、天津—文安—霸县—固安—永清—廊坊。11月1日正式运营。而后,又开通了两条简易班线:宁河—江洼口—芦台、永清—北京。同年12月,开辟了廊坊、武清、天津、静海、唐官屯、大城等长达200公里的对班车。1970年年初,河北省相继调给天津地区客车7部,增开了廊坊、武清、香河、大厂、三河、蓟县长达197公里的班车线路,报刊、信件、影片等一般可以于当日到达县城和人民公社。

1975年年初,全区开辟客运线路61条,下半年又开辟10条。1976年,开辟6条。1977年,开辟17条。1979年以后,与其他运输公司的对开班车逐年增加,到1984年和其他公司对开的班线新增42条,全区班线增加到129条。1985年,为166条。到1993年,经过整合并线,共有客运班线123条,全市日发班车423部。"九五"期间,原有的大型普通客车全部更新,采取多种方式开发市场资源,占领经营阵地。1997年,各县(市)相继开通了县城通往各乡村的城乡客运班线,细化了客运线路网络,基本上实现了村村通客车。1999年年底,廊坊行政辖区内客运班线已达到470条,班车1200部,形成了一个以中心城市为节点,辐射京津,沟通全国十几个省市,连接廊坊2751个乡村(占行政村总数的84%)的干支线路相连的旅客运输网络,长途客运班线已遍及全省各市及山东、河南、安徽、内蒙古、辽宁5省区。

2011年年底,全市共有省际、市际、县际(内)客运班线798条,在运班车2811部。其中省际班线173条,在运客车310部;市际班线141条,在运客车213部;县际(内)客运班线339条,在运客车1338部;农村客运班线145条,在运客车950部。另有旅游客车225部,其中省际旅游包车183部,县际旅游包车42部。日运送旅客1万人。省际班线已通达京、津、鲁、皖等省市,向北最远通达黑龙江齐齐哈尔,向南最远通达湖南华容,向西最远通达甘肃宁县,向东最远通达山东青岛;市际班线已覆盖省内所有地市;县际班线已通达全市所有区、市、县;农村班线已通达全市90个乡镇的3229个行政村,在全省率先实现了村村通客车。此外,全市共有等级客运站8个,其中一级客运站1个、二级客运站7个、农村客运站26个、候车厅339个、招呼牌2074个。

2011年廊坊市省际客运班线一览表,见表3-1-1。

2011年廊坊市省际客运班线一览表

表3-1-1

运营线路	车数	途经站点	班次	日客运量(人)	票价(元)
霸州—多伦	1	北京	1/2	33	119
霸州—天津	6	堂二里	12	454	21
白沟—北京	4	马庄、固安、大兴	4	220	40
白务—天津	2	廊坊、杨村	4	78	26
北楼—天津	1	堂二里	2	64	14
北位—北京	3	文安、G106、霸州、固安	3	150	39
北位—塘沽	1	大城、静海、天津	1	42	35
北位—天津	1	大城、唐官屯、静海	1	43	23
毕演马—天津	1	大城、唐官屯、静海	1	55	21
别古庄—北京	1	廊坊	2	35	20
曹家务—天津	1	永清、王庆坨	1	30	25
柴沟—天津	2	德归、静海	2	68	22
程子—北京	1	德归、廊坊	1	90	45
崔家访—天津	1	堂二里	1	50	28
大厂—赤峰	1	燕郊、北京五环、G101	1/2	47	110
大厂—沽源	1	燕郊、北京五环、G111、丰宁	1/2	27	80
大厂—天津	5	香河、G103、杨村	5	300	30
大厂—围场	1	G102、北京六环、G111	1/2	53	100
大厂—张北	1	G102、北京六环、张家口	1/2	39	90
大城—北京	2	文安、G106、霸州、固安	2	108	37
大阜村—天津	1	黄甫、杏林、德归、静海	1	32	21
大广安—北京	2	大城、文安、G106、霸州	2	120	38
大里北—天津	1	大童子、大城、唐官屯	1	42	20
大留镇—北京	2	文安、G106、霸州	2	156	28
大留镇—天津	2	文安、左各庄、堂二里	2	80	28
大留庄—天津	1	大城、唐官屯、大流漂	1	40	19
大孟桥—天津	1	大城、唐官屯、静海	1	54	22
大三王—天津	1	文安、静海	1	36	32
大尚屯—北京	2	大城、文安、霸州、固安	2	92	37
德归—天津	1	王口、静海	1	46	36
东安庄—天津	2	码头、东沽港、G112	4	90	22
董村—天津	1	德归、静海	1	46	24
段甲岭—北京	1	三河、通县	2	160	8
二矿—天津	1	霸州	1	42	20
高头—天津	1	堂二里	1	36	20
葛渔城—北京	1	廊坊	2	30	20

续上表

运营线路	车数	途经站点	班次	日客运量(人)	票价(元)
固安—天津	1	霸州	1	30	33
韩村—天津	1	文安、静文公路、德归	1	46	30
韩村—天津	1	廊坊、杨村	2	80	19
后奕—天津	1	堂二里	1	27	20
后赵—天津	1	文安、左各庄	1	50	30
胡南庄—北京	1	三河、通县	2	100	8
黄甫—北京	1	文安、霸州	1	120	28
廊坊—宝坻	1	大孟庄、崔黄口、大口	2	30	23
廊坊—南蔡村	1	北旺、城关	2	64	7
廊坊—天津	2	廊坊、杨村	4	224	20
里坦—天津	1	大城、唐官屯、静海	1	60	23
灵山—北京	1	三河、通县	2	140	8
刘村—天津	1	德归、静海	1	36	23
留各庄—北京	2	大城、文安、固安、G106	2	152	39
留各庄—天津	2	大城、唐官屯、静海	2	71	23
马柳—天津	1	东沽港、王庆坨	1	40	12
满中良—天津	1	大城、卧佛堂、静海	1	50	26
蓦门—天津	1	大城、唐官屯、静海	1	47	23
南大有—北京	1	文安、霸州	1	120	29
南大有—天津	2	文安、堂二里	2	80	30
前孝彩—天津	1	德归、王口、静海	1	40	18
任庄子—天津	1	堂二里	2	66	20
三河—北京	1	三河、通县	2	140	8
胜芳—北京	2	廊坊	4	268	34
胜芳—静海	1	辛章	2	65	11
胜芳—蒙城	1	任丘	1/2	32	160
胜芳—天津	6	堂二里	12	460	14
十间房—天津	1	堂二里	2	112	20
石沟—天津	1	堂二里	2	96	14
苏桥—天津	1	煎茶铺、堂二里	1	46	20
孙氏—赤峰	1	文安、G106、北京六环	1/2	80	127
滩里—天津	1	胜芳、堂二里	1	32	16
王文—天津	2	德归、王口、静海	2	64	16
围河—天津	1	左各庄、堂二里	1	36	25
位敢—北京	2	大城、文安、霸州、G106	2	112	38
位敢—天津	2	大城、唐官屯、静海	2	72	23
文安 - 北京	1	围河、霸州	1	50	32
文安 - 天津	3	左各庄、堂二里	3	150	26
西达屯—北京	1	三河、燕郊、通县	2	140	8

续上表

运营线路	车数	途经站点	班次	日客运量(人)	票价(元)
西码头—北京	1	霸州	1	44	29
西辛庄—北京	1	固安、G106、大兴	2	55	20
香河—正蓝旗	1	大厂、G102、北京、丰宁	1/2	39	95
辛安庄—北京	1	文安、围河、霸州	1	50	34
辛安庄—北京	2	文安、霸州、固安	2	80	34
辛店—天津	1	堂二里	2	66	21
辛章—天津	2	杨芬港	4	198	14
辛庄—北京	1	文安、霸州、固安	1	80	28
新镇—天津	1	围河、大城	1	42	31
信安—天津	2	堂二里	4	192	14
兴隆宫—塘沽	1	文安、天津	1	46	30
兴隆宫—天津	2	霸州、堂二里	2	72	29
雄县—北京	1	G106、固安、大兴	1	52	45
杨芬港—天津	1	当城	2	71	9
永清—天津	1	里澜城、堂二里	1	20	25
永清—通县	1	廊坊	1	38	17
于家务—北京	2	大城、胜芳、廊坊、G106	2	120	39
于家务—天津	2	大城、德归、G104、静海	2	100	23
昝辛屯—北京	1	大厂、通县	2	160	8
寨上—天津	1	堂二里	2	57	21
张蔡间—北京	2	文安、霸州、G106	2	100	39
赵各庄—天津	1	文安、静海	1	50	30
左各庄—北京	1	胜芳、廊坊	1	90	28
左各庄—赤峰	1	围河、霸州、北京、承德	1/2	120	127
胜芳—赤峰	1	廊泊路、廊坊、北京五环、	1/2	27	156
廊坊—滨州	1	廊泊公路、沧州、S283、盐山、G205	1/2	17	89
胜芳—蒙城	1	大城、沧州、菏泽、亳州	1/2	10	235
胜芳—蒙城	1	大城、沧州、菏泽、亳州	1/2	10	235
胜芳—宁县	1	G112、徐水、G107、石家庄、G307、榆次、G108、临泉、G309、宜川、富县、合水	1/3	6	400
胜芳—宁县	1	G112、徐水、G107、石家庄、G307、榆次、G108、临泉、G309、宜川、富县、合水	1/3	6	400
胜芳—宁县	1	G112、徐水、G107、石家庄、G307、榆次、G108、临泉、G309、宜川、富县、合水	1/3	6	400
廊坊—长宁	1	廊霸路、金保高速、京珠高速、连霍高速、西汉高速、成渝高速、内宜高速	1/3	0	350
廊坊—长宁	1	廊霸路、金保高速、京珠高速、连霍高速、西汉高速、成渝高速、内宜高速	1/3	0	350
香河—天津	1	安平、杨村	1	20	18
刘宋—天津	2	安平、杨村	2	35	22

续上表

运营线路	车数	途经站点	班次	日客运量(人)	票价(元)
石虎—天津	1	安平、杨村	1	29	21
三河—天津	2	大厂、香河、G103	2	33	35
燕郊—天津	1	通州、安平、G103、杨村	1	15	27
三河—北京	1	G102	2	35	13
三河—淮阳	3	通州、北京四环、固安	1	2	252
文安—北京	1	霸州、固安	1	13	29
左各庄—白河	2	石家庄、十堰	1	35	302
左各庄—商丘	1	沧州、德州	1/2	22	150
廊坊—四惠	13	无	26	38	16
廊坊—天津	29	无	58	368	18
廊坊—蓟县	1	宝坻	1	40	24
廊坊—通县	1	牛堡屯	2	63	10
廊坊—房山	4	安定、万庄	8	44	17
大厂—华容	2	廊坊、京珠高速、石首、S220、S203	1/2	20	327
大厂—宁城	1	三河、平谷、密云、平泉、八里罕	1/2	23	128
香河—林西	1	大厂、三河、蓟县、平泉、赤峰	1/2	22	200
廊坊—大连	1	香河、京沈高速	0.5	20	263
廊坊—仪陇	3	津保、连霍高速	1	20	400
廊坊—呼市	1	北京、京藏高速	0.5	23	169
廊坊—青岛	1	京津塘、京沪高速	0.5	19	173
廊坊—西安	1	津保、连霍高速	0.5	15	312
廊坊—木樨园	21	无	42	150	18
大城—木樨园	2	固安、霸州	2	50	39
大城—木樨园	1	文安、胜芳	1	35	46
北位—木樨园	2	固安、霸州	2	45	43
留各庄—木樨园	1	文安、霸州	1	55	44
里坦—木樨园	1	胜芳、廊坊	1	76	43
廊坊—六里桥	11	无	22	60	18
廊坊—齐齐哈尔	1	采育、京沈高速	1/2	23	495
廊坊—安阳	1	廊霸线、G106、S215	1/2	28	146
廊坊—南阳	1	廊泊路、胜芳	1/2	16	255
廊坊—信阳	1	廊泊路、津保高速	1/2	21	246
廊坊—重庆	2	京津唐高速、京沪高速	1/4	20	658
廊坊—濮阳	1	廊涿高速、大广高速	0.5	16	145
廊坊—保定	8	固安、涿州、京珠高速	8	180	50
廊坊—宜昌	2	廊涿线、京珠高速	1/2	26	310
廊坊—赤峰	1	香河、大厂、三河、蓟县	1/2	32	155
阜草—赤峰	1	胜芳、廊坊、北京	1	32	169
白沟—赤峰	1	香河、大厂、蓟县	1	34	160
廊坊—公安	2	霸州、津保高速	1/2	26	302

续上表

运营线路	车数	途经站点	班次	日客运量(人)	票价(元)
廊坊—化德	1	京津塘高速、北京六环路	1	30	110
廊坊—哈尔滨	1	香河、京哈高速	1/3	29	400
廊坊—德州	1	廊泊路、沧州、京沪高速	1	35	73
廊坊—郑州	1	G106、德州、南乐	1/2	33	201
廊坊—西华	2	沧州、德州	1	26	185
廊坊—太原	1	廊霸线、保津高速	1/2	26	150
廊坊—寿张	1	廊泊路、大城、G104	1	30	77
廊坊—莘县	1	廊泊路、沧州、德州	1/2	21	95
永清—石片	1	固安、G106、北京六环	1/2	18	91
廊坊—凌源	1	三河、宽城、S252	1/2	24	98
廊坊—济南	2	大城、泊头、京福高速	1	70	122
霸州—临泉	1	德州、商丘、泊头	1/2	60	180
廊坊—长垣	2	廊霸线、津保、京珠高速、新乡	1	110	169
廊坊—郑州	1	永清、霸州、津保、京珠高速	1	45	229
廊坊—涡阳	1	廊泊线、京沪高速、京福高速、徐州、淮北	1/2	45	253
廊坊—五台山	1	廊涿高速、京昆高速、保阜高速、忻阜高速	1	10	138
三河—南阳	1	燕郊、北京五环、京珠高速、许平南高速	1/2	30	180

2011年廊坊市市际客运班线一览表，见表3-1-2。

2011年廊坊市市际客运班线一览表 表3-1-2

运营线路	车数	途经站点	班次	日客运量(人)	票价(元)
霸州—白沟	12	板东	24	874	12
霸州—沧州	1	大城	1	60	33
北位—白沟	1	大城、任丘	1	43	20
北位—沧州	1	大城、青县	1	42	17
北位—承德	2	大城、廊坊、通县	2	54	78
大厂－廊坊	9	香河　安平	2	760	20
大城—保定	3	阜草、任丘、高阳	1	126	26
大城—沧州	3	藏屯、里坦、大官厅	3	122	11
大城—任丘	5	阜草、吕公堡	10	206	10
大城—涿州	1	文安、霸州、固安	1	26	18
大广安—保定	1	任丘、高阳	1	28	24
大赵—白沟	1	文安、德归、柳河	1	35	17
德归—石家庄	1	文安、G106、任丘	1	45	61
东红寺—白沟	1	牛驼、后狄、板东	1	25	16
高头—沧州	1	史各庄、文安、大城	1	25	27
宫村—白沟	1	彭村、后狄、板东	1	27	18
固安—白沟	2	马庄、后狄、板东	4	50	16
固安—保定	2	涿州、定兴	4	130	37
固安—承德	1	北京、密云	1	40	87

续上表

运营线路	车数	途经站点	班次	日客运量(人)	票价(元)
固安—隆化	1	大兴、北京、承德	0.5	20	101
黄甫—白沟	1	澎耳湾、雄县	1	40	18
纪屯—白沟	1	文安、霸州	1	34	19
煎茶铺—涿州	1	霸州	2	84	20
蒋福山—廊坊	1	香河、永乐店	1	42	27
廊坊—白沟	2	堂二里、永清	2	56	30
廊坊—白沟	1	固安、马庄	1	26	30
廊坊—泊头	1	大城	1	45	45
廊坊—沧州	1	大城	1	30	41
廊坊—承德	1	顺义、密云	1	42	95
廊坊—三河	2	香河	2	180	24
廊坊—定兴	2	固安	2	45	33
刘么—白沟	1	史各庄、文安、雄县	1	30	14
刘么—承德	2	文安、G106、北京外环	隔日	40	80
留各庄—石家庄	1	大城、任丘、高阳	1	48	60
柳泉—白沟	1	马庄、后狄、板东	1	26	17
龙街—沧州	1	岳辛庄、大城、廊泊路	1	34	21
落垡—白沟	1	东沽港	1	26	30
三河—廊坊	4	香河、永乐店	16	60	25
三河—唐山	1	蓟县、玉田	1	30	35
三河—魏县	1	通县、衡水	1	90	110
孙氏—围场	1	胜芳、永清、北京、承德	隔日	45	112
滩里—石家庄	1	左各庄、文安、任丘	1	60	56
万庄—任丘	1	廊坊、永清、霸州	1	38	38
王仙庄—白沟	1	高头、雄县	1	24	18
文安—白沟	1	澎耳湾、雄县	1	30	16
文安—保定	2	孙氏、任丘	2	30	27
文安—沧州	1	孙氏、大城	1	35	26
文安—沧州	1	大留镇、长丰	1	35	26
文安—任丘	5	孙氏、阜草、吕公堡	10	40	12
文安—石家庄	2	任丘、高阳、保定	2	90	57
辛安庄—白沟	1	大留镇、围河、霸州	1	26	20
辛立庄—廊坊	1	固安、曹家务	2	60	20
兴隆宫—石家庄	1	任丘、高阳	1	70	51
燕郊—廊坊	2	通县	4	100	25
燕郊—唐山	1	玉田、丰润	1	90	37
永清—白沟	1	霸州	1	36	16
于家务—石家庄	1	留各庄、大城、任丘、清苑、G107	1	41	60
岳辛庄—白沟	1	文安、高头	1	35	20
左各庄—保定	1	文安、任丘	1	42	33

续上表

运营线路	车数	途经站点	班次	日客运量(人)	票价(元)
左各庄—沧州	1	S272、S331	1	30	25
胜芳—沧州	2	大城	2	30	27
胜芳—唐山	1	堂二里、王庆坨、杨村	1	16	52
胜芳—张家口	1	S272、廊坊、北京六环、G110	1	20	89
胜芳—沽源	1	S272、廊坊、北京六环、张家口、S224	1/2	22	118
胜芳—保定	1	S272、堂二里、G112、 霸州、板东、S333、徐水、G107	1	20	40
香河—沽源	1	大厂、燕郊、张家口	1	23	143
廊坊—石家庄	4	霸州、津保高速、京石高速	4	64	90
大城—石家庄	1	S381、高阳、保定	1	36	60
廊坊—辛集	2	永清、霸州、任丘、高阳	1	34	61
大城—保定	1	任丘	1	23	27
廊坊—涿州	1	固安	1	36	17
廊坊—白沟	1	固安、马庄	1	23	22
廊坊—雄县	1	S371、固安、渠沟	1	31	23
廊坊—定州	2	永清、霸州、白沟	1	42	51
三河—沧州	1	香河、G103、S271、京沪高速	1	14	98
三河—巨鹿	1	G102、北京六环、京珠高速、S324	1	19	157
燕郊—围场	1	三河、密云、滦平、隆化	1	13	103
燕郊—承德	1	G102、三河、平谷、G101	1	11	61
三河—唐山	2	玉田、丰润	2	18	32
三河—昌黎	1	G102、野鸡坨、滦县、G205	1	11	50
三河—冀州	1	大厂、香河、廊坊外环、廊涿高速	1	11	140
香河—平泉	1	大厂、三河、蓟县、遵化	1	20	62
廊坊—沧州	1	廊泊路、官厅	1	34	39
廊坊—沧州	1	京津塘高速、京沪高速	1	42	59
廊坊—任丘	1	永清、霸州	1	36	26
廊坊—邯郸	1	廊霸线、霸州、G106	1/2	26	103
廊坊—邯郸	1	霸州、津保高速	1	59	126
廊坊—邢台	1	廊霸线、G106	1	34	95
廊坊—邢台	1	永清、霸县、G106	1/2	17	95
廊坊—张家口	1	G104、北京六环、G110	1/2	22	74
廊坊—涞源	1	固安、涿州、高碑店	1/2	20	52
廊坊—衡水	1	霸州、河间、饶阳	1/2	18	58
廊坊—衡水	1	S273、G106、武邑	1	36	58
廊坊—衡水	1	廊霸线、霸州、大陈庄	1	36	58
廊坊—衡水	1	廊泊路、崔尔庄	1	36	57
廊坊—青龙	1	香河、京沈高速、迁安	1	47	78
廊坊—黄骅	1	杨村、G104、静海	1	37	45
廊坊—秦皇岛	1	永乐店、安平、香河	1	36	90
廊坊—秦皇岛	1	香河、京沈高速	1	35	90

续上表

运营线路	车 数	途经站点	班 次	日客运量(人)	票价(元)
廊坊—唐山	2	香河、京沈高速	1	40	63
廊坊—唐山	1	香河、宝坻、丰润	1	36	42
廊坊—围场	1	三河、平谷、密云	1/2	23	110
廊坊—下板城	1	香河、宝坻、蓟县	1	32	84
廊坊—韩家店	1	北京五环、郭家屯	1/2	22	79
廊坊—承德	1	三河、平谷、密云	1/2	16	83
廊坊—隆化	1	柴厂屯、通州区、北京五环	1/2	14	105
廊坊—丰宁	1	北京五环、怀柔、长哨	1	38	65
廊坊—西陵	1	S371、涿州、G107	1	36	31
廊坊—易县	2	固安、涿州、G107	2	36	28
廊坊—安平	1	S273、G106、任丘	1	36	49
廊坊—景县	1	霸州、G106、河间	1	42	54
廊坊—张北	1	G104、北京六环、G110	1/2	28	96
廊坊—康保	1	京津塘高速、北京六环	1/2	17	99
廊坊—曲阳	1	永清、霸州	1/2	21	63
廊坊—凤山	1	北京五环、密云、G101	1	42	80
廊坊—三家	1	京津塘高速、北京五环	1/2	18	84
霸州—高碑店	3	白沟	6	234	14
胜芳—白沟	2	霸州	2	88	22
信安—白沟	1	霸州	1	38	16
霸州—安新	1	白沟	1	30	13
二矿—任丘	3	霸州	6	250	15
霸州—白沟	2	板东	4	130	12
霸州—涿州	2	承德	4	30	16
东杨庄—白沟	1	霸州	2	58	11
霸州—隆化	1	承德	1/2	30	98
胜芳—任丘	1	德归	1	26	20
霸州—张青口	1	老堤	2	65	7
廊坊—石家庄	4	永清、霸州、津保高速、京石高速	1	450	100
廊坊—石家庄	1	固安、涿州、京珠高速	1	95	100
廊坊—石家庄	1	廊涿高速、京珠高速	1	100	100
胜芳—石家庄	2	霸州、津保高速、京珠高速	1	125	95
香河—石家庄	1	永清、霸州、京珠高速	1	55	113
三河—石家庄	1	香河、永清、霸州、津保、京珠高速	1	60	126
三河—石家庄	1	燕郊、北京五环、京珠高速	1	45	126
廊坊—晋州	1	永清、霸州、津保京珠、石黄高速、藁城	1	25	112
廊坊—唐山	1	香河、京沈高速	1	35	69
廊坊—秦皇岛	1	香河、京沈高速	1	30	102
廊坊—赵县	1	廊涿高速、大广高速、石黄高速、衡井线、G308	1	15	106
廊坊—邢台	1	廊涿高速、大广高速、邢临高速	1	35	130

2011年廊坊市县际客运班线一览表,见表3-1-3。

2011年廊坊市县际客运班线一览表 表3-1-3

运营线路	车数	途经站点	班次	日客运量(人)	票价(元)
艾头—廊坊	1	左各庄、安里屯、堂二里	1	40	21
嗷咀—廊坊	1	马圈	2	26	11
八桥—廊坊	2	双庙、小刘庄	2	45	7
霸州—廊坊	3	永清	6	296	13
白家务—廊坊	4	白家务、旧州	12	110	7
北大王庄—廊坊	1	永清、韩村	2	73	11
北刘庄—廊坊	1	韩村	2	66	9
北孟—廊坊	1	永清、韩村	2	85	12
北邵庄—廊坊	1	仇庄	2	60	10
北寺堡—廊坊	1	旧州	2	64	7
北务村—胡南庄	12	大石庄、沟北、市区西	2	60	6
冰窖—廊坊	1	别古庄、仇庄	2	55	10
楚河港—廊坊	1	码头	2	45	12
大韩寨—廊坊	1	永清、曹家务	2	85	11
大留镇—廊坊	1	文安、德归	1	38	25
大麻村—廊坊	1	南庄	3	50	5
大沙垡—廊坊	1	永清、管家务	2	70	13
邓家务—廊坊	1	永清、韩村	2	68	11
第什里—廊坊	1	调和头	2	50	10
佃庄—廊坊	1	永清、韩村	2	70	11
调和头—廊坊	1	仇庄	2	50	10
东湾—廊坊	1	曹家务	2	78	16
葛渔城—廊坊	1	码头	3	64	10
固安—廊坊	7	曹家务、旧州	14	490	12
韩村—胜芳	1	别古庄、三圣口	2	50	13
何家务—廊坊	1	大有、董村、文安、胜芳	1	32	23
河西营—廊坊	1	别古庄、仇庄	2	55	9
后狄—廊坊	1	固安、曹家务、旧州	1	32	20
后奕—霸州	1	龙虎庄	2	50	8
后奕—廊坊	1	永清、韩村	2	85	12
胡连店—廊坊	1	永清、韩村	2	55	12
黄槽—廊坊	1	码头	2	60	10
煎茶铺—廊坊	1	里澜城	2	74	15
靳家堡—廊坊	1	堂二里	2	119	15
九家堡—廊坊	1	马柳	2	45	11
廊坊—大王各庄	1	田各庄	3	12	6
廊坊—霸州	3	永清	6	108	15
廊坊—大城	3	堂二里、胜芳、德归	3	98	26
廊坊—德胜口	1	码头	2	20	11

续上表

运营线路	车数	途经站点	班次	日客运量(人)	票价(元)
廊坊—九家堡	1	码头	2	10	11
廊坊—落垡	1	辛庄子	3	64	6
廊坊—前第五	1	永清	2	17	12
廊坊—渠头	1	永清、后奕	2	50	14
廊坊—三河	2	香河	1	48	24
廊坊—胜芳	2	堂二里	4	128	15
廊坊—胜芳	3	码头	6	148	15
廊坊—堂二里	1	码头	2	32	12
廊坊—文安	3	胜芳、左各庄	3	86	26
廊坊—香河	2	永乐店、安平	4	68	13
老柳头—廊坊	2	别古庄、仇庄	4	102	10
李家口—廊坊	1	永清、韩村	2	85	12
李家窑—廊坊	1	永清、韩村	2	70	12
李庄—霸州	1	柳河、高头	2	38	12
蔺场—廊坊	1	葛渔城	2	45	10
刘边村—廊坊	1	文安、左各庄	1	38	24
刘武营—廊坊	1	别古庄	2	68	11
龙街—廊坊	1	文安、德归	1	40	24
卢七堤—廊坊	1	仇庄	2	60	8
马家营—廊坊	1	永清、韩村	2	70	11
马庄—廊坊	1	固安	1	36	20
南大王庄—廊坊	1	永清、廊坊	2	70	13
南坣—廊坊	1	别古庄	2	60	11
南留寨—霸州	1	北留寨、周庄子、新镇	2	48	7
南石—廊坊	1	柴家务	3	50	6
南史务—廊坊	1	大北尹	3	64	6
南屯—廊坊	1	固安、曹家务、旧州	2	76	14
牛驼—廊坊	3	固安、曹家务	6	200	14
彭村—廊坊	1	曹家务	2	58	18
蒲落垡—廊坊	1	固安、曹家务、旧州	1	38	17
起村—廊坊	1	永清、韩村	2	72	11
迁民屯—廊坊	1	管家务	2	70	9
渠头—霸州	1	刘街	2	50	9
渠头—廊坊	1	永清、韩村	2	85	12
阙里墅—廊坊	1	葛渔城	2	50	13
三河—桥头	2	杨庄、黄庄、新集	2	30	7
三河—昝辛屯	1	市一中、大曹庄、西定福	1	45	6
三圣口—廊坊	1	里澜城、仇庄	2	55	10
三圣口—廊坊	1	永清、韩村	2	85	12
商务庄—廊坊	1	别古庄、仇庄	2	55	9

续上表

运营线路	车 数	途经站点	班 次	日客运量(人)	票价(元)
胜芳—廊坊	8	堂二里	16	760	13
石各庄—廊坊	1	永清、韩村	2	85	12
石各庄—廊坊	1	葛渔城	2	45	11
双营—廊坊	1	别古庄、仇庄	2	70	10
孙氏—廊坊	1	龙街	1	32	24
孙章—廊坊	1	澎耳湾、围河	1	40	22
唐坟—廊坊	1	石各庄	2	45	11
堂二里—廊坊	6	码头	12	360	11
桃园—廊坊	1	码头	2	45	11
淘河—廊坊	1	马柳	2	50	10
土楼—霸州	1	刘庄、龙虎庄	2	50	9
万家庄—东吴各庄	10	福成3期、行宫市场	20	80	5
汪家营—廊坊	1	永清、韩村	2	85	12
王场—廊坊	1	仇庄	2	50	11
王庆坨—廊坊	1	葛渔城	2	60	11
文安—霸州	10	王村、新镇	20	32	12
文安—廊坊	2	霸州、永清	2	80	23
文安—廊坊	1	左各庄、胜芳	1	40	23
西务—廊坊	1	永清、韩村	2	85	11
西张务—廊坊	1	大北尹	4	45	6
下官村—廊坊	1	南邵庄	2	45	10
小方庄—廊坊	1	永清、廊坊	2	70	10
小沈庄—廊坊	1	仇庄	2	60	10
辛立村—廊坊	1	朱官屯	2	45	10
辛务—廊坊	1	别古庄	2	68	9
辛庄—廊坊	1	文安、左各庄	1	38	29
信安—廊坊	1	堂二里	2	96	13
兴隆宫—廊坊	1	文安、左各庄、胜芳	1	40	29
许家堡—廊坊	1	仇庄	2	50	12
杨芬港—廊坊	1	辛章	2	102	15
杨青口—廊坊	1	永清、韩村	2	85	12
永清—廊坊	10	韩村	20	740	9
永清—三河	1	廊坊、香河	1	36	26
永清—胜芳	2	后奕、三圣口、信安	2	108	13
右奕营—固安	1	永清、张四营	2	50	8
于村—廊坊	1	别古庄、廊坊	2	55	9
寨上—廊坊	1	得胜口	2	45	11
张四营—廊坊	1	永清、韩村	2	85	11
张庄—大城	4	孙氏、大堡	8	128	12

续上表

运营线路	车　数	途经站点	班　次	日客运量(人)	票价(元)
正楼—廊坊	1	码头	2	60	11
左各庄—霸州	1	围河、新镇	2	32	13
左各庄—胜芳	1	安里屯	2	38	6
胜芳—廊坊	2	堂二里、里澜城	4	45	12
鲁口—廊坊	1	香河、安平	2	70	14
香城屯—廊坊	1	香河、安平	2	70	14
廊坊—胜芳	5	S272、堂二里	10	70	12
廊坊—大城	5	堂二里、胜芳、德归	5	160	21
廊坊—北位	1	大城、堂二里	1	54	26
廊坊—文安	2	大柳河、左各庄	2	82	21
廊坊—苏桥	1	东杨庄、永清、韩村	1	42	15
廊坊—霸州	16	S273、金各庄、G106	32	72	12
廊坊—永清	2	韩村	2	36	6
廊坊—固安	6	曹家务	12	72	10
廊坊—中响口	1	邱庄	2	33	7
廊坊—三河	2	永乐店、香河、大厂	2	34	20
廊坊—三河	1	皇庄、香河、永乐店	1	23	20
廊坊—香河	1	安平、永乐店	2	58	11
廊坊—刘宋	1	香河、永乐店	2	58	16
三河—廊坊	8	皇庄、香河、永乐店	8	112	20
文安—廊坊	1	左各庄、胜芳	1	14	21
大厂—廊坊	2	香河、安平、永乐店	2	25	16
廊坊—小流庄	1	南赵扶、东段	1	34	27
廊坊—王希	1	永清	2	46	9
霸州—廊坊	12	永清	24	1136	13
霸州—文安	13	史各庄	26	752	12
霸州—大城	5	史各庄	10	384	19
霸州—三官村	2	周庄子	4	128	5
三官村—霸州	1	苑口	2	65	5
霸州—渠头	1	李家口	2	62	8
渠头—霸州	1	刘街	2	62	8
霸州—李庄	1	柳河	2	62	11
霸州—左各庄	1	围河	2	62	13
霸州—土楼	1	刘庄	2	62	9
霸州—沙河口	2	马庄	4	120	9
胜芳—永清	1	堂二里	2	61	11
胜芳—大城	1	德归	2	70	10
胜芳—韩村	1	里澜城	2	61	17
养马庄—胜芳	1	堂二里	2	61	11

2011 年廊坊市县内客运班线一览表,见表 3-1-4。

2011 年廊坊市县内客运班线一览表 表 3-1-4

所属地域	营运线路	车数	途经站点	班次	日客流量(人)	票价(元)
香河县	香河—燕郊	7	蒋辛屯、大厂、G102	21	600	10
香河县	安平—躲各庄、东鲁口	24	一城、县委广场、闫胡套	168	3000	6
香河县	李庄—梁家务、蒋辛屯	12	红庙、钳屯、县委广场、	84	1300	6
香河县	汽车站—刘宋	12	县委广场、五百户、北务屯	84	1300	6
香河县	香河—庆功台	12	金辛庄、安头屯、刘宋	48	700	5
香河县	香河—刘庆庄	10	钳屯、安头屯、王务、程官屯	40	600	6
大城县	八方—马六郎	10	崔庄、王文	5	855	5
大城县	固献—祖寺	10	商贸大厦、王文	5	1124	7
大城县	新城区—北位	14	青州、郑家村	5	1430	7
大城县	新车站—留各庄	17	广安、王屯、青州	5	1750	7
大城县	里北—流庄	8	大城、大流漂	5	700	5
大城县	新车站—窨子头	6	大阜村、冯张街	5	752	4
大城县	一中—于家务	13	新车站、臧屯	5	1300	7
大城县	北王祥—东辛庄	6	姚马渡—南赵扶	5	785	5
大城县	东阜—新车站	8	大尚屯、宫村	5	956	6
大城县	大祥—大城	3	王良村、大保、季村	5	355	4
大城县	杨家口—大城	3	南赵扶、缴河	5	320	4
大城县	新城区—葡塔	7	郑家村、位敢	5	560	7
大城县	于远头—流源庄	8	里坦、旧镇	5	640	7
大城县	蓦门—大城	1	广安、留各庄、权村	5	110	5
大城县	大城—祖寺	1	王文、流标	5	106	3
大城县	南位—大城	1	北位、郑家村、王屯	5	115	6
大城县	大城—阜尹	1	阜草、邵庄、北桃子	5	85	5
大城县	大城—邵庄	1	大保、阜草、南平	5	76	5
大城县	大城—邵庄	1	阜草、大保	5	80	5
大城县	大城—子牙	1	王文、流标	5	130	4
大城县	子牙—大城	1	旺村、流标、王文	5	128	6
大城县	大城—邵庄	1	大保、阜草、南阜	5	82	5
固安县	固安—马庄	10	彭村、渠沟	循环	550	7
固安县	固安—礼让店	5	彭村、渠沟	循环	270	7
固安县	固安—东湾	7	苏桥	循环	350	6
固安县	宫村—东红寺	12	固安	循环	650	9
文安县	文安—兴隆宫	66	澎耳湾、王村	122	3010	7

续上表

所属地域	营运线路	车数	途经站点	班次	日客流量(人)	票价(元)
文安县	文安—左各庄	60	里东庄	120	2736	7
文安县	文安—滩里	15	刘么、德归	30	684	8
文安县	文安—米庄	2	黄庄、董村	4	91	5
文安县	文安—大三王	4	黄庄、孙氏	8	182	6
文安县	文安—龙街	4	黄庄	8	182	5
文安县	文安—大村	2	黄庄、孙氏	4	91	5
文安县	文安—辛庄	5	安祖店	10	228	5
文安县	文安—黄李村	5	赵各庄、澎耳湾	10	228	6
文安县	文安—黄甫	4	刘么、大赵	8	182	6
文安县	文安—苏桥	2	界围	4	91	7
文安县	文安—史各庄	1	澎耳湾、王村	2	46	7
文安县	文安—南辛庄	1	澎耳湾	2	46	6
文安县	文安—北史村	2	黄庄、董村	4	91	7
文安县	文安—南留寨	1	新镇	2	46	10
文安县	文安—西码头	2	界围	4	91	6
文安县	文安—李庄	3	大赵	6	137	6
文安县	文安—高头	20	里东庄、围河	40	912	8
文安县	文安—石桥	5	安祖店、大留镇	10	230	8
文安县	文安—叩里	1	韩么、赵么、王曲	2	45	6
文安县	文安—三岔口	2	德归	4	90	7
文安县	文安—王仙庄	4	董村、兴祖线	8	186	5
文安县	文安—吕公务	2	马庄、孟家务	4	95	5
文安县	文安—三邹	1	世纪大道、民族路	2	50	5
文安县	文安—苑口	4	世纪大道、新镇	8	190	5
永清县	永清—别古庄	11	半截河、刘其营	循环	616	6
永清县	永清—里澜城	13	北辛溜、后奕、三圣口	循环	780	8
永清县	永清—信安	1	后奕、三圣口	2	60	9
永清县	永清—横厅	1	王佃庄、范庄	3	90	7
永清县	永清—柳园	1	曹家务	2	60	7
永清县	老柳头—永清	1	刘其营、半截河	2	60	7
永清县	五道口—永清	1	刘其营、半截河	2	60	8
永清县	赵楼—永清	1	张迁务、佃庄	2	60	8
永清县	黄家铺—永清	1	后奕、北辛溜	2	60	7
永清县	永清—四道横	1	前店、刘街	2	60	7

续上表

所属地域	营运线路	车 数	途经站点	班 次	日客流量(人)	票价(元)
永清县	永清—西辛庄	1	前店、刘街	2	60	7
永清县	小刘庄—永清	1	北辛溜	2	60	6
大厂县	皇庄—友谊大桥	10	大厂县城、祁各庄	50	1180	7
大厂县	马家庙—燕郊	10	大厂县城、邵府	10	1090	7
三河市	三河—燕郊	20	李旗庄镇、夏垫镇	120	5567	3
三河市	三河—燕郊	22	赵河沟、小崔、高楼	88	70	7
三河市	三河—桥头	10	皇庄、新集	40	70	7
三河市	三河—夏庄	10	南杨庄、付辛庄	50	50	4
三河市	三河—虎将庄	6	大曹庄、西定府、昝辛屯	30	60	6
三河市	三河—掘山头	3	沿口、灵山	12	70	7
三河市	万家庄—东吴各庄	10	福成3期、行宫市场	40	120	5
三河市	北务村—胡南庄	12	大石庄、沟北、市区西	48	150	6
三河市	三河—桥头	2	杨庄、皇庄、新集	8	30	7
三河市	三河—昝辛屯	1	市一中、大曹庄、西定福	4	10	6
三河市	三河—昝新屯	5	大曹庄村、西定府村	30	965	6
三河市	三河—桥头	10	杨庄镇、皇庄镇	40	1895	7
三河市	楞山—南燕村	5	黄土庄、灵山	30	590	3
三河市	蒋福山—齐心庄	10	段甲岭镇、李旗庄镇	50	1850	6
三河市	东吴各庄—高楼	8	燕郊、孤山	32	989	4.5
霸州市	霸州—胜芳	25	堂二里	50	2400	9
霸州市	上下坊—胜芳	1	王泊	4	80	4
霸州市	东杨庄—胜芳	1	煎茶铺	4	83	8
霸州市	杨芬港—霸州	2	堂二里	4	156	10
霸州市	褚河港—霸州	2	堂二里	4	140	9
霸州市	辛章—霸州	2	堂二里	4	135	9
霸州市	王圪垯—霸州	3	王庄子	3	126	6
霸州市	石沟—霸州	1	王庄子	2	70	8
霸州市	任庄子—霸州	1	煎茶铺	2	81	6
霸州市	台山—霸州	1	煎茶铺	2	53	4
霸州市	上下坊—霸州	2	煎茶铺	4	140	6
霸州市	黄庄子—霸州	1	煎茶铺	2	84	6
霸州市	靳家堡—霸州	1	王庄子	2	84	6
霸州市	王泊—霸州	1	煎茶铺	2	53	7
霸州市	堂二里—霸州	2	煎茶铺	4	145	8

续上表

所属地域	营运线路	车数	途经站点	班次	日客流量(人)	票价(元)
霸州市	信安—霸州	1	煎茶铺	2	84	7
霸州市	徐各庄—霸州	1	栲栳圈	3	64	4
霸州市	邱滑黄—霸州	1	煎茶铺	2	84	6
霸州市	大宁口—霸州	1	煎茶铺	4	168	5
霸州市	十间房—霸州	1	煎茶铺	2	84	6
霸州市	阙里墅—霸州	1	杨芬港	2	84	11
霸州市	普安桥—霸州	3	披甲营	12	67	4
霸州市	东西下—霸州	3	刘庄	12	194	2
霸州市	渔场—霸州	1	栲栳圈	2	84	4
霸州市	三奇—霸州	3	老堤	12	204	3
霸州市	三青口—霸州	3	煎茶铺	12	216	5
霸州市	太保庄—霸州	7	老堤	28	1008	3
霸州市	撒袋营—霸州	6	石城	24	518	3
霸州市	前后狄—霸州	2	临津	8	149	4
霸州市	霸州—王各庄	1	赵庄子	4	70	6
霸州市	辛立庄—胜芳	2	辛章	4	160	4
霸州市	阙里墅—胜芳	8	石家堡	32	668	6
霸州市	王庄子—胜芳	1	王泊	4	75	3
霸州市	信安—胜芳	8	高桥	32	76	6
霸州市	沈家营—霸州	8	南孟	32	604	3
霸州市	胜芳—北董	1	楼庄	4	43	5
霸州市	宋村—霸州	4	西粉营	16	316	3
霸州市	南张庄—霸州	6	武将台	24	448	5
霸州市	赵家务—霸州	2	临津	8	197	3
霸州市	东西陀—霸州	2	马坊	8	192	5
霸州市	东杨庄—霸州	8	康仙庄	20	422	6
霸州市	北崔—霸州	1	堂二里	2	57	9
霸州市	马家堡—霸州	1	中口	2	78	9
霸州市	张庄—霸州	2	信安	4	128	7
霸州市	康仙庄—赵家务	1	临津	2	82	5
霸州市	王圪垯—胜芳	2	靳家堡	8	268	6
霸州市	堂二里—胜芳	3	大桃园	6	136	3
霸州市	苑口—霸州	1	善来营	2	70	4
霸州市	胜芳—靳家堡	10	南北楼	70	1666	5

续上表

所属地域	营运线路	车数	途经站点	班次	日客流量(人)	票价(元)
霸州市	胜芳—王泊	10	崔庄子	70	1666	4
霸州市	胜芳—策城	10	辛章	70	1666	4
霸州市	胜芳—石沟	20	老镇政府	140	1960	3
霸州市	白坟—霸州	1	七间房	2	76	5
霸州市	张庄—东门	14	信安十八中	168	1646	2
霸州市	霸州—大柏	2	小柏	8	197	3
霸州市	明珠超市—大悲寺	16	聚华小学	240	2688	3
霸州市	格达—胜芳	12	辛章开发区	36	684	4
霸州市	霸州—雄县	10	双堂	20	480	8
霸州市	西码头—霸州	1	苏桥	2	50	6
霸州市	胜芳—左各庄	6	安里屯	12	182	10
霸州市	霸州—苏桥	1	循环	2	48	5
霸州市	霸州—崔家坊	1	康仙庄	2	50	5

1997年5月16日,“白文线”文明班线汇报开通6个月以来所取得成绩,如图3-1-2所示。1997年6月28日,廊坊至北京六里桥(高速公路)客运班线开通,如图3-1-3所示。

图3-1-2　1997年5月16日,“白文线”文明班线汇报开通6个月以来所取得成绩

图3-1-3　1997年6月28日,廊坊至北京六里桥(高速公路)客运班线开通

2011年农村道路客运(一),见表3-1-5。2011年农村道路客运(二),见表3-1-6。

二、客运管理演变历程

1969年,首批客运班线开始运营,由运输公司负责客运管理。1977年,省交通厅颁发了《河北省公路汽车旅客运输管理实施细则》,对驾乘人员、站务人员的服务质量实行了百分评比考核制度。1980年5月,规定了《汽车站售客票操作规程》《行车路单管理办法和签发手续》,1983年颁发《票据管理暂行办法》。

1984年,大城县人王加禄购买了1辆大客车,开始个人经营大城至天津客运班线,先后兼并了五六家个体客运户,最多时拥有7部客车。同年,全市有5辆个体客车陆续投入运营。1986年,增加到250部。至1993年,全市个体客运车辆870部,6517个客位,班线85条,日发1057班次,客运量及周转量分别超国有运输公司57%和40%。1993年前,全市客运市场以个体汽车客运为主力运输。1984年后,公路客运市场逐步开放,廊坊地区交通局运管总站加强对客运行业的宏观指导,统筹规划站点,实行公路客运地区和县分级管理,机关企事业单位和个体客运车辆逐级申请,分级报批,扭转了客运实载下降、争抢路线和客流现象。1986年,全区各县对客运明确了专人管理,建立了“三定”(定发车时间、定行驶线路、定停车站点)审批制度。在各县辖区内的由各县审批,跨县运营的由总站审批,跨区运营的由总站签署意见报省审批。当年内,在永清、香河、霸县实行汽车站开放试点,为个体客车开辟停靠位置。当年内,“三定”营运客车425辆(个体229辆),占客运车辆的74.5%。

2011 年农村道路客运(一)

表 3-1-5

单位名称	乡镇(总数)	通班车的乡镇数	乡镇通车率(%)	建制村(总数)	通班车的建制村数	建制村通车率(%)	农村客运站数量	农村客运班线(条)	年平均日发班次	客运量万人	旅客周转量(万人公里)
安次区运输管理站	8	8	100	284	284	100	185	30	252	93	3067
永清县运管站	10	10	100	386	386	100	256	16	234	5.8	3
广阳区运管站	4	4	100	155	155	100	—	—	—	—	—
三河市运输管理站	10	10	100	395	395	100	264	8	618	31	455
文安县运输管理站	18	18	100	392	392	100	282	26	864	320	3500
固安县运输管理站	9	9	100	417	417	100	353	4	136	16.7	304
大城县运输管理站	10	10	100	394	394	100	342	19	114	363	1979
市直	1	1	100	—	—	100	26	—	—	—	—
大厂县运管站	5	5	100	105	105	100	136	2	200	70	1400
运输公司	0	0	100	0	0	100	0	0	0	0	0
霸州市运管站	13	13	100	383	383	100	313	58	2220	195	3300
香河县运输管理站	9	9	100	300	300	100	269	5	560	70	1800
合计	97	97	100	3233	3233	100	2426	168	5198	1164.5	15808

2011年农村道路客运(二)

表3-1-6

单位名称	农村客运车辆(合计)	客位	高级(辆)	客位	中级(辆)	客位	普通(辆)	客位	大型	客位	中型(辆)	客位	小型(辆)	客位
安次区运输管理站	62	1242	—	—	62	1242	—	—	—	—	30	660	32	582
永清县运管站	34	664	—	—	—	—	34	664	—	—	34	664	—	—
广阳区运管站	0	0	—	—	—	—	—	—	—	—	—	—	—	—
三河市运输管理站	83	1524	—	—	83	1524	—	—	—	—	83	1524	—	—
文安县运输管理站	216	3242	—	—	216	3242	—	—	—	0	2	38	214	3204
固安县运输管理站	34	578	—	—	—	—	34	578	—	—	34	578	—	—
大城县运输管理站	114	2166	—	—	—	—	114	2166	—	—	111	2136	3	30
市直	0	0	—	—	—	—	—	—	—	—	—	—	—	—
大厂县运管站	20	370	—	—	20	370	—	—	—	—	—	—	20	370
运输公司	0	0	0.00	0	0	0	0	0	0	0	0	0	0	0
霸州市运管站	237	4508	—	—	203	4270	34	238	—	—	57	1662	180	2846
香河县运输管理站	70	1050	—	—	—	—	70	1050	—	—	—	—	70	1050
合计	870	15344	0.00	0	584	10648	286	4696	0	0	351	7262	519	8082

1988年，制定《廊坊地区旅客运输全过程服务标准(试行)》，开展优质服务竞赛活动，客运经营者统一着装、统一运价、统一服务标志、统一车容车貌和安全行车标准；公开始发站点和里程，公开票价，公开驾乘人员号码。总结推广霸县年审“营运证”的做法，审验了全区客车的年度资格。1989年，暂停社会营运客车的审批，审查了不符合客运规定车辆的营运资格，取缔了不符合规定和非法经营客车47部，调整了拥挤线路上的26辆班车，改变了营运客车增长过快，造成的线路拥挤、运力浪费、效率下降的状况。年内，相继开放了文安、三河、大厂、天津黑牛城4个汽车站。

1990年，统一建立客运业户档案，客运驾驶员和乘务员分别实行了持“准驾证”和“乘务证”上岗制度。在文安、三河、霸州试行了客运线路抵押金制度。1993年6月，全市社会营运客车全部实行线路有偿使用(廊坊运输公司的客运车辆除外)，平均每座每年交纳有偿使用金120～150元。1995年，全市共征收客运线路有偿使用金130万元，利用100万元修建永清韩村汽车站、三河段甲岭汽车站等乡镇汽车站。1998年，制定了《廊坊市城乡短途客运管理办法》，大力扶植各县(市)城乡短途客运班线的开建。1999年，制定了《廊坊市个体客运班车联合经营实施意见》《廊坊市联合客运服务中心章程》，作出服务中心职责、安全管理、服务统计制度等规定。到1999年年底，有7个县(市、区)成立了客运服务中心，挂靠车辆509部，基本实现了客运管理集约化。

2003年，廊坊市被交通部确定为农村客运网络化试点，通过线路规划、运力投放、站点建设，推进城乡一体化进程。经过一年多的努力，至2004年10月底，全市96个乡镇3229个行政村全部开通客运班车，在全国率先实现了村村通客车的目标。全市新增、调整、延伸农村客运线路51条，新增农村客运班车106部，增加通车里程460公里，新增通车行政村343个，实现了村村客车通达率100%的目标。全市共建成客运简易站29个、候车亭339个、招呼站牌2074个，基础建设投入资金2145万元。所有行政村距候车站点不超过1公里，全面改善了农民乘车环境，使全市200多万农民受益。

2004年7月1日，《中华人民共和国道路运输条例》颁布实施，道路运输管理部门的执法地位被确认，实行客运资质管理和企业质量信誉考核。2005年8月1日，《道路旅客运输及客运站管理规定》颁布实施。客车由原始统一经营期限8年分别变更为5、6、7年，严格了准入及退出机制，对驾乘人员也有了新的要求，同时严禁挂靠，鼓励规模化、集约化、公司化管理。

2009年1月1日，成品油价格和税费改革，全市统一调整客运票价。同年底，交通部联合财政部发放县内客运班车及毗邻县客运班车燃油补贴，每年由各级运管部门申报审核。2011年，客运监管迈向信息化，全市所有旅游包车及三类以上客运班车全部安装了GPS监控系统，卧铺客车全部安装了视频监控系统，成立了各级监控中心，实现了远程监管操控。

第二节　客　运　站

1964年以后，廊坊开始汽车站点建设。1971年底，成立了客运总站，受天津地区交通局直接领导。1972年1月1日，客运总站开始办公，各县汽车站统由总站领导。总站机关设在廊坊，下有16个县级汽车站和一个代办站。到1983年，全区共有汽车站12个、分站16个、代办站38个、停靠点233个。1993年，有市级站1个、县级站10个、分站6个、停靠点280个、站管人员332名。

至2011年年底，廊坊市共有汽车客运站10个，分别是：廊坊市长途客运站、廊坊市城乡客运站、大厂客运站、三河客运站、香河客运站、永清客运站、霸州客运站、胜芳客运站、文安客运站、固安客运站。其中，廊坊市长途客运站、大厂客运站、三河客运站、永清客运站、霸州客运站、胜芳客运站、文安客运站、固安客运站隶属于廊坊市华昊运输集团有限公司。廊坊市城乡客运站隶属于廊坊市通利运输有限公司。

一、市区客运站

(一)廊坊市长途客运站

1968年，廊坊汽车站暂设立于廊坊陵园内。1972年，廊坊汽车站在运输六场院内建站，并正式定名为“廊坊汽车站”。1991 年 3 月 16 日,廊坊新汽车站(即现廊坊长途客运站)正式破土动工,1992 年 7 月 1 日建成并投入使用。新汽车站位于新华路与解放道路口西南侧,占地 27.196 亩,建筑面积 4451 平方米,工程投资 773 万元。廊坊市长途客运站是廊坊地区唯一的国家一级客运站,主要担负河北省内、豫、晋、川、鲁、蒙及东北三省等的长途客运任务。至 2011 年底,有干部职工 146 人,日发车 650 个班次,日输送旅客 2.30 万人次,如图 3-1-4 所示。

图 3-1-4　1996 年 11 月 6 日,廊坊市长途汽车站集体合同签字仪式在车站大厅举行

(二)廊坊市城乡客运站

1993 年 7 月,市陵园西三角地东口的社会客运停车场搬迁到光明道与常甫路交叉口。同年 10 月,个体客车全部进入廊坊汽车站停车。同年 11 月 20 日,在光明道 21 号(地矿局仓库)正式建立了廊坊市社会客运停车场。1994 年 2 月,个体客车全部迁入廊坊市社会客运停车场。2000 年 5 月,廊坊市客运停车场迁至光明东道保龙仓超市东侧,租用物产集团临时场地,统一管理进入市区的车辆,占地 4.5 亩。2011 年,社会客运停车场搬迁到光明东道 21 号地矿仓库院内,占地 25 亩,并正式更名为廊坊市城乡客运站,站级为三级。现城乡客运站有 226 部车进场,日发 398 个班次,日客流量 5000 人次,连接大城、文安、霸州、永清、固安、安次、广阳 7 县(市、区)。

二、县(市、区)客运站

(一)永清客运站

永清汽车站是廊坊地区最早的汽车客运站,始建于 1964 年。2002 年,现永清汽车站建成并投入使用,占地面积 20 亩,系二级汽车客运站。有客运线路 7 条,发往天津、石家庄、保定、赤峰、围场、廊坊、胜芳,进站班车 110 辆,日发班次 106 班,其中始发车 16 辆,日发 32 班次,过路班车 94 辆,日发班次 74 班。平均日客流量 600 人次。

(二)文安客运站

文安汽车站 1973 年始建,1996 年建成并投入使用,占地 16.5 亩,坐落于文安县城东关,属二级客运站,客车通达北京、天津、赤峰、围场、承德、保定、沧州、石家庄等多个省市地区,有营运车辆 310 辆,日发班次 650 次。

(三)香河客运站

1950 年,北京运输公司在香河县城东关设国有汽车站。1960 年,北京市长途汽车运输公司撤销,香河汽车站随之撤销,由宝坻县交通运输局派人接管。1964 年,香河县财政拨款在县城北关建立汽车站候车室、售票室,汽车站由东关迁往县城北关。1969 年,迁往西北街新址,占地 4 亩。1970 年,汽车站业务划归天津市运输公司管理,1974 年划归廊坊运输公司。1980 年,香河汽车站移交给廊坊运输公司,干部职工 12 人,站内分站务组和票务组。1981 年,被评定为甲级车站。1999 年,香河汽车站拆迁,临时设立在五一路五一公园东侧西店村内。

(四)三河客运站

三河客运站 1975 年建成并投入使用,站址位于 102 国道与迎宾道交口向西 100 米,占地 4 亩,班线有北京、天津、廊坊等 14 个班次,实行公车公营,人工售票。全站干部职工 8 人。1993 年 11 月,三河汽车站与原运输五场合并建成新的三河汽车站,占地 18.70 亩,属二级汽车站。

(五)霸州客运站

1978 年始建霸县汽车站,坐落在 106 国道与 112 国道交汇处北侧。汽车站干部职工 38 人,属二级客运站。占地 15 亩,办公面积 320 平方米,候车室 800 平方米,停车场面积 6000 平方米。途经进站 140 班次,始发车辆126辆,线路15条,日发送旅客3000人次,其中省际10班次,通往天津、内蒙古赤峰、多伦、林东、河南郑州、长垣、辽宁大连、山东济南;跨区12班次,通往石家庄、保定、唐山、沧州、张家口、围场、承德。

(六)胜芳客运站

1983年,胜芳汽车站始建并投入使用,位于霸州市胜芳镇武平路,占地14.27亩,建筑面积822.80平方米,是廊坊市唯一设在乡镇的二级汽车客运站。日进站车辆145辆,日发班次298班,所发班线辐射天津、北京、安徽、湖北、山东、甘肃、四川、内蒙古赤峰等省市地;省内通往廊坊、石家庄、保定、唐山、沧州、张家口、围场、沽源等地市;另外,还包括市际长途和县级市域内短途。日平均客流量2200人次。

(七)大厂客运站

1956年8月,由通县专区运输公司投资在大厂村西北建起国营汽车站,有2间候车室和1间售票室。1971年,天津地区拨款1.2万元将大厂汽车站迁至县城西大街北侧夏安支线拐弯处,建有售票处、停车场、驾驶员休息室。1989年,大厂客运站新建,位于大厂县城东大街54号。2009年8月16日,大厂汽车站拆迁,租赁大厂县城西环路三村村西张瑞光二层小楼为临时车站,建筑面积1100平方米,系二级客运站。拥有客车51部,班车通往天津、廊坊及石家庄、张北、围场、赤峰、林西等地。日输送旅客340人次。

(八)固安客运站

固安汽车站1996年4月1日始建,1997年5月16日正式投入使用。占地13.16亩,位于固安县城区主干道京开公路东侧,系二级汽车客运站。有客运始发班线5条,发往天津、廊坊、涿州、隆化、保定,途径进站班线石家庄、赤峰、围场、大城、雄县、濮阳、白沟、霸州、涞源、易县等12条。日进站班车74辆,日发班次96班次,平均日客流量730人次。

第三节　旅游包车

1990年,廊坊市开始出现专供旅游用的旅游客车。1991年,中国汽车总公司廊坊公司5辆客车和霸州市2辆客车投入旅游客运。1993年,中汽总公司廊坊公司的旅游车减至1辆,霸州市2辆旅游车停运。仅香河旅行社有3辆旅游车挂牌服务。2003年底,旅游客车增到68部。

2004年7月1日,《中华人民共和国道路运输条例》实施后,廊坊市清查旅游客运车辆,12家旅行社的75部旅游客车经营资格得到河北省道路运输管理局确认。2005年,依据《廊坊市旅游客运发展规划》,把原有的12家旅游客运公司整合为5家专业旅游客运公司。2006年底,5家旅游公司全部整合完毕。

至2011年底,全市共有专业旅游公司4家,分别是:廊坊市金旅旅游客运有限公司、廊坊市金龙旅游客运有限公司、廊坊市虹宇旅游有限公司、廊坊市新东方客运有限公司。旅游客车225部,其中省际旅游包车183部,县际旅游包车42部。日运送旅客1万人。

2011年廊坊市旅游包车价目表,见表3-1-7。

2011年廊坊市旅游包车价目表　　表3-1-7

区　域	天　数	里程(公里)	33座(元)	49座(元)
廊坊市区	1天	50	400	700
北京机场	1趟	150	600	800
北京西站	1趟	70	600	800
北京站	1趟	60	500	800
廊坊—世界公园	1天	58	800	1000
廊坊—动物园	1天	75	800	1100

续上表

区　域	天　数	里程(公里)	33座(元)	49座(元)
廊坊—颐和园	1天	95	850	1100
廊坊—圆明园	1天	95	850	1100
廊坊—香山	1天	103	900	1200
廊坊—红螺寺	1天	145	900	1300
廊坊—雁栖湖	1天	155	900	1300
廊坊—幕田峪	1天	160	950	1400
廊坊—神堂峪	1天	150	900	1300
廊坊—青龙峡	1天	158	950	1400
廊坊—幽谷神潭	1天	155	950	1400
廊坊—京东第一瀑	1天	180	1000	1500
廊坊—黑龙潭	1天	175	1000	1500
廊坊—白龙潭	1天	180	1000	1500
廊坊—云蒙山	1天	165	950	1450
廊坊—密云水库	1天	150	900	1300
廊坊—居庸关长城	1天	130	1000	1500
廊坊—十三陵	1天	130	1000	1400
廊坊—白虎涧	1天	100	850	1100
廊坊—龙庆峡	1天	185	1200	1800
廊坊—康西草原	1天	180	1150	1700
廊坊—松山	1天	170	1200	1800
廊坊—妫河漂流	1天	180	1200	1800
廊坊—上方山云水洞	1天	110	1000	1200
廊坊—八达岭	1天	163	1100	1400
廊坊—十渡	1天	140	1000	1400
廊坊—石花洞	1天	115	1000	1200
廊坊—银狐洞	1天	130	1000	1250
廊坊—清西陵	1天	150	1000	1400
廊坊—潭柘寺	1天	120	1000	1250
廊坊—清东陵	1天	167	1200	1600

续上表

区　域	天　数	里程(公里)	33座(元)	49座(元)
廊坊—黄崖观	1天	159	1200	1600
廊坊—盘山	1天	140	1000	1400
廊坊—京东大峡谷	1天	165	1000	1400
廊坊—金海公园	1天	170	1000	1400
廊坊—周口店	1天	90	800	1000
廊坊—云柚谷	—	210	1150	1700
廊坊—白洋淀(任)	1天	115	900	1200
廊坊—白洋淀(安)	1天	135	1000	1300
廊坊—野三坡	2天	158	1600	1800
廊坊—承德	2天	301	2000	2800
廊坊—北戴河	2天	325	2400	3500
廊坊—天津水上	1天	84	800	1000
廊坊—新港	1天	135	1000	1400
廊坊—泰山	2天	506	2600	3600
廊坊—青岛	4天	680	5000	7000
廊坊—蓬莱	5天	690	6000	8000
廊坊—九龙游乐愿	1天	—	1000	1400
廊坊—大连、旅顺	5天	—	7500	10000
廊坊—华东五市	6天	—	10000	13000
廊坊—淇县	2天	—	3500	4500
廊坊—绵山	3天	—	5000	6000
廊坊—五台山	2天	—	3000	3500
廊坊—西柏坡	2天	—	2400	3000
廊坊—丰宁坝上	2天	—	2200	2600
廊坊—雾灵山	2天	—	1600	2100
廊坊—涞源	2天	—	1800	2300
廊坊—葫芦岛	3天	—	4000	5600

1997年6月28日,廊坊至北京六里桥(高速公路)客运班线开通,如图3-1-5所示。农村客运新貌,如图3-1-6所示。客运车辆为十三届省运会服务,如图3-1-7所示。

图3-1-5　1997年6月28日，廊坊至北京六里桥（高速公路）客运班线开通

图3-1-6　2009年3月2日，农村客运新貌

图3-1-7　客运车辆为十三届省运会服务

第二章 汽车货运

新中国成立初期，廊坊地区货物运输工具主要是畜力车（马车）。20 世纪 60 年代初，机关企事业单位开始有少量汽车，形成了马车和汽车运输的混合车队。1966 年以后，供销、商业、粮食、物资、石油等系统相继组建了专业车队。1978 年以后，马车逐渐被汽车所取代，成了名符其实的汽车运输队。1984 年开[illegible]，个体汽车运输迅速发展，到 20 世纪 80 年代末 90 年代初，国有、集体运输企业和机关企事业单位车辆[illegible]展趋于缓慢，个体运输经营户迅速增多。

2011 年道路运输经营业户统计，见表 3-2-1。

2011 年道路运输经营业户统计表 表 3-2-1

单位名称	道路旅客运输营业户	班车客运	旅游客运	包车客运	道路货物运输业户数	普通货运	货物专用运输	危险货物运输	道路运输经营许可证在册数
安次区运输管理站	0	0	0	0	6735	4047	15	3	6804
永清县运管站	12	12	0	0	4960	3494	1	6	4993
广阳区运管站	0	0	0	0	4979	4960	13	6	5158
三河市运输管理站	1	1	0	0	4242	2820	68	1	4454
文安县运输管理站	1	1	0	0	5729	5326	0	3	5806
固安县运输管理站	1	1	0	0	9581	7970	0	1	9636
大城县运输管理站	0	0	0	0	4372	2682	5	3	4409
市直	7	1	6	0	950	715	0	8	1017
大厂县运管站	2	2	0	0	5204	3888	150	4	5231
运输公司	1	1	0	1	1	1	0	0	1
霸州市运管站	159	158	0	1	17252	11844	6	6	17679
香河县运输管理站	1	1	0	0	4215	4015	0	0	4284
合计	185	178	6	2	68220	51762	258	41	69472

2008 年，廊坊市交通局向汶川地震灾区抢运活动板房，如图 3-2-1 所示。

图 3-2-1　2008 年，廊坊市交通局向汶川地震灾区抢运活动板房

第一节　市场运营

一、国有、集体运输

1950 年 8 月，河北省运输公司天津分公司成立，以组织民间马车和船只运输为主。1954 年 10 月，各县均成立了马车运输合作社。1956 年 3 月，全区共建成马车社 67 个，马车 2813 辆，牲畜 3922 头，从业 3105 人。其中有完全社会主义性质的、按劳付酬的高级社 28 个，有百辆车以上的大社 7 个，16 辆车以上的中型社 28 个，10 辆车以上的小社 32 个。

1965 年以前，汽车运输都由天津市长途汽车公司承担。1965 年 7 月 1 日，成立了河北省天津运输公司。经河北省和天津市商定，将天津市交通局所属的长途公司货运汽车队及其设备、人员全部移交给河北省天津运输公司管理。共接管长途公司的货运汽车 51 辆，其中吉尔车 1 辆、解放牌汽车 5 辆、蒙天车 12 辆、吉斯车 1 辆、嘎斯车 8 辆、道奇车 9 辆、跃进车 5 辆；靠德尔车 1 辆，195 吨位；挂车 36 辆，148 吨位。接管的主要装备有：机床 6 台，台钻 4 台，气泵 3 台，充电机 1 台，电焊机 1 台。接管在册职工 266 人，其中驾驶员 84 人，助手 31 人，内勤、修理工 104 人。

20 世纪 50 年代末 60 年代初，所辖各县开始购置汽车，马车社逐步演变成汽车运输队。1974 年，各种载货汽车已有 328 辆，1041 吨位；挂车 157 辆，556. 5 吨位。

进入 20 世纪 80 年代后，运输车辆迅速增加。到 1987 年，货车数增至 5171 辆，23056. 9 吨位；挂车 905 辆，4157. 5 吨位。20 世纪 80 年代末 90 年代初，国有、集体运输企业和机关企事业单位车辆发展趋于缓慢。到 1993 年，货运车辆 9420 辆，45657 吨位；挂车 1348 辆，5844 吨位。1999 年，全市机关企事业单位拥有货运车辆 4479 辆，20083 吨位。

2008 年 5 月 12 日，四川汶川发生特大地震，在市政府的统一调度下，市交通局紧急行动，第一时间成立抗震救灾组织领导机构，从 5 月 28 日— 6 月 9 日 16 天的时间，共调用全市 114 部运输车辆和 260 名政治素质高、技术过硬的驾驶员、维修人员，共发送运输车辆 173 辆次，派往灾区一线运管人员 21 名，累计行程达 65000 多公里，提前 5 天完成市委、市政府下达的运输任务，安全运送过渡安置房 40000 平方米 1650 套。

二、个体货运

新中国成立初期，个体运输工具主要是马车。1956 年，马车全部加入生产合作社。1984 年，三河县段甲岭镇刘家金第一个购买载质量 8 吨的依法牌载货汽车经营货运，是廊坊市个体汽车货运第一家。1984 年以后，个体汽车运输突起，并逐渐组成运输联合体，在一些货物集散地形成了运输市场。1987 年，个体货运汽车猛增到 2350 辆。另外，还投入货运的大、小拖拉机 19433 台。1993 年，货运汽车 6837 辆，21129 吨位；挂车 1390 辆，6450 吨位；轮胎式拖拉机 10635 辆，16032 吨位。1999 年，全市个体货运汽车

13218 辆,45806 吨位;挂车 1999 辆,8715 吨位;农用拖拉机 8625 辆。

至 2011 年,全市共有个体经营业户 58146 家,道路货物运输企业 172 家,危险货物运输业户 49 家;货运车辆 101476 部,385959 吨位。其中,危险货物运输车辆 1473 部,挂车 1034 部,21529. 51 吨位;危货运输从业 3293 人,其中驾驶员 1685 人,押运员 1704 人,装卸管理员工 219 人。

第二节　货运管理

一、运行管理

新中国成立初期,只有民间的马车和少数船只运输,未形成运输市场。1950 年 8 月,河北省运输公司天津分公司成立,以组织民车、民船运输为主,并派到各县建立业务站点。1951 年,在安次、独流、杨柳青、塘沽、汉沽、芦台、廊坊、杨村、霸县等县、镇建立了运输站,接管了同业公会及运输业务,靠执行统一调度、统一货源、统一运价的"三统一政策"完成运输任务。

1953 年,实行了计划运输。同年底,全区编造托运计划 125 户,全区计划运输量完成总运输量的 70% 以上,计划运输准确率 80%。1955 年,贯彻计划运输制度和全社会的车辆普查登记制度。同年底,由月计划进而由货主制订 5 日运输计划,保证了月计划的如期完成,使全区实现计划运输 95% 以上。1956 年,实行私营和个体运输业社会主义改造,国营天津运输公司代行行政管理职权。各运输站根据当地运力和运量,均与当地的副业马车签订了长期运输合同。

1957—1958 年,将唐山经大城至任丘、杨村至宝坻、永清至安次、杨柳青经霸县至永清、天津至各县分为 5 个运输协作片,并编排了廊坊—永清—杨柳青—廊坊的三角循环运输配载运行路线。运输公司每月召开一次业务平衡会,主要是平衡县与县、县与地区之间的车货情况,统一调配运力和运量,检查上月托运计划执行情况,沟通物资流量流向,分析运输生产形势,使计划运输走向正轨。

1965 年,交通运输管理体制调整,政、企、事分离,7 月 1 日,重新建立河北省天津专署交通局,下设运输科负责运输管理,开始行使对运输市场的管理和领导职权。同时,成立河北省天津运输公司,直至"文化大革命"期间,基本属于"统管"阶段,实行计划运输,组织联合运输。

1978 年以后,公路货运市场逐步放开,机关企事业单位车辆大量增加。1979 年开始,把驻廊参加社会运输的机关企事业单位的车辆组织起来,统一到联运站办理运输手续,统一结算。1979—1980 年,农村大部分拖拉机投入城乡运输,运力大于货源的矛盾越来越突出,出现了运力和货源失控的局面。1980—1981 年,地、县两级成立了车辆管理办公室,以控制车辆的增长,现有车辆逐步更新改造,实行封车节油,控制跨省市车辆运输。

1983 年后,运输市场全面放开,地、县都制定了优惠政策,支持个体、联户发展运输。

1988—1990 年,贯彻交通部《整顿治理道路、水路运输市场的决定》,全面调查运力和货源,摸清底数。交通、公安、工商、税务、物价联合组成清理小组,调查清理运输中的不法行为,打击非法经营;实行计划运输和合同运输;审验、整顿运输经营者经营资格和经营行为。通过整顿,使全市各行业运输经营者建立业务档案 18521 份,实现全部建档。

1991—1993 年,改革单证管理和运力管理办法,协调财政、物价、税务等部门,调整单证的工本费,部分单证由运管部门统一印刷、发放、管理改由税务部门统一印制,运政、税务双控发放管理的办法。改革了运力管理办法,实行了"五放开",即:国营、集体、专业运输企业运力增长放开;特种车辆增长放开;三资企业运力增长放开;乡镇企业、事业单位 2 吨以下客货车辆发展放开;支援特区建设和赴外埠作业及承包工程项目需增加运力放开。各县(市、区)制定运力发展计划,调整运力结构。

1993 年,全市营运汽车,含营运客车 980 辆,全部换发了道路运输证,11354 辆营运拖拉机和 9031 辆其他营业性机动车全部年审。年审考核搬运装卸户 54 户,其中经营行为不好、服务质量不高、限期整顿的 10 户;屡教不改予以取缔的 5 户。培训全市稽查人员 78 人。

1995 年,在货运市场管理中,结合交易市场建设,彻底调查和清理全市运输服务业,将其纳入行业管理,加强中介的横向联系,逐步建立按经济区域形成的信息网络。

1996 年,在深化货运市场管理上迈出了三大步:一是对全市危险货物运输从业人员进行了岗前培训,共举办培训班 8 期,培训从业人员 1191 人,对危险货物运输实行了专项管理;二是对全市运力实行额度管理,通过对运力增长建设的控制,缓解了货运市场运力大于运管的矛盾;三是加强货运交易市场建设,投资 270 万元在霸州市胜芳镇建成服务中心,河北省交通厅在霸州市召开了货运市场建设现场经验交流会。

1997 年,货运管理以创建文明运管分站建设为重点,制定下发了《文明运管分站评比标准》,对基础建设投入、办公条件改善、服务标准、制度建设等方面都做了具体要求。协助建成了大城阜草集装箱集散地。1998 年,建成廊坊市货物运输服务中心信息网,应用微机管理,下设 10 个服务站,20 个服务分站,30 个服务点。全市初步形成市、县、乡、村货运配载网络系统。

1999 年,市运管部门研究制定了《廊坊市关于建立货运联合车队的方案》,确定了以国有运输企业为主体实行挂靠经营,依托市场建市场,以货运服务中心为基础挂靠社会运输车辆,以大宗货源地为中心吸引社会车辆挂靠,以民营运输企业为基础建立联合车队 4 种模式。同年底,全市已实现挂靠车辆 6200 辆,有 48 家运输服务中心,101 个货源单位,1100 辆货运车辆成为网络会员。

2004 年,根据交通部、公安部、发展改革委、质检总局、安全监管局、工商总局、法制办 7 部委 2004 年 4 月 30 日联合下发的《关于在全国开展车辆超限治理工作的实施方案》的要求,调整了"大吨小标"营业性运输车辆吨位。

2006 年,在全市范围内换发道路运输证件。从 2006 年 8 月 1 日起,共换发新版证件普货运输车辆 459 部,审验普货运输车辆 21613 部,补办《道路运输证》765 个,过户车辆 1753 部,停业车辆 812 部,新增车辆 9836 部,新增货物运输站场业户 21 个。

2007 年,着重围绕"三关一监督"(严把运输经营者市场准入关,严把营运车辆技术状况关,严把营运车辆驾驶员从业资格关,搞好行业市场的安全监督),按照《道路危险货物运输管理规定》,开展了 4 次专项检查,检查内容包括:涉及危货运输企业法定资质、经营行为、运输车辆技术状况以及从业人员上岗资格;危货运输企业机构与制度等内业建设情况的软件环境;危货运输企业的场地设施、消防器械、运输车辆和从业人员等硬件环境;危货运输企业的安全生产条件和落实安全生产责任制等情况。根据省运管局《关于规范道路运输从业资格证件发放管理工作的通知》要求,2008 年 4 月 21 日起,换发全市《道路危险货物运输操作证》。2010 年,开展全省道路运输防汛演练。进入"十二五"期间,市运管部门引导货物运输企业以资产为纽带,实现规模化、集约化、网络化经营。

二、运价管理

新中国成立初期,马车运价是以百斤货物运行百里收 7.50 斤小米计算。1956 年,改为 0.32 元/吨公里,后又调为 0.245 元/吨公里。

1965 年,执行的基本运价是 0.22 元/吨公里,另外有附加运杂费。1966 年取消附加,不论长短途,一律改为 0.20 元/吨公里。

1978 年 1 月 1 日,河北省调整运价,运距在 26 公里以上的长途运价下调 10%,由 0.20 元/吨公里降为 0.18 元/吨公里。运距在 25 公里以下的短途运输,基本运价 0.20 元/吨公里不变,吨次费由 0.50 元上调为 0.80 元。包车费率:普通车型下调 12%;各种机动革新车、拖拉机,相对下调 20%;小型汽车原价不变。

1985 年,河北省物价局、交通厅根据交通部 1984 年重新颁发《汽车运价规则》的有关内容,制定了《河北省汽车运价规则》。1986 年 6 月 1 日,在全省实行货物分等、车辆分型、区域差价。1988 年以前,实行计划运输,"统一货源、统一调度、统一运价"的"三统一"政策,通过统一结算,运价比较规范、稳定。1988 年以后,实行改革开放政策,个体运输迅猛发展,运输企业车辆承包,加之燃油价格不稳等因素,运价失控。1991 年 12 月,廊坊市人民政府印发了《廊坊市公路货物运输管理暂行办法》,其中第十六条对运价管理做了明确规定:"凡从事营业性公路货运的单位和个人,应严格执行物价和交通主管部门制定的收费标准,不得擅自抬高。”1991—1993 年,运力大于运量的矛盾趋于平衡,运价相对稳定。

1992 年 12 月 11 日,由于燃油价格上涨,按照《关于增加汽车货运燃油差价的通知》要求,货物运输(含集装箱、零担)在每吨公里运费的基础上,加收货运燃油差价 0.08 元。同年 12 月 16 日,河北省交通厅、物价局共同签发《关于提高我省公路汽车零担货物运输、国家集装箱运输价格的通知》,为化解燃油价格不断提高与公路汽车运价的矛盾,而调整河北省公路汽车零担货物运价和国际集装箱汽车运价。省际零担货物运价在原运价的基础上,提高 20%。普通货物每吨公里由 0.38 元调整为 0.46 元。省内零担货物运价与省际零担货物运价执行同一标准。国际集装箱汽车运输基本运价提高 20%,20 英尺标准箱,每箱/公里调整为 7.20 元,英尺标准公里由 9 元调整为 10.80 元。

1996 年 5 月 14 日,河北省交通厅、河北省物价局联合下发了《关于调整公路客运价格和改革公路货运价格管理方式的通知》。通知指出,近几年公路运输市场情况变化较大,现行客运价格水平和货运价格管理方式已不适应市场形势需要,决定调整公路客运价格,改革公路货运价格管理方式。改革的汽车货运价格方式是:汽车整车(不含特种车)货物运价,实行市场调节价格,取消汽车整车的货运燃油差价。汽车零担货物、特种车、集装箱运价继续实行国家定价。零担货物、特种车、集装箱运价按(1991)冀交运字 12 号文件规定标准执行。其运价不含货运附加费和货运燃油差价。货运附加费按照 0.005 元/吨标准向货主征收;汽车货运燃油差价仍按原规定执行。

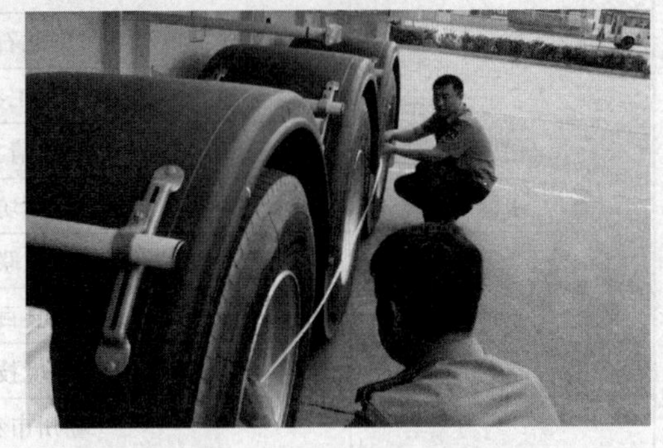

图 3-2-2　机务科工作人员检查车辆外扩尺寸

机务科工作人员检查车辆外扩尺寸,如图 3-2-2 所示。

第三节　危险货物运输

一、危险货物运输企业

2001 年 9 月以前,廊坊地区有危险货物运输车辆 543 部,经营业户 245 家。按照危险货物运输开业条件的要求,到 2001 年年底,共取缔达不到规模要求的业户 214 家,单车承包经营全部取消,在全市范围内确定了具备经营资质业户 32 家。

随着危货运输企业规范化管理工作及安全标准化管理工作的不断深入,至 2011 年年底,全市共有达标企业 49 家。危货运输企业安全运输能力和水平进一步提升,确立了我市危货道路运输安全生产的稳定形势。

2011 年年底危货企业一览,见表 3-2-2。

2011 年底危货企业一览表　　表 3-2-2

辖　区	企业名称	级　别
广阳区	廊坊市翔科危险货物运输有限公司	
	廊坊市广阳东方危险货物运输有限公司	
	廊坊市华运通危险品运输有限公司	
	廊坊市顺峰危险货物运输有限公司	
安次区	廊坊市九顺危险货物运输有限公司	
	廊坊市政威危险货物运输有限公司	
	廊坊市渤海危险货物运输有限公司	

续上表

辖区	企业名称	级别
市直	廊坊市邮政速递物流有限公司	
	廊坊市宝隆危险货物运输有限公司	
	廊坊市永兰石油化工产品经营处危货车队	
	廊坊市信立化工有限公司危险货物运输车队	
	廊坊市顺通石油运输有限公司	
	廊坊市兴达化工有限公司危货运输车队	
	河北正茂燃气有限公司	
	廊坊市源海危险货物运输有限公司	
永清	华北石油管理局运输四大队	
	河北大田化工有限公司危险货物运输分公司	
	永清县顺通运输有限公司	
	廊坊昱州货运有限公司	
	廊坊恒联危险货物运输有限公司	
	永清县百平危险品运输有限公司	
	廊坊莱索斯环境技术有限公司永清危货运输分公司	
霸州市	霸州市利华燃气储运有限公司	二级
	霸州市鲲蚨危险品运输队	
	霸州市华北危险货物运输队	
	霸州畅通燃气储运销售有限公司	
	霸州中油压缩天然气有限公司	
三河市	三河市华新危险品货物运输有限公司	
大城县	大城县顺发燃气有限公司	
	廊坊中信燃气有限公司危货运输分公司	
	大城县供销社运输公司危险物品运输队	
文安县	文安泓旺达、文安天运商贸公司	
	文安县运输服务站危险货物运输车队	
大厂县	大厂回族自治县宏达危险品货物运输	
	大厂回族自治县博览危险货物运输队	
	廊坊百川危险货物运输有限公司	
	中石油天然气运输公司大厂京通配送中心	
固安县	固安通发公路运输有限公司	
开发区	新奥能源物流、新奥燃气发展有限公司	二级
	廊坊开发区伟业危险货物运输有限公司	
	廊坊黎明气体有限公司	
	廊坊开发区凯通运输有限公司危险品运输分公司	
	廊坊开发区广宇润通危险品运输有限公司	
	廊坊市广阳区桐万路朝日危货运输车队	
	廊坊开发区唐安气体有限公司危货运输队	
	廊坊市军东危险货物运输有限公司	
备注：除注明为二级企业之外，其余均为四、五级企业		

二、危险货物运输管理

(一)加强动态监控

加强 GPS 动态监控管理和安全例会落实制度。2004 年,全市 437 部危险货物运输车辆统一安装了 GPS 车载设备,并入河北省道路危险货物运输车辆 GPS 监控管理网络。下发了《关于进一步加强危货运输车辆 GPS 动态监控管理工作的通知》。各级行管部门加强了危货运输企业 GPS 使用情况和例会制度执行情况的监管。

(二)严格监督检查

严格落实对危险货物运输企业的日常监督检查。各县站每月监督检查 1 次辖区危险货物运输企业的安全运营,重点检查和记录各类事故隐患。

(三)重点隐患防控

要求运输剧毒、强腐蚀化学品的企业要制定事故应急预案。各危险货物运输企业严格落实一年两次的事故应急演练,提高企业和从业人员应对高危化学品事故的应急处置能力。

(四)严格市场准入

严格从业资格考试纪律,严禁不符合要求的人员进入危险货物运输市场。全市危险货物运输企业建立从业人员聘前审查制度,推行异地从业人员备案。日常检查注重从业人员的上岗资质是否合法有效,从业类别与经营范围是否相适应。杜绝出现在聘从业人员无证上岗现象。不符合要求的运输车辆严禁进入危险货物运输市场。严厉查处大吨小标、超范围经营等行为。

三、危险货物运输市场

至 2011 年年底,全市危险货物运输车辆 2251 部(含挂车),全部达到一级车况。主要运送的种类有:液化石油气、天然气、氧气、氮气、二氧化碳、汽油、柴油、甲苯、苯酚、甲醛、硫酸、盐酸、硝酸、液碱等。2 类危险货物占总运输量的 50%,3 类危险货物占总运输量的 40%,8 类危险货物占总运输量的 7%,6 类危险货物占总运输量的 2%,其他危险货物占总运输量的 1%。

危货运输检查,如图 3-2-3、图 3-2-4 所示。

图 3-2-3　2009 年 3 月 2 日,危货运输检查

图 3-2-4　执法人员对危货车辆进行安全检查

第四节　货运站场

2010 年,廊坊市运输管理处成立物流科,专门从事廊坊物流行业的管理。2011 年 6 月 9 日,召开廊坊市交通物流协会成立大会暨第一次会员大会,协会正式成立。

为加快行业诚信体系建设,强化经营者责任意识,积极引导经营者树立经营品牌,2011 年物流科组织开展全市交通物流企业质量信誉考核。全市共 191 家企业参加本次考核,考核评出 AAA 级企业 7 家、AA 级企业 120 家、A 级企业 64 家,逐步建立和完善了优胜劣汰的竞争机制和市场退出机制。

一、廊坊国通物流有限公司

廊坊国通物流有限公司成立于2010年，位于文安县城北廊沧高速文安县出口西侧，省道334线两侧，占地420.80亩，是由文安县交通局投资的专门从事仓储、运输与第三方物流开发与管理的企业，法定代表人董久亭，经济性质国有，注册资金600万元，货物年运行量300万吨。

二、胜芳国际物流中心

胜芳国际物流中心占地1113.58亩，建筑面积573950平方米，投资134053万元。位于“以京津冀为中心的华北物流区域”中心地带。

三、香河镇京联物流中心

2002年成立，员工200人，车辆80台，库房面积5000平方米，固定资金1000万元。主要承担辽宁省、吉林省、河南省和山东省以及沈阳、大连、营口、盘锦、长春、榆树、吉林、四平、公主岭、郑州、洛阳、青岛、济南、烟台、威海等地区的货物运输。

四、河北胜芳物流有限公司

2006年3月始建，2009年3月竣工，2009年3月正式营业。公司占地150亩，仓储面积8000平方米，物流户50户，员工40名。公司经营范围包括东北全境、山西全境、南方全境、内蒙全境、新疆全境、西藏全境、广东部分地区以及天津、北京、沧州等地。

五、霸州市巨华货运有限公司

霸州市巨华货运有限公司建于1997年，前身为巨华联运中心，2009年注册成立公司，员工80人。下属10个分支机构，包括呼和浩特市2个，包头、集宁、前旗、东胜、二连、临河、五原、广东乐丛各1个。有80辆大型货车组成的车队。公司以胜芳为中心，经营范围北至内蒙古自治区全境，南至广东乐丛。

六、香河县淑阳镇八方货运中心

香河县淑阳镇八方货运中心成立于2003年，职工25名，占地28亩，位于香河县金钥匙家具汇展中心南1000米处，距天津70公里，距北京45公里，京沈高速公路5公里。公司集空车配货、装车、卸车、仓储、落车、住宿、饭店为一体。

2011年廊坊市货运站场一览，见表3-2-3。

2011年廊坊市货运站场一览表　　表3-2-3

序号	辖区	企业名称
1	安次区	廊坊富泰通货运服务有限公司
2		廊坊市安次区金颂达货运站
3		廊坊北方农贸批发市场有限公司
4		廊坊市新凯物流有限公司
5		廊坊市聚龙物流有限公司
6		廊坊市安次区威达运输站
7		廊坊市安次区南外环勃翔货物运输配载服务部
8		廊坊市安次区南外环麒舰货运服务部
9		河北省廊坊市神龙货运
10		廊坊市安次区南外环诚信配货站
11		廊坊市安次区南外环广宇货运处
12		廊坊市安次区水果市场吉祥货运配送服务部
13		廊坊市凯隆物流有限公司
14		廊坊市顺帆物流有限公司

续上表

序号	辖区	企业名称
15		北京中铁快运有限公司廊坊分公司
16		廊坊市安成货物运输有限公司
17	广阳区	廊坊市广阳区和平路翔利配载服务处
18		廊坊市中联达运输有限公司
19		廊坊市广阳区廊万路利通空车配货服务部
20	直属站	廊坊市广阳区北外环双丰快递服务部
21		廊坊市东海物流有限公司
22		廊坊铭远物流有限公司
23		廊坊通邮物流有限公司
24		河北快运通物流有限公司廊坊分公司
25		北京西铁货运代理有限公司廊坊分公司
26		廊坊华日运输有限公司
27		冀运集团股份有限公司廊坊分公司
28		北京新石田储运有限责任公司廊坊分公司
29		廊坊德龙物流有限公司
30		北京三江华宇物流有限公司廊坊分公司
31		廊坊开发区口岸物流中心有限公司
32	开发区	廊坊开发区新远华货运服务有限公司
33		廊坊廊桥储运有限公司
34		北京宅急送快运股份有限公司廊坊分公司
35		廊坊惠诚货运有限公司
36		廊坊全一快运有限公司
37		廊坊开发区天藤物流有限公司
38		天津大田运输服务有限公司廊坊分公司
39		廊坊旺鑫货物运输有限公司
40		廊坊运商物流有限公司
41		廊坊开发区捷利物流有限公司
42		上海佳吉快运有限公司廊坊分公司
43		北京中铁快运有限公司燕郊分公司
44	三河市	三河市焱鑫货运站
45		三河市慧福隆物流有限公司
46		香河开发区曙光物资储运部
47		香河县淑阳镇八方货运中心
48	香河县	香河佳森宝运物流有限公司
49		香河高氏物流有限责任公司
50		香河县淑阳镇永大货运中心
51		香河县淑阳镇京联物流中心
52	永清县	河北新铁惠昌物流有限责任公司
53	固安县	固安县鑫商海缘货运有限公司
54		固安县固安镇运通配货服务部

续上表

序　号	辖　区	企业名称
55	霸州市	发达配货站
56		霸州市宏源货运有限公司
57		永红货运站
58		廊坊中远货运
59		金运龙货运站
60		天宏配货站
61		霸州市胜芳镇汇源托运站
62		霸州市胜芳镇运通配货中心
63		宏达配货站
64		霸州市胜芳镇金丰货运站
65		霸州市巨华货运有限公司
66		运城货运站
67		胜芳镇便民配货中心
68		东运配货站
69		宏升货运站
70		江南配货站
71		河北省霸州市胜芳镇楠军货运站
72		鸿发配货站
73		顺发配货站
74		快运通货运
75		霸州市堂二里镇小宋配货站
76		源源货运站
77		明珠货运站
78		时光货运
79		建明货运站
80		三明货运服务中心
81		胜芳镇宏利配货信息部
82		胜芳联通货运公司
83		霸州市胜芳宏大配货站
84		新西南货运中心
85		霸州市鑫航托运有限公司
86		霸州市胜芳保利快运
87		顺风货运有限公司
88		广源快运
89		霸州市胜芳镇华益配货
90		吉运货站
91		泊头货运站
92		胜芳永兴物流
93		胜芳金路货运
94		霸州市胜芳镇新兴托运站

续上表

序号	辖区	企业名称
95	霸州市	河北省霸州市胜芳镇宇航配货站
96		长城货运站
97		长安配货站
98		霸州市华旭快运有限公司
99		鑫华快运
100		友祥货运站
101		庆锋空车配货服务中心
102		胜芳九州货运站
103		小龙西北货运中心
104		天宇空车配货服务中心
105		华通快运
106		关友信息配货中心
107		万通配货
108		同辉货运站
109		霸州市胜芳镇东兴配货站
110		信诚货运中心
111		福鑫配货站
112		胜芳镇临春联运站
113		堂二里中信配货
114		顺鑫配货中心
115		河北省胜芳华昌山东快运
116		霸州市胜芳镇二妞货运
117		飞达配货站
118		胜发货运中心
119		旭日配货中心
120		大成货运站
121		垠宇配货站
122		霸州市胜芳镇赤峰货运部
123		国华山东快运中心
124		霸州市顺天物流有限公司
125		霸州市堂二里镇刘达配货站
126		富源配货站
127		福兴配货站
128		河北胜芳物流有限公司
129		隆昌货运
130		霸州市堂二里香格里拉货运中心
131		霸州市胜芳镇安运货运站
132		茂盛配货站
133		霸州市胜芳金华托运站
134		河北省霸州市胜芳镇兴隆配货站

续上表

序　号	辖　区	企业名称
135	霸州市	海洋空车配货
136		金达物流有限公司
137		同喜物流有限公司
138		志林空车配货
139		霸州市江澎物流有限公司
140		双缘配货站
141		三友货运站
142		霸州市东段海峰配货站
143		霸州市堂二里镇长城配货站
144		新峰物流有限公司
145		宏业物流有限公司
146		昌达物流有限公司
147		华兴配货站
148		霸州市华瑞货运有限公司
149		鸿瑞货运站
150		胜芳全兴配货中心
151		堂二里宏伟空车配货信息部
152		顺源配货站
153		福鑫配货站
154		霸州市胜芳镇东兴配货站
155		河北省霸州市胜芳镇四海空车配货
156		龙腾货运站
157		前锋货运
158	文安县	文安县義兴货物运转中心
159		文安县元亨物流
160		文安县运通配货站
161		文安县华安配货站
162		文安县永安物流
163		文安县胜达货运中心
164		文安县春雷货物运转站
165		文安县中天货物运转站
166		文安县通达货运中心
167		文安县宏鑫物流
168		文安县永达配货站
169		文安县宽广货物运转站
170		文安县名人配货站
171		文安县天兴货运站
172		文安县恒通配货站
173		文安县华通货物运转站
174		文安县天合物流

续上表

序号	辖区	企业名称
175	文安县	文安县春来配货中心
176		文安县欣明配货站
177		文安县胜发配货站
178		文安县国通德州专线
179		文安县大海配货站
180	大城县	大城县阜草辽吉黑转运站

2008 年 5 月 12 日 14 时 28 分 04 秒,四川汶川、北川,8 级强震猝然袭来,大地颤抖,山河移位,满目疮痍,生离死别……汶川大地震是中国 1949 年以来破坏性最强、波及范围最大的一次地震,地震的强度、烈度都超过了 1976 年的唐山大地震。此次地震重创约 50 万平方公里的中国大地!据民政部报告,至 2008 年 9 月 25 日 12 时,四川汶川地震已确认有 69227 人遇难,374643 人受伤,失踪人数为 17923 人。西南处,国有殇。

地震发生后,廊坊市交通局立即开始筹集善款及义献血活动。至 5 月 16 日下午 4 时,全系统干部职工共捐款 20.231 万元,其中冯京颖同志个人捐款 10000 元,王雨同志个人捐款 4000 元;动员全市出租车经营者捐款支援灾区,筹集善款 4.66 万元;有 12 名团员青年义务献血。

在接到市委、市政府运送救灾物资的命令后,交通人举全行业之力,义无反顾地奔赴充满可知和不可知的险情与绝境的灾区一线……

挺进!挺进!目标是灾区!

——廊坊市交通局抢运第一期援建灾区过渡安置房纪实

作者 薛兴东 刘 兵 马云鹏

路线不熟、路况不明;

余震不断、山体滑坡、大雨滂沱;

陡坡、隧道、危桥;

累计 173 车次,13 批运输,每批往返 6 昼夜,5000 多公里……

6 月 15 日,廊坊市援建四川灾区的 1650 套、40000 平方米过渡安置房全部安全运抵灾区,比市委、市政府下达任务提前 5 天。在这场与时间赛跑的战役中,交通人向市委、市政府交上了一份这样的答卷。

组织——把全市最好的车辆、最优秀的司机,以最快的速度、最短的时间调往最前线

5 月 27 日凌晨 2:00,市交通局运管处会议室灯火通明,市交通局救灾物资运输工作会议仍在进行,这已是第三个不眠之夜了。接到市委、市政府下达的运输任务后,副市长、交通局局长饶贵华亲自挂帅,成立救灾物资运输领导小组,市交通局运管处具体负责车辆、人员的组织、调度、运输、后勤保障等各项工作。交通系统全民动员,举全行业之力,紧急安排调集运力、组织人员,各项组织工作高效、有序展开:抽调运输物资所需的 131 部 9.6 米高护栏和 12 米以上大平板货车,检测保养、调度编组;抽调 230 名政治素质强、技术过硬、有山区驾驶经验、身体健康的驾驶员紧急培训;抽调 18 名技术好、业务精的汽车维修工人随车队保障;联系陕西省、四川省交通厅,查询行车路线及路况信息;根据《交通线路营运里程图》精心测量运距,选择安全、便捷、经济的运输线路;准备方便面、矿泉水、药品等物品,不给灾区人民增加任何负担……5 月 27 日下午 4:00,所有运输准备工作全部完成,第一批车队开始装车。此时,距市委、市政府下达运输任务仅 40 多个小时。在如此短的时间内,调集这么多的特型车辆和司机,这在廊坊交通史上是史无前例的。

“服从领导、听从指挥,为国分忧、为同胞解难,为夺取抗震救灾工作的全面胜利做贡献”。5 月 28 日

上午9:00,在铿锵的誓言中,廊坊市交通局第一批抗震救灾过渡安置房运输车队启程奔赴灾区。

挺进——“蜀道难,难于上青天”,再难也挡不住前进决心,再险也吓不倒钢铁的意志

“一边是陡峭的悬崖,一边是深不见底的山涧,30多度的陡坡,仅9米宽的路面,两辆大车会车几乎要剐蹭。路况不熟,余震不断,行至四川广元,就因余震又发生了山体滑坡,滚落的石头挡住了公路,距我们的车队仅几十米”。尽管一路艰难险阻,但提起这些,市交通局运管处副处长孟志猛却很平静。“要说难和险,我们13批车队,每个车队都有这样的故事”。

“5·12”地震发生后,市交通局立即制定了救灾物资运输预案,提前已经做了准备。车队出发前,已经特意向陕西、四川等地交通部门查询了路况信息。但即便如此,一路上的艰难险阻仍然出乎他们的预料。因地震造成316国道6座桥梁成为危桥,运输救灾物资的车队行进路线只得不断调整,不得不翻越海拔2000多米的秦岭,仅上下陡坡就要走112公里。正常情况下,翻越秦岭就至少要10个小时。市交通局运管处共产党员王东海率第五批运输车队翻越秦岭时,因前方发生交通事故堵车被困28小时。大山深处没有手机信号,通信中断,与外界完全隔绝,余震时有发生,从上午10:00一直到第二天下午2:00多才通过,几乎粮尽水绝。

为尽快将过渡安置房运抵灾区,车队一路上争分夺秒,昼夜兼程。每辆车都配备了2至3名驾驶员,双岗倒班驾驶。所有人员渴了就喝一口矿泉水,饿了就咬一口方便面,困了就在车上打个盹,人不离车,车不离人,歇人不歇车。第一批运输车队刚过西安,突遇大雨,山路崎岖,雨大路滑。在盘旋的山路上,车队冒雨突进,没有半点犹豫和耽搁。从廊坊到崇州,2200多公里的路程,车队仅用40多个小时。

既要抢时间,又要保安全,随队汽修人员利用途中加油、加水的间隙,对车辆进行检修。尽管如此,由于长距离运输,道路崎岖且昼夜行驶,仍避免不了车辆故障发生。6月3日,第五批运输车队在距目的地30公里处,一辆大货车缸体突然开裂。由于附近没有汽修厂,车队只得强行前进,30公里路程就加了三次机油。6月11日下午2:00,第十三批运输车队的一辆大货车在爬山时,传动轴在半山腰突然折断。此地前不着村,后不着店,距最近的城市成都也有39公里,并且只有一汽售后服务站才有配件。经过近16个小时的联系、维修,到第二天凌晨5:40车才修好。

第一期救灾过度安置房运输中,市交通局共组织了大型货车173车次、司机230名、调度及维修人员43名,运送过渡安置房1650套、40000平方米,无一车、一人掉队,无一车、一人发生事故,全部安全运达。

考验——面对不可预知困难和危险,交通人没有犹豫,没有退缩,义无反顾,勇往直前

50岁的老党员刘向东,身患严重糖尿病、高血压。在组织完前几批物资运输后,又主动请缨带车队赶赴灾区。一路上昼夜行车,几乎没有休息时间,只能靠药物维持血糖和血压。6月7日深夜11:30,他出现心慌、头晕,此时距他上次用餐已过了近20个小时;共产党员户恩林,6月10日带车队行至四川剑门关服务区,在给司机开会时突发心绞痛,当场晕倒,被当地120急救车拉至医院紧急抢救。第二天凌晨4:00,不顾医生的强烈反对,刚刚输完液的他拔下针头又踏上了征程;共产党员任晓万,本来已经安排住院切除囊肿,但他隐瞒了病情,推迟了手术,带车队赶赴灾区,直到安全返回后才住院治疗……

大城车主杨宝良,在接到救灾物资运输任务后,毫不犹豫地将已经装车的货物全部卸下,立刻赶到廊坊投入到抗震救灾物资运输工作中;物探大队领导亲自送汽修人员到市交通局,表示对救灾物资运输工作全力支持,需要多少人就派多少人……

从5月28日至6月15日,我市援建的第一期过渡安置房运输任务圆满完成。整个过程中,所有车队的司机、维修人员都是自备矿泉水、方便面和车辆易损件,没有一人讲代价;因昼夜行车不得休息,大部分人员回来后都出现了腿部浮肿、失眠、腹泻等症状,但没有一人有怨言。“能够参加这次任务,我们感到非常光荣”,交通局运管处张振鹏道出了全体交通人的心声。

第三章 出租车客运

第一节 体制变化

1996年,市政府第38次常务会议审议颁布《廊坊市出租车客运管理暂行办法》,规定"市和区(市、县)交通局是出租车行业主管部门和复议案件的受理机关",以具体行政行为的形式将廊坊市出租车纳入行政管理,1996年7月5日起实施。出租车管理权归廊坊市交通局后,在廊坊市运输管理处设立了出租车管理大队,统一管理全市客运出租车。1997年10月1日,《河北省道路运输管理条例》实施。规定"在本省行政区域内从事经营性道路运输的单位和个人,必须遵守本条例。"1998年6月18日,国务院批准并实施《交通部职能配置、内设机构和人员编制规定》。规定"将出租车管理职能交给地方各城市人民政府,由其自行确定管理部门。"1998年8月28日,河北省交通厅下发《关于进一步巩固出租汽车管理体制加强出租汽车行业管理工作的通知》,"鉴于省人大已对出租汽车管理体制立法,并从我省出租汽车管理实际情况看,出租汽车管理体制已无重新划定的必要,应仍由交通部门负责。"2009年12月25日,廊坊市出租车管理处成立。出租车,如图3-3-1所示。

图3-3-1 出租车

第二节 发展阶段

一、自发经营

1983年,市内出现少量出租人力三轮车。1987、1988年有少量三轮摩托车在火车站和汽车站前招揽业务,车厢装有帆布篷,车内可乘坐5~6人,行驶速度快、运量小、机动灵活。1989年,廊坊地区改建为廊坊市,市区逐渐出现自发经营的个体出租汽车,车型以大发、五菱、昌河等轻型客车为主。市民外出用车,需先到火车站找车,租车费用由驾乘双方协商。1990年,全市出租汽车189辆,有波罗乃兹、拉达、菲亚特、桑塔纳、北京213等。1992年、1993年又有不少天津产大发轻型客车和夏利轿车进入出租车市场。1993年,全市出租汽车403辆,客座3703个。廊坊火车站和固安汽车站的站前是全市较大的两个出租车停车场,分别有出租车163辆和107辆。

二、形成市场

1996年8月27日,廊坊市政府发布了《关于整顿市区出租车客运行业的通告》,做出了出租车从业登记、培训、审批、管理等规定。同年9月10日起,出租车管理大队为市区申请出租客运经营者办理报名登记手续,组织岗前培训,核发经营许可证、道路运输证。经营权审批给个人,无固定期限。自去年9月18日起,无证经营客运出租车辆停止运营。

个体出租车经营者最初划分为20个分队,形成了运营联合体。按照民主集中制的原则选举分队长,探索出了出租车经营者—分队长—出租车管理大队—市运输管理处四级管理模式。市出租车管理大队陆续制定出台了《客运出租车更新审批程序》、《廊坊市客运出租车例会制度》、《服务证监督卡管理规定》、《廊坊市客运出租汽车运价管理实施制度》、《廊坊市出租车标志管理制度》、《廊坊市客运出租车分队组织管理办法》和《廊坊市客运出租车辆技术管理规定》等规章制度，实行了“七统一、一公开”：统一车辆颜色、统一车辆标志、统一收费标准、统一服务公约、统一安装计价器、统一车辆编号、统一站点管理，公开监督举报电话。为出租车行业规范发展奠定了基础。

三、行业提升

随着城市扩建、人口增长，出租车行业规模不断扩大，经营模式多种多样。1999 年，廊坊市兴运出租汽车服务中心成立，与当时全市 1065 部个体出租车形成服务与被服务的关系。服务中心有 22 个分队，从业 1731 人。驾驶员每月向服务中心缴纳服务费，服务中心为驾驶员提供车辆调度、代办证照及运输手续、调解运输纠纷、车辆救援等多项服务。

是年，鹏通出租汽车有限责任公司成立后，市区陆续成立了 6 家出租车实体公司，出租车经营权属于公司，期限 8 年。出租车实体公司实行承包制，由公司购买车辆并拥有所有权，驾驶员向公司缴纳承包费（俗称“份儿钱”）租车运营，公司承担司机培训、代办保险及理赔、代购发票、车辆救援、调解纠纷等事务。为示区别，每家出租车公司的车辆都喷涂不同的颜色，安装带有公司名称的顶灯。

2008 年，廊坊市 431 部出租车采用了合作模式，即经营权属于公司所有，由驾驶员个人购车加入公司，并向公司缴纳一定的管理费，公司负责司机教育培训、车辆调度，并提供代购发票等服务，出租车驾驶员自主运营，运营期限 8 年。

1999 年，出租车年客运量 2000 万人次。随着行业规模的扩大，至 2011 年，客运量增至 3808.50 万人次。

1999—2011 年廊坊市区出租汽车公司统计，见表 3-3-1。

1999—2011 年廊坊市区出租汽车公司统计表 表 3-3-1

公司名称	建立时间	车数（部）	驾驶员（人）	年客运量（万人次）
廊坊市鹏通出租汽车有限责任公司	1999 年 3 月	531	1102	860
廊坊市兴运出租汽车服务中心	1999 年 10 月	1099	1990	1500
廊坊市通轩出租汽车有限公司	2001 年 9 月	60	110	140
廊坊市安次区通驰客运出租有限公司	2002 年 3 月	50	92	168
廊坊市华昊运输集团有限公司出租客运分公司	2008 年 10 月	50	83	312
廊坊市广阳区联广客运出租有限公司	2009 年 3 月	50	106	328.5
廊坊开发区瑞通出租汽车有限公司	2010 年 4 月	190	310	500

1996—2011 年廊坊市出租汽车数量统计，见表 3-3-2。

1996—2011 年廊坊市出租汽车数量统计表 表 3-3-2

时间	出租汽车(部)	主要车型	车用燃料	备注
1996 年 11 月	600	大发、松花江等面包车	汽油	—
1997 年 12 月	1060	大发、松花江等面包车	汽油	—
1998 年 5 月	1060	大发、松花江等	汽油	—
2000 年 11 月	1220	大发、松花江、捷达、桑塔纳	汽油、天然气	轿车占 19%
2001 年 3 月	1220	大发、松花江、捷达、桑塔纳	汽油、天然气	轿车占 46%
2002 年 11 月	1677	捷达、桑塔纳、富康	天然气、汽油	轿车占 93%
2003 年 12 月	1677	捷达、桑塔纳、富康	天然气	轻型客车全部淘汰
2005 年 12 月	1677	捷达、桑塔纳、富康	天然气	1450 部车改装天然气占 87%

续上表

时　　间	出租汽车(部)	主要车型	车用燃料	备　　注
2006 年 3 月	1677	捷达、桑塔纳、富康	天然气	—
2008 年 12 月	1777	捷达、桑塔纳、富康	天然气	出租车全部改装天然气
2009 年 3 月	1827	赛拉图、志俊、爱丽舍	天然气	—
2011 年 5 月	1960	赛拉图、志俊、爱丽舍	天然气	—

廊坊交通运输局召开廊坊市出租汽车管理处成立大会,如图 3-3-2 所示。

图 3-3-2　2009 年 12 月 25 日,廊坊交通运输局召开廊坊市出租汽车管理处成立大会

第三节　客运概况

一、运营工具

1993 年,人力三轮出租车大量出现,从火车站、汽车站发展到商场、医院、仓库、货场等地。是年,全市有人力三轮车 700 辆。1996 年,将市区内人力和机动三轮出租车纳入行业管理,新华社每日电讯等多家媒体做了报道,被誉为"全国人力三轮车统一管理第一家"。1999 年,各类三轮车增至 2200 辆。出租客运形成了人力三轮车、动力三轮车和汽车共存的局面。1999 年 3 月 15 日起,城区新华路、金光道全路段禁止人力三轮车通行,并对三轮车实行总量控制;2000 年,又有多条街道限行三轮车,出租三轮车下降到 600 辆。人力三轮如图 3-3-3 所示。

2004 年 11 月 23 日起,市区、开发区所有道路取缔营运机动(含电动)三轮车。2007 年 11 月 23 日起,市区、开发区所有道路取缔人力出租三轮车。

图 3-3-3　1996年7月5日,整顿后的市区人力三轮出租车,以车篷、编号、价格、车夫胸牌四统一的新貌展现在公众面前

早期自发经营的个体出租汽车,车型以大发、五菱、昌河等轻型客车为主。1996 年 9 月起,市区出租轻型客车统一为大发、松花江、吉林三种车型,出租轿车统一为夏利以上车型。1997 年年底,廊坊市出租车轻型客车占 90%。2000 年,开始使用市场手段逐步淘汰低档出租车,更新为桑塔纳、富康、捷达等高档车型,未经过北京、天津等城市整体使用夏利作为出租车主要车型的阶段。2003 年,轻型客车全部淘汰。

出租车改装天然气始于 2001 年,至 2005 年底改装 1450 辆,占市区出租车 87%,出租车使用天然气比使用汽油每月节省燃料费 1000 ~ 1500 元,市区出租车年增经济效益2175万元。2008年初,出租车天然气改装率100%。

二、停靠站点

廊坊市出租车早期采用固定地点待客。1996年12月,出租车管理大队与交警支队等单位商定了廊坊火车站站前广场、廊坊汽车站站前广场等15个出租车停靠站点(8个固定、7个临时)。在15个站点停靠的出租车成立了17个分队,流动车辆成立了3个流动分队,共组成20个管理分队。客运出租车辆必须在指定站点停靠。

2001年,廊坊市区主要街道规划设置了168个车位,在路面上划出了"即停即走"标线,供出租车临时上下乘客。2005年,市交警支队又在这168个出租车临时停位处增设了新型临时停靠牌。2010年,由于廊坊市部分道路改造,原设临时停位处已不足70个,经重新规划建设,又新增至168个。

三、出租车运价

廊坊市出租车从1996年归属交通部门管理后,出租车运价按照市物价部门规定的标准执行,计价器由市技术监督部门负责安装。2000年8月—2010年8月的10年间,物价水平和市民收入均有显著提升,但出租车运价一直没有变化。2010年8月18日,廊坊市物价局召开了调整市区出租车运价听证会,综合考察行业管理部门和社会各界听证代表的意见,出台了运价调整方案。

1996—2011年廊坊市出租车运价调整,见表3-3-3。

1996—2011年廊坊市出租车运价调整表 表3-3-3

时间	基价	基价里程	车公里租价	空驶费	候时费
1996年9月1日—1997年4月10日	大发、夏利系列车5元,桑塔纳以上车6元	4公里	大发、夏利系列车1.2~1.4元,桑塔纳以上车1.6元	—	—
1997年4月11日—1999年5月30日	同上	调整为2公里	同上	超过基价公里(2公里)即收50%空驶费	—
1999年6月1日—2000年8月7日	同上	同上	面包、夏利及同类车调整为1元;桑塔纳以上车下调至1元	超过5公里再按车公里租价加收50%空驶费	1元
2000年8月8日—2010年8月24日	桑塔纳以上车型下调至5元	同上	同上	同上	同上
2010年8月25日—2011年12月	同上	同上	上调至1.6元;夜间租乘(晚23时至次日5时前)另加收每车公里0.3元的夜间租用费	单程租用5公里以外加收车公里运价50%的空驶费(车公里加收0.8元)	5分钟1元

第四节 市场监管

一、制度规范

廊坊市出租车管理大队成立后,陆续建立了一系列行业制度规范:例会制度、运价管理制度、出租车标志管理制度、车容车貌管理规定、着装上岗管理规定、服务证监督卡管理规定、出租车安全运营规定、出租车规范服务流程、车容车貌规范等。廊坊市出租车管理处成立后,对原有制度重新进行了修订补充。行业制度规范了出租车运营服务,也为市场监管提供了依据。

二、运营稽查

从成立出租车管理大队到成立出租车管理处均设有稽查科,负责规范经营行为,查处各类违法、违规、违章运输,治理非法营运,保护合法经营,维护运输秩序。出租车管理处成立后,加大了打“黑”力度。2010年,联合公安等部门重点治理火车站、富士康、华为等有“黑车”经营的区域。全年查扣非法营运“黑车”100余辆、异地营运车17辆,查处和纠正车容车貌不整、服务不规范等违规违章经营行为400起。2011年,出租车管理处组织全体人员在文明城市迎检、服务城市大型展会等重点时段前期,开展了21次规范车容车貌和经营行为的集中治理活动,同时联合运管、公安等部门,开展了代号为“春季护航行动”的专项整治月活动,重点治理了长途汽车站、火车站等人员集散地的“黑车”和拒载行为。全年共出动稽查车辆324辆次,投入稽查人员176人次,检查出租车辆3120辆次,查处“黑车”136辆。

三、投诉举报

出租车管理大队成立后,向社会公开了投诉举报电话,24小时值班受理乘客投诉举报,并由稽查科负责对投诉案件的调查处理。出租车管理处成立后,专门成立了投诉受理科,继续落实24小时值班制度,由全体工作人员轮流值班,受理乘客投诉,并回答乘客疑问,协助查找遗失物品。

2010年,受理投诉案件900余起,经调查确实属于出租车驾驶员违章违规并予处理的案件521起,群众对投诉案件处理满意率100%。2011年,受理投诉案件700余起,经调查确实属于出租车驾驶员违章违规并予处理的案件473起,群众对投诉案件处理满意率100%。

四、从业培训

出租车行业的教育培训包括岗前培训和在岗培训。岗前培训采取培训考试结合的方式,在岗培训采取全员例会的方式。2010年组织岗前培训27期,参加培训1200人;在岗培训6期,培训2.20万人次。2011年组织岗前培训24期,参加培训730人;在岗培训6次,培训2.10万人次。

岗前培训:欲从事出租车运营的人员需满足规定标准,早期只要求具备两年以上驾龄,取得从业资格后经培训、考试合格后上岗。市出租车管理处成立后,重新编订了培训教材和考试内容,提高了行业准入标准,新增从业人员除满足两年驾龄外,必须具有高中以上学历,且3年内无重大交通责任事故。

在岗培训:出租车驾驶员在岗培训一直延续了例会制度。例会由各出租车公司自行组织,每双月组织一次。例会内容主要是宣传、贯彻国家、省、市有关出租车管理的方针、政策,业务培训,安排行业活动,交流经营经验,表彰评优,纠处违章。

五、出租车税费

出租车税费主要包括营业税、服务费、车辆维护检测费等。出租车营业税实行定额税率。2003年4月16日,廊坊市人民政府为减轻出租车经营者的运营负担,下发了《关于调整市区客运出租车税费标准的通知》,服务费由每车每年1200元减至720元,下降40%;减少出租车二级维护次数,车辆维护检测费由520元减至260元;工商行政管理费下调至300元,减少180元;计价器检测费由每次90元减至50元;取消了没有收费依据的保安服务费。

1996—2011年廊坊市出租车税费标准,见表3-3-4。

1996—2011年廊坊市出租车税费标准表 表3-3-4

时间	服务费(元/月)	检测费(元/年)	营业税(元/年)
1996年10月—1998年4月12日	50	520	720
1998年4月13日—1999年1月	70		
1999年2月—2003年4月30日	100		
2003年5月1日—2011年12月31日	60	260	900

六、燃料补贴

2006年,财政部门开始对部分困难群体和公益性行业给予油价补助,遇有成品油价格上涨,市区出租车按市财政部门文件享受燃料补贴,补贴由各出租车企业下发至每辆出租车。

2006—2011年廊坊市出租车燃油补贴发放统计,见表3-3-5。

2006—2011 年廊坊市出租车燃油补贴发放统计表 表 3-3-5

年份(年)	发放总额(万元)	车辆数(部)	每车补贴(元)
2006	197.34	1677	1176
2007	43.56	1727	2064
2008	1098.38	1777	6180
2009	269.55	1827	1475
2010	386.96	1840	2100
2011	2361.30	1960	12047
2012	3426.59	2030	17026

七、自动化办公系统

出租车原有业务办理记录主要是台账，虽然对新增从业人员所属公司、车型、联系电话、身份证号及住址等信息进行计算机记录，但不能自动查询。2010 年，廊坊市出租车管理处研发了“廊坊市出租车综合管理系统”，升级改造了原出租车从业人员及车辆管理软件，2011 年在全市启用，把投诉受理、信誉考核、从业人员档案、车辆档案、票据发放统计、信息搜集等 13 个管理项目纳入微机管理系统，只要输入出租车牌照号或驾驶员姓名，便可及时查看年审记录、车辆二级维护情况、发票销售记录、税费缴纳情况、投诉举报记录以及好人好事记录等。各区(市、县)出租车主管机构也安装调试了微机管理系统，实现了市、县(区、市)、出租车企业的三级联网，实现了车辆档案、从业人员和出租车公司的科学管理，大幅提高了办公效率和管理服务水平，如图 3-3-4 所示。

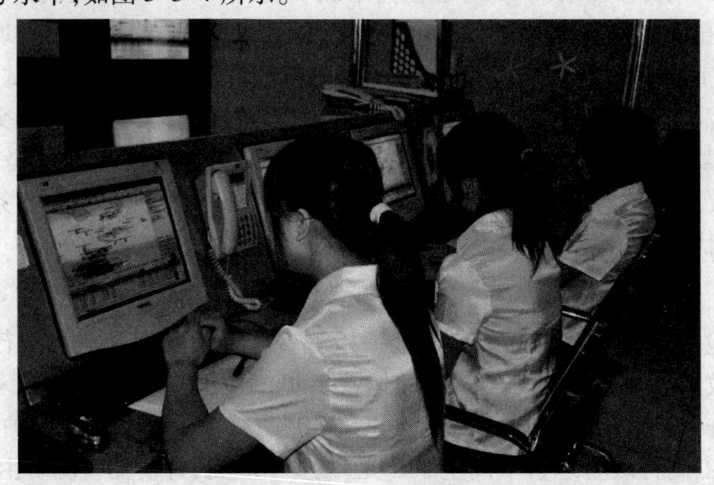

图 3-3-4 出租车管理处进行车辆调度

第四章　城市公共交通

第一节　公交客运发展

一、市区公交

20世纪80年代以前，廊坊市内没有公交车，仅靠出租车和人力三轮车“板的”维持市内交通。1980年10月1日，廊坊市运输公司调用4辆客车，在市区开辟了3条线路。

1路：火车站—汽车站—南门—129工厂，全程6公里，设10个站点。

2路：火车站—管道局—七二一—汽车站，全程5公里，设13个站点。

3路：火车站—汽车站—地区医院—地区化肥厂，全程6公里，设16个站点。

3条市内公共汽车路线，每小时运行一次，由于运距短、客流少，多跑空车。除上下火车的少量旅客外，沿途很少有人乘车。从运营之日起，年年亏损，1985年停运。

1996年9月3日，廊坊市交通局采取引进资金、合资经营的办法，由河北省廊坊运输公司与佳木斯中巴管理办公室联合经营，投入60辆中巴客车，开通了市内6条公共汽车线路。

1路：水上公园、人民公园、百货大楼、明珠大厦、南门、蔡庄、武警学院，共20个站点。

2路：火车站、水利局、交警支队、祥云城、开发区银行、南营，共17个站点。

3路：火车站、管道局职工医院、市政府、二中、采油四厂、万庄，共20个站点。

4路：火车站、区医院、北昌、酒厂、胜天桥、旧州，共13个站点。

5路：火车站、体校、军分区、中医院、南尖塔、桐柏，共16个站点。

6路：北旺、王寨、东安市场、兴安市场、南外环路口，共15个站点。

1997年6月1日，河北省廊坊运输公司在原有6条线路基础上，增开了7路至11路市内公共汽车。至此，廊坊市公共汽车线路达到11条、110部车辆，1870个座位，全程167.50公里。发车间隔为10分钟。7路至11路运营路线如下。

7路：西务、市人大、统建楼、明珠大厦、航天学院、大枣林、大南旺，共25个站点。

8路：光明集团、银河大厦、火车站、火车站、金桥小区、中纺城、热力公司、辛庄，共18个站点。

9路：火车站、北小营、麻各庄、贾庄、东张家务、落垡，共17个站点。

10路：冶炼厂、东货场、运输一场、汽车站、麦洼楼、于常甫、杨税务，共19个站点。

11路：人民公园西门、摩托大楼、五味斋商场、空压机厂、五中、水泥厂、连庄子，共20个站点。

廊坊市公交线路的开通，方便了市民，完善了城市功能。至1999年底，运营一直处于盈利状态，收到了很好的经济效益和社会效益。2000年7月，廊坊市公交公司租用廊坊市火车站东广场作为公交总站。2000年9月，河北省廊坊运输公司投入12辆公交车，增开火车站至东方大学城的12路公交班线。全市12路公共汽车均为中巴客车。

随着经济社会的快速发展和广大市民出行需求的不断提高，公交状况已不能够满足社会和经济发展的需要，运营体制、企业管理、信息化推广、基础设施建设以及财政投入等方面又得不到更好的改善和发展，公交改革势在必行。

2002年9月，河北省廊坊运输公司开通13路、14路、15路公交班线。

13 路:阳光佳和、金桥东门、户屯、九中、爱民道、十二小学、王寨、第八小学、韩一、春明市场、中粮宾馆、东安市场、保龙仓、火车站、市医院、明珠大厦、财政局、百货大楼、统建楼、京客隆、花园楼、交通局、董村、新民小区、七中、薛营、金桥小区、阳光佳和,共 27 个站点。

14 路:文化艺术中心、和平丽景、疾控中心、蓝水湾、移动大厦、二大街、宏昌电子城、三大街、四大街、人民公园、统建楼、百货大楼、财政局、明珠大厦、市医院、火车站、美联制动、钰海嘉苑、永华道口、医药公司、麦洼楼、南苑小区、前进村、南外环、隆福市场、于常甫、长城学校、城南第一集、杨税务,共 29 个站点。

15 路:富士康南门、龙河园区管委会、南外环、安居花园、金星小区、中粮宾馆、管道医院、东小区、特价商城、新朝阳购物中心、康庄小学、人民公园、统建楼、新华广场、财政局、明珠大厦、市医院、火车站、兴安市场、南苑小区、前进村、南外环、董常甫、龙河园区管委会、富士康南门,共 25 个站点。

2004 年 4 月,廊坊运输公司开通 16 路公交班线。运营线路为:富士康厂区、富士康活动中心、龙河园区管委会、安居花园、中国储运、保龙仓、火车站、第二小学、五味斋、银河大厦、二中、曙光道、公园西门、中医院、市人大、空五师、农校、新民小区、阿尔卡迪亚、艺术中心、体育馆、训练中心、梨园、会展中心、憩园小区、文明中华城、新奥气站、华日二期、大官地,共 29 个站点。

2005 年 9 月,廊坊运输公司开通快 12 路公交班线。28 日,廊坊市公交公司按照廊坊市政府关于“四类人免费乘坐公交车”的要求开始办理免费乘车证。“四类人”包括:70 岁以上的老人(含 70 岁)、成人携带的一名 1.2 米以下儿童、革命伤残军人(六等级以上)、盲人。

2006 年 6 月,廊坊市运输公司开通 17、18 路公交班线,运营线路分别为:

17 路:淀粉厂、供水厂、八中、炮校、师范学院、石油技校、妇幼医院、军分区、财贸学校、电力局、周各庄、朝阳购物中心、华航、6916 工厂、李桑园、西官地村口、九干渠桥、利比厂、大官地、华日二期、新奥气站、文明中华、祥泰花园、开发区分局、会展中心、中纺城、开发区热力公司、帼华郡小区、津瑞公司、京津花园、高速路口,共 31 个站点。

18 路:益民小区、管道七区、机修厂、王寨、韩一、春明市场、管道医院、少年宫、设计院、水利局、市政府、五味斋、银河大厦、二中、妇幼、物探、汽车团、广阳路口、中信驾校、采油四厂、二十区、二十五区、市场、培训中心、万庄新区,共 25 个站点。

2005 年 1 月,全市公共客运管理职能从廊坊市交通局运输管理处移交给廊坊市建设局城市公交客运管理科,主要负责审批公交线路、车辆增减及公交车辆年审。

2007 年 9 月,廊坊运输公司首次投入 12 部 10 米客车用于更新 1 路班线的旧车辆。

2010 年 2 月,随着大部制改革的深入,廊坊市城市公交管理职能由廊坊市建设局重新划转到廊坊市交通运输局。廊坊市交通运输局组建机构专门负责城市公共交通管理工作,一系列改革措施相继实施。同年 7 月 4 日,市区开通两条夜间观光消费公交线路。夜间观光消费公交线路采取“一轴两环多点”的布局,即以新华路为轴心,东、西分列两条环线,东线全程 13.30 公里,西线全程 11 公里。此次开通的两条夜间观光消费公交线路由廊坊市华昊运输集团负责具体运营,运营时间为每晚 19:30 - 22:00,发车间隔为 14 分钟。

图 3-4-1　2010 年 7 月 4 日,市区开通两条夜间观光消费公交线路

观光一线运营线路:人民公园、市人大、城一建、传输局、西务、逸树家、实验中学、自然公园、炮校、师专、工校—管技、永兴小区、廊坊一中、一区医院、廊坊饭店、市政府、市商务局、新华广场、市民政局、人民公园,如图 3-4-1 所示。

观光二线运营线路:人民公园、武警支队、交通局、董村、新民小区、七中、阿尔卡迪亚、文化艺术中心、市体校、阳光佳和、金桥东门、金桥小区、蓝水湾、移动大厦、国际饭店、特价商城、城郊信用联社、儿童乐园、机械化研究院、管道局医院、中粮宾馆、中国储运、保龙仓、火车站、东安商城、城二建、水利局、市商务局、新华广场、市民政局、人民公园。

2010 年 9 月，廊坊市人民政府出台了河北省首部公交综合规范性文件《廊坊市区公交客运服务规范（试行）》。

1996 年 9 月—2011 年 10 月，廊坊市公共汽车客运采取单车承包经营方式运营。运输公司采取公交线路承包制，公车私营成为廊坊市公共交通经营体制。承包经营者更多的追求经济利益，而忽视公交的公益性，不追求高质量服务。运营中抢客、倒客、拒载、缺班等情况屡有发生，加之行业准入门槛低，人员构成复杂、流动性大，从业素质难以提高。由于市场原因，公交线路的开设主要是根据客流大小，势必造成“热线”过热、“冷线”过冷，公交线路优化调整难以进行。公交企业出于成本控制，车型投放档次低、质量差，绝大部分车辆达不到环保标准，甚至带病运行，更无语音报站、智能刷卡和指挥调度系统，严重影响了公交服务水平和廊坊城市形象。

2011 年 6 月，廊坊市城市公交开始探索公车公营模式。廊坊市委、市政府成立了以主管副市长为组长，交通运输局、国资委、财政局、华昊运输集团等相关单位负责人为成员的公交运营体制改革领导小组，拨专款 1.3 亿元用于廊坊市区公交改革，回购线路、统一配车。同年 9 月 30 日，廊坊市公交公司在御龙大酒店召开公交运营车辆回收工作布置会。同年 10 月 1 日开始，廊坊市区公交实行公车公营，共收购了 19 条原公交线路的个体经营权，市区所有公交线路收归国有。100 辆 CNG 智能空调公交车正式上线运营，首批更新 7 条公交线路的公交车，为 1 路、7 路、8 路、10 路、12 路、13 路、16 路；同年 10 月 13 日，廊坊公交 IC 卡售卡中心正式开始办卡。A 卡为普通卡，持卡人乘坐公交车享受八折优惠；B 卡为学生卡，享受五折优惠；C 卡为爱心卡，享受免费乘坐公交车待遇。之后，廊坊市区又相继投放公交车 200 台。其中 LNG（液化天然气）公交车 100 台，为河北省首家引进，更新了 8 条线路；LNG 智能化空调公交车 100 台，用于更新 2 路、4 路、6 路、14 路。改革中购买的公交车均为宇通、黄海两家国内知名大型汽车生产制造商的客车，所有公交车辆全部配备 GPS 定位、视频监控、语音报站和刷卡系统。

市区公交车更新换代后，开始执行新的公交乘车优惠政策。新的公交 IC 卡优惠政策规定 A（普通卡）、B（学生卡）卡取消原有 24 元押金。之前办理的 A、B 卡，可将其中的押金转为乘车金额。C 卡（爱心卡）自规定之日起办理不再收取任何费用。C 卡取消了原有对革命伤残军人的伤残等级限制；取消了免费乘坐 720 次公交车的次数限制；增加了享受 C 卡优惠政策的人群范围，廊坊市驻军、驻企 65 岁（含 65 岁）以上老年人和非市区户口但常住市区的 65 周岁（含 65 周岁）以上老年人，凭本人身份证明及相关证明即可办理 C 卡，享受免费乘车优惠。公交 E 卡（特惠卡）将面向廊坊市区的贫困低保人员，贫困低保人员凭相关证件办理 E 卡后可享受乘车 5 折优惠，带他人时（第二次刷卡）享受 8 折优惠。乘务员主动搀扶老人，如图 3-4-2所示。

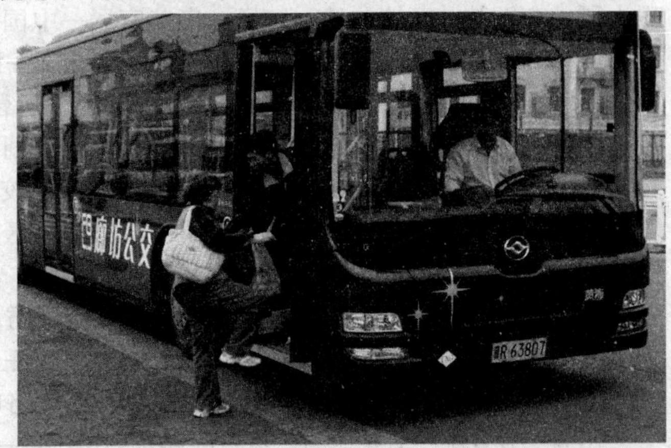

图 3-4-2　乘务员主动搀扶老人

随着 22 路（广阳道横线）、25 路（银河路纵线）公交线路的相继开通，廊坊市区的公交线路达到 23 条，运营总里程 540 公里。运营时间分为冬季运营时间和夏季运营时间。城区线路冬季首末班发车时间：6：30—20：00，夏季首末班发车时间：6：00—21：00。城乡线路（2 路、4 路、6 路、14 路、19 路）冬季首末班发车时间：6：30—19：00，夏季首末班发车时间：6：00—20：00。发车间隔 8～12 分钟，与改革之前相比，正班正点率有了极大提升，所有运营车辆严格执行运营计划，正点发车，保证了良好的运营秩序，市区道路公交线网密布，方便市民出行和换乘，很好地满足了广大市民的出行需求。

1路:武警学院—武警学院(循环线)。运营线路为:武警学院—实验中学—市看守所—颐和佳苑小区—翟各庄—汽配城—特教学校—南尖塔—市国资委—市财政局—河北工大—华腾嘉园小区—武警支队—人民公园—市民政局—新华广场—万达广场—明珠大厦—市医院—廊坊北站—安次区医院—第一中学—永兴小区—永鸿小区—石油技术学院—师范学院—炮兵学院—西昌路花卉市场—武警学院。

2路:廊坊北站东广场—南营。运营线路为:廊坊北站东广场—市医院—明珠大厦—市水务局—石油通信大厦—建筑机械化研究所—儿童乐园—市公安局—特价商城—国际饭店—移动通信大厦—市邮政局—第九中学—户屯—金泰小区—阳光佳和小区—小长亭—华日家具—憩园新区—会展中心—新世纪中学—开发区供电中心—云鹏道派出所—翠青北道—利仁电器—邮政培训中心—新奥集团—开发区工商局—京津花园—开发区高速路口—小甸屯—南营。

3路:廊坊北站东广场—万庄镇。运营线路为:廊坊北站东广场—市医院—明珠大厦—万达广场—廊坊饭店—联通公司—第二中学—曙光道—公园西门—中医院—新星里小区—特教学校—教师公寓—北尖塔—北环道—前王各庄—大马坊村—小哲堡村—左场村—肖家务村—二十五区—中石油廊坊分院—二十区—墨其营—万庄派出所—万庄镇。

4路:廊坊北站东广场—九州。运营线路为:廊坊北站东广场—安次区医院—第一中学—北昌—第十中学—馨语星苑小区—江南水郡小区—迎春酒厂—芒店一村—芒店村—泛达管件厂—炊庄东口—炊庄西口—农科院基地—东冯务村—九州镇政府—九州派出所—九州。

5路:廊坊北站东广场—开发区高速路口。运营线路为:廊坊北站东广场—市医院—明珠大厦—万达广场—新华广场—交通运输大厦—军分区—曙光道—公园西门—中医院—新星里小区—特教学校—南尖塔—南尖塔北口—北尖塔—南尖塔镇—北王庄—北王庄北口—大屯村—和平路口—娄庄—万桐墓园路口—西柏村—育人学校—桐柏西口—桐柏—大学城南门—四海路口—开发区汽车站—开发区高速路口。

6路:华仁驾校—德荣帝景小区。运营线路为:华仁驾校—吴堤—北旺—东环路口—西村—花桥—桑园辛庄—东方厂—许各庄路口—安装公司—王寨—韩一纺织—管道局医院—管道四区—东安市场—市医院—明珠大厦—万达广场—廊坊饭店—联通公司—常青小区—永兴路口—永兴小区—蓝波湾小区—小王庄—盛德花园小区—新苑小区—南苑小区—前进村—南龙道—隆福市场—德荣帝景小区东门—德荣帝景小区。

7路:古县—西官地。运营线路为:古县—华夏第九园—武警学院—实验中学—逸树家小区—市政府—西务—传输局—广阳公寓—市人大—武警支队—人民公园—市民政局—新华广场—万达广场—明珠大厦—市医院—廊坊北站东广场—集美家居—中国储运—移动郊区公司—王寨—第六中学—市公安局—特价商城—华航西校区—华航东校区—李桑园—西官地。

8路:廊坊北站东广场—开发区维特根公司。运营线路为:廊坊北站东广场—市医院—明珠大厦—万达广场—新华广场—市民政局—人民公园—市规划局—康庄小区—路政管理站—廊坊银行—市检验检疫局—蓝水湾小区—金桥小区—金泰小区—市体校—体育馆—娄庄加油站—娄庄—清华科技园—交警支队—艾力枫社—中纺城—联通公司—帼华郗小区—津瑞公司—天龙制锯—好丽友公司—全兴工业园—辛庄—维特根公司。

9路:廊坊北站东广场—落垡。运营线路为:廊坊北站东广场—兴安市场—永华明珠—南苑小区—前进村—南龙道—隆福市场—于常甫—北小营—大王务—东得胜—麻各庄—小刘庄—建设村口—贾庄子—东小营—柴刘杨—东张务—西马圈路口—苏庄路口—落垡。

10路:小枣林—华夏奥韵。运营线路为:小枣林—小万庄—冶炼厂—彭庄—彭庄路口—粮校—等级面粉厂—东货场—管道七区—管道机修厂—移动郊区公司—中国储运—集美家居—廊坊北站东广场—市医院—明珠大厦—万达广场—廊坊饭店—迎春小区—军分区—红十字骨科医院—市文联—馨境界小区—市政府—信访中心—幸福城小区—北凤道—翟各庄—华夏奥韵。

11路:富士康南门—华夏奥韵。运营线路为:富士康南一门—富士康南二门—富士康南三门—富士康西门—龙河园区管委会—董常甫—常甫路口—第五中学—第十四小学—嘉多丽花园—钰海嘉苑小区—廊坊站—钰海嘉苑小区—永华道口—市食药局—永华明珠—兴安市场—廊坊北站—市医院—明珠大厦—万达广场—廊坊饭店—联通公司—第二中学(副站名长征医院)—广阳妇幼医院—丰盛路口—省地质测绘院—群安蔬菜市场—第七大街—广阳道口—信访中心—幸福城小区—北凤道—翟各庄—华夏奥韵。

12路:廊坊北站东广场—东方大学城第八食堂。运营线路为:廊坊北站东广场—东安市场—广阳第二幼儿园—管道局中学—管道局医院—花卉市场—朝阳市场—康乐小区—吉祥小区—市检验检疫局—市邮政局—第九中学—户屯—建材市场—建材市场东口—小长亭—华日家具—憩园新区—会展中心—开发区法院—开发区农行—邮政培训中心—利仁电器—开发区汽车站—航天华创—大学城公安分局—东方大学城东门—一期公寓—丫米食街—二期公寓路口—高尔夫球场—二期体育场—大学城第八食堂。

13路:阳光佳和—阳光佳和(循环线)。运营线路为:阳光佳和—金泰小区—户屯—第九中学—爱民道—第十二小学—王寨小区—第八小学—韩一纺织—春明市场—中粮宾馆—中国储运—集美家居—廊坊北站东广场—市医院—明珠大厦—万达广场—新华广场—市民政局—人民公园—武警支队—市交通运输局—五味斋商厦—新民小区—第七中学—薛营—和平丽景小区—金桥小区—金泰小区—阳光佳和。

14路:公交三公司(杨税务中学)—阿尔卡迪亚小区北门。运营线路为:公交三公司(副站名杨税务中学)—杨税务北口—杨税务—城南第一集—长城学校—第十五中学—德荣帝景小区—德荣帝景小区东门—隆福市场—南龙道—前进村—南苑小区—兴安市场—廊坊北站—市医院—明珠大厦—万达广场—新华广场—市民政局—人民公园—武警支队—市交通运输局—廊坊银行—市检验检疫局—蓝水湾小区—疾控中心—文化艺术中心—阿尔卡迪亚小区北门。

15路:富士康南门—富士康南门(循环线)。运营线路为:富士康南一门—富士康南二门—富士康南三门—富士康西门—龙河园区管委会—前锋公司—安居花园—保龙仓超市—中粮宾馆—管道局医院—建筑机械化研究所—儿童乐园—市公安局—特价商城—新朝阳购物中心—第十小学—市规划局—人民公园—市民政局—新华广场—万达广场—明珠大厦—市医院—廊坊北站—兴安市场—南苑小区—前进村—南龙道—安次区行政中心—常甫路口—董常甫—龙河园区管委会—富士康西门—富士康南三门—富士康南二门—富士康南一门。

16路:富士康北门—大官地。运营线路为:富士康北门—龙河园区管委会—前锋公司—安居花园—保龙仓超市—中国储运—集美家居—廊坊北站东广场—廊坊北站—廊坊日报社—廊坊饭店—联通公司—第二中学—曙光道—公园西门—中医院—市人大—华腾嘉园小区—电子信息工程学校—第七中学—金地小区—阿尔卡迪亚小区—文化艺术中心—体育馆(副站名市博物馆图书馆)—规划馆—梨园—会展中心—憩园新区—新世纪中学—前钢集团—新奥气站—新奥科技园—新奥能源—华日园区—大官地。

17路:馨视界小区—开发区高速路口。运营线路为:馨视界小区—供水厂—炮兵学院—师范学院—石油技术学院—市文联—红十字骨科医院—军分区—交通运输大厦—供电公司—周各庄—新朝阳购物中心—华航西校区—华航东校区—李桑园—西官地—九干渠—利比厂—大官地—华日园区—新奥能源—新奥科技园—新奥气站—前钢集团—祥泰花园—开发区法院—会展中心—中纺城—联通公司—帼华郁小区—开发区移动公司—京津花园—开发区高速路口。

18路:运通家园—万庄新区。运营线路为:运通家园—许各庄—益民小区—管道七区—管道机修厂—王寨—韩一纺织—春明市场—管道局医院—石油通信大厦—市水务局—万达广场—廊坊饭店—联通公司—第二中学—红十字骨科医院—物探大队—第八大街—第十五小学—长征驾校—市人防办—采油四厂—采四小区—二十区—中石油廊坊分院—二十五区—万庄市场—石油培训中心—万庄新区。

19路:华为集团北门—保龙仓超市。运营线路为:华为集团北门—华为集团西门—后王各庄—科技谷园区—大马坊村—前王各庄—北环道—北尖塔—教师公寓—南尖塔—市国资委—市环保局—金地小区—第七中学—新民小区—五味斋商厦—路政管理站—康庄小区—春和花园小区—周各庄—新朝阳购物中心—特价商城—市公安局—第六中学—王寨—移动郊区公司—保龙仓超市。

21 路:廊坊北站东广场—东方大学城三期园区。运营线路为:廊坊北站东广场—东安市场—管道四区—春明市场—韩一纺织—第六中学—市公安局—特价商城—国际饭店—移动通信大厦—蓝水湾小区—疾控中心—体育馆(副站名:市博物馆、图书馆)—娄庄加油站—娄庄—万桐墓园路口—西柏村—育人学校—桐柏西口—桐柏—大学城南门—东方大讲堂—海大—华联超市—美食街—活动中心—凤凰会馆—高尔夫球场—体育馆—绿化走廊—三期园区。

22 路(广阳道横线):华夏第九园—廊坊出口加工区。运营线路为:华夏第九园—馨视界—供水厂—西昌路花卉市场—武警学院—实验中学—逸树家小区—市政府—西务—传输局—广阳公寓—市人大—市交通运输局—廊坊银行—市检验检疫局—市邮政局—第九中学—户屯—金泰小区—市体校—体育馆(副站名市博物馆图书馆)—娄庄加油站—娄庄—清华科技园—交警支队—艾力枫社—会展中心—憩园新区—新世纪中学—前钢集团—朗森工业园区—华宇科技—百冠包装公司—伊利乳品—廊坊出口加工区。

25 路(银河路纵线):大家新城小区—科技谷大厦。运营线路为:大家新城小区—德荣帝景小区东门—隆福市场—南龙道—前进村—南苑小区—兴安市场—联通公司—第二中学(副站名长征医院)—曙光道—公园西门—中医院—新星里小区—特教学校—教师公寓—北尖塔—北环道—麻营—华为集团—后王各庄—科技谷园区—科技谷大厦。

二、京廊公交对接

廊坊紧邻首都北京,为了对接首都经济圈,从 1996 年开始,通过京廊两地的不断合作,北京公交线路已覆盖了廊坊所辖的大部分县(市、区)。第一条北京公交为 1996 年开通的 930 路公交车,由郎家园开往三河市燕郊冶金学院。2010 年 7 月 28 日开通至万庄;2010 年 8 月 18 日开通永清。至 2011 年年底,除大城县以外,北京公交已经通达廊坊 9 县(市、区),线路 20 条,日发 2926 班次,日运送旅客 246660 人次。以通往三河市境内北京公交线路最多,最远的北京公交已通达到文安县。

廊坊对接北京公交数据统计,见表 3-4-1。北京至永清 943 路公交车线路开通仪式,如图 3-4-3 所示。

廊坊对接北京公交数据统计表　　表 3-4-1

始发地	线路	车数(部)	营运线路	日发班次(班)	日送旅客量(人)
万庄	826	15	万庄—永定门	72	3500
永清	828	15	永清—北京南站	67	5600
固安	849	40	固安—北京南站	154	12500
霸州	943	47	霸州—北京南站	87	6500
大学城	大学城(805)	50	大学城—北京站东街	312	23580
三河	811	30	燕郊—北京	270	21300
三河	812	30	燕郊—北京	240	22700
三河	813	22	燕郊—北京	90	9770
三河	814	34	燕郊—北京	90	9260
三河	815	57	燕郊—北京	162	20750
三河	818	22	燕郊—北京	87	3500
三河	818(快)	8	燕郊—北京	87	8500
三河	930	46	三河—北京	292	28500
香河	938	35	安平—北京站	218	17600

续上表

始发地	线路	车数(部)	营运线路	日发班次(班)	日送旅客量(人)
香河	938(高速)	32	香河—北京站	132	8740
香河	810	28	香河—通县	162	16420
大厂	816	21	大厂—郎家园	122	8100
大厂	817	35	大厂—郎家园	210	14600
文安	943	20	文安—北京	60	5000
廊坊	机场专线	6	廊坊—北京	12	240
总计	—	593	20条	2926	246660

2010年10月19日，开通廊坊至北京机场客运班线。廊坊至北京首都机场客运专线由廊坊市通利运输有限公司和北京民航通力航空服务公司共同经营，该线路廊坊首班时间8:00，末班时间18:00，北京首都国际机场首班时间10:30，末班时间20:30，平均发车间隔为1小时，日发16班。在廊坊的始发站点为市城乡客运站，途经廊坊开发区、京沪高速、北京五环、机场高速至首都国际机场，单程运距100公里，运行时间为90分钟，日发送旅客量约200人次/天。2010年10月19日，机场客运专线提升廊坊空间，如图3-4-4所示。

图3-4-3　2010年，北京至永清943路公交车线路开通仪式

图3-4-4　2010年10月19日，机场客运专线提升廊坊开放空间

938事件：2008年4月3日，北京938路支5公交车进入廊坊境内时，遭东方大学城校车及当地长途汽车的经营者围堵。938路支5线由北京八方达客运有限责任公司开设。该线路共有40辆公交车，往返于北京站和廊坊东方大学城之间，从2001年开始运营，票价最初为10元。因北京市政府出台的优惠政策，2008年2月份后，9字头公交车实行刷卡打折，折扣实行"2、4、8"制，即学生卡北京段两折，非学生卡北京段4折，所有卡河北段8折。按此折扣，持学生卡从北京站至大学城只需2.9元，客流量大幅增加。在北京938路公交车低票价的冲击下，廊坊往返北京的38辆客运车收入减少、经营困难，故而引发围堵事件。9日，交通运输部公路司赴廊坊召开专门会议，协调研究北京出市界公交问题。与会人员包括交通运输部公路司、京冀两地交通运输部门相关负责人。会后，廊坊运输公司组织20多人对车主们进行一对一的思想工作，杜绝了"堵车"事件继续发生。当日，停运六天的938路公交车恢复运营。为妥善解决廊坊客运车经营困难的问题，6月1日，廊坊市专门召开调度会议，市政府决定为廊坊运输公司东方大学城客运分公司特批50辆出租车，鼓励大巴车承包人转行经营出租车。同时在转行前，相关部门将给大巴车减免费用，帮助他们逐步退市。要求运输公司对这批曾经是公司职工的承包人优先安排。至此，938围堵事件圆满解决。

第二节　客运量、客运票价

一、客运量

1980 年 10 月，廊坊地区公交车开始运营时，运距短、客流少，经常跑空车，导致年年亏损，停止运营。

1996 年 9 月，公交客运班车共 60 部，发车间隔 10～15 分钟，日均客运量近 4000 人，提高了市民出行的效率。

随着廊坊市运输公司不断增加公交客运班线和投放公交汽车，1996—2006 年，廊坊市区公交客流量达到 4～6 万人次/日。

2006—2011 年 9 月，随着廊坊城区规模的不断扩大，百姓出行需求强烈，廊坊市区公交客流量为6～8 万人次/日。

自 2011 年 10 月 1 日廊坊公交实施公车公营，逐批投放 338 台智能化空调车后，日发班次 3200 个，廊坊市区公交客流量提升到 10～12 万人次/日。公交出行分担率由最初的 5.68% 提升至 12%。

二、客运票价

1996—2011 年 9 月 30 日，廊坊市公交车票价采用阶梯式收费，5 站以内 1 元/人次，5 站以外 2 元/人次。

2011 年 10 月 1 日，廊坊市公交车票价取消原有的阶梯式收费，执行不同线路统一收费，空调车 2 元/人次，普通车 1 元/人次，持有 IC 卡乘客享受 8 折优惠；持有学生卡享受 5 折优惠；持有爱心卡享受免费优惠，如图 3-4-5 所示。

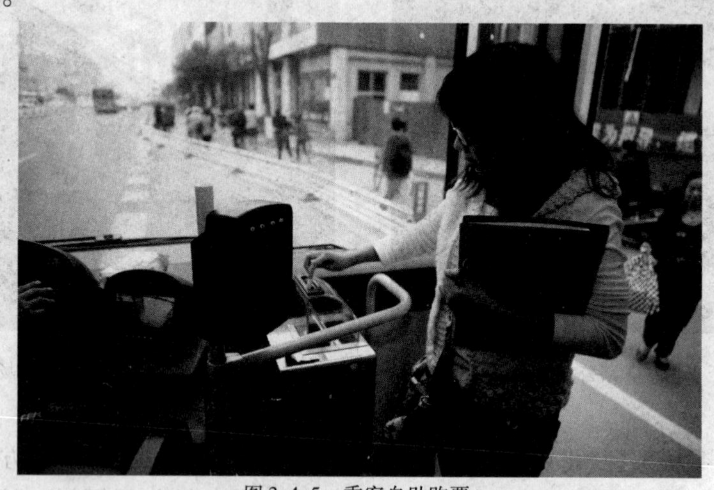

图 3-4-5　乘客自助购票

第三节　运 营 监 管

2010 年 2 月，廊坊市交通运输局制定了《城市公交客运“十不准”》，对运营行为作出刚性规定。廊坊市城市公共交通管理处受理市区公交车投诉，向社会公布投诉热线，要求所有投诉 3 日内必须办结并向投诉人反馈。同年 9 月，市政府出台了全省首部公交综合规范性文件《廊坊市区公交客运服务规范(试行)》，对运营行为、服务标准、考核奖惩等做了详尽规定，初步建立健全了长效服务质量标准体系和考核体系。

2011 年 9 月开始，与北京交通大学合作，借鉴先进城市的经验，结合廊坊实际，编制完成了《廊坊市区“十二五”及未来公交发展建设规划》。编写公交企业管理人员及从业人员的培训教材，包含管理培训、岗位技能、运营监管、服务标准、考核奖惩等方面。制定了《廊坊市区公共汽车车体广告设置规范》，对廊坊市区公交车辆车身广告和车内广告的管理、设置及维护工作做了详尽规定。对即将出台的《廊坊市城市公共客运服务质量考核办法(试行)》征询意见及修订。《廊坊市城市公共客运服务质量考核办法(试行)》规定了城市公共汽车客运监督管理、服务标准、服务质量、运营秩序、考核奖惩、乘客的合法权益。

2011 年市长王爱民调研公交监控中心,如图 3-4-6 所示。

2011 年廊坊市交通运输局召开市区公交线路布局及站点设置征求意见座谈会,如图 3-4-7 所示。

图 3-4-6　2011 年,市长王爱民到公交监控中心调研

图 3-4-7　2011 年,廊坊市交通运输局召开市区公交线路布局及站点设置征求意见座谈会

第五章　机动车维修

第一节　维修市场

新中国成立之初，全国通车公路仅为8万公里，仅有5.1万辆老旧汽车。这期间，我国逐步建成了一批具有一定规模，车、钳、铣、刨、镗、磨、铸、锻、镀等工种和设备齐全的修理工厂。十一届三中全会以后，民用汽车大量增加，带动了汽车维修业的蓬勃发展，出现了各种经济成分的维修企业，车辆维修难的问题得到缓解。但车辆维修的技术含量低，整体维修能力有限，而且维修厂大多隶属并主要服务于汽车运输企业，没有完全形成一个独立的社会行业。同时，由于缺乏宏观管理，维修市场也发生了一些问题，主要是开业无标准，质量无保证，收费不合理，以及经济活动中的一些不正之风等。

到2010年，全国汽车总数已达到7000万辆，与之相伴，汽车维修迎来快速发展时期。汽车及配件的供应得到改善，旧件修理和以无限度延长汽车使用寿命为目的的维修业做法已成为历史。从节能、环保和安全考虑，老旧汽车被强制报废。汽车维修从观念上发生了变化。

过去的汽修业，给人们的印象是"苦"、"脏"、"累"，工作条件艰苦、汽车维修人员的地位低下、专业素质较差，沿用传统的师傅带徒弟的工作方式。改革开放以来，中国汽车维修业迅速发展，随着大量进口汽车的涌入，使一大批中外合资、独资汽修企业出现。近年来，一大批大学毕业生加入到汽车维修行业，为汽修业注入了一股新鲜血液，使汽修业的文化水平上了一个新台阶。

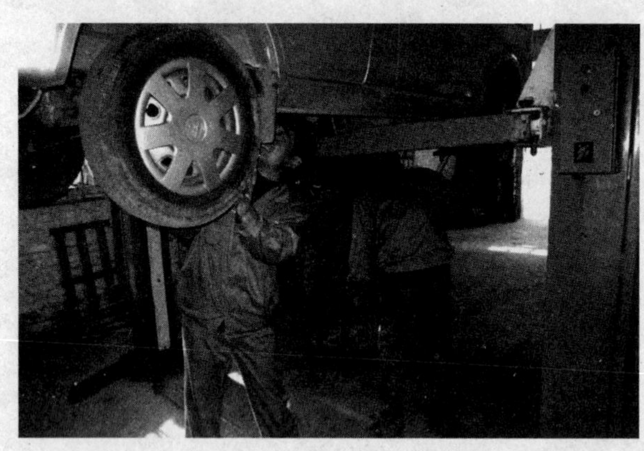

图3-5-1　汽车二级维护

原来国有的大中型汽车修配厂，仅停留在车床、刨床、铲床、磨床的机加工设备及锻、铸、镗、钳等工种。改革开放以后，汽修业从计划经济转为市场经济。国外先进技术、先进设备以及先进的经营管理模式进入国内。在国家大力发展汽车工业的同时，大批先进汽车售后经营管理模式应运而生，涌现了大批3S、4S店。这些企业集销售、零配件供应、维修维护信息反馈于一体，形成专业化一条龙服务，如图3-5-1所示。

第二节　维修管理

1986年，交通部、国家经委、国家工商行政管理局联合下发《汽车维修业管理暂行办法》，河北省交通厅、经委、工商行政管理局制定下发了《河北省汽车维修业管理实施细则》。按照廊坊地区行署对《廊坊地区汽车维修行业调查报告》的批示，开展了全区汽车维修行业整顿。与工商部门联合成立了廊坊地区汽车维修行业整顿领导小组，为无技术等级的从业人员考试定级，制定了《廊坊地区汽车维修企业开业条件的实施细则》。经过整顿，全区汽车维修合格企业331户。

1987年，廊坊地区交通局与地区工商行政管理局联合下发《关于加强汽车保养、修理行业管理暂行规定》，地、县两级成立了汽车维修市场领导小组，整顿登记全区国营、集体、个体汽车修理厂点，考核从业人员的技术,按照规定重新确定各厂点的经营范围和项目,重新核定营业执照。全区有324个汽车(摩托车)维修厂点,其中符合开业条件批准继续经营的265个,有40个不符合条件的被取缔,申请汽车大修的62户,符合条件被批准的12户。是年,廊坊地区维修行业实现"四统一":统一开业条件、统一维修工时定额、统一收费标准、统一结算凭证。

1988年,地区交通局与地区物价局联合下发《廊坊地区汽车维修行业收费标准和结算办法》,与地区税务局协商使用统一的结算凭证。1989年,市交通局与工商、物价、计量等部门联合下发《廊坊市汽车维修行业监督检查办法》,各县(市、区)对辖区内修理厂家进行考评,评出优秀厂家32个。1990年,整顿汽车维修市场各企业厂家的经营行为。市交通局、财政局、税务局联合组织了10个稽查组,检查有车单位的车辆维修票据,审验"准修证",规范厂牌名称,审查维修厂点的经营范围、收费情况票据使用、修理质量、商务活动等,实行质量跟踪卡制度。

1991—1993年,廊坊市交通局、工商局联合下发《关于实行合同维修的通知》,市交通局、市标准计量局联合下发《关于建立质量监督小组的通知》。到1993年,全市共签订维修合同7810份,履约率90%。开展汽车维修质量月和质量信得过厂家评选活动。结合"准修证"年审,按部颁标准审验全市756家汽车维修企业,同时检查经营行为、票据使用、收费情况。降格10家、补证22家、取缔33家。

1995年,在维修市场管理中重点抓规范、促管理,不断扩展市场功能,完善汽车维修救援网络建设,审订救援厂家29家,统一标志,公布救援电话,落实救援措施。1996年,建立廊坊市汽车维修协会,制定并通过协会章程,选举产生协会领导机构和32名协会理事;进一步完善汽车维修救援网络系统,继1995年确定29家救援厂家之后,又确定了3家救援厂;在11条国省干线设立43块救援指示牌。

1997年,建成全省第一家汽车维修救援指挥中心,负责通过廊坊市辖区内所有社会运输车辆的途中故障维修救援调度以及救援厂家管理,设置了1号两机的值班电话2119955。联合工商、税务、技术监督、物价纠风等部门治理整顿全市汽车维修市场,取缔55家非法经营的黑厂点,停业整顿86个经营行为不规范的维修厂家。1998年,年度审验全市979个维修厂家,确认合格厂家939家,降格18家,限期整顿22家。

1999年,成立廊坊市顺通汽车救援服务中心,以会员制的形式向运输车辆提供全方位契约化服务,完成了由纯公益型向公益与经济效益相结合型的转轨换制。到2000年12月,全市发展救援网络会员3679个,救援中心直接调度或实施救援43起,其中救助网络会员31起,替会员支付救援费用7000余元,另有10次免费拖带。

2001年,完善汽车维修救援网络建设,清理整顿全市救援厂,摘牌处理了不能坚持值班、没有救援能力、救援服务质量差的19家救援厂,重新认定保留下的18家救援厂。向市物价局申请网络会员收费标准,并由市物价局审核通过,正式行文下发。2002年,检查全市维修厂点753户;发放宣传材料506份;编发专项整治简报40期;出动车辆164台次、稽查人员701人次,检查无证经营46户,经营资质不达标86户,取缔43户,补办经营许可证14户,罚款4.50万元。

2005年,审核维修业户,逐项审查厂房、场地、设备是否符合国家新标准,从业人员资质条件是否符合要求。抽查验收了78家维修业户,查出不符合标准要求的业户17家(一类业户3家、二类业户7家、摩托车7家),取缔15家、降格2家。

2006年,考核机动车维修企业质量信誉,考核汽车综合性能检测站10家,二类机动车维修企业199家,三类机动车维修企业454家,摩托车维修业户97家。其中,取缔一类维修业户1家,二类维修业户4家,其他维修业户3家;限期整改一类维修业户1家,其他维修业户22家;降格二类维修业户2家;向省运管局申报考核一类机动车维修企业16家。

2011年4月至6月,考核全市机动车维修业户质量信誉。全市评定全国诚信企业3家,AAA企业9家,AA企业9家,A级企业209家,不合格(B级)6户。13家企业限期整改。

2011年全市机动车维修业及汽车综合性能检测站(一),见表3-5-1。

2011 年全市机动车维修业及汽车综合性能检测站(一)

表 3-5-1

单位名称	业户合计	一类汽车维修	二类汽车维修	三类汽车维修	摩托车维修	完成主要工作量合计	整车修理	总成修理	二级维护	专项修理	维修救援
安次区运输管理站	53	1	19	33	0	52584	—	—	19464	33120	—
永清县运管站	17	1	4	12	—	9613	—	—	7193	3420	—
广阳区运管站	138	1	62	75	—	16686	720	—	16686	11650	1450
三河市运输管理站	203	2	54	142	5	100859	1421	656	12688	85660	550
文安县运输管理站	38	1	8	29	0	10000	—	—	4800	5120	80
固安县运输管理站	47	—	12	33	2	39061	24	126	8790	30070	51
大城县运输管理站	32	1	13	15	3	15430	0	669	6446	6402	723
市直	50	4	34	12	—	14480	40	360	6800	7100	180
大厂县运管站	21	1	3	17	—	8970	—	—	6020	2950	—
运输公司	0	0	0	0	0	0	0	0	0	0	0
霸州市运管站	136	2	38	96	—	76008	—	110	24363	51200	335
香河县运输管理站	58	—	13	45	—	9369	—	—	—	9200	169
合计	793	14	260	509	10	353060	2205	1921	113250	245892	3538

2011年全市机动车维修业及汽车综合性能检测情况站(二),见表3-5-2。

2011年全市机动车维修业及汽车综合性能检测情况站(二) 表3-5-2

单位名称	检测站	完成检测量合计	维修竣工检测	等级评定检测	维修质量监督检测	其他检测	排放检测
安次区运输管理站	1	30470	19464	11006	—	—	—
永清县运管站	1	12067	7193	4874	—	—	—
广阳区运管站	1	19403	631	9270	1301	—	—
三河市运输管理站	1	19891	2256	14752	—	165	115
文安县运输管理站	1	15000	6000	9000	—	—	—
固安县运输管理站	1	15893	9342	6550	1	—	—
大城县运输管理站	1	8638	5348	2184	—	8453	8453
市直	1	7800	5400	2400	—	—	—
大厂县运管站	1	10769	6020	4749	—	—	—
运输公司	—	—	—	—	—	—	—
霸州市运管站	1	39797	24363	15434	—	—	—
香河县运输管理站	1	13369	9369	4500	—	—	—
合计	11	193097	95386	84719	1302	8618	8568

第三节 维修企业

至2011年,廊坊市共有各类汽车维修业户957家,其中一类15家,二类276家,品牌4S店56家,经营34个品牌系列;2S店2家,经营一汽集团、上汽集团品牌系列车型的售后服务及配件供应;专业二级维护企业28家,其中交通运输部门企业14家;快修店3家。三类663家。摩托车维修点7家,见表3-5-3。

2011年廊坊市一类维修企业一览表 表3-5-3

单位	地址	类别
大城一汽汽车销售服务有限公司	津保路团结桥头	一类
霸州市京文强俊汽车销售服务有限公司	车站南	一类
霸州市钜城汽车服务有限公司	霸州市津保路南侧王铁脸村	一类·作业站
永清县通达汽车大修厂	永清县益昌路178号	一类·作业站
廊坊中汽三菱汽车维修服务有限公司	廊坊市廊万路10号	一类
廊坊市侨治汇泰汽车销售有限公司	和平路93号	一类
廊坊市物探汽车大修厂	廊坊市广阳区廊万路4号	一类
廊坊罗马汽车维修中心	廊坊市广阳区裕华路西侧	一类
廊坊市东方华明汽车修理有限公司	广阳区光明东道63号	一类·4S店
三河市中裕汽车服务有限公司汽修厂	三河市燕郊	一类·4S店
文安县汽车大修厂	文安县北关	一类·作业站
廊坊庞大赫峰汽车销售有限公司	开发区金源道100号庞大汽贸商城	一类·4S店
安次区汽车维护保养服务中心	西外环阳光大道	一类·作业站
三河巨丰弘迪汽车维修服务有限公司	三河市燕郊开发区东环路	一类·4S店
中国石油天然气运输公司大厂京通配送中心	大厂县民族工业园区金铭大街	一类

2011年廊坊市二级维护专业站一览，见表3-5-4。

2011年廊坊市二级维护专业站一览表

表3-5-4

单　位	地　址	类　别
三河市顺检汽车维护厂	三河北外环路南	二类
三河市顺达汽车维护中心	三河西环岛北200米路北	二类
三河市兴恒达二级维护专业站	三河市李旗庄工业小区102国道北侧	二类
永清县宏通汽车维修站	永廊路金三角南路西	二类
大厂县回族自治县二级维护专业站	大厂县城小李庄西	二类
大城县通运二级维护专业站	大城县开发区（陈大线童子路口北）	二类
香河县信昌汽车维护厂	香河县五一路3号	二类
香河县昌泰吉汽车维护厂	香河县香五路荣轩建材城西侧	二类
运通汽车维护中心	桐万路金丰农科院西侧	二类
文安县兴运汽车二级维护站	文安县南环路孙章路口	二类
安次区顺和汽车维护保养服务中心	西外环阳光大道	二类
安次区路西二级维护厂	安次区光明西道102号	二类
安次区永强二级维护中心	安次区杨税务	二类
安次区安通汽车修理厂	银河南路18号	二类
安次区兴晟汽车维护中心	杨税务东固城	二类
安次区通旺汽车维护保养服务中心	廊坊市西外环南侧	二类
霸州市胜芳镇诚信汽车维护厂	霸州市胜芳镇中口村北	二类
霸州市盛达汽车维护厂	霸州市东环路	二类
霸州市长城汽车修理厂	霸州市南孟镇京开路西	二类
固安县通运专业汽车二级维护站	固安县城南、南五里南侧、106国道西	二类
固安县盛兴通汽车服务有限公司	固安县106国道西侧南五里村南侧	二类
固安县安达专业汽车二级维护站	固安县城西侧	二类
固安县畅达专业汽车二级维护站	固安县固马路西侧	二类
廊坊市广阳区通顺汽车维护厂	廊坊市广阳区北王庄村南	二类
霸州市东达凌凯汽车服务有限公司	霸州市112国道汽车站东1.5公里路北	三类·快修店
廊坊市领翔汽车修理有限公司	廊坊市光明东道85号	三类·快修店
廊坊市瑞致汽车维修有限公司	廊坊市益民道路北	三类·快修店

2011年廊坊市4S店一览，见表3-5-5。

2011年廊坊市4S店一览表

表3-5-5

企业名称	地　址	类　别
霸州市旭日贸易有限公司	霸州市建设东道2019号	二类
霸州市亿龙汽车销售服务有限公司	霸州市106国道西侧上海大众北	二类
霸州市鑫时利汽车销售有限公司	106国道长途汽车站南800米东	二类
霸州市精诚汽车有限公司	霸州市兴华北路1008号	二类
霸州广诚汽车销售服务有限责任公司	北杨庄桥北	二类
霸州市汇丰汽车销售有限公司	霸州开发区北106国道西侧	二类
霸州北方伟业汽车销售有限公司	霸州兴华路西侧	二类
霸州开发区赶良汽车销售有限公司	霸州市开发区迎宾道	二类

续上表

企业名称	地　址	类　别
强盛汽车贸易有限公司霸州分公司	霸州长途汽车站南行1000米路东	二类
霸州盛德汽车销售服务有限公司	霸州华鑫园区	二类
霸州君泰悦时汽车销售服务有限公司	霸州东环路东侧小魏营村	二类
霸州市国旺汽车维护厂	106国道霸州一中北行一公里路西	二类
大厂长江实业有限公司	大厂夏垫镇商业街31号	二类
廊坊市冀瑞汽车销售有限公司	开发区金源道北	二类
廊坊市天威汽车销售有限公司	开发区金源道100号	二类
奥德行丰田汽车销售服务有限公司	开发区四海路139号	二类
廊坊晟驰贸易有限公司	开发区金源道北	二类
通菱汽车销售有限公司廊坊分公司	开发区金源道100号	二类
廊坊市冀东汽车销售有限公司	开发区金源道100号	二类
廊坊庞大星光汽车销售服务有限公司	开发区金源道92号	二类
永清通达汽车贸易有限公司	永清廊霸路东金雀大街北侧	二类
廊坊市汇成汽车销售服务有限公司	廊坊市解放道188号	二类
廊坊盛德基业汽车销售服务有限公司	安次南外环南侧	二类
廊坊瑞龙伟业汽车销售有限公司	廊坊市东安路188号	二类
河北怡和隆祥汽车销售服务有限公司	广阳区光明东道65号	二类
河北怡和骏祥汽车销售服务有限公司	广阳区光明东道65号	二类
廊坊市联福汽车销售服务有限公司	廊坊市东外环路101号	二类
廊坊市润田汽车贸易有限公司	光明东道23号	二类
河北汇盛汽车维修有限公司	廊坊市解放道180号	二类
廊坊市广和汽车贸易有限公司	东环路99号	二类
廊坊市君泰悦轩汽车销售有限公司	广阳区许各庄村南,长虹路东侧	二类
廊坊市悦众信达汽车销售有限公司	广阳区东环路19号	二类
瑞友汽车贸易有限公司汽车维护厂	广阳区益民道西段	二类
廊坊上海轿车维修公司广阳分公司	益民道中段路南	二类
廊坊冀东汇鑫汽车贸易有限公司	广阳区东外环路188号	二类
广阳区桐万路长源汽车修理厂	广阳区桐万路北	二类
廊坊市强盛汽车贸易有限公司	光明东道北侧	二类
广阳区博强汽车贸易有限公司	光明东道	二类
广阳区东外环鹏达汽车维护厂	东外环180号	二类
香河天顺汽车销售服务有限公司	香河渠口镇宣教寺村香宝公路南	二类
香河凯祥汽车服务有限公司	香河淑阳镇新华大街	二类
庞大汽贸有限公司廊坊分公司	廊坊市开发区金源道100号	二类
廊坊市义华伟业商贸有限公司	廊坊市建设南路319号	二类
三河新宏昌重型汽车服务有限公司	土黄庄镇政府东	二类

第六章　机动车驾驶员培训

从新中国成立到改革开放初期,学习驾驶的人员基本都是职业驾驶员,培训驾驶员的场所都是由公安部门直接管辖,培训场所也是国有性质的技工学校,属于行业专业培训。1978 年以后,随着汽车数量的不断增多,学习驾驶技能的人数也不断上升,驾驶培训开始有了市场化倾向。私营驾校的兴起,带动了驾驶培训市场的繁荣,出台文件规范和明确监管部门迫在眉睫。1993 年 11 月 10 日,国务院明确了交通部在驾驶员培训方面的职责分工。1997 年,廊坊市政府市长办公会议纪要就"关于做好汽车驾驶员培训行业管理交接工作的意见"做了明确规定,交通部门自 1997 年 7 月 1 日起正式接管全市机动车驾驶培训行业管理。

第一节　市场与管理

1993 年 11 月 10 日,国务院召集中编办、交通部、公安部等部门负责人,协调驾驶培训市场的管理,形成了《关于研究道路交通管理分工和地方交通公安机构干警评授警衔问题的会议纪要》,明确了交通部门在驾驶员培训方面的职责分工。交通部门开始治理整顿驾驶培训市场。1994 年 5 月— 6 月,交通部连续下发了 441 号《关于尽快开展汽车驾驶学校和驾驶员培训行业管理工作的通知》《关于开展汽车驾驶学校和驾驶员培训行业管理工作的补充通知》,要求尽快实施驾校和驾培行业的管理。交通部先后出台和修订了《中华人民共和国机动车驾驶员培训教学大纲》《机动车驾驶培训机构资格条件》等规章。规定了机动车驾驶培训机构的分类,主体资格机构,岗位职责和管理制度,人员、教练车、教学设施设备和场地的基本条件。

1997 年 7 月 1 日,廊坊市交通部门正式接管全市机动车驾驶员培训行业的管理,清理整顿全市 14 所驾校。各驾校原持有的《培训许可证》收回,新学驾驶员一律进校参加正规培训与考核,考核合格的学员由运输管理处审核合格后,统一发放《驾驶员培训结业证》。

1999 年 10 月 15 日—12 月 31 日,全市已取得《结业证书》(职业)的驾驶员统一核发换领相应类别的《准驾证》,脱产集中培训考核新进入运输市场的非职业驾驶员,考核合格并取得《机动车驾驶员培训结业证书(职业)》后,方可到当地运政管理部门申请《准驾证》。规定未经道路运政管理机构审验并取得《培训许可证》的摩托车驾驶员培训学校,不得擅自招生培训,原已开办的摩托车驾驶员培训学校到道路运管机构重新登记、办理手续。2001 年,下发《关于认真开展营运驾驶员换发办理〈从业资格执〉工作的通知》。已取得客运《准驾证》《出租车服务证》《道路危险运输操作证》《道路商品汽车发送驾驶员上岗证》《营业性道路运输机动车准驾证》资格证件的营运驾驶员,统一换发为《从业资格证》。驾驶员必须经过操作考试合格后方准换证。

2004 年,全市机动车驾驶员培训行业开展"争星级,创品牌驾校"活动,这是行业管理的一项创新。多媒体教学、智能模拟器、学时记录仪和电子杆等现代化教学方法得到普及应用,驾校教学质量和管理水平显著提升。同年 4 月 30 日,公安部、国家发改委、交通部、农业部、国家安全生产监督管理局联合发布了《预防道路交通事故"五整顿""三加强"实施意见》,公安部、交通部、农业部联合下发了《机动车驾驶员队伍整顿工作实施方案》。按照交通行业标准《机动车驾驶员培训业户开业条件》(JTT 433—2000),审查辖区机动车驾驶员培训学校资格,依法清理整顿各类不合法驾校。凡是国家机关及公安、交通、农业(农机)举办或参与举办的驾校,必须与所在单位彻底脱钩,在资产、人员、经营和收益分配等方面全部退出。取缔无证经营的黑驾校和各类非法招生点、陪练点。责成属于事业单位性质的驾校限期改制,尽快转为经营性企业,否则不得收费招生。2005年1月起,正式启用《中华人民共和国机动车驾驶员培训记录》。驾驶学员的培训学时达标后,按照要求,由学员、教员、培训单位、道路运输管理机构四方签字,证明培训学时,并作为向公安部门申请考试的依据存入档案,培训记录一式3份,其中1份由公安部门留存。

2007年7月1日,全省统一使用新版从业资格证,旧版从业资格证同时停止发放,并于2008年7月1日起作废。2010年,从业资格培训理论学时实现单人IC卡记录,管理部门逐人核对培训学时IC卡记录,达不到规定学时的不签字、不考试。是年,全面实行从业资格无纸化考试。2011年10月1日起,全省统一实施诚信考核,考核周期为12个月。2011年10月1日前取得从业资格证件的道路运输驾驶员,于2011年12月31日前持从业资格证件到市运管处办理诚信等级签注,记做2011年的考核结果。

第二节 机动车驾驶员培训学校

1997年7月1日,交通部门正式接管全市14所机动车驾驶员培训学校。全行业驾校逐渐走向标准化、规范化。至2011年,全市驾校40所,其中一类资质驾校8所,二类资质驾校18所,三类资质驾校14所。8所一类资质驾校如下。

一、安通驾校

安通驾校成立于1986年,国有集体企业,省级一类驾校,占地80.27亩,有模拟器24台,各类教练车50部。学校设有科目一模拟教室,微机43台,多媒体教学设备2套,教练员58人,理论教员6人,其他员工12人,可完成A1、B2、C1、D驾驶员培训,及从业资格B2、C1的培训。

二、廊坊市东岳机动车驾驶员培训有限公司

东岳驾校始建于1984年,训练场占地164亩,有配备34台汽车模拟器及多媒体教学设备和软件的模拟教室;有配备了专供教学用汽油排故发动机2台、柴油排故发动机1台及15种以上汽车零部件的排故室;有配备了各种教学用挂图和电教版挂图的电教室,面积240平方米的普训学员专用理论教室,面积180多平方米专门培训从业资格的理论教室;有配备了61台无纸化模拟考试系统计算机、安装有监控系统、多媒体教学系统和指纹识别系统的微机室;有专人负责的图书室;有大型教练车24辆,福田23辆,桑塔纳111辆,自动挡2辆。教练员176人,理论教员11人。

三、三河通达驾校

通达驾校于1984年5月成立,坐落于河北省三河市,占地110亩。有微机67台,模拟器24台,教学多媒体设备3套。教练车86辆,其中普桑45辆,福田29辆,大货车8辆,大客车4辆。教练员70人。

四、三河路通机动车驾驶员培训学校

路通驾校成立于2007年,坐落于三河市泃阳西大街248号,占地182.99亩,有教练车107部,教练员110人,模拟练习车24台,微机64台,教学多媒体设备3套,学员训练科目齐全。

五、廊坊市长征驾驶员培训学校有限公司

廊坊市长征驾驶员培训学校有限公司,简称长征驾校,成立于2005年3月,位于廊坊市广阳区广阳道和西昌路交口环岛往西廊万路3公里处,是集培训、考试于一体的一类汽车驾驶员培训学校。学校设有20万平方米的培训场地,科目齐全;60台实操智能互动模拟机,便于学员的练习;配置了与交警支队同步的百台微机练习室,有公安交通警察支队批准建设的6.60万平方米高科技现代化考试场。

六、霸州平安驾校

平安驾校成立于2005年,坐落于霸州市胜芳镇香槟花园北100米路东,占地150亩,有教练车123

部，教练员146人，模拟练习车24台，微机90台，教学多媒体一套，供学员训练的科目齐全。

七、大城驾校

大城驾校成立于1992年，占地200亩，模拟器24台，车辆80部，微机60台，教练员110人。

八、阳光驾校

阳光驾校2006年成立，驾校训练基地位于市区近郊杨税务村，紧临西外环，占地92亩。有大客、大货、小客、小货等各种专业教练车120部，教职员工140人，其中大专以上学历40人、高级工程师2人、高级技师4人。有面积1800平方米的教学大楼、学员餐厅、宿舍等配套设施，其中专业授课教室300平方米。学校配备有透明教具教室、多媒体教学教室、模拟驾驶器教室（模拟器36台）、实物零件教室及计算机教室（微机40台）等。

2011年机动车驾驶员培训情况（一），见表3-6-1。

2011年机动车驾驶员培训情况（一） 表3-6-1

单位名称	机动车驾驶员培训业户合计	普通机动车驾驶员培训	一级	二级	三级	道路运输驾驶员从业资格培训	道路客货运输驾驶员从业资格培训	危险货物运输驾驶员从业资格培训	机动车驾驶员培训教练场经营
安次区运输管理站	1	1	1	0	0	1	1	0	0
永清县运管站	2	2	—	1	1	1	1	—	—
广阳区运管站	3	3	—	3	—	2	2	—	—
三河市运输管理站	4	4	1	3	—	3	3	—	—
文安县运输管理站	5	5	—	2	3	2	2	—	—
固安县运输管理站	5	5	—	2	3	1	1	—	—
大城县运输管理站	3	3	—	2	1	1	1	—	—
市直	7	7	2	2	3	4	4	1	—
大厂县运管站	2	2	—	2	—	1	1	—	—
运输公司	—	0	—	—	—	—	—	—	—
霸州市运管站	4	4	1	2	1	2	2	—	—
香河县运输管理站	3	3	—	2	1	2	2	—	—
合计	39	39	5	21	13	20	20	1	0

2011年机动车驾驶员培训情况（二），见表3-6-2。

2011年机动车驾驶员培训情况(二) 表3-6-2

单位名称	教练员人数	理论教练员	驾驶操作教练员	管理人员人数	培训人次	培训合格人次	教学车辆合计	教学场地(含租赁场地)面积
安次区运输管理站	65	6	59	5	5095	5015	53	43333
永清县运管站	83	6	77	10	4985	4885	65	69642
广阳区运管站	222	12	210	15	10915	10825	197	125920
三河市运输管理站	242	26	208	20	14599	14509	189	172088
文安县运输管理站	135	9	126	25	8350	8264	123	153906
固安县运输管理站	148	8	140	25	6326	6206	121	175227
大城县运输管理站	110	7	103	15	9589	9479	97	97300
市直	517	33	484	35	30169	30039	484	327000
大厂县运管站	61	3	56	10	4695	4594	50	44622
运输公司	—	—	—	—	—	—	0	—
霸州市运管站	225	14	211	20	19650	19551	199	196460
香河县运输管理站	170	7	161	15	10930	10870	129	100000
合计	1978	131	1835	195	125303	124237	1707	1505498

倒车移库动作示范,如图3-6-1所示。廊坊市驾培行业教练员教学大比武活动,如图3-6-2所示。

图3-6-1 倒车移库动作示范

图3-6-2 廊坊市驾培行业教练员教学大比武活动

第七章 规费征收

公路运输管理费和交通建设附加费(客票附加费和货运附加费)属行政性收费,由各县(市、区)运输管理站负责征收,每月底前全额入缴,不允许截留、挪用、坐支,实行收支两条线管理。运输管理费由廊坊市运输管理处汇总,上缴省运输管理局20%后,缴入市收费局财政专户,纳入市级财政;交通建设附加费实行全省统收统支,由廊坊市运输管理处汇总后全额上缴省运输管理局,纳入省级财政。

1986年10月1日,依据交通部、财政部的文件精神,对从事营业运输的单位和个人,按运输营业额征收不超过1%的运输管理费。征收办法:客货运输的车籍所在地的运管部门按应收运费稽征;搬运装卸、运输服务由生产作业地的运管部门按营业收入计征。营业额难以计算的,可核定年度的营业收入,按月定额征收。

1993年1月1日,依据河北省交通厅、财政厅文件,调整部分公路运输管理费。货车由每吨每月7元调整为11元,汽车挂车不再减半;拖拉机由每吨每月5元调整为7元;客车由每吨每座每月1元分别调整为大型车(31座以上,不包括驾驶员座位,下同)1.50元、中型车(16~30座)1.80元、小型车(15座以下)2元。同年10月19日,依据河北省交通厅、财政厅文件,乡村从事营业性运输的农用拖拉机和农用汽车减征30%,由每月每吨7元降为5元,按实际营运的月份征收。农用拖拉机和农用汽车征收的运管费,不再上交河北省交通厅。

1996年4月17日,依据河北省交通厅、财政厅文件,汽车货运附加费按营运汽车(含挂车)每月每吨10元征收。货运经营者在现行运价的基础上,每吨公里加收0.005元,在结算运费时向托运人收取。公路运输客票附加费按每天每座位2.40元征收。客运经营者按每人公里0.02元(含已开征的0.005元)计入客运票价收取。新购车交通建设附加费按购车款(基本同国家车购费)5%征收。运输经营者代收的客、货运附加费不计入营业收入。1997年12月23日,依据财政部、国家计委文件,取消汽车维修行业管理费。

1998年6月17日,依据河北交通厅文件,公路运输管理费,按营业收入0.8%计征,按吨、座位征收的部门仍按现行标准执行。同年11月1日,依据河北省财政厅、省物价局文件,取消向出租车收取的公路运输管理费。

2004年1月1日,依据河北省道路运输管理局文件,免收农民个人拥有的"从事营业性运输的农用三轮车、农用拖拉机"公路运输管理费。2005年1月1日,依据河北省财政厅、省物价局、省交通厅文件,免收三轮汽车公路客货运附加费、公路运输管理费。同时,依据河北省交通厅文件,对在治理超限超载范围内的载货类汽车,按照国家发展改革委员会发布的《车辆生产企业及产品公告》《载货类汽车质量参数调整更正表》和2004年第31号公告核定的车辆吨位计量,征收公路运输管理费和货运附加费。同年5月1日,依据河北省财政厅、省物价局、省交通厅文件,对县辖区内或毗邻县经营村与村、村与乡(镇)、村与县城、乡(镇)与乡(镇)、乡(镇)与县城之间的客运车辆,减半征收公路运输管理费、客票附加费;对专门接送小学生上下学的农村客运班车,免征公路运输管理费、客票附加费。期限3年。2008年,国家实施成品油价格和税费改革,2009年1月1日停收"三费"。

运输管理费、客票附加费、货运附加费征收情况,见表3-7-1。

运输管理费、客票附加费、货运附加费征收情况表(万元) 表3-7-1

年份(年)	运输管理费	客票附加费	货运附加费
1985	155.4	—	—
1986	252.8	—	—
1987	280.8	39.0	—
1988	349.4	82.3	—
1989	481.7	84.4	—
1990	478.6	74.2	—
1991	644.0	84.2	—
1992	694.3	138.0	—
1993	910.5	181.7	—
1994	941.0	190.1	—
1995	977.0	241.0	—
1996	1232.0	436.0	—
1997	1479.8	585.0	5404697.1
1998	1557.0	601.0	6233252.5
1999	2000.0	626.0	6353991.7
2000	1935.0	606.0	6170957.7
2001	1895.0	681.0	6967581.5
2002	2139.0	733.0	7727133.1
2003	2376.0	577.0	9203873.9
2004	2805.0	718.0	12388612.4
2005	2490.0	636.0	11834247.8
2006	2498.0	678.0	14076470.6
2007	3036.0	691.0	15675428.2
2008	3169.0	1037.0	15195657.1
合计	34777.3	9719.9	117231903.6

第八章　行业信息化管理

第一节　客货修软件联网运行管理

2002 年,市运管处独立开发完成了货运管理软件。软件从单机平台过渡到网络平台,同时修改完善客运、维修、出租车管理软件。2003 年 4 月,市处直属站成功启动计算机收费管理系统。调研全市范围建设联网运行的运政管理系统的可行性。

2005 年,制定了市运管处信息化建设实施方案,经市交通局批准后,6 月 10 日开始,市运输管理信息系统建设进入项目实施阶段。全市开通宽带接入 35 条,安装软件 130 套,调试各类计算机 130 台。集中培训操作员 43 人,现场培训操作员 100 人。

第二节　驾驶员培训管理

2008 年,全市驾驶培训行业推行无纸化考试。利用现场考察、网上联络、网上演示、现场观摩等多种方式,依托互联网络,采用指纹对比技术认证身份,从题库中随机生成试卷,练习与考试相结合,考试完毕后自动阅卷、显示成绩,自动打印成绩和备案。

2009 年,组织全市各驾校业务人员和计算机操作员 60 人集中培训,讲解更改后的业务流程和软件各个环节的具体操作,以及具体运行中出现的难点。同时建立从业考试操作员群,在群内解答各种疑问。

2010 年,完成各驾校从业驾驶员培训学时记录系统程序的设计、安装、调试和技术保障。同年 4 月 1 日,启动从业驾驶员培训学时记录系统。

第九章 交通监理

早在商代就有“殷之法、弃灰于公道者断其手”的规定。西周时出现了管理车辆在道路上依照次序行驶的“野芦氏”,这是古代交通监理的萌芽。民国时期,随着汽车的出现和公路的发展,交通监理逐步得到发展。民国七年(1918 年)始对上路汽车注册登记,但制度很不健全。民国十八年(1929 年)七月,河北省政府第一次发放汽车执照和汽车车牌。20 世纪 30 年代开始,对车辆和驾驶员提出初步要求。20 世纪 40 年代,国民党统治区先后筹建了各地监理部门,颁布了一些监理制度,对车辆临时进行登记。在解放区,除颁布一些车辆管理制度外,在车辆管理及安全管理方面也采取了一些措施。中华人民共和国成立后,随着运输车辆和公路事业的发展,交通监理机构及有关交通法规逐步建立健全起来。1950 年,省交通局设监理科后,各地陆续建立汽车监理所。1963 年,监理机构进行调整,各地汽车监理所改名为车辆监理所,由省交通厅和专署交通局双重领导,监理范围扩大到在公路上行驶的各种车辆。

1966 年 5 月 15 日,河北省天津专区车辆监理所成立,负责机动车和驾驶员的管理、交通安全、违章肇事等工作。1974 年 1 月,天津地区车辆监理所改名为廊坊地区车辆监理所。1979 年,监理体制实行垂直领导,廊坊地区车辆监理所改名为廊坊地区交通监理所,各县车辆监理站也改名为交通监理站,实施道路、车辆和安全工作的综合管理,广泛开展了交通安全月活动。1980 年,地区交通监理所上划河北省交通局统管。1985 年 1 月 1 日,地区交通监理所由省交通局下放给廊坊地区交通局管理。

1986 年年底,监理所下设 3 股 1 室,即办公室、交通股、业务股、检考股。全区 8 县 1 市都设有监理站,共有固定检查站 25 个,监理人员 241 人,主要任务是加强交通安全管理,积极宣传交通安全法规,做好人、车、物的综合治理。

车辆管理包括人力车、兽力车、汽车、拖拉机、自制汽车柴油车及摩托车、自行车等的管理;汽车驾驶员分为职业、普通、学习驾驶员三种。职业驾驶员分为一等、二等、三等。对职业驾驶员主要是进行考验、行驶和肇事处理等的管理;交通管理包括交通安全、交通标志。

1987 年 7 月 4 日,廊坊地区交通监理工作由交通部门移交给廊坊地区公安部门管理。

第四篇 交通运输企业

为发展交通运输事业，适应市场经济和推进体制改革，按照宏观管理、微观搞活、监督指导、协调服务的指导方针，从 1989 年开始，市交通局相继设立了“企业改革办公室”、“企业管理科”和“产业化办公室”3 个管理机构，对市交通局所属企业及部分实行企业化管理的事业单位进行管理。所属企业除取得经济效益和社会效益外，还为机关人员分流和子女就业创造了条件，对交通事业的发展起到了积极作用。

按照国家政策和市场经济需求，围绕交通运输主业，市交通局或局属有关单位相继投资兴办第三产业。涉及领域有路桥工程设计、监理、施工建设；公路通行收费及经营管理；客货运输服务、汽车出租、汽车检测、维修维护、加油加气；装饰装修、建筑材料供应；化工产品生产与销售；驾驶员培训、旅游、商贸服务等业务，先后开办的企业有 30 余家。

第一章　市交通运输局管理(控股)正在运营的企业

第一节　廊坊市交通公路工程有限公司

1996年1月29日,成立廊坊市交通公路工程有限公司(全部国有),法定代表人闫宝光。营业期限至2006年1月29日,后变更至2026年1月29日。注册地址在廊坊市广阳区爱民道40号。主要从事:公路工程施工、市政工程施工;建筑材料销售;工程设备租赁。

一、注册资本

公司成立之日,注册资本100万元。当年5月,增加至3100万元。之后,随着企业经营的不断拓展,逐年增加注册资本,2009年7月16日,增加至18360万元。

廊坊市交通公路工程有限公司注册资本金变更,见表4-1-1。

廊坊市交通公路工程有限公司注册资本金变更表　　表4-1-1

日　期	注册资本(万元)	备　注
1996年1月29日	100	首次股东会议决议
1996年5月30日	3100	第二次董事会议决议
1999年4月1日	5100	第八次股东会议决议
2001年5月10日	8500	廊坊金城会计师事务所验资报告
2002年11月26日	10500	第二次股东会决议
2007年10月26日	14360	第二次股东会决议
2009年7月16日—2011年12月31日	18360	第三次股东会决议

二、股东与股份

1996年1月29日公司成立时,股东为4家。廊坊市通华贸易公司注资45万元,占有45%的股份。同年6月12日,注册资本增至3100万元,廊坊市交通局注资3000万元,占有96.78%的股份,至2002年8月25日,虽占有股份减少,但一直居股东之首。同年8月26日,廊坊市第二公路工程处注资3940.058407万元,占有46.3%的股份,成为第一股东。之后,各股东注资不断增多,廊坊市第二公路工程处占有股份比例虽然逐渐减少,但仍以微小的差额,居股东之首。

廊坊市交通公路工程有限公司股东出资额及持股比例,见表4-1-2。

廊坊市交通公路工程有限公司股东出资额及持股比例表　　表4-1-2

时　间	注册资金(万元)	股　东	股金(万元)	股份比例(%)
1996年1月29	100	廊坊市通华贸易公司	45	45
		廊坊市交通经贸发展有限公司	25	25
		廊坊石油公司	15	15
		廊坊市交通劳动服务公司	15	15

续上表

时　间	注册资金(万元)	股　东	股金(万元)	股份比例(%)
1996年6月12日	3100	廊坊市通华贸易公司	45	1.45
		廊坊市交通经贸发展有限公司	25	0.81
		廊坊石油公司	15	0.48
		廊坊市交通劳动服务公司	15	0.48
		廊坊市交通局	3000	96.78
1999年4月1日	5100	廊坊市通华贸易公司	45	0.88
		廊坊市交通经贸发展有限公司	25	0.49
		廊坊市交通劳动服务公司	15	0.29
		廊坊市交通局	3015	59.12
		廊坊市公路工程管理处	2000	39.22
2001年5月10日	8500	廊坊市交通局	6500	76.47
		廊坊市公路工程管理处	2000	23.53
2002年8月26日	8500	廊坊市交通局	3100	36.50
		廊坊市第一公路工程处	1459.941593	17.20
		廊坊市第二公路工程处	3940.058407	46.30
2002年11月26日	10500	廊坊市交通局	3100	29.52
		廊坊市第一公路工程处	1459.941593	13.90
		廊坊市第二公路工程处	3940.058407	37.53
		廊坊市公路管理处	2000	19.05
2007年10月5日	14360	廊坊市交通局	3100	21.59
		廊坊市第一公路工程处	1459.941593	10.17
		廊坊市第二公路工程处	3940.058407	27.44
		廊坊市公路管理处	2000	13.95
		廊坊市公路工程材料供应处	3860	26.88
2009年7月16日—2011年12月31日	18360	廊坊市交通局	3100	16.89
		廊坊市第一公路工程处	1866.341593	10.16
		廊坊市第二公路工程处	5037.658407	27.44
		廊坊市公路管理处	3420.80	18.63
		廊坊市公路工程材料供应处	4935.20	26.88

三、人员结构

职工。2002年8月26日,廊坊市交通公路工程有限公司重组,下设一公司、二公司,总人数451人,其中总公司9人、一公司232人、二公司210人。2006年3月6日,成立廊坊市交通公路工程有限公司三分公司。其时总人数增为542人,其中总公司32人、一公司228人、二公司人221人、三分公司61人。2007年3月31日,成立廊坊市交通公路工程有限公司材料设备分公司,总人数增为667人,其中总公司34人、一公司208人、二公司234人、三分公司53人,材料设备分公司138人。2011年,工程公司总人数共计684人,其中公司机关44人,一公司199人,二公司254人,三分公司54人,材料设备分公司133人。

职称。至2011年,有高级职称44人,中级职称95人,初级职称151人,其他人员394人;一级建造师23人,交通部甲、乙级造价工程师13人,交通部试验检测工程师15人,注册安全工程师20人。

法定代表人。廊坊市交通公路工程有限公司从成立到2011年年底的14年间,有5人相继担任法定代表人。公司的法人代表由法定代表人担任。

廊坊市交通公路工程有限公司法定代表人任期，见表4-1-3。

廊坊市交通公路工程有限公司法定代表人任期表 表4-1-3

届次	法定代表人		任期
	姓名	职务	
一	闫宝光	公路工程处处长	1996年1月29日—1996年5月30日
二	郭秀全	公路工程处书记	1996年5月30日—1999年4月2日
三	商振林	交通局长	1999年4月2日—2005年3月1日
四	饶贵华	交通局长	2005年3月1日—2009年1月16日
五	王相仁	交通局长、交通运输局长	2009年1月16日至今

董事会、监事会。董事会、监事会是由股东大会选举产生的。股东大会是公司的最高权力机构；董事会执行股东大会决议，负责企业内部管理和外部交往；监事会代表股东大会监督检查董事会的工作。1996年1月29日公司成立时，即在股东大会上选举产生了第一届董事会、监事会，之后随着股东的变更和股金的增加，先后7次改选、调整董事会、监事会。

廊坊市交通公路工程有限公司历届董事会、监事会成员名单，见表4-1-4。

廊坊市交通公路工程有限公司历届董事会、监事会成员名单 表4-1-4

届	选举时间	会别	召集人	成员
一	1996年1月5日	董事会		闫宝光 夏长勇 邢瑞丰 张涛 杨涛
		监事会	郭秀全	郭秀全 赵振先 郑顺兰 李小旋 张玉林
二	2002年11月26日	董事会		商振林 李树奎 佟爱民 李继武 冷建新 高维信 李福顺
		监事会	张国儒	张国儒 夏长勇 杜永安 梁建国 薛振山 王炳祥 刘彦君
三	2004年4月12日	董事会		佟爱民 李继武 冷建新 齐德旺 刘彦君
		监事会	张国儒	张国儒 夏长勇 杜永安 梁建国 薛振山 郭建生 王婧
四	2005年3月1日	董事会		饶贵华 王文玉 佟爱民 李继武 冷建新 齐德旺 刘彦君
		监事会	张国儒	张国儒 夏长勇 杜永安 梁建国 薛振山 郭建生 王婧
五	2009年1月16日	董事会		王相仁 佟爱民 陈切顺 宫磊 牛四强 齐德旺 刘彦君
		监事会	张国儒	张国儒 夏长勇 杜永安 梁建国 薛振山 郭建生 王婧
六	2009年7月16日	董事会		王相仁 佟爱民 陈切顺 宫磊 刘鹏 牛四强 杨智全 张国儒 刘彦君
		监事会	冯相杰	冯相杰 孙锦坡 杨玖路 杜国强 孙金辉 梁建国 王婧
七	2010年3月23日	董事会		王相仁 佟爱民 陈切顺 赵亚 牛四强 刘鹏 杨智全 冯相杰 刘彦君
		监事会	张国儒	张国儒 孙锦坡 杨玖路 杜国强 孙金辉 梁建国 王婧
八	2011年12月31日	董事会		王相仁 佟爱民 陈切顺 王文刚 石桥 刘鹏 张金奎 杨智全 刘彦君
		监事会	张国儒	张国儒 刘曼 杨玖路 杜国强 高增平 李俊杰 李富静

四、施工资质

2002年8月26日，廊坊市交通公路工程有限公司重组后，已具备公路工程施工总承包一级资质、公路路基工程专业承包一级资质、公路路面工程专业承包一级资质。2003年8月22日，增加公路交通工程专业承包交通安全设施资质。2004年4月22日，由河北省交通运输厅颁发养护资质公路养护工程施工从业资质二类（甲级），公路养护工程施工从业资质一类。2006年6月22日，增加市政公用工程施工总承包二级资质。2007年2月7日，增加桥梁工程专业承包一级资质。2008年12月1日，增加隧道工程专业承包一级资质。2010 年 10 月 14 日，增加市政公用工程施工总承包一级资质。

五、施工机械

2002 年 9 月 26 日，设备材料部成立之后，公司接收 3 台进口机械设备（WR2500 冷再生机、BW202AD－2 双钢轮振动路压路机、ABG423 摊铺机），配备 9 名机手，库房 3 间。同时，负责对一、二公司机械设备的宏观管理。2004 年，引进英国派克 T3400/320 型沥青混凝土搅拌站 1 台，即组建拌和场。2007 年 4 月 5 日，整合工程建设资产，将冷再生、摊铺机、压路机配给二分公司，拌和站拨发给材料设备分公司。至 2011 年底，一分公司各类机械设备 220 台；二分公司机械设备 80 台；材料设备分公司标牌厂 1 个，驾校 1 个，沥青库 1 座。

六、子公司

2008 年 11 月 27 日，廊坊市交通公路工程有限公司股东会决议，通过了河北华林路桥工程有限公司（注册资金 1500 万元）和廊坊市瑞杰路桥工程有限公司（注册资金 50 万元）章程，完成了注册登记。2010 年 3 月 28 日，廊坊市交通公路工程有限公司第八届董事会第 16 次会议决议，完成廊坊市瑞杰路桥工程有限公司工商注销。

七、中心实验室

中心实验室在公司中标项目中设工地实验室。在施工中，工地实验室以试验检测手段履行 4 项职责：①控制工程所需原材料、半成品、成品材料（填料、砂、石、水泥、钢筋、预制构件等）质量，确保材料满足施工技术要求。②确定施工控制参数。施工控制参数，是指导施工、控制施工质量的关键数据。参数准确与否，直接影响工程质量。③现场施工过程质量控制。防患于未然，及时发现问题，及时解决。④分部分项工程质量验收。

机构建设。2003 年 4 月 20 日，成立总公司中心实验室。中心实验室设 12 个部室，其中综合办公室设在总公司，其余各检测室分别设在一公司、二公司，检测室建筑面积 378 平方米，实验办公室 84 平方米，共 462 平方米。

2009 年，在永清基地新建集中、固定实验室 14 间，建筑面积 392 平方米，下设 12 个检测室，并新购一部分仪器。2011 年，公司对永清基地实验室进行扩建，并重新分配检测室，扩建面积 392 平方米，累计实验室建筑面积 784 平方米，实验室建设先后投资 85 万元。

资质认证。2004 年 2 月 9 日，获得实验室计量资质。2009 年 2 月 21 日，通过计量资质复评审。在此期间，通过每年 1 次的计量监督评审。2004 年 4 月 6 日，获得实验室乙级资质。2007 年 4 月 2 日，通过乙级资质复评审。

2007 年，开始管理工地实验室，包括协助工地实验室申请临时资质，向工地实验室授权，任命工地实验室技术负责人，建立工地实验室台账，不定期检查工地实验室。

试验仪器。中心实验室成立之初，有试验检测仪器 153 台，其中一公司 46 台，二公司 107 台，又投资 5 万元购置 10 台检测仪器。2009 年，中心实验室新建，新购置 64 台试验检测仪器，共投资 40 余万元。2011 年，中心实验室新购置 10 台试验检测仪器，共投资 4 万元，累计投资 81 万元。至 2011 年，共有试验检测仪器 133 台。

科技人员。2004 年成立之初，实验室共有 12 人，高级职称 1 人、中级职称 1 人、初级职称 4 人。

2006—2011 年廊坊市交通公路工程有限公司实验室科技人数，见表 4-1-5。

2006—2011 年廊坊市交通公路工程有限公司实验室科技人数表　　表 4-1-5

年份(年)	部级试验检测师	部级试验检测员	年份(年)	部级试验检测师	部级试验检测员
2006	4	1	2009	9	20
2007	6	6	2010	11	32
2008	6	6	2011	15	35

八、授信与投资

廊坊市交通公路工程有限公司银行评级授信,见表4-1-6。

廊坊市交通公路工程有限公司银行评级授信表 表4-1-6

年份(年)	农业银行		建设银行	
	评级	授信额度(亿元)	评级	授信额度(亿元)
2003	AA	0.3	—	—
2004	AA	0.3	—	—
2005	AAA	0.5	AA	1
2006	AAA	0.5	AA	1.50
2007	AAA	0.5	AA	3.30
2008	AAA	0.96	AA	3.30
2009	AAA	0.96	AA	5.40
2010	AA	2	AA +	5.60
2011	AA	2	AA +	5.60

对外投资。至2011年,公司对外投资金额累计9589.375万元,其中:通达公司4575.375万元,广宇物流100万元,抚宁南戴河日月湖公司300万元,廊坊市通力公路工程材料有限公司2630万元,廊坊市通盛汽车驾驶员培训学校有限公司239万元,廊坊市益通加油城有限公司245万元,河北华林路桥工程有限公司1500万元。

1996年,投资宏太公司10008.470665万元;1997年,增加投资宏太公司5283.200533万元,累计投资15291.671198万元;向通达公司投资1200万元;1998年,收回宏太公司投资14263.97075万元,投资余额1027.700448万元;增加投资通达公司3562.125万元,累计投资4762.125万元;1999年,投资宏太公司502.299552万元,累计余额1530万元;2000年,投资欧克公司110万元;2001年,投资广宇公司100万元,减资通达公司186.75万元,投资余额4575.375万元;2002年,增资欧克公司228万元,减少宏太公司投资1530万元;2003年,投资抚宁南戴河日月湖公司300万元;2005年,转让欧克公司投资338万元;2007年,投资通盛驾校239万元,投资益通加油城245万元,投资通力材料公司530万元;2008年,投资华林路桥1500万元,投资瑞杰路桥50万元;2009年,增资通力材料公司1000万元,累计投资1530万元;2010年,增资通力材料公司1100万元,累计投资2630万元;收回瑞杰路桥投资50万元。

九、安全生产

2005年02月16日,公司从河北省住房和城乡建设厅取得安全生产许可证,有效期3年,定期续延。取得安全生产许可证,更加严格地管理安全生产。①不断完善各项安全生产责任制度、规章制度、操作规程、职业危害防治措施、生产安全事故应急救援预案等。②每年开展安全生产教育培训。③加强企业安全生产投入(安全设备日常维护,劳动保护用品、用具、防护服装和设施配备,安全教育和培训,应急救援演练等)。④配备足够数量的专职安全生产管理人员。⑤坚持特种持证上岗。⑥依法为职工缴纳工伤保险费。⑦定期排查治理隐患。

2008年,注册安全执业工程师3人,有效期至2011年8月4日。2009年6人,有效期至2012年7月2日。2010年5人,有效期至2013年8月18日。2011年6人,有效期至2014年9月6日。至2011年12月31日,有20人取得注册安全工程师执业证书。

安全生产"三类"人员,分为A、B、C"三类",要经过定期教育、培训,取得证书或证书顺延使用资格。2004年以后,持证人数逐年增多。2004年12月28日,"三类"人员取证37人,其中A类1人、B类26人、C类10人。2006年6月13日,"三类"人员取证2人,均为C类。2008年4月25日,"三类"人员取证26人,其中A类1人、B类12人、C类13人。2009年5月7日,"三类"人员取证9人,其中A类1人、

C类8人。

2010年3月10—12日,第一批32人参加“三类”人员继续教育并办理延期。12月9—11日,第二批42人参加“三类”人员继续教育并办理延期。2011年1月26日,“三类”人员取证69人,其中A类2人、B类24人、C类43人。至12月31日“三类”人员取证总计144人,其中A类6人、B类62人、C类76人。

十、教育培训

2003年4月,公司制定了《职工教育工作管理规定》,2003—2011年,有25人申请学历继续教育学习。2007—2011年,专业技术人员继续教育培训65人次。2004年10月28日,组织37人参加“三类人员”培训。2006年4月12日,39人参加“三类人员”培训。2008年2月20日,65人参加“三类人员”培训。2009年3月7日,74人参加“三类人员”培训。2010年12月26日,140人参加“三类人员”培训。

2009年12月冬季培训,其中“合同管理培训”参训45人次。2010年1月集中冬季培训,培训科目有“公路隧道施工技术培训”、“新版试验规程培训”、“概预算培训”、“QES三体系培训”、“预防职务犯罪讲座”及“保密培训”,参训人数达415人次。2010年12月18—19日冬季“财务所得税、财务报表培训”,共计40人次。2011年2月,信息统计规划及重要性培训。2011年2月27—28日,“公路、桥梁施工现场安全管理”(规范与技术)培训,共计7个部门及相关项目部的64人参加。2011年5月5—6日,“2011年度QES三体系文件及运行培训”,共计5个部门31人参训。2011年12月21日冬季培训,科目为“所得税、财务报表”,共计35人参加培训。2011年12月24日,试验检测培训计19人参加。2011年12月28—29日,安全生产管理培训,共计125人参加。2007—2011年,创新能力培训22人次。

1998年6月6日,工程公司向社会发行交通债券仪式,如图4-1-1所示。

图4-1-1　1998年6月6日,工程公司向社会发行交通债券仪式

第二节　廊坊通达公路有限公司

廊坊通达公路有限公司是由廊坊市交通公路工程有限公司(甲方)与香港悦达实业集团有限公司(乙方)共同出资组建的合作有限责任公司,1997年5月19日正式注册登记。总投资2.33亿元人民币(折合2807.23万美元),注册资金1125万美元,用于改建106国道文安段(全长29公里)的工程项目,含3.75公里特大超洪桥1座。其中甲方股权占51%,合人民币11883万元(含旧路评估值2000万元人民币),乙方股权占49%,合人民币11417万元,合作期限16年。主要经营霸州溢流洼北大堤至文安、任丘交界段公路、桥梁的修建、管理、收费与养护,经营期限自1997年5月19日—2013年5月18日。公司设在廊坊市广阳道8号,收费站在廊坊市文安县鹿町村北。

一、公司组建

合作背景。106国道是出入北京的南大门,20世纪90年代是北京通往鲁、豫、皖、苏等省的重要通道,也是通往任丘油田和白洋淀的主要干线。北连112国道,向东可进入天津、塘沽,向西进入太原、石家庄、保定,为山西主要运煤通道。加之北方地方河流稀少,公路、铁路为主要交通手段,京津走廊的优越地理位置,更使其投资价值凸显。106国道文安段北起霸州溢流洼北大堤,南至文安、任丘交界段。公路改、扩建后,不仅可以大大改善廊坊市的交通状况,而且对地方经济的发展有着巨大的推动作用。

公司经营路段全长28.88公里,其中溢流洼和牛角洼属大清河流域滞洪区,原路面为14米宽水泥混凝土过水路面，破损严重。在1996年分洪过程中，两洼路面以上积水深达2米，干线交通中断28天。

1996年，为尽快改变落后的交通状况，实施“大廊坊”战略，廊坊市政府决定对境内5条主要国道、省道进行全面改造，共需资金近15亿元。资金的主要来源为商业银行贷款和交通局系统内部筹资，供需矛盾突出。为缓解资金矛盾，市政府决定选择几条主干道，引进外资，合资合作。在招商引资过程中，悦达实业集团（香港）有限公司和廊坊市交通局进行接触，决定投资改建106国道文安段，并建造全省最大的超洪桥。

合作项目。经双方友好协商，1997年5月，由廊坊市交通公路工程有限公司出资11883万元人民币，悦达实业集团（香港）有限公司出资1375.54万美元，折合人民币11417万元，共同组建廊坊通达公路有限公司，承担106国道文安段的改、扩建和超洪桥的建造，并通过设站收费方式收回投资，获取回报。

公路、桥梁改、扩建工程于1997年3月1日全面动工，根据设计方案将原来的14米宽的二级路面扩建成24米宽的一级路面，并修建3.75公里的超洪桥1座。整个工程由项目公司全权委托廊坊市交通工程处包干承建，市交通局组成了工程指挥部组织施工。1997年10月，公路工程全部竣工。同年12月，经河北省人民政府批准，提前设站收费。超洪桥工程于1998年9月全面交付使用。

公路养护。1999年1月20日，公司（甲方）与廊坊市交通局（乙方）签订了“国道106线养护管理承包合同”，承包内容：乙方依照《中华人民共和国公路法》对此段公路实施路政管理，依照交通部《公路养护技术规范》《国家干线公路文明建设样板路实施标准》对此段公路实施养护。1998年甲方按收费总额的8%、以后年度按15%给付乙方养护费，承包期限为1999年1月1日至廊坊通达公路有限公司合同期满为止。同时对资金的使用与管理、甲乙双方的责任都做了明确规定。

二、股权变化

2001年，公司根据乙方的请求，悦达实业（香港）有限公司变更为悦达实业集团（香港）基建公司，注册地为英属维尔京群岛。为满足在香港上市的需要，乙方同甲方协商购买了甲方2%的股权。此次股权变化转让后双方股权变化为：甲方股权为49%，合人民币1.14亿元（1375.54万美元），乙方股权为51%，合人民币1.19亿元（1431.69万美元）。

三、基本设施

收费站区。按省交通厅[1995]冀交函公字41号文标准，征地5333.33平方米（征地实际发证时间2001年8月7日），使用年限48年；投资3172094元，在文安县新镇镇北村南修建收费站区和办公楼生活区，包括设8条收费通道、1座遮棚、收费亭以及配套附属设施；广场4900平方米混凝土路面；砖混结构宿舍办公楼1座，建筑面积1260平方米，砖木结构配房（含餐厅、车库、配电室、门房）410.90平方米，总建筑面积1670.90平方米；供电、供水、供暖设施；征地5333.33平方米；购置交通工具。

站址迁移。2001年5月，按照河北省交通厅冀交明发电[2001]013号文件《关于撤销间距不足收费站的通知》的要求，相临收费站间距必须符合国家规定的40公里以上。通达公司经营的文安收费站与任丘收费站两站间距不符合国家规定，要求公司做站点调整，新站址确定为从原址文安县新镇镇北村向北迁移6公里到新镇镇鹿町村北。经过近半年的新站址施工建设，2001年10月1日正式收费。迁站费用含宿办区房屋及配套设施、收费区混凝土路面、遮棚、收费岗亭及附属设施，累计投资1100万元。迁移后的收费站位于超洪桥南200米处，桩号97+700。调整后的收费站间距固安收费站（桩号46+480）51公里，距任丘收费站（桩号139+000）41.4公里，符合国家规定。

收费站新办公宿舍楼地址在文安县新镇镇鹿町村北侧，于2001年10月12日征地5750平方米，使用年限20年；房屋建筑面积2388.81平方米，包括框架结构三层办公宿舍楼1座，面积1702.35平方米，砖木结构配房（含餐厅、浴室、车库、配电室、门房）686.46平方米。

公司房产。公司地址在廊坊市广阳道8号，征地时间为1999年6月9日，征地面积有551.96平方米，使用年限46年。房屋建筑面积899.40平方米。其中钢混结构三层办公宿舍楼面积826.60平方米，砖混结构平房（含餐厅、车库）72.80平方米。

四、公司机构

公司实行董事会、总经理、部门负责人三级管理负责制，董事长为公司的法定代表人，总经理室下设办公室、财务部、收费站、稽查部。

历届董事会。董事会成员由双方股东委派组成，其中董事长、总经理由甲方提名，副董事长、副总经理由乙方提名。经董事会确认，分别出任董事长、副董事长、总经理、副总经理、董事。其中，甲方的董事长、总经理、董事，由甲方行文。乙方的副董事长、副总经理、董事由乙方行文。

1997—2011年廊坊通达公路有限公司历届董事会名表，见表4-1-7。

1997—2011年廊坊通达公路有限公司历届董事会名表　表4-1-7

届　次	第一届 1997年6月20日— 2000年10月18日	第二届 2000年10月18日— 2001年8月20日	第三届 2001年8月20日— 2005年3月8日	第四届 2005年3月8日— 2010年7月5日	第五届 2010年7月5日— 2011年12月31日
董事长	林凤祥(甲方)	刘圣贵(甲方)	刘圣贵(甲方)	孙景如(甲方)	闵宝亮(甲方)
副董事长	姚学能(乙方)	施广达(乙方)	施广达(乙方)	丁循仁(乙方)	李如赞(乙方)
总经理	林凤祥(甲方)	何传华(甲方)	何传华(甲方)	刘啸海(甲方)	邢志全(甲方)
副总经理	郭荣国(乙方)	施广达(乙方)	陶正春(乙方)	刘晓阳(乙方)	刘晓阳(乙方)
董事	郭荣国(乙方) 郝合瑞(甲方) 赵振先(甲方)	何传华(甲方) 郝合瑞(乙方) 丁循仁(乙方)	何传华(甲方) 陶正春(乙方) 丁循仁(乙方)	刘啸海(甲方) 刘晓阳(乙方) 申晓中(乙方)	邢志全(甲方) 刘晓阳(乙方) 柏兆祥(乙方)

在职人员。1997年12月，公司共有员工98人，其中公司机关12人，文安收费站86人。总数中：甲方委派5人、乙方委派6人，其余均是聘用或雇用员工。2005年，公司员工达到132人，为历史最高。总数中：甲方委派5人、乙方委派6人，其余均是聘用或雇用员工。2011年12月31日，公司共有员工126人，其中甲方委派5人、乙方委派6人，其余均是聘用员工。

2011年廊坊通达公路有限公司人员构成，见表4-1-8。

2011年廊坊通达公路有限公司人员构成表　表4-1-8

单位	人数	年龄				学历				政治面目			用工来源		
		18至30	31至40	41至50	50以上	大专以上	中专	高中	初中	中共党员	共青团员	群众	甲方委派	乙方委派	雇用
机关	18	4	5	5	4	10	2	4	2	5	10	3	5	5	8
稽查	13	3	8	2	0	3	5	3	2	1	12	0	0	1	12
收费	95	45	38	11	1	13	17	43	22	11	14	70	0	0	95
合计	126	52	51	18	5	26	24	50	26	17	36	73	5	6	115

五、用工与福利

公司按照各岗位实际用人情况定岗定员。固定人员流动岗位缺员，招聘新员工，经过培训、考试合格、体检，凡符合公司规定条件的，试用期满3个月均有被聘用可能。

公司实行岗位级别档次工资，员工的薪金根据职务、岗位、技能及工作实绩确定。员工勤奋工作，努力提高技能水平，都有晋升机会。

收费员工统一着交通执法人员制式服装，并由公司统一配置发放。公司从1998年开始，执行国家法定假日和婚假、女员工生育假，病事假实行病假减薪、事假无薪制；合作乙方驻公司人员享受定期休假制。

公司与每位员工每年签1次劳动合同，确定公司与员工双方权利义务。2005年1月1日开始，公司为每位员工缴纳了养老、医疗、失业、意外保险。2006年，公司缴纳了员工住房公积金。

六、收费经营

公司主要业务为通行费征收。根据河北省交通厅1997年《关于转发河北省物价局、财政厅“关于国道106线文安段收取车辆通行费”的通知》,1997年12月15日正式收费。至2011年12月底,14年收费经营的情况分为以下5个阶段:1997年12月—2001年,公司组建初期,在收费管理上慢慢步入正轨,收费没有出现大起大落;2002—2003年迁站后,新的收费环境复杂,环收费站周边村街有多处绕道,尤其是收费站西侧的王庄子村,绕道情况尤为严重,造成费源流失;2004—2006年,公司在管理方面注重协调与周边村镇的关系,改善了收费环境,收费额逐步恢复;2007—2010年,根据河北省交通厅、物价局、财政厅冀价行费字[2007]24号文件《关于我省收费公路载货车辆计重收费率标准及有关问题的通知》精神,对超限超载车辆加强了收费管理,收费额上升;2011年,与106国道平行的大广高速公路通车,车辆分流,收费下滑。至当年12月31日,累计收费69045万元,扣除成本费用和各种税金,净利润10719万元。

廊坊通达公路有限公司营业收入成本费用对照,见表4-1-9。

廊坊通达公路有限公司营业收入成本费用对照表(万元) 表4-1-9

项目 年份(年)	营业收入	成本费用	各种税金	净利润
1997	212	200	10	2
1998	4307	3213	215	821
1999	4944	4219	247	367
2000	4870	4071	284	460
2001	4017	3594	216	196
2002	3611	3135	201	202
2003	3709	3295	218	108
2004	4889	3510	430	759
2005	5188	3749	452	1050
2006	5673	3597	584	1485
2007	6058	3675	674	1722
2008	5733	3816	584	1332
2009	6004	3882	635	1334
2010	6639	4498	812	1519
2011	3191	3636	223	-638
合计	69045	52090	5785	10719

七、经营管理

内部制约。坚持培训。把好员工进口关,注重岗前培训。公司员工中,一部分是经公司与文安县交通局协商、市局领导同意接收的原史各庄大桥收费站人员,大部分是从社会上新招收的人员。所有人员上岗前都经过了专门培训,培训以《员工手册》《规章制度汇编》为教材,经考试、军事训练合格后上岗。

严明纪律。规范员工行为,做好内部监督。公司专门成立了稽查部作为内部监督机构,前后投资181万元购置监控设施。在管理上,按照公司规章制度对员工的收费票款、出勤、仪容仪表、礼节礼貌、安全、卫生都有严格监督,谁触犯制度就受到相应的处罚。从公司成立到2011年底,稽查部共查出员工违纪行为2362件,累计罚款15140元。其中,10人因严重违纪问题被解聘。

廊坊通达公路有限公司稽查部收费管理数据统计,见表4-1-10。

廊坊通达公路有限公司稽查部收费管理数据统计表　　表 4-1-10

年份(年)＼项目	违规违纪情况(件)					稽　查		
	一班	二班	三班	四班	合计	出具报告(份)	严重违纪解聘人员	罚款(元)
1998	44	59	60	50	213	36	2	1190
1999	36	50	44	44	174	31	3	760
2000	31	46	34	38	149	26	—	740
2001	28	43	34	35	140	25	1	600
2002	24	34	31	29	118	24	1	480
2003	20	29	31	23	103	25	—	480
2004	32	41	33	36	142	26	—	670
2005	36	51	48	44	179	34	—	940
2006	54	45	25	30	154	30	1	1136
2007	29	44	46	67	186	31	—	1395
2008	60	34	34	36	164	27	—	4440
2009	55	41	29	62	187	27	1	1295
2010	45	39	36	117	237	17	1	670
2011	77	50	38	38	203	9	—	344
合计	571	606	523	649	2349	368	10	15140

稽查协勤。严格操控。收费员严格执行河北省物价局、河北省财政厅颁布的收费标准。操作中认真掌握挡车器,做到一车一放杆,先手势停车,后收钱、给票。疏导人员手势拦车,并语言示意交费。对拒绝交费的车辆,班长主动上前认真细致地做劝导工作。

查、控配合。公司稽查部的第二职能是配合收费班拦堵逃费车辆,促其交费。对闯岗车辆,监控班负责录像记录,开具"闯岗通知单",交收费班、稽查班配合拦堵补费。

民警协勤。1998 年公司组建初期,为了营造良好的收费环境,公司领导与文安公安局积极协调,聘请了 4 名退居二线的公安干警和抽出 6 名政策法律意识强、思想素质好的公司员工,成立民警协勤班,作为协勤员,着民警协勤服装,协助老民警维护站区的收费秩序。

1998—2005 年,4 名老公安干警在公司驻站收费处理暴力抗费事件中发挥了积极作用。2005 年底,由于国家整顿警容警纪,这些民警相继撤出。到 2011 年底,民警协勤班仍在保留,发挥作用。14 年来,民警协勤人员在收费过程中处理事件 18733 起,其中处理较严重的抗费事件 545 起,处理销毁假币 43107 元,增收费额 367911 元,见表 4-1-11。

廊坊通达公路有限公司民警协勤班收费管理数据统计表　　表 4-1-11

年份(年)＼项目	处理事件(件)	增收(元)	处理假币(元)	处理暴力抗费事件(件)	好人好事(件)
1998	1362	19224	3453	57	58
1999	1318	16977	3104	44	48
2000	1317	13682	2932	44	38
2001	1285	13279	2740	39	35
2002	1279	12786	2591	33	30
2003	1265	12518	2454	26	28

续上表

年份(年)＼项目	处理事件(件)	增收(元)	处理假币(元)	处理暴力抗费事件(件)	好人好事(件)
2004	1273	11903	3002	37	37
2005	1293	14058	3327	45	48
2006	1988	29750	4450	55	76
2007	1468	24623	4245	58	65
2008	1264	41642	7680	25	41
2009	1702	28083	2035	43	40
2010	1168	18819	680	22	55
2011	751	10567	414	17	28
合计	18733	267911	43107	545	627

安全生产。公司机关和收费站严格门卫管理，落实24小时值班制度。注重员工在收费工作中的人身安全、票款安全、用电安全、车辆使用安全。安全生产小组每月定期进行安全检查，发现问题及时整改。每年集中组织1到2次安全演练。从公司组建到2011年底，没有出现重大安全责任事故。

八、文明服务

公司作为经营企业，又是交通系统窗口行业，经营管理者始终把文明服务放在重要位置，坚持向服务要效益。员工上岗前的培训中，严格训练了岗上仪容仪表、礼节礼貌的行为规范。收费中严格用制度约束并且变为员工的自觉行动。公司经营14年来，员工在文明服务方面做到以下方面：①衣帽整洁规范，坐、立、走姿势端正，坚持列队上下岗。②文明用语，常用“您好”、“走好”、“再见”等。③男员工勤理发、剃胡须，女员工不披发、不施浓妆。④保持个人卫生和工作岗位卫生。⑤开展为驾驶员车主排忧解难、做好事活动。

为化解收缴矛盾，1998年开始，公司在员工中不断开展服务驾驶员车主活动，员工积极响应。收费区设立饮用热水桶、修车工具箱等便民服务设施；收费中，为驾驶员推车、扑救行车烈火、扶危济困、拾金不昧等好人好事不断涌现。2011年，公司组织部分骨干到保定客运总站郭娜陆地航空班实地考察学习，对标先进、推进文明服务。到2011年，累计做好事627件。

九、员工生活

后勤保障。公司在机关和收费站分别设立食堂，为员工提供三餐，同时每人每月扣除一百元作为餐费；公司机关配备公务车3辆，收费站配备公务车2辆，生活用车1辆，员工班车1辆。

文体生活。工会在每年春节、“五一”、“十一”等重要节日组织员工开展拔河比赛、红歌会、篮球比赛、象棋等文体活动。公司组建14年来，共开展文体活动45次。

十、外部关系

协调地方关系。自2000年开始，公司应缴纳的营业税及其他税收由廊坊市地税局改为收费站属地文安县地税局缴纳。2000—2011年底，累计缴纳营业税、房产税、土地税、个人所得税3734.2357万元。

邀请社会监督。公司重视抓好站地共建活动，聘请村、镇、县有影响力的人士作为公司的社会监督员，每年定期召开协调会，汇报工作，征求意见，增进理解与支持。

捐款助教修路。1999年11月22日，为收费站驻文安新镇镇北村建小学捐款20万元；2011年11月，为收费站驻文安新镇镇鹿町村修路捐款10万元。

注重协调联动。为解决车辆绕道逃费现象，自2001—2011年，公司与收费站当地派出所、周边村委会协调联动，进行综合治理，先后出资105万元，作为维护收费秩序、治理车辆绕行的劳务费。其中：新镇派出所49万元，鹿町村24万元，王庄子村24万元，辛村8万元。

第三节　廊坊市通盛汽车驾驶员培训学校有限公司(图4-1-2)

廊坊市通盛汽车驾驶员培训学校有限公司(以下简称通盛驾校)设立之初,是由廊坊市公路工程材料供应处(以下简称甲方)与该单位4名正式职工(以下简称乙方)共同出资组建的其他有限责任公司。2000年7月26日注册登记,注册资金60万元人民币。经营范围:机动车驾驶员培训(B1、B2、C1、C2、C3、C4)和从业资格培训(普货小车)。2008年经营范围变更为:驾驶员培训(B2、C1)和从业资格培训(B2、C1)。营业期限自2000年7月26日—2020年7月26日。公司注册地址:2000年7月26日—2011年9月1日,为廊坊市广阳区许各庄南口;2011年9月2日,注册地址变更为廊坊市广阳区西户屯南口。

图4-1-2　通盛驾校训练场

一、公司筹建与股权确定

(一)驾校筹建

筹建背景。20世纪末21世纪初,正是国家经济飞速发展的时期,总体经济发展趋势是拉动内需,汽车产业是促进经济发展和扩大内需的重要内容之一。随着我国未来经济形势的发展和人们生活水平的提高,汽车作为家庭代步工具已成为共识,汽车保有量将高速增加,驾驶技术已成为生活的基本技能之一。而根据我国相关规定,驾驶证的领取必须由驾驶员培训学校培训,经交管部门考试合格后方可发放。驾校的发展前景广阔,是可持续发展的阳光产业。

股权变更情况。经双方友好协商,2000年7月,由廊坊市公路工程材料供应处出资50.20万元,该单位4名正式职工(挂名)出资9.80万元,总计60万元,其中实物资产46.7万元,货币资金13.3万元,共同组建廊坊市通盛汽车驾驶员培训学校有限公司。承担机动车驾驶员培训与从业资格培训,并通过收取一定培训费用的方式收回投资,获取回报。为便于管理,2007年6月,经廊坊市交通局批准,同意甲方协议收购乙方股份,收购完毕后甲方占有通盛驾校全部股权。2008年6月,经交通局批准,廊坊市交通公路工程有限公司出资239万元购买了甲方的全部股权,通盛驾校成为廊坊市交通公路工程有限公司的全资子公司,企业类型变更为有限责任公司(法人独资)。

(二)基础设施

公司原址在廊坊市许各庄村南口,房屋建筑面积1800平方米,场地面积3600平方米。2009年6月,通盛驾校自筹资金投资约73.45万元,委托甲方在廊大路王常甫村南1公里处原甲方拌和场新建总建筑面积达30841.25平方米的新驾校办公及训练场,并于2009年8月正式投入启用。驾校训练场占地面积达到27541平方米,科目设置齐全,软、硬件设施条件符合上级部门规定,完全满足省级二类驾校标准。

二、公司机构和人员构成

(一)组织领导

公司实行董事会、总负责人、部门负责人三级管理负责制,董事长为公司的法定代表人,董事会下设办公室、财务科、招生办、教务科、教练科等职能部门。

历届董事会。第一届董事长:郝艳军(2000年7月26日—2008年7月29日);第二届董事长:高迎俊,董事:刘鹏、罗旭升(2008年7月30—2009年3月14日);第三届董事长:杜国强,董事:冯相杰、牛艳辉(2009年3月15日—2011年3月31日);第四届董事长:杜国强,董事:韩磊(校长)、李秀丽(2011年4月1日至今)。

(二)人员构成

2000 年 7 月,公司共有员工 98 人,其中公司机关 12 人,文安收费站 86 人;2009 年公司员工达到 50 人,其中校长 1 名、顾问 1 名、副校长 3 名、后勤管理人员 22 名、教练员 12 名、其他外聘人员 11 名;2011 年 12 月 31 日,公司共有员工 44 人,其中正式职工 25 人,外聘人员 19 人。

2011 年公司人员构成,见表 4-1-12。

2011 年公司人员构成表 表 4-1-12

部门分类			年龄结构			文化结构			用工情况			政治面貌		
部门	人数	比例	年龄阶段	人数	比例	文化程度	人数	比例	用工性质	人数	比例	政治面貌	人数	比例
后勤人员	31	70%	18～30 岁	6	14%	大专以上	20	46%	正式职工	25	57%	党员	12	27%
教练员	9	23%	31～40 岁	29	66%	中专	15	34%	—	—	—	团员	0	0%
其他人员	4	7%	41～50 岁	4	9%	高中	4	9%	外聘人员	19	43%	群众	32	73%
—	—	—	51 岁以上	5	11%	初中	5	11%	—	—	—	—	—	—
公司总人数			44 人(至 2011 年 12 月 31 日)											

三、经营状况

公司主要业务为机动车驾驶员培训和从业资格证培训,并收取一定的培训费用。根据河北省物价局、廊坊市物价局确定的收费标准,2000 年 8 月正式收费。至 2011 年 12 月 31 日,累计收入 2621.71 万元,扣除成本费用和各种税金,净利润为－233.84 万元,见表 4-1-13。

廊坊市通盛汽车驾驶员培训学校有限公司营业收入成本费用对照 表 4-1-13

年份(年) \ 项目	营业收入(万元)	成本费用(万元)	各种税金(万元)	净利润(万元)
2000	27.91	50.87	—	－22.96
2001	96.32	117.47	—	－21.15
2002	96.99	117.43	3.21	－23.65
2003	130.04	120.79	4.31	4.9
2004	202.71	177.32	6.75	18.64
2005	246.7	222.18	8.21	16.31
2006	215.4	229.98	7.11	－21.69
2007	257.38	280.50	8.58	－31.7
2008	313.69	307.88	7.34	－1.53
2009	318.61	278.15	8.61	31.85
2010	347.09	391.34	6.82	－51.07
2011	368.87	488.14	12.52	－131.79
合计	2621.71	2782.05	73.46	－233.84

四、荣誉

2003 年度信用良好企业;2003 年度内资企业年检免检企业;2004 年度,荣获廊坊市运管处颁发的"廊坊市驾培行业教练员教学比武大赛第一名";2007 年度,被评为"驾校质量信誉考核优秀"单位;2009 年和 2010 年度驾校质量信誉考核优秀(AAA);2010 年,被廊坊市广阳区劳动局指定为"就业技能培训基地"和"党员双育工程培训基地";2011 年度驾校质量信誉考核(从业资格)优秀(AAA);2011 年 6 月,廊坊市驾培行业教练员教学比武优秀组织奖;2012 年 3 月,被市文明办等部门联合评为 2011 年度先进驾校。11 年来,在廊坊市区驾培市场上树立了良好的企业形象,具有较高的社会知名度和社会影响力,累计向社会输送合格驾驶员3万余名。

第四节　廊坊市通力公路工程材料有限公司

廊坊市通力公路工程材料有限公司是由廊坊市公路工程材料供应站(以下简称材料站)与廊坊市通盛汽车驾驶员培训学校有限公司(通盛驾校)共同组建的合作有限责任公司,2002年1月25日正式注册登记。法定代表人郝艳军(2002—2007年)、高迎俊(2007—2009年)、刘鹏(2009—至今)。公司实行董事会、总经理、部门负责人三级管理负责制,董事长为公司的法定代表人,下设办公室、财务科、业务科、生产科、安全科、设备科、人事科、材料科。2002年公司成立时,由股东成立董事会,董事会成员为5人,员工8人。2011年,员工增至81人。经营范围:沥青的销售;乳化沥青、改性沥青、沥青拌和料的生产和销售;公路标牌制作、安装;筑路设备租赁等业务。经营期限自2002年1月25日—2016年12月25日。公司注册地址为廊坊市安次区北史务乡王常甫村西南,现主要经营与生产地址为廊坊市广阳区益民道许青路1号,原沥青库院内。

一、组建背景

为了适应当时的市场需求,扩大生产经营规模,增强本单位的竞争能力,2002年1月25日,廊坊市公路工程材料供应处成立了廊坊市通力公路工程材料有限公司。

二、股权变化

2002年1月,由材料站与通盛驾校共同出资60万元成立该公司,材料站出资30.6万元,股权占比51%;通盛驾校出资29.4万元,股权占比49%。

2007年4月,公司根据发展的需求,由材料站增资至470.6万元,此次股权变化后,材料站股权占比为94.12%;通盛驾校出资无变化,为29.4万元,股权占比为5.88%。根据廊坊市机构编制委员会廊编办(2002)30号《关于廊坊市公路工程材料供应站更名的批复》,廊坊市公路工程材料供应站更名为廊坊市公路工程材料供应处。

2007年,廊坊市公路工程材料供应处(以下简称材料处)将全部股权转让给廊坊市交通公路工程有限公司(以下简称工程公司)。转让后,工程公司股权为470.6万元,股权占比为94.12%;通盛驾校出资无变化,为29.4万元,股权占比为5.88%。

2009年4月,工程公司再次增加投资1000万元。至此,工程公司股权为1470.60万元,股权占比为98.04%;通盛驾校出资无变化,为29.4万元,股权占比变更为1.96%。

2010年12月,工程公司再次增加投资1100万元(其中人民币出资643.78万元,实物出资456.22万元)。此次增资后,工程公司股权为2570.6万元,股权占比98.87%;通盛驾校出资无变化,为29.4万元,股权占比变更为1.13%。

三、基本设施

2002年,由材料处(当时为材料站)划拨占地3400平方米,地面建筑230平方米给通力公司无偿使用。2009年,公司自建3000立方米沥青罐4座,2000立方米沥青罐4座,库容总量为20000吨。2010年,由工程公司增资投入2000立方米沥青罐3座,改性沥青生产设备及乳化沥青生产设备各1套,通力公司的存储能力达省内领先水平。

四、经营情况

公司主要业务为沥青的销售;乳化沥青、改性沥青、沥青拌和料的生产和销售;公路标牌制作、安装;筑路设备租赁等业务。2002—2006年,公司业务较少。至2007年底,公司累计未分配利润为-425302.78元。2008年,公司重新定位经营策略,将沥青的销售、改性沥青生产做大做强,标牌制作及其他业务为辅,见表4-1-14。

廊坊市通力公路工程材料有限公司经营情况统计表 表4-1-14

年份(年) \ 项目	营业收入(万元)	成本费用(万元)	净利润(万元)
2007	2132	2064	15
2008	7993	7677	1
2009	3435	3134	1.6
2010	3941	3527	-39
2011	25181	22902	1012
合计	42682	39304	990.6

第五节　廊坊市方中公路工程有限公司

廊坊市方中公路工程有限公司是由廊坊市公路管理处出资成立的有限责任公司。2009 年 10 月 22 日，正式注册登记。总投资 520 万元人民币，廊坊市公路管理处所占股权比例 100%。公司设在廊坊市龙河高新技术产业区王常甫村西南廊泊公路东侧。经营期限自 2009 年 10 月 22 日—2039 年 9 月 30 日。主要经营公路工程施工，绿化养护工程，交通护栏设施工程（以上项目凭资质经营）；公路工程机械租赁；设计制作发布路牌广告。公司拥有公路养护工程施工从业二类、三类（甲级）资质证书。

一、承揽工程项目

2010 年，公司承揽了廊沧高速（廊坊段）交通安全设施一、二合同段，两个合同段全长 26.491 公里，合同金额约 5159 万元。工程内容包括：护栏 15 万米，隔离栅 7 万米、标线 5.2 万平方米，标志 608 块，轮廓标 1.14 万块，防眩板 4971 块。同年，公司承揽廊泊线大中修工程（霸州段），其中铣刨 191500 平方米，洒油 191500 平方米，标线 5037 平方米，工程造价 130 万元人民币。完成廊霸线中修工程（永清段），其中标线 31862 平方米，黏层油 745872 平方米，4 厘米铣刨 101036 平方米，划面铣刨 543899 平方米，TST 伸缩缝 2736.4 延米，工程造价 661.5 万元人民币。公司还完成 106、112 线大中修养护工程等。

2011 年，承揽 106 线标线工程 4.6 万平方米，工程造价 228.34 万元人民币；完成廊沧洒油工程 110 万平方米，工程造价 110 万元人民币；完成廊泊线中修工程（大城段），其中热熔标线 8682 平方米，刻划麻面 231784 平方米，黏层油 291943 平方米，挖补铣刨 8000 平方米，工程造价 196.7 万元人民币；完成大香线中修工程（香河段），其中热熔标线 13844 平方米，透层油 261233 平方米，黏层油 25244 平方米，TST 伸缩缝 52 延米，工程造价 174.69 万元人民币；同年，还完成 104 线养护改造，102、106 线养护等工程。

二、公司情况

公司坐落于安次区杨税务乡王常甫村西南廊泊公路东侧，征地时间为 2009 年 11 月 1 日，租用时间 10 年。租用土地面积为 2178 平方米，其中办公房屋 10 间、建筑面积 240 平方米，库房 17 间、建筑面积 705 平方米。2011 年修筑钢混结构车库 1 个，职工餐厅 1 间。

公司机构。公司实行董事、总经理、部门负责人三级管理负责制，公司的法定代表人为总经理，总经理室下设办公室、财务部、工程部、技术部、机械设备部。

公司董事、法定代表人。董事杨智全；执行监事冯志强；第一届法定代表人刘金龙（2009 年 10 月 22 日—2011 年 10 月 7 日），第二届法定代表人许建东（2011 年 10 月 8 日至今）。

在职人员。2009 年 10 月，公司共有职工 47 人，其中管理人员 13 人，工人 34 人（管理人员由廊坊市公路管理处委派）；2011 年，公司共有职工 49 人，其中管理人员 12 人、工人 37 人。

三、经营收入

三年来公司发展迅速，取得了可观的经济效益，综合实力进一步提升，为打造具有一流施工水平的公司奠定了基础。

廊坊市方中公路工程有限公司收入情况一览，见表4-1-15。

廊坊市方中公路工程有限公司收入情况一览表　表4-1-15

项目 年份（年）	广告位出租（万元）	沥青洒布（万）	热熔标线（万平方米）	常温标线（万平方米）	稀浆封层（万平方米）	桥梁伸缩缝（延米）	路面铣刨（万平方米）	生产热熔涂料（吨）	年经营收入（万元）
2009	21.5	—	—	—	—	—	—	—	21.5
2010	—	219.1	110.5	2.55	2	776	110.5	450	1172
2011	—	235.3	8.03	1.6	20	—	23.2	400	1695

四、后勤服务

公司在机关设立食堂、职工宿舍，为员工提供三餐，同时每人每月扣除100元作为伙食费，机关配备公务用车3辆，员工班车1辆，为全体员工统一制作了工作服，规范了公司形象。公司与员工每两年签1次合同，确定双方的权利和义务，并为职工缴纳养老保险、失业保险、医疗保险、工伤意外险。

第六节　廊坊市交通技术咨询监理公司

廊坊市交通技术咨询监理公司成立于1993年3月，是廊坊市交通局出资组建的集体所有制有限责任公司，公司注册资金为30万元，第一任法定代表人为李万国。主营公路工程咨询、技术服务、监理（凭资质经营）；兼营销售建筑材料、工程机械、建筑工程仪器。经营期限为长期。公司地址为廊坊市广阳区新华路78号。公司成立时，有员工32人，经过多年发展，职工数最多时为205人，2011年底有职工201人。

公司成立后，坚持以经济效益和社会效益并重。2011年，监理公司荣获河北省诚信企业和信用等级评价“AA”级；同年，在河北省诚信企业评选活动中，公司获得河北省诚信企业称号，褚树起、霍鑫两名同志获得河北省企业诚信建设优秀工作者称号。

法定代表人及企业负责人。历届法定代表人李万国、霍久峰、林成蔚、康庆华、褚树起。历届总经理李万国、霍久峰、林成蔚、康庆华、褚树起。

注册资金情况。公司成立之初，廊坊市交通局出资30万元。2001年5月，市交通局同意监理公司增资70万元，增加后注册资本为100万元。2004年，因经营需要，申请增加注册资金100万元。2005年，将廊坊市交通技术咨询监理公司注册资金由200万元增至400万元。2005年2月6日，廊坊市交通局与廊坊市公路管理处签订协议书，将廊坊市交通局对廊坊市交通技术咨询监理公司投资的200万元转让给廊坊市公路管理处。2005年3月14日，廊坊市交通技术咨询监理公司在廊坊市工商行政管理局办理了企业法人营业执照变更手续，变更后的注册资金为400万元，股东为廊坊市公路管理处。

资质建设情况。公司于1999年8月30日取得丙级临时监理资质。2002年，取得交通部乙级监理资质。2006年4月10日，晋升为交通部甲级资质，可以在全国范围内从事一、二、三类公路工程、桥梁工程、隧道工程项目的监理业务。

主要业务的开展情况。1998年，公司与河北省交通建设监理公司联合中标京秦高速公路（廊坊段）监理项目，该项目经交通部检查验收被评为优良工程，该驻地办获得河北省先进监理驻地称号。2003年，中标廊泊公路，该项目为全长41.768公里的一级路，是当时廊坊市里程最长的一级公路。2004年，中标沿海公路乐亭至冀津界段高速公路JL2驻地办，中标金额419.17万元，该项目是公司在外埠中标的第一条高速公路监理项目，成为监理公司开拓外埠市场的里程碑。项目全长26.55公里，包含路基、路面、桥涵等监理内容。2005年，中标廊坊至涿州高速公路二驻地。2007年，中标廊坊至沧州高速公路廊坊段总监办，中标金额1986.148万元。该项目是廊坊自主建设的第一条高速公路，概算投资71.74亿元，廊坊段全长93.248公里，包含路基、路面、桥涵等监理内容，其中东淀特大桥为华北第二、河北第一长桥，是廊沧高速公路标志性和控制性工程。2008 年,中标大广公路固安(京冀界)至深州段高速公路,中标金额 788.1667 万元。2009 年,中标密涿支线(G102 三河过境)公路诸葛店至段甲岭段总监理工程师(ZJ－0)合同段。2010 年,中标 112 国道养护改造工程,全长 32.330 公里,中标金额 499.9916 万元。该项目是廊坊市投资最大的一条一级公路,监理公司被河北省高速管理局授予优秀监理单位称号。

第七节　河北宏太公路发展有限公司

一、合作背景

为改变廊坊市落后的交通状况,加快与北京市段的连接,河北省交通厅同意采取招商引资的形式合作建设 106 国道京冀界至霸州文安界段的改建工程。106 国道即京广中线,旧称京开线,是出入北京的南大门。20 世纪 90 年代,是北京通往鲁、豫、皖、苏等省的重要通道,也是通往任丘油田和白洋淀的主要干线。106 国道京冀界至霸州文安界段长约 50 公里,公路改扩建后,不仅大大改善廊坊市的交通状况,而且对京冀经济的交流发展有着巨大的推动作用。

二、公司组建

1997 年 7 月 11 日,在河北省固安县工商行政管理局正式注册登记成立河北宏太公路发展有限责任公司。由廊坊市交通公路工程有限公司与深圳市华誉实业股份有限公司、深圳市中经发投资实业有限公司及深圳中泽投资发展有限公司共同出资组建。注册资本为 3000 万元,经营期限为 15 年。其中:廊坊市交通公路工程有限责任公司出资 1530 万元,以固定资产出资;深圳市华誉实业股份有限公司出资 570 万元,以货币资金出资;深圳市中经发投资实业有限公司出资 450 万元,以货币资金出资;深圳中泽投资发展有限公司出资 450 万元,以货币资金出资。公司设在廊坊市固安县永康路固安公路站。

1998 年 8 月,经公司股东协商同意,解除廊坊市交通公路工程有限公司与其他 3 家公司之间的合作合同,依法注销了河北宏太公路发展有限责任公司在固安县工商行政管理局的登记注册权,转往廊坊市工商行政管理局重新登记注册。

1999 年,重新登记注册的河北宏太公路发展有限公司,其法人股东为廊坊市交通局和廊坊市交通公路工程有限公司,注册资本为 29210 万元。经营期限为 1999 年 6 月 1 日—2014 年 5 月 31 日。公司设在廊坊市广阳区 53 号。

三、公司机构

公司实行董事会制度,董事会成员由股东委派组成,其中董事长为公司法人代表,由甲方提名委派。1997 年,闵宝亮任河北宏太公路发展有限责任公司董事长,郭秀全、尹芝华、钟博江任董事。自 1999 年撤销河北宏太公路发展有限责任公司、成立河北宏太公路发展有限公司后,廊坊市交通局委托廊坊市交通局路桥通行费管理处进行监管,历届董事长分别由闵宝亮(1999—2003 年)、王志斌(2003—2009 年)、于彦华(2009 年至今)担任。

公司设有 6 个职能部门,分别为:监控室、稽查科、办公室、设备科、票据室、财务室。

至 2011 年,公司有员工 104 人,其中上划 21 人、聘用人员 76 人、季节临时工 7 人。

四、基本设施

106 国道固安收费站是根据河北省政府《关于同意邯郸至武安等 18 条公路(桥)收取车辆通行费的复函》批准设立。根据河北省财政厅、物价局《关于 106 国道固安收费站收取车辆通行费的通知》中规定的收费标准,于 1997 年 7 月 10 日开始收取通行费。收费路段为 106 国道固安—霸州段,北起固安与北京交界,南至霸州和文安交界,路线全长 50.7 公里,修建标准为国家一级公路,双向 6 车道,路基宽 29 米,路面宽 26 米,穿固安县城 6 公里,建设总投资为 26262.13 万元,属经营性收费公路。收费站区在固安县城以北。

固安收费站，如图 4-1-3 所示。

图 4-1-3　廊坊市所有公路收费站进一步拓宽鲜活农产品运输“绿色通道”

五、收费经营

公司主要业务为通行费征收。1999 年，根据《河北省收费公路（桥梁、隧道）管理办法》冀交字〔1999〕655 号文件要求，全市各收费站（点）按标准收取通行费。

1999—2005 年收费标准一览，见表 4-1-16。

1999—2005 年收费标准一览表　　表 4-1-16

车　型	客车（座）	货车（吨）	收费标准（元/车次）
小型	≤10	≤1	10
中型	10～28（含 28）	1～7（含 7）	15
大型	>28	7～14（含 14）	25
重型	—	14～20（含 20）	30
特型	—	>20	60

2005 年 2 月 1 日，按照河北省物价局、交通厅下发文件《关于调整全省收费公路车型划分及降低部分类型车辆通行费收费标准的通知》，车型划分及收费标准如下。

2005—2008 年收费标准一览，见表 4-1-17。

2005—2008 年收费标准一览表　　表 4-1-17

类　别	客车（座）	货车（吨）	收费标准（元/车次）
第一类	≤7	≤2	10
第二类	8～19	2～5（含 5）	15
第三类	20～39	5～10（含 10）	25
第四类	≥40	10～15（含 15）20、40 英尺集装箱车	30
第五类	—	>15	40

2008 年 1 月，根据国家政策，收费方式改变为计重收费，车辆通行费收费标准改为：客车≤7 座 10 元，8～19 座 15 元，20～39 座 25 元，≥40 座 30 元；货车计重收费，1.7 元/吨车次。

1997—2011 年 106 国道固安收费站收费额，见表 4-1-18。

1997—2011年106国道固安收费站收费额 表4-1-18

年份(年)	收费额(万元)	年份(年)	收费额(万元)
1997	1637.86	2003	4450.7094
1998	4010.164	2004	5877.3455
1999	4173.3535	2005	5723.5786
2000	3644.471	2006	6273.1345
2001	3655.9335	2007	6690.4913
2002	4153.9186	2008	5900.6885
2003	4450.7094	2009	6131.747
2004	5877.3455	2010	6599.1818
2005	5723.5786	2011	2630.8684

第八节 廊坊市通利运输有限公司

1996年11月26日,廊坊市通运客货运输服务中心成立。2000年4月,交通部发布了《道路旅客运输企业经营资质管理规定(试行)》的通知。根据交通部和省交通厅的文件精神和要求,结合廊坊客运市场实际,廊坊市通运客货运输服务中心转建为廊坊市通利运输有限公司。同时,根据公司章程和股东会议决议,本着自愿的原则,个体客运车辆作资入股纳入公司管理。2001年11月2日,经交通主管部门审批和工商管理部门注册正式办理了营业执照。

一、注册资金

廊坊市通利运输有限公司的组建形式是有限责任公司,注册资金50万元人民币,其中:廊坊市运输管理处出资16万元,所占比例32%;廊坊市鹏通出租车有限公司出资15万元,所占比例30%;廊坊市兴运出租车服务中心出资7万元,所占比例14%;廊坊市顺通汽车救援中心出资7万元,所占比例14%;廊坊市通运客货服务中心出资5万元,所占比例10%。

二、经营范围

公司主要经营省际班车客运、市际班车客运、县际班车客运、省际包车客运、市际包车客运、县际包车客运、县内包车客运、客运站经营、普通货运、货运站。至2011年,公司拥有客运车辆400余部,管理人员30余名,驾乘人员800余名,全部持证上岗。

三、成立背景和目的

廊坊市客运业存在多、小、散、弱,管理分散,服务水平差和经营不规范的问题。成立一个具有一定客运规模和资质等级的运输企业来加强客运市场建设、规范客运市场管理已经势在必行。为了创造公平竞争的市场环境,搞活运输市场,更好的发展客运企业,市交通局本着超前谋划,积极探索的改革思路,根据部颁文件精神,按照省交通厅资质评定的条件,结合廊坊市客运市场实际,在各区、市、县现有的服务中心基础上,组建一个实体公司,把客运车辆松散式管理变成紧密型管理。在以市场为导向,以市区为中心的前提下,对分散的小型运输企业、个体经营者进行改组、改造,运用股份制形式,组建了廊坊市通利运输股份有限公司。

四、公司结构和人员构成

公司结构。公司设有办公室、财务室、业务部,下设11个分公司(即直属站、安次、广阳、三河、大厂、香河、永清、固安、霸州、文安、大城），分公司不具有法人资格，由公司统一管理，统一核算，统一经营。

历届法人及总经理。王秀荣、王仙、郝树然、谢秉才。

人员构成。2001 年 11 月，公司共有员工 28 人，其中总公司 6 人，分公司共计 22 人。2008 年，公司人数 66 人，总公司 16 人，为历史最高。2011 年 12 月 31 日，公司共有员工 52 人，总公司 10 人。

第九节　廊坊市运通汽车维护中心

为加强对廊坊市营运车辆二级维护企业的管理，进一步规范营运车辆二级维护企业的市场经营行为，切实提高营运车辆二级维护作业的服务质量，确保车辆技术状况良好、环保节能，保护公民的人身和财产安全，保障道路交通安全、有序、畅通，1998 年 8 月 8 日，由廊坊市汽车维修协会出资成立廊坊市运通汽车维护中心，总投资 10 万元，法人代表刘桂华。企业设立在廊万路 11 号。主要经营：二类营运车辆维护，维护车辆分为客车、货车及出租车。维护中心实行厂长、副厂长、车间主任负责制。设有厂长室、副厂长室、财务科、二级维护车间及二级维护综合业务厅。1998 年，共有企业人员 17 名：厂长 1 名、副厂长 1 名、会计出纳各 1 名，车间管理人员 5 名，车间技术人员 4 名，综合业务厅业务员 5 名。维护中心于 2009 年底注销。

廊坊市运通汽车维护中心收入情况一览，见表 4-1-19。

廊坊市运通汽车维护中心收入情况一览表　　表 4-1-19

项目＼年份（年）	1998	1999	2000	2001	2002	2003	2004	2005	2006	2007	2008	2009
客车（辆）	36	56	69	81	107	126	126	126	126	126	126	126
货车（辆）	117	139	182	198	234	254	340	520	630	712	740	810
出租车（辆）	212	307	411	431	462	462	462	510	510	760	760	760
合计金额（万元）	14.6	21	27.8	29.8	33.7	35.3	38.9	48.5	53.1	67.1	68.2	71.2

第十节　廊坊市顺通汽车救援服务中心

1999 年 11 月，由廊坊市汽车维修协会出资成立了廊坊市顺通汽车救援服务中心，总投资 10 万元，法人代表刘益军（1999—2004 年）、陈信（2004—至今）。企业有人员 12 名：经理 1 名、副经理 1 名、会计出纳各 1 名、汽车救援人员 5 名、汽车救援业务厅业务员 3 名。主要经营：营运车辆维修救援工作，二类机动车维修救援（大中型客车维修救援，大中型货车维修救援，小型车辆维修救援）。救援服务中心设立在廊万路 11 号，隶属于市汽车维修协会，是经交通、工商部门批准，以网络会员方式，向社会运输车辆提供全方位救援服务，具有独立法人的经济体制。企业实行经理、副经理、救援中心主任三级管理负责制。设有经理室、副经理室、财务室、救援中心值班室及汽车救援业务厅。

救援中心成立以来，做了大量宣传工作，在廊坊电视台和廊坊日报等媒体对救援工作进行了较大规模的报道，让广大车主了解和认识汽车维修救援工作的性质和功能，扩大了汽车救援工作和救援中心的社会影响。保持救援网络稳定发展，树立良好的网络信誉，让网络会员能够得到满意的救援服务，赢得市场主动权。救援网络按现代企业制度运作，会员实行计算机化管理。在各县（市、区）设立了工作站，覆盖全市 18 个救援厂家，吸收了 4013 个网络会员，并与唐山、张家口、石家庄等 11 个市救援网络实行了联网救援服务。至 2011 年，救援中心发展网络会员 14680 名，共实地救援 11000 多起。廊坊市顺通汽车救援服务中心的客户服务中心实行一年 365 天、每天 24 小时全年无休的工作制度，保证客户无论在一天中的任何一个时间点致电求救，都能够得到有效的救援服务。正常情况下，在城区范围内救援人员和救援车辆应在接到接援任务后 30 分钟内到达救援地点。当车主需要救援服务时，拨打呼叫中心救援服务专线 2119955，呼叫中心在接到求助电话后，值班调度人员会确认其身份，了解现场情况，提供紧急处置建议,救援机构前往现场实施救援。服务时不另外收取费用。救援完毕,车主仅需现场在救援服务工单上签字确认即可离去。

廊坊市顺通汽车救援服务中心收入情况一览,见表4-1-20。

廊坊市顺通汽车救援服务中心收入情况一览表 表4-1-20

项目 \ 年份(年)	1999	2000	2001	2002	2003	2004	2005	2006	2007	2008	2009	2010	2011
客车(辆)	1426	1726	1950	2352	2512	2716	2967	3247	3247	3167	3125	3125	3275
货车(辆)	2130	2310	2430	2610	2813	2983	3248	3512	5124	6102	7530	9420	11405
出租车(辆)	146	214	234	314	412	483	534	578	612	618	725	—	—
合计金额(万元)	22.2	25.5	27.6	31.6	34.4	37	40.4	44	53.8	59.3	68.2	75.2	88

第十一节　廊坊市鹏通出租汽车有限责任公司

廊坊市鹏通出租汽车有限责任公司成立于1999年3月29日,注册资金30万元。历届法定代表人:郑凤华、于世温、张建国、郝树然、王广生。公司设在廊坊市广阳区光明东道23号。主要经营客运出租、汽车租赁、汽车清洗、汽车零部件销售。公司现有车辆531部,从业人员1102人。公司全面推行文明用语标准化、服务流程规范化,为乘客提供文明、安全的服务。历年参加免费接送高考学生爱心活动,为"5·18"经贸洽谈会等大型会议提供服务,圆满完成运输保障任务。

第十二节　廊坊市兴运出租汽车服务中心

1998年10月6日廊坊市兴运出租汽车服务中心成立,注册资金15万元。经济性质属集体所有制。公司设在廊坊市广阳区金桥小区1号楼。历届法定代表人:董俊茹、闫尔学、谢秉才、王国峰。主要是为市区客运出租提供服务。现有出租汽车1099辆,驾驶员近1700人,公司有22个分队。服务项目包括:车辆调度,如乘客预约用车,"5·18"商贸洽谈会、"9·26"农产品交易会等大型会议用车等;出租车在运营中发生故障或事故拨打公司电话,公司及时组织车辆实施救援;组织行业培训,如上岗培训,行业技能培训等;每单月召开1次分队长会议,每双月召开1次全体经营者会议,通过例会对经营者进行守法、爱岗教育,传达国家、省、市等上级部门有关政策、法规及规定,通报违章运输及事故案例,表彰先进,对存在问题提出整顿意见,对从业人员进行行业技能培训;代办运输手续;负责处理出租车经营者与乘客之间的纠纷,受理乘客投诉和群众举报;为乘客丢失在出租车上的物品提供查询。

第十三节　廊坊市燕赵交通勘察设计有限公司

2004年3月22日,根据建设部《关于工程勘察设计单位体制改革的若干意见》,廊坊市交通勘察设计院和院属工会共同出资成立了廊坊市燕赵交通勘察设计有限公司,注册资本100万元。2006年,追加注册资本200万元。廊坊市交通勘察设计院股份占61%,设计院工会股份占39%,为有限责任公司,与廊坊市交通勘察设计院两块牌子一套人马。地址在廊坊市广阳区新华路80号。营业范围:公路行业(公路)工程设计、岩土工程勘察、工程测量、工程咨询、水土保持方案编制。主要承担廊坊市公路、桥梁等工程新建、改建与维修的勘察设计。

公司成立以来,完成的勘察设计项目有:廊沧高速公路、京台高速公路廊坊段、密涿高速公路廊坊段等勘察设计;廊坊市各类国省干线新建改建、大中修项目的工可编制及施工图设计;廊坊市县、乡道路的工可编制及施工图设计。同时,还在保定、内蒙古等地承揽公路工程勘察设计项目。

第十四节　廊坊开发区广宇物流有限公司

企业类型是有限责任公司，注册资金300万元人民币，法人代表分别是商振林、饶贵华、王相仁。营业期限从2001年9月19日—2021年9月18日。河北宏太公路发展有限公司出资200万元，控股比例为66.67%；廊坊市公路工程有限公司出资100万元，持股比例为33.33%。主要经营货物的仓储服务，货物的配送、分装、加工；公路货物运输，货运信息服务；停车服务；仓库办公楼租赁服务（国家法律、行政法规禁限经营的项目和商品除外）。公司筹建期有职工4人，人数最多时为11人，现有3人。建成两座大型仓库、一座办公楼、大型停车场，配套设备齐全，提供租赁及停车服务。

第十五节　廊坊市益通加油城有限公司

2002年2月，由廊坊市公路工程管理处和廊坊市公路工程材料供应站共同出资组建的有限责任公司，注册资金300万元人民币，其中廊坊市公路工程管理处占49%股份（147万元）；廊坊市公路工程材料供应站占51%股权（153万元）。股权变更后廊坊市公路工程管理处占股5.67%（17万元），廊坊市公路工程材料供应处占股94.33%（283万元）。历届法人代表：李树奎（2002年）、郝艳军（2003年）、张书元（2005年—至今）。职工人12人，后增至18人。公司地址：廊坊市安次区北史务乡王常甫村西南。经营范围：柴油、汽油、润滑油。正常营业两年后，因经济效益亏损，现处于停业状态。

第二章　从市交通运输局划转(改制)的企业

为推进国有(集体)企业产权制度改革,以建立现代企业制度为目标,公有制资本从竞争领域退出、职工身份从国有序列中退出为原则,按国家、省、市国企改制政策,3 家企业进行了国企改制,由国有变为国有控股或股份制民营企业。

第一节　河北省廊坊运输公司

1965 年 7 月,成立河北省天津地区运输公司,隶属河北省天津地区专署交通局。1973 年 2 月更名为廊坊地区运输公司,隶属廊坊地区革委会交通局。1980 年 1 月 1 日,廊坊地区运输公司人、财、物三权归省交通局直接领导,改名为河北省廊坊运输公司。1985 年 1 月 1 日,省将人、财、物三权下放到地方,运输公司隶属廊坊地区行政公署交通局。1989 年 4 月 1 日,廊坊地区改为廊坊市,河北省廊坊运输公司名称未变,隶属廊坊市交通局。2006 年 8 月 31 日,按照廊政[2006]81 号《廊坊市人民政府关于理顺和完善市属经营性管理体制的实施意见》文件要求,河北省廊坊运输公司纳入市国资委监管。2008 年 7 月 18 日,河北省廊坊运输公司改制重组,更名为廊坊市华昊运输集团有限公司。

廊坊市华昊运输集团有限公司属国有控股的中(一)型公路运输企业,注册资金 6031.7 万元。2008 年 7 月改制重组后,市国资委占股 51%,企业职工占股 49%。办公地址在廊坊市银河北路 80 号。具备客运二级、货运三级经营资质,主营道路旅客运输,兼营国际贸易、汽车修理、驾驶员培训、物流服务、加油加汽、出租车客运等。公司内设干部人事管理部、综合办公室、经营安技部、计划财务部、基建部、网络技术部等部室,所辖 30 个基层单位,其中有 11 个等级客运站。

1985 年,廊坊运输公司有干部职工 2530 人。下设汽车队 6 个,汽修厂 1 个,联运站 3 个,汽车站 13 个,公共汽车站 1 个。

1993 年年底,共有干部职工 2521 人。公司下设汽车场 6 个,其中客运场 2 个、货运场 4 个。汽车大修厂 1 个,市级汽车站 1 个,县级汽车站 10 个。共有运输车辆 465 部,其中货车 205 部、2002 吨位,客车 260 部、11300 个座位。完成货运量 24.7 万吨,货运周转量 3768.9 万吨公里;完成客运量 483.9 万人,客运周转量 38520 万人公里。固定资产 5853 万元。

至 1999 年年底,共有干部职工 1947 人。公司拥有 9 个专业运输场、队,其中客运场 6 个,货运场 3 个,货场兼营客运也成为一种发展趋势。汽车大修厂 2 个,市级汽车站 1 个,县级汽车站 11 个。运输车辆 465 部(市内公共汽车除外),其中货车 92 部、693.5 吨位,客车 373 部、10840 个座位。完成货运量 6 万吨,货运周转量 826 万吨公里。完成客运量 370 万人,客运周转量 39810 万人公里。固定资产 5444 万元。

2011 年 6 月,根据廊坊市政府关于公交运营体制改革的总体要求和部署,对华昊集团公交分公司彻底进行了剥离,成建制划转后,成立了市公交总公司。

河北省廊坊运输公司成立初期,我国正处于计划经济时代,企业处于垄断经营地位,具有得天独厚的竞争优势。但改革开放之后,由于个体运输车辆的猛增,彻底打破了运输市场国企一统天下的局面,在市场经济的竞争中,廊坊运输公司濒临破产。在这种情况下,企业进行了一系列改革,彻底打破基层场站吃公司“大锅饭”、职工吃场站“大锅饭”的旧模式,实行“二级单位模拟法人管理”和“单车租赁经营”等,使企业大步走出经营困境,一举跻身于当时的廊坊国有企业利税大户行列。自此,廊坊运输公司走上了快速发展的道路，至2011年底，集团公司连年超额完成各项经济指标，连续14年保持廊坊市超百万利税大户地位，各项经营指标均处于全省同行业先进水平。多次荣获“实绩突出单位”、“社会公认满意单位”、“省三A级和谐企业”和“河北省诚信企业”等称号。

廊坊市运输公司基本情况(一)，见表4-2-1。

廊坊市运输公司基本情况(一)　　表4-2-1

项　目	一	合　计	载客汽车	载货汽车
甲	1	2	3	—
运输工具	辆	410	392(含出租车50部)	0
	客(吨)位	—	10640	0
按客位分(辆)	大型	196	179	38
	中型	163	163	0
	小型	1	50(出租车)	1
按舒适度分(辆)	高级	131	152	0
	中级	190	190	0
	普通	39	50(出租车)	39
按燃料类型分(辆)	汽油	0	0	0
	柴油	329	232	39
	双燃料	50	50	0
	其他	31	107(含出租车)	0
客运量(万人)		242		
客运周转量(万人公里)		23123		
货运量万吨		6		
货物周转量(万吨公里)		760		
资产总计(万元)		26194		
利润总额(万元)		103		

廊坊市运输公司基本情况(二)，见表4-2-2。

廊坊市运输公司基本情况(二)　　表4-2-2

项　目	运营线路(条)	运 营 班 次	车　辆　数	客运量(万人)	客运周转量(万人公里)
甲	1	2	3	4	5
合计	171	1053	530	410	25330
跨省	62	239	142	119	9323
其中:北京	10	114	48	28	1816
天津	10	74	42	49	2100
跨地(市)	64	75	75	56	7470
地(市)内	26	105.5	62	25	24520
县内	12	648	162	150	2297
市内出租车	1	—	50	—	—
包车	1	—	12	—	—

第二节 廊坊市通州筑路机械有限公司

廊坊市通州筑路机械有限公司前身为廊坊市筑路机械修造厂，始建于1975年，隶属于廊坊市交通局，为自筹自支事业单位。公司主业为筑养路机械产品加工制造。公司占地51亩，属国有划拨用地，其中厂区生产用地约30.08亩。至2005年底，企业在册国有职工254人，其中，离休干部1人，退休职工80人，内退职工86人，在岗职工87人。1998年，廊坊市筑路机械修造厂进行了股份制改造，由事业体制改为企业体制，设立了由企业内部职工入股的民营股份制公司——廊坊通州筑路机械有限公司，公司进行了第一次改制。在1998年首次改制时，筑机厂的全部国有资产经评估，并按当时政策，冲减、剥离后净资产为47.71万元，由筑机厂129名职工自愿出资全部购买，企业从1993—1997年5年期间积累的应分给职工的奖金和福利储备金共余89.5万元，以“职工集体股”的方式投入到了新企业。这次改制实现了国有企业向民营企业的过渡。企业虽已改制，但职工身份未进行置换，公司的职工仍为国有职工身份。

2005年，按照廊坊市政府[2000]97号文件精神，以建立现代企业制度为统揽，坚持“双退出、三接续”的改制标准，采取“退市进县”的方式，利用盘活土地资产等手段，置换资金，异地建厂，安置职工。公司把厂部迁移到了永清县燃气工业园区，进行第二次改制。土地由政府收储，挂牌出让，改制费用1089万元由政府从土地出让金中支付。12月20日，经廊坊市国有企业改革工作领导小组办公室批准，廊坊市通州筑路机械有限公司完成了第二次改制，廊坊市筑路机械修造厂完成了从国有到民营企业的体制转变。

第三节 廊坊市春光旅行社

廊坊市春光旅行社（图4-2-1）成立于1995年8月，注册资金30万元，经营范围为国内旅游及相关服务业务，为市交通局开办的第三产业。办公地点在新华路82号交通局住宅楼东侧，经营场地20余平方米。旅行社最多时拥有在册职工12人，为小微企业。至2006年7月，企业资产总额121.4万元，负债总额103.8万元，所有者权益17.6万元，利润为-12.4万元。按照廊坊市政府[2000]97号文件精神，为尽快建立现代企业制度，有效增强企业的市场竞争力，按照“双退出、三接续”原则和建立现代企业制度的要求，春光旅行社于2006年开始进行改制。2007年，经廊坊市国有企业改革工作领导小组办公室批准，采用“有限公司”方式由旅行社原在册职工自愿出资入股，组建新的企业，实现了国退民进。改制后的春光旅行社名称为河北廊坊春光旅行社有限公司。其中，原廊坊市交通局承担了支付职工身份转换金等项改制费用。企业实现了由国有企业向民营企业的过渡，正常经营，效益稳定。

图4-2-1　1995年8月1日，春光旅行社开业典礼

第三章 注销企业

20世纪90年代初期,为响应国家关于积极开办第三产业的号召,市交通局先后开办了廊坊市交通局劳动服务公司、廊坊市交通经贸发展有限公司、廊坊市通华贸易公司、廊坊市石油公司、廊坊市飞龙大酒店、廊坊市交通装饰公司、廊坊市交通印刷厂、廊坊市银潭酒店、廊坊市四通汽车配件门市部9家企业,涉足商贸、服务领域。后因经营不善等原因,以上9家企业于20世纪90年代末期至2007年先后注销。

第四章　合资企业

20 世纪 90 年代，为拓宽经营领域，发展经济，市交通局（含市局直属单位）先后与自然人王玉锁、张新源、香港客商及香河县交通局、悦达实业集团、山西力睿公司等企业法人合资开办了廊坊市经济技术开发区燃气有限公司、廊坊市通轩实业有限公司、香河广大金刚石有限公司、河北欧克精细化工股份有限公司 4 家企业。后因合作不畅等原因，市交通局于 2006 年以前，陆续从上述企业撤出全部股份。

第五篇 交通战备与武装

廊坊市地处京津之间，扼守首都的东、南两大门户，地理位置十分重要。辖区内交通网络四通八达，交通枢纽、桥梁较多，重要交通目标密集，是军事控制点、战争生命线、国民经济的命脉、未来战争中敌人实施打击的重点。

交通战备作为军事交通和国防建设的基础工作，是军地双方共抓的一件大事，关乎战略全局，关乎按时间节点如期形成国防交通保障能力，关乎首都战略核心地带的安全稳定。做好交通战备工作对延缓和遏制战争，保障经济社会发展，具有重大意义。

廊坊市交通运输局在交通战备、应急保障等方面常抓不懈，北京军区、省军区有关首长多次莅临廊坊视察指导交通战备工作，均给予充分肯定。2006、2008 年，先后两次被北京军区授予“交通战备工作先进单位”，2008 年被省国动委授予“交通战备工作先进单位”。此外，还有多名同志受到北京军区、省军区表彰奖励。

2011 年 8 月 28 日，廊坊市公路运输保障队员接受省交战办、省军交办领导检查，如图 5-0-1 所示。

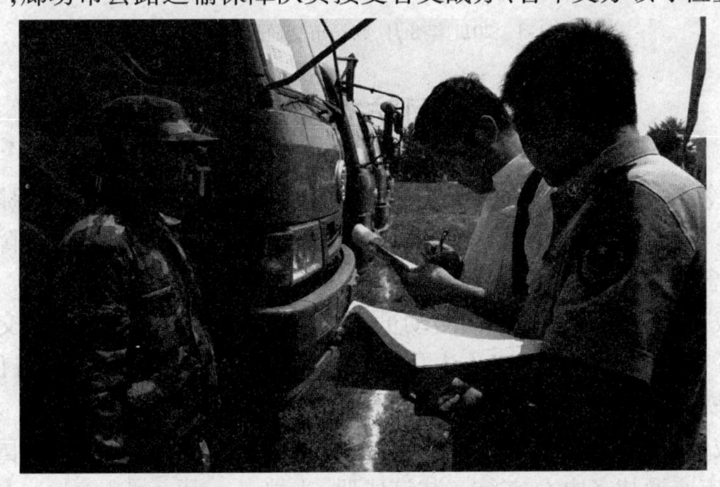

图 5-0-1　2011 年 8 月 28 日，廊坊市公路运输保障队员接受省交战办、省军交办领导检查

第一章　交通战备

第一节　国防交通保障计划

按照军事斗争准备交通保障需要，针对战区担负的作战任务，结合本地区实际，与交通重点目标保障方案相互衔接，每年修订完善市、各县（市、区）和行业交通保障计划。

2011 年 8 月，廊坊市交通战备工作会议，如图 5-1-1 所示。

图 5-1-1　2011 年 8 月，廊坊市交通战备工作会议

第二节　国防交通队伍建设

2007 年，按照统一领导、分类建设、条块结合、分级管理的原则，在交通专业保障队伍建设上，坚持真组实建，不搞空壳队伍，不搞数字游戏。根据交通运输行业的实际情况，组建了保障队伍。队伍建设确保政治思想坚定、战备观念较强、业务技能熟练。

根据河北省交通战备办公室和廊坊市国防动员委员会要求，2006 年，建立了交通战备办公室成员单位制度。各单位明确了主管领导和具体工作人员，定期召开会议，研究工作，部署任务，“军队提需求，国动委搞协调，政府抓落实”的交通战备工作机制逐步完善。

按照河北省交通战备办公室和廊坊市国防动员委员会的要求，每年对全市各国防交通专业保障队伍进行整组，整组情况由市交通战备办公室统一装订成册、入档。

2007 年以来，每年不定期组织开展演练活动，达到训练队伍、强化组织、提高保障力的目的。

各交通专业保障队伍每年开展一次以上有相当规模的应急演练，检验建设成果，形成了与战区军事战略部署相适应，与全市交通力量分布相协调，精干管用、工种配套、互相衔接、平时服务、急时应急、战时应战的交通保障力量体系。2011 年 8 月 25 日，廊坊市交战办组织部分保障队员参加实弹射击练习，如图 5-1-2 所示。

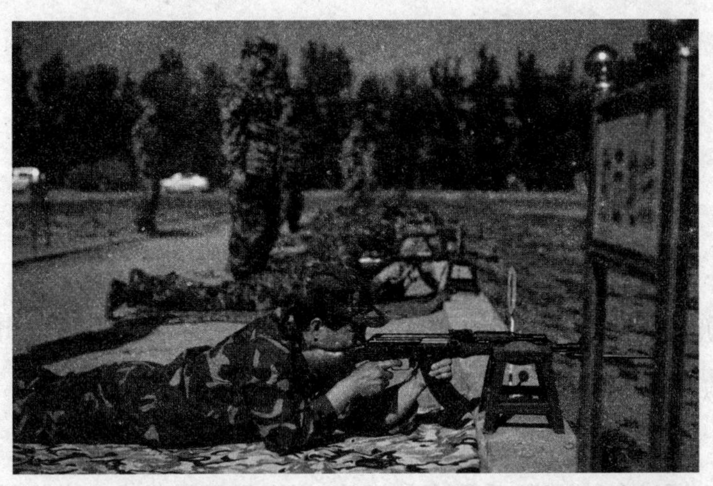

图 5-1-2　2011 年 8 月 25 日，廊坊市交战办组织部分保障队员参加实弹射击练习

第三节　民 用 运 力

1982 年开始，每年进行一次运力调查，根据经济社会发展情况，做好运输潜力调查，及时掌握运力底数，并分类建档，明确重点，便于及时征用。

第四节　国防公路和部队出口路建设

一、国防公路建设

国防公路是为国防需要在国家公路干道基础上选定或专门修建的公路。包括连接战役方向、指挥枢纽、军事基地、部队驻地和海防边防等的公路。它由军事交通部门和国家交通部门共同规划与选定，新建或扩建工程由国家交通部门统一安排和实施，国家公路管理部门负责管理维护，必要时由军队指派专业部(分)队和组织人民群众参与。

"十一五"期间，全市共完成交通基础设施投资 113 亿元，是"十五"的 7.1 倍。至 2011 年底，全市公路通车总里程达 9294 公里，比 2010 年底增加 3.2%；路网密度 144 公里/百平方公里，分别是全国、全省平均水平的 3.4 倍和 1.7 倍，居全省第一。其中高速公路总里程 287.84 公里，一般干线公路境内总里程 745 公里，农村公路通车里程 8261 公里，公路的通畅水平和通达能力全面提升，基本形成了"东出西连、畅通南北、连接城乡、四通八达"的路网格局，为更好地履行交通战备任务提供了基础保障。

二、部队进出口路建设

对列入每年的规划、申请列入明年建设计划的建设项目，做好工可研究、施工设计等前期准备工作。严格执行建设项目报批程序，落实配套资金，确保年度计划内项目顺利实施。加强在建项目管理，保证工程质量。全力争取上级支持，有计划、有步骤地对驻军和重要军事设施进出口道路进行改造。通过一系列措施，优化了驻军出行条件，为部队机动以及抢险救灾、应对突发事件提供了有力的交通保障。

第二章　武　装　部

廊坊市交通运输局武装部组建于2008年,属廊坊军分区、市直武装部和廊坊市交通运输局领导。

第一节　国防教育

以党管武装为重点,通过多种渠道,采取有效措施,深入开展了形式多样的国防教育活动:2008年,成立廊坊市交通局武装部,同时成立国防教育领导小组,下设办公室。把国防教育纳入目标管理考核,制定了国防教育实施意见,跟踪督办、跟踪问效,并且把考核纳入全面建设的一项重要内容。系统各单位在安排职工政治教育活动时,把国防教育列为其中一项重点内容,确保国防教育落在实处。

健全各职各类人员抓国防教育的职责,完善了定期组织学习、开展活动、联席会议和检查督促等项制度。把国防教育纳入全民的思想政治教育,坚持"五个结合",即把国防教育同爱国主义教育相结合;国防教育同全民思想教育、道德教育相结合;国防教育同拥军优属教育相结合;国防教育同业务工作相结合;国防教育同经济建设相结合。达到了国防教育与政治思想教育同步提高,国防建设与经济建设协调发展的目的。

第二节　民　　兵

结合交通运输行业实际,于2008年开始组建民兵队伍,要求民兵战士政治思想坚定、战备观念较强、业务技能熟练,年龄在20~50岁之间。

从2008年组建民兵队伍以来,编制民兵队伍训练中、长期规划,推进队伍训练经常化、正规化。每年不定期组织开展演练活动,达到训练队伍、强化组织、提高保障力的目的。

第三章　廊坊市交通运输局应急办公室

交通运输局应急办成立于2008年，交通运输系统逐级建立应急组织，明确责任，将交通应急保障队伍纳入了市政府应急队伍序列。编制印发了全市《雨雪冰雾等恶劣条件下道路交通保障应急预案》，各县(市、区)和相关单位制定了分预案，每年有重点地开展应急演练活动，不断提高应急实战保障能力。

2008年，根据《廊坊市人民政府应急管理办公室关于建立应急管理工作信息报送制度的通知》，就切实做好我市交通系统应急管理工作，建立应急组织、信息报送内容做了相关规定。应急办及时印发《廊坊市交通系统突发公共事件总体应急预案》，制定具体措施积极做好应对恶劣天气变化的应急保障工作。

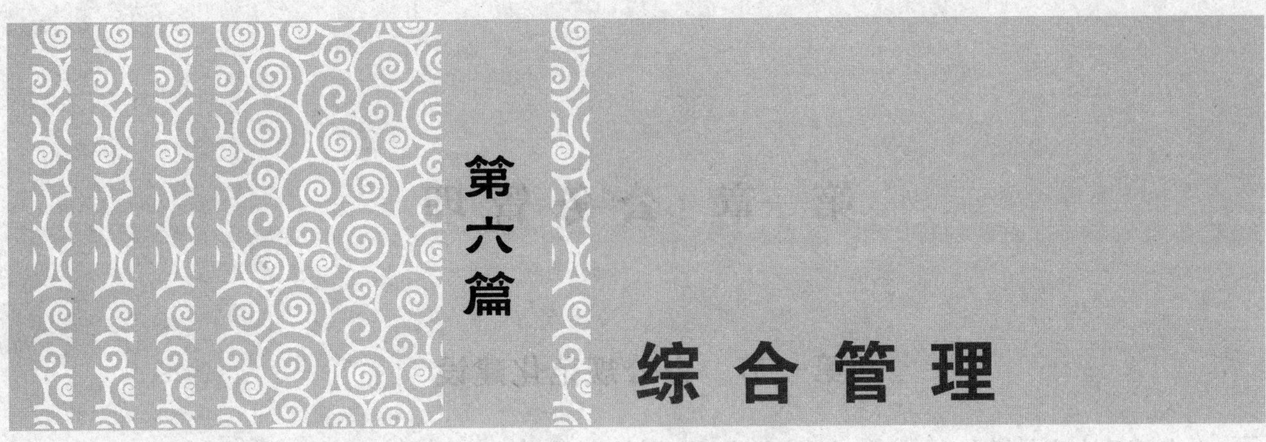

第六篇 综合管理

第一章 公务管理

第一节 办公规范化建设

公务管理内容包括办文、办会、文秘、督查、调研、档案、保密、接待等。廊坊市交通运输局机关实施制度化、流程化、精细化、信息化、形象化、绩效化“六化”管理,形成全覆盖、无缝隙的规范体系。

一、规范制度

制度的制定、规范与完善,对公务管理工作起到框范、指导的作用,也是不断提高工作效率的基本条件。不同时期的公务管理必须结合实际不断修改完善,甚至重新制定相关制度,以利于更好地开展工作。1989年制定的《关于待客用餐的规定》对公务接待有了明确标准。《办事程序的若干规定》、《大事报告制度》,《文件管理制度》、《档案管理制度》、《各项会议制度的规定》、《廊坊市交通局工作规则》、《月报制度》、《首办负责制》、《AB岗工作制》、《限时办结制》、《责任追究制》、《请销假制度》、《学习培训制度》等一系列制度的相继制定和逐步完善,进一步规范了公文流转、会务安排、活动组织、档案保密、文印管理、信息公开、上传下达等工作流程,通过抓制度,落实促效能建设。

二、规范办公

建立和完善流程管理体系,制定公务管理规范手册,把每一项工作进行科学分解、设置、整理、归类,建立完整的工作流程。通过不断实践的探索,形成一套科学、全面、严谨、规范、可操作的管理运行模式。确保每项工作都能规范开展、高效运转。建立横向和纵向相结合的工作运行体系,使办公规范覆盖面囊括整个系统(图6-1-1)。

图6-1-1 2003年11月27日,廊坊市交通局ISO 9001认证会

2009年,在市交通局直属单位开展了办公室工作管理规范化建设试点。制定了《办公室工作管理规范化考核办法》,从硬件、软件、制度、流程等10个方面对廊沧高速建管处、公路处、工程公司等15个局直单位进行了考核,有力地推进了办公规范化、制度化、流程化、高效化。2011年3月,为进一步规范机关工作程序,提高工作效率,廊坊市交通运输局办公室印发了《关于进一步规范机关工作程序的通知》,对机关科室、局直单位主办的会议、活动,以市局或市局党组名义上报、下发的各类文件、报告、请示、通知等公文,机关大厅电子屏幕宣传等工作的程序和要求做出了明确规定。

每年定期举办公文写作培训,邀请省、市专家进行专业知识讲座,面向系统内所有办公人员。据统计,2011年的公文培训人数达到320人,其中组织开展的信息宣传工作会议暨通讯员培训班,面向各县(市、区)交通局、局直各单位办公室主任及通讯员100余人。邀请廊坊日报社新闻部主任赵志峰讲解了新闻写作知识,邀请廊坊日报社摄影部主任张文讲解了摄影技巧,局办公室对学员进行了公文写作辅导。这对提高通讯员业务水平和采写能力,提升全系统信息宣传工作水平起到了积极的促进作用。

为进一步加强全系统文字工作,2011年12月29日,市局召开全系统文字工作座谈会(图6-1-2)。

市局党组书记、局长王相仁出席会议并做重要讲话。局直各单位通讯员代表围绕如何进一步做好文字工作畅所欲言，交流体会，提出了有针对性、有价值的意见和建议。王相仁充分肯定了2011年全系统文字工作取得的成绩，对付出辛勤劳动的文字工作者表示慰问和感谢，对系统文字工作提出了要求。他指出：要高度重视文字工作，要通过文字工作向外界提供信息，开展宣传，提升行业和系统的形象地位；要重视学习，多动笔多思考，扩宽写作领域，增长自身写作的灵性，在不断修改和反复推敲中提升水平；要全面加强文字工作，做好“四抓”工作。抓培训。邀请名家辅导授课；学习借鉴先进经验，开展采风活动；加强系统内部的沟通交流。抓培养。为文字工作者创造更为有利的工作条件和成长环境，研究探索文字工作机制。抓评比。组织开展2011年宣传信息工作先进单位（科室）、先进个人评比和优秀稿件评比活动，奖先促优。抓研究。对来稿机制、宣传重点等问题，要进一步研究，切实加以解决。

图6-1-2　2011年12月29日，廊坊市交通运输局文字工作座谈会

定期召开办公规范化工作会议，局直单位主管负责人和办公室主任参加会议，总结汇报公务工作经验，分析存在问题，提出意见建议，印发《办公室规范化建设材料汇编》，使办文、办会、保密、接待等各项工作规范化、流程化、绩效化。

第二节　公文处理

公文处理是公务管理的重要内容。对通过收发文件、传真、系统内网、电话通知和记录《大事报告》等公文进行处理，按照领导批示，以请示、报告、意见、函的形式，准确、安全、保密、及时、有效地上传下达，并定期对公文进行整理和归档。

《廊坊市交通局公文格式规定》、《上报紧急情况重大事件工作预案（试行）》、《公文审核制度》、《公文处理制度》、《来电登记制度》和《紧急重大情况制度》等制度的逐步建立和完善，公文处理更加严格规范。仅2005—2011年，接收来自国家、省、市、县（市、区）各级各类公文12568件（表6-1-1），发文5673件。包括明传电报、函、办公纪要等30大类。

廊坊市交通运输局收文统计表　　表6-1-1

年份(年)	省厅(件)	市委(件)	市政府(件)	局直(件)	县局(件)	市直(件)	其他(件)	合计(件)
2005	405	178	259	199	76	417	0	1534
2006	407	213	260	257	158	471	0	1766
2007	381	165	261	238	188	573	0	1806
2008	330	145	254	253	191	413	0	1586
2009	399	126	297	318	134	671	109	2054
2010	436	136	272	357	127	628	115	2071
2011	448	205	248	218	127	467	128	1841
合计	2806	1168	1851	1840	1001	3640	352	12658

第三节　会议、活动组织

廊坊市交通运输局制定的《会务工作制度》、《会议室使用制度》、《中共廊坊市交通局党组议事决策规则》对各类会议和活动进行了规范。会议主要包括确定会议、领导审批《会议室使用通知单》、会议筹备、会议活动统计4个环节。会议相关工作由办公室专人负责，确保全局性会议、局党组会、局长办公会、局领导专题工作会议及各级电视电话会的顺利召开。每年6月、12月统计半年以来各科室以局名义召开的会议、活动，由机关办公室汇总后提交局长办公会议。2011年，配合组织"5·18"经贸洽谈会、"9·26"农产品交易会，部、省、市各级领导调研等大中型会议及活动38次。

会议组织流程：会议报批。提出议题、拟定会议方案（包括会议通知）、报请审批。会议准备。安排会场、发出会议通知、落实会议材料并印制（大型会议落实领导讲话稿）、落实与会人员（大型会议编印《会议指南》）。会场服务。会议签到、会议记录和录音。会议审批。草拟《会议纪要》（根据会议需要）、整理会议记录或领导讲话、落实会议议定事项会议资料归档、会议经费落实（大型会议活动）、新闻报道（根据会议需要）。

第四节　督查及人大建议政协提案工作

一、督查

督查的内容包括以下几项：市委、市政府、省交通厅交办的工作任务；市局党组重大工作部署的落实情况；市交通运输局重要会议议定事项的落实情况；年度主要工作目标、任务进展和完成情况；市人大、市政府、市政协和省政府办的人大建议，政协提案承办情况；市局机关建设中重要事项的整改落实情况；市交通局领导交办的其他督查事项。

1997年，交通局制定了《廊坊市交通局督查工作办法（试行）》。2011年制定了《督查工作制度》。2011年，对全市交通运输工作报告中的目标任务、市委市政府重点工作任务中涉及交通运输工作、《政府工作报告》进行目标细化分解，逐项督导进度，逐个掌握动态，抓好督查落实；对局主要领导的批示意见进行跟踪督查、电话催办、现场督查、发放督查卡，并形成专题报告后报市局主要领导，为领导科学决策提供准确的信息资料；对重点工作、局党组关注的大事、领导批示的事项紧盯不放，专项督查，定期要结果。

领导批示件督查流程：上级领导（本级领导）批示件—立项—主任审批—向有关单位交办—直接督办或催办—审核办理报告（回访核实或退回重办）—向领导反馈。

市交通运输局对上级部门转来的领导批示件及时督办，按时反馈。对局主要领导批示意见进行跟踪督查、电话催办、现场督查并发放督办卡。2008—2011年，编写督查专报39期，电话督办各类事项181件。按时办复率达到100%，答复意见函规范化率达到100%，基本解决率达到40%以上，走访率达到100%，满意率达到90%以上。

二、承办人大建议和政协提案

人代会、政协会期间的建议、提案，在政府规定期限内办复；平时的建议、提案，从收到之日起3个月内办复。2005年制定的《廊坊市交通局承办人大代表建议和政协提案工作规则》和2011年制定的《人大建议和政协提案办理制度》，对承办人大建议、政协提案件的推进、办理工作提出了规范化和程序化的具体要求。

人大建议、政协提案承办流程：受领任务。市政府召开人大建议、政协提案交办会议，将涉及廊坊市交通运输局的承办件领回。登记分类。领回承办件后，办公室将人大建议、政协提案承办件进行登记和分类。召开承办会议。召开交通运输系统人大建议、政协提案交办会，将承办件交由相关单位（科室）办理。办理答复建议、提案。走访。信件寄出后，相关单位要对代表或委员进行走访并填写走访卡，走访卡收齐后报市局办公室归档。廊坊市交通运输局承办人大代表建议和政协提案情况见表 6-1-2。

廊坊市交通运输局承办人大代表建议和政协提案情况　　表 6-1-2

年 份(年)	类 别	主 办(件)	协 办(件)	按时办复率(%)	答复函规范化率(%)	走访率(%)	满意率(%)
2008	建议	17	0	100	100	100	100
	提案	18	3	100	100	100	100
	合计	35	3	100	100	100	100
2009	建议	21	2	100	100	100	100
	提案	12	3	100	100	100	100
	合计	33	5	100	100	100	100
2010	建议	29	0	100	100	100	100
	提案	46	13	100	100	100	100
	合计	75	13	100	100	100	100
2011	建议	20	0	100	100	100	100
	提案	18	11	100	100	100	100
	合计	38	11	100	100	100	100
总计		181	32	100	100	100	100

第五节　文 印 管 理

一、印章管理

市交通运输局制定的《印章使用制度》规定：盖章文件需《文稿审批笺》的签字手续齐全或电话与局领导联系并确认后，由承办人填写《印章使用登记表》方可用印，事后补签。对于正式的合同、协议，由政策法规科审核把关后，由局长或受局长委托的副局长签字后方可用印；合同、协议双方均签字盖章后，存档1份，盖“骑缝”章，如合同、协议中对方单位尚未签字、盖章，不能立即存档的，承办人需填写《借阅档案登记表》，标明此合同、协议内容和借阅时间等事项，工作人员可先盖章，并及时督促承办人办结后及时归档；确因工作需要使用空白信笺盖章的，承办人填写《空白信笺使用登记表》及《空白信笺背面备注栏》，报局领导同意并在“批准人”一栏签字后，方可用印；在承办人返回后，及时查问空白信笺使用情况，如未使用的，向承办人收回空白信笺；需使用领导个人名章时，须经本人同意并签字。

印章使用管理流程：填写印章使用登记表—所在单位负责人签字、承办人签字—主管领导审核签字—办公室主任或副主任批准—存档。

二、代码证管理

使用代码证复印件的，承办人需填写《代码证使用登记表》，用印者按序号发放代码证复印件，在复印件上写明序号并盖章；确实需用代码证原件的，承办人需填写借证手续，办公室向其提供代码证副本，限3日内归还，并及时催要。每年4月到市技术监督局代码证办公室验证，每4年一换证，如4年中单位名称变更或法人变更，在变更后1个月内到市技术监督局办理换证手续。

第六节　保密工作与档案管理

一、保密工作

《廊坊市交通运输局保密工作制度》对保密工作进行了详细规范。机关办公室每年与各科室负责人签订保密责任状，与局领导、涉密人员签订保密承诺书。2011年签订保密责任状18份，保密承诺书

14 份。

为加强文件资料、移动硬盘、U 盘、软盘、光盘的管理，打字室、档案室、办公室等要害部门配备保险柜；加强办公场所及周边环境安全保密、保卫工作；要害部位安装监控系统，进出人员实行 24 小时监管；配备文件粉碎机，防止重要信息混入垃圾、废旧物品中；对纸质涉密文件从收文、传阅到销毁的每一个环节都严格监管，全程跟踪盯办，防止秘密信息失泄；切实履行领导干部保密工作责任制和保密人员责任制，并对秘密文件严格实行单独登记，限定传阅范围；每年将上一年度的保密工作情况填入市保密局统一制发的年度国家秘密事项统计表，并及时上报市保密局；各类涉密文件都按规定进行处理，未出现失、泄密问题，确保涉密文件在传递、使用、保存过程中的安全。

二、档案管理

市交通运输局对档案的管理非常重视，在规范档案管理程序的同时，与时俱进，不断完善管理办法。1991 年下发《关于加强档案管理和上等升级工作的通知》，2006 年制定《廊坊市交通局文书档案价值鉴定规则》，2008 年制定《廊坊市交通局档案管理办法》、《廊坊市交通局文书档案整理规则》，2010 年制定《廊坊市交通运输局文件材料归档范围和文书档案保管期限表》，2011 年制定《廊坊市交通运输局档案管理办法》、《廊坊市交通运输局声像档案管理暂行办法》等，使档案管理工作逐步形成制度化、系统化、程序化和规范化，在立卷、保管、保密、利用、鉴定、销毁、考核各方面都有章可循（图 6-1-3）。

图 6-1-3　2011 年 12 月 1 日，廊坊市交通运输系统档案培训工作会

档案工作流程：收集—确定需归档文件—整理单位—文件装订—打页号—划分保管期限—分类—排列—归档文件（右上角盖归档章）—编制《备考表》—装盒—编制《归档文件目录》—将每件归档文件录入微机—扫描归档文件—入库保管。

档案文献编纂。在档案工作中占有重要地位，是主动、集中、广泛提供档案资料的有效手段。市交通运输局档案室定期编写《文件汇编》、《档案利用效果汇编》、《交通日志》、《大事记》、《组织机构沿革》，把发文、会议、活动、机构及人事演变、奖惩等全局性工作定期按照类别进行汇总编纂。可靠翔实、保存完整、编排有序、查询快捷，为全市交通运输系统各项工作提供了基本全面的文献依据。

室藏文书档案。室藏文书档案主要包括省交通厅的有关文件，交通运输局年度总结、机构设立、干部任免、下达的各种经费指标、重要会议的文件材料，会计档案、声像档案等市交通运输局内部产生的相关资料。分为党群类、综合类、人事类、财审类、计统类、业务类六大类。至 2011 年年底，室藏文书档案共 887 盒。其中，1999—2011 年永久、长期档案 341 盒，1968—2011 年短期、参考档案 423 盒，2009—2011 年 30 年档案 76 盒、10 年档案 47 盒。

第七节　文秘工作

一、每日要情

《每日要情》是廊坊市交通运输局内部信息刊物，供局领导、机关科室和局直单位主要负责人参阅。2008 年 12 月 8 日开始编写，每日 1 期，当天下午 17:00 定稿，次日 8:30 至 9:00 发布。《每日要情》的内容分领导活动、工作动态和行业动态 3 个版块。①领导活动版块简述局领导参加各类重要会议、活动和主要工作情况。②工作动态版块是局直单位和县（市、区）交通运输局上报的信息内容，主要涉及 5 个方面：交通运输局处级以上领导到各单位检查、指导、调研工作及出席会议、活动，包括县级领导到各县（市、区)交通运输局检查指导工作的信息;紧急情况重大事件包括涉及交通运输工作的负面信息;可推动全局工作的各种活动或其他单位可借鉴的经验、做法;阶段性、实质性工作进展情况;取得的成绩或获得市级以上的荣誉(市委、市政府、省厅以上)。③行业动态版块是在国内各大主流媒体搜集有关交通运输工作的热点新闻、重点项目、政策法规、安全稳定方面的信息。至2011年年底,共编辑印发《每日要情》750期。

二、局长专阅

《局长专阅》属廊坊市交通运输局内部信息刊物,自2010年开始编写,主要收集国家宏观政策、国内外与交通运输密切相关的重要资讯,为领导决策提供参考。至2011年年底,共编辑印发13期。

三、文稿起草

文秘室人员必须具备一定的专业知识、文字功底和写作水平,及时学习领会国家、省、市有关文件精神,全面准确掌握省交通运输厅、市委、市政府和局党组决策部署、工作思路、工作重点和工作要求,保证文稿内容主题突出,思路清晰,结构合理,全面、深入、准确、细致、翔实。交通运输局各种上传下达的文字性材料主要由文秘室负责拟定,包括主要领导讲话、汇报、总结、致辞、发言稿等,以及交通运输局其他领导的文稿把关,文稿撰写,校对,报主管主任审核,定稿后及时报局领导阅示。2005—2011年,完成了全市交通运输工作会,市委、市政府、省交通厅领导调研汇报会,全市交通运输情况报告等材料计60余万字。

文稿起草流程:接受任务—领会领导意图、按照文种列出提纲—起草初稿—主任审批—按领导意见修改初稿、主任再次审阅交换修改意见—请领导最后审定—完成正式稿—交付打印。

第八节 常规管理

电子屏幕管理。电子屏幕内容由机关各科室轮换管理,每个科室负责管理一周。办公室负责每周一提醒下周的主办科室做好准备,核实当天值班人员电子屏幕的内容,及时更新带班领导、值班人员、值班司机名单,负责礼堂、五楼会议室会议的电子屏幕的内容组织、技术支持工作。每季度办公室组织各科室对电子屏幕的设计、内容进行评比、表彰、通报。

电话号码管理。定期更新全市交通运输系统电话号码表,及时发送到局领导、机关各科室、局直单位、值班室,为交通运输工作的顺利开展提供保障。

机关值班安排。根据2008年制定的《廊坊市交通局机关带班、值班工作暂行办法》、2009年制定的《廊坊市交通运输局局机关政务值班工作管理规定》和2011年制定的《值班制度》,每周定期通过大蚂蚁办公系统或OA办公系统将下周《值班表》发送到各科室,每周一将本周的《值班表》印发给带班领导、值班室、机关大厅。

第二章 人事管理

第一节 干部管理

一、干部任用

严格按照《党政领导干部选拔任用工作条例》选人用人，建立严格的干部选拔责任约束机制，形成富有生机与活力、有利于优秀人才脱颖而出的选人用人机制，推进干部队伍的革命化、年轻化、知识化、专业化。

选拔任用条件。严格把好资格关，按拟任职务条件、标准全面衡量，对于不符合条件的决不提拔。

民主推荐。坚持民主集中制，注重提拔群众公认、实绩突出的优秀年轻干部。领导干部向党组织推荐干部人选，必须写出署名的推荐材料。基层党组织推荐干部，必须经集体讨论，多数成员同意后，方可呈报材料。

考察。考察组采取个别谈话、征求意见、民主测评等方法深入了解情况，并根据考察情况写出考察报告，向局党组汇报。

任职公示。报经局党组讨论决定后，在下发任职通知前，严格执行任职公示制度。

二、干部培养

根据交通运输事业发展与班子队伍建设需求，按照"缺什么，补什么，用什么，学什么"的原则，科学制定培养规划。确立近、中、远期培养规划，干部队伍形成年龄梯次，防止一段时间后出现备用脱节、干部趋于同龄化或青黄不接等现象。对后备干部有针对性地制订出具体的培训计划。

分类别、分层次培养人才，确保培训质量和培养效果。通过脱产培训、挂职培养、临时抽调锻炼等方式，有针对性地对干部进行培养教育；设置相应的培训内容，有针对性地进行培训；为年轻干部提供岗位和机会，敢于把优秀年轻干部放到重要岗位上压担子，全面提高他们的组织领导水平。每年组织机关公务员参加市直公务员培训：1994 年，组织市、县交通局长岗位培训，结合《任职培训合格证书》制度的实施，注重对副科级以上干部的岗位培训，为持证上岗做准备，开展各类应急培训。2006 年，选拔 1 名干部到围场县交通局进行为期 3 年的挂职锻炼。2009 年年初，制定了《三年人才培养规划》。从 2009—2011 年，先后选派 361 人到北京物资学院、石家庄铁道大学、河北工业大学等高校学习交通工程、路网规划、交通财会、物流管理、项目经理、试验与检测、城市交通规划与管理、桥涵技术、高速经营等专业知识；从市交通运输系统 4 个高速建管处抽调 7 名业务骨干组成高速经营研修班，分赴河北省廊涿高速公路管理处和沿海高速公路管理处基层站点挂职锻炼；选派 8 名干部到复旦大学、浙江大学进修深造，为构建现代综合交通运输体系打造规模更大、结构更优、质量更高的人才队伍（图 6-2-1）。2010 年，组织现代物流培训考察团赴美国学习现代交通和物流知识，提高领导干部的站位，为服务交通、发展交通更好地发挥作用，培训

图 6-2-1　2009 年 12 月，廊坊市交通局人事干部培训班

考察成果被国家外专局从300多个项目报告中遴选为优秀培训考察报告。

健全年轻干部培养责任制，关心青年干部的成长，搞好工作上的传帮带；强化培养年轻干部工作的各项制度，特别是建立和完善科学的评价和选拔制度，以保证培养工作达到育得好和用得上的良好效果。

三、干部考核与奖惩

考核测评是抓好基层干部管理工作的一个重要环节。以组织能力、工作协调能力、政策执行能力为前提，以群众公认为基础，以德、能、勤、绩、廉为原则完善干部考察内容；逐步改革干部考察制度，努力实现从年度考察向经常性跟踪考察转变，提高干部考察的开放性和透明性，增强干部的责任感、压力感和事业心；设置少而精、积极可行的工作目标，逐步完善干部目标考察制度，便于对干部的工作实绩做出客观全面的评价。

从2010年开始，开展机关效能建设民主评议活动，由市交通运输局直属单位对机关各科（室）和机关科级干部履行职责、依法行政、工作效率、政风、行风、责任追究和处理群众投诉等情况进行民主评议，进一步加强了机关效能建设，转变了工作作风，提高了工作效率，提升了服务基层的能力和水平。每年年初组织目标考核，通过民主评议、座谈、核查经济指标完成情况和安全生产情况，从德、能、勤、绩、廉5个方面对领导班子成员进行综合考核与评价。根据考核结果评选出突出贡献者，给予一定的物质奖励。

四、干部监督

干部监督工作是确保按照党的路线方针政策选准用好干部、建设高素质干部队伍的客观要求。市交通运输局坚持学习贯彻《中国共产党党内监督条例（试行）》、《中国共产党纪律处分条例》，认真执行《党政领导干部选拔任用工作条例》等法规，切实做好新形势下干部监督工作，努力实现“四个转变”，防止和克服干部工作中的不正之风和腐败现象。

四个转变：①实现由事后监督向事前、事中、事后监督转变。对党员干部行使权力的情况，经常性地深入基层指导、检查和督促，针对发现的问题制定整改措施。②实现由工作圈监督向工作圈、生活圈、社交圈监督转变。全面、深入、准确地把握干部的素质、能力及现实表现情况，实现监督工作的全面性和真实性，真正做到领导干部权力行使到哪里，活动延伸到哪里，监督就实行到哪里。③实现由注重查处惩治向经常教育、谈话诫勉、批评纠正和预防职务犯罪转变。④实现由封闭式监督向开放式监督转变。逐步健全和完善群众监督、媒体舆论监督和社会公开评价机制，加大群众监督覆盖面，增强舆论监督的公开性和真实性，形成上下贯通、纵横交错的监督网络和合力，实现干部监督工作系统化、科学化。

第二节 基层班子建设管理

一、优化机构，形成组合科学、富有活力的领导班子

（1）班子配备坚持群体优化的原则，配置人才资源，配优配强班子。通过科学、合理的排列组合，构建素质优良、专业合理、气质互补、充分协调的最佳群体结构。

（2）注重互融互补。注重特长的互补性，掌握每个干部的专业特长，在班子中配备不同专业特长的干部。注重特性的互融性，对整个群体结构做全面周密的考虑。

（3）优化领导班子年龄结构。通过年龄互补，形成以中年领导者为主体的老中青领导班子结构，形成合理的梯次配备，充分调动各年龄段干部的积极性。

（4）大胆选拔能担当重任的优秀年轻干部，永葆领导班子的生机活力和创造力。及时调整充实领导班子不合理年龄结构，本基层单位没有合适人选的，则通过交流调配解决。对于特别优秀的年轻干部敢于破格提拔，敢于将之放在重要岗位。

（5）建立后备干部选拔机制。按拓宽选拔视野、拓展选拔方式的原则，以选配“想干事、能干事、干成事”的干部为目标，按照民主、公开、竞争、择优的办法和年轻化、知识化的用人标准，克服人才评价中唯学历、重资历、轻能力、轻业绩的倾向，把政治上靠得住、发展中有思路、作风上过得硬、群众信得过的优秀人

才选拔到基层班子中。通过民主推荐等途径选拔后备人才，建立后备干部管理台账。加强对年轻干部的培养教育。对近年走上领导岗位的优秀年轻干部，关心爱护，严格要求，严格管理，严格监督，发现毛病和苗头性问题，及时教育诫勉。

二、建立基层班子绩效考核机制

建立目标工作责任制，严格实行目标管理，充分调动基层干部的积极性和主动性。每年年底，对直属单位领导班子履行职责情况、经济指标完成情况、党建工作、安全生产情况及领导班子成员进行考核，考核程序包括处长代表班子述职述廉、民主测评、座谈、核查经济指标完成情况和检查安全生产情况。根据考核结果给予相应奖励，激励领导班子更好地履职履责。

三、加强教育，提高领导干部的综合素质

(1)加强思想教育。建立领导干部理论学习考核制度，在各级领导干部中开展党性教育，提高领导干部的思想政治素质。

(2)加强理论教育。通过党校培训、跟班学习、挂职锻炼等形式加强对领导干部理论、思想、信念及业务技能的培训和锻炼，培养领导干部用辩证唯物主义和历史唯物主义的原理观察和审视问题，不断提高干部的领导水平和驾驭能力。

(3)加强法制教育。提高依法执政的能力，强化领导干部的法治意识，使之在工作中善于运用法律手段管理交通、管理经济事务，依法行政、依法办事。

四、加强民主集中制建设，实现决策的民主化、科学化

(1)健全基层领导班子内部民主集中制。坚持重大问题集体讨论决定，凡属方针政策性的大事、全局性的问题及干部推荐、任免、奖惩等，都由领导班子集体讨论决定。领导班子成员坚持集体领导和个人分工负责相结合的制度，大事讲原则，小事讲风格，共事讲友谊，工作讲奉献，互相信任不猜疑，互相支持不推诿，互相配合不拆台，搞好班子团结，保证民主集中制有效落实，不断提高领导班子的凝聚力和战斗力。

(2)健全民主集中制的监督机制。加大考核力度，严格执行党的纪律，坚持把领导班子贯彻执行民主集中制的情况作为班子考核的重要内容，对破坏民主集中制、影响班子团结者严肃处理；增强广大党员、群众的民主意识，提高参与监督的积极性，使之成为监督的主要力量。

五、强化作风建设，培养领导班子勤政清廉的优良作风

(1)与时俱进、开拓创新的作风。培育基层领导干部敢于冲破一些不合时宜观念的束缚，坚持科学态度、大胆突破、不断超越，弘扬解放思想、实事求是，与时俱进，保持奋发向上的昂扬锐气，保持开拓创新进取精神，在自已的工作领域、工作岗位上敢于创新、勇于开拓、永不懈怠。

(2)狠抓落实，务求实效的作风。引导基层领导干部树立强烈的进取意识、忧患意识，常怀对党对人民事业高度负责的使命感、责任感，带着感情深入到群众中，进行面对面工作，扎实解决改革和发展中的一些重大问题，为基层和群众多办实事，努力掌握抓落实的科学方法，减少工作中的盲目性和片面性。

(3)清正廉洁、严格自律的作风。培养领导干部坚定共产主义的理想和信念，重事业、淡名利，防微杜渐，在思想上高筑反腐倡廉、拒腐防变的防线，自觉做到自重、自省、自警、自励。

六、加强监督管理

建立和完善领导干部廉政监督制约机制，落实述职述廉制度，自觉接受干部职工的廉政建设监督，增强领导班子成员执行各项廉洁自律规定的自觉性。设立群众监督电话和来信电子信箱，强化监督，杜绝腐败。

第三节　行业职业资格管理

一、组织建设

根据国家关于建立职业资格制度的规定，在廊坊市交通运输行业建立职业资格制度，并于 2011 年 3

月成立了职业资格制度领导小组,下设办公室。之后,又成立了职业技能鉴定领导小组及办公室。相继启动了试验检测、监理、造价、机动车检测维修等4个职业资格制度的建设,并着手组织开展交通运输行业职业技能鉴定工作。

二、信息备案

建立职业资格信息库,做好行业人才统计。登记持证人员的姓名、身份证号、学历、单位、资格证书号等30个字段的信息,既方便查询,又防止假证、一证多用等弄虚作假现象的发生,同时为人才开发工作奠定基础。至2011年年底,全系统共有国际注册项目管理师1人,注册安全工程师24人,注册一级建造师26人,注册二级建造师5人,注册造价工程师3人,注册咨询工程师13人,一级注册结构工程师1人,注册土木工程师(道路工程)5人,注册监理工程师1人,交通运输部甲级造价工程师21人,交通运输部乙级造价工程师7人,造价工程师2人,交通运输部公路工程试验检测师46人,交通运输部公路工程检测员50人,交通运输部监理工程师17人,交通运输部专业监理工程师29人,河北省专业监理工程师3人,河北省监理员19人,高级项目管理师3人,企业信息管理师1人,一级企业人力资源管理师1人,甲级摄影师1人,物流师3人,工民建工程师1人。

三、组织考试

坚持所学、所用、所考一致的原则,审核报考人员资格,做好考试报名、书籍征订、准考证和考试合格证发放等。

四、评委推荐

积极向省交通运输厅推荐交通运输工程专业高级资格评审的评委、机动车检测维修专业考试考官和职业技能鉴定考评员,配合省交通运输厅做好资格评审、考试和职业技能鉴定工作。

第四节 行业人才队伍建设

至2011年年底,廊坊市交通运输局共有职工7312人(包括10个县、市、区交通运输局),其中机关448人,事业单位6216人,企业单位648人。市局机关和直属单位共有职工2810人,其中在职人员2408人(包括机关公务员54人,全额财政拨款事业单位人员50人,自收自支事业单位在编人员1810人,人事代理人员192人,劳务派遣人员145人,聘用人员157人),离休人员10人,退休人员392人。

一、人才引进

通过现场招聘、单位推荐等方式引进高校优秀毕业生和高级专业人才,为交通运输事业发展提供人才支撑。

二、人才培养

坚持"请进来、送出去"的人才战略,选派业务骨干分期参加脱产培训,把非专业人员培养成专业人才,把专业人才培养成专家人才。市交通运输局、局直单位及各县(市、区)交通运输局建立了以主管领导为组长的职教领导小组,拨付专项资金,分级培训、分级负责。为避免工学矛盾,在强调抓好岗位培训的基础上,突出教育的灵活性,以业余为主、自学为主,培训形式灵活多样,注重实效。如自办与联办相结合,脱产与业余相结合,考核与考试相结合等。

规范人才培训。1992年,制定《职工教育工作的若干规定和管理办法》,对参加培训的审批程序、学习纪律、奖惩办法、检查评选等做了相应的规定。1992年,制定《关于职工教育培训费使用的若干规定》,规范培训费的使用。

1993年,创办《职教动态》,不定期下发,及时传递上级指示精神,宣传职教经验和动态消息。

"七五"期间,全系统职教工作成绩显著,培训各类人员9005人次,322人参加了大中专函授或脱产学习,筹建校舍1755平方米。"八五"期间,共举办各类培训班221期,有17619人次参加了各类培训学习，年度培训率一直保持在30%以上。2008年，举办短期业务培训班12期，培训职工1955人次。确定2010年为"业务素质提高年"，组织各类培训800余期，举办专家大讲堂10期，培训职工超过2万人次。2011年，全系统开展各级各类培训970余期，培训职工3万余人次，重点组织了13个短期培训班，培训职工1653人次。

上岗前培训。对新招收和需要转换工作岗位的人员进行岗前培训，使之在政治思想、职业道德、文化知识、专业技术和实际能力方面达到本岗位的规范要求。

岗位培训。为适应市场经济发展的需要，本着学用结合，按需施教和注重实效的原则，广辟培训渠道，多形式、多门路、多层次地搞好岗位培训。1991年，对全系统500余名执法管理人员进行脱岗集中整训，全面系统地进行职业理想、职业道德、职业纪律、职业技能教育，同时对思想、作风、纪律进行整顿。1992年，举办3次脱岗集中学习。1993年，举办省第二期监理工程师培训班。调入专业技术人员24名，先后6次组织37名有关领导和技术人员到国内外学习先进技术和管理方法，从各大专院校接收毕业生57名；由市交通局出助教费4000元，河北工学院选派2名尖子生到廊坊市交通局工作。

继续教育。针对专业技术人员继续教育证书制度的实施，结合各系列评聘工作，不断创新培训理念、拓宽培训渠道、增新培训方式。2009年，有41名专业技术人员参加省交通运输厅人事劳动处组织的道桥培训。2010年，有79名专业技术人员参加市人力资源和社会保障局组织的创新能力培训。

学历教育。1990年11月，市交通局建立河北电视中专分校廊坊电视中专工作站，重点解决财会专业的岗位培训，通过岗位培训与交通电视中专单科教育相结合的教育途径，切实提高交通管理从业在岗人员的素质。1993年，全年共有46人拿到电视中专学历，14名年轻职工到北京交通干部管理学院参加大专班学习。1994年，鼓励符合报考条件的职工参加对口专业的学历教育，巩固和发展电视中专教育。"八五"期间，中专工作站共培养中等专业人才92名，先后开设3个专业；做好河北交通学校委培生、唐山公路技工学校、河北交通技工学校的报考和招生工作。

三、规范专业技术人员管理

至2011年年底，共有专业技术人员650人，其中高级职称89人，中级职称215人，初级职称311人(表6-2-1)。

科学设岗。为加快推进局直单位人事制度改革，建立健全事业单位岗位设置管理制度，实现事业单位人事管理由身份管理向岗位管理的转变，根据廊坊市委组织部、市人事局《关于印发〈廊坊市事业单位岗位设置管理实施细则(试行)〉的通知》精神，制定《廊坊市交通局事业单位岗位设置管理工作实施方案》，经过科学分析和积极协调，于2011年3月，按照科学合理、精简效能的原则完成了全系统22个事业单位的岗位设置，并明确了岗位职责、任职条件和聘用期限。

严格评审。为提高职称工作质量，坚持标准，严格条件，严把"五关"，确保了职称申报工作的顺利进展。①评审考试条件关。严格审验申报资格，坚持做到好中选优，择优上报。对不符合申报条件的，一律不得参评及考试。②申报前的公示关。按照"公平、公正、公开"的原则进行公示，做到层层把关、层层负责，有效防止了弄虚作假现象的发生。③单位推荐关。侧重对工作能力及业绩水平在量化打分中的比重，提高职称含金量。④网上检验关。对申报人员的学历、论文、业绩均在网上检验，保证了申报材料的真实性。⑤组卷合格关。印制组卷要求和范本，发放到各单位，以保证高质量、高标准、高效率地完成组卷任务。

1980年4月，建立县级技术职称评定委员会，加强对科技队伍的管理和对科技人员的考核、评定。根据国务院〔1979〕279号文件精神，发布《关于工程技术干部技术职称套改复查和定职晋升前应做的几点工作通知》。要求1966年以前确定和提升的技术员一律改为助理工程师；1966年以后确定或提升的技术职称而没有经过相应技术(学术)组织考核评定的，应补行考核评定；"文化大革命"期间入学的大学生考评后按条件确定职称。1989年4月6日，首次企业专业技术职务评审工作结束。1989年12月，市交通局召开关于整顿1987年以来评定职称不正之风(假文凭、假学历、假岗位、假履历)动员会议。2009、2011年分别对工程专业初级评审委员会成员进行调整。

专业技术人员基本情况

表 6-2-1

项目		合计	女	少数民族	中共党员	学历							年龄					
						博士	硕士	研究生	大学本科	大学专科	中专	高中及以下	35岁及以下	36~40岁	41~45岁	46~50岁	51~54岁	55岁及以上
总计		650	291	17	274	0	6	14	404	198	26	8	335	122	78	70	19	26
其中:在管理岗位工作的		19	2	1	3				18			1	1	5	3	9	1	
具有职业资格的		47	28	2	17			1	33	12		1	13	9	10	8	3	4
专业技术岗位	高级	89	30	4	66	0	3	6	77	6	0	0	1	24	21	30	4	9
	中级	215	101	6	109	0	2	3	137	63	9	3	60	53	48	29	14	11
	初级	311	144	6	92	0	1	5	173	114	14	5	239	45	9	11	1	6
	其他	35	16	1	7				17	15	3		35					
专业类别	工程技术人员	322	96	12	124	0	5	13	207	84	14	4	178	64	31	29	7	13
	卫生技术人员	5	4						1	3	1			1	1	1	1	1
	教学人员	20	16		9				15	5			9	5	2	1	3	
	经济人员	137	58	1	74	0	1	1	89	43	4		80	16	14	15	4	8
	会计人员	105	79	1	25	0			59	41	5		50	23	17	13	1	1
	统计人员	16	14	0	8	0			4	8	2	2	5	2	4	5		
	图书档案人员	2	1		1				1	1			1	1				
	其他人员	43	23	3	33				28	13		2	12	10	9	6	3	3

按岗聘任。2006年,制定《关于规范政工系列职称评聘工作的意见》;7月,依据市委组织部、市人事局《关于印发〈廊坊市事业单位聘用制管理试行办法〉的通知》,市委办公室、市政府办公室《关于印发〈全市事业单位新进人员实行聘用制度的意见〉的通知》,市人民政府《关于转发市人事局〈关于在全市事业单位试行人员聘用制度的实施方案〉的通知》等相关文件精神,制定了《关于在事业单位试行人员聘用制度的实施方案》,推进事业单位人事制度改革。2011年,根据市职称改革领导小组办公室《关于转发冀职改办字〔2009〕83号〈关于做好全省事业单位专业技术岗位聘用工作的通知〉的通知》要求,完成了事业单位专业技术人员的首次聘任。之后,根据市职称改革领导小组办公室《关于转发河北省人力资源和社会保障厅〈关于印发河北省事业单位专业技术岗位聘用管理办法(试行)的通知〉的通知》要求,按照岗位设置,各单位公布空缺的岗位、岗位职责、聘任条件及与聘任有关的事项,采取公开竞岗的方法把真正优秀的专业人才聘任到相应的岗位上。

四、规范工人技术等级管理

1989年4月15日,市交通局制定了《廊坊市交通行业实行工人技师聘任制的实施意见》,规定技师必须严格按照任职条件、考核标准、比例限制和生产岗位的限制进行考评、聘任。1990年8月,成立廊坊市交通局工人技术考核委员会,使工人管理更加规范。1994年10月,根据省、市工人考核工作会议精神,市交通局成立机关事业单位工人考核机构。2011年,交通系统有5名职工参评"全国交通技术能手"。

至2011年年底,共有工勤技能人员933人(表6-2-2)。

工勤技能人员基本情况 表6-2-2

项目	合计	女	少数民族	中共党员	学历				年龄					
					大学本科	大学专科	中专	高中及以下	35岁及以下	36~40岁	41~45岁	46~50岁	51~54岁	55岁及以上
总计	933	230	21	239	87	344	115	387	208	211	201	156	72	85
一级岗位(高级技师)	1					1							1	
二级岗位(技师)	240	59	4	78	23	107	17	93	1	16	78	81	33	31
三级岗位(高级工)	411	90	11	92	26	134	54	197	22	140	95	65	36	53
四级岗位(中级工)	201	60	5	56	30	68	34	69	121	47	22	9	1	1
五级岗位(初级工)	79	21	1	13	8	33	10	28	63	8	6	1	1	
普通工	1					1			1					

五、专家建设

积极向上级争取科研资金支持学术研究,向上级组织推荐人才,争取进入部、省级专家人才库。现有中国道路运输协会机动车驾驶员工作委员会专家1人,"三三三"人才第三层次人选8人,市有突出贡献的专家2人,市管专家2人,市第三届专家咨询服务委员会委员1人,市职业技术学院汽车工程系专业建设委员会委员1人。

第五节 离退休干部工作

至2011年年底,市交通运输系统有离退休人员320人,包括离休干部9人,退休人员311人。其中地专级2人,正处级3人,副处级10人。

廊坊市交通运输局建立了老干部活动室,配备椅子12把,长条桌3个,麻将桌两个,扑克、象棋桌各1副,音响1套。

(1)离退休人员每月10、20日两次集中活动,春秋季节较多户外活动,冬夏季在活动室。内容有政治理论学习,参观游览、文体活动,落实生活待遇,发放工资条,离休干部药费发放,订阅《老人世界》、《共产党员》等报刊杂志。

(2)组织安排每年的九九重阳节座谈会、老干部新春团拜会,倾听采纳老同志的意见和建议(图6-2-2、图6-2-3)。

图6-2-2　2009年10月23日,廊坊市交通局召开老干部工作表彰会

图6-2-3　2011年9月26日,廊坊市交通运输局召开2011年九九重阳节老干部座谈会

(3)重大节日走访慰问老同志。一份慰问品,把党组的温暖送到;一封慰问信,把交通运输局领导的问候带到;一声亲切的祝福,把机关党员干部职工对老同志的关怀说到。

(4)组织定期健康检查,建立健康档案。结合离退休老同志的身体状况,组织每年1次的身体健康检查;发放老年养生手册,举办健康、养生知识讲座,丰富老同志的养生、保健知识;为每位离退休老干部建立简易健康档案。

(5)对交通运输长寿老人发放健康生活补助金,在全局上下营造关注老年人、关爱老年人的浓厚氛围,引导老同志健康生活、科学生活,让老同志在为建设"和谐交通、幸福廊坊"继续发挥作用的同时,分享交通运输事业发展取得的丰硕成果,实现老有所养,老有所乐,安享幸福晚年。2011年有13人享受长寿老人健康生活补助,共发放补助金24000元。

补助条件。按照交通运输局2011年制定的《关于对交通运输长寿老人发放健康生活补助金的实施办法》,以每年重阳节为时间节点,凡年满76周岁(含76周岁)以上老人,按不同年龄段发放健康生活补助金。该办法从2011年10月开始实施。

补助标准。①76～80周岁每月补助100元;②81～85周岁每月补助200元;③86～90周岁每月补助300元;④91～95周岁每月补助500元;⑤96～100周岁每月补助1000元;⑥年满101周岁以上老人每年补助5万元。

(6)组织参观廊沧高速活动。2011年11月24日,在廊沧高速公路全线贯通之即,交通运输局离退休干部科组织系统老干部参观了廊沧高速公路廊坊段。在3个小时的参观时间里,老同志们忘了疲累,认真倾听讲解员对廊沧高速公路项目建设的细致解说,包括工程造价、施工难度、互通枢纽的数量、服务区的建设风格,仔细询问了廊沧高速东淀特大桥的桥长、桥宽、桥高等情况。老同志们边参观边讨论,对廊坊公路事业的大发展感到非常高兴,对廊坊市交通运输局修建廊坊作业主的第一条高速深感自豪。

第六节 成品油价格和税费改革

2008 年 12 月 18 日,国务院下发《关于实施成品油价格和税费改革的通知》。按照国务院关于实施成品油价格和税费改革要求,2008 年 12 月 22 日,财政部、国家发展改革委、交通运输部、监察部、审计署等五部门联合下发通知,要求自 2009 年 1 月 1 日起,取消公路养路费、航道养护费、公路运输管理费、公路客货运附加费、水路运输管理费、水运客货运附加费等 6 项收费;并逐步有序取消政府还贷二级公路收费。

自 2009 年 1 月 1 日起,廊坊市取消了国家要求取消的 6 项收费中廊坊地区所涉及的养路费、运输管理费、客运附加费、货运附加费的征收;2009 年 4 月 30 日取消了政府还贷二级收费公路收费。

根据国家《成品油价税费联动改革方案(征求意见稿)》、省政府《关于做好成品油价税费联动改革准备工作的通知》等文件精神,以及廊坊市委、市政府主要领导的批示精神,市交通运输局坚持以人为本,按照“转岗不下岗”的要求,多渠道、多领域安置改革涉及人员,从 2009 年 4 月开始到 2011 年年底,涉及的人员基本安置到位,基本实现“人人有去向,不增加社会压力”的目标,确保成品油价格和税费改革顺利实施和社会稳定。

成品油价格和税费改革涉及廊坊市交通规费征收机构和供养单位人员共计 7188 人。其中直接涉及交通规费征收机构人员 2534 人(含养路费征收人员 502 人,运输管理费、客货运附加费征收人员 1618 人,政府还贷二级公路收费及管理人员 414 人。这些人员中,正式在编人员 1771 人,合同用工 240 人,临时用工 252 人,离退休人员 271 人),间接涉及交通规费供养单位人员 4654 人(含市县两级机关公务员、机关后勤服务人员、干线公路和农村公路养管人员、质量监督和定额管理等人员)。

为加强安置工作的组织领导,确保此项工作顺利进行,2009 年 4 月 29 日,市局成立了市交通局党组书记、局长王相仁任组长的人员安置工作领导小组。改革涉及人员安置工作由市局人员安置工作领导小组统一组织,办公室、人事处、财务处等部门具体负责制定人员安置方案,市养路费征稽处、运输管理处、路桥通行费管理处负责抓好方案的落实。

廊坊市交通运输局采取各种措施,保证了改革涉及人员在安置期间的思想不乱、队伍不散。一是积极筹措资金,保证改革涉及人员合规合理的待遇不变。按照国务院办公厅国办发〔2009〕9 号文件要求,改革涉及人员的工资由政府对地方财政的转移支付中列支。在市财政转移支付资金不到位的情况下,2010 年以来,廊坊市交通运输局克服重重困难,多方筹措资金,垫付资金 1953 万元,保证人员工资的按时发放。二是积极做好思想工作,确保队伍稳定。加强对改革涉及人员的思想教育,正确认识改革的重大意义和必然趋势,服从大局,遵章守纪,没有发生影响稳定的事件。特别是 2009 年国庆安保期间,严格落实上级的各项安排部署,全系统未发生任何不稳定问题。三是加强业务培训,为适应新的工作做好知识和能力储备。对改革涉及人员分期分批进行了封闭式培训,学习国家方针政策、法律法规和业务知识,为适应新岗位奠定坚实基础。

改革涉及人员的具体安置情况如下。

一、原养路费征稽人员

改革涉及养路费征稽人员 502 人。其中正式在编人员 345 人(其中市养路费征稽处 99 人),临时用工 104 人,离退休人员 53 人。有以下安置方向:一是由交通部门内部转岗安置。2009 年 8 月成立了廊坊市路政管理处,将原养路费征稽处 345 人成建制划转到市路政处,负责国省干线公路的路政管理工作。二是向国税、地税部门分流安置。按照公开、公平、竞争、择优的原则,充分尊重改革涉及人员的意愿,由税务部门接收部分在编的养路费征稽管理人员。2009 年 8 月 8 日,117 人参加了税务系统招收公务员的考试。2010 年 6 月 29 日,7 名同志人事关系划转国税部门。2010 年 12 月 29 日,23 名同志人事关系划转地税部门;2011 年 11 月 29 日补录 5 人,先后共有 28 名同志转至地税部门工作。

二、政府还贷二级收费公路涉及人员

政府还贷二级收费公路撤站涉及市交通运输局 3 个收费站,分别为 112 线霸州收费站、静王线文安收费站、廊泊线大城收费站,涉及收费人员 414 人。这些人员中,包括正式在编人员 157 人(其中收费处机关管理人员 84 人,各收费站收费员 73 人),合同用工 231 人,临时用工 22 人,离退休人员 4 人。

改革涉及 414 人中,除收费处机关 84 名管理人员外,各收费站人员已全部落实了安置方向和就业。其中转岗安置 251 人(廊沧高速 231 人,大广高速 20 人),通过自主择业解除劳动合同用工 52 人,停止临时用工人数 23 人。另有退休 4 人。具体方式如下:①内部转岗。2011 年 9—11 月,廊坊市业主高速廊沧高速公路建成通车后,通过内部转岗,安排 231 名收费人员到廊沧高速各收费站工作。②外部安置。大广高速公路建成后,交通运输局积极协调有关部门,20 名收费人员于 2010 年 12 月被聘用到大广高速廊坊段机构工作。③自主择业。大力宣传改革政策,按照《劳动合同法》的有关条款规定,采取个人意愿与工作实际相结合的原则,先后有 52 名合同用工收费人员与单位解除了劳动合同,选择了自主择业。另有 23 名临时人员按照规定全部停止用工。

三、运管费、客货运附加费人员

市、县公路运输管理费、公路客货运附加费征收人员 1618 人。其中市级 170 人(含运管处机关在编 144 人,临时工 8 人,离退休 18 人),县级 1448 人(含在编 1125 人,合同工 9 人,临时工 118 人,离退休 196 人)。

2009 年 12 月 25 日,成立了廊坊市出租车管理处,将运管费、货运附加费、客运附加费征收人员中的 35 人划转到出租车管理处,负责全市出租汽车行业管理工作,其他同志也全部在系统内实现转岗,协助做好运输管理工作。至 2010 年,改革所涉及运管费、客货运附加费人员基本安置到位。

第三章　财务管理

第一节　固定资产管理

固定资产是指使用年限在1年以上、单位价值在规定的标准以上、并在使用过程中基本保持原来物质形态的资产。固定资产管理主要是对购入、报废(盘亏)等固定资产及时登记卡片账,增减固定基金;定期进行资产清查,保证国有资产的完整。

2010年成品油价格和税费改革前。新增固定资产管理流程:使用科室提出申请—主管领导批示—购入资产—填写《固定资产验收使用报告单》,增加资产卡片账。

报废(盘亏)固定资产管理流程:定期进行资产清查,资产使用科室申请—相关主管领导批示—财务科向省交通厅上报申请—交通厅审批后下发批文—根据批文进行账务处理。

此间的固定资产管理,严格参照相关的文件(办法)执行。1965年以后的固定资产管理,按照河北省交通厅制定下发的路发字787号《关于转发河北省公路固定资产管理办法(草案)的通知》参照执行。至1990年6月,为理顺固定资产管理关系,全面清理固定资产并健全账卡,廊坊市交通局制定并下发了廊交财字23号《关于印发廊坊市交通局"公路事业单位固定资产管理实施细则"和"运输管理单位固定资产管理试行办法"及清理固定资产的通知》,1990年7月1日起试行,交通局系统原有关规定与本细则(办法)有抵触的以本细则(办法)为准。

2007年,交通局按照河北省财政厅制定下发的冀财行〔2007〕24号文件《河北省财政厅关于印发〈河北省行政事业单位资产核实暂行办法〉的通知》,进一步加强了对交通局国有资产的管理,规范了单位资产的核实工作。

2009年2月1日起,交通局参照2008年12月河北省财政厅根据财政部令第35号、财政部令36号等有关规定,制定下发的冀财资〔2008〕5号文件《河北省财政厅关于印发〈河北省行政事业单位国有资产管理暂行办法〉的通知》,对国有固定资产进行规范管理。

2010年成品油价格和税费改革后。2010年,随着成品油价格和税费改革的实施,交通财政体制发生了根本变化,固定资产管理模式也随着发生了变化。国有资产的购入开始实行政府采购。

新增固定资产流程:使用科室提出申请—相关主管领导批示—在政府采购协议供货商及产品目录中选择合适商品—与供应商协议商品价格,填写《廊坊市政府采购项目计划审核表》—由财政局经济建设科登记、盖章—由政府采购办公室签字、盖章、留存—购买商品并与供应商签订《协议采购货物购销合同》及《廊坊市政府采购项目验收单》—将《合同》及《验收单》到政府采购办公室盖章、留存—填写《固定资产验收使用报告单》,增加资产卡片账。

报废(盘亏)固定资产管理流程:定期进行资产清查,资产使用科室申请—主管相关主管领导批示—填写《廊坊市市级机关事业单位国有资产处置申报审批表》,交由国资局审批—国资局按规定审批—审批同意报废的资产统一由国资局移交廊坊市市级政府—公务仓变卖残值由国资委统一上缴国库—根据国资委批复,减少资产卡片账,进行账务处理。

交通运输局严格参照相应的文件(办法)对固定资产进行规范化管理。2010年5月,交通运输局国有资产管理纳入市级财政管理,参照廊财资〔2010〕15号《廊坊市财政局关于印发〈廊坊市市级机关事业单位国有资产处置管理暂行办法〉的通知》,对国有资产进行处置。

2011 年 5 月，由于交通运输系统预算管理体制发生变化，按照廊交财〔2011〕11 号《廊坊市交通运输局关于变更固定资产购置审批部门的通知》，各县（市、区）交通局及所属各站预算由原来的市级管理下划到县级，国有资产管理权限也下划到县级。交通运输局国有资产管理纳入市级财政管理，日常资产核算参照廊财资〔2010〕12 号《廊坊市财政局关于印发〈廊坊市机关单位固定资产会计核算暂行办法〉的通知》执行。

第二节　资金的管理和使用

资金是交通运输部门正常运转和项目顺利实施的关键和命脉，筹集和调度管理资金是财务管理职能的重要组成部分。交通运输系统资金分为经费资金和项目建设资金两方面。其中经费资金主要用于人员开支、正常办公开支及各类专项活动方面的开支，项目建设资金则是用于干线公路新改建、干线公路大中修、高速公路建设、农村公路建设和场站建设维护等工程建设方面的支出。

一、经费的申请和使用

1. 经费申请

2010 年以前，市交通（运输）局执行省级部门预算管理。每年由财务科负责组织，按照省级预算标准编报下一年度交通系统经费预算，待省交通（运输）厅审核批准后执行。经费由省交通（运输）厅直接拨付至市交通（运输）局，再由市交通（运输）局按照各单位预算额度和时间进度，分别拨付使用。

2010 年成品油价格和税费改革后，交通财政体制也发生了根本变化，根据省财政厅、省交通运输厅印发的《关于印发河北省成品油价格和税费改革中央转移支付资金管理使用暂行办法的通知》，市交通运输局经费由省级部门预算改为纳入地方财政预算，由省交通运输厅直接拨款改为通过财政部门转移支付。

每年 10 月，按照廊坊市财政局要求，市交通运输局财务科组织各预算单位编报下一年度经费预算，包括人员经费、正常公用经费和专项经费。市财政局审核批准后于下一年执行。经费由市财政局按季度拨付至市交通运输局，市交通运输局再拨付给下属预算单位使用（图 6-3-1）。

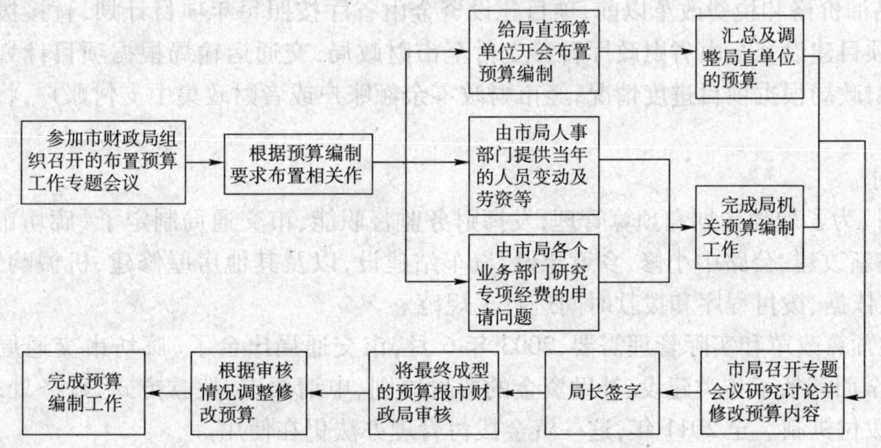

图 6-3-1　财政预算编制流程

2. 经费开支

经费开支核算是财务工作的重点内容之一，是财务管理职能的主要体现。各项费用的开支都要有严格的执行标准和结算手续，既要认真执行上级文件的各类规定，也要从市交通运输局的工作实际出发，不断出台并完善机关财务开支管理办法和规定，为财务核算工作提供文件依据。

1989 年以前，各项具体经费开支标准都是按照上级部门出台的文件要求执行，主要有 1965 年 4 月省人委转发的《关于差旅费、会议费开支规定》、省人委“补充规定”中关于差旅费及会议费的开支要求。

1967 年 10 月《关于明确几项具体开支标准的通知》。1978 年 3 月财政部《关于国家机关、企业、事业单位会议费开支的规定(试行)》及省、市财政局“补充规定”廊交财字第 63 号文件。

1989 年 4 月,市交通局制定了《廊坊市交通局财务开支管理制度》,对机关行政经费及各项业务费用的使用和管理,包括日常办公费、会议费、差旅费、医药费、招待费、战备经费、教育培训经费、老干部经费,从开支范围、开支标准、审批手续、报销单据等方面做了详细规定。这是市交通局最早的、比较完整和全面的财务开支管理制度。

1991 年 8 月,按照“计划控制,分块管理,分级审批,加强监督”的管理原则,由财务科将各科室职能范围进行分解,经费开支计划细化落实到了各个科室。通过各科室根据自身职能对开支进行控制和把关,更有利于资金的充分利用和节约,同时也便于对开支的分类汇总和监督。

1994 年 5 月—1997 年 9 月,结合工作实际,市交通局对几项费用开支管理进行了补充和完善,提出了更进一步的“三严格”和“三强化”要求。出台了《医药费管理工作的暂行规定》、《机关车辆管理和使用的几项规定》、《招待费开支和管理工作的规定》、《关于加强对招待费开支和管理工作的意见》,使经费管理更加科学严谨。

1999 年 9 月,为进一步提高资金的使用效率,增强节约,市交通局出台了《机关经费开支管理办法》,除对以前的支出管理办法进行充实外,还对工资福利类支出做出了明确的控制规定。改变了以前的财务开支制度中只涉及日常办公费用支出的情况,进而把人员支出管理补充进去,这是市交通局财务管理办法发展完善过程中比较重要的一环。2001 年 9 月出台的《机关几项经费开支与管理的实施办法》,对机关招待费、会议费、办公费、差旅费、车辆使用费、探望职工费用、订阅报刊杂志费用多项开支标准和报销方式进行了修订和完善。

2010 年 5 月,实施成品油价格及税费改革,为了更好地适应交通运输系统财政管理体制的变化,市交通运输局根据财政预算管理办法,出台了《廊坊市交通运输局机关财务支出管理办法(试行)》,把经费开支同财政预算内容挂钩,要求各科室制订相关年度支出计划,按照本年度预算数额和项目进行开支。

二、项目建设资金的申请及拨付

1. 资金申请

2010 年成品油价格和税费改革以前,项目建设资金由省厅按照每年项目计划,直接拨付至市交通运输局。改革后,项目建设资金由省财政厅转移支付至市财政局,交通运输局根据项目计划文件向市财政局提出申请,市财政局根据项目进度情况,经市财政零余额账户或者财政集中支付账户,将资金拨付至市交通运输局。

2. 资金拨付

1995 年 5 月,为了加强计划和预算管理,发挥财务监督职能,市交通局制定了《廊坊市交通局财务拨款程序》,对公路新改建、公路中小修、乡道建设、汽车站建设,以及其他房屋修建、机械购置、勘察设计等专项资金的拨款依据、拨付程序和拨款时间进行了规范。

为适应财政预算改革和实际管理需要,2003 年 6 月,市交通局出台了《廊坊市交通局资金拨付管理办法》。此办法全面涵括了各类建设、补助资金的拨付原则、申请要求、拨款方式、账务处理等,建立起规范、高效的资金拨付机制。至 2011 年,这一资金拨付管理办法仍在使用。

第三节　行业投融资

一、财务融资渠道和筹资来源

公路建设融资渠道和筹资来源主要有政府投资、国内信用贷款、发行债券、自筹资金和利用外资。根据当前的融资环境和国家政策,交通运输局的主要筹资方式是国内信用贷款。

国省干线公路建设资金贷款统一由市交通运输局财务科负责筹集。要保证公路建设的资金需要,及时提供工程施工所需资金，包括建设管理部门的管理经费、预付工程款、工程计量支付等。工程管理等部门提供贷款所需材料，按月提供工程用款计划。

通过控制资金筹集和资金支付，使信贷资金的账户余额控制在最低点，做到银行贷款“零账户”管理，最大限度地节约利息支出，提高银行借款的资金效益。

工程建设贷款采取“统贷统还，资金统一调度使用”的办法，平衡使用各项建设资金，达到减少利息支出、降低公路建设成本的目的。

二、融资形式及存量贷款的分类

融资的几种形式。市交通运输局现有贷款担保主要有3种形式：一是公路收费权质押，如廊泊线（廊坊至堂二里段）收费权质押项目；二是上级部门用信誉做担保；三是用土地做抵押。

存量贷款的分类。按贷款结构可以分为长期贷款、中期贷款、短期贷款。按贷款来源可以分为各家银行，如中、农、工、建各银行。按贷款用途可以分为项目建设贷款、流动资金周转贷款，项目建设贷款主要是廊坊市原已建成的业主公路建设贷款。

三、财务融资的具体做法

2009年以来，考虑国家信贷政策的变化因素，市交通运输局依据各个项目建设生产资金使用计划，不怕付利息，本着提前半年量的原则，千方百计安排融资贷款，先后利用资本金到位比例申请项目建设贷款、项目搭桥等多种方式，融入项目资本金及建设贷款，保证了廊沧、京台等境内各条高速公路项目的顺利推进。

2011年下半年，通过多次与工商银行、信托公司协调，筹措了部分资金，缓解了廊沧资金链断裂危机。参照外埠经验做法，提前转让高速公路项目沿线服务区内加油站经营权，争取了部分资本金到位。争取了收费还贷项目“统贷统还”的政策许可，可以根据具体项目（路段）进行明细核算，资金统筹使用，大大缓解了建设资金压力。市委书记赵世洪同志批示：“紧缩之时，筹资闯关，保证发展，功在历史，可喜可贺！”

京台高速项目属于国家高速公路路网规划，通过积极争取，交通运输部承诺国家补助资本金及时到位。

第四节 行业财务指导

财务管理包括对交通运输系统所属单位的财务进行专业指导的职责，包括会计培训、会计核算、会计制度等。

一、会计培训

1990年7月，组织各县（市、区）交通局及其下属国营运输企业及廊坊运输公司的财务人员，举办了为期5天的培训班，贯彻交通部新颁发的《国营交通运输企业会计制度》，使参训人员尽快理解掌握新制度和新变化，有利于制度变更后交通运输企业的财会工作正常、高效开展。2011年11月，举办了财会人员专题培训班，聘请资深专家对预算的编制和执行进行系统培训，进一步提高了预算管理和执行水准。

二、实现会计核算“四统一”

1990年12月，出台了《会计核算“四统一”办法》。通过集中培训和部分单位现场指导，统一规范了县（市、区）交通局机关、公路养护单位、稽征处（站）和运输管理单位的会计账簿、会计科目、记账凭证及会计报表4个方面，解决了交通系统会计核算单证、科目、账簿格式不统一，不便于对比和汇总的问题。

三、健全内控机制

为促进交通行业内单位加强内部管理，完善自我约束机制，1996年4月，市交通局出台了《关于加强局系统内部控制制度建设的几点意见》，对各单位的内控机制提出了明确的规范和整改要求，包括财务收支审批制度、财会人员岗位责任制度、固定资产摊销及核算办法、财务业务处理控制制度及会计资料档案管理制度等。

四、实现会计电算化

随着财会业务内容的不断更新和范围的拓宽，手工记账已经完全不能满足业务的实际需要。为了更好地发挥财务职能，提高业务效率，2002 年 8 月，出台了《会计电算化管理制度》，在全系统大力推进会计工作规范化和计算机替代手工记账两项工作。由于财务业务范围不断扩大和财务软件系统的更新换代，市交通局于 2008 年举办了用友财务软件操作培训班，在全系统推广使用用友财务软件替代小蜜蜂财务软件，使各下属单位的工作效率和工作质量得到了较大提高。至 2011 年年底，全市交通运输系统 95% 以上的单位达到了会计规范化标准，并脱离了手工记账，使用财务软件进行日常账务处理，大幅提高了工作效率，节省了人力物力。

第四章 审计管理

第一节 行业内部审计程序

市交通运输局根据审计署《关于内部审计工作的规定》、《内部审计基本准则》的有关要求，结合市局ISO 9001质量管理体系的规范要求，制定了《内部审计工作基本程序和内容规范化的规定》，审计程序严格按文件要求规范执行。

一、编制《年度审计计划》

年初，根据市局工作安排、上级部门要求和3年循环审计1次的原则，由审计科编制《年度审计计划》。包括市交通运输局审计科直审计划，各县（市、区）局、局直属有关单位应自行组织开展的审计工作计划。《年度审计计划》送局长审查，再由审计科按机关文件控制程序拟文正式下发。每年3月份召开交通运输局审计工作会议，下达年度审计计划，对全年审计工作做出具体安排，认真组织实施。

二、市局审计科直审计划的实施

根据被审单位情况制定《审计工作方案》，主要内容包括以下几点：确定审计目标、审计范围、审计内容和重点、审计方式和审计组人员组成及分工；制发《审计通知书》到被审单位；被审计单位填写承诺书，对所提供的会计资料进行承诺；审计组进驻被审单位，按照审计工作方案进行审计，搜集审计证据（如审计工作记录等）；审计组与被审单位交换意见，进一步核实有关情况；审计组分析、整理审计有关情况，参审人员编制《审计工作底稿》；主审人员撰写《审计报告》，内容包括被审计单位或项目的基本情况，针对审计发现的主要问题提出处理、处罚意见和改善经营活动及内部控制的建议，审计评价；制发《审计报告征求意见书》，连同《审计报告》一起送交被审计单位征求意见；根据被审计单位意见，本着实事求是的原则，修改《审计报告》；《审计报告》送交局长审查，必要时根据局长意见补充审计；《审计报告》经局长审查通过后，以文件形式下发被审计单位，限期落实，并抄报被审计单位主管副局长1份，以加强管理；被审计单位对《审计报告》执行情况以文件的形式反馈意见；针对有重大问题的单位和管理薄弱、有较大漏洞的单位进行后续审计，主要检查《审计报告》的落实情况，并提交《后续审计情况报告》；审计结束后，对审计资料整理归档。

三、组织各县（市、区）局、局直属有关单位自行开展审计工作

按照市局年度计划安排，各县（市、区）局、局直属有关单位对列入计划的所属单位按时进行审计，由于某些原因，需调整审计时间或被审部门时，要经过请示批准；各县（市、区）局、局直属有关单位每完成对一个单位的审计，都要把全套审计资料报送市局审计科。必要时，上报单位要根据审计科的审查意见进行修改、补充和完善；10月或11月，召开一次审计工作汇报会，检查年度审计进度和审计计划完成情况。

四、年底进行审计工作总结

市局每年年底都要进行审计工作总结。

第二节 行业内部审计

一、财务收支审计

审计科于1989年成立后，主要依据1988年国务院发布的《中华人民共和国审计条例》和交通部制定

的《交通行业内部审计工作规定》、《交通行业行政事业单位定期审计规定》执行财务收支审计。之前，主要审计各种会计资料、财务领域；《内部审计准则》和《内部审计实务指南》出台后，财务收支审计由查错纠弊转到对经营管理做出分析、评价，提出建议。至1999年，审计已深入到管理和经营领域，寓服务于监督之中，由监督导向型向服务导向型转变，实现财务收支审计向管理审计延伸。

2003年，对廊坊市公路工程材料供应处（包括处机关、沥青库、拌合厂、通力公司、预制厂、加油站、驾校）、廊坊市养路费征稽处（处机关、永清县站、霸州市站、文安县站）进行财务收支审计。2004年，对廊坊市公路工程有限公司、廊坊市交通勘察设计院进行财务收支审计。2005年，对廊坊市交通局材料供应处（处机关、沥青库、标牌厂）、廊坊市通力公路工程有限公司、廊坊市益通加油城有限公司、廊坊市运输管理处、廊坊市公路管理处、廊坊市公路工程有限公司进行财务收支审计。2006年，对廊坊开发区广宇物流有限公司、廊坊市交通勘察设计院进行财务收支审计。2007年，对廊坊市运输管理处进行财务收支审计。2008年，对交通局职工教育培训中心、廊坊市公路工程有限公司、廊沧高速公路建设管理处建设项目进行财务收支审计。2009年，对廊坊市公路工程有限公司进行财务收支审计。2010年，对燕赵交通勘查设计公司、监理公司、工程一公司、工程二公司、材料设备分公司、公路管理处直属养护站、广宇物流中心进行财务收支审计。2011年，对廊坊市公路工程质量监督处、路政管理处、公路管理处、第一公路工程处、廊坊市交通勘察设计院进行财务收支审计。

结合交通运输行业特点，以财务收支审计为基础，逐渐开展各种专项审计，实现财务审计向管理审计延伸。

2003年，开展5个县（市、区）交通局小拖养路费收入返还专项资金使用情况审计，廊坊通达公路有限公司2001—2002年道路养路费及收益分配专项资金审计，廊坊春光旅行社资产状况专项审计。2004年，开展部分县交通局小拖养路费收入返还专项资金使用情况审计。2005年，开展市交通局基建办交通综合办公楼审计调查、廊坊市公路管理处2004年预算执行情况审计。2006年，开展春光旅行社2004—2005年承包合同履行情况审计，廊坊通达公路有限公司2003—2005年收益分配等专项资金审计，廊坊市公路管理处2005年预算执行情况审计，106线南段（经营单位为廊坊通达公路有限公司）、106线北段（经营单位为河北宏太公路发展有限公司）、津保南线大城段（经营单位为廊坊金城公路发展有限公司）3条经营性收费公路专项审计调查。2007年，开展部分县（市、区）交通局2006年拖拉机养路费返还资金使用情况审计，廊坊市运输管理处2006年运管费收支计划执行和管理情况审计。

二、经济责任审计

1999年，依据交通部1997年颁布的《交通企事业单位法定代表人经济责任审计规定》开展经济责任审计。交通企事业单位法定代表人（企事业单位的行政正职或代行行政正职的人）因任职期满或离职，必须对其任期内的经济责任进行审计。对任职期间的经济指标完成情况、资产使用管理及效益情况、内部控制制度的建立及执行情况、遵守国家财经纪律情况进行审计。重点对被审计法定代表人的政策水平、决策能力、经营业绩、守法经营情况、存在的问题及应由其承担的经济责任等进行评议。经济责任审计结果作为干部（人事）管理等有关部门考核、任命及奖励、处罚领导干部的重要依据。

2001年，依据交通部颁布的《交通企事业单位领导人员任期经济责任审计规定》，增加了实施任期经济责任审计前，审计部门应征询本单位纪检监察、组织人事等部门对被审计单位及其领导人员的意见。纪检监察、组织人事等部门应向审计部门通报有关情况。同时审计报告中增加遵守国家财经纪律情况，包括审计中发现的违反国家财经法规和领导干部廉政规定的主要问题，以及对这些问题的处理、处罚意见和改进建议。加强对审计意见书的要求。

经济责任审计工作创新与发展的重点放在“发展、规范、提高”上，使其朝着法制化、规范化和制度化迈进。建立和完善经济责任审计联席会议制度，联席会议成员由纪检、监察、人事、审计等部门组成，确保有关部门共同参与这项工作，以进一步加大经济责任审计工作力度。

2003—2011年，累计完成了28位同志的离任经济责任审计工作。

三、基本建设审计

基本建设审计分为建设前期审计、建设期间审计、竣工决算审计，是针对高速公路、国省干线、农村公路项目的新改建、大中修工程基本建设程序、公路行政事业单位及公路施工企业的经济活动开展的审计。区别于单纯的查错纠弊的财务收支审计，是对财务收支、经济管理活动及建设程序的综合监督检查和评价。

1. 基建审计制度的完善

1984 年，交通部建立内部审计制度，公路工程内部审计作为其重要内容也同时产生，1989 年，正式开展基本建设审计工作。交通部于 2000 年颁布的《交通建设项目审计实施办法》对建设项目审计进行了明确具体的规定，使项目审计有了实施依据。县（市、区）交通部门、公路管理机构和公路施工企业结合本单位实际情况，相继建立了内部审计机构，配备审计人员，制定了内部审计考核办法、内部审计查处违纪违规问题处罚办法，从制度、机构和人员方面对公路工程内部审计提供了有力保障，并开展了一系列卓有成效的内部审计工作。

2006 年，省公路局制定了《河北省公路工程大修审计监督管理办法》，对一般公路大修工程项目审计做出具体规定，公路大修项目未经竣工决算审计，不得付清工程尾款，不得办理竣工验收手续，不得报批竣工决算。

2008 年开始，抓住关键环节、关键部位，努力探索在高速公路建设项目中实施全过程跟踪审计，将审计监督关口前移。

2. 基建审计活动

2003 年，开展 102 线、106 线、霸杨线、保静线、柳河桥大修工程项目审计，蒋潭线改建工程项目审计，交通综合业务楼工程项目审计。2004 年，开展 104 线、廊霸路霸州东环线、唐通线、平香县公路改建工程项目审计，廊坊开发区广宇物流有限公司基建工程项目审计。2005 年，开展廊坊市农村公路村村通工程建设项目 2004 年工程竣工及 2005 年工程期间审计，2004 年度小拖养路费收入返还专项资金使用情况的审计。2007 年，开展廊坊市地方道路管理处 2006 年农村公路建设资金和建设项目审计，廊坊市公路管理处 2006 年度已竣工的 3 个大修工程项目（廊涿线固安城区段、保静线史各庄至保定界段、廊泊线大城收费站北段）竣工决算审计。2008 年，开展廊坊市公路管理处 2007 年度（大香线铁路立交南至安运桥段、廊泊线十里湾大桥）竣工决算审计，廊坊市地方道路管理处 2007 年农村公路建设资金和建设项目审计。2009—2010 年，开展公路处大香线安运桥至香安路段、廊涿高速公路九州互通连接线及廊霸线芒店至南固城段改建工程的竣工决算审计，廊坊市地方道路管理处 2008 年农村公路建设资金和建设项目情况审计。2011 年，开展廊涿高速互通连接线等 4 项新建工程竣工决算审计，103 国道冀津界等 4 项大修工程竣工决算审计。

四、重点项目跟踪审计

通过公开招投标形式，对高速公路建设项目实施全过程跟踪审计，将审计监督关口前移。2008 年，开展廊坊至沧州公路廊坊段项目全过程跟踪审计。2009 年，开展密涿支线（G102 三河过境）高速公路诸葛店至段甲岭段全过程跟踪审计。2010 年，开展京台高速公路廊坊段项目全过程跟踪审计。2011 年，开展密涿高速公路廊坊至北三县（三河）段项目全过程跟踪审计。

五、指导行业内部审计

1996 年，市交通局要求下属单位设置专职内审人员 1 名，兼职内审人员 1 ~ 2 名。质检站、设计院可明确 1 名兼职内审人员；廊坊运输公司可设置独立的审计机构，在其主要负责人领导下独立从事内审工作。2000 年 1 月，将市局直属单位、县（市、区）局、廊坊运输公司等单位的财务科（处）更名为财务审计科（处），赋予审计其所属单位的职责。

2005 年，市交通局进一步加强了对全市交通系统审计工作的组织和协调，规定对重大项目由市局审计科直接实施审计，各县（市、区）交通局、市征稽处、市公路处、市运管处、市收费处和市工程公司、运输公司(以下简称二级单位)负责其所属单位的审计工作。年初,召开了各单位负责人参加的全系统内审工作会议,传达了省厅内审工作会议精神及有关文件,总结了上年度的内审工作,布置了当年的内审计划,审计计划以文件形式下发各单位。11月份,召开了全系统内审工作汇报会,主要内容包括2005年基本建设项目审计完成情况,计划及计划外项目完成情况、组织实施情况、审计报告内容、查出的主要问题和处理结果,国家、社会审计机构的审计情况,2006年内审工作初步计划、工作设想及对开展内审工作的意见和建议,布置交通审计统计报表。

同年,依据市局制定的《廊坊市交通系统单位法定代表人经济责任审计管理办法》,与人事、纪检部门联合确定了对7个二级单位负责人进行离任经济责任审计,分别由三河市交通局、市养路费征稽处、市局路桥通行费管理处和材料供应处的内审机构负责实施。

2006年,确立的审计重点:农村公路建设以2005年度廊坊市计划实际执行情况为重点;养路费收入以收入解缴和票据使用为重点,养路费支出以公路大中修、公路养护支出及路赔费管理使用为重点。其中,大厂、香河县局完成对本县公路站的财务收支审计,安次区局完成对葛马线工程项目的审计,市局农路办完成对三河、霸州和永清县农路办的专项资金审计,市征稽处完成对大城、永清两站的任期经济责任审计,市公路处完成对三河、永清和文安公路站的财务收支审计。进行竣工审计的干线公路大中修工程项目包括公路大修工程(廊泊线大城收费站北段、廊涿线固安城区段、保静县史各庄至保定界段)、公路中修工程(保静公路天津界至廊泊线段、102国道燕郊至夏垫以西段、102国道夏垫段、102国道三河市区段、唐通线平香县路口以西及县城段、廊泊线德归至津保南线文安段、廊泊线德归至津保南线大城段)、桥梁维修加固工程(永定河大桥维修、112国道桥梁大修、保静线史各庄桥大修、保静线毛湾桥大修、廊泊线堂二里至大城段桥梁TST伸缩缝维修、唐通线大鲁口桥维修)。

2007年,与人事、纪检部门联合安排布置了3月份、10月份二级单位负责人的离任经济责任审计,督导市养路费征稽处、三河市交通局、霸州市交通局的内审工作实施并提交审计报告。

2009年,依据市局制定的《廊坊市交通系统单位法定代表人经济责任审计管理办法》,与人事、纪检联合安排布置了二级单位负责人的离任经济责任审计,由三河市交通局负责实施。

2010年,依据市局制定的《廊坊市交通系统单位法定代表人经济责任审计管理办法》,与市局人事、纪检部门联合安排布置了7个二级单位负责人的离任经济责任审计,由路政处和收费处负责实施。新增30多名内审人员取得了中国内审协会颁发的资格证书。

2011年,组织廊沧高速、102高速、京台高速建设项目跟踪审计业务的监督指导及协调工作。

为提高系统审计队伍素质,市局每年组织1次内审人员学习,时间不少于15天。2000年,组织全市交通系统财务收支审计和任期经济责任审计两期培训班,参加培训50人次,人均70课时。2005年,举办了交通系统内部审计实用法规培训班,特邀省厅审计处王兴福处长授课,参加培训56人,人均达90课时;组织参加省厅举办的业务培训15人次。2008年12月,邀请河北经贸大学教授和省厅专家授课,结合交通工作实际组织举办业务培训,参加培训54人次。2009年12月上旬,邀请交通运输部财务司和市审计局专家授课,50人参加培训。

第五章　综合规划

第一节　综合发展规划和计划

1953 年，交通部公路总局、省交通厅和省工程局的统计部门组成统计人员培训小组，开展了公路基本建设统计管理培训试点。在施工中，坚持边实践边培训，培养出 30 多名统计人员，编写出《基本建设统计管理办法》，1954 年由省交通厅正式颁发，全省交通系统的施工管理正式开始，以统计管理为核心，由工程、财务、材料等技术业务部门组成一个施工管理总体，建立统计原始记录、登记卡和综合表，给上级和本单位领导及时提供投资完成情况统计信息。由月报、旬报，最后改为日报，加快了统计信息的传递。1955 年，在总结统计管理基础上，制定了《公路工程施工计划管理制度》，并开始在一些重点工程中推行。从此，统计管理步入计划管理阶段。廊坊市综合交通运输发展规划和计划由交通局所属综合规划科具体负责编制。

1988 年，编制下达了公路养路费收支计划。1989 年，在原有编制计划范围的基础上，增编了运输生产计划。

1990 年，编报廊坊市“七五”期间地方道路建设完成情况和“八五”期间发展规划。1991 年，增编了计划经费等切块计划。1992 年，增加了拖拉机、摩托车、畜力车养路费使用计划并第一次下达了调整计划，即《关于调整养路费征收任务的通知》。1994 年，为了配合廊坊市农村 1997 年“达小康工程”，彻底改变廊坊市农村的交通环境，根据廊坊市农村小康建设办公室关于做好部门小康建设规划的通知精神，结合廊坊市各县（市、区）的具体情况，编制廊坊市“达小康工程”村道建设规划。1996 年，增加了稽征机构基础建设基金使用计划，1998 年，编制下达了 1997 年汽车养路费超收奖励的使用计划，增加了路桥通行费收入计划。

2001 年，结合实际需要，制订交通产业集团综合业务楼计划，增加了小拖养路费超收使用计划。2002 年，增加了省厅投资公路建设养护支出计划、收费公路养护支出计划、县道建设和通村公路建设补贴计划。2005 年，编制下达了 2005 年农村公路建设计划，收费公路大、中修及养护事业发展计划，交通部农村公路通达工程计划。2007 年，增加了乡村公路养护补助资金计划。2008 年，增加了农村公路通达工程建设计划、农村客运站点建设计划。2010 年，增加了高速公路连接线资金计划、高速公路及连接线建设计划、2010 年廊坊市交通运输局高速公路信息管理中心（一期）资金计划。

2011 年，完成廊坊市“十二五”交通运输发展规划初稿编制，并上报市政府和省交通运输厅。增加了车购税补贴农村公路建设计划。

第二节　项目前期工作和后评价

项目前期工作是指按照基本建设程序要求，项目开工前必须完成的各项报批和批准手续。主要有工程预可行性研究的编制报批，工程可行性研究的编制报批，相关部门对项目的行业审核批准手续（如环保、水利等），初步设计、施工图设计的委托、组织审查、报批等。

2005 年，项目前期工作包括以下几项：省管高速公路项目的协调配合工作，如霸青高速、廊涿高速、大广高速及连接线；国省道路的前期跑办，如采留线、望京大道、廊霸线、廊涿线的工程可行性研究报告及

105国道升级改造；干线公路大中修项目的方案拟定、设计委托、设计文件评审及桥梁加固项目的调查报告编制、报批和设计委托工作；县道改造、桥梁加固建设方案的拟定和上报的部分项目的设计文件审批。

2006年，增加了廊坊作为业主的高速公路项目，包括廊沧高速、京津三通道完成省交通厅的路线方案评审。完成城市公路改建工程。包括光明西道西延项目前期立项审批及初步设计评审，施工图设计批复，征地手续上报；西外环南延工程和郊区快速路北段项目可研报告批复，初步设计上报等。完成一般干线项目的各项前期工作。包括京沪高速连接线和唐通线项目预可行性研究报告，105国道升级工作，市管项目的立项和工可审批工作及部分设计文件的审批。完成省管大中修项目的调查报告及施工图设计。

2007年，开展前期工作的项目有高速公路，即廊沧高速公路、京津南通道、密涿支线高速公路。组织、参与了大中型项目评审会议近30次，先后拿到了省交通厅、省发改委及省、部相关部门的批文近20个。①廊沧高速公路。6月5日—8月27日，完成了廊沧高速廊坊段全部工程可行性研究报告，拿到了省发改委、省交通厅对项目的相关批文，各项审批工作全部完成，项目正式进入实质性实施阶段。廊沧高速成为全省同期报批的高速公路项目中，最快完成全部项目前期工作进入实质性实施阶段的项目，同时也是廊坊市第一条自己作为业主并在一年半内完成立项、工可批复、初步设计文件批复的高速公路项目。②京津南通道。完成了政策咨询、前期准备、工程可行性研究报告及相关行业评价报告的编制工作，由国家发改委综合交通研究所对京津南通道交通需求进行了专题研究、分析。工程可行性研究报告由省交通厅组织专家进行评审。③密涿支线高速公路。完成了密涿支线与北京市接线方案论证工作，就密涿支线与北京路网对接及同期实施等相关问题与北京市规划委员会、北京市交通委员会达成共识并印发了会议纪要，6月13日签订了接线协议，路线方案上报省政府。省厅组织专家对项目预可行性研究报告进行评审并出具了行业意见。由市发改委上报省发改委。

2007年，开展前期工作的一般干线项目是唐通线和京沪高速公路连接线，完成工程可行性研究报告的批复。市政府项目是京津塘高速公路廊坊出口改造工程及光明东道东延工程，均完成批复。2007年，在全省农村公路建设指标紧张的情况下，廊坊市局争取到农村公路改造和通达工程近500公里的计划指标，确保了全市农村公路改造工程建设工作顺利开展。专门组织召开了农村公路改造项目前期工作会，对国、省两级有关部门出台的新政策、新规定、新要求进行了传达和培训，对2008年的前期工作提出了详细、明确的指导方案，出台了农村公路中修前期工作暂行规定。

2008年，完成省管干线大中修项目的调查报告及施工图设计。香河汽车站取得了土地证、建设规划许可证、固定资产投资项目备案证及建设项目环境登记表，项目可行性研究报告上报市发改委、省交通运输厅、省运管局。廊坊汽车站完成项目预可行性研究报告。核定征稽处上报的各县(市、区)业务大厅建设方案，起草了征稽基础设施建设方案投资说明讨论稿。

2008年，开展前期工作的项目有高速公路、一般干线公路建设及养护、农村公路、奥运保畅、基础设施等。①高速公路前期工作。京台高速廊坊段完成省内审批、国家发改委审批，与北京市就新的接线协议达成一致并重新签订了接线协议。省发改委批复了密涿支线高速公路工程可行性研究报告，项目正式进入实施阶段。②一般干线项目前期工作。完成了津霸公路文安段项目、104国道廊坊东出口项目。③农村公路前期工作。争取到278项、460公里、6468万元农村公路补助资金的计划指标。完成了2009年农村公路改造项目各项前期工作并通过省公路局审核。④一般干线养护工程前期工作。完成了2008年13项市管干线大中修项目的立项、工可审批和设计文件的审批工作；16项省管干线大中修工程决算工作。完成了2009年7项省管干线大中修项目的工可编制、施工图设计的初审及上报工作。⑤奥运保畅工程。2008年，112国道被交通运输部确定为奥运期间进京货车绕行路线，廊坊市境内全长55.53公里。该路线路况较差，路面破损，优良率不足30%，为业主收费还贷公路。经多次请示、汇报、沟通，省厅同意为廊坊市交通局补贴工程建设投资2214万元。⑥基础设施建设前期工作。香河汽车站在2007年工作的基础上，取得了环评、行业意见。廊坊汽车站委托北京交通大学对廊坊汽车站站址进行了方案比选，2008年6月18日，组织召开了廊坊市汽车站站址比选论证会。7月，向市政府上报了选址方案。

2009年，完成密涿支线高速公路前期工作，该项目于6月底开工建设；完成了京台高速公路报批工作,为廊坊市争取国家补贴建设资金5.6亿元;全面做好政府收费二级公路撤站后养护费用争取、项目升级改造等工作;完成了112国道杨各庄至保定界升级改造工程全部前期工作;完成了国省干线公路升级改造、大中修及日常养护工作的各项前期工作;推进农村公路路网升级规划,完成了2010年农村公路改造项目各项前期工作并通过省公路局审核。

2010年,完成密涿高速廊坊至北三县段初步设计并上报省厅,完成了104国道改造工程各项前期工作。做好大广高速霸州连接线、廊沧高速龙街连接线、密涿支线高速大厂连接线开工建设。其余7条高速公路连接线均已完成初步设计或施工图审批。2011年,农村公路改造项目各项前期工作通过省公路局审核;香河客运站建设项目完成全部前期工作;廊坊市客运南站站址确定,办理规划使用手续;廊坊北站进入站址规划编制阶段。

2011年,完成了以下4个方面的工作:①重点围绕密涿高速、密涿支线高速调整段、唐廊高速、津石高速开展前期工作,加快跑办廊沧高速、密涿支线高速收费手续。密涿高速廊坊至北三县段初步设计取得省发改委批复。密涿支线高速公路调整段完成项目建议书编制,上报省发改委。唐廊高速、津石高速启动路线方案研究。完成了廊沧高速公路设置收费工作,密涿支线高速公路设站收费请示取得了省政府正式批复,为京台高速、大香线、104国道郊区快速路至天津界段、东高线积极争取交通运输部资金支持。②完成了普通干线、农村公路前期工作。重点围绕平香线大六王至冀津界段建设工程、津保南线大修工程、保静线文安绕城段养护改造工程等项目开展前期工作。平香线大六王至冀津界段建设工程项目建议书取得省发改委正式批复,完成津保南线大修工程工可、施工图批复,经争取列入省厅2011年调整计划。保静线文安绕城段养护改造工程施工图设计已取得省厅批复。完成了2012年一般干线公路大中修工程项目施工图编制工作,通过省公路局审批。③完成了2012年农村公路改造项目各项前期工作并通过省公路局审核。④完成了运输场站前期工作。重点推进廊坊客运北站、西站前期的各项工作。廊坊客运北站和西站均按照国家一级客运枢纽站标准设计,力求实现大交通理念下的综合运输方式间的“无缝衔接”和乘客出行的“零换乘”。经过多方协调、积极跑办,客运西站站址已经确定在廊涿高速引道南侧、龙河西700米处,北站站址初步确定。在此基础上,积极请示市政府,组织交通、土地、规划等相关部门就规划用地问题召开了3次专题协调会,完成客运北站建设规划平面图,上报市政府。12月9日,聘请北京交通大学专家对客运北站、客运西站建设资金进行科学论证,结合两站实际情况,形成《廊坊市交通运输局关于申请廊坊客运北站、西站建设资金的请示》,上报市政府。

第三节 行业统计和信息指导

行业统计包括运输统计、公路统计、固定资产统计、工业统计、能源统计、服务业统计等。通过统计,为市委和政府、省市各部门提供真实、准确的基础资料和分析资料,用以科学决策;为市交通运输系统各单位提供统计信息服务并进行监督。

1988年,廊坊市交通局行业统计工作在保证及时准确地完成省局部署的行业调查和规定的统计报表外,为使行业统计工作逐步走向系统化,除整理印制了1987年度行业统计资料汇编外,还建立了全区公路运输行业基础数据统计报表制度。为掌握个体经营者的经营情况,在霸县胜芳镇进行了社会营业载货汽车经营情况的统计调查试点,建立了经营台账,通过自下而上的统计汇总并逐月进行统计分析,初步掌握了社会车辆的经营情况,为逐步理顺统计渠道,摸索出一套完整的统计方法。

1989年,高质量地完成了省局规定的统计报表任务及各种统计数据的搜集、整理、分析、上报工作,同时整理印制了1988年度行业统计资料汇编。4月,根据国务院和省部署,廊坊市交通局开展了全市交通系统统计法规执行情况大检查。为此,市局专门成立了统计法规执行情况大检查小组,小组办公地点设在局计统科。经过周密细致的工作,圆满完成了全市交通系统统计法规大检查。通过此次统计法规大检查,使市交通局在摸清统计法规贯彻执行情况的基础上,进一步增强了各级领导和广大职工的统计法制观念,扭转弄虚作假,任意干扰统计人员行使统计调查权、统计报告权和统计监督权的不良风气,总结经验、纠正违法，达到了提高统计工作质量的目的。

1990—2011 年，在综合统计工作中，优质高效地完成了省厅、省公路局及市统计局规定的统计报表任务，完成了公路及运输统计的月份、季度和年度统计报表，以及固定资产统计等各类统计数据的搜集、整理、分析、上报工作。同时整理印制了各年度行业统计资料汇编。

2004 年，完成了省公路局布置的 2003 年度公路数据库的更新、上报工作，以及“村村通油路”工程的不通油路行政村的调查摸底工作。完成了市统计局布置的全国第一次经济普查清查摸底及统计报表工作，对全市 1487 辆个体出租车、196 部市内公交车逐一进行登记、审核。完成了市统计局布置的统计数字质量大检查及法律法规的培训工作。

2005 年，按照省、市两级统计部门的规定和要求完成了全国第一次经济普查的审核与汇总，交通部公路、水路运输量统计指标现状和需求量统计调查任务。2007 年，完成了交通政策文件汇编。

2008 年，统计工作有两项普查任务：一是全国经济普查。完成了宣传、清查摸底各项工作，将基础数据上报市统计局。二是全国公路、水路交通量专项调查。按各级主管部门的要求，成立了相关领导小组，召开了专项调查布置会，并派专人参加专业技术培训，完成了培训、宣传、预备调查及实地调查、整理、录入、上报基础数据工作。

第六章 基建安全管理

第一节 交通建设管理

一、交通建设程序管理

交通建设程序是指交通建设过程中,各相关部门的职责、分工和工作程序。交通建设程序管理是根据交通事业发展各阶段的实际需要,对各项程序及管理体制的制定、修改与完善。廊坊市交通建设程序管理是根据部、省相关法律法规,结合廊坊市实际制定完成的。

1951年,为适应普修公路的要求,省交通厅规定了统一普修标准。规定了养路费专款专用制度,要求年初有计划,年终有总结。1953年,党中央制定了发展国民经济的第一个五年计划,公路建设得到了恢复和发展,各项工作步入正轨,管理制度日臻完善。

1962年,中共中央和国务院颁发了《关于加强公路养护和管理工作的请示》,交通部相继制定了《关于公路养护和管理工作的若干规定(试行草案)》,指明了养路工作的方向与任务。河北省交通厅制定了养路"四大管理(计划、技术、财务、生活)"制度,使公路养护管理进一步具体化和规范化,同时实施了养路技术规范、公路小修保养定额。

1977年1月,为保证雨季前完成工程任务,"廊坊地区革命委员会交通局"制定了《关于一九七七年新建(改建)公路工程主要技术标准及加强工程管理的通知》。

1983年11月,为促使施工单位在工程管理方面相互交流经验,廊坊地区行政公署交通局发布了《关于1983年公路新改建和大修工程进行联合验收的通知》。1985年1月,为向企业管理方面过渡,调动广大公路建设职工的积极性,廊坊地区行政公署交通局制定了《公路工程和公路养护经济责任制》。

1976—1985年,县乡道路发展迅速,坚持了"自修自养、民办公助"的原则,采取了"国家补贴,地方自筹,工矿支援,群众投劳,国家、集体和个人一齐上"的措施。在投资比例上,确定了"修养并重,以养为主"的方针。

1988年,公路建设引进企业经营机制,实行事业单位企业化管理,在改革公路管理体制上进行了尝试。面对开放、搞活的新形势,公路建设逐步扭转"事业单位铁饭碗、上边拨钱下边干"的旧观念,以改革管理体制为突破口,学习和引进企业经营机制,开创自我约束、自我激励和自我发展的新格局。落实了目标管理责任制。公路处与廊坊地区交通局签订了"三保一包"协议,并将包保指标逐层分解到县市站和道班、施工队,做到了层层有目标,人人有责任。

1989年3月,为深化公路工程体制改革,强化施工管理,廊坊地区行政公署交通局制定了《廊坊地区新、改建及大中修工程管理办法》,同时结合当前工程材料、机械单价有所调整变化的情况,对公路工程概预算编制办法进行了修改,下发了《廊坊地区公路工程概预算编制办法》。11月,为加强施工队伍管理,提高施工队伍的技术业务素质和技术装备水平,结合廊坊市公路工程施工单位情况,市交通局制定了《公路工程施工单位资格等级评定办法》、《公路工程施工单位资格等级和业务范围划分标准》,同年还出台了《工程材料试验和工程质量检验管理办法》,完成了《京大线沥青罩面施工要点》和《高速公路连接线施工要点》。

1992年,为全面推广养路标准化、规范化,制定了《公路养护工作安排意见》、《公路养护达标标准》。

在工程成本管理方面，出台了《关于公路养护单位主要材料执行计划单价核算的通知》，实行了按计划成本核算的办法。1993年1月，为进一步规范廊坊市公路工程概预算编制，市交通局根据部、省相关文件规定，编制了《廊坊市公路新、改建及大修工程概预算编制的补充规定》。3月，河北省交通厅投资包干补贴的工程项目不断增加，为适应这些工程管理的特点，市交通局制定了《关于投资包干补贴工程及市管大修工程项目管理的有关规定》。1997年，根据部、省相关文件，结合廊坊市实际情况，制定了《廊坊市公路工程概、预算编制规定》和《廊坊市公路工程监理细则》。

2005年，为进一步完善公路建设合同项目管理，规范工程设计变更程序，制定了《廊坊市公路新改建工程设计变更的管理办法》。为规范计量支付管理工作流程，制定了《廊坊市公路新改建工程计量支付管理规定》。2010年，为规范市管高速连接线的建设和管理工作，制定了《市管高速公路连接线项目管理暂行规定》。

2011年，为保证一般干线公路建设的顺利实施，根据《河北省公路条例》、《河北省交通厅关于一般干线公路建设项目省补投资政策的意见》和《河北省交通厅高速公路连接线项目管理暂行规定》等有关规定，制定了《廊坊市一般干线公路项目投资建设管理规定》，并积极协调市政府法制办，于2011年5月以廊政办文号下发。这一系列制度的制定，使交通建设程序管理更加规范、科学、合理。

二、交通建设项目管理

交通建设项目管理是指各级交通主管部门依据法定职权、法定交通建设程序，对交通建设项目所实施的管理。在执行过程中，交通主管部门针对不同时期、不同项目的实际情况具体组织与实施。

1953年雨季过后，全区国、省道路均因水毁不能通车。10月27日，专署召开各县建设科科长、公路管理站站长和参加普修公路工作的有关干部会议，对抢修水毁公路做了部署，动员组织了“以工代赈”民工7580人，经过秋冬抢修，恢复了通车。

1956年秋季，全区遭受特大水灾。为尽快恢复交通，方便灾区人民生产生活，天津区专员公署公路管理局及时组织民工抢修公路，共抢修省、县道480公里。1958—1965年，公路建设调整了修与养的关系，使公路基础设施逐步完善配套。

为了实现“四五”计划提出的县县通油路的奋斗目标，采取了“定路线、定投资、定材料、定标准，把任务包干到县”的办法，要求把油路面向县、社道路普及。

1972年9月11—17日，省基建局、交通局共同召开了全省沥青路修建养护会议，强调提高施工质量，及时科学养护，彻底处理松散、坑槽、拥包等病害，保证路况良好，号召依靠群众，自力更生，发展油路，在全区开展起兴建油路热潮。1973年5月和6月，省交通局在馆陶和元氏县分别召开了公路养护与油路施工管理经验现场会。到1974年年底，全区已有沥青路面630公里。在县县通油路的基础上，全区157个公社已有50%以上有公路相通。

1988年，进行了养护体制和用工制度的改革。葛渔城道班充分发挥人、财、物集中使用的优势，实行周期性养护，所管25.6公里油路好路率较上年提高7%，并承包修建乡村道路8.47公里；香河机械化养护队在人员和机械使用上统筹安排有机配合；固安公路站改革养护用工制度，对道班实行双向选择，优化组合，目标管理，引进竞争机制，强化基础管理。继续推行了招标议标承包工程的做法，并且鼓励施工单位立足廊坊，面向全省包工程求生存。地区工程二队通过议标，高质量地如期完成了保（定）任（邱）线9.785公里的改建工程；地区两个工程队执行百元产值工资含量后，联系外包大小工程5项，完成工作量300万元。在全区公路建设基础管理上，制定并实施了养护资金使用、工程质量监督、机械设备管理等8项制度，建立了11个全面质量管理小组，其中香河、永清、工程一队的小组被评为先进单位。文安县公路建设在改革中找出路，一跃进入全区先进行列。

1990年，先后召开9次施工现场办公会，进行3次重点工程施工现场管理大检查。在完善工程监理制度的同时，从局、处到县（市、区）局、站再到施工队层层开展全面质量管理活动。同年，全面推广标准化、规范化养路。为在公路养护方面实施GBM工程，从养护资金中专列工程计划，做到逐年做一段、保一段、提高一段。各县(市、区)公路站采取先搞标准段,后召开现场会,制定标准,下达任务。为适应公路建设发展的需要,注重加强设计室和试验室的建设,拨专款配备了测设检测仪器,使试验室健全了19个检测项目。

1992年,在完善工程监理制度的同时,从市交通局、局属单位到县(市、区)局、站再到施工队,层层开展全面质量管理活动,做到任务、目标、岗位三落实,并制定了月检查、季考核、年终总评制度。

1994年,全市完成公路重点工程5项,分别为106线文安段、106线霸州市段、静王线文安至王村段、112线(津保北)霸州西段、津保南线大城段,总投资4941万元。为确保工程质量,市交通局召开了各施工单位主管工程负责人会议,采用协议书的形式让管理单位与施工单位签字盖章,明确双方责任和义务。

1995年,廊坊市公路建设项目多、投资大、任务重。市交通局坚持高标准,严要求,确保工程质量,建立了政府监督、工程监理、施工单位自检3个质量保证体系,坚持实行质量一票否决权。同时牵头抽调专人成立各项目指挥部专门指挥,加大设备投入,提高现代化施工水平。先后投资1400多万元购置了具有国内、国际先进水平的施工机械21台件。工程一队、二队通过全面质量管理验收,均达省厅标准。10月,成立了负责省交通厅下达的新改建项目及重点工程的施工组织和施工管理工作的专门机构——廊坊市公路工程管理处。

1996年,完成了公路建设总投资3.5亿元,确定106、112和廊涿线固安以西段及三河公铁立交桥3项重点工程。把领导力量、技术骨干、施工队伍和机械设备向重点工程倾斜。市交通局一把手和主管工程的副局长、总工程师,多次深入施工现场,发现、解决问题,并从外地聘请了部分技术人员,购置了十几套具有国际先进水平的施工设备。

2004年,受非典(传染性非典型肺炎,简称SARS)影响,几个项目的前期工作不到位,资金没落实,而且过村路段多,拆迁量大。市交通局克服困难,顺利完成了廊泊线改建工程。

从2006年开始,先后谋划了廊沧高速廊坊段、密涿支线廊坊段、京津南通道廊坊段(京台)、密涿高速廊坊段4条业主高速公路,先后成立了高速公路建设管理处,专门负责高速公路的建设和管理工作。

2008年,在业主高速公路建设上,全力克服项目报批、用地落实、资金筹措和征地拆迁等难题,其中3条高速公路(廊沧高速、京台高速、密涿支线102高速)均取得突破性进展。同时,积极做好廊涿、大广高速的地方工作。廊涿高速于2008年7月竣工通车,大广高速征地拆迁顺利推进。

在干线公路建设上,2008年共实施了7个项目,廊涿高速九州连接线、京沪高速连接线大城段和京津塘高速廊坊出口改造工程已经竣工。唐通线、廊涿高速永清连接线、固安连接线、光明东道东延工程顺利推进。

2009年,4条高速完成投资33.2亿元。廊沧高速廊坊段计划投资25亿元,实际完成28.5亿元;密涿支线高速于6月26日开工;京台高速廊坊段工程可行性研究报告通过交通运输部审查,国土资源部通过用地预批;密涿高速廊坊至北三县段于11月26日与北京方面签订了接线协议。市交通局积极配合河北省交通运输厅做好大广高速廊坊段建设工作,征地拆迁、土源等地方工作基本完成。在干线公路建设上,共实施了22个项目,总里程195公里,完成投资5.7亿元。市政府交办的唐通线、廊涿高速永清连接线、廊涿高速固安连接线全部提前竣工。

2010年,市交通运输系统累计完成投资53.5亿元,比2009年增长近12亿元。业主高速公路完成投资43.2亿元,干线公路完成投资7.84亿元,其中新改建项目完成投资5.32亿元,大中修及养护完成投资2.52亿元。农村公路累计完成投资2.5亿元,新改建375公里,是年初计划的187%。廊沧、密涿支线、京台、密涿4条业主高速公路同时在建、跑办,有效破解征地、拆迁、阻工等一系列难题。开展"大干100天""百日决战"等劳动竞赛活动,保进度、保质量、保安全,廊沧东淀特大桥、密涿支线下穿大秦铁路等控制性工程基本完成。京台高速于3月23日取得国家发改委工可报告批复,是2010年河北省唯一获批的国高网项目,勘界组卷全部完成,控制性工程进展顺利。密涿高速廊坊至北三县(三河)段从开始跑办到取得省发改委工可批复仅用7个月时间,跑办了33个部门,组织24次行业评审,完成13项行业评价报告,速度之快、效率之高全省领先,创造了"廊坊速度"。在资金紧张、阻工严重等不利情况下,市交通运输局不等不靠，主动协调，拓宽融资渠道，争取各方支持，有力保证了项目建设顺利进行。同时，全力配合做好大广高速地方工作，破解难题，化解矛盾，营造了良好的施工环境，为如期竣工通车做出积极贡献。2010 年 9 月份，廊沧高速代表河北省接受交通运输部全国联查，工程进度、质量、安全等各项指标全部优良，总体成绩居全省第一。

2010 年，全市新改建干线公路 9 条段，建设里程 106 公里；实施干线公路大中修工程 12 项 140.975 公里，主要干线公路路况全面改善。112 国道升级改造 32.3 公里，廊沧高速以西 28.7 公里全部升级为一级公路；对接天津的津廊大道 4.75 公里、津霸公路 8.6 公里全线贯通；大广高速霸州连接线全长 8.2 公里，主线全部完成；廊沧高速龙街连接线全长 17.7 公里，建成通车 5.2 公里；密涿支线高速大厂连接线全长 8.4 公里，建成通车 4.9 公里；104 国道养护改造工程、大香线养护改造工程、京台高速东安庄连接线全部开工建设。廊泊线十里湾桥至大城收费站段 11.045 公里，112 国道天津界至杨各庄段 23.2 公里。廊涿线固安西段 10.84 公里等大修工程，以及廊霸公路 47.876 公里、104 国道 3.874 公里、廊泊线文安县境内 11.595 公里、廊泊线堂二里至胜芳段 7.596 公里、106 国道金各庄、老堤段 11 公里等中修项目全面展开，如期完工。

2011 年 3 月，为进一步加强对全市业主高速公路地方工作的组织领导，廊坊市政府成立了廊坊市业主高速公路建设指挥部，指挥部办公室设在市交通运输局，负责日常督导协调工作。同年，为提高高速相关审批效率、加强高速公路地方协调力度，保证高速公路建设顺利实施，下发了《关于进一步加强业主高速公路地方工作的通知》；为妥善解决高速公路建设过程中产生的边角地无法耕种等问题，下发了《关于高速公路建设项目实施过程中产生的边角地等地方问题解决方案的通知》。5 月，市局组成了由监察室、安全科、质监处、定额处等相关单位为成员的督查组，对市内 4 条业主高速公路的管理、质量和安全开展了自查活动。

自 2011 年起，市交通运输局根据省厅《河北高速公路施工标准化管理指南》要求，在廊坊市业主高速公路建设项目中开展了施工标准化活动，确定京台、密涿高速作为施工标准化活动重点项目，一般干线公路建设参照高速实施方案实施。

第二节　行业安全管理

一、行业安全管理体制变化

1988 年 4 月 28 日，交通部印发《关于加强公路运输企业安全工作的意见》，规定安全教育的主要内容、教育形式、规章制度，提出原则上每年开展两次安全大检查的要求。廊坊地区行政公署交通局按照这些要求，逐步建立了各类人员的岗位责任制、安全责任制、行车安全、驾驶员年审、车辆技术检验、定期安全检查、安全例会、通报等一系列安全管理制度，并通过安全日、安全专栏、图片展览、安全知识讲座、安全知识竞赛、组织观看录像、去学校宣讲和流动宣传车街头宣传等多种形式，坚持开展安全教育活动。

2001 年 8 月，道路交通安全管理、交通事故处理的主体由交通部门转为公安部门，具体工作由交警大队负责。此后，交通部门的全行业安全管理转为对下属单位、企业的安全生产管理。

2004 年 5 月 1 日开始实施的《道路交通安全法》，肯定了 1986 年以来确立的道路交通管理体制，第一次以国家法律的形式对道路交通安全管理体制做出了明确规定，明确公安机关交通管理部门是道路交通安全管理唯一的执法主体，避免了道路交通安全执法的混乱。同时，根据现代大交通的要求，明确政府相关职能部门的职责，如交通、建设行政主管部门的职责，主要是道路的规划、设计、施工、维护、保养及交通信号、交通标志、交通标线的规划、施工、维护等。

二、安全生产宣传教育

自 2002 年开始，市交通运输局所属安全管理机构连续 11 年在全系统开展“安全生产月”活动，开展广泛、深入、持久的安全教育，提高全体员工安全意识。逐步深化全系统干部职工的安全教育培训工作，每年6月份、12月份至少组织两次安全生产教育培训班。不定期邀请安监、消防安全教育专家对干部职工进行安全教育培训(图6-6-1)。

历年安全月的主题如下:2002年的主题是“安全责任重于泰山”。2003年以“实施安全生产法,人人事事保安全”为主题。2004年坚持“以人为本,安全第一”。2005年提出“遵章守法,关爱生命”。2006年主张“安全发展,国泰民安”。2007年开展“综合治理,保障平安”。2008年重点是“治理隐患,防范事故”。2009年以“关爱生命,安全发展”为主题。2010年以“安全发展,预防为主”为主题。2011年抓“安全责任,重在落实”。每年的安全主题都结合交通系统的发展实际,有针对性地开展活动,做到有方案、有计划、有部署、有总结。活动结束后,召开经验交流会,安全生产活动收效明显。

图6-6-1　交通大厦灭火救援演练

三、行业安全管理

交通运输行业安全管理涉及公路运营、道路运输、公路工程建设安全管理。

公路运营安全管理。公路运营安全管理的责任主体为公路处、地道处、各县(市、区)政府、各乡镇政府。范围主要包括:国省干线公路日常安全管理,县道、乡镇道路的安全行业指导。加强对辖区道路标志、标牌、标线等公路安全设施的维护和管理,并认真做好路网运行信息的收集、发布,服务群众出行。加强养护监管,加大路面病害处置力度。加强对员工的安全培训和教育,重点抓好工程项目部、机械设备的安全管理,确保安全无事故。加强安全隐患整改,对施工路段、危桥险段、公路施工及养护机械开展专项安全检查,消除事故隐患,确保辖区道路安全畅通,确保设施设备处于完好可用状态。健全应急保障机制,进一步完善防寒、防冰、防滑、防雾、防雪灾等应急预案,有针对性地开展应急演练,建立健全冬季应急保障机制,不断提高公路应急保障水平。密切注意天气、水文动态,提早做好信息的收集与发布工作。加强应急队伍建设,备齐、备足应急物资,做好应急抢险准备工作。严格执行值班制度,实行单位领导带班制、24小时值班制,确保讯息畅通,做好遇险报警的接处工作。

道路运输安全管理。道路运输安全管理的责任主体为运管处、公交处、出租车管理处。范围主要包括对营运车辆、城市公交车及出租车的日常安全管理。主要任务是“三关一监督”,“三关”分别是严把运输经营者市场准入关、严把营运车辆技术状况关、严把营运驾驶员从业资格关。其中:严把运输经营者市场准入关。要把运输经营者的安全生产条件作为市场准入和确定经营范围的重要依据,并实行安全一票否决制。严把营运车辆技术状况关。坚持和完善道路运输车辆技术等级评定制度,强化道路运输车辆定期维护制度,强化二级维护监督管理,确保车辆技术状况良好。严把营运驾驶员从业资格关。严格实行营运驾驶员从业资格制度,进一步加强对营运驾驶员进行职业道德、安全意识教育和运输法规、业务知识等的培训、考核,确保营运驾驶员素质能够适应职业要求。“一监督”是搞好汽车客运站安全监督。进一步加强对道路运输安全生产工作的领导,建立健全道路运输安全生产监管机制,全面落实安全生产管理责任制,强化对道路运输经营者、营运车辆、营运驾驶员和运输站(场)的监督管理,建立安全生产长效管理机制,积极运用先进的安全生产技术和安全管理方法,不断提高行业安全生产管理水平,实现道路运输安全生产形势的根本好转。

公路工程建设安全管理。公路工程建设安全管理的责任主体为各施工管理单位、监理单位、施工单位。范围主要包括对施工人员的三级教育培训、日常安全管理、检查等。①路基工程的安全管理。包括土方施工的安全管理、石方施工的安全管理等。其中各个管理方面都包含了对在工程过程中起到能动作用的人的管理和系统中的各种机械、工具等的物的管理,以及对施工环境的管理。②路面工程的安全管理。包括沥青路面工程的安全管理、水泥混凝土路面工程的安全管理等。其中沥青路面工程及水泥混凝土路面工程的安全管理包括对施工中人员的安全管理、施工中机械的安全管理、施工环境的安全管理。③桥梁工程的安全管理。包括基桩工程的安全管理、墩台工程的安全管理、墩身工程的安全管理、桥面工程的安全管理、塔身工程的安全管理等。其中各个管理方面都包含了对施工中人的安全管理,机械、工具等物的安全管理及施工环境的安全管理。④陆地工程的安全管理。包括各类人员的安全培训考核、特殊工种持证上岗及各种安全技术交底等针对人的安全管理,针对运输车辆、吊车、装载机、拌和站、摊铺机、压路机等的机械、机具的安全管理,针对施工现场各种安全防护、标志标语等的环境的安全管理。⑤高空工程的安全管理。包括高空作业的人员管理、人员的培训、技术交底、现场监督检查等,高空作业临边防护及高空作业平台、高空防坠落等现场环境安全管理,高空作业机械、工具、各种用电等物的安全管理。⑥爆破工程的安全管理。包括对操作人员进行的培训考核、技术交底、考试取证、安全教育等人员的安全管理,对炸药、雷管、导火索及其他爆破用器材等的物的安全管理,对爆破现场安全距离、安全防护、安全警示等环境的安全管理。⑦电气作业的安全管理。包括配电室的安全管理,配电线路的安全管理,施工现场配电箱与开关箱设置的安全管理,配电箱、开关箱内的电器装置的安全管理,发电机组的安全管理,电动机械设备的安全管理,施工现场照明电器的安全管理等。

廊坊市交通运输局原则上每月召开1次安全生产会议,视情况可随时召开。相关部门通报本部门安全生产形势和重点工作进展情况;提出加强安全生产工作的建议意见;组织开展安全大检查、安全专项督查,检查情况形成专题报告,通报各县(市、区)交通运输局及局直各单位;安全生产监管部门定期向市交通运输局汇报工作情况、监管经验、报送统计报表,及时掌握全市交通行业安全生产动态;每月召开1次由负有安全监管职责单位联络员参加的工作协调会,通报安全监管工作情况及所采取的措施;每半年召开1次联络员全体会议,通报各单位安全生产形势及重点工作进展情况,提出安全生产工作重点、建议和意见。根据工作需要,不定期召开由部分联络员参加的专题会议。

四、北京奥运安保

第二十九届奥林匹克运动会又称北京奥运会,是奥运历史上第一次由中国人举办的奥运会,于2008年8月8日在中华人民共和国首都北京开幕,2008年8月24日闭幕。参赛国家及地区204个,参赛运动员11438人,设302项(28种运动),共有6万多名运动员、教练员和官员参加北京奥运会。此届奥运会共创造43项新世界纪录及132项新奥运纪录,共有87个国家在赛事中取得奖牌,中国以51面金牌居奖牌榜首名,是奥运历史上首个登上金牌榜首的亚洲国家。

廊坊特殊的区位对交通运输奥运安保工作提出了严峻挑战。北京向东、向南所有的国道都通过廊坊,112线作为奥运绕行线路,还承担着特殊的交通压力。经廊坊市过境进出京的客货运输流量大、密度高。同时,作为首都的护城河,廊坊很有可能成为恐怖袭击的目标。既要保首都安全,又要加强自身防范,奥运安保工作任务异常艰巨。

2008年4月份开始,廊坊市交通系统认真贯彻落实中央、省及市委、市政府工作部署,以实战的状态、缜密的措施、顽强的作风全力抓好奥运安保工作,经受住了非同寻常的考验,高质量、高标准地完成了奥运安保工作任务,实现了道路畅通、运输安全、施工安全、行业稳定"四个确保"的目标。

加强组织领导,为决战决胜提供坚强保障。市交通局成立了由副市长兼交通局长饶贵华同志任组长的奥运安保工作领导小组,组建了安保办,对全系统奥运安保工作进行统一部署、调度、协调和督导。各县(市、区)交通局、局直各单位也都建立了相应的组织机构,形成了一级抓一级、层层抓落实的工作格局,保证了奥运安保工作高效有序运行。根据形势的变化,每月一调度、每周一通报,先后12次召开专题会议,明确工作重点、提出具体要求,保证了各项措施的顺利推进。

细化隐患排查,牢牢把握工作主动权。定期开展横向到边、纵向到底的隐患排查,深入查找漏洞和薄弱环节,将所有不安全、不稳定因素全部纳入视野,消灭监管盲区,做到了底数清、情况明,始终牢牢把握了工作主动权。公路部门对道路、桥梁安全进行专项排查,确保道路畅通;运管部门加强客货运输安全隐患排查,确保道路运输安全;工程部门对施工机械、在建桥梁、危桥及施工路段进行彻底排查,杜绝安全生产事故。对查出的问题限时整改,逐一登记、建档、明确责任主体,有针对性地制定了应急预案。至奥运会召开前,共排查出一般隐患80处,全部进行了整改,并落实了责任单位和责任人。

强化防控措施,确保奥运安保万无一失。一是加强重点桥梁安全防控。自2008年5月份开始,交通系统以涉奥路线、涉暑路线、奥运绕行路线为重点,对环北京50米以上、其他国省干线100米以上和主要县乡道路共33座桥梁明确专人24小时看守,总人数达210名。为看桥人员配备了通信工具,印制了联系电话,掌握了处置突发事件的基本原则、上报程序和联系方式。同时,对桥梁2公里内的周边环境进行了认真调查,逐桥绘制了平面位置图、绕行路线示意图,制定了应急预案,对抢险人员、物资、绕行路线等进行了明确。二是加强客运安全防控。向全市所有长途客运站派驻运管人员96人,对售票、安检、发车实行全程监控。严格落实"三不进站,五不出站"制度,实行实名制购票,投资520万元为二级以上客运站安装了X光安检仪,配置了26部手提式检测仪,并实行逐人开包安检。至2008年9月底,全市长途客运共运送旅客506.5万人次,全部对身份证号码、所乘车次、去向等进行了登记,没有出现漏查漏登现象;共查收打火机965个,打火机补充液322瓶,管制刀具286把,鞭炮15挂,液化气罐14个,稀释剂4瓶20公斤,油漆11公斤,发胶72瓶,杀虫剂37瓶,柴油200公斤。此外,针对夏季行车易发生爆胎等事故的特点,对行车安全进一步明确了责任,细化了管理措施。凡是超期未保、超期未检的一律停止运营,坚决杜绝汽车带病上路、坚决杜绝驾驶员疲劳驾驶。跨省市的长途客运车辆全部按有关规定配备双驾驶员,全市客货运输没有发生重特大安全责任事故。三是加强出租车安全防控。组织了7000多人次的出租车经营者奥运安保技能培训,与出租车公司和经营者签订了《奥运安全防范责任书》,出租车进京必须检查乘客携带物品,将安全防范责任落实到出租车公司、具体到出租车驾驶员。加大打击非法营运的力度,共查扣非法营运出租车23辆。四是加强安全生产防控。以落实"法人代表承诺落实年"、"隐患治理年"为契机,认真落实安全生产"三项制度",各单位全部实行安全员持证上岗,严格落实操作规程。加强危货运输企业监管,GPS定位系统24小时正常运行,全系统没有发生重特大安全生产责任事故。五是加强重点部位防控。各单位全部实行了凭有效证件出入制度,对来访者认真登记、查验证件,并检查携带物品。在此基础上,对收费站、仓库、出租房屋、施工现场等重点部位严格管理,确保安全。

畅通信访渠道,全力维护交通系统稳定。按照"一把手负总责、主管副职具体抓、副职向正职负责、下级对上级负责"的原则,将矛盾化解在萌芽,问题处理在基层。重要信访问题实行领导包案制度,指定包案领导,督导承办单位限期解决。开展领导干部接访活动,实行首访负责制,由接访领导对接访事项协调、督办、回访,全程负责。对有重大进京访、越级访隐患的人员实行"人盯人"稳控,并按市委要求派干部进京值班,确保了全系统稳定。

健全应急体系,提高应对突发事件能力。各级各部门都落实了24小时值班、领导带班和应急队伍备勤制度,明确了信息联络员,建立健全了渠道畅通、反应快捷的奥运安保信息网络,实行零报告、周报告制度,保证市交通局能够及时、准确地掌握系统各单位奥运安保工作情况。在此基础上,各级各部门都成立了应急指挥机构,分级制定了突发事件应急预案,组建了抢险、救援、运输等应急队伍,准备应急运输货车100部、客车50部,备砂石料58000立方米、木材300立方米,抢险用工程机械103台。组织了客运班车突发事件应急救援演练,制定了桥梁损毁、道路断交、收费站堵塞、客货运输安全事故,以及新闻宣传、信息发布、应对境外记者等专项预案,使突发事件处置从预警、报告到应急处置、信息发布、事后评估、责任奖惩、后勤保障等各个环节全部任务明确、责任落实,保证一旦发生突发事件能够妥善处置。

加强督导检查,推动各项措施落实。为了保证各项措施落到实处,市局及各单位都加大了明察暗访力度。对检查出的问题当场下达整改通知,限时整改、限时复查。奥运安保工作期间,共组织明察暗访19次,及时发现和督促解决问题。针对在督查过程中反映出来的问题,及时研究制定了加强和改进工作的意见,确保了各项安保措施的落实。

坚守分包村街,圆满完成"抓、保、促"任务。按照市委统一安排,市交通局8名同志进驻文安县分包7个村街,开展"抓稳定、保奥运、促发展"活动。工作中,包村干部深入了解村情民意,完善相关制度,认真排查隐患,建立了工作台账,实行挂图作战,并督导、协调当地党委政府抓好重点部位安全防范、重点人员稳控等工作,避免了一起进京访、一起集体访、两起越级访和一起民族纠纷,所包村街社会稳定、生产生活有序。同时,充分发挥自身优势,为村街解决实际问题,支持当地经济发展,圆满完成了“抓、保、促”工作任务,得到市、县委的充分肯定和当地群众的一致好评。

奥运安保期间,全系统各级各部门讲政治、讲纪律、讲大局,广大干部职工发扬“特别能吃苦、特别能战斗、特别能奉献”的顽强作风,全力以赴,连续作战,用心血和汗水构筑了一道坚不可破的安全防线,取得了奥运安保工作的全面胜利。

2008 年 11 月 11 日,全市交通系统奥运安保工作总结表彰大会召开,总结了交通运输奥运安保工作的经验,对奥运安保工作先进集体和先进个人做出表彰奖励。

五、甲型 H1N1 流感防控

2009 年 9 月,国内出现了甲型 H1N1 流感疫情。为积极主动、行之有效地应对,市交通局结合系统实际,围绕“灭源、控面、备疫”三大任务,于 9 月 14 日制定并启动了《廊坊市交通系统进一步做好甲型 H1N1 流感防控工作方案》和《廊坊市交通系统甲型 H1N1 流感防控应急预案》。

(一)加强组织领导

成立了由市局党组书记、局长王相仁任组长的甲型 H1N1 流感防控工作领导小组,实行一把手负总责,主管领导具体抓,班子成员一岗双责的领导机制。领导小组下设办公室,由运管处长任办公室主任,局机关办公室、纪检组、财务处、后勤服务中心、产业办、局直各单位主要负责同志及运管处有关同志为成员。领导小组全面负责交通系统防控甲型 H1N1 流感病毒的工作,并根据市委、市政府的工作部署和廊坊市疫情发展形势,适时将领导小组转换为廊坊市交通系统甲型 H1N1 流感防控工作指挥部,实行战时工作体制和机制。

设立后勤保障组、信息联络组、运力保障组、疫情防控组、应急值守组、督导落实组等专业工作组。专业工作组在领导小组的统一安排、指挥下负责防控工作的具体事宜。各专业工作组职责分明又紧密衔接,确保防控工作每个环节不缺位、不疏漏,确保系统不出现疫情集中暴发和疫情扩散。局直各单位成立了相应的组织机构,按照“谁主管谁负责、谁审批谁负责、谁的人谁负责”的原则,把疫情防控放在各项工作的首位。明确了负责防控工作的具体责任人,严格执行疫情报告制度,完善各项防控措施,保障防控工作经费,配备必要的防护物品、设施,确保本单位职工生产安全、组织有序、工作正常。

(二)加强责任落实

1. 单位内部防控

(1)严格执行体温监测和日报制度。系统内各单位(包括正在河北工业大学开办的职工研修班)从 9 月 14 日起,全面实行体温监测。交通大厦配备了体温监测仪,各单位明确专人对所有进入单位的人员逐一检测体温(包括本单位工作人员,早晨、中午各 1 次)。每天下午 3:00 前,将本单位职工体温情况上报市局防控办。发现发热患者立即送发热门诊进行诊断和隔离治疗,切断感染源,并将情况及时上报。

(2)对全系统的办公区、研修班教室和宿舍每天打扫、通风,消毒不少于两次,不留死角。

(3)尽量减少人员聚集机会。减少会议、培训等大规模人员聚集活动。机关幼儿园从 9 月 14 日起放假。河北工业大学研修班减少聚集和外出活动。从 9 月 15 日早晨起,各单位内部食堂暂时停止对全体职工开放,只负责带班、值班人员及单身职工用餐(各施工工地除外)。食堂确保食品、餐具、厨房及就餐场所卫生,严防病毒输入。

(4)各单位严格落实 24 小时领导带班、值班人员值班制度和大事报告制度。

2. 运输环节防控

(1)长途客运严格落实乘客体温检测制度,设立临时隔离区,安装(提供)体温检测设备,安排专人在进站口对乘客逐一检测体温,杜绝有发热症状的乘客进入候车厅。如发现有发热症状的乘客立即进行隔离,并报告当地疾病预防控制部门。

(2)出租车辆配备了必要的消毒用品、必备的消毒药品,坚持做到发车前和收车后进行两次消毒,保持车内空气自然流通。乘坐出租汽车进京人员实行实名登记，每天将登记情况交公司登统。

(3)做好应急运力储备工作，配备应急运力。一旦发生疫情，可以确保甲型H1N1流感防疫物资和人员及时、快速运送。

(4)配合交警部门在进京路口检查站对进京车辆进行登记、检查、消毒。

(5)进站客运班车在乘客下车后对车辆进行消毒，坚持做到一班一消毒，确保车内卫生。旅游包车严格检测上车乘客体温，实行实名登记制度，加强车内通风，每日收车后对车辆进行消毒。

(6)加强对站务人员和驾乘人员进行防控教育，每天对其进行体温检测，防止甲型流感通过从业人员传播。汽车客运站每日消毒，停车区、待发区保持卫生整洁，候车亭保持良好的空气流通。

3. 施工工地防控

(1)各相关单位明确专人负责，每天监测职工及民工的体温，发现异常情况马上隔离、马上报告。同时，对与体温异常人员密切接触的人员进行严密监测、隔离，必要时采取停工措施。

(2)各施工工地加强了对宿舍、食堂等地的卫生防疫管理，定期进行消毒。

(三)加强宣传疏导

《廊坊交通》加大了甲型H1N1流感防控知识的宣传力度，各单位通过板报、标语、印发宣传材料等形式，大力宣传普及流感防控知识，提高干部职工的防控意识，增强防控能力。

(四)加强督导检查

将甲型H1N1流感防控工作纳入对局直单位班子的绩效考核，作为评价工作实绩的重要指标，层层分解防控责任。启动甲型H1N1流感防控督导检查和问责机制，督导全系统防控部署和开展工作。市局成立督查组，按照工作任务和时间要求，定期对各单位落实甲型H1N1流感防控措施情况进行督导检查，确保各项防控工作到位。加大问责力度，对重视程度不够、工作不到位、防控不力，导致疫情扩散、造成重大影响的单位和责任人，进行严格问责。

通过以上工作保障，使疫情防控期间整个行业无重症、无死亡、无扩散，最大限度地保证了人民群众的健康安全，确保了维护和谐稳定的社会秩序和生产生活秩序。

第七章 政策法规

第一节 规范执法

廊坊市交通运输局是廊坊市政府主管全市交通运输行业的职能部门，依法行使公路路政管理、道路运政管理、出租车管理、城市公交管理和治理公路“三乱”等行政执法职权。直属的市路政管理处、市运输管理处、市出租车管理处依法具体实施行政管理职责。市交通运输局委托路政处（除《中华人民共和国公路安全保护条例》授权外的）、运管处（除《中华人民共和国道路运输条例》授权外的）、出租车管理处具体行使执法权。

2005年3月4日，印发了《全市交通系统推进依法行政实施意见》，进一步明确了全市交通系统依法行政的指导思想、工作目标、主要任务、基本原则和措施等。

2011年8月9日，印发了《廊坊市交通运输局关于进一步推进依法行政工作的实施意见》，明确了领导班子学法例会制度，对执法人员每年的业务培训、依法决策机制建设、规范性文件管理、规范执法行为、加强执法监督等方面提出了要求。

一、规范行政许可

2004年《中华人民共和国行政许可法》实施前称为行政审批管理，实施后称为行政许可管理。

2001年，按照市政府转变政府职能、优化发展环境的要求，第一次实施行政审批清理，交通局清理后保留的审批项目为28项，取消了1项客运机动、人力三轮车开业审批。

2003年，按照省市审批制度改革的要求，与省交通厅下放的4项审批项目衔接，审批项目由原来的28项增加为32项，同时对每项审批项目制定了审批流程图，包括审批事项、审批程序、审批依据、承诺时限、收费标准和需要提交的材料等，更加方便行政管理相对人，改变以前的办事难、办事久拖不决的现象。

2004年，《中华人民共和国行政许可法》、《中华人民共和国道路运输条例》相继实施。2005年，对32项行政审批项目依照行政许可法、市政府三定方案的规定进行了清理，保留行政许可项目18项，同时，交通行政许可项目部分进驻廊坊市行政审批服务中心，实行集中办理，一个窗口对外。

2009年，在确保强化交通行政职能的前提下，将行政许可项目和许可时限减少压缩至原来的一半。保留行政许可项目10项，优化许可流程，每项许可均为10个工作日内办结。同时，对保留的行政许可项目、工作流程、许可时限、提交材料、许可依据、联系电话、监督电话等在网上公示。

经过反复清理规范，廊坊市交通运输局现有行政许可项目9项，具体是对从事道路危险货物运输的驾驶人员、装卸管理人员、押运人员、申报人员、集装箱装箱现场检查员的资格认定，廊坊市区所辖行政区域内出租汽车经营资格证、车辆营运证、驾驶员客运资格证核发，公路建设项目施工批准，廊坊市行政区域内跨两个以上县级行政区域的客运经营许可和客运班线经营许可，道路危险货物运输许可，特殊占用、挖掘、使用公路、公路用地、公路控制区的许可，国、省干线公路用地范围内设置非公路标志的许可，超限运输车辆行驶公路的审批，更新砍伐国、省干线公路用地上树木的许可，许可时限均为10个工作日内。

二、规范行政处罚

为保证交通运输行政处罚公开、公平、公正，防止权力滥用，一是制作了交通行政处罚程序示意图。该示意图得到省交通运输厅的肯定，在全省推广。二是制定了重大行政处罚案件审理委员会工作制度、行政处罚案件回访制度等。三是2009年结合交通实际和廊坊市经济状况，制定了《廊坊市交通运输局行政处罚自由裁量规则》和《适用标准》，自2010年1月1日起在全系统执行。

第二节 执法监督

一、监督组织保障

为了加强对执法现场的监督，防止和及时纠正不当的具体行政行为，保证法律法规的正确实施，监督组织保障逐步加强（图6-7-1）。1996年，市交通局成立了廊坊市交通行政执法现场监督检查队，由法规科长任队长。1998年，市交通局成立了廊坊市交通行政执法现场督察队，由主管局长任队长。1999年，市交通局成立了法制监督领导小组，由局长任组长，纪检组长任副组长，办公室设在法规科，办公室主任由法规科长兼任。

图6-7-1 2011年廊坊市交通运输局行风监督座谈会暨网上"直通车"网民见面会会议现场

二、制度建设

2001年9月27日，下发《廊坊市交通局关于限定交通执法人员在国省干线公路稽查时间的通知》，规范执法行为。征稽、运管部门按照时间表分别上路稽查，明确带班领导、检查人员、上路时间、检查路线、存在问题和处理情况。因法律法规的变化，2006年6月15日重新规定了新的稽查时间和要求，从2006年7月1日起执行，原稽查时间和要求停止执行。

2003年5月15日，以廊交法字〔2003〕1号印发了《廊坊市交通行政执法"五条禁令"》，对适用范围、落实领导小组及有关要求进行了明确规定。

2004年4月16日，印发《交通行政执法督察办法》，从2005年5月1日起在全市交通系统执行。明确了执法督察的组织、内容、工作程序。同时，市局还为法规科配备了执法督察专用车辆，并按规定喷涂了标志。

建立深化行政执法责任制：①建立执法责任制。1999年，为建立责任明确、运作有序、合法规范、廉洁高效的交通行政执法体系，根据省政府冀政〔1998〕53号文件精神和省交通厅的统一部署，结合实际，制定了廊坊市交通局行政执法责任制。其中明确执法主体4个、执法岗位职责61个，梳理执法依据61部、交通行政许可权32项、行政处罚权57项、行政措施权7项、监督检查权5项，建立了《廊坊市交通局行政执法监督办法》、《廊坊市交通局行政执法过错责任追究制实施办法》、《廊坊市交通局行政执法责任制考核办法》3项保障措施。此项工作得到省市有关部门的高度评价，并在全省交通系统作为典型经验全面推广。②深化行政执法责任制情况。2011年年底，依照交通运输法律法规和市政府三定方案规定，进一步深化了交通运输行政执法责任制。共明确执法岗位职责近50个，梳理执法依据32项、行政职权104项。其中行政许可权11项，行政处罚权75项，监督检查权11项，行政强制权6项。建立并完善《廊坊市交通运输局行政执法案卷评查办法》、《廊坊市交通运输局行政执法评议考核办法》、《廊坊市交通运输局案件审理委员会工作规则》、《廊坊市交通运输局行政处罚案件回访制度》4项制度。同时，以霸州市交通局为试点开展建立交通运输行政执法人员业绩档案，明确建档标准和范围、考核标准和考核奖惩的落实，进一步深化了行政执法责任制。计划从2012年第四季度开始，着手建立全市交通运输在岗的执法人员业绩档案。

三、执法评议考核

从1999年开始，按照执法责任制考核办法的规定，市局每半年对全市交通各执法单位组织一次定期考核，不定期考核随时进行，考核结果作为年终市局"依法行政先进集体"表彰或向上级推荐"行政执法文明单位”依据。

2010年7月27日《交通运输行政执法评议考核规定》公布实施后，按照交通运输部和省交通运输厅的安排，市交通运输局每年组织对全市交通运输各执法单位进行执法评议考核，考核采取对执法人员法律知识测试、执法单位实地督导、案卷评查等方式，内容包括在行政处罚过程中的执法情况，在行政强制过程中的执法情况，办理行政许可的情况，办理行政复议、行政诉讼、国家赔偿及控告申诉案件的情况，开展执法监督和执法责任追究工作的情况等。考核结果作为向上级推荐优秀执法单位的依据，现已组织了3次。

四、开展执法案卷评查

2008年，国务院《关于加强市县政府依法行政的决定》要求，市县政府及其部门每年要组织1次行政执法案卷评查，促进行政执法机关规范执法。市交通局对全市交通各执法单位的案卷评查，主要通过开展定期与不定期执法监督检查。2008、2009年主要与罚没许可证年检结合评查。2011年《廊坊市交通运输行政执法案卷评查办法》实施后，每季度对全市交通运输已办结的行政许可案卷、行政处罚案卷实施评查，发现问题及时规范。市局直属3个执法处的执法案卷在省法制办、省监察厅的多次联合检查中顺利通过检查。

五、交通行政复议

交通行政复议是交通行政监督的一种，是公民、法人或者其他组织认为具体行政行为侵犯其合法权益，向交通行政机关申请交通行政复议，交通行政机关受理交通行政复议申请，依照《中华人民共和国行政复议法》和《交通行政复议规定》做出交通行政复议决定的行为。

1990年12月24日，《中华人民共和国行政复议条例》通过，市交通局依照条例规定，成立专门行政复议组织机构，机构由9人组成，负责交通行政复议案件。1994年，制定《廊坊市交通局交通行政案件复议程序》，明确市交通局行政复议的具体程序。1999年10月1日，《中华人民共和国行政复议法》正式施行，《中华人民共和国行政复议条例》废止。依照《中华人民共和国行政复议法》规定，取消单设的复议机构，复议机构的职责由负责法制工作的机构承担，即法规科负责承担复议职责。1999年年底，市交通局成立由局长任组长、主管局长任副组长、法规科工作人员和各执法处处长为成员的行政复议工作领导小组。领导小组下设办公室，办公室设在市局法规科。至2008年，共办理行政复议案件10件。2009年至今未发生1起行政复议案件。

六、治理公路“三乱”

治理公路“三乱”行动是行政执法监督的重要工作内容之一。1990年9月16日，中共中央、国务院《关于坚决制止乱收费、乱罚款和各种摊派的决定》，首次定义了公路“三乱”，即乱收费、乱罚款、各种摊派。1994年7月20日，国务院《关于禁止在公路上乱设站卡乱罚款乱收费的通知》，对公路“三乱”的定义进行了修改，即乱设站卡、乱罚款、乱收费。

1993年，成立治理公路“三乱”大检查领导小组，由市交通局办公室（文明办）牵头。1995年12月22日，法规科成立后，治理公路“三乱”的工作职责转移至法规科，负责对辖区的执法执收情况进行明察暗访，防止公路“三乱”发生，同时负责对群众举报的查处和上级督办案件的反馈。治理公路“三乱”明察暗访的内容包括执法人员持证上岗、路查时间和路线、执法人员风纪、执法程序及省厅“八不准、三注意”等情况。治理公路“三乱”明察暗访，采取定期与不定期相结合的原则，坚持主管领导带队按照规定每月至少1次上路明察暗访，并填写《领导外出检查公路“三乱”登记表》，明察暗访里程占辖区公路里程的80%以上，覆盖率占辖区公路80%以上。2011年，治理公路“三乱”工作定位为行风建设的一项重要内容。6月2日，为加大治理公路“三乱”的工作力度，制定《廊坊市交通运输系统集中治理公路“三乱”规范行政执法行为工作方案》，将治理公路“三乱”工作分为宣传发动、全面治理、工作总结、建立长效机制4个阶段，使治理工作更加合理有序。市交通运输局近年来对群众举报案件的查处和上级督办案件的反馈率均为100%。

第三节 队伍建设

一、执法队伍建设

1997 年年底,9 个县(市、区)交通局、3 个执法处共有行政执法人员 868 名,市交通局直属 163 名。2001 年,全系统执法人员 1390 名,市交通局直属 490 名。2004 年,市交通局下辖 10 个县(市、区)交通局和 11 个直属事业单位,其中市局直属执法机构包括公路管理处、运输管理处、养路费征稽处 3 个。全系统共有执法人员 1542 名,其中市交通局直属单位 567 名。45 岁以下 1177 人,达到大专以上学历 1099 人。至 2011 年年底,全系统有执法人员 1042 名,市交通运输局直属单位 365 名。市局直属的执法机构有路政管理处、运输管理处、出租车管理处。

二、执法人员培训

采取"条块结合"的方式,对全市交通运输行政执法人员进行系统内培训。培训的内容包括基础法律知识、《公路法》、《道路运输条例》、《行政许可法》、《行政处罚法》、《行政处罚程序规定》等。1991—2011 年,各县(市、区)交通(运输)局、公路系统、运管系统、稽征系统分别组织年度培训(表 6-7-1)。市交通运输局统一组织执法骨干人员培训、新增执法人员培训、各类专题培训。

1991—2011 年执法人员培训统计表 表 6-7-1

培训时间	培训内容	参加人员	培训人数
1991 年 7 月	执法人员集中整训	运管、稽征、公路执法人员	400
1991 年 8 月 20—31 日	条条脱岗整训	执法管理人员	500
1994 年 5 月 9—11 日	稽征部门行政执法人员培训	全市稽征部门行政执法人员	—
1996 年 10 月	《行政处罚法》宣贯培训	全系统执法人员	868
2002 年 4 月	法律业务培训	运政路政执法骨干	200
2002 年 6 月	法律法规培训	全市执法人员	1289
2004 年 8 月	《道路运输条例》宣贯培训	全市道路运输业务骨干	—
2005 年 6 月	新增执法人员培训	新增执法人员	—
2007 年 9 月	新增执法人员培训	新增执法人员	—
2008 年 9 月	新增执法人员培训	新增执法人员	368
2009 年 3 月	全系统执法业务和体能培训	全系统执法人员	460
2010 年 8 月	执法人员专题培训	执法骨干	78
2011 年 3 月	《公路安全保护条例》培训	全系统执法人员	365
2011 年 7 月	规范执法行为培训	执法骨干人员	276
2011 年 8 月	新增执法人员培训	新增执法人员	190

三、执法证件管理

根据河北省交通运输厅和河北省政府联合下发的《关于加强交通部门执法证件管理的通知》规定,全省交通行政执法人员在申领省政府核发的行政执法证之前,必须取得省交通运输厅核发的交通运输行政执法证。因此交通运输执法人员在执法中须持双证,即交通运输行政执法证和河北省人民政府行政执法证。

全市交通运输执法人员持有的交通行政执法证,由市交通运输局统一组织新增执法人员培训,并考核合格后,上报省交通运输厅核发交通运输行政执法证。至 2011 年年底,全市交通运输系统持证执法人员 1042 名,市局直属持证执法人员 365 名。河北省人民政府行政执法证则由各县局对已取得交通运输行政执法证的人员,通过县政府上报市政府,核发证件。

《交通行政执法证件管理规定》(交通部1997年第16号令)于1998年1月1日起施行,交通行政执法证实行全国统一制式、统一管理制度。交通行政执法证的制式由交通部制定。

符合下列条件的人员颁发交通行政执法证件:在县级以上交通行政主管部门或其依法委托的交通管理机构、法律法规授权的交通管理机构直接从事具体的交通行政执法工作;经交通行政执法岗位培训并取得合格证书;符合《交通行政执法岗位规范》的资质条件。2002年5月20日—6月20日,首次进行交通行政执法证年度审验。之后,每年进行年度审验。

2011年,《交通运输行政执法证件管理规定》经第11次部务会议通过,自3月1日起施行。《交通行政执法证件管理规定》(交通部1997年第16号令)同时废止。《交通运输行政执法证件管理规定》中确定新增交通运输行政执法人员具备的条件如下:十八周岁以上,身体健康;具有国民教育序列大专以上学历;具有交通运输行政执法机构正式编制并拟从事交通运输行政执法工作;品行良好,遵纪守法;法律、行政法规和规章规定的其他条件。更换磁卡式交通运输执法证的交通运输执法人员信息已按规定上报省交通运输厅。

1993年9月2日,河北省人民政府颁布《河北省行政执法证件和行政执法监督检查证件管理办法(修正)》,开始对行政执法证件和行政监督检查证件进行统一管理,对符合条件的行政执法人员颁发河北省人民政府行政执法证。1995年开始,廊坊市交通局持有河北省人民政府行政执法证的行政执法人员,由市政府法制办组织培训,现场笔答考试,考试合格后报廊坊市人民政府法制办进行年检,年检合格后粘贴由省人民政府制发的年检标志。新增执法人员证件随年检办理。2008年,河北省人民政府行政执法证改为磁卡、网上录入信息的管理方式。年度考试采用电脑自动选题、网上答题的方式进行。2008年3月7日,制定《廊坊市交通行政执法证件管理制度》,进一步规范交通行政执法证件和河北省行政执法证件。

四、交通行政执法"四统一"

2011年7月,交通运输部下发《加强交通运输行政执法形象建设指导方案》,组织开展交通运输系统的执法形象建设工作,用两到三年时间,统一全行业的执法形象,以公路路政、道路运政、港航行政等行政执法领域为重点,逐步覆盖所有门类交通运输行政执法队伍,统一执法标志,统一执法证件,统一工作服装,统一执法场所外观形象。全市交通运输1042名执法人员统一各种服装和执法标志,27个执法单位的场所统一了外观,执法人员证件信息已按照规定上报省厅。

五、开展执法技能竞赛

2005年8月23—24日,开展了全市交通系统首届执法职业技能竞赛活动,竞赛内容包括执法技能知识竞赛和队列演练两项内容。知识竞赛、队列演练分别在局机关礼堂和院内举行。

执法技能知识竞赛。分路政、运政、征稽3个执法门类分别进行比赛,对3个门类分别决出一等奖1名、二等奖2名、三等奖3名。一等奖奖励1000元,二等奖奖励800元,三等奖奖励600元。

队列演练。从13支参赛队伍中决出前三名。第一名奖励2000元;第二名奖励1500元;第三名奖励1000元;第四名至第十三名给予鼓励奖,各奖励300元。

第四节 法制审核

一、规范性文件审核、清理

对规范性文件的审核,即审核制定的规范性文件的合法性和合理性。自2004年开始,加强了对交通运输规范性文件的合法性和合理性审查。凡廊坊市交通运输局在法定职责内制定的对交通运输管理具有普遍约束力的文件均应经过法规科的审核。

2010年,市交通运输局制定了《廊坊市交通运输局规范性文件管理办法》,就规范性文件的含义、范围、制定程序、前置审查、公布、失效等做了明确的规定,以文件的形式确定了交通运输部门今后制定的所有规范性文件在公布实施前，必须经法制部门审核的这一程序，确保规范性文件的合法性和合理性。

2010年，按照市政府的统一安排，全面清理廊坊市交通局自成立以来的所有行政规范性文件。共清理出部门行政规范性文件29件，其中已废止13件，宣告失效1件，需修改1件，保留14件。共清理出以市政府名义制定的行政规范性文件9件，其中失效的6件，修改的2件，建议保留的1件。

2011年，对交通运输管理的9件规范性文件进行了审核，全部出具了审核意见，并上报市政府法制办进行合法性审查，保证了规范性文件的制定质量。市交通运输局作为全市规范性文件制定和管理工作典型接受了省政府法制办检查，并得到了省政府法制办领导的好评。

二、涉法服务

2009年5月前，主要是法规科依照交通运输法律法规规定对交通运输的重大决策、行政管理等提供法律建议。

2009年5月后，聘请河北志达乾坤律师事务所和河北乾翔律师事务所3位律师组成廊坊市交通运输局法律顾问团，与政策法规处一起就交通运输重大行政决策、行政合同、行政管理等提供法律建议。自法律顾问团组建以来，法律顾问团在市交通运输局政策法规处的支持下共计处理各类诉讼案件8起，案外和解数起，为廊坊市交通运输局挽回经济损失3200余万元。

在此期间，法律顾问团还为廊沧高速、京台高速、密涿支线、密涿主线、市局房管所、市局信息中心、市局收费处、市局产业办等单位提供上千次法律咨询，起草、审核各类合同百余份，参与重大事件的谈判、研讨数十次，审核规范性法律文件数十份，为一线员工举办法制讲座十余次。法律顾问团为廊坊市交通运输局领导在重大问题的决策上提供了可靠的法律依据，为廊坊市交通运输局依法治交提供了重要的法律保障。

第五节　法制宣传

"一五"普法（1986—1990年）。1985年11月，中共中央、国务院批转了中宣部、司法部《关于向全体公民基本普及法律常识的五年规划》。同年12月，全国人大常委会做出了《关于在公民中基本普及法律常识的决定》。普及法律常识简称普法，普法之名由此而来。"一五"普法具有启蒙式的扫盲运动性质。普法内容主要是宪法、民族区域自治法、刑法、刑事诉讼法、民法通则、民事诉讼法、婚姻法、继承法、经济合同法、兵役法、治安管理处罚条例。此阶段，廊坊地区交通局（1989年后改为廊坊市交通局）的工作重点放在基础设施建设上，普法工作基本处于空白。

"二五"普法（1991—1995年）。"二五"普法是在坚持改革开放、整顿市场经济秩序的情况下开展的全民普法活动。将普法规划改为法制宣传教育规划。以宣传宪法为核心，以专业法为重点，这标志着普法活动开始转向学用结合、依法治理的轨道。1991年，廊坊市交通局印发《关于在全市交通系统开展法制宣传教育的第二个五年规划的通知》，成立"二五"普法领导小组，局长为组长，下设普法小组办公室。把普法宣传与开展"四职一纠"（职业理想、职业道德、职业技能、职业纪律教育和纠正行业不正之风活动）相结合，深入宣传基本法和交通专业法律法规，以《河北省公路条例》为宣传重点，通过知识竞赛、印发材料和各种宣传媒介，增强法律意识，提高执法水平。推动交通行政执法工作实行"四公开"（工作程序公开、处罚标准公开、工作制定公开、执法人员公开）"一监督"（社会监督）。1995年，被廊坊市政府推荐出席省政府"二五"普法先进单位表彰大会，被评为"二五"普法教育先进单位。

"三五"普法（1996—2000年）。1997年，党的十五大报告首次提出实行依法治国基本方略、建设社会主义法治国家。廊坊市交通局组织学习邓小平同志关于社会主义民主与法制建设的理论，继续开展宪法知识和与公民工作、生活密切相关的基本法律知识及与维护社会稳定有关的法律知识教育，着重抓好社会主义市场经济法律知识的普及。被省委、省政府命名为"三五"普法教育先进单位。

"四五"普法（2001—2005年）。全国人大修改宪法，颁布了行政许可法、行政复议法，中国共产党第十六次全国代表大会提出要依法行政，打造法治政府。确立了“12·4”法制宣传日。学习邓小平同志关于社会主义民主与法制建设理论；宣传宪法和国家基本法律，学习宣传与公民工作、生活密切相关的基本法律知识及与维护社会稳定有关的法律知识教育；宣传社会主义市场经济特别是与整顿市场经济秩序相关的法律法规。

“四五”普法期间，廊坊市交通局建立健全了普法领导组织和办事机构。调整成立了局长任组长，主管局长、纪检组长任副组长，有关部门负责人为成员的领导小组，市交通局法规科作为专职机构，确定了3名工作人员负责全系统“四五”普法宣传教育工作。此外，各县（市、区）交通局均调整成立了相应领导组织和办事机构。其中有7个县（市、区）交通局正式列编成立了法规科（股）专职负责普法工作。制订了“四五”普法规划和年度计划，印发《全市交通系统法制宣传教育第四个五年规划》，对整个“四五”做出总体部署，提出了明确的目标和要求。坚持了普法工作的考核奖惩机制，把“四五”普法继续纳入各单位的考核目标，做到与经济工作一同布置、一同检查、一同考核、一同奖惩。2004年4月20日，局长带领局领导班子成员和执法执收部门负责人走上街头搞宣传，接受群众咨询125人次，发放宣传品、承诺卡和便民服务卡1000余份。国省干线两侧书写墙体标语73条（6000平方米），散发交通行业管理宣传材料35000余份，制作大型宣传牌4块，悬挂宣传标语365条，声像宣传18次（每次时长180分钟），省、市宣传媒体播发宣传报道35篇（次）。2004年7月1日，《中华人民共和国道路运输条例》开始实施。市交通局制定宣贯方案，成立领导小组，负责宣贯工作。2005年3月4日，印发《全市交通系统推进依法行政实施意见》，明确规定交通部门各级领导要带头学法、守法、用法，首次将“领导干部学法制度”纳入依法行政范畴。

“五五”普法（2006—2010年）。党中央提出科学发展观和构建和谐社会的目标，倡导坚持社会主义法治理念。普法开始与人本文化、科学发展、和谐发展相对接。通过开展“法律六进（进机关、进乡村、进社区、进学校、进企业、进单位）”活动，创建法治城市、法治县（市、区）活动，以及法治文化建设，全面提升法制宣传教育的文化品位和社会法制化管理水平。

第八章 宣传工作

第一节 内部宣传

一、政务信息编报

政务信息是决策的依据。通过信息这一便捷的载体,能使领导机关随时掌握和了解基层发生的新情况、出现的新问题;同样,通过信息能把上级决策意图及时传达到基层和部门。利用信息手段科学决策、指导工作、推动落实,已经成为重要的施政方式。

廊坊市交通运输局十分重视政务信息的采集编报,不断完善信息采集、编制、报送等制度,在组织管理、监督检查、奖惩激励等方面建立起一套有效的工作机制。2005 年制定了《廊坊市交通信息工作规则》、《廊坊市交通信息工作考核评比办法》。2006 年制定了《全市交通新闻宣传工作目标考核评比办法(试行)》。2011 年制定了《文字综合工作制度》、《信息工作制度》、《公文处理制度》、《公文审核制度》。

市交通运输局办公室密切关注学习、贯彻落实上级决策部署,掌握廊坊市交通运输工作情况及其他有关全市交通运输的情况,以及重大紧急突发事件,围绕重点工作、亮点工作、热点工作、难点工作进行信息的搜集、撰写、编辑、校对、报主管主任审批等工作,定稿后通过内网或电子邮箱及时上报市委市政府和省厅相关信息部门。2005—2011 年,向市委、市政府、省厅报送政务信息 1155 条,采用信息 588 条,自 2011 年开始,保证每周报送 3 条以上,累计 7 年在市委、市政府信息评比中保持前五名的好成绩。

信息采编报送流程:信息编报—信息接收和采集—对信息进行筛选、整理、综合、分析、分类—编报政务信息—报主任审核、校对—按主任意见修改—打印送市局领导,同时报送市政府、省交通运输厅—存档。

二、《廊坊交通》

《廊坊交通》周报于 2009 年 1 月 12 日创刊,是由廊坊市交通运输局党组主办,以交通运输战线职工、关心交通运输事业人士为主要受众的综合性内刊,以"政策宣传、理论指导、信息交流、促进工作"为办报宗旨,旨在为全系统干部职工搭建一个信息交流、学习经验的良好平台。编辑部设在机关党委。创刊后,出台了通讯员管理制度、评报制度、稿费制度、培训制度等,每年定期组织通讯员培训。至 2011 年年底,通讯员人数达 60 余名。

《廊坊交通》分每周要闻、行业动态、深度报道、交通文化 4 个版块。周发行量 1175 份,分别向市委、市政府、省交通运输厅、市直工委等市直相关部门,各县(市、区)政府,全市交通运输系统,以及廊坊日报社、电台、电视台发放。至 2011 年年底,共编发正刊 155 期,增刊(副刊)12 期。2010 年,廊坊日报社总编孟繁彪在出席《廊坊交通》办刊一周年座谈会(图 6-8-1)暨培训会时,对《廊坊交通》给予高度评价:"通过这份报纸,看到了交通运输系统崭新的精神面貌和奋发向上的工作氛围。《廊坊交通》是一条上通下达的信息渠道,是展示交通运输人风采的一扇窗口,是展示交通运输人精神状态、开展创先争优的竞赛平台。"

图 6-8-1 2010 年 1 月 12 日,廊坊市交通运输局党组召开《廊坊交通》办刊一周年座谈会

第二节　外部宣传

一、政府信息公开

根据本单位的工作性质及《中华人民共和国政府信息公开条例》的规定，对外公开本系统政务信息（国家规定保密及法律有规定的除外），以接受群众监督，增强交通运输工作的透明度，树立公正、廉洁、高效、务实的交通运输形象。市局办公室通过内容分解、汇总、编辑、审批和公开档案管理，经市政府信息公开网，定期向社会发布交通概况、政策法规、规划总结（规划、计划、年度报告、工作总结）、行政执法、财政财务、统计信息、工作动态。

政务信息发布流程：各单位、部门上报信息—编辑、整理—办公室副主任审核，如有必要会同保密委员会成员共同审核—网站管理员发布内容备案（如有必要，需经办公室主任、主管局长、局长审核）。

二、新闻发布

2010年6月，廊坊市交通运输局成立新闻发布领导小组，设立新闻发言人和新闻办公室。新闻发言人领导小组由郝栓柱、张贵江任组长兼新闻发言人。新闻发言人办公室设在交通运输局宣传中心，负责新闻发布的日常工作。交通运输局新闻发言工作领导小组的主要职责：落实新闻发布主管部门安排的新闻发布工作事项，负责市交通运输局新闻发布会报批工作；研究市交通运输局阶段性新闻发布计划，组织实施市交通运输局新闻发布活动，审定市交通运输局直属系统重要新闻稿件；就市交通运输局出台的政策措施进行宣布、解释和说明；通过新闻发布对交通运输工作中取得的成绩、出现的问题、需要解决的矛盾进行告知、分析和明确；制定交通运输领域突发公共事件新闻应急处理预案，拟定新闻发布口径；接待社会媒体采访，安排采访活动。

新闻发布领导小组自成立以来，抓住交通行业的重点和特点，举行了两次大的新闻发布会，发挥时间集中、人员集中、媒体集中的优势，使交通运输系统的重大新闻迅速、准确扩散到公众。

2010年7月，廊坊市交通运输局成功举办“畅通廊坊——中央省新闻媒体记者采访行新闻发布会”活动（图6-8-2）。新华社、人民日报社、中央电视台、光明日报社、经济日报社、中国交通报社、河北日报社、河北电视台、河北经济日报社等20多家中央、省主流媒体对廊坊市对接京津、构筑现代化交通运输体系、打造无障碍交通圈的经验做法和成效进行了报道。

图6-8-2　2010年，廊坊市交通运输局召开“畅通廊坊”中央省新闻媒体记者采访行新闻发布会，廊坊市委宣传部副部长赵青超、河北省交通运输厅宣传中心主任李书岐出席了会议

2010年11月26日，廊坊市委宣传部与市交通运输局在廊沧高速文安服务区联合举行廊沧高速公路（廊坊段）通车新闻发布会。新华社、人民日报社、中央电台、光明日报社、经济日报社、农民日报社、中国青年报社、工人日报社、中国交通报社、河北日报社、河北电视台、河北经济日报社等20多家中央、省主流

新闻媒体和市级新闻媒体的记者参加了新闻发布会，对廊沧高速公路（廊坊段）的基本情况及建设过程进行详细采访和报道。

三、宣传中心

为加强廊坊市交通运输系统的对外宣传工作，2010 年 4 月，成立廊坊市交通运输局宣传中心，隶属于机关党委，具体负责全系统对外宣传工作。旨在利用电台、电视台、报刊等媒体宣传交通运输，为全市交通运输事业发展营造良好的舆论环境。宣传中心成立后，制定并推广行业新闻宣传工作管理办法、考核办法。各县（市、区）交通局均明确了对外宣传工作职能部门，落实机构和人员，落实专人为新闻宣传联络员，负责辖区的新闻采集、编发和报送。宣传中心负责对接中央、省、市级媒体，报道廊坊市交通运输的重要会议、重要活动和重要大事。

2010 年，在《人民日报》、《光明日报》、《中国交通报》等国家级报纸刊登稿件 13 篇，在《河北日报》、《燕赵都市报》、《河北交通报》等省级报纸发表稿件 32 篇，在《廊坊日报》等市级报纸刊登稿件 50 篇，录播《廊坊交通》电视专题片 28 期，网站更新文章 400 余篇。

2011 年，在《人民日报》、《中国交通报》等国家级媒体上刊发新闻报道 13 篇，在《河北日报》、《河北经济日报》等省级媒体发表文章 74 篇，在《廊坊日报》等市级媒体上发表新闻 123 篇。

四、网站平台

"十一五"期间，交通运输事业蓬勃发展，交通运输基础设施建设日新月异，行业管理水平也上了新台阶。社会对交通运输越来越关注，同时需求也不断提高。为了让社会了解交通、理解交通、支持交通，市交通局决定建设系统互联网站，利用现代化手段，搭建起一个与社会公众相互沟通的平台。

市交通局办公室与综规科、机关党委、法规科、文明办等相关科室多次研究，确定了网站的主要栏目和内容，并聘请专业网站制作公司进行网页制作。网站在界面设计上突出稳重、美观，在内容上力求丰富、准确。经过 3 个月的不断修改与完善，1997 年 7 月，廊坊市交通局网站正式开通运行。根据当时实际情况，网站采取了租用虚拟主机的方式，由专业公司负责网站的运行和安全，市交通局办公室负责内容的更新。为保证网站内容的及时更新，市交通局制定了一系列信息报送制度，要求局机关各科室、局直单位及县（市、区）交通局提供信息，由市交通局办公室编辑整理后上传网站，保证了交通系统各类重大新闻的及时发布。不断完善网站布局，补充栏目内容，全方位、多视角展示廊坊市交通局的整体形象和工作动态。

网站下设交通概况、前景规划、组织机构、政务公开、交通新闻、交通建设、行业管理、交通法制、行业文明、党风廉政、机关党建、交通风采、公告栏、局长信箱、交通视频、公众服务、答疑解惑、领导言论、各县信息、交通专题、友情链接、重点工程、资料下载、行风建设、创先争优、政府信息公开、学习园地、十七大专栏、图片新闻、行政权力公开、流动图片、公告 32 个栏目。

2009 年 12 月，廊坊市交通局网站更名为廊坊市交通运输局网站。2010 年 4 月，廊坊市交通运输局网站转由机关党委宣传中心负责管理，进行日常维护和更新。

市交通运输局互联网站的建设，为公众获取交通运输信息提供了一个重要窗口，大大提高了交通运输管理与服务的公开性和透明度，每年的访问量近 2 万人次。同时，提高了交通运输行业内部的办事效率，规范了管理行为，对廉政与行政建设也起到了促进作用。

五、制定《廊坊市交通局突发公共事件新闻发布应急预案》

2008 年，为加强和规范交通运输突发公共事件新闻发布工作，及时、准确地发布交通运输突发公共事件的有关信息，澄清事实，解疑释惑，主动引导舆论，维护社会稳定，最大限度地避免、缩小和消除因交通运输突发公共事件造成的各种负面影响，为妥善处置交通运输突发公共事件营造良好的舆论氛围，按照《中华人民共和国突发事件应对法》要求，依据《国家突发公共事件新闻发布应急预案》和《廊坊市突发公共事件新闻发布应急预案》制定了《廊坊市交通局突发公共事件新闻发布应急预案》（简称《预案》）。《预案》适用于处置在廊坊市域内发生的涉及交通运输的重大自然灾害、事故灾难、公共卫生事件和社会安全事件等突发公共事件中的新闻发布工作。

新闻发布领导小组为局党组成立的突发公共事件相关应急指挥机构的重要组成部门，在局党组的统一领导下开展工作。组长由负责应急指挥的局领导担任，副组长由局办公室、局机关相关科室及负责事件处置的相关部门负责人担任，根据突发公共事件的类别等情况确定具体成员。领导小组下设相关工作小组（新闻发布组、信息监控组、综合协调组），由局党组指派有关部门人员组成。

《预案》对新闻发布领导小组、下设相关工作小组的职责，对应急启动、新闻发布、记者采访、后期处置、应急保障的程序和要求，都做出了明确规定。

2008 年 7 月 1 日，根据《廊坊市交通局突发公共事件新闻发布应急预案》制定了《北京奥运会及其筹备期间境外记者采访预案》，以规范外国和中国台港澳地区记者采访工作。

第九章　信息化建设

随着交通运输事业的蓬勃发展,各项职能不断拓展,交通运输部门掌握的基础设施资源和行政管理资源越来越庞大。廊坊交通运输正处于加速转型、加快发展时期。率先实现交通运输现代化,需要开拓新思路,通过发挥信息化的引领、带动作用,用先进的信息化技术领跑交通运输发展。

第一节　远程指挥调度系统

为加快信息化建设步伐,廊坊市交通运输局积极配合抓好河北省交通运输厅远程指挥调度系统建设。该系统是《河北省交通运输厅"十一五"信息化规划修编》提出的河北省信息化建设总体框架(即"11355"工程)所涵盖的"5"大服务平台之一——应急指挥调度平台的重要支撑系统。它采用先进的高清编解码技术,经过近两个月的建设,于2010年5月26日正式投入使用。至2011年12月底,廊坊市交通运输局已成功召开1次部、省、市三级视频会议,11次省、市两级视频会议。

2011年9月,河北省交通运输厅推行《河北省交通运输厅远程指挥调度系统二期建设方案》,廊坊市交通运输局在全省率先落实该方案,制定了《廊坊市交通运输局市县视频指挥调度系统建设方案》。该项目预计2012年3月完成,建成后将实现省、市、县三级视频会议,面对面交流、互动,为政令畅通和信息反馈开通一条快捷通道。在部署全省重点工作和处理突发事件时,各级交通运输部门可通过视频会议系统,实现应急会商和统一调度指挥,相对于传统会议模式,既节约资金,又极大地提升了工作效率。

第二节　交通运输信息化"十二五"发展规划

为进一步推动信息化建设进程,2010年5月24日,廊坊市交通运输局启动了廊坊市交通运输信息化"十二五"发展规划编制工作。交通运输部公路科学研究院专家组先后4次对廊坊市交通运输局的信息化现状进行调研,通过深入研究探讨,2011年5月编纂完成了《廊坊市交通运输信息化"十二五"发展规划》确定了市交通运输局未来五年信息化建设的发展思路、方向和主要任务。

第三节　办公自动化

2008年6月,市交通局办公室在对多个即时通信软件进行对比、测试后,选择了BIGANT(中文名大蚂蚁)软件作为全系统内部的即时通信软件,同时针对交通局实际需求,在原有软件的基础上进行了二次开发。该软件具有稳定性好、易用性强和安全性高的特点。局机关、局直各单位办公室和各县局办公室的电脑均安装了此软件,实现了通过互联网就能进行即时消息发送接收、文件传输、下发通知等功能,配合电子公章软件,实现了电子公文的发布,取消了大部分纸质文档下发,极大提高了部门之间的工作效率,节约了办公成本。局机关17个科室、局直19个单位、10个县(市、区)局,共99人使用此办公软件。

至2012年1月1日,BIGANT软件被OA办公系统所代替。

2011年4月,市交通运输局开始引进OA系统(Office Automation System,办公自动化系统)。经过8个月的前期调研、系统测试、试运行、全员培训等前期准备,2012年1月1日,OA系统在全系统范围内正式运行,市交通运输局在全市各机关单位中率先实现了"无纸化"办公。预计2012年内实现市、县(市、区)两级办公自动化。届时,将有19个局机关科室、24个局直属单位、10个县(市、区)交通运输局,共170人使用OA系统办公。"无纸化"办公系统的全面覆盖,大大节约了办公成本,简化了传递程序,提高了工作效率;通过实现工作过程全记录、多极权限控制,规范了各类信息的管理,防止疏漏泄密,保证了文件传送的安全。

第四节　高速公路信息中心的筹建

廊沧高速、京台高速、密涿支线(102)高速、密涿高速廊坊至北三县(河北)段4条高速公路穿越廊坊市境内。作为业主,廊坊市交通局决定在廊坊市境内建设高速公路信息管理中心,对所辖高速公路信息进行收集和处理,提供给高速公路指挥机构,以提高高速公路综合管理能力,高效、及时地处置高速公路突发事件,保证高速公路安全畅通。

2009年3月27日,信息管理中心筹建处成立。2010年10月,市交通运输局决定将高速公路养护及应急保障中心并入信息管理中心一并建设,高速公路信息中心改名为高速公路信息管理中心、养护及应急保障中心。

2010年5月,信息管理中心筹建处委托河北华业招标有限公司对廊坊市交通运输局高速公路信息管理中心总体规划进行招标。共有12家建筑工程甲级设计院参加投标,上海浚源设计有限公司中标。随后,上海浚源设计有限公司对信息管理中心项目进行修详规设计。

第十章 轨道交通对接北京

第一节 机构保障

2009年年初，廊坊市委、市政府决定由市交通局负责京廊轨道交通跑办工作。市交通局承担此项任务后，多次召开党组会、局长办公会，专题研究部署廊坊市轨道交通建设的相关工作。同时，成立了由市交通局局长王相仁同志任主任、副调研员郝合瑞同志任副主任的廊坊市轨道交通领导小组办公室（简称轨道办），从系统内部抽调3名懂技术、外联能力强的业务骨干专职负责轨道交通的前期工作，配备1部专车，拨付200万元专款作为开展轨道交通前期工作的启动资金。

第二节 全力跑办

确定轨道交通规划方案。轨道办收集并整理了廊坊市"十一五"发展纲要、城市总体规划、土地利用规划、经济统计年鉴、城市综合交通规划等各类资料21册、300多万字。先后邀请北京规划研究院和北京交通大学等有关专家赴北京大兴区采育镇、长子营镇和亦庄经济开发区、马驹桥镇等地实地考察。2009年4月8日，轨道办邀请国家政协原常务委员、北京市城市规划设计研究院原总规划师王东，北京市规划委员会原副总工程师夏士义等国内知名轨道交通专家在北京交通大学召开了廊坊市轨道交通初步规划方案专家咨询会。根据此咨询会专家意见和建议，修改完善了规划方案。2009年5月，向廊坊市委、市政府汇报了廊坊市轨道交通初步规划方案，市委、市政府明确了以京山铁路改造和对接北京轻轨L2线作为下一步工作重点。

争取廊坊站经停车次。2011年1月，市委主要领导对《关于全市2010年交通运输工作情况的报告》做出批示，批示第一条指出，要争取京沪高铁廊坊站早晚有更多的经停或始发车次。廊坊站是京沪高铁出京第一站，距离北京南站仅有60公里。京沪高铁开通运营后，将开行300公里和250公里两个速度等级的列车，包括京沪一站直达、省城之间直达和沿线车站交错停车3种模式。这使得京沪高铁沿线各中小城市的经停车次增多，对廊坊来说是一大有利条件。2011年1—6月底，轨道办加大与铁道部沟通、协调力度，争取铁道部增加京沪高铁在廊坊站停靠车次。铁道部综合考虑了廊坊的客流需求，初定京沪高铁正式通车运营后，每天44列动车经停廊坊市（其中下行25车次，上行19车次），另有京山铁路每天37列普通列车经停廊坊市（其中下行18车次，上行19车次），保证了京廊间的旅客出行需求。

京沪高速铁路（图6-10-1）于2008年4月18日开工，2011年6月30日正式通车运营。从北京南站出发终止于上海虹桥站，总长度1318公里，总投资约2209亿元。设北京、廊坊、天津、济南、南京、无锡、上海等24个车站。

图6-10-1 京沪高铁

京沪高铁廊坊段全长33.4公里，沿京山铁路南侧从北京大兴区安定镇进入廊坊市，穿越广阳区、安次区后进入天津武清。京沪高铁廊坊站位于京山线廊坊车站(原廊坊车站已改名廊坊北站)南侧,与廊坊车站客运车场南北对应。站房设于线路南侧,线侧平式布置。站房主体部分为一层,局部设开放的商业夹层;两侧生产附属房屋为两层。站房主体为进站厅、候车厅及商业夹层;两侧生产附属房屋为出站厅、贵宾厅、售票厅及生产设备用房。总建筑面积9889平方米。

京沪高铁实行弹性列车时刻表。至2011年年底,每天经停廊坊市的动车数量为34~42列。其中日常(周一至周四)34列,周末(周五至周日)37列,高峰期(春运、暑运、黄金周、小长假)42列。上行车数量分别为18、19、20列,下行车数量分别为16、18、22列,上行时间范围自9:00至22:53,下行时间范围自8:22至20:20,高峰时刻最短9分钟1趟列车,廊坊站到北京南站列车运行时间20分钟。

第三节 主动融入

国务院备案、国家发改委于2007年批复的《北京市2015年轨道交通规划》是北京市早在2003年前就着手立项争取的。按此规划,至2015年,北京市轨道交通线网将达19条,总长561公里。2050年远期规划,轨道交通线网将达到22条线路,共693公里。市郊铁路线网2020年规划为360公里,远期规划应达到600~700公里。其中与廊坊关系密切的有L2线、大兴线、M6线,远期规划的M12线和S6线。

2009年5月—2010年5月,轨道办分别向北京市政府、北京市规划委员会、北京市交通委员会上报了廊坊市轨道交通初步规划方案。各部门均对规划方案提出了意见与建议。《北京市2015年轨道交通规划》将北京市轨道交通划分为3个圈层,分别为以地铁轻轨系统、市郊轨道系统、城际铁路和高速铁路为主体构建规划线网。经轨道办努力,北京市规划委员会同意将廊坊纳入《北京市都市圈轨道交通规划》;并同意将廊坊市纳入北京市轨道交通规划的第二圈层,将廊坊与北京市远郊新城密云、平谷、顺义、昌平等放在同等位置予以考虑,开通市郊铁路。

第四节 积极对接

《北京市2015年轨道交通规划》于2007年已获国务院批准。如廊坊建设对接北京的轨道交通线路,需北京市调整现有轨道交通规划,并需报国务院经规划阶段、项目建议书阶段、可行性研究报告阶段、初步设计阶段、施工图设计阶段等5个阶段重新审批,难度巨大。另外,从便捷性与经济性方面考虑,修建轻轨与北京轨道交通对接,效果并不理想,而且不够经济。现有北京市轻轨线路运行速度约为50公里/小时,按此速度计算,从廊坊市到达北京市中心城区的运行时间在90分钟左右,达不到快速进京的要求。而且,修建轻轨投资巨大,每公里造价在3亿元左右,对接线路总投资约102亿元。另外,轨道交通的公益性大于经济性,按照北京市轨道交通线路的票价及补贴标准,每公里每年约需补贴2000万元,全线每年将补贴6.8亿元,对廊坊市财政来说将是极大负担。

图6-10-2 京津城际高铁

考虑到面临的实际困难,市主要领导研究决定,将京山线改造及对接京津城际铁路(图6-10-2)项目作为近期工作重点。轨道办根据市政府的指示积极展开工作。一方面,开展了北京—廊坊间客流量调查,为开通京廊市郊铁路列车提供客观依据。2010年4月,轨道办投入调查人员320人次,设调查点22个、居民出行OD调查点17个,总计调查车辆17500余辆,发放问卷22000余份。同时,京廊市郊铁路工程可行性研究报告初稿完成,并论证了技术方案,评估了经济效益。另一方面,加强与各级各部门的协调。在省、市两级政府的大力支持下，轨道办将《河北省人民政府关于增开北京—廊坊间短途铁路客车的函》送至铁道部。经多次联络，了解到主要难点是随着高速铁路的建设，京山铁路将逐步实行客货分运。客货分运后，京山铁路货运功能将凸显，将来彻底实行客货分运后，京山铁路不可能再考虑重新客货混运。为此，难以开通京廊市郊客车。轨道办与北京铁路局数次沟通，并多次赴京津城际铁路永乐站实地踏勘，委托咨询机构编制完成了《京沪高速廊坊出口至京津城际铁路永乐站占用公路建设方案》研究。并与北京市交通委员会、北京市路政局通州分局及永乐镇政府等有关部门沟通且交换了意见。经双方共同研究探讨，北京方面表示支持并全力配合。通州区规划有一条永德路联通永乐店与德仁务，终点位于京津高速。京津高速与京津城际永乐站紧邻，规划方案已编入北京市"十二五"交通规划，正在等待批复。而永德路南延正与廊坊规划的对接京津城际永乐站的路由一致。把对接方案列入北京市"十二五"交通规划将是轨道办下一步的工作重点。

第十一章　对接京津

第一节　规划对接

2009年5月18日，北京市交通委员会、天津市交通运输和港口管理局、天津市市政公路管理局、河北省交通运输厅在河北省廊坊市举行了京津冀交通一体化合作恳谈会(图6-11-1)。河北省交通运输厅厅长焦彦龙主持了会议，北京市交通委员会容军委员、天津市交通运输和港口管理局王昌军巡视员、天津市市政公路管理局李惠杰常务副局长、河北省交通运输厅马存增巡视员，以及三省市交通运输部门负责规划、公路、运输工作的同志参加了会议。会议分析了区域经济发展对交通运输工作的新要求，讨论了建立区域交通战略合作机制，并就一批具体项目进行了有效对接。河北省人民政府省长助理刘可为到会致辞，交通运输部戴东昌总规划师、综合规划司综合运输规划处陈钟副处长到会指导。会议就以下内容达成一致意见。

图6-11-1　2009年5月18日，京津冀交通一体化恳谈会会议现场

一、加强京津冀区域交通一体化的必要性

一体化已经成为区域经济发展过程中的重要组成部分，是推动经济发展的重要途径。京津冀经济区是继珠三角和长三角之后中国经济增长的第三大引擎，经济发展的活力日益增强。交通既是重要的基础性产业，又是具有战略作用的先导性产业。在区域经济发展中，交通一体化一直受到社会各界的广泛关注，成为众望所归的区域经济一体化重要推手。在这种背景下，三省市交通运输部门认为，本着服务大局、务实合作、积极对接、加快融合的原则，加快京津冀交通一体化进程，加大彼此协调配合的力度，是十分必要的。

二、建立京津冀交通合作协调机制

会议就建立京津冀交通合作协调机制进行了讨论。三省市交通运输部门认为，应围绕落实政府间达成的合作框架精神，加大沟通协调力度，每年至少召开一次京津冀交通合作联席会议，就发展战略和合作领域、发展规划和重大项目实施、区域立体交通的合理配置、不同运输方式的有效衔接、津冀港口的有效竞合、区域交通信息共享及需要向部争取的相关政策等重要问题进行研究和协调，形成机制。同时，鼓励行业协会和企业举办各类专项活动，通过多种渠道加强沟通协调。

按照“三个统一”的原则加强京津冀交通合作。一是统一发展规划。加强规划和项目前期工作中的协调，做好线形线位、技术标准、实施时间、换乘方式等方面的衔接。二是统一运输网络。建议统筹规划京津冀道路运输枢纽；共同搭建区域运输信息平台；统一整合跨区域客运线路，推进城乡客运一体化。三是统一物流市场。共同搭建平台，引导促进港口企业、道路运输企业和邮政物流企业以利益关系为纽带，加强协作和整合，盘活物流信息、仓储、装卸、运输等现有资源，大力发展多式联运，尽快培育一批现代区域物流龙头企业。

三、推进京津冀具体交通项目对接

1. 河北省交通运输厅与北京市交通委经过认真沟通、研究，就公路项目形成如下一致意见

(1)共同推进京昆高速北京至石家庄段(京石二通道)、京台高速京冀段(京津三通道)、密涿高速支线前期工作，力争2009年河北段与北京段同期开工建设；共同报请交通运输部将密涿高速公路(北京大外环高速公路组成路段)列入国家高速公路网规划，并积极推进密涿高速廊坊至北京密云段、大广高速(京开高速南段)前期工作，力争2010年开工建设。

(2)共同推进国道111(北京怀柔至丰宁段)一级公路扩建工程，2009年开工建设；积极开展国道107线、109线、省道滦赤线、京建线(北京密兴公路)、西官路规划研究，争取同标准衔接。

2. 河北省交通运输厅与天津市市政公路管理局经过认真沟通、研究，就公路项目形成如下一致意见

(1)共同推进承德至天津滨海新区高速公路(河北远期规划京秦二通道)前期工作，尽快确定接线方案；积极开展唐津高速西延至石家庄、唐山至廊坊、南港高速公路规划研究工作。

(2)共同积极开展省道邦宽线(天津邦喜公路)、沿海路(天津汉南公路)、丰津线(天津丰李公路)规划研究，力争"十一五"规划期内实现同标准衔接。

3. 客运班线对接项目

河北省交通运输厅与北京市交通委原则同意开通北京至黄骅港以及首都机场至石家庄高速直达客运班线等项目(图6-11-2)。

河北省交通运输厅与天津市交通运输和港口管理局原则同意通过调整延伸的方式开通旅游班线项目。

4. 物流企业合作项目

河北省交通运输厅与北京市交通委、天津市交通运输和港口管理局就促进物流发展问题形成了一致意见。在适当的时机召集有一定物流工作基础的交通运输企业举办一次物流合作论坛，引导和鼓励三省市物流企业相互开展协作，相互提供仓储、装卸、运输服务，相互为对方车辆提供组货和维修服务等，达到共同发展、共同提高的目的。

图6-11-2 廊坊至首都机场专线

第二节 交通对接

为进一步推进廊坊对接京津的进程，廊坊市交通运输局对交通对接京津的底数进行了全面调查，为下一步做好交通对接规划、谋划工作重点奠定了基础。调查结果表明，至2011年年底，廊坊与京津的公路路网对接、公交对接、轨道对接都取得了突破性进展。

一、路网对接

在2009年路网对接调查的基础上，重新对廊坊与北京、天津、沧州、保定对接的路网进行了深度、拉网式摸排。经排查，全市对外共有142条路、166个接口，比2009年新增5条路、8个接口(图6-11-3)。具体情况如下：

与北京对接的有56条路、56个接口。其中：高速公路3条，分别是京哈高速、京沪高速、大广高速；国道4条，分别是102国道、103国道、104国道、106国道；省道3条，分别是平香线、唐通线、大香线；县道6条，分别是马皇线、李大线、侯谭线、采留线、廊万线、武榆线；乡道12条；村道28条。

与天津对接的有52条路、57个接口。其中：高速公路3条，分别是京哈高速、京沪高速、荣乌高速；国道4条，分别是102国道、103国道、104国道、112国道；省道3条，分别是唐通线、保静线、廊沧高速龙街连接线；县道11条，分别是蒋渠线、侯谭线、倪李线、香北线、香务线、武榆线、东高线、葛码线、霸杨线、台

王线、陈大线；乡道 12 条；村道 29 条。

与保定对接的有 27 条路、28 个接口。

与沧州对接的有 22 条路、25 个接口。

图 6-11-3　廊坊高速出口

二、公交对接

至 2011 年年底，北京市公交车除大城外，已通达廊坊市其余 9 个县（市、区），营运公交车达 497 部，日平均发车 2926 班次，日发送旅客 246660 人。此外，2010 年 10 月，率先在全省开通了直达首都机场汽车客运专线，每天往返 16 班次，发车间隔 1 小时，日均运送旅客 200 人以上。

三、轨道对接

廊坊境内共有铁路 6 条，总里程约 229 公里、分别是京沪高铁 29 公里、京山铁路 29 公里、京九铁路 74 公里、京秦铁路 36 公里，大秦铁路 15 公里、津霸铁路 46 公里。与北京对接的有 5 条，分别是京沪高铁、京山铁路、京秦铁路、京九铁路、大秦铁路。与天津对接的有 5 条，分别是京沪高铁、京山铁路、京秦铁路、大秦铁路、津霸铁路。其中市区与京津对接的铁路有 2 条，分别是京沪高铁和京山铁路。京沪高铁日经停廊坊 34 至 42 列动车，高峰时段最短 9 分钟一列，单程行车时间 20 分钟。另有京山铁路客运停经廊坊增至 33 列。两者相加，日均经铁路出行市民 4600 人以上，北京方向客流约占 3/4。

第十二章　科　技

廊坊市交通运输局科技科负责对全系统的科技工作进行管理，组织实施科研课题立项，对课题研究情况进行督导并适时召开课题成果评审会，对结题项目进行专家评审，推广“四新”技术，加强新技术对交通运输发展的推动作用，组织全系统各局直单位开展全面质量管理小组活动，发挥群众创造性，提升发展的质量和效益，定期或不定期地组织学术交流和专业技术培训工作，提升从业人员的专业技能水平。

第一节　科技管理

1993 年，开展了廊坊市交通系统“科技进步年”活动，通过宣传发动、课题研究、新技术推广、设备引进、设立科技发展基金、出版论文集、举办讲座、人才培养、知识竞赛等全面推动交通系统的科技发展。1995 年，制定了廊坊市交通系统 1995 年科技工作要点，明确了科技发展资金的来源与使用规定，在系统各单位大力开展对“公路数据库”的开发应用研究，推广微机应用，开展微机培训工作。

1996—2006 年，先后出台了《廊坊市交通系统科技成果管理办法》、《廊坊市交通系统科技工作先进单位和先进个人评比办法》、《廊坊市交通系统 QC 小组活动实施办法》、《1998 年廊坊交通科技工作安排意见》、《廊坊市交通系统科技先进单位（集体）和先进个人评比办法》、《廊坊市交通系统科技成果管理办法》，科技管理工作走向规范化、标准化。

2010 年，结合交通运输发展需要，组织了一系列专题研究：“以智能交通和电子政务为龙头的交通信息化技术”、“提高交通运输效率和现代化物流水平”、“交通运输基础设施建养管成套技术”、“ETC 高速公路联网不停车收费系统”等，推进交通运输科技不断创新发展。

第二节　组织实施科研课题

1993 年，“水泥砼路面结构的可靠性研究”通过专家鉴定，成果达到国内领先水平。1998 年，明确了 106 线永定河大桥改造工程的研究等 5 项科研项目研究任务，重点推广中小桥涵参数化 CAD 系统等 5 项新技术。2004 年，组织实施省交通厅立项的科研项目“农村客运网络化模式研究”。按照“经济适用，满足现有需求，适当超前”的原则，全市共新增、调整、延伸农村客运线路 51 条，新增客运班车 106 部，建设客运简易站 29 个、候车亭 339 个、招呼站牌 2047 个，廊坊市区域内行政村客车通达率达到 100%。

2004 年，引进 EICAD 数字地模 DTM 模块后，通过进一步开发应用，在 106 国道初步设计中，首次尝试利用数字地模进行初步设计选线和道路横断面设计，缩短了设计周期。在桥梁设计中，再次进行复杂地形条件中的中小桥涵设计，在结构上，利用曲线桥梁结构计算分析软件和桥梁大师进行验算，燕头村漫水桥采用了 4 孔 10 米现浇连续梁结构，实现了斜交、超高渐变、加宽桥梁与道路的顺接。

2005 年，研发了“廊坊市智能化公路管理系统”，并顺利通过省交通厅鉴定。该系统是一个综合开发项目，由多个子系统组成，采用了电子、通信、计算机软件开发与应用，计算机网络，软件开发等多项技术，首次将 GPS 卫星车辆定位系统等公路智能化管理技术应用于国道、省道（非高速公路）的日常养护与管理。系统优化整合了信息资源，实现了路政现场办公；提高了办公效率、快速反应能力、各种案件的侦破率和养护及时率；通过公路综合管理系统软件将养护、路政、工程等业务软件相结合，建立了共享数据库。

系统解决了国内智能交通领域的一些难点问题,达到国内领先水平。

2009年,发明了桥面铺装钢筋网"顶丝装置"整平新技术,解决了钢筋网整平的技术难题,并在106国道超洪桥(南桥)维修加固施工中得到了应用。

2010年,通过对盐城市路面冷再生技术进行调研,从冷再生施工概述、冷再生施工种类、廊坊与盐城冷再生施工技术的不同点、冷再生技术的优缺点4个方面形成调研报告。

2010年,完成渗透排水技术降低路基高度调研报告,分为高路基设计方案存在的弊端、低路基设计存在的问题及解决的方案、采用渗透排水技术实现低路基设计的优点及必要性等3个方面向廊坊市交通运输局主要领导做了汇报。

第三节 推广"四新"技术

"七五"期间,引进了油面比光电测试仪等先进检测设备,提高了公路施工质量,在沥青热拌场推广了以煤代油新技术,承担两项科研课题项目:一是大件超重车队路面破坏性及对策的研究。二是双曲拱桥加固技术的研究。聘请省内专家现场解决技术难题。

1993年,推广使用阳离子乳化沥青320吨,该技术的应用可保证冬季对坑槽的及时修补,从而实现了国、省干线全年无坑槽。运输公司在计统管理、财务管理及成本分析、客运管理、机务、车辆档案管理等方面推广使用了微机辅助管理系统,推广使用子午线轮胎600条,节能型燃油添加剂装车26台,开发了"中小桥桩柱式下部结构计算机辅助设计软件系统",基本上实现了包括桩、柱、横系梁、盖梁在内的中小桥下部结构全部由微机出图。

1996年,在106线推广应用粉煤灰2.1万吨,增强了道路基层的强度,节约资金近100万元;投入3377万元,购买了十几台具有先进水平的施工设备。

2001年5月,引进路面冷再生施工技术。到2005年上半年,共使用63.9万平方米,利用旧路面废料12.78万立方米,节约资金2000余万元。同年,在义井桥进行碳纤维加固试验。该项目作为省厅重点科研项目于2001年5月完成立项工作,6月8日施工,9月20日完成试验工作,延长了桥梁的使用寿命,提高了桥梁的承载能力。

利用旧油石热再生机修补路面坑槽。该科研项目获2002年河北省交通厅优秀科技成果奖。此项目将旧油石就地利用生产,就地铺筑修补坑槽,不污染环境、不影响通车,挖补的沥青路面质量符合规范规定的技术要求,非常适合公路小修保养点多、线长分散作业不易管理的突出特点,尤其对冬季挖补效果更好,生产1吨再生料可比生产1吨热拌料节约费用50%。

推广慢裂快凝稀浆封层技术。慢裂快凝乳化沥青稀浆技术具有封层时间短,可使已老化、裂缝、光滑、磨损、松散等沥青路面迅速还新,能显著提高路面的防水、抗滑、耐磨能力。此项技术是一项公路预防性养护的有效技术,被列入河北省交通厅重点推广项目计划,2001—2004年推广运用1000多平方公里,经济和社会效益十分显著。此项目通过廊坊市科技局专家鉴定,获廊坊市金桥工程优秀项目奖;2004年,被省科协、省科技厅、省中小企业局联合表彰,授予省"金桥工程"项目三等奖。

2003年,推广汽车综合性能检测站自动检测与管理系统。共改造了10个C级汽车检测站,汽车检测站均达到了B级。这套系统的使用使汽车检测速度和准确率都大大提高,安全行车得到了保证。在国道102线大修段推广采用了德兰尼特AS沥青道路专用增强纤维,取得了很好的效果,减少了高温车辙,低温开裂,提高了路面的柔韧性。这项技术的应用有效地缓解了迅速增长的交通量及超载车辆对路面的破坏所带来的压力。

2004年,首次利用GPS系统在106高速公路廊坊段外业勘测中进行地面高程采集,实现了放线过程中完成中平作业,大大提高了外业速度和精度。

2005年,推进营运车辆采用清洁能源,降低汽车运营成本。上半年,廊坊市区内80%的出租车和所有公共汽车已改用天然气燃料。经实际检测,尾气排放的污染物,如重金属、一氧化碳、碳氢化合物有显著下降。2006年,继续推进出租汽车采用清洁能源。市区内90%的出租车已使用天然气燃料,年可节约燃料费2000多万元。

2008年,组织完成了对拌和场沥青混凝土拌和机的燃料系统改造工作,由原来单一的以重油为燃料,通过技术改造实现了燃烧重油、天然气两用。在公路养护中推广应用机械化灌油缝方法。该方法彻底解决了灌缝沥青本身开裂和由于灌缝不满造成的再次出现裂缝的问题,克服了传统方法效果差、容易脱落的缺点,延缓了路面病害的发展,同时避免了路面水损坏的进一步发生,施工人员的工作环境和周围环境污染问题也得到了有效改善。

2009年,在密涿支线102高速公路全线桩基中推广使用了"桩基专用薄壁声测管"技术,使用该新产品提高工作效率20%,节约材料及施工成本50%。廊沧高速公路东淀特大桥在C50高强混凝土配合比中首次采用了"聚羧酸减水剂",替代了往年使用的奈系型减水剂,提高了混凝土的施工和易性、早期强度和经济性,降低了工程造价。在106线15.87公里大修工程冷再生施工采用了"全深式场拌"新工艺,解决了旧路的维修、改造,以及升级中原材料、加入的混合骨料及稳定剂就地拌和不均匀的问题。

2011年,公路学会与廊坊市第一公路工程处签署了"回弹法地区测强曲线的建立与应用研究"厂会协作协议书,充分发挥学会的技术资源,为课题承担单位提供技术支持。将廊坊市公路管理处完成的"平原区普通高等级公路绿化模式与公路安全研究"课题成果作为"金桥工程"项目在全省进行了推广,社会效益和经济效益明显。由市交通会计学会完成的"收费还贷公路管理单位会计核算方法推广"项目,经学会搭桥及申报,获得"河北省金桥工程项目奖"。

第四节 QC小组活动

QC小组主要围绕交通运输行业的行业发展、方针目标和现场存在的问题,运用质量管理的理论和方法开展活动,改进质量、降低消耗,提高经济效益,并建立文明的、心情舒畅的生产、服务、工作现场。至2011年,廊坊市交通运输系统注册的QC小组共38个,由科技处统一管理。

1990年,廊坊运输公司廊坊汽车站QC小组获厅级优秀质量管理小组三等奖。1996年,廊坊市交通系统注册的QC小组共16个,其中获得河北省交通厅优秀的2个,获廊坊市交通局优秀的14个。通过开展QC活动,经省厅认可的经济价值为258.96万元。同年,出台了《廊坊市交通系统QC小组活动实施办法》。在全市交通系统初级以上技术职称人员和专业技术人员中开展"五个一"活动,即承担一个课题,完成一个项目,攻克一个难关,取得一项成果,写出一篇好论文。

2004年,注册QC小组达到20个,QC小组普及率为85%,QC小组成员提出合理化建议30条,参加QC小组学习班40人次。到2005年,全市QC小组活动普及率达到86%,参加QC小组学习班50人次,提出合理化建议40条,创造可计算经济价值243万元。同年,廊坊市交通系统获得交通部质量信得过班组1个;河北省质量管理优秀企业1个,河北省交通行业质量管理优秀企业2个,廊坊市交通系统质量管理优秀企业11个;交通部优秀QC小组1个,河北省优秀QC小组2个,河北省交通行业优秀QC小组16个,廊坊市交通系统优秀QC小组20个;河北省及河北省交通行业全面质量管理优秀推进者3人,廊坊市交通系统全面质量管理优秀领导者、推进者21人。

2006年,有18个QC小组获得了国家、交通部、河北省、省交通厅奖励和表彰。其中3个QC小组获得国家级、部级奖励。

2007年,廊坊市交通系统确定QC小组活动重点为节能降耗、成本控制、废物利用、科技攻关。共获得交通部优秀QC小组4个,河北省优秀QC小组2个,河北省交通行业优秀QC小组8个,廊坊市交通系统优秀QC小组14个;交通部质量管理小组活动优秀企业1个,河北省交通行业质量管理小组活动优秀企业2个;河北省交通行业质量管理小组活动优秀推进者3人。

2007年,《廊坊市交通系统全面质量管理小组活动成果申报、评审、表彰管理办法》的出台,进一步规范了QC小组的管理。

2008 年,廊坊市交通系统注册登记 QC 小组 27 个,参加 QC 小组学习班 381 人次,QC 小组成员提出合理化建议 200 条,QC 小组活动可计算经济效益 211.2 万元。共获得交通部优秀 QC 小组 3 个,河北省优秀 QC 小组 3 个,河北省交通行业优秀 QC 小组 21 个,廊坊市交通系统优秀 QC 小组 27 个;交通部质量管理小组活动优秀企业 1 个,河北省交通行业质量管理小组活动优秀企业 2 个;河北省质量管理小组活动优秀推进者 1 人,河北省交通行业质量管理小组活动优秀推进者 2 人。

2009 年,QC 小组活动重点为挑战自我、关注现场、提升执行力。全系统共有 21 个 QC 小组参加了全省交通系统 QC 小组成果发布会,全部获得省厅以上优秀 QC 小组称号。其中 1 个 QC 小组获国家级奖励,4 个 QC 小组获交通部奖励,5 个 QC 小组获河北省奖励,11 个 QC 小组获省交通厅奖励。

2010 年,廊坊市交通运输系统共获得国家级质量信得过班组 1 个;交通运输部优秀质量管理小组 3 个,质量信得过班组 1 个,优秀企业 1 个,卓越领导者 1 人,优秀推进者 1 人;河北省优秀质量管理小组 5 个,卓越领导者 1 人;河北省交通运输行业优秀质量管理小组 17 个,优秀企业 2 个,优秀推进者 3 人。

2011 年,QC 小组活动的主题为掌握方法,拓宽领域,增强活力。30 个 QC 成果分别获得交通运输部、河北省和省交通运输厅的表彰,其中 12 个成果获得省、部级以上奖励。

第五节　学术交流及专业技术培训

"七五"期间,举办了"新桥规"、"机械化施工与管理"、"阳乳筑路技术等"17 期培训班。1993 年,组织专业技术人员到国内外学习 83 人次,组织 173 人参加了监理工程师培训班。2007 年,邀请交通部公路科学研究院专家,举办了"沥青路面维修与养护新技术"专题讲座,70 余人技术和管理人员参加了学习。邀请长安大学教授举办了"公路工程建设新技术专题讲座",公路工程设计、施工、养护、监理工作的技术和管理人员共 80 余人参加了讲座。2010 年 12 月 16 日,邀请河北省交通运输厅专家讲授公路桥隧工程新技术,介绍了世界桥梁与隧道工程建设新技术,就大跨径悬索桥、斜拉桥、钢管拱混凝土桥、公路隧道建造技术进行了讲解;针对特殊地质条件下筑路新技术,如冻土区、黄土、膨胀土、软土区路基修筑技术难题及解决措施进行了详细阐述;介绍了近几年在我省推广应用并产生巨大社会经济效益的新材料、新工艺、新技术。2011 年 10 月 12 日,组织专业技术人员参观邢台路桥建设总公司先进科技成果。科技人员情况见表 6-12-1,科研项目一览表见表 6-12-2。

科技人员情况表　　表 6-12-1

类别 / 年份(年)	市局直属单位专业技术人员	运输公司专业技术人员	高　级	中　级	全市交通运输系统专业技术人员合计
1981	45	—	—	—	76
1982	51	—	—	—	91
1983	59	—	—	—	155
1984	62	—	—	—	157
1985	61	—	—	—	148
1986	49	—	—	—	147
1987	62	—	—	—	159
1988	72	—	—	—	220
1989	71	—	—	—	273
1990	93	—	—	—	306
1991	99	—	—	—	339
1992	102	—	—	—	384
1993	154	—	—	—	409

续上表

类别 年份(年)	市局直属单位专业技术人员	运输公司专业技术人员	高级	中级	全市交通运输系统专业技术人员合计
1994	130	—	—	—	489
1995	172	—	—	—	497
1996	156	21	—	—	557
1997	212	48	—	—	892
1998	293	—	—	—	—
1999	352	—	—	—	—
2000	545	—	—	—	—
2001	635	—	34	183	—
2002	453	—	30	140	—
2003	507	—	36	151	—
2004	585	—	48	176	—
2005	575	—	48	183	—
2006	554	—	57	185	—
2007	415	—	41	164	—
2008	406	—	55	164	—
2009	279	—	74	188	—
2010	240	—	56	184	—

科研项目一览表　　表6-12-2

年份(年)	项目名称	级别	类别	承担单位	完成情况	获奖情况
“七五”期间	大件超重车对路面破坏性及对策的研究	省厅立项	应用研究	—	—	—
	双曲拱桥加固技术的研究	省厅立项	应用研究	—	—	—
1984	风积沙路用性能的研究	—	应用研究	—	—	省厅科技进步三等奖
	东炼60号沥青低温开裂研究	省厅立项	应用研究	—	—	—
	转炉钢渣路面研究	省厅立项	应用研究	—	—	—
	YZS1型手扶拖拉压路机	省厅立项	应用研究	廊坊筑机厂	—	—
1993	补偿收缩混凝土在路面混凝土工程中的应用	省厅立项	应用研究	—	—	—
	半刚性路面性能研究	省厅立项	应用研究	—	—	—
	采用土工合成材料防治沥青路面开裂性能的研究	省厅立项	应用研究	廊坊市交通局	—	省厅科技进步三等奖
	水泥砼路面结构的可靠性研究	—	应用研究	—	国内领先	—
	大件运输重车对路面破坏及对策研究	—	应用研究	廊坊市交通局	—	省厅科技进步二等奖

续上表

年份(年)	项目名称	级别	类别	承担单位	完成情况	获奖情况
1998	沥青混凝土搅拌设备改造	省厅立项	应用研究	安次区交通局公路管理站	—	—
	汽油/CNG双燃料汽车改装技术推广	省厅立项	技术推广	廊坊市公路学会	—	—
	双体桥改造技术研究	—	应用研究	公路工程处	—	省厅科技进步二等奖
	公路路线微机辅助设计系统	—	软件开发	公路勘测设计所	—	省厅科技进步四等奖
2002	公路路政管理系统	—	软科学	公路处	国际先进	—
	旧油石热再生机修补路面坑槽	—	应用研究	—	—	省厅优秀科技成果奖
2003	50T/H连续式沥青拌和机的改造	—	应用研究	—	国内先进	省厅优秀科技成果奖
2004	水泥混凝土路面发裂加铺层结构研究	—	应用研究	—	国际先进	—
2005	廊坊市公路智能交通系统	—	软科学	—	国内领先	—
	旧水泥混凝土冲击发裂沥青加铺层结构研究	—	应用研究	—	国际先进	省厅科技进步二等奖
	收费还贷公路管理单位会计核算研究	—	软科学	廊坊市交通会计学会	国内领先	省厅优秀科技成果三等奖
	旧沥青路面材料冷再生技术研究	—	应用研究	—	国内领先	—
	廊坊市智能化公路管理系统	—	软件开发	—	国内领先	—
2006	旧沥青路面冷再生技术研究	科技厅立项	应用研究	—	国内领先	—
	廊坊市物流系统与公路网规划协调性研究	—	软科学	—	国内领先	—
2007	票据管理信息系统	省厅立项	软件开发	—	国内领先	—
	高等级公路综合管理系统关键技术及示范工程	科技部立项	软科学	—	—	中国公路学会科学技术二等奖
2008	三灰碎石基层抗裂性能研究	省厅立项	应用研究	质监处	国内先进	省厅优秀科技成果一等奖
	公路绿化模式与公路安全研究	省厅立项	应用研究	公路管理处	国内领先	省厅优秀科技成果
2010	新型多功能复合型沥青混合料添加剂的开发与技术性能研究	省厅立项	应用研究	廊沧高速	—	—
	高模量沥青混凝土在半刚性基层沥青路面结构中的应用技术	省厅立项	应用研究	廊沧高速	—	—
	橡胶沥青应力吸收层在密涿公路中的应用技术研究	省厅立项	应用研究	密涿支线高速	—	省厅技术类二等奖
	基层强度形成早期内车辆对沥青路面结构影响研究	省厅立项	应用研究	工管处	—	—
	回弹法地区专用测强曲线的建立与应用研究	省厅立项	应用研究	工程一处	—	—

续上表

年份(年)	项目名称	级别	类别	承担单位	完成情况	获奖情况
2011	张涿高速公路黑山隧道施工期围岩稳定性与动态反馈分析	省厅立项	应用研究	工程公司	国际先进	省厅技术类一等奖
	基层强度形成期内车辆对沥青路面结构影响研究	省厅立项	应用研究	工管处	国际先进	省厅技术类一等奖
	半刚性基层快速修补技术研究	省厅立项	应用研究	质监处	国际先进	技术类三等奖
	低液限黏土路堤降雨滑坡仿真分析	省厅立项	应用研究	设计院	国内领先	—
	平原区国、省级公路桥梁动态监管系统的研究	省厅立项	软科学	公路管理处	国内领先	—
	回弹法地区测强曲线的建立与应用研究	省厅立项	应用研究	工程一处	国内领先	—
	先简支后连续T形梁桥设计及施工优化研究	省厅立项	应用研究	工程一处	国内领先	省厅软科学类三等奖

第十三章　教　育

第一节　岗位培训

新中国成立后，廊坊市交通行政机构经历了从“天津区专员公署公路管理局”到1965年“天津专员公署交通局”一系列变化。在此期间，交通系统的教育培训从未间断，先后举办过汽车驾驶员培训班、道路工人培训班、基础文化补课班等。

1966年5月—1976年10月，“文化大革命”期间，受全国政治动荡影响，天津专署交通运输管理局的交通教育由业务培训转移到路线教育。其中：1972年，举办3期小组长以上干部路线教育学习班，学习毛泽东主席关于“五十个大字”建党纲领、“三要三不要”的基本原则、培养党的接班人的“五个条件”、中共党章规定的党支部五项任务、党员必须做到的五条、党内十次斗争史，共有102人参加了学习。1976年，“廊坊地区革命委员会交通局”利用“五七”政校组织学习了马列和毛泽东主席有关无产阶级专政的理论，毛泽东主席关于“阶级斗争”的论述，“资产阶级就在共产党内”的论述。共组织中层干部及理论辅导员学习班5期，培训101人；直属系统办各种类型学习班198期，培训2100人。

“文化大革命”结束后，“廊坊地区革命委员会交通局”的职工教育由路线政策教育转变为以初、高中基础文化教育为主，岗位培训为辅。1982年8月，廊坊市地区行政公署交通局摸底测试系统内初中文化的青壮年职工，采取脱产或半脱产形式安排补课。

“七五”期间，廊坊地区交通局的教育培训重点从基础文化教育向岗位培训转变。教育总投入83万元，平均每年16万元以上，配备专兼职教师167名。举办各类培训426期，培训9005人次，平均培训率31%以上（表6-13-1）。

“七五”期间廊坊市交通系统资格性、适应性岗位培训一览表　　表6-13-1

时　间	培训班名称	培训内容	培训人数
1990年5月28日—6月3日	首届交通运输全面质量管理培训班	交通运输全面质量管理的基本知识和常用办法	40
1990年9月3—8日	首届文秘人员培训班	公文、新闻和信息写作知识技巧	25
1990年11月起3年内	公路运输会计和公路工程会计班	交通运输财会、审计知识	35

“八五”期间，交通教育改革，廊坊市交通局每年固定划拨12万元用于教育经费。交通系统有教育专职人员10人，兼职人员54人，专职教师5人，兼职教师79人，共148人。举办各类培训班221期，培训17619人次，年度培训率30%以上。其中岗位培训人数1.5万人次，占总培训人数的88%。选送97名职工到北京交通干部学院、唐山公路技工学校、河北交通技工学校脱产学习。1993年，创办《职教动态》，有23名职教通讯员，3年共编辑印发20期。1994年，廊坊市交通局被评为廊坊市教育信息反馈先进单位。1995年12月，廊坊市交通局成立职工教育培训中心，为自收自支科级事业单位，专门负责资格性、适应性岗位培训（表6-13-2）。

1996年是“九五”规划开局第一年，廊坊市交通局实施“育人工程”。全年开办“五长”、“五员”培训班(五长是指公路站站长、小型公路运输企业队长、运管站站长、养护班班长、装卸队长,五员是指运政管理人员、客货运输行政管理人员、养路费征收人员、公路养护人员、交通行政执法人员),养路费征收人员全员培训班,计算机、工程监理、文秘、英语培训班。1996年10月29—31日,廊坊市交通局配合河北省交通厅纪检审计处在廊坊市举办了全省交通系统纪检监察工作培训班。

"八五"期间廊坊市交通系统资格性、适应性岗位培训一览表 表6-13-2

日 期	培训班名称	培训内容	培训人数
1991年5月10日	学习档案管理	档案管理知识	34
1991年6月4—8日	档案管理培训班	档案管理知识	15
1992年1月1日	汽车驾驶员、修理工高级培训班	汽车驾驶员、修理工知识	39
1992年7月16—17日	妇女骨干培训班	《妇女权益保障法》	20
1993年10月	第七期全国县级交通局长培训班	—	4
1993年10月15日—12月14日	第五期全国市级交通局长培训班	—	1
1995年5月12—13日	局属单位及运输公司消防骨干培训班	《河北省消防管理条例》	16

1997年5月28日,制定了《廊坊市交通行政执法人员三年岗位培训工作规划》,计划利用3年时间,对交通行政执法单位的领导干部、法制工作干部和交通行政执法人员进行资格性岗位培训和适应性岗位培训,突出法律知识教育和职业道德教育,改善交通行政执法队伍的专业结构,建立交通行政执法岗位资格考核认证制度。

1998年5月—1999年6月,职工教育培训中心与廊坊市交通局路桥通行费管理处共同组织廊坊市公路车辆通行费征收岗位培训,以《公路车辆通行费征收岗位培训教程》为培训内容,培训人数658人。1998年7月6日,制定了《廊坊市交通行政执法人员三年岗位培训实施方案》。1998年—2000年年底,在廊坊运输公司驾驶员中心培训全市交通行政执法人员1197人。其中运政管理653人,路政管理226人,稽征管理318人。

2002年,廊坊市交通局举办WTO知识、会计、审计、全面质量管理、公民思想道德教育、工程测量、行政执法等各级各类培训班83期,培训3577人次。2003年,举办人事劳资、审计、建设单位会计、行政执法、全面质量管理、英语等各类培训班75期,培训3325人次。其中行政执法人员岗位培训37期,培训1783人次;地方交通行政干部岗位培训13期,培训374人次。2004年,举办文秘、档案、公务礼仪、审计、行政执法人员培训班等79期,培训3300人次。其中行政执法人员岗位培训41期,培训1860人;地方交通行政干部岗位培训15期,培训380人次。2005年,举办工程项目经理培训班,公路工程测量培训班,基本建设会计人员培训班,交通系统内部审计人员培训班,交通系统汽车维修质量检测人员培训班,全市交通系统行政执法人员培训班,全市汽车驾驶员、教练员培训班,工程机械维修人员培训班,公路工程实验霸州公路站培训班,交通系统工人技术等级晋升培训班,2005年交通系统教育年报统计培训班等13期,培训职工1460人次。

2006年,举办审计人员培训班、公路施工测量试验养护培训班、筑路机械维护与使用培训班、办公室工作及文秘人员培训班、农民工安全生产培训班、全面质量管理培训班、项目管理培训班等13期,培训职工1537人次,超出年初计划的46%。2007年,举办新颁布施工技术规范培训班、全面质量管理培训班、公路工程测量培训班、施工机械设备培训班、工程技术人员及工长培训班、工程试验检测培训班、公路工程技术培训班、人事干部培训班、新增行政执法人员岗位适任资格培训班、全系统执法人员考核培训班等12期,培训职工1876人次。2008年,举办财务管理和软件、审计人员、工程技术、安全生产、农村公路建设养护、工程测量及筑路机械等培训班12期,培训职工1955人次。

2009年,随着大部门、大管理、大统筹、大协调改革思路的落实,廊坊市交通运输事业处于转变发展方式、拓展职能的新阶段,面临着许多陌生的领域和任务。要构建现代综合交通运输体系,要融入京、津,建设环首都经济圈，一个突出的问题就是人才的短缺。急需一支规模更大、结构更优、质量更高的人才队伍，需要一批既懂管理又懂专业技术的复合型、高层次人才，既需要传统的懂公路、懂桥梁的人才，还需要懂铁路、懂水港、懂空港、懂物流的人才。2009 年 1 月，廊坊市交通局提出实施三年人才培养规划，本着“缺什么，补什么，用什么，学什么”的原则，在资格性、适应性岗位培训的基础上，大力开展脱产研修班。2009—2011 年，委托北京物资学院、石家庄铁道大学、河北工业大学等高校举办交通工程、路网规划、交通财会、物流管理、项目经理、试验检验、城市规划与管理、桥涵技术、高速经营等 9 个专业的 10 个脱产培训班，参训人数 361 人，授课 5896 学时(表 6-13-3)。

廊坊市交通运输系统三年人才培养规划脱产研修班一览表 表 6-13-3

年份(年)	培训期数	培训人数	培训重点
2009	3	143	交通工程、路网规划、交通财会
2010	3	141	项目经理、试验检验、物流管理、城市规划与管理
2011	3	77	桥涵技术、物流管理、高速经营

2009 年，举办审计人员培训班、高速公路施工人员培训班、安检人员培训班、农村公路工程技术人员培训班、交通系统干部职工子女培训班、交通人事干部培训班、交通系统行政领导干部培训班等适应性、岗位性培训班 13 期，培训职工 1250 人次。

2010 年，廊坊交通运输局开展“业务素质提高年”活动，重点实施复合型管理人才培训工程、党务政务人员培训工程、经营人才培训工程、专业技术人才培训工程、高级技术工人培训工程、交通行政执法人员培训工程“六项工程”。全系统开展各级各类培训 800 余期，培训职工 2. 6 万余人次，实现了全员、全方位培训。重点组织了国内经济形势报告会、高速路面工程管理培训、安全生产及招投标培训、党务与廉政工作培训、交通发展专家网络大讲堂、转变交通发展方式讲座、金正昆礼仪讲座等短期班 10 期，培训职工 1301 人次。

2011 年，全系统开展各级各类培训 970 余期，培训职工 3. 79 万余人次。重点组织了质量安全监督、廊沧高速公路建管处安全生产、信息宣传、纪检干部、新增执法人员执法资格、综合交通运输体系知识等 13 期培训班，培训职工 1653 人次(表 6-13-4)。

交通运输系统资格性、适应性岗位短期培训班一览表 表 6-13-4

年份(年)	培训期数	培训人数	培训重点
2005	13	1460	行政执法、公路工程测量、汽车驾驶员、教练员
2006	13	1537	审计人员、全面质量管理、筑路机械维护与使用
2007	12	1876	新颁布施工技术规范、人事干部、新增行政执法人员
2008	12	1955	财务管理和软件、安全生产、农村公路建设养护
2009	13	1250	交通系统行政领导干部、安检人员
2010	10	1301	高速路面工程管理、金正昆礼仪讲座、交通发展专家网络大讲堂
2011	13	1653	质量安全监督、交通行政执法、廊沧高速收费和管理

第二节 学历教育

新中国成立初期，在恢复和发展学校教育的同时，天津市专署交通运输管理局开展了业余教育。1950—1965 年，先后组织职工到市民夜校、职工文化补校、职工业余中学、干部文化补习班、妇女干校等进行学习，人校学员 1000 人次。

“文化大革命”期间的教育主要以路线斗争教育、政治教育为主。1976 年“文化大革命”结束后，干部职工教育培训得到重建、恢复和发展。廊坊地区行政公署交通局开始组织职工学习与本职工作密切相关的知识和技能、管理知识、科技知识、外语等。文化程度较低的职工，主要学习语文、数学、史地和自然常识等基础文化知识，按照当时规定，凡有学习条件的职工都在1982年达到了初中或高中水平。

“七五”期间，对学历教育更加重视，有530人补习了高中文化，444人补习了初中文化，45周岁以下干部全部达到高中文化水平。“七五”末期，在8371名职工中，具有大专以上文化程度的225人，占职工总数的3%；具有中专中技文化程度的605人，占职工总数的7.23%；高中文化程度1999人，占职工总数的23.88%；初中以下文化程度5516人，占职工总数的65.99%。获得专业技术职称资格的有833人，其中初级职称692人，中级职称133人，高级职称8人，专业人才占职工总数的9.95%。与“六五”期间相比，具有大专以上文化程度的职工从1.5%上升到3%，中专（包括中技、高中）由15.5%上升到31%，初中及以下由83%降到66%，文盲降至0.07%。于1982年年底完成职工初中文化、初级技术补课任务以来，学历教育工作得到了恢复和发展。

“八五”期间，291名职工取得大中专学历，730多名专业技术人员参加了各类教育。1991年，按照国家和交通部的统一部署，批准廊坊市交通局电视中专工作站建立，为独立的科级单位，编制8人，开设《公路运输会计》、《汽车运用与修理》、《汽车运输企业管理》3个专业，47名职工参加了运输与公路专业会计中专班。1994年，电视中专工作站在招生制度上进行改革，开始招收部分社会生源，尝试把教育推向市场。

2002年，与河北工业大学、农经学院等院校联合办学，开办道桥、交通管理、法律、财会4个大专班，公路与桥梁、法学、会计学、工商管理4个本科班，招收学员507人。学员除来自交通系统职工和本市社会青年，还有来自天津、保定、唐山、沧州、省高速公路管理局等地的学员。2003年，开设了道路与桥梁、交通管理工程、法律、土木工程、法学、会计学、计算机科学与技术等专业的成人继续教育本、专科班，在读学员394人。2004年，开设了道路与桥梁、交通管理工程、法律、石油工程、汽车工艺与维修、土木工程、法学、会计学、计算机科学与技术等专业的成人继续教育本、专科班，在读学员620余人。学历教育使交通行政执法人员学历结构明显改善，全系统执法人员1582人中，45岁以下1177人，达到大专以上学历的1099人，专科或本科在读78人；45岁以上有405人，达到中专高中以上学历的334人，专科或本科在读82人。

2005年，在读函授学员662人，年度新招生334人。2006年，新增加交通工程、公路与城市道路工程、给排水工程等本、专科函授、脱产专业。与河北工业大学土木工程学院签订在职工程硕士研究生进修班，面向交通系统各个单位、市城建、土地及双龙、大庆道桥公司等单位招生，11人报名。年度录取新生170人。2007年，录取新生277人；工程硕士研究生班开班，招生24人。2008年，录取新生336人。2009年，制定优惠政策组织和鼓励广大干部职工自觉参加学历教育，全系统141人报名参加了大专以上文化层次的学历教育。2010年，录取新生490人。2011年，录取新生335人（表6-13-5～表6-13-8）。

廊坊市公路机构职工学历统计表 表6-13-5

年份（年）	大专及以上	高中、中专	初中及以下
1990	49	492	1830
1991	45	529	1791
1992	45	544	1688
1993	51	740	1417
1994	58	596	1655
1995	62	628	1723
1996	56	629	1739
1997	54	601	1811
1998	69	756	1701
1999	96	910	1619
2000	121	963	1525
2001	143	1083	1476

续上表

年份(年)	大专及以上	高中、中专	初中及以下
2002	205	1169	1313
2003	329	1005	1380
2004	436	1095	1345
2005	554	1074	1242
2006	686	963	1183
2007	657	863	1047
2008	747	1024	890
2009	680	1090	928
2010	731	834	834
2011	739	828	769

廊坊市运管机构职工学历统计表 表6-13-6

年份(年)	大专及以上	高中、中专	初中及以下
1990	12	150	229
1991	10	183	219
1992	14	182	229
1993	16	201	241
1994	20	291	174
1995	22	370	160
1996	47	346	173
1997	54	369	187
1998	58	454	174
1999	78	454	158
2000	149	584	164
2001	313	485	145
2002	409	476	94
2003	657	323	79
2004	671	289	70
2005	769	245	69
2006	944	205	64
2007	1006	223	54
2008	1016	215	39
2009	998	220	45
2010	973	232	40
2011	979	228	35

廊坊市稽征机构职工学历统计表

表6-13-7

年份(年)	大专及以上	高中、中专	初中及以下
1990	5	84	88
1991	5	89	82
1992	6	101	80
1993	16	111	68
1994	16	124	62
1995	11	132	62
1996	31	156	83
1997	31	198	84
1998	28	130	130
1999	31	130	127
2000	31	54	203
2001	31	58	202
2002	124	147	25
2003	35	198	73
2004	216	88	18
2005	254	56	22
2006	259	59	23
2007	276	52	14
2008	270	60	15
2009	289	61	30
2010	308	72	0

廊坊市交通运输系统在职人员学历统计表

表6-13-8

年份(年)	大专及以上	高中、中专	初中及以下
2002	1311	3383	2652
2003	1671	4233	2756
2004	2266	3741	2507
2005	2353	2692	2614
2006	1614	1725	2546
2007	1834	2079	1879
2008	2702	2632	1444
2009	2988	2356	1139
2010	3321	2575	755
2011	3345	2549	663

第十四章 后勤服务

第一节 房地产管理

一、管理主要内容

房地产管理的主要内容包括以下几项:建设维修局属办公楼、宿舍楼;办理局属办公楼、宿舍楼房屋确权手续,管理产权产籍;出售宿舍楼及房证办理;办理相关房屋契证;变更与管理局属土地地籍;办理土地使用证与换证、保管等。

房管所主要负责局属办公楼、职工宿舍楼的建设、分配、调换、维修等工作。继基建与维修工作外,1993—2000 年,依据《廊坊市深化城镇住房制度改革实施方案》的相关要求,房管所对交通系统的大部分职工宿舍楼(剩余 32 套)及零散户全部进行房改,实现了住房的商品化、社会化。其中包括房屋确权手续的办理,购房协议的签订,房款的收缴,房证、契证、土地证的办理。

2006 年,剩余的 32 套中的 25 套住房,参照《河北省省直行政事业单位国有资产处置管理实施细则》,采取交通系统职工竞标的方式进行了商品房出售,售房收入用于归还原购房款。剩余 7 套,其中 6 套用于办公,1 套租住。

2010 年 4 月,针对拆迁补偿和安置问题入户座谈,按市政府下达的时间表圆满完成廊坊市商业中心(一期)14 户的拆迁动员任务。

房管所作为甲方代表参与了新华路 82 号、84 号,新民小区 B 区 7 号、8 号、9 号楼,康庄小区 9 号,文明路 7 号、8 号楼及交通大厦、路政大厦的工程监理(表 6-14-1 ~ 表 6-14-3)。

2011 年廊坊市交通运输局房产明细表 表 6-14-1

名称	产权证号	所有权人	日期	坐落位置	面积(平方米)	备注
局机关	廊自字第 2401 号	市交通局	1996 年 12 月	北外环 53 号	6022.28	194.00 已拆
交通综合楼	廊坊市房权证字第 C4221 号	市交通局	2005 年 1 月	新华路 80 号交通局产业集团综合楼	19839.82	—
收费处办公楼	廊坊市房权证字第 C3468 号	市交通局	2000 年 12 月	廊坊市荣福道 4 号	274.50、189.55、102.78、1346.44	共 1913.27
华春里幼儿园	廊坊市房权证字第 C3284 号	市交通局	2000 年 7 月	廊坊市建设路北段华春里南四巷	392.84、21.56、27.46	共 441.86
工程一处商贸楼	廊坊市房权证字第 200505081 号	市交通局	1989 年 4 月	廊坊市银河南路 123 号	2030.58	已售 682.38,现余 1348.20
工程一处库房	廊自字第 163 号	市交通局	1989 年 4 月	廊坊市南门外大街 33 号	2901.55	—
沥青库	廊自字第 161 号	市交通局	1989 年 4 月	廊坊市北旺乡徐各庄村南	1691.82	—
公路处	廊自字第 160 号	市交通局	1989 年 4 月	廊坊市爱民道 4 号	5351.70	已规划拆除
公路处	廊自字第 160 号	市交通局	1989 年 4 月	廊坊市爱民道 4 号 1 幢、2 幢	7184.35	2 幢剩余 5 户

续上表

名　称	产权证号	所有权人	日　期	坐落位置	面积(平方米)	备　注
一宿舍	廊自字第2166号	市交通局	1996年11月	廊坊市新华路与金光道交叉口	3676.40	已规划拆除
春和小区	廊自字第2644号	市交通局	1997年10月	春和小区6-3-301号	81.02	—
天圆公寓	廊坊市房权证字第C3749号	市交通局	2002年12月	廊坊市广阳道51号	2661.73,401.04	剩余2户
十间房	廊自字第165号	市交通局	1996年12月	廊坊市新华路1号东侧	330.18	—

2011年廊坊市交通运输局地产明细表　　表6-14-2

名　称	产权证号	所有权人	日　期	坐落位置	面积(平方米)	备　注
局机关	廊国用(1999)字第01074号	市交通局	1999年7月	北外环南侧	8535.07	—
交通大厦	廊国用(2004)字第07376号	市交通局	2004年10月	新华路80号	8104.61	—
收费处	廊国用(2000)字第00769号	市交通局	2000年10月	荣福道4号	2304.44	—
一处仓库	廊国用(2004)字第07134号	市交通局	2004年8月	南门外大街	13591.44	—
幼儿园	廊国用(2000)字第00389号	市交通局	2000年6月	建设路北段华春里路南	887.96	—
沥青库	廊国用(1999)字第01044号	市交通局沥青库	1999年7月	光明东道南、八千渠西	41586.75	—
运管处	廊国用(2005)字第04227号	市交通局	2005年11月	广阳道南侧	2672.34	—
征稽处	廊国用(2004)字第047038号	市养路费征稽处	2004年6月	广阳道南	3259.92	已规划
一处	廊国用(1995)字第00947号	市第一工程队	1995年	廊坊市东户屯村南	32626.78	2008年9月出让给天圆房地产开发有限公司，土地29.06亩
一处	廊国用(2008)字第02026号	市第一工程队	2008年9月	廊坊市东户屯村南	13224.58	—

2011年廊坊市交通运输局职工宿舍楼房产明细表　　表6-14-3

序　号	隶属小区名称	建筑时间(年)	坐落位置	面积(平方米)	备　注
1	十间房	1996	廊坊市新华路1号东侧	330.18	4户
2	新民小区A区	1997	广阳道建设路西	3077.2	28户
3	新民小区B区	1997	廊坊市建设路与康庄道交叉口	12143.6	150户
4	康庄小区9号	1994	建设路与康庄道交叉口	4447.2	50户
5	康庄小区28号	1997	建设路与康庄道交叉口	3420.4	40户
6	康庄小区41号	1998	建设路与康庄道交叉口	3421.44	36户
7	文明里7号	1997	文明路7号	3416.00	40户
8	文明里8号	1996	文明路8号	3014.24	32户
9	新华路82号	(1－3单元)1985 (4－5单元)1992	新华路82号久安里宿舍楼	3324.72	40户 (4户未售出)
10	新华路84号	(1－3单元)1981	新华路84号久安里宿舍楼	1874.28	32户 (1户未售出)
		(4－6单元)1980		1985.35	36户

续上表

序　号	隶属小区名称	建筑时间(年)	坐落位置	面积(平方米)	备　注
11	南门外	(1－3单元)1985	银河南路永华西道昌明街1号	2014.23	36户
		(4－6单元)1989		2253.70	35户
		(7－8单元)1989		1806.00	30户
12	东安商品楼	1988	解放道新安里勘测楼	1503.42	—
13	天圆小区1号楼	2002	广阳道第十一小学南	2314.6	20户(2户未售出)
14	盛园小区5号楼1单元102号	2009	廊坊市广阳道华夏里	133.00	1户(未售)
总计	—	—	—	48164.96	610户

注:以上表格中的时间及面积以房屋使用证、土地证的办理时间为依据。

二、管理范围

1. 办公楼

廊坊市交通局机关大楼为1992年建造,总投资5888771.19元。总面积为6022.28平方米,使用面积为4516.71平方米。其中:办公楼4048平方米,投资4277810.97元;车库及宿舍面积为868.88平方米,投资411360.35元;礼堂面积为911.4平方米,投资1199599.87元。已拆车库194平方米。

交通大厦于2001年5月建造,2004年4月30日竣工,6月投入使用。总投资为68403833.82元,总面积为19839.82平方米,使用面积为14879.87平方米。内设11个单位,办公人员500多人,门店12个(表6-14-4)。

交通大厦出资单位表　　表6-14-4

单　位		出资额(元)
廊坊市交通局	交通局	20455753.82
	质监处	500000
	工程处	5000000
	工程一处	1740000
	工程二处	1260000
	设计院	4000000
	材料处	500000
	运管处	3948080
	宏太公司	13400000
	工程公司	17600000
	合计	68403833.82
寰通出入境公司		2002年7月出资851728.80元购买,交通局于2006年3月出资1110332.80元回购

路政大厦于2008年11月建造,2010年5月竣工,10月投入使用,总面积为10831.5平方米。其中交通局占6660.12平方米,天园公司占4171.38平方米。内设9个单位,办公人员360多人。

道路运政楼建筑面积2672.34平方米,内设11个单位,办公人员200多人。

2. 宿舍楼

见2011年廊坊市交通运输局职工宿舍楼房产明细表(表6-14-3)。

三、人员配置

房管所物业管理下设4个科室,分别负责交通大厦、路政大厦、道路运政楼及局机关办公楼、职工宿舍楼的物业管理。管理及维修人员 14 人,外聘保安保洁人员 34 人。

四、管理事项

共用部位。局属办公楼及宿舍楼建筑主体共用部位(楼盖、屋顶、梁、柱、内外墙体和基础等承重结构部位、外墙面、楼梯间、走廊通道、门厅、设备机房)的维修、养护和管理。

共用设备。局属办公楼及宿舍楼建筑主体共用设施设备(共用的上下水管道、落水管、烟道、照明、供配电系统、供水系统、消防设施设备、电梯)的维修、养护、管理和运行服务。

共用设施。包括道路、室外下水管道、化粪池、水井、绿化、路灯、自行车棚的维修、养护和管理。

公共环境。包括公共场地、办公楼共用部位的清洁卫生、垃圾的收集、清运。

车辆。各大厦车辆行驶及停放的管理。

消防监控。各大厦安全监控和巡视等安全保卫服务工作(图 6-14-1)。

档案。物业管理档案、资料整理、保管、借阅。

供暖。负责南门外宿舍楼的冬季供暖工作。

收费。负责交通大厦、路政大厦、运政管理楼的物业费、水电费及南门外暖气费的收缴工作。

图 6-14-1 2010 年 12 月 31 日,后勤服务中心对交通大厦进行消防安全检查

五、管理实施

房改前,房管所的物业管理主要是职工宿舍楼及办公楼的维修。房改后,房管所的物业管理主要是职工宿舍楼及办公楼的主体部分的维修。

2004 年 6 月交通大厦竣工完成后,先由双华物业公司负责大厦的物业管理工作。2006 年 10 月后,由房管所自行管理。

随着交通运输事业的不断发展,交通办公楼、宿舍楼逐渐增加,房管所的物业管理范围逐步扩大。2010 年 10 月,路政大厦竣工入住,房管所负责其房屋租赁和物业管理。2011 年,接手道路运政楼的物业管理工作。

交通大厦作为全市重点消防单位及生活饮用水 A 级单位,入住以来未出现任何安全事故。房管所曾获 2008 年廊坊市交通系统奥运安保先进单位,2008 年、2009 年、2010 年交通运输系统安全生产先进单位。

第二节 机关幼儿园

2011 年年底廊坊市交通运输局机关幼儿园人员构成见表 6-14-5。

2011 年年底廊坊市交通运输局机关幼儿园人员构成表

表 6-14-5

部门分类			年龄结构			文化结构			岗位等级			职务类别		
部门	人数	比例(%)	年龄阶段	人数	比例(%)	学历	人数	比例(%)	职业资格	人数	比例(%)	岗位	人数	比例(%)
园长室	3	13	35 岁以下	4	17	大学本科	10	42	中级岗位	7	29	教师	11	46
办公室	2	8	36～40 岁	4	17	专科	5	20	初级岗位	4	17	会计	2	8
财务室	2	8	41～45 岁	5	21	中专	3	13	技师	3	13	保育员	9	38

续上表

部门分类			年龄结构			文化结构			岗位等级			职务类别		
部门	人数	比例（%）	年龄阶段	人数	比例（%）	学历	人数	比例（%）	职业资格	人数	比例（%）	岗位	人数	比例（%）
警卫室	1	4	46～50岁	8	33	高中以下	6	25	高级工	5	21	其他	2	8
伙房	4	17	51～54岁	3	12	—	—	—	中级工	2	8	—	—	—
幼儿班	12	50	—	—	—	—	—	—	未定级	3	12	—	—	—

一、历年在园幼儿

机关幼儿园自1984年1月建园（图6-14-2），建园时设有大、中、小3个班。1990年6月增建南园，设大、小两个班。2000年7月，单位搬迁到建设路华春里，受条件限制，北园只能招收大、小2个班。2002年，对房屋扩修，北园重新招收大、中、小3个班。2008年6月，南园撤销，只剩北园3个班。每年七八月份暑期和一二月份春节期间，幼儿到园人数不足正常月份的30%（表6-14-6）。

图6-14-2　建园初期教师和幼儿合影

1984—2011年廊坊市交通运输局机关幼儿园平均在园幼儿人数表　　表6-14-6

日　期	分班情况	年在册幼儿平均人数	年平均幼儿出勤人数	招收幼儿年龄
1984年1月—1989年12月	北园3个	55	40	2～7岁
1990年1月—1999年12月	北园3个、南园2个	90	70	3～7岁
2000年1月—2001年12月	北园2个、南园2个	70	55	3～7岁
2002年1月—2008年12月	北园3个、南园1个	110	80	3～6岁
2009年1月—2011年12月	3个（南北合并）	90	60	3～6岁

二、幼儿保育与教育

建园初期，机关幼儿园仅由几名年龄偏大的职工家属看护幼儿，只保证孩子"不磕不碰"，职能重点放在"保育"上。1988年，调入4名正式教师，开始"保教并重"，坚持保育、教育相结合。根据不同年龄儿童的心理特点，选择适宜的教育内容与方法，为幼儿提供操作实物、与人交往的机会，力求使幼儿在动手、动脑的实践活动中获得知识和技能。同时有计划地开展多种形式的健康教育、安全教育，提高幼儿的自我保护意识及能力。

三、规范化管理

在管理和保教过程中，始终坚持一切为了孩子全面发展的原则，结合年龄特征与个性差异进行有针对性的教育。通过各种手工、游戏等活动使孩子德智体美全面发展。

为保证孩子的安全，提高教学质量，幼儿园严格控制班容量，小班控制在28人以内，中班控制在32人以内，大班控制在36人以内。每班配备2名教师，2名保育员。

重教育的同时，坚持抓好幼儿安全。每天早晚都由园领导与警卫一起迎送幼儿。新入园幼儿凭接送卡接送；保教人员坚持每天做好晨午检、消毒、幼儿病因追查、药品存放；炊事员坚持做好卫生消毒，严格按照《食品安全卫生保健条例》进行食品的采买、加工和存放，严防食物中毒；严格落实来客登记制度、领导值班制度、节假日领导带班职工值班制度；每天进行班级安全自检，每周、每月由安全领导小组检查，及时发现和排除安全隐患；每年组织两次防火、防震等情况疏散演练活动（图6-14-3）。2010年组织全体教职工参观"全国青少年消防培训基地"。

图6-14-3　2012年3月22日，组织幼儿进行防火疏散演练

1984年7月起，机关幼儿园陆续招收了师范类和幼师专业毕业生，逐渐步入正轨。坚持每年组织教职工进行业务学习和培训，努力提高保教人员全面素质和专业技能。每年每位教师培训、学习不少于12天。园长和业务骨干多次到北京等地参观学习先进的幼儿园管理理念和经验。

四、幼儿在园生活

幼儿每天早晨入园，在幼儿园吃早饭、午饭，午睡，午后餐点，傍晚离园，在园期间，有一系列的保育和教育活动。课程有语言、生活与健康、科学、社会、艺术、礼仪、英语、帮我早读书等，每节30分钟（表6-14-7）。

廊坊市交通运输局机关幼儿园一日生活时间表　　表6-14-7

时　间	项　目	活动内容
7:40—8:15	入园	幼儿入园，带班教师晨检，做好检查记录
8:15—8:45	早餐	教师去食堂打饭，幼儿洗手吃早餐
8:45—9:40	室内活动	幼儿饮水、如厕、上第一节课
9:40—10:30	室外活动	上课间操、室外游戏
10:30—11:45	室内活动	幼儿看半小时电视、饮水、如厕、上第二节课
11:45—12:30	午餐	教师去食堂打饭，幼儿洗手吃午餐
12:30—14:50	午睡	教师交接班、午检，幼儿洗手、如厕、午睡
14:50—15:40	午点	幼儿起床、整理被褥、洗手，吃水果、糕点等
15:40—17:15	室内外活动	幼儿饮水、如厕、上第三节课，室内外游戏
17:15—18:00	离园	家长接幼儿离园，教师打扫卫生、检查门窗、电器等，幼儿全部离园后，教师方可离园

图6-14-4所示为大班幼儿上拼音课实景。

五、职工文体生活

每年“三八”妇女节，幼儿园都举办妇女知识讲座、组织教职工拔河比赛、运球比赛等活动，六一儿童节组织文艺汇演（图6-14-5），教师节前组织教职工开展知识竞赛、手工比赛等，重阳节慰问退休职工。积极参加市交通运输局举办的文化娱乐活动，节目内容包括舞蹈、乐器、歌曲等类型，多次获奖。

图6-14-4　2012年3月20日，李晶晶老师在给大班幼儿上拼音课

图6-14-5　2011年6月1日，在幼儿园院内舞蹈班幼儿表演节目“娃娃过节”

第七篇

党的建设

廊坊市交通运输局的党建工作坚持以马列主义、毛泽东思想、邓小平理论、"三个代表"重要思想和科学发展观为指导，结合交通运输行业实际，以坚定理想信念为重点加强思想建设，以造就高素质党员、干部队伍为重点加强组织建设，以保持党同人民群众的血肉联系为重点加强作风建设，以健全民主集中制为重点加强制度建设，以完善惩治和预防腐败体系为重点加强反腐倡廉建设，充分发挥党组织的战斗堡垒作用和党员的先锋模范作用，推进交通运输事业的健康、有序、快速发展。廊坊市交通运输建设的一系列发展成就，从根本上都离不开党建工作的扎实开展。

1988 年，廊坊地区交通局党组提出要整顿党风，严肃党纪，同官僚主义、以权谋私和各种腐败现象作斗争。

1997 年，按照党中央和省、市委关于加强党风廉政建设的部署，交通系统各级党组织认真学习邓小平建设有中国特色的社会主义理论和江泽民《关于讲政治》、《努力建设高素质的干部队伍》讲话。廊坊市党组强调要坚持民主集中制，开展批评和自我批评。要求领导干部带头实践全心全意为人民服务的宗旨，把群众利益放在心上，密切干群关系。

2006 年，是"十一五"的开局之年，全市交通事业将步入一个跨越式发展的新时期。这对全系统上下各级领导班子和领导干部的执政能力和领导水平提出了比以往更高和更严格的要求。针对党员干部队伍在思想观念、工作作风、精神状态等方面存在着诸多不适应，党组要求全体党员，尤其是各级领导干部，要树立"五种意识"（政治意识、党性意识、大局意识、责任意识、自律意识），做到"五个正确对待"（正确对待组织、正确对待自己、正确对待同志、正确对待工作、正确对待利益），使全系统广大干部职工进一步统一思想、提高认识、加强团结、凝聚合力，营造凝神聚力干事业、一心一意求发展的浓厚氛围。

2008 年年初，廊坊市交通局党组提出要全面抓好党的建设。加强干部队伍建设，树立正确用人导向，加强干部教育培训，继续实行目标考核责任制；加强基层组织建设，健全党的基层组织，配齐基层组织班子，扩大党的工作覆盖面和影响力；加强党员队伍建设，全面推行党员管理"两考三评"（工作业绩考核、廉洁自律考核，党员自评、群众评议、组织评议），提高党员队伍整体素质；加强党风廉政建设，突出抓好思想教育、制度建设、监督查处三项重点工作，全系统党员干部不发生违法违纪问题。

2010 年，围绕中心工作，市交通运输局党组提出了坚守三条底线（工程质量、安全稳定、廉政建设），强化三大支撑（科技创新、人才培养、党的建设），打造六大品牌（实干、效益、服务、创新、和谐、廉政）的指导思想，强化党要管党、从严治党意识，严格落实民主集中制，始终把党的建设和廉政建设放在突出位置，以此推进廊坊交通运输事业又好又快发展。党建工作一直遵循 4 个原则：一是坚持以改革创新的精神推进党的建设，让党建工作体现时代性、把握规律性、富于创造性，从而更加符合实际，更加富有成效。二是把党建工作放到交通运输中心工作大局中去谋划、去开展，进一步拓宽领域、强化功能、发挥作用，保证全系统党建工作更具指导性和针对性，使交通运输党建工作富有生机、充满活力。三是把加强队伍思想建设放在首位。不断把学习和运用马克思主义理论作为党员干部教育的中心内容，坚持不懈地弘扬为民、务实、清廉作风，创造出经得起实践、人民和历史考验的工作成绩，使党建工作体现出价值。四是坚决贯彻落实党建工作责任制，这是加强党的建设的重要保障。单位党政主要负责同志带头抓党建、合力抓党建，形成齐抓共管、层层落实的党建工作机制，整合多方资源，凝聚各种力量，保障党建工作规范有序、运转顺畅。

第一章　组织建设和党员队伍建设

坚持和完善民主集中制。党的民主集中制就是民主基础上的集中和集中指导下的民主相结合。它既是党的根本组织原则，也是群众路线在党的生活中的运用。坚持和完善民主集中制是党建工作的根本保障和重大课题。

2004年，结合正在开展的民主集中制学习教育活动，局党组成员采取自学、集中学习、专题辅导、交流体会等形式，认真学习毛泽东、邓小平、江泽民同志关于民主集中制的论述和党内有关规章制度，学习省委六届三次、四次全会精神和省委《关于加强各级党组织民主集中制建设的若干重要问题的决定》，市委《关于贯彻落实中共河北省委〈关于加强各级党组织民主集中制若干重要问题的决定〉的实施意见》。以发放意见卡的方式，广泛征求大家对局党组和各党组成员在贯彻执行民主集中制方面的意见，并将梳理汇总的意见和建议及时反馈给局党组成员。

2006年，局党组反复强调要认真坚持"集体领导、民主集中、个别酝酿、会议决定"的民主集中制原则。在决策前充分沟通，统一思想，形成共识；在决策中充分发扬民主，每个领导干部都围绕议事主题，充分发表意见和建议；在决策后坚决服从组织决定，落实集体决策。定期召开党组会，努力为大家创造一个各抒己见、畅所欲言的决策氛围，有事勤沟通、决策靠程序，做到民主决策、科学决策。凡是干部任免、重点工程等涉及全局、长远的重大事项，都提交党组会集体讨论决定，不搞"一言堂"。对工作中遇到的问题，加强沟通协调，充分听取并善于集中大家意见。班子成员之间坦诚相待，虚怀纳言，从善如流，建立了一种自尊、相容、互助的同志式关系，求大同、存小异，形成了大事讲原则、小事讲风格、干事讲合力的良好局面。

2009年，市交通运输党组强调要进一步坚持和完善民主集中制。健全民主议事制度，提高决策水平。修订完善了党组议事规则和工作规则，凡涉及重点工程、干部任免等重大事项，都召开党组会研究决定，并坚持做到"两沟通、三不定"。"两沟通"即会前与分管领导沟通，认真听取意见和建议；与其他班子成员沟通，对一些重要事项、人事任免等问题坦诚相见，形成共识。"三不定"即没有经过深入调查研究，广泛征求意见的不决定；没有两个以上比选方案的不决定；没有经过班子集体研究的不决定。同时，工作中对班子成员授责予权，和衷共济，共谋发展，整个班子的工作高效有序。开展批评与自我批评，充分发挥班子成员每个人的智慧，做到民主决策、科学决策。深入推行党务、政务公开，不断增强交通运输工作的透明度，主动接受各方监督。

加强基层组织建设。进一步建立健全党的基层组织，形成党组统一领导、支部各负其责、党小组管理到人的领导体制和工作机制，扩大党的工作覆盖面和影响力。拓宽选人视野和渠道，配齐配强基层组织班子；建立党组成员抓党建工作责任制，进一步完善党建述职、民主评议、目标考核等规章制度，促进基层党建工作规范化、制度化。

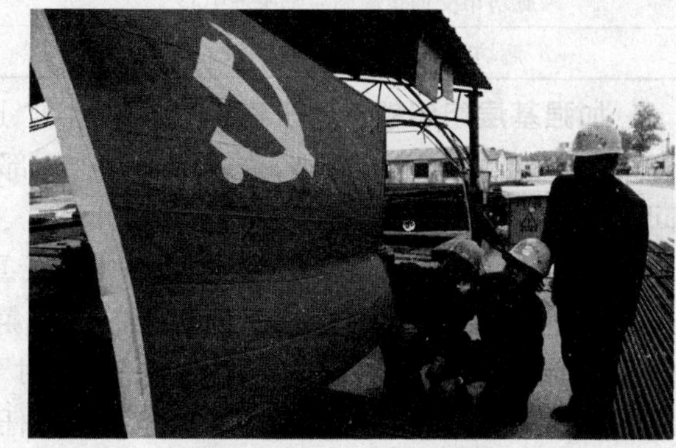

图7-1-1　工地上的党支部

全系统所有基层党组织均专设党务干部、纪检干部，党员人数在50人以上的单位成立了党总支并专设党办室；在一线工地、公路养护工区、车站等地建立了临时党支部，并把农民工党员纳入管理范围，实现了党员管理全覆盖（图7-1-1）。

至2011年12月31日，全系统共有7个党总支、16个独立党支部。党总支包括廊坊市公路管理处党总支、廊坊市路政管理处党总支、廊坊市运输管理处党总支、廊坊市交通运输局路桥通行费管理处党总支、廊坊市第一公路工程处党总支、廊坊市第二公路工程处党总支、廊坊市公路工程材料供应处党总支,独立党支部包括廊沧高速(廊坊段)管理处党支部、密涿支线(102)高速建管处党支部、京台高速(廊坊段)建管处党支部、密涿高速建管处党支部、廊坊市公路工程管理处党支部、廊坊市交通运输局地方道路管理处党支部、廊坊市出租车管理处党支部、廊坊市公路工程质量监督处党支部、廊坊市交通勘察设计院党支部、廊坊市交通公路工程有限公司党支部、廊坊市公路工程定额处党支部、廊坊市交通运输局职工教育培训中心党支部、廊坊市交通运输局机关一支部、廊坊市交通运输局机关二支部、廊坊市交通运输局机关后勤服务中心党支部、廊坊市交通运输局离退休干部党支部(表 7-1-1)。

至 2011 年年底廊坊市交通运输局中共基层党组织建设情况 表 7-1-1

单位名称	党员数	党支部成立时间	党总支成立时间
廊沧高速(廊坊段)管理处	26	2008 年 8 月	—
密涿支线高速建管处	21	2008 年 8 月	—
京台高速(廊坊段)建管处	26	2009 年 10 月	—
密涿高速建管处	24	2010 年 11 月	—
廊坊市公路管理处	65	1974 年成立党总支,1996 年 1 月改为党支部,2010 年 8 月再次成立党总支	
廊坊市路政管理处	88	—	2010 年 3 月
廊坊市工程管理处	33	1995 年 10 月	—
廊坊市交通运输局地方道路管理处	15	2007 年 2 月	—
廊坊市运输管理处	79	1987 年 8 月	2010 年 8 月
廊坊市出租车管理处	15	2010 年 8 月	—
廊坊市交通运输局路桥通行费管理处	70	2000 年 9 月	2009 年 12 月
廊坊市公路工程质量监督处	24	1996 年 4 月	—
廊坊市交通勘察设计院	26	1996 年 6 月	—
廊坊市交通公路工程有限公司	23	2003 年 5 月	—
廊坊市第一公路工程处	77	1959	2011 年 3 月
廊坊市第二公路工程处	76	1979 年 4 月	2010 年 8 月
廊坊市公路工程材料供应处	71	2002 年 12 月	2010 年 8 月
廊坊市公路工程定额处	4	2010 年 1 月	—
廊坊市交通运输局职工教育培训中心	8	2009 年 5 月	—
廊坊市交通运输局机关一	34	2009 年 8 月	—
廊坊市交通运输局机关二	42	2009 年 7 月	—
廊坊市交通运输局后勤服务中心	40	2004 年 10 月	—
廊坊市交通运输局离退休干部	43	2009 年 7 月	—

加强基层组织领导班子建设。严格标准“选”,解决“想干事”的问题。按照“四化”方针和德才兼备、注重实绩、群众公认的原则,选拔任用优秀干部,树立正确的用人导向。不同形式“育”,解决“会干事”的问题。激先策后“考”,解决“干成事”的问题。继续实行目标考核责任制,对各单位领导班子实行目标管理、绩效考核。考核优秀的班子在经济上给予重奖;对发展有功的个人在重奖的同时,政治上优先提拔重用,在全系统形成创优争先、有为有位的浓厚氛围。健全制度“管”,解决“不出事”的问题。健全和完善任前廉政谈话、定期述廉、离任审计等制度,对干部严格管理,确保“干净、干事、不出事”。

各基层党组织书记认真履行党建第一责任人的职责,强化“一岗双责”,切实发挥好领导干部的模范带头作用。严格基层党组织和党员目标管理制度,坚持党支部书记述职、领导干部讲党课、组织生活会等制度，认真落实“三会一课”（按有关规定，定期召开支部党员大会、支部委员会、党小组会，上好党课）、民主评议党员等制度；坚持和完善民主集中制，完善基层党建考核、评议制度，加强思想作风建设，着力培养党员干部令行禁止、敢打硬仗、善打必胜的过硬作风，充分发挥党员在党内生活中的主体作用。一系列制约和影响交通运输科学发展的难题，如交通运输发展与经济社会需求的矛盾、燃油税费改革带来的方方面面的压力、高速公路建设资金筹集困难等问题得到了及时有效的化解，交通运输事业科学发展、安全发展、和谐发展的水平不断提高。

加强作风建设。坚持党要管党、从严治党的原则，认真落实党风廉政建设责任制。把党员领导干部廉政风险和监察风险防范管理作为开展惩治和预防腐败体系建设的有效载体，认真开展廉政风险点排查、防控工作，抓好廉政预防。严格执行《党员领导干部廉洁从政准则》、河北省高速公路建设“十公开”制度、《廊坊市交通运输局行为规范“十不准”》等廉政制度，积极开展廉政文化进机关、进工地活动，加强教育管理，全面提升交通运输系统党风廉政建设水平。

加强党员队伍建设。坚持提高素质与提高修养相结合、正面教育与警示教育相结合，加强对干部职工的教育与培训。通过加强教育培训，着力提高党员干部的党性修养、政策理论水平和业务工作能力。认真开展学习型机关、学习型党组织创建活动，倡导多读书、读好书，营造浓厚的学习氛围，培育终身学习、团队学习、互动学习、快乐学习的理念。紧跟形势，把握主题，引导党员干部扎根交通运输事业，发挥心系发展想干事、勇担责任敢干事、提高素质会干事、创先争优多干事、利为民谋干好事的精神，增强学习的效果。

创新党员管理形式，实行“两考三评”，即工作业绩考核与政治素质考核相结合，群众评议、党员自评和组织评议相结合，激发广大党员工作的积极性和创造性；抓好典型示范，着力培养、宣传一批爱岗敬业、开拓创新、勤政廉政的先进典型，大张旗鼓地宣传、表彰和奖励，更好地发挥党员的先锋模范作用。

至2011年年底，全系统共有党员930名，其中男党员703名，女党员227名；离退休党员209名，在岗党员721名；研究生学历21人，大学本科学历396人，专科学历207人，中专学历82人，高中、中技学历143人，初中以下学历81人（表7-1-2）。

基层党组织及党员情况统计表　　表7-1-2

年份（年）	基层党支部个数	党员总数	性别		学历				民族	
			男党员	女党员	高中及以下	中专	大学	研究生及以上	汉	少数民族
1965	4	90	83	7	89		1	—	89	1
1966	3	90	83	7	89	—	1	—	89	1
1967	8	118	111	7	117	—	1	—	117	1
1971	7	283	271	12	277	—	6	—	280	3
1972	7	400	—	—	—	—	—	—	—	—
1973	9	422	389	33	415	—	7	—	415	7
1974	10	426	395	31	—	—	—	—	—	—
1976	20	729	—	—	—	—	—	—	—	—
1977	—	599	—	—	—	—	—	—	—	—
1978	17	906	848	58	897	—	9	—	898	8
1980	18	1144	1077	67	1109	21	14	—	1133	11
1984	8	234	208	26	202	22	10	—	233	1
1985	9	240	213	27	196	27	17	—	238	2
1986	9	245	218	27	197	28	20	—	244	1
1987	11	224	197	27	177	25	22	—	223	1

续上表

年份(年)	基层党支部个数	党员总数	性别		学历				民族	
			男党员	女党员	高中及以下	中专	大学	研究生及以上	汉	少数民族
1988	11	242	214	28	—	27	25	—	241	1
1989	—	248	216	32	—	27	30	—	247	1
1990	10	258	223	35	—	32	36	—	257	1
1991	9	272	229	43	—	36	44	—	271	1
1992	9	294	247	47	—	—	—	—	292	2
1993	11	328	278	50	—	44	62	—	326	2
1995	11	387	328	59	—	55	75	—	383	4
1999	16	531	446	85	296	84	151	—	521	10
2000	16	576	477	99	315	94	167	—	566	10
2001	20	596	103	493	—	—	—	—	584	12
2002	17	640	525	115	309	99	232	—	622	18
2003	19	658	535	123	305	97	256	—	640	18
2004	19	690	553	137	308	97	285	—	671	19
2005	19	712	568	144	309	93	310	—	692	20
2006	21	747	589	158	279	77	388	3	723	24
2007	22	775	747	28	273	78	421	3	749	26
2008	25	815	638	177	265	80	463	7	788	27
2009	24	812	631	181	231	78	491	12	783	29
2010	36	870	666	204	227	81	546	16	840	30
2011	36	930	703	227	224	82	603	21	899	31

第二章 党员教育

党员教育是党组织进行的、旨在提高党员素质、增强党员党性的活动的总称。

1984年,中共廊坊地区行政公署交通局机关委员会成立之前,党的教育及相关党员工作主要由政治部(处)负责,结合各个时期的政治需要和实际情况进行党员教育。1952年,主要以党史教育为主。1955年,组织党员干部学习辩证唯物主义与历史唯物主义,开展反对资产阶级思想斗争。1956年,组织学习党的七届六中全会决议。1963年,开展"反修"、"防修"学习运动。1972年,进行路线教育,举办了3期党小组长以上干部培训班,系统12个党支部、111名小组长以上干部参训。1975年,开展对照"鞍钢宪法"(实行干部参加劳动、工人参加管理,改革不合理规章制度,工人群众、领导干部和技术员三结合,即"两参一改三结合")和农业学大寨活动。1976年,利用"五七"政校,学习马克思、列宁和毛主席有关无产阶级专政理论、中央有关文件及社论,举办中层干部及理论辅导学习班5期,参训101人。

新时期党员教育的主要内容是以邓小平理论和"三个代表"重要思想为指导,树立和落实科学发展观,按照立党为公、执政为民的要求,坚持党要管党、从严治党的方针,紧密联系改革、发展、稳定工作实际和党员队伍建设现状,以学习实践中国特色社会主义理论体系为主要内容,引导广大党员学习贯彻党章,坚定理想信念,坚持党的宗旨,增强党的观念,发扬优良传统,认真解决党员和党组织在思想、组织、作风及工作方面存在的突出问题。1981年,开展对党中央公布的"党内生活若干准则"学习活动,299名党员参训。1984年,主要以"反霸整纪"(反对霸权作风,改善服务质量)活动为主。1986年,开展端正党风和行业风气活动。

1991年4月—1991年年底,主要学习社会主义理论,并开展了建党70周年纪念活动,主要载体有双文明标兵报告会、党的光辉历程图片展、我爱中国共产党知识竞赛、观看社会主义信念教育片等。1993年,开展向"学雷锋树新风"十大标兵学习活动。1994年,集中学习《邓小平文选》并举办知识竞赛、爱国主义演讲,召开经验交流会、优秀共产党员事迹报告会。1995年,学习邓小平同志建设有中国特色社会主义理论,在全体党员中展开经济知识普训工作,开展了"如何围绕市场经济,抓党建促经济"、"在市场经济条件下,共产党员如何发挥先锋作用"等一系列大讨论。1996年,开展密切党群关系的"鱼水工程",教育广大党员以孔繁森为榜样,牢记宗旨、无私奉献,帮助困难干部职工解决后顾之忧。开展了"3331工程",即三学(学理论、学党章、学先进)、三查(查世界观、查人生观、查价值观)、三克服(克服个人主义、克服拜金主义、克服享乐主义)、一坚持(坚持以全心全意为人民服务为宗旨)。1998年,学习贯彻落实"十五大"精神、创建"三讲(讲学习、讲政治、讲正气)"文明机关和做人民满意公务员活动。

2003年,开展"三个代表"学习活动。12月23日,举办"毛泽东同志诞辰110周年文艺演出"及其他形式的纪念活动。开展"筑抗非典堡垒,促交通发展先锋"主题实践活动。2004年,开展"解放思想,进位追赶,实现交通工作跨越"大讨论活动。3月下旬—4月,在全系统广大党员干部中开展《中国共产党纪律处分条例》和《中国共产党党内监督条例(试行)》专题教育活动。3月,举办推进"进位·追赶"理论征文活动、纪念邓小平同志诞辰100周年暨纪念党的七届二中全会召开55周年征文活动。4月15日—5月20日,在领导班子成员中开展了民主集中制学习教育。4—6月,在全局党员干部中开展"立党为公、执政为民"主题教育活动。11月举办推进创建"学习型、进取型机关"征文活动。

2005年,开展保持共产党员先进性教育活动。8月,举办以"正气交通、和谐交通、学习进取型交通和廉政交通"为主题的"和谐廊坊"征文活动。2006年4月,开始开展"讲荣辱,树正气"教育实践活动。2008年,开展"深入学习实践科学发展观"、"干部作风建设年"和发挥"党支部的战斗堡垒作用和党员先锋模范作用”活动。举办“让党旗在交通高高飘扬——纪念中国共产党成立88周年赛诗会”(图7-2-1)。8月,开展交通系统改革开放30周年纪念活动。2009年4月,开展“我为科学发展进一言”主题征文活动。5月,开展“纪念建国(指新中国成立)60周年建省60周年建市20年征文活动”。

图7-2-1　2009年7月1日,廊坊市交通局举办“让党旗在交通高高飘扬”纪念建党88周年赛诗会

2010年4月,“创先争优”活动启动。6月,举办庆七一书画摄影展(庆七一系列活动)。2011年4月,开展“红色记忆”——纪念中国共产党成立90周年征文活动,开展党的光辉历程、党的光荣传统、党性党风党纪“三项教育”。7月,开展纪念中国共产党成立90周年活动(图7-2-2、图7-2-3)。

图7-2-2　2011年6月30日,地方道路管理处举办“党旗在农村公路系统高高飘扬”庆七一演讲比赛

图7-2-3　2011年6月29日,廊坊市交通运输局庆七一系列活动

第三章　纪检监察

第一节　党风廉政建设

党风廉政建设责任制是深入推进反腐倡廉工作的重要制度保障。2001 年，交通局制订了《局领导班子成员党风廉政建设和反腐败工作责任制分工》，实行“一岗双责”。“一岗双责”是指既要抓好分管的业务工作，又要以同等的注意力抓好分管部门的党风廉政建设，把反腐倡廉、案件防范工作与业务工作同研究、同规划、同布置、同检查、同考核、同问责，真正做到“两手抓、两手硬”。

从 2001 年起，每年与交通局、交通局机关各科室、局直企事业单位负责人签订《党风廉政建设责任状》，明确廉政目标和廉政责任。从局领导到机关各科室及局属各处、院、站负责人层层落实责任制，一级抓一级，年终进行考评。

从 2005 年起，要求副科级以上领导干部每年撰写《廉洁承诺书》，并在本单位进行公示。纪检组公布举报电话，接受干部群众和社会各界的监督。

2006 年，认真贯彻《河北省交通厅高速公路建设项目“阳光工程”实施方案（试行）》。实行高速公路建设“十大公开”制度。十大公开内容为高速公路发展规划、建设计划公开，项目审查、审批管理公开，招标过程公开，征地拆迁管理公开，施工过程管理公开，设计变更管理公开，质量监督公开，竣（交）工验收公开，资金使用公开，建设市场管理公开。纪检组对高速公路贯彻落实“十大公开”情况进行全程监督检查。

2008 年，贯彻落实中央《建立健全惩治和预防腐败体系 2008—2012 年工作规划》，进一步完善交通系统的党风廉政建设和反腐败工作。

2009 年，制定了《廊坊市交通局深入推进干部作风建设实施方案》。年初，在《廊坊日报》公布廊坊市交通局 2009 年工作目标任务承诺书。3 月份，通过新闻媒体向社会做出了 2009 年度社会服务承诺书。制作活动展示牌 28 块，利用板报、墙报、橱窗、展牌、网络等载体宣传活动开展情况；领导下访接访 52 人（次），解决群众问题 26 件。制定了《廉政风险层级管理责任制》，确定了职工、中层、分管领导和主要领导四级管理体制。针对廉政风险点，制定了 34 项风险防范措施和 8 个与行政权力监控配套的工作制度。对党员领导干部定下“三道防线”，共同“约法三章”，做到“三个管住”。三道防线：不沾、不染的思想防线；不贪、不迷的道德防线；行所当行、止所当止，慎独而不越轨的行为防线。约法三章：领导干部下基层尽量不在基层用餐，除公务接待外，各单位之间不得相互宴请；任何人不得利用公费旅游；节假日期间除值班用车和工程用车外其他公车一律封存，无特殊情况不得动用。三个管住：管住自己，不破坏规矩，认真遵守和执行中央、省、市委廉洁自律的有关规定，严格规范自身行为；管住子女亲属，不掺和政事，不贪图便宜；管住身边工作人员，不打旗号、不搞特权、不闯“红灯”。

2010 年，制定《廊坊市交通运输局行为规范“十不许”规定》，在副科级以上党员干部中推行廉政承诺公示制度。规定：不许工作人员利用职权或职务上的便利干预工程建设招投标，为自己、配偶、子女及亲友参与或从事工程建设、物资采购、道路运输经营等活动疏通关系，提供方便或优惠条件。不许工作人员直接或间接违规参与本系统工程项目的勘察设计、施工建设、工程监理、设备和材料采购等事项，干预工程征地拆迁、设计变更、计量支付、资金拨付、工程验收等事项，借机谋取不正当利益。不许工作人员利用自有设备（机械、车辆）或与他人合伙购置的设备（机械、车辆）在本系统从事工程施工、项目建设、道路运输等经营活动。不许工作人员利用职权或职务上的便利向施工企业、管理服务对象推荐使用物资、设备(机械、车辆)等,或指使授意施工企业、管理服务对象购买其指定的供货商提供的物资、设备(机械、车辆)等。不许工作人员随意减免车辆交通规费或私放人情车,穿着交通执法制式服装进入各种娱乐场所,或将带有交通标志的车辆停放于餐饮、洗浴中心、歌厅等非工作场所。不许工作人员利用职务之便接受企业、管理服务对象以各种名义安排的宴请、度假、旅游及娱乐活动,索要或收受礼金、礼品、有价证券,向企业、管理服务对象报销应由个人负担的各种费用。不许工作人员以公务接待为名大吃大喝、超标准接待,局机关各科室、局直各单位之间一律不得用公款互相宴请,也不能以学习、培训、调研等名义公款外出旅游。不许机关各科室未经批准对下属单位进行各类检查活动,并借检查之机刁难基层单位、企业,加重被检查单位负担;更不许未经批准擅自举办各类评比达标表彰活动,借机向基层单位、企业和个人收费或变相摊派。不许工作人员公车私用,各级领导干部不能利用职权擅自驾驶局机关、局直单位或管理服务对象的车辆,更不能利用职务之便占用或借用局机关、局直单位或管理服务对象车辆供亲友使用,夜间和节假日公车要按规定地点停放。不许工作人员上班时间无故迟到、早退、旷工或从事与公务无关的活动,对紧急、重要信息和应急突发事件不得迟报、漏报、瞒报和延误处理;在工作或公务活动中,严禁擅离岗位,擅离职守;严禁上网聊天、炒股、玩游戏、散布涉密信息;严禁中餐饮酒(因工作需要除外)。

2011 年,制定《2011 年全市交通运输系统廉政工作目标任务分解表》,将党风廉政建设和反腐败工作任务进行逐项分解,每项都明确责任领导和牵头科室、参与部门及单位,做到任务明确,要求具体,责任到人。制定了考核办法,细化了领导干部工作业绩、廉洁自律、班子建设、廉政教育等考核内容,量化了考核标准。考核工作由局党组统一领导,与业务考核同时进行,坚持党风廉政一票否决制,把考核结果作为领导干部业绩评定、选拔任用的重要依据,推动了党风廉政建设的深入扎实开展。

第二节 监督检查

对提拔使用干部的过程、局直单位招工考试过程进行有效监督。实行年终对局直单位进行廉政考核制度。对民主生活会、述职述廉、诫勉谈话、函询质询和党员领导干部报告个人有关事项等制度执行情况进行监督检查。

落实"三重一大"集体研究决策制度。"三重一大"的内容:凡属重大决策、重要干部任免、重要项目安排和大额度资金的使用必须经过集体讨论,不许个人或少数人专断。

2001 年,按照省交通厅《关于在交通基础设施建设中推行廉政合同的通知》要求,对新开工基础设施建设项目,实行工程与廉政双合同制,即所有建设项目在签署施工合同、监理合同的同时,必须签订廉政合同,并一心贯之。此举措从源头上治理了腐败,保证了工程建设的高效优质。

2006 年开始,实行重点工程纪检监察人员派驻制度。加强了对工程建设的监督,并协助工程建设指挥部抓好工程建设中的廉政教育工作。

2007 年,制定并印发《关于进一步加强交通基础设施建设项目招投标重要环节纪检监察现场监督的实施意见》,加强对廊坊市交通基础设施建设领域的大中修、新改建、农村公路、绿化工程等项目的招投标进行监督。对所有开工项目实行全程审计监督。

2008 年,与廊坊市人民检察院共同研究制定《关于在廊沧高速公路建设工程中开展预防职务犯罪工作的意见》,对高速公路建设项目的招投标进行监督。

2009 年,结合实际,在局直单位增设 18 名纪检监察干部,负责本单位的党风廉政建设、纪检监察等工作。交通局纪检监察部门负责对全系统各单位党风廉政建设和反腐败工作进行监督检查、协调指导、查处追究,保证全系统反腐倡廉工作深入开展。坚持立案不干扰、查案没特例的原则,支持查办案件,保持高压态势,确保反腐败工作顺利开展。至 2011 年,局直单位全部配备专职纪检干部并列为班子成员,把基层纪检监察干部队伍摆在突出位置。局直各单位全部做到有人专管纪检监察工作、有专职纪检监察队伍,实现了纪检监察工作无缝隙全覆盖;积极推行"十公开",着力打造"阳光工程";实行了纪检、监察机关的预防职务犯罪联席机制；全面实行权利运行法制审查评估制度。主动邀请新闻单位记者参加工程招投标、公路经营权转让等工作，做到公开透明。

2010年，积极推行高速公路建设“十公开”的两个延伸工作，即向干线公路建设延伸，向农村公路建设延伸。在工程建设领域落实3项制度：①公开制度。凡涉及重大工程建设项目的信息，均在廊坊市交通运输局网站、河北交通信息网上向社会公开。②双轨制。在高速公路建设中，试行了业务流程与监控流程并行的双轨制。③黑名单制度。建立了企业档案，将违反党风廉政建设规定，发生重大质量责任事故、重大安全事故的施工、监理、设计企业列入黑名单，一律清除出廊坊交通运输建设市场，3年内不得进入。对机关固定资产进行摸底调查，防止固定资产流失。

2011年，市交通运输局纪检组对派驻廊沧、京台、密涿支线3条高速公路建管处的纪检人员进行了调整，并与市人民检察院联合印发文件，在京台高速公路廊坊段工程建设中共同开展预防职务犯罪工作。壮大纪检监察干部队伍，强化监督检查工作机制。

第三节　专项治理

对“小金库”、“公务车”、“工程建设领域的突出问题”、“专项资金”等进行专项治理；落实节假日公车封存制度制定；贯彻落实市纪委、监察局《关于在全市开展狠刹利用婚丧喜庆事宜大操大办借机敛财歪风专项治理活动实施意见》。扎实推进治理商业贿赂工作。

第四节　廉政教育

一、廉政教育制度化

2005年，制定并下发了《2005年党风廉政宣传教育工作实施意见》。2007年，制定并下发了《在全局党员干部中开展“为民、务实、清廉”主题教育活动的实施意见》，成立了主题教育活动领导小组。2008年，制定了《廊坊市交通局2008年领导干部廉政培训和党员干部岗位廉政教育工作规划》。

2011年，组织开展党风廉政“学习日”和“廉政读书月”等活动，明确每季度的第一个星期五下午为“廉政学习日”活动时间，组织交通运输局副科级以上领导干部和纪检监察干部开展学文件、谈体会、听报告、看警示片等多种形式的廉政教育；确定6月份为廉政读书月，组织全局副科级以上领导干部和纪检监察干部、局直单位中层干部开展读廉政书籍、写读后感等活动；开展“一把手”党课活动。

二、廉政教育多元化

廉政文化。2008年，深入开展廉政文化建设。开展廉政文化进机关、进家庭、进工地、进车船、进站所活动，并贯彻至今。2009年，在开工建设驻地设置了廉政警示牌、举报箱、政务公开栏等。

2010年，将《中国共产党党员领导干部廉洁从政若干准则》《党员领导干部违反规定插手干预工程建设领域行为适用〈中国共产党纪律处分条例〉若干问题的解释》《交通基础设施建设领域领导干部八项规定》《关于狠刹不良风气的规定》《廊坊市交通运输局行为规范“十不许”规定》等5项规定文件编印成《廉政知识学习读本》，连同“十不许”规定的桌牌发放给全系统副科级以上党员领导干部。

廉政培训。2001年，开展了以观看《中国共产党纪律处分条例》电视片为主的警示教育活动。2005年5月，组织机关全体党员干部观看了中央党校刘春教授所作的《建立健全教育、制度、监督并重的惩治与预防腐败体系实施纲要》的学习辅导。2009年，聘请市检察院专家作勤政廉政和预防职务犯罪辅导讲座。2010年，邀请市纪委宣教室主任张晓东、市直工委组织部长王立权就新时期加强党风廉政建设课题进行专题讲座。举办两期局直单位纪检、党务干部业务培训班，共培训71人次。

廉政榜样。2001年，组织党员干部开展向优秀党员领导干部汪洋湖同志学习的活动。2005年9月，组织全体党员干部观看大型话剧《任长霞》及优秀信访干部张云泉同志的先进事迹。2009年，组织党员领导干部学习王彦生、吴大观等同志先进事迹。2011 年,在全局纪检监察干部中开展向廊坊市纪委正科级纪检监察员白国轩同志学习活动。

第五节 信访工作

交通运输系统的工作与人民群众的切身利益紧密相连,维护改革发展稳定的大局是交通纪检部门的重要任务。

2001 年,成立了廊坊市交通局矛盾纠纷排查调处工作领导机构。确定信访接待日为每月第一、第三周的星期二,设立了接待室,制定了交通局领导班子成员信访接待值班表。2010 年,成立了由局主要领导任组长,纪检组、监察室、法规科、人事科负责人为成员的信访工作督查小组,负责对交通系统信访工作的监督、检查和指导。至 2011 年,共收到群众来信来访和电话举报 168 件,经认真核查均已妥善处理。

第四章　党建活动

第一节　学习社会主义理论活动

1991年4月—1999年年底，全系统272名党员以基层党校为阵地，采取集中上党课与自学相结合，每月1次集中学习和3次小组讨论学习的形式，学习中共河北省委讲师团编写的《当代社会主义若干问题的讲话》、中共廊坊市委讲师团编写的《八讲辅导材料》、《党的十三届七中全会公报》、《中共中央关于制定国民经济和社会发展十年规划和“八五”计划的建议》等。以科学理论武装党员干部头脑，消除对社会主义的一些疑惑疑虑，坚定社会主义信念方向。

第二节“三讲”教育活动

“三讲”教育是新时期中国共产党在党内进行的以讲学习、讲政治、讲正气为主要内容的党性党风教育，集中于1998—2000年开展，分期分批进行。按照中央、省市委的部署，廊坊市交通局“三讲”教育活动自2000年5月开始至年底结束，活动分思想发动学习提高、自我剖析听取意见、交流思想开展批评、认真整改巩固提高4个阶段。市交通局成立了由局党组书记、局长商振林为组长的“三讲”教育领导小组，下设“三讲”教育办公室。活动期间，局领导班子通过召开座谈会、基层调研、个别谈话等形式，征求对领导班子的意见和建议，深化科学民主决策，完善监督机制，解决群众关心的重点问题，进一步团结了干群关系。同时，在全体党员中开展了“搞‘三讲’、树形象、促工作”活动，深入开展“三优一满意”（优质服务、优良作风、优美环境，让人民群众满意）活动，树立良好的党政机关形象。为巩固活动成果，2000年年底—2001年年初，市交通局进一步开展了市局领导班子“三讲”教育“回头看”活动，在提高办公效率、深入基层调研、加大各项工作督办力度上下功夫，并将“三讲”教育经验制度化、常态化，做到了思想上有明显提高，政治上有明显进步，作风上有明显转变，纪律上有明显增强，全面推动各项事业健康、快速发展。

第三节　“三个代表”学习活动

2003年7月，全系统开展学习贯彻“三个代表”重要思想活动（图7-4-1）。以党的十六大报告和新党章为主要学习内容，认真研读江泽民同志《论“三个代表”》、《论党的建设》、《江泽民同志论有中国特色社会主义（专题摘编）》等一系列著作，结合《“三个代表”重要思想学习纲要》，深刻领会“三个代表”重要思想。党组中心组成员利用中心组学习日和工余时间，集中学习结合个人学习，做到先学一步，学深一层。7月末，市交通局组织基层党务干部进行专业技能培训，组织业务骨干进行学习“三个代表”重要思想集中培训，320余人参训。8月中旬，分期分批组织直属支部成员、机关中层干部参加专家所作的专题知识讲座。

图7-4-1　2001年7月12日解决韩村镇西解口村村民吃水问题

7—12 月,开展学习贯彻“三个代表”重要思想征文活动,突出“树正气、讲团结、求发展,全力推进‘两个率先’”主题。11 月下旬举办理论研讨会,畅谈学习体会,巩固学习效果。

第四节　民主集中制学习教育活动

2004 年 4 月 15 日—5 月 20 日,在市交通局领导班子成员中开展了民主集中制学习教育活动。局党组成员采取自学、集中学习、专题辅导、交流体会等形式,认真学习毛泽东、邓小平、江泽民同志关于民主集中制的论述,学习“三个代表”重要思想和党的十六大精神,学习胡锦涛总书记考察河北工业时的重要讲话,学习《中国共产党党章》和党内有关规章制度,学习《中国共产党纪律处分条例》、《中国共产党党内监督条例(试行)》、《中国共产党地方委员会工作条例(试行)》和《党政领导干部选拔任用工作条例》,学习省委六届三次、四次全会精神和省委《关于加强各级党组织民主集中制建设的若干重要问题的决定》,学习市委《关于贯彻落实中共河北省委〈关于加强各级党组织民主集中制若干重要问题的决定〉的实施意见》。向各县(市、区)交通局、局机关各科室、局属各单位、老干部党支部等发放征求意见卡 50 份,广泛征求大家对局党组和各党组成员在贯彻执行民主集中制方面的意见,并将梳理汇总的意见和建议及时反馈给局党组成员。

第五节　保持共产党员先进性教育活动

保持共产党员先进性教育活动是加强党的执政能力建设和先进性建设的一次成功实践。2005 年,市交通局结合中央、省市委安排部署及交通实际,在全系统党员中开展了以实践“三个代表”重要思想为主要内容的保持共产党员先进性教育活动。市交通局成立了学习活动领导小组,时任局长饶贵华兼任组长,领导小组下设办公室,并将办公室设在市交通局机关党委。活动分 3 个阶段:学习动员阶段。2005 年 1 月下旬—3 月下旬。全系统 690 名党员(在职党员 589 名、离退休党员 101 名)学习了《江泽民论加强和改进执政党建设(专题摘编)》、胡锦涛总书记《在中央保持共产党员先进性教育活动专题报告会上的讲话》、《保持共产党员先进性教育系列读本》和《保持共产党员先进性解疑释惑 100 问》等。为了巩固学习效果,其间,开展向任长霞学习活动,举办“我为党旗添光彩”演讲比赛,组织“我看新时期党员先进性”征文活动。分析评议阶段。2005 年 3 月中旬—5 月中旬,采取走访座谈、设立意见箱、公布热线电话、召开监督员座谈会和发放意见卡等多种形式,共征求梳理各类意见、建议 124 条。全体党员按照《党章》、新时期保持共产党员先进性标准和交通部门保持共产党员先进性的八条要求,认真撰写党性分析材料,开展“回头看”活动。整改提高阶段。5 月 17 日至年底。结合征集到的意见和建议,各单位修改制度 40 项 75 条 65 款。经过反复研究酝酿,层层征求意见,制定印发了《廊坊市交通局工作规则》,建立了以“三卡”(党组成员责任卡、党支部目标卡、共产党员行动卡)制度为主要内容的基层党建管理新模式,逐步建立和完善党员永葆先进性的长效机制,以保证党员先进性的常新性和长久性。各级党组织把“情为民所系、权为民所用、利为民所谋”的观念贯穿到为群众实实在在的服务中,解决了群众反映强烈的一系列突出问题:①全面实现村村通油路、村村通客车。全市 3225 个行政村全部通客车。②完成农村已通班线上的候车亭、牌建设,为老百姓出行提供良好的设施和环境。③积极打造“阳光交通”。各级机关办事时限公开、经常性工作定期公开、阶段性工作逐段公开、临时性工作随时公开,避免随意性和暗箱操作。④依法行政、公平便民。对投放客运市场运力、长途班线等,全部实施服务质量招投标,“公开、公平、公正”地发展运输市场。⑤公路、运管系统与有关乡村开展的文明共建、结对帮扶活动卓见成效。⑥与妇联、团委联系接对救助 55 名失学儿童。⑦出租车全部实现星级达标,实现标准化、优质化服务。凡是共产党员的驾驶员,一律挂“共产党员车”标志,接受群众监督。⑧建立农民进城卖菜绿色通道,各收费站对正在运输的鲜活食品一律不扣、不查。⑨征稽处、收费处推出 10 项便民措施,落实限时办结制、文明服务承诺制,解决纳费高峰压力大、规费征收时间受限等问题。

第六节　"讲荣辱，树正气"教育实践活动

2006年4月，全系统开展了"讲荣辱，树正气"教育实践活动，深入学习胡锦涛总书记"八荣八耻"社会主义荣辱观，市交通局提出了"树八个正气""八个提倡，八个克服"的要求。成立了以时任局长饶贵华为组长的"讲荣辱，树正气"教育实践活动领导小组，活动办公室设在机关党委。活动期间，举办了"讲荣辱，树正气"演讲比赛。9个县（市、区）交通局、12个市交通局单位的25名选手报名参赛。举办了"中房杯"、"社会主义荣辱观"有奖征文活动。

第七节　学习实践科学发展观活动

2009年，按照廊坊市委统一部署，市交通局开展学习实践科学发展观活动，从2009年3月中旬开始到2009年8月底结束。3月，成立了由局党组书记、局长王相仁任组长的廊坊市交通系统深入学习实践科学发展观活动领导小组。领导小组下设办公室，负责活动的组织实施。活动采取个人自学、集中培训、领导讲课、专家辅导、专题研讨等形式，组织党员和党员干部认真学习党的十七大精神；认真学习《毛泽东邓小平江泽民论科学发展》和《科学发展观重要论述摘编》；学习胡锦涛等中央领导同志一系列重要讲话精神；学习省委七届三次全会和市委四届三次全会精神；学习省、市主要领导关于干部作风建设年活动的指示要求。集中开展"科学发展、问计于民"大型调研活动，引导干部群众广泛参与，集中民智，共谋科学发展，有效推动学习实践科学发展观活动的扎实顺利进行。结合利用"四个征集（科学发展群众语言、科学发展先进事例、科学发展群众意愿、不符合科学发展现象）"活动成果，查找影响制约交通事业科学发展的突出问题和群众反映强烈的热点难点问题，围绕科学发展深化解放思想大讨论。期间，开展"对照科学发展找差距，学习先进经验促发展"活动，形成高质量的领导班子分析检查报告，聚焦提炼问题、深刻剖析原因、理清发展思路、创新发展举措。在学习实践科学发展观的基础上，准确分析和科学把握廊坊市情，精心谋划，规划了构建立体式、现代化"大交通"格局的发展思路。

第八节　创先争优活动

按照党的十七届四中全会、廊坊市委四届四次全会总体部署，以科学发展观为统领，市交通运输局在全系统深入开展了"创建先进党组织，争当优秀共产党员"活动。抓基层、打基础、树典型、创品牌，不断增强局直属各党总支、党支部的凝聚力、战斗力、执行力，充分发挥党员先锋模范作用。活动从2010年4月份开始至党的十八大召开结束，分动员部署阶段、全面推进阶段、深化提升阶段、总结完善阶段4个阶段进行。市交通运输局成立了以党组书记、局长王相仁为组长的"创先争优"活动领导小组，建立了10个党员领导干部创先争优活动联系点，以创建党员责任区为载体，建立了以党员为联系人的党群联系机制。活动中严格落实创先争优四项机制：①认责承诺。结合创先争优"五个好"要求（领导班子好、党员队伍好、工作机制好、工作业绩好、群众反映好）和"五个模范"标准（自觉学习的模范、爱岗敬业的模范、服务群众的模范、遵纪守法的模范、弘扬正气的模范），全面开展公开承诺活动，全系统7个党总支、16个独立党支部和930名共产党员在立足岗位、服务社会、安全生产、党风廉政、团结群众、模范带头等方面逐条逐项做出承诺，自觉接受社会各界的监督。所有服务窗口全面推行首办负责制、限时办结制、服务承诺制等制度。推行"立即办、主动办、上门办、跟踪办、公开办"五办作风。建立健全督导检查和考核奖惩机制，实行全程、全面、全员考核，对不履行承诺的部门和人员，严格问责，严格奖惩，保证了各项工作有序推进、落实到位。②对标赶超。深入贯彻落实胡锦涛总书记春节期间视察保定客运站时的指示精神，积极开展"学习郭娜陆地航空班，全面提升行业服务保障水平"活动，组织运管、收费等窗口单位集体公开宣誓，细化方案，制定措施，狠抓落实，在全系统迅速掀起"对标郭娜班，人人争当郭娜"活动热潮。③夺旗争星。

召开“一先双优”表彰大会，庆五一暨工人先锋号、技能标兵、岗位能手表彰大会，庆五四暨优秀团支部、新长征突击手表彰大会，巾帼文明岗、十大杰出青年、十佳青年岗位能手评选等活动，对先进集体和个人进行表彰。开展双星“品牌”创建，“为民服务创先争优”等活动。积极营造群众向党员看齐、党员向先进看齐、先进向榜样看齐的良好氛围。④亮旗示范。结合“三亮三比三评”活动，深入开展“效能交通”建设和“双星”品牌创建活动。按照星级窗口创建标准，市交通运输局积极对标“郭娜陆地航空班”、中国最美司机吴斌并积极开展“效能交通”活动，深化“温馨服务、和谐交通”活动主题，重点打造“满意公交”品牌、高速公路“亲情服务”品牌、“文明执法”品牌、“和谐公路”品牌、“效能交通”品牌五大品牌。窗口单位在公开办理事项、办理标准和办结时限的基础上，审批时限比规定时间缩减一半，大大提高了工作效率。公路养管部门开展“构建和谐畅通路，创先争优迎国检”及治超“百日会战”等活动，营造畅、安、舒、美的通行环境。运输管理部门开展了“为客户服务，党员第一线，党员无差错”等活动。收费部门开展争创文明收费班组、争当“十佳”岗位标兵等活动，认真落实运输鲜活农产品车辆“绿色通道”政策。出租车管理部门深入开展“金廊·流动风景线”文明服务品牌，在全省率先建立了两座出租车服务站，还通过共产党员车队、爱心车队、平安志愿者车队、消防志愿者车队在城市发展中充当文明使者。活动中，市交通运输局不断提炼总结创先争优工作经验，建立长效机制。在基层党组织中唱响“我是党员我带头”主旋律，党员亮牌示岗，设置党员服务区，开展党员示范岗和党员先锋岗评选活动。特别是在工程建设中，将重心下移，把支部建在工地。按照“一名党员一面旗帜，一个党员一片责任区，一个支部一个战斗堡垒”的原则，建立了支部工作随党员延伸的基层党建新机制。积极探索，将党建工作向农民工队伍延伸，建立起农民工党小组，实现了党组织和党建工作全方位覆盖，充分发挥了一线工作者在项目施工中的骨干带头和桥梁纽带作用。基层党建工作多次得到中组部、省、市领导的充分肯定。一些基层党组织和个人被授予河北省、廊坊市创先争优荣誉称号（图7-4-2、图7-4-3）。

图7-4-2　2009年11月23日，廊坊市交通局召开党务工作座谈会

图7-4-3　2011年12月28日，廊坊市交通运输系统2011年党建工作述职述评会议

第八篇 群团组织

群团组织是群体性社团组织的简称。群团组织是中国共产党联系群众的桥梁和纽带，承担着关注群众利益，维护群众权利，向党反映群众诉求，发动、组织、凝聚群众同心协力完成共同理想和目标的社会责任。廊坊市交通运输局的群团组织主要包括工会、青年团、妇委会和一些协会组织，是交通运输局党组团结联系广大干部职工的重要桥梁和纽带。各群团组织一直紧密围绕廊坊市交通运输局的中心工作，充分发挥宣传群众、组织群众、带领群众等方面的独特优势以服务大局，在各自领域内开展适合本组织特点、丰富多彩又卓有成效的工作，为交通运输事业的发展提供人才、汇聚力量、贡献智慧。

第一章　工　　会

第一节　工会组织

工会组织是在中国共产党的领导下，职工自愿结合的工人阶级的群众组织。它是党和政府联系群众的桥梁和纽带，是我们社会主义国家政权的重要支柱。《工会法》、《工会章程》规定，各种所有制企业、事业和机关等基层单位，应依法建立工会组织。有会员25人以上应成立基层工会委员会，不足25人的可以单独建立基层工会委员会，也可以同两个以上单位的会员联合建立基层工会委员会。

随着改革开放的不断深化，国家机构改革和经济体制发生了深刻变化，工会组织也不断向新经济组织发展。企业的蓬勃发展，成为社会主义建设的生力军，也成为工会组织的新成员。廊坊市交通运输系统各级工会组织建设是从无到有，由不健全到普及壮大，经历了一个漫长历程。从1949年到2011年年底这63年机构多变的过程中，工会组织通过不同形式，对交通运输系统广大干部职工进行了培训和教育，不同程度地提高了广大职工的思想、道德水平及业务素质；工会组织在庞杂的工作职责中，尤其在维护职工合法权益，帮扶困难职工，促进单位职工和谐工作，排查、化解基层矛盾等方面做出了贡献。按照全国总工会"最大限度地把职工组织到工会中来"的要求，廊坊市交通运输局工会积极发动职工加入工会组织。至2011年年底，廊坊市交通运输局共成立了18个基层工会。

第二节　会员队伍

工会积极发展会员，至2011年年底，职工入会率已经接近96%。廊坊市交通运输局工会会员人数情况统计如图8-1-1和表8-1-1所示。

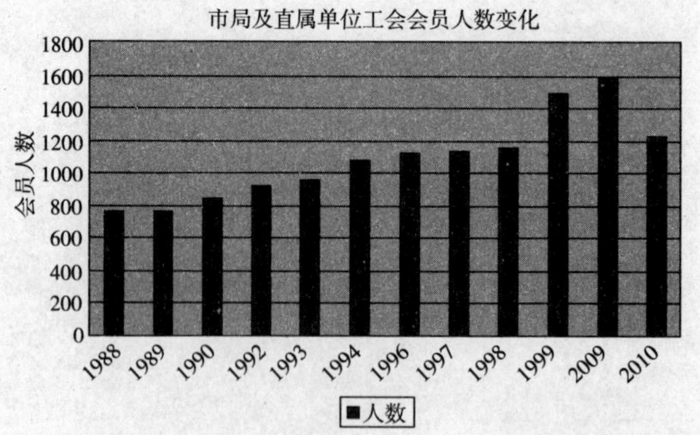

图8-1-1　廊坊市交通运输局工会会员人数统计图

廊坊市交通运输局工会会员情况统计表　　表8-1-1

年份(年)	人　数	年份(年)	人　数
1988	767	1992	926
1989	779	1993	961
1990	846	1994	1086

续上表

年份(年)	人　数	年份(年)	人　数
1996	1133	1999	1496
1997	1139	2009	1584
1998	1166	2010	1236

第三节　职工权益

保护职工权益,建立和谐劳动关系。各级工会通过宣传教育引导广大职工正确对待利益关系调整。健全完善平等协商和集体合同制度,凡是涉及职工切身利益的劳动报酬、工作时间、休息休假、劳动安全卫生、保险福利等事项,都要进行平等协商,签订集体合同。

开展救助活动,帮扶困难职工。工会每年都开展"救助困难职工一日捐"活动和"送温暖、献爱心"活动,把做好服务作为工作宗旨,增强服务意识,丰富服务内涵,拓展服务外延,为促进交通运输队伍稳定做出了积极的贡献。

建立企事业单位群众工作室。企事业单位群众工作室主要协调解决职工群众关注的热点难点问题,积极为职工群众办实事、好事,切实维护职工合法权益;协调和配合单位党政做好矛盾纠纷排查化解,及时发现苗头和隐患,努力化解在基层;及时向单位党政及上级工会反映报告职工的思想动态和所需所求,维护职工队伍与社会稳定。至2011年4月,交通系统共有8家窗口执法和工程建设单位挂牌成立"群众工作室"。

女工委工作。巾帼建功。开展了"双学双比"活动,号召广大妇女行动起来,抓住机遇,积极投身交通运输建设大潮。在广大女职工中开展以"学雷锋、学严力宾、学傅显忠,树行业新风"的"三学一树"活动和"职工理想、职业道德、职业纪律、职业技能,纠正行业不正之风"为主题的"四职一纠"活动为载体,开展比优质服务、比科学管理、比企业效益的竞赛活动。妇女保健。每两年组织一次妇女体检。邀请妇产科专家来市局授课,传播妇女健康知识。向女职工宣传《女职工劳动保护手册》,组织劳动保护知识竞赛,使女职工提高健康意识。

第四节　主要活动

除执行《工会章程》中的基本职责和办理日常工作外,工会还组织各种演出和比赛,丰富职工的业余生活(表8-1-2)。

工会主要活动　　表8-1-2

日　期	地　点	演出主题	合作单位
1991年2月1日	市公路处	市交通系统首届职工迎春文艺晚会	—
1992年1月18日	市委党校	市交通系统文艺联欢会	管道局、炮校、工校、群艺馆
1993年1月13日	市管道局礼堂	"交通之春"文艺晚会	—
1994年5月27—5月30日	—	"交通杯"乒乓球邀请赛	市文明委、市体委市总工会
2000年5月1日	—	在《廊坊日报》刊登系统职工书画作品	—
2001年7月8日	—	庆祝建党八十周年交通局彩色周末晚会	—
2001年7月28日	—	专题戏曲晚会	—
2003年1月24日	交通局礼堂	"颂歌献给党"文艺演出	—
2003年3月5日	—	"爱我廊坊、爱我交通"演讲比赛	—
2003年11月2—11月8日	—	河北省交通系统第四届职工乒乓球比赛	—
2003年8月	明珠广场	"交通风采"文艺晚会	—

续上表

日 期	地 点	演出主题	合作单位
2004年7月31日	明珠广场	"交通腾飞"文艺晚会	—
2005年7月22日	明珠广场	"交通颂歌"文艺晚会	—
2006年4月15日	—	市交通局首届职工篮球比赛	—
2007年9月24日	—	"交通之歌"大合唱比赛活动	—
2008年4月26—4月28日	—	市交通系统"第三届职工篮球比赛"	—
2008年9月26日	—	"迎国庆、颂交通"第三届职工文艺汇演	—
2009年9月25—9月30日	—	市交通系统庆祝建国(新中国成立)60周年书画摄影展	—
2009年12月29日	—	2009年祝福交通运输迎新年文艺汇演	—
2010年3月3日	明珠影剧院	"畅想春天"慰问演出	—
2010年4月22日	—	组织向玉树灾区捐款活动	—
2010年4月26—4月29日	市交通运输局礼堂	交通运输系统乒乓球、羽毛球比赛	—
2010年9月28日	市交通运输局礼堂	迎国庆·廊坊市交通运输建设成果摄影展	—
2010年12月25日	市交通运输局礼堂	"迎新年·庆元旦"演唱会	—
2011年2月25日	明珠影剧院	"幸福廊坊·和谐交通"文艺晚会	—
2011年5月4日	市交通运输局礼堂	庆五一暨"工人先锋号、技能标兵、岗位能手"表彰大会	—
2011年6月29日	市交通运输局礼堂	"红心向党·颂歌飞扬"文艺演出	市人大常委会市国土资源局
2011年10月21日	市交通运输局四楼会议室	《大地丰碑》摄影画册举行发行仪式	—
2011年11月26—11月28日	文安影剧院、市交通运输局礼堂	庆祝廊沧高速(廊坊段)建成通车专题文艺晚会——希望之路	—
2011年12月15—12月23日	市交通运输局礼堂	2011年职工羽毛球、乒乓球比赛	—
2011年12月30日	市交通运输局礼堂	廊坊市交通运输系统职工喜迎新年文艺晚会(图8-1-2)	—

图8-1-2 2011年12月30日,在市交通运输局礼堂举办廊坊市交通运输系统职工喜迎新年文艺晚会

第二章　共　青　团

第一节　基层团组织建设

按照《共青团章程》规定，企业、农村、机关、学校、科研院校、街道社区、社会组织、人民解放军连队、人民武装警察部队中队和其他基层单位，凡是团员3人以上的，都应当建立团的基层组织。至2011年年底，廊坊市交通运输局下属单位根据《团章》规定，全部成立基层团组织。全系统共成立基层团组织18个，有团干部68人。廊坊市交通运输局及局直单位团员人数统计如图8-2-1所示。

图8-2-1　廊坊市交通运输局及局直单位团员人数统计图

第二节　主 要 活 动

一、创建青年文明号

1994年，结合共青团中央在全国开展的创建青年文明号活动，团委在全系统积极开展了各级青年号的申报工作。至2011年年底，被授予国家级青年文明号的单位有廊坊市公路管理处、106固安收费站、102三河收费站、霸州运管站；获省级青年文明号的单位有廊坊市运输管理处、廊坊市路桥通行费管理处、霸州运管站、固安运管站、通达公司、廊沧高速建管处、京台高速建管处、地方道路管理处、公路工程管理处、公路工程材料供应处；获市级青年文明称号的单位有路政管理处、交通勘察设计院、工程公司、工程二处、职工教育培训中心。

二、评选“十大杰出青年”、“十佳青年岗位能手”

为激励廊坊市交通运输系统广大青年立足本职、建功立业，在全系统开展了“十大杰出青年”“十佳青年岗位能手”评选活动。活动本着“坚持事迹第一、突出时代特征、面向基层一线”的原则，按程序对全交通系统的青年团员进行层层选拔，经过严格筛选，公平公正地评选出交通系统“十大杰出青年”和“十佳青年岗位能手”，并予以表彰和奖励，为全系统的青年团员做出了表率。

三、文体活动与竞赛

除执行《共青团章程》中的基本职责和办理日常工作外，团委还经常组织各种喜闻乐见的青年活动和比赛，丰富职工的业余生活（图8-2-2、图8-2-3）。2010年前，与工会、妇委会联合组织了多项文体活动。2010 年后，团委开始单独承办有关活动（表 8-2-1）。

图 8-2-2　廊坊市交通运输局青年工作座谈会

图 8-2-3　廊坊市交通运输系统"弘扬雷锋精神，传承志愿新风"志愿者服务

团委主要活动　　表 8-2-1

时　间	地　点	活动主题
2010 年 4 月 7 日	市慷赛乒乓球俱乐部	第一届"交通运输杯"市直青年乒乓球团体赛
2010 年 10 月 22 日	英诺诚培训基地	全系统团员青年拓展训练（图 8-2-4）
2011 年 3 月 29 日	市革命烈士陵园	纪念建党 90 周年，全系统团员青年缅怀革命先烈活动
2011 年 3 月 29 日	安次区杨尹线公路两侧	全系统团员青年植树活动
2011 年 5 月 4 日	广阳道（新华路口—银河路口段）	"团旗舞动新廊坊，青春奉献文明城"青年志愿者清洁城乡集中行动日活动
2011 年 5 月 9 日	市慷赛乒乓球俱乐部	第二届"交通运输杯"市直青年乒乓球团体赛（图 8-2-5）

图 8-2-4　2010年 10 月，廊坊市交通运输系统青年素质拓展训练

图 8-2-5　廊坊市 2011 年"交通运输杯"局直青年乒乓球比赛

第三章 妇 委 会

第一节 基层组织建设

按照“党的基层组织建到哪里，妇联基层组织就建到哪里，哪里有妇女群众，哪里就有妇联组织”的原则，2010年11月，廊坊市交通运输局廊交〔2010〕298号文件规定：凡妇女干部职工人数在10人以上的单位均可组建妇委会；不足10人的可以与其他单位联合组建妇委会，并由各单位推选1名妇委会委员，具体负责本单位的妇女工作。按照民主推荐、人事纪检部门考察、党组织审核的程序选拔基层妇委会主任和委员。至2011年年底，全系统共有妇联干部62人。局直24个单位有22个单位成立的妇委会，公交处、定额处因女职工不足10人，只设有兼职的妇女工作负责人（表8-3-1）。

2011年女职工人数及基层妇委会情况统计表 表8-3-1

单 位	职工数（人）	女职工数（人）	女职工所占比例（%）	妇委会成立时间
廊坊市交通运输系统	2470	865	35	1996年
廊坊市交通运输局机关	169	44	26	2011年12月
廊沧高速公路廊坊建管处	131	46	35	2007年2月
密涿支线102高速公路廊坊建管处	50	11	22	2009年5月
京台高速公路廊坊建管处	51	18	35	2009年11月
密涿高速公路廊坊建管处	40	12	30	2010年6月
廊坊市公路管理处	83	35	42	2010年11月
廊坊市运输管理处	138	70	51	2010年9月
廊坊市出租车管理处	35	12	34	2010年10月
廊坊市公交处	16	6	38	—
廊坊市路政管理处	316	106	34	2010年11月
廊坊市交通运输局路桥通行费管理处	240	108	45	2005年1月
廊坊市地方道路管理处	30	11	37	2010年11月
廊坊市公路工程管理处	71	28	39	2009年10月
廊坊市公路工程质量监督处	86	28	33	2010年12月
廊坊市交通勘察设计院	36	18	50	2010年11月
廊坊市第一公路工程处	216	51	24	1996年6月
廊坊市第二公路工程处	317	72	23	2009年6月
廊坊市公路工程材料供应处	163	66	40	2010年3月
廊坊市公路工程定额管理处	6	5	83	—
廊坊市交通运输局职工教育培训中心	20	10	50	2010年12月
廊坊市交通公路工程有限公司	47	17	36	2010年10月
廊坊通达公路工程有限公司	130	36	28	2009年7月
廊坊市交通运输局房管所	43	19	44	1994年8月
廊坊市交通运输局机关幼儿园	36	36	100	2010年10月

第二节 主要活动

一、制度建设

2010 年，将《妇联章程》、《妇女权益保障法》、《婚姻法》、《计生条例》等 12 项规章制度编辑成《妇联工作文件汇编》，组织妇联干部学习培训。制定印发《创先争优评选办法》、《巾帼志愿服务工作意见》等文件，促进妇联工作进一步规范化、制度化。

二、创建"妇女之家"

从 2010 年开始，全系统开展"妇女之家"创建活动，打造妇女工作的"坚强阵地"和广大妇女信赖的"温暖之家"。在妇女创业发展、教育培训、综合维权、家庭教育、卫生保健、帮扶救助等方面积极发挥妇女之家的作用。至 2011 年年底，系统共有 16 个单位荣获"优秀妇女之家"称号。

三、巾帼建功

1996 年，开展了"学文化、学技术、比成绩、比贡献"竞赛活动（简称"双学双比"活动）。2005 年 4 月，开展"争做时代新女性、争树文明新形象、争创美好新家园"活动，发出"塑造交通妇女新形象，创建健康美丽新家园"的倡议。开展了岗位练兵、技术比武、争当"三八红旗手"的"巾帼建功"活动。2006 年，根据《廊坊市"巾帼文明岗"管理办法》规定，成立了"巾帼建功"活动领导小组，组织各单位积极申报"巾帼文明岗"。2010 年，加强对"巾帼文明岗"创建活动的规范化管理，把活动从窗口单位拓展到女性占 50% 以上的科室、班组，提升"巾帼文明岗"的社会影响力，使争创活动体现交通运输特色和妇女特点。2011 年，印发《创建"巾帼文明岗"评比办法》，各单位以郭娜陆地航空班为标杆，赶超先进标兵，争当巾帼英雄。

图 8-3-1 2011 年廊坊市交通运输局庆"三八"总结表彰会

通过开展"巾帼建新功、岗位争优秀"的主题创建活动，广大妇女见贤思齐，比学赶帮，开拓工作思路，创新工作方法，在完善服务设施、改善服务态度、创新服务方式上下功夫，制定"恒温"、"细节"、"需求"满意服务新标准，内强素质，外树形象，行业服务水平全面提升。至 2011 年年底，全系统共涌现出 11 个市级巾帼文明岗、6 个省级巾帼文明岗、2 个国家级巾帼文明岗、1 个全国"三八"红旗集体（图 8-3-1）。"巾帼文明岗"成为团结女职工队伍、凝聚女职工力量、培养妇女人才的重要阵地。

四、文化活动

依托"妇女之家"，各单位妇委会积极参与文化建设。2006—2008 年，连续举办 3 届女子羽毛球比赛，增强女职工体质。2009—2010 年，与工会、机关党委联合举办庆五一乒羽比赛、庆七一赛诗会、庆元旦文艺汇演。参与全市"女性发展"演讲比赛和全市"加快廊坊崛起与妇女发展论坛"等活动。2011 年以来，市妇联、市交通运输局联合举办庆三八"幸福家园"作品展和女性文化讲堂活动，充分展示了交通运输系统广大女工的精神风貌和良好形象，由女职工文体骨干组队参加的全市性的文化活动中，取得了红歌演唱第二、乒乓球团体第一、羽毛球团体第三的优异成绩。

五、巾帼志愿

2002—2007 年，实施春蕾计划，组织广大妇女为贫困学生捐款 9.56 万元，为贫困村建图书馆一个，为贫困学生捐微机 2 台、捐衣 5000 件、捐书 5600 册，救助贫困学生 210 人。2008—2010 年，广大妇女为汶川、玉树地震灾区献爱心，捐款 44.9 万元。2011 年年底，成立巾帼志愿者领导小组，招募巾帼志愿者 560

人,设文明出行、环境保护、法律援助、一线施工、爱心帮扶5支巾帼志愿服务队,广泛开展了“爱心妈妈”捐助孤残儿童、捐棉衣帮扶贫困山区、义务植树绿化环境、清洁卫生美容城市、服务会展保障畅通等系列志愿活动,传播了巾帼志愿服务文化,展示了交通运输妇女的良好形象。

六、女性保健

1996—2004年,邀请国内知名专家,先后举办了“和您的孩子一起成长”、“家长与孩子沟通技巧”、“关爱生命,预防艾滋病”等专题讲座,为女职工购买《教你做成功家长》、《五元家教实用教程》等书籍,向广大妇女传播家教文化和养生保健知识。2005—2008年,每年组织妇女妇科体检,2009年以来,每年组织妇女进行“两癌”筛查,提高广大女职工的自我保健意识。

七、宣传教育

2010年10月,组建交通运输系统妇联QQ群,创办《妇女工作简讯》,为各单位进行妇女工作交流搭建平台,至2011年年底,共刊发简讯76期,印发征文16篇、经验交流26篇48条,被《廊坊交通》、《廊坊妇女网》采纳征文12篇、信息24条。为宣传妇女工作建设成果,组织编印《盛世巾帼竞芳菲》妇女工作建设巡礼画册及电子书,收录摄影作品283幅,手工作品55幅,展示一线女职工风采,传播妇女多元文化。

八、家庭创建

在建设和谐廊坊中,努力打造和谐家庭的品牌,开展了特色家庭创建活动。2001—2004年,开展争当“敬老好媳妇”活动,对涌现出的91个“敬老好媳妇”进行了表彰;2005—2006年,开展争创“好摇篮示范家庭”活动,对涌现出的60个“好摇篮示范家庭”进行了表彰。2010年,开展争创“五好文明家庭”活动,号召女工争做“低碳家庭、学习家庭、美德家庭、爱心家庭、礼仪家庭”,10个家庭被市交通运输局授予“五好文明家庭”,3个家庭被市妇联授予“低碳家庭”和“新女性、新形象、新家园”明星家庭。2011年,以“创建幸福家庭,助推幸福交通”为主题,开展“幸福家庭”创建活动。广大妇女树立以德治家、文明立家、平安保家、和谐兴家的理念,培养了文明、健康、科学的生活方式,形成了人人争当“敬老好儿媳”、“家庭贤内助”、“知性好母亲”的浓厚氛围,12个家庭被市妇联、市交通运输局授予“幸福家庭”。

九、计划生育

育龄妇女管理。2009年9月,完成计划生育《人口信息表》微机录入工作,实现育龄妇女信息化管理,共录入509名育龄妇女的信息。按质按量完成月报、半年报、年报,无漏报出生情况,计划生育账卡齐全,报表准确、及时、保证质量,无规划外出生。

计划生育管理。2003年10月1日,按照《河北省人口与计划生育条例》对交通系统的妇女计划生育进行规范管理。2005年,落实计划生育政策,按《河北省人口与计划生育条例》和冀人口联〔2005〕3号文件的要求,18周岁以下独生子女费,由原5.5元/月增至10元/月。2006年1月1日,执行《河北省人口与计划生育条例》规定和冀人口联〔2005〕3号、廊人口联〔2005〕8号通知精神,落实独生子女父母奖励的相关规定:自2003年10月1日起,对符合《条例》(指《河北省人口与计划生育条例》)规定可以生育第二个子女而自愿不再生育的夫妻,在领取独生子女父母光荣证后,分别给予不低于1000元的奖励;2003年10月1日以后办理退休手续的独生子女父母,退休时分别由双方单位发给不低于3000元的一次性奖励。

第四章 协会组织

第一节 交通会计学会

1991年9月2—4日,廊坊市交通会计学会成立大会暨第一届学术研讨会在廊坊管道局招待所举行。大会审议通过了学会筹备工作报告、学会章程、学会年度工作计划,选举产生了第一届理事会、常务理事会及秘书处。理事长杨永耕,副理事长张国林、刘之新、马树荣,秘书长刘之新(兼),副秘书长张学珍、李福顺。至此,廊坊市交通会计学会正式成立。

一、组织建设

1996年7月25日,召开廊坊市交通会计学会第二次会员代表大会。

2008年4月11日,廊坊市交通会计学会第三次会员代表大会在廊坊市交通局召开,会议审议通过了第二届常务理事会的工作报告和《廊坊交通会计学会章程》修订稿,选举产生了第三届理事会理事43名,第三届常务理事会理事15名,并选举产生了新一届学会会长(李福顺)、副会长(孙金辉、冯相杰、邢桐林)、秘书长(张国林)、副秘书长(高增平、郭建生、邵延平、车玉成、韩景花),同时还聘请了名誉会长(郝合瑞、张国林)、名誉理事(王炳祥)。

二、学术研究活动

论文研讨。廊坊市交通会计学会自成立以来,不定期举办论文交流研讨会,组织会员和全交通系统的财务审计人员撰写论文,并开展论文交流。至2011年,共有30余篇论文被省交通会计学会采用,6篇论文在交通系统以外的杂志刊发(表8-4-1、表8-4-2)。

交通系统内优秀论文情况统计表 表8-4-1

论文名称	作者	刊登杂志	获奖情况
《浅议规费征收要立足于源头管理》	冷宝珍	《交通财会》	1992年中国交通会计学会年度优秀论文二等奖
《浅析非经营性还贷路桥偿还能力低下的成因及对策》	李福顺	—	省交通会计学会第五届理事会优秀论文一等奖
《公路纳入非经营性收费公路管理单位资产核算的必要性》	郭建生	—	省交通会计学会第五届理事会优秀论文二等奖
《农村公路建设资金及成本管理核算问题初探》	李福顺 周德艳	《交通财会》	新世纪第三届中国交通运输业财务与会计学术研讨会三等奖
《浅议经营性路桥的价值及会计核算问题》	李福顺	《交通财会》	—
《所得税会计理论有关问题研究》	朱新彦	《交通财会》	—
《加强农村公路养护资金管理的措施》	高增平	《交通财会》	—
《对基本建设单位财务管理中存在的问题及其改进办法的探讨》	陈绍香	《交通财会》	—
《实施网络财务,提高企业管理水平》	李春健	《政工与文明》	—

续上表

论文名称	作者	刊登杂志	获奖情况
《农村公路建设资金审计的几点思考》	安爱霞	《政工与文明》	—
《行业精神文明建设应努力实现三个转变》	钟宝霞	《政工与文明》	—

交通系统外刊发论文情况统计表 表8-4-2

论文名称	作者	刊登杂志
《浅谈公路工程项目审计对象的确定》	郭建生	《中国内部审计》
《公路建设项目的审计处理处罚依据》	郭建生	《中国内部审计》
《试论知识经济时代会计人员应做哪些转变》	陈绍香	《科技资讯》
《浅析二十一世纪会计管理的发展方向》	高增平	《科技资讯》
《非经营性收费公路管理单位把公路纳入固定资产核算的必要性》	高增平	《中国学术研究》
《会计电算化工作浅论》	陈绍香	《华北电力大学学报》

专项课题研究。2004年,廊坊市交通会计学会承担了"收费还贷公路管理单位会计核算研究"课题研究任务,并在省交通厅立项。通过组织技术骨干多次深入征管第一线调研,反复论证、修改,最终取得研究成果,于2005年9月10日通过省交通厅组织的专家评审委员会评审,获得省交通厅科技三等奖。2006年,廊坊市交通会计学会委派郭建生同志参加省交通厅公路局承担的"公路工程项目内部会计控制研究"课题研究工作,最终取得研究成果。

科学调研。1991年11月10—20日,由副理事长张国林、马树荣带队,廊坊市交通会计学会一行6人到廊坊运输公司进行了经营管理及盈亏情况调研,并提交了详细调研报告,为有关部门了解掌握公司实际、加强经营管理起到了积极作用。1992年7月15—22日,由学会常务理事王炳祥和学会副秘书长李福顺带队,廊坊市交通会计学会一行6人到市交通局第二工程队对1991年度公路建设重点工程——廊大线改建工程进行调研,撰写了5000字的调研报告,该调研报告在1992年廊坊市交通系统调研成果研讨会上被评为二等奖。2004年4月20日—5月10日,廊坊市交通会计学会对公路建设意向合作投资单位——西安海星集团的资产财务情况进行了考察调研,并提交了7000多字的调研报告,为廊坊市交通局投资决策提供了重要依据。

会刊创办。《廊坊交通财会》于2008年12月初获省级新闻出版局批准,准印证号为JL-0045,属省级连续性出版刊物。2008年12月25日正式出版首期,发行325份,发行范围主要是各团体会员单位和省内同行业交流。至2011年年底,《廊坊交通财会》共发行了4期。

三、学习培训

2003年和2004年,廊坊市交通会计学会分3批组织交通运输系统财会、审计人员参加中国交通会计学会举办的"公路工程项目财务管理"培训,参训学员65人次。根据工作实际,有针对性地举办各类培训班,大大提高了工程财务管理人员的业务水平(表8-4-3)。

培训情况一览表 表8-4-3

年份(年)	培训内容	效果	授课人
1993	企业新会计制度以及转轨衔接工作操作方法和账务处理	为交通运输企业新旧会计制度衔接奠定基础	省厅财务处王淑英
2002	现代企业内部控制制度	为全市交通系统会计基础工作规范化及推荐会计电算化工作打下良好基础	
2003	舞弊审计	提高了审计人员对各种舞弊行为的甄别能力	省高级职业技术学院教授王晓飞

续上表

年份(年)	培训内容	效　果	授　课　人
2004	审计实务操作及内部审计的要点、事项等	提高参训人员的实际操作能力	
2005	内部审计实用法规	提高参训人员的政策运用能力	省厅审计处副处长王兴福
2004—2005（两期）	公路基本建设会计培训	加强公路建设项目管理	
2006	用友财务软件操作学习	提高财务软件应用水平，实现会计电算网络化管理	
2007	应收账款管理	提高财务人员的实际管理能力和水平	

四、其他活动

廊坊市交通会计学会先后于1992年5月、1993年5月、1994年、1995年4月和1997年4月参加廊坊市社科联组织的咨询日活动。

2007年11月29日，河北省交通会计学会成立20周年暨第六届二次理事会议在香河县第一城举办，廊坊交通会计学会负责会务工作，经过周密部署，妥善安排，大会获得了圆满成功，受到了省厅的高度赞扬和与会代表的一致好评。

第二节　道路运输协会

一、机构

经廊坊市民政局批准，廊坊市道路运输协会于2006年11月10日成立。原办公地址在廊坊市银河北大街122号，2011年迁至廊坊市开发区云鹏路广宇物流公司。协会设会长1人、副会长6人、秘书长1人(兼职)、常务理事7人。2006年协会成立之初(图8-4-1)，选举吴立方任名誉会长，饶贵华任会长，副会长为闵宝亮、郝艳军、白士明、刘益军，郝艳军兼任协会秘书长。2009年，第一届理事会三次会议决定增补马亮、刘继武任协会副会长，孟志猛任协会副秘书长。2010年，第一届理事会四次会议选举吴立方任名誉会长，王相仁任会长，副会长为郝艳军、马亮、孟志猛、刘益军、刘继武、张振鹏、杨立伟、张胡玲，马亮兼任协会秘书长，葛亮、张建国、任晓万任副秘书长，任晓万兼任秘书处主任。2011年，二届一次理事会议选举饶贵华任名誉会长，王相仁任会长，副会长为郝艳军、马亮、孟志猛、李子晔、刘益军、张振鹏、杨立伟、韩亚峰、吴昊、张胡玲，马亮兼任秘书长，副秘书长为葛亮、任晓万，任晓万兼任秘书处主任。廊坊市道路运输协会组织机构设置如图8-4-2所示。

图8-4-1　2006年11月10日，市道路运输协会成立暨第一次会员代表大会

人员编制：秘书处设常务秘书1人，工作人员1人；客运专业委员会设主任1人，工作人员1人；货运专业委员会设主任1人，工作人员1人；汽修检测专业委员会设主任1人，工作人员1人；驾培专业委员会设主任1人，工作人员1人；专家委员会设主任1人，委员人数不定；财务部设部长1人，工作人员1人。协会结合运输各专业行业业务发展会员，至2011年年底，发展单位会员2.96万个，个人会员60430人，会员总数90030个(人)。

外设机构。廊坊市道路运输协会在各县(市、区)

设办事处、辖区内协会。在全区10个县(市、区)及市直属机构设立了12个基层办事处,明确了岗位职责,制定了各项规章制度。

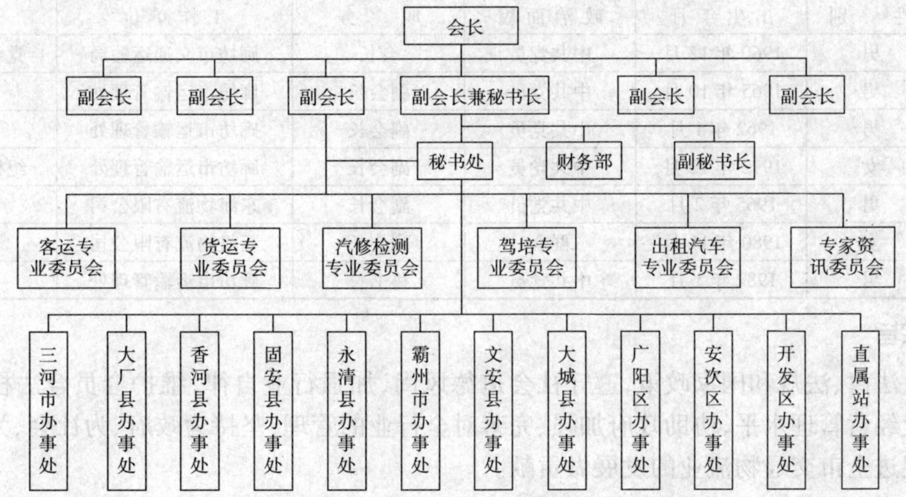

图8-4-2　廊坊市道路运输协会组织机构设置图

会员代表大会及理事会。协会会员代表大会每届4年,理事会议每年召开1次。

二、主要职能

协会的主要宗旨是在政府和道路运输行业者之间发挥桥梁和纽带作用,依法维护道路运输企业和会员单位的合法权益。

双向服务职能。宣传贯彻国家有关方针、政策,维护市场秩序,为政府决策当好参谋;接受会员单位投诉,代表会员单位向政府管理部门反映诉求,维护会员单位的合法权益。

推动行业进步。根据政府赋予协会的职能,组织全市道路运输企业经营资质的评审,道路运输从业人员的岗前及在岗培训等业务。参与质量信誉考核、科技比武等活动。

拓展服务项目。设立协会服务窗口,咨询、代办部分经营手续;通过招标等方式,使会员单位获得更大的利益,降低运输成本。

三、服务项目

订阅杂志。每年从征收的会费中拿出一定的资金,统一为全市二级以上汽车维修企业订阅《汽车维护与修理》杂志。

提供信息。开通"信息魅力"提醒服务,与廊坊市网通公司联系,每年出资租用网通"信息魅力"平台,年发信息量7.6万条。

代办换证。为会员无偿代办换证业务。2007年10月份,廊坊市区驾驶员从业资格证换证工作开始,协会先后无偿为96500名会员提供了代办换证服务。2010年是全区道路运输营运证换证年,协会为会员换证提供"一站式"代办服务,代办换证85660个。

协助培训。2007年以后,承担部分运输行业培训业务,收集、整理了交通运输部门涉及15个工种或岗位的教学大纲和培训资料,编辑自己的培训教材,组织培训场地、设备、设施等。至2011年年底,共有1.3万人接受了交通运输从业资格培训。

第三节　交通物流协会

廊坊市交通物流协会是由全市交通物流企业及与物流行业有关的其他企事业单位和个人自愿组成的行业性、地方性、非营利性社会组织。2011年6月9日,廊坊市交通物流协会成立大会暨第一次会员大会在廊坊市交通运输局召开,选举产生了廊坊市交通物流协会第一届理事会理事27人,常务理事17人,会长、副会长4人及秘书长1人(表8-4-4)。至2011年,协会有30家单位会员及20名个人会员。

廊坊市交通物流协会第一届理事会人员名单　　表8-4-4

姓　名	性　别	出生年月	政治面貌	职　务	工作单位	职　务
郝艳军	男	1960年12月	中共党员	会长	廊坊市交通运输局	党组成员副调研员
马亮	男	1965年10月	中共党员	副会长	廊坊市运输管理处	处长
刘益军	男	1962年1月	中共党员	副会长	廊坊市运输管理处	党总支书记
张胡玲	女	1972年12月	中共党员	副会长	廊坊市运输管理处	纪检组长工会主席
李德新	男	1965年2月	中共党员	副会长	东海物流有限公司	总经理
冯秀娜	女	1980年11月	群众	副会长	新凯物流有限公司	副总经理
田鹏	男	1982年1月	中共党员	秘书长	廊坊市运输管理处	物流科科长

一、协会宗旨

遵守宪法、法律、法规和国家政策,遵守社会道德风尚,加强行业自律,维护会员合法权益,整合物流资源,提高行业经营管理水平,协助政府加强、完善对全行业的管理,坚持为政府、为社会、为行业、为企业提供服务,为促进全市交通物流业的发展做贡献。

二、协会活动

宣传贯彻国家有关方针政策和法律、法规,协助政府主管部门开展行业管理;接受政府部门委托,研究并提出行业发展规划、行业产业政策等方面的建议,对重大交通物流项目提出前期评估意见;制定本行业的行规行约,加强行业自律,及时反映会员单位的愿望和要求,维护会员合法权益;参与行业地方标准的制定与修订,推进行业制度和标准化的建立与发展,开展企业等级评定;开展本行业技术、管理等各类人员的资格认证培训和职业道德教育,组织编写培训教材,提高行业从业人员素质;向会员单位提供有关政策、经济、技术、产品、市场等信息,为企业提供各种形式的经营管理技术咨询和服务;开展行业理论研究和学术交流,汇编行业有关方面资料,积极推广行业新技术、新工艺、运营管理新模式和科技成果;开展与同行业间的经济、技术、贸易的交流及合作,组织会员单位参加有关展览、论坛和考察等活动;加强行业内部及与其他相关行业的沟通与协作,开展有益于行业发展的其他活动;承担政府职能部门交办和委托的其他事项。

三、业务培训

市交通物流协会自成立以来,先后举办了两期交通物流行业从业人员岗位培训班,全市交通物流及货运站企场业的管理人员、专业技术人员累计360人参加了培训。市交通物流协会还建立了廊坊市交通物流行业网络交流平台,为各企业之间的资源共享和信息交流提供方便。

第四节　公路学会

一、机构沿革

1979年11月28日,廊坊地区行政公署交通局成立廊坊地区公路学会,由李万国负责,会员主要有公路处、工程一队、工程二队、筑路机械厂的专业技术人员。1986年之前,公路学会日常工作由交通局工程科负责,1986年转入企业改革办公室,1996年转入科技科。1999年,公路学会在民政局正式注册。

公路学会主要职责:开展公路交通科技学术交流,组织学术会议,编辑出版书刊,举办技术、设备展览会;开展民间公路交通科技合作与科技交流;加强与省内外及国外学术组织和科技工作者的友好联系;普及公路交通科技知识,推广新的科技成果,传播先进技术;组织公路交通科技工作者接受委托,承担工程监理、科学技术咨询服务,工程可行性研究,项目评估及项目的前期工作,成果鉴定,技术标准、规范、手册及其他技术性文件的制定、编写、审定;开展决策讨论,提出政策建议以及其他科学技术工作;开展公路交通科技继续教育和技术培训工作;接受委托,进行技术等级、技术职称评定工作;开展表彰、奖励活动,发现、培养和举荐科技人才;维护科技人员的合法权益,反映会员的合理意愿;为了实施本会宗旨的其他工作。

1986 年 5 月 27 日,公路学会理事会成员调整。理事长张殿祥、秘书长李万国。

1990 年 3 月 7—8 日,廊坊市公路学会第一届会员代表大会在廊坊召开。大会选举产生了第一届公路学会理事会,名誉理事长张武保、理事长张殿祥、秘书长李万国。

1997 年 3 月 4 日,廊坊市公路学会召开第二届代表大会。学会领导机构进行调整,名誉理事长冯永平、理事长张殿祥、秘书长童志伟。

2004 年 3 月 17 日,廊坊市公路学会召开第三次代表大会。会议选举出了第三届理事会,名誉理事长商振林、理事长李树奎、秘书长张振明。

2005 年 4 月 7 日,廊坊市公路学会聘请廊坊市交通局党组书记、局长饶贵华为廊坊市公路学会名誉理事长,李树奎任理事长,张振明任秘书长。

2009 年 1 月 13 日,廊坊市公路学会聘请廊坊市交通局党组书记、局长王相仁同志为廊坊市公路学会名誉理事长,李树奎任理事长,张振明任秘书长。

二、主要工作

公路学会的领导机构为理事会,秘书处负责日常工作。至 2011 年,公路学会理事会历经 3 次改选。科学知识普及是学会的一项重要职责,通过发放宣传材料、组织知识竞赛等活动提升全体会员的科普水平;每年向全体会员征集学术论文,并召开学术论文交流会,对优秀论文进行交流并表彰;通过"金桥工程"的开展引进推广了一批新技术新工艺,通过"厂会协作"的开展发挥了学会的智力优势,为各业务单位解决了技术难题。

科普宣传。2003 年,为防止非典疫情反弹,学会以"崇尚科学文明、摒弃生活陋习"为主题,在市交通局机关及局直单位悬挂张贴了各种宣传画 300 多幅,悬挂各类标语 5 条,倡导科学健康的生活方式,建立绿色生活空间。

2004 年 6 月科普活动日,科普志愿者交通服务团 12 名成员进行"崇尚科学文明,摒弃生活陋习"、"宣传、普及交通知识"的宣传活动。悬挂张贴各类条幅、挂图 10 张,发放科普、交通知识、公路学会论文集等宣传材料近 2000 份,现场咨询近 200 人次。在全市交通系统开展了交通知识科普竞赛,共印发测试题 200 余份,旨在普及交通基本知识。

2007 年,组织科普志愿者交通服务团以"节能减排,营造绿色生活空间"、"宣传、普及交通知识"为主题,通过悬挂张贴条幅、挂图,发放科普、交通知识宣传材料和现场咨询等方式开展活动。为宣传普及节能减排知识,树立环境保护意识,营造健康生活理念,在各会员单位组织开展了廊坊市交通系统"节能、环保、健康"科普知识测试答题活动,印发测试题 200 余份。

2008 年,在全系统组织开展了以"节约能源资源、保护生态环境、保障安全健康"为主题的科普知识有奖竞赛活动。公路学会被市全民科学素质小组评为科普活动优秀组织单位。

2009 年,为宣传普及节能、环保、安全知识,配合全国科普日廊坊系列活动,营造科学、文明、健康的生活氛围,公路学会组织开展了"节约能源资源、保护生态环境、保障安全健康"科普知识有奖竞赛活动,10 个县市区局及局直单位 380 余人参加了活动。

论文交流与出版。1995 年,公路学会组织了"全国城市公路学会工作学术交流会第五届年会"论文征集工作。从 2003 年起,公路学会每年组织论文征集与交流活动(图 8-4-3、表 8-4-5 和 8-4-6)。

图 8-4-3　2009 年 1 月 20 日,廊坊市公路学会学术论文交流会共收到论文 140 篇。廊坊市交通局党组书记、局长王相仁出席会议

论文征集与交流活动情况表　　表 8-4-5

年份(年)	活动名称	论文数(篇)	成果
2003	学会年会暨学术论文交流会	33	评选出优秀论文 11 篇
2004	学术论文交流会	75	评选出一等奖 3 篇,二等奖 8 篇,三等奖 16 篇
2005	年会暨学术论文交流会	99	评选出优秀论文 30 篇
2006	学术论文交流会	89	评选出优秀论文 30 篇
2007	年会暨学术论文交流会	89	评选出优秀论文 30 篇
2007	"中国科协年会"征文	—	分别在国家级和省级刊物发表论文 10 余篇、20 余篇
2008	学术论文交流会	121	评选出一等奖 3 篇,二等奖 11 篇,三等奖 23 篇。交流会获得河北省科协最佳学术活动称号
2009	学术论文交流会	140	评选出一等奖 3 篇,二等奖 14 篇,三等奖 29 篇
2010	学术论文交流会	125	评选出一等奖 3 篇,二等奖 10 篇,三等奖 28 篇
2011	学术论文交流会	180	评选出一等奖 3 篇,二等奖 19 篇,三等奖 38 篇

学术论文集出版情况统计表　　表 8-4-6

年份(年)	论文集名称	论文数量	出版社
1991	《91 论文集》	24	河北人民出版社
1993	《公路筑养技术与运输管理文集》	130	河北人民出版社
1994	《公路技术与运输管理文集》	139	河北人民出版社
2002	《廊坊市公路学会 1994—2001 年学术论文集》	128	河北人民出版社
2005	《公路交通技术与管理》	112	河北人民出版社
2008	《公路技术与交通管理》	116	河北人民出版社
2010	《公路交通运输技术与管理》	131	河北人民出版社

技术引进与推广。2003 年,引进冷再生施工技术在 102 线、106 线旧路改建和大修工程中得到应用。同年,公路学会还推广"廊坊市汽车维修救援网络"项目,并作为廊坊市"金桥工程"重点推广项目在廊坊市科协立项。建成了市有顺通汽车维修救援中心、县有联络站和救援厂,与省内 10 个救援机构签订了联网服务协议的汽车维修救援网络体系。形成了中心统一指挥调度,各救援点协调联动,覆盖廊坊市辖区,辐射相邻地市的维修救助网络。

2004 年,公路学会推广汽油/CNG 双燃料汽车改装技术,获中国科协"千厂千会协作行动"优秀项目奖。推广慢裂快凝乳化沥青稀浆封层技术,获廊坊市金桥工程优秀项目奖,被省科协、省科技厅、省中小企业局联合表彰,授予省"金桥工程"项目三等奖。

2008 年,由廊坊市交通会计学会完成的课题"收费还贷公路管理单位会计核算方法推广",经公路学会搭桥在廊坊市交通局、廊坊市交通局路桥通行费管理处进行推广应用,并申报了廊坊市"金桥工程"项目及河北省科协"金桥工程"重点项目。

2011 年,公路学会与廊坊市第一公路工程处签署了"回弹法地区专用测强曲线的建立与应用研究"厂会协作协议书,充分发挥学会的技术资源,为课题承担单位提供技术支持。将公路管理处完成的"平原地区普通高等级公路绿化模式与公路安全研究"课题成果作为"金桥工程"项目在全省进行了推广,社会、经济效益明显。由市交通会计学会完成的"收费还贷公路管理单位会计核算方法推广"研究,经学会搭桥申报了河北省"金桥工程"项目奖(表 8-4-7)。

2011 年 9 月 21 日,在天津召开的中国公路学会七届二次理事会上,廊坊市交通运输局陈切顺同志被授予"第六届中国公路百名优秀工程师"荣誉称号,并在会上做了典型发言。

学会网站。为加强学术交流,开办了廊坊市公路学会网站。网站于 2011 年 7 月 1 日正式运行,网站下设新闻动态、学会公告、论文交流、QC 成果、四新技术、课题研究、科普知识、文化长廊、答疑解惑等 9 个版面，为广大专业技术人员搭建了交流学习的平台。

公路学会荣誉 表8-4-7

获奖年份(年)	获得称号	授奖单位
2002	2002年度全市科协系统先进集体	廊坊市科协
2003	2002年度学会工作先进集体	省公路学会
2004	2003年度学会工作先进集体	省公路学会
2004	河北省优秀社会团体	省民政厅
2004	廊坊市科协系统先进集体	市科协
2005	2004年度学会工作先进集体	省公路学会
2006	2005年度学会工作先进集体	省公路学会
2008	全市科协系统先进单位	市科协
2008	第六届全国科普日廊坊系列活动优秀组织奖	市全民科学素质工作领导小组
2009	学会、协会工作先进单位	市科协
2009	2006—2008年度"金桥工程"优秀组织一等奖	廊坊市"金桥工程"领导小组
2010	学会、协会工作先进单位	市科协
2011	学会、协会工作先进单位	市科协

第五节　关心下一代协会

1990年5月5日，市交通局关心下一代协会成立。第一届理事会由张武保同志任名誉主席，邢德生同志为主席，薛炳钧、于忠、刘卷生等同志为副主席，李荃、李英等13名同志为理事。

关心下一代协会是以组织老同志来进行关心、教育下一代为目的的群众性工作组织。以全面提高青少年的思想道德素质、科学文化素质和健康素质为基本目标，加强未成年人思想道德建设，培养有理想、有道德、有文化、有纪律的德、智、体、美全面发展的中国特色社会主义事业建设者和接班人。关心下一代工作委员会负责动员和组织离退休老同志，特别是那些长期在党、政部门担任过领导职务和各行各业德高望重的老同志，各个领域的老学者、老专家、老劳模等，发挥他们的优势，深入机关、幼儿园等基层单位，以丰富多彩的活动形式对青少年进行革命传统、爱国主义、集体主义、社会主义教育、法制和科学技术教育。围绕中国共产党和政府不同时期的中心工作，积极协助和配合党政有关部门为青少年、儿童健康成长办实事、做好事；配合政法机关、工会、共青团、妇联、学校等部门积极开展对青少年的普法宣传活动，贯彻执行《未成年人保护法》，保护未成年人的合法权益，教育挽救失足青少年；调查研究培育青少年问题，向党和政府反映情况，提出建议。

1990年8月15日，关心下一代协会举办了首次暑期少年儿童游艺活动。活动以爱国主义教育和智力开发为主题，50多名少年儿童参加了活动。

第六节　老年体育协会

老年人体育协会成立于1986年，主席冉树芳，副主席高荣、黄福晶，秘书长赵波。该协会是群众性社会团体，由离退休干部发起、组成，是代表廊坊市参加全国全省老年人体育协会及其相关活动的合法组织。

协会宗旨是在国家体育方针、政策指导下，推动老年人积极开展体育活动，参加各种交流、展示、比赛，从而让更多的老年人参加到体育活动中来，更好地促进老年人的身心健康，促进社会和谐发展。

协会成立以来，每年进行老年体育项目的推广与培训工作，开展各种老年项目的展示与交流活动，组队参加各种老年比赛交流活动，取得了显著成绩，为老年人健康幸福、社会和谐做出了贡献。开展的老年人体育项目主要有柔力球、老年排球、门球、小场地门球、健身球操、健身秧歌、太极拳(剑)、可乐球、健身舞、钓鱼、乒乓球、羽毛球、老年网球等。

第七节　廊坊市出租汽车行业工会联合会

廊坊市出租汽车行业工会联合会成立于2005年10月。设主席1人，副主席2人，秘书长1人，委员13人，下设7个出租汽车工会分会。至2011年有会员3800人。出租汽车行业工会联合会领导机构见表8-4-8，会员统计见表8-4-9。

出租汽车行业工会联合会领导机构　　表8-4-8

职　务	姓　名	任职时间
主席	白士明	2005年10月—2009年12月
	孟志猛	2009年12月至今
副主席	刘继武、闫尔学	2005年10月至今
秘书长	闫尔学(兼)	2005年10月至今
委员	白士明、刘继武、闫尔学、李子旺、张建国、王爱国、郝果红、王艳君、王国峰、张广坡、姚正国、李玉喜、王建强	2005年10月—2009年12月
	孟志猛、刘继武、闫尔学、胡冰、张建国、郝果红、刘立军、高成武、胡连杰、葛向东、李景彦、王国峰、王广生	2009年12月至今

廊坊市出租汽车行业工会联合会会员统计表　　表8-4-9

年份(年)	人　数	年份(年)	人　数
2005	3000	2009	3300
2006	3000	2010	3500
2007	3000	2011	3800
2008	3200		

出租汽车行业工会联合会以维护行业利益、维护行业稳定、促进行业发展为出发点，定期开展活动，宣传国家的方针政策，宣传廊坊市情市策及发展规划，沟通经营者之间、经营者与管理部门之间的关系，为出租车驾驶员服务。

2008年以后，出租车冬季加燃气等待时间增加了2至4个小时，工会协同公司经理、分队长做好市场动态管理，了解出租车驾驶员的思想状况，倡导油、气并用，确保运力供应，并安排市场信息报告员，每日向行业主管部门上报出租车从业人员思想动态和稳定情况。

2010年6月，廊坊市区车用燃气价格上涨，出租车运营成本提高，工会以座谈形式听取从业人员意见，向行业主管部门递交了调整运价建议，形成价格联动机制，遇有燃气价格上涨则出租车运价做相应上调，以使出租车营业收入在燃气价格上涨前后持平。

协助管理机构组织开展各种活动。2005年成立之日起，倡导出租车经营者积极投身星级车、青年文明号评比，参与制定文明服务标准、五个文明、行业的车容车貌、例会等各种规章制度。2007—2011年，参与建立爱心车队、共产党员车队、消防志愿者车队，参与组织高考、大型展会的志愿服务。

第九编 精神文明建设

1996年10月10日，中国共产党第十四届六中全会通过的《关于加强社会主义精神文明建设若干重要问题的决议》指出："我国社会主义精神文明建设，必须以马克思列宁主义、毛泽东思想和邓小平建设有中国特色社会主义理论为指导，坚持党的基本路线和基本方针，加强思想道德建设，发展教育科学文化，以科学的理论武装人，以正确的舆论引导人，以高尚的精神塑造人，以优秀的作品鼓舞人，培育有理想、有道德、有文化、有纪律的社会主义公民，提高全民族的思想道德素质和科学文化素质，团结和动员各族人民把我国建设成为富强、民主、文明的社会主义现代化国家。这是精神文明建设总的指导思想，也是精神文明建设总的要求。"社会主义精神文明建设的根本任务就是适应改革开放和社会主义现代化建设的需要，培育有理想、有道德、有文化、有纪律的社会主义新人，提高整个中华民族的思想道德素质和科学文化素质。

廊坊市交通运输系统的精神文明建设，开展了一系列精神文明创建活动，促进了交通运输系统整体精神文明水平的提升，从而带动各项工作不断迈上新台阶。

第一章　文明单位创建

文明单位是在社会主义精神文明建设中取得突出成绩，经过群众评议和主管部门推荐，由县以上党委和政府审核批准、命名的单位。其级别分为全国文明单位、省级文明单位、市级文明单位和县（市、区）级文明单位。

1949—1983年，侧重于物质文明方面的建设。1979年9月，中共十一届四中全会提出，在建设高度物质文明的同时，要建设社会主义精神文明。

1984年，廊坊地区交通局制定《关于文明（公）路和文明单位建设规划（1984—1990年）》和《廊坊市交通系统文明厂、队建设标准》。1987年12月4日，廊坊市地区交通局精神文明建设领导小组对全区交通系统精神文明建设工作进行综合考查评比。

1991年，廊坊市交通局被评为“区级文明单位”。1992年，廊坊市交通局首次被市委、市政府评为“1992年度市级文明单位”。1993年，廊坊市交通系统首次被市委、市政府评为“1993年度文明系统”、“文明单位”；廊坊市养路费稽征处、廊坊市公路管理处、廊坊市运输管理处首次被评为市级文明单位。1998年，市级文明单位每两年评选一次。2000年10月，廊坊市交通局被省委、省政府评为“1998—1999年度文明单位”。

至2011年，廊坊市交通运输局市直单位中，共有国家级文明单位1个，省级文明单位5个，市级文明单位18个，市直级文明单位21个（含密涿支线高速公路建管处、密涿高速公路建管处）。2010—2011年度市级以上文明单位情况统计见表9-1-1。

2010—2011年度市级以上文明单位情况统计表　　表9-1-1

单位名称	文明单位级别	备注
廊坊市交通运输局	省级	同时为市级
廊坊市公路管理处	国家级	同时为省、市级
廊坊市运输管理处	省级	同时为市级
廊坊市交通运输局路桥通行费管理处	市级	—
廊坊市公路工程管理处	市级	—
廊坊市第一公路工程处	省级	同时为市级
廊坊市第二公路工程处	市级	—
廊坊市交通公路工程有限公司	市级	—
廊坊市交通勘察设计院	市级	—
廊坊市公路工程质量监督处	市级	—
廊坊市公路工程材料处	市级	—
廊坊市公路工程定额管理处	市级	—
廊坊市交通运输局地方道路管理处	省级	同时为市级
廊沧高速公路廊坊建设管理处	市级	—
廊坊市路政管理处	市级	—
廊坊市出租车管理处	市级	—
京台高速公路廊坊建设管理处	市级	—
廊坊市交通运输局职工培训教育中心	市级	—

第二章　文明窗口创建

文明窗口创建活动是结合文明单位评选而展开的。1998 年，廊坊市公路管理处等 40 个单位被评为 1998 年度窗口行业服务质量二星级单位。1999 年，霸州市高庄道班等 47 个单位被评为 1999 年度窗口行业服务质量二星级单位。

2000—2011 年，在窗口单位中广泛开展"星级达标"、争创"青年文明号"、争当"青年岗位能手"、"文明车组"、"文明优质服务班线"、共产党员（共青团员）示范岗位等一系列创建活动。其中较为有特色的如下：2003 年，廊坊市交通局与廊坊市文明办、廊坊市广播电视局、廊坊日报社联合开展创建"千里公路文明线，公路形象杯百日竞赛"活动。2004 年，相继开展"运政管理杯"、"优质工程杯"、"树行业新风，保车主满意，创征稽辉煌"、"千里公路文明线上的明星站"等创建活动。2006 年，大力开展"建人民满意工程"、"执法为民、文明服务"、"文明示范窗口"、"提速工作过程、提高服务质量"、"建廉政行业"等活动。2007 年，深入开展"文明服务示范窗口"和"文明执法示范窗口"创建活动。2010 年开始落实"文明交通行动计划"，在出租车和城市公交系统大力倡导"礼让行车、规范停车、文明待客"，做文明交通行动的践行者和倡导者；2010 年，公路处、路政处、运管处、收费处、出租处被市文明委评为"创建文明行业文明服务窗口"。2011 年，对标保定客运集团郭娜陆地航空班，市局直属各单位纷纷开展对标提升活动（图 9-2-1）。出租处开展"金廊 · 流动风景线"品牌创建活动，被评为河北省十大服务品牌之一；运管处机场客运专线、收费处里澜城收费站、公交处 IC 卡售卡中心被省交通运输厅评为"向郭娜陆地航空班学习、全面提高行业服务保障水平"规范服务示范窗口；京台高速建管处、运管处、路政处、出租处、广阳运管站、广阳公路站、安次运管站、霸州运管站货运行政许可服务中心和大城运管站被市文明委评为"创建文明行业文明服务窗口"（图 9-2-2）。

图 9-2-1　2011 年 5 月 4 日，廊坊市交通运输局举行"学习郭娜陆地航空班"宣誓仪式

图 9-2-2　公交乘务员搀扶老人上车

第三章　志愿服务

志愿服务起源于19世纪初西方国家宗教性的慈善服务，志愿活动在世界上已存在和发展了100多年。1979年，中国最早的志愿者来自于联合国志愿人员组织。20世纪90年代初，中国志愿者协会成立。志愿者在中国有南北两个叫法：北方称之为志愿者，南方称之为义工。

1963年3月5日，毛泽东主席发出了"向雷锋同志学习"的号召，在全国掀起了"学雷锋"活动的热潮。雷锋精神的精髓"为人民服务"也正是志愿者服务的宗旨。共青团中央确定2000年3月5日为全国首个"中国青年志愿者服务日"。从此，雷锋精神在新的历史条件下被赋予了新的内容，为志愿服务奠定了根基。

廊坊市交通运输局自成立以来，每年3月5日开展"学雷锋"活动，并与交通运输工作实际结合，坚持"学习雷锋精神、讲文明树新风"活动常态化。围绕社区帮扶、扶危济困、法律援助、服务会展等内容开展活动。在一线服务窗口成立"学雷锋服务岗"，在收费站、道路客运站、服务区等窗口倡导"情暖交通、司乘至上"的理念，为乘客提供咨询、指引、急救、爱心推车等温情服务。在执法制式车配备急救箱、工具箱、水桶、拖车绳等便民工具，为驾乘人员及时排忧解难，引导职工为群众办实事、做善事，大兴善行交通之风。

2011年，廊坊市交通运输局进一步建立健全志愿服务工作机制，推动志愿服务活动制度化、规范化、正规化，引导广大志愿者积极加入"善行河北·爱在廊坊"行列。通过完善志愿者服务工作的培训机制建设、领导干部带头参与志愿服务活动、建立文明单位参与志愿服务工作的良性运行机制、选树先进典型、建立特色志愿服务队伍等方式逐步完善志愿服务活动。市交通运输局成立志愿服务领导小组，领导小组办公室设在局文明办。志愿服务领导小组成立后，开展了形式多样的志愿服务活动，包括施工一线志愿服务、社区志愿服务、城市公益志愿服务、爱心志愿服务、环境保护志愿服务、帮扶志愿服务等服务工作，确保时时有服务、处处有服务。以"讲文明、树新风"为重点，扎实推进送法律、送平安、送文化、送爱心等志愿服务行动，组织开展"美在机关、美在工地"、"争做交通形象大使"、"爱绿护绿"、迎接"低碳"新生活等志愿服务活动。在时代广场举办"弘扬雷锋精神，传承志愿新风"主题团员青年志愿服务活动。局直单位党支部、工会、妇委会、共青团等组织相继建立党员志愿服务队、职工志愿服务队、巾帼志愿服务队（图9-3-1）、青年志愿服务队等特色志愿服务队伍，志愿者人数达到385人。

图9-3-1　工程公司全员参与巾帼志愿者

出租车星级车、青年文明号评比。从1997年4月20日起，与市文明办联合开展廊坊市出租汽车"争做文明使者，光大廊坊形象"活动，制定颁布《廊坊市文明出租车星级达标服务标准》，设三个星级标准，开展文明出租车评选，首批命名一至三星级出租车80部，其中三星20部，一二星60部。至1997年10月，涌现好人好事60件，归还失主钱物6万元。1998年将三星级提高为五星级。1999年开展"争做文明市民，创建文明城市"为主题的文明创建活动。2002年，与共青团廊坊市委联合开展出租车青年文明号评比活动。从2003年起，星级车和青年文明号统一为行业争创活动，每年共同评比和表彰星级出租车160部，青年文明号车100部，青年文明号标兵车10部（表9-3-1）。

廊坊市出租汽车星级车、青年文明号暨好人好事统计表 表9-3-1

年份（年）	星级车（部）	青年文明号（部）	行业年度好人好事（登记在册）
1997	80	—	好人好事60件，归还钱物6万元
1998	400	—	好人好事70件，收到锦旗、牌匾6个，现金、有价证券等90万元，手机24部
1999	343	—	好人好事232件，归还款物80万元
2000	124	—	好人好事274件，现金10万元，物品折合80万元
2001	160	—	好人好事612件，归还失主现金73335元，手机73部，存折、证券120万元。收到群众表扬信32封，锦旗9面
2002	160	60	好人好事876件，现金9.80万元，物品折合168万元
2003	160	100（标兵10）	好人好事937件，交还乘客丢失现金104576元。物品折合人民币130万元，群众表扬电话206个，表扬信61封，锦旗26面
2006	160	100（标兵10）	好人好事767件，收到锦旗11面，表扬信12封，表扬电话69个。其中拾到现金上交大队42614元，手机75部
2007	160	100（标兵10）	好人好事3503件，其中上交乘客丢失的现金人民币44500元，手机187部，摄像机、照相机3个，手提电脑4个，锦旗6面，表扬电话463个，表扬信3封
2008	160	100（标兵10）	好人好事4000件；乘客赠送的锦旗10面，来信、来电表扬300次；送还电脑、手机等高档电子产品500部，现金8万元
2011	160	100（标兵10）	好人好事3350件，送还失主现金、证券32万元，手机100部

出租车爱心车队。2007年1月11日，由廊坊市运输管理处和廊坊市广播电台联合倡议发起，出租车驾驶员自愿报名，根据投诉举报、好人好事、业内管理等条件筛选出首批50名队员，成立廊坊市出租车爱心车队（图9-3-2）。首先实现统一车辆标志、统一运营服装、统一车容车貌、统一文明服务标准四个统一。爱心车队从成立至2011年年底，向灾区捐款1.8万元，接送考生7000人次，免费接送老人、现役军人、残疾人5000人次，行业管理部门登记在册助人为乐、救死扶伤、拾金不昧、见义勇为的好人好事3350件；乘客送锦旗、表扬信及表扬电话137件（次）；送还失主现金及有价证券21.40万元；手机100部；为城市大型会展活动义务出车3600辆次。有50名队员连续4年被市文明办、市交通运输局命名为“五星级文明服务驾驶员”，先后有40名队员被团市委、市交通局命名为“青年文明号”标杆称号。2010年，爱心车队被省总工会、省交通运输厅命名为“文明车队”，车队中10名驾驶员被省总工会、省交通运输厅授予河北省出租汽车行业“文明服务明星”称号。

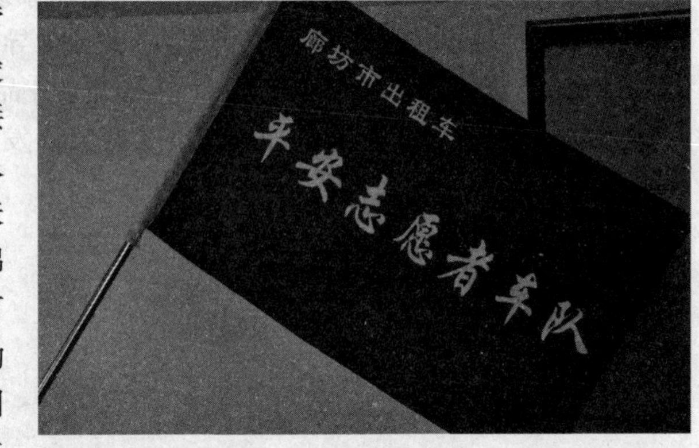

图9-3-2 廊坊市出租车平安志愿者车队

“共产党员车队”。2005年，在全市1700多名出租车驾驶员中开展了“共产党员车”挂牌服务活动，促进文明经营，共产党员驾驶员在车上贴出了“共产党员车”标牌，以便于乘客用更高的标准实施监督。2010年9月30日，廊坊市出租车行业“共产党员车队”成立。车队由素质高、业务精的50名共产党员驾驶员组成。以“服务人民，奉献社会”为宗旨，明确“树一流形象，创一流业绩，提供一流服务”的目标，成为继“爱心车队”之后的又一行业标杆群体。

服务高考。免费接送高考学生是廊坊市出租车行业对社会的公开承诺，是出租车行业开展“善行河北·爱在廊坊”学雷锋志愿活动的一部分，也是行业文明建设成果的具体体现。“爱心车队”从2007年成立起，坚持每年服务高考。此后，“共产党员车队”及许多出租车驾驶员也加入免费送考行列。市出租车管理处除在各考点派专人现场调度车辆外，还特别开通了高考特殊服务热线，需要帮助的特殊考生通过拨打热线电话预约车辆，可由专门车辆全程接送。市出租车管理处还为每个志愿车辆配备了矿泉水、铅笔、橡皮、藿香正气水等，为高考学生提供方便。2007—2011年高考期间免费接送考生1万余人次。

服务展会。每年“5·18”经贸洽谈会、“9·26”农产品交易会、钓具展等展会，出租汽车行业都承担交通保障任务。承担交通保障任务的出租车驾驶员以“宣传廊坊·展示河北”为己任，服从调度，听从指挥，以职业道德和奉献精神展示了廊坊市出租车行业的文明风尚，圆满完成了各项交通保障任务，为城市争得了荣誉。多家媒体以《的哥变绅士》、《党旗映红出租车》、《廊坊出租车满天星》为题做了报道。美国、新加坡、沙特、也门等国外客商曾先后从国外寄来表扬信和感谢信，赞誉廊坊市出租汽车的优质服务和职业道德。出租车的优质服务促成了国内外多个投资项目落户廊坊。廊坊市委、市政府对出租车交通保障工作给予充分肯定，市出租车管理大队、市出租车管理处连续多年被市委、市政府授予“5·18”、“9·26”大会服务先进单位，1名出租车驾驶员被授予“市长特别奖”，100名出租车驾驶员受到市委、市政府的奖励和表彰。

“金廊·流动风景线”。2011年，市出租车管理处成立创建活动领导小组，谋划创建行业品牌，明确了主题，设计出标志。4月，启动“金廊·流动风景线”品牌创建活动。利用新闻媒体、经营者例会，及时、广泛地宣传出租车行业的经验、先进人物和事迹，营造舆论氛围，在全行业中树立“三种意识”，即责任意识、主人翁意识、大局意识；弘扬“四种精神”，即见义勇为精神、助人为乐精神、救死扶伤精神、拾金不昧精神；落实“五个文明”，即车容文明、语言文明、仪表文明、经营文明、行车文明；做到“五个统一”，即统一标志、统一车身颜色、统一运价、统一服装、统一座套。

开展品牌建设的当年，通过市民参与、行业推荐、管理部门把关、媒体监督，评选出“星级文明服务车”160部，“青年文明号”车组100个，“青年文明号”标兵10名。2011年，廊坊市出租车管理处获得廊坊市精神文明建设委员会授予“文明服务窗口”荣誉称号，廊坊市总工会授予廊坊市“工人先锋号”荣誉称号，河北省交通运输厅授予“廊坊市交通运输系统优秀质量管理小组”荣誉称号。12月，“爱心车队”获得省精神文明建设委员会办公室、省志愿服务指导委员会授予“河北省优秀志愿服务品牌”。“金廊·流动风景线”已成为廊坊市出租车行业的文明服务品牌，秉持着“为民服务，奉献社会”的精神，着眼大局，以主人翁的意识和激情，推动社会经济又好又快发展和文化大发展大繁荣，廊坊出租车真正成为京津走廊上一道亮丽的流动风景。

第四章　文化建设

廊坊市交通运输局文化建设工作领导小组成立之前，主要依托系统工会组织职工文体活动和文艺演出，丰富职工文化生活。1991—2011年，共组织文艺演出(或晚会)18场：举办廊坊市交通系统首届职工迎春文艺晚会、“交通之春”文艺晚会、“庆祝建党80周年交通局彩色周末晚会”、“交通风采”文艺晚会、“交通腾飞”文艺晚会、“交通颂歌”文艺晚会、“交通之歌”大合唱比赛、“迎国庆、颂交通”第三届职工文艺汇演、2009年祝福交通运输迎新年文艺汇演、“畅想春天”慰问演出、“迎新年·庆元旦”演唱会、“幸福廊坊·和谐交通”文艺晚会(图9-4-1)；与市人大常委会、市国土资源局在市交通运输局礼堂联合举办“红心向党·颂歌飞扬”文艺演出；举办庆祝廊沧高速(廊坊段)建成通车专题文艺晚会——希望之路，2011年全系统职工喜迎新年文艺晚会等。

图9-4-1　2011年廊坊市交通运输局参加由市委创争办主办，市直工委、市文明办承办的市直机关庆祝建党90周年“党旗飘扬·幸福廊坊”五月红歌赛，获得二等奖

组织职工篮球、乒乓球、羽毛球等球类比赛(图9-4-2)，书画作品展，摄影作品展，演讲比赛等文体活动16次：与市文明委、市体委、市总工会联合举办“交通杯”乒乓球邀请赛；开展书画作品展，并在《廊坊日报》刊登了交通系统职工部分优秀作品；在交通局礼堂举办“爱我廊坊、爱我交通”演讲比赛；承办河北省交通系统第四届职工乒乓球比赛；举办廊坊市交通局首届职工篮球比赛；举办廊坊市交通系统庆祝新中国成立60周年书画摄影展；组织全系统28个单位向玉树灾区捐款211674元；汶川地震后，交通局先后两次组织机关工作人员和党员为汶川地震灾区捐款，共捐款202310元，局直26个单位共捐款263210元；组织“送温暖献爱心”捐赠活动，共捐赠棉衣123件，棉被64条；举办交通运输系统乒乓球、羽毛球比赛；举办“迎国庆·廊坊市交通运输建设成果摄影展”；举行《“十一五”廊坊交通运输建设成果巡礼——大地丰碑》摄影画册发行仪式(图9-4-3)；组织系统职工参加“庆元旦、迎新年”跳绳、踢毽比赛；举办廊坊市交通运输系统“庆三八、展巾帼风采”书画作品、手工艺作品展；编制《盛世巾帼竞芳菲——廊坊市交通运输系统妇女工作建设巡礼》主题画册；举办“青春献交通、先行促提升”、“爱我交通、青春建功”主题演讲比赛。

2011年，制定文化建设实施方案，成立由市局党组书记、局长王相仁为组长的廊坊市交通运输局文化建设工作领导小组，领导小组下设办公室，办公室设在市局政策法规处。明确了机关文化建设、公路文化建设、执法文化建设、廉政文化建设和道路运输文化建设的发展方向，成立了党建文化工作小组、机关文化建设工作小组、公路文化建设工作小组等10个文化建设工作小组，负责组织协调全系统文化建设工作。

图9-4-2 2011年廊坊市交通运输局代表队参加"地税杯"羽毛球比赛

党建文化工作小组。负责提升交通运输系统党员文化素养，组织党务、信息、文秘等专题培训；组织庆七一"葵花朵朵向太阳"主题教育实践活动；建立星级机关和星级窗口管理长效机制；开展红色记忆征文、书画摄影展、品读红色经典等系列党建文化活动。

机关文化建设工作小组。负责培育交通运输行政机关文化的核心价值观、加强制度建设、建立行为规范、强化安全文化建设工作、加大文化实施及硬件建设力度等工作。1987年，市局到县局逐步建立图书室、游艺室、文化室。市局建立乒乓球活动室，室外建立羽毛球、排球等体育活动场所，建立机关食堂和洗浴室等。2011年，公路处在处机关开设瑜伽课、太极课，丰富职工文化生活。2011年12月30日，组织全系统迎新年职工文艺晚会。2011年年初，工程二处建立职工书屋。2011年6月，交通局机关团委建立共青团员阅览室，局直各单位团支部自发存放图书450余本，方便职工借阅，丰富文化生活。

公路文化建设工作小组。负责营造"畅、安、舒、美"的公路通行环境，建设有交通运输文化特征的国省干线、高速公路和农村公路，拓展公路的文化内涵，以公路文化引领公路建设，追求公路与社会、自然、人的和谐统一等工作。2011年，廊坊市交通运输局在国省干线迎"国检"中取得优异成绩。公路处围绕"畅安舒美"这一中心，以打造环形亮点示范、创建鲜花景观大道、试建干线公路服务区为有力抓手，在亮化、绿化、美化上下功夫，将公路文化落实在公路管理和为民服务上（图9-4-4）；地道处找准农路文化建设方向，与儒家"水善利万物而不争，心善渊，与善仁、正善治、事善能、动善时"的精髓相结合，形成"文明服务、安全畅通"的农村公路核心价值理念和"通衢阡陌、京畿坦途"的农路文化品牌；廊沧高速公路建成通车后，围绕建设高速公路运营管理文化理念，实现由单一服务向延伸服务的转变，先后在各收费站组织开展了"微笑服务、温馨廊沧"、"建设高速公路运营管理文化理念"、"三学三促"、"六个百分之百"、"八比八看"等为主题的文明优质服务活动，促使服务形象达到熟、勤、精、诚、广"五字"规范；京台高速自开工建设以来，将文化建设与工程建设相结合，开展"文明工地"创建和"大干120天劳动竞赛"活动，把项目建设作为艺术品去创作，打造具有京台特色的工程文化建设品牌。

执法文化建设工作小组。负责树立交通运输纯洁诚信的执法形象，建立和畅高效的执法机制，弘扬和悦服务的执法精神，改善并提升执法水平，促进文明执法、和谐执法等工作。1991—2011年，采取"条块结合"的方式，针对全系统执法人员进行培训，通过法律知识讲座、专题培训、体能训练、大比武等方式提高执法人员素质，促进文明执法。2011年，路政处以开展执法培训和优化执法窗口为有力抓手，不断促进执法文化建设。组织559名执法人员观看警示教育录像，对370名治超执法人员的执法资格进行再审查，组织全市164名执法人员参加了路政业务与体能培训，对全市路政执法人员统一着装，在固定与临时治超站点公开执法程序、执法依据和执法标准，对三河、文安两个固定治超检测站抓紧建立不停车检测系统，全面推动科技治超，不断促进行业提升。

图9-4-3　2011年10月21日，《大地丰碑》摄影画册发送仪式

图9-4-4　2011年3月，机关青年走基层系列活动——青春共建绿色家园

廉政文化建设工作小组。负责建立交通运输廉政文化建设的价值体系，树立“交至廉、通至远”的核心价值观，完成“廉通你我、路畅人和”的交通运输廉政文化建设基本使命，为交通运输事业大发展夯实基础等工作。2011年，研究制定《党风廉政宣传教育工作实施方案》，制定廉政文化建设工作计划，组织廉政党课。邀请市纪委常委孙广喜同志和市检察院职务犯罪预防处处长狄文阁同志为全系统360名干部职工讲授廉政教育知识讲座。京台高速建管处结合工程建设，开展“一天一条廉政警示短信，一月一次反腐倡廉教育”活动。

道路运输文化建设工作小组。负责树立道路运输行业的核心价值，加强服务、管理、安全、窗口、品牌文化建设，制定客运、货运、场站、维修、驾培行业的文化建设保障体系，营造和谐、安全、高效、便民的道路运输环境等工作。出租车管理处稳步推进“金廊·流动风景线”行业品牌建设工作，并在国家工商总局注册。“金廊·流动风景线”行业品牌被评为全省交通运输系统十大服务品牌之一；公交处将创建“满意公交”品牌与学习郭娜陆地航空班活动（图9-4-5）相结合、与开展“创先争优月”相结合、与落实省出租公交办开展的“三学、三创”和“双十双百”工程相结合，开展“以提升服务质量、让政府放心、让市民满意”系列活动；运管处推出“幸福之旅·廊石快线”精品线路，实现“对标航空服务理念，打造高端客运品牌”目标。

图9-4-5　2011年5月16日，郭娜陆地航空班巡回报告团在市局作首场报告

职工文化活动工作小组。负责繁荣交通运输行业文化，建立交通运输系统文化人才库、成立书画协会；丰富交通运输系统广大职工文化活动，组织职工文艺汇演，建设职工书屋，举办全市交通运输系统职工运动会等工作。2011年12月6日，以廊沧高速为题材的报告文学《廊坊大动脉——来自廊沧高速建设一线的报告》刊登在《河北日报》11版（专版）。由廊坊市交通运输局筹划的第一首反映高速公路建设的歌曲《幸福大路》于2011年11月10日早6:00和晚18:55在CCTV－15“中国音乐电视”栏目播出。《幸福大路》由多次担任春晚语言类节目策划的著名相声表演艺术家闫月明作词，解放军空政文工团国家一级作曲家姚明谱曲，中国人民解放军第二炮兵歌舞团国家一级演员张华敏和武警北京总队军乐团独唱演员彭高平演唱，委托北京美丽海影视公司制作。《幸福大路》反映了廊坊南部大城、文安、霸州等当地群众对便捷交通的殷切期望，讴歌了廊沧高速建设者不畏艰难、勇于创新和甘于奉献的优秀品格。

青年文化活动小组。负责整合全市交通运输系统青年文化人才和团体，着眼于交通运输业务和青年文化建设。开办了《交通青年》双月刊电子杂志。开展了“青春献交通、先行促提升”主题演讲。举办了“爱我交通、青春建功”主题征文活动。

女职工文化活动小组。负责开展交通运输系统妇女职工“展巾帼风采”活动，发扬自尊、自信、自立、自强精神，建立巾帼志愿服务队，引领广大妇女岗位建新功、创先争优秀、积极投身交通运输妇女文化建设工作，为“提升行业文化水平”发挥半边天作用。开展了“庆三八、展巾帼风采”摄影作品、手工艺作品展，编制了《盛世巾帼竞芳菲——廊坊市交通运输系统妇女工作建设巡礼》主题画册。

综合文化活动小组。负责编写《廊坊市交通运输志》；鼓励离退休老同志撰写回忆文章，择优编辑发行；成立摄影协会、文字工作者协会，编发职工摄影集、诗文集，整合全市交通运输系统文化人才和团体，着眼于交通运输业务和文化建设，开展形式多样的文艺活动和创作活动，形成具有廊坊特色的综合交通运输文化体系。

第五章　政风行风

行风评议全称为民主评议行风,2005年起称为民主评议政风行风,是指在各级党委和政府的领导下,依靠来自社会各界的群众代表,对与人民群众生活关系密切的行政执法、经济管理和公共服务等部门和行业风气,在全面深入地调查、分析、归纳的基础上,进行公开评议,做出评价,其根本目的是促进被评议部门把纠正部门和行业不正之风工作纳入部门和行业管理,推动行业作风建设和各项事业的发展。

廊坊市交通局行风办成立之前,政风行风主要以纠正行业不正之风,消除行业内部腐败现象,抵制歪风、弘扬正气,促进"两个文明"(物质文明建设、精神文明)建设为主。

1984年,廊坊地区交通系统逐步把行风建设纳入行业管理轨道,一手抓改革开放和生产建设,一手抓全行业职工思想政治工作,坚持两个文明建设一起抓。1988年上半年,廊坊地区交通局对全区近60%的职工进行一次行风心理调查,确立了"教育是根本,关键是领导,出路在改革"的主攻方向,加强了对职工进行形势、法纪和职业道德教育。至1988年,廊坊地区交通局连续5年荣获河北省交通厅行风建设先进单位。

1997年5月,廊坊市文明委为了强化执法监督部门和服务行业的精神文明建设,组织开展了"公仆杯"、"天平杯"、"为民杯"三杯竞赛活动。廊坊市交通局在全系统认真开展了三杯竞赛活动,1997年,廊坊市交通局荣获三杯竞赛之"为民杯"金奖。1998年,廊坊市交通局荣获三杯竞赛之"为民杯"银奖。1999年,廊坊市交通局荣获三杯竞赛之"便民利民杯"优胜单位。

2002年4月,廊坊市交通局制定《2002年廊坊市交通系统民主评议行风工作实施方案》,成立民主评议行风工作领导小组,下设行风评议工作办公室。至2007年,按照省、市要求,民主评议行风工作每年1次。从2008年起,民主评议行风工作每年两次,分为上半年评议和下半年评议(图9-5-1)。

图9-5-1　2009年6月8日,全市交通系统2009年政风行风建设工作会议现场

全市47个政府部门(包括部门管理机构)、28个公益经营单位、8个行业协会、2个司法机关、7个群团组织,分为7个类别参加民主评议活动。廊坊市交通运输局属于行政执法类(14个系统)。行政执法类主要评议内容:加快职能转变,优化发展环境;提高工作质量,提供优质服务;保障改善民生,办实事解难题;大力改进作风,提升社会形象。

评议主要采取省、市、县三级联动,组织社会各界干部群众问卷评议的方法。自2010年开始,建立全省统一的民主评议员信息管理平台。参评人员从民主评议员信息库中的产业工人、农业劳动者、服务业人员、市场主体管理人员、国家机关人员、党政机关干部、群(社)团组织人员、社区居民、驻军部队人员及其他人员等10类社会群体中按比例随机选定。问卷评议由省统一组织,省、市、县分级实施。省、市两级问卷评议在"河北民主评议网"上组织进行,全程公开。县级问卷评议集中组织、现场公开结果。

评议活动结果汇总和运用。①年度群众问卷评议综合满意度。市级参评系统年度群众问卷评议综合满意度=市级该参评系统年度群众问卷评议满意度×30%+各县(市、区)该参评系统年度群众问卷评议满意度×70%;县级该参评系统年度群众问卷评议满意度=县级该参评系统上下半年群众问卷评议满意度的平均值。②年度作风整改活动成果。市纠风办以作风整改活动为主要内容,对参评系统开展民主评议经常性工作进行满意度考核。③年度民主评议总评满意度。某参评系统年度民主评议总满意度=该参评系统年度群众问卷评议综合满意度×90%+经常性工作考核满意度×10%。

2002—2011年,廊坊市交通运输局在民主评议政风行风建设中均取得行政执法类前3名的好成绩。

2004年,公路管理处、运输管理处、养路费稽征处作为参评中层科室首次参加全市中层科室政风行风民主评议。

2010年,因机构调整,路政管理处、运输管理处参加全市中层科室政风行风民主评议。

2010年7月19日,由廊坊市政风纠风办和环京津新闻网联合主办的廊坊市纠风网暨网上直通车正式上线运行。广大网民借助网络就可以把生活中遇到的问题通过“咨询”、“投诉”、“建议”、“求助”等方式与市直有关部门直接对话,达到降低问政成本和快速解决问题从而化解矛盾的目的。廊坊市交通运输局作为全市72个职能部门之一,自纠风网开通以来,针对网民提出的问题、建议、咨询集中组织力量调查,认真解答,真正做到件件有答复,事事有回音;同时,确立主管领导,明确专人负责,每天上午10:00、下午4:00查看廊坊纠风网上涉及本部门的内容,确保按时解决、答复,并将局直各部门回复纠风网问题列入年终民主评议日常考核内容。至2011年12月底,共处理各类网民提问103个,涉及交通运输系统公路工程养护维修、道路运输、出租车、城市公交、交通运输综合规划、政策法规等方面。其中咨询28个,投诉43个,建议28个,求助4个,所有问题均妥善处理,回复率和满意率均为100%。

2011年12月7日,廊坊市交通运输局在全市纠风网暨网上直通车72个职能部门中,首例组织召开行风监督员座谈会暨“网上直通车”网民见面会。市人大城工委主任罗进,市政协副秘书长冉伟标,市纠风办主任付永波,环首都新闻网暨纠风网“网上直通车”总编田志友,市交通局领导张贵江、王文生出席会议。10名行风监督员、5名网民代表和局直有关单位负责人共计30余人参加了会议。张贵江同志通报了2011年全市交通运输系统政风行风建设工作开展情况,综规处、地道处、运管处、出租处、公交处就热点问题进行了重点解答。行风监督员和“网上直通车”网民畅所欲言,对市交通运输局2011年取得的各项成绩给予了充分肯定,特别是对廊沧高速公路(廊坊段)建成通车、城市公交体制改革、出租车整体面貌的大幅提升给予了高度评价,并就市民普遍关心的公交车车次、发车时间、路线,出租车驾驶员的服务意识、客运车的运营情况等问题向相关部门建言献策。会议共收到意见和建议30余条。

第十篇 县、市、区交通运输局

第一章　三河市交通运输局

第一节　管 理 机 构

一、概述

三河市交通运输局位于三河市桃园路4号。作为政府职能部门,其主要职责:根据三河市交通发展总体布局,拟定交通发展中长期规划、年度计划;负责全市公路建设、养护和路政管理,负责客运、货运、汽车维修、客运出租、车辆检测等方面的管理;负责汽车驾驶员培训及市内客运班车的管理工作。设有10个科室,下辖9个单位。其中事业单位有运输管理站、出租车管理大队、公路管理站、路政大队和地方道路管理站。企业单位有汽车综合性能检测站、客运服务总站、交通驾校、灰石厂。三河市交通运输系统现有干部职工879名。其中在岗人员667人,离退休212人。三河市交通运输局现有党组成员5名,副主任科员1名,党员220名。

二、机构沿革及职能调整

1948年,三河县人民政府设交通科,1949年改建设科。1950年年初,建立公路管理站,负责交通安全、路政管理、公路养护维修、征收养路费、发放车辆牌照等。1957年,建养路工区,与公路管理站为一个机构。1958年2月,交通科、运输站、公路管理站合并,成立三河县交通运输局。1961年重建公路管理站。1972年,成立汽车驾驶员培训学校,隶属于交通局运输公司。1980年3月,运输站划归地区运输公司管理。至1984年年底,县交通运输局内设办公室、运输股、保卫股、财计股、人事股。下属单位有汽车队、汽车修配厂、公路管理站、搬运站、段甲岭灰石厂等。全局共有职工674名,其中局机关73名。公路管理站有维修队、公路检查站、养路道班等单位,共有职工77名,解放牌汽车1辆,"130"汽车5辆、轧路机8台,小型拖拉机11台。

1985年,取消运输股,增设企改办。1987年,增设审计股,1992年撤销。1990年,成立监察股,局下属机构有汽车队、搬运站、公路管理站、汽车修配厂、灰石厂。局机关有职工80人,全系统有职工678人。

1992年10月30日,成立公路工程公司。

1993年,三河县交通局改三河市交通局。

1996年,交通局设有办公室、财计股、人事股、保卫股、监察股,下属机构有公路管理站、运输管理站、养路费稽征站、段甲岭廊坊市三河收费站、公路工程公司、搬运站、运输公司、汽车修理总厂、灰石厂。局机关职工48人,全系统职工增至1121人。

1997年7月,工程公司从交通局划出;11月,汽修厂汽车检测线及修理车间由运输管理站经营,交通局成立出租车管理大队。1998年3月,成立法规股、三河客运服务总站。1999年7月,运输管理站成立出租公司。2002年4月9日,运输公司破产。

2002年7月23日,根据廊坊市委、市政府《关于三河市机构改革方案的通知》和三河市委、市政府《关于印发〈市直党政机构设置方案〉等五个机构改革文件的通知》,设置三河市交通局。三河市交通局是三河市政府负责全市公路建设和管理工作的部门。随着企业改革、改制的进展,对交通企业的管理进一步向政策指导、信息服务、法律监督和市场调控方面转变,最终实现与企业脱钩。

2006年10月,成立地方道路管理站。2009年11月,搬运站破产。2011年5月,内部机构由股室变为科室;8 月 19 日,三河市交通局更名为三河市交通运输局,原交通局的全部职责及建设局指导城市客运的职责,整合划入三河市交通运输局。取消国家、省人民政府、市人民政府公布取消的行政审批事项,取消公路养路费、公路运输管理费、公路客运附加费、公路货运附加费等 4 项交通规费的管理职责。

三、下属企业

公路工程公司。1992 年 10 月 30 日成立,设办公室、总务科、技术部、工程队、汽车队、机械队、基建工程队、沥青搅拌厂、农场等。1996 年有职工 105 人,其中技术员以上人员 23 名。该公司已具备对高等级公路及大中小桥涵的设计、施工和工程技术监控能力。其筑路机械有铲平机、平地机、装载机、轻重压路机、振动碾、瑞士油碾、每小时 30 吨沥青混凝土热搅机、500 吨储油罐、4500 升沥青混凝土摊铺机和其他小型机具等,固定资产总值 1400 万元。到 1996 年年底,累计修路 260 公里,总面积达 220 多万立方米。

汽车驾驶员培训学校。建于 1972 年,隶属于交通局运输公司,有教练车 12 辆。1995 年独立核算,教练车增到 35 辆,固定资产 100 余万元。工作人员 34 名,其中外勤教练 27 名。基本实现电器化教学,采用原地驾驶、场地驾驶、道路驾驶相结合的学习方式,学员业务理论学习时间 108 小时。该校主要培训大小货车驾驶员,1985—1996 年,共培训学员 51 期,培训汽车驾驶员 5000 多人。

段甲岭灰石厂。1976 年建厂,隶属于廊坊市交通局公路处。1984 年因历史原因转交给三河县交通局。主要生产销售采选石灰石、烧白灰,注册资本 114 万元,工厂地址设在河北省廊坊市三河市段甲岭。

搬运站。成立于 1971 年。1985 年以前,货物搬运以交通局所属搬运站为主,当时该站共有职工 117 人。1996 年年底,搬运站有职工 97 人,全年营业总收入 30 万元。

第二节　公　　路

三河县交通自古较为发达:秦朝,泃河已是主要水运通道;由咸阳至山海关的“驰道”从西向东横穿今县境,为陆路通要道。此后至清末,以上水、陆交通运输,除水运于明嘉靖后一度衰落外,余均经久不衰。清朝将“驰道”改建为京城至东陵的“御道”,陆路交通更是盛极一时。民国年间,泃河航运渐趋衰落,但陆路交通有较大发展,通唐公路(通县至唐山)与“御道”平行穿过本县,县城与各镇及邻县县城均有干线土路相通。新中国成立后,陆路交通运输快速发展,不但公路四通八达,乡乡有公路相通,且 1973 年修建的通坨铁路(1984 年改称京秦铁路)从西向东穿过全境,为发展三河县经济提供了有利条件。1985 年以后,三河的交通运输业取得了前所未有的发展。路桥建设 12 年累计投入资金两亿多元。至 1996 年年底,水泥混凝土路由 1985 年的 6.7 公里增加到 23.46 公里,沥青混凝土路由 157.25 公里增加到 353.63 公里,砂石路由 95.6 公里增加到 494.59 公里,分别增加 2.5、1.3、4.2 倍;改建、加固、增建永久性现代桥梁 24 座,国道、县道、乡镇路永久性桥梁由 1984 年的 31 座增加到 39 座,总长度由 1055.2 延米增加到 2307.86 延米,形成了四通八达的公路网。加上穿越三河的电气化京秦铁路、大秦铁路和 102 国道,为全市运输业大发展和经济繁荣提供了良好的条件。2011 年三河市公路情况汇总见表 10-1-1。

2011 年三河市公路情况汇总表(公里)　　表 10-1-1

道路类型	公路里程(总计)	等级公路						等外	有铺装路面(高级)			简易铺装路面	未铺装路面
		合计	高速	一级	二级	三级	四级		合计	沥青混凝土	水泥混凝土		
总计	1139.099	1139.099	32.779	36.783	125.332	97.335	846.87	—	812.638	738.271	74.367	1.379	325.082
国道	30.106	30.106	—	30.106	—	—	—	—	30.106	19.69	10.416	—	—
其中:国高网	—	—	—	—	—	—	—	—	—	—	—	—	—

续上表

道路类型	公路里程（总计）	等级公路						等外	有铺装路面（高级）			简易铺装路面	未铺装路面
		合计	高速	一级	二级	三级	四级		合计	沥青混凝土	水泥混凝土		
省道	64.481	64.481	32.779	2.245	29.457	—	—	—	64.481	58.049	6.432	—	—
县道	121.369	121.369	—	—	65.741	27.883	27.745	—	108.527	104.927	3.6	1.379	11.463
乡道	361.688	361.688	—	4.432	29.572	62.751	264.933	—	303.703	280.77	22.933	—	57.985
专用公路	—	—	—	—	—	—	—	—	—	—	—	—	—
村道	561.455	561.455	—	—	0.562	6.701	554.192	—	305.821	274.835	30.986	—	255.634

一、公路建设及线路

（一）古道

明清时期形成的以县城为中心，辐射县内外各地的古道如下：

清“御道”——京城至东陵。清康熙年间修建。西从燕郊入境，经马起乏、夏垫、泥洼铺（今黄亲庄）、白浮图、县城南关、错桥、石碑、段甲岭入蓟县界，境内全程35公里。每次皇帝路过，都得黄土铺地，清水泼洒。东陵历代皇帝、皇后洒麦秸，以便滑行，每天行程几里。慈禧陵重约20吨的龙蝠碑，从房山采石，用126匹骡马，历经73天才运到东陵。当时有人以“事物殷繁，冠盖往来，肩摩毂击，喧阗无比”来描述现实性“御道”交通运输的繁忙景象。

三平路。自秦汉始逐渐形成的古路。由县城北行，7公里至灵山，10公里至掘山头，15公里至高屯堡，20公里至平谷县（现为平谷区）城。路宽近两丈，沙土平漫，可通马车。

掘段路。掘山头村至段甲岭的砂石小道。明朝开拓时曾动用民夫上千人，开山劈岭达半年之久，才修成宽不过丈的砂石路。掘山头的石壁上曾留下“征夫修驿路，汗水似锅煮，官吏扬帆过，不知黎民苦”的诗句。

三怀路。从县城往北行，10公里至马坊，经综各庄至峪口，再北可达怀柔县（现为怀柔区）城，是隋唐时形成的古道。

三顺路。三河县城至张各庄，西行经曹庄至杨镇达顺义县（现为顺义区）。路宽丈余，沙土平漫，通马车。但中隔潮白河，夏季水涨桥撤，通行受阻。也是隋唐时形成的古道。

三宝路。从县城南行，经兰各庄、闵各庄，10公里至皇庄，转东南行，经埝头至宝坻。路宽丈余，雨季难行，是宋辽时形成的古道。

三香路。从县城西南行，经陈各庄、大曹庄、赵各庄、前丞相，至大厂镇，南行达香河县界。路宽丈余，是明清时形成的古道。

图10-1-1　2011年12月18日，三河市102国道大修工程

（二）现代道路

1. 国道

近年，三河市交通运输局分别对102国道进行了大修改造（图10-1-1）。其中：2001年，完成102国道市区段东西环岛改造和2公里辅路铺油工程。2003年，完成102国道三河段5.136公里路面冷再生大修工程，新修建102线桥梁5座。2005年，完成百米桥至段甲岭收费站段102国道冷再生大修工程，全长19.6公里。2006年，完成102国道中修工程，铺筑油面15.89万平方米，铺筑水泥路面2.19万平方米。2007年对102国道城区泃阳西大街段进行了综合改造。在2008

年北京奥运会召开前，对102国道过境段进行全面整修，对段甲岭至东外环、鲍邱河至市区分两段进行了铺装。

密涿支线（102）高速公路。密涿支线高速公路位于102国道北侧约5公里处，自西向东平行于102国道。起点位于燕郊开发区前赵村村南、诸葛店村北，终点位于段甲岭镇大九百户村北，三河境内全长32.8公里，双向四车道，2011年年底通车24公里（三河西至燕郊迎宾路段）。2005年，提出实施了密涿支线工程（102复线），通过2005年和2006年两年的不懈努力，顺利完成该工程的设计和规划任务。2007年，密涿支线高速公路项目取得突破性进展，顺利完成了密涿支线与京平高速公路对接协议的签订工作；按时完成密涿支线预可研工作报告，并通过省发改委专家组论证，为工程早日实施奠定了基础。2009年，圆满完成密涿支线高速公路项目审批工作，征地拆迁工作基本完成。路基填筑完成90%，桥梁建筑完成95%，为发展地方经济提供了可靠的交通保障。

102国道（京哈公路）。横穿三河县境内，原通唐公路。西从北京市通县（现为通州区）进入三河界（途经大厂回族自治县夏垫段），东出段甲岭镇东公乐村入蓟县境。1992年核勘此段路长36.05公里，其中夏垫段6公里，三河境内长30.05公里。1924年由京兆尹公署修通北京至三河段。1935年，“伪冀东防共自治政府”将通县至唐山段修成宽8米，两侧有路沟的交通干线。西从燕郊入县境，经马起乏、李旗庄、北关、后沿口、黄土庄、段甲岭入蓟县，境内长35公里。日军侵占期间，抗日军民曾数次火烧沿品桥，沿途挖沟，致使交通瘫痪。新中国成立后，曾因终点不同，先后称为京榆（临榆）公路、京沈南线公路，1979年后改称京哈（哈尔滨）公路。是从首都北京通往东北地区的公路交通干线。从1950年起，每年组织建勤工对路面进行整修。1956年冬，备厂料9000立方米，次年春，将三河县城至通县白庙村26公里（包括大厂回族自治县6公里）的土路改修成路基宽23米、路面宽7米、厚25厘米的泥结碎石路面。1958年春，又将县城至蓟县界长10公里的土路铺成了路基宽18米、路面宽5.5米、厚20厘米的砂石路，用石料9700立方米。当年秋又将此段路基加宽到23米。

该路原为砂石路，1971年，用渣油沥青铺筑路面，三河县成立修路指挥部，于4月1日动工。先期进入工地的有新集、沓辛屯、埝头、皇庄、夏庄、南杨庄、西定府7个公社的631名民工。4月20日，齐心庄、灵山、中赵甫3个公社366名民工进入工地。7月17日，高楼、孤山、小崔各庄、赵河沟4个公社500名民工投入施工。至9月8日，历时155天完成铺油。县城西段路面宽7米，东段路面宽6米，共用167040个工日，动用建勤车23474辆次，用渣油沥青757吨，砂石料8514立方米，石灰8992吨。

随着国民经济的迅速发展，交通运输量日益增加，据1984年统计，每昼夜机动车流量达8400辆次。1985年前，日通过三河段车辆最高量为1万辆次，1993年为1.5万辆次，1996年增加到2万辆次。

原路面狭窄，且多年失修，已不适应经济和社会发展的需要。1985年，国家决定对京哈公路北京至秦皇岛路段进行改建拓宽，并列入“七五”期间基本建设重点工程之一，分别由北京市、廊坊地区、天津市、唐山市、秦皇岛市按所辖地段相继施工。三河段西起燕郊，东至段甲岭蓟县界，全长35.8公里，内含大厂县段6公里。1986年7月1日动工，1987年10月1日竣工，共用工日152万个。整个工程由交通部第一公路工程局、大厂回族县和香河县交通局、廊坊地区公路工程队负责路面施工，县交通局负责排水工程。廊坊地区交通局公路处承担全部设计任务。工程标准分三种类型：第一类，县城和燕郊镇，按一级路面设计施工。路面总宽30米，其中快车道为水泥路面，宽12米，厚25厘米；两边慢车道各宽6米，沥青路面；快、慢车道设中间隔离带1.5米，铺水泥方砖；建地下排水沟，每25～50米建排水检查孔一座。第二类，段甲岭、李旗庄两处，按一级路面设计施工。路面总宽24米，其中快车道宽9米，慢车道每边宽6米，全部沥青结构，分两层铺筑，每层厚8厘米；两侧各铺水泥方砖人行道1.5米。第三类，城镇郊外段，按二级路面设计施工。路面总宽18米，其中快车道宽9米，每边慢车道宽4.5米，沥青结构，不设人行道。

由于设计标准低，加之迅猛增长的交通量，致使道路不堪重负，路况与日俱下。两侧慢车道因其面层是3厘米表处结构，承受大吨位车辆重负破损严重，坑槽、拥包连绵不断，补不胜补，严重影响车辆正常行驶。为此,经交通部审批,河北省交通厅投资,于1995年4月1日再次改建。参加施工的单位有廊坊市交通局工程一队、工程二队,三河市公路管理站等。经半年多紧张施工,10月15日全线竣工交付使用。此次改建是将原来不能承载重型车辆的慢车道按一级路的标准设计施工,分水泥混凝土路段和沥青混凝土路段两种。其中燕郊镇3.6公里和三河城区3.1公里路段,废除6米慢车道和1.5米的隔离带,改为15米宽的水泥混凝土路面,保留原12米宽的水泥混凝土路面,使路面净宽达到27米。段甲岭收费站路段0.4公里,用强度等级32.5的水泥做23厘米厚水泥混凝土路面,破除旧路基深开槽,做二层灰土深33厘米,分层压实度为97%。

后来,又分别对102国道进行了大修改造。其中:2001年,对102国道三河市区段东西环岛改造和2公里辅路铺油。2003年,完成102国道三河段5.136公里路面冷再生大修工程,新修建102线桥梁5座。2005年,完成百米桥至段甲岭收费站段102国道冷再生大修工程,全长19.6公里。2006年,完成102国道中修工程,铺筑油面15.89万平方米,铺筑水泥路面2.19万平方米。2007年,对102国道城区泃阳西大街段进行了综合改造。在2008年北京奥运会召开前,对102国道过境段进行全面整修,对段甲岭至东外环、鲍邱河至市区分两段进行了铺装。

2. 省道

平香公路。北起平谷区平三公路冀京交界处,南至与香河交界处,全长31.7公里。2003年,三河市交通局实施了平香路升级改建工程,将31.7公里平香公路由县道升级为省道。2009年,完成平香线南段大修工程(北起南关大桥,南至昝辛屯市场,向南由大厂交通局承接实施),全长16.629公里。

3. 县道

新中国成立后,经过改建,至1954年年底,共有县级公路6条,全长87.8公里。1984年,三河县道有三平路、三香路、厂新路、燕灵路、段蒋路、三马路(《三河县志》误记为乡镇道)、福康路共7条,因质量差、标准低,路面形成"当年修、二年补、三年行车如跳舞"的状况,此后,均进行了翻修、改建或延长路段。另有杨李路经整修于1985年升级为县道。1994年,修建通往首都机场的燕顺路。县路达到9条。2004年,改扩建侯谭线,长21.7公里;改扩建6.867公里蒋谭线三期。2005年,完成4.2公里的李大线改建。2006年,改建李大线4.93公里。2007年,对马皇线5.8公里进行大修。2010年,李大线改建;同时对新庞路2.77公里进行改建。

三平路。原为县城至平谷县的古道,南起三河城东后沿口村北102国道,北经掘山头村西入北京市平谷县界。三河境内长9.8公里,路基宽12米,路面宽9米,是三河市通往平谷县的重要交通线。由于该路超期使用,加之路况先天不足,路面经常出现沉陷、搓板和坑槽。1935年,修成路基宽6米的公路。1939年,又展宽到9米。新中国成立初期,对境内10公里路面进行了整修。1956年春,修成路基宽11米、路面宽5.5米的砂石路,共用砂石料6000立方米。1973年4—7月,改建铺油,新路路基宽12米,路面宽6米。路基共动土方72203立方米。路肩动土方10037立方米,灰土22711立方米,油面59100平方米,投用51656个工日,成为县城通往灵山乡至平谷县的交通要道。1994年,进行了全线翻修,3月10日开工,10月30日竣工。

三香路。三香路是三河连接香河县,去廊坊、天津的一条重要公路。北起三河城区南关桥向南经杨庄、皇庄两镇,于皇庄西十字路口西折到西定府村南,南折过昝辛屯进香河县界。三河境内长19公里,其中三河至皇庄段称为三皇路,长10公里。新中国成立后废原线建新路,途经南关、中门庄、杨庄至皇庄镇,再西行至西定府乡,再南拐跨桥河桥,经昝辛屯,至潮白河故道进香河界,境内长19公里。1974年改建为沥青混凝土路,路基宽10~12米,路面宽6米,为沥青表面处治的三级公路。此后,由于超周期使用,加之南段昝辛屯至香河界地势低洼,春季返浆拥包连片,车辆行驶极为困难。1993年,投资109万元,大修6.5公里,当年7月5日开工,10月10日竣工。

厂庞路。厂庞路原名新厂路,由三河新集镇西行通往大厂回族自治县城。新集往南3.975公里土路通往宝坻县庞各庄,雨季泥泞,严重阻碍交通往来。1985年,采取由受益乡镇集资、交通部门筹资和国家补助相结合办法,解决了修路所需29.7万元资金,工程4月25日开工,8月15日竣工。

新路从新集镇往南经大罗村东南与宝坻县庞各庄公路接通。是年5月，经廊坊市公路处批准，将原新厂路改名为厂庞路，三河境内长18.5公里。1996年，对该路新集至皇庄段13.107公里进行了大修改建。

燕山路。燕山路原名燕灵路，1984年10月，经廊坊市公路处批准改名为燕山路，全长30.8公里，由燕郊四街为起点，经过中赵甫、高楼、小崔各庄、小五福、赵河沟，至灵山与三平路交会。自1977年建成三级沥青混凝土路以来，由于交通量大使路面破损逐年加大，有的路段甚至举步维艰，故于1988年4月1日—9月19日对K16+500~K21+500处进行大修补强工程。这段路基结构以煤矸石为底层，由于施工中期正值雨季，造成基层煤矸石松软，导致油面散花裂缝，故只得按照破损程度分期分段逐年改造。1989年，安排了由燕郊至北巷口共7公里西段大修，路面由6米加宽到7米。1990年，又大修了桩号从K9+500~K16+500处，路段长7公里，于4月12日动工，9月5日竣工。1993年3月21日—6月5日，对桩号K27~K30+300路段进行了大修。

段蒋路：段蒋路是指由段甲岭镇北至蒋福山的山区公路。蒋福山是本县的唯一山区乡，过去交通闭塞，只有羊肠小路通往山外，货物进出只能靠人背、驴驮，许多人终生没出过山，给山区人民的物质和文化生活带来了很多困难，也影响了山区的经济发展。新中国成立后，修了蒋福山至段甲岭的马车道。1958年，由段甲岭、蛮子营（今山河营）、蒋福山等乡出动民工500名，对原大车道进行了整修。共用时工3617个工日，壮工1.42万个工日，动土3.70万立方米、块石4703立方米，修成了路基宽3~8米不等，全长10公里的简易公路。1964年，改修成过渡性的碎石路面。但少于20米半径的弯曲路段有10处，大于8%的纵坡有25处，危险难行。1976年6—9月，由县农建兵团施工，用工9.5万个工日，投资10万元，修建了长8公里、路基宽8.5米、路面宽6米的油渣路。八百户水库以南，路基宽10米，路拱3%，边坡1:1.5；八百户水库至蒋福山路段，路基宽8.5米，路拱3%。每二三百米长做排水沟。急弯险坡处和纵坡较大的地方，路基加宽，处侧路肩加高，加砌安全墙。山区公路的建成，为山区经济的发展、落后面貌的改变开辟了新的途径和条件，开山采石、建窑烧灰等工副业生产和林果、药材等多种经营，都有很大发展。1978年10月1日，蒋福山乡首次通了开往北京的公共汽车，一些从来没出过山的老人也进城进京见了世面。但有些路段被砂石堆料场侵占，加上开山放炮，石块乱砸，路面损伤严重。为改善路况，1990年9月2日—10月16日，进行了路面补强工程。1997年，对该路再次进行大修，段甲岭镇出部分石料，由廊坊市公路管理处投资179万元。此路大修后，为山区开发、与平原的沟通开辟了通途。

福康路。又名煤矿路，南从大厂回族自治县小定福庄接102国道，经齐心庄、康家湾与燕山路相连，北段另有路通达三河煤矿，全长6.3公里。三河境长3.8公里，其余2.5公里段归大厂县管辖。于1969年修成路基宽12米的土路，1970年铺筑7米宽的砂石路面，福康路1975年改建成沥青混凝土路，为表面处理三级路。是本县中部齐心庄等乡、三河煤矿及大厂县部分村庄，连接京哈路和燕灵路的重要交通线。因超周期使用，导致破损严重，为改善交通状况，1996年5—7月，进行修补，路面封层，使旧路变为新路。

杨李路。由杨庄经付辛庄、翟各庄往北达102国道李旗庄镇段，路面宽6米，全长14公里，原为乡级公路。1976年，采用民工建勤的方式修建，翟各庄以北至李旗庄4.3公里是1984年由国家补助、受益单位集资的办法修建的，其标准为沥青混凝土三级路，总投资37万元。1985年，经廊坊公路管理处批准升为县级路。此路分为两段：杨翟段原无公路，1976年，将杨翟渠弃土平整，建成土路，当年12月铺油，路基宽10米；翟李段原有土公路，1984年10月，经裁弯取直并铺油，路基宽8.5米。此路于杨庄处与三香路相接，于李旗庄处与京哈路相通。

三马路。三河县城至平谷县马坊镇，原为古路，经由县城北小阎各庄、沟北至马坊。1952年，改线整修，由冯庄子西往北，经赵河沟至马坊，路基宽7米。1972年，修成碎厂路面，路基宽8.5米，境内长7公里。1985年，采用受益乡镇、厂集资和国家补助的投资方法，将原砂石路改建为沥青混凝土路，7月20日开工，10月12日竣工。

燕顺路。南起102国道，北至后赵村顺义县邻界，全长12.7公里，宽24米，沥青混凝土结构，为燕郊经济技术开发区去往首都机场的重要通道，于1993年、1994年分两期建成。是县路中标准最高的。

三皇路。三河县城至皇庄，长10公里。1951年，对该路段进行整修，路基拓宽至12米。1958年，改建成砂石路，路基宽15米，路面宽5.5米。1974年4—7月铺油，路基宽10～12米，路拱度2%，路面宽6米，油面厚2～2.5厘米。皇庄至西定府段，与新厂路并线。西定府至643辛屯南县界段，原无公路，1972年将旧干渠平整成土路，两段共长9公里。1975年4—8月铺油，路基宽10米，路面宽6米。此路延伸到香河安平镇与京津公路相接。是本县县城与杨庄、皇庄、西定府、643辛屯等乡镇相通的干线。并为县城通往廊坊、天津的交通要道。

新厂路。由新集镇经埝头、皇庄、西定府西行至大厂县城，境内长15公里。新集至皇庄段10公里，原土公路路基低洼，晴天尘土飞扬，雨雪天泥泞难行。1963年，备砂石料6445立方米，于1964年3月5日开工，组织15个公社1000余名民工，以10天时间，完成15140立方米的加高路基的土方工程。后又组织6个公社200名民工，用44天时间，12960个工日，完成了砂石路的改建工程，初步改善了交通状况。1977年3—10月铺油。皇庄至大厂，原有从皇庄起经白庄旧桥至大厂县刘各庄、小务、小厂村的大车道。1975年4月，裁弯取直，修建由皇庄经白庄新桥，往西直通大厂的新公路，并铺油。此路为西定府、643辛屯等乡镇的交通枢纽。

燕灵路。由燕郊镇往北经中赵甫、东、北行至高楼镇，再东行经小崔各庄、小五福、赵河沟至灵山，计程30公里。燕郊至高楼段，新中国成立前有大车道，1970年铺砂石。高楼至小五福段，1970年修成公路，1974年铺砂石，经中潭村往南通李旗庄，称为高李路。1975年，修通小五福至灵山段，与高李路连接，统称燕录路。1977年投资55.3万元，全线铺油。此路南端与京哈路相连，东端与三平路接通，是高楼、孤山、中赵甫、小崔各庄、小五福、赵河沟等乡镇通往北京和县城的交通干线。

1996年三河市县级公路情况见表10-1-2。

1996年三河市县级公路一览表 表10-1-2

公路名称	起止终点	总里程（公里）	境内里程（公里）	路面宽度（米）	路面种类	等级	主要途经地
三香路	三河—香河	35	19	6	沥青混凝土	3	中门庄、杨庄、皇庄、西定府
三平路	三河—平谷	20	9.8	9	沥青混凝土	2	沿口、灵山、东高村
三马路	三河—马坊	9.5	7	6	沥青混凝土	3	大闫各庄、大西河沟、赵河沟、石道庄
厂庞路	大厂—庞各庄	19.63	18.5	6	沥青混凝土	3	刘各庄、西定府、皇庄、新集
燕山路	燕郊—灵山	30.8	30.8	6	沥青混凝土	3	中赵甫、高楼、小崔各庄、赵河沟
杨李路	杨庄—李旗庄	14	14	6	沥青混凝土	3	小闫各庄、王附田、田村、翟各庄、何屯、西辛店
福康路	小宝福—康家湾	6.3	3.8	6	沥青混凝土	3	小旗盘、齐心庄、马庄
段蒋路	段甲岭—蒋福山	8	8	6	沥青混凝土	3	前蒋福山
燕顺路	开发区—顺义	30	12.7	24	沥青混凝土	3	

4. 乡道

新中国成立以来，改建和新建的连接国道、县道的乡镇道主要有9条，全长71.5公里。1984年，全县有乡镇道8条。此后，杨李路于1985年升为县级道。高翟路于1993年7月由村街路升级为乡镇道，乡镇道仍为8条。其中4条路路面经修建质量提高，另4条路养护使用无大变化。2000年，建成杨庄装订城一期公路工程7000平方米，东柳河屯村路2公里10000平方米，李翟路铁路立交桥引道工程，燕郊北环岛工程15000平方米。2001年，完成新集镇行仁庄村路8000平方米，杨庄装订城中国青年出版社油面工程4399平方米，燕郊开发区路铺油17万平方米。2007年，完成密三路改建工程2.6公里；完成新集镇府前街改建工程1.7公里；完成泃阳西大街改造工程1.2公里；完成皇庄镇政府路改造工程1.7公里。2008年，完成李翟路改建工程4.06公里；完成李中路改建工程5公里；完成段蒋路改建工程8.04公里；完成南外环西延工程路基900米、路面500米。2010年，完成黄闵路改造工程、平香线至错化路工程、火车站至小王庄工程、平香线至小窝头工程和蒋谭线至北务村改造工程。

高孤路。高楼镇至孤山乡，为燕灵路支线，长5公里，原有乡村土路，1977年，修成渣油路面。西北延伸与顺义县的公路相接。但孤山往北至东南各庄入顺义县2.6公里段仍是土路。1987年，经两县领导协商，将此段改修为沥青混凝土路，由顺义县负责修1公里，其余1.6公里由三河修筑，并将该路命名为三顺友谊路。5月开工，8月20日竣工。

三夏路。三河县城通往夏庄的土公路，全长12公里。原有土路，1971年整修加宽，仍为土路。

李中路。李旗庄至中潭，南与京哈路、北与燕灵路相连，是连接102国道和燕山路的南北走向通道，长5.5公里，1971年整修为碎石路面。1985年，由廊坊公路管理处和地方共同集资，将该路修筑成沥青混凝土路。

蒋灵路。蒋福山至灵山的山区公路。新中国成立前有羊肠小路，1976年春—1977年秋修成能通车的碎石公路。全长7公里，路基宽4~6米。

蒋东路。蒋福山通往东八里沟村的山区碎石公路，长10公里，宽3~6米不等，1976年以原人行路修建。

刁桥路。从新集镇刁庄至桥头村，长7公里，路基宽10米，是1974年修成的土路。1987年改建成碎石路面。

夏高路。南由大厂县夏垫镇北坞村起，北经乔官屯村至高楼镇，全长6公里（含大厂回族自治县2公里土路），三河境内为碎石路面。此路南接102国道，北通燕山路，1951年修成，是两路间一条简便通道，损坏严重。

高翟路。由泃阳镇高各庄至翟各庄，长5公里，原为村街路，1993年7月修建成碎石路后升级为乡镇路。1996年9月，由泃阳镇政府投资56万元，改修成宽4.5米的沥青混凝土路。

5. 村道

1996年年底，三河市395个行政村街共有道路2179条，总长1107.3公里。其中水泥混凝土、沥青混凝土和砂石路面占总长度的56.6%，多为1993年下半年—1996年实施小康村街建设道路硬化时所修筑；土路占总长度的43.4%。2000年，完成小石庄村路9000平方米，北城市场4950平方米，燕郊砖厂路3920平方米。2002年，承担了镇村公路建设燕灵路一期改建工程。新修镇村油路64条，长69.25公里，面积30万平方米，受益村街达90多个。2003年，完成村村通工程30.4公里。2004年，完成村村通油路工程80.3公里。2005年，完成村村通油路工程24公里。2006年，完成村村通油路工程58.5公里，实现了全市395个行政村，村村通油路的工作目标。2007年，完成村村通油路工程33.5公里。2008年，完成村村通油路工程21.4公里。2009年，完成村村通工程7项，共计26公里。2011年，高标准、高质量地完成70条132公里的农村公路建设任务。

水泥混凝土路。1986年4月，马起乏村在全县村街中率先修筑了一条长2000米、宽6米、厚18~20厘米的水泥混凝土村路。此后至1996年，先后有王各庄、南黄辛庄、盛屯、燕郊三街、小张各庄、西小胡庄、刘斌屯、半壁店8个村街，修筑长短不一水泥混凝土路24条，共长16.36公里，占全市村街路总长度的1.5%。

沥青混凝土路。1985年，灵山乡双村经与县公路管理部门协商，由双村集体出白灰、石料和部分劳动力，县公路管理部门负责沥青混凝土并设计施工，建成全县村街第一条长2000米、宽5米的沥青混凝土村路。1986—1992年，先后有马起乏、行宫、南曹庄、大罗庄、杨庄等47个村街修筑了69条、长33.48

公里的沥青混凝土村路。此后，结合小康村街建设实施道路硬化，又有72个村街修筑沥青混凝土村路。至1996年年底，142个村街修筑长短不一沥青混凝土路224条，共长140.6公里，占全市村街道路总长度的12.7%。

1996年三河市各镇区所辖行政村街道路情况见表10-1-3。

1996年三河市各镇区所辖行政村街道路情况表 表10-1-3

项目 镇区	所街辖 村数	村街路		村街路分类										
				水泥混凝土			沥青混凝土			砂石			土路	
		条数	长度 （万米）	条数	长度 （米）	投资 （万元）	条数	长度 （米）	投资 （万元）	条数	长度 （米）	投资 （万元）	条数	长度 （米）
泃阳镇	48	240	11.63	—	—	—	93	50250	330.4	61	38450	55.4	86	27600
李旗庄镇	32	143	6.67	—	—	—	7	2800	17.5	21	11390	18.4	115	53410
燕郊开发区	8	38	2.34	12	8520	139.7	9	4880	78.5	12	10000	18.3	—	—
燕郊镇	45	206	20.98	12	7840	75.2	29	23100	117.20	88	68500	102.35	77	110360
高楼镇	39	161	6.88	—	—	—	22	18220	27.60	11	5700	9.80	128	44880
齐心庄镇	35	222	9.27	—	—	—	2	1000	1.7	99	45700	52.90	121	46000
黄土庄镇	39	141	6.54	—	—	—	18	17300	25.40	112	43800	34.40	11	4300
段甲岭镇	26	135	5.13	—	—	—	23	8650	179	94	35150	15.10	18	7500
杨庄镇	36	195	9.25	—	—	—	9	6000	16.5	107	57900	93.90	79	28600
皇庄镇	49	375	15.51	—	—	—	3	2000	9	207	94500	161.90	165	58600
新集镇	38	323	16.44	—	—	—	9	6400	35.70	93	58700	129.50	221	99300
合计	395	2179	110.64	24	16360	214.9	224	140600	839.50	919	469790	691.95	1021	480550

砂石路。1978年以来，共有361个村街修建长短不一砂石路910条，共长469.79公里，占全市村街道路总长度的42.4%。其中1993—1996年实施小康村街建设所修部分占十之六七。

6. 城区公路和园区公路

1985年以来，三河城区道路随北城开发和南城进一步改造大发展。至1996年，城区道路由1984年的主次干道10条、6978米分别增加到22条、39130米。2005年，完成市迎宾路综合改建工程，工程全长3.02公里。2006年，完成南环口改建工程，总面积11410平方米；完成杨庄印装园区路工程，全长3.646公里。2009年，完成南外环改造遗留工程，全长1.39公里；完成贤人街西延工程0.8公里。

7. 专用路

进站路。城东南京秦线铁路三河火车站进站路，原为东环路向南东折南转进站（2330米），后改为北起市区南外环路，至火车站长600米，宽40米。1995年拓宽改建为沥青混凝土路。南外环路向北与102国道相连。

发电厂立交桥引道。发电厂立交桥引道是横跨102国道的专用路，属一级沥青混凝土路工程。引道建于102国道桩号K38+100~K40+212地段，主体立交道全长564.28米，引道长1552米，其中西引道长530米，东引道长1022米；路面宽21~23.5米。工程于1996年6月20日开工，10月25日竣工。

三河市部分年度道路情况见表10-1-4。

三河市部分年度道路情况表　　表 10-1-4

项目/年度(年)	合计	按管理性质分(公里)						按路面种类分(公里)			
		国路	县路	乡镇路	村街路	专用路	城区路	水泥混凝土路	沥青混凝土路	砂石路	土路
1978	807.28	29.8	85.6	58.7	627.5	0.93	4.75	—	156.08	40.3	610.9
1980	1086.78	29.8	85.6	58.7	907.0	0.93	4.75	—	156.08	54.7	876.0
1985	1271.81	29.8	110.9	51.7	1071.5	0.93	6.98	6.7	157.25	95.6	1010.26
1986	1295.61	29.8	110.9	51.7	1095.3	0.93	6.98	8.7	172.05	110.4	1004.06
1987	1297.01	29.8	110.9	53.1	1095.3	0.93	6.98	8.7	186.45	121.8	980.06
1988	1297.01	29.8	110.9	53.1	1095.3	0.93	6.98	10.62	197.55	137.6	951.24
1989	1297.01	29.8	110.9	53.1	1095.3	0.93	6.98	10.62	208.35	151.6	926.44
1990	1297.01	29.8	110.9	53.1	1095.3	0.93	6.98	12.62	221.05	163.2	900.14
1991	1297.01	29.8	110.9	53.1	1095.3	0.93	6.98	14.12	231.65	177.5	873.74
1992	1301.81	30.05	110.9	53.1	1095.3	0.93	11.53	18.12	241.99	188.54	853.16
1993	1312.18	30.05	110.9	58.1	1095.3	0.93	16.90	18.86	270.43	267.5	755.39
1994	1317.78	30.05	110.9	58.1	1095.3	0.93	22.50	18.86	289.53	437.52	571.87
1995	1340.99	30.05	110.9	58.1	1107.3	0.6	34.04	19.36	328.34	486.88	506.41
1996	1360.63	30.05	123.6	58.1	1107.3	2.15	39.13	23.46	353.63	494.59	488.65

8. 桥涵

1984 年,三河县境内共有永久性桥梁 32 座(不含村街坑塘沟渠小桥),总长度 1075 延米。1985 年后改建、增建现代桥梁 24 座,至 1996 年年底,境内共有永久性桥梁 39 座、总长度 2307.86 延米,比 1984 年增加现代桥梁 7 座,总长度增加 1.15 倍,确保了全市交通道路的四通八达。2002 年,修建长 96.75 米大型桥 1 座。2003 年,新修建 102 线桥梁 5 座。2004 年,对李丙全立交、南关立交、燕郊立交进行维修。其中:整修南关立交桥护坡 972 平方米,更换自动化 8 寸(1 寸 =3.3333 厘米)潜污泵 1 台;整修李丙全立交护坡 3122 平方米,安装 8 寸自动化潜污泵 1 台、6 寸水泵 1 台、80 千伏变压器 1 台;整修燕郊立交护坡 1906 平方米,更换自动化潜污泵 1 台。对 3 座立交桥都进行了彻底清淤和管道维修。2007 年,投入专项资金对平香线小朱庄危桥进行了加固维修,对 102 国道电厂桥桥面破损进行了修复。2010 年,完成南庄桥维修加固工程、幸福渠桥和东渠头桥拆除重建工程。2011 年,入夏后对县道马皇线、蒋谭线盛家屯桥、皇庄龚庄子至西达屯段进行抢修。

盛家屯桥。该桥坐落在盛屯村东燕山路幸福渠上,1985 年改建。桥总长 57 米,宽 7 米,上部为双曲拱、下部为石台。荷载为汽—13,拖—60。

沿口桥改造。102 国道上的沿口桥位于城东环岛东侧,横跨泃河,新旧两桥并连而立。两桥分别建于 1963 年和 1977 年,旧桥宽 7.8 米,新桥宽 8 米,长度 138.12 米。由于使用时间久,原桥墩帽梁与 T 形梁板接触垫的油毛毡失效,旧桥的个别桥墩和桥台较单薄,故需要更换支座和加固桥墩和桥台。1995 年,加固改造后两桥连为一体,取消隔离带,宽 15.8 米,人行道每边宽 0.75 米,荷载为汽—20,拖—100。1995 年 7 月 10 日动工进行加固改造,10 月 30 日竣工,历时 110 天。

三河发电厂铁路立交桥。该桥坐落在 102 国道。桥长 564.28 米,宽 23.5 米。自 1996 年 2 月 24 日动工,10 月 1 日竣工,由廊坊市交通局第一工程队施工。荷载为汽—20,拖—120。

三河市桥梁建设情况见表 10-1-5。

三河市桥梁建设情况表

表 10-1-5

桥梁名称	桥长	桥面宽(米)		荷载(吨)		建成时间(年)	跨越河、渠、路
	全长(米)	净宽	人行道	汽—X	拖—X		
燕郊西立交	18.45	24.6	—	20	120	1989	102 国道辅线
电厂立交	564.28	23.5	—	20	120	1996	电厂铁路越 102 国道
尹家沟桥	26.5	21.4	—	20	100	1987	尹家沟
大定福庄桥	9.24	21.45	—	20	100	1987	牛道沟
幸福渠桥	23.37	21.3	—	20	100	1987	幸福渠
定福定桥	28.06	21.5	—	20	100	1987	红娘港
沿口桥	138.12	15.85	0.75×2	20	100	1963 1955	泃河
黄土庄西桥	9.24	21.35	—	20	100	1987	西小河
黄土庄东桥	12.14	21.35	—	20	100	1987	东沟子
小九百户桥	16.7	21.35	—	20	100	1987	小沟子
东公乐西桥	16.06	27.4	—	20	100	1987	干沟
东公乐东桥	21	24.45	—	20	100	1987	东沟
桥河桥	44	9.7	—	13	60	1975	鲍印河
东关桥	53.9	90	—	20	100	1990	红娘港
南关桥	48.0	8	1×2	15	80	1976	红娘港
油库院桥	44	5.2	—	10	50	1986	红娘港
滨河院桥	44	7	—	10	50	1988	红娘港
红娘港下口库桥	12.4	24	—	20	100	1990	红娘港
皇庄西桥	11.9	9	—	13	60	1978	三皇排渠
小朱庄桥	23.5	7	—	10	50	1976	鹔池河
大西河沟桥	11.2	8.4	—	10	50	1974	赵河沟库
小清河桥	28.5	6.85	—	13	60	1970	小清河
白庄桥	70	6	—	10	50	1975	鲍印河
埝头桥	176	6	—	15	80	1972	引泃入潮
大在马鹄桥	25.5	6.85	—	10	50	1976	大堡庄排渠
刁庄桥	10.4	6.5	—	10	50	1975	排遣水渠
翟各庄	20	6.4	—	10	50	1980	李翟渠
马各庄南桥	32.4	7	—	15	80	1975	杨翟渠
盛家屯桥	57	7	—	13	60	1985	幸福渠
贾官营桥	29	7	—	13	60	1973	鲍邱河

续上表

桥梁名称	桥　长	桥面宽(米)		荷载(吨)		建成时间(年)	跨越河、渠、路
	全长(米)	净宽	人行道	汽—X	拖—X		
中潭桥	28	7.85	—	13	60	1969	红娘港
赵河沟桥	9	9.8	—	13	60	1976	赵河沟水库
孟各庄闸桥	80	6	1×2	13	60	1976	泃河
西定府桥	12	15	—	20	100	1988	陈司渠
开发桥	108	14	2.60×2	15	80	1992	泃河
贤人桥	109	11	1.70×2	15	80	1993	泃河
昌盛桥	111	11	1.70×2	15	80	1995	泃河
北外环路东桥	112	21	2.75×2	20	80	1997	泃河
北外环路西桥	114	21	2.75×2	20	80	1997	泃河

三河境内主要公路共有涵洞231个,其中1984年之前修建191个,1985—1996年修建40个。其分布为102国道26个,三马路16个,福康路4个,三平路14个,厂庞路31个,杨李路31个,段蒋路9个,三香路38个,燕山路58个,进站路4个。

二、公路养护管理

2000年,完成102国道大修工程247000平方米,小修挖补4478平方米,维修桥梁15座1594.7米,维修涵洞24道,油粉刷花坛环岛912.8平方米,刷白路树15800棵,油刷护栏7852米,植树8075棵。完成燕灵路、三皇路、高孤路等县乡道路挖补2376.84平方米,垫坑槽翻浆10177平方米,修复水毁303立方米、21.4公里。路政管理方面,制止违章建筑1处、18平方米,清理非公路标志1496块,清理摊点1176处,清理过街段堆积物15606立方米。

2001年,完成国省干线小修挖补1763平方米,抢修路基水毁218立方米,完成了8900棵行道树、3500米花墙、11座桥梁、1100根(块)三桩三碑及4个立交桥桥墩、20个花坛的油粉刷工程。完成地方道路小修挖补600平方米,路基路肩标准化整修48公里,抢修水毁800立方米,维修小桥涵19座(道),补埋百米桩、里程碑360根(块),补植路树1727棵。完成燕山线、三平线、三皇线坑槽铺填和三香线路树、标志、桥涵、排水明沟油粉刷工程。路政管理清除堆积物1167处,计3567立方米,拆除私搭乱建34处,计340平方米,清理私设摊点1704处,拆除非法标志牌1824块。

2002年,全年完成国省干线和地方道路小修挖补4343平方米,治理地方道路路面病害3000余平方米,标准化整修44公里,抢修路基水毁400立方米,维修桥梁76座,补换里程碑、警示桩3109根(块),修补花墙200米,实现国省干线常年无坑槽,国道102线好路率达95%以上。路政管理全年共清理堆积物1325处,清理摆摊设点1122处,处理路政案件17起,超限运输治理卸载砂石料12541吨。

2003年,102线完成小修挖补4580平方米,整修绿化平台183公里,清扫路面5511公里。全年国省干线和地方道路共完成清理垃圾3024立方米,修剪草皮1500平方米,栽植花、树5000棵,完成马皇线小修挖补1350平方米,燕灵路垫坑槽12.5公里,加固维护桥梁3座,维修涵洞11道,维修标志1563块。共清理摊点1028处,清理非法标志牌1435块,清除堆积物600处、1891立方米,拆除违章建筑300平方米,处理路政案件44起。

2004年,完成总长16.115公里的平香线中修挖补罩面工程,完成邵道庵至皇庄街里1.722公里县级路大修改造工程,完成1.189公里科技路大修工程。完成李秉全立交引道工程和南关、李秉全两地的立交排水工程。完成平香线31.7公里绿化工程，栽植乔木2.57万棵、灌木13.6万棵。完成蒋谭线绿化植树3699株，完成对102线两侧路树、桥涵、构造物及沿线标志的油粉刷，防治102国道粉尘污染。完成干线公路挖补3440平方米，县道挖补3370平方米，清理国省干线和地方道路明沟7900延米，清运垃圾9000立方米，整修路肩绿化台370.98公里，清扫路面17680公里。

2005年，年内清扫干线公路14000公里，整修路肩边坡及绿化台305.72公里，小修挖补4.05公里，维修标志687根（块），恢复水毁218立方米，清运垃圾2310立方米，清理明沟10.97公里，粉刷路树13525株，维修花墙171.1米，新建花墙134.3米，102线绿化补植桧柏1200棵。

2007年，共清扫国省干线公路16147.3公里，整修路肩、边坡及绿化台461.6公里，修复水毁4451立方米，清运垃圾10378立方米，清理明沟56.2公里，春季绿化补植路树306株。处理路政违法案件16起，查处超限和撒漏运输车4万台次，清理非公路标志牌343块，清理摊点399处。强化农村公路管理，挖补蒋谭线9000平方米，挖补农村公路5000平方米。

2008年，国省干线保洁清扫17864千米，清理垃圾6160立方米，清理明沟19.2公里，整修绿化台、边坡及路肩395.55千米，整修破损路面5440平方米，县道路面清扫9049平方米，处理破损路面1430平方米，绿化整修路树9800棵，恢复水毁1538平方米，维修桥涵9座。加强美国白蛾疫病防治，对国省干线实施4遍次药物喷洒，投资3.8万元。加大国省干线路政管理力度，对公路违规问题进行治理。清理堆积物151处、645立方米，清除非公路标志367块，收缴赔补偿费41.9万元；在治超工作中，共检查车辆6万余辆，查处超限、超载车辆1.05万辆，卸载货物14.3万吨。

2009年，累计挖补干线公路2.77万平方米，清扫国省干线公路13815公里，整修路肩、边坡及绿化台214.55公里，清运垃圾6500立方米，疏通排水沟13.66公里，维修花墙挡墙61处，绿化管护419公里，刷白路树9120棵，粉刷桥梁17座。加强公路综合治理，清理堆积物117处，清理非公路标志牌117处，清理摊点473处。

2010年，累计挖补干线公路2.76万平方米。其中挖补102国道1.2万平方米，挖补县道蒋谭线、马皇线、段蒋路1.56万平方米。共清扫国省干线公路7646公里，整修路肩、边坡及绿化台419.15公里，清运垃圾8720立方米，疏通排水沟30公里，维修花墙挡墙76处，刷白路树12928棵，粉刷桥梁28座，维修标志310根，油粉刷花墙挡墙9495米，油粉刷标志1207根。加强公路综合治理，清理堆积物112处，清理非公路标志牌284处，清理摊点402处。严格超限治理，累计检测车辆90639辆，治理超限车辆14867辆，卸载超限车辆14857辆，卸载99510吨。

2011年，国省干线路面清扫每天1遍次，清运垃圾5121立方米，整修绿化台、边坡505公里，疏通排水沟24.1公里，维修花挡墙60处，补植行道树1171株，绿化管护122公里。在三河市新、改建农村公路重要出入口和危桥两侧设置限宽设施，该项工程涉及全市10个乡镇，共设置81处，有效延长了公路使用年限。

第三节　运　输

一、工具

1. 种类

人力车。1985年以来，随着农村家庭承包经营制的实行，铁木架独轮手推车、铁木架双轮车以其便利农作、置备成本低而成为农家主要运输工具。1989年，这两种运输工具全县每年浮动于6万辆左右。20世纪90年代后，随着经济收入不断增长，机动车大量增加，人力手推车、双轮车呈减少趋向。1996年，仅存七八千辆。

自行车。以其使用轻便、灵活，既可代步又可载物，深受广大群众欢迎。1985年年底，全县拥有自行车17.5万辆。此后，随着经济的发展和人们收入的不断增加，城乡居民几乎每户都置有两三辆自行车。

1996年年底，全市拥有自行车二十五六万辆，且多为新车。

畜力车。20世纪80年代初中期，以骡、马、驴、牛牵引的畜力车成为农村的主要运输工具。小胶皮轱辘双轮车运载六七百公斤，大胶皮轱辘车用两三头牲畜牵引运载量最大可达2吨多。春、夏、秋季，畜力车大都从事农作，冬季则大都跑运输、做买卖。1989年，胶轮车由1985年的7031辆逐步增加到13496辆。20世纪90年代后，随着中小型拖拉机、三轮摩托车、汽车逐步开进农家，畜力车逐步减少。1996年，全市畜力车仅存两三千辆。

三轮车。20世纪90年代出现三轮车。三轮车分两种：一种是运货用三轮车，多为商贩载货用；另一种是供老人骑用的轻便型三轮车。货用三轮多粗大、笨重，后斗多平板；载人用三轮多轻小、灵活，后头多为框槽型。

机动车。主要有汽车、拖拉机、摩托车。

汽车。1985年，全县有汽车1656辆。其中大货车1191辆，普通货车95辆，大客车21辆，小客车315辆，特种车34辆。此后，随着经济的增长，汽车数量逐年增加，1990年达3800辆，比1985年增加1.3倍。1996年达7618辆，比1985、1990年分别增加3.6倍和1倍。其中大货车2410辆，比1985年增加1219辆；普通货车2474辆，比1985年增加2379辆；大客车39辆，比1985年增加18辆；小客车2627辆，比1985年增加2312辆；特种车68辆，比1985年增加34辆。

拖拉机。1985年，全县有农作兼运输用拖拉机3439台，其中大中型472台，小型2967台。1995年为5613台，是1985年的1.6倍。随着汽车数量增加，拖拉机农作兼运输用数量略有减少，1996年，拖拉机总量为5583台，比1995年减少30台。

摩托车。1985年全县共有摩托车636辆。此后，逐年大幅度增长，1990年达到3010辆，比1985年增加2374辆；1993年达到7000辆，比1985年增加6364辆；1996年增达2.5万辆，比1985年增加24364辆。

2. 所属

1985年，在全县1656辆汽车总数中，属于全民集体单位的1227辆，占74.1%；联户及个体拥有429辆，占25.9%。其中大小货车1286辆，全民集体单位拥有963辆，占74.9%；联户个体拥有323辆，占25.1%。大小客车共336辆，全民集体单位拥有235辆，联户个体拥有101辆，分别占69.9%、30.1%。特种车共34辆，全民集体拥有26辆，联户个体拥有8辆。客货运输车辆，至1996年年底，三河市大中小型汽车由1985年的1656辆增加到7618辆，农作运输两用拖拉机由3439台增加到5583台，摩托车由636辆增加到25000辆，分别增长3.6、0.6、38.3倍。在全市7618辆汽车中，国有和集体单位拥有2858辆，比1985年增加1.3倍，占37.5%，比1985年下降了36.6%；私营及个体拥有4760辆，比1985年增加10.1倍，占62.5%，比1985年增长了36.6%。其中大小货车4884辆，国有和集体单位拥有1759辆，私营及个体拥有3125辆，分别占36.0%、64.0%；大小客车2666辆，国有和集体单位拥有1046辆，私营及个体拥有1620辆，分别占39.2%、60.8%；特种车68辆，国有集体单位拥有53辆，私营及个体拥有15辆。1996年，仅就货运汽车统计，全年实现公路货运量1666万吨，公路货物周转量88833万吨公里，比1985年分别增长27.4、19.6倍，比1990年分别增长2.1、2倍。

二、货运

1. 货源

建筑材料。三河东北部山区盛产石料、石灰等建筑材料，大量供应本地和北京、天津、廊坊等城市及周边县建筑之需。还有百余家砖瓦厂、水泥制品厂等生产出大量建筑材料供应城乡。建材业多年来已形成三河的支柱产业，为发展运输提供了货源。

生产资料。三河有印刷装订、机加工等千余家企业，需要从外地运来大量纸张、钢材、煤炭等原材料，加工后再交回成品、半成品，都需要大量车辆运输。农业生产则需要从外地运进大量种子、化肥、农药、农膜、农机等生产物资。

生活资料。城乡群众需要的生活资料，如白糖、食盐、酒类、火柴、香烟、布匹、成衣、鞋类、电视机、音响、空调、自行车、摩托车等，大多需从北京、天津、廊坊等大中城市运入。

2. 运量

1985 年，全县完成公路货运量 60.9 万吨，其中运输部门完成 13.9 万吨，其他部门完成 47 万吨。全年累计完成公路货物周转量 4524 万吨公里，其中运输部门完成 850.7 万吨公里，其他部门完成 3673.3 万吨公里。

1992 年，全县累计完成公路货运量 798.2 万吨，是 1985 年的 13.1 倍，其中运输部门完成 15.7 万吨，其他部门完成 782.5 万吨，分别是 1985 年的 1.13 倍和 16.65 倍。全年累计完成公路货物周转量 43672.3 万吨公里，其中运输部门完成 1194.2 万吨公里，其他部门完成 42478.1 万吨公里。1992 年公路货物周转量是 1985 年的 9.7 倍。

1996 年，全市累计完成公路货运量 1666 万吨，分别是 1985 年和 1992 年的 27.4 倍和 2.1 倍。全年完成公路货物周转量 88833 万吨公里，分别是 1985 年和 1992 年的 19.6 倍和 2 倍。

3. 搬运

1985 年以前，货物搬运以交通局所属搬运站为主，后随着交通运输出现国营、集体、联户、个体多种形式竞争的局面，特别是联户、个体自找搬运工人，搬运站面临危机。为摆脱困境，搬运站开展多种经营，广辟财源，新上了绢花厂、石灰厂两个项目，组建了第二工程队，加上过去的汽车三队和电瓶修理组、交通旅馆、三兴商店、两摊装卸及与北京建材水磨石厂联营举办的石料厂，共 9 个项目。1996 年年底，搬运站有职工 97 人，全年营业总收入 30 万元，主要来源于新上项目，弥补了搬运业收入的不足。

三、客运

2006 年，村村通客车工程自筹资金 405 万元在新集、皇庄、高楼、李旗庄建设 4 个简易站，在国、省、县道建 40 个候车亭、178 个招呼站牌。

1. 长途线路

三河地区以桥头、新集、燕郊、三河为始发地，客运管理部门管理有开往北京、天津、廊坊、唐山、张家口等大中城市 8 条长途线路（表 10-1-6 ~ 表 10-1-9）。

北京方向　　表 10-1-6

起止点	发、回车时间	日发班次	途经主要站点	间隔时间
桥头—北京	4:30—14:00	2	新集、三河、燕郊	—
新集—北京	5:10—20:00	22	皇庄、三河、燕郊	30 分钟
三河—北京	4:30—20:00	30	燕郊、通县	30 分钟
三河—张家口	7:00—次日 7:30	1	北京、怀柔	—

天津方向　　表 10-1-7

起止点	发、回车时间	日发班次	途经主要站点
天河—天津	7:40—13:10	2	大厂、香河、河西务、杨村
新集—天津	7:00—14:00	2	大厂、香河、河西务、杨村
燕郊—天津	7:30—15:00	2	—

唐山方向　　表 10-1-8

起止点	发、回车时间	日发班次	途经主要站点
三河—唐山	7:00—14:00	2	泗溜、玉田、丰润

廊坊方向　　表 10-1-9

起止点	发、回车时间	日发班次	途经主要站点
三河—廊坊	5:30—17:20	22	杨庄、皇庄、呰辛屯

2. 途经三河线路

途经三河的国有客车线路有遵化至北京等共 9 条,不进站途经三河的私营客车有近百辆(表 10-1-10)。

途经三河至其他方向　　表 10-1-10

起 止 点	发、回车时间	途经三河时间	日 发 时 间	途经主要站点
遵化—北京	4:30—16:00	8:30—14:00	16	蓟县、三河
古冶—北京	6:00—17:00	9:00—15:00	2	遵化、蓟县、三河
唐山—天津	4:30—16:30	8:00—2:30	30	玉田、涸溜、三河
青龙—天津	6:00—7:00	9:30	1	遵化、蓟县、三河(单程)
燕郊—天津	6:00—7:30	7:30	1	平谷、密云
北京—平泉	7:45—7:00	7:45	1	蓟县、遵化、平泉
廊坊—赤峰	11:30—6:30	—	1	蓟县、遵化、平泉
廊坊—围场	8:40—8:00	—	1	平谷、密云、隆化
廊坊—承德	8:00—6:00	—	1	平谷、密云

3. 客车

1985 年,全县共有客车 336 辆,其中大客车 21 辆,均从事公路客运;小客车 315 辆,大部分为机关、企事业单位工作用车。

1996 年,全市共有客车 2666 辆,其中大客车 39 辆(不包括市外途经及驻三河客运车),大都从事公路客运;小客车 2627 辆,大部分为机关企事业单位和私营个体企业工作用车,小部分从事出租客运。

4. 出租车

1985 年,出现了少量出租车。至 1996 年年底,全市已有出租车 280 辆,其中纳入行业管理车辆 180 辆,车型分为桑塔纳 9 辆,夏利 9 辆,大发出租车 162 辆,全部为个体经营。

5. 公共汽车

北京至三河市区线 930 路。北京至三河市区 930 路公共汽车线,1996 年 10 月 28 日开通,由三河城建新村至北京大北窑。22 辆大型"黄海"客车日往返 60 辆次,行车间隔 13 分钟。三河城建新村首发车5:10,末班车 18:10。北京大北窑首发车 6:40,末班车 19:40。城区设站有安居小区、城建新村、京东第一集、市政府、滨河院、西关环岛上下车站;城区外有李旗庄、天子庄园、燕郊。客流量日均 6000 人次。

北京至燕郊线 930 路。北京至燕郊线 930 路公共汽车 1996 年开通,由大北窑至燕郊迎宾路,每日 16 辆车往返 77 车次。燕郊始发车 5:30,末班车 19:30。北京向燕郊始发车 6:20,末班车 20:30。客流量日均 8400 人次。通往三河和燕郊的 930 路车都在北京大北窑总站上下车,为了方便乘客以示区别,在通往三河市区的 930 路车路牌上,注有"城建新村"字样。

三河至燕郊 1 路小公共汽车。廊坊市运输公司在三河投入 20 辆中巴汽车,用以公共汽车 1、2 两路运营。1 路公共汽车 1997 年 10 月 21 日开通,从汽车站出发,经康居小区、安居小区、富达商场、市医院、西关、三小、西环岛、大闫各庄、郑辛庄户、赵河沟小学、赵河沟东口、赵河沟西口、大田庄、大邢庄、肖李庄、中潭辛庄、小五福、康家湾、贾官营、小崔各庄、福成养牛集团、韩家庄、高楼油脂厂、高楼、高楼南口、盛屯、北巷口、南巷口、中赵甫北口、中赵甫南口至燕郊。早班车 6:30,晚班车 20:30,每 15 分钟 1 辆车。此路运营有 12 辆车。客流量日均 4200 人次。

三河至夏庄 2 路小公共汽车。2 路公共汽车于 1997 年 10 月 21 日开通,从汽车站发车,途经畜牧局、市九中、市政府、市医院、富达商场、洁神集团、建管局、三小、南关环岛、南门外、党校、中门辛庄、李各庄、杨庄、小闫各庄、王驸马、小康庄、大曹庄、商庄子、付辛庄至夏庄。始发车、末班车时间与 1 路同。用于此路运营车 8 辆,发车间隔为 20 分钟。客流量日均 4000 人次。

6. 汽车站

三河汽车站。新中国成立后，该站站址在城区102国道中段路北（原四合店西），票房和候车室共3间。1969年，交通局自筹资金，在城区102国道南侧（汽车修配厂东侧）建站，建筑面积350平方米。1985年，年客运量达10万人。后随着旅客的人数增多，原站已不适用。1993年11月，在102国道东段路北昌盛路西侧占地17亩（1亩=0.0667公顷），投资220万元建成新站，建筑面积达1500平方米，每年接待400万人次。1996年年底，汽车站有职工40人。

段甲岭汽车站。该站建于1978年，坐落在段甲岭镇区102国道北侧，占地3亩，有候车室6间，办公室12间。1996年，改为段甲岭运输管理站。

皇庄汽车站。该站位于皇庄镇西十字路口南侧，建于1965年。1988年3月翻建，拆除原候车室等用房27间，总面积739平方米；建成3层小楼一座，建筑面积949平方米。1996年，改为皇庄运输管理站。

新集汽车站。该站位于新集镇厂庞路东侧，1977年修建，占地5.5亩，有候车室5间，办公、住宿用房7间。1995年，将汽车站一分为二，南边一半改为交通局下设的搬运站，北边改为新集运输管理站。

燕郊汽车站。该站位于燕郊医院东侧、102国道路北，建于20世纪60年代。1977年重建后，有候车室5间，办公、住宿用房12间，占地7亩，建筑面积340平方米。1996年，改为燕郊运输管理站。

高楼汽车站。该站位于高楼镇燕山路南侧，建于1975年，占地4.5亩，有候车室5间，票房2间，货运室5间。

2006年，村村通客车工程自筹资金在新集、皇庄、高楼、李旗庄建设4个简易站，在国、省、县道建40个候车亭，178个招呼站牌。

四、运输管理

2000年，在规费征收环境诸多不利的条件下，三河市完成运管费333万元，占年任务的107%；货运附加费170万元，占年任务的100%；客运附加费18万元，占年任务的120%；代缴税金300万元。行业管理方面，转变管理职能，扩大服务领域和范围，加强行业风气建设和素质教育，积极开展创建"青年文明号"活动。全年组织交通法律法规培训和警示教育活动5次。进一步规范客运出租市场秩序和经营行为，严厉打击无证、无照违章经营，共查扣无证、无照违章经营客运出租车辆240台（部），查扣各种牌证220件。

2001年，共完成运输管理费343万元，占年任务的104%；货运附加费180.5万元，占年任务的100.3%；客运附加费16.6万元，占年任务的110%。进一步规范客运出租市场秩序，全年共查扣非法客运出租车400辆。

2002年，圆满完成全年征收任务。完成运输管理费346万元，占年任务的102%；货运附加费18万元，占年任务的100%；客运附加费17万元，占年任务的106%。

2003年，连同廊坊市运管处稽查大队，在公安机关的配合下，在东西两市区对无证无照"黑车"进行联合稽查，共纠正违章经营行为车辆136辆，当场处罚68辆，查扣"黑车"15辆。

2004年，全年共审验汽车4731辆，其他机动车4122辆，审验合格率达90%；完成运管费468万元，占年任务的126%；货运附加费195万元，占年任务的115%；客运附加费16.3万元，占年任务的101%；检测维护费完成434.85万元。

2005年，合理发展大、专、特运力。共有大型车311台，重型车1184台，专用车14辆，特种车16台，牵引车156台，挂车409台。同时，有效保护运力，筹备建立交通运输协会，为协调发展运力、保持我市运力持续健康发展奠定了基础。加强危货运输管理。组建了两个危货运输队，实现了危货运输集约化经营。在此基础上，为44部危货运输车安装了GPS监控管理网络，全天候监控危货运输车辆，确保万无一失。加强客运市场管理。一方面加大投入力度，投资460万元开通市内客运班线；另一方面规范客运出租市场，共查扣、取缔黑出租、"摩的"200余辆。

2007年，全市注册营运汽车3950辆，吨位254万吨；共审验汽车3068辆，吨位1.4万吨；共检测汽车16825

辆次，维护汽车10213辆次，收缴检测费、维护费478.3万元，其中收取出租车检测费、维护费38.3万元。

2008年，全市共有大型车311台，重型车1184台，专用车14台，特种车16台，牵引车156台，挂车409台。全年共完成运输管理费529.64万元，货运附加费177.18万元，客运附加费16万元；共检测营运车辆17916台次，维护车辆11980台次，收缴维护费同比增长4.59%，检测费459.8万元。

五、交通企业

2000年，加快企业改制步伐，交通企业稳步发展。采取零价转让的方式，成功完成下属企业橡胶制品厂的改制任务。同时，对未进行改制的企业也进行了债权、债务等资产清算，为企业下一步改制创造了条件。2000年，交通企业实现产值605万元，上缴税金50万元。

2001年，交通企业实现产值593万元，上缴税金32.5万元。

2004年，交通系统企业改制工作进展顺利。年初，运输公司发放了第二期职工经济补偿金，职工养老保险申请得到政府批复；搬运站改制完成了档案登记整理和人员身份认定。

2005年，企业改制进入实质性运作阶段。年初，运输公司发放了第三期职工经济补偿金，职工经济补偿工作已经全部完成。

2007年，交通驾校全年招收学员1880人，培训学员1764人，培训从事道路运输驾驶员942人（含增驾），经营收入414.5万元，缴税13万元，创利润60万元。客运总站城乡客运班线实现旅客周转量1.5亿人公里，三河市区公交车安全运送旅客143.2万人，完成各项规费53.6万元。灰石厂全年生产白灰27927吨，销售白灰33996吨，销售收入432.9万元，缴税5.6万元，创利润32.3万元。搬运站改制进入实质运作阶段，顺利完成人员摸底认定工作。

2008年，交通驾校全年培训学员1750人，培训从事道路运输驾驶员1350人，经营收入428万元，缴税15万元，创利润10万元。客运总站城乡客运班线实现旅客周转量1.2亿人公里，三河市区公交车安全运送旅客13.52万人，完成客票收入67.89万元。搬运站改制顺利推进，圆满完成了职工补偿清算工作。

2009年，交通驾校共培训新学员2380人，培训从业驾驶员1520人，取得了较好的经济效益和社会效益。客运服务总站严抓企业经营管理，规范经营者行为，稳定了客运市场秩序。全年实现旅客周转量7200万人公里，运送旅客577万人，经营收入136.87万元，三河市内公交车亏损状况明显降低。搬运站改制工作依法推进，按照市委、市政府的指示精神，由市法院对搬运站破产依法进行裁定，并积极协调市人劳保障局、财政局全力筹措补偿款，年内完成了职工清算补偿工作。

2010年，交通驾校培训新学员3380人，培训合格2604人，超额完成年度招生计划的40%；培训从业驾驶员1805人，培训合格1684人，超额完成年度招生计划的13%；经营收入760万元，创利润15万元，缴税21万元。客运总站实现旅客周转量7800万人公里，运送旅客690万人，经营收入149.5万元，缴税7.7万元，市内公交车亏损状况继续降低。

六、汽车检测

2003年，三河仁和汽修厂和燕郊亚飞汽修厂建设为“花园式”修理厂，亚飞汽修厂升为一类汽修厂。

2004年，在三河市交通局维修管理人员的指导下，三河亚飞汽修厂推出“5S”人性化管理服务，经过验收，被评为廊坊市名牌修理厂。在重点发展二类以上维修企业的同时，严格开业条件，严格审批三类维修业户，依法取缔无证无照业户，全年共审验维修企业138户，清理无证照业户15户，取缔10户，补办经营许可证5户，暂扣维修机具8台件。11月中旬，投资1000万元的A级汽车综合性能检测站建成完工。

2009年，对超范围经营和无手续经营的维修企业进行专项治理，共查处维修场点87家，有力地维护了维修市场秩序。

2010年，加强检测维修管理，共检测运营车辆20328辆次，维护14996辆次，收缴维护费598.3万元，顺达维修中心通过省运管局质量信誉考核，获得上级领导的高度评价。

第四节　荣　誉

三河市交通运输局获得的市级及以上集体荣誉见表10-1-11。

市级及以上集体荣誉　　表10-1-11

日　期	称　号	授予单位
1997年12月	全省汽车维修市场整顿工作先进单位	河北省汽车维修市场整顿领导小组
1999年10月	老干部工作先进单位	廊坊市委、廊坊市人民政府
2003年7月	廊坊市抗击非典战役先进单位	廊坊市委、廊坊市人民政府
2004年6月	2002—2003年度精神文明建设市级文明单位(证书)	廊坊市委、廊坊市人民政府
2004年3月	2003年度农村公路管理先进单位	河北省交通厅
2004年6月	文明单位	廊坊市委、廊坊市人民政府
2005年10月	敬老先进集体	廊坊市委、廊坊市人民政府
2007年1月	交通战备工作先进单位	廊坊市国防动员委员会
2007年12月	2007年度卫生先进单位	廊坊市爱国卫生运动委员会
2009年3月	2008年度党委系统信息工作先进单位	廊坊市委
2010年4月	2009年度政风行风建设优秀基层单位	河北省交通运输厅

第二章　大厂回族自治县交通运输局

第一节　管理机构

一、概述

大厂回族自治县交通运输局位于大厂县北辰西街1号，负有管理全县交通行业、行政执法、社会服务3项职能，承担县内公路规划建设、公路养管、运输市场管理、交通企业管理、精神文明建设5项职责。下设运输管理站、公路管理站、汽车综合性能检测站、地方道路管理站4个单位。局党组辖5个党支部，71名党员，全系统干部职工259人。局机关设办公室、财务审计股、规划统计股、审计股、体改法规股5个科室，机关人员35人。

二、机构沿革及职能调整

1956年8月，河北省通县专区在大厂回族自治县设立大厂回族自治县运输站，业务上属通县专区运输公司垂直领导。10月，成立大厂回族自治县交通科。

1958年6月，通县划归北京市，河北省通县专区撤销，原专区运输公司也随之取消。6月4日，县人民委员会决定，大厂回族自治县交通科与运输站合并，建立大厂回族自治县交通运输局。

建县初期，县交通科人员开支列入县财政预算。公路建设专项用款，定期向上级主管部门编报预决算。县运输站在财务上实行收支两条线，所得业务收入按月如数上缴，站内开支由专区运输公司下拨。1958年县交通科与运输站合并后，县内民间运输管理费收入开始列入县财政预算外收入，由交通部门支配。公路交通主管部门的人员开支从民运费中解决，根据量入为出的原则，决定主管机关的行政管理人员数目。

1958年11月29日，河北省人委决定大厂回族自治县与三河县、蓟县合并，成立河北省大厂回族自治区，隶属唐山地区蓟县管辖，县交通运输局随之取消。自治区的交通工作由大厂回族自治区人民公社工业部代管。

1962年，恢复大厂回族自治县建制，同年7月31日建立大厂回族自治县工业交通局。工业交通局内除设办公室外，交通方面的职能机构有路政股和运输股。

1968年8月18日，“县革命委员会”决定精简机构，撤销县工业交通局，交通工作由“县革命委员会”生产部后勤组负责。这时，全县的交通企事业单位合并为交通运输站，成为一个政企合一的单位，既从事公路养护和运输生产，又从事路政管理和社会运输管理。

1969年1月22日，“县革命委员会”决定撤销生产部后勤组，按系统成立革命委员会，工交系统被称为“大革命委员会”。

1969年11月27日，工交系统革命委员会撤销，“县革命委员会”下设生产部工交组，工交组设在县革委院内。

1972年4月24日，“县革命委员会”决定，撤销生产部工交组，建立“大厂回族自治县革命委员会工业交通局”。此工交局与“文革”前的工交局有所不同，局内没有交通方面的职能科室，公路交通业务由交通运输站负责。工业交通局不设局长，设“革命领导小组”。

1973年5月7日，工业交通局撤销，分别建立“大厂回族自治县革命委员会工业局”和“大厂回族自治县革命委员会交通局”。从此,县交通局在原交通运输站的基础上实行政企合一的领导体制。

1979 年和 1980 年,先后设立大厂回族自治县交通战备领导小组办公室和大厂回族自治县组织管理机关企事业汽车办公室(1981 年改称大厂回族自治县人民政府车辆管理办公室)。交通战备领导办公室是县属机构,代表地方党政军负责办理交通战备事宜。车辆办公室是代表地方政府管理社会车辆的办事机构。办公地点均设在交通局。

1980 年 1 月,运输管理体制改革,地区运输企业归省统一经营。廊坊运输公司设大厂运输站,原来由地方负责的社会运输市场管理工作移交给运输站负责,实行垂直领导,站下设 2 股 1 室。即业务股、财计股和办公室。办公室一直由交通局办公室兼办。此外还设有城关、夏垫、祁各庄 3 个分站。而实际上,城关分站没有单独设立。

1981 年 5 月,县人民代表大会第六次会议以后,建立大厂回族自治县人民政府取代“革命委员会”。交通局改称大厂回族自治县交通局,内设有“三室两组”。即办公室(负责政工、人科及行政事务等项工作)、会计室(负责财务、计划、统计等项工作)、业务室(对外管理全县运输市场,对内负责本局车队的调度),路政组(负责公路方面的工作)、运输装卸组(即局属汽车队和装卸队,对外是一个经济实体)。

1981 年 12 月 10 日,交通局改变政企合一的领导体制,成为独立的行政管理机关。内设办公室、会计室,交通战备办公室和车辆管理办公室依然保留;下属单位为公路管理站、交通监理站、汽车队、装卸队和汽车修配厂。

1982 年 1 月 1 日,经县政府同意,交通局由政企合一的一层楼领导,正式分 4 个下属单位。即公路管理站、汽车队、装卸队、汽车修配厂。此时,运管站和监理站已被分出。

1983 年 3 月 1 日,经县政府批准,汽车队、装卸队、汽车修配厂正式合并为大厂回族自治县汽车运输公司,实行运输、装卸、修配一条龙生产线,各班组均实行单独核算。

1984 年 7 月 21 日,撤销汽车运输公司。交通局设办公室、财务股、业务股、汽车配件供应公司和贸易货栈。同年 9 月 21 日,夏垫、祁各庄 2 个客运站移交自治县管理;10 月 1 日起,大厂回族自治县运输站即行撤销,并按新的隶属关系进行工作。

1985 年 7 月 1 日,经县政府 1985 年第 15 次办公会议决定,交通实行政企分开,恢复运输公司。同时,根据中共中央关于严禁党政机关经商、办企业的精神,关闭了贸易货栈。

1987 年 7 月 9 日,根据上级指示精神,交通监理站正式移交公安局管辖。

1996 年 9 月 1 日,大厂县交通局机动车检测站正式落成投产,负责全县各种车辆的检测工作。同月,运管站成立客运室,专职管理客运工作。

1997 年 12 月 25 日,稽征站人、财、物直接划归廊坊市交通局管理。

2010 年 5 月,根据省、市人民政府关于政府机构改革的有关通知要求,县政府对部分机构设置进行调整,大厂回族自治县交通局更名为大厂回族自治县交通运输局。

2010 年 8 月 31 日,大厂回族自治县人民政府批准《大厂回族自治县交通运输局主要职责内设机构和人员编制规定》,对职责进行调整:一是取消已有国家或省人民政府或市人民政府公布取消的行政审批事项;二是取消公路养路费、公路运输管理费、公路客运附加费、公路货运附加费等 4 项交通规费的管理职责;三是加强综合运输体系的规划协调职责,优化交通运输布局,促进各种运输方式的相互衔接,加快形成便捷、通畅、高效、安全的综合交通运输体系;四是加强统筹区域和城乡交通运输协调发展职责,优先发展公共交通,大力发展农村交通,加快推进区域和城乡交通运输一体化;五是健全和完善职能有机统一的交通运输大部门体制,进一步优化自治机构,完善综合运输行政运行机制。批准设立 5 个内设机构和 1 个县委、县政府国防交通办事机构,即办公室、财务审计股、规划统计股、审计股、体改法规股及交通战备办公室。按照有关规定设置机关党支部、纪检(监察)、工会、共青团、妇联。核定行政编制 7 名,工勤编制 1 名。

第二节　公　　路

早在商代，县域内夏垫已有“马车大道”穿过。元代后，随着回族商业活动的增多，逐步建成连接大部回族村庄的行商古道。民国时期始建土公路。1949 年新中国成立后，人民政府非常重视发展交通事业，公路逐渐增多，质量不断提高。1958 年，修建碎石路面公路。1971 年，铺筑柏油路面公路。1985 年，全县已有公路 21 条，总长 81.7 公里。其中有柏油路面公路 56.9 公里。按距村 0～200 米为标准，通柏油路面公路的村达 35 个，占全县行政村总数的 33.3%。同年建成的京秦电气化铁路从县境北部横贯东西。随着公路的发展，运输业随之发展起来。1985 年年底，全县已有各种车辆 1.1 万辆，年货运能力达 102.1 万吨。此外，沿潮白河有谭台、宋各庄、西关 3 处渡口。

2011 年大厂回族自治县公路情况汇总见表 10-2-1。

2011 年大厂回族自治县公路情况汇总表（公里）　　表 10-2-1

道路类型	公路里程（总计）	等级公路						等外	有铺装路面（高级）			简易铺装路面	未铺装路面
		合计	高速	一级	二级	三级	四级		合计	沥青混凝土	水泥混凝土		
总计	368.622	368.622	—	6	40.398	46.81	275.414	—	233.66	210.321	23.339	—	134.962
国道	6	6	—	6	—	—	—	—	6	4.058	1.942	—	—
其中：国高网	—	—	—	—	—	—	—	—	—	—	—	—	—
省道	13.27	13.27	—	—	13.27	—	—	—	13.27	13.270	—	—	—
县道	34.42	34.42	—	—	20.267	11.866	2.287	—	33.14	33.140	—	—	1.280
乡道	35.482	35.482	—	—	—	30.715	4.767	—	32.817	32.817	—	—	2.665
专用公路	—	—	—	—	—	—	—	—	—	—	—	—	—
村道	279.45	279.45	—	—	6.861	4.229	268.36	—	148.433	127.036	21.397	—	131.017

一、御道

商汤王朝建立后，修通孤竹（今卢龙县）—燕京（今北京）—亳（河南商丘）道路。途经县城北部夏垫，名为“车马大道”。公元前 221 年，秦统一中国后，为加强全国的统治和调拨士卒、转运粮饷方便，广修驰道，“车马大道”得到修缮。扩修后，西起咸阳，东至山海关，“驰道宽广五十步，每隔三丈植树一株，用铁锥夯打路基，使驰道平坦坚实”。秦始皇沿该路曾到过碣石巡游。清朝建立后，皇室每年去沈阳、遵化县马兰峪拜祖和祭扫陵墓都由此路经过。所以改称“御道”。

二、行商古道

历史上，定居于县内的回族人经常结伴北上内蒙古等地购买牛羊和南去天津从事商业活动。天长日久，自然形成了一条自古北口向南穿越县境直至天津的行商古道。1956 年修建的夏广路的大部分路段是以这条行商古道为基础的。

三香路。此路由三河县县城至香河县界，途经大厂回族自治县前丞相、大厂、小厂、大马庄、于各庄、东彭府、西杨辛庄。始建于明，路宽余丈。

三、国道工程

102 国道（京哈线）。该路曾称京榆（临榆）公路、京沈（沈阳）公路。1979 年后改用现名。此路县内段长6公里。1958年,修成碎石路面。1970年,经天津地区生产部批准,将大厂县段移交县管理。1971年,进行改建。县内段4月3日开工,9月15日竣工,总投资10.8万元。建后路基宽10米,路面宽7米,系灰土基层,渣油路面。1987年,再次改建后,路面由原7米加宽至19米。1992年10月,对该路段进行标准化、美化改造。1995年9月,对其中2.5公里进行改建。2000年8月,完成45000平方米大修罩面。2003年11月中旬,大厂段6公里进行大修。2007年5月,完成1.95公里的中修工程。

四、省道工程

夏安公路。北起夏垫与京哈线连接,南到安平与京津公路相连。县内段长14.2公里。以县城为中心,分为两段。南段为厂香路,北段为夏厂路。1971年9月15日,完成省道夏安线(大香线)大厂段油面改建。1974年5月,完成省道夏安线县城段1.3公里修建。1985年,由于夏安路大厂段路面破损严重,是年开始进行分段翻修。1986年6月15日,完成省道夏安线大修工程。1987年7月31日,完成省道夏安线K1+000~K7+000路面大修。1992年6月30日,完成省道夏安线K8+100~K11+100大修。1993年9月15日,完成夏安线K11+500~K14+200大修。1995年6月10日,完成夏安线中修工程。2000年8月30日,完成省道大香线34000平方米中修罩面工程。2003年6月10日,完成大香线坑槽挖补工程。2004年8月28日,完成大香线大厂县城段大修工程。2005年9月10日,完成大香线大修工程。2007年10月15日,完成9.05公里的省道大香线大修。2011年11月21日,完成9.05公里的省道大香线养护改造工程。

厂香路。建县初期,该路由大厂起,经东、西彭府和西杨辛庄至香河县六百户止,长4.5公里,宽5米。1959年,废除旧路线,改为北起夏厂路,经霍各庄、小里庄、东马各庄、王必屯入香河县境。1974年,又将霍各庄与东马各庄一段废除,改为由夏厂路K9+660处向西南至东马各庄东,经三千渠与原路基相接。全长5.4公里,路基宽8米。1965年,此路铺筑宽5米碎石路面。1971年,改建成油路。1974年4月10日—5月中旬,又将此路扩建。新的路基宽10米,路面宽6米。1981年,县城北环路修建后,厂香路自夏安线K9+140~K14+200处,全长5.06公里。

夏厂路。该路原是行商古道北段,北起夏垫,过马坊、南寺头、褚各庄、霍各庄、大厂与旧厂香路相交。1956年改线时,霍各庄至夏垫段改由霍各庄至陈辛庄,再向北与京哈路相接。改修段路长6.7公里,全路长11公里,路基宽9米。1957年,此路改建成碎石路面。1971年,建成油路。

五、县道工程

厂庞路(原称厂新路)。由大厂东西大街K1+750处向东,经小厂、小务、刘各庄过三河县皇庄、新集到庞各庄止。县内段长4.15公里。该路曾是一条土路。1975年,改建成油路。路基宽10米,路面宽6米,系灰土路基,渣油路面。技术等级为三级。

厂谭路。自夏安线K10+880处起,经东马各庄、西马各庄、冯兰庄、祁各庄、八百户至谭台。全长13公里。按修建时间分两段,即厂(大厂)祁(祁各庄)段和祁(祁各庄)谭(谭台)段。厂祁段。1972年3月动工,5月31日竣工。该路全长6.2公里,路基宽7米,路面宽3.5米,系灰土基层,沥青路面,技术等级为四级。祁谭段。路基工程于1976年年底完成,路面工程于1977年3月20日至7月1日完成。全长6.8公里。祁各庄至K5+519处,路面宽6米;K5+519处至谭台,路面宽9米。系灰土路基,沥青路面。技术等级为三级。1987年8月31日,完成厂谭线建设工程。1992年8月25日,完成厂谭线1.8公里路面铺建工程。1993年8月27日,完成厂谭新线7.65公里新建工程。1996年10月15日,完成厂谭线大修改造工程,并被评为省优良工程。2003年11月8日,完成侯谭线(大厂段)改造工程。2006年11月,完成李大旧线大修工程。2007年11月7日,完成2.5公里县道李大线调直改造结转工程。2010年10月28日,完成大通路(县电视台—李大线)拓宽改造工程。

康六路。北起三河县的康家湾,经永太辛、小棋盘、小定福、王果子、赵沟子、褚各庄至六合庄,全长8.13公里。分两期修建:康福段。康家湾至小定福,与京哈公路45+763处相交,全长2.5公里。1969年,建成碎石路面。路基宽12米,路面宽7米。此路段原由三河县煤矿自修自养,后经廊坊地区批准,于

1974 年移交本县管理。1975 年,建成油路。路基宽 9 米,路面宽 7 米。系灰土路基,渣油路面,符合三级公路技术标准。福六段。自康福段南端起至六合庄。路南端交夏安璐 K6 + 660 处。1985 年,完成路基和桥涵工程;1986 年 11 日竣工。该路段全长 5.63 公里。路基宽 9 米,路面宽 7 米。系灰土路基,渣油路面。技术等级为三级。

六、乡道工程

陈府乡路。1975 年修建。该路北起小务,经东厂至陈府,全长 2.2 公里。路基宽 8 米,路面宽 3.5 米。系灰土路基,渣油路面,符合四级路标准。此路因缺乏专业养护,1985 年,大部分路面已经破损待修。1992 年 8 月 30 日,完成陈府路 3 公里大修。

邵府乡路。修建于 1975 年。东起夏厂路 K7 + 290 处,经西马庄、南贾各庄至邵府,全长 5.3 公里。路基宽 8 米,路面宽 3.5 米。系灰土路基,渣油路面,符合四级路标准。2005 年 11 月 5 日,完成邵府路改建工程。

王必屯乡路。1972 年修建。该路自夏安线 K12 + 360 处至王必屯村,全长 0.6 公里。路基宽 6 米,路面宽 3.5 米。系灰土路基,渣油路面,符合四级路标准。

夏垫镇路。1972 年修建。此路自夏安线 K0 + 953 处至京哈公路 K46 + 200 处,全长 2.3 公里。路基宽 5.5 ~ 8.6 米,路面宽 3.5 米。自 K0 + 000 ~ K1 + 200 段为灰土基层,渣油路面。其余为土路。

1984 年 12 月 24 日,完成和康六路立交引道工程。1986 年 9 月 24 日,完成陈吴路新建工程。1986 年 11 月 4 日,完成煤矿路新建工程。1990 年 9 月 25 日,完成煤矿路大修。2005 年 11 月 5 日,完成祁陈路改建工程。2006 年 9 月 1 日,完成陈吴路大修。2007 年 8 月 16 日,完成 8 公里乡道祁夏路大修。2010 年 10 月 14 日,完成陈吴路挖补罩面工程。2010 年 11 月 2 日,完成祁陈路大修改造工程。2011 年 4 月 17 日,完成祁陈路西段 7 公里维修。2011 年 10 月 25 日,完成祁陈路东通 2.2 公里新建工程。

七、村村通工程

大厂县村村通公路工程于 2003 年开始,至 2011 年结束。2004 年,完成通油(水泥)路村 28 个,合计里程 31.67 公里,超额完成年度计划。开通农村客运班线 5 条,投入运营的农村客运班车 30 辆;先后在祁各庄乡建 303.26 平方米的客运站一个,在夏垫镇、大厂镇、陈府乡、邵府乡共建立候车亭 16 个,设立规范化站牌 87 块,实现了 105 个行政村"村村通客车"。2005 年,完成 19.8 公里村村通油路工程。2006 年,完成农村公路改造和通达工程 17 条 30.35 公里,超上级计划 1.25 公里。2007 年,完成农村公路改造 16 条 17.1 公里,超县计划 6 条 7.1 公里。2008 年,完成 20 公里农村公路改造工程。2009 年,完成 25 条 39.4 公里农村公路改造工程,占年计划的 182%。2010 年,完成 6 条 9.7 公里农村公路改造,工程于 9 月 11 日进场施工,11 月 8 日全部竣工。2011 年,完成 12.7 公里农村公路改造(图 10-2-1)。

图 10-2-1　农村公路改造工程施工现场

八、桥梁工程

近代桥梁主要集中在鲍邱河上。新中国成立初期,共有 7 座,均属梁桥。

鲍邱河桥。桥址在北王庄西,京哈公路与鲍邱河交叉处。修建时间及原貌已无法考证。1955 年建县时,在旧址只存有一座木桥,为民国时期伪冀东政府修建(图 10-2-2)。

北贾各庄桥。修建于新中国成立前(具体时间无考)。桥址在北贾各庄村东北。桥长 7 米,宽 4 米,2

墩3孔,石砌桥墩,石板平搭桥面,每孔3块。

夏垫东门大石桥。建于清代,桥址在夏垫镇东门外。桥长19米,宽3.5米,6墩7孔,条石铺面。

图10-2-2　由于重型超限超载车辆碾压,致使102国道鲍邱河桥破损严重,大厂县交通运输局为确保过往车辆及行人安全,于2011年将该桥断交封闭,并在桥南侧修筑辅路

夏垫小石桥。建于清代,毁于20世纪70年代。桥址在夏垫村东,距大石桥200米处。桥长10米,宽3米,3墩4孔。

芮屯桥。清朝末年,由附近48个村捐款建成,桥址在芮屯村西南。桥长10米,宽3米,2墩3孔,石砌桥墩,石板铺面。因年长日久,无人维修,河床不断加宽,淹没于河道中心。

褚各庄桥。建于清朝,桥址在前丞相村西北。桥长10米,宽4米,2墩3孔。1978年,在此桥西100米处新修一座拱桥,随之将此桥拆毁。

1949—1985年年底,全县共建公路及连村道桥梁35座,其中公路桥13座,乡村道路桥22座。总长1058.75延米,其中公路桥333.25延米,乡村道路桥725.5延米。桥型结构有三铰拱、双铰拱、砖拱、混凝土板梁等形式。

1965年5月,完成鲍邱河桥改建工程。1970年9月,夏厂路祁家沟桥改建成拱桥。1985年12月2日,康厂线鲍邱河桥工程竣工;12月9日,康厂线一干公路桥工程竣工验收。1987年5月30日,京哈线鲍邱河桥及小桥涵管道改建工程竣工。1989年10月13日,谭台友谊桥竣工。1994年10月26日,毛庄桥竣工。1995年7月28日,邵府桥竣工,长36米,宽7米。2002年7月15日,完成幸福桥大修工程。2003年6月10日,完成砖厂桥大修工程。2005年8月20日,完成李大线立交桥改造工程。2008年11月底,完成友谊大桥加宽工程。

九、公路养护

2006年,共清扫路面8262.8公里,清运垃圾5877立方米,整修路肩44.2公里,维修花挡墙36处、123延米,水毁抢修130立方米,小修挖补678平方米,新补植行道树126棵,树木整枝4712棵,粉刷路树9513株,栽种花草2万平方米;清运违章物料276处、2055立方米,清理非公路标志322块,清理摆设摊点244处。2007年,共清扫路面9286.6公里,路面小修挖补5923.56平方米,整修公路路肩、边坡219.6公里,公路绿化管护64.8公里,粉刷行道树2100余株,补植路树2378株,清运垃圾8638立方米,公路好路率达到100%。2008年,共清扫路面9286.6公里,路面小修挖补5923.56平方米,整修公路路肩、边坡219.6公里,公路绿化管护64.8公里,粉刷行道树2100余株,补植路树2378株,清运垃圾8638立方米。2009年,共清扫路面13113.5公里,清运垃圾8060立方米,路面挖补2900平方米,整修公路路肩、边坡165.3公里,树木整枝20.2公里,清理倒伏行道树108株,补植行道树460株,维修挡墙99处,防治白蛾喷药54.7公里。2010年,共清扫路面16000公里,整修路肩边坡196.6公里,清理路肩边坡杂草393.2公里,清运垃圾3500立方米,小修挖补16000平方米。2011年,累计清扫路面5386.4公里,整修路肩、边坡69.9公里,路面挖补2080平方米。

第三节　规费征收

2005年,累计完成运输管理规费征收122万元。2006年,累计完成运输管理规费征收116万元。2007年,累计完成运输管理规费征收183万元。2008年,累计完成运输管理规费征收177万元。

第四节　汽 车 检 测

2006 年,累计完成各类汽车综合性能检测 4344 辆,二级保养 3470 辆。2007 年,累计完成各类汽车综合性能检测 4500 辆,二级保养 3800 辆。2008 年,累计完成各类汽车综合性能检测 6112 辆,二级保养 5244 辆。2009 年,累计完成各类汽车综合性能检测 6356 辆,二级保养 5906 辆。2010 年,累计完成各类汽车综合性能检测 6149 辆,二级保养 5667 辆。2011 年,累计完成各类汽车综合性能检测 10663 辆,二级保养 6650 辆。

第三章 香河县交通运输局

第一节 管理机构

1949年，香河县人民委员会设建设科，负责管理香河县的公路交通，后建设科改农建科。

1954年，香河县人民委员会农建科拆分为香河县农林局和香河县人民政府建设科，建设科主管水利、交通及其他地方建设。

1955年8月，香河县人民委员会增设水利科，撤销建设科，交通工作职能移交给农林局。

1956年3月，根据河北省人民委员会指示，为了加强地方道路和运输工作，建立香河县人民委员会交通科，行政隶属于香河县人民委员会领导，业务上属河北省通县专员公署公路管理局领导。下辖香河县长途客运汽车站、运输站、建国运输合作社（后改为马车队）搬运队、渡口管理委员会等单位。

1958年4月，香河县人民委员会决定撤销交通科，改为香河县人民委员会交通运输局。同年，交通运输局建党支部。7月，香河县由河北省通县专区划归河北省唐山专区；12月20日，香河县与宝坻县合并成立宝坻县人民委员会交通运输局，下属单位有长途汽车客运站、运输合作社、搬运队、航运等。

1959年10月，建立渠口、刘宋、香河城关、五百户4个运输管理站。

1960年4月，宝坻县划属天津市管辖。

1961年，由天津市改属天津专区。交通局业务仍属天津市交通局领导。

1962年6月，香宝分县，恢复香河县制，建立香河县人民委员会交通运输局。下辖装卸队、马车队、长途汽车站、渡口等单位。局内建党支部。局内设办公室、路政室、业务室（主管运输）、财会室。人员有正副局长、秘书长各1人，文书档案1人，会计、出纳各1人，业务2人，公路技术员1人，巡视员1人，统计兼会计1人，共计11人。局属下设城关、刘宋、渠口、五百户、蒋辛屯5个运输管理站。

1968年5月，“文化大革命”期间，交通运输局建立“革命领导小组”。

1970年，天津专区改称天津地区。香河汽车站由天津运输公司接管。同年9月，香河县人民委员会交通运输局改为“香河县革命委员会交通运输局”。行政属“香河县革命委员会”领导，业务上属天津地区交通局领导。

1974年，交通运输局党支部改为党总支，下辖4个支部。

1976年2月，增建王家摆、钳屯、钱旺交通运输管理站3处。6月，经地区批准在香三公路口（大六王庄）增设养路费稽征点。

1977年6月，建立香河县交通运输局公路管理站。

1978年，香河县交通运输局党总支改为局党组，下辖6个党支部。2月，香河县汽车保修厂、交通监理站建立。

1980年1月，交通、运输分别建立机构。原“香河县革命委员会交通运输局”分建为河北省廊坊运输公司香河运输站和“香河县革命委员会交通局”。交通局下辖公路管理站、交通建立站、汽车一队、汽车二队、装卸队、汽车保修厂、苗圃场。4月，撤销“香河县革命委员会”，改称香河县人民政府，“香河县革命委员会交通局”改称香河县人民政府交通局。

1982年2月，廊坊地区在香河建立3处跨省运输检查站，地点在凌家吴村、渠口（渠口运输分站）、安平（王家摆村口）。

1983 年 4 月，交通局内增设“公路史编写组”，设编写人员 3 人。7 月，交通局汽车一队、汽车二队、装卸队、保修厂联合组建香河县联合运输公司。

1984 年 2 月，集体企业汽车二队与装卸队合并。4 月，交通局党组改为党总支，下设 7 个党支部。10 月，廊坊运输公司香河运输站移交给香河县人民政府交通局领导。同月，建立三合一检查站 3 处，即大六王庄联合检查站、赶水坝联合检查站和安平联合检查站。各设站长 1 人。安平联合检查站增设副站长 1 人。三合一检查站由监理站、养路费稽征站、运输管理站 3 部分组成，实行联合检查、简化手续、方便群众和确保安全。

1985 年，香河县养路费征收单独建站，名为香河县养路费稽征站。设正、副站长各 1 人。10 月，建立铁路零担托运处，始由运输站组建，12 月移交汽车二队经营。交通局下设公路管理站、运输管理站、养路费稽征站、国营汽车一队、汽车二队（集体）、汽车保修厂（集体）、苗圃场、监理站。地区驻县单位为廊坊运输公司香河汽车站。

1992 年，香河县广大金刚石有限公司成立，为交通局下属专门生产人造金刚石的企业。

1992 年 12 月，交通局机关内设科室 5 个。1996 年 7 月，机关设办公室、财务科、劳人科、企业管理科。局内股改称科，撤销保卫股、生产股。

1998 年 2 月，交通局机关内设机构 4 个，人员编制 12 人。

2001 年，交通局筹资为汽车运输一队、二队职工进行买断，退休职工缴齐养老、医疗保险，与本单位脱离关系，一队、二队不复存在。汽车运输一队、二队于 1998 年 6 月先后停产，其后将厂房场地及车辆抵顶银行贷款及债务，均无资产。

2002 年 8 月，内设机构科改为股，企业管理科改称体改法规股。

2002 年 8 月，根据中共廊坊市委、廊坊市人民政府《关于印发〈香河县机构改革方案〉的通知》（廊字〔2002〕69 号）精神，经县政府批准，设机关编制 16 人，其中行政编制 10 人，事业编制 5 人，工勤编制 1 人。设局长 1 人，副局长 3 人，纪检组长 1 人，工会主席 1 人，主任股长 4 人，工作人员 5 人，机关工勤人员 1 人。内设办公室、财务股、人事股、体改法规股 4 个职能股（室）。另设交通战备办公室，为县政府挂靠在交通局机关负责全县交通战备工作的部门。

2002 年 9 月，局属化工厂改制，企业破产，工人买断工龄，解除劳务合同，档案移交劳动部门。

2002 年 12 月，局属汽车小修保养厂改制，企业破产，工人买断工龄，解除劳务合同，档案移交劳动部门。

2003 年，经法院判决，香河县广大金刚石有限公司依法破产。

2005 年，地方道路管理站组建，负责县、乡、村级公路建设和养护管理工作，设办公室、养管科、工程科和计财科 4 个职能科室。

2005 年 12 月，局属绝缘材料厂、工具厂改制，企业破产，工人买断工龄，解除劳务合同，档案移交劳动部门。

2008 年，组建香河县出租汽车管理服务中心，负责出租汽车行业管理和服务工作。4 月，香河县鑫瑞出租汽车有限公司成立。县内营运出租汽车共 103 辆，其中 80 辆隶属鑫瑞公司，其余 23 辆为个体经营车辆。

2010 年 7 月，按照上级指示及县机构编制委员会《关于印发〈关于拟定县政府部门“三定”规定有关问题的意见〉的通知》（香编〔2010〕6 号）等有关文件精神，香河县交通局名称变更为香河县交通运输局。

2011 年 10 月，成立交通综合行政执法大队，组成人员及执法制式车辆从运输管理站和公路路政执法大队现有行政执法人员和制式车辆中调剂，负责超限超载运输治理、国省干线日常路政巡查及道路运输市场执法稽查工作。

第二节　公　路

香河县交通发达，水路运输便利。自秦汉以来，境内就有陕西去山海关兵马驰道。辽金时期，白河

(即北运河)漕运沟通,后经元明两代拓修,至清初漕运可抵芦台、京仓。陆运以县城为中心,有4条骨干驿道可通全国各地。民国元年(1912年),北运河上游决口,夺道箭杆河东注,水运日衰,转依通唐(通州至唐山)、平津(北平至天津)两线及连接县城的土路运输。新中国成立前,因战事袭扰,年久失修,境内土公路总长约68.5公里。香河境内公路始建于民国九年(1920年),为经营京津之间客货汽车运输,由北京汽车协会等商家向北洋政府贷款,修筑了自北京过本县西部(长3.9公里)去天津的土质公路,并于香河安平设有汽车站。从1936年起,伪冀东防共自治政府为适应日军侵华需要,强迫县民先后修筑了通县马头至香河、香河至宝坻(习称马宝路)、香河至河北屯、香河至蔡庄(后废)、香河至双街、香河至袁彭务等6条警备路,贯通境内,总长约110公里。1948年夏,由于战争破坏,公路失修,通车土路只有4条(即香河分别至马头、河西务、渠口、刘宋),总长约68.5公里。

新中国成立后,人民政府重视交通事业,从1950年起,着手原有土公路修复工作。1953—1967年,又对境内骨干公路、桥涵等交通设施普遍进行扩建改建,提高交通运输标准,并开通部分乡间公路。1968年后,以"国家投资和民办公助、公民建勤"等方法,不断修筑公路和铺设沥青路面。到1985年,香河县内的县乡村公路总里程为134.515公里,其中油面路里程为126.535公里。到1990年年底,全县有公路23条,总长183.17公里,其中油面路162.3公里,形成了"乡乡有油路、村村走汽车"的公路交通网络。至2011年年底,香河县境内通车总里程为894.991公里。其中县境内国道2条,长25.173公里(京沈高速公路,县境内长21.303公里;103线,县境内长3.87公里);省道3条,全长62.496公里;地方道路453条(县道4条、乡道16条、村道433条),长807.322公里。2011年香河县公路情况汇总见表10-3-1。

2011年香河县公路情况汇总表(公里)

表10-3-1

道路类型	公路里程(总计)	等级公路							有铺装路面(高级)			简易铺装路面	未铺装路面
		合计	高速	一级	二级	三级	四级	等外	合计	沥青混凝土	水泥混凝土		
总计	894.991	894.991	21.303	19.837	74.124	90.144	689.583	—	714.593	646.718	67.875	—	180.398
国道	25.173	25.173	21.303	—	3.87	—	—	—	25.173	25.173	—	—	—
其中:国高网	21.303	21.303	21.303	—	—	—	—	—	21.303	21.303	—	—	—
省道	62.496	62.496	—	19.837	42.659	—	—	—	62.496	62.496	—	—	—
县道	58.972	58.972	—	—	5.801	48.727	4.444	—	58.972	58.972	—	—	—
乡道	98.598	98.598	—	—	15.691	27.578	55.329	—	93.009	93.009	—	—	5.589
专用公路	—	—	—	—	—	—	—	—	—	—	—	—	—
村道	649.752	649.752	—	—	6.103	13.839	629.81	—	474.943	407.068	67.875	—	174.809

一、国道

京沈高速公路。北京市至沈阳市,香河县境内长21.3公里,路基宽34.5米,路面宽30米。于1998年修建。该路经渠口、蒋辛屯、钱旺三乡镇,横跨香河县东西,连接北京市通州区和天津市宝坻区。建成时,在香河县境内设出口1个(图10-3-1)。2011年,第二出口完成主体工程,未投入使用。

103线。北京市至天津市塘沽区,又称京津塘线。由香河县西部经过,呈西北、东南走向,过安平镇西部一角,境内路段长3.9公里,属二级路,路基宽20米,路面宽19.4米。始建于1920年,时为土路,路基宽6~8米,填土高0.6米。1938年7月,路面加宽到8~10米,并将通州至天津段铺装了4米宽的卵石路面。1940年,改铺3米宽的混凝土路面。1956年,全线旧有混凝土路改建加宽,由原单幅3米加宽到6~7米。1979年，安平段加铺沥青试验路面，宽10米。1985年5月，廊坊地区行署命名安平段为文明路段，并设置了标路。1992年，拓宽至12米。2004年拓宽至19.4米，成为二级路。2010年，按原设计结构进行了大修。

二、省道

境内有省道3条，全长55.3公里，其中一级路69.7公里，二级路22.2公里。大香线长23.5公里，唐通线长26.7公里，平香线长5.1公里。

大香线。大厂至香河，全长36.72公里，香河县境内长23.5公里，其中一级路19.5公里，二级路4公里。路基宽11.6~26米，路面宽11~24米，跨香河县蒋辛屯、淑阳、钳屯、安平4个乡镇。该路总体呈弧形，自蒋辛屯镇与大厂交界处起，向南经淑阳镇，在钳屯乡与乡道双安线平交后向西，在安平镇与国道103线相接。该路原名夏安路（大厂县夏垫道口—香河县安平道口），近200年中，道路演变如下：

图10-3-1 京沈高速公路香河出口

清代康熙年间，由香河西门至王家摆渡口过运河向西，有一条通往漷县的驿路，为夏安路香河至安平段的前身。另有出香河北门经北岗村、百家湾、建各庄有1条去往三河境内的驿路，一直延行到1938—1942年。1949年，香河县人民政府建设科对道路情况做了调查，总结提纲中谈到当年的香安路，称有的路段路基比平地低，秋后普修时用秸秆1000个铺在积水泥泞的地方。1950年，建设科组织民工，填土平整香安路。1955年，农林局组织民工建勤，普修香安路和香三路。1956年，香安路做了7段计6公里改建，由原来出西门经西店、大罗屯改经北门外至后小屯、大罗屯北至王家摆。同时将全线13.2公里铺装了泥结碎砖路面。1964年，香三路改线，另筑新的通往北部大厂、三河两县的汽车路。此线由香河县城北关起，经赶水坝闸桥、蒋辛屯、北六百户、后场出境去大厂回族自治县。香河县境内长11.2公里，路面宽12米。当年秋季铺筑10厘米厚的泥结碎石路面，宽5米。1965年，赶水坝闸桥落成，香河至大厂公路从此畅通。1966年7月，天津专员公署交通局批复香河至蒋辛屯段路面工程，修建9公里的泥结碎石路面。1968年，香安路段改线调直，并铺装沥青表外路面，原有旧路退路还田。油路面全长12.1公里。1970年11月，香河至大厂县段开始按照三级路标准施工，建筑路基土方工程，并将六百户至蒋辛屯1公里段改线取直。1971年，赶水坝至后场段7.7公里建成沥青表外路面，路基宽10米、路面宽6米。1973年3月，香安路路面由3.5米加宽到6米。7月，建成王家摆钢筋混凝土永久性超洪大桥。1977年1月，赶水坝至后场段进行大中修，石屑封面。1978年，香安路石屑封面，香河至大厂路面加宽到6米。1981年，赶水坝至后场段7.7公里路面翻修，并将路面扩建为7米宽。1982年，香安路按三级路标准重新设计改建，改善不合理弯度，把路面加宽到7米。1983年，因县汽车站附近路段车辆密度大，平曲线半径及行车视距均达不到三级路标准，屡次发生交通事故，修建了西环路（夏安路辅线），起于夏安路上的县气象站西面，沿五一渠西侧往北，止于县砖瓦厂路口与夏安路相连，长1.5公里，路基宽10米，路面宽7米。1985年5月，地区行署命名夏安路为文明路，并设置路标。1993年，随着第一城筹建工作的开始，大香线南段改线，从谢屯东头开始，向南然后向西，路面宽9~24米。1997年，香河县城至安平段改线，路线由县城向南，经过刘庄、叶屯，从钳屯西侧向西，跨越北运河，直至安平，改线段长11.8公里，路面宽11.4~24米。1999年，该线北段改线，北端从六百户开始，由蒋辛屯东侧直接向南，跨越潮白河，在大王庄南与原路城区段相接，这次改线长度7.8公里，路面宽24米。由此，大香线香河段除县城南至钳屯路面宽11.4米外，其他路段均达到一级路标准，成为香河县去往天津、北京、廊坊等地的主要干线。1999年后，由于百吨以上大型运输车辆的不断增多，每昼夜混合交通量由2000年以前的8000辆增加至现今的21000辆，路面的使用周期也在不断缩短，该线各个路段均经过1

至2次大修或中修。

唐通线。河北省唐山市至北京市通州区，在香河县境内长26.7公里，其中一级路13.6公里、二级路13.1公里，路基宽12~26米，路面宽11.4~24米，过渠口、淑阳、钱旺三个乡镇。1995年以前，该线称通唐线，后来因省道起点必须以本省起点地名命名，所以改为现在的唐通线。其中与天津市宝坻区交界至潮白河大桥段路面宽12米，潮白河大桥至北京通州区界路面宽24米。近200年来，唐通线的走向和形态经历了很大变化。

清代康熙年间，由通县经西集、止务屯至香河县城西门，是香河与通县之间的驿路走向。民国二十年(1936年)，伪"冀东防共自治政府"为适应日本帝国主义侵华需要，由通县的马头镇京津公路口起，经耿家楼、陈家桁、吕家湾、萧家林、桥上村、牛牧屯、赶水坝、大王庄入香河西门，出东门经计庄、达古庄、宣教寺、康庄、鲁家口、魏各庄出境至宝坻，沿途做了修整，计长54.72公里。民国三十一年(1942年)，盘踞在香河的日本侵略军强迫民夫对香河至宝坻的"马宝路"段再次整修填筑，成为一条重要的日伪"警备路"。1946年年初，香河县人民政府发动农民开挖了牛牧屯引潮入运河。自此以后为界，西属通县、东属香河。1949年1月，香河县战勤委员会写的《工作总结汇报》中讲了当时香宝路的情况：由魏各庄至香河县城的公路，平面两丈二尺宽，经过这一阶段的运输亦没有发生障碍，交通任务得以顺利完成。1950年春，开挖潮白新河，切断香宝路。1953年，将香宝路杜屯至达古庄段改线由焦康庄至平旺庄，工程占地21亩，原有旧路段退道还田。1958年，根据唐山地区提出的"宽、平、直、实"的要求，将香宝路裁弯取直，改建后长16.7公里，路基宽15米，占地宽40米，路基在原有基础上抬高50厘米。1960年，宝坻尚庄至香河义井路段再一次加高，路基由原来的15米宽削窄到11米。1964年，建成牛牧屯引河上的吴村闸桥。1969年，由赶水坝至吴村闸段3.6公里铺装了泥结碎石路面。秋季，由香河至大六王庄段首次铺装沥青表面处治路面，宽7~9米，由于质量未过关，1971年下半年又加铺一层。1970年春，大六王庄至东魏各庄段首次铺装沥青表面处治路面，宽3.5米。因油石比例失调，油量偏大，使用后路面泛油拥包，1972年5月翻修。1971年，建成潮白河义井钢筋混凝土永久性大桥，拆除潮白河义井木桥。同年，引沟入潮河东魏各庄大桥建成，香河汽车站至赶水坝段3.2公里建成沥青表面处治路面，宽6米。1972年，香河至大六王庄段5.3公里路面由3.5米加宽到5米。同年，北门外路段改建调直，路基展宽12米，油面宽9~10米；完成义井大桥引道油面铺筑工程，长700米，宽4米。1975年，吴村闸至赶水坝段结合潮白河治理工程，将堤顶增宽至8米，并铺装渣油表面处治路面。至此，通唐公路香河境内路段全部完成路面铺装，晴雨通车。1976年，通唐公路香宝公路段渣油表处翻修，加铺16厘米厚白灰土补强层，铺筑2.5厘米厚沥青表面处治层。1978年，大六王庄至东魏各庄段进行石屑封层罩面。1980年，吴村闸至五一渠段6.9公里翻修罩面。1982年，汽车站至砖瓦厂段翻修。1983年，砖瓦厂至赶水坝段翻修补强，路面由6米加宽到7米。同年汽车站至大六王段7公里段进行大中修，填补坑槽、铲平拥包、喷洒沥青、石屑封层。1989、1990年，天津宝坻界至义井大桥段改建，路面由原来的7米拓宽至12米，两侧行道树重新绿化，为4行毛白杨。2002年，唐通线天津宝坻界至大六王庄段大修，中段改线，新线由大六王庄向西南，跨越潮白河，走达古庄村南、郎庄村南、南台村南，在县城西与大香线重叠，改线段长7.5公里，路面宽12~24米。2007—2008年，唐通线改线，在与大香线平交处直接向西、向北，经过大罗屯西，跨过潮白河南堤，在河套内拐弯向西，跨越北运河，然后进入北京界。改线段全长8.829公里，按照一级路标准设计，四车道，中间设中央隔离带，路面宽22.5米。改建后唐通线总长26.7公里。

平香线。北京市平谷区至香河县，全长47.5公里，在香河县境内5.1公里，二级路，路基宽12米，路面宽11.4米，北起三河界，南与唐通线相接。该路原为县道，由香河至三河，简称香三路。起于通唐路大六王庄道口，向北经东马家窝西侧过武河进入三河县界，由昝辛屯、西定福、皇庄、南杨庄至三河县城。其中在香河县境内5.124公里，有中型桥梁1座、小型桥梁1座。该路于1957年建成路基土方工程，路基宽10米。1979年5月，铺装了沥青表处路面，长5.3公里，路面宽6米。1984年，梁家务干渠至武河桥2.8公里路段进行了路基补强工程。1999年，该线大修，路面由6米拓宽至9米。2003年，平香线大修，路面由原来的9米拓宽至12米。两座桥梁拆除重建,原来的成自务桥改名为梁务干渠桥。通唐公路。西起京塘国道的沙古堆道口,经西集、香河、宝坻、玉田、丰润等地,东止于唐山。为省级干线公路。贯穿香河县全境,境内长24.036公里,有大中型桥梁3座,小型桥梁3座。为香河至北京、天津、廊坊、唐山及邻近各县的中枢。

三、县乡村道路

至1985年,香河县内的县乡村公路总里程为134.515公里,其中油路里程为126.535公里。至2011年年底,地方道路共453条(县道4条、乡道16条、村道433条),长807.322公里。

县乡公路基本情况如下:

1. 县道

香北线。该路是香河县南部地区与天津武清区连接的主要通道,原名香宋线(香河县城—刘宋镇—宝坻界)。县内长22.7公里,其中三级路长2.6公里,四级路长20.1公里。路基宽10~13米,路面宽7~12米。

香宋路原来也是清代驿路。至新中国成立后,香宋路路况很差,路基窄而不平,春夏两季翻浆,雨季泥泞,交通经常阻断,群众修路要求迫切。1950年,由建设科组织民工对该路从香河至河北屯进行了整修,同时整修了青龙湾河上的木桥。1952年,又组织民工将该路路基加高半市尺(1市尺=0.3333米)。1955年,农林局组织民工对香宋路进行重点普修,将彭家务村南800米的路段改线。12月,将安头屯至铁佛堂段加高2寸。1974年,再次调整线形,凡经过村庄的路段均到村外,撇开阎、段刘乔各庄,改由安抚寨东侧向南直至金辛庄,其余路段裁弯取直、加宽路基。1975年,香宋路建成沥青表处路面,长16.6公里,路基宽10米,路面宽6米,设计标准为三级路。1985年,完成刘宋至倪庄公路的路基土方和灰土工程。此路起于香宋路刘宋镇政府路口,止于倪庄东侧,长3.3公里,按三级公路标准设计,路基宽10米,油面设计宽度6米。因施工时间已晚,当年未铺装沥青表处路面。这段路是香宋路向县境东南的延伸,解决了香宝两县道路交通断头的问题,并为香河县从东南方向通往天津和唐山地区增加了一个出口。1996、1997年,全线大修,路面由6米拓宽至7米。2002年,省市公路主管部门对县乡公路进行调整,更名为香北线(香河县城至天津河北屯),长度由原来的18.7公里增加到22.7公里。2002、2003年,县城段主路拓宽至12米,两侧增设辅道各5米。2006年,由市县共同投资,对刘宋镇至天津武清界的5.76公里进行改建。2008年,香河县城至刘宋镇路段大修。

倪李线。2002年,上级对县乡公路进行调整,乡道刘宋至香城、五百户至李庄和县道的部分路段合并为一条线,起名为现在的倪李线,全长18.6公里,其中三级路长14.6公里、四级路长4公里,路基宽7~10米,路面宽4~7米。该线东起天津宝坻界,西至五百户镇李庄,几乎横贯香河县东西走向。2004年,完成刘宋镇以东至宝坻县界路段大修,长3.3公里。2005年,完成刘宋村至香城村西7.1公里路段改建。2006、2007年,完成香城村西至曹庄村西2.277公里改建,与香五路相交。

香务线。香河县城至天津市武清区河西务镇。香河县通往天津市的县道之一。境内长12.5公里,四级路,路基宽9米,路面宽6米。该路原起自城关南门与香五路相连,南经钳屯、红庙、李庄,止于双街桥。该路通行历史可上溯到清康熙年间,出香河西门后,向西南方向分出一股驿路,沿雀林院东侧、钳屯西侧至北运河东堤,西渡运河进入武清县界。清雍正八年,北运河决口,形成青龙湾河。清乾隆三十七年,建成红庙金门闸。民国十四年(1925年),天津顺直委员会派员重修金门闸,上做桥式,可以通过行人。民国二十五年(1936年),改由县城出南门,至南台村北面向西南的刘庄,转向正南经赵屯、钳屯、窝头村、坨子、二百户、三百户六个村庄的西侧,过青龙湾河,经邢家营到西双街的运河北堤,过北运河进入武清县界。民国三十一年(1942年),日伪沿雀林院西面、二百户东面向南,至三百户折向东南去蔡庄,过小林桥西抵双街北堤,渡北运河,进入武清县界,整修了一条日伪"警备路"。1955年,香河县开始重视红庙区的道路发展。在全年工作总结中说:"香河县红庙区因不靠公路又系地势低洼地区,每年雨季连大车都不能行驶,严重影响到一个地区的物资供应。"这种情况一直持续到1974年,因海河工程修建土门楼闸

(红庙闸)的需要,才将该线道路整修,交通状况有所改善,但到雨季,交通仍旧阻断。1978 年,廊坊地区批准投资修建通往红庙的沥青路,由于在路线的选线和走向上意见不一,又将所投之资上缴地区。后经上下反复协商,取得一致意见,于 1982 年再次上报廊坊地区,1983 年批复,按照乡村道路、民办公助的原则修建。1983 年 5 月—1985 年 9 月,香河至河西务公路分成三期四段施工。1983 年,修建香河至钳屯段,长 5.2 公里。1984 年,修建钳屯至红庙闸段,长 6.3 公里(包括至砖窝闸段 0.6 公里);红庙闸至李庄段,长 3.2 公里。1985 年,修建李庄至双街段,长 2.931 公里。按三级公路标准设计,路面宽 6 米,油面厚 3 厘米,使用摊铺机铺筑(香河县首次使用),经地区验收为良好路。2002 年,县乡公路调整,路线长度由原来的 17.1 公里缩短至现在的 12.5 公里。2004 年,双街桥完成改建。五百户镇前楼村至天津河西务段于 2005 年大修,其余路段 2008 年大修。

蒋渠线。渠口镇渠口村至三河市蒋福山。2002 年,由乡道石虎路升级为县道。全长 6.7 公里,三级路,路基宽 9～15 米,路面宽 7～12 米。该路渠口村至石虎辛庄村南路段于 2005 年改建,长 4.2 公里,路面宽 6～10 米。2008 年对该路进行改建,由石虎辛庄村南北通至三河交界处。

2. 乡道

乡道共 16 条,总长 98.6 公里。其中二级路 27.6 公里,三级路 15.7 公里,四级路 55.3 公里。

香五线。香五路连接香河县与天津市武清区,跨香河县淑阳、五百户两个乡镇,是香河县南部地区的交通要道,也是香河县通往天津市的主要通道。该路原为县道,起自香河县气象站的通唐路口,向南至西店村而东折经县医院,再向南至五百户东折去香城屯。全长 15.72 公里,路基宽 8 米,路面自香河至五百户段宽 3.5 米、自五百户至香城段宽 6 米。途经中型桥梁 2 座、小型桥梁 3 座。近 200 年来,由香河至五百户一线的道路交通状况发生很大变化。

清代,出香河城南门行至延寺屯和卫马坊之间的驿路分为两股:一股向东南经口头村北面行至顾家屯、吴庄之间,交于香河至刘宋的驿路上;一股向南经香城屯东侧直去河北屯。民国二十五年(1936 年)左右,出县城南门经南台向东南至前店子,沿后井亭、中井亭、前井亭、庞家营、于家口头、武家口头、田各庄、北务屯、中营一线,过青龙湾河,向南经高辛庄、桐城、元家庄至河北屯。民国三十一年(1942 年)左右,日伪由东门外向南经圣延寺、头马坊、南张庄、蔡庄,过青龙湾河去双街,再过北运河进入武清县界,这一线修筑了一条“警备路”。后废除。1954 年,香河至五百户的道路进行改建调直,走向由原来经南台村、十百户、七百户、于辛庄等村街改由周元村西,经南台村东、九百户村西直达五百户。1956 年,整修香河至五百户的道路,初步成为一条简易公路,全长 9.5 公里,并修建了砖台木面桥 1 座。1971 年,香河至五百户段建成沥青表处路面,全长 10.8 公里,路基宽 8 米,路面宽 3.5 米。1974 年,香五路延伸到香城屯段,长 3.5 公里,路基宽 8.5～10 米。1976 年 4 月,铺装了沥青表处路面,路面宽 6 米。1982 年,对香五路农机厂小桥经县医院向南 8.6 公里路段进行了罩面。方法是使用喷油车洒油,随后洒石屑,再用轻碾碾压,这是香河县第一次采用这种工艺进行大中修养护,效果良好。1983 年,此段因穿越城关,每逢集日人流拥挤,影响车辆通行,于 6 月 25 日开始改线,修建南环路,改建全长 2.2 公里,路基宽 10 米,路面宽 7 米。由于经过 3 个大水坑,土方工程量较大,分两期完成,1982 年完成土方工程,1983 年完成油面工程。2000 年,降级为乡道。2007 年,完成改建,全长 11.9 公里,路基宽 12～14.4 米,路面宽 9～11.4 米,二级路。

国安路。国安基地至安头屯镇。长 6.3 公里,路面宽 16 米,二级路。2004 年改建,现路况较好。

双安路。安平镇至安头屯镇。长 9.4 公里,路基宽 19 米,路面宽 16 米,二级路。2004 年改建,现路况较好。

老夏安线。香河县城至安平镇。长 9.2 公里,路基宽 10～19 米,路面宽 7～16 米,三级路。2008 年对该路县城西至王家摆大桥进行改建 3.247 公里,路面宽由原来的 7 米加宽至 16 米。2010 年,对安平大香线以北 1 公里路段进行改建。2011 年,成王家摆桥至安平大香线以北 1 公里路段进行大修。

大香旧线。香河县城至蒋辛屯镇。长 6.5 公里,路基宽 10 米,路面宽 7 米,三级路。路况较差。

钱旺至万木林。长 5.6 公里,路基宽 6 米,路面宽 4 米,四级路。2006 年改建,现路况较好。

义井至大窑上。长8.1公里,路基宽6米,路面宽4米,四级路。路况较差。

梁务路。大窑上村至梁家务村。长5.3公里,路基宽8米,路面宽5米,四级路。2009年改建,现路况较好。

蒋辛屯至梁家务。长3.4公里,路基宽6米,路面宽4米,四级路。2006年改建,现路况较好。

蒋辛屯至万木林。长5.9公里,路基宽6米,路面宽4米,四级路。2009年改建。

谢屯至扁城。长3.8公里,路基宽6米,路面宽4米,四级路。路况较好。

钳屯乡路。长0.9公里,路基宽6米,路面宽4米,四级路。2006年改建,现路况较好。

刘宋至度假村。长3.5公里,路基宽6米,路面宽4米,四级路。2006年和2008年改建,路况较好。

渠安线。渠口至安头屯。长8.6公里,路基宽7米,路面宽4米,四级路。2005年大修,现路况较好。

刘宋至大田。长5.8公里,路基宽6米,路面宽4米,四级路。2006年修建,现路况较好。

刘宋至庆功台。长4.4公里,路基宽6米,路面宽4米,四级路。2006年修建,现路况较好。

3.村道

村道共433条,总长612.3公里,全部为四级路(图10-3-2)。

图10-3-2　新开街冷再生施工现场

四、桥梁

香河县四面环河,属海河水系。主要有北运河、青龙湾河、潮白河、引泃入潮河等。民国初,境内有桥57座,计石桥51座、砖桥5座、土桥1座。20世纪20年代,境内桥毁多建少。七七事变后,战事连年,修毁交错。到1948年年底,全县完整桥梁所剩不多。新中国成立后,对境内坏旧桥梁予以修复,同时又在重要路(河)段上增设了简支木桥和砖拱桥。20世纪60年代后,桥梁建设改用钢筋混凝土预制板工艺。到1990年年底,全县共有较大的公路桥60座,基本形成了桥梁通贯,路不障水、水不阻路的交通格局。到2011年年底,全县干线公路桥梁共20座,农村公路桥梁共133座,其中县道桥梁19座、乡道桥梁34座、村道桥梁80座。

第三节　运　　输

新中国成立后,交通运输工具由笨重的驮运、胶轮大车发展到拖拉机、大小客货汽车、轻骑、三轮摩托车等,且数量和运量与日俱增。至2011年年底,客车总量达到210辆、出租汽车215辆、货车总量达到4985辆。

一、交通运输工具

旧时,香河县主要运输工具有扁担、手推车、畜拉车。民国初年,始有大胶轮车、小胶轮车、手推车。

后改成充气的胶轮大车、双轮拉车、手推车等。20世纪30年代，商家铺栈始有客货汽车、自行车。

新中国成立初期，运输工具仍以人、畜力车辆为主。1958年，全县共有畜拉铁木轮、胶轮大车2609辆，双轮拉车、单轮推车4008辆，同年，引进拖拉机2台。20世纪70年代，机动车得到了推广使用。1980年，载荷汽车增加到153辆，大、小拖拉机发展到452台。1982年后，国营、集体和个体的各种机动车辆迅速增加。到1990年，全县共有各种汽车1566辆，其中大客车39辆，大货车531辆，小客车430辆，小货车526辆，轻骑、二轮、三轮摩托车3696辆，大拖拉机330台。到2011年年底，共有大、小型客车210辆，出租汽车215辆，各类货车4979辆，拖拉机6台。

二、汽车客运

香河汽车客运始于20世纪30年代。民国二十四年(1935年)十一月，民营远通、水利、延丰、天北等车行始通香河至安平、天津等地，其中永利(北平)和天北(天津)车行的班车直抵境内安平。时行车路线有香河经安平、河西务至天津，北平马头经香河、宝坻至唐山，香河至刘宋。后又有香河经大安镇、蔡庄至天津。1937年七七事变后，客运减少。1945—1947年，再度恢复运营，车行有宝记、东升、富合、兴东、德升、荣兴、天北、永利8家。后"平津战役"开始，终止运营。新中国成立初，私营客运活跃，多是私人包车、客店饭馆代揽乘客，秩序混乱，弊端很多。

1950年8月，北京长途汽车公司在香河东关设国营汽车站，逐步取代私营运输。1956年，境内各路段相继改修路面，渡口架桥，从而结束了本县客货运因汛期绵雨不能行车的历史，公路客运量逐年增加。1958年，每日都有往返于北京、天津、唐山、宝坻、三河、武清及境内主要乡镇的班车达36个班次，日均客流量400人次。1978年日客流量增至433人次。1980年，香河客运由廊坊运输公司接管，每日始发车3部，过路车97车次，客流量日平均近575人，其班车路线为香河至北京、香河至天津、香河至廊坊、香河至唐山、香河至新集、香河至三河、香河至大厂、香河至宝坻。县内营运路线为香河至香城、香河至刘宋、香河至渠口、香河至安平。

1983年，个体客运也占相当比重。到1990年年底，全县各种驻站始发车63部，过路车240车次，日客运量平均2400人，最高客流量3500人次。

到2011年年底，纳入管理的长途客运班线7条，县内客运班线5条，共计12条客运班线。长途客运线路为香河至北京、香河至天津、香河至廊坊、刘宋至廊坊、五百户至廊坊、渠口至廊坊、石虎至廊坊、香河至唐山、香河至燕郊。县内班车线路为1路(安平至石虎、东鲁口)、2路(李庄至梁务)、3路(汽车站至八百户)、4路(庆功台至汽车站)、5路(刘庆庄至运管站)。日客运量650人。驻站始发车25部，过路车44班次。出租汽车公司共有3家，分别为香河县鑫瑞出租汽车有限公司、香河县通达出租汽车有限公司、香河县宝达出租汽车有限公司，另有个体出租汽车23辆，出租汽车总数215辆。

此外，北京市八方达客运公司在香河县运营公交线路3条，北京市交通部门负责行业管理，分别是938、810路公交车，共100辆(938路70辆、810路30辆)，车型为金龙、宇通。938路主线车辆35部，30部由一城发车到北京站，5部由938总站发车到北苑，30分钟一班次，主要站点有印刷厂、安抚寨、县医院、公安局、安平、通州北苑。938路快线车辆35部，主要站点有印刷厂、安抚寨、迎宾小区、公安局、高速路口、北京站。810路车辆30部，主要站点有印刷厂、县委广场、大王庄、通州西集、大北窑。

三、汽车货运

20世纪30年代，天津民营合记货栈备有汽车，开通香河至天津货运。民国三十一年(1942年)后，日军征用民用汽车以充军用，货运中断。新中国成立至50年代末，本县大宗货物进出以马车为主。少量物品或随客运，或租车代运。

1962年，香河始有营运货车。1968年，试办社会载货汽车联运组织，时有国营、集体货车6辆。1974年后，香河交通局汽车队(后称汽车一队)和香河汽车二队相继建立，全县货运量迅速增加。到1979年，全县年货运量23.90万吨，年货物周转量达到1455.8万吨公里。1983年，实施"放宽政策、搞活运输"的方针后,专业货运、企事业货运不断发展,个体机动车运输户也随之涌现且不断增加。1985 年,全县共有运货汽车 469 辆(其中联户个体 111 辆),各类运货拖拉机 1636 台(个体约占 80%),当年完成货运量 30.54 万吨,货物周转量达 1144.5 万吨公里。1990 年,全县有载荷汽车 811 辆,各种型号拖拉机 3161 台,货运量、货物周转量分别增至 57.60 万吨和 2867.20 万吨公里。1985 年 10 月,县交通二队又承办了(经北京铁路局通县南关站)运往全国各地的铁路托运业务。

到 2011 年年底,全县共有货车 4979 辆、吨位 9328 吨,拖拉机 6 辆、吨位 9 吨,货运量 170.236 万吨,货物周转量 6809.44 万吨公里。伴随县家具城的发展,物流市场逐步发展起来,大、小物流经营实体达到 196 家,其中 8 家取得道路货物运输站场经营许可证,其余 188 家均未获得交通运输部门的行业经营许可。这 8 家分别是京联、八方、永大、威远、佳森保运、驿丰、成信和曙光。

四、规费征收

1. 养路费

1949 年,新中国成立后,香河县养路费征收工作由运输栈(站)代收代管,汇总上缴,全年收费总额为 5 万元左右。

1954 年 1 月 1 日,执行新养路费征收办法。

1963 年,县交通运输局内设路政室,专人征收养路费,每年收费额上升为 8 万元左右。

1964 年 4 月 1 日,河北省交通厅下发《关于取消按半月征收养路费,明确按次征收养路费几个具体问题的通知》。

1974 年 12 月,养路费征收工作加强了岗位责任制,基本上做到了“应征不漏、应免不征”。城关稽征站在人员少、管理面大的情况下,采取了三勤(眼勤、腿勤、嘴勤)一查工作方法,仅 8 个月就超额 2000 元,提前完成全年计划。

1977 年 8 月,香河县公路管理站正式建立之后,内设收费组,下面农村由城关、刘宋、安头屯、蒋辛屯、渠口等运输分站代征,汇总上缴,全年收费已达 38.4 万元。

1979 年,养路费征收纳入交通监理站。

1980 年,分开后复归公路管理站。征收人员增至 4 人。1983 年,增至 7 人。

1984 年,养路费征收执行超任务提成奖励制。

1985 年 1 月,收费组独立建站,名为香河县养路费稽征站。养路费稽征人员增至 10 人。

4 月,为搞好农村车辆的征费工作,根据省人民政府关于养路费征收的有关规定,从 1985 年 4 月起,由县运输管理站所属各运输管理分站代征部分农村车辆的养路费。

6 月,根据廊坊地区会议精神,为积极支持农民个人和联户发展运输业,县交通局决定,除对农民个人、联户的汽车仍按企事业单位车辆的缴费标准征收养路费外,对其拥有的拖拉机,自 1985 年 7 月 1 日起征收养路费,按规定予以照顾。

1997 年,香河县养路费稽征站上划廊坊市交通局管辖。

2. 运政规费

1951 年,河北省运输公司通县运输支公司在香河建立派出机构——香河运输栈。

1954 年,通县运输支公司香河运输栈改称通县运输公司香河运输站。

1957 年,通县运输公司改为北京市运输公司汽车 14 场,随之香河运输站与香河县交通科合并改称香河县交通运输局。

1959 年 10 月,原香河县境内建立渠口、刘宋、香河城关、五百户 4 个交通运输管理站。均为县交通运输局下属单位(香宝并县期间)。

1962 年,香宝分县后,成立香河县交通运输局。下设渠口、刘宋、五百户、蒋辛屯 4 个交通运输管理站,各设站长 1 名,业务员、会计各 1 名。

1971 年,“香河县革命委员会交通运输局”下设城关、蒋辛屯、渠口、五百户、安头屯、刘宋、王家摆 7

个交通运输管理站。

1980 年 1 月，交通运输分开，分别建立香河县人民政府交通局和河北省廊坊运输公司香河运输站。

1984 年 10 月，河北省廊坊运输公司香河运输站移交香河县交通局领导，改称香河县运输管理站。下设渠口、城关、五百户、王家摆、钱旺、蒋辛屯、刘宋 7 个运输管理分站，并分别在安平、赶水坝、大王庄设置联合检查站。

1990 年底，运输管理站有职工 37 人，下设渠口、城关、五百户、王家摆、钱旺、蒋辛屯、刘宋和安头屯 8 个运输管理分站。

2003 年，运输市场管理实现微机化，撤销了各运输分站，统一在县运输管理站办理各项业务。

2009 年，根据财政部、国家发展改革委、交通运输部、监察部、审计署等五部门联合下发的通知，自 2009 年 1 月 1 日起，在全国范围内统一取消公路养路费、航道养护费、公路运输管理费、公路客货运附加费、水路运输管理费、水运客货运附加费。

香河县交通运输局部分年度运管费、客票附加费、货运附加费征收情况见表 10-3-2。

运管费、客票附加费、货运附加费历年征收情况一览表(元) 表 10-3-2

年份(年)	运 管 费	客票附加费	货运附加费
1988	168141	—	—
1989	292051	—	—
1990	272948	—	—
1991	338051	—	—
1992	353810	162635	—
1993	638693	182111	—
1994	699440	159573	—
1995	879861	115703	—
1996	929704	123680	259586
1997	898447	142943	477430
1998	1093139	102945	418333
1999	1177170	100467	396355
2000	993735	131358	398300
2001	886871	132461	400970
2002	1019123	140826	385735
2003	1100762	152850	420060
2004	1004480	161130	420354
2005	1209508	162360	501377
2006	2241749	172500	1245943
2007	1091335	175020	648455
2008	1072624	190020	688087

第四章　广阳区交通局

4000年前，黄帝制天下以立万国始经“安墟”，“安墟”即为今天的安次区。现地域在春秋战国时为燕国封疆，秦时分属渔阳郡、广阳郡，汉、唐时属幽州、蓟州，宋、辽时属河北东路、南京道，元时属中书省，明时属顺天府，清时属直隶。清朝末年，义和团曾在此取得抗击八国联军的“廊坊大捷”。新中国成立初期称天津专区，1969年，行政中心由天津迁至廊坊，1974年改称廊坊地区，1989年撤地设市，实行市领导县的行政体制。19世纪初廊坊还是一个偏僻小村，清光绪二十三年（1897年）京山铁路建成通车，并在此设站，之后才渐成集镇。清朝光绪二十六年（1900年），英军首领西摩尔率英、美、法、德、俄、意、日、奥八国联军沿京山铁路北侵，义和团奋起迎击，取得了震惊中外的“廊坊大捷”。到1937年七七事变前夕，城区面积0.4平方公里，人口近4000。已建有“三角地”、东南西北四条主街及东小街、南小街。1948年12月13日，廊坊解放，当时城区面积仅0.5平方公里，人口近5000人。共8条街道（4条主街与4条背街），全部为土路，且较狭窄，全长不足3000米。城区仅有房屋3000余间，建筑面积约3.6万平方米。1949年年初廊坊设镇，隶属安次县。1950年，安次县政府迁驻廊坊。1958年，全国农村以社代乡，廊坊镇遂并入廊坊公社。1965年，又重新恢复廊坊镇建制。1969年，“天津地区革命委员会”迁址廊坊。1975年，将廊坊公社划归廊坊镇。1982年3月1日，经国务院批准廊坊镇改为廊坊市（地辖）。1983年，安次县并入廊坊市。1989年4月，经国务院批准撤地建市，廊坊地区改称廊坊市（省辖），原廊坊市改为安次区，共辖90个乡镇3222个行政村。一直到2000年3月7日，国务院（国函〔2000〕19号）批复同意调整廊坊市安次区的行政区划，增设廊坊市广阳区。广阳区辖原安次区的北大街、北门外、小廊坊、新开路4个街道办事处和旧州、万庄、南尖塔、北旺4个乡（镇）及北史家务乡铁路以北部分，区人民政府驻北门外大街。调整后的廊坊市安次区辖天桥西、南门外2个街道办事处和杨税务、落垡、仇庄、调河头、码头、东沽港、葛渔城7个乡（镇）及北史家务乡铁路以南部分，区人民政府驻南门外大街。据第五次全国人口普查数据，全市总人口3833444人，其中广阳区373331人。2010年10月，广阳区交通局成立。

第一节　管理机构

一、概述

1958年，成立安次县交通运输局，之前公路的修建及养护工作由安次县政府建设科负责。年底，安次、武清并县，改为武清县交通运输局。1961年，安武分县，恢复安次县交通运输局。1968年5月24日，经“县革命委员会”、“中共安次驻军支左联络站委员会”研究，批准成立“安次县交通运输局革命委员会”。1969年，成立“安次县革命委员会支农部”，下设各组，交通局改交通组。1971年，改为“安次县革命委员会交通局领导小组”。1973年，更名为安次县交通运输局。1983年，安次县交通局与廊坊交通分局合并为廊坊交通局。1989年，改为廊坊市安次区交通局。2000年，按行政规划分为广阳区和安次区，改名为广阳区交通局，办公地址在廊坊市光明西道27号。

二、直属单位

2000年10月区划初，有局属企事业单位3个，即公路管理站、运输管理站、起重运输场。2002年6月，成立通达汽车维护厂。2006年3月，成立广通汽车驾驶员培训学校（隶属起重运输场），到2009年转让。2006年7月，成立地方道路管理站。2007年12月，成立鑫达汽车综合性能检测站。2009年，成立联广客运出租车有限责任公司。2012 年 2 月 20 日,联广客运出租车有限责任公司变更为广阳区出租车管理站。

三、机构职能

廊坊市广阳区交通局是区政府主管全区公路交通行业的工作部门,具有行政执法、行业管理、社会服务三重职能。负责全区公路交通发展战略、政策、规划制定并监督执行;负责辖区内国省干线公路的建设、养护与管理;负责地方道路的规划编制、行业管理、业务指导和工程质量监督;负责全区道路运输市场的宏观调控和监督管理工作;负责全区范围内公路、桥梁建设市场管理,工程的招投标管理;负责乡村级公路工程的质量监督及质量鉴定工作;负责交通企业的体制改革和行业管理工作等。

四、人事更替

2000 年 10 月 8 日,广阳区交通局成立。局机关共有干部职工 12 名,中共廊坊市广阳区交通局党组由 3 名成员组成,共有党员 10 名,内设 5 个职能股(室),即办公室、人事股、计财股、法规股、战备保卫股。2002 年 8 月机构改革,批准人员编制 17 名,其中行政人员编制 8 名,事业人员编制 6 名,工勤人员编制 1 名,老干部管理人员编制 2 名。领导职数包括局长 1 名,副局长 3 名,股级领导 6 名。2006 年 6 月,局党组由 5 名成员组成,其中书记 1 名;共有党员 11 名;全系统共有职工 445 名,其中局机关人员 15 名。2011 年 8 月,局党组由 3 名成员组成,其中书记 1 名;共有党员 15 名;全系统干部职工 534 名,其中局机关人员 21 名。

第二节　公　路

一、公路线路

(一)国道

G104 线(北京—福州)。曾名京福线。境内长 9.5 公里,路面宽 22.9 公里,路基宽 25.5 公里。起自北京,经南红门、青云店、采育、凤河营,于桩号 K47 + 140 进入广阳区,经南尖塔,跨入武清界,两侧为平原农田。北段建于 1969 年,1980—1983 年由地区工程二队改建,路基宽 12 米,路面宽 9 米,30 厘米厚土基层,5 厘米矿渣沥青灌入,1.5 厘米沥青混凝土封层。1983 年,南段由廊坊市交通局改建,路基宽 12 ~ 15 米,路面宽 9 米,30 厘米厚土基层,4 ~ 6 厘米黑碎,1.5 厘米沥青混凝土封层。1995 年,廊坊市公路管理处投资 300 万元搞文明样板路建设,北段拌和罩面,绿化、美化,中段洒油封层,南段路面加宽 3 米,达到畅、洁、绿、美。1997 年,廊坊市公路管理处对中段拌合罩面。

国道 104 线中段。北起廊坊市区界,南至天津武清界,起止桩号为 K63 + 446 ~ K66 + 846,长 4.3 公里。2000 年 7 月 1 日—9 月 30 日,G104 线中段由安次区公路管理站,东段由永清公路管理站分别大修,主要结构为旧油面上做 15 厘米石灰土,18 厘米二灰碎石,(4 + 3)厘米中粒式沥青混凝土,两侧各 30 厘米现浇 25 号水泥抱角石,路面宽 12 米。2004 年 9 月,K63 + 446 ~ K64 + 246,800 米由广阳公路站大修,大修结构为在原路面进行冷再生处理,铺筑 5 厘米粗粒式 + 4 厘米中粒式沥青混凝土。2006 年 9 月,广阳公路站进行中修罩面,结构为旧路面进行局部挖补,4 厘米中粒式混凝土罩面。2010 年 7 月,全段进行中修,结构为旧路面进行局部挖补,4 厘米中粒式混凝土罩面。2010 年 9 月—2011 年 10 月,该路段郊区快速路至天津武清界段,与 104 国道武清段和 104 国道南段(安次段)共同改线拓宽重建,广阳区境内桩号 K66 + 554 ~ K66 + 908,长 354 米,建成后路面宽 2 × 10.65 米,中间设 2 米绿化带,路基宽 25 米,路面结构为 4 厘米中粒式沥青混凝土 + 6 厘米粗粒式沥青混凝土 + 36 厘米水泥稳定碎石 + 16 厘米石灰土。

国道 104 线北段。北起北京大兴界,南至廊坊市区界,起止桩号为 K47 + 140 ~ K49 + 508,长 2.37 公里。2001 年 7—10 月,北段由广阳区公路管理站大修,破除旧路面,做 30 厘米灰土,15 厘米二灰碎石;在旧路面上做 20 厘米二灰碎石,并喷洒黏层油,整个北段均为 5 + 3 厘米沥青混凝土路面。桥面为破除旧油面,洒黏层油,罩 3 厘米沥青混凝土,TST 伸缩缝重做。2002 年 9 月,北段由广阳区公路管理站改建,长

2.29公里，路面宽2×11.45米，中间设2米绿化带，路基宽25.5米，路面结构为4厘米中粒式沥青混凝土面层+6厘米粗粒式沥青混凝土底面层+18厘米二灰碎石基层+30厘米12%和14%剂量石灰土底基层，2003年5月1日竣工。2006年9月，由广阳公路管理站中修罩面，结构为旧路面进行局部挖补，4厘米中粒式混凝土罩面。2011年4—5月，再次进行中修罩面，结构为旧路面进行局部挖补，4厘米中粒式混凝土罩面。

（二）省道

省道廊涿线。东起九州镇政府东侧，廊涿引线交口处，经东京村北，在九州镇东拐向南，经赵各庄村，南至永清界琥珀营大桥，桩号为K14+594~K21+441，路段长6.85公里。1997年9月建成现有规模，路基宽14.6米，路面宽12米，路面结构为3厘米细粒式混凝土+3厘米中粒式沥青混凝土+17厘米二灰碎石+32厘米石灰土。2002年7月进行了中修，结构为旧路面进行局部挖补，4厘米中粒式混凝土罩面。2009年8月进行了中修，结构为旧路面进行局部挖补，4厘米中粒式混凝土罩面。

省道廊涿引线。是廊坊市通往廊涿高速的省道，广阳区管辖段东起廊坊城区界，经过炊庄、九州镇、西庄子村、南汉村，与廊涿高速公路相接，桩号为K4+331~K16+555，全长12.22公里。该项目于2006年4月开工，2008年8月竣工，路面结构为4厘米中粒式沥青混凝土+6厘米粗粒式沥青混凝土+18厘米水泥稳定碎石+17厘米二灰碎石+16厘米石灰土。2011年4—5月，广阳区公路管理站对全路段进行了中修罩面，路面结构为局部挖补，4厘米中粒式混凝土罩面。

（三）县道

采留线（采育至留各庄）。途经伊指挥营、李孙洼、万庄、大伍龙、小伍龙、九州镇，全长13.3公里。1975年修建。1994年，旧州至万庄段大修。1995年，万庄至北京界大修。1997年，因廊涿线改线，采留线延长至15公里。2004年，对部分路段进行改建，路基宽10米，路面宽7米，属三级路。

廊万线（廊坊至北京界）。途经墨其营、万庄、武家营，全长10.8公里，路基宽10米，路面宽7米，属三级路。1978年修建。2002年9月1日对其中9.6公里进行大修，11月15日竣工。2007年6月，GPS采集后路的长度调整为13公里。2009年，由市政工程处对K0+000~K4+300进行改建，改建后为一级路。

武榆东线（天津界至廊坊）。原名廊良线，为省道，1969年修建，1986年改建，1997年更名为廊涿线。2000年改建，2003年1月降为县道，改名为武榆线。途经吴堤、北旺、西村、北旺政府、李庄，长7公里，路基宽12米，路面宽9米，属二级路。2009—2010年，由市政工程处对K2+700~K7+000段进行改建，改建后该段为一级路，路基宽27米，路面宽24米，中央隔离带2米。拆除李庄东桥，改为市政排水设施；原K4+642闸涵改为北旺桥，桥长32米，为中桥。

武榆西线（廊坊至北京界）。途经九州镇、西庄子、南汉、兴隆庄、白家务、北王力、毕各庄，路基宽10米，路面宽7米，全长22.3公里，属三级路。1979年修建，1990年4月1日—10月1日，对其中10.5公里进行大修。2004年，对九州段1.7公里大修。2007年4月26日—8月16日，对南汉至毕各庄及其支线磁大路共9.5公里进行改建，路面加宽至9米，路基不变。2008年4月18日—6月12日，对九州二村至南汉村西4.8公里路段进行改建，路面加宽至9米，路基不变。

（四）乡道

至2011年年底，全区乡村公路共204条，总长400公里。其中乡道5条46.5公里，村道199条362.9公里（含开发区61.5公里），专用公路5条7.7公里。

104支线（麻营至南尖塔）。连接北王庄、北尖塔。修建于1969年，原名104国道，全长4.9公里。1980—1983年改建，2000、2001年大修，路面宽11.4米，路基宽14.4米，属二级路。2003年，104国道改线，该路降为乡道，桩号为K0+000~K4+900。

永定河左堤路（北京界至安次界）。修建于1992年，全长17.7公里，途经北寺垈、寺垈辛庄、马家务、东京，路面宽6米，路基宽8米，属三级路。2006年，K3+200~K10+300（7.1公里）由水利部门大修。

万桐线（万庄至桐柏）。修建于1975年，全长13.7公里，路面宽4~6米，路基宽8~11米，途经大屯、北王庄、前王庄、小哲垡、石油矿区。2000—2007 年,对该路进行大修,路面宽 7 ~ 24 米,路基宽 9 ~ 26 米,属一级路。

2007 年,小哲垡桥改建为 2 孔,分为左桥和右桥,桥长 31 米。2007 年,GPS 采集后调整为 12.7 公里。

万潘线(万庄镇至潘村)。修建于 1975 年,全长 7.8 公里,途经柳林马房、倘户营、天村、草厂,路面宽 5 ~ 7 米,路基宽 7 ~ 9 米,属四级公路。2006 年 4 月 25 日 ~ 7 月 25 日进行大修。

北大路(北旺至大南旺)。修建于 1993 年,全长 7.6 公里,途经相士屯、大枣林庄、潘庄,路面宽 4 米,路基宽 6 米,属四级路。

2011 年广阳区公路情况见表 10-4-1。

2011 年广阳区公路情况汇总表(公里) 表 10-4-1

道路类型	公路里程(总计)	等级公路						等外	有铺装路面(高级)			简易铺装路面	未铺装路面
		合计	高速	一级	二级	三级	四级		合计	沥青混凝土	水泥混凝土		
总计	538.684	538.684	13.1	90.178	54.752	59.48	321.174	—	536.137	493.39	42.747	—	2.547
国道	26.546	26.546	6.84	15.425	4.281	—	—	—	26.546	17.746	8.800	—	—
其中:国高网	6.84	6.84	6.84	—	—	—	—	—	6.84	6.84			
省道	42.278	42.278	6.26	27.193	8.825	—	—	—	42.278	42.278	—	—	—
县道	52.932	52.932	—	8.598	25.054	19.28	—	—	52.932	52.932	—	—	—
乡道	46.412	46.412	—	7.543	4.864	26.4	7.605	—	46.412	46.412	—	—	—
专用公路	7.656	7.656	—	—	0.723	2.297	4.636	—	7.656	7.656	—	—	—
村道	362.86	362.86	—	31.419	11.005	11.503	308.933	—	360.313	326.366	33.947	—	2.547

(五)桥梁

1. 古代桥梁

清代以前桥梁多为官府修建,也有当时由士绅捐资修建。当时境内的主要桥梁如下:

小石桥。建于汉武帝时期,位于马子庄迤南石桥村,为宋辽时往来放牧处,跨浑河故道,早废。

耿就桥。建于唐贞观时期,在今九州(原旧州)村南,早废。

通济桥。建于宋辽时期,又称"西浮桥",在左奕村,东跨浑河,南通益津关,北通耿就桥,早废。

八里桥。又称东浮桥,跨永定河东川,在土楼东河上,南通六道口,北通凤河,早废。

茨平桥。位于西茨平村,明万历四十六年(1618 年)生员(秀才)葛浩修建,跨浑河故道。

济公桥。位于安次(今广阳)县城北 70 里,明朝嘉靖初年建,早废。

堤上营桥。堤上营村西,跨凤河,土筑,早废。

永安桥。位于安次(今广阳)县治北田庄村,村民孙万廒等重建,跨龙河,早废。

万善桥。位于斐家务村南,村民孙万廒等曾重建,跨龙河,早废。

张家务桥。位于安次(今广阳)县城东,跨龙河,土筑,早废。

南昌小石桥。位于安次(今广阳)县治西北的南昌村,跨龙河,早废。

广安桥。位于响口屯,跨咀叭河,村民徐文彦曾重修,早废。

丈方河小桥。在县治东丈方河村。

永丰桥。位于城北永丰屯,跨龙河。清朝同治十年(1871 年)六月,由顺民屯、大王务、永丰、蛮子营、大芦村等村民集资修建,为条石木板结构,7 孔。此桥于 1975 年改建。

2. 现代桥梁

1)民国桥梁

民国期间,桥梁多为民间自行修建。主要如下:

堤上营桥。位于堤上营村南，跨凤河，为四孔木桥。

堤上营南桥。位于堤上营村南，跨凤河，为四孔木桥，1972 年改建。

庄头桥。位于庄头村北，跨凤河，为四孔木桥，1972 年改建。

乃自房桥。位于乃自房村北，跨凤河，为木桥，1972 年改建。

2）新中国成立后桥梁

公路桥梁木结构阶段的桥梁如下：

齐营桥。位于齐营村中，跨龙河，1964 年建。

天村桥。位于大伍龙村中，跨龙河，为四孔木桥。

公路桥梁钢筋混凝土结构阶段。1958 年以后兴建的桥梁结构已由砖、石、木逐渐演化为钢筋混凝土。跨径、强度逐渐增大。

小哲堡双曲拱桥。位于南尖塔乡小哲堡村西南口万桐公路上，跨越六干渠，于 1976 年建成。桥长 24.4 米，桥面净宽 7 米，荷载为汽—15，挂—80。

解放道铁路立交桥。位于廊坊至大良公路与京山铁路平交道口处，钢筋混凝土结构，是境内第一座快慢车分行的大型交通枢纽。该桥于 1977 年 9 月动工，1978 年 12 月正式使用。全长 32.5 米，宽 24 米。排水系统由封闭式集水池加电动排水泵组成，配备了 75 千瓦柴油发电机组一套。

爱民道铁路立交桥。位于爱民道与铁路交会处。1987 年 10 月 1 日建成通车，长 24.5 米，中孔机动车道宽 9 米，两侧非机动车道宽 9 米，净高 5 米，两侧非机动车道各宽 6 米，引道全长 500 米。

和平路铁立交桥。位于京山铁路 77 公里 928 米处，长 26.4 米，中孔宽 12 米，两侧孔道各宽 6 米，人行道各宽 3 米，引道长 350 米，引线长 595.7 米，1989 年 4 月 28 日竣工。

3. 当今桥梁

新中国成立前，桥梁多为民间自行修建，桥梁多以木结构为主，石砖结构次之，因年久失修，或洪水，或战争破坏，大部分不能使用。新中国成立后，随着公路事业的发展，以钢筋混凝土为主的永久性桥梁逐年增多，至 2011 年年底，广阳区境内共有桥梁 42 座。国省干线桥梁 1 座，县道桥梁 8 座，乡道桥梁 5 座，村道桥梁共 28 座。

碱河中桥（廊涿引线）。2008 年 7 月修建，全长 70.014 米。

大伍龙桥（采留线）。1975 年修建，2006 年大修，桥长 54.2 米。缺损情况：第一、四孔右 2 板保护层脱落，局部露筋；三、四、五孔中部钢板严重脱胶与上部分离；其余三孔 2、3 梁钢板局部脱胶。各孔 T 梁均有裂缝，评定等级为危桥。

九州北闸桥（采留线）。1975 年修建，2006 年大修，桥长 15.5 米。缺损情况：桥台砂浆勾缝局部脱落。评定等级为一类桥。

九州南桥（采留线）。1978 年修建，桥长 13 米。缺损情况：左侧垃圾严重堵塞，右侧 2 孔垃圾全部堵死。评定等级为二类桥。

北旺东桥（武榆线）。1965 年修建，1982 年大修，2000 年维修，桥长 14.1 米。缺损情况：上部承生构件露筋，下部灰缝局部脱落，地基有冲刷现象。评定等级为二类桥。

李庄东桥（武榆线）。1965 年修建，1982 年大修，2000 年维修，桥长 9.1 米。

西庄子桥（武榆线）。1984 年修建，2008 年改建，桥长 53.06 米。评定等级为一类桥。

北王力桥（武榆线）。1984 年修建，2008 年改建，桥长 21.04 米。评定等级为一类桥。

毕各庄桥（武榆线）。1984 年修建，2005 年改建，桥长 27 米。评定等级为一类桥。

北旺桥（武榆线）。2010 年修建，桥长 32 米。评定等级为一类桥。

天村东桥（万潘线）。1975 年修建，2009 年改建，桥长 68.2 米。评定等级为一类桥。

北尖塔桥（104 支线）。1969 年修建，1998 年大修，桥长 24.56 米。缺损情况：桥北左侧护带被撞移位。评定等级为一类桥。

潘庄桥（北大路）。1980 年修建，桥长 14 米。缺损情况：一孔左 2、3、4 板横向断裂，二孔左 2 板断裂,桥面坑洼不平伴有下沉,翼墙与桥体产生裂缝。评定等级为危桥。

大南旺桥(北大路)。1972 年修建,2008 年改建,桥长 32 米。评定等级为一类桥。

天堂更生闸桥(左堤路)。1975 年建,2009 年改建,桥长 38 米。评定等级为一类桥。

村道桥梁共 28 座:一类桥 9 座。包括南王力桥、卜营东桥、白家务桥、大屯桥、永益桥、三医院桥、大枣林桥、穆庄南桥、奶子房桥。二类桥 7 座。包括大枣林南桥、天村北桥、三小营桥闸、齐家营闸桥、马家场桥、南王力闸桥、团辛庄西桥。三类桥 6 座。包括富各庄桥、陈桑园桥、田古营南桥、北王力南桥、三小营西桥、三小营南桥。四类桥 3 座。包括苗小寨北桥、太平庄桥、许各庄桥。危桥 3 座。包括杜各庄东桥、田古营北桥、东冯家务桥。

二、工程建设

至 2011 年,广阳区交通局公路管理站累计修筑公路 380 多公里,桥梁 35 座,质量均达到优良。从 2002 年起,广阳区交通局公路管理站积极参与市场竞争,抢抓工程项目,高质量地完成了廊涿西线 11.465 公里中修、104 线(桐柏至京津塘高速公路口段)2.546 公里大修、廊万线 9.7 公里大修 3 项计划内工程项目和天津武清开发区近 500 万元的市政道路工程,同时完成了 104 线市区北出口段 2.353 公里改建工程的全部灰土铺筑工作。2003 年,先后中标完成 104 线市区北出口段 2.3 公里改建、南营北路 1.4 公里改建、天津武清开发区市政建设等 3 项工程,工程经省、市有关部门审验,全部达到优良标准。同年 10 月,竞标取得市区快速路北段 8.2 公里改建工程,2004 年 10 月竣工通车。2004 年,共承建 7 项工程,主要有廊坊市郊区快速路 1.3 公里地道桥引道工程、104 线落垡桥加宽改造工程、112 线东沽港桥和榆树园桥改建工程、廊香线廊坊出口段大修工程、万桐线 3.4 公里附属路大修工程及采留线 4.6 公里大修工程等。承建工程经上级主管部门检验全部达到优良标准。全区新建农村公路 34.4 公里,解决了广阳区 27 个村出行难问题,使广阳区实现了两年任务 1 年完成,在全市第一个实现了村村通油路目标。2005 年,在全年计划内工程项目少的情况下,广阳区交通局积极协调省、市、区有关部门争取工程项目,组织开展工程项目市场招投标工作,中标并完成了天津大王古庄经济开发区道路桥梁和大枣林村街道路修建等近 10 项工程。2006 年,进一步完善辖区路网结构,改变公路通行状况,完成了 7 项重点工程项目,分别是 104 线中修、光明西道西延 1 公里建设工程、39.9 公里农村公路改造工程、6.2 公里通达工程、万潘路 4.6 公里大修和采留线大伍龙桥、九州北闸桥加固改造工程。2007 年,完成了市区 4 项重点工程,分别是 2.94 公里西外环南延工程、武榆西线 9.5 公里改建工程、30.4 公里农村公路改造工程和区敬老院院内公路工程。2008 年,完成了区政府确定的"三桥两路"全区重点民心工程,包括武榆西线东段 4.8 公里改建、17.7 公里农村公路改造、武榆线西庄子桥、北王力桥和廊万线排渠桥大修工程,其中西庄子桥被廊坊市交通局确定为优质工程。此外,还完成了廊涿高速九州互通连接线炊庄段 850 米拓宽改造工程、廊涿引线至武榆西线连接线 260 米二级路工程、龙河桥和半截河桥罩面、南外环路口改造、金丰科技园区道路工程、区委摊铺油面工程。2009 年,完成区政府确定的 2009 年重点工程和民心工程——县道采留线中段 4.5 公里大修和 24.4 公里农村公路改造工程;完成省道廊涿线 3.4 公里大修和 3.4 公里中修工程,光明东道 4.3 公里东延工程。2010 年,按照区政府年初制定的"民心工程"要求,完成县道采留线 4 公里改建、乡道万潘线 10 公里改建和超任务完成村道 31.4 公里改造工程。同时,广阳区交通局积极协调上级主管部门争取工程项目,先后完成国道 112 线 3.65 公里养护改造、国道 104 线 3.4 公里中修及 354 米改造、光明东道东延工程 2.65 公里、云鹏道(即廊香线)630 米中修等建设任务。2011 年,圆满完成区政府划定的"民心工程"三桥工程(白务南桥、南王力桥、卜营东桥),完成长 12.365 公里廊涿高速九州连接线、长 2.26 公里 104 国道北段中修工程及长 1.96 公里团新庄村道工程等农村公路工程;完成了全长 1.08 公里东冯务道路工程、全长 0.85 公里夏家营道路工程及总长 13.2 公里万庄村道改造工程等建设项目。

(一)重点工程建设

1. "三桥两路"

2008 年 4 月 18 日,广阳区"三桥两路"地方公路建设工程举行开工仪式,地方公路建设全面展开。

“三桥两路”是指武榆线西庄子桥、北王力桥和廊万线排渠桥改建工程，武榆西线东段4.8公里大修工程，17.7公里农村公路改造工程。总工期6个月。该工程被区政府确定为年度重点工程和民心工程。10月26日，随着县道武榆线西庄子桥、北王力桥和大枣林村路1.5公里油面摊铺的顺利完工，广阳区2008年“三桥两路”地方公路建设任务全面完成。通过市、区质监部门初检，工程质量全部达标，其中西庄子桥被市交通局评定为优质工程。

2. 县道采留线大修和农村公路改造

县道采留线大修。广阳区政府2009年度重点工程项目之一——县道采留线中段大修于6月13日顺利竣工。该工程全长4.5公里，共分3段，按照二级路标准设计，路基宽12米，路面由7米拓宽至9米。

农村公路改造工程。2009年，区政府和区交通部门通过积极努力，向省、市主管部门争取到24.4公里。此项工程共涉及辖区5个乡镇(办事处)14个村街。11月7日，农村公路改造工程顺利竣工。

3. 农村公路“三桥”改建工程

2011年9月20日，广阳区农村公路“三桥”(即南王力桥、白家务桥、卜营东桥)改建工程(图10-4-1)竣工通车。“三桥”坐落于白家务办事处境内，原桥均由水利部门修建于20世纪60年代，因车流增加，年久失修，形成危桥。2011年，广阳区政府将“三桥”改建列入政府民心工程，市交通运输局将工程列入补贴计划，使“三桥”得以实施。“三桥”工程由廊坊市交通勘察设计院设计，廊坊市交通运输局地方道路管理处、廊坊市公路工程质量监督管理处实施监督管理，广阳区交通局公路管理站负责重建。新“三桥”结构均为上部钢筋混凝土预制板，下部采用实体墩，U形桥台，扩大基础的新型结构，桥型美观，桥体坚固，既有正常的交通功能，又具有防洪度汛的重要作用。工期6个月。

图10-4-1　2011年9月20日，广阳区农村公路“三桥”改建工程竣工通车，区委副书记、代区长陈斌，区委副书记、组织部长徐济山，区人大常委会主任王春明，常务副区长曹文龙，区政府副区长李春，区政协副主席郭玉铎，市交通运输局副局长王文玉出席了通车仪式

(二)地方协调工作

2005年，组织成立了广阳区高速公路建设地方工作指挥部办公室，在广阳区交通局下设办公室，负责省管高速公路建设项目的前期地方工作，协调市、区、乡有关部门和沿线村街开展了廊涿线高速公路建设前期征地拆迁、取土用地等工作，维护沿线群众切身利益，确保工程顺利开工。2006年内，全面完成了廊涿高速公路工程的地方协调，并配合九州镇、南尖塔镇积极开展了光明西道西延、桐万路改建工程的拆迁协调工作，促进了重点公路工程项目在广阳的顺利开展。2007年，先后协调解决了取土用地、施工扬尘、地上物清表、高压线迁改等10余项遗留问题。光明道西延工程中，积极协调督导炊庄段房屋以及路两侧电力、电信、管线等设施的拆迁。2008年，对广阳区境内因高速修建造成不同程度损毁的县、乡道路进行调查，制定恢复方案，为辖区县乡道路恢复打好基础。2009年，按照区委、区政府统一安排，广阳区交通局负责周各庄村24户居民的拆迁工作。为顺利完成拆迁任务，成立了拆迁工作领导小组，在区交通局直属单位抽调10名干部职工负责拆迁户的思想工作，经过一个多月的努力，完成了拆迁任务。国庆期间，加强对重点拆迁户的稳控，没有发生进京上访事件。2010年，抽调8名干部职工成立了拆迁工作领导小组，深入拆迁户家中做思想工作，严格落实政府拆迁政策，完成了广阳区交通局负责的春和小区、光明东道农机公司24户居民的拆迁工作。积极配合市、区有关部门开展地方协调，完成了京台高速公路(广阳段)9.36公里主线和15.96公里连接线土地勘界组卷及地上物清点工作，完成密涿高速公路(广阳段)京沪高铁交叉段0.61公里清点，并配合九州镇、万庄镇开展广阳区新兴产业园迎宾大道建设的清表赔偿工作。2011年，广阳区交通局工作组一行5人于4月7日正式入户展开工作，对分包负责的6户群

众进行政策宣传和思想发动。至4月30日，完成廊坊市商业中心二期6户居民征用补偿协议签订和搬迁。配合市、区有关部门开展地方协调，完成京台高速九州镇、白家务办事处征地拆迁补偿款4000万元的拨付。沿线10个村街先后开展拆迁清表，完成签订补偿协议451户，完成地上物清表860亩。

三、公路养护

1. 公路管理历史沿革

1949—1957年，公路的修建和养护工作隶属于安次县政府建设科。1958年，县人委交通科与廊坊运输站合并，成立安次县交通运输局，接管公路的修建和养护工作。1958年年底，安次县与武清县合并后，安次县交通运输局随之并入武清县交通运输局。1961年，安次县与武清县分治后，恢复建立安次县交通运输局，机关设秘书股、路政股、计财股和运输股，下属单位有廊坊运输队和公路管理站。1968年5月24日，成立"安次县交通局革命委员会"，设办公室、业务室和会计室。1969—1970年期间，交通局革命委员会改名为交通组。1971—1972年，又改名为"安次县革命委员会交通局领导小组"。1973年改名为"安次县革命委员会交通局"，设办公室、生产组、政工组。1975年，成立公路建筑指挥办公室，隶属交通局。1983年7月，县、市合并后，两个交通局也随之合并，称为廊坊市交通局。1988年，设立交通局党委，后成立交通局党委办公室。1989年4月地改市后，廊坊市交通局改名为安次区交通局。1993年，全系统有干部职工865人，其中局机关48人。1994年，安次区交通局下设机关党委办公室、行政办公室、人事科、财务科、生产科、纪检会、路政科、工会、保卫科、战备办。下属单位有运输管理站、养路费稽征站、公路管理站、公路工程队、运输公司、汽车修理厂、环保设备厂、装卸一队、装卸二队、服务公司、老干部休养所、万庄运输站、码头装卸队。1997年年底，安次区养路费稽征站划归市里。1998年，路政科改名为工程科，战备办、保卫科合并为战备保卫科，增设法规科、文明办、企管科，综合管理科撤销。2000年10月区划调整后，自设立专职机构——公路养护道班以来，养护工作一直由交通局公路管理站、地方道路管理站主管。

1964年，成立了管理和养护公路的第一个专职机构——廊坊道班。到1992年，发展到有廊坊、葛渔城、杨税务、大王务、仇庄、码头、旧州、万庄、调河头、南尖塔、北旺、白家务等12个道班。每个道班在管辖范围内每公里配备1名养护工人，担任养护全区157.4公里公路任务。

1978年，民工建勤办法停止，公路站开始招收养路代表工。1990年，代表工的工资纳入劳动部门工改行列。1993年年底，交通部门有养路代表工158人，主要分布在各公路道班。2000年10月区划调整后，广阳区内有1个养护中心（九州镇）、2个公路管理所（北旺、万庄）、2个作业组（南尖塔、白家务）、1个养护队，共241人。

养护设备从初期的人挑车推，到1972年公路站购置了第一台小四轮拖拉机，各种养路机械逐年增加。到2011年，已有各种机械设备60台。其中工程机械有600吨水泥稳定土拌合站、300吨二灰拌合站、350吨水泥混凝土拌合站各一部，翻斗车4台，50装载机3台、40装载机1台，160平地机2台，18～21吨压路机3台，摊铺机1台，水车4台，14～16吨压路机1台，弯沉车1台，振动压路机1台，200平地机1台，8吨压路机1台，发电机组2台，沥青洒布机1台。养护机械有路面切割机1台、风泵风镐1套、平板夯1台、清扫车2辆、绿篱修剪机2台、割草机2台、高压喷雾器1台、小洒油车1辆。试验设备有水泥混凝土压力机1台、水稳碎石压力机1台、烘箱2台、脱模器1台、养生箱1台、发电机2台、钻孔设备2套、弯沉仪1套。

2. 公路养护

2002年，广阳区交通局严格公路养护施工技术标准，坚持规范化、科学化养护管理，不断深化公路养护机制改革。全年共完成县道以上小修挖补1700平方米；整修形象工程16.75万平方米、85.2公里；恢复水毁路基987立方米、795处；清理路阻路障2646立方米、85.2公里；补植路树1019株，路树整修、绿化8951株；维修公路标志牌49块；公路好路率达到100%，综合值达到100%；廊涿线炊庄过街路段被市交通局定为全市迎省检标准化形象路段，在省、市年终公路联查评比中受到了好评。

2003年，广阳区交通局建成了市区廊涿线、104线两条绿色通道，先后种植毛白杨、北京桧柏、国槐等近10种道路绿化树木27000余棵，整修形象工程50公里，清除路阻路障1500余处，维修桥梁3座，挖补罩面3700多平方米。

2004年，广阳区交通局按照省级文明样板路标准，完成了市区廊涿线、104线绿化补植任务，先后种植金丝垂柳、北京桧柏等道路绿化树木1.7万株，整修形象工程16公里，清除路阻路障3200多平方米、共1200余处，挖补罩面3120平方米，新建廊涿线九州养护中心1个，加大干线公路养管力度，确保县级以上干线公路好路率常年保持在100%，在省市公路联查评比中始终保持在先进位次。

2005年，广阳区交通局以建设标准化路段和文明样板路为核心，进一步加大公路养护力度：一是完成了104线、廊涿线和武榆线绿化补植任务，并在104线中段新建绿化景点1处。共新植毛白杨3200株、北京桧柏700株，补植红瑞木2100株、沙地柏500株、金丝垂柳120株、河南桧柏100株、小檗300株、女贞300株。二是加强桥梁管护，完善路网功能，共完成干线小修挖补800平方米，县道小修挖补2800平方米，清除路阻路障3216平方米、共1120处，清运各种垃圾4125立方米、共225处，增设公路标志425块，维修桥梁1座。三是按照GBM标准对104线中段、廊涿线进行了路肩灰土硬化，对廊涿线赵各庄过街路段进行了街道化治理，进一步提高了公路抗水毁能力，确保辖区公路行车环境整洁美观、安全畅通。

2006年，广阳区交通局进一步健全养管机制，打造"畅、洁、绿、美"公路环境，圆满完成了104线文明样板路创建工作，新植花木13.5万株，更换优质土壤1.6万立方米，建设绿化景点两处7200平方米，整修路肩、边坡、绿化台42公里，顺利通过了交通部验收，受到了各级领导的高度评价。对武榆东线进行绿化改造，补植毛白杨1500棵，完成县道小修挖补3000平方米，清运垃圾1500立方米，修复水毁90立方米，干线好路率达到99%，综合值达到97%。

2007年，新补植路树3550余株，种植伞槐900余株，整修路肩边坡70公里，修建水簸箕260道，挖补路面2600平方米。

2008年，广阳区交通局完成了国道112线17.2公里中修挖补工程、廊香线局部中修保洁保畅工程、光明道西延及市区西辛庄段公路保洁保畅工程、廊涿线K10+800处右侧路基整体滑坡修复工程，对采留线破损路段进行垫料保畅5次，维修县道涵洞2道，村道桥改涵1座，维修加固乡村公路桥梁4座、涵洞1道，增设桥梁标志10块，修复水毁路基500余立方米，疏通排水设施300余米，整修路肩边坡200余公里，粉刷路树、构造物、沿线设施70公里，完成县道小修挖补2000平方米，乡村公路挖补5800平方米，新植、补植乔灌木2800余株，草坪更换2000余平方米。

2009年，广阳区交通局完成了廊涿高速引线12.37公里绿化工程，种植乔灌木17万余株，绿化面积37.5万平方米；完成了天桥至廊涿线交口4.8公里路肩、边坡、边沟形象改造工程，廊涿高速引线碱河中桥至收费站口3.4公里路肩两砌筑立道牙工程，廊涿高速引线中央隔离带道口硬化工程和炊庄以西1.25公里精品路段绿化整修工程。日常养护完成整修路肩、边坡140公里，修复水毁2200余立方米，完成县道小修挖补1500平方米，对辖区农村公路、桥涵进行了安全隐患排查，增设桥梁标志6块，桥栏杆30延米，增设农村公路警示标志15块。同时进一步加强行业管理职能，重新组建了地方道路管理站，配齐了领导班子，设置了相应的职能科室，实行单独办公、独立核算，并将辖区5个乡村公路所纳入统一管理。

2010年，广阳区交通局坚持"建养并重、有路必养、群专结合、改革创新"的方针，做好管养公路日常养护工作。一是完成干线公路整修路基150多公里，挖补坑槽370多平方米，修复水毁动用土方400多立方米；整修辖区农村公路路肩135公里，小修挖补13.7平方公里，督导高标准整修乡村公路35.3公里。二是完成省道廊涿线6.8公里、廊涿引线12.3公里、国道104线2.4公里小修保养灌油缝任务。三是对国道104线中央隔离带补植卫矛21600株，增植各类植被7200余株；对省道廊涿引线补植各类植被26900株；对县、乡村公路补植树木1350株。四是对辖区农村公路、桥涵进行三次拉网式安全隐患排查，增设、维修道路警示标志11块，桥梁示警桩14块，粉刷各种标志320块。五是对县道九州北闸桥防撞护栏进行维修加固，对采留线大伍龙桥增设限宽墩4个，预制桥梁标志10块，县道武榆东涵洞支顶加固1道，维修乡村公路涵洞4道。

2011年，广阳区交通局继续贯彻“建养并重、有路必养、群专结合、改革创新”的方针，做好管养公路日常养护工作。一是日常养护，完成全年共清理建筑及生活垃圾1300余立方米；路基标准化整修65.3公里，维修排水沟、挡墙5.1公里；维修沿线设施三桩两碑868根、立道牙1200余块；完成24.8公里干线两侧路树、挡墙、沿线设施及构造物粉刷2遍；完成冬季除雪公路保畅任务，共除雪两次。二是小修保养。完成干线春季灌油缝工作，共灌油缝14700延米。三是公路绿化。完成104线与天津界350米中央隔离带绿化工作，新植国槐110株、沙地柏两组2500株、八宝景天200余平方米等，廊涿高速九州连接线补植国槐、卫矛等灌木12000多丛等，改造景天7000余平方米。104国道北段补植卫矛4000余株、女贞1600余株、北京桧柏300余株。四是养护中心建设。对养护中心楼体、墙体进行了粉刷，对会议室、卫生间进行了改造升级，对院区进行了封层罩面，对楼前30平方米绿地进行了重新规划。

第三节 路政管理

1962年，安次县交通局设立了路政股。1967年，县交通运输局成立了养护工区，工区养护队兼管县域范围内的路政工作，直至1975年。1982年，国务院颁布了《关于加强路政管理保障公路安全畅通》的通知，对加强路政工作做出了明确规定。

1983年县、市合并后，设立了廊坊市(今安次区)公路管理站养护队路政组，主要负责清除路阻路障和登记处理违章建筑，处理解决境内的路产、路容、路况等问题。1989年，根据《中华人民共和国公路管理条例》，交通局制定了《廊坊市路政管理暂行规定》，明确工作范围，统一印发了路政赔罚款收据，并建立台账。1990年4月，制定了《廊坊市公路路政管理办法》，使路政工作步入法制化轨道。1998年，组建安次区路政执法大队，属安次区交通局公路管理站职能科室。2001年区划后，成立广阳区路政执法大队，隶属广阳区交通局公路管理站，有人员6名，主要负责管理和保护公路、公路用地和公路设施，依法查处各种违章利用、侵占、污染、毁坏路产的行为，控制公路两侧建筑红线，审理跨越公路的其他设施建筑事宜，核批公路的特殊利用、占用和超限运输，维持公路渡口和公路养护设施工作业的正常秩序，保护公路管理机构及其工作人员的合法权益。同年，制定《路政执法人员行为规范》、《公开办案制度》、《路产赔(补)偿费使用管理制度》等12项规章制度。2003年，增设《微机管理制度》等多项制度，使路政管理进一步规范化和制度化。2004年，增设九州中队和地方道路中队，路政人员增加到15名。2011年6月，路政执法大队与公路管理站脱离，隶属为广阳区交通局直属单位，人员增加至32人。领导班子成员4人，大队长潘建军，书记吕卫国，副大队长王晶晶、薛东。新增加《财务管理制度》、《车辆管理制度》、《考勤制度》、《路政安全生产管理制度》等制度23项。

从成立以来，路政执法大队以加大治理超限运输和沿线村街私搭乱建为重点，加大路政执法力度，依法维护路产路权，共处理路政案件近100起，结案率百分之百，拆除私搭乱建近2000平方米，清理非公路标志牌1448余块，清理乱摆摊设点1083余处，清理堆积物1825平方米，清理打场晒粮10000多平方米等。

第四节 运输管理

新中国成立前，因战乱频繁，境内民间运输停滞不前，运力零散，仅有几部私营铁轮大车，农民把自产或自购的物品运往异地销售，没有统一的集中管理。

1950年春，改组廊坊运输货栈为安次县联合运输站，对货源车辆开始实行统一配载，调度管理，按照“就地货源，就地取车，就地运输”的办法，运输各类生产、生活物资。1953年，县运输站在码头、葛渔城、万庄分别建立了联合运输分站。1958年，运输站归属安次县交通运输局，对全县的马车运输队重新组织管理，为地方运送农用、工业用物资。1963年以后，随着公路的修通，境内汽车运输逐渐发展。1970年，运输站撤销，廊坊地区行署在廊坊镇建立联合运输指挥部，负责运输生产和车辆管理。1977年，联合运输指挥部增设了联运办公室。联运办公室对货物运输实行“三统”政策(统一组织货源、统一调度、统一运价),取缔了部分违法运输,混乱的市场秩序逐步得到恢复。1985 年,廊坊地区交通局设立了运输管理处,撤销了联合运术指挥部,在廊坊市(现安次区)设立了运输管理站,下设6 个运管分站。运输站主要是对“五大”运输市场进行统一管理:统一货源、运价、票据、质量标准;对境内从事营运的车辆设置更新审批、核发准运证;对客运车辆“三定”(定路线、站点、班次)手续,并于 1993 年对境内各条客运线路推行有偿使用办法;对境内运业开行车路单和结算凭证;对货运有形市场进行合理配载,宏观调控,扩大运输量。1991 年,运管站与各乡镇配合,理顺了民间运输管理通道,形成了运管工作的网络化,并严格按照政策,打击非法经营,保护合法运输。1994 年后,运管站设客运科、货运科、维修科、财务科、办公室、稽查大队 6 个科室,同时下设万庄、北旺、北史家务、大王务、码头、葛渔城 6 个分站。2000 年 10 月区划调整后,万庄、北旺分站划归广阳区管理。到 2011 年年底,广阳区交通局运输管理站有干部职工 40 人。运管站连续 8 年被省委、省政府评为“省级文明单位”,被省文明委命名为“三星级窗口单位”。

一、货运

新中国成立以前,境内已有民间货运,均是畜力、人力车跑短途运输。新中国成立初期,车辆牲畜私有,分散在全县各地,多数用于农田耕作,农闲运货,只有少数从事专业运输。1950 年,为解决物资积压待运的问题,河北省运输公司天津分公司在安次以大车工会为基础,建立了民间运输站,组织了 200 多辆民间“四网车”和胶轮马车,往北京、天津运送草、麻、黄豆等农副产品,货运由此形成规模。1955 年,运输站组织了万庄、廊坊、葛渔城等大车工会,负责杨柳青运输专线。1956 年,在合作化运输的推动下,公私合营,个体运输变成集体运输。廊坊镇组建了第一个初级运输社,万庄、码头、葛渔城等 6 个运输社也相继成立,共有大车 160 辆。1958 年 8 月,廊坊、万庄两个运输社由集体所有改为全民所有,称为运输队,当时有大车 310 辆。1962 年年底,廊坊镇马车运输队由南小街迁至南门外,大车达到 500 多辆。1963 年年底,廊坊镇马车运输队购进第一批运输汽车,其中有波兰“星牌”,美国“道济”、“奇姆西”,南京“嘎斯”等,成为安次县内唯一的国营货物运输企业,同时境内的集体运输业持续发展。1970 年以后,境内集体、个体运输队达 25 个,有胶轮马车 2000 多辆。1978 年,县煤建公司职工王树岐购置了两部解放牌汽车,第一个搞起了个体汽车运输。1993 年,境内运输组织达到 10 个,其中,国营 1 个,集体 1 个,个体 8 个。共有营运汽车 2731 辆,年货运量 273 万吨,货物周转量 8704 万吨公里。1994 年,运输组织为 7 个,其中,国营 3 个,集体 1 个,个体 3 个。营运汽车 2860 辆,年货运量 288 万吨,货物周转量 2016 万吨公里。2000 年 10 月,成立广阳区交通局运输管理站,辖区内运输组织达到 13 个。其中,国营 3 个,集体 1 个,个体 9 个。共有营运汽车 4012 辆,年货运量 446 万吨,货物周转量 2016 万吨公里。2007 年,全区共有各种营运车辆 4667 辆。其中大货(4 吨以上)1279 辆,中货 266 辆,小货(2 吨以下)3116 辆,危货 110 辆,总吨位 4. 6 万吨。年货运量 5560 万吨。至 2011 年,辖区内有各种营运车辆 8132 辆,运输组织达到 23 个。其中,危货企业 5 家,物流企业 13 家,普通运输企业 5 家,年货运量 9890 万吨。货物运输方式以配载及固定货源运输为主,发展方向为集约化、规模化、信息化。

二、客运

境内的客运始于 1985 年,在此之前,廊坊地区运输公司开通了客运服务项目,途经安次。1985 年 3 月,境内有两部私人客车投入运营:1 部是得胜口乡磨汉港村村民苏开栋购置的 30 座大型客车,路线是得胜口至北京;另 1 部是葛渔城村民谢其和购置的双座中型客车,路线是葛渔城至北京。两车途经东沽港、码头、大王务、廊坊、凤河营、青云店等站点,每日往返 1 趟。1987 年,境内私营客车发展到 10 部,路线包括东沽港至廊坊、堂二里至廊坊、万庄至廊坊等,沿途站点达到 70 余个。

到 1993 年年底,私营客车达到 65 部,大、中、小类型齐全,营运线路 40 条,营运里程 507 公里。远途达北京、天津、大城、易县等地,平均往返 1. 5 个班次,总往返班次达到 108 次,年客运量 84 万人,旅客周转量 3506 万人公里。境内 19 个乡镇均通车,直接穿过村街 55 个。1994 年,私营客车 37 部,营运线路 25 条,日班车 70 次,营运里程 1945 万公里,沿途达北京、天津、保定等地,平均往返 280 个班次,总往返班次

2100 次,年客运量 50 万人,旅客周转量 1499 万人公里。

1999 年,私营客车 97 部,营运线路 47 条,日发班车 166 次,营运里程 4661 万公里,沿途达承德、北京、天津等地,平均往返 664 个班次,总往返 49800 班次,年客运量 153 万人,旅客周转量 4590 万人公里。2000 年区划广阳区共有客运班车 9 辆,2002 年增加一条班线,共有 10 辆客运班车。2006 年根据市区客运要求,取消新增添的一条班线,又由于市区客运规划,市区的公共客车与本区的一条班线重运,导致此辆客运班车停运,取消了本班线。至 2011 年年底,本辖区共有客运班车 8 辆,客运班线 5 条,客运通车里程 490 公里,客运量 25.9 万人,旅客周转量 1566.4 万人公里,客运覆盖率 65.16%。

境内第 1 部出租汽车是北史家务乡村民李得记在 1985 年购置的“拉达”卧车,在廊坊火车站接送旅客。1987 年,出租汽车 18 部。1993 年,达到 108 部。种类有波罗乃兹、拉达、菲亚特、皇冠、桑塔纳、北京 213 等,同时也有不少天津产的大发牌轻型客车和夏利牌轿车进入出租车行列。1996 年,运输管理部门成立了出租车管理大队,对市区内出租汽车市场进行治理整顿。是年底,境内有出租车 178 辆,车型主要是轻型客车。1997 年后,汽车出租管理划归廊坊市统一管理。2000 年区划后,经廊坊市交通局批准,在辖区内新增出租车 50 辆,统一由廊坊市通利公司广阳分公司管理。

三、运政管理

2000 年区划后,根据广阳运输市场发展实际,运输管理站不断创新服务举措,深挖市场潜力,开展便民服务、联合集约服务,加大对大型车队的服务、扶持力度,吸引车源,加大行业管理和源头治理力度,共查处车辆 1768 辆,其中未取得道路运输经营许可、擅自从事道路运输经营车辆的 1237 辆,不符合规定条件人员驾驶道路运输经营车辆的 353 辆,其他违法经营案件 178 起。2002 年,共审、换证营运车 2050 辆,占应审车辆的 97%;纠正违规经营车辆 600 余部;运管费、客票附加费、货运附加费分别超额完成市局下达全年任务的 119%、102%、148%,在全市运管联查中评比中获得第 2 名。2003 年,运输管理站完成货运车辆审验 2800 余辆,占应审车辆的 96% 以上,农用车审验 2700 辆,超过去年同期水平,审验质量、速度居全市第一。2005 年,货运汽车总吨位已发展至全市第 1 位次。2007 年,先后吸引了河北吉运等 6 家运输企业落户广阳,新增货运车辆 1000 余辆、共 5600 多吨。2009 年,费改税政策实施以后,及时将工作重点转移到源头治理和行业服务上。一是撤销了运管北旺和万庄两个基层分站,将稽查大队和两个分站人员全部充实到运管站各业务科室,并重新划分了业务科室主要职能,在整合资源的同时,节约了经费开支。二是货运车辆保持了较快增长,至 11 月底,辖区新增货运车辆 1133 辆,车辆总数达到 5750 辆,新增运输服务业户 16 家,总数达到 50 家。三是新组建成立了联广客运出租有限公司,将辖区 50 辆出租车和 8 辆客运班车全部纳入中心统一管理。四是对辖区维修市场进行清理整顿,注销不符合条件的维修厂点 4 家,清理无证经营“黑厂点”8 家,全年新增维修厂点 24 家,总数达到 131 家。五是强化危险货物运输企业监管,对辖区危货运输企业的 80 余名从业人员进行了安全生产知识培训考核,对 97 辆危货运输车辆进行了年度审验,共有 92 台车辆合格,1 台进入报废程序,对 4 台未按要求参加年审和审验不合格的车辆暂扣了道路运输证。六是积极做好营运车辆二级维护管理工作,辖区营运车辆强制维护率和上线检测率均达到 100%。2010 年,辖区新增货运车辆 1415 辆,车辆总数达到 7948 辆;新增维修业户 4 家,总数达 137 家;年审车辆 6878 辆,已换发新证车辆 4580 辆。2011 年,辖区道路运输市场继续保持平稳快速发展,辖区货运企业在全市 10 家被评为 AAA 级质量信誉企业中占一家,107 家 AA 级企业中占 22 家。到 2011 年 11 月 15 日,新增货运车辆 1535 辆,总数达到 8823 辆;新增维修业户 6 家,总数达 143 家;新增机动车驾驶员培训学校 1 家。

四、企业管理

1. 起重运输场

2000 年 10 月区划之初,成立了企事业单位起重运输场,通过不断扩大吊装范围,广泛联系业务,生产效益稳定发展,确保了职工工资按时发放和各项保险及时上缴。其中 2004 年,完成产值 72 万元。

2005年，完成产值63万元。2006年，完成产值72万元。同年，投资210万元，新建成立了广通汽车驾驶员培训学校，实现收入110万元。2007年，完成产值70万元，广通汽车驾驶员培训学校全年培训学员1146人，实现收入215万元。2008年，随着市场竞争越来越烈，起重运输场生产效益呈下滑趋势，完成产值47万元；广通汽车驾驶员培训学校共招收学员800人。2009年，起重运输场吊装业务完成产值32万元，并筹资150万元购置了大吨位吊装设备3台，增加了企业发展后劲。同年8月，起重运输场将经营困难的广通驾校适时转让，取得了一定利润，确保了企业和职工利益。2010年，起重运输场吊装业务实现年产值59.1万元。2011年，起重运输场吊装业务完成产值60万元。

2. 通达汽车维护厂

2002年6月，成立了通达汽车维护厂，9年来，通达汽车维护厂不断开拓市场，内强素质、外树形象、团结和谐、务实创新、克难奋进。至2011年年底，总计维护保养汽车82296余台次。

3. 鑫达汽车综合性能检测站

2007年12月，成立鑫达汽车综合性能检测站，2008年8月投入运营。4年来，鑫达汽车综合性能检测站根据自身实际，充分利用政策、管理、设备等各种资源创收增效，提高造血能力，壮大自身实力。至2011年年底，总计检测车辆77454台次。

第五节　荣　誉

广阳区交通局获得的市级及以上集体荣誉见表10-4-2。

市级及以上先进集体　　表10-4-2

年份（年）	称　号	授予单位
2006	2004—2005年度文明单位	市委、市政府
2007	2004—2006年度河北省交通系统先进集体	省交通厅
2007	交通战备工作先进单位	市国防动员委员会
2008	廊坊市2006—2007年度文明单位	市委、市政府
2008	先进离退休干部党支部	市委、市政府
2008	廊坊市2007年度推行事业单位聘用制工作先进单位	廊坊市人事局
2008	创建环京津文明城镇群先进单位	市精神文明建设委员会
2009	2008年度廊坊市党委系统信息工作先进单位	中共廊坊市委办公室
2010	2009年度国防交通工作先进单位	市国防动员委员会
2010	2009年度社会治安综合治理先进单位	市综合治理委员会
2010	2008—2009年度市级文明单位	市精神文明建设委员办公室
2010	2009年度政风行风建设优秀基层单位	河北省交通运输厅
2010	2009年度廊坊市党委系统信息工作优胜单位	市委
2012	创先争优、文明执法先进集体	省交通运输厅
2012	2011年度党委系统作息工作先进单位	市委办公室
2012	2010—2011年度市级文明单位	市委、市政府
2012	河北省交通运输系统创先争优文明执法先进集体	河北省交通运输厅
2012	2011年度政风行风建设优秀基层单位	河北省交通运输厅

第五章　安次区交通运输局

第一节　管理机构

一、概述

安次区交通运输局位于廊坊市安次区银河南路4号，负有管理全区交通行业、行政执法、社会服务3项职能，承担区内公路规划建设、公路养管、运输市场管理、交通企业管理、精神文明建设5项职责。下设运输管理站、公路管理站、汽车综合性能检测站、路政执法大队、公路工程队、安次区地方道路管理站、安通驾校、通利分公司、运输公司、安通汽修、装卸一队、通旺汽车维护保养服务中心、安次区汽车维护保养服务中心，共13个单位。局党委辖10个党支部，197名党员，全系统干部职工814人。局机关设办公室、人事股、计财股、工程股、安全股、政策法规股，共6个科室，机关人员38人。

二、机构沿革

1950年，建立河北省天津运输公司廊坊运输站，设在廊坊南门外，即今银河南路4号。下设安定、黄村、礼贤运输小组（以上3处1954年划归大兴县），杨村运输小组（1954年划归武清县），落垡、码头、葛渔城、万庄运输小组。

1956年，河北省天津运输公司廊坊运输站下属单位有廊坊运输一社、二社、三社、万庄、码头、葛渔城运输小组。

1958年，河北省运输公司天津分公司，派纪新正到廊坊组建安次县运输局，下设秘书股、人事办公室、保卫股、路政股、运输股、财务股、计划股7个股室。下属单位有廊坊运输大队（下分一、二、三队）、装卸大队（1958年前称搬运工会），万庄运输大队、装卸大队，码头运输大队（包括得胜口、葛渔城装卸队），大王务装卸队、运输工具修配厂。

1958年12月20日，安次县并入武清县，机构名称改为武清县交通运输局廊坊运输站。下属单位有廊坊运输一、二、三队，廊坊装卸队。

1961年6月1日，安次、武清分县，恢复安次县建制。安次县交通局也同时恢复，机构名称改为安次县交通运输局，下设秘书股、计财股、运输股、路政股。下属单位有廊坊运输大队（一、二、三队）、廊坊装卸队，万庄运输站、装卸队，码头运输站、装卸队，大王务运输站、装卸队（1965年撤销），北旺运输站、装卸队（1963年建，1966年撤销），葛渔城运输站。

1968年5月24日，建立“安次县交通局革命委员会”。

1983年7月，安次县交通局与廊坊市（县级）交通局合并，称为廊坊市（县级）交通局。

1984年8月4日，廊坊市（县级）交通局党组织由党总支改为党委。

1989年4月，廊坊地区改建为廊坊市，组建安次区，原廊坊市（县级）交通局改为廊坊市安次区交通局。

2000年10月，划出安次区北半部建立广阳区，区交通局随之分建，仍称安次区交通局。

2011年10月10日，安次区交通局更名为安次区交通运输局。

1961～2011年，区交通局局长、副局长、调研员，党组织书记、副书记、委（成）员，纪检书记、副书记，工会主席的人事任免，在不同时期分别由县人民委员会、“县革命委员会”、中共县市区委员会、县市区人大常委会行文公布。

第二节　公　路

一、公路建设

1. 国道

1996 年,完成 106 国道固安 C 标段 2.30 公里大修。1997 年,完成国道 106 线 9.20 公里铺设油面,104 国道和廊崔线 13.90 公里大修。2000 年,完成两项工程:104 国道中段大修 3.44 公里,宽 12 米,6 月 20 日开工,10 月 31 日竣工;104 国道大修罩面工程,更换水泥混凝土路缘石 2410 米,粗粒式沥青混凝土找平 1800 平方米,沥青混凝土面层料 1688.52 平方米,整修路容 2410 米。2010 年,高标准完成了 112 国道 8 公里的大修。2011 年,完成了 104 国道 K73 + 399 ~ K75 + 812 改建工程,由安次区局公路管理站承建,长 2.413 公里,4 月初开工,9 月底竣工。

2. 省道

省道新建工程较少,大修工程较多。1997 年,新改建省道廊涿公路 12.60 公里。1998 年,改建省道廊霸公路安次区段 7 公里,大修省道廊崔公路 5.70 公里。1999 年,改建省道廊崔公路市区南出口(原长 1.40 公里,后因拆迁改为桥北段 776 米),主路宽 24 米,25 厘米水泥混凝土结构,5 月 26 日开工,主体工程于 8 月底、提前 30 天竣工,被市交通局评定为"优良工程"。

2000 年,完成两项工程:万桐公路(104 线市区北环路)改扩建工程,全长 2.22 公里,宽 24 米。4 月 10 日开工,9 月 30 日,包括附属设施在内的工程全部竣工。大修工程 10.44 公里,其中省道廊涿公路东段大修 7 公里,由 7 米拓宽为 9 米,6 月 10 日开工,10 月底全部完工。

2003 年,完成省道廊泊公路南出口改拓建工程,长 356 米,拓宽至 24 米,一级路标准,3 月 10 日开工,4 月 30 日竣工。2004 年,完成省道廊泊公路(K22 + 400 ~ K30 + 400 段)改建工程,2002 年 9 月 5 日开工,长 8 公里,单幅路面宽 11.45 米,一级路标准。2004 年,廊泊公路(南辛庄至调河头)12 公里大修工程,安次区局公路管理站以招投标形式中标,7 月 12 日开工,9 月 13 日竣工通车。

3. 县道

县道工程较多。1996 年,完成县道柳马线 2.70 公里大修,廊大线于常甫桥南 300 米水毁工程。1997 年,完成县以上公路建设投资是此前 5 年的总和。其中包括市区西外环 2.80 公里、中修工程 12 公里、小修挖补 12195 平方米。以上工程完成量 100%,工程优良品率 100%。廊涿线通过交通部验收,获得质量技术评定 94 分。全区县以上公路好路率 82.5%,其中干线好路率 92.7%,县以上公路综合值为 83.5,干线为 89。1998 年,完成了市区东出口 2 公里改建、辖区 12.70 公里县道中修、13945 平方米小修挖补。1999 年,完成县道廊榆线大修工程,主路宽 7 米,25 厘米灰土,5 厘米油面,7 月 18 日开工,10 月 20 日竣工,工程质量得到市交通局、区委、区政府好评。

2001 年,完成 8.10 公里县道廊津线改造工程,宽 7 米,32 厘米灰土,6 厘米油面,5 月 5 日开工,7 月 10 日提前竣工,被市交通局评为"优良工程"。2002 年,向省交通厅、市交通局积极争取县级道路改建项目资金,出色完成了安次区为民兴办的十件实事之一——3.034 公里津保高速公路引道工程,二级路标准,结构为路面宽 9 米,30 厘米灰土 + 15 厘米二灰碎石 + 4 厘米粗粒式沥青混凝土 + 2 厘米细粒式沥青混凝土。5 月 1 日开工,7 月 10 日提前竣工,被市交通局评为"优良工程",成为全市第一条二级路标准的县级道路。县道码杨线(葛渔城至码头段)被河北省交通厅评为省级"典型示范路"。2003 年,完成县道码杨线(葛渔城至东沽港)大修工程。工程长 7.56 公里,路基宽 10 米,路面宽 7 米,三级路标准,8 月 12 日开工,10 月 28 日竣工通车。经廊坊市公路工程质量监督处初检评为"优良工程"。

2004 年,县道东高线(廊泊线至济南屯段)改建为 14 米宽的二级路,长 2.167 公里,4 月 28 日开工,8 月 18 日竣工。2005 年,完成县道葛马线(葛渔城至马柳段)改建工程,长 6.20 公里,路基宽 9 米,路面宽 6 米,结构为 15 厘米石灰稳定土 + 15 厘米二灰碎石 + 5 厘米油面。5 月 1 日开工,8 月 12 日竣工,沿线

18 个村街 2 万多居民直接受益。2006 年,县道东高线(济南屯至天津段)改建工程,4 月 14 日开工,10 月 18 日竣工,长 9.928 公里,按二级路标准改建。2007 年,完成县道葛马线东段(天津界至葛渔城)改建工程,长 3.259 公里,路基宽 12 米,路面宽 9 米,两侧现浇混凝土路肩石。2009 年,完成县道东高线西段 4.60 公里改建。

4. 乡道工程

2005 年,完成乡道落小线(廊泊线至 104 国道)改建工程,长 12 公里,路基设计宽 8 米,路面设计宽 5 ~6米,结构为 18 厘米二灰碎石 +5 厘米沥青混凝土面层。乡道东南线改建工程(北护路堤至南关段),长 5.733 公里,路面宽 4.50 米,结构 30 厘米石灰稳定土 +5 厘米沥青混凝土面层。4 月 1 日开工,7 月 20 日竣工。2007 年,完成乡道董邢线(董标堡至邢官营)改建工程,长 12.60 公里,按四级路标准改建,路基宽 7 米,路面宽 4 米,改建后长 14.60 公里,由安次区局公路工程队承建,4 月 23 日开工,10 月 9 日竣工。

2008 年,完成乡道码得线改扩建工程,码头南至 112 国道,途经码头、葛渔城、东沽港 3 个乡镇,13 个村街,长 17.60 公里,得胜口过村街段 1.10 公里已于 2007 年完成,年内实际建设里程 16.50 公里,4 月 6 日开工,6 月 14 日竣工,结构为 16 厘米二灰碎石 +4 厘米油面,路基宽 9 米,路面宽 6 米。乡道大北尹支线改建工程,长 3.80 里,途经 2 个乡镇,4 个村街,按四级路标准修建,路基宽 8 米,路面宽 5 米,5 月 3 日开工,6 月 16 日竣工。2011 年,完成乡道落小线修复工程,全长 4.40 公里,7 月开工,10 月底竣工。还实施了码头村道改造、蔬菜标准棚区道路工程、战备路改造工程等。

5. 村村通工程

安次区村村通公路工程自 2004 年开始,至 2006 年完成。2004 年,年计划新增通油路行政村 33 个,建设里程 45.30 公里。4 月 18 日开工,10 月 4 日提前竣工,11 月 7 日通过验收,11 月 16 日通过市农路办抽查,11 月 25 日通过省联查,工程质量均为优良。全年共建设农村公路 51.63 公里,占计划的 114%,使辖区 7 个乡镇 37 个行政村的村民告别了世代走土路的历史。年内完成了村村通客车工程,建成简易客运站 2 个,候车亭 18 个,实现了全区 284 个行政村"村村通客车"。

2005 年,村村通油路工程计划 26 个行政村修筑 37.40 公里油路,结构为 18 厘米灰土 +4 厘米油面。全年实际完成 31 个行政村、46.81 公里,超出原计划 5 个行政村、9.41 公里。2006 年,新建、改建 34.06 公里,新增通油路行政村 22 个。

2007 年,村道改造工程,计划改造村道 36 条、59.94 公里,涉及全区 7 个乡镇、53 个村街。4 月 9 日动工,10 月 26 日竣工,实修建村道 40 条、67.30 公里,超出计划 1 个乡镇、4 个村街、7.35 公里。2008 年,重点改造部分村道,改善居民出行环境,3 月 20 日开工,9 月 26 日竣工,改造村道 24 条,涉及 8 个乡镇 28 个村街、40.40 公里。

2009 年,高标准实施了村道 43.90 公里改造,完成东张务危桥改造。2010 年,完成 27.10 公里村道改造、3.70 公里董邢线破损路段修复、8.28 公里杨尹线(南环路至大北尹)扩建。2011 年,落禅线(廊泊线至禅房段)建设,长 4.639 公里,路基宽 12 米,路面宽 11.4 米,路面结构为 32 厘米灰土 +18 厘米二灰碎石 +9 厘米沥青路面。4 月初开工,11 月 9 日完成主体工程。改造村道 16.80 公里,涉及 9 个村街,方便了居民出行。杨尹线附属工程,4 月开工,8 月竣工。

2011 年安次区公路情况见表 10-5-1。

2011 年安次区公路情况汇总表(公里)

表 10-5-1

道路类型	公路里程(总计)	等级公路							有铺装路面(高级)			简易铺装路面	未铺装路面
		合计	高速	一级	二级	三级	四级	等外	合计	沥青混凝土	水泥混凝土		
总计	675.327	675.327	1.203	52.068	59.321	57.862	504.873	—	548.634	524.258	24.376	18.782	107.911
国道	11.616	11.616	1.203	2.413	8	—	—	—	11.616	11.616	—	—	—
其中:国高网	1.203	1.203	1.203	—	—	—	—	—	1.203	1.203	—	—	—

续上表

道路类型	公路里程（总计）	等级公路						等外	有铺装路面(高级)			简易铺装路面	未铺装路面
		合计	高速	一级	二级	三级	四级		合计	沥青混凝土	水泥混凝土		
省道	41.43	41.43	—	41.43	—	—	—	—	41.43	36.272	5.158	—	—
县道	63.002	63.002	—	—	27.645	30.609	4.748	—	58.254	58.254	—	—	4.748
乡道	98.742	98.742	—	4.267	13.407	19.087	61.981	—	86.171	84.692	1.479	12.571	—
专用公路	40.277	40.277	—	—	5.121	—	35.156	—	40.277	40.277	—	—	—
村道	420.26	420.26	—	3.958	5.148	8.166	402.988	—	310.886	293.147	17.739	6.211	103.163

6. 桥梁工程

2001 年，赵庄漫水桥改建工程，桥梁结构上部预制安装，下部钻孔灌注桩，6 月 16 日开工，9 月 26 日竣工，被市交通局评为“优良工程”，并申报“省优工程”。2003 年，完成了位于 102 国道的 3 座桥梁工程，6 月 16 日开工，9 月 30 日竣工，被市公路质监处评为“优良工程”。2005 年，完成葛西林场桥、祁营桥改造工程，属于县道危桥改造。6 月 1 日开工，9 月 15 日竣工。全年完成县道 6.20 公里，乡道 17.70 公里，村道 46.81 公里及两座桥梁。2007 年，完成村道大麻村桥、东麻各庄桥、把什营桥 3 座危桥维修加固工程，分别拆除后重新砌筑侧墙，桥面铺筑 12 厘米钢筋混凝土，安装钢管栏杆扶手。8 月 6 日开工，9 月 9 日竣工。2008 年，完成东储桥、北得胜桥、景尔头桥 3 座危桥维修加固工程，4 月 15 日开工，5 月 30 日竣工。

7. 其他工程

其他工程包括公路运输服务站点、排水工程、护堤撤退路、回民公墓路、高速公路通道等工程。1999 年 4 月 15 日，建成安次区客运服务中心，除省际班车外，全区 96 部客车加入中心。9 月，运管站与王寨广阳工贸集团、北旺乡联合组建的货运配载中心挂牌，分别在 4 个车队、1 个运输场、19 个联合车队基础上组建，拥有货运车辆 117 部，年货运量 1.40 万吨。2009 年，运管站和检测站新站工程年内顺利竣工，检测站已投入运行。

2000 年，承揽了东方大学城排水工程 800 米，沥青混凝土路面及沥青混凝土广场 15430 平方米，设计结构为 4 厘米中粒式沥青混凝土 +6 厘米粗粒式沥青混凝土 +3 厘米剂量 120% 的石灰稳定。2001 年，完成了 2 项小型公路工程。2007 年，完成廊霸线—北护路堤撤退路工程，长 11.48 公里，其中新建段 7.61 公里，加宽段 3.87 公里，四级路标准，路基宽 7 米，路面宽 5 米，8 月 15 日开工，11 月 4 日竣工。2008 年，完成回民公墓道路修建工程，长 900 米，灰土 + 水泥混凝土结构，6 月 22 日开工，8 月 7 日竣工。2010—2011 年，配合京台高速公路拆迁占地工作和启动第三南通道建设。项目北起廊坊大外环，南至京台高速东安庄互通，长 19.58 公里。部分标段主体工程完成，因季节影响，施工暂停。

二、公路养护

1. 修补培护

1996 年，完成中修工程 9.50 公里，小修挖补 11600 平方米。被省交通厅命名为“公路路政养护达标线”。1998 年，维护标准化路段 67.8 公里，修整路肩边坡 188 公里，全区干线公路达到“三无”标准，县道以上好路率达到 79.8%，干线达到 89.6%。

2001 年上半年，公路养护良好状况在廊坊市联查中排为第 2 名。2003 年，完成 104 国道、廊霸公路、廊崔公路等国省干线及部分县道标准化施工，共小修挖补 17050 平方米，整修路肩、平台、边坡 417.73 公里，疏通边沟、排水沟 45.60 公里，处理水毁 4012 立方米。2004 年，完成 104 国道、112 国道、廊霸公路、码杨公路等国省干线及部分县道标准化施工，中、小修挖补 8244.26 平方米；整修路肩台背、边坡 213.68 公里，恢复水毁路基 1151.9 立方米。2005 年，完成廊霸线 6.99 公里中修工程。干线挖补 1050 平方米，县道挖补 3000 平方米，清运垃圾 2771.7 立方米，处理水毁 5149.9 立方米。辖区干线好路率达 100%，县路好路率达 68.0%，分别超出廊坊市公路管理处下达目标 8% 和 11%。

2006 年，整修平台、边坡 257.38 公里，疏通排水沟 133.79 公里，维修边沟、隔离墙 84 处，标志牌 2544

块,涵洞30.0米/道,小修挖补2.05千平方米,修复水毁3238.4立方米、8.42公里。辖区干线好路率达95.8%,养护综合质量值达94.5%。完成了码杨线南段、东高线西段1300米的小修挖补工程;出动机械60台次,修整美化路肩366公里;为县、乡道路设置示警桩318根,百米桩310根,以及乡道里程碑16块。2007年,整修路肩、平台、边坡214.91公里,疏通排水沟8013.5立方米、101.96公里,清理塌方和零星填方3702立方米,维修挡墙26处、三桩941根;处理112线路面拥包、沉陷、严重龟裂、车辙等病害16000平方米,处理汛期路基水毁3702立方米、7.76公里,维修水簸箕64道,增设水簸箕6道。干线好路率达91.5%,养护质量综合值达92.8%,分别超出市公路管理处下达目标1.5%、0.8%。在"文明窗口精品岗"活动中,安次局属公路站南辛庄养护中心获得2007年度省级"十佳养护中心"殊荣。乡道、村道新增养护责任牌40块,新增补增示警桩156根、百米桩362根,同时对县道公路沿线10所学校、十字路口设置交通警示标志和减速行驶标志10对、划置人行横道线140平方米。

2008年,完成112国道安次段中修工程。4月底进场,5月22日完工,比预计工期提前了19天。疏通排水沟101.37公里,整修路肩、边坡等243.30公里,乡村道路整修路肩1380800平方米。2011年,完成县道整修路肩372.78平方公里,增补县道沿线设施,包括百米桩341根、示警桩284根、里程碑12块、责任牌36块。路面、路肩清扫15361.402平方公里,小修挖补路面5.056平方公里。汛期处理水毁962.4立方米、2.43公里,维修水簸箕32处,排水沟128延米,维修涵洞8处。杨尹线及旧东高线小修挖补工程,5月18日开工,杨尹线于6月27日竣工,旧东高线及东高线西段小修挖补工程因北京奥运会安保停工2个月,至10月15日竣工。

2. 绿化美化

1997年,新补植各种路树750株,种花5.50万株,成活率达95%,完成县以上绿化40公里。1998年,在104、112和廊涿线等重点干线修筑绿化台24.10公里。1999年,新补植路树4000多株,花木9000多株,草坪矮花、爬地柏13000平方米,建成多个花坛、花圃、花墩。2003年,补植乔木8691株,完成绿化管护73公里,县道好路率达45.5%。2004年,完成绿化管护100.91公里。清扫路面2463.58公里。2005年,完成了廊泊线29.42公里绿化工程,植树24206株,更换优质土壤11887.20立方米,栽种花卉12544株,草坪51909平方米。2006年,绿化管护201.59公里,喷洒农药4.36吨,新植补植路树7574株,栽花种草17088平方米,粉刷路树80棵。2007年,在廊泊公路(于常甫至北小营过街段)修建花坛24个,栽种花草5800株,路树刷白6.25万株次,投入资金39650元,美化了路段环境。新植补植行道树1665株;栽花种草4580平方米,绿化管护248.36公里;农村公路种植路树13220株。2007年,全力配合风景绿廊示范工程,采取有效措施,全面阻击美国白蛾,动用绿化喷洒车、高压动力喷雾器35台次,喷药970公斤,累计治理71.26公里。2008年,公路栽花种草15559.54平方米,完成绿化管护306.18公里。2011年,补植路树650株,刷白路树52126棵次。

3. 清理路面

2006年,全年累计清运国省道干线垃圾1740.20立方米,清扫路面4896.92公里,出动600多人次清除农村公路路肩杂草199.80平方公里,清运垃圾、杂物1360平方公里。2007年,清扫路面4028.98公里,清运垃圾3629.60平方公里。2008年,公路养护:①国省干线。共完成路面铣刨13500平方米,坑槽修补27772平方米。绿化美化工程。公路养护好路率达到94.4%,超廊坊市公路管理处下达指标1.4个百分点,养护质量综合值94.2。其间,共完成路面清扫4046.76公里,清运垃圾2169.4立方米。②农村公路。清运垃圾2960立方米,路面、路肩清扫2560200平方米,共出动人力5760人次,车辆188台次。2011年,公路管养,清运垃圾2245.40平方米。

第三节 路政管理

一、路政宣传

2002年,路政执法发放宣传材料1万张,出动宣传车60台次,制作广告牌2块,为200多名群众解答了提问。2003 年，出动宣传车 80 台次，为 300 名群众解答提问，提高了群众的爱路护路意识。

二、养路费征收

安次区养路费征收始于 1939 年之后的“车捐”。1950 年，交通部制定了《公路养路费征收暂行办法》，开始征收马车管理费。1967 年，建立安次县养路工区，指派专人代收养路费。1972 年 1 月 1 日，养路工区内建立公路管理站，设在原南门外大街锻压机床厂院内，职工 4 人，专负征收养路之责。1979 年，国务院授权计划委员会、交通部、财政部、中国人民银行联合颁布《关于公路养路费征收和使用的规定》之后，征收养路费率在 10% ~15%，安次县养路工区改建为公路管理站，原公路管理站改建为养路费征收站，职工增加至 13 人，交通工具由摩托车取代了自行车。1986 年，养路费征收站改建为廊坊市（县级）养路费稽征站。1989 年，改建为安次区养路费稽征站，职工增至 21 人，增配了吉普车、轻型轿车。1992 年，收费率 14%，1993 年实现了收费微机化。1996 年，征收养路费 1886 万元，占年计划的 138%，同比增长 32%。其中汽车养路费 1673 万元，超额部分 235 万元，居全市第一位；拖拉机、摩托车养路费 213 万元，占年计划的 105%；车购费 280 万元，占年计划的 103%。1997 年，职工增至 27 人，征收养路费 2019 万元，其中汽车养路费 1872 万元；拖拉机、摩托车养路费 147 万元；均占年计划的 100%。是年底，安次区养路费稽征站上划归廊坊市交通局管辖。

安次区养路费征收情况见表 10-5-2。

安次区养路费征收统计表（公里）　　表 10-5-2

年份（年）	收费总额		汽车养路费		摩托拖拉机养路费		车购费
	合计（万元）	占任务（%）	金额（万元）	占任务（%）	金额（万元）	占任务（%）	金额（万元）
1972	346	187	—	—	—	—	—
1980	829	118.43	—	—	—	—	—
1986	1085	120.55	—	—	—	—	—
1990	688	126.24	—	—	—	—	—
1993	865	109.91	—	—	—	—	—
1994	1181	100	960	100	221	10	—
1995	1186	100	985	100	201	100	—
1996	1886	119.53	1673	138	213	105	280
1997	2019	100	1872	100	147	100	—

三、清除路障

1998 年，建立安次区路政管理执法大队，制止公路违章建筑 7 处、226 平方米，清除堆积物 267 处、14088 立方米。2000 年，清除私搭乱建 15 处、715 平方米，清除堆积物 72 处、256 立方米，制止违章建房 5 处、279 平方米。2001 年，清除堆积物 132 处、361 立方米，清除私搭乱建 34 处、154 平方米，制止违章建筑 8 处、702 平方米。2002 年，清除堆积物 40 处、156 立方米，清除私搭乱建 18 处、105 平方米。2003 年，加大治理力度，严厉打击违章、违法行为，清除堆积物 138 处、411 立方米；整治非法回填边沟 3 处、土方 1500 立方米，治理非法开设道口 5 个，制止违章建筑 5 处、535 平方米。2004 年，清除违章堆积物 77 处、94 立方米，整治非法乱回填边沟 3 处。2005 年，清除违章堆积物 106 处、235 立方米，查处非法占地和违章建筑 693.82 平方米。2005 年，综合治理国省干线公路，历时 5 个月，投资 21.60 万元，下发整改通知书 200 余份，整治非法回填边沟 2 处。2006 年，清除堆积物 111 处、265 立方米、土方 100 立方米；规范公益性道口 18 道,补办道口手续 13 个;整治非法回填边沟 2 处;依法审批道口 9 个,埋设通信管道 1 个,顶管穿越公路 1 个。2007 年,清除堆积物 83 处、3308 立方米。2008 年,清理堆积物 76 处、201 立方米,整治非法回填边沟 2 处。

四、清除非路标牌

1998 年,清除非公路标志牌 285 块。2000 年,清除非公路标志牌 68 次、180 块,规范非公路标志牌 2 块。2001 年,清除非公路标志牌 893 块,规范非公路标志牌 1 块。2002 年,清除公路龙门标牌 10 块,清除非公路标志牌 258 块。2003 年,清除非公路标志牌 197 块。2004 年,清除非公路标志牌 68 块。2005 年,清除非交通标志牌 300 块。2006 年,清除大小型非公路标志牌 200 块,清除非交通标志 437 块,依法审批非标 12 块。2007 年,清除非交通标志 51 块。2008 年,清除非公路标志牌 120 块。

五、清除路边摊点

2000 年,清除路边摆摊设点 196 处。2001 年,清除路边摆摊设点 1811 处。2002 年,清除路边摆摊设点 66 处。2003 年,清除路边摆摊设点 7850 处。2004 年,清除路边摆摊设点 388 个。2005 年,清除路边摆摊设点 998 处。2006 年,清除路边摆摊设点 662 处。2007 年,清除路边摆摊设点 236 处。2008 年,清除路边摆摊设点 312 处。

六、查处违法案件

1998 年,查处违法案件 61 起。2000 年,查处各种路政案件 44 起。2003 年,查处路政案件 18 起、违章施工队伍 1 个。2005 年,办理路政许可案件 8 起,处理案件 17 起,破案率、结案率达 100%。2006 年,查处路政案件 26 起,破案率、结案率 100%。2007 年,查处路政案件 41 起,破案率、结案率 100%。2008 年,查处各类路产损失赔偿案件 46 起。

七、收取补偿费

1998 年,收取赔偿费 15 万元。2000 年,收取路单补偿费 27190 元,按省厅、市处下发的赔(补)偿标准收费,共收取超限运输补偿费 290557 元。2001 年,收取道口补偿费共 34530 元。2004 年,收缴超限补赔款 30550 元,超限罚没款 371080 元,有效维护了路产路权。2005 年,收取路产损失补偿费 24246 元,共查处超限运输车辆 2450 辆,超限罚没款 110.041 万元。2006 年,共治理超限车辆 2558 辆,收取路产损失补偿费 4.4280 万元,征收临时占地补偿费 16.9276 万元。2007 年,严格路政许可项目和审批程序,依法办理路政许可 22 项,收取路产损失赔偿费 9.2775 万元,收取临时占地补偿费 19.35 万元,全年收取赔补偿费共计 28.8 万元。共治理超限车辆 3300 余辆,收取罚没款共计 146.173 万元。2008 年,治理超限运输车辆 4100 辆。2009 年,治理违规营运车辆 840 辆,稽查黑车 188 辆,查处超限车辆 5300 辆。2010 年,治理违规营运车辆 295 辆(黑车 20 辆、非法营运 120 辆、改装 150 辆、无从业证 5 辆),查处超限车辆 4500 辆。

第四节 运政管理

一、完成运量

1996 年,完成客运量 72.70 万人,旅客周转量 2917.2 万人公里,货运量 113.3 万吨,货物周转量 4134.8 万吨公里。1997 年,完成货运量 141.7 万吨,货物周转量 6742.5 万吨公里,分别比 1996 年增加 25% 和 63%;完成客运量 62.8 万人,旅客周转量 2562 万人公里,分别比 1996 年减少 14% 和 13%。1998 年,完成客运量 61.2 万人,旅客周转量 2448 万人公里,货运量 169.4 万吨,货物周转量 5633.6 万吨公里。

二、运管费征收

安次区运管费征收情况见表 10-5-3。

安次区运管费征收统计表　　表 10-5-3

年份(年)	征收运管费		客票附加费		货运附加费	
	金额(万元)	占年计划(%)	金额(万元)	占年计划(%)	金额(万元)	占年计划(%)
1996	193	101	—	—	—	—
1997	208	104	58.60	101	—	—
1998	253	150	—	—	—	—
1999	280	116	—	—	—	—
2000	293	113	—	—	—	—
2001	130	130	—	—	—	—
2002	130	130	—	—	—	—
2003	160	110	49	100	40	100
2004	230	170	50	100	89	178
2005	331.20	174.30	55	100	135.50	150.50
2006	352.30	135.50	56.20	100.40	201.60	106.10
2007	403	130	57.58	101.90	217.23	108.60
2008	590	131	61	105.20	276	112.70

三、营运车辆管理

1996 年,营运汽车纳入管理 4720 辆,占 96%;其他车 1645 辆,占 74%,纳入管理业户建档率 100%。2001 年,重点查处非法运营车辆,查处黑线车 11 辆、黑出租车 60 辆。2002 年,查验普货汽车 1423 辆,占应查车辆 83%;查验危货汽车 42 辆,占应查车辆 100%。共补收管理费 5000 元。查处非法出租车 153 辆,违规营运车 470 辆。2003 年,货运量增加 3500 吨。共审普货汽车 2198 辆,占应审的 82%;共审危货 43 辆,占应审的 87%;共审农用营运车 910 辆,占应审的 97%。共查处非法出租车 50 辆,其他违规营运车 1550 辆,有效遏制了非法营运。

2004 年,进行道路运输经营许可证、道路运输证年审。查验普货汽车 3419 辆,占应审车辆 87.9%;年审危货汽车 42 辆,占应审车辆 93%;年审运输服务业户 14 户,占应审户 100%。引进外埠车辆 1208 辆,总吨位 3241 吨,促使辖区货运吨位由上年 8465.27 吨增至 1.50 万吨,同比增长 81.5%。2005 年,进行道路运输经营许可法和道路运输证年度审验,查验普货车 5675 辆,占应查验车 90%;查验危货汽车 52 辆,占应查验车 98%;查验运输服务业户 11 户,占应查业户 85%。新增纳入管理车辆 1887 辆,总吨位 4410.57 吨。车辆数同比增长 35.7%,吨位增长 30.4%。

2006 年年审换证,应审营业性货车 8576 辆,实审 8376 辆,审验率 97.7%(其中危货车辆应审 89 辆,实审 89 辆,审验率 100%)。客运车辆应审 102 辆,实审 102 辆,审验率达到了 100%。2007 年,货运车 12030 辆(包括普货 11922 辆、21006.31 吨,危货车辆 108 辆、875.50 吨)纳入管理,总吨位 21881.81 吨。其中新增车辆 3733 辆,总吨位 4726.86 吨,车辆数比去年同期增长 40%。2010 年,纳入管理客运班车 103 辆,中级客车占 95%;货运车 23216 辆,总吨位 43785.28 吨。2011 年,纳入区管辖的货运车 27573 辆、班线客车 103 辆、出租车 50 辆。治理超限超载车 4000 辆。

四、企业产值、利润

1996 年,企业产值 358 万元,同比增长 4%;利润 131.1 元,同比增长 12 万元。1997 年,产值 314 万元,利润 20 万元。1998 年,企业生产彻底扭亏为盈,4 家企业无一亏损,产值 21.05 万元,利润 5.50 万元,税金 9.8 万元。1999 年,产值 379 万元,利润 7.40 万元。2000 年,3 家企业总产值 388.5 万元,利润 30.3 万元,同比增长 9.5% 和 22.9%。2001 年,企业经济效益稳步提升,3 家企业无一亏损,产值 485 万元,利润 20.50 万元。2002 年,5 家企业产值共 400 万元,利润 15 万元。

五、汽车检测

汽车检测情况统计见表 10-5-4。

汽车检测情况统计表　　表10-5-4

年份(年)	检测车辆(台次)	检测费收入(万元)	上线率(%)
2000	8586	81.60	100
2001	9100	90.80	100
2002	11400	110	100
2003	16200	113.40	100
2004	16500	115.50	100
2005	16900	118.30	100
2006	18590	130.13	100
2007	20449	163.50	100
2008	25480	203.80	100
2009	25900	207.20	100
2010	28290	226.30	100
2011	31119	248.95	100

第五节　荣　　誉

1998年,精神文明建设成果显著,区局属各单位继续保持市、区级"文明单位"称号,运管站连续4年被评为"省级文明单位"、被河北省文明委授予"三星级窗口单位"。在安次区"为民杯"和"天平杯"竞赛中区局分获第1名、第3名。年内开展街道化文明样板路综合治理,推动了路政管理健康发展。是年底,廊坊市局向省厅推荐安次区为全市唯一的"路政管理先进县"。

2008年,被河北省交通厅授予"农村公路优质工程"和"农村公路管理先进单位",河北省文明委授予"三星级窗口单位",中共廊坊市委授予"先进基层党组织",廊坊市委、市政府授予"老干部工作先进集体";获得"廊坊市奥运安保工作先进集体";被廊坊市文明委授予"文明示范单位",廊坊市交通局授予"安全生产工作先进单位"(图10-5-1)和"干线公路养护管理工作先进单位",中共安次区委授予区局运管站、公路站党支部"支援抗震救灾先进基层党组织"称号。

图10-5-1　2011年9月21日,河北省交通厅港航局机关党委副书记刘良学等省厅安全隐患排查整治督导检查组成员一行4人,到安次区交通局督查2011年度安全生产工作目标责任落实情况以及安全生产工作开展情况

2009年,河北省交通厅授予安次区局"农村公路管理先进单位"、"公路路政文明执法先进集体";被评为廊坊市交通系统"政风行风建设工作先进单位"、"道路运输管理工作先进单位"、"干线公路养护管理工作先进单位"、"农村公路建设养护工作先进单位";被评为安次区"2009年度基层组织建设提高年活动先进单位"、"2009年度民生工程先进单位"、"2009年度和谐稳定工作先进单位"等。

第六章　永清县交通运输局

第一节　管 理 机 构

一、概述

永清县交通运输局位于永清县城益昌南路216号。负责国家有关交通法律、法规的组织实施及监督、检查；负责全县公路规划、建设养护和管理；负责全县汽车、客、货运输市场，维修市场、搬运装卸、运输服务业等行业管理工作；负责全县城乡短途客运班线运营服务及管理工作；负责汽车综合性能检测服务、营运车辆二级保养及汽车维修服务；指导交通系统财务管理，负责国有资产管理；负责交通专项资金的管理与使用；负责交通系统内部审计、人事劳资工作和精神文明建设。下设运输管理站、公路管理站、地方道路管理站、通达汽车修理厂、客运总站共5个单位，136名党员，全系统职工576人，局机关设办公室、财计股、人事股、安保股、法规股、交通战备办6个职能股室，机关人员36名。

二、机构沿革

永清县交通运输局始建于1951年。当时，河北省运输公司天津分公司派员来永清县筹建以畜力车货运为主的永清县运输栈。负责组织、管理民间运输车辆，为私营及个体车辆接洽货源，分配任务，托办货物，调拨车辆，核算运费。人事、行政由永清县政府主管，业务受天津市运输分公司领导。

1954年，永清县运输栈改称永清县运输管理站。

1956年，根据交通部关于全国各县建交通科的指示，县政府于当年4月建立了交通科。办公地点在县政府（现水利局院内）。主要负责制定全县公路交通规划，组织民工义务建勤，地方道路的修建、养护、绿化及技术指导，中小河流的疏淤及渡口管理。

1958年，永清、固安、霸县三县合并统称霸县，建立霸县交通局，永清交通科撤销，设永清运输留守处，后改称霸县交通局永清办事处。

1961年7月1日，恢复永清县制，永清县交通运输局同时成立。下设路政股、计财股、运输股，秘书室。

1969年，“永清县革命委员会”生产部下设工交局，“永清县交通运输局革命领导小组”更名为永清县工交局交通运输站。同年，“交通运输管理站革命委员会”成立。

1970年，机构名称不变，仍叫永清县交通运输管理站。1972年，“永清县革命委员会交通局”成立。1979年，撤销原路政股改称公路管理站。

1980年，原“永清县革命委员会交通局”改称永清县人民政府交通局，组织机构不变。1983年，设立了交通局财计股。1987年，交通局成立了人保股，当时局机关下设一室二股。交通局下设公路管理站、运输管理站、养路费稽征站、汽车运输队、修理厂、装卸运输队。全局共有职工613人，党员132人。

2001年9月，交通局汽车运输队进行企业破产改制。企业破产后，原汽车运输队职工由交通局汽车修理厂安置，交通局装卸运输队进行企业破产改制。职工由交通局客运总站安置。

2007年7月16日，永清县交通局成立地方道路管理站。

2011年8月8日，更名为永清县交通运输局。

第二节　公　　路

一、公路建设及线路

1. 省道

4 条省道过永清境,其中廊霸线境内长 48. 5 公里,双向四车道,途经安次、永清、霸州 3 个县区;其中廊涿线境内长 62. 3 公里,双向二车道,途经广阳、永清、固安 3 个县区;廊泊线省道境内长 120. 9 公里,双向四车道,穿越安次、永清、霸州、文安、大城 5 个县区,永清段长 4. 2 公里,途经里澜城镇里澜城村;廊涿高速永清连接线省道境内长 11 公里,双向二车道,自县城出发,至曹家务乡碱铺村接省道廊涿线,沿廊涿线西行 5 公里,可达廊涿高速知子营互通。

2. 县道

永清县共有县道 4 条,分别为采留线 27. 586 公里、永信线 18. 744 公里、东高线 25. 052 公里、葛马线 33. 35 公里,共计 104. 732 公里。

采育至留各庄。长 27. 586 公里,途经广阳界、管家务、曹家务、永清镇、北辛溜、后奕(图 10-6-1)、龙虎庄、刘街、霸州界。1987 年,修建刘街乡李家口到南范庄路段,修建标准为四级路,里程 1. 893 公里。1989 年,修建北关村到南关四村路段,修建标准为二级路,里程 4. 673 公里。1997 年,修建右奕营村到李家口村路段,修建标准为四级路,改建管家务村到泥安村,建设标准为二级路,里程共 11. 943 公里。2002 年,修建孟家园子村路段,建设标准为三级路,里程 3. 955 公里。2004 年,修建北曹家务村到南曹家务村路段,建设标准为三级路,里程 5. 082 公里。

图 10-6-1　后奕互通连接线水泥稳定碎石摊铺施工现场

永清至信安。长 18. 744 公里,途经永清镇、北辛溜、后奕、三圣口、霸州界。1964 年,修建后奕村到四道横村路段,建设标准二级路,里程 7. 978 公里。1991 年,修建南关村到后奕村路段,建设标准三级路,修建里程 10. 766 公里。2011 年,改建南关四村到西场村路段,建设标准为二级路,修建里程 7 公里。

东辛庄至高碑店。长 25. 052 公里,途经永清镇、北辛溜、后奕、三圣口、霸州界。1977 年,修建官道村到一堡村路段,建设标准为三级路,里程 14. 785 公里。1989 年,修建陈家场村到大辛阁村路段,建设标准为三级路,里程 0. 368 公里。2001 年,修建新西民村到东关村路段,建设标准为三级路,里程 1. 766 公里。2004 年,修建二堡村到一堡村路段,建设标准为三级路,里程 1. 492 公里。2005 年,改建官道村到新西民村,建设标准为三级路,里程 14. 251 公里。

葛渔城至马庄。长 33. 35 公里,途经安次界、里澜城、三圣口、后奕、龙虎庄、固安界。1949 年,修建杨迁务村到固安县交界处,建设标准为四级路,里程 0. 494 公里。1992 年,修建董相庄村到杨迁务村路段,建设标准为四级路,里程 16. 003 公里。1997 年,修建李家场村到南门村路段,建设标准为三级路,里程 15. 301 公里。1998 年,修建里澜城村路段,建设标准为四级路,里程 0. 574 公里。2000 年,修建里澜城村路段,建设标准为三级路,里程 0. 978 公里。

3. 乡道

共有乡道 17 条,计 174. 572 公里。

北辛留至前第五。长 14. 259 公里,建设标准为三级公路,途经永清镇、里澜城镇,1986 年修建。

后奕至信安。长 14. 347 公里,建设标准为三级公路,途经后奕镇、刘街乡,1992 年修建。

别古庄至里澜城。长 16. 534 公里,建设标准为四级公路,途经别古庄镇、里澜城镇,1995 年修建。

廊霸线至第七里。长 18.988 公里，建设标准为四级公路，途经永清镇、别古庄镇，1989 年，修建永清镇路段。1997 年，修建里澜城路段。

曹家务至韩村。长 8.84 公里，建设标准为四级公路，途经曹家务乡、韩村镇，1998 年修建。

管家务至韩村。长 10.437 公里，建设标准为三级公路，途经管家务乡、韩村镇，1995 年修建。2004 年，改建韩村路段 1.259 公里，为三级公路。

韩村至别古庄。长 16.227 公里，建设标准为四级公路，途经韩村镇、别古庄镇，1997 年修建。

南范庄至西务。长 6.67 公里，建设标准为四级公路，途经刘街乡，1992 年修建。

韩城至小方庄。长 7.018 公里，建设标准为四级公路，途经永清镇，1995 年修建。

廊泊旧线。长 4.921 公里，建设标准为二级公路，途经里澜城镇，1991 年修建，2005 年，改建里澜城村路段 2.596 公里。

北前线至霸州信安。长 13.03 公里，建设标准为三级公路，途经里澜城镇、三圣口乡，1996 年修建。

白垡至南岔口。长 7.22 公里，建设标准为四级公路，途经永清镇，1985 年修建。2005 年，改建白垡村至白庙村 2 公里。

大站至东溜。长 5.98 公里，建设标准为四级公路，途经韩村镇，2004 年修建，沿用至今。

永清至固安大沙垡。长 10.376 公里，建设标准为四级公路，途经永清镇，1996 年修建。

西桑园至南小营。长 6.006 公里，建设标准为四级公路，途经曹家务乡，1995 年修建。

曹家务至管家务。长 10.978 公里，建设标准为三级公路，途经曹家务乡、管家务乡，1995 年修建。

后刘官营至瓦屋辛庄。长 4.301 公里，建设标准为四级公路，途经龙虎庄乡，1994 年修建。

4. 村道

至 2011 年年底，村路共计 305 条，总里程为 579.17 公里，建设标准为四级路。

二、公路养护

1. 修补培护

2002 年，公路养护完成小修挖补 9930 平方米，整修路肩边坡、边沟 765 公里，新补植行道树 2968 株，栽植花卉灌木 2.3 万丛，美化路段 6.9 公里，恢复水毁 1384 立方米、1800 处，全年列养干线好路率 97.3%；养护质量综合值达到 97.6%，小修工程优良品率达到 100%。年终全市公路养护联查保持了前 3 名的优异成绩。

2007 年，干线公路养护方面，全年清扫路面 5411.7 公里，标准化整修 354.6 公里，完成 GBM 工程建设 26 公里；完成干线公路 1727 米、15 座桥梁及 1648 米、59 道涵洞的养护任务；完成桥梁重点维修加固 4 座；完成街道化治理工程 9.8 公里；修护水毁路基 1526 立方米、149.2 公里，水簸箕 23 道；维修水毁道班房 4 处；扶植冲毁路树 180 棵。干线公路好路率达到 100%，干线公路养护质量综合值达到 99.6，全面养护得到发展，通行质量明显提高。地方道路养护方面，标准化整修 136 公里，刷白路树 52.4 公里，边坡打草 102.8 公里，水毁、填补狼窝动用土方 1059 立方米，清运垃圾 4017 立方米；完成县乡村道路小修挖补 58.7 平方公里，占计划的 101.97%；完成县乡道路保畅垫料 6800 立方米，占计划的 101.3%；排查桥梁 108 座，发放养护宣传材料 1500 份。

2008 年，干线公路养护方面，标准化整修 420 公里，疏通排水沟 156 公里，灌油缝 1742 平方米，巡养保畅 420.8 公里，清扫路面 12799 公里，清运垃圾 1200 立方米，维修水簸箕 156 道，新建水簸箕 40 道，维修桥梁 87.07 米、2 座，小修挖补 1100.26 平方米。完成 102 等干线公路 673.6 公里的弯沉测定。公路好路率达到 98.1%，养护质量综合值达到 98。地方道路养护方面，完成县道小修挖补 3280 平方米，标准化整修 44800 延米，清理路肩垃圾 3600 立方米，刷白路树 17321 棵，路肩边坡打草 56000 立方米，恢复水毁 800 余处、3500 立方米，增设沿线设施 900 个（示警桩、里程碑、百米桩、桥梁标志牌），对永信线南段、采留线南段填料保畅 1800 立方米，对采留线北段和东高线西段路肩上土 19618 立方米，对桑园和大辛阁道班进行了维修改造，对刘家务桥、李黄庄桥进行了桥面铺装，对桑园桥进行了护坡砌筑施工，对东高线涵洞塌陷进行修复。路树补植 1076 棵，沥青灌缝 1 万余条、56 公里。完成乡村道路小修挖补 8600 余平方米。指导完成 5 座危桥（北钊、纪庄子、瓦屋辛庄等桥）的改造，督导乡镇地道所完成标准化整修 350 公里，建成示范路 36 条 150 余公里（永大线、刘霍线、曹韩线、管韩线），有力地提升了乡村公路养管水平。

2011 年，在干线公路养护中，组织养护人员对廊霸线、廊涿线和廊泊线 3 条干线公路 52.4 公里进行绿化补植、整修路肩等养护工作。全年共计绿化种植苗木 9.15 万棵，累计清扫路面 357.6 公里，标准化整修 210 公里，清运垃圾 1111 立方米，清理排水沟 288.1 公里，处理水毁 5174 立方米。加大地方道路的养护力度，全年累计完成县道标准化整修 148 公里，路树刷白 8000 棵，县道保畅垫料 3.7 万平方米，乡村道路小修挖补 2500 平方米。做到重要县道保畅通，一般道路保通行。

2. 绿化美化

2007 年，廊霸线南段中央隔离带绿化改造工程。全长 8440 米，清除原草皮 2600 立方米，栽植卫矛 21975 株，金叶女贞 30550 株，沙地柏 3260 棵，红景天 1071 平方米，绿景天 1071 平方米，紫叶小檗 11000 株，绿化总植 14280 平方米。干线公路绿化补植。完成干线公路计划内补植 54 公里，补植毛白杨 1870 棵，木槿 339 株，国槐 186 棵，香花槐 48 株，紫叶李 68 棵，速生杨 162 棵，火炬 1160 株，龙爪槐 1992 棵，桧柏 262 株，完成路树修剪 252 公里，新植幼树成活率达 96.4%。在全市公路绿化季度联查中获得第 1 名。

2008 年，完成廊泊线、廊霸线中央隔离带绿化改造施工，绿化里程 20 公里，栽植绿景天 1.9 万平方米，粉八宝 90 平方米。绿化补植国槐等乔木 551 株，小檗、女贞等灌木 8888 丛，景天等花草 11400 株，修剪死树死植 1500 棵。按照有关技术要求防治美国白蛾，每 7 天喷药 1 次，廊霸、廊泊线中间隔离带除虫打药 7 次，绿化管护 392.4 公里。增绿工程完成廊霸线、廊泊线 40 万株紫穗槐的种植工作。

2009 年，绿化工程中先后对干线公路栽植国槐 5444 棵，龙爪槐 1417 棵，毛白杨 8738 棵，合欢 1574 棵，垂柳 5076 棵，北京桧柏 1746 株，沙地柏 11816 棵，路树修剪 52.6 公里。绿化管护 52.6 公里，新植幼树成活率达 96.4%。在全市公路绿化评比中获得第 2 名。

3. 清理路面

2002 年，整修路肩边坡、边沟 765 公里，新补植行道树 2968 株，栽植花卉灌木 2.3 万丛，美化路段 6.9 公里，恢复水毁 1384 立方米、1800 处，全年列养干线好路率 97.3%；养护质量综合值达到 97.6%，小修工程优良品率达到 100%。年终全市公路养护联查保持了前 3 名的优异成绩。

2007 年，修护水毁路基 1526 立方米、149.2 公里，水簸箕 23 道；维修水毁道班房 4 处；扶植冲毁路树 180 棵。干线公路好路率达到 100%，干线公路养护质量综合值达到 99.6。

2008 年，小修挖补 1100.26 平方米。完成 102 等干线公路 673.6 公里的弯沉测定。公路好路率达到 98.1%，养护质量综合值达到 98。

第三节 路政管理

一、路政宣传

在永清县城益昌路、武隆路、金雀街等主要路段，向客、货运输车辆散发传单 2000 余份。组织路政执法人员对廊霸线沿线店铺散发环境治理传单 300 余份，为综合治理活动宣传造势。2010 年，共向来往行人、过往车辆驾驶员发放宣传材料 1000 份，出动执法人员累计 800 余人次，出动执法车辆 200 余辆次。

二、养路费征收

1980 年，养路费征收。年计划 36 万元，至 11 月底实际完成 36.616098 万元，完成了全年计划的

101.7%。查漏补征3500元,罚款3800元,共计7300元。由于普遍进行户卡登记、路检路查,基本做到了应征不漏。

1986年,全年征费任务是115万元,至6月底共完成养路费征收67.2万元,占年计划的58%。

1990年,完成养路费征收286万元,其中小拖25万元,分别占年度任务指标的96%和67.6%。

1995年,完成养路费征收比去年同期增加了25%。

1997年,完成养路费征收1141万元,比去年同期增加了18%。其中汽车养路费904万元,占市交通局下达计划的107%;小拖养路费完成237万元。

三、清除路障

2007年,拆除违章建筑1处、32平方米,清除违章堆放物100处、242立方米,清除非公路标263块,清理摆摊设点539处,保障了公路安全畅通。

2008年,清除违章堆放物409立方米,清除非公路标志133块,清理摆摊设点350处。

2009年,治理过村路段8公里,拆除违章建筑3处、56平方米。清除非公路标志519块。清理摆摊设点325处。

2011年,制止违章建筑3处、80平方米,清理打场晒粮60处、8600平方米,清理非交通标志748块。

四、查处违法案件

2008年,全年发生路政案件40起,查处40起,结案率100%,2010年,立案查处路政案件25起,结案25起。

五、收取补偿费

2010年,收取路产损失赔补偿费及临时占用公路用地补偿费15.1050万元。

第四节　运输管理

一、运政管理

1996年,完成客运量49万人,旅客周转量2485万人公里,货运量173万吨,货物周转量11106万吨公里。1997年,完成客运量50万人,旅客周转量2300万人公里,货运量170万吨,货物周转量10000万吨公里。1998年,完成客运量50万人,旅客周转量3523万人公里,货运量266万吨,货物周转量17389万吨公里。

汽车货运。货运车辆由620部左右增加至4700余部,运力由不足2400吨增加至31000余吨,为发展全县经济和提高人民生活水平起到了保驾护航作用。

汽车客运。1990年,全县客运车辆不足30部,客座不足400个。至2011年,客运车辆增加至91部,客座增加至1911个。

二、企业产值、利润

2009年,局属企业汽车修理厂和客运总站共完成产值153.31万元,实现利润12万元。2011年,所属两个企业全年共完成产值328.56万元,实现利润26.8万元,上缴税金50.32万元。

三、汽车检测

2008年,汽修厂利用机加工车间现有设备更换损坏部件等共维修车辆323辆,创收10995元;全年共保养车辆4722辆次,创收78.9830万元。洗车2671辆,共创收2.6715万元。

第五节　荣　　誉

永清县交通运输局获得的市级及以上集体荣誉见表10-6-1。

市级及以上集体荣誉 表 10-6-1

年份(年)	称 号	授予单位
1997	市级文明单位	市委、市政府
2000	1998—1999 年度政研会工作奖	市委宣传部、市职工思想政治工作研究会
2000	1998—1999 年度省级文明单位	省委、省政府
2000	1998—1999 年度市级文明单位	市委、市政府
2000	廊坊市“三五”法制宣传教育先进集体	市委、市政府
2001	九五保障队伍建设先进单位	市国防委
2002	2000—2001 年度市级文明单位	市委、市政府
2003	廊坊市抗击非典战役先进单位	市委、市政府
2007	2007 年度廊坊市党委系统信息工作优胜单位	市委、市政府
2003—2007	市级文明单位	市委、市政府
2003—2007	省级文明单位	省委、省政府
2011	政风行风建设优秀基层单位	省交通运输厅
2011	省级文明单位	河北省委、河北省人民政府
2011	市级文明单位	廊坊市委、廊坊市人民政府
2011	先进基层党组织	廊坊市委
2011	信息工作直报点优胜单位	廊坊市委办公室

第七章　固安县交通运输局

第一节　管 理 机 构

一、概述

固安县交通运输局位于固安县城新昌西街北侧，是县政府主管公路交通行业的职能部门，具有管理全县交通行业、行政执法、社会服务3项职能，承担全县公路规划建设、公路养管、运输市场管理、交通企业管理、精神文明建设5项职责。下设办公室、人事组织股、财务室、综合股、企业管理股、法制股、规划股、审计股、公路管理站、运输管理站、地方道路管理站11个股室（站）。其中公路管理站下设路政大队（下辖3个路政执法中队）、公路养护队（下辖2个养护中心、2个公路所、6个养护作业组）、公路工程公司，运输管理站下设客运室、维修室、货运室、检测站和6个执法中队，地方道路管理站下设办公室、财务组、养护组、工程组。局党委辖9个党支部，172名党员，全局共有在职干部职工375人，其中干部103人，工人268人。大专以上学历189人，中专以下学历186人。

二、机构沿革

1949年新中国成立以后，固安县行政区划隶属河北省保定专区专员公署。1950年，建立河北省运输公司保定分公司固安县运输站，主要任务是组织民间的马车搞运输，办公地点设在现新中街邮电局。1953年，河北省运输公司保定分公司改称为保定运输公司高碑店支公司固安运输站。在全县建立了运输网，以城关、宫村、牛驼3个主要区镇为中心，成立了3个运输中队。

1955年12月，成立了固安县人民政府交通科，分别在城关、宫村、牛驼组建了3个初级运输合作社。1957年，县交通科与运输站合并，成立固安县交通运输局，专管交通运输工作。1958年，固安、永清、霸县合并为霸县交通运输局，固安县运输站改为霸县交通局固安办事处。1961年固安、永清、霸县三县分开，恢复了固安县交通运输局，下设办公室、运输股、路政股、财政股，3个运输社改为马车队。1968年，成立“固安县工交革命委员会”，原机关三股一室合并为办公室和财务室，下属3队1厂，即马车队、养路队、装卸队、修理厂，改为汽车排、马车排、修理排、装卸排、道班排、后勤排。

1972年，成立“固安县革命委员会交通局”。1978年，建立固安县交通局公路管理站。1979年，建立固安县交通监理站。1980年，建立固安县联运站。1982年，建立磨石总厂，汽车修理厂与装卸队合并为第二汽车队。

1996年，经河北省人民政府冀政办函〔1996〕27号文件批准，兴建固安收费站。1997年，按照河北省财政厅、物价局冀价行费字〔1997〕100号文件规定，固安收费站开始收费。1998年，按照廊交办字〔1997〕55号文件规定，养路费征稽站、106国道固安收费站上划廊坊市交通局直接领导，与县交通局脱离直接领导的关系。

2002年，根据企业申请，依据《破产法》规定，经局务会研究决定，对第一汽车队、第二汽车队依法破产。同年，按照县政办〔2002〕13号文件的精神，交通局进行机构改革，局机关设办公室、财务审计股、综合股、人事组织股，下设公路管理站、运输管理站。

2006年，河北省人民政府办公厅下发了《关于贯彻国务院办公厅农村公路养护管理体制改革方案的意见》和廊坊市交通局《关于尽快成立地方道路管理站的通知》，8月，经固安县人民政府批准，成立固安县交通局地方道路管理站。

2010年,固安县交通局更名为固安县交通运输局。1957—2011年,县交通局局长、副局长,党组书记、副书记、委(成)员,纪检书记、副书记,工会主席的人事任免,在不同时期分别由县人民委员会、"县革命委员会"、中共县市区委员会、县市区人大常委会行文公布。

第二节 公 路

一、高速公路

廊涿高速公路。廊涿高速公路是河北省高速公路布局规划"五纵六横七条线"中的线3的重要路段。全长58.4公里,2005年8月动工,2008年6月竣工通车。

廊涿高速公路固安段主线起点位于东湾乡杨屯村,终点位于知子营乡梁各庄村,境内里程30.8公里,主线占地宽50~60米,路基宽28米,行车道宽2×7.5米,为双向四车道,设计车速120公里/小时,桥涵设计荷载等级为Ⅰ级,途经固安县东湾乡、公主府乡、东红寺乡、知子营乡、固安工业园区(南区)等5个乡镇(工委)及31个行政村,占地总面积3992.902亩,廊涿高速公路在固安县境内主要构造物有互通4处(东湾互通、固安县城南互通、固安县城东互通及吉城枢纽互通),东湾服务区1处,永定河特大桥1座,大清河大桥1座,雀台寺排洪大桥1座,通道涵洞44座。

大广高速公路。大广高速公路固安(冀京界)至深州段高速公路是国家高速公路网规划中纵5"大庆—广州"高速公路的重要路段,是连接华北地区与首都北京、东北地区的第3条运输通道,又是河北省高速公路网规划的"五纵六横七条线"中纵3"北京—开封"公路的重要组成部分。大广高速公路与京珠高速公路、京沪高速公路形成纵贯河北省南北的3条高速大通道。

廊坊段全长42.5公里,其中固安县境内39.543公里,连接线6.233公里,占地5111.7亩,需土方600万立方米。2007年12月2日,在深州举行开工奠基仪式,2010年建成通车。

途经工业园区、固安镇、公主府乡、彭村乡、柳泉镇、渠沟乡、牛驼镇、马庄镇,47个自然村,其中工业园区5.967公里、固安镇1.587公里、公主府乡6.267公里、柳泉镇1.551公里、彭村乡4.792公里、渠沟乡5.504公里、牛驼镇3.865公里、马庄镇10.01公里。

路线起于固安县西玉村西侧约100米处,向南大致与G106及京广铁路平行,途经西玉村村西、柏村村西,在东魏村村东跨省道廊涿公路,经南石匣村西、金卜拉村村东,在吉城村村东跨固雄公路,经郝家务村与贝子坟村之间、后石家务村东、白家村村西、阎家务村村东、罗颉城村西、门铁营村西、孔家庄村东、独流村村东、辛庄户村西,过柳林庄与王明庄之间,经南小营村东、薛铺头村东向南跨国道112线进入霸州界。

图10-7-1 2009年7月16日,廊坊市市委组织部部长范永录(正中讲话)等领导出席并参加了106国道固安城区段改造工程开工典礼

二、国道工程

106国道固安段(图10-7-1)。北起大兴界(永定河北桥头12米处),南至霸州界,全长29.5公里,路基宽9.5~10米,路面宽6米,此路由河北省交通厅公路局工程大队测设并施工。

1996年3月,对106国道固安段进行加宽改造,于1997年7月竣工,全长50公里,工程按国家一级油路标准进行修建。途经固安县29.5公里。路基宽29~43米,路面宽26~40米,并在县城北3公里处设立收费站1处。其中:由永定河大桥往南至收费站2公里路面由原来的12米扩宽到26米;收费站收费区南北长100米,路面由原来的12米扩宽到40米;收费站往南至京九铁路立交桥以北12.5公里,路面由原来的

12～14米加宽到30米，均为两侧加宽。京九铁路立交桥往南至霸州界改建为双辅车道。在原旧路西侧新建半幅路基宽13.5米，油路面宽12米。全线油面工程采用3厘米细式沥青混凝土上层面+4厘米中料式沥青混凝土下层面+15厘米二灰结碎石基层+30厘米灰土基层。新建改建的桥涵荷载均采用汽—20，挂—100。加宽改建后，大大提高了通行能力，平均时速由原来的45公里/小时提高到90公里/小时，增加运力20%，日交通混合量达25000辆次。改扩建工程共拆迁建筑面积28000平方米，涉及县直38个单位、123家农户、83家非农户，征用土地915.59亩。

2009年3月，对106国道北起永定河大桥南到京九铁路桥，全长3.9公里进行了大修改造。这次大修改造，由原来的单辅路面改为双辅路面，在路中间增设了宽2米的绿化带。

三、省道工程

廊涿公路。东起永固界，西至固涿界，始建于1933年，由河北省建设厅规划，并派员督组各县民夫修建，途经固安县太平庄、知子营、东湖庄、前西湖、张家场、祖家场、固安县城、高庄头、东位村、南马村、宫村等村镇。自民国到1973年前均系土公路。1972年，经天津地区（现廊坊市）交通局报请河北省交通局批准，修建此路。

同年，由固安县交通局对该路东段（即106国道至永清界）进行改建、加宽和路基土方工程，1973年夏，铺筑油路面。本次工程施工除动用本县民工外，还得到了驻军8766部队、8777部队、外文局干校和首都汽车公司等单位的大力支持，工程所需的汽车、拉水车、拖拉机、轧路机等机械设备均由上述单位协助解决。东段竣工后，于1974年春开始修建西段（即106国道至涿州界），本段施工前，首先测定了线形，废除了从县城东门、西门至高庄头一段路段，东西106国道沿北城墙根向西经东位村、南马村、宫村至涿州界。1974年冬，做路基土方工程。1975年1月备运黏土和石料，4月20日开工，同年6月4日竣工。途经本县26.6公里，路基宽15米，油面宽6米，为三级公路。

廊涿公路县城东段改扩建工程，西起京九铁路立交桥，东至永清县界，全长11.5公里。此次改扩建是在原旧路面宽9米的基础上由两侧各拓宽1.5米。该工程由县交通局公路管理站和公路开发公司承担施工任务，1997年3月15日动工，同年6月30日竣工。此项工程为省重点工程项目之一。改扩建按国家二级公路标准修建，道路结构：路基厚度为30厘米石灰稳定土基层，15厘米石灰、粉煤灰稳定级配碎石基层；面层为4厘米中粒式沥青混凝土，3厘米细粒式沥青混凝土。路面完工后，两侧路缘砖铺设均为0.3米路肩石，路肩为1米绿化平台。改建后的廊涿线固安东段（京九铁路立交桥—永清县界）路基宽15米，路面宽12米，经省市验收为优良工程。

廊涿公路固安县城东段改扩建工程，西起京九铁路立交桥，东至东湖庄村西，全长2.96公里。在原旧路面宽12米的基础上，由两侧拓宽，拓宽后路基宽24.5米，路面宽23.9米，此项工程由县交通局公路管理站承担施工任务，工程于2009年5月4日动工，同年10月10日竣工通车。

廊涿公路固安县城西段改扩建工程，于1996年3月15日开工，同年10月12日竣工，比计划工期提前3天。工程东起固安县委党校门口，西至涿州界，全长11.04公里。在原旧路面宽9米的基础上由两侧各加宽1.5～3米。道路结构：路面为3厘米沥青混凝土+4厘米中粒式沥青混凝土，基层为5厘米灰土碎石和30厘米剂量12%～14%灰土层。路面允许弯沉值为0.67毫米。工程油面工程总量为23577.6吨，灰土结碎石总面积为145865平方米，石灰稳定土总面积151385平方米，路基填方11.64万立方米，挖方7.176万立方米，填缺4.464万立方米。改扩建后路面宽12～15米，路基宽16～19米，公路设计级为平原微丘二级。同期修建中桥1座，小桥3座，盖板涵洞1道，管涵5道。桥涵设计荷载采用汽—20、挂—100。

廊涿线固安县城西段改扩建工程，东起106国道西至党校门口，全长2.4公里。改建后，主车道宽16米，两侧各设2米宽绿化带，两侧慢车道各宽为3米，为三块板式。主路结构：路基基层为30厘米石灰稳定土和15厘米石灰、粉煤灰稳定级配碎石，路面层为4厘米中粒式沥青混凝土，3厘米西力士沥青混凝土封面。同期修建涵洞1道，设计荷载为汽—20，挂—100。工程由县交通局公路开发公司负责施工，2005年4

月20日动工,9月25日竣工。

廊涿公路立交桥位于廊涿高速公路与廊涿公路交会处。此桥跨越廊涿高速公路,全长120米,宽12米,桥梁结构为4×30米预制预应力连续箱梁型。荷载为汽—20,挂—100,由河北省邢台路桥总公司承建,于2007年5月27日动工修建,2008年7月22日竣工通车。

廊涿高速公路东湾互通连接线。北起廊涿公路,往南与宫苏公路重合1.33公里,途经宫村镇公议村、大杨先务、四姓庄,跨越总干渠、兴隆店、东湾乡马申庄、东湾、东大营、半边街、唐皮营、北固城、南固城等乡镇村庄。连接线除占用宫苏线1.33公里和四姓庄、兴隆庄、兴隆店、东湾、东大营、半边街、唐皮营、北固城、南固城等村街公路外,其余部分均为新开道路。2008年5月动工,2009年10月竣工。此路全长13.875公里,路基宽15米,油路面宽12米,占地452.6亩,其中占用耕地、林地、农用水利用地286.71亩,原旧路162.25亩,房屋4.75亩。二级公路标准。

四、县道公路

自2004年开展"村村通"工程以来,共完成农村公路新改建534.99公里,进一步完善了固安县路网结构,改善了农村公路通行状况。2006年年底,实现了"村村通"工程目标。至2011年年底,固安县境内农村公路总里程857.1公里,其中县道65.6公里。

柳码公路。西起106固道,东至永清县界,途经柳泉、大韩寨、大曹营,全长9.6公里,路基宽10米,油路面宽7米。1986年10月修建。由于近年固安县各种运输车辆逐年增多,加之修建廊涿高速路期间大吨位车辆碾压,使道路破损严重,通行能力降低,影响了当地群众生产生活和经济发展。2008年4月20日动工对该路进行大修。首先破除旧路面,在原路灰土上重新做新灰土补强,用25吨碾压机碾压合格后,再洒透层油+2.5厘米,黑碎+1.5厘米。沥青混凝土罩面67200平方米,2008年7月20日竣工。经上级主管部门检查验收为优良工程。

固马公路。北起廊涿公路,途经城关、公主府、方城、彭村、肖外河、渠沟、马庄、高铺头等村镇至津保公路。1998年4月开始进行翻修、加宽、改建,工程分四期完成。

第一期改建工程。北起固涿路,南至彭村道口,全长10.6公里,改建后路基宽12~20米,油路面宽9~14米,其中县城内段2.65公里为14米宽双幅油路面,中间设有3米宽绿化带1条,城外段为9米宽单幅油路面。道路结构:路基基层为30厘米双层灰土,灰剂量为12%~14%;路面上层为2厘米细粒式沥青混凝土,下层为3厘米中粒式沥青混凝土,道路两侧边缘镶砌水泥路缘砖,符合国家三级道路标准。同期加宽改建桥梁3座,设计荷载为汽—20,挂—100。此项工程由县交通局公路管理站施工,工程于1998年5月1日动工,同年9月15日竣工。

第二期改建工程。北起彭村道口,南至礼让店道口,全长12.3公里,改建后路基宽12米,油路面宽9米。道路结构:路基基层为30厘米双层灰土,灰剂量为12%~14%;油路面上层为2厘米细粒式沥青混凝土,下层3厘米中粒式沥青混凝土,道路两侧边缘镶砌水泥路缘砖,道路符合国家三级公路标准。同期加宽改建涵洞15道,设计荷载为汽—20,挂—100。此项工程由县交通局公路管理站施工,工程于1999年3月18日动工,同年10月31日竣工。

第三期改建工程。北起礼让店道口,南至马铺路道口,全长6.6公里,改建后路基宽12米,油路面宽9米。道路结构:路基基层为30厘米双层灰土,灰剂量为12%~14%;路面上层为2厘米细粒式沥青混凝土,下层为3厘米中粒式沥青混凝土,道路两侧边缘镶砌水泥路缘砖,符合国家三级公路标准。工程由固安局公路管理站施工,2000年8月1日动工,同年10月30日竣工。

第四期改建工程。北起马铺路道口,南至津保北线处,全长5.655公里,改建后路基宽12米,油路面宽9米。道路结构:路基基层为两层石灰土结构,每层厚15厘米,灰剂量下层为12%,上层为14%;油路面为双层结构,上层为2厘米细粒式沥青混凝土,下层为3厘米中粒式沥青混凝土,道路两侧边缘镶砌水泥路缘砖,符合国家三级公路标准。工程由固安县路桥有限公司施工,2001年3月16日动工,同年6月15日竣工。

固马公路大修工程。北起固涿公路，南至城关道口，全长2.6公里。将原路中间3米绿化带废除，改建为油路面，改建后油路面宽17米、路基宽20米。由县交通局公路管理站施工，2008年3月28日动工，同年7月31日竣工。

牛新公路。东起106国道，途经郭翟村、乔王翟村、门铁营、渠沟至新城县界。全长11.6公里，路基宽9米，油路面宽6米，第一次大修工程全长4.45公里，路面宽6米，路基宽9米。该段大修共分3种不同的结构形式施工。一是K7+150~K8+100段旧路面向上洒油，沥青碎石找平层后做3厘米沥青混凝土罩面0.95公里。二是K8+100~K9+900段破旧路面、旧灰土上重新灰土补强，后洒透层油+2.5厘米，黑碎+1.5厘米，沥青混凝土罩面1.8公里。三是K9+900~K11+600段破旧路面、旧灰土，做双层灰土，底层10厘米，灰剂量11%；上层15厘米，灰剂量13%；洒透层油+2.5厘米，黑碎+1.5厘米，沥青混凝土罩面1.7厘米。工程总造价82.4759万元，工程于1999年3月15日动工，同年6月7日竣工，工期比原计划提前98天。经验收符合三级公路标准，为优良工程。

第二期工程东起106国道、西至固雄公路，全长7.15公里，路面宽6米，路基宽9米。该段大修为破除旧路面、旧灰土，做双层灰土，底层10厘米灰剂量11%，上层15厘米灰剂量13%，洒透层油+2.5厘米黑碎+1.5厘米沥青混凝土罩面。2000年3月20日开工，同年9月26日竣工。经验收符合国家三级公路标准，为优良工程。

五、乡镇公路

2006年年底，全部行政村达到了"村村通"的目标。至2011年年底，固安县境内农村公路总里程857.1公里，其中乡镇公路110.3公里。

宫苏公路。北起廊涿公路宫村道班，途经大杨先务、五义桥、袁家桥南至固东公路，全长7.55公里。该路修建以后，运输车辆尤其是大吨位车辆不断增加，造成路面严重破损，给当地人民的生产生活带来极大不便。2009年，经县交通局报请县政府和廊坊市交通局批准，本县公路管理站对此路南段6.8公里进行封层罩面。2009年6月20日动工，同月28日竣工，罩面3.4万平方米。

牛独公路。东起106国道，经南陈村西转90°横跨虹江河，穿井田营、过独流，与固马公路连接，全长8.37公里。修筑20年来，虽经过多次精心养护，但路面老化龟裂严重。2005年5月1日动工进行封层罩面，同月5日竣工。

知红公路。北起廊涿公路，经知子营、西小屯、西内至东红寺，南与柳码公路连接，全长7.2公里，路基宽9米，油路面宽5米。该路经过多次修补养护，但随着本县运输车辆逐年增加，尤其修建廊涿高速公路时大吨位车辆过往的碾压，路面破损严重，坑槽遍布，影响了运输车辆的通行。2008年8月5日，县交通局公路管理站对此路进行封层罩面，15日竣工。

六、村街公路

2006年年底，全部行政村达到了"村村通"的目标。

2011年固安县公路情况见表10-7-1，村街公路情况见表10-7-2。

2011年固安县公路情况汇总表（公里）　　表10-7-1

道路类型	公路里程（总计）	等级公路						等外	有铺装路面（高级）			简易铺装路面	未铺装路面
		合计	高速	一级	二级	三级	四级		合计	沥青混凝土	水泥混凝土		
甲	2	3	4	5	6	7	8	9	10	11	12	13	14
总计	1016.38	1016.38	72.293	37.588	108.957	32.478	765.064	—	832.453	609.388	223.065	6.897	177.03
国道	69.65	69.65	40.05	29.6	—	—	—	—	69.65	69.65	—	—	—
其中：国高网	40.05	40.05	40.05	—	—	—	—	—	40.05	40.05	—	—	—

续上表

道路类型	公路里程（总计）	等级公路						等外	有铺装路面（高级）			简易铺装路面	未铺装路面
		合计	高速	一级	二级	三级	四级		合计	沥青混凝土	水泥混凝土		
省道	80.436	80.436	32.243	7.988	40.205	—	—	—	80.436	80.436	—	—	—
县道	72.096	72.096	—	—	61.35	7.743	3.003	—	69.093	69.093	—	—	3.003
乡道	106.865	106.865	—	—	2.53	13.539	90.796	—	99.292	79.719	19.573	—	7.573
专用公路	28.123	28.123	—	—	—	—	28.123	—	28.123	16.363	11.760	—	—
村道	659.21	659.21	—	—	4.872	11.196	643.142	—	485.859	294.127	191.732	6.897	166.454

固安县交通运输局村街公路一览表

表 10-7-2

路　　名	起　止	里程数（公里）	路基宽（米）	修建时间（年）	公路级别	涵洞数
闫家务村油路	固马公路	2.65	7	1997	四级公路	1
沙河口至大褚林村路	沙河口村	4	2.5～3.5	1997	等外级公路	—
北黄垈村路	固马公路	1	7	1997	四级公路	1
中黄垈村路	固马公路	0.8	7	1997	四级公路	—
白得碾村路	固马公路	0.2	3	1997	四级公路	—
渠沟街油路	牛新公路	0.8	7	1997	四级公路	—
西辛庄村道路	牛新公路	0.65	6.5	1997	四级公路	—
小王马至大王马村路	小王马	1.1	6.5	1997	四级公路	—
周家场村路	荆垈营至固马路段	0.55	4	1997	四级公路	—
周家务村路	固马公路	0.55	4	1997	四级公路	—
大义尚村路	固东公路	1.2	5	1997	四级公路	—
小集村路	小集村	1.1	4	1997	等外级公路	—
郑庄村至小集村路	郑庄村	1	4	1997	等外级公路	—
吴家屯村路	固东公路	0.6	4	1997	等外级公路	—
齐家务村路	牛驼界	0.9	3	1997	等外级公路	—
前石家务村油路	固马公路	1.25	6	1997	四级公路	—
张村油路	固马公路	0.55	6	1997	四级公路	1
荆垈营村路	小辛庄村油路	1.1	6	1997	四级公路	—
肖外河村路	固马公路	0.3	4	1997	等外级公路	—
马家屯村路	柳泉砖厂路	0.6	4.5	1997	等外级公路	—
李洪庄村路	圈头营村路	2.7	4	1997	等外级公路	—
杨圈村路	固马公路	2.4	4.5	1997	等外级公路	—
辛立村路	兴隆点村路	0.5	5	1997	等外级公路	—
郭村路	林城村路	0.4	3.5	1997	等外级公路	—
北斜村路	大河垈村路	0.55	6	1997	四级公路	—
后西丈村路	固东公路	0.5	4	1997	等外级公路	—
胡各庄村路	砖厂路	0.6	4	1997	等外级公路	—
大留村油路	106 国道	1.1	7	1997	等外级公路	—
南解家务村路	石油二矿路	0.8	7	1997	等外级公路	—

续上表

路　名	起　止	里程数（公里）	路基宽（米）	修建时间（年）	公路级别	涵洞数
大北营村路	廊涿公路	2.5	8	1997	等外级公路	—
大留村油路	106国道	1.6	4	1997	等外级公路	—
知子营街道路	知子营村	0.3	5	1997	等外级公路	—
辛务村油路	廊涿公路	0.46	6.5	1998	四级公路	—
北五里村油路	106国道	0.85	7	1998	四级公路	—
南五里村油路	106国道	0.4	9	1998	四级公路	—
朱各庄村油路	固马公路	2.85	7	1998	四级公路	—
大王村路	朱各村路	1	4	1998	等外级公路	—
北王起营村路	大方庄村路	0.7	4	1998	等外级公路	—
刘颉城村路	牛新公路	0.9	3.5	1998	等外级公路	—
郭翟村路	106国道	0.6	3.5	1998	等外级公路	—
门村营村路	北马乡路	0.8	4	1998	等外级公路	—
南赵村油路	廊涿公路	1	8	1998	四级公路	—
大岗头村路	廊涿公路	2.3	3.5	1998	等外级公路	—
申庄村路	四姓庄村油路	0.5	6	1998	四级公路	—
辛庄户村路	温泉路	1	7	1998	四级公路	—
东桃园村路	固马公路	0.6	3.5	1998	等外级公路	—
林子里村路	兴业庄村路	0.85	4	1998	等外级公路	—
桑叶口村油路	兴业庄村路	1.8	7	1998	四级公路	—
固安户村路	薛铺头村路	2.3	4	1998	四级公路	—
张村至荆垡营村路	张村西	6.6	4	1998	等外级公路	—
后毕庄村路	东孙线	0.8	3	1998	四级公路	—
北固城村油路	东新线	0.8	7	1998	四级公路	—
褚营村路	牛新公路	1.05	3	1998	四级公路	—
齐家营村路	北宋村油路	0.25	3	1999	四级公路	—
东塘洋村油路	公主府砖厂路	1.5	7	1999	四级公路	—
南五里村路	106国道	0.4	3.5	1999	四级公路	—
袁各庄村路	宫村界	1.2	4	1999	等外级公路	—
朱村路	固东公路	0.55	5	1999	等外级公路	—
金卜拉村路	固马公路	0.6	3	1999	等外级公路	—
西塘洋路油面	固马公路	1.6	7	1999	等外级公路	—
吉城村路	固马公路	0.4	7	1999	四级公路	—
袁翟村路	106国道	0.6	3.5	1999	等外级公路	—
大方庄村路	李官营村路	0.5	3	1999	四级公路	—
南宋村路	辛庄户村路	1.35	3.5	1999	等外级公路	—
西桃园村路	马北村路	0.9	3	1999	等外级公路	—
郑家村路	马蒲公路	0.5	5	1999	等外级公路	—
辛家村油路	马蒲公路	1.3	6	1999	四级公路	—
南小营村油路	固马公路	1.55	8	1999	四级公路	—
圈头村路	圈马公路	2	3	1999	四级公路	—

续上表

路　　名	起　止	里程数（公里）	路基宽（米）	修建时间(年)	公路级别	涵洞数
圈头营村路	固马公路	1	4	1999	等外级公路	—
大曹营村油路	柳码公路	0.5	7	1999	四级公路	—
永兴庄村油路	知红公路	1.1	6	1999	四级公路	—
大辛庄村路	固东公路	0.8	4	1999	四级公路	—
白得碾村路	固马公路	1.5	6.5	1999	四级公路	—
古庄村路	廊涿公路	1.1	4	2000	等外级公路	—
梁各庄村油路	廊涿公路	2.19	6.5	2000	四级公路	—
东礼村路	廊涿公路	1	4	2000	等外级公路	—
雀台寺村油路	固马公路	0.75	7	2000	四级公路	—
前庞家务至后庞家务村路	前庞家务村	0.85	3.5	2000	等外级公路	—
纪家营村至食用菌厂油路	纪家营村	1.5	9	2000	三级公路	—
南赵各庄村油路	106 国道	2.65	7	2000	四级公路	—
纪家营村至南王起营村油路	纪家营村	1.3	9	2000	三级公路	—
西桃园村至谷村路	西桃园村	0.85	3	2000	等外级公路	—
新房子村油路	固马公路	1.5	7	2000	四级公路	—
孙庄村路	高庄村路	1.3	4	2000	四级公路	—
前毕庄至东湾路	前毕庄村	4	3.5	2000	四级公路	—
大范庄至东新线	大范庄村	0.6	3	2000	四级公路	—
渠沟至牛新公路	渠沟村	0.85	9	2000	四级公路	—
孔庄子村路	南黄垡村路	2	4	2000	四级公路	—

七、桥涵工程

永定河右桥。建于1965年3月8日，同年6月30日竣工通车，该桥由河北省交通厅公路局工程大队测设队设计，河北省交通厅公路局工程大队第一工程队修建。全长422.95米，为大型桥梁。桥面行车道7米，人行道2×0.75米；设计荷载为汽—18，拖—80，日车流量为9000辆次。1997年，对该桥左侧进行了加宽，设计荷载为汽—20，挂—100，加宽5.1米。加宽部分是旧桥与加宽部分桥面横向联系，旧桥桥面全部拆除，更换板式橡胶支座和四氟板式橡胶支座，其桥面与加宽部分桥面一起做桥面连接结构。全桥共5联，做TST伸缩缝6道。桥面铺装3～12厘米沥青混凝土+10厘米30号防水混凝土，加宽后永定河右桥行车道宽12.5米，护栏2×0.5米(外侧为防撞护栏)。加宽工程由廊坊市交通局第一工程队施工，1996年4月初动工，1997年5月竣工通行。

永定河左桥。建于1990年3月，同年10月1日竣工通车。该桥由河北省交通厅规划设计院设计，廊坊市交通局第一工程队修建。全长224.04米。桥面宽为行车道7米，人行道2×1.0米。设计荷载为汽—20，挂—100，日车流量为9000辆次，为大型桥梁。1997年，对该桥右侧进行了加宽，设计荷载为汽—80，挂—100，加宽5.1米。加宽后桥面宽为行车道12.6米，护栏2×0.5米。工程由廊坊市勘察设计所设计，廊坊市交通局第一工程队施工修建，于1997年4月施工修建，1997年5月竣工通车。

2008年，该桥大修，将桥梁上部结构拆除重建，设计荷载上部结构采用公路一级，桥面宽为车行道12.50米，人行道2×0.50米防撞护栏，桥面采用双向1%，按地震水平加速度0.2克设防。工程由廊坊市燕赵交通勘察设计有限公司设计，由固安县公路管理站施工大修，于2008年3月动工，同年7月12日竣工通车。1997—2009年固安县国、省、县公路桥梁一览表见表10-7-3。

1997—2009 年固安县国、省、县公路桥梁一览表　　表 10-7-3

路线名称	桥　名	桥 长(米)	桥 宽(米)	荷载标准	修建时间(年代)	备　注
106 国道	永定河右桥	424.04	13.5	汽—20;挂—100	1990 年建 1997 年改建加宽	—
	永定河右桥	422.95	13.5	中汽—18;拖—80; 左汽—20;挂—100	1965 年建 1997 年改建加宽	—
	北横街桥	10.5	44.1	中汽—13;拖—16; 中左汽—20;挂—100	1968 年 8 月建 1996 年改建加宽	2009 年改为涵洞
	五里铺桥	54.4	32.3	汽—20;挂—100	1981 年 10 月建 1997 年 10 月改建加宽	—
	柳泉桥(右)	22.5	14	汽—20;挂—100	1996	—
	柳泉桥(中左)	19.5	14.58	汽—20;挂—100	1968 年建 2003 年大修	—
	半边店桥(右)	24.11	13.9	汽—20;挂—100	1996	—
	半边店桥(中左)	28.00	15.06	汽—20;挂—100	1968 年建 2008 年改建	—
	大园子桥(右)	10.00	16.15	汽—20;挂—100	1996	—
	大园子桥(中左桥)	11.3	13.8	汽—20;挂—100	1968 年建、1981 年加宽改建、2004 年大修	—
	牛驼北桥(右)	9.00	15.75	汽—20;挂—100	1996 年建	—
	牛驼北桥(中左)	9.00	15.75	汽—20;挂—100	2004 年改为涵洞	—
	牛驼右桥	64.4	13.00	汽—20;挂—100	1996	—
	牛驼左桥	63.4	10.5	汽—20;挂—100	1981 年改建	—
廊涿公路	柏村桥	17 块板	35	汽—20;挂—100	1995 年建 2004 年维修加固	—
	南马村桥	36.06	13.00	汽—20;挂—100	1996 年建 2008 年 9 月维修加固	—
	宫村桥	10.85	16.00	汽—20;挂—100	1996 年建 2008 年 7 月维修加固	—
	知子营立交桥	120	12	汽—20;挂—100	2008 年 7 月 22 日	—

续上表

路线名称	桥　　名	桥		荷载标准	修建时间(年代)	备　注
		长(米)	宽(米)			
固马线	西边沟桥	11.854	6.00	汽—20;挂—100	2004	—
	渠沟中桥	44.05	13.00	汽—20;挂—100	1998 年建	—
	太平桥	30.00	13.00	汽—20;挂—100	1999 年建	—

第三节　运政管理

一、交通工具

随着公路事业的蓬勃发展,固安的交通工具发生了巨大变化。在 20 世纪 90 年代以前,固安县的主要交通运输工具以小吨位汽车、拖拉机为主。而如今大、中、型汽车已成为主要运输工具,出租客(轿)车、家庭轿车为人们出行的代步工具。至 2011 年年底,全县共有营运货车 8045 辆,营运农用运输车 4126 辆,营运客车 186 辆。

二、客运

20 世纪 90 年代以后,固安县长途客运以北京市客运公司和廊坊市运输公司为骨干,营运路线有固安至北京、固安至廊坊。本县个体营运客车发展到 80 部,营运线路由固安发往北京、廊坊、涿州、霸州、高碑店、雄县、白沟、赤峰等地。2000 年,随着固安交通事业的发展,以县城为中心开通营运线路 7 条,包括固安—宫村—大杨先务—四姓庄,固安—公主府—苏桥—东湾,固安—彭村—渠沟—独流—马庄,固安—知子营—东红寺,固安—彭村—渠沟—礼让店,固安—柳泉—沙垡—牛驼,固安—北马。至 2011 年年底,全县 13 个乡镇、421 个行政村,有 95% 以上的村庄有客运班车到达,形成了以县城为中心,辐射乡镇村,干支相连,四通八达,方便人们出行的客运线路(图 10-7-2)。

图 10-7-2　2011 年 9 月 25 日,县委书记薛永纯(左五)、县长杨培苏(右四)等领导同志出席北京 849 固安环城公交开通仪式

三、货运

1997 年以后,固安县货运市场进入了快速发展阶段。到 1998 年,县交通运输企业参加营运性运输车辆 34 辆,均为大型货运汽车。全年完成货运量 175 万吨,货物周转量 8965 万吨公里。进入 2000 年以后,由于货运市场竞争激烈,固安第一汽车队、第二汽车队两个专业运输企业在市场竞争中效益逐年下降,连续 13 年处于亏损局面,已资不抵债,于 2002 年 5 月宣告破产。个体运输车辆蓬勃而起,1997—2011 年年底,已发展到 11616 辆,年产值 2.3 亿元,创利润 2323 万元。

四、出租车

20 世纪 90 年代以后,固安县出租车已达到 30 余辆,车型为桑塔纳轿车和 8 座位轻型客车两种,主要运营于县城和本县周边市、县、区,站点分别在县汽车站前和站南 100 米处空旷地带。当时本县客运出租车行业还处于无序自由的发展状态,无证黑车私拉乱运,甩客事件屡见不鲜,严重扰乱了出租车市场。县运管站执法队虽经多次进行整顿,加大对无证黑车的打击力度,但仍无明显效果。县交通局针对出租车市场的现状,为保证合法出租车的正常运营,于 1998 年报请廊坊市交通局批准,成立了固安县通发客运有限公司,将本县客运出租车全部归属公司统一管理,并实行统一车型、统一标志、统一票价。至此,固安出租车行业纳入了规范化、法制化管理,保障了广大乘客乘车的安全。2005 年,随着人民生活水平的进一步提高，公司将原来的桑塔纳和面包（轻型客车）出租车统一更新为天津夏利型。至2011年年底，通发公司共有出租车95辆，站点覆盖全县境内，服务范围扩展至全国各地。

五、养路费征收

公路养路费是公路建设的专项资金。1997年，固安县养路费征收工作严格执行河北省交通厅和国家交通部征收标准，对全县所有机动车辆征收养路费。征收标准：汽车190元／月吨，挂车190元／月吨，客车210元／月吨，大型拖拉机190元／月吨，正三轮摩托车190元／月吨，小型拖拉机和柴油三轮车施行年包交办法征收标准570元／年。此征收标准一直延续到2008年年底。2009年1月，按照国家费改税的政策，固安县养路费征收正式终止。固安县养路费征收情况见表10-7-4。

固安县养路费征收情况一览表（万元）　　表10-7-4

年份（年）	金　额	年份（年）	金　额
1997	784.70	2003	1311.00
1998	1165.30	2004	1456.20
1999	1187.20	2005	1861.00
2000	884.40	2006	2038.00
2001	1089.31	2007	2544.20
2002	1102.00	2008	2638.10

六、通行费征收

1996—1997年，固安县境内106国道改扩建工程资金全部由国家贷款。1996年，经廊坊市交通局报请河北省人民政府批准，对此路实行收费还贷，收费年限15年。1997年7月10日，正式对过往车辆收取通行费，实行双向收费。106国道收费站征收通行费情况见表10-7-5。

106国道收费站征收通行费一览表（万元）　　表10-7-5

年份（年）	金　额	年份（年）	金　额
1997	1637.86	2005	5723.58
1998	4010.16	2006	6273.13
1999	4173.35	2007	6690.49
2000	3644.47	2008	5900.69
2001	3655.93	2009	6081.75
2002	4153.92	2010	6649.18
2003	4450.71	2011	2680.87
2004	5877.35		

第四节　荣　誉

固安县交通运输局坚持以开展各种教育活动为载体，严格队伍管理，不断深化交通队伍职业化建设，提高了交通队伍的整体素质和战斗力，树立了交通队伍的良好形象，多次受到国家和省、市、县党委政府的表彰。固安县交通局被河北省高速公路建设指挥部评为“河北省交通公路建设先进集体”，被省交通宣传中心评为《河北交通报》先进联系单位，连续13年被河北省交通厅、廊坊市交通局评为“公路建设先进单位”，被廊坊市委市政府评为“文明单位”，106国道固安收费站被共青团中央授予“青年文明号”，运输管理站被共青团、河北省委、省交通厅授予“青年文明号”，1人被廊坊市政府评为“劳动模范”，10人被河北省交通厅评为“先进工作者”，20人被廊坊市交通局评为“先进工作者”。

第八章 霸州市交通运输局

第一节 管理机构

一、概述

霸州市交通运输局主要职能包括全市公路规划建设、养护、管理和客运、货运、维修、出租汽车、驾驶员培训五大运输市场的行业管理。2002年,霸州市交通局内设办公室、财务室、法规保卫股3个股室。局机关行政编制13名,其中,局长1名,副局长2名,纪检组长1名,股级4名。2011年,局内设机构调整为办公室、规划财务股、政策法规股、综合股4个股室。将霸州市建设局指导城市客运的职责划入交通运输局,新增水上交通、轨道交通、地方铁路行业管理。内设办公室、规划财务股、政策法规股、综合股4个股室。有运输管理站、公路管理站、地方道路管理站、出租汽车管理站、通达公司5个局属单位。副科级以上干部8人,全系统干部职工总数568人。

二、机构沿革

1. 霸州

1951年,霸县始有公路管理站和联运栈,分别归属天津专署公路管理局和河北省运输公司天津分公司杨柳青支公司管理。

1952年,县政府设交通科,人员编制4人。1957年,县交通科、联运站、公路管理站合并成立霸县交通局。1958年霸州、永清、固安合并县时,成立工业交通邮电部。1959年部改局。

1961年,霸州、永清、固安分县后设霸县交通运输局。1969年,霸县交通运输局和天津专员公署交通局第二养路工区、苗圃合并成立交通管理站。

1970年,交通管理站与邮电局合并成立交通邮电局。1971年分开,建立霸县交通领导小组。1974年,领导小组撤销,成立霸县交通局。1990年霸县改为霸州市,霸县交通局改为霸州市交通局。2011年10月改为霸州市交通运输局。

2. 胜芳

1961年胜芳划独立镇,设胜芳交通局。1963年胜芳交通局和胜芳工业局合并为胜芳工业交通局。同年,胜芳撤销独立镇,胜芳交通局和胜芳工业局分开,建胜芳交通运输分局。

第二节 公 路

1988年,霸县有县道30.7公里,乡道31.5公里,专用道74.2公里。1995年,霸州市有县道30.7公里,乡道273.7公里,专用道74.2公里。2004年以来,霸州市公路建设快速发展。仅2006—2010年,霸州市新改建县道37.5公里,乡道123.1公里,村道156.1公里。至2011年年底,霸州市有县乡道335条、1027.805公里,大小桥梁122座。其中:县道4条、49.738公里,桥梁8座;乡道74条、414.894公里,桥梁59座;村道257条、563.173公里,桥梁55座。至2011年,霸州市公路通车总里程1200公里,公路密度153公里/百平方公里。保津高速、112国道、大广高速引线、霸杨线、中亭路和106国道、大广高速、廊沧高速、廊霸线、廊泊线、采留线等“五横六纵”的路网主框架初步形成,基本上实现了干线与干线相接、乡村路与乡村路相通、乡村路与干线相连，初步构建了四通八达的交通运输网络。霸州市公路情况见表10-8-1，2011年霸州市公路情况汇总见表10-8-2。

霸州市公路情况统计表（公里）　表10-8-1

年份（年）	县　道	乡　道	村　道	专　用　路
1988	30.7	31.5	—	74.2
1995	30.7	273.7	—	74.2
2006	49.291	384.873	510.859	已并入乡道
2011	49.738	414.997	571.512	—

2011年霸州市公路情况汇总表（公里）　表10-8-2

道路类型	公路里程（总计）	等级公路						等外	有铺装路面（高级）			简易铺装路面	未铺装路面
		合计	高速	一级	二级	三级	四级		合计	沥青混凝土	水泥混凝土		
总计	1204.482	1204.482	64.41	82.991	148.043	136.697	772.341	—	743.024	657.065	85.959	—	461.458
国道	118.71	118.71	50.48	53.177	15.053	—	—	—	118.71	118.710	—	—	—
其中：国高网	50.48	50.48	50.48	—	—	—	—	—	50.48	50.480	—	—	—
省道	45.021	45.021	13.93	28.254	2.837	—	—	—	45.021	42.918	2.103	—	—
县道	49.738	49.738	—	—	33.707	16.031	—	—	49.738	49.738	—	—	—
乡道	414.997	414.997	—	1.56	41.229	92.182	280.026	—	311.621	258.831	52.790	—	103.376
专用公路	4.504	4.504	—	—	—	—	4.504	—	4.504	4.504	—	—	—
村道	571.512	571.512	—	—	55.217	28.484	487.811	—	213.43	182.364	31.066	—	358.082

一、公路建设

1. 国道

1996年，完成106国道霸州E标段改建工程，全长35.7公里。1997年，完成106国道106线文安段改建工程，全长13.8公里。1998年，完成106国道新河桥改建工程，桥长106.5米；112国道高庄桥改建工程，桥长178.2米。2003年，完成106国道霸州市区段改建工程，全长7.03公里；106国道老堤桥大修工程，桥长100.65米；国道106线十标段大修工程，全长2公里，路面宽12米，油面26640平方米；国道112线18标段大修工程，全长3公里，路面宽12～16米，油面45026平方米；国道106线11标段龙江渠桥大修工程；112线19标段煎茶铺桥大修工程。2004年，完成106线霸州段650米中修工程；112线2.5公里中修工程。2006年，完成106线水泥路面中修工程。2007年，完成112国道廊坊段奥运绕行路线中修工程第三十合同段的施工任务，全长25.3公里，总工程量66526.7平方米；106线粉营桥维修工程；106线新河桥维修工程；106线王伍房桥维修工程；106线超洪桥维修工程。2009年，完成国道106线霸州市区段大修工程，8月15日开工，10月24日竣工，完成全长7.67公里主路大修、14公里辅路挖补罩面、5个平交道口的拓宽改造，以及公路附属设施的施工任务，工期两个半月。2010年，完成国道112线养护改造工程三工区施工任务，工程全长11.73公里（K69+600～K81+330），路面宽23～30米，4月20日动工，10月25日主体竣工；112国道堂二里廊泊线交口至安次界段大修工程，全长15.2公里（K38+800～K54+000），分两年施工，当年完成施工段长5.07公里（K38+800～K43+807），路面宽12～16.5米，5月6日动工，7月19日竣工；106线霸州段中修工程全长11公里，7月10日开工，8月20日竣工。2011年，完成112线养护改造二期工程，全长2.3公里，路面宽23米，中间隔离带宽2米，3月18日动工，7月底主体竣工；112线堂二里至杨各庄段大修工程，全长10.13公里，路面宽11～16.5米，3月13日动工，9月7日主体竣工，9月底附属设施建设完工。

2. 省道

1999 年,完成廊霸线改建工程,全长 15.7 公里,1999 年 3 月 25 日开工,10 月 15 日竣工。2000 年,完成廊崔线改建工程,全长 10.4 公里,2000 年 4 月 16 日开工,10 月 15 日竣工。2003 年,完成省道廊泊线改建工程。全长 4.6 公里,路面宽 24 米,油面 106194 平方米。2004 年,完成廊泊线溢流洼大修工程,全长 2.598 公里,路面宽 11.4 ~15.4 米。2004 年,完成廊霸线霸州段 8.33 公里中修工程;廊泊线霸州段 10.22 公里中修工程。2007 年,完成廊泊线干渠南桥维修工程。2010 年,完成廊霸线霸州段中修工程,工程全长 6.404 公里,4 月 30 日动工,6 月 20 日竣工;廊泊线霸州段中修工程,全长 7.569 公里,7 月 20 日开工,7 月 31 日竣工。

3. 县道

1997 年,完成霸杨线改建工程,全长 27.4 公里,路基宽 12 米,路面宽 9 米。1997 年 3 月 1 日开工,7 月 31 日竣工。2003 年,完成县道采留线改建工程,全长 7.5 公里,路面宽 7 米,油面 52480 平方米;县道码杨线全长 4.5 公里、路面宽 16 ~20 米,油面 71976 平方米。完成县道霸杨线 28 标段益民桥大修工程。2004 年,完成县道霸杨线改建工程,全长 16.3 公里,路面宽 16 米;霸杨线杨芬港桥维修加固工程。2005 年,完成霸杨线大修工程,全长 6.1 公里,路面宽 16 米。2007 年,完成采留线南段改建工程,全长 2.9 公里,路面宽 6 ~6.4 米;霸杨线中修工程;永信线大修工程,长 1.5 公里,路面宽 7 米。2010 年,完成霸杨线东段中修工程,长 4.7 公里,路面宽 24 米。

4. 乡道

2001 年,完成霸州东环改建工程,全长 9.7 公里,路基宽 22 米,路面宽 16 米,2001 年 3 月 10 日开工,8 月 20 日竣工。2004 年,完成中亭路(106 线新河桥至胜芳东环路)新建工程一期工程,长 26.1 公里,宽 5.5 米;苏三路(112 线至王圪垯)新改建工程,长 17.5 公里,宽 7 米。2006 年,完成中亭路西段改建工程,长 4.13 公里,路面宽 4.5 ~5.5 米。2007 年,完成煎台路工程,长 6.1 公里,路面宽 5 ~20 米;胜芳东环路一期工程,长 3 公里,路面宽 22 米。2008 年,完成武将台路改建工程,长 7.92 公里,路面宽 6 米;战备西路工程长 3.75 公里,路面宽 5 米;2009 年,完成战备东路东伸工程,长 6.3 公里,路面宽 4 米;富康路一期工程,长 3.3 公里,路面宽 6 米。

二、公路养护

2002 年,干线好路率达到 94.6%,养护综合值达到 90.3;县道好路率达到 72.2%,养护综合值达到 75.7。公路绿化完成干线新植补植行道树 6747 株(含廊崔线 5590 株),新植补植花灌木 12930 株;更新美化路段 106 线西环段 6.9 公里,栽植侧柏绿篱 20 万株、24000 延米,完成县道霸杨线新植行道树 7700 株、17 公里。绿化管护 78.5 万株、262.8 公里。小修挖补坑槽 6290 平方米,其中 106 线 2392 平方米,112 线 3000 平方米,廊崔线 800 平方米,廊霸线 100 平方米,占全年计划的 196.6%。县道小修,霸杨线挖补坑槽 2058 平方米,局部洒油 20735 平方米,占全年计划的 102.9%。桥涵维修 7912.9 米、42 座,更换支架 20 个,铁管 58 米,更换立交桥防撞护栏板柱 44 米、32 根,维修伸缩缝 121.55 米、12 道,更换穿条、立柱 2.23 立方米、31 根,抹面勾缝 104.5 平方米。维修涵洞 8 道,疏通涵管 36 米、12 道。水毁抢修恢复路基土方 3640 立方米,重砌排水边沟 10 米。日常养护共计完成干线清扫路面 1251.5 公里(7159 平方公里),县道清扫路面 227.5 公里(959.1 平方公里)。按规范标准化要求整修路肩及绿化平台干线 362.2 公里(704.3 平方公里),县道 133.6 公里(285.2 平方公里)。干线整修内外边坡 37 公里(133 平方公里),全部达到了坡平线直,占养护里程的 80%。确保标志齐全,维修补齐两桩一碑,干线 1940 块,县道 390 块。

2003 年,国省干线好路率年终达到 93.5%,超出市公路管理处下达年计划 3%,综合值达到 91.5,占年计划的 100.3%。县道年终好路率为 34.6%,综合值为 53.8。完成了国省干线新植、补植及绿化抚育管理,共计新植、补植乔灌木 22789 株,花卉、草坪 8723.5 平方米;完成小修挖补 4084.84 平方米,局部洒油 7518.19 平方米。分别占年计划的 151.3%、107.4%;定期进行桥涵检查与维修,全年维修桥梁 11989 米、42 座,涵洞 8 道。恢复水毁路基土方 2717 立方米,修复水簸箕 8 道。标准化养护坚持经常进行,效果明显,全年累计完成:清扫路面3030.5公里,清除垃圾5200立方米,整修路肩边坡、平台640.9公里,打草58万平方米;更换国道112线信安段立道牙2公里,维修示警桩300余根。

2004年,好路率年末达到93.5%,年平均91.1%;养护综合值年末达到90.2,年平均89.3。分别占市处指标的100.3%、100.1%、100.2%、100.3%。绿化、小修等单项工程高质量完成。全年累计完成清扫路面2856.2公里,清理方沟及浆砌边沟2万余延米,清运垃圾6655立方米,小修挖补为24780平方米。整修路肩、平台、边坡547.8公里。加固维修桥梁35座。抢修水毁4750立方米。粉刷路树40300株、三碑两桩1822块、桥梁26座。完成干线公路绿化管护193.4公里,补植乔木570株、花灌木11948株。完成廊泊线5合同段的绿化任务,共栽植毛白杨、香花槐、北京桧等乔灌木46134株,植草皮4000多平方米。

2005年,累计清扫路面2766.7公里,清理方沟和浆砌边沟22公里,清运垃圾6654立方米,清边沟21.5公里,抢修水毁4740立方米;粉刷行道树51760株、桥梁50座、三桩两碑3436块、挡墙17公里、立道牙19.5万块,打灰线52公里。整修干线公路边坡平台511.5公里。县道57公里,新建水簸箕122道。完成霸杨线16.3公里绿化任务,共栽植乔木35446株,花灌木19372株,发芽率达到95%。强化干线绿化抚育管理,共补植乔木959株、花灌木15373株、花草5147.4平方米。美国白蛾疫情得到及时有效控制,动用人力285人次,机械57台班,药品190公斤。以干线公路中小修及桥梁管护为重点实施安保工程,共计完成挖补13.66千平方米、洒油封面45千平方米、维修桥梁29座。干线公路好路率年末达到89.2%,超出市处计划3.2%;综合值85.2,超出市处计划4.1。县道好路率年末达到73.3%,综合值71.2,超额完成了市处计划。

2006年,年终好路率达到88.1%,超出市处计划3.1%;养护质量综合值达到82.7,超出市处计划1.7。县级公路好路率年末达到85.9%,综合值年末达到80.1,也超出市处年度计划。全年新植补植乔、灌木57947株、花草14600平方米,极大地改善了公路环境的视觉效果。完成了1座危桥的确认,加固维修28座,未发生一起桥梁安全事故。水毁抢修在此年度的安保工程中占据了很大比重,汛期多次进行雨后抢修,恢复水毁路基达6828立方米,路树1149株。全年共完成干线公路清扫路面3921公里,清运垃圾8672立方米;整修路肩边坡平台520.1公里,清理方沟和浆砌边沟9.6公里;粉刷行道树28230株,桥梁31座,三桩两碑1699块,挡墙16.5公里;打灰线224公里,粉刷包角石立道牙227公里。

2007年,干线公路好路率年末达到87%,养护综合值年末达到82.5,完成了市处下达的年度计划。完成干线公路清扫路面4128.2公里,清运垃圾7147立方米;整修路肩、边坡、平台509.8公里,疏通过村路段边沟、排水沟17.4公里(1539立方米);恢复水毁狼窝3662立方米,修复水簸箕2道;粉刷行道树22746株,桥梁26座,三桩两碑1728块,挡墙13公里,打灰线234公里。维修了廊霸线的金各庄立交桥匝道的护栏板和立柱;更新安装干渠南桥防撞护栏支臂;加固112线桥梁1座、20.62米,盖板涵1座、12.5米;此外,维修桥梁26座、护坡2座。公路绿化补植行道树16609株,新植苗木65000株;绿化管护117公里;苗圃育苗41.2亩。小修挖补完成干线小修挖补23457.15平方米,处理廊霸线、廊泊线及106线裂缝10.35公里;修复了106线市区段及其他两段路面推移和中央方沟坡面坍塌的基层。维修了高庄作业组、堂二里作业组、康仙庄养护中心房屋。

2008年,干线小修完成10050.33立方米;清扫路面7479.3公里,清运垃圾7813立方米,整修路肩702.8米;补植乔灌木12591株、花草11888平方米,绿化管护210.9公里,自主育苗49.8亩;恢复水毁路基1395立方米、方沟313.5立方米,扶直行道树114株;维修桥梁23座;铣油包10758平方米;疏通清理方沟和浆砌边沟3228立方米;粉刷行道树9656株、桥梁15座、标志2964根、挡墙12公里、其他公路设施11.78公里;干线(106线、廊霸线、廊泊线)铣油包23.833千平方米,洒油3.120千平方米,灌油缝1.6万米。112线保畅是霸州市局养管工作的重中之重。首先,针对太平桥、东百米渠桥、煎茶铺闸涵的危桥状况,仅用5天时间修建了3条绕行便道,同时采取桥涵专人看护和“一、三、七、十桥梁安全检查制”等措施,加大桥涵安保力度;其次,全力处治路面病害,至11月底,共投入人工1万余工日,机械2174个台班;填垫山陂土790立方米,沥青混合料816立方米,碎石25957立方米。由于措施到位,112线在路况急剧下降、重车通行量不减、养护资金不足的情况下,仍保持了通行安全。

2009年，干线小修完成10050.33立方米；清扫路面7479.3公里，清运垃圾7813立方米，整修路肩702.8米；补植乔灌木12591株、花草11888平方米，绿化管护210.9公里，自主育苗49.8亩；恢复水毁路基1395立方米、方沟313.5立方米，扶直行道树114株；维修桥梁23座；铣油包10758平方米；疏通清理方沟和浆砌边沟3228立方米；粉刷行道树9656株、桥梁15座、标志2964根、挡墙12公里、其他公路设施11.78公里；干线（106线、廊霸线、廊泊线）铣油包23.833千平方米，洒油3.120千平方米，灌油缝1.6万米。

2010年，清扫路面4425.96公里，清运垃圾14055立方米，清理方沟2967立方米；整修路肩、边坡、平台455.96公里，疏通过村段边沟、排水沟1365立方米；抢修水毁、垫狼窝310立方米；维修桥梁10座；干线公路灌油缝29420米。完成国省干线小修挖补6662平方米，灌油缝33420米；坚持做好112线未施工路段的保畅工作，投入人工3657工日，填筑机配碎石13992立方米。全年绿化管护117.5公里，绿化补植花灌木5500平方米，补植行道树665株，目前新植苗木发芽率达99%，补植苗木成活率达98%。精心做好106线、廊霸线、廊泊线美化工作，共粉刷行道树34674株，挡墙6750平方米，立道牙、包角石99021米，桥梁27座、5714米，边涵31道，标志544块，侧石16800米，里程碑、百米桩、示警桩1742根。整修、更换廊泊线K42+300~K45+700段中央绿化带路缘石6800米。完成106线花坛改造，拆除原有花坛，重新砌筑大花坛51个、小花坛595个。新建花坛内栽植卫矛、女贞等绿化植物33958株，景天42347墩。苗木成活率达96%以上，保存率达95%。分别在106国道南孟段设置边沟轮廓标，在大中桥上安装23块禁停标志和桥梁养管责任牌，在106线超洪桥北桥病害位置设置护栏和警示标志，保证通行安全（图10-8-1）。

图10-8-1　2010年9月2日，霸州创先争优养护示范路段

2011年，累计清扫路面602公里，清运垃圾2.12万余立方米，疏通边沟、排水沟4975立方米。在实现全线路基标准化的基础上向精细化整修迈进。共计整修路肩、边坡平台560余公里。小修挖补7200余平方米，灌油缝6万米，局部洒油封层430平方米，维修排水沟及挡墙2300米，更换、补设、维修三桩两碑797根，整修立道牙515块。汛期积极组织人力、物力在雨后第一时间抢修水毁，累计清除倒伏路树33株，恢复路基61立方米，整修狼窝15个。坚持“7、5、3、1桥梁巡查制”，加密桥涵检查频率。5月初，完成粉营右桥桥下三孔的支顶加固工作；7月初，完成超洪北桥损坏的桥面板进行局部维修；10月中旬，完成粉营右桥的局部换板维修；10月底，对所有损坏的TST伸缩缝进行了维修。以绿道工程为着力点，本着安全、生态、美观、经济的理念，精心做好绿化美化工作。共补植乔木3810株，灌木35685株。所有绿植浇水、施肥、除虫防害6次，喷洒氯氰菊酯、树宁等无公害药剂270公斤。对所辖公路附属设施进行了2次粉刷，其中桥梁16座、五桩1873根，挡墙7250平方米，行道树22143株，排水方沟963米，边涵31道，中心花坛1个。

第三节　路政管理

2002年，收取道口赔偿费20.6万元，共查处各类超限车辆7250辆次。胜芳“百日综合治理”活动中，共拆除违章建筑13处、80平方米；拆除私搭乱建11处、100平方米，清理非公路标牌115块；清除堆积物274立方米；在做好日常管理的基础上，集中抓重点工作，共完成、制止违章建筑11处、334平方米；拆除违章建筑9处、175平方米；清理私搭乱建77处、975平方米；清理违章堆积物382处、2787.5立方米；清理非公路标牌677块；查处各类违章案件102起，收取路产损失赔（补）偿费9.3万元，路政结案率达99%，索赔率达100%；完成两条新升级路（县道码杨线、采留线）的确权工作。

2003年，路政大队在华北五省联合治超“零点行动”和省“铁铲行动”中，全面贯彻落实省市治超工作电视电话会议精神，坚持“协调联动、综合治理、循序渐进、重点突破”和“科学检测、卸载放行”的原则，严格履行24小时布控治理，严管重罚、卸载到位。至11月末，共查处各类超限运输车辆5316辆，处罚车辆2186辆次；收取专项赔（补）偿费31.9万元，罚款1093510元，使双超车辆由80%下降至8%。查处路政案件57起，结案率、索赔率均为100%；全年共收取路产赔（补）偿费468820元。拆除违章建筑1处、15平方米，清除违章堆积物料227处、2273.5立方米，清理非交通标志704块，制止违章建筑2处、44平方米，清理公路摆摊设点304处。

2004年，全年收取路产赔补偿费52.6万元，较2003年同期增长23.6%；发生路政案件29起，破案率、结案率、索赔率均为100%；清除违章堆放物料250处、2287立方米，清理非交通标志854块，清理摆摊设点322处，拆除私搭乱建18处、270平方米，拆除铁栅栏200延米；履行行政许可审批手续60项。处理处罚各类超限车辆1532辆，卸载各种超限货物11532.49吨，罚款553260万元，卸载并转运分流超限货物11100.52吨。

2005年，共查处各类案件60余起，收取路产赔（补）偿费81.8347万元，同比增长60%；清除违章堆积物料145处、720立方米，违章建筑30平方米，非标356块，摆摊设点221处；履行行政许可审批手续28项。对干线公路两侧65道平交道口和45块非标统一粉刷并编号，道口、非标进一步规范标准。

2006年，收取公路路产赔（补）偿费1141234元，占全年总计划的120%；处理各类路政违章案件68起，结案率100%；清除违章堆放物料161处、816立方米，清理非交通标志375块，清理公路摆摊设点128处。开展国省干线公路环境综合治理活动，全年签订门前“三包”协议书180份，发放专项整改118份，清理公路摆摊设点18处、公路非标100块，拆除绿化控制线内的永久性建筑14处，基本达到了路界内无三种垃圾，5米内无公路摊点、无公路非标的工作目标。以“公路精品建设年”为契机，确定省道廊泊线十公里路段（K33+700~K43+700）为“路政治理精品段”创建路段，通过宣传发动、稳步实施等阶段，开展了一系列治理建设工作。补设了标志、标线，重新粉刷了道口、非标，对沿路10处摊点采取统一路政宣传牌围挡式管理，得到了业务主管部门的肯定，并将在全市推广。

2007年，收取路产赔（补）偿费105.551万元，超额完成市处年初任务指标；查处路政案件32起，案件查处率、结案率、索赔率均达100%；清除违章堆积物料72、365立方米，非标225块，拆除违章建筑3处，取缔固定和流动摊点60个。5月底—6月初，路政大队抽调11人参加了在国道112线固安段开展的迎奥运保畅通超限运输治理行动，效果良好。随后在112线县道霸扬线实施治超，共发放《告货车司机（车主）书》300余张，查处超限车辆28车次，卸载110吨。

2008年，清理公路非标95块，清理堆放物料215立方米，取缔公路摊点22个；查处路政案件29起，收取路产赔（补）偿费93.83万元。同时完成工程大修施工现场交通维护、公路秸秆禁烧禁晒和高考公路保畅等专项治理工作。

2009年，路政日常管理和超限治理齐头并进。至10月底，共收取各项公路路产损失赔（补）偿费53.167万元，处理损坏路产案件14起，清理堆积物67处、1056立方米，拔除各类非公路标牌253块，修砌隔离墩300个。查处各类超限运输车辆7124辆次，责令车主自行卸载29989吨，罚款277万元。完成了公路秸秆禁烧、高考期间考点路段公路保畅及工程施工作业面交通秩序维护等工作。112线堂二里段大修竣工后，路政大队集中力量对该路段进行综合整治。共拆除临建棚屋15处、310平方米，拔除非标42块，取缔废品收购点1处，清除堆积物7处、35平方米。

2010年，清理公路非标95块，清理堆放物料215立方米，取缔公路摊点22个；查处路政案件29起，收取路产赔（补）偿费93.83万元。完成工程大修施工现场交通维护、公路秸秆禁烧禁晒和高考公路保畅等专项治理工作。

2011年，路政管理以“加强管理、服务群众”为切入点，变管理为服务，努力营造良好行车环境。共清理公路两侧堆积物44处；拆除私搭乱建11处；清理杂乱非标85块、大型非标3块；与各公路沿线乡镇联合下发清理通知书100余份。配合工程队完成高庄桥、顾庄桥及高家坟路口油面施工。认真抓好路损案件处理工作，共收取各项公路路产损失赔（补）偿费50.458万元。

第四节 运政管理

全市拥有客运线路126条、客运班车457辆，出租车1531辆，货运车辆16108辆，年客运量485万人次、货运量624万吨，全市383个村街实现了“村村通客车”，构建了安全、便捷、高效的客货运输体系。2006年12月，北京至霸州943路公交车开通运营，投入公交车40辆；2009年12月，市内公交正式开通，投入公交车50辆，设公交线路6条。

一、完成运量

2006年，完成客运量374万人，旅客周转量12090万人公里，货物量442万吨，货物周转量38590万吨公里。2007年，完成客运量375万人，旅客周转量12400万人公里，货运量452万吨，货物周转量39500万吨公里。2008年，完成客运量377万人，旅客周转量18000万人公里，货运量464万吨，货物周转量40510万吨公里。2009年，完成客运量380万人，旅客周转量18210万人公里，货运量482万吨，货物周转量42000万吨公里。2010年，完成客运量394万人，旅客周转量18900万人公里；货运量509万吨，货物周转量46770万吨公里。2011年，完成客运量485万人，旅客周转量23290万人公里，货运量624万吨，货物周转量57330万吨公里(表10-8-3)。

2006—2011年霸州市运输市场运量统计表 表10-8-3

年份(年)	客运量(万人)	旅客周转量(万人公里)	货运量(万吨)	货物周转量(万吨公里)
2006	374	12090	442	38590
2007	375	12400	452	39500
2008	377	18000	464	40510
2009	380	18210	482	42000
2010	394	18900	509	46770
2011	485	23290	624	57330

二、运管费征收

2006年，征收运管费383.49万元，占年计划的147%；货运附加费270.57万元，占年计划的169%；客票附加费105.08万元，占年计划的100%。2007年，征收运管费432.39万元，占年计划的154%；货运附加费270.42万元，占年计划的135%；客票附加费105.3万元，占年计划的132%。2008年，征收运管费585.42万元，占年计划的195%；货运附加费315.02万元，占年计划的158%；客票附加费105.85万元，占年计划的132%(表10-8-4)。

霸州市运管费征收情况统计表 表10-8-4

年份(年)	运管费(万元)	完成任务比例(%)	货运附加费(万元)	完成任务比例(%)	客票附加费(万元)	完成任务比例(%)
2006	383.49	147	270.57	169	105.08	100
2007	432.39	154	270.42	135	105.3	132
2008	585.42	195	315.02	158	105.85	132

三、营运车辆管理

2006年，年审换证，应审营业性货车8576辆，已审8376辆，审验率97.7%。2007年，应审营业性货车12030辆，已审9383辆，审验率78%；应审经营性客车351辆，已审339辆，审验率96%。2008年，应审营业性货车13046辆，已审9132辆，审验率70%。2009年，应审营业性货车12652辆，已审10754辆，审验率85%；应审经营性客车351辆，已审351辆，审验率100%。2010年，应审营业性货车23216辆，已审17412辆，审验率75%；应审经营性客车375辆，已审370辆，审验率99%。2011年，应审营业性货车27573辆，已审20679辆，审验率75%；应审经营性客车383辆，已审383辆，审验率100%（表10-8-5）。

霸州市营运车辆管理情况统计表　　表10-8-5

年份(年)	应审营业性货车(辆)	已审(辆)	审验率(%)
2006	8576	8376	97.7
2007	12030	9383	78
2008	13046	9132	70
2009	12652	10754	85
2010	23216	17412	75
2011	27573	20679	75

四、公交发展

2009年3月4日，霸州市内小公交试运行，投入50辆轻型客车。此前霸州市内仅有东关至北杨庄1路城乡客运班车，负责部分市镇公交的职能。12月8日，市内公交正式运营，初期投入公交车20辆，开通火车站至汽车站、环保局至网通小区、东关至北杨庄3条线路。

2011年1月，线路调整为4条（增加田各庄至中铁三局一路）。3月，线路调整为5条，分别是1路（火车站至汽车站）、2路（东陶村至幸福佳苑）、3路（东关至北杨庄）、4路（火车站至茗汤温泉）、5路（田各庄至中铁三局）。

2012年4月18日，首批20辆LNG公交车投入运营，线路调整至6条，分别是1路（火车站至中铁航空港）、2路（二矿至幸福佳苑）、3路（维民坊道口至看守所）、4路（火车站至开发区医院）、5路（田各庄至西苑小区）、6路（汽车站至二矿）。投入公交车50部，设公交站点86处。

第五节　荣　　誉

霸州市交通运输局获得的市级及以上集体荣誉和个人荣誉见表10-8-6和表10-8-7。

市级及以上集体荣誉　　表10-8-6

年　月	称　号	授予单位	被授予单位
1986年1月	省交通系统技术比赛集体第四名	省交通厅	公路站
2000年12月	省模范职工小家	河北省总工会	公路站
2001年	2000—2001年度道路货运文明单位	交通部	运管站
2003年9月	模范职工小家	中华全国总工会	公路站
2003年9月	文明窗口	河北省精神文明建设委员会	公路站
2004年8月	文明单位	省委省政府	运管站
2005年3月	农村公路建设先进单位	省交通厅	交通局
2005年3月	行风建设优秀基层单位	省交通厅	公路站
2006年3月	省交通系统优秀信息直报点	省交通厅	交通局
2006年2月	省农村公路建设先进集体	省交通厅	交通局
2006年12月	省园林式单位	河北省建设厅	交通局
2006年10月	文明单位	省委、省政府	运管站

续上表

年　月	称　号	授予单位	被授予单位
2007年4月	省交通政务信息工作优秀直报点	省交通厅	交通局
2008年3月	省交通政务信息工作优秀直报点	省交通厅	交通局
2008年6月	模范职工小家	河北省总工会	公路站
2008年3月	优秀基层单位	省交通厅	运管站
2008年6月	青年文明号	交通运输部	运管站
2008年8月	文明单位	省委、省政府	运管站
2009年2月	省交通系统先进工会	省交通工会	交通局
2009年4月	省交通运输系统优秀信息直报点	省交通运输厅	交通局
2010年4月	政风行风建设优秀基层单位	省交通运输厅	交通运输局
2010年4月	模范职工小家	中华全国总工会	公路站
2010年4月	省五四红旗团支部	共青团河北省委	公路站
2010年7月	文明单位	省委、省政府	运管站
2011年2月	省职代会星级单位	省委组织部、省总工会	公路站

省级及以上个人荣誉　　表10-8-7

年　月	姓　名	称　号	授予单位
2009年4月	梁寿国	河北省职工劳动模范	河北省人民政府
2011年	张东兵	三等功	省委、省政府
2005年	王贺昌	农村公路建设工作先进个人	省委、省政府
2005年	郑英	国省干线建设工作先进个人	省委、省政府

第九章　文安县交通局

第一节　管理机构

文安县交通局位于文安县城丰利北路265号，设办公室、人事股、财务股、法制股、科技质检股、交通战备办公室6个职能股室，共59人。下设公路管理站、运输管理站、地方道路管理站、汽车大修厂、运输公司、第一起重运输安装队6个单位，全系统共有干部职工519人。

1956年7月，文安县建立交通科，下设新镇运输合作社和文安县运输合作社。1958年11月，任丘、文安、大城三县合并为任丘县，成立任丘县工业交通部。1961年6月初，三县分开后，文安县交通局正式成立，设有路政股、业务股、秘书股3个业务股室。

1962年，增设新镇航运站（1966年12月转隶河北省航运局管辖）、王村运输站、文安县城内装卸队、左各庄装卸队、新镇装卸队等下属单位。

1968年2月，交通局成立"革命委员会"，同年11月，根据中央精简机构的指示精神，交通局与工业局合并为工交组。1971年9月，交通、工业分开，恢复县交通局。

1976年，增设公路管理站和汽车大修厂两个下属单位。

1978年，文安县运输合作社更名为文安运输二队。

1979年，文安县增设运输站，隶属于廊坊市运输公司。1984年8月，运输站划归县交通局管辖，改称文安县交通局运输管理站。

1985年，交通局取消路政股、业务股、秘书股、王村运输站，设综合办公室，下属单位有公路管理站、运输管理站、汽车运输二队、汽车大修厂、文安装卸队（文安县城内装卸队）、左各庄装卸队、监理站、养路费征稽站。全系统共有干部职工448人，其中局机关人员14人，下属单位434人。

1987年，文安装卸队、左各庄装卸队更名为第一、二起重运输安装队。同年12月，第一起重运输安装队完成公开招标承包，监理站划归公安局交通警察大队专管。1988年8月，第二起重运输安装队完成公开招标承包。

1987年，运输二队完成公开招标承包。1988年，更名为运输公司。

1987年，增设106国道收费站。1998年，上划廊坊市交通局。

1990年，局机关增设公交派出所、财务股、人保股。1995年，人保股更名为人事股。1996年，增设法制股、科技质检股、文安县人民政府交通战备领导小组办公室。

1997年10月1日，增设静王收费站。同年11月15日，上划市交通局管辖。

1998年，养路费征稽站上划市交通局管辖。

2006年，交通局设有办公室、人事股、财务股、法制股、科技质检股、公安交通派出所、交通战备办公室7个职能股室，行政编制16人。同年6月，文安县交通局第二起重运输安装队改制，撤销。9月，地方道路管理站成立。2010年4月，公交派出所撤销。

第二节　公　　路

新中国成立前，文安境内仅有8条土公路，路面宽窄不一，坎坷不平，晴通雨阻，大型车辆根本无法通行，毛驴车、马车勉强通过。新中国成立后至1970年，公路建设得以恢复发展，全县公路按照国路、县路、公社道进行划分。其中国道为1条、26.5公里，县道为4条、84.5公里，公社道为13条、159公里。1976年，油面路共134.7公里。1985年，文安县境内有油面公路17条，全长224.9公里。其中国道1条、29公里，省道2条、59.4公里，县道2条、46.3公里，乡级公路8条、46.3公里，专用路4条、41.9公里。另有简易公路76.3公里。1985年后，文安的交通事业发展较快，公路建设取得了前所未有的长足发展，逐步解决了"走出去、走得快"的问题。

2003年，文安县交通局通过实际勘测，科学论证，提出了以"三纵三横"为主骨架（三纵指106国道、廊泊线、采留线，三横指台王线、保静线、兴祖线）的路网规划。通过加大干线公路及县、乡、村公路建设力度，至2005年年底，文安县境内公路总里程达917.494公里。

2009年5月，为解决公路建设滞后于县域经济发展的问题，文安县交通局聘请具有甲级资质的北京华融路通工程咨询公司编制完成了《文安县公路网规划》，以2009—2020年为时间区间，规划了文安县"六纵四横"的县域公路网。规划中，文安县县级以上公路密度为36.54公里/百平方公里，乡道以上公路密度为71.90公里/百平方公里。文安县与周边5个县市的出口通道由原来的8个增加到22个，其中文安至霸州7个，文安至静海4个，文安至大城6个，文安至任丘4个，文安至雄县1个（图10-9-1）。

图10-9-1　2011年8月24日，竣工不久的廊沧高速文安连接线迎来了第一批上路行驶的机动车辆

至2010年年底，文安境内公路总里程已达1343.493公里。其中：国道1条、26.574公里，国高网3.475公里；省道2条、66.977公里；县级公路4条、133.25公里；乡级公路16条、123.295公里，村级公路973.662公里；专用公路16.26公里。

2011年文安县公路情况见表10-9-1。

2011年文安县公路情况汇总表　　表10-9-1

道路类型	公路里程（总计）	等级公路						等外	有铺装路面（高级）			简易铺装路面	未铺装路面
		合计	高速	一级	二级	三级	四级		合计	沥青混凝土	水泥混凝土		
总计	1431.245	1431.245	32.636	58.537	132.712	112.587	1094.773	—	1402.901	366.584	1036.32	7.494	20.85
国道	30.049	30.049	3.475	26.574	—	—	—	—	30.049	30.049	—	—	—
其中：国高网	3.475	3.475	3.475	—	—	—	—	—	3.475	3.475	—	—	—
省道	117.252	117.252	29.161	10.067	71.209	6.815	—	—	117.252	116.525	0.727	—	—
县道	133.25	133.25	—	—	55.18	68.857	9.213	—	125.756	125.756	—	7.494	—
乡道	129.244	129.244	—	12.951	2.709	33.849	79.735	—	112.428	82.028	30.400	—	16.816
专用公路	16.26	16.26	—	—	—	2.708	13.552	—	12.226	12.226	—	—	4.034
村道	1005.19	1005.19	—	8.945	3.614	0.358	992.273	—	1005.19	—	1005.190	—	—

一、国道

106线。文安县境内仅有国道1条，即106线。原名京大公路，起于北京，止于大名。文安境内全长26.574公里，起点是新镇芦皐庄文霸界，途经史各庄镇，终点在兴隆宫大龙华任文界。该线早在隋唐时期就已具雏形，后逐渐形成大道，明清时期为官马大道，也是皇帝出行的御道。新中国成立后，经历过几次大的改建。1955 年，根据赵王新渠治理工程需要，挖断该段北村南段，绕道赵王新渠大闸，在王村南与原路会合。1966—1967 年两年间，由河北省工程队负责 25.5 公里柏油路的设计施工，其余路段由县交通局负责施工，这是本县第一条柏油路，并更名为 106 国道。1983 年后，以老路作为上行路，按照路面宽 24 米，双向四车道一级路，野外段两块板，过村段一块板，中间 3 米排水方沟的标准进行设计施工。下行路于 1997 年由霸州市交通局和廊坊市交通局工程二队合建。上行路 1983—1987 年由廊坊市交通局工程二队分期修建。随着大型车辆及车流量增加，路面毁坏严重，出现严重下陷，局部路段网裂、龟裂增加。2001 年，完成对上行路兴隆宫至任丘交界处 4.5 公里路段大修。2003 年，对兴隆宫至王村段 6.565 公里、原 106 国道文安收费站南 1 公里进行大修。2004 年，对新镇芦阜庄段 2.71 公里进行大修。2005 年，对新镇桥至史各庄大桥 3.8 公里进行大修。2007 年，对史各庄大桥桥南、桥北段 1.786 公里进行中修挖补罩面。2009 年，对辛村至王村段 3.5 公里进行中修。2010 年，对文安至任丘界 1 公里段进行大修。

二、省道

保静线（保定至天津静海）。文安境内起点史各庄镇文（文安县）雄（雄县）交界处，途经赵各庄镇、文安镇、刘么管区，终点德归镇文（文安县）静（静海县）交界处，全长 50.2 公里。1981 年前，为文（文安县）静（静海县）、文（文安县）王（王村）二线，属县级公路。1980 年，经省交通局批准，定为省干线公路，称静王线，全长 39.2 公里，路面宽 5～12 米。2002 年，经省交通厅批准，该线从王村道口，重复 106 国道在史各庄桥北，经史各庄街延伸至文雄交界处，改称保静线，全长 50.2 公里。

县城以东至文静交界处称静王东线，全长 21 公里，路面宽 12 米，于 1997 年，由县交通局、廊坊市交通局工程二队共同修建。县城以西至史各庄镇王村道口称静王西线，全长 21.37 公里，县城至澎耳湾段路面宽 12 米，澎耳湾至王村段路面宽 9 米，于 1995 年由县交通局和安次交通局修建。由于近几年车流量增加，重型车辆增多，路面坏损比较严重，局部路段呈现下沉，县城至澎耳湾段于 2000 年进行过一次稀浆封层，澎耳湾至王村道口段于 2005 年进行了中修罩面，道路通行状况得到改善。

史各庄至雄县界处，于 1984 年由华北石油投资修建，全长 9.6 公里，路面宽 5 米。至 2005 年，此路段坑槽连片，基本断交，经文安县交通局向上级主管部门争取，于 2006 年进行了大修，设计标准为路面宽 7 米的二级路。由于夏季雨水较为集中，工程所需土源无法落实，在不影响工程质量的前提下，经廊坊交通设计院批准，将原 3 公里路段由原设计 30 厘米灰土、16 厘米二灰碎石，改为 15 厘米灰土、27 厘米二灰碎石，历时 4 个多月，11 月底竣工通车。2010—2011 年，分 3 次分别对保静线文安县城南环段 2.9 公里、县城以西 3.7 公里、县城东至天津界段 20.903 公里进行了大修。

廊泊线（廊坊至泊头）。原名廊大路，文安境内起点富管营文（文安县）霸（霸州）交界处，途经滩里镇、新桥农场，终点德归文（文安县）大（大城县）交界处，全长 18.6 公里，原为简易土路，1978 年修建柏油公路，路基宽 10 米，路面宽 7 米，德归以南宽 6 米。1985 年大修，改造为路面宽 7 米的三级路。2000 年，由县交通局、廊坊市工程一、二处合作修建，路面宽 12～16 米（柴沟至富管营段 16 米），二级公路标准。富管营段 2.5 公里水泥路面为 2000 年加宽改造。2009 年，对安里屯大堤段和张营桥至新桥农场段，共计全长 6.2 公里的路段进行了中修。2010 年，对胜芳南 2.6 公里过水路面进行了大修，对富管营、滩里、德归三段共计 11 公里进行了中修。

三、县乡村道路

自中华人民共和国成立至 1970 年，文安县的公路建设得以恢复发展，全县的县路为 4 条、84.5 公里，公社路为 13 条、159 公里。

1985 年，文安县境内地方道路发展较快，其中县道 2 条、46.3 公里，乡级公路 7 条、44 公里，专用路 4 条、41.9 公里，简易公路 76.3 公里。

1986—2003 年，文安县境内共有村级公路 295 条，其中柏油路 45 条、69.6 公里，水泥路 4 条、3.256

公里,砖路246条、373.9公里。虽然建设标准较低,但由于车流量较小,尚能勉强维持通行。全县大部分农村交通状况极差,"晴天一身土,雨天两脚泥"是现实生活的写照,给农民生产生活带来不便,制约了农村经济的发展。

2004年,国家不断加大对农村公路建设的支持力度,文安县以"修好农村路,服务城镇化,让农民兄弟走上油路和水泥路"为目标,2004—2011年,启动了"村村通油路"工程和农村公路改造工程,成为新中国成立以来文安县农村公路发展最快的时期。至2011年年底,文安县县级公路有5条、138.533公里,乡级公路16条、128.432公里,村级公路597条、973.662公里。

大吕线大修工程。2004年,大吕线围河至保静线(民族路)大修工程全长6.3公里。为配合围河乡乡庆,施工单位于5月15日进场施工,克服雨季降水频繁、多部门交叉施工协调难度大等困难,于10月27日围河乡乡庆前完成了施工任务。

台王线大修工程。2005年,台王线里东庄至106国道围河道口段大修工程,全长14.8公里,设计标准为路面宽7米的三级公路。3月15日进场施工,5月中旬竣工通车。施工过程中,文安县委、县政府高度重视,主要领导多次进行实地视察,召开现场会,及时解决施工中遇到的问题。2007年3月6日,台王线里东庄至左各庄南环段大修工程正式开始,工程西起急流口管区里东庄村,途经大柳河镇18个村,东与左各庄镇南环路相交为终点,全长13.7公里。施工过程中,在县委、县政府的关心帮助下和大修工程指挥部成员单位的共同努力下,针对该工程过村路段长、平交道口多、过往车辆频繁,断交难的特点,合理制定断交方案,妥善处理与沿线村街、企业之间的利益关系,把不利影响降到最低。6月30日竣工通车。

兴祖线新建工程。分三期进行。2006年,一期工程全长9.1公里,二级公路标准,西起106国道兴隆宫镇,东至大吕线靳村道口。3月初进场施工,在县委政府领导的关心支持下,妥善处理好利害关系,使拆迁、占地、土源等地方协调问题得到解决,11月底竣工通车。2008—2009年,二期工程全长18.781公里,是文安县"十一五"交通规划的重点公路建设项目之一,东起县道采留线,向西横跨董村、辛庄、大留镇三个乡镇管区的15个自然村,西与兴祖线一期工程相连,设计标准为二级公路,2009年11月27日竣工、剪彩通车。2011年,三期工程全长5.023公里,西起县道采留线,东至廊沧高速龙界连接线,二级公路标准,施工单位于3月22日进场施工,10月完成油面铺筑,11月30日竣工通车。

大柳河至李庄路建设工程。2007年3月13日,全长5公里的乡道大柳河至李庄路建设工程破土动工,7月上旬竣工通车。

千里堤中段堤防大修工程。2011年3月15日,千里堤中段堤防大修工程正式开工建设,工程全程8公里,三级路标准,6月1日竣工通车,解决了高头管区东西道路贯通问题。

2004—2011年文安县农村公路建设统计见表10-9-2,2011年文安县县级公路和乡级公路统计见表10-9-3和表10-9-4。

2004—2011年文安县农村公路建设统计表　　表10-9-2

等级	项目名称	建设年限(年)		建设规模(公里)				路面类型(公里)	
		开工	完工	合计	二级	三级	四级	沥青	水泥
—	—	—	—	105.4	38.9	31	35.5	65.4	40
县道	大吕线(民族路)	2004	2004	6.3	—	6.3	—	6.3	—
县道	兴祖线一期	2006	2006	9.1	9.1	—	—	9.1	—
县道	台王线	2007	2007	13.7	—	13.7	—	13.7	—
县道	台头镇—王村	2008	2008	1.5	—	—	1.5	1.5	—
县道	台王线	2009	2009	2.2	—	—	2.2	—	2.2

续上表

等　级	项目名称	建设年限(年)		建设规模(公里)				路面类型(公里)	
		开工	完工	合计	二级	三级	四级	沥青	水泥
县道	兴祖线二期	2009	2009	18.7	18.7	—	—	18.7	—
县道	司宫线	2010	2010	1.2	—	—	1.2	—	1.2
县道	采留线苏桥段	2010	2010	3.9	3.9	—	—	—	3.9
县道	采留线文安段	2010	2010	2.2	2.2	—	—	—	2.2
县道	采留线孙氏段	2010	2010	1	—	—	1	—	1
县道	司宫线	2011	2011	3	—	3	—	—	3
县道	兴祖线三期	2011	2011	5	5	—	—	5	—
乡道	程孙线	2006	2006	1.5	—	—	1.5	1.5	—
乡道	老文大线	2006	2006	2	—	—	2	—	2
乡道	高毕线	2006	2006	5.6	—	—	5.6	5.6	—
乡道	柳河—李庄	2007	2007	5	—	—	5	—	5
乡道	安里屯—左各庄	2008	2008	7	—	—	7	—	7
乡道	文辛线	2009	2009	8.5	—	—	8.5	4	4.5
乡道	高毕线	2011	2011	8	—	8	—	—	8

2011年文安县县级公路统计表　　表10-9-3

路线名称	总里程	起止点	公路等级			路面宽(米)	路面类型
			二级路	三级路	四级路		
合计	138.533	—	—	—	—	—	—
采留线	33.405	苏桥桥—大城界	—	28.386	5.019	7	沥青、水泥
台王线	39.212	台头镇—王村	—	29.1	10.112	7	沥青
大吕线	17.297	大围河—河间	—	14.685	2.612	9	沥青
司宫线	15.748	保静线—大城界	—	9.147	6.601	5	沥青、水泥
兴祖线	32.871	106国道—采留线	32.871	—	—	12	沥青

2011年文安县乡级公路统计表　　表10-9-4

路线名称	总里程	起止点	公路等级			路面宽(米)	路面类型
			一级	三级	四级		
合计	128.432	—	12.951	1.4	112.612	—	—
高头—毕家坊	13.266	高头—毕家坊	—	—	13.266	7	沥青混凝土
旧文大线	1.502	纪屯—大城界	—	—	1.502	6	沥青混凝土
大留镇—石桥	6.021	大留镇—石桥	—	—	6.021	4	沥青混凝土
大留镇—辛庄	7.37	大留镇—辛庄	—	—	7.37	7	沥青混凝土
台王线—李庄农场	4.418	台王线—李庄农场	—	—	4.418	6	水泥
西码头—艾子	28.579	西码头—艾子	—	—	27.11	3.5	沥青混凝土
王曲—温辛杨	7.211	王曲—温辛杨	—	—	7.211	3.5	沥青混凝土
苏桥—善来营	4.759	苏桥—善来营	—	—	4.759	4	沥青混凝土
程子—孙氏	5.218	程子—孙氏	—	1.4	3.818	4	沥青混凝土
安里屯—左各庄	4.49	安里屯—左各庄	—	—	4.49	3.5	沥青混凝土
保静线—安祖辛庄	8.459	保静线—安祖辛庄	—	—	8.459	6	沥青混凝土

续上表

路线名称	总里程	起止点	公路等级			路面宽(米)	路面类型
			一级	三级	四级		
采留线—董村	3.622	采留线—董村	—	—	3.622	6	沥青混凝土
世纪大道	12.951	文安镇—106国道	12.951	—	—	40	沥青混凝土
褚村—静王线	6.076	褚村—静王线	—	—	6.076	5	沥青混凝土
西码头—毕家坊	5.311	西码头—毕家坊	—	—	5.311	6	沥青混凝土
岳辛庄—黄庄	9.179	岳辛庄—黄庄	—	—	9.179	5	沥青混凝土

四、桥梁

文安县古桥多建于清朝，民国时期无发展。新中国成立后，国家治理水患，重视桥梁发展，1949—1985年先后建桥43座，总长2657.3米，其中，1949—1956年修建的多为木结构桥。1965年后，逐步废除了县级以上半永久性和临时性桥梁。1985年，文安县境内共有公路永久性桥梁28座，总长度为1993.5米。2005年年底，县境内共有公路永久性桥梁35座（表10-9-5），总长度为5194.418米。至2011年年底，文安境内共有公路永久性桥梁133座，总长度为10423.3米（表10-9-6、表10-9-7、图10-9-2、图10-9-3）。

图10-9-2　2011年9月20日，兴祖线三期的桥梁正在进行吊装施工

图10-9-3　桥梁吊装施工

2005年文安县公路永久性桥梁一览表　　表10-9-5

序号	桥梁名称	桥长(米)	跨越线路	修建年限(年)
1	口上桥中	23	106国道	1999
2	口上桥右	33.8	106国道	1993年建，1997年加宽
3	新镇桥左	27.62	106国道	1993年建，1997年加宽
4	史各庄桥	524.6	106国道	1997年建，1998年加宽
5	超洪南桥	1654.96	106国道	1998
6	澎耳湾桥	52.02	保静线	1994
7	小堡桥	52.02	保静线	1994
8	赵么桥	43.04	保静线	1997
9	马武营桥	56.04	保静线	1997
10	马武营东桥	69.04	保静线	1997
11	德归南桥	14	廊泊线	2000
12	新桥1桥	35.04	廊泊线	2000
13	新桥2桥	25.39	廊泊线	2000

续上表

序　号	桥梁名称	桥长(米)	跨越线路	修建年限(年)
14	张营桥	85.576	廊泊线	2000
15	滩里桥	683.402	廊泊线	2000
16	安里屯桥	306.04	廊泊线	2000
17	毕家坊桥	624	采留线	1990
18	苏桥桥	48.4	采留线	1986
19	柳河桥	55.4	台王线	2003
20	左各庄桥	39	台王线	1998
21	店子中桥	30.4	106 国道	1966
22	店子左桥	30.4	106 国道	1982
23	口上左桥	23	106 国道	1982
24	新镇中桥	36	106 国道	1966
25	新镇左桥	36	106 国道	1982
26	营上桥	52.7	106 国道	1983
27	孙氏桥	69.4	采留线	1975
28	八里庄桥	106.6	采留线	1973
29	老虎庄桥	50.65	采留线	1975
30	苏桥桥	48.4	采留线	1986
31	里东庄桥	56	台王线	1985
32	康黄甫桥	45.3	司宫线	1985
33	陈村桥	45.5	司宫线	1985
34	小白河桥	45.04	大吕线	1967
35	安祖店桥	91	文辛线	1975

2011 年文安县干线公路桥梁一览表　　表 10-9-6

序　号	桥梁名称	桥长(米)	跨越线路	修建年限(年)
1	营上桥	52.70	106 国道	1983 年建,1999 年大修加固,2009 年大修
2	超洪南桥	1654.96	106 国道	1998
3	新镇右桥	27.62	106 国道	1993 年建,1997 年加宽,2011 年大修
4	新镇左桥	36.00	106 国道	2008
5	史各庄桥	524.60	106 国道	右 1987 年建,左 1998 年加宽
6	口上右桥	33.80	106 国道	1993 年建,1997 年加宽
7	口上中左桥	23.00	106 国道	中 1966 年建,左 1982 年加宽
8	店子右桥	24.04	106 国道	1993 年建,1997 年加宽
9	店子左桥	30.40	106 国道	2008
10	毛湾桥	70.04	保静线	2006
11	史各庄桥	57.04	保静线	2006
12	澎耳湾桥	52.02	保静线	1994
13	小堡桥	52.02	保静线	1994
14	赵么桥	43.04	保静线	1997
15	马武营桥	56.04	保静线	1997

续上表

序　号	桥梁名称	桥长(米)	跨越线路	修建年限(年)
16	马武营东桥	69.04	保静线	1997
17	安里屯桥	346.04	廊泊线	左1981年建,右2000年加宽,2010年大修
18	滩里桥	683.402	廊泊线	2000
19	张营桥	85.58	廊泊线	2000
20	新桥1桥	30.54	廊泊线	1998
21	新桥2桥	25.39	廊泊线	2000
22	德归南桥	14.00	廊泊线	2000
23	丰各庄桥	53.02	廊沧高速文安连接线	2011

2011年文安县农村公路桥梁一览表

表10-9-7

序　号	桥梁名称	路线名称	桥长(米)	修建年限(年)
1	毕家坊桥	采留线	624	1987
2	八里庄桥	采留线	106.6	1973
3	苏桥桥	采留线	38	2008
4	老虎庄桥	采留线	53.04	2010
5	孙氏桥	采留线	85.04	2010
6	小白河桥	大吕线	45.1	2004
7	康黄甫桥	司宫线	38	2006
8	左各庄桥	台王线	60	1996
9	里东庄桥	台王线	67.8	2007
10	西柳河桥	台王线	58.5	1996
11	滩里东桥	台王线	54.06	2011
12	陈兴线1桥	兴祖线	52	2006
13	前程屯桥	兴祖线	117.1	2011
14	王各庄桥	兴祖线	21.04	2010
15	太子务桥	兴祖线	85.1	2011
16	董各庄桥	西码头—艾子	56	1984
17	南各庄桥	褚村—静王线	53.2	1992
18	陈村桥	岳辛庄—黄庄	48.5	1985
19	世纪大道2桥	世纪大道	81	2001
20	世纪大道1桥	世纪大道	54	2001
21	曲店桥	王曲—温辛杨	100	1980
22	安祖店桥	文辛线	98	1980
23	小白河桥	小务农场路	33.5	1971
24	辛各庄桥	台王线—李庄农场	25	1975
25	卢各庄桥	卢各庄—尹村	40	2011
26	杨村桥	保静线—世纪大道	42	1976
27	常村桥	世纪大道—常村	40	1976
28	彭耳湾桥	保静线—彭耳湾村	52	1977
29	大郭庄赵王河桥	大郭庄—赵王河	39	1968

续上表

序　号	桥梁名称	路线名称	桥长(米)	修建年限(年)
30	兴隆宫赵王新河桥	河北庄—边界	219	1968
31	兴隆宫大清河桥	河北庄—边界	39	1969
32	小白河桥	台王线—保静线	65	1970
33	中邹桥	大吕线—中邹	35	1980
34	周庄子桥	106—周庄子	50	1980
35	太保庄桥	太保庄村—边界	40	1986
36	卢阜庄桥	106 上行线—106	46	1996
37	王庄子桥	106—王庄子	40	1978
38	贺曲堤桥	王曲—温辛杨—贺曲堤	40	1979
39	曲店桥	王曲—温辛杨—王曲	92	1980
40	丰各庄桥	丰各庄—赵么支渠	40	1981
41	孟家务桥	孟家务—赵么支渠	53	1982
42	董各庄桥	董各庄—董西干渠	51	1978
43	陈家务桥	陈家务—小白河	52.5	1980
44	吕公务桥	保静线—吕公务	53	1974
45	里东庄桥	台王线—里东庄村	56	1975
46	南阜庙桥	采留线—南阜庙	45	1975
47	界围南桥	采留线—采留线	40	1976
48	界围北桥	采留线—采留线	45	1977
49	崔家坊桥	崔家坊—高毕线	60	1988
50	苑口桥	苑口—东三关	35	1975
51	善来营桥	西三关—善来营	48	1996
52	南外环路桥	左各庄南二环	40	1999
53	王黄甫桥	司宫线—王黄甫	45	1969
54	夸大口桥	司宫线—夸大口村	40	1970
55	何家务桥	采留线—大村	39	1971
56	太子务桥	采留线—太子务	50	1972
57	邹庄桥	采留线—邹庄	76	1985
58	范张务桥	王张务—范张务	95	1972
59	南艾头桥	西新桥—南艾头	40	1976
60	中滩 1 桥	中滩里—廊泊线	40	1990
61	中滩 2 桥	廊泊线—中滩里	60	1977
62	于屯桥	后于屯—留镇界	97	1970
63	沙窝桥	大龙华—沙窝	40	1977
64	河北庄桥	河北庄—106 国道	39.4	1968
65	新桥农场二队桥	大长田—新桥农场二队	50	1977
66	小赵桥	保静线—任文干渠	48	1968
67	小赵二桥	保静线—任文干渠	48	1971
68	马武营一桥	保静线—马武营村	52	1968

续上表

序号	桥梁名称	路线名称	桥长(米)	修建年限(年)
69	马武营二桥	保静线—马武营村	58.5	1968
70	董西干渠桥	线庄—西码头	50	1975
71	高村桥	保静线—台王线	45	1977
72	西滩桥	北艾头—廊泊线	78	1980
73	大堡桥	大吕线—东营	40	1970
74	大郭庄小白河桥	大郭庄—小务村	23	1968
75	夏村赵王河桥	106 国道—夏村	20.5	1969
76	朱河村桥	朱河村—106 国道	24.3	1973
77	四合村桥	四合村—106 国道	24.6	1974
78	付王店桥	106—付王店	16.1	1975
79	小龙华桥	106—小龙华	21.8	1971
80	大龙华小白河桥	大龙华—任丘边界	30	2011
81	兴隆宫小白河桥	兴隆宫—石桥村	40	1968
82	石油路桥	台王线—保静线	10	1990
83	杨庄子桥	王村—杨庄子	26	1976
84	韩各庄桥	106—口上	22	1970
85	口上桥	106—口上	20	1977
86	东代桥	东代庄路—鲁庄子村边	20	1975
87	北舍兴桥	106—北舍兴村	30	1980
88	魏李张桥	魏李张村—界围村	20	1970
89	巩寇候桥	巩寇候—巩寇候村北	10	2011
90	官庄桥	台王线—官庄村	25	1972
91	大张各庄	高毕线—台王线	20	1975
92	友谊桥	王庄—周庄子	15.7	1979
93	西叩岗桥	司宫线—西叩岗	15	1971
94	相公庄桥	相公庄—开发区	25	1970
95	相公庄 2 桥	相公庄—开发区	25	1979
96	巨峰桥	潘平—南官	20	1970
97	宋庄伙桥	宋庄伙—芦苏路	20	1970
98	东柴沟桥	廊泊线—东柴沟	20	2004
99	东滩里桥	东滩里—廊泊线	20	1970
100	南三岔口桥	北三岔口—南三岔口	20	1972
101	潘平桥	台王线—李庄农场三队	20	1972
102	河西村桥	张官营村西—路南	20	1977
103	刘家营桥	刘家营—廊泊线	30	1975
104	西新桥桥	东新桥—西新桥	30	1970
105	何黄甫桥	斯黄甫—何黄甫	12	1975
106	大郭庄赵王河桥 2	大郭庄—赵王河	219	1975
107	温庄桥	106 国道—温庄	19	1960
108	幸福大桥	北大堤—边界	110	2002
109	西码头桥	西码头—边界	130	1985
110	史各庄大桥	106—保静线	522	1976

五、养护管理

1. 公路养护

为加强对公路的全面养护，延长公路使用寿命，1964—1974 年，文安公路管理站先后建起新镇、王村、兴隆宫、刘么、城关、滩里、德归、王淀庄、大柳河、里东庄、孙氏、常村等 12 个道班。1986 年，因工作需要，城关道班取消，同年，养护人员提出"路看草长长长长长长割，路高差时时查时差时垫"的养护口号，以保证路面常年整洁、无坑槽，沿线附属设施完善，及桥涵安全等作为养护工作的重点，全年共完成小修挖补 10165 平方米，处理桥头跳车 5 处、油包 150 个。1990 年，以迎亚运、保畅通，确保养护工作争优创先为目标，克服现有公路标准不高的缺陷，不断提高养护水平，全年共完成小修挖补 13200 平方米，修永久性水簸箕 12 道，整修路肩 6 遍、786 公里，完成路肩铲草 520.4 公里。1995 年，整修路肩 1402 千平方米，维修公路桥梁 23 座、2791.1 延米，涵洞 34 道，清淤 126 米。2000 年，为迎接全国公路联查和省市联查，首先是加强对国省干线的日常管理，出现坑槽随时挖补，并加强对 106 国道的保洁工作，清理垃圾 5.8 万方，清除边坡、边沟杂草 150 万平方米；其次是加强对桥梁的管理，针对西柳河桥柱风化腐蚀严重、钢筋外露的问题，克服资金短缺、技术力量不足的困难，对该桥进行了维修加固。

2001 年，按照上级主管部门对养护机构实行大道班管理的要求，公路站对养护机构进行调整，成立王村、德归两个养护中心，下设新镇、兴隆宫、常村、刘么、滩里等 5 个作业组，负责国省干线的养护；成立孙氏、大柳河公路所（下设里东庄和王淀庄作业组），负责县级地方道路的养护。

2005 年，为迎接 5 年 1 次的全国干线公路养护与管理检查验收工作，文安县交通局加大了对 106 国道和省道廊泊线、保静线环境综合整治力度，发放宣传材料 500 余份，清理垃圾 2573 立方米，非标志牌 95 块，拆除私搭乱建 16 处、80 平方米，强制搬离废品收购点 3 处，公路两侧旧龙骨压制小作坊全部清除，维修排水沟 315 米，安装新盖板 6100 块，修建垃圾池 7 个，在 106 国道文安收费站南东侧砌挡墙 900 米，西侧砌挡墙 400 米，省道廊泊线富管营段砌挡墙 1600 米，解决了公路两侧排水问题。

2006 年，文安县地方道路管理站成立，负责对全县农村公路养护管理的监理监督、业务指导和检查考核，各乡镇管区成立了地方道路管理所，负责组织实施农村公路的日常养护。干线公路养护和地方公路养护分离。

同年，文安县公路养护工作的重点转向公路环境的综合治理方面。在廊泊线滩里和德归过村路段，共清理垃圾 900 立方米，维修挡墙 693 米，更换盖板 1200 块，在村口处下直径 30 厘米的排水管，修永久性水簸箕 1 个，使垃圾顺利从管道排出。针对多年来百姓反映强烈的雨季街道积水问题，在 106 国道贾村段修建泄水管道 300 米，渗水井 10 个，水簸箕 1 个，在保静线澎耳湾段砌渗水井 9 个，水簸箕 1 个，下管 130 根，灰土扎砖 710 平方米，为行人、车辆提供了道路安全保障，受到沿线群众的好评。

2011 年，在文安县"清洁城乡攻坚年活动"、全市交通系统"迎国检"和"干线公路环境整治绿道工程"活动中，文安县交通局把清理公路两侧私搭乱建、违章建筑作为养护工作重点。其间，共拆除公路沿线违章建筑 1473 处；非公路标志 3978 块；清理公路红线控制区内垃圾 15000 方；疏通排水沟 134.7 公里，路基标准化整修及绿化台整修 517.9 公里，维修排水沟、挡墙 442 延米；灌油缝 22330 延米；维修三桩两碑 172 根；完成小修挖补 17760 平方米。由于工作扎实有效，文安县交通局受到市交通运输局的表彰，获全市交通系统"干线公路迎国检"和"干线公路环境整治绿道工程"先进单位称号。

2. 公路绿化

公路绿化工作是随着公路事业的发展而发展的。1965 年，保静西线建成通车后，公路两侧共植树 3500 棵，成活率达 90% 以上，为开展公路绿化工作提供了宝贵经验。1985 年，公路绿化主要分布在 106 国道、省道廊泊线、保静线和部分乡镇公路上，绿化树种以毛白杨、洋槐和椿树为主，当年绿化里程达到 225 公里。1986 年，绿化任务较大，在 106 国道、廊泊线、保静线、采留线等路植树 6860 株，其中毛白杨 2790 株，大洋槐 1370 株，小洋槐 1500 株，椿树 1200 株。因考虑到成活率、经济效益等因素，自 1986 年后，不断更新绿化树种，主要以毛白杨、柳树等速生经济林（树）为主。在公路绿化推行 10 月验收制度的

情况下,文安公路管理站所植林木均达到保存率95%、成活率95%的目标要求。1990年春,在保静线、采留线种植洋槐1575株。

1995年后,公路绿化向美化、四季常绿、乔灌结合,针叶树种占有率30%的立体型方向发展,即种植桧柏、松树、灌木,中间插种玫瑰、榆叶梅、月季等观赏性花卉,有的路肩种植合欢,真正做到四季有绿,达到了绿化、美化的目的。1996年,文安公路管理站在106国道共种植河南桧、榆叶枚、龙爪槐、红瑞木、珍珠梅等观赏性植株4000株。继2000年廊泊线文安段大修工程竣工后,2001年,在该线植树4万余株(墩),106国道补植树木2500棵。

2005年秋,由于保静东线柳树发生大面积病虫害,经上级主管部门批准,公路管理站对保静东线21公里的4950株柳树进行砍伐,栽种国槐6148株,绿化带补植速生杨6800株。在106国道补植大河松70株,龙爪槐33株。公路中央花坛补植小菊6800株、月季2500株、洒地柏600株;景点补植小菊2000株,洒地柏1000株。

到2005年年底,公路绿化里程达339公里,其中当年共补植(新植)各种花木23448株,境内公路绿化率达100%。

2011年,以迎"国检"和"公路环境整治绿道工程建设"活动的开展为契机,从丰富道路景观、提高绿化品位的角度出发,大搞绿化工程,采取乔灌混搭的方法,对公路绿化进行修葺完善,共补植乔木10224株,花灌木6808株,新植路树3770株,并完成绿化台整修82.2公里。

六、规费征收

1. 公路收费管理

文安境内有史各庄大桥和静王两个收费站,所收通行费全部上缴廊坊市财政局预算外资金财政专户,专项用于偿还公路贷款本息、公路维护、公路设施建设和人员经费、公用经费等管理经费支出。

史各庄大桥收费站成立于1987年10月,隶属于文安县交通局,站址设在106国道史各庄大桥北侧,工作人员10人,于10月20日正式收取道路通行费。收费标准为小型车辆每台收取通行费1元,中型车辆每台收取通行费2元,大型车辆每台收取通行费5元,特型车辆每台收取通行费8元。1987年,共收取车辆通行费98万元。1998年,收取通行费4700万元。1998年,成立廊坊通达公路有限公司,由廊坊市交通局与港方合资经营,史各庄大桥收费站改称106国道文安收费站。

1997年6月,文安县交通局根据河北省人民政府办公厅冀政办〔1997〕22号文件精神,在静王线设立收费站,并于1997年10月1日采用一站两点(王村和德归两个收费站)单向收费的方式正式收取通行费。静王收费站设有办公室、财务室、后勤设备室、监控室、稽查队5个职能部门,下设8个收费班组,全站共有工作人员117人。车型区分及收费标准见表10-9-8。

车型区分及收费标准　　表10-9-8

车　型	货车(吨)	客车(座)	收费标准(元/辆次)
小型	≤1	≤10	10
中型	>1≤7	>10≤28	15
大型	>7≤14	>28	25
重型	>14≤20	—	30
特大型	>20	—	60

1997年,收取通行费183万元。1997年11月5日,静王收费站上划廊坊市交通局管辖。

2. 养路费征稽管理

养路费征稽站成立于1986年1月,设有财务室、业务室,王村和德归两个分站,共有干部职工9人。1997年年底增加到18人。1998年,划市交通局管辖。

公路养路费是国家按照"以路养路、专款专用"的原则,由交通部门向有车单位和个人征收的用于公路养护、修理、技术改造、改善和管理的专项事业费。收缴的养路费全部上缴省交通厅后,按照"收管用一体、统收统支、收支两条线和严格核查”的原则，专项用于公路的养护、改善和建设。

1986 年，客、货车辆不分车型，费额均为 90 元/月吨。1992 年，客车费额提高到 160 元/月吨，货车费额提高到 150 元/月吨。1996 年，客车费额提高到 210 元/月吨，货车费额提高到 190 元/月吨。1986—1997 年，共征收养路费 9674 万元，其中 1986 年 102 万元，1997 年 1917 万元。

根据农村实际情况，自 1992 年起，征收农用车养路费标准为拖拉机全年征收 4 月养路费，柴油三轮车全年征收 6 月养路费，汽油三轮车全年征收 8 月养路费。

第三节　路政管理

路政管理工作是随着公路交通事业的发展，客、货运输量日益增加的情况下产生的。1986 年，路政管理工作无专门机构，在公路站养路队配备 5 名专职人员，在各道班配备 1 名兼职人员，负责路政管理工作。主要任务是对公路两侧乱堆乱放、摆摊设点、利用公路打场晒粮等现象进行集中治理，确保交通畅通，路容路况良好。1989 年夏季，文安县小麦大面积丰收，麦收期间阴雨连绵，一度出现大范围在公路上打场晒粮和堆积柴草的违章现象，公路站组织 12 人的清障小组进行清障，并配备宣传车 1 部，深入沿线村街，张贴标语 3000 条，散发传单 500 份，同时通过广播电视宣传《中华人民共和国公路管理条例》和《中华人民共和国公路管理条例实施细则》。其间，共清除路障 1200 处，收缴打场晒粮工具 100 余件，确保了公路的畅通。

随着经济的发展，由于土地资源紧张和人们盲目追求交通便利条件等因素的影响，出现了在公路两侧建筑红线内修建住宅、旅馆、饭店、工厂、商店等违章建筑的现象，以至于公路修到哪里，房就盖到哪里。路政管理任务更加艰巨，以加强对公路沿线两侧占路集贸市场、摆摊设点、私搭乱建、乱停乱放、公路非标志牌及在公路用地范围内倾倒垃圾，设置障碍、回填边沟等行为进行集中整治作为路政工作的重点。1993 年，经上级主管部门批准，路政管理工作与养护工作分离，公路管理站成立路政大队，由 4 名工作人员专项负责路政管理工作，并购置吉普车 1 辆作为路政专用车。1995 年，路政大队工作人员增加到 14 人。1998 年，《中华人民共和国公路法》颁布实施，路政管理工作趋向规范。2000 年，路政人员增加到 25 人，其中在编人员 12 人，同时路政大队成立王村、德归两个路政中队，对路政工作实行分片负责，坚持路政人员每天上路巡查制度。同年，面对黄甫农场准备回填边沟、沿路兴建瓜果市场的问题，严格按照《中华人民共和国公路法》的规定办事，防止了道路“集市化”的发生。随着个体运输车辆的不断增加，车辆超限超载现象明显上升。2000 年，经廊坊市公路处批准，路政大队抽调 5 人专项负责货运车辆的超限运输治理工作。2002 年，正式成立路政治超小组。由于文安县不断加大地方道路建设，路政管理工作亟待加强。2001 年，路政大队成立地方道路管理中队，负责对县、乡道路进行治理。

2005 年，对 106 国道和省道廊泊线、保静线进行综合整治，拆除非公路标志牌 95 块，拆除私搭乱建 16 处、80 平方米，强制搬离废品收购点 3 处，公路两侧旧龙骨压制小作坊全部清除，在 106 国道文安收费站南公路两侧共砌挡墙 1300 米，省道廊崔线富管营段砌挡墙 1600 米。

2006 年，由县政府牵头，交通、公安、法院、城管等各部门协调联动，开展了清理非公路标志，规范平交道口，制止侵权占路行为的大规模治理活动，共拔除非公路标志牌 524 块，拆除私搭乱建 14 处、160 平方米，拆除违章建筑 6 处、180 立方米。在“治超”工作中，全年共查处超限车辆 5700 余辆次，收缴罚款 200 万元。2008 年，共查处路政案件 30 起，清理打场晒粮 340 处，查处车辆 9000 辆，罚款 222 万元，卸载货物 3000 余吨。2009 年，严格杜绝乱开道口、乱填边沟和私设大型广告牌现象，共清理非标 495 块，私搭乱建 6 处、160 平方米，清理堆积物 48 处、402 立方米，清理打场晒粮 568 处。同时，依托 106 国道文安治超检测站，采取固定和流动治理相结合的方式加大超限超载治理力度，确保公路桥梁不受损害，累计处理超限车辆 10000 余辆，卸载货物 6000 余吨。

2011 年，为保证公路安全畅通，路政执法人员坚持每天上路巡查 8 小时以上，每月巡查 28 天以上，全年共查处路政案件 8 起，清理麦收和秋收公路打场晒粮 1560 处。同时，依托 G106 文安治超检测站，以动态与静态相结合的方式，采取重卸轻罚的原则实行 24 小时不间断治超，全年共查处超限货运车辆 5729 辆，卸载货物 45650 吨，超限率降低到 3.3% 以下。

第四节　运政管理

一、汽车客运

1. 长途客运

中华人民共和国成立后，天津私人一辆客车开往文安县城，路经杨柳青、王庆坨、堂二里、信安、霸县、新镇、广陵城、相公庄，每天往返 1 次，但远远不能满足人们出行的需要，很多人徒步或乘坐马车到左各庄，再乘船去天津。1951 年，文安县城设马车旅客服务站，第二天两辆马车早 4 点由文安县城内出发，路经里东庄、柳河、琉庄至左各庄，7 点半改乘去天津小火轮，既方便又便宜，深受旅客欢迎。

1953—1954 年，北京、天津长途汽车运输公司在文安县城内设客运站，开始有现代化客车行。当时的客运站由河北省运输公司天津分公司新镇运输站文安运输股代管。客运班车分别往返北京、天津，由每天 1 趟增加到 2 趟，客运站点有澎耳湾、史各庄、新镇，旅客周转量 100 多人。1967 年后增加中午班车，同时有过路班车，交通更为方便，去天津、北京可当天返回。

1980 年后，全县长途汽车增加到 10 趟，文安至廊坊的客车也由 1 趟增加至 2 趟。1984 年 5 月，出现 2 辆个体联户客车。1985 年年底，全县共有客运汽车 24 辆，旅客周转量 1000 人。1986 年，文安县城设国营长途汽车站 1 个，设德归、王村临时客运站 2 个。此后，随着运输市场的放开，有更多具有驾驶技术和经营意识的城镇居民和农民购置客车，进行旅客运输，客运市场逐渐打破国家垄断经营的局面。因而国营客运大胆进行改革，把自主经营权承包给内部职工，为客运市场注入新的活力。

1990 年，县城内共有长途客运班线 5 条，即文安直达廊坊、天津、北京、沧州、保定的线路。1995 年，客运班车增加到 56 辆，而客运线路相对固定，只得缩短发车间隔时间，造成秩序混乱。

2000 年，廊坊市通利客运有限公司在文安建立分公司，分公司辖长途客运汽车 85 辆，扩展客运班线 60 条，其中从县城始发班线 11 条，从各镇、村始发班线 46 条，年客运量达 89 万人。

2005 年，全县设长途汽车站 1 个和左各庄、王村、兴隆宫临时客运站 3 个，客运范围涉及北京、天津、石家庄、廊坊、沧州、保定、赤峰等周边城市，年客运量 119 万人。其中，文安县始发长途客运班线有 66 条，营运车辆 84 辆，途经文安的国有客车线路以大城至廊坊、北京为主，不进站途经文安的私营客车有近百辆。

2010 年，为 89 部长途客运车辆办理了合同续签手续，为 84 部客运班车换发了 2010 年客运证。

2011 年，对参与省际、市际、县际运输的客运班车进行了年度审验，其间，共审验客运班车 78 部，年审合格率达到 98%。2011 年文安县长途客运线路、班次见表 10-9-9。

2011 年文安县长途客运线路、班次表　　表 10-9-9

起止点	班车数量	发、回车时间	日发班次	途经主要站点
文安—天津	16	早 6:00 下午 2:00	16	德归、静海、左各庄、胜芳、堂二里、信安、煎茶铺
文安—北京	10	早 4:20 下午 4:00	10	围河、霸州、王村、胜芳、廊坊
文安—赤峰	2	早 9:00 下午 13:20	1	围河、霸州、北京、承德
文安—保定	3	早 6:30 下午 13:30	3	孙氏、任邱、王村

续上表

起止点	班车数量	发、回车时间	日发班次	途经主要站点
文安—石家庄	5	早6:00 下午13:30	5	任丘、高阳、保定
文安—沧州	5	早7:20 下午2:50	5	德归、大城、长丰、孙氏、岳辛庄
文安—白沟	6	早6:00 下午12:00	6	史各庄、澎耳湾、雄县、柳河、霸州
文安—围场	1	早6:00 下午17:00	1/2班次	胜芳、永清、北京、承德
文安—承德	2	早6:00 隔日7:30	1	106国道、北京
文安—任丘	5	早7:00 下午4:30	10	孙氏、阜草、吕公堡
文安—廊坊	11	早6:20 下午3:20	11	左各庄、堂二里、永清、德归、胜芳、霸州
文安—霸州	15	早8:00 下午3:25	30	王村、新镇、北留寨、周庄子、围河、柳河、高头、善来营
左各庄—胜芳	6	早7:20 下午4:30	12	安里屯
文安—大城	4	早6:40 下午5:20	8	孙氏、大堡

2. 短途客运

20世纪80年代前后,短途客运极不发达,农民群众主要以步行、骑自行车方式出行。1990年后,一些经济条件较好的个体车主看到了城乡短途客运市场的空白,购置新车,进行城乡短途旅客运输,但是市场极不规范。1995年后,短途客运班车增长速度较快,但运管部门只是从行政方面加以约束管理,客运秩序比较混乱。2002年,一些个体车主在没有任何审批手续的情况下,私自从事文安至兴隆宫的短途客运,严重扰乱了客运市场秩序,引起合法经营业户的强烈不满,矛盾纠纷时有发生。2003年,运输管理站根据国家相关政策规定,对全县所有从事短途客运的车辆重新进行认定审核,开通了1、2路和3路3条县内短途班线。其中:1路自文安至兴隆宫,营运班车67辆,日发班次100次,年客运量10万人;2路自文安至左各庄,营运班车60辆,日发班次90次,年客流量10.5万人;3路自文安至滩里,营运班车15辆,日发班次30次,年客运量7万人。

2004年,为不断提高经营者的抗风险能力,提高运营效率,县运输管理站成立了文安县盛通客运有限公司,共有146辆客运班车纳入该公司管理,文安的城乡短途客运市场逐渐趋于规范。为最大限度地满足农村群众出行需要,2004年,共投资192万元启动了村村通客车工程,建成左各庄、王村、兴隆宫3个简易停车站,28个候车亭,设立176个招呼站牌,14条客运班线投入运营,形成了以文安县城为中心,辐射左各庄、滩里、黄甫、孙氏、辛庄、苏桥等镇村的县乡直通、乡乡互通、村村环通的客运网络。

2007年,依据国家的相关政策法规和文安县人民政府对文安县交通局《关于规划调整和开通客运线路的请示》的批示及县政府2007年5月8日常务会会议纪要精神,于9月1日开通了文安至高头农村客运班线,共投入车辆20部,年客运量28万人。

2010年,根据省政府《关于农村新民居建设示范村通达客运班车的通知》精神,对全县的短途客运线路及站点进行了梳理,新开通了富各庄至李庄、文安至吕公务、文安至三邹3条线路,进一步完善了农村短途客运网络。

2011年,采取坚决淘汰超期运营车辆的原则,对经营期限满8年的文安至左各庄50部、文安至苏桥2部、文安至大留镇5部短途客运车辆进行了更新,并完成了207部短途客运车辆新版道路运输证的换发工作。为提升文安城镇建设水平,规范城乡短途车辆停靠,改善人民群众出行环境,对城区内城乡短途客运车辆停靠站点进行了规划设置,共建设候车亭7对,每个候车亭占地20平方米。2011年文安县短途客运线路、班次见表10-9-10。

2011年文安县短途客运线路、班次表 表10-9-10

起止点	班车数量	发、回车时间	途经主要站点	间隔时间(分钟)
文安—兴隆宫	66	早5:55 下午6:00	澎耳湾、王村	5
文安—大留镇	5	早6:00 下午5:30	赵各庄、彭耳湾	40
文安—辛庄	5	早7:00 下午5:30	安祖店	20
文安—滩里	15	早6:00 下午5:45	刘么、德归	15
文安—大三王	4	早7:00 下午6:00	黄庄、孙氏	60
文安—龙街	4	早7:20 下午6:20	黄庄	40
文安—黄甫	4	早7:00 下午5:00	刘么、大赵	60
文安—西码头	2	早6:00 下午5:00	界围	60
文安—苏桥	2	早7:00 下午5:00	界围	60
文安—米庄	2	早8:00 下午5:00	黄庄、董村	60
文安—大村	2	早7:30 下午5:00	黄庄、孙氏	60
文安——北史村	2	早7:00 下午5:30	黄庄、董村	60
文安—南留寨	1	早7:10 上午10:10	新镇	—
文安—史各庄	1	早7:20 下午2:00	彭耳湾、王村	—
文安—南辛庄	1	早7:20 下午2:00	彭耳湾	—
文安—左各庄	60	早5:58 下午7:00	里东庄	8
文安—高头	20	早6:30 下午6:30	里东庄、围河	12

续上表

起　止　点	班车数量	发、回车时间	途经主要站点	间隔时间(分钟)
文安—三岔口	2	早7:00 下午4:30	德归	60
文安—石桥	5	早6:10 下午5:30	安祖店、大留镇	30
文安—王仙庄	4	早7:20 下午5:00	董村、兴祖线	30
文安—三邹	1	早7:00 下午5:00	世纪大道、民族路	120
文安—吕公务	2	早6:30 下午5:30	马庄、孟家务	60
文安—叩里	1	早6:30 下午5:00	韩么、赵么、王曲	60
文安—李庄	3	早7:00 下午6:00	大赵	60

二、出租车客运

改革开放前,最初的出租车为自行车,俗称"二等",后发展为人力三轮车,称"三轮"。改革开放后,随着经济的发展和人们出行的需要,出租车辆越来越多。摩托车及少数轿车停留在汽车站点附近等客,但由于档次低、运力有限,尚未形成一定规模,而自行车出租逐渐被取代。1995年,随着个人购买力的不断提高,出租汽车开始上市运营,车型以昌河、大发、夏利为主,兼有少数桑塔纳轿车。1995—2000年,随着农业机械化水平的提高,农村闲散劳动力走入城镇,加之下岗失业人员的增加,为了寻找新的就业渠道,竞相购买机动三轮车加入到出租客运行业,形成了人力三轮车、机动三轮车、汽车等不同交通工具共同经营客运出租业务的局面。其中,人力三轮车以县城内客运出租为主,机动三轮车以县城及县城周边地区客运出租为主,汽车以中、长途客运出租为主。2003年,根据县政府分工,城区内出租车管理划规县综合执法局管辖,当年由正达出租汽车公司经营的40部轻型客车在文安县城投入运营,由于方便快捷,价格便宜,深受百姓的欢迎,日客运量达万人。

2008年,随着文安经济的快速发展,文安城区规模不断扩大,县城及周边地区逐步成为投资兴业的热土,城镇人口迅速膨胀,城区常住人口已达6万人,流动和暂住人口2万余人。为提高城镇发展品位,方便群众出行,文安县交通局运输管理站采取"规模投资、集约经营"的方式组建成立了文安县首家出租汽车公司——鑫怡出租汽车有限公司,并于4月30日正式挂牌运营。公司初期投放出租车116部,车型为"捷达"和"威志"。

2011年,按照出租车市场发展现状,出租车公司结合市场运营情况出台了出租车运力投放的可行性研究报告,分两次共向市场投放出租车200辆,车型为"雪铁龙"。至2011年年底,鑫怡出租汽车有限公司拥有出租车316辆。

三、汽车货运

新中国成立初期,文安县公路运输主要依靠畜力车,后来逐步有少量汽车、拖拉机参加货物运输。1986年,受计划经济的影响,社会运输主要是计划运输和指令性运输,运力主要来源于廊坊市运输公司、县交通局下属的文安县运输公司等国有集体企业和一小部分个体运输车辆。随着改革开放的进一步深入,社会经济进一步发展,社会需求进一步提高,从1990年起全县货运市场发生了重大变化,个人和集体车辆快速发展,积极参与到社会运输活动中来,为经济建设的快速发展提供了有力保障。1995年以来,我县民营经济得以快速发展,刘么粮食市场、小王东机床市场、左各庄胶合板市场、尹村塑料市场、高头电线电缆市场初步形成规模。货运车辆形成车型跟着货物走的格局,以拉运木材、煤炭为主的车辆多以载质量为几十吨的大型半挂车为主;以拉运机床、粮食为主的车辆多以中型车为主;以拉运废旧塑料为主的车辆多以小型车辆为主。基本上形成"大、中、小"齐全的格局。2000 年,各种货物运输专用车辆、集装箱运输车辆开始出现,同时随着信息技术的发展,货运配载市场也已初具规模,形成大吨位车辆全国各地配货运输的局面。2001—2011 年,是文安县汽车货物运输发展最快的时期,货运车辆呈现出逐年快速递增的态势,基本上满足了货物运输需求(表 10-9-11)。

文安县 2001—2011 年纳入管理货运车辆情况及年货运量一览表 表 10-9-11

年份(年)	车型	数量(辆)	吨位
2001	普货	1287	4834.32
	危货	—	—
2002	普货	1579	5783.95
	危货	—	—
2003	普货	1783	6919.36
	危货	—	—
2004	普货	1898	7826.63
	危货	—	—
2005	普货	2596	8933.78
	危货		
2006	普货	3189	10590.45
	危货	21	211.95
2007	普货	3427	10723.53
	危货	21	211.95
2008	普货	3855	10797.232
	危货	16	181.81
2009	普货	5328	14526.474
	危货	20	225.66
2010	普货	7864	23404.814
	危货	114	1434.39
2011	普货	8461	26238.978
	危货	239	3694.302

第五节 荣 誉

文安县交通局获得的市级及以上集体和个人荣誉见表 10-9-12 和表 10-9-13。

市级及以上集体荣誉 表 10-9-12

年份(年)	称号	授予单位
1998—2009	文明单位	河北省委、省政府
1998—2011	文明单位	廊坊市委、市政府
1995	河北省交通系统先进工会	河北省交通工会
1995	安全防范先进单位	河北省公安厅

续上表

年份(年)	称　　号	授予单位
1997	行政执法文明单位	河北省人民政府
1998	廊坊市先进集体	廊坊市人民政府
1999	老干部工作先进集体	廊坊市委、市政府
1999	河北省交通系统先进工会	河北省交通工会
2000	行政执法文明单位	河北省人民政府
2000	爱国卫生先进单位	廊坊市爱国卫生运动委员会
2001	百家文明执法单位	河北省人民政府
2001	扶残助残先进单位	廊坊市人民政府
2001	法制宣传教育先进集体	廊坊市人民政府
2001	交通战备工作先进单位	廊坊市国防动员委员会
2002	创建文明城市活动示范单位	廊坊市精神文明建设委员会
2002	廊坊市“三五”法制宣传教育先进集体	廊坊市委、市政府
2002	全市农村“三个代表”重要思想学习教育活动先进县(市、区)部门	中共廊坊市委
2002	治安防范先进单位	河北省公安厅
2002	创建文明城市活动示范单位	廊坊市精神文明建设委员会
2003	社会治安综合治理工作十佳先进单位	廊坊市委、市政府
2003	思想政治工作集体创新奖	廊坊市宣传部
2003	基层建设先进单位	廊坊陆军预备役后勤保障旅
2004	先进基层党校	河北省委宣传部
2004	先进连队	廊坊市委组织部、廊坊市人事局、廊坊预备役后勤保障旅政治部
2005	思想政治工作创新奖	廊坊市委宣传部
2006	河北省交通新闻宣传工作先进单位	河北省交通厅
2006	十五交通战备工作先进单位	河北省国防动员委员会
2006	全市基层平安建设示范单位	廊坊市委、市政府
2006	交通战备工作先进单位	廊坊市国防动员委员会
2006	河北省交通行业优秀质量管理小组	河北省交通企业协会、河北省交通行业优秀企业管理成果评审委员会
2007	安全生产工作先进单位	河北省安全生产管理委员会
2007	安全生产工作先进单位	河北省交通厅
2008	廊坊市奥运安保工作先进集体	廊坊市委、市政府
2008	基层建设先进单位	廊坊陆军预备役后勤保障旅
2008	大干100天文明征地拆迁第三名	河北省大广高速公路京衡段筹建处
2009	先进基层党组织	中共廊坊市委
2009	县(市、区)信息工作直报点先进单位	中共廊坊市委办公室
2009	廊坊市思想政治工作创新奖集体三等奖	中共廊坊市委宣传部、廊坊市思想政治工作研究会
2009	“聚焦科学发展　助推两个率先”知识竞赛优秀组织奖	中共廊坊市委深入学习实践科学发展观活动领导小组

续上表

年份(年)	称　号	授予单位
2009	深入学习实践科学发展观典型事迹演讲比赛优秀组织奖	中共廊坊市委深入学习实践科学发展观活动领导小组
2009	基层建设先进单位	廊坊陆军预备役后勤保障旅
2009	大干150天劳动竞赛优秀征拆单位	河北省高速公路管理局
2010	政风行风建设优秀基层单位	河北省交通运输厅
2010	廊坊市平安建设先进单位	廊坊市社会治安综合治理委员会
2010	社会治安综合治理先进集体	廊坊市社会治安综合治理委员会
2010	交通运输部质量信得过班组	中国交通企业管理协会、交通行业优秀企业管理成果评审委员会
2010	青年文明号	廊坊市创建青年文明号活动组委会
2011	交通行业QC小组活动成果发布奖	中国交通企业管理协会、交通行业优秀企业管理成果评审委员会
2011	文明单位	中共廊坊市委、廊坊市人民政府
2011	全市法制宣传教育先进集体	中共廊坊市委、廊坊市人民政府
2011	先进基层党组织	中共廊坊市委
2011	2011年度廊坊市平安建设先进单位	廊坊市社会治安综合治理委员会
2011	廊坊市五四红旗团支部(总支)荣誉称号	共青团廊坊市委
2001—2011	文明单位	廊坊市委、市政府
2001	2011年度公路形象建设先进单位	廊坊市委、市政府
2002	行政执法文明集体	河北省交通厅
2002	“三星窗口”单位	河北省精神文明建设委员会
2002	创建文明城市活动示范窗口	廊坊市精神文明建设委员会
2002	青年文明号	廊坊市创建青年文明号活动组委会
2003	“三星窗口”单位	河北省精神文明建设委员会
2003	青年文明号	廊坊市创建青年文明号活动组委会
2007	全国交通行业优秀质量管理小组	中国交通企业管理协会、交通行业优秀企业管理成果评审委员会
2007	行风建设优秀基层单位	河北省交通厅
2007	“三星窗口”单位	河北省精神文明建设委员会
2007	治超先进集体	河北省交通厅公路管理局
2008	行风建设优秀基层单位	河北省交通厅
2009	河北省优秀质量管理小组	河北省科技技术协会、河北省总工会、共青团河北省委员会、河北省质量协会
2009	河北省交通行业优秀QC小组	河北省交通企业协会、河北省交通行业优秀企业管理成果评审委员会
2009	2009年度全国优秀质量管理小组	中国质量协会、中华全国总工会中国共产主义青年团中央委员会、中华全国妇女联合会、中国科学技术学会

续上表

年份(年)	称　号	授予单位
2009	2009年度全国交通行业优秀质量管理小组	中国交通企业管理协会、交通行业优秀企业管理成果评审委员会
2011	青年文明号	廊坊市创建青年文明号活动组委会
2011	廊坊市劳动关系和谐单位	廊坊市创建劳动关系和谐企业领导小组
2009	2009年度河北省优秀质量管理小组	河北省科学技术协会、河北省总工会、共青团河北省委员会、河北省质量协会
2010	河北省优秀质量管理小组	河北省科学技术协会、河北省总工会、共青团河北省委员会、河北省质量协会
2010	全国质量信得过班组	中国质量协会、中华全国总工会、中华全国妇女联合会、中国共产主义青年团中央委员会、中国科学技术协会
2010	QC小组活动成果实绩突出单位	河北省交通企业协会、河北省交通行业优秀企业管理成果评审委员会
2011	全国交通行业优秀质量管理小组	中国交通企业管理协会、中国交通行业优秀企业管理成果评审委员会
2005	省优秀QC小组奖	河北省交通厅
2006	河北省优秀质量管理小组	河北省科学技术协会、河北省总工会、共青团河北省委、河北省质量协会
2006	河北省交通行业优秀质量管理小组	河北省交通企业协会、河北省交通行业优秀企业管理成果评审委员会
2007	交通部科技成果奖	中国交通企业管理协会、中国交通行业优秀企业管理成果评审委员会
2008	全国交通行业优秀质量管理小组	中国交通企业管理协会、中国交通行业优秀企业管理成果评审委员会
2008	河北省优秀质量管理小组	河北省科技技术协会、河北省总工会、共青团河北省委员会、河北省质量协会
2011	部级优秀质量管理小组	中国交通企业管理协会、交通行业优秀企业管理成果评审委员会
2002—2011	文明单位	廊坊市委、市政府
2002	巾帼建功先进集体	廊坊市人民政府、廊坊市妇联
2003	“三星窗口”单位	河北省精神文明建设委员会
2003	抗击“非典”战役先进单位	河北省运管局、廊坊市交通局、中共文安县委、文安县人民政府
2005	先进运管站	河北省交通厅
2010	河北省驾驶员培训行业先进运管站	河北省道路运输管理局
2010	先进职工之家	廊坊市总工会
2010	运输管理站机务室工人先锋号	廊坊市总工会

续上表

年份(年)	称号	授予单位
2011	廊坊市劳动关系和谐企业	廊坊市创建劳动关系和谐企业领导小组
2011	工人先锋号	廊坊市总工会
2007	采留线3~13米大清河预应力连续桥梁工程获全省农村公路优质工程	河北省交通厅
2010	文明单位	廊坊市委、市政府
2011	廊坊市劳动关系和谐单位	廊坊市创建劳动关系和谐企业领导小组

省级以上先进个人

表10-9-13

年份(年)	姓名	称号	授予单位
2008	刘华	2008年河北省质量管理小组活动优秀推进者	河北省科学技术协会、河北省总工会、中国共产主义青年团河北省委员会、河北省质量协会
2011	何振东	省级质量管理小组活动优秀推进者	省科协、省总工会、共青团省委、省质量协会
2006	杨军艳	河北省科技质量成果奖	河北省科学技术学会、河北省总工会、共青团河北省委、河北省质量协会

第十章　大城县交通局

第一节　管理机构

一、概述

大城县交通局位于廊坊市大城县廊大路1号。下设公路管理站、运输管理站、运输服务站、地方道路管理站、公路路政执法大队5个单位，全系统拥有干部职工448人。局机关党委下设5个党支部，共有党员175名。局机关设办公室、财务股、综规股、法规股、人事股、信息宣传中心等股室，机关人员40人。

二、机构沿革

1945年7月，大城解放，人民政府设实业科，管理公路交通工作。新中国成立后，实业科改称水利科。1954年，县政府改称人民委员会，增设建设科代管道路修建。1956年1月成立交通科，专管交通运输工作。1958年3月，交通科并入水利科。同年10月，大城、文安两县并入任丘县，设交通局，业务属天津专员公署交通运输局领导。

1961年年初，任丘与文安分县，重设文安县。原大城县子牙河西4个公社划归文安县，子牙河东关家务公社划归青县。1962年，文安与大城分县，恢复大城县建制，县人委下设交通科；同年5月，交通科改称交通局。1963春，局机关迁至北关（今长征旅馆）。1968年，成立"交通局革命领导小组"，12月改称"交通局革命委员会"。

1970年，天津专区长途运输合作社下放到大城，与大城运输社合并，组建成大城汽车修配厂，隶属县交通局领导，局机关从北关迁至汽车修配厂院内。1972年，主任委员和副主任委员职务改称局长、副局长。1979年10月，局机关迁至北关大桥北，与公路管理站同处办公。

1984年机构改革，局机关设办公室、企管股、路政股、编史组。1985年年初，征费组改为稽征站，属局机关编制。1986年1月，经县编委批准，局机关设"1室3股"，即办公室、企管股、财务股、人保股；1987年11月，人保股分设为人事股和保卫股。

2002年，大城县政府下发"三定"方案，确定大城县交通局机关行政编制10名，事业编制10名，其中局长1名，副局长3名，股级职数6名。局机关老干部服务人员编制1名。局机关工勤人员编制1名。2006年7月，经县编委批准，撤销保卫股，原保卫股职责划归法规股，成立综合规划股。2008年1月，县编委为交通局增加了2名行政编制，相应核销2名事业编制，另原老干部服务编制1名核销。2010年，成立交通局信息宣传中心。

三、工作职能

2002年8月，经大城县人民政府批准，设立大城县交通局，属主管全县公路交通、运输管理工作的县政府部门，负责国家有关法律、法规的组织实施和监督检查；根据国家、省、市国民经济发展总体布局，组织编制全县公路交通行业发展规划，制定固定资产投资、运输生产、交通工业发展、科技、教育中长期规划和年度计划，并监督实施；负责全县公路交通行业管理和运输组织管理，统一负责全县营业性客货运输停车站、场的建设和行业管理；负责全县汽车运输市场、汽车修配市场、车辆技术检测，指导和管理城乡客、货运输的衔接协调工作；会同有关部门培育和管理交通运输市场和交通基础设施建设市场，建立完善信息、行业联运、服务体系，引导运输行业优化结构，协调发展；负责全县公路及其设施（含标志，标线）的建设、养护、管理和规费征稽；负责全县收费路桥的审核、报批、建设和组织管理；指导全县交通行业的体制改革和企业管理工作，负责局直属单位国有资产的管理和保值增值的监督；指导全县交通系统财务工作，加强审计监督；负责全县交通科技、教育的发展与管理，执行交通科技政策、技术标准与规范，组织科技开发，归口管理交通工程建设、交通工业产品的认证和质量监督，指导全县交通行业人才开发，组织指导人才预测、教育、培训、交流和使用工作，管理局属单位的主要领导干部，负责全县交通通信工作；指导全县交通行业的精神文明建设和职工队伍思想教育。

第二节　公　　路

一、公路建设及线路

至2011年年底，大城县境内各等级公路总里程达到1042.385公里，其中高速公路1条、29.329公里，干线公路4条、108.867公里，县级公路5条、95.451公里，乡道15条、125.568公里，村道354条、683.17公里（表10-10-1）。桥梁共计116座，其中干线桥梁30座，县道桥梁14座，乡道桥梁15座，村道桥梁57座。

2011年大城县公路情况汇总表（公里）　　表10-10-1

道路类型	公路里程（总计）	等级公路							有铺装路面（高级）			简易铺装路面	未铺装路面
		合计	高速	一级	二级	三级	四级	等外	合计	沥青混凝土	水泥混凝土		
总计	1042.385	1042.385	29.329	5.843	107.55	143.381	756.282	—	694.968	684.899	10.069	—	347.417
国道	—	—	—	—	—	—	—	—	—	—	—	—	—
其中：国高网	—	—	—	—	—	—	—	—	—	—	—	—	—
省道	138.196	138.196	29.329	5.843	103.024	—	—	—	138.196	138.196	—	—	—
县道	95.451	95.451	—	—	—	93.687	1.764	—	95.451	95.451	—	—	—
乡道	125.568	125.568	—	—	1.555	25.212	98.801	—	118.85	118.498	0.352	—	6.718
专用公路	—	—	—	—	—	—	—	—	—	—	—	—	—
村道	683.17	683.17	—	—	2.971	24.482	655.717	—	342.471	332.754	9.717	—	340.699

（一）高速公路及连接线

廊沧高速公路大城段建设工程。北起文安大城界，向南穿越大尚屯、广安、臧屯、里坦4乡镇28个村街，南至大城沧州界，全长28.497公里，路面宽34.5米，双向六车道设计，在与津保南线、廊泊线相交点设有互通出口。该工程自2008年年底开工建设，2011年11月26日建成通车。廊沧高速的建成结束了大城县无高等级公路的历史，实现了大城与京津交通网络的大循环，提升了大城区位优势，使大城真正从空间上融入“1小时进京、半小时下卫”的环京津经济圈。

（二）干线公路

津保南线。东起天津，经静海、青县、大城、任丘、高阳等县市，西至保定，全长193.5公里。津保南线大城段全长31.6公里，东起黑龙港河叶庄子桥东90米的大城与青县交界处，西至任河大干渠三眼桥西350米的大城与任丘交界处。

津保南线大城段早在清代就已初步形成。民国九年（1920年）四月，由汽车行投资，对原天津至保定的官马大道稍加修整，开办长途运输，从此津保公路正式成型。1923年、1933年、1936年进行了3次大的修整。1951—1965年，津保南线曾进行15次普修。1966年9月，津保南线大城段改建成6米宽泥结碎石路面。1967年，经天津地区交通局批准，又改建成6米宽沥青路面。1976年，由华北油田投资461万元，对津保南线大城段改建拓宽，路基宽12米，公路南侧4米宽辅道。该路线形一直延续至今。

1994年，由香港金大国际发展有限公司与大城县交通局共同投资改建津保南线公路大城段，是河北省第一条中外合资收费公路。工程总投资2900万元人民币（其中包括新建南赵扶大桥1座），全线长31.6公里。工程于3月16日开工，当年11月4日竣工。2007年、2009年、2010年对津保南线公路进行了3次养护性局部大修。

2011年，对津保南线大城段实施大修。大修里程为26.485公里（不含长5.115公里的廊沧高速大城互通连接线），共拆除并重建桥梁5座。2011年10月15日，工程进入正式施工阶段，计划2012年10月底全线竣工。

廊泊线（老廊大路）。老廊大路大城段油路工程建成于1975年。1986—1988年，分3个年度实施改建。

1997年3月，廊坊市"97重点工程建设项目"廊泊公路（图10-10-1）大城南段开工，该路段全长25.5公里，宽12米，按二级公路标准设计施工。1997年10月20日工程竣工。1999年4月，廊泊公路大城北段改建工程破土动工，当年10月1日竣工。全长20.043公里，路面宽12米，其中城区段宽24米，过村段宽16米，新建桥6座。廊泊线竣工通车后，认真组织实施全面日常养护工作及路面洒油罩面、挖补、灌缝等小修保养工程施工。根据路况变化，分别于2006年、2008年、2010年、2011年，分路段对廊泊线进行两次中修封层和两次大修改建，一直保持了廊泊线较好的路况。

图10-10-1　畅洁绿美的廊泊路

京沪高速连接线大城段。东起大城青县交界处，向西经臧屯乡、里坦镇、权村镇、留各庄镇，止于大城与河间交界处，县境内全长20.435公里，廊泊路以东路面宽12米，廊泊路以西宽16米，公路设计标准为平原二级路，路面结构为32厘米灰土+18厘米二灰碎石+8厘米油面。全线新建大桥1座，中桥2座，小桥2座，涵洞30道，各类过路管线40多道。工程于2008年3月9日开工，当年10月29日竣工通车。

廊沧高速龙街连接线大城段。西起廊沧高速公路文安龙街互通立交，向东进入大城县，连接旺村9个村街，穿廊泊路，在旺村东北与静海团大公路相接，境内长12.383公里，路面宽12～24米。工程于2009年7月开工，2011年8月7日主体工程完工。

廊沧高速县城连接线。该线西起廊沧高速与津保南线互通出口，取津保南线向东穿广安、平舒3个村街，东至县城育才路口，全长5.115公里，路面宽24米。工程自2010年11月1日动工，至2011年8月25日，除北王祥至团结桥1.32公里路段北半幅外，主体工程全部完工，具备通车能力。

（三）干线桥梁

1. 大桥

津保南线南赵扶大桥。位于津保南线，南赵扶村东，横跨子牙河。始建于1970年，桥长141.5米，桥宽7米+2×0.75米人行道。设计荷载标准为汽—13，挂—60。随着公路运输事业的飞速发展和各种运输车辆的快速增多，该桥建成后，至2011年的41年间经历了3次养护维修和大修改建。

1993年6月11日，由大城县公路管理站对人桥的伸缩缝、桥面板和引道进行维修加固。当年7月20日完工。1994年，随着津保南线改建工程开工建设，由县交通局和港商共同投资新建南赵扶大桥。廊坊市公路工程设计所设计，廊坊市交通局第一工程队施工。新建南赵扶大桥位于原桥北侧，与原桥并列相距1米，为大型永久性桥梁，桥长148.14米，净宽12米，两侧各设0.5米高铸钢架防撞护栏。设计荷载为汽—20、挂—100。工程于同年9月竣工通车。近年来,由于交通量逐渐增大和过往重型车辆的增多,桥面表层出现坑槽、龟裂,铰缝和伸缩缝严重损坏。2008年6月6日,由廊坊市金城公路发展有限公司投资,对南赵扶大桥进行维修加固。加固工程施工设计方案为凿除旧桥桥面铺装混凝土(厚8厘米),共计138.2立方米,重做桥面铺装,结构为15厘米厚钢筋混凝土(双层钢筋网),并对铰缝混凝土全部凿除重做,而后进行SBS防水层铺装。由大城县公路管理站负责施工。2008年8月6日竣工通车。

京沪高速公路青县连接线大城段留各庄大桥。位于京沪高速公路青县连接线大城段,跨越子牙河故道,全长255.96米,桥面宽度为12米+2×0.5米防撞护栏,设计荷载为公路二级。2007年11月15日开工,与京沪高速公路青县连接线大城段建设工程项目同步施工建设,由廊坊市交通公路工程有限公司一公司施工,2008年11月30日竣工通车。

廊泊线安庆屯干渠大桥。位于廊泊线,大城县城东,斜跨安庆屯干渠,桥长107.172米,宽24.65米+2×0.5米防撞护栏,设计荷载为汽—20、挂—100。1999年与廊泊线建设工程同步修建,12月12日竣工通车。

廊泊线十里湾大桥。位于廊泊线,横跨子牙河,桥长111.04米,宽13.4米+2×0.5米防撞护栏,设计荷载为汽—20、挂—100。1997年,与廊泊线建设工程同步修建,10月竣工通车。该桥建成后,由于使用年久,桥梁老化,加之大重型超载车辆的作用,桥梁病害逐年严重,至2007年,多处桥面板出现宽度超限值的纵向、斜向裂缝,桥面局部沉陷变形。5月,由廊坊市公路管理处投资,对十里湾大桥进行大修。

廊沧高速龙街连接线流标大桥。位于廊沧高速龙街连接线,横跨子牙排干渠,桥梁全长117.08米,桥宽12米+2×0.5米防撞护栏,设计荷载为公路二级。2010年3月开工,与廊沧高速龙街连接线大城段建设工程同步修建,由廊坊市公路工程管理处三公司负责施工,11月竣工。

2. 中桥

叶庄子桥。位于津保南线,横跨黑龙港河,始建于1967年(由原来的木桥改建为永久性钢筋混凝土桥),桥长56.4米,宽7米。设计荷载为汽—13、拖—60。1999年,由县交通局组织新建。新建桥梁位于原桥南侧,全长69.08米,宽12米,设计荷载为汽—20、挂—100,10月30日竣工。

季村桥。位于津保南线,横跨大广安干渠,始建于1965年,桥长34.2米,宽7米,设计荷载为汽—13、拖—60。1982年进行加宽建设,新桥加宽至11米,两侧设0.15米防撞护栏,设计荷载为汽—20、挂—100。2011年2月,修建廊沧高速大城县城连接线,原季村桥拆除改建加宽,新建桥梁全长44.04米,宽度为双幅26米(每幅12米+2×0.5米防撞护栏)+1米中间隔离带,设计荷载为公路一级标准。桥面铺装采用12厘米厚水泥混凝土+SBS改性沥青防水层+10厘米厚沥青混凝土,并在水泥混凝土铺装层中设置钢筋网。

三眼桥。位于津保南线,横跨任河大干渠,始建于1965年,桥长66.7米,宽7米,设计荷载为汽—13、拖—60。1992年4月5日,进行加宽改建。由公路管理站负责施工,8月25日竣工。加宽后桥梁全长69米,宽9米,设计荷载为汽—15、挂—80。2003年5月1日,进行加宽维修,7月18日竣工。加宽后桥长69米,宽11.25米+2×0.35米防撞护栏,设计荷载为汽—20、挂—100。2011年11月,津保南线大修工程开工建设,将三眼桥全桥拆除,与津保南线大修工程同步建设。新建桥梁设计结构为桥梁全长70.8米,宽11.5米+2×0.5米墙式护栏。设计荷载为公路一级。

马场桥。位于廊泊线,横跨旺村排渠,始建于1999年,桥长44.04米,宽12米,设计荷载为汽—20、挂—100。

白马河桥。位于廊泊线,横跨南赵扶排干渠,始建于1999年,桥长64.96米,宽24.65米,设计荷载为汽—20、挂—100。

鲍马策桥。位于廊泊线,斜跨烟村干渠,始建于1997年,桥长44.288米,宽12米,设计荷载为汽—20、挂—100。

新河村桥。位于廊泊线,斜跨黑龙港河,始建于1997年,桥长43.672米,宽12米,设计荷载为汽—20、挂—100。

石圪垯中桥。位于京沪高速青县连接线大城段，横跨百家洼干渠，桥长43.98米，宽12米+2×0.5米防撞护栏，设计荷载为汽—20、挂—100。2008年4月10日，与京沪高速青县连接线大城段建设工程同步修建，9月20日竣工。

留林居中桥。位于京沪高速青县连接线大城段，横跨阜草干渠，桥长43.98米，宽12米+2×0.5米防撞护栏，设计荷载为汽—20、挂—100。2008年4月10日，与京沪高速青县连接线大城段建设工程同步修建，9月24日竣工。

祖寺中桥。位于廊沧高速龙街连接线，斜跨大广安干渠，桥长53.06米，宽12米+2×0.5米防撞护栏，设计荷载为公路二级标准。2010年7月10日，与廊沧高速龙街连接线大城段建设工程同步修建，由公路管理站负责施工，2011年9月12日竣工。

流标西中桥。位于廊沧高速龙街连接线，横跨安庆屯排干渠，桥长37.04米，宽12米+2×0.5米防撞护栏，设计荷载为公路二级标准。桥面铺装采用12厘米厚水泥混凝土+SBS改性沥青防水层+9厘米厚沥青混凝土，并在水泥混凝土铺装层中设置钢筋网。2010年5月6日，与廊沧高速龙街连接线大城段建设工程同步修建，由公路管理站负责施工，10月15日竣工。

3. 小桥

二姑院小桥。位于津保南线，跨安庆屯渠，建于1965年，为永久性小桥。1978年，津保南线大修，对该桥进行改建加宽。1994年，津保南线大修，二姑院小桥同时进行加宽改建，桥长20.4米，宽14.7米，设计荷载为汽—20、挂—100。2008年，进行维修加固，更换桥面板两块。2011年11月，津保南线大修工程开工建设，二姑院小桥全桥拆除，与津保南线大修工程同步建设。新建桥梁设计结构：桥梁全长20.4米，宽11.5米+2×0.5米墙式护栏，设计荷载为公路一级，上部结构为2～13米后张法预应力混凝土简支空心板，桥台锚定，下部结构为柱式桥墩，钻孔桩基础。

樊庄子小桥。位于津保南线，跨排水渠，建于1965年，为永久性小桥。1979年，在原有基础上加宽至11米。2003年，樊庄子小桥大修改建，该桥全长23.5米，宽11米，设计荷载为公路汽—20、挂—100。上部结构为3孔、每孔6.6米的钢筋混凝土现浇板，下部结构为钢筋混凝土桩柱式墩台。2011年11月，津保南线大修工程开工建设，将樊庄子小桥全桥拆除，与津保南线大修工程同步建设。新建桥梁设计结构：桥梁全长25.02米，宽11.5米+2×0.5米墙式护栏，设计荷载为公路一级，上部结构为2～10米钢筋混凝土现浇实心板，下部结构为柱式桥墩，钻孔桩基础。

大保小桥。位于津保南线，跨大保干渠，建于1965年，为永久性小桥。1979年，在原有基础上加宽至11米。该桥全长11.9米，设计荷载为汽—13、拖—80，上部结构为2孔、每孔5.6米的钢筋混凝土现浇板，下部结构为钢筋混凝土桩柱式墩台。2008年，对桥面进行加固维修，重做桥面铺装。2011年11月，津保南线大修工程开工建设，将大保小桥全桥拆除，与津保南线大修工程同步建设。新建桥梁设计：桥梁全长11.2米，宽11.5米+2×0.5米墙式护栏，设计荷载为公路一级，上部结构为1～13米后张法预应力混凝土简支空心板，一端桥台锚定，一端桥台设伸缩缝，下部结构为柱式桥墩，钻孔桩基础。

阜草小桥。位于津保南线，跨阜草干渠，建于1965年，为永久性小桥。1978年，加宽至10米，该桥全长29.3米，设计荷载为汽—13、拖—60，上部结构为4孔、每孔6.6米的钢筋混凝土矩形板，下部结构为钢筋混凝土桩柱式墩台。2008年，对桥面进行加固维修，重做桥面铺装。2011年11月，津保南线大修工程开工建设，将阜草小桥全桥拆除，与津保南线大修工程同步建设。新建桥梁设计：桥梁全长30米，宽11.5米+2×0.5米墙式护栏，设计荷载为公路一级，上部结构为3～10米钢筋混凝土现浇实心板，做桥面连接，下部结构为柱式桥墩，钻孔桩基础。

申王文小桥。位于廊泊线，跨申王文支渠，建于1999年。桥长31.04米，宽12米，设计荷载为汽—20、挂—100，上部结构为2孔、每孔13米的钢筋混凝土空心板，下部结构为钢筋混凝土桩柱式墩台。

楼堤小桥。位于廊泊线，跨楼堤支渠，建于1999年。桥长28.59米，宽12米，设计荷载为汽—20、挂—100,上部结构为单孔16米的钢筋混凝土空心板,下部结构为钢筋混凝土U形台。

安庆屯支渠小桥。位于廊泊线,跨安庆屯支渠,建于1999年,桥长31.04米,宽24米,设计荷载为汽—20、挂—100,上部结构为2孔、每孔13米的钢筋混凝土空心板,下部结构为钢筋混凝土桩柱式墩台。

臧屯小桥。位于廊泊线,跨排水渠,建于2009年。桥长20.36米,宽12米,设计荷载为汽—20、挂—100,上部结构为单孔13米的钢筋混凝土空心板,下部结构为片石混凝土台。

关家务小桥。位于廊泊线,跨排水渠,建于1997年。桥长20.4米,宽12.3米,设计荷载为汽—20、挂—100,上部结构为单孔8米的钢筋混凝土矩形板,下部结构为石台。

流源庄小桥。位于廊泊线,跨烟港支渠,建于1997年。桥长20.56米,宽12米,设计荷载为汽—20、挂—100,上部结构为单孔13米的钢筋混凝土空心板,下部结构为片石混凝土台。

大邵村小桥。大邵村小桥位于廊泊线,跨排水渠,建于1997年。桥长20.36米,宽12米,设计荷载为汽—20、挂—100,上部结构为单孔13米的钢筋混凝土空心板,下部结构为片石混凝土台。

幸福渠小桥。位于廊泊线,跨幸福渠,建于1997年。桥长34.04米,宽12米,设计荷载为汽—20、挂—100,上部结构为3孔、每孔10米的钢筋混凝土空心板,下部结构为钢筋混凝土桩柱式墩台。

东窑头小桥。位于京沪高速连接线,2008年,与京沪高速公路青县连接线大城段建设工程同步建设。跨毕道口排干渠,桥长25米,宽11.4米+2×0.75米防撞护栏,设计荷载为汽—20、挂—100,上部结构为2孔、每孔10米的钢筋混凝土空心板,下部结构为钢筋混凝土桩柱式墩台。

留各庄小桥。位于京沪高速连接线,2008年,与京沪高速公路青县连接线大城段建设工程同步建设。跨大广安干渠,桥长25米,宽11.4米+2×0.75米防撞护栏,设计荷载为汽—20、挂—100,上部结构为2孔、每孔10米的钢筋混凝土空心板,下部结构为钢筋混凝土桩柱式墩台。

(四)县道

陈大线(陈官屯至大城)。全长18公里,宽7米。1976年建成油面路。1993年,对陈大线按三级公路改建。2004年,实施扎庄段改建工程,全长2200米。2006年,对西藏庄村出口至流标村出口路段实施改建,建设长度6公里,路面宽7米。2008年,对东藏庄村至西藏庄村出口路段实施改建,工程全长2.12公里。

大石线(大城至河间石门桥)。全长25.18公里。1996、1997年分两段建设。2006年实施大北线西通工程。

采留线(采育至留各庄)。全长24公里。1999年,改建文安大城界至津保南线。2004年,改建11.8公里。2005年,改建南蔡村出口至蒲塔村段。2006年,改建津保南线至郑家村出口路段。2009年,改建蒲塔村至京沪高速连接线路段。

司宫线(司吉城至宫村)。全长8.12公里。1992年,实施新建。多年来,损坏较为严重。2011年,对该线实施改建。改建路段北起文安大城界,经大尚屯镇7个村街,南至津保南线,全长8.12公里,路面宽7米。工程自6月5日开工,11月6日主体全部竣工。

青河线(青县至河间)。全长19.68公里。1995年,修建青河线大城东段7.5公里。2002年,对青河线西段实施改建,长8.6公里。2005年,实施留各庄镇至束城路段建设。

(五)乡道

大城县乡级公路统计见表10-10-2。

(六)村道建设

1990—1999年,全县共修建61条村级公路。2000年以后,随着国家补贴政策力度加大,村级公路建设进入加速发展期。2002—2005年,实施"村村通公路"会战工程,累计完成131个村街、232.63公里农村公路建设。2006年,实施"村村通油路"工程,涉及全县227个村街,完成建设总里程287.1公里(其中新增266.235公里)。承建了多项县域内城区、园区道路、桥梁建设工程和县域外建设工程。

大城县乡级公路统计表

表 10-10-2

序号	路线名称	行政等级	起止点名称	路面宽度(米)	路面类型	里程	建设年限	备注
1	陈大线—廊泊线	四级	陈大线—廊泊线	3.5、4、10、6	沥青混凝土	11.347	陈大线至前孝采村出口(1993 年新建),前孝采村出口至王轴北村出口(2006 年改建),王轴北村出口至祖寺村入口(1993 年新建),祖寺村入口至祖寺村出口(1998 年新建),祖寺村出口至廊泊线(2000 年新建)	陈大线至王轴北(3.5 米宽),王轴北至祖寺(4 米宽),祖寺村入点至祖寺村出点(10 米宽),祖寺村出点至廊泊路(6 米宽)
2	津保南线—陈大线	四级	津保南线—陈大线	4	沥青混凝土	3.663	津保南线至陈大线(1989 年新建)	
3	南赵扶—东辛庄	四级	津保路—东辛庄出口	3.5	沥青混凝土	13.178	津保南线至东辛庄(2006 年改建),东辛庄至东辛庄村(1995 年新建)	
4	南赵扶—杨家口	四级	津保路—杨家口	3.5	沥青混凝土	9.787	津保南线至杨家口村出口(2006 年改建),杨家口村出口至杨家口(1995 年新建)	
5	南赵扶—十王堂	四级	津保路—廊泊路	3.5、5、3.5	沥青混凝土	18.543	津保南线至大流漂村(1999 年新建),大流漂村至小流庄村(2006 年改建),小流庄村廊泊线(2005 年新建)	津保路至大流漂(3.5 米宽),大流漂至小流庄(5 米宽),小流庄至廊泊路(3.5 米宽)
6	廊泊线—臧屯	四级	廊泊路—臧屯乡政府	7	沥青混凝土	0.412	臧屯村入口至藏屯乡(2004 年新建)	
7	大崔路—大广安	四级	大崔路—大广安村	5、4、5、6	沥青混凝土	9.321	大崔路至大广安村入口(1989 年新建),大广安村入口至大广安村(1998 年新建)	大崔路至吕固献村入点(5 米宽),吕固献村入点至臧屯乡(4 米宽),臧屯乡至大广安村入点(5 米宽),大广安村入点至大广安村(6 米宽)

续上表

序 号	路线名称	行政等级	起止点名称	路面宽度(米)	路面类型	里程	建设年限	备 注
8	廊泊线—于远头	四级	廊泊线—于远头村	3.5	沥青混凝土	4.709	廊泊线至于远头村(2006 年改建)	
9	青河线—董家房子	四级	青河线—董家房子	3.5	沥青混凝土	12.56	青河线至于家务村入口(1992 年新建),于家务村入口至董家房子村(2005 年新建)	3.5 米宽,四级公路,沥青路面
10	留束路—徐村	四级	留束路—徐村	3.5	沥青混凝土	5.444	留束路至徐村(1996 年新建)	
11	蒲塔—徐村	四级	蒲塔—留徐路	3.5	沥青混凝土	6.176	蒲塔村至青河线(1900 年新建),青河线至后边各庄村入口(2006 年改建),后边各庄村入口留徐路(1900 年新建)	
12	采留线—魏留路	三级	采留线—魏留路	7	沥青混凝土	4.463	采留线至魏留路(2008 年改建)	
13	大石线—王香屯	四级	大石线—王香屯	4	沥青混凝土	0.613	大石线至王香屯村(1988 年新建)	
14	司宫线—魏留路	四级	司宫线—东魏各庄入点	4、5	沥青混凝土	4.603	司宫线至东魏各庄入口(2002 年新建),东魏各庄入口至魏留路(2000 年新建)	司宫线至东魏各庄入点(4 米宽),东魏各庄至魏留路(5 米宽)
15	魏各庄—留各庄	三级	魏各庄—留各庄	7	沥青混凝土	20.749	东魏各庄村至青河线(2005 年改建)	
合计						125.568		

二、公路养护

（一）干线养护

1. 养护主体

20 世纪 60 年代初期，大城县公路养护维修，主要依靠沿线村民建勤施工。1967 年，自津保南线公路改建成油路后，始设南赵扶、季村、阜草 3 个道班。至 1986 年年底，全县计有专业道班 11 个，养路职工达到 169 人。1987 年，调整为 7 个道班。随着公路建设事业的快速发展，公路养护机构管理模式不断改革完善。按照河北省交通厅《公路养护管理机制改革方案》的部署，2000 年下半年，将公路沿线的养路道班合并，改称养护中心。津保南线设阜草养护中心，下辖南赵扶作业组、张街作业组、阜草作业组；廊泊线设马策养护中心，下辖四岳作业组、吴王文作业组、邢庄子作业组、马策作业组。2004 年，建成廊泊线吴王文养护中心，取消了原来的马策养护中心。吴王文养护中心仍然下辖四岳作业组、吴王文作业组、邢庄子作业组、马策作业组。

2008 年，京沪高速青县连接线建成通车。2011 年，廊沧高速龙街连接线建成通车。公路管理站先后组建了这两条公路的专业养护人员组织机构，但尚未建设养护中心。近年来，大部分专业养路工人逐渐年老退休，至 2011 年，公路站仅有专业养路工人 42 名。公路养护工作主要依靠雇用民工来完成。

2. 基本任务

贯彻“预防为主，防治结合”的方针，加强预防性养护，提高公路的抗灾害能力；加强公路及其沿线设施的基本技术状况调查，及时发现和消除隐患；保持公路及其沿线设施良好的技术状况，及时修复损坏部分，保障公路行车安全、畅通、舒适；吸收和采用新技术、新工艺、新材料、新设备，采取科学的技术措施，不断提高公路养护工程质量，有效延长公路使用寿命，降低路桥设施的全寿命周期成本，提高养护资金使用效益；加强公路的技术改造，以适应公路交通事业的不断发展。

3. 工作内容

整修路肩、边坡，铲除杂草，清除杂物，保持路容整洁；及时恢复处理水毁塌方，保持路基稳定；疏通排水边沟，保持排水系统畅通。

清除路面泥土、杂物，保持路面整洁；排除路面积水、积雪、积冰，维持路面交通；处理路面裂缝、泛油、拥包、坑槽、松散等病害，维护路面完好。

做好公路桥涵日常养护。清除污泥、积雪、积冰、杂物，保持桥面清洁；处理伸缩缝、疏通泄水孔、粉刷桥栏杆；疏通涵管、疏导桥下河槽；处理桥头、涵顶跳车；局部修理、更换桥栏杆，修理泄水孔、伸缩缝、支座和桥面的局部轻微损坏。

对公路交通设施标志牌、里程牌、百米桩、界碑、轮廓标等进行埋设、维护或定期清洗；对护栏、隔离栅、挡墙、标志牌、轮廓标、里程碑、百米桩等进行修理、油漆或部分添置、更换；对路面标线进行局部补画。

做好公路绿化工作。种植行道树、花草，开辟苗圃场，对行道树、花草进行抚育管理，修剪、抹芽、浇水、施肥、治虫；对行道树进行冬季刷白。

4. 养护成果

1986—2011 年大城县养护成果见表 10-10-3。

1986—2011 年大城县养护成果统计表　　表 10-10-3

年份（年）	罩面封层（千平方米/公里）	挖补（千平方米）	处理翻浆（千平方米）	维修桥梁（米/座）	修建涵洞（道）	种植路树（万株）	整修路肩边坡（公里）	备土方（立方米）	安装标志标牌（块）	恢复水毁（立方米）
1986	175.71/25.2	16.483	11.609	53/9	19	0.67	614.7	151	139	4549
1987	162.03/20.6	13	8.125	20/3	1	0.72	375.14	5270	1831	2772
1988	170/23	14	9.245	25/4	2	0.64	424.15	5376	1454	3879
1989	165/21	17	5.645	30/5	3	—	554.69	10700	—	5750

续上表

年份（年）	罩面封层（千平方米/公里）	挖补（千平方米）	处理翻浆（千平方米）	维修桥梁（米/座）	修建涵洞（道）	种植路树（万株）	整修路肩边坡（公里）	备土方（立方米）	安装标志标牌（块）	恢复水毁（立方米）
1990	173/24	15.1	4.1	17/2	3	—	991	2481	—	1043
1991	189/28	19.57	—	29/7	4	—	1052	1634	—	6789
1992	251/30	17.4	—	—	2	—	1102	2000	—	4925
1993	280/39	16	12.65	—	5	—	1352	1900	—	5672
1994	305/40	18	8.2	—	6	1.2	2178	5700	—	3241
1995	319/41	224	—	30/5	4	—	3800	17110	—	4534
1996	375/45	20.5	—	—	2	1.1	4051	6000	—	5149
1997	390/48	19	—	—	3	1.42	7985	5800	—	6148
1998	411/50	27	—	—	2	1.68	1163	7120	—	6221
1999	580/52	24	11.05	—	6	1.75	3905	—	1951	4942
2000	30/5	4.81	0.23	221/10	1	1.98	404	8158	—	445579
2001	—	5.4	0..24	—	—	0.85	550	17600	350	—
2002	—	—		—	—	3	—	—	—	—
2003	—	8.48	—	264/4	—	0.17	141	—	—	—
2004	—	6.62	—	—	—	0.14	—	—	—	—
2005	206/46	15.9	—	—	—	1.1	121.6	—	—	—
2006	—	18.46	—	—	—	1.65	481		—	
2007	—	9.29	—	—	—	0.84	418	3136	—	640
2008	97/35	20	—		—	0.68	272		136	2722
2009	—	23.9	—	30/2	7	2.3	—	—	—	—
2010	—	14.75	—	—	—	0.25	—	—	—	5128
2011	35/45	26.5	—	100/10	—	1.6	485	—	287	—

（二）地方道路养护

1. 养护机构

2006 年，大城县交通局成立地方道路管理站，地方道路养护职能划归地方道路管理站。养护机械设置如下：

孝彩道班。位于县道陈大线 15.683 公里处路东，上级定编 15 人，主要负责陈大线、司宫线两条县道管养工作，养护里程 26.215 公里。

王屯道班。王屯道班位于县道大石线 8.103 公里处路北，定编 18 人，主要负责大石线、青河线、采留线 3 条县道管养工作，养护里程 69.236 公里。

乡镇地方道路管理所。大城县北位、广安、大尚屯、里坦、留各庄、摩配园区、南赵扶、平舒、权村、旺村、臧屯 11 个乡、镇（区）都设有地方道路管理所，管理所办公地点设在各乡镇政府，各乡镇政府有一名副职负责农村公路管养工作，并设置地方道路管理所所长一名，地道所行政关系隶属于各乡镇政府，业务管理由大城县交通局地方道路管理站协管，各乡镇地道所主要负责本辖区内的乡、村道路维护保养及各类桥梁的日常巡查及管护。

2. 养护办法

县道养护。至 2012 年 2 月底，大城县有陈（官屯）—大（城）、大（城）—石（门桥）、采（育）—留（各庄）、司（吉城）—宫（村）、青（县）—河（间）5 条列养县道，里程 95.451 公里，县道养护资金由省直接拨付到县，县财政每年向交通局地道站拨付92万元作为养护奖励资金。县道养管工作由交通局地道站养护队具体负责，主要养护工作有路面小修挖补，标线施划，路肩、边坡整修，水毁恢复，路树补植、修剪，桥涵清淤，路面清扫，垫料保畅等。

乡村道路养护。至2012年，全县共有乡道125.568公里，村道683.171公里。在2006年大城县大力实施农村公路新、改建的基础上，大城县交通局地方道路管理站秉承建养并重的工作原则，不断更新观念，大胆创新，积极探索乡村公路管理机制，把乡村公路养护工作推向市场。自2008年始，大城县以北位、臧屯、里坦、旺村4乡镇为试点，率先推行养护制度改革，以乡镇为单位，将辖区内乡村公路养管工作承包给个人，与承包人按年度签订承包合同，明确双方责任和义务，再由承包人雇佣人员，对乡村公路进行养护，各乡镇乡道所每月对其养护质量进行考核监督并按考核结果发放养护资金，大城县交通局地方道路管理站给予技术支持和业务指导。2012年以来，大城县交通局地方道路管理站不断完善农村公路养护体质改革，努力实现"行政领导统一、标准质量统一、技术培训统一、检查评比统一、考核奖惩统一"的管理目标，乡村道路养护资金以奖励资金的形式由大城县交通局地道站向各乡镇进行拨付，不足部分，由乡镇自筹解决。

第三节　路政管理

一、管理机构

1977年8月公路管理站始建之前，大城县路政管理工作由交通局路政股负责，后由公路管理站维修队和养路道班负责。1993年，公路管理站成立路政队。2000年5月，县交通局下发《关于对路政大队管理体制实行改革的办法》，路政大队由公路管理站领导，改由交通局直接管理领导。2010年7月15日，县交通局党组决定，干线公路路政管理与地方道路路政管理分离：路政大队负责县域内省级以上（不含高速公路）干线公路路政管理；地方道路管理站专门组建地方道路路政中队，负责地方道路（县级及县级以下公路）路政管理。2010年9月，路政大队重新进行中队划分，设干线管理中队2个、治超中队4个。至2011年年底，路政大队共有干部职工46人（含抽调至其他单位工作人员）、执法车辆11部。

二、路政管理成果

1986—2011年大城县路政管理工作成果统计见表10-10-4，2000—2011年大城县治理超限运输工作情况见表10-10-5。

1986—2011年大城县路政管理工作成果统计　表10-10-4

年份（年）	清除路阻路障	清除违章建筑		制止违章建筑		清除摆摊设点	清除非公路标牌	处理路政案件	设三桩一碑	修排水边沟挡墙	清理边沟
	处	平方米	处	平方米	处	平方米	个	起	块	米	米
1986	620	7457	11	230	8	130	87	—	140	700	—
1987	53	2076	5	180	—	—	—	—	—	—	—
1988	8	164	—	—	5	215	—	35	—	—	—
1989	395	9156	18	225	—	—	97	—	—	—	—
1990	857	6725	5	110	16	359	—	25	—	—	—
1991	227	5277	177	4807	—	—	—	—	—	—	—
1992	185	6150	19	341	28	385	—	18	—	—	—
1993	295	6410	109	3480	34	245	—	—	300	—	2225
1994	653	7810	21	940	26	1042	110	101	—	500	780
1995	915	33460	54	815	—	—	98	361	—	200	—
1996	593	9054	93	2052	16	510	516	223	208	5512	1400

续上表

年份（年）	清除路阻路障	清除违章建筑		制止违章建筑		清除摆摊设点	清除非公路标牌	处理路政案件	设三桩一碑	修排水边沟挡墙	清理边沟
	处	平方米	处	平方米	处	平方米	个	起	块	米	米
1997	1214	4008	38	840	11	813	304	78	160	400	1154
1998	1553	3223	400	439	8	511	101	149	144	—	—
1999	382	17820	12	571	13	475	87	405	180	—	3200
2000	903	2196	368	387	18	493	1692	394	—	—	—
2001	488	1900	87	—	—	246	395	619	—	2700	219
2002	60	462	132	—	—	—	260	446	—	—	—
2003	84	132	26	—	—	111	—	45	—	—	—
2004	169	212	4	—	—	—	281	36	—	—	—
2005	79	—	—	—	—	—	274	57	—	—	—
2006	82	2478	58	325	20	66	656	68	—	—	—
2007	65	275	2	218	9	38	125	153	—	—	—
2008		35	1	20	1	4	263	172	—	—	—
2009	—	—	—	370	20	10	230	—	—	—	—
2010	—	770	37	1400	89	—	150	21	—	—	—
2011	41	3790	50	—	—	10	1032	151	—	—	—

2000—2011 年大城县治理公路超限运输工作情况表 表 10-10-5

年度（年）	查处超限运输车辆（辆次）	年度	查处超限运输车辆（辆次）
2000	490	2006	3200
2001	630	2007	3700
2002	710	2008	6400
2003	1030	2009	12000
2004	2820	2010	4900
2005	2890	2011	2200

第四节 运 输

一、汽车客运

1. 长途客运

大城县长途客运始于 1949 年。先后有天津、保定长途运输公司、静海县交通局汽车队在大城经营客运业务。1969 年 11 月，天津地区运输公司开始经营客运业务，开辟了大城至天津、杨村、廊坊客运线路。1970 年后，又增加了大城至天津、北京、石家庄等 13 条客运线路。

1984 年年初,中共中央发出 1 号文件,许可私人购置车辆从事营业运输。同年,大城县西陈庄村王加禄购买大客车 1 辆,开始经营大城至天津长途旅客运输。此后,县内个体和联户运输如雨后春笋般迅速发展并占据主体地位,运输市场逐步繁荣起来。

1986 年年底,全县有大型客运班车 38 辆,其中国有 1 辆、集体 3 辆、个体联户 34 辆。主要有 4 条运输线路,即大城分别至北京、天津、保定、廊坊。

1995 年年底,全县有大型客车 77 辆。至 2000 年增至 82 辆,其中省际客运班线 26 条、市际客运班线 19 条、县际客运班线 14 条,均属于个体经营。2002 年,根据上级管理规定,廊坊市运管处成立了廊坊通利运输有限公司,各县分别成立了分公司,原个体经营客车必须全部纳入总公司实行承包经营管理。2002 年,全县客运班车 76 辆,全部纳入了廊坊通利运输有限公司。至 2011 年年底,全县客运班车增至 78 辆,其中正常运营的 57 辆(全部安装了 GPS 监控系统),包括省际客运班线 32 条、市际客运班线 16 条、县际客运班线 9 条,均属于承包经营形式。在县城,每天上午平均几分钟就有 1 次客运班车途经大城。2000—2011 年大城县客运量见表 10-10-6。

2000—2011 年大城县客运量统计表　　表 10-10-6

年份(年)	客运量(万人)	旅客周转量(万人公里)	年份(年)	客运量(万人)	旅客周转量(万人公里)
2000	75	6375	2006	87	10357
2001	29	3040	2007	88	10560
2002	35	4200	2008	89	10680
2003	40.1856	4822	2009	90	10800
2004	85	10152	2010	98	11760
2005	86	10238	2011	106	12720

2. 城乡客运

大城县县城至农村短途客运班车的运行始于 1999 年 11 月 28 日。1999 年 9 月,大城县粮食局下岗职工李铁帮、商松毅、李俊青等经请求县交通局、县政府批准同意,筹资 50 万元,购置中巴扬子客车 10 辆,经营起 1 路和 2 路客运班车短途运输。

2001 年 5 月,李铁帮、李俊青、苑志峰、徐宝田、李向东分别成立了 5 个客运服务公司经营城乡客运班车,开通了县城至农村客运线路。

至 2002 年,大城县有城乡客运班车 64 辆,线路 19 条。2002 年 3 月,由县政府批准,县财政局拍卖行首次拍卖 11 路城乡短途客运班线经营权,取得了成功。2003 年,大城县开始实施"村村通客车"工程,制定优惠政策,发动社会力量办客运。同年 10 月,又成功拍卖了 12、13、14、15 路城乡短途客运班线经营车辆维修管理权。2007 年 4 月,成功拍卖 16 路城乡客运班线经营权。2004 年,在县城新风北路与正大街交口西侧建成大城通利客运站,全县主要交通干线建成候车亭 28.5 个,招呼牌 253 个。到 2011 年年底,全县共有城乡客运班车 24 条,营运车辆 122 部,形成了以县城为中心,乡镇为结点,辐射全县 394 个行政村街的城乡客运一体化网络格局。

3. 出租车客运

出租客运是农村客运的重要组成部分。大城县客运出租始于 20 世纪 90 年代初,开始数量较少,以汽车站、县各医院门口、批发市场、主要路口为集中点。车辆种类以机动三轮车为主。1999 年,县内出租车达 130 辆,主要服务对象为外出业务人员、重病外出就医人员等。2000 年,随着经济的发展,出租车达到 140 辆,车型主要以大发牌轻型客车、松花江牌轻型客车为主,也有部分夏利、捷达等轿车。自 2003 年以来,大城县出租车数量保持不变,逐步由原来的轻型客车更新为轿车,进一步落实了县政府对出租客运市场"淘劣换优"、"上档升级"的总体要求。2010 年,更新后的 39 辆比亚迪 F3 轿车正式投入运营,实现统一车型、统一计价器、统一顶灯、统一颜色的四统一模式。2011 年,全县已拥有正式出租汽车 86 辆。

二、汽车货运

1. 普通货运

大城县原有 3 家专业运输企业,分别为大城县交通局运输公司、粮食局运输公司、供销合作社运输公司,曾经在县域经济建设中发挥了重大作用,由于国家体制改革,先后于 20 世纪末完成改制退出历史舞台。

十一届三中全会以后,开始贯彻开放搞活政策。1995 年,全县个体、联户货运车辆达 779 辆。2000 年之后,个体运输迅猛增长,至 2010 年年末,全县从事普通货物运输车辆已达 7274 辆,货运量共 61282 吨,从业人员近万名。2000—2011 年大城县货运量统计见表 10-10-7。

2000—2011 年大城县货运量统计表　　表 10-10-7

年份(年)	货运量(万吨)	货物周转量(万吨公里)	年份(年)	货运量(万吨)	货物周转量(万吨公里)
2000	48	5280	2006	79.5	8745
2001	6200	10000	2007	81	8910
2002	7140	10000	2008	82	9020
2003	36.6685	4033.535	2009	84	9240
2004	68	7458	2010	89	9790
2005	78	8580	2011	97	10670

2. 危险货物运输

2011 年,大城县有危险货物运输企业 3 家,分别是大城县县社运输公司危险品运输队、大城县中信燃气公司、大城县中信燃气公司;危险货物运输车辆 77 辆,从业人员 150 余人。危险货物运输企业的开业审批、新增车辆审批、从业人员培训及考核由廊坊市运输管理处实施,大城县运管部门负责各运输企业的日常监管工作。

三、客货修驾

1. 车辆维修

1970 年,大城县交通局汽车修配厂建立以后,大城县具备了汽车大、中、小修业务维修能力,但主要是为本单位的运输车辆服务,很少对社会上其他单位汽车进行维修保养。

随着改革开放的不断深入,社会车辆迅速地增长。为适应运输市场的需求和发展,1983 年,民间开始出现个体汽车修理厂点。至 1985 年年底,大城县境内开设个体、联户汽车、拖拉机、摩托车、机动车维修厂点 16 家。这些企业有设备,有技术力量,讲信誉,有的维修网点可与县办汽车修理厂家相媲美。至 1994 年年底,全县共有各类维修厂点 47 家,其中:集体修理厂 3 个,个体 44 个,专项修理厂 6 个,专项摩托修理点 30 个;从业人员 335 人。全县形成了门类齐全的修理网络。

随着道路运输业的不断发展,到 2011 年,大城县共有维修厂点 36 家,其中一类的有 1 家,二类的有 2 家,三类的有 33 家。

2. 驾驶培训

大城县现有驾校 3 所,2 个二类、1 个三类。其中:大城县机动车驾驶员培训学校为二类,共有教练车辆 48 辆,教练员 55 人;大城县羽通机动车驾驶员培训学校为二类,共有教练车辆 29 辆,教练员 33 人;大城县春光机动车驾驶员培训学校为三类,共有教练车辆 20 辆,教练员 22 人。全县目前为止共有教学车辆 97 辆,年培训能力 10000 余人。

第五节 荣 誉

大城县交通局获得的市级及以上集体荣誉和个人荣誉见表10-10-8和表10-10-9。

市级及以上集体荣誉 表10-10-8

获奖时间(年)	获奖单位	荣誉名称	授予单位
1985	大城县交通局	地方道路建设先进单位	河北省交通厅
1985	大城县交通局	地方道路建设先进单位	河北省交通厅
1995	大城县交通局	全省安全防范先进单位	河北省公安厅
1995	大城县交通局	文明单位	中共廊坊市委、廊坊市人民政府
1995	大城县交通局	二五普法先进单位	中共廊坊市委、廊坊市人民政府
1996	大城县交通局	全省安全防范先进单位	河北省公安厅
1996	大城县交通局	文明单位	中共廊坊市委、廊坊市人民政府
1997	大城县交通局津保南线收费站	安全防范先进单位	河北省公安厅
1997	大城县交通局公路管理站	安全防范先进单位	河北省公安厅
1997	运输公司	安全防范先进单位	廊坊市人民政府
1997	大城县交通局运输管理站	安全防范先进单位	廊坊市人民政府
1997	大城县交通局	全省安全防范先进单位	河北省公安厅
1998	大城县交通局	河北省卫生先进单位	河北省爱卫会
2000	大城县交通局公路路政执法大队	文明执法先进集体	河北省交通厅
2000	大城县交通局	形象工程建设达标县	河北省交通厅
2001	大城县交通局	“九五”保障队伍建设先进单位	廊坊市国防动员委员会
2002	大城县交通局公路路政执法大队	文明示范先进单位	廊坊市精神文明建设委员会
2003	大城县交通局运输管理站	文明单位	中共廊坊市委、廊坊市人民政府
2003	大城县交通局	市巾帼文明示范单位	廊坊市“巾帼建功”活动协调领导小组
2003	大城县交通局	创建千里公路文明线公路形象杯百日竞赛第三名	廊坊市交通局、广播局、文明办、廊坊日报社
2004	大城县交通局公路路政执法大队	省公路路政文明执法先进集体	河北省交通厅
2004	大城县交通局	2002—2003年度省级文明单位	中共河北省委、河北省人民政府
2004	大城县交通局机关党委	先进基层党组织	中共廊坊市委
2005	大城县交通局公路管理站	全省交通系统行风建设优秀基层单位	河北省交通厅
2005	大城县交通局	敬老先进集体	中共廊坊市委、廊坊市人民政府
2005	大城县交通局公路路政执法大队	全市首届交通技能队列演练决赛第三名	廊坊市总工会、廊坊市人事局、共青团廊坊市委、廊坊市交通局
2005	大城县交通局	市职工职业技能竞赛“团体优胜奖”	廊坊市总工会、廊坊市人事局、共青团廊坊市委、廊坊市交通局

续上表

获奖时间(年)	获奖单位	荣誉名称	授予单位
2005	大城县交通局运输管理站业务厅	巾帼文明示范参赛岗	廊坊市"巾帼建功"活动协调领导小组
2005	大城县交通局运输管理站业务厅	巾帼文明示范参赛岗	廊坊市"巾帼建功"活动协调领导小组
2006	大城县交通局公路路政执法大队	全省交通系统文明执法示范大队	河北省交通厅
2006	大城县交通局公路管理站	优秀基层单位	河北省交通厅
2006	大城县交通局公路路政执法大队	全省交通行业文明执法示范窗口	河北省交通厅
2006	大城县交通局	河北省园林式单位	河北省建设厅
2006	大城县交通局	市"四五"法制宣传教育先进集体	中共廊坊市委、廊坊市人民政府
2006	大城县交通局运输管理站	市级文明单位	中共廊坊市委、廊坊市人民政府
2006	大城县交通局公路管理站	全市安全生产执法监察工作先进基层单位	廊坊市人民政府
2006	大城县交通局	"十五"交通战备工作先进集体	廊坊市国防动员委员会
2006	大城县交通局公路管理站吴王文养护中心	市先进职工小家	廊坊市总工会
2006	大城县交通局公路管理站养护队	市职工创新示范岗	廊坊市总工会
2006	大城县交通局公路路政执法大队	市文明示范窗口	廊坊市精神文明建设委员会
2006	廊泊线大城收费站	文明服务示范窗口	廊坊市精神文明建设委员会
2006	大城县交通局公路路政执法大队	文明服务示范窗口	廊坊市精神文明建设委员会
2006	大城县交通局运输管理站	市级青年文明号	共青团廊坊市委
2006	大城县交通局津保南线收费站	市级青年文明号	共青团廊坊市委
2006	大城县交通局公路路政执法大队	市级青年文明号	共青团廊坊市委
2006	廊泊线大城收费站	市级青年文明号	共青团廊坊市委
2006	汽车营汽车四连	先进单位	廊坊陆军预备役后勤保障旅
2006	大城县交通局公路管理站	2004—2005年度省级文明单位	中共河北省委、河北省人民政府
2007	大城县交通局公路路政执法大队	全省交通行业文明执法示范窗口	河北省交通厅
2007	大城县交通局	全省农村公路管理先进单位	河北省交通厅
2007	大城县交通局	绿色单位	河北省环保局
2007	大城县交通局	市级文明单位	中共廊坊市委、廊坊市人民政府

续上表

获奖时间(年)	获奖单位	荣誉名称	授予单位
2007	大城县交通局运输管理站	市级文明单位	中共廊坊市委、廊坊市人民政府
2007	大城县交通局津保南线收费站	市级文明单位	中共廊坊市委、廊坊市人民政府
2007	廊泊线大城收费站	市级文明单位	中共廊坊市委、廊坊市人民政府
2007	大城县交通局	国土绿化先进单位	中共廊坊市委、廊坊市人民政府
2007	大城县交通局公路管理站	全市安全生产执法监察工作先进基层单位	廊坊市人民政府
2007	大城县交通局	交通战备工作先进单位	廊坊市国防动员委员会
2007	廊泊线大城收费站	先进收费站	河北省征稽局
2007	廊泊线大城收费站	先进收费站	河北省征稽局
2007	公路工程保障区队	交通战备工作先进集体	廊坊市国防动员委员会
2007	大城县交通局公路路政执法大队	市文明示范单位	廊坊市精神文明建设委员会
2007	大城县交通局地方道路管理站	市文明示范单位	廊坊市精神文明建设委员会
2007	大城县交通局运输管理站	市级青年文明号	共青团廊坊市委
2007	大城县交通局津保南线收费站	市级青年文明号	共青团廊坊市委
2007	大城县交通局公路路政执法大队	市级青年文明号	共青团廊坊市委
2007	廊泊线大城收费站	市级青年文明号	共青团廊坊市委
2007	大城县交通局团委	五四红旗团委标兵	共青团廊坊市委
2007	大城县交通局妇委会	先进妇委会	廊坊市妇女联合会
2008	大城县交通局公路管理站	政风行风建设优秀基层单位	河北河北省交通厅
2008	大城县交通局	爱国卫生先进单位	河北省爱卫会
2008	大城县交通局机关党委	市先进基层党组织	中共廊坊市委
2008	大城县交通局	市级文明单位	中共廊坊市委、廊坊市人民政府
2008	大城县交通局公路管理站	市级文明单位	中共廊坊市委、廊坊市人民政府
2008	大城县交通局运输管理站	市级文明单位	中共廊坊市委、廊坊市人民政府
2008	征稽站	市级文明单位	中共廊坊市委、廊坊市人民政府
2008	廊泊线大城收费站	市级文明单位	中共廊坊市委、廊坊市人民政府
2008	大城县交通局	老干部工作先进集体	中共廊坊市委、廊坊市人民政府
2008	大城县交通局	国土绿化先进单位	中共廊坊市委、廊坊市人民政府
2008	大城县交通局运输管理站	全县最佳中层股室	中共廊坊市委、廊坊市人民政府
2008	大城县交通局公路管理站	市先进集体	廊坊市人民政府
2008	大城县交通局工会女职工委员会	市工会女职工工作先进集体	廊坊市总工会
2008	廊泊线大城收费站	省级青年文明号	河北省创建青年文明号活动组委会
2008	大城县交通局运输管理站	市级青年文明号	共青团廊坊市委
2008	大城县交通局津保南线收费站	市级青年文明号	共青团廊坊市委
2008	大城县交通局公路路政执法大队	市级青年文明号	共青团廊坊市委

续上表

获奖时间(年)	获奖单位	荣誉名称	授予单位
2008	廊泊线大城收费站	市级青年文明号	共青团廊坊市委
2008	大城县交通局运输管理站业务厅	巾帼文明示范岗	廊坊市妇女联合会
2008	大城县交通局	“平安家庭”创建活动先进集体	廊坊市“平安家庭”创建活动领导小组
2008	大城县交通局	全市创建环京津文明城镇群先进单位	廊坊市文明委
2008	大城县交通局公路管理站	市AA级劳动关系和谐企业	廊坊市创建劳动关系和谐企业领导小组
2008	大城县交通局	2006—2007年度省级文明单位	中共河北省委、河北省人民政府
2009	大城县交通局	市级文明单位	中共廊坊市委、廊坊市人民政府
2009	大城县交通局公路管理站	市级文明单位	中共廊坊市委、廊坊市人民政府
2009	大城县交通局运输管理站	市级文明单位	中共廊坊市委、廊坊市人民政府
2009	廊泊线大城收费站	市级文明单位	中共廊坊市委、廊坊市人民政府
2009	大城县交通局津保南线收费站	市级文明单位	中共廊坊市委、廊坊市人民政府
2009	大城县交通局公路管理站	市AA级“劳动关系和谐企业”	廊坊市创建劳动关系和谐企业领导小组
2009	大城县交通战备办公室	国防交通工作先进单位	廊坊市国防动员委员会
2009	大城县交通局工会女工委	市工会女职工工作先进集体	廊坊市总工会
2009	大城县交通局公路管理站	市级青年文明号	廊坊市创建青年文明号活动组委会
2009	大城县交通局运输管理站	市级青年文明号	廊坊市创建青年文明号活动组委会
2009	廊泊线大城收费站	市级青年文明号	廊坊市创建青年文明号活动组委会
2009	大城县交通局公路路政执法大队	市级青年文明号	廊坊市创建青年文明号活动组委会
2009	大城县交通局津保南线收费站	市级青年文明号	廊坊市创建青年文明号活动组委会
2010	大城县交通局公路管理站	市AAA级“劳动关系和谐企业”	河北省人力资源和社会保障厅等
2010	大城县交通局公路管理站	市级文明单位	中共廊坊市委、廊坊市人民政府
2010	大城县交通局运输管理站	市级文明单位	中共廊坊市委、廊坊市人民政府
2010	大城县交通战备办公室	国防交通工作先进单位	廊坊市国防动员委员会
2010	大城县交通局公路管理站	先进职工之家	廊坊市总工会
2011	大城县交通局	信息调研工作优胜信息直报点	河北省交通运输厅
2011	大城县交通局地方道路管理站QC小组	省级优秀质量管理小组	河北省科学技术协会、河北省总工会、共青团河北省委、河北省质量协会
2011	大城县交通局公路管理站	市级文明单位	中共廊坊市委、廊坊市人民政府

续上表

获奖时间(年)	获奖单位	荣誉名称	授予单位
2011	大城县交通局运输管理站	市级文明单位	中共廊坊市委、廊坊市人民政府
2011	大城县交通局	2006—2010年度全市法制宣传教育先进集体	中共廊坊市委、廊坊市人民政府
2011	大城县交通局	市老干部工作先锋旗	中共廊坊市委、廊坊市人民政府
2011	大城县交通战备办公室	国防交通工作先进单位	廊坊市国防动员委员会
2011	大城县交通局运输管理站	市文明服务窗口	廊坊市文明建设委员会
2011	大城县交通局运输管理站	市巾帼文明岗	廊坊市妇女“巾帼建功”活动领导小组、廊坊市妇女联合会
2011	大城县交通局	平安建设先进单位	廊坊市社会治安综合治理委员会
2011	大城县交通局公路管理站廊沧高速龙街互通连接线工程QC小组	交通运输行业优秀质量管理小组	河北省交通企业协会、河北省交通行业优秀企业管理成果评审委员会
2011	大城县交通局公路管理站吴王文养护中心	工人先锋号	廊坊市总工会、廊坊市交通运输局

省级及以上先进个人　　表10-10-9

获奖时间(年)	所在单位	获奖人	荣誉名称	颁奖单位
1991	大城县交通局	吴石头	先进工作者	河北省人民政府、河北省军区战备办

第十一篇 铁路

廊坊的成长与铁路有着密不可分的关系。廊坊铁路史从光绪二十三年(1897年)开始,当时中国最早的铁路京奉铁路(现京山铁路)建成通车,并在廊坊设站。廊坊段全长26公里,北起万庄,南至落垡。随着铁轨的延伸,原来一片空旷的田野开始客商云集,人口与日俱增。短短几年,廊坊从一个不知名的小村落,迅速发展成为一个小镇,并随着光绪二十六年(1900年)义和团"廊坊大捷"蜚声国内。如今的廊坊今非昔比,总人口已超过400万,市区建成区面积达64平方公里,交通更是四通八达。至2011年年底,穿越廊坊境内的铁路已有6条,总里程约229公里(京沪高铁29公里、京山铁路29公里、京九铁路74公里、京秦铁路36公里、大秦铁路15公里、津霸铁路46公里)。其中与北京对接的有5条,分别是京沪高铁、京山铁路、京秦铁路、京九铁路、大秦铁路;与天津对接的有铁路5条,分别是京沪高铁、京山铁路、京秦铁路、大秦铁路、津霸铁路。仅京沪高铁日经停廊坊34至42列动车,高峰时段达到最短9分钟1列,单程行车时间仅20分钟。京山铁路客运停经廊坊也增至34列。两者相加,日均经铁路出行市民达4600人次以上(北京方向客流约占3/4)。

第一章　线　　路

第一节　铁　　路

一、京山铁路

京山铁路西起北京，东至山海关，是连通华北和东北的主要干线，也是中国最早的铁路线之一。京山铁路廊坊段全长26公里，北起万庄，南至落垡，穿越市区，段内设万庄站、廊坊站、落垡站，隶属于北京铁路局北京铁路分局管辖，该线为复线Ⅰ级铁路干线。境内年到发货物200万吨，年到发旅客300万人次。

清光绪四年(1878年)，开滦煤矿建成投产。光绪七年(1881年)，修建了唐山至胥各庄10公里的铁路。光绪十三年(1887年)，铁路延修至芦台，次年又从芦台延修至天津。光绪二十年(1894年)，唐山至山海关一段通车。光绪二十三年(1897年)，由天津通至北京城右安门外马家堡。光绪二十七年(1901年)，又延修至北京正阳门。至此，京山铁路全线开通。

发生在京山线上的故事——"廊坊大捷"。廊坊大捷是指清光绪二十六年，发生在廊坊火车站附近的清军及义和团对八国联军的一场阻击战。

清光绪二十六年(1900年)6月，英、德、俄、法、美、日、意、奥八国，以"救援北京使馆"为借口，在天津组织了一支由英国海军中将西摩尔为司令的2000多人的联军(即八国联军)，准备沿京山铁路经廊坊进攻北京。

6月10日晨，八国联军冲进天津火车站。铁路部门拒绝调车，他们便强夺机车，由外国员工驾驶。上午9时半，第一列载英、美、奥、意500余名军人的列车驶出天津站。约11时，第二列约载600余名军人随后出动。下午，第三列火车载联军主力，后跟两列补给车向北京进发。中午时分，联军经杨村站，驻守车站的聂士成军并未阻拦，但前方铁路已被义和团拆毁，电线杆被砍倒，联军只好边修路边前行。

11日下午，联军到达廊坊南10公里的落垡车站，被迫停在落垡站以东的大铁桥附近，抢修铁路。埋伏在铁路两侧的义和团2000人，手持大刀长矛向联军发起冲锋。这时后面的美国军队赶上来架起大炮轰击，义和团伤亡很大，乃自动撤退。东大桥之战义和团牺牲60余人。

西摩尔留下30名英军坚守落垡火车站，其余人继续修铁路北上，前进几近蜗行。6月13日上午，联军行至东辛庄附近。在此，义和团和八国联军激战1个多小时，团民伤亡50多人。

13日夜，联军到达廊坊车站。廊坊车站建成于光绪二十三年(1897年)，铁路为单线，车站东侧有30多间站房，两侧有小商户10余家。车站正西为蔡庄、窦府(现合为蔡豆庄村)。车站西北方向铁路东西两侧是大官庄墩台。墩台正南是蔡庄、窦府，中间有一土壕。

14日上午，联军在墩台村附近抢修铁路。义和团对联军发动攻击，联军退回廊坊车站向外射击。东安、永清、武清等地数千义和团迅速包围了廊坊车站，轮番向列车发起攻击，义和团又有许多人伤亡。联军列车被围困，饮水、食物渐缺，遂派一列车回天津取给养，到杨村被困。

15日，一小队联军想到附近村庄抢夺粮食和饮水，有5名意大利士兵被义和团当场杀死。留守在落垡的联军也受到义和团的攻击，西摩尔急忙派一列火车载运大炮救急。

17日上午，联军在廊坊东北方向发现清军活动，遂派小部队进行侦察，与清军马队发生战斗，双方互射，清军主动后退。这是清政府派来"实力禁阻洋兵"进京的甘军董福祥部队。18日，围困廊坊火车站联军的团民有数千之众。董福祥命姚旺率兵2000余人,沿铁路行军,绕过翟各庄,在西务村跨过铁路,开到北昌,与义和团共商破敌之计。

18日下午2时许,义和团又一次向廊坊火车站发起攻击。联军依仗武器先进,下车向西北射击、追赶,义和团退了回去。联军追到墩台村南、蔡庄、窦府村北旷野处,埋伏的甘军部队长短火器一齐开火。同时,大官庄一带的清军也开枪向列车射击,义和团与敌人展开了白刃战,联军逃回列车。清军马队、义和团民冲向车站,联军以火车站为掩体,机枪、步枪和火炮向义和团疯狂扫射。在义和团和甘军的合力打击下,联军不得不倒行向天津方向退去。

这一仗从下午2时开始,到4时结束,打死联军50多人,伤100多人。义和团阵亡500多人,清军阵亡200多人,伤300多人。阵亡的清军将士被集体安葬在炊庄,时人称之为"清军墓"。

西摩尔联军退到杨村后,去天津的铁路被扒毁,只好龟缩在杨村车站内。18日深夜,义和团摸进联军营地,杀伤联军10多人,义和团没有损失。

19日,西摩尔哀叹:"进京之路,水路俱穷"、"唯回津之计可行"。于是弃车抢船,载运伤员,抛弃辎重,沿北运河由英、法、意三国军队开道向天津撤退,沿路抢烧5座村庄,枪杀许多平民。义和团和清军尾随追击、堵截。22日,联军方到西沽,抢占西沽武库固守待援。26日,俄、英军队到达西沽,将西摩尔残军接回天津租界。

廊坊大捷,从10日开始到18日结束,历时9天,共打死八国联军62人,打伤332人。义和团、清军、平民死伤近千人。西摩尔事后回忆说:"如果义和团所用武器是近代枪炮,那么,我率领的联军必定会全军覆没。"

二、京秦铁路

该线全长341公里。1973年2月22日动工,1975年8月交付使用,原称通(县)坨(滦县坨子头)铁路。1982年3月开始进行双线电气化改造,西端与丰(丰台)沙(沙城)大(大同)电气化铁路相接,东至山海关。1985年12月15日完工通车,同时更名为京秦铁路,主要承担山西至秦皇岛港的煤炭运输任务。这条铁路部分利用日本贷款,成套引进日本的AT供电设备和自动装置,具有国际先进水平。

廊坊段西从19公里300米处入境,东至55公里250米处出境,全段长35.406公里,穿越三河市(境内长29公里)、大厂县(境内长6.40公里),跨越潮白河、泃河,建有燕郊、大厂、三平、三河、段甲岭5个车站,铁路桥2座,立交桥2座。在通坨铁路基础上改建而成。该线1982年3月开工,1983年基本完成铺轨,1984年6月30日简易开通,7月1日开始接运山西煤炭。1985年12月15日,全线实现电气化,年运量近期设计4500万吨,远期可达7000万吨。1993年,每昼夜有66对132列车通过此线。该线为复线Ⅰ级干线,正线全部采用50公斤、25米长的新轨,线路容许速度每小时100公里,各站到发线有效长度850米,预留1050米。此线牵引动力在实现电气化前,一度以蒸汽机及内燃机为主,实现电气化后,则以韶山型电力车为货运主力机车,客运机车仍以北京型内燃机车为主,各机车内均装有车内信号与自动停车装置,各站均采用电气集中操纵装置。燕郊以西采用BT供电方式(使用吸流变压器),以东采用AT方式供电(使用自耦变压器)。燕郊以西段属北京铁路分局管辖,以东段属天津铁路分局管辖。

三、京九铁路

京九铁路固安段。由永定河中心线南侧、小孙郭村西进入固安,南至固安牛驼镇林城村东侧出固安;全长28.4公里。穿越3个乡镇,跨45座桥梁、21座小桥涵,建有1处平交道口。1991年开工,1996年建成。

京九铁路霸州段。由固安牛驼镇林城村东侧进入霸州市南孟镇,南至霸州镇老堤出霸州。全长20公里。途经南孟镇、霸州开发区、岔河集、霸州镇,有铁路桥5座,立交桥4座。1992年破土动工,1996年9月全线通车。其中,由霸州火车站引出1条东西走向的支线,经永清县入天津市武清县境内,此段成津霸联络线。

京九铁路文安段。由霸州老堤入文安,北起新镇镇口头村,南至大留镇大李村。全长26.87公里。

穿越新镇、史各庄、围河、赵各庄、大留镇5个乡镇共28个村,跨越赵王新渠、小白河、溢流洼、开闸新渠等河流及围河路、静王公路。建有立交桥2座、铁路桥3座。1992年11月开工,1995年年底建成。

四、津保铁路

从境内东沽港镇的桃园村东入境,从十二号村出境。1996年9月1日正式开通,境内里程11.2公里。津保铁路在淘河村设有铁路工人服务站,每天早、晚各1次往返通勤车在此停靠。

五、京沪铁路

京沪铁路是一条从北京通往上海的铁路,由原京山铁路(北京—山海关)北京至天津段、津浦铁路(天津—浦口)和沪宁铁路(下关—上海)组成。

京山线从北京到山海关。与山沈线(沈阳)、长沈线(长春到沈阳段)、长哈线(有的将哈尔滨到大连称哈大线)统称京哈线。京山线与京沪线在天津北站重合,北京至天津段共线。

原京山铁路的北京至天津段。建于清光绪二十三年(1897年)至清光绪二十六年(1900年),途经域内12公里,在万庄、廊坊设有车站,沿铁路附设电话线。万庄、廊坊成为重要的物资、人员集散地,并逐渐成为京、津间的战略要地。1994年8月23日,每米60公斤的钢轨超长无缝线路在京山线北京安定廊坊间开工,长21公里,跨越万庄站,是中国第一条具有世界先进水平的无缝线路。当年11月1日建成通车。

1997年第一次提速后,向东北去的特快列车除T11/2外,其余的不再走京山线。1998年第二次提速,将北京到哈尔滨的原137(437次)、北京到佳木斯的原139(439次)、北京到齐齐哈尔的原167(467次)等车辆改走京秦线。

2005年7月1日,京沪铁路电气化改造工程开工(包括京山线的京津段),2006年6月20日起全线供电,7月1日正式升级为电气化铁路。同时,铁路沿线陆续加装安全隔离网。主要工程项目包括铁路电气化、通信、信号、电力及与之相配套的改造工程。

2006年12月31日,正式启用"京沪线"的线路名称并开始统一编排里程。2007年京山铁路分拆,北京至南仓段成为京沪铁路的一部分,南仓至天津及天津至七道桥段为津山铁路的一部分。2007年4月18日,铁路第六次大提速后,京山线廊坊段改为京沪铁路廊坊段。

六、京沪高铁

京沪高速铁路于2008年4月18日开工,从北京南站出发,终止于上海虹桥站,总长度1318公里。它的建成使北京和上海之间的往来时间缩短到5小时以内。全线纵贯北京、天津、上海3大直辖市和河北、山东、安徽、江苏4省,是新中国成立以来一次建设里程最长、投资最大、标准最高的高速铁路。2010年11月15日铺轨完成。2011年5月11日,京沪高铁开始进入试运行阶段,6月30日正式通车运营。

京沪高铁廊坊段由广阳区万庄进入廊坊境内,沿现有京山铁路南侧行进,沿线涉及廊坊市广阳、安次两区下辖的5个乡镇(万庄、南尖塔、北旺、北史家务、落垡)、4个街道办事处(光明西道、银河南路、银河北路、解放道)和龙河工业园区,共27个行政村。在现有廊坊站对侧设廊坊高速铁路站,出站后上跨廊坊郊区快速路,经安次区落垡进入天津市。正线长度30.342公里,其中,高架路段18.212公里,路基段12.13公里(市区为路基段)。

第二节 桥 梁

一、最早的铁路立交桥

1983年始建,是位于廊坊北大街南头路东侧、通往路南东小街的1座铁路桥涵(在今银河大桥东侧,水塔东南40米处)。桥涵长14米、宽5米、高3米,为行人车辆过铁路提供方便(图11-1-1)。

二、银河大桥

银河大桥(图11-1-2)南端起于光明西道与银河南路交叉口中心处,向北上跨京山铁路,北端终点与银河北路和金光道交口中心相接，位于京山铁路74.42公里处。长810.90米，主桥宽27.50米，引道宽24.50米。其中桥长478.60米，南北引道长332.30米，机动车道宽14米，两侧非机动车道各宽3米，人行便道各宽1.25米。机动车道与非机动车道各设0.50米隔离带。1998年11月10日奠基，2000年5月17日竣工通车。

图11-1-1　廊坊天桥是当时京津间唯一可以作为过街和铁路的两用老式天桥

图11-1-2　银河大桥

三、K83立交桥

郊区快速路铁路桥附属工程第二合同段工程，即京山线廊坊市郊区快速路地道桥引道排水及泵站工程。桥长722.50米，机动车道每幅宽12.25米，中间为4.50米隔离带。

四、解放道铁路桥

位于廊坊市城区内，廊坊至大良公路与京山铁路平交道口处。钢筋混凝土结构，是境内第一座快慢车分行的大型交通枢纽。1977年9月动工兴建，1978年12月竣工正式使用。全长32.5米，宽24米，中孔为快车道，净宽9米，两边孔为慢车道，净宽6.5米。排水系统由封闭式集水池加电动排水泵组成，并配备75千瓦柴油发电机组1套。

五、爱民道铁路桥

位于廊坊市城区内，爱民道与铁路交会处，1987年10月1日建成通车。长24.5米，中孔机动车道宽9米，两侧非机动车道各宽6米。引道全长500米。

六、和平路铁路桥

位于廊坊市城区内，京山铁路77公里928米处，长26.4米，中孔宽12米，两侧孔道各宽6米，人行道各宽3米，引道长350米，引线长595.7米，1989年4月28日竣工。

七、潮白河铁路桥

位于北京通州区与三河市交界处的潮白河上，全长403米，分上、下行两线，上行线1972年11月18日动工，1973年6月20日主体工程竣工。该桥梁设计考虑地震基本烈度为八级，冻结深度为0.8米，桥墩台设有防止地震落梁结构及电气接触网立柱预留孔，并设有吊栏、围栏、避车台及检查设备等，为便于机械化养护，在桥左侧设1.05米宽、右侧设0.5米宽人行道。

八、南关桥

南关桥为京秦铁路跨越三香公路的立交桥，位于李旗庄至三河市区间，分上、下行两座并行桥，下行桥于1973年4月23日开工，同年8月12日竣工。上行桥并行于下行桥的南侧，系原有立交桥的改建，于1982年10月12日正式开工，1983年3月25日竣工，该线为出线，与1线间距为5.3米，并设双侧人行道，左侧宽5.5米，右侧宽1.25米，原桥与框架桥之间缝隙设有挡土墙。

九、燕郊立交桥

位于京秦铁路17公里146米处，钢筋混凝土结构，由铁道部第三工程局四处一段三队施工，1982年

9月2日动工,同年10月27日竣工。桥下快车道1孔,长10米,宽3米。两侧人行道各长4米,宽2.45米。

十、泃河铁路桥

位于京秦线49公里104米处。该桥分两次修竣,第一次施工在1973年2月14日—7月30日,在通坨铁路(京秦铁路前身)施工期间同时开始。为适应京秦铁路改修复线需要,1982年4月23日进行第二次施工,同年7月18日,主体工程竣工。

第二章 站 点

第一节 廊坊北站(原廊坊火车站)

位于廊坊市区中心,京山线76公里处。修建京山铁路始设廊坊站。最初的廊坊火车站建于清光绪二十一年十一月(1895年12月),站牌名为“廊房”。候车室50余平方米,系英国人设计,砖木结构。位于廊坊曾经的“老三角地”,东、南、西、北四条大街交会处的铁路北侧。建站舍30间,两间候车室50平方米,设5~6名站警。清光绪二十三年五月(1897年6月)正式通车使用,为办理客货业务的三等站。

1957年,改造廊坊站,建立煤专线、货物线。1975年由北京铁路分局设计室设计、分局工程队施工,廊坊火车站由74.2公里处迁至76.44公里处,进行客货两站建设。1978年8月1日竣工,新铺道岔35组,股道延长99.63公里,铺设了管道局及化肥厂、物资局、地区粮库、石油燃料等专用线。1982年7月,货场正式交付使用,设有装卸线、仓库站和装卸机械等。

1986年冬天开始修建新站,位于解放道西端路南,京山线76公里处,同时对货站进行改建。1989年9月9日,新站、货站同时开通使用。新站为纵式排列,设有候车室、售票厅、行运处及仓库,为办理客运业务的二等级车站。新站建筑面积3370平方米,配套工程1100平方米。车站全长3.2公里,站内设正线3条,站线7条,专用线17条,道岔84组,小车线1条,机车整备线1条,客运存车线1条,调车线2条,牵出线2条,货物线2条;有职工340人。20世纪90年代,廊坊车站共有25条专用线。

1997年4月,开始更换提速道岔(全线上下线)13组,为小京山线列车提速做好了准备。1997年10月1日,部分客运列车将100公里/小时的速度提升为120公里/小时。1999年,该站进行了第二次提速,将120公里/小时的时速提升到140公里/小时。

1993年,发送旅客100万人次,行李包裹11万件;发送货物28万吨,到货量220万吨。1994年,该站年发送旅客达到123万人,行李包裹发送8万余件。1999年,年发送旅客94万人,行李包裹发送5万余件。1999年,该站的货运任务达到247.2万吨。2003年,共运送旅客212万人次,运输货物35万吨,年到货量500万吨。

2011年6月1日起,廊坊火车站(图11-2-1)改名为廊坊北站。

图11-2-1 廊坊火车站

第二节 万 庄 站

地处万庄镇东侧,建于清光绪三十三年(1907年),位于京山县63公里处,属于四等车站,隶属北京铁路局管辖。1981年,万庄站改扩建,站内设有正线、到发线及配套的信号连锁设备,站舍投入使用。客运设施有候车室、售票处、行李房及仓库、旅客站台2座。旅客年到发量14万人。货车时速为80公里,普客时速为120公里。1983年,修建了万庄石油专用线。进入20世纪90年代后,由于公路建设速度加快,汽车运输业迅猛发展,加之停点客车由1986年的3对/天,减少至1999年的2对/天,造成该站客运任务逐年下降。到1999年底,该站已无货运任务,货运业务移到廊坊站。万庄一带盛产广梨、雪花梨,每到水果成熟季节,整车外运100余车梨、70余车西瓜。

第三节 落垡站

与京山铁路同期建成,位于京山线89公里处,是京山线四等中间站,站内设有正线、到发线4条,货物线1条,货场2100平方米,可存货物1600吨。车站设站长、客运、运转3室。1974—1984年,年均发送货物1.9万吨,以粮食、苇子、棉花为主;到达货物1.2万吨,以煤为大宗。1984年11月1日,停办了货运业务,货物线和货物站台停用保留,但该站仍办理接发货车业务,每天接发货车在120对左右。站内设有候车室、营业室和旅客站台2座,年到发旅客1.1万人次。1990年9月13日,新站建成投入使用,当年客运18万人次。1993年,年到发旅客20万人次。1997年,有6对列车提升速度至120公里/小时。到1999年,有17对列车提升速度至160公里/小时。

第四节 三河站

坐落在三河县城东南1000米处,是京秦铁路上的一个四等中间站,中心里程46公里417米。1989年被铁道部命名为"标准中间站"和"安全达标示范站"。

三河火车站与京秦铁路同时建于1973年,1976年正式运行,以后多次扩建。到1993年,总占地面积25万多平方米,东西长1879米,南北宽22米,总建筑面积20000多平方米,其中各类建筑面积6437米,房屋建筑面积1300多平方米(包括候车室564平方米)。站内建机井1眼,水塔1座;设2条正线,3条到发线,货物线、军用线和油库专用线各1条,道岔21组。

客运能力。日装车8辆,480个吨位,日卸车6辆,360个吨位。货运设备有货物高站台1处,长144米,宽20.8米,货物仓库2座:第一座建筑面积136平方米,第二座建筑面积450平方米,主要装卸机械有龙门吊2台。

1996年,日通过客运列车17对,正常停车时间为2分钟;货物列车49对,站日装车8辆,主要货物有白云石、钢材、粮食、建筑材料等,日卸车7.6辆,主要有木材、钢材、粮食、水果、家电等。

第五节 燕郊站

在三河市燕郊镇境内,京秦线23公里196米处,是天津铁路分局与北京铁路分局的分界口,为办理客货业务的四等站。总建筑面积8031平方米,站内设2条正线,34组道岔,1所行车室,并设有运转班组、客运班组、货运班组、调车组。

客运能力。有客运站台两处,各长450米,宽3.6米,每日除3对客车经过外,由于燕郊地区中省直机关单位多,另有京郊客运班车来往,每年到发旅客28.5万人次,行包10000件左右(此为市志数字,三河县志中数字为每年输送旅客达30万人次,下车人数达42.5万人次)。1996年4月至该站的京郊客运班车停运,客流量下降,全年运送旅客为10万人次。

货运能力。有货物站台1处,长100米,宽10米,货物仓库1座,建筑面积630平方米。年发送货物10.4万吨,日装车1884吨,日卸车3600吨。该站货运1985—1990年一直以运输国家有色金属仓库的内调货物为主,年均货物运量为8亿吨。随着其他运输工具的发展,有色金属货运量越来越少,致使燕郊站货运量下降。同时,一直担负的福成养牛集团的活牛运输也于1995年5月停运。1994—1996年,该站以运输"龙丰"方便面,华美粮油公司产品,燕郊、高楼地区及中、省直驻燕郊单位的货物为主。

第六节　段甲岭站

位于三河市段甲岭镇南约1公里处，京秦线49公里498米处，大秦铁路与京秦铁路的交会点，1975年与通坨铁路同时交付使用。该站为京秦线四等中间站，也是京秦线与大秦线接轨站，全长2221米。设2条正线，4条到发线，货物线、牵出线各1条，28组道岔，2处道口。一站台为客运台，设在3道北侧，长310米，宽5米；二站台为货运台，位于5道北侧，长80米，宽16米，货物仓库建筑面积为132平方米，零担仓库面积为107平方米。年到发旅客30000人次，年发送货物15000吨。

20世纪80年代末，货运任务以段甲岭镇产的建材、石灰为主。随着汽车运输业的发展，客、货运量逐步减少。1996年6月1日，天津铁路分局丰润机务段下令撤销段甲岭站的一切自营业务活动，只负责大秦铁路列车与京秦铁路并轨、转轨的通行任务。

第七节　三　平　站

该站原名李旗庄站，1991年4月1日更名为三平火车站。位于三河市李旗庄西南1公里，京秦线38公里583米处，按业务性质定位为客货运站，按技术性质定位为中间站，等级为四等。1995年被铁道部命名为“先进中间站”。

站内设正线2条，到发线3条，货物线2条，水泥专用线和粮库专用线各1条，道岔25组。有客运站台2处，各长450米，宽6米，年到发旅客12000人次，行包700件。有货物站台1处，长100米，宽10米。货物仓库1座，建筑面积100平方米。日停货车4列，日装车5.19辆、卸车25.9辆，年货物发送108038吨、到货量538764吨，其中专用线日装车2.41辆、卸车25.8辆。

1985年，由于沿途客运汽车逐年增多，火车客运量逐步减少。但该站货运发展很快，1985年收入16万元，1996年增至285万元。该站负责其附近的国家粮食储备局直属库内外调粮油的运输和三河市产的黑水泥、白水泥、白云石矿的外运等。对本站至平谷县马坊镇铁路线运输有调度权。

第八节　大　厂　站

大厂站原名夏垫火车站，位于京秦线大厂境内31公里处，为京秦线四等中间站。原址位于大厂县夏垫村北铁路南，客运室可容纳75人，货场有35个货位。1982年，通坨铁路复线工程施工中，把原车站由铁路南迁到铁路北，同时火车站由原来的夏垫站更名为大厂站，客运室扩大到能容纳150人，货运线延长340米，站台延长110米，并新建仓库350米，增设25吨龙门吊1个。车站全长1626米，站内设2条正线、2条到发线、2条货物线、1条调车牵出线和14组道岔。日停客车8列，年平均接运旅客44000人次；发送货物50000吨，到货量150000吨。

第九节　固　安　站

位于固安县城南侧，1996年6月建成，占地6亩，为三级站，属铁道部北京铁路分局丰台车务段管辖。建站以来，一直只有少量旅客出入，货站还没有建成。1993年，固安县铁路专用线开工建设，长910双米线，占地41亩，垫土方10万立方米。

第十节　牛　驼　站

牛驼站位于河北省廊坊市固安县牛驼镇，是京九铁路的一座火车站，等级为四等站，距北京西站76

公里,距九龙红磡站2331公里,本站及相邻上下行区间均为电气化区段。车站建于1996年,不办理客、货运营业。据固安县志记载,20世纪90年代有京九铁路过境固安,根据铁三院第十四测绘大队勘测设计,固安县城设客、货站各一个,柳泉设乘降所及牛驼客货站。后牛驼客货站降为乘降所。2003年,牛驼客货站及柳泉乘降所同时取消。

第十一节 霸州站

位于霸州市开发区,站中心为京九线91公里824米、津霸联络线73公里62米处。该站全长2.6公里,1996年9月1日通车。该站按技术性质为中间站,业务性质为客、货运站,按工作量为三等站。该站设有正线4条、到发线4条、货物线2条、道岔48组、牵出线16条。站内设有候车室、售票室、行包处,有职工73人。年客运量为39.7万人,年货物发送量为19万吨,到货量99万吨。

第十二节 文安站

位于京九线97公里处澎耳湾西南,1992年11月20日建站,车站占地面积为347亩。该站为三级站,属铁道部北京铁路局石家庄分局衡水工务段管辖。铁路线形包括双线、3条货运线及4条到发线。功能性质属客、货运业务。客运量月平均3500人次,货运量月平均100吨(主要以木材为主)。

第十三节 新镇站

位于京九线107公里处文安县新镇镇二村东南,建于1996年。现为四等站。客运办理旅客乘降,行李、包裹托运。货运仅办理路用整车货物发到。2002年12月1日,京九铁路文安段实施提速改线工程,新镇站向北至鹿疃村北全长2.85公里原路基实施小半径改造,向东改移30~500米,重新打路基架钢轨,2003年6月1日完工。

第十四节 里澜城站

位于永清县里澜城镇,建于1996年。离北仓站54公里,离霸州站24公里,隶属于北京铁路局北京铁路分局管辖,现为四等站。客运办理旅客乘降,行李、包裹托运。货运办理整车货物到发。

第十五节 廊坊站

廊坊站(图11-2-2)是京沪高速铁路自北京南站始发后第一个经过的车站,2011年6月建成并投入使用。廊坊站位于京山线廊坊北站南侧(原廊坊车站已改名为廊坊北站),与廊坊北站客运车场南北对应。站房设于线路南侧,线侧平式布置。站房主体部分为一层,局部设开放的商业夹层;两侧生产附属房屋为两层。站房主体为进站厅、候车厅及商业夹层;两侧生产附属房屋为出站厅、贵宾厅、售票厅及生产设备用房。总建筑面积9889平方米。中心站房建筑外墙东西宽174.6米,南北进深36米,站房主体最高点距地面19.4米。无站台柱雨棚长422米,投影建筑面积19630平方米。雨棚高11.8米,净高7.8米。结构设计基准期为50年,耐久性按50年考虑;建筑抗震设防烈

图11-2-2 崭新的廊坊站

度为8度，按8度进行抗震措施设计；结构安全等级为二级。廊坊站为2台4线横列式站型，设正线2条、到发线2条，设450米×9.0米×1.25米侧式旅客站台2座，站台上设宽12米旅客地道2座。最高聚集人数为1000人。

京沪高铁实行弹性列车时刻表，每天经停廊坊市的动车数量为34至42列：日常（周一至周四）34列，周末（周五至周日）37列，高峰期（春运、暑运、黄金周、小长假）42列。其中上行车数量分别为18、19、20列，下行车数量分别为16、18、22列，上行时间范围自9:00至22:53，下行时间范围自8:22至20:40，高峰时刻最短9分钟一趟列车，廊坊站到北京南站列车运行时间为20分钟。

第十二篇 水路

第一章　航　　道

廊坊境内河流大体分为海河、蓟运河两大水系：北部三市、县的泃河、鲍邱河、潮白河属于蓟运河水系；南部六区、市、县境内的大清河、子牙河、中亭河、赵王新渠、牤牛河、永定河、龙河、凤河等属海河水系。

第一节　泃　　河

泃河发源于河北省兴隆县青灰岭，全长180公里，流域面积2276平方公里，流经平谷，于赵沟乡北务村西进入三河境内，东南流经至新集镇芮庄子村东，入蓟县，与武河（鲍邱河下游）汇流后入蓟运河，境内流程51.2公里，天然河底纵坡1:7000，平均宽50～70米，年平均流量11.9立方米/秒，三河市东南部299.5平方公里的汛期沥水由该河下泄。沿河有掠马渡、白塔渡、泃河渡。

第二节　鲍　邱　河

鲍邱河发源于北京市顺义县李遂镇以东丘陵地区，经史官营、军下，南流夏垫，折东南流，经芮屯、白庄至虎将庄与武河相会，再东至芮庄子与泃河入蓟运河。全段长52.8公里，河宽25～55米，总流域面积522.8平方公里。此河平时干涸，间有水路，每逢霖雨，聚水归河，旋发旋消。

第三节　潮　白　河

潮白河旧称箭杆河、老五河，由潮河和白河在北京市密云县城南汇合而成，自顺义县赵庄南，流经三河、大厂、香河，全段长458公里，北高南低，地面天然纵坡3:10000，主槽约200米，最大主槽宽约300米，年平均流量29.7立方米/秒。沿河渡口有焦康庄、杜屯、百家湾、吴村、小高坨等。

第四节　北　运　河

北运河是大运河的一段，北起北京市通州区，流经香河，于红庙分一支入青龙湾，主流经武清入天津市，境内全长28.5公里。凿于公元前5世纪（春秋末期），在7世纪（隋代）和13世纪（元代）进行了两次大规模的拓宽。封建社会时期，北运河是香河通往京、津的主要航道，两岸设有起河屯、王家摆、止务等码头。

自北宁铁路、京津公路通车后，北运河颇受影响，再加上河道逐年淤浅，至民国二十九年（1940年）抗日战争时期，北运河已失去运输能力，停止了民船航运。

第五节　子　牙　河

子牙河旧称"盐河"、"沿河"，也叫"下西河"，为廊坊五大河流之一，是大城境内的主要河道。河水经河间县北司徒乡，在权村乡董房子村西流入大城县境后，流经权村、留各庄、大广安、臧屯、刘固献、平舒、大流票、南赵扶、旺村9个乡镇，在西子牙村东出境流入静海县。境内全长46.7公里，河套面积36.5平方公里,流域面积890平方公里,河床宽40~114米,深8米,两侧距163~2450米,为复式河道,系半地上河,汛期最大行洪量300立方米/秒,结冻期约70天。

1965年前为常年河,水运畅通,是大城县上达衡水下通天津的唯一水上通道。历史上主要渡口有姚马渡、白洋桥、赵贾村、十里湾、双摆渡、望帆长、留各庄、南赵扶等,尤其是留各庄、南赵扶、姚马渡等渡口常年有船舶往来,是大城县境内主要的水路码头。1967年,子牙新河开挖以后,上游被臧桥枢纽工程控制,加之连年干旱,下游蓄水枯竭,因此河床干涸,水运中断。

第六节 大 清 河

大清河源于新盖房枢纽,自雄县高铺入文安境,宽50米,深5米。1969年大清河治理后,上口到该县西码头与新王渠下口相交,东经左各庄,入大清河故道至静海台头出境,全段长20公里,沿岸有高家铺渡口、王坊渡口、毛湾渡口、左各庄渡口、新镇渡口、苏桥渡口。

新中国成立前,霸州县河道、洼淀较多,水路交通极为便利。流经霸州南境的大清河当时是一条常年性主要航道,域内流程30多公里,沿线有营上、下码头、任庄子、王圪垯、石沟5个停泊码头。分布有营上、口头、善来营、苑口、东杨庄、孙家坊、下码头、任庄子、石沟9个渡口。

第七节 赵王新渠

赵王新渠源于白洋淀,至西码头与大清河衔接,全段长31公里。1969年开挖,平均宽度336米,深5米,沿岸有沙窝渡口、大龙华渡口、兴隆宫渡口、夏村渡口、王村渡口、胡头渡口、毕家坊渡口、王圪垯渡口。

第八节 永 定 河

永定河最初名为漯水,也称治水。后称芦沟水、浑河、无定河,自清康熙三十七年(公元1698年)始称永定河。

永定河上源有两大支流:南支为桑干河,北支为洋河,两河流至河北省怀来县朱官屯汇流后以下称永定河。河入官厅水库经官厅山峡,至三家店渐入平原,途经北京市石景山区、房山区、丰台区,过卢沟桥,经涿县、固安县至梁各庄入泛区,到天津北郊,经屈家店闸入永定新河。永定河自上源至屈家店,流经内蒙古自治区、山西省、北京市、河北省、天津市5省、市、自治区的43个县市,全长680公里,流域面积47016平方公里(据821海水规字第22号文通知)。

永定河廊坊段流经安次、永清、固安三个区(县),全长96.8公里。

其中安次区境内全长42.8公里,自安次区西部白家务乡北寺垡入境,经王玛、大北市、朱官屯至后沙窝出境入武清县。属行洪河道,河道上建有王玛桥、东苑家务桥、朱官屯简易闸、赵庄漫水桥。

永清境内河段32公里。民国二十八年(1939年)以前,永定河从永清县西北眼兆屯入境,经孙家务、北戈奕村南、孟家庄村北、曹家务北、泥安村南、河麻子营村、郭家务村、卢庄子村、小良村北、董家务、前卢庄子村南、张庄子村南、三间房子村、李黄庄、半截河、双营村、赵百户村西、贺尧营、南柳坨村东、崔家铺村、辛安庄村东、赵家楼、闸口村东北,又二里许,出永清县界。自清康熙年间,屡浚河道,永定河航道得以畅通,河运一时兴盛,全河道有曹家务、董家务、双营三大渡口。每年春、夏、秋水势平稳时,航船畅通无阻。清代中期,河中日返船只(10吨级)达百余艘;清末,30艘左右。民国间,战乱频繁,修整河道无人问津,河道多徒,运船渐少。民国二十八年(1939年),上游决口、改道。此后,河水深浅不一,水势不稳,永定河道断航。

固安境内长22公里。西起涿固边界,从东北村入境,东至梁各庄出境,平均河宽1.2公里,河底纵坡1:2600。堤顶宽8米,堤防系沙质土壤筑成。河道淤积严重,河床高出地面4~6米,形成了地上悬河。

沿河经过东北村、西北村、西杨村、东杨村、西坨头、东坨头、西玉村、辛立村、北五里铺、小孙郭、大孙郭、窦家铺、东礼村、纪家庄、丁村、河津、梁各庄。

一、永定河泛区

1. 永定河下游三角淀

1939 年以前,永定河水入三角淀,即西起贺尧营,东至北运河,南、北遥堤间,面积是 600 平方公里,群众称之为浑河套或沙涨地。淀内分南、北、中三泓:南泓路线为王庆坨、三河晋、青光、韩家墅,至唐家湾入北运河。北泓路线为响口以北皇后店,沿北遥堤而东,至老米店入北运河。中泓路线为调河头、葛渔城、六道口、叉沽港、双口,至屈家店入北运河。淀内规定,不准筑堤打坝,任水漫流。

历来,凡水走中泓,天津港必淤。淀内人常说:“滚浑河约 20 至 30 年一转,由南泓、中泓,至北泓,又回到南泓……”。

2. 新泛区

永定河洪水游荡的范围是自梁各庄至屈家店,长 61 公里,在北遥堤和护路堤间,南、北宽 16 公里,面积为 460 平方公里。

永定河新泛区的作用是调蓄洪水,当上游下泄 50 年一遇洪水,即达 2500 立方米/秒时,加天堂河、龙河 20 年一遇洪水下泄,总水量约 4.35 亿立方米,经新泛区调滞、削峰后,到屈家店为 1800 立方米/秒。

由于泛区河槽不定,区内群众为了保护土地、房屋,发展经济,筑有北小埝、北前卫埝、北围埝、西围埝。这些围埝减少了新泛区调蓄洪水的面积,甚至阻碍行洪、滞洪。

为了统一调度洪水,有利新泛区的充分利用,1967 年,天津防汛会议决定:永定河发水后,固守护路堤、北遥堤;北小埝自大北市以上堤段,当洪峰流量达 2000 立方米/秒时,新天堂河口至大北市段弃守;大北市以下堤段,当洪峰流量达 1000 立方米/秒时,大北市至大王务段放弃。

永定河泛区内地面普遍淤高 2 ~3 米,最高达 3.4 米。

二、永定河支流

1. 龙河

龙河(图 12-1-1、图 12-1-2)是唐、宋年间永定河透堤水冲刷而成的,是京东南泄沥要道。

龙河出海子东南,又东南流经田家营,在大兴县境 20 余里,入东安县西北境,经簸箕营、潘村、邢家营、北皋、大五龙、刘各庄、小祖各庄、于常甫、永丰,向东经裴家务、东张家务、丈方河,至七字堤出界,境内 70 余里,入武清县西南境,经罗鼓判、解口屯,复入东安县东南境,经响口屯北,东南流经穆家口,境内长 13 里,复入武清县境,自罗鼓判,经六道口入三角淀。清雍正六年(公元 1728 年)筑三角堤淀北堤,建涵洞以消沥水,后因六道口民堤冲淤,又加筑北埝,龙河又经石各庄,循北埝减河入凤河,此为故道。

图 12-1-1　跨龙河水丰拦蓄闸

图 12-1-2　1990 年 10 月 31 日,龙河胜天闸

今龙河为永定河一支流,于安次区三小营村西入境,经杜各庄、天村、大五龙、刘各庄、西辛庄、祖各庄、南昌、于常甫、永丰、高圈、石各庄、北田庄、岳庄子,至东张家务穿护路堤入永定河新泛区,于武清县刘各庄北入永定河槽,全长 68.41 公里,流域面积 520.95 平方公里。

龙河是自然形成的河道,因上游断面狭小、坡陡流急、冲刷严重,历史时期摆动较大,造成河道蛇曲,下流地势平缓,尾闾不畅。

龙河只有雨季行洪泄沥,因集流面积大,泄流快,河道不规,1956年以前只限局部疏挖,每逢河水盛涨,冲倒房屋,淹侵农田,危及京津铁路安全,灾害频繁。1954—1956年,连续三年大水,两岸农田被淹,水没落垡铁桥,迫使铁路停运,损失重大。

为保证京津铁路及流域内人民生命财产安全,安次县政府于1957年组织民众开挖了自永丰至东张家务护路堤段9.4公里长的新龙河,设计通过流量165立方米/秒,河底宽50米,两岸边坡为1:2.5,纵坡1:9000,并筑两岸堤埝,起点高程12.26米。

为畅其流,安次县政府又于1963年组织6300名民工,11月27日—12月底开挖了东张家务至武清县蛮子营,全长4.4公里河道,名为新龙河伸长。此段河道底宽38米,边坡1:2.5,纵坡1:8000,设计标准为20年一遇,通过流量为165立方米/秒,完成土方24.75万立方米。

为使龙河与永定河槽相通,避免漫水成灾,天津地区于1971年组织安次、武清两县民工疏浚,并开挖自东张家务闸上100米至11+300米段河道(其中4000-11+300米段开挖新槽)、安次县6+964.4米以上河段,并在两岸筑护麦埝,埝高0.5米,顶宽2米,同时兴建倪官屯、蛮子营、眷兹3座跨河便桥,国家补助资金4.93万元。

治理龙河,自1974年纳入海河工程后,三小营至北昌闸,长14.3公里段河道局部裁弯取直,深挖河槽,兴建三小营、齐营、大五龙、北昌4座跌水闸,以调整纵坡,保证水流平稳。自北昌闸下至东张家务水闸,长19.5公里段河道,沿河疏浚并加固整修两岸堤防,兴建永丰、东张家务两座蓄水闸,拦蓄洪沥水。

为便于交通,跨龙河新建、改建、扩建杜各庄、天村北、天村东、大五龙西、刘各庄、祖各庄、南昌、王常甫、石各庄、北田庄、东张家务等11座桥梁及大五龙村中、于常甫村东两座公路桥。

为防止沿河各排、引水口冲刷河岸,并保障两岸村庄沥水直接入河或引水浇地,兴建排、引水小型水工建筑物10处。

经综合治理,1979年汛期,北昌闸实测过闸流量为302立方米/秒,超设计标准行洪,排沥水,河道未发生掏刷、漫溢,改善了流域内排水状况。利用龙河进行阶梯蓄水,引水1100~1500万立方米,浇灌农田10万亩。

2. 凤河

凤河成流年代很早,由古凉水河形成,形如凤,故名"凤河"。

凤河为桑干河旧分一派。据《元史·河渠志》载:芦沟河至都城四十里,东麻峪分为二,凤河为其一,水出南苑海淀中,东南流,经漷县(通县)故城为新庄河,经东安县西北凤窝集,又东经武清县西北为水铺河,又绕城北,折而东南80里为安沽港河,南入三角淀。即元时浑河故道。明时,浑河直注,夺琉璃河,达霸州,其东流一道,不复相通,遂名"凤河"。

清雍正四年(1726年),夺凉水河入凤河,经东安县、武清县,由堆上屯以下改流,入天津县西北丁家庄南,导入叶淀,沿途分沟竞纳,至韩家墅西,归大清河。河面宽两丈,深数尺,古渠深广,隆冬不冰,每至伏秋,众流奔趋,是永定河尾闾。

清光绪年间,凤河水出大兴县南苑,途经闫家营东、新七营西、蒲州营东、周家营东、采育营西、沙窝营东,在大兴县境内60余里。经东安县堤上营北、龙门庄西、半壁店西,东安县境内13里余;入通州境,经小甸屯、马房西、三垡西,通县境内9里;又东南过武清县,至天津入海,此是故道。

据《畿辅通志》载:顺天府安次县境内凤河,即桑干河分入三角淀,自堠上屯以下,堵塞断续,伏秋水潦,散漫无归。

今凤河,起自北京市南大红门,流经大兴县青云店、长子营、采育、凤河营入安次区;经安次区堤上营、堤口、庄头,至通县小甸屯;至安次区乃自房村东出界。安次区境内长7.5公里,经武清县堠上屯下流,全长45.3公里,流域面积424.5平方公里,安次区境内流域面积47.25平方公里,河内夏秋水发、冬春涸竭。

凤河因积水面积大，汇流快，河面狭窄，且浅，河道蛇曲，又坡陡流急，常冲淤坍塌造成险工，又尾闾不畅，常漫溢成灾。

据《永定河志》载：清乾隆二十八年(1763 年)，挑浚凤河，大兴县境内长 6713 丈(1 丈 = 3.3333 米)，东安县境内长 1440 丈，通州县境内长 2020 丈，武清县境内长 10950 丈，间断挑挖，照工赈银 643.38 两。清乾隆三十二年(1767 年)修通州、大兴县张家湾河，并挑浚凤河，用银 21301.3 两。

据光绪顺天府志载：清光绪十年(1884 年)，直隶总督李鸿章，府尹周家楣，以工代赈，浚凤河，起南苑五空闸，讫大兴县采育，间断挑挖 3409 丈；起采育，讫武清县堠上屯挑河 9290 丈，河口宽 5.5 丈，底宽 3.7 ~ 4.3 丈，深 3 ~ 4.5 丈，并以土培堤。

中华人民共和国成立后，党和政府于 20 世纪 50 年代组织民工先后开挖了凤港(自老观里至丁各庄，入港沟河)减河和新凤河(自南大红门至马驹桥，入凉水河)，使凤河水从上游分流入北运河。后又对河道间断疏挖，其排水状况得到改善。1961 年，大兴县又对凤河间断疏挖，经几年运用，沿河各支沟滞水顶托严重。

1971 年，北京市疏挖了上起蒲州营，下至乃自房河段，长 20.1 公里，底宽 25 米，边坡 1:4。堤上营以上堤段过水能力为 99 立方米/秒；堤上营以下至乃自房段河道过水能力为 165 立方米/秒；并对官沟、柏凤沟分别按过水能力 34.2 立方米/秒、59.3 立方米/秒的标准疏挖。

为调坡、蓄水，在安次区境内建有堤口闸。为便于交通，跨河建有堤上营东桥、堤上营西桥、堤口桥、下庄头桥、乃自房桥。

后因京郊常有污水顺河下泄，加之安次区连年干旱，1974 年，在凤河右岸兴建堤口扬水站及小型泵点多处。1989—1990 年，投资百余万元在乃自房村北凤河右岸兴建 4.5 立方米/秒泵站一座，从凤河提水灌田。

3. 天堂河

天堂河是龙河的支流，俗称减河。

旧天堂河。自 1960 年开挖上起大兴县南各庄至穆庄南入永定河槽的新天堂河后，自南各庄至冯家务的天堂河故道称为“旧天堂河”。旧天堂河源于大兴县南各庄，自付各庄北入安次区境，经田古营、大古营、北王力、夏营、南汉、西庄子、旧州，至东冯家务村东入龙河，境内河长 18.4 公里，流域面积 82.78 平方公里，泄流能力是 58.8 立方米/秒。因汇流面积大，河道断面浅窄，又坡陡流急，下游河水受顶托，河水漫溢，灾害频生。1962 年，安次县政府据京、津排水协议，组织万名民工疏浚自北王力闸至西庄子东长 24.2 公里的河道，总土方量为 13.6 万立方米。1964 年 5 月 3—22 日，又组织 2000 名民工疏浚北王力闸上 2.2 公里河段，完成土方 2.2 万立方米。疏浚标准：底宽 14 ~ 17 米，边坡 1:3，纵坡 1:2600 ~ 1:6700，深 2.6 ~ 6 米，过水能力为 51.5 立方米/秒。跨河建有田古营、大古营、北王力、白家务南、南汉、西庄子、东冯家务等 7 座桥梁及北王力闸。

新天堂河。新天堂河是为分减龙河泄流量于 1960 年开挖的人工河。自大兴县鹅房，经庞各庄、东黑垡、西梁各庄，至南各庄为原天堂河，入安次县境内为新天堂河。经付各庄南，沿永定河护路堤，至穆庄南入永定河槽。河道全长 38.63 公里，流域面积 387.34 平方公里，安次区境内河道长 10.9 公里，流域面积 13.63 平方公里。原武清县(安次与武清两县合并称武清县)，据河北省规划，于 1960 年 1—2 月组织 14400 名民工开挖自付各庄至永定河槽的新天堂河 9700 米，河底宽 53 米，边坡 1:2.5，纵坡 1:6124，深 1.5 ~ 1.65 米，过水能力为 120 立方米/秒，并将挖河之土加筑左堤，动土方 77.65 万立方米。1975 年春，大兴县疏挖天堂河上段河道，安次县改建付各庄、田古营、马场、南王力 4 座桥梁。1977 年兴建更生闸。新天堂河至今河道稳定。

第二章 运输与管理

战国时期,境内已出现漕运。秦朝时,临泃(今三河)有魏湾渡(即芮营渡)、英城渡、沿口渡、白塔渡、掠马渡,平峪(谷)有马驮渡(今三河市东门外)、泃河渡(即埝头渡,后为寺渠渡)。

东汉建安七年(202年),曹操拥兵北上攻打乌桓,为保证辎重的运输,开凿了平虏渠(自滹沱入派水,即南运河的前身)和泉州渠(自泉州泃河口入沽水,即蓟运河的前身)。这样将黄河故道连接了池水、派水、沽水、鲍邱河与泃河,接通了华北地区海河与蓟运河两大水系,开辟了由中原直抵长城塞外的军运路线,也为南北物资交流、经济发展、军事供应开创了道路。自此,开创了廊坊漕运史。

魏、晋、隋、唐历代对航运十分重视,经常修理河道,掘本清源,疏浚挑浅,确保航道畅通。唐朝在北方屯有重兵,所需物品由南方经永济渠(南运河)运到天津军粮城,再沿海出直沽北上,其中一路进泉州口入泃河,至三河、平谷等地,每天数十只木帆船往来运输。唐代诗人李清云在《山水漫览》中有一首题为《泃水渡》的诗:"泃河流今古,云帆漫水来;鸟冲鱼儿遁,波涌堤岸拍;军粮积如山,车马运征埃;边关用武地,供给亦劳哉。"描述了当时漕运的繁忙情景。辽圣宗二十二年(1004年),萧太后执兵袭宋,曾过白河(即北运河)及龙湾二水(今青龙湾河),粮运析津(即北京市),故今香河境内[illegible]池、苍头、箭杆、青龙湾等河道有"萧太后运粮河"之称。金章宗明昌六年(1195年),京畿转运使张格,在治理潮白河北运河的同时,征夫修泃漕,造运船。天津河使吏司臣拘在平谷四隅开六岭、凿九泉、引七水入泃河,同时开七沟,引七水以壮洳河。从此泃、洳两河便成了多源汇集之水,芮营以下河槽加宽加深,水势汹涌,时英城帆樯舟影,穿梭不息。金泰和七年(1207年),畅通(白河)漕运,香河县派员干礼漕河事。明永乐十三年(1405年),大运河再浚后,通州以下漕运常年运粮军丁12万,漕船万艘。每重载经过,荷戈丛植,轮转拨防,中朝达旦,说明当时漕运盛况空前。时民船通运也有较大发展,香河县西起河屯、王家摆、止务屯码头为南方米、丝竹、茶与境内土布、农特产品等的集散地。

明宣德六年(1431年),实行"兑运法",成化七年(1471年),又改为"长运法"。随之边防裁军,驿铺缩小,停驿站,废墩堡,军需量大减,河道又年久失修,加之官府对民船的征调勒索,境内漕运逐渐衰落。嘉靖三十五(1555年),为保证北运河畅通,将密云县潮河的分支由南山口堵住,切断了鲍邱河的上源。清朝为修东陵,所需粮食、建筑材料,许多从南方经水路运输。清初,通过白河(北运河)年运粮400万石(每石为10斗,约100公斤)。道光二十六年(1900年)后,南方诸省粮食可折价缴银,每年粮运减至220万石。光绪末年,北运河漕粮北运停止。至辛亥革命后,漕粮折色,民国政府废除漕运,廊坊漕运史结束。但仍有一部分通商货物通过泃河水运进行,每年农历二至十月为航运期。当时民船种类有对槽子帆船、扳桨船、摆渡船、打鱼船、小舟等。

三河县所需芦盐均用船运至行仁庄和北关盐滩,然后用车、驮等运往城镇盐店。据《北支河川水运调查报告》记述:"泃河,由于水的深度影响,在白龙港到三河之间,只能通行吃水50厘米,装卸量25吨的民船。因此,泃河的水运量不大,但除本水路外,又没有其他的运输机构,所以,泃河是泃河流域与天津、唐山、芦台等方面联系的唯一运输路线,航行的民船数也比较多,即使考虑到水路不好的情况,也不失其重要性。"

民国三年(1914年)六月,北洋政府为发展内河航运,设置了河北省行轮水运筹备处;九月,改组为内河行轮董事局,专管内河航运。民国四年(1915年),开辟了途经大城县境的子牙河航运(天津至磁县之间)。津磁线因当时上游水量不足,只能由天津驶至河间沙河桥,航距约165公里。民国十七年(1928年),子牙河航运业务由天津市政府经营。当时子牙河下游水深均在3米以上,河内有官办的小火轮每日由天津到臧桥之间对开载客,货运多为私人木船,载重百吨以下,民船平时在200只以上。大城段沿河水路码头有坝台、王口、子牙、姚马渡、南赵扶、白洋桥、十里湾、双摆渡等。日伪统治时期,日伪军在子牙河沿岸多处设卡,甚至在河中下缆,敲诈勒索商民船户,不少船户被迫停运,水路运输萧条。

民国二十四年(1935年),大清河开始有对槽船。这种船一般可载重30~60吨。大型对槽船可载重百吨以上,共30多只,多为张清口、清河口、天津方面的专业运输船。单身船有大五仓、小五仓之分,大五仓一般载重10吨左右,小五仓载重5吨以下,这些船一般是客货两用船,多属于兴隆宫、新镇、苏桥、史各庄、左各庄、滩里等沿河各村的船。大型货船主要是为当地商行、粮行运送粮食、煤炭及工业品等。服务对象是商人,每年运送几次,收入较高。小型船主要是为小商小贩运送货物,并兼营客运。由史各庄至天津有定线长途客货船,有客船定期往返。有的船以运送当地农民的农副产品、商贩的小型货物为主,到史各庄、苏桥、新镇从事集市贸易,称为集船和刘家集船。船主根据货物数量和客座收取运费。这类船于民国二十六年(1937年)七七事变后停运,其他长途客货船也因战乱导致货运量减少而时运时停。

冰床子是冬季运输工具。其特点是速度快、行动轻便,行驶不受线路控制,客货兼用。一年中只有两个月时间可用。沿河村镇和大洼地区数量甚多,计1000多架。这种运输工具一直保持到1964年。

沿大清河的主要水旱码头有新镇、苏桥、左各庄、富管营。沿赵王河有史各庄。其中最大的码头是左各庄,此地盛产芦苇席,大批外运;其次是苏桥,粮食上市较多;再次是新镇。1938年以前,所有大清河的大小船只全部是人力船,行逆水则由人拉纤,一般60吨大船雇佣纤夫25人;行顺水以摇橹行船,雇短工少,遇到顺风可依靠篷帆行驶,大小木船都备有帆,称为木帆船。

民国二十七年(1938年)以后,日伪在新镇建立船运基地,名称为日本满铁株式会社(满铁航运公司)。满铁航运公司拥有拖船3艘,分别为澄清号、澄澄号、承浣号,驳船20多只。设有小火轮客运站,每天往返天津一次。沿河建客运点,有人售票,经史各庄、新镇、苏桥、左各庄、富管营至天津。有伪警押运,并规定所有个人大型船只都受满铁航运公司管理。天津由日本人成立的华交股份有限公司对水运货物加以控制,并对冀东解放区实行封锁,使水路停运,民船废除。民国时期,公路运输日渐代替水运。至20世纪30年代末,香河境内双街至王家摆的北运河段,往来民船已寥寥无几。新中国成立初期,为缓解香河县煤运紧张状况,于1958年8月,制成木质机船2艘,载重20~50吨,拖带木帆船3对,在通县至王家摆之间运行。后因河道少水,1959年结束运营。

据河北省航运局《1949年华北航运调查报告》记载,子牙河天津至河间沙河桥170公里,共有船只1400只,吨位分15吨、40吨、100吨3种,子牙河每年在12月封冻,至来年3月解冻后,期间洪水期9月、10月、11月为旺季。中水期3月、4月、8月为正常;枯水期5月、6月、7月为淡季。除客运外,主要运输的物资为粮、煤、棉布、花生、煤油、火柴、瓜果、糖、纸等。据统计,每年平均客运量约16万人,货运量约60万吨。1950年,子牙河航运力计有:公营船67只,载重量2435吨;公私合营船373只,载重量10705吨;私营船206只,载重量8270吨。此外,尚有通行滹沱河的公私合营与私营排子船400只,载重量2000吨。1956年,公营船只逐步转入拖带化,这时期投入子牙河水运的驳船有河利(240马力,1马力=0.736千瓦)、龙凤、和平(各180马力),后期复增特洪一、特洪二(各280马力),每台驳船均可拖木船10只,客货兼用;此外,尚有机母客驳船,每次可容200客位。这些船至沙河桥发天津,途经县境,两天往返一次。1958年,滏阳河、滹沱河上游兴建水库,子牙河水位下降。1959—1960年,子牙河客船只能由天津驶至南赵扶,汛期可行驶至留各庄、沙河桥,年客运量60万人。1963年洪水过后,子牙河水位上涨。为便于救灾物资的运输,大城县交通局建立了船运队,购置小火轮2只,木船10只,雇用船工41人,并组织副业木船8只,经营航运业务。1964年全年专业木船完成货运量8976吨,周转量418076吨公里;副业木船完成货运量23233吨,周转量1249928吨公里;小火轮年客运量54000人。1967年,因子牙河干涸,水运就此停止。

新中国成立后,政府对各河道进行清理。1950年,内河运输恢复了通航。当时,国营水运部门拥有的船舶比例很小,大部分为私营船舶。为加强对私营航运业的管理和改造,充分利用封冻停船季节,船运管理部门对船户、船主进行教育。同时,各级政府还向个体船户发放低息贷款,用于维修破旧船只,从事航运经营,并成立船运协会。

1951年,香河县政府建设科为保证渡口的交通安全和合理收费,成立了渡口管理委员会,统一管理公私船只和票据,并对各渡口不同程度地增加了1~2艘对槽船。1952年,文安新镇成立了天津航运站,负责管理大清河系的大小运输船只,有文安县、霸县、任丘县、雄县运输船只100多只,总载重量近2000吨。1956年,大清河系船只不分船籍,凡20吨以上的船只,都统一由天津内河局负责集中在杨柳青河运处,成立航运船队(以后成立国营船队)。20吨以下的小型船只成立航运社,属新镇航运站领导。新镇航运站站长由天津内河局委派。当时航运社的船只共82只,载重量600多吨,从业人员220人。文安县1957—1965年水运货运运量见表12-2-1。

文安县1957—1965年水运货运运量表　　表12-2-1

年份(年)	货运量(万吨)	周转量(万吨公里)	年份(年)	货运量(万吨)	周转量(万吨公里)
1957	0.8	70.2	1962	1.1	97.2
1958	0.8	47.4	1963	1.2	104.4
1959	0.9	80.1	1964	1.2	108.0
1960	0.9	84.6	1965	1.2	111.6
1961	1.0	90.0			

1956年,香河县政府交通科将渡口的私人船只组织起来,成立船业社,每对船定额4人,工人实行分红制,即按船业社总收入提取3%作为小公共积累(用于维修船只、修建码头、购置设备),其余25%上缴国家,75%由船家分红。1959年年初,香河县各渡口50余人及4对槽船、两个单只船共计240吨位,还有“跃进号”和“先进号”两只拖船(各装90马力柴油机)被调到蓟运河白龙港码头从事水上运输。

1956年3月,建立胜芳航运站,由河北省内河航运管理局领导,有船工270人,木船72只,在大清、子牙、南运、蓟运、滏阳、海河6条航道运输。1957年以后,因干旱和拦河坝、水库的修建,使自然水源受到控制。1958年,该站自制“胜利号”60马力汽油机拖船和“红旗号”80马力汽油机拖船各1艘,分别投入客运和货运。1959年,又自制“红星号”160马力柴油机大型拖船1艘,并改制了木槽船。1960年,旱情持续发展,通航期普遍缩短了40%。同年,胜芳航运站移交霸县交通局,改称胜芳办事处。1961年,文安县增加120马力小火轮两艘,大型对槽船40吨以上的3只,20吨以上的20只,10吨以上的30只,载重量增加到1000多吨,固定资产60万元,流动资金20万元。这是水运最兴盛时期。1962年以后,各河道逐渐落水,航运业每况愈下。1970年后,因大清河水资源短缺,加之天津水运货源不足,航运社船只全部停运。1972年,胜芳航运办事处将全部船只、拖船卖出,以其资金建立新镇糠醛厂,所有职工到新镇糠醛厂就业。机构延续到1975年撤销。胜芳航运站运输情况见表12-2-2。

胜芳航运站运输情况表　　表12-2-2

年份(年)	人　数	船　只	总　吨　位	运输量(吨)	完成吨公里
1956	270	72	865.7	43280	216425
1957	270	72	865.7	98325	294970
1958	244	72	865.7	89400	272100
1959	256	63	737.5	54540	271000
1960	262	74	910.7	64950	259000
1962	211	72	865.7	73190	329355

至此,廊坊辖区内的水运全部停止。

新中国成立前,各航道桥梁很少,行人车辆主要靠渡船过河,均为私人船户经营。新中国成立后的渡口有公渡和私渡两种。公渡为集体经营。由生产队指派专人负责,船只为集体所有。主要为本生产队来往行人服务,也有少量外地过往人员乘渡,均不收报酬。私渡为个体船户经营。船只为个人所有。来往行人渡河,都要缴费,单人渡河一次5分至1角。随着公路交通事业的发展,永久性桥梁陆续建成。至1985年除汛期外,以摆渡过河方式基本结束(表12-2-3~表12-2-9)。

1957年10月王家摆渡口营业收入统计表 表12-2-3

名 称	数量(辆)	单价(元)	总额(元)	名 称	数 量	单价(元)	总额(元)
汽车重	793	2.00	1586.00	单铁空	308辆	0.20	61.60
汽车空	219	1.00	219.00	自行车重	1450辆	0.10	145.00
双胶重	1939	1.00	1939.00	自行车空	7650辆	0.05	382.50
双胶空	1034	0.70	723.80	手推车重	4000辆	0.05	200.00
双铁重	6	0.50	3.00	手推车空	400辆	0.02	8.00
双铁空	27	0.30	8.10	骡马牛	151头	0.06	9.06
单胶重	221	0.70	154.70	猪羊	416只	0.02	8.32
单胶空	128	0.50	64.00	牲畜驮	600架	0.10	60.00
单铁重	19	0.40	7.60	行人	1300人	0.02	26.00

1957年10月焦康庄渡口营业收入统计表 表12-2-4

名 称	数量(辆)	单价(元)	总额(元)	名 称	数 量	单价(元)	总额(元)
汽车重	50	2.00	100.00	单胶空	29辆	0.50	14.50
汽车空	8	1.00	8.00	单铁空	15辆	0.20	3.00
双胶重	129	1.00	129.00	自行车重	33辆	0.10	3.30
双胶空	125	0.70	87.50	自行车空	100辆	0.05	5.00
双铁重	10	0.40	4.00	手推车重	728辆	0.05	36.40
双铁空	1	0.30	0.30	马牛驴	46头	0.06	2.76
单胶重	33	0.70	23.10	行人	700人	0.02	14.00

1957年10月杜屯渡口营业收入统计表 表12-2-5

名 称	数 量	单价(元)	总额(元)	名 称	数 量	单价(元)	总额(元)
双胶重	231辆	1.00	231.00	双胶空	186辆	0.70	130.20
单胶重	51辆	0.70	35.70	单胶空	39辆	0.50	19.50
双铁重	6辆	0.50	3.00	双铁空	17辆	0.30	5.10
单铁重	22辆	0.40	8.80	单铁空	41辆	0.20	8.20
自行车重	800辆	0.10	80.00	自行车空	4200辆	0.05	210.00
手推车重	800辆	0.05	40.00	手推车空	600辆	0.02	12.00
行人	300人	0.02	6.00	骡马	200匹	0.06	12.00
牲畜驮	20架	0.10	2.00	猪羊	35只	0.02	0.70

1957年9月程辛庄渡口营业收入统计表 表12-2-6

名 称	数 量	单价(元)	总额(元)	名 称	数 量	单价(元)	总额(元)
自行车重	200辆	0.10	20.00	自行车空	200辆	0.10	20.00
行人	1400人	0.02	28.00				

1957年9月百家湾渡口营业收入统计表 表12-2-7

名 称	数 量	单价(元)	总额(元)	名 称	数 量	单价(元)	总额(元)
双胶重	163辆	1.00	163.00	双胶空	195辆	0.70	136.50
单胶重	14辆	0.70	9.80	单胶空	34辆	0.50	17.00
双铁重	14辆	0.50	7.00	双铁空	12辆	0.30	3.60
单铁重	12辆	0.40	4.80	单铁空	64辆	0.20	12.80
自行车重	410辆	0.10	41.00	自行车空	2760辆	0.05	138.00
手推车重	700辆	0.05	35.00	手推车空	300辆	0.02	6.00
行人	2400人	0.02	48.00	马牛驴	225头	0.06	13.50

1957 年 9 月小高坨渡口营业收入统计表　　表 12-2-8

名　称	数　量	单价(元)	总额(元)	名　称	数　量	单价(元)	总额(元)
自行车重	722 辆	0.10	72.20	自行车空	374 辆	0.05	18.70
手推车重	186 辆	0.05	9.30	手推车空	500 辆	0.02	10.00
牛马	20 头	0.06	1.20	牲畜驮	91 架	0.10	9.10
猪羊	15 只	0.02	0.30	行人	2620 人	0.02	52.40

1957 年 9 月刘庆庄渡口营业收入统计表　　表 12-2-9

名　称	数　量	单价(元)	总额(元)	名　称	数　量	单价(元)	总额(元)
双胶重	39 辆	1.00	39.00	双胶空	13 辆	0.70	9.10
单胶重	90 辆	0.70	63.00	单胶空	4 辆	0.50	2.00
双铁重	1 辆	0.50	0.50	双铁空	1 辆	0.30	0.30
单铁重	3 辆	0.40	1.20	单铁空	4 辆	0.20	0.80
自行车重	265 辆	0.10	26.50	自行车空	1429 辆	0.05	71.45
手推车重	100 辆	0.05	5.00	手推车空	800 辆	0.02	16.00
行人	300 人	0.02	6.00	牲畜驮	97 架	0.10	9.70
马骡牛	77 头	0.06	4.62				

第十三篇　大事记

1917 年

8 月，直隶、京兆等地大水成灾。文安、霸县灾情严重。

华北基督教水灾赈济会捐募巨款，复修千里堤及京通马路，用“以工代赈”方式，散发赈粮，修筑道路，设粥厂，办医院，用赈洋 36000 余元，粮 79893 石。

1918 年

津保南线汽车路开始修筑。

1920 年

9 月，华北五省旱情严重，美国红十字会及华洋义赈会举办工赈筑路，修筑天津至保定南线公路，全长 135 公里。

10 月，内务部公布《修治道路条例施行细则》和《国道委员会章程》。

1921 年

3 月，商人张毓儒等人，呈报直鲁豫巡阅使并经交通部批准，借用天津至保定南线道路修筑汽车路。

1922 年

1 月，协通长途汽车公司开办天津到保定汽车运输。

4 月，津保南线、津白线等公路因直军和奉军交战遭破坏，汽车一度停驶。

1923 年

霸县设立了商会道路工程局。

美国红十字会拨义赈救灾款，整修天津至保定南线公路。

1924—1925 年

华北大水成灾。大清河两次决口，文安、静海水灾严重，津保公路再次阻断。

1926 年

9 月,修治天津至白沟公路。

1929 年

北平至固安通行汽车。

1932 年

11 月,河北省建设厅拟定全省各县、乡道路应修计划,各县先后开始兴修县路。

1933 年

4 月,河北省建设厅转奉北平军分会电令,修筑由北平经南苑、固安、新城、容城至清苑(保定)的公路,路宽 6 米。公路通车后,由地方公安局及沿路村镇负责管理。

12 月,河北省第一省路局设在北平、三河县城与夏垫镇,分别设置了公路段。

1934 年

三河县受灾,国府拨赈洋 14100 元,"以工代赈"筑堤修路。

1936 年

7 月,北平至大名公路建成,由冀察建设委员会主席门致中主持举行通车典礼。

河北省建设厅整修天津至保定南线公路,择要展宽路基,增设桥涵。

10 月,冀察政务委员会长宋哲元,在固安县城西高庄头检阅官兵,驻北平各使馆武官以及中外记者、学生等各界人士数百人前来参加,车水马龙,颇极一时之盛。

11 月,冀察建设委员会抽调技术人员,对北平至保定、天津到保定北线等主要公路进行勘察。

冀察建设委员会奉令修筑天津至保定北线等五条公路,以备军用。

1938 年

3 月,由天津经霸县、容城到保定的公路,改称津保北线公路。

1939 年

1 月,天津汽车营业所开辟了天津经霸县堂二里至胜芳的汽车路线。

6 月,日伪华北建设总署整修天津至大同公路的天津经霸县到新城段。

7 月,大清河、子牙河等河水上涨,日军扒开子牙河堤和大清河千里堤,造成冀中大水灾,公路遭水毁。

1940 年

1 月,天津汽车营业所开辟了永清至信安、霸县史各庄的汽车路线。

1941 年

3 月,天津汽车营业所开辟了霸县至高家庄的汽车路线。

9 月,天津汽车营业所又增辟文安至史各庄的汽车路线。

1942 年

2 月,天津汽车营业所开辟南孟至霸县的汽车路线。

5 月,天津汽车营业所开辟安次至堂二里的汽车路线。

北京汽车营业所开辟小营至安次、廊坊至永清、廊坊至河西务的汽车路线。

日军集中兵力对冀中区进行全面“扫荡”,抗日军民与其针锋相对展开斗争,其主要斗争方式之一是“交通破击战”。

1943 年

3 月,北京汽车营业所开辟武清至落垡、廊坊至白家务的汽车路线。

5 月,天津汽车营业所开辟大城至河间的汽车路线。

1944 年

9 月,晋察冀边区委员会冀中行署发布《关于保存境内旧有公路的指示》,要求对原有的省路县路要一律保存,不再破坏,并要保持原有的宽度,为迎接抗日战争的最后胜利做好准备。

1945 年

7 月,晋察冀边区交通总局决定:行署设交通局,各专署设交通办公处,各县设交通局或交通站,区设交通干事,村设交通队,均在同级政府领导下专管交通事业。

10 月,日本投降后,国民党战时运输局接管日伪华北工务总署,成立平津办事处,后改为交通部总局平津办事处。

1946 年

2 月,冀中行署发出《关于修复公路交通的指示》,组织发动群众修复解放区公路。

4 月,国民党交通部公路总局平津办事处,改组为第八区公路工程管理局,设在北平。

9 月,北平汽车营业所恢复北平至三河、北平至河西务的客运班车。

1948 年

冀中行署和武装部联合发布“九、十分区加紧修复通往平、津二市公路”的命令。

1949 年

1 月 15 日,中国人民解放军解放了天津市。

天津市军管会接管原中华民国交通部公路总局第八区公路工程管理局平塘工程管理处,成立华北公路运输总局天津公路管理段。是地区建置公路交通管理机构的开端,段长张晓斌,段址设在天津市和平区忠孝里。

四五月份,为了支援解放军南下,由天津公路管理段组织民工抢修天津至保定(南线)、北京至沈阳(南线)和天津至山海关公路。

10 月 1 日,中华人民共和国宣告成立。

12 月 1 日,华北公路运输总局天津公路管理段移交河北省,改称河北省交通局天津公路管理段。管理段下设杨村、西于庄、陈塘屯、中山门、忠孝门、西营门六个管理所。

1950 年

3 月,为加强北京至塘沽国道的管理和养护,交通部决定成立直属公路总局京塘国道管理段。

6月21日,天津公路管理段从天津市和平区忠孝里迁至杨柳青。

1951年

京塘国道管理段下放归河北省交通局领导。

秋季,全区公路大普修,对天津至大同、津保南和北京至大名等线公路路基进行了垫高、加宽和加固。共用22万多工日,完成土方74万立方米。

1952年

6月,河北省交通局天津公路管理段移交天津地区。改称河北省天津专署公路局。局长于忠,局内设路政科、工程科、财务科、秘书室等职能科室,局下属公路管理站有所调整,忠孝门、中山门两个站划归京塘国道管理局领导,并建立了霸县、唐官屯、汉沽、杨柳青、宝坻等公路管理站。河北省京塘国道管理段改称为河北省京塘国道管理局。

三年国民经济恢复时期,廊坊地区以恢复和整修战争年代被破坏了的公路为主。在恢复中发展,到1952年年底,全区通车里程为453公里,晴雨通车里程51公里。

1953年

第一个五年计划开始。为适应国民经济的发展,采取"以工代赈"的办法,地区组织万余民工秋季对天津至保定南线静海、大城段、天津至霸县、北京至大名、霸县、文安县段6条公路(总长317公里)进行了普修。为沟通城乡物资交流,支援工农业生产建设起到了很大的作用。

1954年

津保南线跨子牙河的大城县南赵扶木桥建成,该桥于10月15日动工,12月12日竣工。

雨季以来,天津地区连降大雨,沥涝成灾。子牙河、大清河先后分洪,洪沥交加,公路被冲毁。省道路基冲毁18处,漫溢路面22处,平均水深1米左右,京大线霸县王五坊道班房水没窗台以上,霸县城墙上也搭起小埝。天津至保定北线、津保南、京大等线因水毁有200多公里不能通车。

为了支援生产救灾,方便物资运输,10月,组织民工全力抢修,经过四十余天紧张工作,11月下旬,主要干线基本恢复通车,大批救灾物资源源运往灾区。

1955年

王志林任专署公路局局长,关德森、刘云亭、房祁嵩任副局长。

在津保南、京大、津保北等线上修复水毁和改建路基30公里、完成土方14万立方米,新建路基32公里、完成土方18万立方米。

1956年

为适应经济发展和交通量增大需要,河北省交通厅决定,对京塘国道混凝土路面全线加宽改建,由原单幅3米混凝土路面加宽到6~7米(杨村以南7米,以北6米),交通部第五工程局负责施工。

举办以工代赈工程,完成津保北、津保南和京大(北京至大名)公路脱水路基整修总长203公里,组织23583名民工,整修一个月,完成土方159万立方米。

1957年

10月冉树芳调任专署公路局局长,武文波、房祁嵩、刘振声任副局长。

在全国农业合作化运动的推动下,遵照省三届交通会议提出的"依靠群众,就地取材,因地制宜,经济适用"的方针,全区掀起了群众性的修路高潮,整修、改建干线公路203公里,修建乡简易公路350多公里，裁弯取直大车道221公里，初步构成了农村道路网。

1958年

经交通部批准，河北省交通厅主办，在我区津保北线修建了我国第一条沥青表面处治试验路面（由天津市西横堤至杨柳青路面7米，杨柳青至霸县城关路面宽3.5米，共完成62.64公里）。此路于7月6日开工，10月18日完工。

为了方便中央领导到胜芳参观水稻"丰产"试验田，河北省交通厅特拨款20万元，突击修建了霸县堂二里至胜芳的10公里碎石简易路面。

1月，河北省天津运输公司同天津专署公路管理局合并，成立河北省天津专署交通运输局。局长冉树芳，副局长武文波、房祁嵩、刘振声。

5月，天津专署交通运输局和沧州专署交通运输局合并，改称河北省天津专署交通运输局。局机关由杨柳青镇迁至沧州。

9月，河北省交通厅决定撤销京塘国道管理局，所属基层单位就地下放，分别移交通县、天津市和天津专署交通运输局。

12月1日，天津专署交通运输局并入天津市，局机关又迁回杨柳青。

1959年

成立天津市公路交通局，局长李益，副局长鲍海亭、冉树芳，局机关由杨柳青迁至天津市和平区重庆道。

1960年

天津市人委为了"加强公用，照顾交通"，原公用交通局改为公用局，原公路交通局改为交通运输管理局，天津市运输公司划归交通运输管理局领导。并成立了公路工程队，驻杨柳青。

1961年

随着行政区划的变更，天津专员公署又恢复成立。

辖区有蓟县、三河、大厂、香河、宝坻、武清、宁河、静海、安次、永清、固安、霸县、文安、大城等14个县，但专署未单建交通机构，其业务仍由天津市交通运输管理局统一领导。为了适应工作需要，便于和专署及各县交通部门协调，在天津市交通运输管理局内设立了县社办公室，负责管理各县的公路、运输业务。县社办公室主任由副局长冉树芳兼任，副主任有武文波、于忠、张向前、吴宝琨。

交通部会同省交通厅在我区津唐线（天津至唐山）芦台段进行首次渣油路面试验。当年，省交通厅在唐山召开交通会议，会上王尚廉工程师做总结，肯定了渣油路面试验的初步成果。

1963年

七八月期间，河北西部和南部连降特大暴雨，子牙河、南运河洪水猛涨。8月中旬，上游洪水最大洪峰以12000立方米/秒的流量奔腾下泻，荡击冀中平原，衡水淹没于洪水之中，静海县贾口洼一夜涨水3米多。为保卫天津市，天津区承担重大牺牲，毅然扒开大清河千里堤向文安洼分洪，顿时大洼一片汪洋，文安城内成为"孤岛"。大城、文安和霸县大部分公路遭到严重水毁，特别是京大线霸县老堤南段、静海至王村线，文安至大城线公路水深达两米。

1964年

津保北线（天津杨柳青至雄县界）天津地区段沥青路面加宽改建工程完成（由原3.5米加宽到6米）。该工程4月下旬开工，9月下旬完工。

天津市交通局工程队,在津保北线霸县杨各庄修建的自己设计、自己施工的第一座混凝土桥——幸福桥建成(长23.6米,宽10米,汽13吨,拖60吨)。此桥于7月动工,11月底竣工。

在总结渣油路面试验成果的基础上,我区永清至信安的25公里修建了渣油路面,实践证明,渣油是可以修路的。

1965年

2月9日,恢复河北省天津专署交通局,并成立河北省天津地区运输公司。局长冉树芳,副局长武文波,同年李廷珍调入,任党委书记。局内设路政科、财务科、人事科、办公室、运输科、材料科等职能科室。

4月,京大线固安至霸县段沥青(渣油)路面工程开始修建(路面宽6米)。

6月30日,京大线固安县永定河建成(长420.3米,宽8.5米,钢筋混凝土结构。汽18吨,拖80砘)。该桥从1965年3月8日正式开工,6月30日全部竣工。7月1日开放通车,全部工作日115天,施工速度之快是空前的。

由于水利方针改为"上蓄、中疏、下排",造成纵横交错的公路,特别是较洼地区的公路形成阻水,为了顺利排水,在省和地区统一部署下兴建阻水改善工程。经过九个月的紧张施工,在津保北线、京大线、津保南线大城段建桥梁25座。

1966年

1月,国务院决定将天津市划为中央直辖市。5月15日,天津专员公署交通局机关由天津市和平区重庆道迁至河西区台湾路,并成立了天津地区车辆监理所。

1967年

7月,京大线霸县溢流洼漫水路面建成(长1615米,宽8米)。此工程于1966年11月动工。

1968年

天津专员公署交通局与河北省天津运输公司合并,成立"天津地区交通运输公司革命委员会"。主任李廷珍,副主任于宝和,其他成员有郝永年、康镛、郝永民等。

1967年7月—1968年6月,铺筑了津保南线叶庄子至大城县城关长12.8公里渣油路面,又于1971年4月动工至9月完成了城关以西至三眼桥段长18.8公里泥结碎石路面工程。

1969年

4月,"天津地区革命委员会"由天津市迁至廊坊。革命委员会生产部下设工交组,负责交通工作。

为解决地区各县的道路问题,行署明确以廊坊为中心,兴建通往各县的公路。廊孟线(廊坊至武清县大孟庄,连接京津公路)、廊京线(廊坊至大兴县凤河营,可通北京)、廊永线(廊坊至永清)3条沥青(渣油)路当年通车。

1970年

津保南线子牙河上大城县南越扶木桥改建成钢筋混凝土桥(长141.5米,宽8.5米)。于1970年5月动工,10月全部完工。

地区交通局成立汽车配件公司。

1971年

廊涿线(廊坊至涿县)永清县琥珀营永定河新桥1971年5月20日破土动工,到1971年11月11日全部竣工(长465.43米,宽8.5米,汽13吨,拖60吨)。

京沈南线沥青(渣油)路三河至大厂段及夏安线(夏垫至安平沥青路9月8日相继完成。至此,天津地区实现了县县通沥青(渣油)路。

1964年,根治海河工程开始兴建,河道加宽,旧桥拆毁,投资修建了6座公路桥梁,共长1642.2米。

1972年

撤销"革委会工交组",成立"天津地区革命委员会交通局",局长李廷珍,副局长王治安、赵波、房翠林。

9月中旬,省交通局在保定召开全省沥青路修建养护会议。号召依靠群众,自力更生,多、快、好、省地发展沥青(渣油)路。同年划归天津市所辖。

1973年

2月更名为廊坊地区运输公司。

大厂县夏垫至香河安平沥青路加宽到6米。三河至平谷10公里沥青路建成。(当年在武清、静海等5县修了沥青路,同年划归天津市所辖)。

6月,三河至簟河、永清至霸县油路相继完成。

国务院决定:将天津地区的静海、武清、宝坻、宁河、蓟县划归天津市。

1974年

1月,天津地区改称廊坊地区,原"天津地区革命委员会交通局"改称"廊坊地区革命委员会交通局"。局长郝福宗,副局长郑泗河、李万国、王治安、赵波,同年成立廊坊地区公路管理处,处长于忠。

经廊坊地区革命委员会批准,成立廊坊地区公路管理处。

1975年

廊涿线永清曹家务至固安宫村段沥青路完工,长33.1公里,路面宽6米,此路于4月10日开工,6月10日完工。

香河县城至刘宋沥青路完工,长22.8公里,路面宽6米。

6月,大兴县采育至霸县信安沥青路完工,长47.2公里,路面宽5.5~6米。

地区交通局成立廊坊地区筑路机械修造厂。

8月,津保北线安次县至霸县段沥青路改建加宽工程完工,原6米,加宽到9~12米。

1976年

华北石油勘探指挥部在廊坊地区安次万庄、永清龙虎庄、霸县南孟开始钻探并出油,促进了廊坊地区经济发展和沥青路的建设。但随着油田的发展,各种机动车,特别是大型车的骤然增加,交通量成倍增长,给廊坊地区养路工作增加了负担,原有公路桥梁由于标准太低,本来就"先天不足",再加上超负荷,致使部分公路和桥梁遭到严重破坏。

7月28日凌晨,唐山、丰南发生7.8级地震。当天接到省交通局紧急电话:中央交通部正在丰润县召开会议,震后人员情况不明,命廊坊地区交通局派人出车前往探视,并将与会人员接至廊坊。地区交通局立即出车,圆满地完成了任务。地震发生后,在电信不通、交通断阻的特殊情况下,廊坊成了省抗震救灾的前哨。地区交通局承担了传递信息、调查路况、运送伤员、中转物资等繁重任务,为抗震救灾做出了一定贡献。全区交通系统还投入了救灾车辆528部,运送救灾物资1万余吨。为此,廊坊地区交通系统被评为援唐救灾先进单位,出席了中央在北京"唐山丰南地震抗震救灾先进单位和模范人物代表会议"。

1976年,新建三河灰石厂。

1977 年

全区当年修建油路 271 公里,廊坊至大城、固安县城至马庄、文安县城至胜芳、燕郊至灵山等线沥青路完成。至此,全区渣油路面达到 1115 公里;大厂回族自治区、三河县实现社社通沥青(渣油)路。

京沈南线三河县沿口钢筋混凝土桥系 1964 年修建,在唐山地震时桥桩断裂,严重影响行车安全。为适应大交通量通过,除对旧桥加固外,又并行新建一座钢筋混凝土桥,净宽 7 米,荷载为汽 20 吨,拖 100 吨,6 月建成。

唐山、丰南地震后,廊坊地区部分桥梁遭到了不同程度的破坏,为了增强桥梁抗震能力,在省统一安排下,对主要公路干线上的大中型桥梁进行了防震加固,经过两个多月的紧张施工,全区共完成防震加固桥梁 65 座,378 延米。

1978 年

廊坊地区第一座大型交通枢纽——廊坊立交桥建成通车。此桥于 1977 年 9 月 10 日破土动工,1978 年 12 月 15 日验收交付使用。桥长 34.5 米,宽 24 米,其中快车道 9 米,慢车道宽 2×6 米,人行道 2×1.5 米。廊坊立交桥的建成通车,解决了廊坊市内因铁路阻塞交通的问题,方便了人民生产和生活,提高了廊坊城市功能,适应了“四化(指工业现代化、农业现代化、国防现代化和科技现代化)”建设的需要。

津保南线大城段沥青路 31 公里改建加宽工程完工,原 6 米加宽到 9~12 米。该工程从 1976 年 11 月开始准备,1977 年 3 月 18 日动工,1978 年 5 月 18 日竣工,历时 288 天。

廊大线胜芳桥建成,长 189 米,宽 8.5 米,钢筋混凝土结构;汽 20 吨,拖 100 吨。于 5 月 20 日开工,年底完工。

全年完成新改建沥青路 151 公里。

地区交通局成立水泥厂。

1979 年

在党的十一届三中全会提出的“调整、改革、整顿、提高”的方针指导下,公路建设由大力发展沥青(渣油)路,忽视科学施工的思想开始转移到以养为主,以干线为主,以提高现有公路技术状况为主等方面来加强公路养护,解决修养失调。首先,调整充实了养护队伍,对原有 800 名代表工中年老体弱的进行了调整,并按交通部规定的标准增加到 1400 名代表工,设置 94 个道班。同时,各县成立了 30~40 人的养护维修队,对公路进行全面养护。其次,调整投资比例,减少新、改建项目,增加了养护投资。由于调整了“重修轻养”结构的关系,充实了养护力量,使廊坊地区公路建设和养护提高到一个新的水平。

10 月 11 日,京塘国道香河段沥青路改建工程完工,在原 6 米水泥混凝土路面基础上,改为 10 米宽沥青混凝土路面。

霸县杨各庄至杨芬港沥青路完成。

10 月,廊坊地区第一座防震桥——廊霸线苑家务永定河大桥建成,桥长 722 米,宽 7 米;汽 20 吨,拖 100 吨。全桥分成 5 段,犹如五个短桥相连,一旦发生地震,防震制动墩能抵消地震水平能力,可减轻地震对大桥的破坏,这在廊坊地区建桥史上是一次新的尝试。

“廊坊地区革命委员会”改为廊坊地区行政公署,原“廊坊地区革命委员会交通局”改称廊坊地区行政公署交通局。冉树芳任交通局局长,副局长李万国、武文波、王治安、赵波、于忠、郑大鹏、张向前。

11 月 28 日,廊坊地区公路学会成立。

1980 年

廊大线横跨大清河上的安里屯大桥建成,长 341 米,宽 7 米,钢筋混凝土结构;汽 20 吨,拖 100 吨。此桥于 5 月 1 日开工,12 月 20 日完工。

1月1日，根据省政府指示，地区运输公司、汽车配件公司和交通监理所三单位的人、才、物移交省交通局直接领导。廊坊地区运输公司改名为河北省廊坊运输公司。

1981 年

4月，京大线改建加宽和中小桥涵工程开始，路面6米加宽到12米。

全区公路通车里程达1986公里，其中沥青路里程1330公里，大厂、三河和固安社社通了沥青路。

全区共有桥梁312座，长12929延米，其中永久性桥梁310座，长12593延米。

一个以廊坊为中心，以干线为骨架，连贯北京、天津两大城市，地通县、县通社、社通队的公路交通网形成。

7月，廊坊地区公路史编写组成立。

1982 年

在"全面规划、加强养护、积极改善、重点发展、科学管理、保证畅通"的方针指导下，以提高经济效益为中心，以保证工程质量为重点，认真执行新工艺、新技术，全面实行科学管理，公路建设出现了新的局面。

4月4日—6月30日，改建了柳泉至码头，9月又改建霸县城关至金各庄两条县路，共长48.1公里；新建乡道3条，长6.2公里；新改建中小桥17座，长282米。完成公路的养护重做表处、封层罩面，处理坑槽翻浆，整修加宽路基、硬化路肩等工程项目，好路率比上年度提高3.2%。

搞好智力开发。地区公路学会邀请有关科研、教育部门专家、教师来地区做学术报告，举办专业培训班、技术交流会、报告会共7次，受教育者达650人次。在有关部门的配合下，对国产沥青、沥青改性、工业废渣、旧油石利用等项目进行实地试验，并铺筑了试验路。施工中推广、采用了重型压实、钙电极测定灰土剂量等新技术。

1983 年

机构改革，局机关领导班子成员调整，由邢德生任局长，张殿祥、杨永耕任副局长，同时按照精简、统一、效能原则，对局机关职能科室也相应作了调整，保留了办公室、人事科、财计科、运输科、编史组，新增了路政科，裁并了工业科、战备办公室。

9月，京福线地区辖段改建工程完成，长22.3公里，路基宽12米，路面宽9米，沥青混凝土路面，设计标准为三级。

11月5日，文安至大城段公路改建工程竣工，长19.8公里，路基宽10米，路面宽7米，表面处治，三级路。

京福线落垡大桥于10月建成。桥长117米，宽9+2×0.75米，荷载为汽20吨，挂100吨。

京广线跨越大清河上的营上桥于10月17日建成，桥长52.7米，桥面净宽12米。设计荷载为汽20吨，挂100吨。

1984 年

为破除交通系统长期存在的"唯路是公，独家经营"和用行政手段管理经济的做法，年初制定并推行新建改建（含大修）、中小修和养路费征收承包责任制，以"兜"变"包"，实行责、权、利统一。

在公路建设上，打破"唯路是公"的旧模式，采取"民办公助"的方法修建乡村公路，地区交通局拿出60万元，对三河、香河、文安和廊坊市的乡镇公路给予补贴。

在这一年里，还本着"谁修路，谁受益"的原则，依靠地方和群众集资修建乡镇道路。全年，县（市）、乡、乡镇企业、群众和石油单位共集资1196.5万元，分别修建了文安、霸县、大城等县乡镇公路70.15公里，中小桥6座，涵洞170道。采取招标办法，把部分工程和养护地段承包给地方和群众，进行施工管理的新尝试。

新建和改建大中桥4座:京广线跨越中亭河的老堤桥;廊榆线跨越减河的西庄子桥;大北线跨越季村干渠的夏屯桥;大里线跨越子牙河的十里弯桥。设计荷载为汽20吨,挂100吨。该桥于5月2日开工,10月底竣工,它的建成宣告木桥历史的结束,代之而来的是永久性桥梁建筑。

以刹风整纪为中心,在全区上下广泛开展了"反对霸权主义,改善服务质量"的活动,至9月份,共揭摆出案件120起,立案审查的36起,年内绝大部分案件均做了处理。

时隔四年之后,省交通厅又将原地区运输公司、汽车配件公司和交通监理所三单位的人、财、物仍交回地区交通局领导。

地区交通局被省厅评为公路养路养护先进单位。

1985年

交通局机关经过两次改革调整,工作秩序纳入正常轨道,职能科室设置比较健全,设有办公室、人事科、财计科、路政科、运输科、编史组。局领导班子成员:局长张殿祥,副局长高宝琦、宋风岐、杨永耕。

为扩大公路建设规模,采取"民办公助、地方投劳,多方集资、共办交通"的办法,收效显著。全年国家补贴165万元,县乡财政集资154.8万元,农村工副业集资65.38万元,群众集资75.4万元,此外,石油和工矿单位集资719.3万元,总计筹集资金1179.88万元。用这些资金,改建廊大线于常甫至码头段公路20.9公里;文安段路面大修7公里;大城、永清、霸县、三河等县铺筑乡镇道路20条(段)。其中修路基104.2公里,铺筑路面87.05公里,新建桥梁8座,共603米,全区154个乡镇通油路的已占98.1%。

1985年,成立养路费征收总站。廊坊地区交通局编史修志工作成绩显著,被评为河北省交通系统编史修志先进单位。

1986年

1986年,根据廊坊地区编制委员会地编〔1986〕3号文,建立廊坊地区运输管理总站。

9月7日,地区编委批准成立河北省廊坊地区行政公署交通局养路费征收所。

11月17日,大厂县交通局与北京长途汽车公司第二中心站正式签订客车通车协议。

1987年

2月,永清县交通监理工作与交通局分离,人员、财产一并移交县公安局。

21日,大厂县交通局与天津市长途汽车公司正式签订公路客运互通班车协议书。

3月1日,大厂与天津市互通班车正式通车。

8月26日,经廊坊市机构编制委员会批准,成立廊坊市交通局通信管理处,科级事业单位。

1987年,廊坊地区运输管理总站改称为廊坊地区运输管理处,作为行政执法单位依法行使道路客货运输及站场、机动车维修行业管理和监督职能。

1987年,河北省廊坊地区行政公署交通局养路费征收所改称养路费稽征处。

1988年

1月,张武保同志任廊坊地区行署交通局局长、党组书记;全区交通工作会议在廊坊召开。

2月1日,保定市交通局副局长、市稽征所所长、满城县稽征站站长等一行6人,来我区交流征费基础管理工作情况;1—2日,地区公路处对全区1100名养路职工进行技术统考,参加考试的人数占养路职工总数的72.89%,考试成绩90分以上者占85%。

1月28日—3月7日,历时40天的春运工作圆满结束。春运期间,全区日均投入车数371部;日运行班次643个,其中加开班次26个;查处易燃、易爆、危险品928包,汽油、酒精、油漆、化学试剂、稀料516.5公斤,液化气罐一个,拉炮500个,自制铁炮70个。安全运送旅客110万人次,未发生伤亡事故。

5月1日，被交通部命名的全国甲级汽车站——廊坊运输公司永清汽车站，正式向社会开放。永清县政府领导同志、地区交通局张武保局长出席剪彩仪式。

17—20日，省交通厅工程验收组对京哈线三河、大厂段和京大线史各庄桥及引道进行验收。这两项工程均被评为良好工程。地区行署副专员陈百旺，地区交通局局长张武保、副局长高宝琦、公路处处长等参加了验收。

6月2日，地区养路费稽征所对统缴单位进行清查，查处交通部汽车团三年漏费达40余万元，大厂运输公司10万余元。经过清查，总计补罚款54万多元。4日，地区交通局印发通知，为深化运营体制改革，理顺运输服务机构，遵照省厅和行署领导指示精神，各市、县交通局将运管机构"一分为二"，组建运输服务公司，其主要职能是组货、理货、建立服务网络、代办运费结算业务。8日，地区养路费稽征所被省厅评为全省稽征先进单位。30日，河北省公路运输行业管理基础工作经验交流会在廊坊地区召开，省运管局局长张子政主持了会议。会议期间，局运管处做了经验介绍。徐寿林副厅长做了重要讲话，肯定了廊坊地区运管基础工作的成绩，指出了运管工作的努力方向。

7月8日，地区交通局召开养路费征收"双过半"表彰会议。地区交通局副局长杨永耕同志主持会议，张武保局长、高宝琦副局长出席并讲话。省厅副局长何少存代表省厅向稽征所赠送"依法征费，成绩优异"锦旗，并做了重要讲话。省厅公路处韩副处长及《中国交通报》记者谭峰生、《廊坊日报》记者、廊坊电视台记者也应邀参加了会议。

14—16日，承德地区交通局党委书记赵金生同志率地区稽征所所长和7个县的交通局长、稽征站长等一行35人，来廊坊地区交流依法征费、改革基础工作的经验。

由省交通厅、省交通工会联合主办的省交通系统首届职工乒乓球决赛在卢龙县体育馆举行。廊坊地区代表队获得男子团体第三名、女子团体第四名，固安县交通局李树芹获得女子单打第四名。

8月7日，沧州市交通局李副局长率领稽征所所长，沧州、青县稽征站站长等一行7人，来廊坊地区考察依法征费情况。

13日，地区行署专员赵诚，副专员陈百旺、周士毅等领导同志，冒雨到地区运输公司机关、家属院等处查看水情，慰问有关人员。地区交通系统防汛领导小组组长、交通局副局长高宝琦和公司领导一起亲临一线，研究制定应急措施。

23—31日，地区交通局副局长高宝琦、总工程师张殿祥率公路处工程、养护、试验等有关人员21人，赴辽宁省考察沈大公路工程建设及管理。

24—9月5日，副局长李维成和副处长刘宝明带队，分两组赴太原、西安、开封和镇江等地，进行了运管行业管理工作交流和参观学习。从而明确了廊坊地区运管工作以法治运的指导思想，补充和完善了廊坊地区客运、维修、运输服务管理和行业基础工作。

10月1日，地区交通局决定，全区养路费资金向省解缴由原地区财务科承办，从10月份开始改由地区稽征所直接向省解缴；养路费征收费额从1988年10月1日起由原每吨90元调整为110元，统缴单位征收率不变。

11月5日，通唐线和香五线改建工程竣工验收，均评为优良。地区交通局主持这两项工程验收，参加验收的单位有地区公路处，香河县交通局、公路站。

10日，地区交通系统工会组织地区局属8个基层工会3000余名职工，进行了以中国工会第11次全国代表大会会议精神为主要内容的知识竞赛活动。参加人数在70%以上，98分以上者占25%，其余均在85分以上。

10日，中国化学工程总公司北京重型机械化公司四处承运河南省中原化肥厂大型设备的车队，违反了《中华人民共和国公路管理条例》，未经各级公路主管部门的批准，擅自强行通过廊坊地区津涞线霸县段，造成该县10座桥梁和60棵树木严重损坏。

12月6日，《人民日报》头版刊登题为《一项重点工程设备运输受阻，沿途路霸层层设卡，明敲暗要》的报道。该报道严重失实。事实真相：中国化学工程总公司北京重型机械化公司四处承运河南省中原化肥厂大型设备的车队,于11月10日下午2时40分,违反《中华人民共和国管理条例》,未经各级公路主管部门批准,擅自强行通过津涞线霸县段,造成该县桥梁和树木严重损坏。

8日,省厅何志忠同志、廊坊地区计经委企管科、地区交通局企改办,组成联合检查验收组,对石油部管道局第一运输公司进行省级先进企业检查验收。这是驻廊中省直及地属交通企业第一家省级企业验收。

14日,全省交通史志会在衡水市召开。会上,田金良被省交通厅史志编纂委员会聘为省编委交通史志评选委员。

31日,《廊坊日报》头版刊登了《先行者的足迹》一书出版的消息:由地委书记王洪廉、行署专员赵诚题词,宣传部长王广远作序,地区交通局张武保主编的《先行者的足迹》一书日前出版。《先行者的足迹》用报告文学和通讯的形式,从不同侧面反映了交通系统在改革大潮中涌现出来的先进人物和事迹。

1989年

1月,交通系统落实银行结算办法,养路费稽征收入取消"托无办法",实行用支票、现金办理纳费手续;同月,廊坊地区运输管理处与地区公安交警大队联合下发了《关于对全区客车进行"春运"资格审验的通知》。

2月,中共廊坊地区交通局机关委员会主办的《党务工作简报》正式创刊;交通局编写的《先行者的足迹》一书出版;山西省雁北地区交通系统公路工程监理学习参观团一行18人来廊坊参观学习。

3月,45天的春运工作圆满结束,全区日均投入客运车辆450部,日均运行781个班次,安全运送旅客169.7万人次,共查出鞭炮、花炮1069包,炸药2公斤,酒精、汽油128公斤。

21日,筑路机械厂召开承包经营新班子成立大会。以刘国华为首的承包集团产生。

31日,《廊坊日报》用两个版面总结了1988年养路费稽征系统坚持依法征费、以卡促收、优质服务、查漏补征的典型经验,表彰了先进。

4月1日,根据市政府决定:原廊坊地区行政公署交通局改名为廊坊市交通局;廊坊地区稽征所改为为廊坊市交通局养路费稽征所;廊坊地区公路管理处改名为廊坊市公路管理处;廊坊地区运输管理处改名为廊坊市运输管理处。

10日,廊坊市交通战备工作会议在廊坊召开。

11—13日,河北省公路学会第三次代表大会在廊坊举行。廊坊市市长赵诚莅临祝贺,中国公路学会副理事长刘以成在会上讲话。

24日,廊坊运输公司召开承包集团中标大会。以寇东海为首的4人承包集团产生。薛伯昌副市长到会并讲话。

5月,京津塘高速公路廊坊线新改建工程1日开工,全长8.9公里,该工程被列为省重点工程,是廊坊市通往高速公路的交通要道,预计两年完成。

7月18—19日,交通部海员外派工作座谈会在廊坊召开。廊坊市市长赵诚、副市长薛伯昌到会祝贺。

8月4日,文安汽车站正式向社会开放;9日,廊坊市公路部门第一套乳化沥青生产设备正式投入使用;18日,廊坊汽车站候车室成为全市第一个无烟候车室。

30日,市委书记赵惠臣、市长赵诚、副市长薛伯昌三位领导亲临市交通局视察指导工作。

9月4日,廊坊运输公司将火车站至东货场、火车站至西小区、廊坊至胜芳、廊坊至霸县的4路公共汽车迁至廊坊新火车站。

11日,廊坊火车站新站启用剪彩。

21日,中共廊坊市委书记赵惠臣、常务副市长薛伯昌等领导视察京津塘高速公路连接线和廊坊市区北环线。

23日,河北省交通厅派专家组周庆蝉等一行9人,对廊坊市琥珀营大桥的加固问题进行了实地考察。

10 月 11 日，廊坊市率先在全省实现乡乡镇镇通油路和实行公路旅客运输全过程标准，被《河北日报》列为河北之最。

13 日，河北省和北京市共同兴建的潮白河“友谊大桥”竣工通车仪式在大厂回族自治县和北京通县接界处举行。

20 日，华北地区建筑规模最大、服务设施最完善的长途汽车站——天津黑牛城汽车站剪彩。该站由河北省交通厅投资，廊坊运输公司经营，纳入天津行业管理，是集国营、集体、个人运输于一身的天津市唯一社会车辆开放型车站。

23 日，由群众集资国家补贴兴建的自霸县许家堡至安次区东沽港村的友谊路正式通车。

30 日，京津塘高速公路廊坊连接线，经过 165 天紧张施工提前建成通车，提前一年完成了省厅下达的计划。

11 月 4 日，受河北省交通厅委托，廊坊市交通局对大厂回族自治县汽车站的建设工程进行了验收。经质检部门按国家标准检测认定合格，同意交付使用。

29 日，高速公路廊坊引线工程（廊坊市外段）竣工，顺利通过了市级初验。

30 日，原 1988 年 11 月 10 日霸县大件超载违章运输案经霸县人民法院一审判决：廊坊市公路管理处所做的复议决定，认定事实清楚，证据确凿充分，适用法律正确，行政处罚适当，原告赔偿霸县公路站桥、路面损失费共计 2104146.10 元。北京重机公司不服一审判决，上诉廊坊市中级人民法院。

12 月 8 日，大城汽车站对社会开放。同日，由廊坊市交通局牵头组织，会同市企业管理办公室，对交通部汽车运输总公司廊坊分公司的企业管理基础工作进行达标验收，确认该企业的七项管理基础工作已达国家二级企业的要求。

13 日，《中国交通报》刊登了《河北大件运输损坏路桥案有了一审判决，霸县公路管理站胜诉》一文，指出：轰动一时的“一项重点工程设备运输受阻，沿途路霸层层设卡，明敲暗要”一案，经过河北廊坊市霸县人民法院公开审理，做出了一审判决。被告霸县公路管理站胜诉。

1990 年

1 月 23 日，廊坊市交通局稽征所所长冷宝珍编著的《公路养路费稽征管理基础知识》一书，由河北人民出版社出版发行，本书的出版发行填补了我国公路养路费稽征管理行业的一项空白。

2 月 15 日，经市政府批准，原廊坊市交通局稽征所更名为廊坊市交通局稽征处；20 日，市局及局直单位 56 名财会人员参加了全国会计知识大赛，其中 37 人获得二等奖。

3 月 6 日，固安永定河新桥开工典礼在永定河畔举行。薛伯昌副市长、张武保局长分别讲话。该桥由交通局工程一队承建。

7—8 日，廊坊市公路学会第一届会员代表大会在廊坊召开。大会选举产生了第一届公路学会理事会，张武保同志为名誉理事长，张殿祥同志为理事长，高宝琦、李万国、寇东海、经玉玲同志为副理事长，李万国兼秘书长，大会还选举了 11 名理事。

4 月，安次区葛渔城中心道班班长慈成禄被中华全国总工会授予“全国先进工作者”称号，荣获全国“五一”劳动奖章。王志俭评为全国劳模。

5 月 5 日，市交通局“关心下一代协会”成立。第一届理事会由张武保同志任名誉主席，邢德生同志为主席，薛柄钧、于忠、刘卷生等同志为副主席，李荃、李英等 13 名同志为理事。

10 日，曾经轰动全国的“一项重点工程设备运输受阻，沿途路霸层层设卡，明敲暗要”案，经河北省廊坊市中级人民法院审理，做出了终审判决：廊坊市交通局公路处胜诉。至此，历时 1 年半的所谓“大件运输案”有了明确的结果。

11—12 日，河北省交通厅邓昌瑞厅长一行 4 人到廊坊香河、大城等地指导工作。

29 日，廊坊市计经委、交通局、公安局、廊坊石油分公司四家联合发出《关于在用汽车“四车三机”节能技术改造的通知》,汽车节能技术改造办公室设在市交通局,并组织改车具体工作和出具改车证明。

6月2—4日,在廊坊召开了高速公路领导小组成员会议。河北省交通厅何少存副厅长出席会议;12日,河北省重点工程高速公路廊坊连接线通过省级验收;15日,混凝土路面施工座谈会在廊坊召开,省交通厅顾峰总工程师主持。唐山、秦皇岛、廊坊三市主管工程的处长、总工程师等参加了会议。

7月5日,廊坊市交通局养路费稽征处与三维影视中心合拍的《中华人民共和国交通法规》专题片正式开机。处长冷宝珍同志为编剧之一,并担任顾问和策划;12日,廊坊市交通局与市物价局联合颁发了《廊坊市搬运装卸收费管理办法》。

8月4日,国家"七五"重点工程——京津塘高速公路河北段主线沥青混凝土路面工程竣工。

9月1日,廊坊市1990年重点建设工程之一——北外环城路主体工程竣工;4日,京大公路固安永定河大桥胜利竣工,比原计划提前了1个半月;12日上午,京津塘高速公路北京至天津段通车剪彩仪式在北京市郊大羊坊停车场隆重举行。

10月7日,廊坊市交通局第二工程队负责施工的市区南环城路竣工。

11月3日,廊坊市交通局和廊坊市电视台联合举办交通法规知识竞赛,廊坊市电视台实况转播。

9日,根据冀交劳字〔1990〕7号文精神,经市领导研究,河北电视中专分校批准,建立了河北电视中专分校廊坊电视中专工作站。

12月24日,慈成禄到京参加了授奖大会,在交通部、中国交通报社和中国公路运输工会举办的全国养路工、养路道班"双十佳"评选活动中评为全国十佳养路工。

1991年

2月,市交通系统首届职工迎春文艺晚会在市公路处举行,400余人观看了演出。

3月16日,廊坊新汽车站开工奠基。该站是全市重点工程之一,占地27.4亩,总面积5400平方米,日旅客发送量达万人次。

27日,交通部运管司、公路管理司的领导和省交通厅副厅长徐寿林同北京市公路处、天津市运管处的领导应邀来廊参加首届元宵艺术节。

5月15日,在市第九次QC小组成果发表会上,廊坊交通系统共有6项成果参加了成果发表,其中4项获得了市级QC小组成果奖。

月底,市局团委承建的市委站候车亭获得"优秀设计奖"、"优秀工程奖",被评为"建亭先进单位"。

6月7日,市局与空军电视艺术中心联合摄制的电视剧《蓝天大地间》开拍。该片以市交通系统"五一"劳动奖获得者、全国十佳养路工慈成禄和全国"三八"红旗手苗汝芬为典型,真实艺术地再现了他们献身交通事业、全心全意为人民服务和默默奉献的精神。

7月3日,廊坊市被评为干线公路绿化先进单位。

31日,廊坊市交通会计学会成立;同日,系统76名少年儿童捐款193.24元,帮助灾区小朋友复学。

8月12日,市局领导到石家庄参加了由河北省交通厅、廊坊市交通局和海南三维影视制作中心摄制的我国第一部《中国交通(公路)法规》电视系列片首映式。该片形象生动地阐述了交通法规中公路养护、养路费稽征、路政管理、车辆购置附加费征收及运输管理等内容。

9月2—4日,廊坊市交通会计学会成立大会暨第一届学术研讨会在管道局招待所召开,大会通过了学会章程,选举产生了第一届理事会、常务理事会及秘书处。

21日,电视剧《蓝天大地间》在中央电视台第一套节目播出。

29日,经全省公路路政管理工作检查,廊坊市固安县被评为路政管理先进单位。

10月20日,廊坊市交通局首届全系统职工田径运动会举行。各县市区及局直属单位18个代表队、148名运动员参加了比赛。运动会共设6个项目。大城县交通局代表队获得总分第一名。

26日,经河北省交通厅公路苗圃检查组检查,香河县公路苗圃被评为先进单位。

28日,廊坊市交通战备领导小组成员调整如下:组长陈百旺(副市长),副组长单秀林(军分区副司令员)、胡连庆(市计经委副主任)、张武保(市交通局局长)。领导小组下设办公司,主任张武保(兼)。

11月11—15日,经全省公路养护小组检查,廊坊市被评为公路养护先进单位。

20—21日,市公路处道桥勘察设计队全面质量管理保证体系通过丙级达标验收,获市建委优秀成果三等奖,获市计经委优秀成果奖两个,获省厅三等奖。

29日,由史志编纂委员会主任张武保、史志办原副主任田金良主编的《廊坊地区公路史》一书,在河北省首届地方志学会优秀成果评选中荣获"佳作奖"。该书共20万字,是廊坊市第一部专业史书。

12月2日,经市局党组研究,决定成立市交通系统职工思想政治工作研究会。薛炳钧为会长。

15日,安次区交通局葛渔城中心道班班长慈成禄荣获全省"最佳主人"称号。

1992年

1月3日,香河县一队吴思旺被中国公路运输工会、交通部、公安部等3个单位评为红旗车驾驶员。

18日—2月28日,为期40天的春运工作圆满完成。共安全运送旅客125.1万人次,未发生任何行车事故及重大人身伤亡事故。

21日,安次区葛渔城中心道班班长、"五一"劳动奖章获得者、全国"十佳"养路工慈成禄被选入《中国人物年鉴》(1991年版)。

2月22—23日,市公路学会1991年年会暨学术交流会在廊坊召开。会议共交流学术论文24篇,评出优秀论文7篇。

25日,廊坊市召开"双十佳"表彰大会,安次区葛渔城中心道班班长慈成禄获"十佳主人"称号。

3月3日,市交通局被市委、市政府命名为市级文明单位。

16日,市政府召开燕郊会议,重点部署102、104线实施GBM工程综合治理任务。陈百旺副市长做重要讲话。

4月4日晚,河北电视台播出了市局摄制的专题片《新的里程》,该片主要反映全系统精神文明建设成果。

29日,经省交通厅有关部门资格审查,廊坊市公路处为二级公路工程施工单位;同日,安次区公路站葛渔城中心道班被中华全国总工会授予"五一"劳动奖状、全国先进班组称号。

5月15日,在省交通职工第二届乒乓球比赛中,市局荣获男子团体第二名、女子团体第三名。

30日,经省建委评选委员会评选,市公路处道桥勘察设计队获优秀道桥设计三等奖。

6月22日,市局机关办公楼迁入北外环35号(现广阳道53号)。

7月1日,廊坊长途汽车站建成投入使用,市委书记张成起、市长赵诚,同上级有关部门领导一起剪彩。新廊坊汽车站建筑面积5853平方米,历时1年零3个月建成。

14—18日,在全国中心城市公路学会第二届工作交流会上,廊坊市公路学会被推荐为1993年第三届年会的主办单位。

10月12—16日,交通部GBM工程检查组检查验收廊坊市102国道GBM工程,得到专家组好评,被省厅评为实施GBM工程先进单位。省厅何少存厅长、廊坊市陈百旺副市长陪同。

11月23—26日,全省公路养护检查组来廊坊市检查,市公路处被评为省公路养护先进单位。

12月,市交通系统在全市十大系统"四职一纠"竞赛评比中获得第一名,市稽征处被推荐为全省交通系统"四职一纠"竞赛6个基层优胜单位之一。

1993年

1月5—9日,河北省交通厅公路年报汇总会在廊坊召开,省厅公路处领导及18个地市负责公路统计工作的同志参加了会议。廊坊市交通局被评为全省公路统计先进单位。

2月5日,交通部副部长李居昌及交通部工程司、运管司、中国交通报社戴总编、省交通厅邓昌瑞厅长等领导同志应邀来廊坊参加市第二届元宵艺术节。

3月16日，根据市委、市政府两办通知精神，市局召开了行政办公会。局机关试行每周5日工作制。

17—20日，全国中等城市道路运输管理研讨会第三届年会筹备会在廊坊召开。

20日，经市计经委同意，成立廊坊市交通技术咨询监理公司，隶属交通局，属集体所有制企业，金国庆任经理。

4月26日，根据市房改实施方案，制定了《廊坊市交通局职工住房制度改革的实施办法》，5月1日起实施房改工作。

20—29日，廊坊市交通局组织全市交通系统"学雷锋、树新风"演讲团15人一行，分赴9个区(市、县)交通局巡回演讲，直接听众2800余人。

5月10日，经市科协推荐，市公路学会被中国科协评为先进学会；28日，由市总工会等单位举办的文艺表演大赛评选揭晓，交通局参赛的6个节目全部获奖，其中大合唱获一等奖，唢呐独奏获二等奖，其余节目获三等奖。

6月1日，交通局成立内部银行，作为资金管理职能部门，业务工作归属财务科；8日，经交通局研究决定，廊坊华茂汽车运输有限公司成立，刘卷生任董事长。

7月8日，交通局直属经济实体举行承包经营签字仪式；13—14日，华北区中等城市运管研讨会联络会在廊坊召开；20日，廊坊个体客运班车停车场迁至火车站西段。

8月1日，《河北省廊坊市交通工会志》一书出版；6日，挂靠交通局的开发区燃气公司举行开业典礼，市五套班子领导出席仪式。

9月9日，交通局被中华人民共和国体育委员会评为"全国群众体育先进单位"。

10月25—27日，全国中心城市公路学会第三届工作经验交流会在廊坊召开，全国17个省市公路学会的50多名代表参加会议。

11月20日，廊坊个体客运班车停车场迁至国营长途汽车站。

12月20日，成立廊坊市车辆购置附加费征收管理办公室，负责全市车购费征管工作。

21—22日，交通部、省厅来廊坊市检查治理公路"三乱"进展情况。

1993年，廊坊市交通局首次被省委、省政府命名为省级文明单位。此后，连续被评为省级文明单位。

1994年

1月1日，经市编委批准，成立车辆购置附加费征收办公室，负责全市车购费征管工作，改变现行的车辆购置征收环节，统一收费标准，即车辆购置附加费由车辆落籍地交通征管部门直接向义务缴费人征收。

10日，经市民政局批准，成立廊坊市交通职工技术协会，负责全市交通系统职工技术比赛等活动。

31日，交通部黄镇东部长来廊坊给道班工人拜年，省厅何少存厅长陪同，看望了固安柳泉中心道班、霸州市王伍房中心道班和永清县公路站的养路工人。

2月24日，廊坊市个体客运班车停车场由光明西道(内燃机厂大门前)迁至光明东道(省地质仓库院内)。

3月3日，《公路技术与运输管理文集》一书由人民交通出版社出版发行，该书共收入公路学会会员的13篇论文、68万字。该书由张殿祥、李万国、高宝琦任编委会委员，李万国任主编，童志伟、吴德才为副主编。

4月22日，公路处、运管处、稽征处分别被市委、市政府授予市级"文明单位"称号，市交通系统被市委、市政府命名为全市文明系统。

5月10日，河北省交通厅原副厅长徐寿林来廊坊市交通局了解客运站点、客运线路、治理公路"三乱"等情况。

27—30日，由市文明委、市体委、市总工会与市交通局联合举办"交通杯"乒乓球邀请赛，全市"四职一纠"参赛系统及有关单位31个代表队100余名运动员参加比赛。市交通系统囊括男子团体、女子团体、男单、女单四项桂冠。市委书记张成起，市委常委、宣传部长齐浩东，副市长陈百旺、杨迁，市人大副主任佟淑芸，市政协副主席马维芳等观看了比赛，并向获奖运动员颁发奖杯和奖品。

6月25日，省文明委主办的精神文明建设（1994年第5期）为廊坊市交通系统专刊，发表文章11篇，照片13幅，介绍了廊坊市交通系统精神文明建设成果和先进模范人物。

7月，廊坊市公路工程质量监督站批准成立（当时未进行实质操作），代表市交通局行使公路工程质量监督权力。

9月2日，中国公路运输工会张在兹副主任在省交通工会王国占主任陪同下来廊坊市了解公路道班职工生活情况。

20日，根据省厅精神，市局车辆购置附加费办公室与市稽征处合署办公，车购办在业务上独立，财务上单独核算。

10月4日，河北省第一条利用外资新建公路——津保南线正式通车。

11日，省交通厅重点工程——106国道辅道文安段工程全线贯通。

12日，廊坊市精神文明建设委员会公布1993年度全市十大系统"四职一纠"竞赛评比结果，廊坊市交通系统再次荣获第一名。

18—20日，全省公路绿化检查小组来廊坊市检查，市公路处获省公路绿化检查第二名。

11月11日，由公路处设计所完成的廊霸公路改建设计项目荣获市级优秀设计奖、省级表扬奖。

12月9—13日，省直工委、省廉政办组织的河北省行风评议小组一行6人来市交通局检查指导工作，先后听取了市交通局、三河市交通局行风建设情况汇报，并召开了一系列座谈会，走访有关单位和部门，对廊坊市交通系统近年来行风建设给予了充分肯定。

12日，市委决定，冯永平同志任市交通局党组书记、局长，免去张武保同志市交通局党组书记、局长职务。

1995年

2月24日，成立交通局机构改革领导小组及办公室。机构改革领导小组组长冯永平，副组长潘树春，成员有李洪阁、何秀生、张国林、张涛、张燕鸣、张振鹏、宋凤歧。机构改革办公室主任李洪阁（兼）。

3月1日，全市交通工作会议在市交通局小礼堂召开。市委副书记、代市长王高鹏，市委副书记常则民，市委常委、副市长吴显国，市人大副主任蔡义川分别做了重要讲话。市交通局局长冯永平做了工作报告，报告总结了1994年全市交通工作的成绩和特点，对1995年的工作任务做了部署。

10日，廊坊市经济贸易委员会批复市局公路工程一、二队改建为交通公路工程公司，隶属市公路管理处，其性质为全民所有制，自主经营，自负盈亏，独立核算。

4月4日，河北省交通系统部级劳动模范、先进单位事迹报告团来廊坊市交通系统做报告，110人参加报告会。市政府副市长牟景文致欢迎辞。市交通局局长冯永平，副局长高宝琦、袁广起，党组成员、纪检组长潘树春等到会听报告。

12—13日，召开局长办公会，听取运输公司领导汇报，专题研究运输公司的生存和发展问题。局长冯永平做了重要讲话，提出"一年保吃饭，二年站住脚，三年求发展"的总体思路。

13日，市委常委、常务副市长陈百旺带领交通局有关市直单位负责同志，到香河王家摆乡鲁务村检查指导小康建设，现场办公解决实际问题。由市县交通局投入部分资金，修通连接该村及村内主要街道柏油路，为发展集体经济创造了条件。

25日，《河北日报》第五版公布河北省劳动模范名单，交通系统慈成禄、李子洲、王永和榜上有名，第八版公布文安交通局运管站"三八"女子分站为河北省先进集体。

26日，全市交通系统承建总投资近1.1亿元的3项重点公路工程相继开工，即102线（京哈公路）收费路改建工程35.7公里，静王西线文安段续建工程21.3公里，廊涿线固安城内段2.4公里。

28日，市政府周士毅、张树藩副市长召集三河市、大厂县主管交通工作的副县（市）长和市县两级公安、交通、工商等部门主要负责同志，在三河市召开现场办公会议，专项研究102国道暑期安全保卫工作。张树藩副市长做重要讲话，要求交通部门要确保102改建工程三河市区以东路段在暑期前竣工。

30日，《人民日报》第五版公布全国劳动模范名单，市交通系统慈成禄榜上有名。

7月18日，交通局召开小康建设交通达标专题汇报会。至7月18日，全市规划内6个区市县的71个乡镇中，已有53个乡镇1150个村实现外通公路"硬化"。其中三河市、大厂县全部达标。

8月1日，交通局为解决机关分流人员组建的"廊坊市春光旅行社"举行隆重开业典礼。

15日，在全市小康路建设座谈会上，张树藩副市长对全市小康路建设提出落实意见。

9月18日，经交通系统5000余名干部职工投票选举出全省交通系统十佳标兵。分别是永清县交通局运管站"三八"女子分站站长张玉花、廊坊汽车站站长左淑芬、安次区葛渔城中心道班班长慈成禄、霸州市交通局王五房道班班长李宝见、市养路费稽征处直属分站闫作富、三河市交通局养路费稽征站站长宋宝明、三河市交通运管站站长李贵善、廊坊运输公司站务员董继谦等。

22—24日，省交通厅全面质量管理考核验收组对市局第一、二工程队全面质量管理工作进行了考核验收。考核验收组依据《河北省公路、水运施工单位TQC检查细则》和冀交科字〔1993〕22号文的有关规定评定，第一、二工程队全面质量管理工作圆满通过考核验收。

10月9日，廊坊市公路工程质量监督站正式挂牌独立办公，属市交通局直属科级事业单位；成立廊坊市公路工程处，正科级自收自支事业单位，负责新改建项目及重点工程的施工组织和施工管理；成立廊坊市公路工程定额管理站，自收自支科级事业单位；廊坊市交通局改革公路设施"建管合一"的模式，原公路处下属公路工程一队、公路工程二队升格为科级事业单位；成立廊坊市公路勘测设计所。

10日，市文明委、市交通局联合举办的市直8个省级文明单位参加的"交通杯"敬业爱岗演讲赛在市局小礼堂举行。市政府副市长张树藩到会并讲话。

11日，张树藩副市长到104国道廊坊段文明样板路现场办公。

12月12日，102线廊坊段改建工程竣工典礼在三河市隆重举行。月底，固安县交通局公路站被全国绿委会评为部门造林"四百佳"之一荣誉称号。

12月，廊坊市交通局职工教育培训中心成立，自收自支科级事业单位。

1996年

1月4日上午，市长王高鹏来市交通局听取工作汇报，对1996年总投资3.5亿元修建106国道北京至霸州界、112国道天津至霸州界，用贷款和集资的办法改建成收费路，由交通的计划经济转向市场经济表示赞赏。11:00，到廊坊运输公司听取汇报，就扭亏为盈问题讲了具体意见。下午，市局召开机构改革大会，宣布了机构改革中调整的56名中层干部名单。

29日，廊坊市交通公路工程有限公司成立。

2月1日，市委书记张成起来市交通局听取工作汇报，并就抓工程、抓改革、抓队伍、抓班子建设讲了指导性意见。

26日，明确106线北京至霸州界、112线天津至霸州界用贷款修、收费还贷的办法拓宽改建成收费路，交通局为项目业主。

3月8日，市交通局召开全市交通工作会议，省交通厅孙宝珠副厅长、市政府张树藩副市长做了重要讲话。

15日，投资两亿多元的112、106国道廊坊段95.5公里改建工程破土动工。

16日，经研究决定，对关心下一代协会机构进行调整，名誉主席冯永平，秘书长赵秉忠（兼）。办公室设在局老干部科。

18日，为加强对职改工作的领导，调整市局职改工作领导小组，组长孙景儒，副组长张殿祥。

4月15日，为加强对预算外资金管理执法监察和清理，纠正领导干部违反规定建房住房工作的组织领导，经局党组研究，成立两个领导小组：一是预算外资金管理执法监察领导小组，组长冯永平。二是清理建房住房领导小组,组长冯永平。

30日,廊坊市交通战备工作会议在市交通局召开。副市长张树藩、廊坊军区参谋长杨连海到会并做重要讲话。对1995年度全市交通战备工作先进单位和个人进行表彰。

6月10日,市建委、质检站等部门对市局文明路住宅楼进行竣工验收,经过综合评定,总分达86.2分,获市优良工程。

7月10日,为进一步加强对小康路建设的领导,成立廊坊市交通系统小康路领导小组。

24日,市委书记张成起视察全市3项重点公路工程,即廊涿线固安以西段、国道106线、国道112线。

8月6日,河北省交通厅副厅长李新元等一行,到106国道霸州溢流洼视察水灾。106国道溢流洼过水路面积水1米多深,已断交。

同日,根据市政府的要求,为加强对交通系统国有企业改革的领导,市局决定成立国有企业改革工作领导小组,冯永平任组长。

12日,为进一步强化执法监督力度,全面提高行政执法水平,成立廊坊市交通局法制监督领导小组。

20日,市交通局成立整顿会计工作秩序领导小组及办公室。冯永平任组长。

26日,市交通局召开霸州市、文安县以及三河市交通局长会议,部署因暴雨分洪造成公路水毁修复工作。

9月3日,市内公共汽车恢复开通,引进外埠资金,不要市政府补贴;29日,市局研究决定成立廊坊市交通行政执法现场监督检查队。

16日,市人大主任任联飞,副主任高进增、张清海、佟淑芸及部分人大常委会委员视察廊坊市重点公路工程。

29日,市局研究决定成立廊坊市交通行政执法现场监督检查队。

同日,成立廊坊市交通系统"三五"普法工作领导小组,冯永平任组长。

29—31日,全省交通系统纪检监察工作培训班在廊坊举行。

11月,交通部公路管理司司长、文明样板路验收小组组长张之强,在省交通厅厅长路富裕、廊坊市副市长张树藩及市交通局领导陪同下,对1996年交通部确定的102国道文明样板路三河—大厂段进行了检查验收。验收小组分项检查后认为,工程符合部颁文明样板路标准,同意通过验收。

1日,市局内部银行更名为市局结算中心,其职责任务不变。

5—6日,受河北省建委委托,由河北省交通厅主持,与廊坊市建委、市交通局代表共同组成验收委员会,对市局公路勘测设计所CAD应用进行了达标验收。通过全面考察,综合得分177.9分。按照冀交科字〔1996〕489号文的有关规定,廊坊市公路勘测设计所CAD应用以超出优秀标准47.9分的优异成绩通过考核验收,定为两级优秀。

12日,市局党组决定成立廊坊市交通系统精神文明建设指导小组,下设精神文明建设指导小组办公室,具体负责全系统精神文明建设的日常工作。

29—30日,全省交通工作观摩现场会在廊坊召开,市局制作的专题片《无界定跨越》得到赞扬。

12月11日,市长王高鹏、副市长张树藩来到市局听取工作汇报,对1997年市局确定的5项重点公路工程给予充分肯定。

25日,成立局属事业单位领导班子和领导干部实绩考核委员会和办公室。冯永平任主任。

31日,市长王高鹏、副市长张树藩出席1997年重点公路工程总协调会。

1996年,北京市公交线930路延伸至廊坊境内,由北京朝阳区郎家园开往廊坊市三河市燕郊冶金学院。这是延伸至廊坊境内的第一条北京公交。

1997年

1月22日,市局向社会公布全市交通系统9个窗口示范单位,即三河市征稽站、霸州市运管站、文安县征稽站、文安县运管站、102线三河收费站、市稽征处直属站、市运管处出租汽车管理大队、廊坊长途汽车站、廊坊运输公司公共汽车分公司。

3月4日，廊坊市公路学会召开了第二次代表大会。选举产生了新的理事会和学会领导，修改通过了《廊坊市公路学会章程》。

6日，廊坊市确定的106国道固安至霸州段43公里续建，霸州至文安段27公里延长，以及省道廊涿线固安至廊坊38.7公里、夏安线36公里、静王东线20.9公里、廊沧线26公里改建工程开工前准备工作就绪，路树全部伐完，拆迁底数已澄清，施工队伍、机械设备全部进场。

12日，全市交通工作总结暨表彰大会召开，市委书记张成起、市长王高鹏、副市长张树藩，省交通厅厅长路富裕出席。张成起、路富裕做重要讲话。

4月9—10日，市长王高鹏在冯永平局长、李维成副局长陪同下视察106线、廊涿线、廊沧线和静王东线新改建工程。

13日，河北省第一座长3.7公里的超洪桥在106国道溢流洼、牛角洼正式开钻。

18日，106国道霸州至文安段中外(港)合作改建项目签字仪式在廊坊举行。廊坊市公路工程公司林凤祥、悦达事业集团(香港)有限公司姚学能分别代表双方在合同书上签字。

25日，市交通局在机关礼堂召开全市交通系统创建“三讲”文明机关动员大会。会议对开展创建“三讲”文明机关、精神文明建设、反腐倡廉工作进行了部署。

5月5日，市运管处举办封闭式军训，旨在“内强素质、外树形象”，全面加强运管队伍建设。

10日，106线北段新改建工程竣工收费。

11日，中共廊坊市委、市政府对1996年92个文明单位进行表彰，运管系统中的三河、大厂、文安、永清4个市县运管站榜上有名。

16日，市局、市文明办联合在文安县召开“文明优质服务客运班线”现场会。

19日，廊坊通达公路有限公司正式注册登记，是由廊坊市交通公路工程有限公司(甲方)与香港悦达实业集团有限公司(乙方)共同出资组建的合作有限责任公司。

21—22日，由交通部组织召开的“推广村村通客车经验交流会”在山东桓台举行，会上霸州市运管站作为河北省唯一发言单位，以《市县村村通车，满足农民需求》为题，介绍了具体做法。得到了交通部领导及各省市代表的肯定与好评。

6月5日，省交通厅厅长路富裕一行，在廊坊市主要领导陪同下，视察了106线公路和特大超洪桥重点工程及廊涿线西段公路绿化，并发表重要讲话。

10日，106线北段新改建工程竣工收费。

11日，中共廊坊市委、市政府对1996年92个文明单位进行命名表彰，运管系统中的三河、大厂、文安、永清4个市县运管站榜上有名。

12日，省交通厅厅长路富裕到霸州就修建保津高速公路有关事宜与市政府副市长张树藩协商，市交通局局长冯永平参加。

29日，市局派出4部彩车、组织81人参加的方队参加全市“迎香港回归”庆祝活动，表演了军姿舞，被市组委会评为表演一等奖。

7月24日，市长王高鹏来市局检查指导工作，冯永平局长做了汇报，王高鹏市长对交通工作提出重要指导意见。

8月26日，成立廊坊市交通局通信管理处。

9月22日，由市委组织部摄制的党教片《筑路交响曲》首映座谈会在市交通局举行。

30日，省道静王线东线新改建工程通车剪彩。

10月1日，省道静王线举行通车收费新闻发布会，即日起通车收费。这条省道是经河北省交通厅批准的业主项目，是全市5项公路重点工程之一，全长42.8公里。

10月11日，廊坊市筑路机械厂召开总结经验展望未来动员会，市人大主任张清海、市政府副市长张树藩到会并做重要讲话，对该厂喜获国家经贸委、内贸部、轻工部、电子部、纺织总会和供销总社等六部委颁发的“中国市场知名企业知名产业”荣誉称号表示祝贺，并对加快企业产权制度改革等方面提出新的希望和要求。

21 日，市运管处被交通部授予“全国道路运输管理文明单位”荣誉称号。

11 月 5 日，经廊坊市机构编制委员会批准，分别成立廊坊市交通局机关后勤服务中心和廊坊市交通局路桥通行费管理处两个科级事业单位。

11 月 10 日，在沥青库基础上组建廊坊市公路工程材料供应站，由股级单位升格为科级。

12 月 23 日，廊坊市公路工程质量监督站更名为廊坊市公路工程质量监督处。

1998 年

1 月 1 日，《中华人民共和国公路法》颁布实施。

2 月 16 日，经廊坊市机构编制委员会同意，廊坊市第一公路工程队更名为廊坊市第一公路工程处；廊坊市交通局第二工程队更名为廊坊市第二公路工程处。

3 月 9 日，廊坊市筑路机械修造厂进行了股份制改造，由事业体制改为企业体制，设立了由企业内部职工入股的民营股份制公司——廊坊通州筑路机械有限公司，公司进行了第一次改制。

3 月，三河客运服务总站成立。

廊坊市交通局被河北省政府授予全省行政执法文明单位。

5 月，商振林任廊坊市交通局局长，12 月任党组书记。

6 月 23 日，廊坊市公路勘测设计所更名为廊坊市交通勘察设计院，同时晋升为公路工程设计乙级资质。

1999 年

省交通厅下发《河北省收费公路（桥梁、隧道）管理办法》（冀交字〔1999〕655 号），规范全省收费站（点）通行费征收标准。

2 月 1 日，各区市县养路费稽征站、路桥收费站上划后均为副科级事业单位。

8 月，廊坊市公路工程处更名为廊坊市公路工程管理处。

12 月，根据廊编办〔1999〕25 号，廊坊市养路费稽征处更名为廊坊市养路费征稽处。

2000 年

1 月 13 日，廊泊路大城段成立收费站，招收职工 65 人，该站隶属廊坊市交通局直接领导。

3 月，经省政府批准，廊泊线大城收费站、夏安线大厂收费站开始收取车辆通行费。廊坊市交通勘察设计院经国家测绘局批准取得工程测绘乙级资格证书。

3 月 17 日，河北省道路工程质量排名：潮白河特大桥全省排名第一；廊霸线永清至廊坊段全省排名第二。工程管理处被省交通厅授予优秀单位。牛四强同志被授予全省交通系统科技先进工作者。

4 月，廊坊市交通勘察设计院经水利部批准获得编制开发建设项目水土保持方案乙级资格证书。

10 月，廊坊市交通局被省委、省政府评为 1998—1999 年度文明单位。

2000 年，廊坊市委委托市纪委对党风廉政建设工作进行量化考核，市交通局领导班子获得了满分，被市委、市政府授予实绩突出领导班子称号。

在全市五年一度的纪检监察工作考核评比中，市交通局被市纪委、市委组织部、市人事局、市总工会、市监察局授予纪检监察先进集体称号，在市直排名第二。被市纪委、监察局授予 2000 年度纪检监察整体工作先进单位称号，同样排名第二。

在全市 17 家参加的行风评议中，市交通局获市政府纠风办纠风评议第一名。

“九五”期间，公路基础设施建设突飞猛进：干线公路建设完成总投资近 20 亿元（含地方配套部分），公路里程达 551.3 公里，新改建国省干线 381 公里，大、中桥梁 26 座，干线公路好路率连续三年保持 90%

以上,一、二类桥梁达到95.58%;连续六年实现了国省干线公路常年无坑槽、无公路"三乱"的公开承诺。比较"八五",通车里程提高了13.4%,公路密度提高了12.5%。完成县乡道路新改建工程673.2公里;建成达标县9个,达标率100%;建成达标路1558.3公里,占县乡公路总里程的85.3%;实现了村村通公路。公路等级进一步提高,高等级公路比例和公路建设质量均在全省名列前茅,先后有5项工程进入全省质量评比前三名。公路形象建设明显改善:路政执法成为全国交通系统的先进典型,包括北京、山东在内的10个省级公路考察团来廊坊学习,廊坊公路已经成为展示河北乃至全国公路形象的窗口。运输市场管理日益规范:由小公共、出租车、租赁业相结合的市内公共交通体系已经基本形成,货物运输运力结构日趋合理,日益发展的交通运输业使廊坊的区位优势得以充分发挥。规费征收稳步提高:5年共征收养路费9.5亿元、通行费7亿元,有力地支持了交通建设。两个文明建设齐头并进:市交通局连续3次被命名为省级文明单位,至2000年年底,全系统有县级以上文明单位92个。

2001年

1月1日起,开始向有关车辆征收车辆购置税,原有的车辆购置附加费取消。

1月,开展路民共建文明一条街活动,省厅下达任务10公里,克服无专项拨款、资金紧张的困难,治理了15个村街、全长15.87公里的过村街路段,超额完成了计划的58.7%。

2月16日,廊坊市交通局被河北省人民政府授予"行政执法文明单位"荣誉称号。

3月,市交通局被交通部授予全国交通系统交通行政执法人员岗位培训工作先进集体荣誉称号。

4月,廊坊市交通局被河北省交通厅授予全省交通系统治理公路"三乱"先进单位称号。大厂县王健、左明迪等5名同志被授予省交通运输系统执法文明标兵荣誉称号。

4月,夏安线大厂收费站撤站。

7月,市交通局被省委、省政府授予河北省"三五"法制宣传教育工作先进集体称号。

2001年,全年完成公路建设总投资1.16亿元,其中重点工程有两项:一是102大修工程,二是霸州市东环线续建工程。经省厅质监站检测,102大修工程在全省当年公路工程中质量最好。至2001年年末,全市公路通车里程达2820公里,其中高速公路77公里,一级公路217公里,二级公路499公里,公路网密度为43.88公里/百平方公里。高等级公路比例在全省名列前茅。公路好路率和养护综合评价连续3年在全省保持第一。路政案件结案率达到99%。

2002年

4月,根据企业申请,依据《破产法》之规定,固安县第一汽车队、第二汽车队依法破产。

5月,市交通局被市委、市政府评为承办"5·18"经贸洽谈会交通保障工作先进单位。至此,市交通局已经连续3年获此荣誉。

8月26日,廊坊市交通公路工程有限公司重组。

9月,廊坊市交通勘察设计院经国家计划发展委员会批准获得公路工程咨询乙级资格证书。

10月21日,廊坊市政府发布了《关于加强超限超载运输车辆管理的通告》。

12月,廊坊市公路工程定额管理站更名为廊坊市公路工程定额管理处。公路工程材料供应站更名为廊坊市公路工程材料供应处。

在廊坊市创建全国文明城市检查验收中,交通部门获得满分。

2002年,全系统有12个单位分别被市文明委命名为文明示范单位、文明示范窗口,并有一批干部职工成为文明示范标兵;市局、运管处被市委、市政府评为创建文明城市工作先进单位。

经过全市交通系统自下而上的自查申报,省、市文明委考核评审,至2002年年底,全系统132个单位分别达到了一、二、三星级窗口单位标准。

在廊坊市开展的"优质服务杯"竞赛活动中,全市交通系统获得"优质服务杯"竞赛金杯奖。至此,全市交通系统已经连续4年夺得金杯奖。安次区交通局、永清县交通局、文安县交通局已经连续5年在当地竞赛中夺得金杯奖。

至2002年年底，全市交通系统涌现出市级青年岗位能手30名，省级青年岗位能手9名，市级青年文明号26个，省级青年文明号6个。

2002年度全市民主行风评议，交通系统在全市57个参评部门中获得第3名。在县（市、区）级的评比中，有5个县（区）交通局被评为优秀单位，其中，大城县交通局、固安县交通局获得第1名，永清县交通局获得第2名。为营造行风建设的浓厚氛围，至2002年年底，全系统在国省干线两侧书写墙体标语78条、6000平方米，散发宣传材料35000份，统一制式社会承诺牌192块，悬挂宣传标语365条。1671部出租车、156部公交车、80部执法车张贴统一格式、统一内容的宣传标语。省、市、县宣传媒介播发、刊登交通系统行风建设方面的报道达120条。全系统登记在册的好人好事1830件，收到表扬信250多封，锦旗、镜匾150多面（块）。

2002年，养路费征收增长幅度跃居全省第一。全系统举办各类培训班48期，培训5865人次。对全系统1289名交通行政执法人员进行了法律法规培训和考核。

2002年，公路建设重点工程有3个：一是104国道绕城段（开发区至桐柏路）续建工程竣工通车；二是设计标准为一级路的104国道廊坊北出口改建工程，将于2003年5月竣工；三是省道唐通线香河段改建工程，于2002年竣工通车。工程质量全部达到优良，尤其是唐通线、潮白河大桥主要技术指标合格率都达到100%。公路养管：完成干线大修工程3项，中修工程61公里，工程优良率达到100%。干线公路好路率2002年年末达到92.8%，县道年平均好路率达74.5%。干线公路新植绿化里程60公里，完成绿色通道建设51公里，美化路段60公里。查处超限车辆3万余辆次，卸载2.6万吨；治理封闭市场3处。在全省公路养护和路政管理联查中列双第一，实现了三连冠。运输管理：查处无证经营行为787起，其他违规行为3651起；查处无证经营汽车维修业户101家，对41家进行了限期整改，对不具备经营资质的危货运输企业进行了重组。市区出租汽车达到1700部，其中桑塔纳以上高档轿车占总数的91%。全年完成客运量1398万人，旅客周转量10.4亿人公里；货运量3812万吨，货物周转量30.8亿吨公里。征收、汽车养路费2.35亿元，占计划的126.4%；拖拉机、摩托车养路费2444万元；运管费2139万元，占计划的122.3%；客票附加费732万元，占计划的107.7%；货运附加费773万元，占计划的114%；路桥通行费1.729亿元。

2003年

1月，廊坊市交通局被中央文明委授予"创建全国文明行业工作先进单位"称号。

至2003年3月底，全系统已建成县级以上文明单位90个。其中市级以上文明单位58个，占全市市级以上文明单位的9.6%；运管系统已全部建成了市级以上文明单位；省级文明单位8个，占全市省级文明单位的10.9%，市局机关已经连续5届被命名为省级文明单位。全系统创建文明单位工作，在全省同行业和全市范围均处于领先位置。

5月1日，104国道改建工程竣工通车。104国道廊坊段北起北京、河北交界处，南至天津、河北交界处，全长22.4公里。邻近华为工业园项目路段为一级公路，双向4车道，路面宽23米，中间为2.2米宽的绿化带。

市交通局在全市年度民主评议行风工作中获执法执纪第3名。

2003年，廊坊市被交通部确定为农村客运网络化试点。

2004年

2月，胡庆国、穆瑞杰同志编写的《加强管理，确保水泥砼桥面铺筑层质量》被省交通厅企业协会评为2004年度河北省交通运输行业优秀QC小组论文。

3月，成立廊坊市农村公路建设领导小组，由市政府副市长周国江任组长，市政府副秘书长于慈远、市交通局局长商振林任副组长。领导小组在市交通局下设办公室，办公室主任由商振林同志兼任。24

日，成立廊坊市交通局农村公路建设办公室，负责村村通公路建设工作。

10月，夏长永被中华人民共和国交通部评为“全国交通系统优秀工程质量监督工作者”；同月，三河县第八路公交车三河大石庄—大厂县城正式通车运营。

10月底，全市96个乡镇3229个行政村全部开通客运班车，在全国率先实现了村村通客车的目标。从2003年开始，经过一年多的努力，全市新增、调整、延伸农村客运线路51条，新增农村客运班车106部，增加通车里程460公里，新增通车行政村343个。全市共建成客运简易站29个、候车亭339个、招呼站牌2074个，基础建设投入资金2145万元。所有行政村距候车站点不超过1公里，全面改善了农民乘车环境，使全市200多万农民受益。

11月17日，为期3天的全省农村客运网络化试点工作现场经验交流会在文安召开。交通部公路司运管处处长李志强、省交通厅副厅长李梅菊、省交通厅原副厅长徐寿林、省运管局书记苗德才等领导以及全省各地交通部门的有关负责人共计180余人在廊坊市副市长周国江及文安县常务副县长刘石、县委副书记王洪光等陪同下，考察了文安县左各庄城乡客运站和沿途候车亭建设情况及线路情况，交流农村客运网络化工作经验。

2005年

1月26日，三河市运管站稽查队和出租车管理大队两轿车发生重大交通事故，造成3人死亡，1人重伤，3人轻伤。交通局对事故进行了通报。

28日，饶贵华任市交通局党组书记。

同月，交通局被省交通厅评为基本建设程序管理优胜单位。

2月3日，举行2005年春节团拜会；5日，市交通技术咨询监理公司转给市公路管理处管理。

20日，饶贵华任市交通局局长。交通局被省交通厅评为2004年度全省交通信息、调研工作先进单位。

3月10日，交通局召开2005年全市交通工作会议，确定2005年交通工作的指导思想和工作思路，即树立和落实科学的发展观，按照市委、市政府加快“进位·追赶”、建设“和谐廊坊”以及省交通厅建设“正气交通、和谐交通、学习进取型交通和廉政交通”的目标要求，以改革开放、发展稳定统揽交通工作全局，全面推进交通事业更快更好地发展和各项工作再上新台阶。

24—25日，全国交通统计信息重点工作布置会在廊坊召开。

4月15日，北京军区副司令员陈希滔到廊坊预备役汽车营视察，市委书记王增力、副书记杨新建、交通局局长饶贵华陪同；19日，廊坊通州筑路机械有限公司拆分职工集体股；21日，交通局召开全市交通系统纪检监察暨政风行风工作会议；26日，成立市高速公路建设地方工作指挥部，在市交通局下设办公室，负责廊坊市高速公路征地拆迁及地方协调工作；27—29日，交通局举办交通系统庆五一迎五四乒乓球比赛；30日，交通局召开2005年全市公路管理工作会议。

5月20日，中央电视台《东方时空》报道106国道车匪路霸情况。

6月8日，市委、市政府召开打击车匪路霸、整顿公路交通秩序“百日行动”动员大会。

7月30日，市政府召开创建全国文明城市出租汽车誓师大会。

8月16日，工程公司转让其所持河北欧克精细化工股份有限公司股权；27日，廊涿高速公路开工奠基，廊坊段全长38.775公里，预计2007年建成通车。

10月1日，夏安线香河收费站撤站。

11月4日，全省交通企业信息化建设经验交流会在廊坊召开；9—10日，交通局承办全国公路统计年报布置与路网结构改造工程计划审核会议。

28日，成立市采留公路筹建处，为市交通局所属科级事业单位，经费自理；经廊坊市机构编制委员会批准，成立廊坊市采留公路筹建处。

30日，交通局召开出租汽车行业工会联合会第一次代表大会；交通局被市委、市政府授予“特殊贡献单位”,“第九届中国(廊坊)农产品交易会暨2005年中国国际农业博览会工作先进单位”荣誉称号。

12月20日,经廊坊市国有企业改革工作领导小组办公室批准,廊坊市通州筑路机械有限公司完成了第二次改制,廊坊市筑路机械修造厂完成了从国有到民营企业的体制转变。

31日,刘彦彬因滥用职权,擅自动用职工福利基金,被给予行政降级处分。

至2005年年底,全市境内公路通车里程达到3182公里,公里密度达到49.5公里/百平方公里。在通车里程中,国道7条,长233公里;省道9条,长457公里;高速公路3条,长77公里;县道23条,长752公里;乡道1524公里;专用公路47条,长228公里。此外,还有5412公里的村级公路,通村油路率达92%。

至2005年年末,廊坊市交通系统收费公路共9条,其中:河北省交通厅高管局投资建设的政府还贷性收费路1条,市局投资建设的政府还贷性收费路5条,合作(合资)公司投资建设的经营性收费路3条;收费公路总里程345公里,建设总投资13.1亿元。

“十五”期间,全市共完成交通建设投资22.5亿元,比“九五”增加了9.5%。其中:新建、改建干线公路120公里,干线公路等级全部达到二级路以上;新建、改建县、乡道路677公里,新增通村油路1160公里,新增通油路行政村838个;新增51条农村客运班线,在全省率先实现了“村村通客车”。实现规费收入29亿元,是“九五”期间的1.7倍。其中:养路费收入17.23亿元,路桥通行费收入9.63亿元,运管费收入1.27亿元,客货附加费收入0.87亿元。市交通局先后荣获“全国精神文明创建工作先进单位”、“全国交通系统行政执法岗位培训先进集体”、“国家级青年文明号”等177项国家、省、市级荣誉称号,市局领导班子连续5年被廊坊市委、市政府评为实绩突出领导班子。

2006年

“十一五”期间,廊坊市交通工作总的指导思想和工作思路:以邓小平理论和“三个代表”重要思想为指导,高扬“树正气、讲团结、求发展”的主旋律,围绕一个统揽(以改革、发展、稳定统揽交通工作全局),做到两个坚持(坚持科学发展观和正确政绩观,坚持服务经济、服务社会和发展壮大自己),立足三个转变(管理方式由单纯管理型向复合经营型转变、思维方式由计划经济向市场经济转变、行为方式由行政事业向企业转变),确保四个实现(实现公路建设投资超过100亿元,比“十五”翻两番;实现高速公路通车里程突破300公里,比“十五”翻两番;实现“县县通高速、县城通一级路、乡镇通二级路、村村通油路”;实现规费和路桥通行费收入突破60亿元,比“十五”翻一番),打造五个品牌(实干、效益、服务、创新、和谐),不断推进交通事业更快更好发展,为“壮县、强市、富民”,打造“实力廊坊、效率廊坊、和谐廊坊”和建设小康社会做出积极的贡献。

“十一五”期间,要按照“立足当前、着眼长远、服务中心、发展交通”的指导思想,进一步完善廊坊市路网规划,特别是把融入京津作为规划的重中之重来考虑,与京津两市交通部门联系,建立路网对接合作机制。“十一五”期间,廊坊市将建设廊沧、密涿支线、京津南通道、密涿、大广5条高速,总里程298公里;规划了光明西道西延、西外环南延、郊区快速路北段、京沪高速连接线等11条干线,总里程167公里。特别是与京津路网对接方面,将在现有8个接口的基础上再增加13个,且公路标准全部达到二级路以上,实现与京津路网的一体化。

3月30日,河北省交通厅批准廊坊市为廊沧高速廊坊段的项目业主,市交通局成立了廊沧高速公路筹建处,负责廊沧高速公路廊坊段规划筹建及前期立项审批工作。

3—5月,完成了廊沧高速公路路线方案研究,7月通过省政府批准,11月28日,预可报告批复,项目正式立项。

7月4日,文安县境内发生5.1级地震。震后,市交通局组织相关人员检查震区干线公路,对106国道作业组部分房屋出现的裂缝问题和省道廊泊线出现的病害裂缝处采取维修加固措施,确保行车的安全。

12日,廊坊市持续大范围降雨,致使干线公路部分路段发生水毁。市交通局启动防汛预案,在全市范围内巡查,加固路基13030立方米,填堵冲毁水簸箕382道,清理冲毁路树504棵,重新垒砌冲毁挡墙243米,派专人24小时看护危桥,确保公路畅通。

29日,交通局对闲置住宅楼进行竞买活动,交通系统全体干部职工可参与竞买,共出售住宅楼26套。

8月31日,按照廊政〔2006〕81号《廊坊市人民政府关于理顺和完善市属经营性管理体制的实施意见》文件要求,河北省廊坊运输公司纳入市国资委监管。

9月,成立廊坊市交通局地方道路管理处。负责全市县、乡、村三级公路的路网规划、工程建设、道路养护、路政管理、资金补助和拨付及全市村村通油路和县乡道路升级改造,推进农村公路养护机制改革,确保农村公路的大中小修和危桥改造的顺利进行,做到有路必养、即建即养。

9月28日,经省交通厅批准,廊涿公路、廊霸公路设治超检测站。

十一期间,全市共运送旅客41.568万人次,同比增长1.31%,未发生重特大安全生产责任事故。

10月20日,廊坊市3222个行政村全部实现通油路,在全省率先实现了村村通油路的目标。从2004年起,廊坊在全市农村启动了"村村通油路"工程。3年来,共投入资金4亿多元,完成通村油路建设1977.13公里,为1394个行政村的群众解决了出行难题。其中:新建里程1307.88公里,新增通油路行政村960个;改建里程669.25公里,解决通油路行政村434个。2006年,在省政府计划下达滞后、国家补贴资金拨付滞后、地方配套资金落实滞后、国家农村公路改造工程计划管理方式改变的情况下,市交通局在思想上不等不靠,在措施上攻坚克难,在作风上真抓实干,圆满完成村村通油路工程任务。主要有4个特点:一是任务重。年初,省政府下达的廊坊市村村通油路建设任务为488.1公里。在此基础上,按市委、市政府要求,又在大城县增加了224.2公里的农村公路改造任务。至10月20日,廊坊市实际完成建设里程755.4公里,是省计划的1.5倍。此外还完成了354.6公里的县、乡道路改造任务,合计达1110公里。在短短8个月的时间内,完成上千公里的建设任务,并在全省第一批实现了村村通油路目标,这在廊坊市公路建设史上是史无前例的。二是困难多。第一,管理难度大。今年廊坊市完成的1110公里农村公路共588个项目,涉及全市10个县(市、区)的526个行政村,零零散散地分散在全市各个角落。村道改造工程建设里程长的六七公里,短的仅有二三百米,虽然工程量都不大,但设计、报批、施工、监理、质检等环节一个都不能少,而且施工队伍在施工过程中需要反复转战,大型施工设备往返搬运,工作量成倍增加。第二,施工难度大。据统计,今年降雨次数比常年多10%,降水量比常年多12%。这虽有利于农业生产,但却在一定程度上影响了施工进度。第三,资金筹措难度大。今年农村公路建设执行的是国家"十一五"投资政策。对于村道改造工程,国家每公里补贴10万元,全市总计达4881万元。但直至廊坊市村道改造工程全部竣工,国家财政的补贴资金也没有到位。在这种情况下,市交通局解放思想,更新观念,变有多少钱修多少路为修多少路筹多少钱,对全市92个土路村130.3公里土路给予每公里2万元的补贴,又拆借资金1000万元用于村道改造工程垫付材料款和支付工人工资,并积极协调地方政府资金配套,倡导对口帮扶和社会捐助,发动农民群众投资,千方百计筹措资金,保证了工程的顺利进行。三是进度快。2006年的村村通油路工程从4月1日开工到10月20竣工,中间除去一个月的雨季,有效时间只有170天。为确保按时保质完成任务,多次召开调度会,对施工中的问题进行协调解决,争工期、追进度、保质量。7月15日前,全市所有公路工程都完成了灰土施工,危桥改造完成了下部工程,至10月20日完成了村村通油路建设任务,工程进度居全省前列。四是质量好。市交通局始终把工程质量置于讲政治的高度来对待,严格执行政府督查、部门指导、社会监督、专业监理、企业自检的"五级质量监督体系",层层签订质量责任状,严把工程开工、工程材料、施工工序、机械设备、技术人员、安全生产六道关口,对工程的每个环节、每道工序严格监督管理,使全市农村公路建设工程合格率达100%,工程优良率达到80%以上。

11月10日,召开廊坊市道路运输协会成立大会。选举吴立方为名誉会长,饶贵华为会长。协会的工作思路是围绕一个目标、立足两个定位、强化四大功能。围绕一个目标即协调平衡运输市场主体利益,为会员单位提供一个公平、竞争、规范有序的市场环境,促进道路运输业的健康发展。立足两个定位:一是立足于为会员单位和行业服务,维护会员单位和广大经营者的合法权益;二是立足于为行业管理服务,维护市场秩序,为政府和行业管理部门当好参谋,真正发挥好联系政府主管部门和企业间的桥梁和纽带作用。强化四大功能即根据政府职能转变的新要求,充分运用法律和政策赋予协会的职能,紧密联系运输市场实际,不断拓展服务领域,强化组织指导、管理协调、中介服务、行业自律四项功能。廊坊市营业性运输车辆超过4万辆,道路运输业户达4.5万个。随着行业规模的扩大,政府部门在管理上的难度也越来越大。通过成立协会,可以发挥政府与企业之间的桥梁和纽带作用,宣传国家的政策法规,协调企业间的竞争与合作关系,并制定行规、行约,对企业进行约束,使政府部门对运输业户实施统一、高效的管理,促进运输业的健康快速发展。

17日,市局开展"送温暖、献爱心"活动。局机关和局直各单位共捐款32380元。

28日,东高线济南屯至天津界段改造工程竣工通车。该段全长9.9公里,按二级路标准进行改造。工程极大地改善了安次区中部地区的交通状况,实现与天津的直接贯通。

11月28日,省发改委批复同意建设廊沧高速公路廊坊段。该段路线起自永清县东赵百户营,止于大城县大木桥村,与拟建的廊沧高速公路沧州段相接,全长约91公里。

29日,饶贵华局长在全省交通重点工程推进"十大公开"现场经验交流会(涿州)上做题为《公开运行,阳光操作,为廊涿高速公路建设创造和谐环境》的典型发言。

2006年,完成干线公路建设里程达到1139.505公里,完成投资54995.73万元。

到2006年年底,全市所有行政村已经实现了"村村通油(水泥、砖)路",廊坊市农村公路建设与养管水平在全省名列前茅。2004年以来,全市共新建通村油路1977.13公里,新建、改造县道279公里、乡道340公里,相当于2000年以前全市农村公路建设里程的总和。到2006年年底,全市农村公路通车里程达7044.72公里。其中:县道23条、754.07公里;乡道247条、1565.38公里;村道2549条,4568.3公里;专用公路36条、156.97公里。农村公路密度达109.58公里/百平方公里,居全省第一。2004年以来,全市共投资10.3亿元用于农村公路建设,超过2000年以前全市农村公路建设投资的总和。

养护管理:实现了由"重建轻养"向"建养并重"的转变,做到了农村公路养管"机构、资金、人员、制度"四落实。重点抓了104国道文明样板路建设,获交通部检查组的高度评价。以104线、廊霸线、廊泊线为重点,开展了公路环境综合治理,提升了公路形象。全市干线公路养管好路率达到93.5%,在全省名列前茅。被省政府确定为全省农村公路养护管理体制改革工作示范市。

工程质量监管:建立了与设计、施工、监督监理等环节相互连接、相互制约的管理体系,严把工程程序、工艺材料、成品等各个关口,确保了各项工程的建设质量。

运输市场管理:开展了打击非法营运"百日行动",规范了客运市场秩序;积极采取措施,消除油价上涨带来的负面影响,保持了客运市场特别是出租车市场的稳定;圆满完成"春运"、"5·18"、"9·26"、五一黄金周等运输保障任务。

安全生产:实行严格的一票否决制度,做到了组织机构、责任体系、管理制度、安全保障、专项整治、监督检查"六落实",全系统未发生重特大安全生产责任事故。

2007年

2007年工作思路:深入贯彻落实省第七次党代会和市四次党代会精神,以科学发展观为指导,以服务经济社会发展为宗旨,以大项目建设为核心,以推进京津廊交通一体化为重点,为廊坊更好地融入京津,在建设沿海经济社会发展强省中率先崛起搭建交通平台。

工作重点:一是全力抓好大项目建设;二是加强农村公路的改造和养管;三是强化行业管理;四是加快全市物流产业发展。

工作目标:2007年高速和干线公路开工项目7个,即廊沧高速公路、密涿支线102高速、唐通线香河县城至北京界段、京沪高速公路连接线大城段、候谭线大厂友谊大桥改造、廊涿高速公路永清连接线、廊涿高速公路固安连接线;2006年结转项目3个,即光明西道西延、西外环南延和郊区快速路北段,确保上半年全部竣工;物流中心建设项目2个,即建设广宇物流中心二期工程和香河交通局高氏物流中心工程。

1月5日,市交通勘察设计院增设地质勘察队。

同日,省公路局批复,同意廊涿高速公路永清和东湾固安段连接线施工图设计。其中:永清段全长10.997公里,按二级公路标准建设;东湾固安段全长13.857公里,按平原微丘区二级公路标准建设。

15日,省交通厅批复,同意唐通线北京界至香河县城段项目可行性研究报告,项目全长8.8公里,建设标准为一级公路。

2月1日,成立廊坊市交通局廊沧高速公路廊坊建设管理处和廊坊市交通局密涿支线(102)高速公路廊坊建设管理处。两个单位均为局直副处级事业单位,领导职数1正3副。分别负责廊沧、密涿支线(102)高速公路廊坊境内段建设项目的前期规划、建设资金筹措与债务偿还、建设管理、线路养护与路政管理、生产经营及资产管理。

3日—3月14日春运期间,全市共投入客车39630车次,累计发运71350班次,安全运送旅客202.372万人,未发生重大事故。

4月9日,廊沧高速公路廊坊段连接线建设方案通过省交通厅批复,同意建设后奕互通连接线、大柳河互通连接线、文安互通连接线、龙街互通连接线和大城互通连接线5条连接线,全长约58公里,纳入廊沧高速公路廊坊段项目;同时,廊沧高速公路(廊坊段)工程可行性研究报告通过审查。

13日,为机关学习日,机关全体干部职工共同学习《淡泊名利》、《事业是形,名利是影》两篇文章。

28日,省发改委批复同意唐通线北京界至香河县城段工程可行性研究报告。项目全长8.8公里,按照一级公路技术标准修建,设计时速80公里/小时。同日,省子牙河管理处批复同意京沪高速公路青县连接线大城段防洪评价报告,该连接线设计为二级公路。

5月31日,经建设部核准廊坊市燕赵交通勘察设计有限公司(原廊坊市交通勘察设计院)由"公路行业(公路)乙级"资质晋升为"公路行业(公路)甲级"资质。

5月中旬开始,市交通局在全系统开展了"为民、务实、清廉"主题教育活动。市交通局成立了以党组书记、局长任组长的领导小组,制定了活动方案,召开了全系统动员大会,对活动进行安排部署。针对实际,将主题教育活动向基层延伸,扩展到科级党员干部,局直各单位成立了相应的组织机构。实行了局领导包单位制度,每名党组成员按工作分工负责抓好基层单位和科室活动的开展,形成了一级抓一级的工作格局,确保各项活动落到实处。坚持集中学习与个人自学相结合。把每周五确定为集中学习日,机关全体干部参加。将市委规定的学习内容编印了200册发到各单位,组织党员干部自学,并且每周确定一至二个题目,定期检查笔记、心得和体会。邀请市委党校原常务副校长安育中和市纪委常委王东继,分别就落实科学发展观和为民务实清廉对全系统党员干部做了集中辅导,并组织全体副科级以上党员干部观看了《天鉴》、《忏悔录》、《慎交友警示录》3部警示教育专题片。通过两种方式查摆问题:一是自查自纠。局党组专门召开了两次民主生活会,对照市委规定的六方面问题,认真自查了班子和个人在作风建设方面存在的问题。二是广泛征求意见。召开了两次人大代表、政协委员和服务对象参加的座谈会,组织公路、征稽、运管、收费4个执法执收单位在时代广场接受群众质询,向社会发放征求意见表500多份。同时,局领导深入基层进行调研,与干部群众面对面座谈交流,在局机关门前设立意见箱,公布热线电话。通过上述方式,共征求到群众意见50多条,建议120多条。通过自查和群众监督,共查出3个方面问题:一是自我发展能力不强;二是服务意识、服务水平和服务能力有待于进一步提高;三是还存在行政审批、执法监督、行业管理、便民服务不到位的问题。分析这些问题存在的原因:一是思想不够解放,不适应市场经济新形势的要求;二是思路不宽;三是还存在部门利益的问题。对这些问题,都逐一制定了整改方案,明确了责任单位和责任人,限期整改。

6月5日前,廊沧高速公路通过省交通厅的行业审查,并先后完成压覆矿产资源评价、地震安全性评价、地质灾害评价、文物评价的评审、安全生产预评价、水资源论证、用地预审、防洪评价和环境评价、水土保持方案的评审及批复工作。8月27日,省发改委正式批复,项目审批工作全部完成。

6月13日,京津南通道高速公路工程可行性研究报告通过河北省交通厅专家评审。

8月3日,国家发改委同意河北省固安(京冀界)至深州公路可行性研究报告。该公路起自固安(京冀界),接已建成的大庆至广州高速公路北京南段(京开高速公路),经霸州、雄县、任丘、肃宁、饶阳,止于深州榆科,接拟建的大庆至广州高速公路深州至大名(冀豫界)段和已建成的石家庄至黄骅高速公路,全长186公里。全线采用双向6车道高速公路标准建设,设计时速120公里/小时,路基宽度34.5米。

9月28日,廊沧高速公路开工奠基。该项目廊坊段北起永清县赵百户营村(与京津南通道相接),南至大城县大木桥村,全长93.25公里。双向6车道,设计时速120公里/小时,路基宽34.5米,全线(不含互通区)新建特大桥14600.5米、23座,大桥1515米、6座,中桥981米、17座,小桥570.5米、23座,涵洞13座,互通式立交9座(其中枢纽互通2座),设分离式立交18座,通道123道,设监控通信中心1处,服务区2处,养护工区2处,匝道收费站7处,全线设连接线5条,总长56.66公里。自2006年3月开始谋划到跑完全部审批手续,历时18月。在这18个月中,廊坊市交通局编制了各种文件28个,跑办20多个厅级单位和50多个处级部门,组织召开了38次行业评审会,完成了26个行业批文。廊沧高速公路廊坊段的建设,使廊坊市终于有了自己的高速公路,也是廊坊市自己建设的第一条高速公路。该项目是一项民心工程和德政工程,将方便沿线180多万人的出行,满足廊坊市中南部地区人民多年的企盼。廊沧高速公路纵贯廊坊市中南部4个县(市)、16个乡(镇)和6个重点工业园区,对全市经济发展和社会进步都具有十分重要的战略意义。廊沧高速公路建成后将成为廊坊市贯穿南北的一条高速通道,在全市路网结构中起到"脊梁"的作用。该项目南接京沪、北与京津南通道相连,增加了一条进京下卫的快速通道,使中南部几个县(市)驶入廊坊,进入北京的时间将缩短一半以上。廊沧高速廊坊段采用双向6车道标准,设计时速120公里,这在省内和京津地区目前的高速公路中设计标准是最高的;该项目连接线里程为56.6公里,在京津地区高速公路中占主线比例是最大的;该项目共设置了9处互通,平均每个县(市)两个以上,这样建设的目的就是最大限度地对沿途县市的经济和社会发展起到巨大的拉动作用。

11月26日,省政府批准廊坊市为京津南通道河北段高速公路项目业主。该项目全长约59公里。路线起自北京市安定镇东侧廊坊界,经廊坊市广阳区、永清县、安次区后进入天津市,与天津市112高速相接。京廊界至别古庄枢纽互通(与廊沧高速公路相交)段拟按8车道高速公路标准建设,别古庄枢纽互通至冀津界拟按6车道标准建设,设计车速为120公里/小时。至此,廊坊市共有业主高速公路3条,总里程183公里。

12月12日,经廊坊市国有企业改革工作领导小组办公室批准,采用"有限公司"方式由旅行社原在册职工自愿出资入股,组建新的企业,实现了国退民进。改制后的春光旅行社名称为河北廊坊春光旅行社有限公司。廊坊市春光旅行社改制成本为820791.08元。

21日,省发改委批准廊坊市密涿支线高速公路项目立项。路线全长20.435公里,按二级公路标准设计。

全年完成干线公路建设676.935公里,投资40049.4万元;农村公路建设645.5公里,投资27759.9万元;投资6900万元进行干线公路养护、绿化美化、综合治理、大中修、桥梁大修及加固,干线公路好路率达到92.5%,被评为"全省干线公路养管先进单位";投资1619万元用于农村公路养管,县道好路率达到59.5%,超省厅下达指标7.5个百分点。

至2007年年底,廊坊公路通车里程8397.7公里。其中:国道7条,总里程222.6公里;省道9条,总里程456.7公里;农村公路7718.4公里。廊坊市已于2006年10月在全省率先实现了"村村通油路",农村公路密度达120.06公里/百平方公里,居全省第一。

按照"三提高一降低"的要求,交通局在保证正常办公的基础上,压缩经费开支,降低办公成本。2007年上半年在2007年节约经费的基础上,招待费又降低33.5万元,会议费降低26.7万元,办公费、差旅费降低15万元,机关经费开支同比下降106万元。

职工思想政治工作上实行改革创新,先后提出了"说干就干,干就干好,干就干成,干就一流","做到尽职尽责,追求尽善尽美","不为失败找借口,只为成功找方法",提倡"低调做人,高调做事"等一系列干事、为人的理念,统一思想,凝聚力量,强化作风,全系统的办事效率、办事质量和办事能力都有明显提高。

2008 年

2008 年总的工作指导思想和工作思路：落实一个要求（落实科学发展观的要求），树立一个思想（树立加快发展的思想），强化一个理念（强化“经营交通”的理念），坚持一个思路（坚持“一二三四五”交通总体工作思路，即一个统揽、两个坚持、三个转变、四个实现、五个品牌），解放思想，真抓实干，推进交通事业更好更快发展。

2008 年工作任务主要是“十二个抓好”：抓好高速公路建设、抓好干线公路建设、抓好农村公路建设、抓好运输站场建设、抓好规费征收、抓好行业管理、抓好安全生产与稳定、抓好精神文明建设、抓好政风行风建设、抓好党的建设、抓好支高工作、抓好机关建设。

1 月 11 日，完成廊沧高速公路地上物的清点和确认工作，2 月份完成廊坊段的路基桥涵工程招标评审工作。11 月 27 日，土地组卷材料通过国土资源部审批。

18 日，分别成立廊坊市出租车管理大队和廊坊市运输管理处开发区站，为市运输管理处所属副科级经费自理事业单位。

5 月 5 日，成立廊坊市交通局京津南通道河北段高速公路廊坊建设管理处，主要负责境内建设项目的前期规划、建设资金筹措与债务偿还、建设管理、线路养护与路政管理、生产经营及资产管理。为副处级经费自理事业单位，领导职数 1 正 3 副。

16 日，全系统干部职工共捐款 20.231 万元。“5·12”汶川大地震后，运管处连续奋战 16 天，紧急调用 114 部运输车辆，260 名政治素质高、技术过硬的驾驶员、维修人员运送救灾物资。发送运输车辆 173 辆次，派往灾区一线运管人员 21 名，累计行程 65000 公里，安全运送过渡安置房 40000 平方米、1650 套。

7 月 16 日，廊坊市轨道交通领导小组成立。市委书记赵世洪和市长王爱民任组长。领导小组在廊坊市交通局下设办公室。

12 月，王相仁任廊坊市交通局党组书记、局长。

8 日，市交通局内部信息刊物《每日要情》开始编写，每日一期，供局领导、机关科室和局直单位主要负责人参阅。

18 日，国务院下发《关于实施成品油价格和税费改革的通知》。

22 日，财政部、国家发展改革委、交通运输部、监察部、审计署等五部门联合下发通知，要求自 2009 年 1 月 1 日起，取消公路养路费、航道养护费、公路运输管理费、公路客货运附加费、水路运输管理费、水运客货运附加费等六项收费；并逐步有序取消政府还贷二级公路收费。

2008 年，在高速公路建设上，全力克服项目报批、用地落实、资金筹措和征地拆迁等诸多难题，3 条业主高速公路均取得突破性进展。制约廊沧高速公路建设的用地指标通过审批，主线征地拆迁基本完成，有 7 个标段开工；密涿支线高速公路初步设计通过省发改委批复，正在进行勘界组卷、地上物清点及施工招标，2009 年上半年开工建设；京台高速已完成省内各项审批，报国家发改委待批并与北京签订了接线协议，2009 年下半年开工建设。同时，积极做好廊涿、大广高速的地方工作，廊涿高速于 2008 年 7 月竣工通车，大广高速征地拆迁正在顺利推进。做好廊沧、京台、密涿支线、大广高速公路的如期进展。

在干线公路建设上，2008 年共实施了 7 个项目，廊涿高速九州连接线、京沪高速连接线大城段和京津塘高速廊坊出口改造工程已经竣工，新增二级以上公路 28.2 公里。唐通线、廊涿高速永清连接线、固安连接线、光明东道东延工程顺利推进。

在农村公路建设上，投资 2.45 亿元，完成农村公路建设 440.8 公里，是年初计划的 126%，改造县、乡道危桥 13 座、855.9 延米。

不断强化“经营交通”理念，落实“三个转变”，在服务经济、服务社会的同时，交通实力进一步增强。工程单位坚持对外开拓市场，对内强化管理，项目利润持续增长；经营单位开展全方位营销，经济效益明显提高；管理单位充分发挥行业优势，积极组织三产创收，三产收入同比均有大幅度增长。其他各单位效益也都有很大提高，服务经济社会发展和办大事的能力进一步增强。

在奥运限行、公路断交、政策减免等诸多不利因素下，征收部门深挖潜力，强化管理，共完成各类规费征收8.7亿元。其中汽车养路费完成5.3亿元，路桥通行费完成2.5亿元，运管费、客货附加费分别完成4323万元和3202万元。

将安全生产作为一切工作的底线，严格落实责任，定期排查隐患，深入开展以“四防”（防高处坠落、防坍塌、防物体打击、防触电）为重点的专项整治活动，全系统没有发生重特大安全生产责任事故。

定期排查，领导接访，及时发现和化解矛盾隐患，妥善解决了部分出租车经营权到期后的群体访和围堵938公交车等事件。系统内没有发生影响稳定的重大案件。

按照市委、市政府要求，讲政治、顾大局，不讲条件、不计代价，全力做好奥运安保工作。国省干线桥梁实行专人24小时看守；长途客运实行购票实名制，逐人开包安检；加强出租车管理，落实安保责任；制定了6个专项应急预案，做好应急保障，实现了道路畅通、运输安全、施工安全、行业稳定“四个确保”的目标。

“5·12”汶川大地震后，全市交通系统迅即行动，紧急抽调大型运输车辆173辆次，单车行程5000多公里，圆满完成了4万平方米、1650套过渡安置房的运输任务。通过这次运输保障行动，检验了队伍，锤炼了作风，积累了经验，这是今后交通事业发展的宝贵财富。

不断强化大局观念和服务意识，寓管理于服务之中，服务经济、服务社会、服务群众的水平不断提高。干线公路养管投资1.42亿元，连续8年被评为全省干线公路养管先进单位；农村公路养管投资1300万元，在全省率先实行预防性养护，连续5年被评为全省农村公路管理先进单位；保持治超高压态势，查处超限超载车辆2.6万辆次，卸载超限超载货物25.85万吨；以创建文明城市为契机，重点加强出租汽车行业管理，规范运输市场秩序。圆满完成了春运、“5·18”等节日及大型活动的交通保障任务；坚持依法行政、依法执法、规范执法、文明执法，全年未发生公路“三乱”现象。

坚持正面教育与警示教育相结合，组织全体党员干部学习了《国家公务员廉政必读》和《忏悔录》等内容，提高遵纪守法的自控意识；健全完善干部管理、财务管理、工程建设等20多项规章制度，使反腐败工作由机关延伸到基层，由领导拓展到普通党员干部，有效防止了腐败现象发生；工程建设全部实行“双合同制”，向重点工程派驻纪检监察人员，对招标、采购、建设全程监督。加强内部审计，发现问题及时整改。一年来全系统科级以上干部没有出现违法违纪问题。全系统紧紧围绕局党组中心工作，真抓实干，开拓创新，机关党委、办公室、人事、财务、审计、综规、法规、科技、战备、工青妇、老干部、交通企业、质监、定额、后勤、高指办、房管所、幼儿园等各项工作都迈上了新台阶，全系统风清气正，政通人和。2008年，全系统共荣获国家、省、市级以上荣誉称号241项，在全市政风行风评议中名列第三名，连续8年荣获“三杯”竞赛优质服务杯金奖。

2009年

1月1日，按照2008年12月22日，财政部、国家发展改革委、交通运输部、监察部、审计署等五部门联合下发通知的要求，廊坊市取消了养路费、运输管理费、客运附加费、货运附加费四项规费的征收。

1月初，廊坊市交通局提出实施三年人才培养规划，本着“缺什么，补什么，用什么，学什么”的原则，在资格性、适应性岗位培训的基础上，大力开展脱产研修班。2009—2011年，委托北京物流学院、石家庄铁道大学、河北工业大学等高校举办交通工程、路网规划、交通财会、物流管理、项目经理、试验与检测、城市交通规划与管理、桥涵技术、高速经营等9个专业的10个脱产培训班，参训人数361人，授课5896学时。

12日，《廊坊交通》周报创刊，是由廊坊市交通运输局党组主办，以交通干线职工、关心交通运输事业人士为主要受众的综合性内刊，以“政策宣传、理论指导、信息交流、促进工作”为办报宗旨，旨在为全系统干部职工搭建一个信息交流、学习经验的良好平台。

15日，廊编办〔2009〕2号文批复，京津南通道河北段高速公路廊坊建设管理处更名为京台高速廊坊建设管理处。

2 月 1 日，市交通局成立廊坊市轨道交通领导小组办公室综合组（简称轨道办），临时机构。

10 日，河北省“十一五”重点建设项目廊沧高速公路全线正式开工建设。廊坊段全长 93.248 公里，是廊坊自主建设的第一条高速公路。

3 月 27 日，高速公路信息管理中心筹建处成立，属临时机构。

4 月 30 日，全部取消政府还贷二级公路收费。

5 月 18 日，北京市交通委员会、天津市交通运输和港口管理局、天津市市政公路管理局、河北省交通运输厅在河北省廊坊市举行了京津冀交通一体化合作恳谈会。河北省交通运输厅厅长焦彦龙主持了会议，北京市交通委员会容军委员、天津市交通运输和港口管理局王昌军巡视员、天津市市政公路管理局李惠杰常务副局长、河北省交通运输厅马存增巡视员，以及三省市交通运输部门负责规划、公路、运输工作的同志参加了会议。会议分析了区域经济发展对交通运输工作的新要求，讨论了建立区域交通战略合作机制，并就一批具体项目进行了有效对接。河北省人民政府省长助理刘可为到会致辞，交通运输部戴东昌总规划师、综合规划司综合运输规划处陈钟副处长到会指导。会议就加强京津冀区域交通一体化的必要性、建立京津冀交通合作协调机制、推进京津冀具体交通项目对接达成了一致意见。

9 月 14 日，制定并启动了《廊坊市交通系统进一步做好甲型 H1N1 流感防控工作方案》和《廊坊市交通系统甲型 H1N1 流感防控应急预案》，成立了由市局党组书记、局长王相仁任组长的甲型 H1N1 流感防控工作领导小组。疫情防控期间，整个行业无重症、无死亡、无扩散，最大限度地保证了人民群众的健康安全、和谐稳定的社会秩序和生产生活秩序。

10 月 26 日，根据廊交〔2009〕226 号文件，撤销廊坊市养路费征稽处，成立廊坊市路政管理处。

12 月 7 日，根据《中共河北省委办公厅、河北省政府办公厅关于印发〈廊坊市人民政府机构改革方案〉的通知》精神，廊坊市人民政府对部分机构设置进行了调整，廊坊市交通局更名为廊坊市交通运输局。16 日，廊坊市交通运输局正式挂牌。

25 日，在原出租车管理大队的基础上，成立廊坊市出租车管理处。

2009 年，干线公路建设共实施了 22 个项目，总里程 195 公里，完成投资 5.7 亿元；农村公路建设总里程达到 546 公里，完成投资 2.71 亿元。

干线公路优良路率达到 75%，保持全省领先；县道好路率达到 60.5%，超省交通运输厅计划 10.5 个百分点；查处超限超载车辆 6.6 万辆次，卸载货物 60 余万吨；大中修工程完成 9 项，总里程 92.8 公里；完成桥梁维修加固工程 3 项、108.7 延米；完成密涿引线、京沪高速连接线和大香线馒头柳改造 3 项植树工程，共栽植乔灌木 20 多万株、景天 1 万多平方米，完成计划内补植 300 多公里，补植各种植物 9.5 万株，绿化工程质量全部达到优良，成活率和保存率都在 95% 以上；抢修水毁路基 36709 立方米，修复油面 60 平方米、涵洞 1 道、护坡 2031 立方米、挡墙 354 立方米。

全市有客运班线 575 条，营运客车 930 部，从业人员 3000 余名，客运企业 3 家。全年累计完成客运量 4992 万人，旅客周转量 265643 万人公里，货运量 7751 万吨，货物周转量 1469448 万吨公里。

春运 40 天投入客车 40137 车次，累计发运 73451 班次，完成旅客运送 202.53 万人，客运量与去年同期下降 2.4%；清明、五一、端午节期间，投入客车 9933 车次，累计发运 16860 班次，完成旅客运送 52.77 万人。“5·18”期间，投入出租汽车 700 部，大巴车、中巴车 109 部，运送客商及大会服务人员 3.5 万人次；十一黄金周运送旅客 43.45 万人。

2010 年

1 月 22 日，廊坊市城市公交管理职能由廊坊市建设局划转到廊坊市交通运输局。

2 月，廊坊市交通运输局成立城市公共交通管理处（时为临时机构）。

5 月 13 日，成立廊坊市交通运输局信息化建设领导小组，组长由王相仁局长兼任，下设办公室。

6 月 10 日，成立密涿高速公路廊坊建设管理处，属经费自理副处级事业单位，编制 50 名；13 日，成立信息化办公室，为局直属临时机构；25 日，成立廊坊市交通运输局宣传中心。

7月,北京926路公交车引入万庄,28日正式通车,起自北京永定门站,途经木樨园、大红门、亦庄、万庄等地,终点采油四厂小区,首班车采油四厂为早上5:00,末班车发车17:30,北京首发6:30,末班车19:30,发车间隔为15分钟。

8月,北京943路公交车引入永清,18日正式通车。起自北京永定门站,途经百荣世贸、大红门、固安、碱铺、永清工业园区管委会等站,终点永清县台湾新城,里程91.5公里,行驶120分钟。永清县台湾新城首发早5:00,末班车17:00发车,北京永定门首发7:00,末班车19:30发车。

9月21日,廊坊市交通局路桥通行费管理处更名为廊坊市交通运输局路桥通行费管理处。

10月12日,廊坊市交通局机关后勤服务中心更名为廊坊市交通运输局机关后勤服务中心。

16日,京台高速公路廊坊段开工奠基。京台高速公路是国家"7918"高速公路规划网7条首都放射线中的"线3",是交通运输部"十一五"重点建设项目之一。京台高速公路廊坊段是京台高速公路重要组成部分,是河北省"5纵6横7条线"高速公路网规划中"纵2"路段,起于广阳区火头营村西京冀界,接拟建的京台高速公路北京段,止于安次区穆家口村北冀津界,接在建的京台高速公路天津段,全长53.254公里,依次经过广阳、永清、安次3个县(区),10个乡镇,2个工业园区,46个村街。项目建设工期3年。

19日,率先在全省开通了廊坊至北京首都机场客运专线。由廊坊市通利运输有限公司和北京民航通力航空服务公司共同经营,双方各投入5部豪华大巴车,单程票价为40元。廊坊首班时间6:00,末班时间17:00,北京首都机场首班时间10:00,末班时间20:00,平均发车间隔为60分钟,日往返24班。廊坊始发点为步行街第六大街北外街的机场专线客运站,途经廊坊开发区、京沪高速、北京五环、机场高速至首都国际机场,单程运距100公里,运行时间90分钟。

12月28日,廊坊市交通局职工教育培训中心更名为廊坊市交通运输局职工教育培训中心。

31日,廊沧高速建管处成立廊坊市通港投资有限公司。负责经营管理公司资本金,其融入的项目资本金投资收益,由廊沧高速公路项目通行费收益承担。交通运输局负责监管。

干线公路建设:全年完成投资7.84亿元,其中新改建项目9个,建设里程106公里;大中修工程12项,里程140.925公里。

农村公路建设:完成投资2.6亿元,新改建323.5公里,东高线固安段养护改造工程全长11.346公里;农村公路养护工程完成投资1560万元,全市县道优良率达到56.6%。

公路养护管理:完成106国道小修挖补14521平方米,中修工程12公里,大修工程1公里,增设指路、警告标志21块,增高警示桩7093根、轮廓标1536根,维修挡墙11297延米、排水沟3272延米,改造中央花坛304座;全市公示货运源头单位112家,关闭二次拼装点18个,查处超限超载3.4万辆次,卸载货物23.5万吨,全市车辆平均超限超载率下降到5%以下。

全年全市完成客运量5530万人,旅客周转量248612人公里,货运量8298万吨,货物周转量140.3万吨公里,分别比上年同期增长2%、2%、10%、9%。

春运40天,投入客车40213车次,发运76404班次,完成旅客运送204.54万人,客运量较上年同期增长1%。"5·18"期间,投入出租汽车1500部,大巴车、中巴车102部,运送客商及与会人员4万人次。十一黄金周,市区客流量最高达2.7万人次/天。完成国家级展会、全省运输会、城博会、农交会、热气球节等多项交通运输任务。

廊坊交通运输局确定2010年为"业务素质提高年",重点实施"六项工程",即复合型管理人才培训工程、党务政务人员培训工程、经营人才培训工程、专业技术人才培训工程、高级技术工人培训工程、交通行政执法人员培训工程。全系统开展各级各类培训1000余期,培训职工超过2万人次,实现了全员、全方位培训。

12月,市交通运输局党组书记、局长王相仁被评选为国际物流与运输学会注册会员;党组成员、副调研员郝合瑞,王志信被评选为国际物流与运输学会会员。

2011 年

年初，市交通运输局谋划全年工作，将 2011 年确定为“强力攻坚年”，全力以赴抓好四件事关全局的大事：一是确保廊沧高速、密涿支线高速建成通车。倒排工期，挂图作战，科学安排施工，严把安全质量，确保年内全部建成通车。二是全面提升城市公交服务水平。新建公交站场，调整、新增公交线路，增加班车数量，建设市区西、北两个客运站，全面提升廊坊公交水平。三是全力推进京津廊深度对接。加快京台、密涿高速建设，推进津石高速、唐廊高速等项目前期工作，形成“三纵五横两翼”的高速路网格局，构建京津廊半小时同城交通圈。进一步谋划京廊快速轨道交通，加大轻轨 M6 线盯办力度，谋划与首都新机场路网对接方案。四是全力抓好路网升级。建设市域一小时交通圈，形成“八纵十六横二联”的干线公路网。年内计划新改建干线公路 14 条，实施大中修工程 5 项。奋力推进第三大南通道建设，服务廊坊新兴产业示范区建设。抓好 104 线、大香线改造等工程，加快农村公路建设，提高路网服务水平。

1 月，增加香河家具城至三河燕郊的客运新线路，与三河对开，共有客车 7 辆、182 个座位，方便了两地及沿线群众出行。

22 日，全市交通运输工作暨交通运输系统廉政工作会议召开。局长王相仁代表市局党组做了题为《建设大交通构建大网络发展大运输，强力推进交通运输事业实现新跨越》的工作报告。市政府副市长饶贵华做重要讲话。

22 日，廊坊市交通局地方道路管理处名称变更为廊坊市交通运输局地方道路管理处。

25 日，市局在明珠影剧院举办“幸福廊坊 · 和谐交通”慰问演出文艺晚会。市政府副市长饶贵华、市人大副主任杨国林等市领导应邀观看慰问演出。市局领导班子全体、全系统 2010 年度先进个人及部分职工代表观看演出。

27 日，全市道路春运工作圆满结束。春运期间，全市共投入客车 2097 部、备用运力 50 辆，累计发运 78121 班次，安全运送旅客 206.5 万人次，同比增长 3%。

3 月 8 日，廊坊市交通运输信息化“十二五”发展规划通过专家评审。交通运输部、省交通运输厅和有关方面专家应邀参会。

15 日，廊坊市交通运输系统第三期研修班开班典礼在河北工业大学举行。局长王相仁、副局长郝栓柱，河北工业大学副校长戎贤，土木工程学院党委书记吕荣杰、副院长闫西康出席典礼。40 名学员参加脱产培训。

15 日，市交通运输局组织参加“3 · 15”消费者权益日宣传服务活动。围绕 2011 年“3 · 15”确定的“消费与民生”主题，就“如何方便利用公交车出行”、“老年人如何办理公交月票和老年证”、“驾驶员从业资格证的持证年限”、“超限运输管理的政策”、“计重收费”等问题进行了宣讲。

18 日，局机关和公路处 50 余名干部职工到省道廊霸线，开展了以“实施绿道工程建设，提升干线公路形象”为主题的植树活动，栽植苗木 130 余棵。

18 日，“幸福廊坊 · 市民文化大讲堂”走进市局。国内管理学界著名学者、国务院政策科学研究会副会长赵琛在局机关礼堂做“弘扬复命精神，加强知行合一”的专题讲座。

21 日，廊坊市交通运输系统第二期物流管理研修班开班典礼在北京物资学院隆重举行。本期培训班共有 29 名学员。

24 日，由中组部组织二局副局长许鹏、四处处长杨保平、四处干部徐博夫组成的中组部机关党建专题调研组到市局调研指导工作。

25 日，2011 年全省交通运输系统创先争优活动电视电话会议召开。王相仁局长结合廊坊市交通运输系统实际讲了意见。

30 日，市政府召开全市治理车辆超限超载工作会议。会议宣读了《廊坊市 2011 年治理车辆超限实施方案》，市政府与各县（市、区）政府签订治超责任状。市政府副市长饶贵华、王相仁等市局领导、各县（市、区）政府主管县（市、区）长和交通局局长、市直部门有关负责同志参加会议。

4月1日，根据国家政策，对现行计重收费政策进行了修改和完善，55吨以下计重收费标准不变，55吨以上部分按基本费率的16倍计费。

1日，市局举办党风廉政建设暨预防职务犯罪讲座。市纪委常委孙广喜和市检察院职务犯罪预防处处长狄文阁做专题讲座。局党组成员、局机关全体工作人员、局直单位副科级以上干部、纪检干部和重点岗位负责人共350余人参加了活动。

2日，市政府召开全市高速公路建设工作会议。会议通报全市高速公路建设情况及存在问题，宣读《京台高速公路廊坊段征地拆迁工作实施方案》，对高速公路征地拆迁工作进行调度部署。市长王爱民出席会议并讲话，副市长饶贵华主持会议。市局领导王相仁参加会议。

7日，市政府对廊沧高速霸州、文安、大城段地方工作进行督导调度。

13日，廊坊军分区司令员梁国庆、政委宋革新一行到市局检查指导交通战备工作。局长王相仁、副局长郝栓柱、纪检组长张贵江陪同检查。梁国庆司令对廊坊交通战备工作给予充分肯定。

14—15日，省财政厅、物价局、交通运输厅联合调研组到廊沧高速项目就收费站点设置、收费标准进行实地调研。

16日，市局举办“公路安全保护条例”讲座。交通运输部评价中心副主任魏东应邀授课。市局党组成员，机关各处室、局直各单位、各县(市、区)交通局干部职工共360余人聆听了讲座。

22日，市政府部署治理车辆超限超载工作。副市长饶贵华出席会议并讲话，市局领导王相仁参加会议。

26—28日，局长王相仁，副局长王文玉、高维信率领公路处、路政处有关负责同志，到10个县(市、区)，就一般干线公路迎国检、治理超限超载运输及环境整治绿道工程建设工作进行调研督导。

29日，市局廊交〔2011〕122号通报，廊沧高速建管处工程科等单位和韦延强等同志荣获国家、省、市工会表彰。

5月4日，廊坊市交通运输局“学习郭娜陆地航空班，全面提高行业服务保障水平”活动正式启动。活动中，出租处开展“金廊·流动风景线”品牌创建活动，被评为河北省十大服务品牌之一。运管处机场客运专线、收费处里澜城收费站、公交处IC卡售卡中心被省交通运输厅评为规范服务示范窗口。京台高速建管处、运管处、路政处、出租处、广阳运管站、广阳公路站、安次运管站、霸州运管站货运行政许可服务中心和大城运管站被市文明委评为“创建文明行业文明服务窗口”。

6日，市政府召开全市公路管理工作会议。会议宣读《廊坊市人民政府关于进一步加强农村公路及桥梁运营安全管理工作的通知》，对治超和执法工作进行调度部署。

16日，郭娜陆地航空班巡回报告团一行11人到市局做首场报告。市交通运输系统和廊涿高速管理处共360余人聆听了报告会。同日，市交通运输局召开向郭娜陆地航空班学习动员暨行业精神文明建设工作会议。

19—20日，交通运输部质监总站李洪斌处长率全国试验检测专项督查组对廊坊试验检测机构和高速公路工地试验室工作进行督导检查。

25日，交通运输部干线公路国检路况检测组由106线廊坊与沧州(任丘)交界处进入廊坊，对106、112、104国道部分路段进行检测，全市干线公路迎国检工作顺利完成。

26日，廊坊市交通运输局和市交通战备办公室在工程建设现场举办国防交通应急保障演练活动。

30日，美国马里兰州蒙哥马利郡公共事务与运输部资深交通规划设计专家梁康之教授以《美国城市道路与交通发展概况》为题举办讲座，市局党组书记、局长王相仁主持讲座。360余名干部职工参会。

30日，市运管处职工合唱队作为全市交通系统代表队参加由市直工委和市文明办联合举办的“建党90周年‘党旗飘扬·幸福廊坊’五月红歌赛”活动，获得二等奖。市局领导王相仁、郝栓柱、张贵江、郝艳军参加演唱。

5月，廊沧高速东淀特大桥主体工程全部完工。廊沧高速东淀特大桥于2009年2月开工，是廊坊市第一条业主高速公路战略中的重点基础设施项目，被誉为华北第二、河北省第一长桥。位于河北省霸州市境内，桥长8322米，桥宽34.5米，双向6车道，设计时速120公里/小时。该项目纵贯廊坊市永清、霸州、文安、大城4个县（市），16个乡（镇）和永清工业园区、霸州开发区、胜芳开发区、文安工业园区、左各庄开发区、大城工业园区等6个重点工业园区。

6月1日，全市交通运输系统召开集中治理公路"三乱"规范行政执法行为电视电话会议。

1日，市局领导王相仁、郝栓柱、张贵江、汪旭带领局机关有关处室负责同志到机关幼儿园慰问师生。

2日，市局廊交〔2011〕154号通知，印发《廊坊市交通运输信息化"十二五"发展规划》。

3日，市政府〔2011〕83号通知，市政府成立廊坊市区城市公交运营体制改革工作领导小组。

7日，省厅召开贯彻实施《公路安全保护条例》电视电话会议。省厅会议后，王相仁同志就有关工作讲了重要意见。

7日，市人大主任张素珍批示：市交通局在廊沧、密涿支线重大项目实施中，真抓实干，不畏艰险攻难关，积极有效地闯过断链资金大关，为廊坊经济社会发展做出了积极贡献，此举应予表扬，以资鼓励。

9日，召开廊坊市交通物流协会成立大会暨第一次会员大会，协会正式成立。会议审议并通过了《廊坊市交通物流协会章程》，选举产生了协会第一届理事会理事，推选确定王相仁同志为廊坊市交通物流协会名誉会长，郝艳军同志为廊坊市交通物流协会会长，同时选举产生了协会常务理事、副会长及秘书长等人选。

10日，省交通厅党组成员、副厅长杨国华，行风办主任刘凤兰一行来廊坊交通运输局就政风行风建设和治理公路"三乱"工作进行督导调研。饶贵华副市长、吕建成副秘书长，市局领导王相仁、郝栓柱、张贵江、郝艳军及相关部门负责同志出席了会议。

15日，市交通运输局收听收看全省交通运输系统政风行风建设电视电话会议后，立即召开全市交通运输系统政风行风建设动员会，明确提出2011年政风行风民主评议务必实现"保三争一"目标。

16日，河北省高速公路与北京铁路局所辖铁路交叉协调会议在北京召开。省交通运输厅副厅长潘晓东，市交通运输局党组成员、副调研员郝合瑞，北京铁路局相关领导出席会议。

17日，省政府召开全省收费公路专项清理工作电视电话会议，市政府副市长饶贵华在廊坊分会场出席会议。省政府会议结束后，市政府立即召开全市收费公路专项清理工作会议，迅速贯彻落实全省收费公路专项治理工作电视电话会议精神，安排部署廊坊市收费公路专项清理工作。

23—24日，省公路局检查组对廊坊市公路运营安全生产工作进行督导检查。

26日，市委书记赵世洪对市交通运输局专报件《廊沧、密涿支线高速公路巨额资金断链大关终于闯过》做出重要批示：紧缩之时，筹资闯关，保证发展，功在历史，可喜可贺！

28日，市交通运输局召开纪念建党90周年庆七一暨"一先双优"表彰大会。

29日，成立廊坊市收费公路专项清理工作领导小组及其办公室。

29日，"红心向党·颂歌飞扬"庆祝建党90周年文艺演出在市交通运输局举行。演出由市人大常委会、市交通运输局、市国土资源局共同举办。市人大常委会主任张素珍，副主任王世强、杨国林，秘书长王路敏与市人大常委会机关、市交通运输局、市国土资源局干部职工观看了演出。

7月1日，《公路安全保护条例》实施。廊坊市公路学会网站开通。

4日，市政协主席寇德松对市交通运输局专报件《廊坊对接北京获重大突破》做出重要批示：京沪高铁通车对廊坊更好发挥区位优势，实现经济更好更快发展创造了新条件，对于市民进京下卫开创了新途径，市交通局功不可没。

8日，市政府〔2011〕53号批复，廊国资〔2011〕64号请示，原则同意组建廊坊市公共交通集团有限公司，由市国资委代表市政府履行出资人职责。

11日，市交通运输局2011年纪检监察干部培训班在交通运输部管理干部学院开班。

13日，河北省道路客运隐患整治专项行动检查小组到三河县运管站进行检查验收。

22日，市局廊交〔2011〕195号通知。调整廊坊市交通运输局高速公路建设"十公开"工作领导小组成员。王相仁同志任组长，副组长由郝栓柱、王文玉、张贵江、佟爱民、郝合瑞、郝艳军同志担任。

22—28 日，市局在交通运输部管理干部学院举办了为期 6 天的全市交通运输行政执法人员第一期培训班。

24 日，市交通运输局组织收看交通运输部、省交通运输厅交通运输系统安全生产紧急电视电话会议。

29 日，交通运输部部长李盛霖率有关司局负责同志及新华社记者等一行 10 人到廊坊市调研座谈道路运输安全管理工作，并召开部分省（市）道路客运安全管理座谈会。省政府副省长宋恩华，省交通运输厅厅长高金浩，省政府副秘书长曹汝涛，廊坊市委书记赵世洪、市长王爱民、副市长饶贵华、市政协副主席王玉锁，市局党组书记、局长王相仁等领导陪同调研或参加座谈。

7 月底，交通执法人员统一更换服装。

8 月 10 日，省交通运输厅党组书记、厅长高金浩对市交通运输局专报件《廊坊市交通运输局关于贯彻落实李盛霖部长来廊坊调研指示精神的情况报告》做出重要批示：廊坊市交通局认真贯彻落实李部长调研指示精神，高度重视、迅速行动，筑牢基础、强化行动，突出重点、严格管理的各项措施很有力，对问题的分析比较准确，这样针对性更强。特别是查纠并举“五落实”的措施很好，要切实抓好落实。

10 日，廊坊市人民政府、廊坊军分区召开全市交通战备工作会议。军分区司令员梁国庆、副市长刘智广做了重要讲话，市交通战备办公室主任、市交通运输局党组书记、局长王相仁向大会做了工作报告。

12 日，市政府副市长饶贵华到市局调研市区公交路线路调整及治超工作。局长王相仁、副局长高维信、副调研员郝艳军和办公室、路政处、运管处、公交处有关负责同志参加了汇报会。

16 日，市政府组织召开全市治理车辆超限超载暨交通运输安全保障工作调度会议。市政府副市长饶贵华做重要讲话。市治超办主任、副秘书长吕建成主持会议。市局领导王相仁、高维信、张贵江、郝艳军参加了会议。

16 日，省交通运输厅党组书记、厅长高金浩对市交通运输局呈报的《关于赴吉林省考察综合交通运输体系建设情况的报告》做出重要批示：在当前交通运输建设特别是高速公路建设遇到土地、资金、环境三大巨大压力，困难重重情况下，廊坊市王相仁同志带队赴吉林取经学习，做法很好。吉林公路投资多元化的做法和经验很值得学习借鉴。廊坊市抓规划、抓建设、抓项目、抓服务、抓机制的体会和打算，也很有启发作用。省厅可向各市转发此报告，让各市也学习借鉴一下。

17 日，省厅党组书记、厅长高金浩对市局呈报的《关于落实全省交通战备工作会议精神的情况报告》做出重要批示：感谢贵华市长、智广市长、国庆司令对交通战备工作的高度重视！交通战备工作很重要，很有意义，不仅对构建通达完备的国防交通保障体系具有重要作用，而且加强战备路建设对于争取国家资金支持和土地指标也具有重大作用。廊坊市交通战备工作的五项措施、六项近期工作安排，很有针对性、可操作性，希望切实抓好落实，为交通战备事业做出新的更大贡献。

25 日，工程公司组织召开第八届董事会第二十九次会议。会议由董事长王相仁主持，副董事长佟爱民及公司董事参加会议。会议听取并通过了《公司合同管理办法》、《公司 2011 年考核目标》、2012 年人才工作计划和公司相关人事任免，并就公司银行信用担保等事宜进行了研究讨论。

29 日，市交通运输局收听收看全国交通运输安全隐患排查治理电视电话会议。会后，王相仁同志就贯彻落实会议精神，进一步加强全市交通运输安全隐患排查治理工作提出明确要求。

31 日，省交通运输厅党组书记、厅长高金浩对市交通运输局呈报的《关于贯彻落实省厅 1—7 月份相关会议精神的情况报告》做出重要批示：上半年廊坊交通局各项重点工作抓得紧、抓得细、抓得实，取得明显成效，对全省十个会议精神的贯彻落实及时认真，不少工作有创新，有突破，有显著成绩。希望下半年进一步抓住重点，集中力量解决资金、土地、环境等突出制约因素，狠抓重点项目建设，确保全年目标任务的完成。

9 月 2 日，京保廊区域联动治超工作联谊会议在廊坊市大厂县召开。北京市通州区、大兴区，保定市及涿州、高碑店、雄县的交通运输部门负责同志，廊坊市交通运输局领导王相仁、高维信、王文生、郝艳军，路政处、运管处和各相关县（市、区）交通局、路政大队、运管站负责同志参加会议。

6 日,廊沧高速廊坊段收费人员岗前培训班开班仪式在石家庄市陆军 27 军教导队举行,培训为期 20 天,共有 320 人参加。

14 日,河北省军区副政委李志强、政治部副主任刘进峰一行 6 人,到廊坊市交通运输局视察指导交通战备工作。

15—22 日,市交通运输局在交通运输部管理干部学院举办为期一周的高速路政执法人员业务体能培训。

19 日,省交通运输厅组织召开全省交通运输系统“百日决战确保圆满完成全年目标任务”动员电视电话会议。厅党组书记、厅长高金浩做重要讲话。厅党组副书记、副厅长宋晓瑛主持会议。市局在家的党组成员,各县(市、区)交通局、局直各单位、机关处室负责同志在廊坊分会场参加会议。

26 日,北京八方达公司 849 路固安环城公交正式开通。同日,召开 2011 年重阳节老干部座谈会。市局领导王相仁、郝栓柱、张贵江出席会议,部分离退休老干部代表参加座谈。

30 日,廊沧高速公路廊坊建设管理处更名为廊沧高速公路(廊坊段)管理处。同日,省安全隐患互查小组到三河客运总站调研。

十一黄金周期间,全市安全运送道路旅客 52.14 万人次。出租车安全运送乘客 164.68 万人次,安全稳定形势良好。

18 日,王爱民市长视察市区公交。副市长饶贵华、市交通运输局局长王相仁、市直有关部门负责同志陪同视察。

21 日,市交通运输局举行《大地丰碑》摄影画册发送仪式。市人大常委会党组副书记、副主任马英才,市摄影家协会主席马冲应邀出席。王相仁局长介绍了“十一五”廊坊交通运输发展所取得成果以及“十二五”工作计划。

26—27 日,省厅“十公开”检查组到京台高速廊坊段、密涿支线高速路面合同段检查指导工作。

11 月 4 日,全省治理车辆超限超载工作电视电话会议召开。会议传达贯彻全国治超工作电视电话会议精神,安排部署全省治超工作。省交通运输厅党组书记、厅长高金浩主持会议并讲话。市政府副秘书长吕建成、局长王相仁在廊坊分会场出席会议并讲话。

6—8 日,由省交通运输厅副厅长宋晓瑛带队的省政府督导组对廊坊市道路交通安全工作进行督导检查。市政府副市长饶贵华、副秘书长吕建成,市交通运输局局长王相仁、副调研员郝艳军及有关部门负责同志陪同。检查组先后督导检查了廊坊市开发区黎明气体有限公司,永清县、大城县和文安县汽车客运站及客货运输企业源头监管,客运车辆 GPS 动态监管、源头治超工作,客货运输安全隐患排查治理工作及道路交通安全等情况。

10 日,由廊坊市交通运输局策划的第一首反映高速公路建设的歌曲《幸福大路》在 CCTV-15《中国音乐电视》栏目早 6:00 和晚 18:55 播出。《幸福大路》由多次担任春晚语言类节目策划的著名相声表演艺术家闫月明作词,解放军空政文工团国家一级作曲家姚明谱曲,中国人民解放军第二炮兵歌舞团国家一级演员张华敏和武警北京总队军乐团独唱演员彭高平演唱,委托北京美丽海影视公司制作。《幸福大路》反映了廊坊南部大城、文安、霸州等当地群众对便捷交通的殷切期望,讴歌了廊沧高速建设者不畏艰难、勇于创新和甘于奉献的优秀品格。

14 日,市交通运输局廊交〔2011〕357 号通知,同意道路运输协会变更法定代表人及地址。将原法定代表人饶贵华变更为王相仁,原办公地址廊坊市银河北路 122 号变更为廊坊市开发区云鹏路广宇物流。

14 日,市政府副市长饶贵华到廊沧高速公路(廊坊段)视察工作。市政府副秘书长吕建成,市局领导王相仁、佟爱民、郝合瑞和廊沧高速管理处主要负责同志陪同视察。饶贵华副市长详细听取了通车准备工作汇报并审查了效果图,对现阶段工作给予充分肯定。

16 日,全省交通运输系统政风行风建设工作调度会召开。省厅党组书记、厅长高金浩和省纠风办副主任高长水做重要讲话。省厅会议结束后,市局立即在分会场召开全系统政风行风建设调度会。局党组书记、局长王相仁要求全系统广大干部职工要对标“郭娜班”,用坚忍不拔的毅力,打好百日攻坚战,深入推进“治超、治乱、治费、治安”工作，抓住重点，强力突破，戒骄戒躁，再接再厉，确保在下半年民主评议中再次取得好成绩。

18日，全省2011年度公路统计年报布置会在霸州召开。交通运输部公路研究院研究员边庄力，省厅公路局副局长白军华，市交通运输局党组成员、副调研员郝艳军，霸州市副市长王子川出席会议，全省11个地市交通运输局主管领导、计划处处长和相关统计人员参加会议。

21—22日，省厅考核组对廊坊市2011年度公路管理工作进行考核。市局党组书记、局长王相仁接待了考核组一行。考核采取听汇报、现场检查、查阅资料、座谈交流等形式，分项分组对廊坊市国省干线公路养护、路政管理、农村公路、财务管理、政风行风建设、公路文化建设等工作进行了全面细致检查，重点对102线、104线、106线、廊霸线、廊泊线等干线公路，广阳、大城公路站，九州、吴王文养护中心，固安、文安、香河等治超检测站，安次区、三河市农村公路养管等内容进行了重点抽查。

26日，廊沧高速公路廊坊段通车仪式在文安服务区东区隆重举行。市委书记赵世洪讲话并宣布通车，省交通运输厅厅长高金浩致辞，市政府副市长饶贵华主持，市交通运输局党组书记、局长王相仁介绍项目概况，文安县委书记李克良代表沿线县(市)发言。市政协主席寇德松，市委常委、市委秘书长李波，市人大主任副主任杨国林，市政协副主席沈树田，省交通运输厅副厅长潘晓东，厅党组成员、高管局局长康彦民，省公安厅高速交警总队副总队长李沛川等领导及有关特邀嘉宾出席仪式。市局领导班子全体成员，市直有关部门，厅直相关处室，沿线县(市)及交通运输部门、乡镇的负责同志，项目施工、设计、监理单位相关人员，市局机关处室、直属单位负责同志及职工代表参加了仪式。廊沧高速公路是河北省“十一五”重点建设项目，2009年2月10日全线正式开工建设。廊坊段全长93.248公里。项目北起永清县赵百户营村北，与京台高速相接，途经永清、霸州、文安、大城，止于大城县大木桥村南(廊坊、沧州交界)，与廊沧高速沧州段相接。项目设计速度120公里/小时，双向6车道，全线设互通9座，特大桥5座，大、中、小桥、涵洞共200座。全线设监控通信中心1处，服务区2处，养护工区2处，匝道收费站7处。设连接线5条，总长56.66公里。作为廊坊自主建设的第一条高速公路，廊沧高速在廊坊公路发展史上创造了“五个之最”：廊坊境内高等级公路里程最长；设计标准最高；采用目前河北省内最高标准的双向6车道；工程建设最难；穿越东淀行滞洪区及文安、贾口洼滞洪区，全线高出地表平均5米以上，局部填方超过10米，并含5座特大桥，总长13987米，推进速度最快。2006年3月起，18个月办完全部审批手续，成功列入全省“十一五”高速公路建设规划；2007年9月28日控制性工程开工奠基；2009年2月10日全线正式开工建设；2011年11月26日胜利通车，创造了非同寻常的“廊沧效率”。廊沧高速公路廊坊段通车，使中南部县(市)进京的时间缩短了一半，向南到沧州仅需1个小时，到黄骅港仅需100分钟。廊沧高速作为贯通全市南北的交通大动脉，是全省高速公路网的重要组成部分，这条高速以及在建的京台、密涿等高速的全面建成，使全市路网格局更加合理，“进京下卫、上天入海”更加快捷，从根本上改变了廊坊中南部县市区的交通条件，拉近了廊坊与京津的时空距离，加快了对接京津，拉动全市经济社会发展的步伐。

12月1日，市政府召开京台高速公路廊坊段征地拆迁工作调度会。市政府副市长饶贵华做重要讲话，副秘书长吕建成主持会议，市局党组书记、局长王相仁，党组成员、工会主任汪旭出席会议。广阳区、安次区、永清县政府主要领导、主管领导，交通局局长、主管副局长，京台高速沿线乡镇党委、政府主要负责同志，京台高速建管处有关同志参加会议。

4日，市交通运输局组织参加“12·4”法制日宣传活动。

6日，以廊沧高速建设为题材的报告文学《廊坊大动脉——来自廊沧高速建设一线的报告》刊登在《河北日报》11版(专版)。

7日，廊坊市交通运输局在全市纠风网暨网上直通车72个职能部门中，首例组织召开行风监督员座谈会暨“网上直通车”网民见面会。市人大城工委主任罗进、市政协副秘书长冉伟标、市纠风办主任付永波、环首都新闻网暨纠风网“网上直通车”总编田志友，市局领导张贵江、王文生，10名行风监督员、5名网民代表和局直有关单位共计30余人参加了会议。见面会通报了2011年全市交通运输系统政风行风建设工作开展情况，就热点问题进行了重点解答。行风监督员和“网上直通车”网民对市交通运输局

2011年的各项工作给予充分肯定，提出意见和建议30余条。自2010年7月开通“网上直通车”至2011年年底，市交通运输局共收到网民提出的涉及公路工程养护维修、道路运输、出租车、城市公交、交通运输综合规划、政策法规等各类咨询、建议、投诉103件，回复率和满意度均达100%。

8日，廊坊市委副书记、代市长聂瑞平深入市公交公司调度指挥中心视察城市公共交通工作。市政府副市长饶贵华、秘书长王俊臣、副秘书长吕建成参加调研。市交通运输局、国资委、建设局、规划局、公安交警支队、公交运输公司负责同志陪同调研。聂瑞平对廊坊城市公交工作给予充分肯定，他指出，发展城市公交是顺应民意的事情，也是反映民生的大事，道路是动脉，城市公交也是一种血液的流通，各种要素的聚集全靠交通，特别是随着城镇化进程的加快，随着城市产业的聚集，随着人口的增加，在今后发展过程中要注重“五个统筹”。

10日，河北省治超督导检查组到三河市督导检查治超工作。

12日，市政府副市长饶贵华到京台高速廊坊段对全线征地拆迁工作进行现场调度。副秘书长吕建成，市局领导王相仁、佟爱民、汪旭陪同。饶贵华副市长提出五项具体要求：一是提高认识。二是转变作风。三是讲究方法。四是落实责任。五是加强督导。

15—16日，市交通运输局举办迎新年系列文体活动。15、16日，市局举行系统职工乒乓球比赛，共有20个单位、67名队员参加比赛。16日，市局机关举行拔河比赛。

16日，全省交通运输系统信息化智能化工作电视电话会议召开。省厅党组书记、厅长高金浩做重要讲话，会议总结全省“十一五”交通运输信息化工作，安排部署“十二五”信息化、智能化建设任务。局长王相仁在廊坊分会场做典型发言。

17—18日，省交通运输厅在石家庄召开课题成果鉴定会。由公路处、工管处、设计院、工程公司、工程一处承担的5项科研课题通过鉴定，1项成果推广项目通过验收。

28日，市局召开全系统2011年党建工作述职述评会议。局长王相仁、副局长郝栓柱、系统工会主任汪旭出席会议；市直纪工委书记刘小平应邀出席会议并讲话。

29日，廊坊市交通运输系统文字工作座谈会召开。局长王相仁出席会议并做重要讲话，副局长郝栓柱主持会议。局机关党委、办公室负责同志和局直单位通讯员代表参加了会议。

29日，全省交通运输系统春运工作电视电话会议召开。省厅党组书记、厅长高金浩，省厅领导宋晓瑛、杨国华、潘晓东出席会议，潘晓东主持会议。局长王相仁在廊坊分会场出席会议。

29日，局机关成立第一届女工委。全系统共有24个基层妇联组织、66名妇女干部，基层组织建设覆盖率达100%。

30日，市政府召开京台高速公路征地拆迁调度会。市政府副市长饶贵华做重要讲话，副秘书长吕建成主持会议。市局领导王相仁、佟爱民、汪旭，广阳区、安次区、永清县政府和交通局有关负责同志参加会议。饶贵华副市长要求，各县（区）要加大力度，务必在2012年2月15日前完成征地拆迁工作，并提前落实好土源等问题。

31日，市公路学会召开学术论文交流会。共收到论文118篇。

廊坊市交通运输局在全市依法行政考核中以97.8分的总成绩位列全市第一，并被市政府授予“依法行政先进单位”荣誉称号，被省政府评定为全省依法行政工作优秀等次。

2011年，全市公路新增通车里程198公里，总里程达9294公里，路网密度达144公里/百平方公里，分别是全国、全省平均水平的3.4倍和1.7倍，稳居全省第一。高速公路建设。全年完成投资31.78亿元。全市瞩目的廊沧高速经过6年的前期和建设，于11月26日如期通车；密涿支线高速顺利通过省厅交工验收，具备了通车条件。京台高速获得国家用地批复，为全省当年仅有的两条高速项目之一，控制性工程路基、桥涵全部完成，全线征地拆迁基本完成。京台高速公路廊坊段控制性工程，是京台高速廊霸线以南至廊沧高速别古庄枢纽互通段，长4.20公里。双向8车道，路基宽42米，设计时速120公里/小时，投资8.60亿元。包括大桥2座，中桥3座，涵洞7座，互通式立交（双喇叭）1座，养护工区1处，互通立交收费站1处。控制性工程是廊坊市中南部4县市与中心市区高速公路连接的快速通道，完善了全市高速公路路网功能，充分形成了中南部经济走廊，发挥出廊沧高速与京台高速公路经济与社会效益。密涿高速下穿大秦铁路控制性工程施工方案成功获批，各项前期工作基本完成。一般干线建设。完成投资8.68亿元。实施新改建工程14项、大中修和桥梁维修加固工程19项，104、112国道养护改造，廊沧高速文安连接线等7个新改建项目和大香线等10个大中修工程顺利完工。农村公路建设。完成投资4.6亿元。新改建农村公路510公里。投资创历史之最。深入开展预防性养护、标准化养护、示范性养护，狠抓公路环境整治及绿道工程建设，全市干线公路优良路率保持75%以上；通行费征收顺利完成目标任务；严格"红线"管控，拆除私搭乱建1.4万平方米。在全省率先成立2家出租车服务站，为出租车免费配备、半价清洗座套；组织爱心车队、共产党员车队参加志愿帮扶活动，爱心车队被省文明委命名为"优秀志愿服务品牌"；落实"绿色通道"政策，全年减免通行费450多万元，14万辆次受惠。圆满完成春运、"5·18"、十一黄金周等运输保障任务。协调各县(市、区)投入470余万元，对农村公路设限210处，有效防止了双超车辆对乡村道路的损害。全年共查处超限超载车辆6.6万辆次，卸载货物60余万吨，超限超载率降至3%以下。组建公交公司，稳妥回购原18条线路250部个体车辆承包经营权，投放200部新型智能化公交车，车型档次、智能化水平全国领先。改革后，线路由18条增至21条，里程由440公里增至480公里；新建港湾3个，站点40个，改建站点8个，划定公交专用车位19个，新建站牌80个。同时，抓好驾乘人员培训，加强运营监管，延长运营时间，公交出行分担率由6.8%提高到10%，社会各界普遍赞誉。

至2011年年底，税费改革所涉及人员基本安置到位，基本实现"人人有去向，不增加社会压力"的目标，确保成品油价格和税费改革顺利实施和社会稳定。成品油价格和税费改革，涉及廊坊市交通规费征收机构和供养单位人员共计7188人。为加强安置工作的组织领导，2009年4月29日，市交通局成立了由市交通局党组书记、局长王相仁任组长的人员安置工作领导小组。在市财政转移支付资金不到位的情况下，2010年以来，廊坊市交通运输局克服重重困难，多方筹措资金，垫付资金1953万元，保证人员工资的按时发放。积极寻找安置方向，通过市交通运输系统内部转岗、向税务部门分流、自愿自主择业等方式，用三年时间按时实现了安置目标。

第十四篇 荣　誉

明代思想家顾炎武说:"人生富贵驹过隙,惟有荣名寿金石。"古罗马也有这样的警句:"荣誉是人生的第二遗产。"新中国成立以来,经过一代代交通运输人的艰苦奋斗、顽强拼搏、开拓进取、无私奉献,全市交通运输事业实现了跨越式发展,取得的成就可圈可点,不胜枚举。这些荣誉既见证了廊坊交通运输事业的蓬勃发展,又彰显了交通运输人敢挑重担、攻坚克难、创先争优的时代精神。交通运输人一路走来,用行动谱写了一篇篇可歌可敬的光辉篇章。

荣誉是一种标志,也是一面镜子。在廊坊交通运输的漫长发展历程中,全市交通运输系统涌现出了一大批先进单位、先进集体和先进个人。受到了各级政府和社会各界的广泛赞誉和好评,在全市树立了良好的外部形象。鉴于资料有限,此篇不能全面收录交通系统取得的荣誉,是为憾。

第一章　集体荣誉

廊坊市交通运输系统省级及以上集体荣誉见表14-1-1。

廊坊市交通运输系统省级及以上集体荣誉　　表14-1-1

获奖时间	获奖单位	荣誉名称	授予单位
1993年	廊坊市交通局	省级文明单位	河北省委、省人民政府
1994年	廊坊市交通局	省级文明单位	河北省委、省人民政府
1995年	廊坊市交通局	省级文明单位	河北省委、省人民政府
1996年	廊坊市交通局	省级文明单位	河北省委、省人民政府
1997年	廊坊市交通局	百家文明执法单位	河北省人民政府
1997年7月	廊坊市运输管理处	全国道路运政管理文明单位	中国交通部
1997年	廊坊市交通局	省级文明单位	河北省委、省人民政府
1997年	廊坊市交通局	"普法"先进单位	河北省委
1998年8月	廊坊市交通局、廊坊市运输管理处	省级文明单位	河北省委、省人民政府
1998年	廊坊市交通局	"普法"先进单位	河北省委
1999年9月	廊坊市运输管理处	全国道路运政管理文明单位	中国交通部
1999年9月	廊坊市运输管理处	创建文明行业工作先进窗口单位	河北省委、省人民政府
1999年9月	廊坊市运输管理处	河北省创建文明行业工作先进单位	河北省委、省人民政府
1999年	廊坊市交通局	省级文明单位	河北省委、省人民政府
1999年	廊坊市交通局	行政执法文明单位	河北省人民政府
1999年	廊坊市公路工程管理处	河北省先进集体	河北省人民政府
2000年10月	廊坊市交通局、廊坊市运输管理处	省级文明单位	河北省委、省人民政府
2000年	廊坊市交通局	行政执法文明单位	河北省人民政府
2001年3月	交通公路工程有限公司廊崔潍里特大桥工程	全国优秀工程	中国公路运输工会全国委员会
2001年3月	第一公路工程处潍里特大桥工程	2000年度全国公路施工企业优质工程劳动竞赛中被评为优质工程	中国公路运输工会全国委员会
2001年7月	廊坊市交通局、廊坊市运输管理处、廊坊市公路工程管理处	省级文明单位	河北省委、省人民政府
2001年	廊坊市交通局	交通行政执法人员岗位培训先进单位	中国交通部
2001年	廊坊市公路工程管理处	全国交通系统窗口示范单位	中国交通部
2002年9月	第一公路工程处	2002年度交通行业质量管理小组、优秀交通行业质量管理小组活动优秀企业	交通行业优秀企业管理成果评审委员会
2002年	廊坊市交通局	省级文明单位	河北省委、省人民政府

续上表

获奖时间	获奖单位	荣誉名称	授予单位
2002 年	第一公路工程处	优秀交通行业质量管理小组活动优秀企业	中国交通企业管理协会
2002 年	廊坊市交通局	全省"三五"法制宣传教育先进集体	河北省人民政府
2002 年	廊坊市公路工程管理处	2002 年度全国交通行业优秀质量管理小组	交通行业优秀企业管理成果评审委员会
2002 年	廊坊市公路工程管理处	2002 年度河北省交通行业推荐全国优秀质量管理小组成果	中国交通企业协会
2003 年 1 月	廊坊市交通局	创建全国文明行业工作先进单位	中央精神文明建设指导委员会
2003 年	廊坊市交通局	省级文明单位	河北省委、省人民政府
2003 年	廊坊市公路管理处	全国青年文明号	共青团中央委员会
2003 年	廊坊市公路工程管理处	河北省造林绿化先进集体	河北省委、省人民政府
2003 年	廊坊市公路工程管理处	2002—2003 年度精神文明建设文明单位	河北省委、省人民政府
2003 年	廊坊市公路工程管理处	科学技术三等奖	中国公路学会
2004 年 4 月	廊坊市公路工程管理处	河北省先进集体	河北省人民政府
2004 年 8 月	廊坊市运输管理处	省级文明单位	河北省委、省人民政府
2004 年	廊坊市交通局	省级文明单位	河北省委、省人民政府
2004 年	廊坊市公路工程管理处	2004 年度全国交通行业质量管理小组活动优秀企业	中国交通企业管理协会、交通行业优秀企业管理成果评审委员会
2004 年	廊坊市公路工程管理处	2004 年度全国交通行业优秀质量管理小组及成果	中国交通企业管理协会、交通行业优秀企业管理成果评审委员会
2004 年	廊坊市公路工程管理处	2004 年度全国交通行业质量信得过班组	中国质量协会、全国总工会、共青团中央委员会、中国科学技术协会
2005 年 6 月	廊坊市路桥通行费管理处三河收费站、霸州收费站、102 三河收费站	全国青年文明号	中国交通部、共青团中央委员会
2005 年 8 月	廊坊市交通勘察设计院	全国交通行业质量信得过班组	中国交通企业管理协会
2005 年	廊坊市交通局	省级文明单位	河北省委、省人民政府
2005 年	廊坊市公路工程管理处	2004—2005 年度河北省文明单位	河北省委、省人民政府
2005 年	廊坊市公路工程管理处	2004—2005 年度廊坊市文明单位	河北省委、省人民政府
2006 年 3 月	廊坊市运输管理处	2005 年度展览组织服务工作先进集体	河北省委、省人民政府
2006 年 8 月	廊坊市交通勘察设计院	全国交通行业质量信得过班组	中交企管协会
2006 年 10 月	廊坊市交通局、廊坊市运输管理处	2004—2005 年度河北省文明单位	河北省委、省人民政府
2006 年	廊坊市公路工程管理处、第二公路工程处、第二公路工程处乳化沥青冷再生试验路 QC 小组	全国交通行业优秀质量管理小组	中国交通企业管理协会、交通行业优秀企业管理成果评审委员会
2007 年	廊坊市交通局	省级文明单位	河北省委、省人民政府

续上表

获奖时间	获奖单位	荣誉名称	授予单位
2007 年	廊坊市公路工程管理处	全国三八红旗集体	全国妇女联合会
2007 年	廊坊市公路工程管理处	全国交通行业文明单位	中国交通部
2007 年	廊坊市公路工程管理处	2007 年度中国交通部质量管理小组活动优秀企业	中国交通企业管理协会
2007 年	廊坊市公路工程管理处	全国交通行业优秀质量管理小组	中国交通企业管理协会、交通行业优秀企业管理成果评审委员会
2007 年	廊坊市路桥通行费管理处固安收费站	青年文明号	中国交通部、共青团中央委员会
2008 年 4 月	廊坊市路桥通行费管理处三河收费站	工人先锋号	中华全国总工会
2008 年 8 月	廊坊市廊坊市交通局运输管理处	省级文明单位	河北省委、省人民政府
2008 年 11 月	廊坊市运输管理处	河北省抗震救灾模范集体	河北省委、省人民政府
2008 年	廊坊市交通局	全国五四红旗团委创建单位	共青团中央委员会
2008 年	廊坊市公路工程管理处	全国精神文明建设工作先进单位	中央精神建设指导委员会
2008 年	廊坊市公路工程管理处	巾帼文明岗	全国妇女联合会、第 29 届奥组委、“巾帼建功”领导小组
2008 年	廊坊市霸州运管站	全国青年文明号	共青团中央委员会
2009 年 1 月	廊坊市交通局	全国公路水路运输量专项调查先进集体	中国交通运输部
2009 年 1 月	廊坊市公路工程管理处	第四届全国精神文明建设工作先进单位	中央精神文明建设指导委员会办公室
2009 年 1 月	廊坊市路桥通行费管理处	全国三八红旗集体	全国妇女联合会
2009 年 4 月	廊坊市运输管理处	河北省先进集体	河北省人民政府
2009 年 5 月	廊坊市运输管理处	“春运农民工平安返乡（岗）安全优质服务劳动竞赛”先进集体	中国海员建设工会全国委员会
2009 年 7 月	广宇物流有限公司	通用仓库等级评定“四星”	中国仓储协会全国通用仓库等级评定委员会
2009 年 8 月	第一公路工程处保阜高速 LJ16 合同桥梁 QC 小组	2009 年度全国交通行业优秀质量管理小组	中国交通企业管理协会、交通行业优秀企业管理成果评审委员会
2009 年 12 月	廊坊市公路工程管理处	全国交通运输系统先进集体	人力资源和社会保障部、交通运输部
2009 年 12 月	公路工程质量监督处、交通勘察设计院、第一公路工程处、第二公路工程处	部级优秀 QC 小组	中国交通企业管理协会
2009 年	廊坊市交通局	省级文明单位	河北省委、省人民政府
2010 年 4 月	廊坊市公路工程管理处	全国绿化模范单位	全国绿化委员会
2010 年 4 月	交通公路工程有限公司	2009 年度交通运输系统试验检测机构信用评价 AA 级信用	中国交通运输部工程质量监督总站
2010 年 7 月	廊坊市交通运输局、廊坊市公路工程管理处、廊坊市运输管理处、第一公路工程处	2008—2009 年度文明单位	河北省委、省人民政府

续上表

获奖时间	获奖单位	荣誉名称	授予单位
2010年10月	廊坊市公路工程质量监督处C50混凝土配合比QC小组	中国交通运输部优秀QC小组	中国交通企业管理协会
2010年11月	第一公路工程处	全国交通行业质量管理小组活动先进企业	中国交通企业管理协会、交通行业优秀企业管理成果评审委员会
2010年11月	第一公路工程处东淀特大桥C50 QC小组	2010年度全国交通行业优秀质量管理小组	中国交通企业管理协会、交通行业优秀企业管理成果评审委员会
2010年11月	第一公路工程处东淀特大桥预应力T梁QC小组	2010年度河北省优秀质量管理小组	河北省科学技术协会、省总工会、共青团省委、省质量协会
2010年	廊坊市公路工程管理处	全国绿化模范单位	全国绿化委员会
2011年2月	京台高速公路廊坊建设管理处	全国五一巾帼标兵岗	中华总工会
2011年4月	廊沧高速公路廊坊管理处工程科	工人先锋号	中华总工会
2011年4月	廊坊市运输管理处	“春运农民工平安返乡(岗)安全优质服务竞赛”先进集体	中国交通运输部、海员建设工会全国委员会
2011年4月	交通公路工程有限公司	2010年度交通运输系统试验检测机构信用评价A级信用	中国交通运输部工程质量监督总站
2011年6月	廊泊线里澜城收费站收费二班	全国公路交通系统优秀五型班组	中国海员建设工会、全国委员会
2011年7月	文安县交通局	交通行业QC小组活动成果发布奖	中国交通企业管理协会、交通行业优秀企业管理成果评审委员会
2011年8月	廊坊市交通运输局地方道路管理处	2011年度全国交通行业质量管理小组活动优秀企业	中国交通企业管理协会
2011年11月	第二公路工程处永清拌合场	2011年度全国交通建设系统“工人先锋号”	中国海员建设工会、全国委员会
2011年11月	交通公路工程有限公司	全国公路施工企业信用评价A级	中国交通运输部
2011年12月	京台高速合同管理QC小组、廊坊市公路工程管理处信息化QC小组、交通勘察设计院道路QC小组、地方道路管理处养护QC小组、交通公路工程有限公司一公司T梁外观质量缺陷控制QC小组、交通公路工程有限公司一公司廊沧高速七合同QC小组、文安县交通局公路站工程队路面QC小组	部级优秀质量管理小组	中国交通企业管理协会、交通行业优秀企业管理成果评审委员会
2011年12月	廊坊市公路工程管理处、廊坊市公路管理处	2011年度全国文明单位	中央精神文明建设委员会
2011年12月	廊坊市交通运输局地方道路管理处	2010年度全国交通行业质量管理小组活动优秀企业	中国交通企业管理协会、交通行业优秀企业管理成果评审委员会
2011年	廊坊市交通运输局	省级文明单位	河北省委、省人民政府
2011年	公路工程管理处团支部、廊坊市公路管理处团支部	2011年度全国五四红旗团支部	共青团中央委员会

续上表

获奖时间	获奖单位	荣誉名称	授予单位
2011 年	廊坊市交通运输局	全省依法行政工作优秀等次	河北省人民政府
2012 年 6 月	廊坊市交通运输局	2011 年全省依法行政工作优秀等次	河北省人民政府
2012 年 8 月	廊坊市交通运输局、第一公路工程处	2010—2011 年度省级文明单位	河北省委、省人民政府
2012 年	廊坊市交通运输局职工教育中心	2011 年全国职工教育培训优秀示范点	中华全国总工会

廊坊市交通运输系统市级集体荣誉见表 14-1-2。

廊坊市交通运输系统市级集体荣誉 表 14-1-2

获奖时间	获奖单位	荣誉名称	授予单位
1985 年	廊坊市安次区葛渔城中心道班	文明道班	河北省交通厅、省公路运输工会
1988 年	廊坊地区养路费稽征所	河北省交通系统双文明建设先进单位	河北省交通厅
1988 年	廊坊地区运管处运政科	河北省交通系统双文明建设先进集体	河北省交通厅
1989 年	廊坊市养路费稽征所	河北省交通系统双文明建设先进单位	河北省交通厅
1989 年	廊坊运输公司运输一场修理车间	河北省交通系统双文明建设先进集体	河北省交通厅
1990 年	廊坊市养路费稽征处	河北省交通系统先进单位	河北省交通厅
1991 年	廊坊市养路费稽征处	河北省交通系统双文明建设先进单位、全省地市养路费稽征处优质服务竞赛先进单位	河北省交通厅
1991 年	廊坊运输公司六场	河北省交通系统双文明建设先进集体	河北省交通厅
1991 年	廊坊市交通局	车辆购置附加费、养路费决算先进单位，财务工作先进单位，运管费收支先进单位，客票附加费征收第一名，交通统计工作全优单位，非交通部门公路运输抽样调查表彰单位	河北省交通厅
1991 年	廊坊市公路管理处	干线公路工程管理先进单位	河北省交通厅
1991 年	廊坊市公路管理处	公路养护先进单位	河北省交通厅
1991 年	廊坊市运输管理处	全省地市运管处优质服务竞赛先进单位	河北省交通厅
1992 年	廊坊市养路费稽征处	河北省交通系统双文明建设先进集体	河北省交通厅
1992 年	廊坊市公路处第二工程队	河北省交通系统双文明建设先进集体	河北省交通厅
1993 年	廊坊市交通局	在“四职一纠”“三杯竞赛”中获奖	廊坊市人民政府
1993 年	廊坊市公路工程管理处	市级文明单位	廊坊市委、市人民政府

续上表

获奖时间	获奖单位	荣誉名称	授予单位
1994年4月	廊坊市运输管理处	市级文明单位	廊坊市委、市人民政府
1995年4月	交通勘察设计院	河北省勘察设计先进集体	河北省建设委员会
1995年12月	廊坊市运输管理处	教育先进单位	河北省交通厅
1995年	廊坊市交通局	在"四职一纠"竞赛中被评为优胜单位	廊坊市人民政府
1995年	廊坊市公路工程管理处	市级文明单位	廊坊市委、市人民政府
1996年4月	廊坊市运输管理处	市级文明单位	廊坊市委、市人民政府
1996年4月	廊坊市交通局	全省交通系统"二五"普法先进单位	河北省交通厅
1996年12月	廊坊市运输管理处	河北省交通系统学习华铜海先进集体	河北省交通厅
1996年	廊坊市交通局	在"四职一纠"竞赛中被评为优胜单位	廊坊市人民政府
1996年	廊坊市公路工程管理处	全省公路绿化先进单位	河北省交通厅
1996年	廊坊市公路工程处沥青库	1996年度市级文明单位	廊坊市委、市人民政府
1997年2月	廊坊市公路工程管理处	1996年度省交通系统科技先进集体	河北省交通厅
1997年2月	廊坊市公路工程管理处	1996年度重点工程先进单位(并奖励价值120万元进口摊铺机)	河北省交通厅
1997年3月	廊坊市公路工程有限公司	112线省工程质量第三名	河北省交通厅
1997年5月	廊坊市公路工程管理处、第一公路工程处	1995—1996年度市级文明单位	廊坊市委、市人民政府
1997年7月	交通勘察设计院	河北省勘察设计先进单位	河北省建设委员会
1997年	廊坊市交通局	在"四职一纠"、"三杯竞赛"中获奖	廊坊市人民政府
1997年	廊坊市交通局	全省交通系统治理公路"三乱"先进集体	河北省交通厅
1997年	廊坊市公路工程质量监督处112线监理组	先进监理组	河北省交通厅
1998年4月	廊坊市公路工程管理处	1997年度市级文明单位	廊坊市人民政府
1998年6月	第一公路工程处超洪桥预应力张拉QC小组	1998年度河北省交通厅优秀质量管理小组	河北省交通厅
1998年6月	第一公路工程处102线三河电厂桥下部工程QC小组	1998年度河北省交通厅优秀质量管理小组	河北省交通厅
1998年6月	廊坊市运输管理处	1997年度河北省交通系统教育先进集体	河北省交通厅
1998年	廊坊市交通局	在三杯竞赛中荣获"为民杯"银奖	廊坊市人民政府
1998年	廊坊市交通局	市级文明单位	廊坊市委、市人民政府
1998年	廊坊市公路工程质量监督处106线监理组、廊涿线监理组	先进监理组	河北省交通厅

续上表

获奖时间	获奖单位	荣誉名称	授予单位
1999年8月	第一公路工程处106线超洪桥上部工程QC小组	1999年度河北省交通厅优秀质量管理小组	河北省交通厅
1999年	廊坊市交通局	在三杯竞赛中荣获“便民利民杯”荣誉称号	廊坊市人民政府
1999年	廊坊市交通局	市级文明单位	廊坊市委、市人民政府
1999年	廊坊市公路工程管理处	1998—1999年度精神文明建设市级文明单位	廊坊市委、市人民政府
1999年	廊坊市公路工程管理处	1999年度小麦机收及跨区作业工作先进单位	河北省农业厅、省公安厅、省交通厅
1999年	廊坊市公路工程管理处	1999年度公路养护与路政先进单位	河北省交通厅
1999年	通达公路公司	纳税大户奖	廊坊市人民政府
2000年1月	廊坊市运输管理处	市级文明单位	廊坊市委、市人民政府
2000年1月	廊坊市交通局、廊坊市公路工程管理处、第一公路工程处、公路工程材料供应站	1998—1999年度市级文明单位	廊坊市委、市人民政府
2000年6月	第一公路工程处潮白河特大桥上部工程梁桥预制QC小组、桥面铺装QC小组	2000年度河北省交通厅优秀质量管理小组	河北省交通厅
2000年8月	廊坊市公路工程管理处	异型双体桥（新河桥）技术研究成果	河北省科技厅
2000年11月	廊坊市公路工程管理处	桥梁接缝材料应用研究成果	河北省科技厅
2000年	廊坊市交通局	在“四职一纠”、“三杯竞赛”中获奖	廊坊市人民政府
2000年	廊坊市公路工程管理处	2000年度河北省交通厅优秀质量管理小组	河北省经济贸易委员会、省科学技术协会、省总工会、共青团省委、质量管理协会
2000年	廊坊市运输管理处	承办第十七届河北省经济贸易洽谈会先进单位	廊坊市委、市人民政府
2000年	廊坊市运输管理处	1999年度河北省交通系统行政执法文明集体	河北省交通厅
2000年	廊坊市公路工程管理处	2000年度厅级QC小组	河北省交通厅
2000年	廊坊市公路工程质量监督处	1999年交通教育工作先进集体	河北省交通厅
2000年	廊坊市公路工程质量监督处潮白河大桥监理组、廊霸监理组	公路工程施工监理先进集体	河北省交通厅
2001年2月	廊坊市公路工程管理处	2000年质量年活动优秀竣工项目	河北省交通厅
2001年3月	廊坊市公路工程有限公司	2000年度廊霸公路永清霸州段优秀竣工项目	河北省交通厅
2001年4月	廊坊市公路工程管理处	2000年度先进集体	廊坊市人民政府
2001年4月	第一公路工程处	河北省五一奖状	河北省总工会

续上表

获奖时间	获奖单位	荣誉名称	授予单位
2001年5月	廊坊市运输管理处	第十八届河北省经济贸易洽谈会服务先进单位	廊坊市委、市人民政府
2001年7月	第一公路工程处滩里特大桥上部工程护栏浇筑QC小组	2001年度河北省交通厅优秀质量管理小组	河北省交通厅
2001年7月	第一公路工程处空心板预制QC小组	2001年度河北省交通厅优秀质量管理小组	河北省交通厅
2001年7月	第一公路工程处滩里特大桥上部工程空心板预制QC小组	2001年度河北省交通厅优秀质量管理小组	河北省交通厅
2001年9月	第一公路工程处滩里特大桥上部工程护栏浇筑QC小组	2001年度交通行业优秀质量管理小组	河北省交通行业优秀企业管理成果评审委员会
2001年	廊坊市交通局	河北省五四红旗团委	共青团省委
2001年	廊坊市公路工程管理处	河北省交通系统公路路政执法技能大比武团体第一名、河北省交通系统公路路政执法技能大比武知识竞赛第二名、河北省交通系统公路路政执法技能大比武队列演练第一名、河北省交通系统公路路政执法技能大比武文艺比赛第一名	河北省交通厅、省人事厅、省劳动和社会保障厅、省总工会、共青团省委、省人民政府法制办公室、省纠正行业不正之风办公室、省法制宣传教育办公室
2001年	廊坊市公路工程管理处	廊坊市文明执法、优质服务先进单位	廊坊市精神文明建设委员会
2001年	廊坊市公路工程管理处	全市先进基层党组织	廊坊市委
2001年	廊坊市运输管理处	2000年度河北省交通系统行政执法文明集体	河北省交通厅
2001年	廊坊市公路工程质量监督处	市级文明单位	廊坊市委、市人民政府
2001年	廊坊市公路工程质量监督处	公路工程质量监理先进单位	河北省交通厅
2001年	廊坊市公路工程质量监督处桥梁监理组、廊崔线监理组	先进监理集体	河北省公路工程质量监督站
2001年	廊坊市公路工程质量监督处	河北省公路工程质量监督先进单位	河北省交通厅
2002年3月	廊坊市公路工程管理处	2001年度廊坝改建工程优秀工程	河北省交通厅
2002年3月	廊坊市公路工程管理处	2001年度廊崔堂二里至大城段改建工程优秀竣工项目	河北省交通厅
2002年3月	廊坊市公路工程有限公司	优秀工程项目奖	河北省交通厅
2002年3月	廊坊市公路工程有限公司	廊崔堂二里至大城改建工程优秀竣工项目奖	河北省交通厅
2002年7月	廊坊市公路工程管理处	2000—2001年度市级文明单位	廊坊市人民政府
2002年7月	廊坊市交通局、廊坊市运输管理处	市级文明单位	廊坊市委、市人民政府
2002年9月	第一公路工程处国道102线燕郊段二灰碎石基层QC小组	2002年度交通行业优秀质量管理小组	河北省交通行业优秀企业管理成果评审委员会

续上表

获奖时间	获奖单位	荣誉名称	授予单位
2002年11月	廊坊市运输管理处	廊坊市创建文明城市工作先进单位	廊坊市委、市人民政府
2002年	廊坊市公路工程管理处	全国创建文明小城镇工作座谈会先进单位	廊坊市精神文明建设委员会
2002年	廊坊市公路工程管理处	2002年度河北省交通厅优秀质量管理小组	河北省经济贸易委员会、省科学技术协会、省总工会、共青团省委、省质量管理协会
2002年	廊坊市公路工程管理处	第二批全省青年文明号信用建设示范创建单位	河北省创建“青年文明号”活动组委会
2002年	廊坊市公路工程管理处	2002年度行风建设工作优秀单位先进集体	河北省交通厅
2002年	廊坊市公路工程管理处	2002年度全省交通系统优秀信息直报点	河北省交通厅
2002年	廊坊市公路工程管理处	2001—2002年度行政执法文明集体	河北省交通厅
2002年	通达公路公司	二星级窗口单位	廊坊市精神文明建设委员会
2002年	通达公路公司	“窗口”行业“二星级”服务质量“二级”单位	廊坊市精神文明建设委员会
2003年2月	廊坊市交通局路桥通行费管理处大城收费站	青年文明号	廊坊市创建青年文明号委员会
2003年4月	通盛汽车驾驶员培训学校有限公司	信用良好企业	河北省推动中小企业发展工作领导小组办公室
2003年5月	廊坊市公路工程材料供应处	2002年度市级青年文明号	河北省推动中小企业发展工作领导小组办公室
2003年6月	廊坊市交通局、路桥通行费管理处固安收费站	市级文明单位	廊坊市委、市人民政府
2003年6月	第一公路工程处唐通公路香河段路面包角石QC小组	2003年度河北省交通行业优秀QC小组	河北省交通厅
2003年6月	廊坊市运输管理处	全市防治“非典”型工作先进基层党组织	廊坊市委
2003年6月	第一公路工程处	河北省交通行业质量管理小组活动优秀企业	河北省交通企业协会、交通行业优秀企业管理成果评审委员会
2003年7月	廊坊市运输管理处	廊坊市抗击“非典”战役先进单位	廊坊市委、市人民政府
2003年8月	交通勘察设计院	河北省管理小组活动优秀企业	河北省技术协会
2003年10月	廊坊市运输管理处	第二十届河北省经济贸易洽谈会第七届中国廊坊农产品交易会先进单位	廊坊市委、市人民政府
2003年	廊坊市公路工程管理处	2003年度思想政治工作创新奖一等奖	廊坊市委宣传部、市思想政治工作研究会
2003年	廊坊市公路工程管理处	2002—2003年度精神文明建设市级文明单位	廊坊市委、市人民政府

续上表

获奖时间	获奖单位	荣誉名称	授予单位
2003 年	廊坊市公路工程管理处	2003 年度干线公路养护与路政工作先进单位	河北省交通厅
2003 年	廊坊市路桥通行费管理处固安收费站	青年文明号	河北省交通厅、共青团省委
2003 年	廊坊市交通局路桥通行费管理处大城收费站	市级文明单位	廊坊市委、市人民政府
2003 年	廊坊市公路工程质量监督处	2002 年度先进监督单位	河北省交通厅
2003 年	廊坊市公路工程质量监督处唐通线改建工程监理试验室	先进工地试验室	河北省交通厅
2003 年	第二公路工程处	河北省交通行业质量管理活动优秀单位	河北省交通厅
2003 年	通达公路公司	精神文明单位	廊坊市精神文明建设委员会
2004 年 2 月	廊坊市运输管理处	河北省交通系统先进集体	河北省交通厅、河北省人事厅、河北省交通工会
2004 年 4 月	廊坊市公路工程管理处	2003 年先进项目法人	河北省交通厅
2004 年 6 月	廊坊市公路工程管理处	2001—2003 年度市级文明单位	廊坊市人民政府、廊坊市文明委
2004 年 6 月	廊坊市交通局、廊坊市运输管理处	市级文明单位	廊坊市委、市人民政府
2004 年 11 月	廊坊市公路工程管理处	科学技术成果鉴定证书	河北省交通厅
2004 年 11 月	廊坊市公路工程有限公司	2003—2004 年度市级文明单位	廊坊市精神文明建设委员会
2004 年 11 月	第一公路工程处唐通公路潮白河	河北省建筑工程安济杯奖	河北建筑企业协会
2004 年 6 月	廊坊市公路工程有限公司、第一公路工程处	2002—2003 年度市级文明单位	廊坊市委、市人民政府
2004 年 6 月	廊坊市交通局路桥通行费管理处霸州收费站、第二公路工程处	市级文明单位	廊坊市委、市人民政府
2004 年 6 月	第一公路工程处平香线三工区灰土施工 QC 小组	河北省交通行业优秀 QC 小组	河北省交通企业协会、交通行业优秀企业管理成果评审委员会
2004 年 6 月	第一公路工程处	河北省交通行业质量管理小组活动优秀企业	河北省交通企业协会、交通行业优秀企业管理成果评审委员会
2004 年 6 月	第一公路工程处唐通公路香河段路面包角石 QC 小组	2003 年度河北省交通行业优秀 QC 小组	河北省交通企业协会、交通行业管理优秀成果评审委员会
2004 年 9 月	廊坊市公路工程有限公司	重质量守信誉示范单位	河北省工商行政管理学会
2004 年 11 月	廊坊市公路工程有限公司 15 唐通公路潮白河大桥工程	河北省建筑工程“安济杯”奖	河北省建筑业协会
2004 年 11 月	廊坊市公路工程有限公司唐通公路大香线至冀津交界改建工程	河北省建筑工程安济杯奖	河北省建筑业协会
2004 年 11 月	廊坊市公路工程有限公司	2003—2004 年度市级文明单位	廊坊市精神文明建设委员会
2004 月	廊坊市公路工程管理处	2004 年度评议群众最满意科室	廊坊市委、市人民政府

续上表

获奖时间	获奖单位	荣誉名称	授予单位
2004年	廊坊市公路工程管理处	2004年度全省交通系统优秀信息直报点	河北省交通厅
2004年	廊坊市公路工程管理处	2004年度全省公路养护与路政工作先进单位	河北省交通厅
2004年	廊坊市公路工程管理处	2004年度优质大修工程	河北省交通厅
2004年	廊坊市公路工程管理处	河北省"巾帼建功"先进单位	河北省妇女联合会、省"巾帼建功"活动领导小组
2004年	廊坊市交通局路桥通行费管理处三河收费站	十佳收费站	河北省交通厅
2004年	廊坊市公路工程材料供应处	2002—2003年度市级文明单位	廊坊市委、市人民政府
2004年	廊坊市公路工程质量监督处公路工程试验检测中心	河北省交通行业优秀质量管理小组	河北省交通企业协会
2004年	第二公路工程处	河北省交通系统先进集体	河北省交通厅、人事厅、交通工会
2004年	第二公路工程处	行业质量管理活动优秀单位	河北省交通厅
2004年	通达公路公司	青年文明号	共青团省委
2004年	通达公路公司	市场满意单位	中国社会调查事务所廊坊工作站
2004年	通达公路公司	市级文明单位	廊坊市精神文明建设委员
2005年3月	廊坊市交通局路桥通行费管理处	巾帼文明岗	河北省妇女联合会
2005年3月	廊坊市公路工程管理处	廊泊公路廊坊市至保津高速公路段改建工程优秀在建项目	河北省交通厅
2005年3月	廊坊市运输管理处	2004年度廊坊市民主评议群众满意中层单位	廊坊市委、市人民政府
2005年3月	廊坊市地方道路管理处	廊坊市文明示范单位	廊坊市人民政府
2005年3月	廊坊市交通局、路桥通行费管理处固安收费站、路桥通行费管理处霸州收费站	市级文明单位	廊坊市委、市人民政府
2005年3月	廊坊市交通局路桥通行费管理处固安收费站	优秀收费站	河北省交通厅
2005年3月	廊坊市交通局路桥通行费管理处固安收费站	巾帼文明明星岗	廊坊市巾帼文明建功领导小组
2005年3月	廊坊市交通局路桥通行费管理处霸州收费站	先进收费站	河北省交通厅
2005年3月	廊坊市公路工程材料供应处	2004年度安全生产工作先进单位	廊坊市人民政府
2005年4月	廊坊市交通局路桥通行费管理处	2004年度先进通行费管理单位	河北省交通厅
2005年4月	廊坊市交通局路桥通行费管理处	廊坊市先进集体	廊坊市人民政府
2005年5月	廊坊市公路工程管理处	河北省科技成果证书	河北省科技厅
2005年5月	廊坊市交通局路桥通行费管理处	2004年度交通征稽工作先进集体	河北省交通厅
2005年4月	廊坊市公路工程有限公司	重质量守信誉示范单位	河北省工商行政管理学会

续上表

获奖时间	获奖单位	荣誉名称	授予单位
2005年5月	廊坊市交通局路桥通行费管理处三河收费站	河北省高管局先进单位	河北省交通厅
2005年5月	廊坊市交通局路桥通行费管理处三河收费站	市级文明单位	廊坊市委、市人民政府
2005年5月	廊坊市运输管理处	“5·18”东北亚暨环渤海国际商务节承办工作先进单位	廊坊市委、市人民政府
2005年7月	廊坊市交通局地方道路管理处	2004年度河北省农村公路建设先进单位	河北省交通厅
2005年9月	廊坊市运输管理处	全省交通执法队伍大练兵知识竞赛第三名	河北省交通厅
2005年10月	廊坊市运输管理处	全省汽车维修行业青工大比武决赛优秀奖	河北省交通厅
2005年10月	廊坊市运输管理处	河北省汽车驾驶员青工比武决赛团体三等奖	河北省交通厅
2005年12月	廊坊市公路工程有限公司	河北省建筑工程获“安济杯”奖（廊泊公路廊坊市南出口至保津高速段改建工程）	河北省建筑业协会
2005年	廊坊市交通局	全省交通系统执法大比武队列第一、知识竞赛运政代表队第三	河北省交通厅
2005年	廊坊市公路工程管理处	2005年度部级优秀质量管理小组	河北省交通企业协会
2005年	廊坊市公路工程管理处	2004—2005年度市级文明单位	廊坊市文明委
2005年	廊坊市交通局路桥通行费管理处固安收费站	模范职工小家	河北省总工会
2005年	廊坊市交通局路桥通行费管理处固安收费站	行风建设优秀基层单位	河北省交通厅
2005年	第二公路工程处	2004年度廊坊市思想政治工作创新奖集体一等奖	廊坊市委宣传部、市思想政治工作研究会
2005年	第二公路工程处	廊泊公路高填方路基优秀QC小组	河北省交通厅
2005年	第二公路工程处	内蒙古X509线D合同项目部路面工程优秀QC小组	河北省交通行业
2005年	第二公路工程处	沥青混合料拌合站优秀QC小组	河北省交通行业
2006年2月	廊坊市交通局路桥通行费管理处	先进职工小家	河北省总工会
2006年2月	第一公路工程处	河北省交通系统“安康杯”竞赛优秀班组	廊坊市委
2006年3月	廊坊市公路工程有限公司	2005年度全市安全生产工作先进单位	河北省交通厅
2006年4月	廊坊市公路工程有限公司	重质量守信誉示范单位	河北省交通厅

续上表

获奖时间	获奖单位	荣誉名称	授予单位
2006年5月	廊坊市运输管理处	2006年度东北亚暨环渤海国际商务节先进单位	河北省交通厅
2006年6月	廊坊市交通局路桥通行费管理处、廊坊市公路工程有限公司	青年文明号	河北省交通厅
2006年6月	第一公路工程处青红高速桥梁一队预应力小箱施工QC小组	2006年度河北省交通行业优秀QC小组	河北省交通企业协会、交通行业优秀企业管理成果评审委员会
2006年7月	廊坊市交通局、廊坊市公路工程管理处、廊坊市运输管理处、廊坊市交通局路桥通行费管理处、廊坊市公路工程质量监督处、廊坊市公路工程有限公司、第一公路工程处、第二公路工程处、通达公路公司	2004—2005年度市级文明单位	廊坊市委、市人民政府
2006年	廊坊市交通局	第七届"河北省优秀青年志愿者服务集体"	共青团省委
2006年	廊坊市公路工程管理处	2005—2006年度河北省绿化先进单位	河北省绿化委员会
2006年	廊坊市公路工程管理处	民主评议群众满意中层单位	河北省"巾帼建功"活动小组
2006年	廊坊市公路工程管理处	"十五"期间全省交通系统科技工作先进集体	河北省无线电管理局
2006年	廊坊市公路工程管理处	2006年度行风建设优秀基层单位	河北省交通企业行业协会
2006年	廊坊市公路工程管理处	2006年度全省交通系统新闻宣传系统工作先进单位	廊坊市国防动员委员会
2006年	廊坊市公路工程管理处	2006年度交通战备工作先进单位	廊坊市国防动员委员会
2006年	廊坊市公路工程管理处	职工安全生产有奖答题竞赛优秀组织单位	河北省职工安全生产知识电视培训活动领导小组办公室
2006年	廊坊市交通局路桥通行费管理处固安收费站	行风建设优秀基层单位	河北省交通厅
2006年	廊坊市公路工程质量监督处公路工程试验检测中心试验检测QC小组	河北省交通行业优秀质量管理小组	河北省交通企业协会
2006年	第二公路工程处	"安康杯"竞赛"优秀班组"	河北省交通行业
2006年	廊坊市公路工程质量监督处	河北省交通行业质量管理活动优秀企业	河北省交通企业协会
2006年	交通技术咨询监理公司	河北省交通行业优秀质量管理小组	河北省交通企业协会、交通行业优秀企业管理成果评审委员会
2006年	廊坊市公路工程质量监督处	河北省交通行业质量管理活动优秀企业	河北省交通企业协会
2006年	廊坊市交通局职工教育培训中心	"十五"期间全省交通系统教育工作先进单位	河北省交通厅
2006年	廊坊市交通局职工教育培训中心	"十五"期间全省交通系统教育工作先进集体	河北省交通厅

续上表

获奖时间	获奖单位	荣誉名称	授予单位
2006年	廊坊市交通局职工教育培训中心	市级文明单位	廊坊市委、市人民政府
2007年1月	廊坊市交通局路桥通行费管理处霸州收费站	河北省交通系统先进集体	河北省交通厅、人事厅、交通工会
2007年3月	廊坊市公路工程管理处	河北省高速公路优秀施工单位	河北省交通厅
2007年3月	廊坊市交通局路桥通行费管理处大城收费站	文明服务示范窗口	廊坊市精神文明建设委员会
2007年3月	廊坊市公路工程管理处	河北省高速公路优秀施工单位	河北省交通厅
2007年5月	廊坊市交通局、第一公路工程处、第二公路工程处	1995—1996年度市级文明单位	廊坊市委、市人民政府
2007年8月	廊坊市交通局地方道路管理处	2006年度农村公路管理先进单位	河北省交通厅
2007年	廊坊市交通局	河北省五四红旗团委	共青团省委
2007年	廊坊市公路工程管理处	廊坊市文明示范单位	廊坊市精神文明建设委员会
2007年	廊坊市公路工程管理处	2007年度全市精神文明建设信息工作先进单位	廊坊市精神文明建设委员会
2007年	廊坊市公路工程管理处	河北省优秀QC小组	河北省质量协会
2007年	廊坊市公路工程管理处	河北省一般干线养护和路政管理工作先进单位	河北省交通厅
2007年	廊坊市公路工程管理处	行风建设优秀基层单位	河北省交通厅
2007年	廊坊市公路工程管理处	全省交通系统安全生产工作先进单位	河北省交通厅
2007年	廊坊市公路工程管理处	2007年度公路全省交通系统政务信息工作优秀信息直报点	河北省交通厅
2007年	廊坊市公路工程管理处	2007年度全市精神文明建设信息工作先进单位	廊坊市精神文明建设委员会
2007年	廊坊市公路工程管理处	廊坊市文明示范单位	廊坊市精神文明建设委员会
2007年	廊坊市公路工程管理处	2006—2007年度市级文明单位	廊坊市委、市人民政府
2007年	廊坊市运输管理处	2006年度廊坊市民主评议群众满意中层单位	廊坊市委、市人民政府
2007年	廊坊市公路工程质量监督处	《廊坊市物流系统规划与公路网络协调性研究》被河北省交通厅评为优秀科技成果二等奖	河北省交通厅
2007年	第二公路工程处拌和站QC小组	2007年度河北省交通行业优秀QC小组	河北省交通企业协会
2007年	廊坊市交通局职工教育培训中心	2006年度全省交通系统教育工作先进单位	河北省交通厅
2007年	通达公路公司	遵纪守法示范单位	河北法制报社
2008年3月	廊坊市交通局路桥通行费管理处	行风建设优秀单位	河北省交通厅

续上表

获奖时间	获奖单位	荣誉名称	授予单位
2008-03	廊坊市公路工程有限公司	2007—2008年度重质量守信誉示范单位	河北省工商行政管理学会
2008年3月	廊坊市公路工程有限公司	2007年度全省交通系统安全生产工作先进单位	河北省交通厅
2008年3月	第一公路工程处	工人先锋号	河北省交通厅、省交通工会
2008年4月	廊坊市交通局路桥通行费管理处三河收费站	工人先锋号	河北省总工会
2008年4月	廊坊市公路工程有限公司和平路改造工程	2007年度省优市政公用建设工程	河北省建设厅
2008年6月	廊坊市交通局、廊坊市公路工程管理处、地方道路管理处、廊坊市运输管理处、廊坊市路桥通行费管理处、廊坊市公路工程质量监督处、廊坊市公路工程有限公司、通达公路公司	2006—2007年度市级文明单位	廊坊市委、市人民政府
2008年6月	廊坊市运输管理处	全市支援抗震救灾先进基层党组织	廊坊市委
2008年6月	廊坊市公路工程有限公司节能降耗QC小组	河北省交通行业优秀QC小组	河北省交通行业优秀企业管理成果河北省交通企业协会、评审委员会
2008年6月	廊坊市公路工程有限公司安全生产QC小组	河北省交通行业优秀QC小组	河北省交通行业优秀企业管理成果河北省交通企业协会、评审委员会
2008年7月	廊坊市交通局地方道路管理处	2007年度农村公路管理先进单位	河北省交通厅
2008年8月	第一公路工程处京津高速36合同路面QC小组	2009年度河北省优秀质量管理小组	河北省科学技术协会、省总工会、共青团省委、省质量协会
2008年9月	廊坊市公路工程有限公司	河北省诚信企业	河北省精神文明建设委员会等十一家单位
2008年10月	廊坊市公路工程有限公司	2006—2007年度建设工程招标投标诚实守信单位	河北省建设工程招标投标协会
2008年11月	廊坊市运输管理处、第一公路工程处	廊坊市奥运安保工作先进集体	廊坊市委、市人民政府
2008年11月	廊坊市运输管理处	支援抗震救灾先进基层党组织	河北省交通厅
2008年11月	廊坊市交通局路桥通行费管理处三河收费站、廊坊市公路工程有限公司	河北省交通系统奥运保障工作先进集体	河北省交通厅
2008年	廊坊市公路工程管理处	2008年度全市精神文明建设信息工作先进单位	廊坊市精神文明建设委员会
2008年	廊坊市公路工程管理处	奥运安保工作先进集体	廊坊市委、廊坊市人民政府
2008年	廊坊市公路工程管理处	河北省五四红旗团支部	共青团省委
2008年	廊坊市公路工程管理处	交通行业质量管理小组活动优秀企业	河北省交通企业协会
2008年	廊坊市公路工程管理处	2007—2008年度河北省绿化先进单位	河北省绿化委

续上表

获奖时间	获奖单位	荣誉名称	授予单位
2008年	廊坊市公路工程管理处	2008年度政风行风建设优秀基层单位	河北省交通厅
2008年	廊坊市公路工程管理处	交通系统奥运保障工作先进集体	河北省交通厅
2008年	廊坊市公路工程管理处	交通政务信息工作优秀直报点	河北省交通厅
2008年	廊坊市公路工程管理处	“2008全国亿万职工迎奥运健身活动月”和“2008全省交通职工奥运健身活动月”先进单位	河北省交通厅
2008年	第二公路工程处保津高速中修罩面工程QC小组	优秀QC小组	河北省交通行业
2008年	第二公路工程处、职工教育培训中心	2006—2007年度精神文明单位	廊坊市直精神文明办公室
2008年	廊坊市交通局职工教育培训中心	文明单位	廊坊市委、市人民政府
2008年	通达公路公司	公路通行费征收管理先进单位	河北省交通厅
2009年1月	廊坊市交通勘察设计院	行业协会工作先进集体	河北省测绘行业协会
2009年2月	廊坊市交通局	“2008全国亿万职工迎奥运健身活动月”和“2008全省交通职工奥运健身活动月”优秀组织奖	河北省交通厅
2009年2月	廊坊市公路工程管理处、交通勘察设计院	“2008年全国亿万职工迎奥运健身活动月”和“2008全省交通职工奥运健身活动月”先进单位	河北省交通厅
2009年2月	廊坊市交通局	政风行风建设优秀单位	河北省交通厅
2009年2月	廊坊市公路工程管理处	政风行风建设优秀基层单位	河北省交通厅
2009年2月	廊坊市路政管理处、路桥通行费管理处、廊坊市公路工程管理处、第一公路工程处、第二公路工程处	河北省交通系统工人先锋号	河北省交通厅、省交通工会
2009年2月	廊坊市公路工程管理处	青年文明号杰出成就奖	河北省创建青年文明号活动组委会办公室
2009年2月	廊坊市公路工程有限公司	重质量守信誉示范单位	河北省工商行政管理学会
2009年2月	廊坊市交通局	督查工作考核评比优胜单位	廊坊市人民政府办公室
2009年3月	第一公路工程处	工人先锋号	河北省交通厅、省交通工会
2009年3月	廊坊市公路学会	全省公路学会先进单位	河北省公路学会
2009年3月	廊坊市公路工程有限公司	河北省安全生产先进单位	河北省安全生产委员会
2009年4月	廊坊市交通局	安全生产目标管理优秀单位	河北省交通厅
2009年4月	廊坊市交通局	财务预算管理先进单位	河北省交通厅
2009年4月	廊坊市公路工程管理处、交通勘察设计院	廊坊市先进集体	廊坊市人民政府
2009年5月	廊坊市公路工程管理处	河北省绿化先进单位	河北省绿化委员会
2009年6月	廊坊市交通局、路桥通行费管理处	廊坊市先进基层党组织	廊坊市委
2009年6月	廊坊市公路工程管理处、廊坊市运输管理处、廊坊市公路工程质量监督处、廊坊市公路工程有限公司	河北省交通行业优秀QC小组	河北省交通企业协会、交通行业优秀企业管理成果评审委员会

续上表

获奖时间	获奖单位	荣誉名称	授予单位
2009年6月	廊坊市公路工程质量监督处、交通勘察设计院、第一公路工程处	河北省优秀质量管理小组	河北省科学技术协会、省总工会、共青团省委、省质量协会
2009年6月	廊坊市公路工程质量监督处、交通勘察设计院	河北省交通行业质量管理小组活动优秀企业	河北省交通企业协会
2009年6月	廊坊市公路工程有限公司计算机网络信息QC小组	河北省交通行业优秀QC小组	河北省交通行业优秀企业管理成果河北省交通企业协会、评审委员会
2009年7月	廊坊市公路工程质量监督处	优秀科技成果一等奖	河北省交通运输厅
2009年9月	廊坊市公路工程质量监督处	河北省诚信企业	河北省诚信企业评审委员会办公室
2009年10月	廊坊市交通勘察设计院	河北省2002—2009测绘行业协会工作先进集体	河北省测绘协会
2009年11月	廊坊市运输管理处	公路运输量专项调查省级先进集体	河北省交通运输厅
2009年12月	廊坊市交通局	基本建设报表先进单位	河北省交通运输厅
2009年12月	廊坊市交通局	全省交通运输系统廉政主题歌曲演唱决赛优秀奖	河北省交通运输厅纪律检查组
2009年12月	廊坊市交通局	创建文明行业三杯竞赛优质服务杯银杯	廊坊市精神文明建设委员会
2009年12月	廊坊市公路工程质量监督处沥青混合料配合比QC小组、106国道永定河大桥QC小组	河北省优秀QC小组	河北省交通企业协会
2009年	廊沧高速建管处、运输管理处、路桥通行费管理处	省级青年文明号	共青团省委
2009年	廊坊市交通局、廊坊市公路工程管理处	市级文明单位	廊坊市委、市人民政府
2009年	廊坊市公路工程管理处	青年文明号杰出成就奖	河北省创建青年文明号活动组委会办公室
2009年	廊坊市公路工程管理处	2009年度河北省交通运输系统“工人先锋号”	河北省交通运输厅、省交通工会
2009年	廊坊市公路工程管理处	青年文明号杰出成就奖	河北省创建青年文明号活动组委会办公室
2009年	廊坊市公路工程管理处	2009年度全省交通新闻宣传工作先进单位	河北省交通运输厅
2009年	廊坊市公路工程管理处	2009年度全省交通运输系统先进信息直报点	河北省交通运输厅
2009年	廊坊市公路工程管理处	河北省交通行业优秀QC小组	河北省交通企业协会
2009年	廊坊市公路工程管理处	2009年度国防交通工作先进单位	廊坊市国防动员委员会
2009年	廊坊市公路工程质量监督处	《三灰碎石抗裂性能的研究》被河北省交通运输厅评为优秀科技成果一等奖	河北省交通运输厅

续上表

获奖时间	获奖单位	荣誉名称	授予单位
2009年	交通技术咨询监理公司大广高速QC小组	交通运输部优秀QC小组	中国交通运输部公路协会
2009年	交通技术咨询监理公司	河北省交通行业QC小组活动优秀企业	河北省交通企业协会
2010年1月	廊坊市交通运输局	廊坊市人民政府信息公开工作先进单位	廊坊市人民政府办公室
2010年1月	廊坊市交通运输局	承办人大代表建议政协提案先进单位	河北省交通运输厅办公室
2010年1月	廊坊市交通运输局	企业事业单位内部治安防范工作先进单位	河北省公安厅
2010年2月	廊坊市交通运输局	廊坊市人民政府系统承办人大代表建议政协提案工作优秀单位	廊坊市人大常委会、市人民政府、市政协
2010年2月	廊坊市交通运输局	安全生产目标管理先进单位	廊坊市人民政府
2010年2月	交通勘察设计院、第一公路工程处、第二公路工程处、公路工程管理处、运输管理处	国防交通工作先进单位	廊坊市国防动员委员会
2010年2月	廊坊市公路工程有限公司	重质量守信誉示范单位	河北省工商行政管理学会
2010年2月	廊坊市公路工程有限公司	重质量守信誉示范单位	河北省工商行政管理学会
2010年3月	廊坊市交通运输局，廊沧高速、102高速、京台高速建管处，公路工程管理处，路政管理处，路政管理处安次路政站，地方道路管理处，运输管理处，出租车管理处，路桥通行费管理处，公路工程质量监督处，交通勘察设计院，第一公路工程处，第二公路工程处，公路工程材料供应处，公路工程定额管理处，职工教育培训中心，公路工程有限公司，通达公路公司	2008—2009年度市级文明单位	廊坊市委、市人民政府、市精神文明建设委员会
2010年3月	第一公路工程处	工人先锋号	河北省交通运输厅、省交通工会
2010年3月	廊坊市公路管理处直属养护站、第一公路工程处	工人先锋号	河北省交通运输厅、省交通工会
2010年3月	交通勘察设计院京沪高速公路青县连接线大城段	河北省优秀工程勘察设计二等奖	河北省优秀工程勘察设计奖评审委员会
2010年3月	交通勘察设计院香河县香五线改建工程	河北省优秀工程勘察设计三等奖	河北省优秀工程勘察设计奖评审委员会
2010年4月	廊坊市交通运输局	安全生产目标管理先进单位	河北省交通运输厅
2010年4月	廊坊市交通运输局	政风行风建设优秀单位	河北省交通运输厅
2010年4月	廊沧高速、廊坊市运输管理处、路桥通行费管理处	青年文明号	共青团河北省委、省交通运输厅
2010年4月	廊坊市运输管理处、第一公路工程处、公路工程材料供应处	市级文明单位	廊坊市委、市人民政府

续上表

获奖时间	获奖单位	荣誉名称	授予单位
2010年4月	廊坊市公路学会	先进会员单位	河北省公路学会
2010年6月	廊坊市公路工程管理处	新闻宣传工作先进单位	河北省交通运输厅办公室
2010年6月	交通公路工程有限公司	河北省优秀质量管理小组	河北省科学技术学会、省总工会、共青团省委、省质量协会
2010年6月	廊坊市交通运输局机关党委	先进基层党组织	廊坊市委
2010年6月	廊坊市公路工程有限公司设备管理QC小组、廊沧高速路基五标项目部软基处理QC小组	河北省交通运输行业优秀质量管理小组	河北省交通企业协会、省交通行业优秀企业成果评审委员会
2010年6月	廊坊市出租汽车行业爱心车队、通轩出租汽车公司、鹏通出租汽车有限责任公司	省出租汽车行业精神文明建设先进企业	河北省交通运输厅、省总工会
2010年6月	廊坊市出租汽车行业爱心车队、通轩出租汽车公司、鹏通出租汽车有限责任公司	2009年度河北省出租汽车行业精神文明建设先进企业	河北省交通运输厅、省总工会
2010年6月	交通技术咨询监理公司	省交通运输行业优秀质量管理小组	河北省交通企业协会
2010年7月	廊坊市交通运输局、廊坊市运输管理处、廊坊市公路工程管理处、第一公路工程处	省级文明单位	河北省精神文明建设委员会
2010年7月	廊坊市交通运输局	优秀等次领导班子	廊坊市委、市人民政府
2010年9月	廊坊市公路工程有限公司	2010年省诚信企业	河北省诚信企业评选委员会
2010年10月	廊坊市交通运输局、廊沧高速、公路工程管理处、地方道路管理处、运输管理处、路桥通行费管理处、公路工程质量监督处、交通勘察设计院、第一公路工程处、第二公路工程处、公路工程材料供应处、公路工程定额管理处、职工教育培训中心、公路工程有限公司、通达公路公司	2008—2009年度市级文明单位	廊坊市委、市人民政府
2010年11月	京台高速建管处设计QC小组、公路工程管理处统计管理QC小组、公路工程有限公司、廊沧高速路基五标项目部软基处理QC小组和设备管理QC小组、运输管理处计算机网络QC小组、交通技术咨询监理公司、密涿支线102高速QC小组、一公司廊沧高速第七合同段研究QC小组、廊沧高速LJ7合同桥梁墩柱QC小组和预应力T梁外光质量控制QC小组	省交通运输行业优秀质量管理小组	河北省交通企业协会、交通行业优秀企业管理成果评审委员会
2010年11月	密涿支线高速、京台高速建管处、运输管理处、地方道路管理处、密涿高速	青年文明号	廊坊市创建"青年文明号"活动组织委员会
2010年11月	廊坊市公路工程管理处	省交通运输行业质量管理小组活动优秀企业	河北省交通企业协会

续上表

获奖时间	获奖单位	荣誉名称	授予单位
2010年11月	第一公路工程处	2010年度全国交通行业质量管理小组活动先进企业	河北省交通行业优秀企业管理成果评审委员会
2010年11月	第一公路工程处廊沧高LJ7合同桥梁墩柱QC小组、预应力T梁外观质量控制QC小组、廊沧高速第七合同段桩基偏位情况研究QC小组	2010年度河北省交通行业优秀QC小组	河北省交通行业协会、省交通行业管理优秀成果评审委员会
2010年11月	廊坊市公路工程管理处工程管理QC小组、公路工程有限公司提高办公自动化效率QC小组、一公司东淀特大桥预应力T梁QC小组、交通勘察设计院道路QC小组	省优秀质量管理小组	河北省科学技术学会、省总工会、共青团省委、省质量协会
2010年	廊坊市公路工程管理处	2010年度河北省交通运输行业优秀质量管理小组	河北省交通企业协会、省交通行业优秀企业管理成果评审委员会
2010年	廊坊市公路工程管理处	2010年度河北省交通运输行业质量管理小组活动优秀企业	河北省交通企业协会、省交通行业优秀企业管理成果评委员会
2010年12月	廊坊市交通运输局	承办省第十三届运动会先进集体	廊坊市委、市人民政府
2010年	廊坊市交通运输局	“五五”普法先进单位	廊坊市委、市人民政府
2010年	廊坊市公路工程管理处	文明服务窗口	廊坊市精神文明建设委员会
2010年	通达公路公司	2008—2009年度市级文明单位	廊坊市精神文明建设委员会
2011年1月	廊坊市交通运输局	廊坊市城镇面貌三年大变样工作模范集体	廊坊市委、市人民政府
2011年2月	密涿支线102高速公路廊坊建设管理处石方路基QC小组、现浇箱梁质量QC小组、计划科QC小组，公路管理处质量管理QC小组，运输管理处计算机网络QC小组，出租车管理处QC小组，公路工程有限公司环保清洁QC小组、张涿高速L5标黑山隧道QC小组、节能降耗QC小组、安全管理QC小组、京津高速公路养护改造QC小组，固安县公路管理站城区西南出口路缘石安装QC小组，广阳区公路管理站中修罩面工程QC小组，安次区公路管理站112线大修工程水稳基层QC小组，霸州市公路管理站大广高速公路霸州互通连接线路面基层QC小组，大城县公路管理站廊沧高速龙街互通连接线工程QC小组	全省安全生产管理先进单位	河北省安全生产委员会
2011年2月	霸州市公路管理站、永清县交通路桥工程有限公司	“AAA级”河北省劳动关系和谐企业	河北省人力资源和社会保障厅、省总工会、省企业家协会

续上表

获奖时间	获奖单位	荣誉名称	授予单位
2011年2月	廊坊市交通勘察设计院	河北省优秀工程勘察设计三等奖	河北省优秀工程设计奖评审委员会
2011年2月	廊坊市公路工程有限公司	女职工建功立业标兵岗	河北省交通运输厅工会
2011年3月	廊坊市交通运输局	安全生产目标管理考核先进单位	廊坊市人民政府
2011年3月	廊坊市交通运输局	创建文明行业先进单位	廊坊市精神文明建设委员会
2011年3月	廊坊市交通运输局基建安全科、霸州市交通运输局	安全生产管理工作先进集体	廊坊市人民政府
2011年3月	廊沧高速公路廊坊管理处、密涿支线102高速公路廊坊建设管理处	先进生产经营单位	廊坊市人民政府
2011年3月	廊坊市公路管理处、路政管理处、运输管理处、廊坊市出租车管理处、路桥通行费管理处	文明服务窗口	廊坊市精神文明建设委员会
2011年3月	运输管理处	实施“文明交通行动计划”工作先进单位	河北省委宣传部、省文明办、省公安厅、省教育局、省司法厅、省安监局、省交通运输厅、省住建厅、省总工会、共青团省委、省妇女联合会、省军区后勤部、武警河北总队
2011年3月	运输管理处	河北省道路运输行业“三十佳”活动优秀组织单位	河北省道路运输管理局党委
2011年3月	路政管理处	2010年度文明服务窗口	廊坊市精神文明建设委员会
2011年3月	地方道路管理处	河北省千万妇女“争创三新大行动，助力三年大变样”工作先进单位	河北省妇女联合会
2011年3月	路桥通行费管理处	十佳巾帼文明岗	河北省妇女“巾帼建功”活动领导小组、省妇女联合会、省女性创业促进会
2011年3月	公路工程质量监督处	公路工程质量先进监督机构	河北省公路工程质量监督站
2011年3月	公路工程有限公司	2011年度重质量守信誉示范单位	河北省工商行政管理学会
2011年3月	第一公路工程处	2000年度廊霸公路永清霸州段优秀竣工项目	河北省交通运输厅
2011年3月	路桥通行费管理处	2010年度创建文明行业先进单位、先进个人、文明服务窗口和文明服务标兵	廊坊市精神文明建设委员会
2011年3月	公路工程质量监督处	河北省公路工程质量先进监督机构	河北省公路工程质量监督站
2011年3月	霸州市运输管理站	河北省道路运输行业十佳服务窗口	河北省道路运输管理局党委
2011年4月	廊坊市交通运输局	《基础路网规划的理论、方法及实现》获优秀科技成果一等奖	河北省交通运输厅
2011年4月	廊坊市交通运输局团委	河北省五四红旗团委	共青团省委

续上表

获奖时间	获奖单位	荣誉名称	授予单位
2011年4月	公路工程有限公司	公路建设信誉评价"AA"级	河北省交通运输厅
2011年5月	廊坊市交通运输局	河北省农村公路建设质量年活动先进集体	河北省交通运输厅
2011年5月	廊坊市交通运输局、运输管理处	春运工作先进单位(集体)	河北省交通运输厅
2011年5月	运输管理处	2011年度春运工作先进单位	河北省交通运输厅
2011年5月	地方道路管理处	2011年度河北省农村公路建设质量年活动先进集体	河北省交通运输厅
2011年6月	廊坊市交通运输局、运输管理处	2011中国·廊坊国际经济贸易洽谈会承办工作先进单位	廊坊市委、市人民政府
2011年6月	大厂回族自治县公路管理站党支部、安次区交通运输局党委、霸州市运输管理站党支部、文安县交通局党总支、廊坊市交通运输局机关党委、第一公路工程处党总支、京台高速建管处公路廊坊建设管理处党支部	中国共产党建党90周年先进基层党组织	廊坊市委
2011年6月	第一公路工程处	2007—2010年度河北省交通运输系统先进集体	河北省交通运输厅、省人力资源和社会保障厅、省交通工会
2011年6月	公路工程有限公司张涿高速L5标黑山隧道QC小组、节能降耗QC小组、环保清洁QC小组	河北省交通运输行业优秀QC小组	河北省交通企业协会、省交通行业优秀企业管理成果评审委员会
2011年6月	公路工程有限公司经营部QC小组	河北省优秀质量管理小组	河北省科学技术学会、省总工会、共青团省委、省质量协会
2011年7月	廊坊市交通运输局宣传中心、公路管理处	系统先进集体	河北省交通运输厅
2011年7月	霸州市出租汽车协会	优胜红旗单位	河北省民政厅、省社会组织创先争优活动指导者
2011年7月	霸州市运输管理站团支部	"团旗飘扬·青春河北"活动优秀组织奖	河北省委宣传部、共青团省委、省教育厅、省旅游局、省学生联合会、省少工委
2011年7月	霸州市公路管理站	河北省职代会星级单位	河北省总工会、省委组织部、省国资委、省人力资源和社会保障厅、省中小企业局、省工商联
2011年7月	霸州市交通运输局	全省交通运输系统信息调研工作先进信息直报点	河北省交通运输厅
2011年8月	第一公路工程处廊沧高速七合同提高桥面铺装平整度QC小组成员、预应力T梁外观质量控制QC小组	2011年度全国交通行业质量管理小组	中国交通企业管理协会、省交通行业优秀企业管理成果评审委员会
2011年8月	第一公路工程处112国道养护改造工程QC小组、京津高速公路北辰快速路养护改造QC小组	2011年度河北省优秀质量管理小组	河北省科学技术协会、省总工会、共青团省委、省质量协会

续上表

获奖时间	获奖单位	荣誉名称	授予单位
2011年9月	廊坊市交通运输局工会	河北省职工文化建设先进单位	河北省总工会
2011年9月	交通技术咨询交通技术咨询监理公司	河北省诚信企业	河北省诚信企业评选委员会
2011年9月	廊坊市交通运输局	老干部工作先锋旗	廊坊市委、市人民政府
2011年9月	廊坊市交通运输局老干部党支部、安次区交通运输局机关第二党支部	红旗老干部党支部	廊坊市委、市人民政府
2011年9月	廊坊市交通运输局	老干部工作模范旗	廊坊市委、市人民政府
2011年9月	交通技术咨询监理公司	河北省诚信企业	河北省诚信企业评选委员会
2011年9月	第一公路工程处	《先简支后连续T形梁桥设计及施工优化研究》课题获河北省科学技术成果奖	河北省科学技术厅
2011年9月	第一公路工程处	《回弹法地区测强曲线的建立与应用研究》课题获河北省科学技术成果奖	河北省科学技术厅
2011年10月	地方道路管理处	河北省机关档案工作目标管理AAA级	河北省档案局
2011年10月	第一公路工程处	国防交通工作先进单位	廊坊市国防动员委员会
2011年12月	廊坊市交通运输局	公路养护管理先进单位	河北省交通运输厅
2011年12月	廊坊市交通运输局	安全生产先进单位	河北省交通运输厅
2011年12月	京台高速公路廊坊建设管理处动态管理平台QC小组、密涿高速公路廊坊建设管理处计划科QC小组、地方道路管理处工程QC小组、公路工程有限公司经营部QC小组、公路工程有限公司一公司112国道养护改造工程QC小组、大城县地方道路管理站QC小组	2011年度省级优秀质量管理小组	河北省科学技术协会、省总工会、共青团省委、省质量协会
2011年12月	密涿支线102高速公路廊坊建设管理处石方路基QC小组、现浇箱梁质量QC小组、计划科QC小组，公路管理处质量管理QC小组，运输管理处计算机网络QC小组、廊坊市出租车管理处QC小组，公路工程有限公司环保清洁QC小组、张涿高速L5标黑山隧道QC小组、节能降耗QC小组、安全管理QC小组，京津高速公路养护改造QC小组，固安县公路管理站城区西南出口路缘石安装QC小组，广阳区公路管理站中修罩面工程QC小组，安次区公路管理站112线大修工程水稳基层QC小组，霸州市公路管理站大广高速公路霸州互通连接线路面基层QC小组，大城县公路管理站廊沧高速龙街互通连接线工程QC小组	河北省交通运输行业优秀质量管理小组	河北省交通企业协会、交通行业优秀企业管理成果评审委员会

续上表

获奖时间	获奖单位	荣誉名称	授予单位
2011年12月	公路管理处	2011年度省级质量管理小组活动优秀企业	河北省科学技术协会、省总工会、共青团省委、省质量协会
2011年12月	路政管理处	"十一五"全省公路养护管理路政执法先进集体	河北省交通运输厅
2011年12月	路政管理处路政执法一大队	路政执法先进单位	河北省交通运输厅
2011年12月	公路工程管理处	河北省科学技术成果	河北省科学技术厅
2011年12月	公路工程管理处	科学技术成果国际先进	河北省科技厅
2011年12月	出租车管理处	2011年度河北省交通运输行业优秀质量管理小组	河北省交通运输厅
2011年12月	出租车管理处	行业"爱心车队"获河北省优秀志愿服务品牌	河北省精神文明建设委员会办公室、省志愿服务指导委员会办公室
2011年12月	第一公路工程处、交通勘察设计院	科学技术成果国内领先	河北省科技厅
2011年12月	广阳区交通局九州养护中心	先进基层养护单位	河北省交通运输厅
2011年12月	霸州市公路管理站	2011年度交通运输行业优秀企业	河北省交通企业协会、省交通行业优秀企业管理成果评审委员会
2011年	廊坊市交通运输局	河北省五四红旗团委	共青团省委
2011年	廊坊市交通运输局	全市依法行政考核全市第一、"依法行政先进单位"荣誉称号	廊坊市人民政府
2011年	京台高速建管处	河北省优秀质量管理小组	河北省科学技术协会、省总工会、共青团省委、省质量协会
2011年	京台高速建管处	全国交通行业优秀质量管理小组	中国交通企业管理协会、省交通行业优秀企业管理成果评审委员会
2011年	京台高速建管处	2010—2011年度市级文明单位	廊坊市委、市人民政府
2011年	京台高速建管处	青年文明号	廊坊市创建"青年文明号"活动组织委员会
2011年	公路工程管理处	全省交通运输新闻工作先进单位	河北省交通运输厅
2011年	公路工程管理处	公路养护管理先进单位	河北省交通运输厅
2011年	公路工程管理处	2010—2011年度市级文明单位	廊坊市精神文明建设委员会
2011年	公路工程管理处	巾帼文明岗	廊坊市妇女联合会
2011年	公路工程管理处	2011年度河北省交通运输行业质量管理小组活动优秀企业	河北省交通企业协会、省交通行业优秀企业管理成果评审委员会
2011年	公路工程质量监督处	《半刚性基础快速修补研究》被河北省交通运输厅评为优秀科技成果三等奖	河北省交通运输厅
2011年	公路工程有限公司	重质量守信誉示范单位	河北省工商行政管理学会
2011年	第二公路工程处	2010年度国防交通工作先进单位	廊坊市国防动员委员会

续上表

获奖时间	获奖单位	荣誉名称	授予单位
2012年1月	廊坊市交通运输局、文安县交通局、大城县交通局	2006—2010年度全市法制宣传教育先进集体	廊坊市委、市人民政府
2012年1月	廊沧高速公路廊坊管理处	2011年度重点建设项目重大事项跑办和“百日决战”活动突出单位	河北省交通运输厅
2012年2月	廊坊市交通运输局安全科	2011年度全省安全生产监管先进单位	河北省安全生产委员会办公室
2012年2月	广阳区交通战备办公室、霸州市交通战备办公室、香河县交通战备办公室、大城县交通战备办公室、安次区交通运输保障区队、三河市交通运输保障区队、固安县交通运输保障区队、运输管理处、公路管理处、路政管理处、第一公路工程处、第二公路工程处	国防交通工作先进单位	廊坊市国防动员委员会
2012年3月	运输管理处	2011年度河北省交通运输系统春运工作先进单位	河北省交通运输厅
2012年3月	廊坊市交通运输局	2011年度依法行政先进单位	廊坊市人民政府
2012年3月	出租车管理处	2011年度全省实施“文明交通行动计划”工作先进单位	河北省实施“文明交通行动计划”工作推进委员会
2012年4月	廊坊市交通运输局	公路养护先进单位	河北省交通运输厅
2012年4月	廊坊市交通运输局	统计分析先进单位	河北省交通运输厅
2012年4月	路政管理处	文明服务窗口	廊坊市精神文明建设委员会
2012年5月	廊坊市交通运输局、廊沧高速监管处、公路工程管理处、运输管理处、出租车管理处、路桥通行费管理处、第一公路工程处、第二公路工程处、公路工程材料供应处、职工教育培训中心	2010—2011年度市级文明单位	廊坊市委、市人民政府
2012年6月	廊坊市交通运输局	2011年度政风行风建设优秀单位	河北省交通运输厅
2012年	交通技术咨询监理公司	河北省2011年度“AA”级公路工程监理企业	河北省交通运输厅
2012年	第二公路工程处廊沧高速一合同路基路面组	2011年度河北省交通运输系统先进五型班组	河北省交通运输工会

第二章 个人荣誉

廊坊市交通运输系统省级及以上个人荣誉见表 14-2-1。

廊坊市交通运输系统省级及以上个人荣誉　　表 14-2-1

获奖时间	所在单位	获奖人	荣誉名称	颁奖单位
1986 年	廊坊运输公司永清汽车站	苗汝芬	双文明建设标兵	中国交通部
1986 年	廊坊运输公司永清汽车站	苗汝芬	劳动模范	河北省政府
1987 年 7 月	廊坊运输公司永清汽车站	苗汝芬	劳动模范	河北省政府
1987 年	廊坊运输公司永清汽车站	苗汝芬	两个文明建设标兵	中国交通部
1989 年	廊坊市安次区葛渔城中心道班	慈成禄	劳动模范	河北省政府
1990 年 5 月	廊坊市安次区葛渔城中心道班	慈成禄	五一劳动奖章	全国总工会
1995 年	公路工程质量监督处	王永和	河北省劳动模范	河北省政府
1997 年	廊坊市交通局	刘兵	第三次全国交通系统工业普查先进工作者	中国交通部
2003 年 3 月	交通公路工程有限公司	佟爱民	负责的“公路路政管理系统”课题获科学技术三等奖	中国公路学会
2004 年	公路工程质量监督处	夏长永	全国交通系统优秀工程质量监督工作者	中国交通部
2005 年 3 月	交通公路工程有限公司	佟爱民	全国交通系统劳动模范	中国交通部、中国人事部
2005 年 8 月	交通公路工程有限公司	冯相杰	全国岗位能手	共青团中央委员会、人力资源和社会保障部
2006 年 2 月	公路工程管理处	牛四强	河北省国省干线公路建设先进个人	河北省政府
2006 年 12 月	公路工程管理处	朱旭红	廊坊市智能化公路管理系统第三完成人(二等奖)	中国公路学会
2008 年 6 月	交通公路工程有限公司	冯相杰	2007 年度全国青年岗位能手	共青团中央委员会、人力资源和社会保障部
2008 年	公路管理处	高丽光	全国交通行业巾帼建功标兵	中国交通部、全国妇女联合会
2009 年	廊坊市交通局	王相仁	全国绿化奖章	全国绿化委员会
2009 年 5 月	运输管理处	邢有为	2008 年度河北省内部审计先进个人	中国海员建设工会全国委员会
2009 年 6 月	廊坊市交通局战备办	李福生	国防动员工作先进个人	河北省国防动员委员会
2009 年 8 月	第一公路工程处	王文刚、李俊杰、刘刚、邢增楠、李占、邸广通、邱志宗	河北省“五五”普法中期先进工作者	中国交通企业管理协会、交通行业优秀企业管理成果评审委员会

续上表

获奖时间	所在单位	获奖人	荣誉名称	颁奖单位
2009年8月	第一公路工程处	陈切顺	中华人民共和国交通部QC小组活动卓越领导者	中国交通管理协会
2009年8月	交通公路工程有限公司	陈切顺	全国交通行业科技质量管理小组活动卓越领导者	中国交通企业管理协会
2009年12月	运输管理处	邢丽云	河北省"巾帼建功"明星	中国交通运输部
2010年7月	廊坊市交通运输局	王相仁	华北地区忠诚党的武装事业新闻人物	北京军区
2010年4月	战备办	李福生	交通战备工作先进个人	河北省国防动员委员会
2011年4月	第一公路工程处	陈切顺	2010年度中国建设行业百名管理英才	中国国际贸易促进委员会、建设行业分会、建设教育协会
2011年5月	公路工程质量监督处	刘江桥	2010年度交通建设优秀监理工程师	中国交通建设监理协会
2011年6月	京台高速	马万忠	全省优秀共产党员	河北省委
2011年6月	第一公路工程处	李俊杰	中国好人榜敬业奉献好人	中央宣传部、中央精神文明办公室
2011年8月	第一公路工程处	康庆华、陈切顺、厉兰伯、何振东	2011年度全国交通行业质量管理小组活动卓越领导者	中国交通行业管理协会、交通行业优秀企业管理成果评审委员会
2011年8月	第一公路工程处	陈切顺	2011年度交通行业质量管理小组活动优秀推进者	中国交通企业管理协会
2011年8月	第一公路工程处	王文刚、马鹏、王宁宁	廊沧高速七合同提高桥面铺装平整度QC小组成员	中国交通企业管理协会、交通行业优秀企业管理成果评审委员会
2011年8月	第一公路工程处	王文刚、刘刚、王庆利、李富山、陈志旗、闫伟	预应力T梁外观质量控制QC小组成员	中国交通企业管理协会、交通行业优秀企业管理成果评审委员会
2011年9月	第一公路工程处	陈切顺	第六届中国公路百名优秀工程师	中国公路学会
2011年12月	廊坊市交通运输局人事科	张慧娟	全国公路水路运输量专项调查先进个人	中国交通运输部
2011年	交通技术咨询监理公司	刘江桥	2010年度交通建设优秀监理工程师	中国交通建设监理协会

第三章 劳动模范

廊坊市交通运输系统省级及以上劳动模范见表14-3-1。

廊坊市交通运输系统省级及以上劳动模范　　表14-3-1

姓 名	单 位	荣誉名称	授奖单位	获奖时间
张文才	廊坊运输公司	河北省劳动模范	河北省人民政府	1981
孙景儒	廊坊市交通局	中华人民共和国建设部劳动模范	中华人民共和国建设部、中国城建建材工会全国委员会	1990
慈成禄	安次区葛渔城中心道班	全国"五一"劳动奖章	中华全国总工会	1990
慈成禄	安次区葛渔城中心道班	全国劳动模范	中华人民共和国国务院	1995
慈成禄	安次区葛渔城中心道班	河北省劳动模范	河北省人民政府	1995
王永和	香河县交通局	河北省劳动模范	河北省人民政府	1995
李子洲	安次区交通局稽征站	河北省劳动模范	河北省人民政府	1995
商振林	廊坊市交通局	全国"五一"劳动奖章	中华全国总工会	2003
佟爱民	廊坊市交通局公路工程有限公司	全国交通系统劳动模范	中国交通部、中国人事部	2005
韦廷强	廊坊市第一公路工程处	"五一"劳动奖章	河北省总工会	2011

廊坊市交通运输系统市级劳动模范见表14-3-2。

廊坊市交通运输系统市级劳动模范　　表14-3-2

姓 名	单 位	荣誉名称	授奖单位	获奖时间
刘卷生	廊坊运输公司	河北省交通系统劳动模范	河北省交通厅等	1994
王永和	香河县交通局	廊坊市劳动模范	廊坊市人民政府	1995
薛振山	廊坊市第二公路工程处	廊坊市劳动模范	廊坊市人民政府	1996
童志伟	廊坊市运输管理处	廊坊市劳动模范	廊坊市人民政府	1998
崔绍军	廊坊市交通局机关后勤中心	廊坊市劳动模范	廊坊市人民政府	1998
杨智	廊坊市第二公路工程处	1998年度河北省交通系统劳动模范	省交通厅、人事厅、交通工会	1998
韩占国	廊坊市公路工程材料供应站	河北省交通系统劳动模范	河北省交通厅、人事厅、交通工会	1999
冷建新	廊坊市第一公路工程处	河北省交通系统劳动模范	河北省交通厅、人事厅、交通工会	1999
康庆华	廊坊市公路工程质量监督处	河北省交通系统劳动模范	河北省交通厅、人事厅、交通工会	1999
高维信	廊坊市公路管理处	廊坊市劳动模范	廊坊市人民政府	2001
宋凤歧	廊坊市交通局路桥通行费管理处	廊坊市劳动模范	廊坊市人民政府	2001
张珊	三河收费站	廊坊市劳动模范	廊坊市人民政府	2001
李继武	廊坊市第二公路工程处	廊坊市职工劳动模范	廊坊市人民政府	2005
孟广文	廊坊市交通勘察设计院	廊坊市职工劳动模范	廊坊市人民政府	2005

续上表

姓 名	单 位	荣誉名称	授奖单位	获奖时间
王志斌	廊坊市交通局路桥通行费管理处	廊坊市劳动模范	廊坊市人民政府	2005
饶贵华	廊坊市交通局	廊坊市劳动模范	廊坊市人民政府	2006
郝艳军	廊坊市运输管理处	2004—2006 年度河北省交通系统劳动模范	河北省交通厅、人事厅、交通工会	2007
宫磊	廊坊市第二公路工程处	廊坊市劳动模范	廊坊市人民政府	2009
牛四强	廊坊市公路工程管理处	2007—2010 年度河北省交通运输系统劳动模范	省交通运输厅、省人力资源和社会保障厅、省交通工会	2011
冯相杰	市交通运输局	2007—2010 年度河北省交通运输系统劳动模范	省交通运输厅、省人力资源和社会保障厅、省交通工会	2011
杨智全	廊坊市公路管理处	河北省交通运输系统劳动模范	省交通运输厅、省人力资源和社会保障厅、省交通工会	2011